SAP® Gateway und OData

SAP PRESS

SAP PRESS ist eine gemeinschaftliche Initiative von SAP SE und der Rheinwerk Verlag GmbH. Ziel ist es, Anwendern qualifiziertes SAP-Wissen zur Verfügung zu stellen. SAP PRESS vereint das fachliche Know-how der SAP und die verlegerische Kompetenz von Rheinwerk. Die Bücher bieten Expertenwissen zu technischen wie auch zu betriebswirtschaftlichen SAP-Themen.

Michael Englbrecht, Michael Wegelin
SAP Fiori: Implementierung und Entwicklung
608 Seiten, 2015, gebunden
ISBN 978-3-8362-3828-1

Miroslav Antolovic
Einführung in SAPUI5
484 Seiten, 2., aktualisierte und erweiterte Auflage 2015, gebunden
ISBN 978-3-8362-3908-0

Stefan Kühnlein, Holger Seubert
Native Anwendungsentwicklung mit SAP HANA
504 Seiten, 2016, gebunden
ISBN 978-3-8362-3867-0

James Wood
SAP HANA Cloud Platform: Das Handbuch für Entwickler
576 Seiten, 2015, gebunden
ISBN 978-3-8362-3862-5

Aktuelle Angaben zum gesamten SAP PRESS-Programm finden Sie unter *www.sap-press.de.*

Carsten Bönnen, Volker Drees, André Fischer,
Ludwig Heinz, Karsten Strothmann

SAP® Gateway und OData

Rheinwerk
Publishing

Liebe Leserin, lieber Leser,

vielen Dank, dass Sie sich für ein Buch von SAP PRESS entschieden haben.

Gateway wird mit »Tor« oder »Zugang« übersetzt und steht im übertragenen Sinne auch für »Willkommen« oder »Hereinspaziert«. SAP hat die Tür zu den SAP-Systemen nun schon seit mehr als fünf Jahren für andere Anwendungen geöffnet, so dass Sie Daten zwischen SAP- und Nicht-SAP-Systemen austauschen können.

Unsere Autoren Carsten Bönnen, Volker Drees, André Fischer, Ludwig Heinz und Karsten Strothmann sind schon seit der »Geburt« von SAP Gateway dabei. Sie zeigen Ihnen, wie Sie mit OData eigene Services generieren oder erstellen, SAP Fiori einsetzen oder SAP-Systeme mit Twitter, Microsoft Office und Sina Weibo verknüpfen. Mit diesem Buch bleiben keine Fragen zu SAP Gateway offen.

Wir freuen uns stets über Lob, aber auch über kritische Anmerkungen, die uns helfen, unsere Bücher zu verbessern. Scheuen Sie sich nicht, mich zu kontaktieren. Ihre Fragen und Anmerkungen sind jederzeit willkommen.

Ihr Kerstin Billen
Lektorat SAP PRESS

Rheinwerk Verlag
Rheinwerkallee 4
53227 Bonn

kerstin.billen@rheinwerk-verlag.de
www.sap-press.de

Auf einen Blick

Lektorat Kerstin Billen
Lektorat der Originalausgabe Kelly Grace Weaver, Sarah Frazier
Korrektorat ardennatext, Annette Lennartz; Bonn
Herstellung Denis Schaal
Typografie und Layout Vera Brauner
Einbandgestaltung Nadine Kohl
Titelbild Shutterstock: 267240731 © Noppol Wongvichai
Satz Typographie & Computer, Krefeld
Druck und Bindung Beltz Bad Langensalza GmbH, Bad Langensalza

Gerne stehen wir Ihnen mit Rat und Tat zur Seite:
kerstin.billen@rheinwerk-verlag.de bei Fragen und Anmerkungen zum Inhalt des Buches
service@rheinwerk-verlag.de für versandkostenfreie Bestellungen und Reklamationen
hauke.drefke@rheinwerk-verlag.de für Rezensionsexemplare

Bibliografische Information der Deutschen Nationalbibliothek
Die Deutsche Nationalbibliothek verzeichnet diese Publikation in der Deutschen Nationalbibliografie; detaillierte bibliografische Daten sind im Internet über *http://dnb.d-nb.de* abrufbar.

ISBN 978-3-8362-4019-2

2., aktualisierte und erweiterte Auflage 2016

Inhalt

TEIL II Serviceerstellung

Vorwort

Die letzten Jahre sind durch ein exponentiell steigendes Datenwachstum geprägt. Jeder Einzelne produziert inzwischen kontinuierlich digitale Daten, und wir sind es gewohnt, zu jeder Zeit auf alle unsere Daten zugreifen zu können. Genau da beginnt die digitale Transformation. Tatsächlich wurden 90 % aller heute verfügbaren Daten in den letzten zwei Jahren generiert. Diese Datenmenge soll sich bis 2020 verzehnfachen.

Die Digitalisierung verändert zunehmend und nachhaltig, wie wir Geschäfte machen. Sie verändert die Wertschöpfung, also die Art und Weise, wie Unternehmen mit ihren Kunden und Partnern interagieren und sich in bestehenden und neuen Märkten positionieren und behaupten. Dies betrifft die komplette Wertschöpfungskette eines Unternehmens, bis hin zum einzelnen Lieferanten.

Um von der disruptiven Kraft der digitalen (R)Evolution profitieren zu können, braucht es konsequente und kontinuierliche Innovation – sowohl in der unternehmerischen Organisationsstruktur als auch in Prozessen und IT-Systemen. In der digitalen Wirtschaft von heute können Unternehmen, unabhängig von ihrer Größe, nur dann erfolgreich sein, wenn sie ihre Geschäftsmodelle evaluieren, überdenken und anpassen. Die Software, mit der diese Anpassungen aktiv vorangetrieben werden, damit sie für die digitale Zukunft gerüstet sind, spielt hier die Schlüsselrolle

Eine Software, um Innovationen im Unternehmen aktiv voranzutreiben, ist *SAP Gateway*. SAP Gateway ist eine auf marktüblichen Standards basierende Technologie, die den einfachen Zugriff von Geräten, Plattformen und ganzen Umgebungen auf SAP-Software ermöglicht und damit die Umsetzung völlig neuer Geschäftsmodelle erlaubt. Das Framework ermöglicht es, innovative Lösungen mit intuitiven Benutzeroberflächen zu entwickeln und so SAP-Geschäftssoftware in sozialen, kollaborativen Umgebungen auf mobilen Endgeräten einzubinden. SAP-Applikationen lassen sich über beliebige Programmiersprachen und -modelle verbinden, ohne dass Sie über umfangreiches SAP-Wissen verfügen müssen. Ermöglicht wird dies durch die konsequente Verwendung von REST-Diensten und des OData/ATOM-Protokolls.

Die Markteinführung von SAP Gateway im Jahr 2011 verbesserte die Möglichkeiten für Benutzer im Hinblick auf Erweiterbarkeit und Konnektivität unserer SAP-Lösungen signifikant. Sie können mit ihren bevorzugten Werkzeugen neue Applikationen bauen und ausliefern, ohne dabei die bestehende IT-Landschaft verändern zu müssen. Heute ist der Markterfolg von SAP Gateway bewiesen: Mehr als 15.000 Kunden nutzen diese Software.

Aber nicht nur Kunden setzen auf SAP Gateway. Große Teile von SAP S/4HANA basieren auf dem SAP-Gateway-Framework und bieten OData-Dienste für SAPUI5-basierte Anwendungen von SAP S/4HANA an.

Mit dieser zweiten Auflage von *SAP Gateway und OData* halten Sie das Referenzwerk für SAP Gateway in Händen. Sie werden überrascht sein, was Sie mit SAP Gateway erreichen können, selbst wenn Sie keine Erfahrung mit SAP-Programmiersprachen haben sollten. Sie werden nicht nur die Prinzipien, Standards und Technologien kennenlernen, sondern auch erfahren, warum SAP Gateway die perfekte Grundlage bildet, um sich den Herausforderungen der digitalen Transformation von heute zu stellen.

Ich wünsche Ihnen eine spannende Lektüre.

Bernd Leukert
Mitglied des Vorstands der SAP SE, Produkte & Innovation

Einleitung

Es ist gerade einmal 25 Jahre her, dass wir anfingen, im World Wide Web zu surfen. Zu ungefähr der gleichen Zeit begannen wir auch, Mobiltelefone im Alltag zu verwenden. Damals dachten nur wenige Menschen daran, diese beiden Technologien zusammenzubringen. Noch weniger Menschen rechneten damit, dass die Kombination dieser beiden Technologien so populär werden würde, wie sie heute ist.

Wenn Sie sich noch an diese Zeit erinnern, werden Sie wissen, dass es Firmen wie Google oder Amazon noch gar nicht gab. Geräte wie iPods, iPhones oder iPads waren noch nicht einmal erfunden. Selbst Nokia – viele Jahre einer der Marktführer in der Mobiltelefonsparte – begann gerade erst, sich in diesem Bereich zu etablieren. Wenn Sie sich also an die letzten 20 Jahre erinnern können (und wir gehen davon aus, dass manche von Ihnen dies können), ist es leicht zu sehen, wie schnell sich der IT-Bereich entwickelt.

Springen wir ins Hier und Jetzt: Heute können wir nicht nur mit unserem PC im Web surfen, wir können dafür auch unser Smartphone, Tablet, Fernsehgerät oder die Spielekonsole nutzen und noch einiges mehr. Aus eben diesem Grund stehen wir allerdings vor der Herausforderung, dass wir heute Geschäftsanwendungen für eine gefühlt endlose Anzahl an Geräten bzw. Kanälen anbieten müssen. Verschärfend kommt hinzu, dass wir dabei nicht nur technologische Entwicklungen berücksichtigen müssen, sondern auch soziale Trends.

In diesem Buch geht es um ein Produkt, das sich dieser Herausforderung für SAP-Business-Suite-Anwendungen erfolgreich stellt: *SAP Gateway*. Das Buch nimmt Sie mit auf eine Reise, auf der Sie alles über SAP Gateway lernen. Wenn Sie SAP Gateway noch nicht kennen, sollten Sie diese Reise am besten unternehmen, indem Sie das Buch vom ersten bis zum letzten Kapitel lesen. Wenn Ihnen allerdings schon einige Konzepte und Technologien vertraut sind, können Sie auch andere Reiserouten wählen: Wir haben das Buch bewusst so geschrieben, dass ein Springen zwischen den Kapiteln möglich ist. Um dies noch zu vereinfachen, haben wir das Buch nicht nur in Kapitel strukturiert, sondern zusätzlich auch in mehrere übergreifende Teile.

Teil I: Einstieg

Der erste Teil des Buches besteht aus vier Kapiteln, die sich den Grundlagen von SAP Gateway widmen. Hier sollten Sie Ihre Reise beginnen, wenn Sie sich über SAP Gateway und verwandte Konzepte wie *OData* informieren möchten.

Einführung in SAP Gateway

Kapitel 1 ist eine grundlegende Einführung in SAP Gateway und erklärt die Motivation, die hinter der Entwicklung des Produkts steht. Das Kapitel schließt mit einer Positionierung des Produkts im Kontext anderer SAP-Produkte.

Einführung in OData

OData ist der Industriestandard, den SAP Gateway nutzt. Diesen Standard schauen wir uns in **Kapitel 2**, »Einführung in OData«, im Detail an.

Architektur und Integration

Kapitel 3 führt in die Architektur von SAP Gateway ein und beleuchtet auch die Backend-Konzepte sowie die Integration mit anderen SAP-Schnittstellen.

Deployment-Optionen, Installation und Konfiguration

Kapitel 4, »Deployment-Optionen, Installation und Konfiguration«, schließt den ersten Teil des Buches mit einer Diskussion der Deployment-Optionen für SAP Gateway ab, die heute in echten, produktiven Systemlandschaften zu finden sind.

Teil II: Erstellung von Services

Als erfahrener Reisender, der sich gut mit SAP Gateway und OData auskennt, haben Sie vielleicht den ersten Teil des Buches komplett übersprungen. Andere Leser wiederum haben den ersten Teil des Buches komplett durchgearbeitet. Gleichgültig, was auf Sie zutrifft, in diesem zweiten Teil werden Sie alles lernen, was Sie über die Erstellung von Services in SAP Gateway wissen müssen.

Erstellung von OData-Services mit SAP Gateway

Kapitel 5, »Einführung in die Erstellung von OData-Services mit SAP Gateway«, erklärt die Ende-zu-Ende-Entwicklungswerkzeuge und den Entwicklungszyklus, um SAP-Gateway-Services zu erstellen. Es führt Sie in die zwei hauptsächlichen Methoden zur Serviceerstellung ein: Serviceentwicklung und Servicegenerierung. Dieses Kapitel ist die Basis für die weiteren Kapitel in Teil II.

Serviceentwicklung ist das Thema in **Kapitel 6**, »Serviceentwicklung«. In diesem Kapitel lernen Sie, wie Sie Services im SAP-Backend mit ABAP entwickeln. Dabei konzentriert sich das Kapitel auf die praxisbezogenen Aspekte bei der Erstellung von OData-Services.

Service-entwicklung

Kapitel 7, »Servicegenerierung«, stellt die zweite Methode der Erstellung von Services vor: die Servicegenerierung. Es erklärt die Generierung von OData-Services im SAP-Backend.

Servicegenerierung

Teil III: Anwendungsentwicklung

Wie jede Münze zwei Seiten hat, hat auch SAP Gateway zwei Seiten: *Bereitstellung* (Provisioning, Backend-Services und ihre Entwicklung) und *Konsumierung* (Consumption, Verwendung und Gebrauch von Backend-Services in Anwendungen). Während sich der zweite Teil des Buches auf die Bereitstellung konzentriert, ist der dritte Teil auf die Konsumierung ausgerichtet. Die verschiedenen Kapitel in diesem Teil zeigen aus unterschiedlichen Perspektiven, wie flexibel SAP Gateway ist und wie Sie OData-Services in verschiedenen Anwendungen konsumieren können.

In **Kapitel 8** geht es um *SAPUI5*-Anwendungsentwicklung und *SAP Fiori*. SAPUI5 ist eine Sammlung von Bibliotheken, die Entwickler nutzen können, um Anwendungen zu bauen, die in einem Browser laufen, der HTML5 unterstützt. Bei SAP Fiori handelt es sich um eine Gruppe von Business-Anwendungen, die SAPUI5 nutzen.

SAPUI5-Applikationsentwicklung

Um Anwendungen bauen zu können, brauchen Sie eine spezifische Entwicklungsumgebung. **Kapitel 9** widmet sich der Entwicklungsumgebung für SAP Fiori: der *SAP Web IDE*.

SAP Web IDE

Kapitel 10, »Erweiterbarkeit«, beschäftigt sich erneut mit SAP Fiori, allerdings liegt der Schwerpunkt in diesem Kapitel auf der Ende-zu-Ende-Erweiterbarkeit und wie man sie anwendet. Das Kapitel deckt außerdem ab, wie OData-Dienste erweitert werden können.

Erweiterbarkeit

Eine der am häufigsten gestellten Fragen im Kontext der Anwendungsentwicklung ist die, wie mobile Anwendungen gebaut werden können. **Kapitel 11**, »Entwicklung mobiler Apps«, beantwortet diese

Entwicklung mobiler Apps

Frage und führt durch einige Beispiele der Anwendungsentwicklung für mobile Anwendungen.

Social-Media-Applikationsentwicklung

Kapitel 12, »Social-Media-Applikationsentwicklung«, hat sich den Anwendungen für soziale Medien verschrieben. Hier lernen Sie, wie Sie Anwendungen entwickeln, die die Möglichkeiten der sozialen Medien Facebook, Twitter und Sina Weibo in Kombination mit OData und SAP Gateway nutzen.

Entwicklung von Unternehmensanwendungen

In **Kapitel 13**, »Entwicklung von Unternehmensanwendungen«, schließen wir den dritten Teil des Buches mit Beispielen der Konsumierung von OData-Services mit Anwendungen wie Microsoft Excel oder Microsoft SharePoint ab.

Teil IV: Administration

Lifecycle Management

Der vierte Teil des Buches behandelt die Administration von SAP Gateway. Zusätzlich zum Deployment von SAP Gateway ist es wichtig zu verstehen, wie die Software verteilt, das heißt ausgerollt, wird, wie mit Fehlern zu verfahren ist etc. All diese Themen werden in **Kapitel 14**, »Lifecycle Management: Qualitätssicherung, Service-Deployment und Operations«, besprochen.

Sicherheit

Theoretisch sollte Sicherheit in Kapitel 14 mitbehandelt werden, allerdings ist dieses Thema so wichtig und so umfangreich, dass wir beschlossen haben, ihm ein eigenes Kapitel zu widmen. **Kapitel 15** beschäftigt sich mit der Sicherheit von SAP Gateway, von der Authentifizierung über die Autorisierung bis hin zum Single Sign-on (SSO).

Teil V: Roadmap

Aktuelle und zukünftige Entwicklungen

Im letzten Teil unseres Buches findet sich nur **Kapitel 16**, »Aktuelle und zukünftige Entwicklungen«, das einen Blick auf zukünftige Trends bietet. Wir werfen dabei einen tiefen Blick in die Kristallkugel zu Themen wie dem Internet der Dinge (*Internet of Things*) und Gamification.

Zusätzlich zu allen Informationen in diesem Buch haben wir Textversionen der Programmierbeispiele erstellt. Diese finden Sie auch auf der Webseite zum Buch unter *http://www.sap-press.de/4051* über den Kasten MATERIALIEN ZUM BUCH.

Danksagungen

Mit diesem Buch halten Sie nicht nur die Arbeit von fünf Autoren in Ihren Händen. Neben unzähligen Stunden des Schreibens, des Neuschreibens und des dann wieder Neuschreibens, waren viele andere Menschen direkt und indirekt in die Erstellung dieses Buches involviert. Diese Menschen haben Stunden ihrer Zeit investiert, um Kapitel zu lesen, zu kommentieren, auch zu kritisieren oder mussten – wie im Fall von Familien und Freunden – die Launen der Autoren und deren Nachtschichten ertragen.

Vorwort

Zuallererst wollen wir einen besonderen Dank an Bernd Leukert richten, der bereit war, unser Buch mit einem Vorwort zu ehren.

Ein weiterer herzlicher Dank geht an Martina Bahrke für ihre Unterstützung.

Management

Ludwig Heinz möchte seinen besonderen Dank an Norbert Schuster, CFO der Theo Steil GmbH, an Daniel Wagner, seinen vorherigen Manager bei der itelligence AG, und an den Manager der Customer Solutions & Inventions bei der itelligence AG, Matthias Kumm, richten.

Die SAP-Autoren wollen sich besonders bedanken bei Pascal Gibert und Stephan Herbert, die an uns geglaubt und uns in unserem gewagten Unternehmen unterstützt haben. Weiterer Dank geht an Joav Bally und Thomas Anton. Zuletzt geht ein weiterer besonderer Dank an Michael Reh und Vishal Sikka, die mit ihrer Unterstützung dieses Buch ermöglicht haben.

Kollegen und weitere Beitragende

Jürgen Kremer, Architekt für SAP Gateway, soll an dieser Stelle zuerst erwähnt werden, da er essenzielle Teile dieses Buches mit beeinflusst und mit seinem Feedback und seinen Ideen signifikant verbessert hat. Jürgen, wir alle sind dir sehr dankbar für deinen exzellenten Beitrag.

Des Weiteren gilt unser Dank (in alphabetischer Reihenfolge): Martin Bachmann, Wayne Brown, Holger Bruchelt, Suma C V, Fahmi Cheikhrouhou, Suparna Deb, Artur Gajek, Manfred Gawek, Tobias Griebe, Duong-Han Tran, Judith Hamacher, Ralf Handl, Ran Hassid, Wolfgang Hegmann, Andreas Hoffner, Christopher Kästner, Felix Köhl, Gerald Krause, Timo Lakner, Oliver Liemert, Hendrik Lock, Thomas Meigen, Tatjana Pfeifer, Daniel Platz, Genady Podgaetsky, Martin Raepple, Elisabeth Riemann, Carlos Roggan, Christoph Scheiber, Claudia Schmidt, Maximilian Schneider, Daniel Schön, Henrike Schuhart, Jin Shin, Jörg Singler, Frank Speidel, Matthias Tebbe, Olaf Tennie, Constantin von Teuffel, Jirong Wang, Martin Wegmann, Stefan Weitland, Chris Whealy und Andrew Whitaker.

Besonderer Dank gilt Elisabeth »Lizzie« Riemann für die exzellenten Bilder, die sie von den Autoren geschossen hat. Wer die Autoren in natura kennt, weiß, welch herausragende Arbeit sie geleistet hat.

Freunde und Familie

Ein ganz besonders liebevoller und individueller Dank geht an:

- Ludwig Heinz an Thomas, Uli, Tobias, Jenny, Alexei, Torsten sowie seine ganze Familie, die ihn immer ermutigt und unterstützt hat
- André Fischer an seine Frau Natalie und seine Söhne Lars und Timo, für die er während des Schreibens weniger Zeit hatte – besonders im letzten Sommerurlaub –, und an seine Mutter Greta für ihre Unterstützung
- Karsten Strothmann an seine Lebenspartnerin Mira für ihre Ermunterung und Unterstützung während all der langen Stunden des Schreibens und an seinen Sohn Yann Erik für sein zufriedenes und glückliches Lächeln, wann immer sein Vater ihm nach Stunden des Schreibens wieder seine uneingeschränkte Aufmerksamkeit gewidmet hat

- Volker Drees an seine Frau Bettina und die gemeinsame Tochter Sarah Felicitas für die Unterstützung und die Akzeptanz des Umstandes, dass er ungezählte Stunden in dieses Buch investiert hat
- Carsten Bönnen an seine Freundin Susanne, die ihn beim Schreiben des Buches immer unterstützt hat

In Memoriam

Carsten Bönnen möchte den Beitrag der zwei Bushi in seinem Leben an der Erstellung dieses Buches besonders hervorheben. Ohne sie hätte es das Buch in dieser Form nie gegeben. Sie werden nie vergessen werden.

Unser letzter Dank ...

Unser letzter – für uns sehr wichtiger – Dank geht an Kelly Grace Weaver, Sarah Frazier, Janina Schweitzer und Kerstin Billen, unsere Lektorinnen, deren Geduld, Vorausschau und stetige Unterstützung einen wesentlichen Beitrag dazu geleistet haben, dieses Buch zu dem zu machen, was es ist. Wir möchten zudem auch all den weiteren Kollegen beim Rheinwerk Verlag danken, die an der Erstellung dieses Buches mitgewirkt haben.

TEIL I
Einstieg

In diesem Kapitel stellen wir Ihnen SAP Gateway vor und erklären, wie Sie es bei der Erstellung von benutzerorientierten Geschäftsanwendungen nutzen können. Außerdem zeigen wir, wie SAP Gateway im Kontext der anderen SAP-Produkte positioniert ist.

1 Einführung in SAP Gateway

SAP Gateway – Start

Im Mai 2011 hat SAP im Rahmen der SAPPHIRE NOW SAP NetWeaver Gateway (heute SAP Gateway) auf den Markt gebracht. Seit damals ist aus SAP Gateway ein erfolgreiches, gut etabliertes und akzeptiertes Produkt geworden. SAP Gateway wurde sogar zum Teil der Standardauslieferung von SAP NetWeaver (7.40 und höher).

Wenn Sie sich jetzt fragen, was SAP Gateway ist, dann ist die einfache Antwort: SAP Gateway ist eine Technologie, die die Reichweite von SAP-Geschäftsanwendungen erhöht. Dabei wird die Reichweite nicht nur im Hinblick auf Endbenutzer erhöht, sondern auch für Entwickler und Umgebungen im Allgemeinen. Mithilfe von SAP Gateway können SAP-Geschäftsanwendungen oder einfache SAP-Daten von Anwendungsentwicklern genutzt werden, die bisher keine SAP-Kenntnisse besitzen. Es kann z. B. eingesetzt werden, um mobile Anwendungen zu bauen, die sich mit SAP verbinden können.

SAP Gateway oder SAP NetWeaver Gateway?

Wie wir bereits in der ersten Ausgabe unseres deutschen Buches reflektiert haben, hat SAP Gateway seinen Namensbestandteil »NetWeaver« verloren. Da es aber teilweise noch unter diesem Namen zu finden ist, wollen wir diesen Umstand nicht verschweigen. Grund des Namenwechsels ist eine Namensvereinfachung, die SAP in 2014 umgesetzt hat. Weitere Details finden sich hier: *http://scn.sap.com/community/netweaver/blog/2014/05/30/sap-netweaver-branding-simplification*.

Lassen Sie sich bitte nicht dadurch verwirren, dass SAP NetWeaver Gateway immer noch als Name zu finden ist. Dies liegt daran, dass die Namensänderung nur für neue Veröffentlichungen gültig ist. Ältere Versionen können also noch unter SAP NetWeaver Gateway laufen. Letztlich bezeichnen beide Namen aber das gleiche Produkt.

REST und OData

SAP Gateway kann die Reichweite von SAP-Geschäftsanwendungen erhöhen, weil es sich um ein offenes, auf Standards basierendes Framework handelt, das Entwickler für die Erstellung benutzerfreundlicher Geschäftsanwendungen nutzen können. Technisch handelt es sich bei SAP Gateway um eine REST-Schnittstelle für die ABAP-Technologieplattform – die sich wiederum mit der SAP Business Suite verbindet –, basierend auf Atom und OData. SAP Gateway bietet also eine standardisierte und zentralisierte Schnittstelle für die SAP-Welt.

Aber beginnen wir am Anfang: Die Motivation, ein Produkt wie SAP Gateway an den Markt zu bringen, leitet sich direkt von den Herausforderungen und Anforderungen an moderne Geschäftsanwendungen ab. In diesem Kapitel schauen wir uns zuerst die Anforderungen und Herausforderungen an, um dann einen Blick auf SAP Gateway als Lösung zu werfen. Anschließend blicken wir kurz auf die Installation und die Deployment-Möglichkeiten, die SAP Gateway bietet. Abschließend schauen wir auf die Positionierung von SAP Gateway im Kontext anderer relevanter SAP-Produkte und wie sich SAP Gateway mit diesen integriert.

SAP Gateway und Benutzeroberflächen (UI)

Sie werden merken, dass wir in diesem Kapitel viel über Benutzeroberflächen und Anwendungen sprechen. Obwohl es sich bei SAP Gateway nicht um eine Technologie für Benutzeroberflächen handelt, bietet SAP Gateway Entwicklern eine größere Auswahl im Hinblick auf Benutzeroberflächen und genutzte Technologien.

1.1 Moderne Geschäftsanwendungen

Die Anforderungen an Geschäftsanwendungen haben sich in den letzten Jahren dramatisch verändert. Tatsächlich wandelt sich der Einsatz digitaler Medien im Allgemeinen signifikant, und als Resultat wandeln sich auch die Applikationen. Dieser Wandel kann nicht nur im privaten Umfeld (Verbraucherumfeld), sondern auch im Geschäftsumfeld beobachtet werden. Endbenutzer sind inzwischen an eine bestimmte Art des Umgangs mit digitalen Medien und Applikationen gewöhnt. Diese zeichnen sich meist durch stark interaktive – häufig intuitive – Oberflächen für mobile Geräte, soziale Netzwerke oder Applikationen für fast beliebige Geräte (von Mobiltelefonen über Fernseher bis hin zu klassischen Desktop-PCs) aus.

Erwartungen der Endbenutzer

Die Erfahrungen, die Benutzer in der Verbraucherwelt sammeln, führen direkt zu Anforderungen im Geschäftsumfeld. Für Geschäftsanwendungen bedeutet dies, dass Endbenutzer das gleiche bzw. ein ähnliches Verhalten erwarten wie von ihren Privatanwendungen. Dabei ist zu beachten, dass mit dem zunehmenden Gebrauch von Anwendungen im privaten Bereich die Anforderungen der Benutzer im Bereich der Geschäftsanwendungen wachsen.

Als Folge dieser Entwicklung stehen die IT-Abteilungen von Firmen überall auf dieser Welt vor großen Herausforderungen. In diesem Abschnitt behandeln wir die Fragen, mit denen sich diese Abteilungen im Hinblick auf Benutzeroberflächen und Backend-Systeme ihrer Anwendungen befassen sollten.

1.1.1 Benutzeroberflächen

Anforderungen an Geschäftsanwendungen

Mit den sich ändernden Erwartungen der Benutzer müssen sich auch die Anwendungen ändern, die von diesen eingesetzt werden. Im Folgenden betrachten wir die wesentlichen Aspekte, die Sie bei der Entwicklung von Benutzeroberflächen für Geschäftsanwendungen beachten sollten.

Intuitive Bedienung

Anwendungsdesign

Eine intuitive Benutzeroberfläche ist essenziell für Anwendungen und digitale Medien im Allgemeinen. Nicht nur dadurch erhöht sich die Akzeptanz beim Endbenutzer, auch die Effektivität bei der Nutzung dieser Anwendungen verbessert sich. In einer Zeit, in der Expertenwissen zunehmend an Bedeutung gewinnt und Experten leichter als je zuvor in IT-Prozesse eingebunden werden können, ist es wichtig, den Trainingsaufwand für die Anwendungen, die diese Prozesse stützen, auf ein Minimum zu reduzieren. Training, das sich nur mit einer Anwendung beschäftigt, ist ineffektiv und teuer. Mit einer intuitiven Benutzeroberfläche kann ein Training im besten Fall vermieden oder zumindest deutlich verkürzt werden.

Es gibt aber noch weitere Vorteile von intuitiven Benutzeroberflächen: Die Erfahrung zeigt, dass intuitive Benutzeroberflächen zu weniger Fehlern bei der Anwendung führen. Diese Fehler würden normalerweise Geld kosten, entweder als direkte Folge des Fehlers oder dadurch, dass diese Fehler in den Anwendungen abgefangen werden müssen und die Anwendung bzw. deren Nutzung deshalb teurer wird. Selbst wenn man den Umstand außen vor lässt, dass diese Fehler auch in anderer Hinsicht gefährlich sein können, ist es zwingend erforderlich, sie auf ein Minimum zu reduzieren.

Für intuitive Benutzeroberflächen spricht auch, dass die Effizienz und Effektivität bei der Verwendung von Applikationen verbessert wird. Das gilt insbesondere für Sachverständige bzw. Fachleute. Eine intuitive Benutzeroberfläche hilft ihnen, Prozessschritte schnell und effektiv abzuwickeln. Gerade für Experten bedeutet jede Sekunde, die sie bei einer Anwendung sparen, einen Gewinn.

Akzeptanz durch Endbenutzer

Sie sollten nicht unterschätzen, wie wichtig es ist, dass die Applikationen von den Endbenutzern akzeptiert werden. Der Roll-out einer Anwendung in einer Firma ist immer nur der erste Schritt, der wichtigere Schritt ist die Bedienung durch den Endbenutzer. Wenn die Anwendung von diesem nicht verstanden wird, wird sie entweder nicht oder nicht im gewünschten Umfang genutzt. Dies hat direkt oder indirekt Einfluss auf Geschäftsprozesse und letztlich auf den geschäftlichen Erfolg. Nachträgliches Verbessern von bereits ausgerollten Applikationen, um diese Situation zu ändern, verursacht zusätzliche und unnötige Kosten.

Prozessintegration

In diesem Kontext ist es wichtig zu berücksichtigen, dass viele Prozesse inzwischen externe Teilnehmer einbeziehen. Im Geschäftsumfeld können dies Partner oder Zulieferer auf der einen Seite oder auch Kunden auf der anderen Seite sein. Besonders im Hinblick auf Kunden ist eine benutzerfreundliche Oberfläche essenziell, da die Akzeptanz durch den Kunden das wesentliche Unterscheidungsmerkmal zu anderen Anbietern sein kann. Wenn eine Oberfläche für den Endbenutzer – hier den Kunden –nicht intuitiv ist, kann dies den Erfolg der Firma gefährden. Das beste Beispiel hierfür ist die aktuelle Situation im Mobilgerätebereich, in dem die Wichtigkeit von intuitiven Oberflächen nicht genug betont werden kann. Im Mobilgerätebereich sind nicht die Geräte die erfolgreichsten, die die beste Technologie haben, sondern die, die die beste Benutzeroberfläche bieten (natürlich in Kombination mit einer zeitgemäßen Technologie). Dieses Beispiel lässt sich auf den B2C-Bereich (Business-to-Consumer) und die dort verwendeten Applikationen übertragen; eine Anwendung, die nicht direkt verstanden wird, wird vom Kunden abgelehnt, und der Kunde wird sich einem anderen Anbieter mit vergleichbarem Angebot, aber intuitiver Benutzeroberfläche zuwenden.

Eindruck

Erfolgskriterien

Eine ansprechende Benutzeroberfläche ist ebenso bedeutend – und übrigens nicht das Gleiche – wie eine intuitive Benutzeroberfläche. Das Oberflächendesign einer Anwendung steht in direkter Beziehung zur Akzeptanz durch den Endbenutzer und damit zum Erfolg einer Anwendung. Von einer intuitiven Benutzeroberfläche unterscheidet sich eine ansprechende dadurch, dass eine intuitive zwar als einfach benutzbar wahrgenommen wird, dennoch insgesamt vom Endbenutzer als hässlich – also nicht ansprechend – wahrgenommen werden kann. Das mag irrelevant klingen, aber es ist es wichtig, diesen Punkt zu berücksichtigen, da er oft unterschätzt oder vernachlässigt wird.

Eine ansprechende Benutzeroberfläche erhöht die Akzeptanz durch den Endbenutzer dramatisch, besonders in Kombination mit einer intuitiven Benutzeroberfläche, und gerade diese Kombination ist kritisch für den Erfolg einer Anwendung. Das gilt übrigens sowohl für intern als auch für nach außen genutzte Applikationen. Während Partner noch eine intrinsische Motivation haben, sich im Geschäftsumfeld mit Anwendungen zu beschäftigen, die für ihr Geschäft wichtig sind, gilt dies für Kunden nicht oder nur bedingt. Anders gesagt, eine nicht intuitive und nicht ansprechende Benutzeroberfläche behindert Prozesse und kann im schlimmsten Fall zu verlorenem Geschäft führen.

Gamification

Die Wichtigkeit einer guten Benutzeroberfläche wird auch durch einen aktuellen Trend betont, der als *Gamification* bezeichnet wird. Mehr Informationen zu diesem Trend finden Sie in Kapitel 16, »Aktuelle und zukünftige Entwicklungen«.

Geschäftliche Ausrichtung

Geschäftliche Benutzer

Unter geschäftlicher Ausrichtung verstehen wir hier die Relevanz einer Anwendung in der Geschäftswelt, die häufig bei der Erstellung von Anwendungen nicht genügend berücksichtigt wird. Häufig bestimmen technische Beschränkungen die Oberfläche und die Funktionalität einer Anwendung. Für den Benutzer sind diese Beschränkungen aber nicht relevant. Sowohl den Gelegenheitsbenutzer als auch den geschäftlichen Benutzer interessiert nicht, ob eine Anwendung in Xcode, Java oder C# geschrieben ist, ebenso wenig, ob die Oberfläche mit HTML5, Flash oder Silverlight umgesetzt wurde. Was die Benutzer aber interessiert, ist, dass die Anwendung fehlerfrei und zuverlässig auf ihren Geräten läuft und ihre Aktivitäten unterstützt.

Zuverlässigkeit, Design und Anpassbarkeit einer Applikation sind ebenso wichtig für die geschäftliche Ausrichtung. Geschäftliche Benutzer möchten auf ihre Daten zugreifen und nur ihre Daten sehen. Wie lässt sich dieser Anspruch am besten implementieren? Indem man die Endbenutzer schon in den Entwicklungsprozess involviert. Um dies wiederum umzusetzen, gibt es verschiedenste Ansätze (z. B. *Design Thinking*). Unabhängig vom verwendeten Ansatz ist es wichtig, eine gemeinsame Sprache zu finden, die die verschiedenen beteiligten Personen verstehen. Beteiligte Personen können etwa Designer, Backend- und Frontend-Entwickler, Prozessexperten, Fachleute oder eben auch Endbenutzer sein.

Innovation

Anpassung von Prozessen

Innovation ist einer der Schlüsselfaktoren für geschäftlichen Erfolg in der heutigen Zeit. Um Innovation effektiv in einer Firma umsetzen zu können, ist es wichtig, dass sich Prozesse umgehend an die Innovation anpassen. Für IT-Abteilungen wiederum ist die umgehende Implementierung dieser Prozesse Pflicht.

Innovation ist auch für die geschäftliche Orientierung relevant. In Abhängigkeit von der jeweiligen Industrie ändert sich die Geschäftswelt teils mit dramatischer Geschwindigkeit. Um diesen Änderungen gerecht werden zu können, ist es für Firmen essenziell, die daran beteiligten Anwendungen und Prozesse einfach und schnell ändern zu können, damit Innovation schnellstmöglich umgesetzt werden kann.

Technologielebenszyklus

Der Lebenszyklus von Geräten und Technologien ist heute wesentlich kürzer als noch vor einigen Jahren – einen gemeinsamen Nenner zwischen ihnen zu finden ist zudem schwierig. Um das Problem zu veranschaulichen, schauen wir auf die Strategie »Bring Your Own Device« (»Bring dein eigenes Gerät mit«, BYOD), die heute häufig in Firmen anzutreffen ist. Wie der Name schon sagt, können Mitarbeiter bei dieser Strategie ihr eigenes Gerät – meist Mobiltelefone oder Tablets – mit zur Arbeit bringen. Dass in diesem Szenario die Vielzahl an Geräten ein Problem für die IT-Abteilungen darstellen kann, erschließt sich leicht: Problematisch ist sowohl das Ausrollen von Anwendungen als auch die Wartung und Verwaltung – besonders im Hinblick auf die Sicherheit – dieser privaten Geräte.

Digital Transformation

Was versteckt sich hinter dem Begriff *Digital Transformation*? Die Kurzfassung ist, dass Digital Transformation den Wechsel einer traditionellen – im besten Fall teilweise digitalisierten – Entität in eine Entität bezeichnet, die Ende-zu-Ende-digitalisiert und integriert ist. Bei diesen Entitäten kann es sich um Firmen handeln, muss es aber nicht. Die Entitäten können ebenso Industrien, aber auch ein ganzes Ökosystem sein. Firmen bzw. Entitäten, denen die Transformation geglückt ist, verfügen über wesentlich schnellere Innovationszyklen als jene, denen dies nicht geglückt ist.

Ein gutes Beispiel sind Firmen im Sport und Gesundheitsbereich. In diesem Bereich können wir uns eine beliebige größere Firma aussuchen, und wir werden feststellen, dass die Firma vom reinen Verkauf der eigenen Waren weggegangen ist und sich inzwischen zusätzlich um den Aufbau von Communitys kümmert und digitale Dienste rund um die eigenen Produkte anbietet. Anstatt also nur ein T-Shirt einer Firma zu tragen, können wir heute auch digitale Produkte dieser Firma nutzen, die, wie z. B. eine Fitness-App, unsere Gesundheit verbessern sollen, gleichzeitig aber eben auch unsere Bindung zu dieser Firma vertiefen.

Besonders auffällig sind diese Effekte bei Firmen, die als mehr oder minder komplette digitale Entitäten begonnen haben (z. B. solche, die nur in der Cloud existieren). Die Digital Transformation wirkt sich auf alle in diesem Kapitel besprochenen Herausforderungen aus. Weitere Details zu dem Thema lassen sich in Kapitel 16, »Aktuelle und zukünftige Entwicklungen«, finden.

Verfügbarkeit

Die Realität in der heutigen Geschäftswelt erfordert zunehmend, den Zugriff auf Daten und Anwendungen zu erweitern. In einer idealen Welt hätte der Endbenutzer zu jeder Zeit, überall und von jedem beliebigen Gerät aus Zugriff auf seine Daten und Anwendungen.

Die Nachfrage nach Verfügbarkeit ist eng verbunden mit einem aktuellen Trend – der zunehmenden Mobilisierung in der Geschäftswelt. Mitarbeiter können inzwischen von überall über verschiedenste Geräte – von Mobiltelefonen bis hin zu Tablets, von spezialisierten Geräten in der Produktion bis hin zu klassischen PCs – arbeiten. Ein Umstand, der die Situation weiter erschwert, ist, dass bestimmte

Prozessschritte häufig auf verschiedenen Geräten verfügbar gemacht werden müssen. Beispielsweise möchten Vertriebsvertreter häufig dieselbe Anwendung auf ihren Mobilgeräten wie auch auf ihrem PC nutzen.

Von SAP GUI zu HTML5

Aus technologischer Perspektive sehen wir aktuell eine Bewegung weg von Technologien für Experten (z. B. SAP GUI) hin zu eher generellen Ansätzen (z. B. HTML5) und Gelegenheitsbenutzern (z. B. Microsoft Office).

Zusammenfassend lässt sich sagen, dass Endbenutzer gerne jederzeit von überall und jedem Gerät aus Zugriff auf ihre Daten hätten. Deshalb gibt es Anforderungen für eine breite Palette an Geräten und Technologien, die diesen Ansprüchen entsprechen.

Beweglichkeit

In unserem Kontext verstehen wir unter Beweglichkeit die Anpassungsfähigkeit von Geschäftsanwendungen, die in einem engen Zusammenhang mit der Innovationsfähigkeit zu sehen ist. Wenn sich ein Prozess innerhalb einer Firma ändert, muss dieser neue Prozess schnellstmöglich in den verschiedenen Anwendungen zur Verfügung stehen. Beweglichkeit ist aber auch in einem anderen Kontext von Bedeutung: Wenn eine Anwendung oder gewisse Aspekte der Anwendung nicht korrekt funktionieren, erwarten Benutzer eine schnelle Lösung. Angenommen, eine Anwendung stellt sich als zu langsam oder zu komplex für den Einsatz im Vertriebsumfeld beim Kunden heraus, dann erwarten die Benutzer eine umgehende Anpassung der Anwendung.

Flexible Prozesse

Zugegeben, Beweglichkeit und Innovation scheinen sehr ähnlich, und beide haben auch viel gemeinsam. Ein genauer Blick auf die Details zeigt aber, worin sich die beiden unterscheiden. Beweglichkeit bezieht sich nur auf den Teil der Innovation, bei dem es um flexible Prozesse, Anwendungen und Technologien sowie deren Anpassung an Geschäftsanforderungen geht. Diese Anforderungen ergeben sich aber nicht zwangsläufig aus der Innovation, sondern sie können schlicht veränderte Marktanforderungen reflektieren – z. B. neue Standards oder Gesetze – oder auch veränderte Anforderungen der Endbenutzer an die Nutzbarkeit.

Darüber hinaus handelt es sich bei flexiblen Prozessen um nur eine Seite der Medaille. In einer zunehmend globalisierten Welt erstrecken sich Prozesse häufig auf eine Vielzahl von Personen, Abteilungen und sogar Länder. Die Rollen und Profile der beteiligten Personen müssen also berücksichtigt werden. Während z. B. ein erfahrener Geschäftsexperte mit SAP GUI schnell und effektiv arbeiten kann, wird dies einem Gelegenheitsbenutzer nicht gelingen. Zusätzlich gibt es dann noch viele Geräte, die in einem Prozess benötigt werden, die aber gar keine Standardsoftware unterstützen.

Integration

Geschäftsprozesse erstrecken sich häufig über viele Abteilungen und potenziell noch mehr Mitarbeiter. Das Profil eben dieser Mitarbeiter kann dabei sehr unterschiedlich sein; vom Gelegenheitsbenutzer bis zum Experten können verschiedenste Rollen involviert sein. Die Herausforderung ist daher, alle Benutzer entsprechend ihren Fähigkeiten und der ihnen zur Verfügung stehenden Ausrüstung zu bedienen.

Um die beteiligten Personen möglichst optimal in einen Prozess zu integrieren, sollten diese Personen in dem Umfeld arbeiten können, das sie gewohnt sind. Zum Beispiel kann für einen Benutzer SAP GUI optimal sein, während für den nächsten Benutzer Microsoft Excel besser passt.

Verstecken des Backends

Für das Backend-System kann Integration auch das »Verstecken« des Backends bedeuten. Der Endbenutzer muss also nicht – und will vermutlich auch nicht – wissen, auf welchem System er gerade arbeitet. Für den Endbenutzer vereinfacht sich so die Welt, aber auch für die IT-Abteilung, denn sie kann Änderungen an der Infrastruktur durchführen, ohne sie an den Endbenutzer ausrollen zu müssen. Für den Endbenutzer sind die Backend-Systeme dann eine »Blackbox«. Änderungen an dieser Box sind für ihn nicht relevant, solange sie keine Änderung am Frontend bedeuten.

API-Management

Mit dem Aufstieg der Digital Transformation und Economy (die auch API Economy genannt wird) sehen wir einen Trend, der die Wichtigkeit von Aplication Programming Interfaces (APIs) unterstreicht und damit auch die des API-Managements. Durch diesen Trend werden geschäftstaugliche API-Management-Werkzeuge immer wichtiger. Um diesen Trend abzubilden und seine Wichtigkeit für SAP Gateway zu unterstreichen, haben wir einen eigenen Anhang zum Thema API-Management verfasst und ans Ende des Buches in Anhang B gestellt.

Wartung

Wartung und Support

Die Vielfalt neuer Anforderungen erzeugt für die IT-Abteilungen völlig neue Herausforderungen im Hinblick auf die Wartung. Verschiedene Geräte und Anwendungen müssen gewartet werden, gleichzeitig haben die Endbenutzer höhere Anforderungen an die Wartung und insbesondere an den Support. Die Unterstützung der verschiedenen Plattformen erfordert zusätzliche Wartung, die wiederum Geld kostet. Während die bereits etablierten Plattformen eine gewisse Sicherheit liefern, stellt die Einführung neuer Anwendungen schnell ein Wartungsproblem dar. Für IT-Abteilungen ist es deshalb essenziell, dass die Wartung dieser neuen Anwendungen so wenig Aufwand wie möglich erzeugt. Die Aufgabe ist also, neue, flexible und innovative Anwendungen zu bauen, die von den IT-Abteilungen einfach gewartet werden können.

Sicherheit

Bei der Sicherheit gibt es ähnliche Probleme wie bei der Wartung. Die Vielzahl verschiedenster Anwendungen, Geräte und Technologien erschwert das Absichern extrem. Trotz aller Flexibilität und Innovation ist es für eine Firma nicht akzeptabel, die Sicherheit ihrer oder fremder Daten zu riskieren. Berücksichtigt man dann noch, dass – um Flexibilität sicherzustellen – Daten häufig sowohl vor Ort als auch in der Cloud und auf unterschiedlichen, teils mobilen Geräten vorgehalten werden, erkennt man leicht, dass Sicherheit noch wichtiger, aber auch noch komplexer geworden ist.

Abhängig vom Marktumfeld können Sicherheitsprobleme leicht die Reputation einer Firma beschädigen und damit direkten Einfluss auf deren Gewinn haben. Selbst wenn man die Reputation beiseitelässt, können Sicherheitsprobleme den Gewinn schmälern (z. B. wenn sensible Daten an die Konkurrenz verloren gehen).

TCO

Budgetüberlegungen

Berücksichtigt man die immer neuen Herausforderungen und Anforderungen an die IT, könnte man annehmen, dass es im IT-Bereich ein größeres Budget geben sollte. Die Realität sieht in der Regel anders aus. Das Budget bleibt meist gleich bzw. wird reduziert. Langfristig soll die Einführung neuer Geräte und Anwendungen die Gesamtkosten der IT drücken oder aber so viel Umsatz generieren, dass die Kosten mindestens gedeckt werden. Trotz aller bereits genannten Herausforderungen und der Einführung neuer Technologien und Prozesse wird also in der Regel erwartet, dass die Gesamtkosten (*Total Cost of Ownership*, TCO) nicht steigen oder zumindest unter dem erwarteten zusätzlichen Umsatz liegen (*Return on Investment*, ROI).

Unterbrechungsfreiheit

Keine Downtime

Der letzte Punkt hängt direkt mit den Kosten zusammen: die Unterbrechungsfreiheit. Unterbrechungsfreiheit betrifft alle Beteiligten, vom Entscheidungsträger über die IT-Abteilungen bis hin zum Endbenutzer. Entscheidungsträger erwarten eine hohe – wenn nicht hundertprozentige – Verfügbarkeit von Geschäftssystemen, weil fehlende Verfügbarkeit fehlendes Geschäft und damit Umsatzeinbußen bedeuten kann. Der Endbenutzer erwartet eine hohe Verfügbarkeit, um seine Arbeit verrichten zu können, konsequenterweise müssen die IT-Abteilungen die Verfügbarkeit für Endbenutzer und Entscheidungsträger sicherstellen und sind daher direkt betroffen. Es ist also im Interesse aller Beteiligten, dass es keine Downtime gibt. Das Einführen neuer Lösungen, Technologien oder Anwendungen darf nicht zu Fehlern im System oder verringerter Verfügbarkeit führen.

Der Unterschied zur Verfügbarkeit mag im ersten Moment nicht offensichtlich sein, jedoch betrachten wir hier Unterbrechungsfreiheit konkret im Rahmen der Einführung von neuen Anwendungen, Technologien, Lösungen und Prozessen. Verfügbarkeit bezieht sich also auf die technische Verbesserung, die darauf abzielt, Anwendungen, Prozesse, etc. breiter verfügbar zu machen, während Unterbrechungsfreiheit die Implementierung ohne Störung des Geschäftsablaufs zum Ziel hat.

Dabei sollten wir immer daran denken, dass wir von geschäftlich genutzter Software reden. Für den privaten Gelegenheitsbenutzer ist fehlende Verfügbarkeit eines Systems ein Ärgernis, aber selten kritisch im Hinblick auf seine finanzielle Sicherheit oder andere Kriterien. Für eine Firma kann aber eben dieses Ärgernis den finanziellen Erfolg und damit das Überleben der Firma gefährden.

1.1.2 Infrastruktur

Infrastruktur

Geschäftsanwendungen sehen sich heute nicht nur mit Herausforderungen bezüglich der Benutzeroberfläche konfrontiert, sie müssen sich ebenso mit Herausforderungen im Bereich der Infrastruktur auseinandersetzen. Abbildung 1.1 zeigt eine typische abstrahierte Infrastruktur, wie sie in den meisten Firmen zu finden ist.

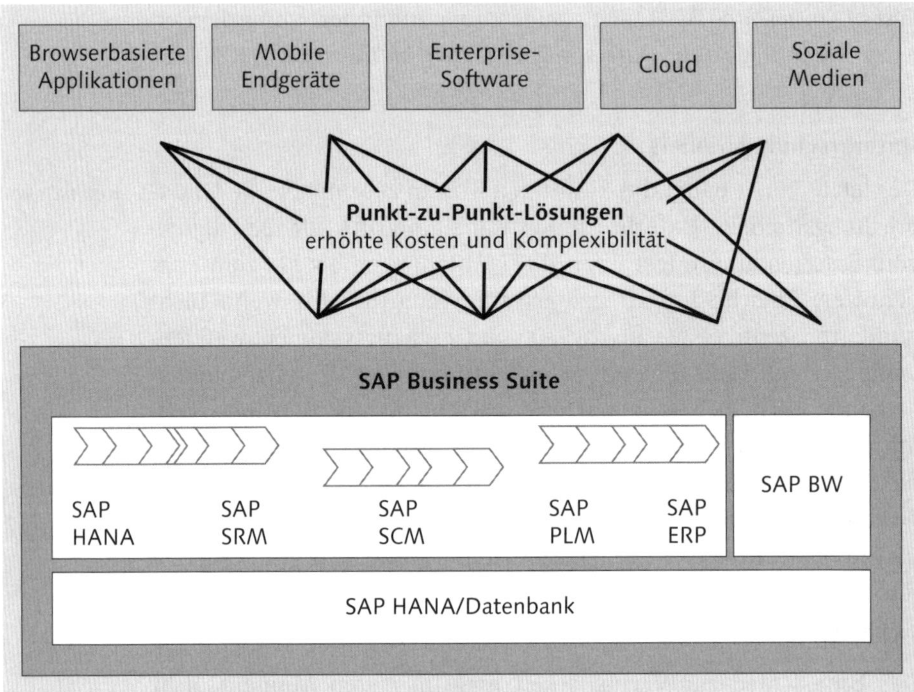

Abbildung 1.1 Punkt-zu-Punkt-Lösungen – teuer und komplex

> **Hinweis**
>
> Als Beispiel bezieht sich Abbildung 1.1 auf die SAP-Backend-Systeme. Dieselben Herausforderungen an die Infrastruktur gelten aber auch, wenn Nicht-SAP-Backend-Systeme genutzt werden.

Punkt-zu-Punkt-Lösungen

Wie Sie sehen können, sind die Geschäftsdaten in einem oder vielen Backend-Systemen gespeichert. Die Geschäftsprozesse liegen in diesen Systemen oder sind zumindest dort abgebildet, und der Zugriff auf die Systeme ist häufig über proprietäre Lösungen oder Zugriffsmethoden gelöst (z. B. RFC, Webservices). Diese Form der Infrastruktur lässt sich mindestens als komplex bezeichnen.

Um diese Infrastruktur zu vereinfachen, bieten viele Backend-Systeme inzwischen eine Webschnittstelle an. Eine Webschnittstelle öffnet diese Systeme bereits für eine breite Palette an Geräten. Wenn wir allerdings auch nur auf eine der angesprochenen Anforderungen schauen – Integration –, sehen wir sofort, dass dieser Ansatz nicht ausreichend sein kann. Die Zugriffsmethoden und Schnittstellen, die die verschiedenen Backend-Systeme anbieten, können nicht einfach integriert werden, da der gelieferte Inhalt – im Gegensatz zum verwendeten Protokoll, also HTTP – eben nicht standardisiert ist.

Klassische Infrastruktur

Ein genauer Blick auf Abbildung 1.1 enthüllt, dass zusätzlich zu den verschiedenen Backend-Systemen auch eine große Anzahl an Geräten und Kanälen unterstützt werden muss. Trotz Webschnittstellen der Backend-Systeme führt dies in klassischen Infrastrukturen mit klassischen Backend-Systemen häufig zu Punkt-zu-Punkt-Szenarien. Jedes Backend-System muss also einzeln angesprochen werden, wobei gleichzeitig jeder Kanal seine eigenen Anforderungen mit sich bringt. Dies bedeutet, dass der Zugriff nicht einheitlich für verschiedene Kanäle realisiert werden kann. Für jeden Kanal muss eine eigene Anwendung gebaut werden. Im schlimmsten Fall bedeutet dies, dass für jeden Kanal und dann wieder für jedes Backend-System des jeweiligen Kanals eine Anwendung erstellt werden müsste. Dieser Ansatz – obwohl nicht unüblich – ist ineffektiv, teuer und potenziell unsicher.

Um die Anforderungen an heutige Geschäftsanwendungen zu erfüllen, brauchen wir daher eine Lösung, die den Zugriff auf die Backend-Systeme vereinheitlicht und die gemeinsamen Aspekte der verschiedenen Kanäle zusammenfasst. Für eine solche Lösung ist es dann nur noch nötig, kanalspezifische Funktionalität zu implementieren und sich für den Rest auf das gemeinsame Coding zu stützen. Ein weiterer Vorteil dieser Lösung ist die Verfügbarkeit und der Preis guter Entwickler. Während Backend-Experten häufig Mangelware und entsprechend teuer sind, sind Entwickler für bestimmte Kanäle meist leichter zu finden und weniger teuer.

Offene Standards

Ein Ansatz, um eine solche Lösung zu realisieren, ist die Verwendung offener Standards. Offene Standards, die in einem System oder einer Zwischenschicht realisiert sind, erlauben die Abstraktion der Besonderheiten eines Backend-Systems bis zu einem Punkt, an dem der Frontend-Entwickler sich nur noch um die eigentliche Anwendungsentwicklung kümmern muss.

Ein in diesem Kontext ebenso interessanter Ansatz zielt direkt auf die Verfügbarkeit und die Kosten: *Cloud Computing*. Vereinfacht gesagt geht es beim Cloud Computing um das Auslagern von Daten und Anwendungen in das Netzwerk (wir verwenden bewusst den Begriff *Netzwerk* statt *Internet*, da Cloud Computing auch in anderen Netzwerken als dem Internet genutzt werden kann).

Cloud

Beim Cloud Computing geht es also um die Verwendung von Ressourcen – das können Hardware- oder Softwareressourcen sein –, die durch oder über das Netzwerk zur Verfügung gestellt werden. Was den Ansatz so besonders macht, ist, dass diese Ressourcen als Dienste (Services) exponiert werden. Entsprechend lässt sich zwischen folgenden Ansätzen unterscheiden:

- **Infrastructure as a Service (IaaS)**
  IaaS ist die grundlegende Form des Cloud Computings. In diesem Fall stellt der Service-Provider nur die Infrastruktur ohne Betriebssystem. Betriebssystem und weitere Software müssen entsprechend vom Benutzer des Dienstes installiert werden. Ein üblicher Ansatz ist hierbei, komplette Images zu erstellen und diese dann in die Cloud hochzuladen. Der Service-Provider verwendet häufig virtuelle Maschinen, um diese Images zu betreiben.
- **Platform as a Service (PaaS)**
  Bei diesem Ansatz stellt der Anbieter auch das Betriebssystem und gegebenenfalls Software in der Cloud zur Verfügung. Der Benutzer muss sich nicht mehr um Hard- oder Software kümmern und kann sich auf die eigentlichen Aufgaben des Systems konzentrieren.
- **Software as a Service (SaaS)**
  Dieser Ansatz geht einen Schritt weiter. Der Service-Provider bietet dem Benutzer direkt die Anwendungen an. Alle zur Bereitstellung der Anwendungen benötigten Aufgaben – inklusive der Wartung – verbleiben beim Service-Provider.

Öffentliche und private Cloud

Zusätzlich zu den drei erwähnten Arten von Cloud Computing kann man zwischen öffentlicher (public) und privater (private) Cloud unterscheiden. Während die öffentliche Cloud in der Regel offen in einem öffentlichen Netzwerk – dem Internet – existiert, liegt die private Cloud in einem geschlossenen privaten Netzwerk – z. B. einem Firmennetzwerk. Grundsätzlich ist es möglich, eine private Cloud so zu implementieren, dass auf sie auch über das Internet zugegriffen werden kann, allerdings ist sie dann so implementiert, dass nur eine bestimmte Benutzergruppe darauf zugreifen kann. Für Firmen ist besonders die private Cloud von Bedeutung, um die jeweiligen Sicherheitsanforderungen der Firma umsetzen zu können.

Hybrid-Cloud

Eine interessante Kombination aus öffentlicher und privater Cloud sowie On-Premise-Ressourcen ist die *Hybrid-Cloud*. Um ein Optimum an Flexibilität zu erreichen, nutzt die Hybrid-Cloud eine Mischung all dieser Installationsarten (ein Beispiel könnte eine private Cloud sein, die zu Zeiten hoher Belastung Ressourcen aus der öffentlichen Cloud nutzt).

Weiterführende Informationen

Das Thema Cloud Computing ist hochkomplex – ganze Bücher wurden bereits darüber geschrieben. Die hier angebotenen Informationen sollen Ihnen nur eine kurze Einführung in die Thematik bieten. Für eine tiefer gehende Betrachtung empfehlen wir: *SAP-Systeme in der Cloud: Implementierung und Betrieb* (SAP PRESS, 2015), zu finden z. B. hier: *www.sap-press.de/3826*.

Mit all diesen Herausforderungen und verschiedenen verfügbaren Informationen ist es möglich, eine Lösung zu finden, die Ihre eigenen Anforderungen an die Benutzerschnittstelle und auch an die Infrastruktur erfüllt.

1.2 SAP Gateway für moderne Geschäftsanwendungen

Kurz zusammengefasst: Eine intuitive, attraktive Benutzeroberfläche ist essenziell für eine erfolgreiche Anwendung. Die sie unterstützende Infrastruktur sollte Innovation und geschäftliche Ausrichtung ermöglichen und gleichzeitig hohe Verfügbarkeit und Flexibilität bieten. Zusätzlich müssen Integration, Wartbarkeit und Sicherheit gewährleistet werden. Um dem Ganzen die Krone aufzusetzen, sollten die Kosten niedrig bleiben und Änderungen an der Infrastruktur unterbrechungsfrei erfolgen – auch beim Ausrollen von Prozessen und Anwendungen.

REST und OData

Diese Beschreibung deckt sich mit den Zielen von SAP Gateway. SAP Gateway bietet eine offene, REST-basierte Schnittstelle, die einen einfachen Zugriff auf SAP-Systeme über das OData-Protokoll implementiert. OData ist ein verbreitetes offenes Protokoll, das in der aktuellen Version 4 standardisiert wurde und für Benutzeroberflächen und Interaktionen mit diesen optimiert ist. OData wurde von SAP für SAP Gateway ausgewählt, weil es viel genutzt wird, bekannt und leicht zu lernen ist; Mitglieder des OASIS OData Technical Committee, die für die Entwicklung des Standards verantwortlich sind, sind unter anderem IBM, CA, SAP und Microsoft (mehr Informationen zu OData finden Sie in Kapitel 2, »Einführung in OData«).

SAP Gateway bietet einen einfachen, sicheren und kontrollierten Zugriff auf SAP-Daten über einen offenen Standard, der die Spezifika eines SAP-Business-Suite-Systems abstrahiert. Wir vergleichen Abbildung 1.1 mit Abbildung 1.2, die SAP Gateway als Einzellösung zeigt, die alle Punkt-zu-Punkt-Lösungen ersetzt.

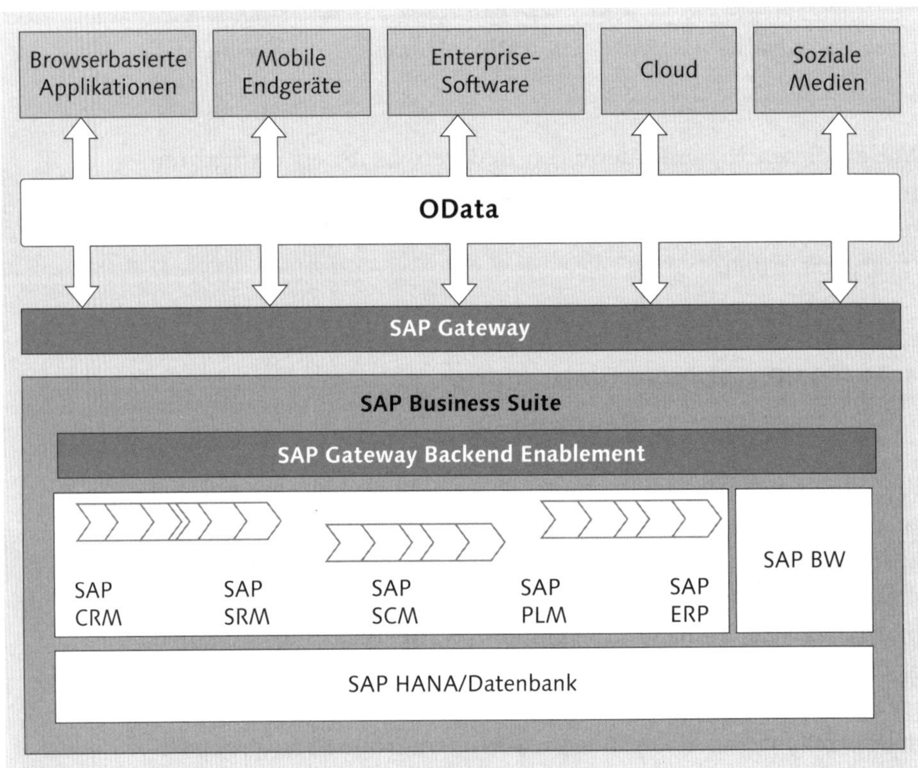

Abbildung 1.2 SAP Gateway: Auflösung des Problems der Punkt-zu-Punkt-Lösungen

SAP-Gateway-Schicht

Wie Abbildung 1.2 zeigt, ist SAP Gateway eine Schicht zwischen den Kanälen (Geräte, Applikationen etc.) und den Business-Suite-Systemen – oder genauer zwischen den SAP-NetWeaver-ABAP-basierten Systemen. Diese Schicht erlaubt das Maskieren der teils komplexen Prozess- und Datenstrukturen in den Business-Suite-Systemen und präsentiert sie der Außenwelt in vereinfachter Form. Zusätzlich vereinheitlicht SAP Gateway den Zugriff auf Business-Suite-Daten und -Prozesse über das OData-Protokoll und öffnet die SAP-Welt damit faktisch jedem Entwickler, der OData versteht. Wissen über SAP-Spezifika ist nicht unbedingt erforderlich.

Dadurch, dass es auch Nicht-SAP-Entwickler anspricht, erlaubt SAP Gateway flexiblere Anwendungen. Wenn z. B. ein Endbenutzer eine Anwendung benötigt, die aus Microsoft Office auf SAP-Daten zugreift, kann ein Microsoft-Entwickler diese nun implementieren, ohne Detailwissen über SAP zu benötigen. Anwendungen können also schneller und besser implementiert werden, da es jetzt möglich ist, den jeweiligen Anwendungsexperten die Anwendung bauen zu lassen. Das ist besonders deshalb wichtig, da sich UI-Technologien schneller entwickeln und damit öfter ändern als Backend-Prozesse.

Hinweis

Die Kontrolle über Business-Suite-Daten und -Prozesse bleibt bei den autorisierten Personen, die die Business-Suite-Systeme verwalten. Die Rechte und Einschränkungen von Endbenutzern des Business-Suite-Systems werden an die Frontend-Anwendung durchgereicht. Daher ist es für den Anwendungsentwickler weder absichtlich noch versehentlich möglich, Zugriff auf Daten zu erlangen oder sich diesen Zugriff zu verschaffen, wenn der Benutzer für diese nicht autorisiert ist.

SAP Gateway – Workflow

Abbildung 1.3 zeigt den Ablauf der Anwendungserstellung mit SAP Gateway. Wir beginnen mit dem Anlegen eines Projekts für jede Anwendung; das Projektteam definiert die Szenarien und die Prozesse, die implementiert werden müssen. Ein Projektteam kann aus einer Vielzahl von Experten bestehen, z. B. Geschäftsprozessexperten, einem Frontend-Entwickler, einem Backend-Entwickler und wahrscheinlich einem Projektmanager und Designer.

SAP Gateway – Projektschnittstellen

Mit SAP Gateway können Experten in einer Sprache sprechen. Für den Frontend-Entwickler ist nicht wichtig zu wissen, was der Backend-Entwickler im Detail tut; umgekehrt muss der Backend-Entwickler nicht wissen, was der Frontend-Entwickler im Detail tut. Diskussionen finden nur auf der Daten- und Prozessebene statt. Definierte Schnittstellen zwischen den beteiligten Projektmitgliedern erleichtern die Diskussion und reduzieren reine Technologiediskussionen auf ein Minimum. Wie Abbildung 1.3 zeigt, können sich die Experten auf den jeweiligen Bereich ihrer Expertise konzentrieren. Während der Backend-Entwickler Services erstellt und dem Frontend-Entwickler zur Verfügung stellt, kann sich der Frontend-Entwickler auf die Entwicklung der Anwendung konzentrieren. Durch die Verwendung von OData kann dabei das verwendete Frontend fast jedes beliebige Gerät oder jegliche Technologie sein.

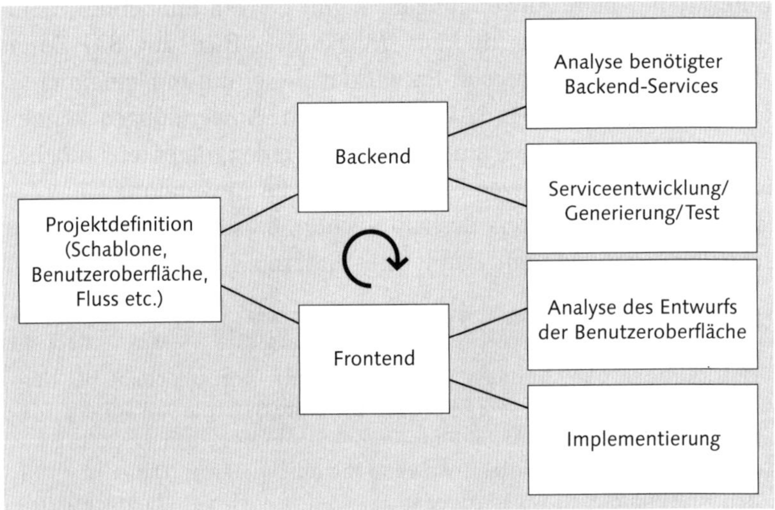

Abbildung 1.3 Ablauf der Anwendungserstellung für SAP Gateway

Skalierbarkeit Der hier beschriebene Ansatz ist nur einer von mehreren möglichen. Bedingt durch die verschiedenen Konfigurationen von Business-Suite-Systemen, ist es z. B. auch möglich, dass ein einzelner Frontend-Entwickler Anwendungen auf Basis der bereits existierenden Daten und Services baut. Das bedeutet, dass die Projektgröße bei der Entwicklung mit SAP Gateway vom einzelnen Entwickler bis hin zu großen Projektteams skalieren kann.

Kurz zusammengefasst, bietet SAP Gateway eine zentralisierte Schnittstelle für die SAP-Welt (das heißt für alle auf SAP NetWeaver ABAP basierenden Backend-Systemen), basierend auf einem offenen Industriestandard. Mit der Unterstützung von Mehrkanalzugriff (*Multichannel Access*) statt der Fokussierung auf mobile Lösungen steigen dabei die Anwendungsmöglichkeiten von SAP Gateway enorm.

Hinweis

Andere SAP-Technologien unterstützen ebenfalls OData, nutzen aber (noch) nicht SAP Gateway. Diese Technologien lassen sich aber grundsätzlich auch durch SAP Gateway nutzen, wenn Sie OData verwenden.

Mehrkanal-unterstützung

Erfüllt SAP Gateway nun unsere bisher gestellten Anforderungen? Schauen wir auf unsere Liste:

- **Intuitive, attraktive Oberfläche**
  Durch SAP Gateway hat der Frontend-Entwickler die Möglichkeit, sich auf die Anwendung und die Oberfläche zu konzentrieren. Durch die Verwendung spezifischer – teils proprietärer – Werkzeuge für spezifische Kanäle können Sie Benutzerparadigmen und -erfahrungen (User Experience, UX) optimal umsetzen.
- **Innovation**
  Mit SAP Gateway wird die Anwendungsentwicklung durch die Implementierung neuer Prozesse wesentlich flexibler. Innovation kann also leichter umgesetzt werden, und SAP Gateway reduziert gleichzeitig die Kosten des Ausrollens. Änderungen müssen nur dort vorgenommen werden, wo sich wirklich etwas ändert. Gibt es z. B. bereits eine Anwendung zur Reisebuchung auf dem iPhone, ist es nicht notwendig, über das Backend-System die gleiche Funktionalität auf Microsoft Kinect umzusetzen. Nur die Frontend-Entwicklung für die jeweilige Plattform muss umgesetzt werden, dabei kann diese Entwicklung von anderen Anwendungen für andere Kanäle profitieren.
- **Geschäftliche Orientierung**
  Mit der Flexibilität im Hinblick auf Kanäle (Multichannel Support) und Entwickler ist es einfach, Anwendungen zu bauen, die sich an den geschäftlichen Realitäten des Endbenutzers orientieren. In bestimmten Szenarien mag es sogar für einen Geschäftsprozessexperten (Business Process Expert, BPX) möglich sein, die Anwendung zu bauen.
- **Verfügbarkeit**
  Die Unterstützung vieler Kanäle erhöht direkt die Verfügbarkeit von Daten und Prozessen. SAP Gateway sichert zudem den Zugriff auf Backend-Daten zu fast jedem Zeitpunkt.

Offline-Szenarien

Offline-Szenarien sind spezielle Situationen, die separat betrachtet werden müssen. In Anhang A, »Weiterführende Konzepte«, werfen wir einen Blick auf Offline-Szenarien.

- **Beweglichkeit**
  Entwicklungszyklen können durch die Verwendung von SAP Gateway verkürzt werden, entsprechend verbessert sich die Beweglichkeit.
- **Integration**
  Integration findet erst einmal im Backend statt, das jetzt aber als eine Einheit betrachtet werden kann. Dann findet sie auch im Frontend statt, das von der Verwendung von Standards profitiert, wenn es diese ebenfalls unterstützt. Frontends, die die Standards nicht verstehen oder unterstützen, lassen sich in der Regel durch angepasste Anwendungen integrieren.
- **Wartung und Sicherheit**
  Die Sicherheit der Daten liegt bei den Administratoren der Backend-Systeme, ebenso die Wartung. Die Wartung der Frontend-Systeme muss anders organisiert werden, da sie vom verwendeten Kanal abhängt. Für spezielle Anforderungen in diesem Bereich bietet SAP z. B. die SAP Mobile Platform (SMP) an, die die Fernwartung mobiler Anwendungen ermöglicht.
- **Kosten**
  Durch die Verkürzung von Entwicklungszyklen und die Konzentration der Experten auf den Bereich ihrer jeweiligen Expertise können die Entwicklungskosten deutlich reduziert werden. Zusätzlich zu den bereits erwähnten Aspekten ist der Hauptgrund für diese Vorteile eine Reduktion der Reibung zwischen den verschiedenen involvierten Parteien. Außerdem ist die Implementierung von SAP Gateway vergleichsweise einfach und günstig; SAP-Kunden haben z. B. unter Umständen schon alle für die Verwendung nötigen Lizenzen. Wie wir in Kapitel 4, »Deployment-Optionen, Installation und Konfiguration«, noch ausführlich darstellen werden, wird SAP Gateway mit SAP NetWeaver 7.40 ausgeliefert bzw. ist in dieser Version bereits vorinstalliert, alternativ kann es ohne Unterbrechung in bestehenden SAP-Landschaften installiert werden.

- **Unterbrechungsfreiheit**
  Wie wir im nächsten Abschnitt näher ausführen werden, sind die Installation und das Deployment von SAP Gateway einfach und können ohne Unterbrechung des laufenden Betriebs erfolgen.

SAP Gateway ist die Antwort von SAP, um Geschäftsanwendungen bauen zu können, die eine Oberfläche und eine Backend-Infrastruktur liefern, wie sie heute von Benutzern erwartet werden.

1.3 Installation und Deployment

SAP Gateway – Verfügbarkeit

Wenn Sie SAP Gateway in produktiven Systemen einsetzen möchten und die entsprechenden Lizenzen bereits vorliegen, können Sie SAP Gateway vom SAP Support Portal herunterladen. Dazu gehen Sie auf *http://support.sap.com/swdc* und wählen Software Downloads • Installations and Upgrades • Browse our Download Catalog • SAP NetWeaver and Complementary Products • SAP Gateway • SAP Gateway 2.0.

Hinweis

Der Download in dieser Form ist nur für SAP-NetWeaver-Releases kleiner 7.40 SP02 notwendig; ab diesem Release ist SAP Gateway bereits in SAP NetWeaver inkludiert. (Für manche Szenarien mag das Herunterladen zusätzlicher Plug-ins nötig sein. Diese Plug-ins sind dann wiederum auf dem SAP Service Marketplace zu finden.)

SAP Developer Center

Wenn Sie SAP Gateway nur testen möchten (als Entwickler oder in anderer Funktion), können Sie dies im SAP Developer Center für SAP Gateway auf *http://developers.sap.com* unter Tools & SDKs • SAP Gateway (Englisch) tun. Als Benutzer der verschiedenen SAP Developer Center – von denen SAP Gateway nur eines ist – erhalten Sie leicht Zugriff auf SAP-Produkte. Für SAP Gateway erhalten Sie eine Installation, die keine weitere Installation auf dem eigenen Rechner erfordert. Zusätzlich erhalten Sie eine kostenlose Entwicklerlizenz, mit der Sie in SAP Gateway entwickeln dürfen.

Kurz: Über das Developer Center erhalten Sie alles, was Sie brauchen, um mit der Gateway-Entwicklung beginnen zu können. Das Beste daran ist, dass Sie dafür Ihre eigene Entwicklungsumgebung nutzen können.

Wenn Sie SAP Gateway heruntergeladen haben oder es als Teil einer Installation von SAP NetWeaver 7.40 bereits besitzen, sind Sie bereit für die Installation und das Deployment.

> **Hinweis**
>
> Dieser Abschnitt bietet nur einen kurzen Überblick über den Installations- und Deployment-Prozess. Eine detaillierte Beschreibung finden Sie in Kapitel 4, »Deployment-Optionen, Installation und Konfiguration«.

1.3.1 Installation

Installationsanforderungen

Tabelle 1.1 und Tabelle 1.2 listen die Anforderungen auf, die erfüllt sein müssen, um SAP Gateway zu betreiben. Die minimalen Hardwareanforderungen sind dabei leicht zu erfüllen. Das hat zwei Vorteile: kosteneffiziente Systeme für Firmen, auch nach Skalierung, und einfache Installation (selbst für Nicht-Entwickler, wie z. B. Geschäftsprozessexperten).

Entität	Minimale Anforderung
Prozessor	Doppelkern-Prozessor (zwei logische CPUs) mit 2 GHz
Hauptspeicher/RAM	8 GB
Festplattenspeicher	80 GB

Tabelle 1.1 Minimale Hardwareanforderungen für SAP Gateway

<table>
<tr><th>Entität</th><th colspan="2">Anforderung</th></tr>
<tr><td rowspan="3">SAP NetWeaver Stack</td><td colspan="2">Der aktuellste Kernel-Patch für die entsprechende SAP-NetWeaver-Version muss eingespielt sein!</td></tr>
<tr><td>Kernkomponenten (GW_CORE und IW_FND)</td><td>▸ SAP NetWeaver 7.0 SPS25
▸ SAP NetWeaver 7.01 SPS10
▸ SAP NetWeaver 7.02 SPS07
▸ SAP NetWeaver 7.03 SPS01
▸ SAP NetWeaver 7.31 SPS01</td></tr>
<tr><td>Kernkomponente (SAP_GWFND); beinhaltet Funktionalität von IW_FND, GW_CORE, IW_BEP und IW_HDB.</td><td>▸ SAP NetWeaver 7.40 SPS01</td></tr>
</table>

Tabelle 1.2 Minimale Softwareanforderungen

Entität	Anforderung	
SAP NetWeaver Stack (Forts.)	Business-Enablement-Provisioning-Komponente (IW_BEP)	▸ SAP NetWeaver 7.0 SPS18 ▸ SAP NetWeaver 7.01 SPS03 ▸ SAP NetWeaver 7.02 SPS06 ▸ SAP NetWeaver 7.03 SPS01 ▸ SAP NetWeaver 7.31 SPS01
	Content-Adapter-Komponente (IW_PGW), Screen-Scraping-Komponente (IW_SCS)	▸ SAP NetWeaver 7.0 SPS18 ▸ SAP NetWeaver 7.01 SPS03 ▸ SAP NetWeaver 7.02 SPS06 ▸ SAP NetWeaver 7.03 SPS01 ▸ SAP NetWeaver 7.31 SPS01 ▸ SAP NetWeaver 7.40 SPS01
	Content-Adapter-Komponente (IW_SPI)	▸ SAP NetWeaver 7.02 SPS06 ▸ SAP NetWeaver 7.03 SPS01 ▸ SAP NetWeaver 7.31 SPS01 ▸ SAP NetWeaver 7.40 SPS01
	Content-Adapter-Komponente (IW_HDB)	▸ SAP NetWeaver 7.02 SPS09 ▸ SAP NetWeaver 7.03 SPS01 ▸ SAP NetWeaver 7.31 SPS01 Minimalanforderung SAP-HANA-Datenbankversion: SAP HANA 1.0 SPS02
	Content-Adapter-Komponente (IW_GIL)	▸ SAP NetWeaver 7.01 SPS03 ▸ SAP NetWeaver 7.02 SPS06 ▸ SAP NetWeaver 7.03 SPS01 ▸ SAP NetWeaver 7.31 SPS01 ▸ SAP NetWeaver 7.40 SPS01
	Content-Komponenten (IW_CNT und IW_CBS)	▸ SAP NetWeaver 7.02 SPS07 ▸ SAP NetWeaver 7.03 SPS01 ▸ SAP NetWeaver 7.31 SPS01 ▸ SAP NetWeaver 7.40 SPS01
SAP WEB UIF	Kernkomponentenversion (IW_FND 250)	▸ SAP WEB UIF 7.01 SP01 ▸ SAP WEB UIF 7.31 SP00
	optionale Kernkomponente (IW_FNDGC [für *Generic Channel*]*)	▸ SAP WEB UIF 7.46 SP00 ▸ SAP WEB UIF 7.47 SP00

Tabelle 1.2 Minimale Softwareanforderungen (Forts.)

Entität	Anforderung	
SAP WEB UIF (Forts.)	Content-Adapter-Komponente (IW_GIL)	▸ SAP WEB UIF 7.0 SP03 ▸ SAP WEB UIF 7.01 SP00 ▸ SAP WEB UIF 7.31 SP00 ▸ SAP WEB UIF 7.46 SP00 ▸ SAP WEB UIF 7.47 SP00
SAP-Backend	Business-Suite-System	
* Diese Komponente ist nur nötig, wenn Szenarien angepasst werden sollen, die vom Generic Channel abhängen; sie wird in Neuinstallationen nicht benötigt.		

Tabelle 1.2 Minimale Softwareanforderungen (Forts.)

1.3.2 Deployment

Eingebettetes vs. Hub-Deployment

Im Wesentlichen gibt es zwei Deployment-Optionen für SAP Gateway: *Hub-Deployment* und *eingebettetes (Embedded) Deployment*. Das Hub-Deployment kann allerdings wiederum in zwei verschiedene Szenarien aufgeteilt werden: Entwicklung auf dem Backend-System oder Entwicklung auf dem Hub selbst. Wir diskutieren im Folgenden alle drei Szenarien.

SAP NetWeaver 7.40

Die Deployment-Optionen für SAP Gateway beinhalten in der Regel die Entscheidung darüber, wo welche Komponenten des Produkts deployt werden. Mit SAP NetWeaver 7.40 gibt es hier eine Änderung, da es SAP Gateway bereits beinhaltet und `SAP_GWFND` als Teil der Standardinstallation installiert. `SAP_GWFND` umfasst die Funktionalität von `IW_BEP`, `GW_CORE`, `IW_FND` und `IW_HDB`.

Eingebettetes Deployment

Eingebettetes Deployment bedeutet, dass die Services im Business-Suite-Backend-System registriert und veröffentlicht werden. Dies betrifft die Kernkomponenten von `IW_FND` und `GW_CORE` für ältere Versionen und `IW_GWFND` für SAP NetWeaver 7.40 oder aktueller.

Vor- und Nachteile

Der Hauptvorteil eines eingebetteten Deployments ist, dass der Mehraufwand zur Laufzeit um einen Remote Call reduziert wird. Der Hauptnachteil ist, dass SAP Gateway für jedes Business-Suite-System einzeln konfiguriert werden muss, wenn mehrere Systeme zum Einsatz kommen. Außerdem können eingebettete Systeme nicht als Hub für andere Backend-Systeme genutzt werden, das heißt, Routing und Komposition können nicht verwendet werden.

Wir raten davon ab, ein Business-Suite-System mit eingebettetem Deployment von SAP Gateway als Hub-System für ein weiteres Backend-System zu verwenden. In diesem spezifischen Szenario kann die Version des Hub-Systems kleiner sein als die der Gateway-Backend-Komponente auf dem Remote-Backend-System. In vielen Firmen gibt es sehr strikte Regeln, wann und wie Systeme aktualisiert werden dürfen. Entsprechend kann dies dazu führen, dass das Hub-System nicht aktualisiert werden kann, obwohl das Backend-System bereits aktualisiert wurde. Um diese Situation zu vermeiden, setzen Sie eine der folgenden Lösungen um:

- eingebettetes Deployment für die Business-Suite-Systeme
- dedizierte Gateway-Hub-Systeme mit der jeweils aktuellsten Gateway-Version

Hinweis

Für nähere Informationen zur Abhängigkeit zwischen `IW_BEP` und `IW_FND` verweisen wir auf SAP-Hinweis 1830198.

Hub-Deployment

In diesem Szenario wird ein dedizierter Server – das Hub-System – für die SAP-Gateway-Funktionalitäten genutzt.

Hub-Deployment: Entwicklung auf dem Backend-System

Die erste Variante des Hub-Deployments wird in Situationen verwendet, in denen die Services auf den Backend-Systemen deployt und auf dem Server nur registriert werden. Die Serverfunktionalitäten von SAP Gateway werden nur auf dem dedizierten Server (Hub) verwendet. Auf den Backend-Systemen ist `IW_BEP` deployt (oder `SAP_GWFND` für SAP NetWeaver 7.40 oder aktueller). Der Vorteil dieses Hub-Deployments ist, dass das System als einziger Einstiegspunkt für die Backend-Systeme fungiert. Auf diesem System lassen sich Routing und Komposition von verschiedenen Systemen umsetzen. Diese Art des Hub-Systems erlaubt es, dass das System auf einem aktuelleren Stand ist und so die Verwendung aktuellster Funktionalität ermöglicht (z. B. aktuelle Authentifizierungsoptionen oder SAPUI5). In die sem Szenario verbessert sich zudem die Sicherheit, da es keinen direkten Zugriff auf das Backend-System gibt. Zugleich erlaubt dieses Deployment aber direkten Zugriff auf lokale Metadaten (DDIC) und Geschäftsdaten und reduziert so den Mehraufwand zur Laufzeit.

Hinweis

Das Hub-System sollte kein Business-Suite-System sein, es sollte ein SAP NetWeaver ABAP Application Server sein. Das gilt für beide Varianten des Hub-Deployments.

Hub-Deployment: Enwicklung auf dem Hub

Entwicklung auf dem Hub

Die zweite Variante des Hub-Deployments sollte in Situationen verwendet werden, in denen der Zugriff auf das Backend-System eingeschränkt ist (das Backend-System also nicht angefasst werden darf) und die Entwicklung auf dem Backend entsprechend nicht möglich ist. Diese Variante sollte ebenso zum Einsatz kommen bei Releaseständen unter SAP NetWeaver 7.40, wenn eine Installation von `IW_BEP` auf dem Backend nicht erlaubt ist. Bei dieser Art des Hub-Deployments werden Serverfunktionalitäten nur auf dem Gateway-Hub-System gebraucht. Die Serviceentwicklung findet – im Gegensatz zur ersten Variante – auf dem Hub statt.

Vorteile

Die Vorteile dieses Hub-Deployments sind, dass das Backend-System nicht angefasst werden muss, was wiederum bedeutet, dass es keine Notwendigkeit gibt, Gateway-Add-ons auf dem Backend zu installieren oder zu aktualisieren. Für extern bestellte Entwickler hat dies zudem den Vorteil, dass kein Deployment auf dem Backend-System erfolgen muss.

Es gibt folgende weitere Nachteile:

- Es wird ein zusätzlicher Server für SAP Gateway benötigt.
- Der Zugriff auf das Backend-System ist limitiert auf remotefähige Schnittstellen, z. B. RFCs, BAPIs, SAP BW Easy Queries, SPI-Objekte (Service Provider Infrastructure). Diese Schnittstellen sind unter Umständen nicht optimal für den Einsatz auf einem Hub.
- Auf GenIL-Objekte (Generic Interaction Layer) kann nicht remote zugegriffen werden, und es gibt keinen direkten lokalen Zugriff auf Metadaten (Data Dictionary, DDIC) und Geschäftsdaten.

Wie Sie aus diesem kurzen Abriss sehen können, ist das Deployment von SAP Gateway – besonders mit SAP NetWeaver 7.40 oder aktuelleren Versionen – einfach und entsprechend kostengünstig. Die verschiedenen Varianten erlauben dabei eine Installation in nahezu jeder Zusammenstellung oder Infrastruktur. Die Entscheidung für eine bestimmte Deployment-Art ergibt sich im Wesentlichen aus den Anforderungen, die sich wiederum aus der Infrastruktur ergeben, in der SAP Gateway installiert werden soll (für eine detaillierte Betrachtung der Deployment-Thematik siehe Kapitel 4, »Deployment-Optionen, Installation und Konfiguration«).

Hinweis

Für eine ausführliche Diskussion der Vor- und Nachteile von eingebettetem gegenüber Hub-Deployment empfehlen wir *http://help.sap.com/saphelp_nw74/helpdata/de/3E/B1EA508F88BB7EE10000000A445394/content.htm* (auf Englisch).

1.4 SAP Gateway im Kontext anderer relevanter SAP-Produkte

Als die erste Ausgabe dieses Buches geschrieben wurde, war SAP Gateway das einzige Produkt, das einen Zugriff auf die SAP Business Suite über REST und OData erlaubte. Dies hat sich in der Zwischenzeit geändert. Verschiedene Produkte haben die SAP-Gateway-Technologie übernommen und integriert, um ebenfalls über REST und OData auf die SAP Business Suite zugreifen zu können. Die Integration der SAP-Gateway-Technologie in andere Produkte unterstreicht eindrucksvoll, wie wichtig SAP Gateway ist. Dies gilt sowohl für klassische als auch für aktuellste Szenarien. In diesem Kontext wollen wir uns einige der Produkte anschauen, die im SAP-Gateway-Umfeld relevant sind, und diese mit SAP Gateway vergleichen.

Hinweis

Die folgenden Vergleiche und Positionierungen sollen ein grundsätzliches Verständnis für SAP Gateway im Kontext anderer Produkte schaffen. Es handelt sich dabei nicht um eine offizielle SAP-Position, und wir erheben keinen Anspruch auf Vollständigkeit.

1.4.1 SAP Gateway for Microsoft

Produktvergleich

Bevor SAP Gateway 2011 auf der SAPPHIRE NOW ausgerollt wurde, hatten SAP und Microsoft bereits zusammen ein Produkt herausgebracht, das auf einem Vorgänger von SAP Gateway basierte: Duet Enterprise. Duet Enterprise wurde offiziell am 1. Februar 2011 veröffentlicht und stellte eine neue Ebene der Zusammenarbeit zwischen SAP und Microsoft dar. Heute schließt sich der Kreis mit SAP Gateway for Microsoft (GWM).

Interoperabilität mit Microsoft

GWM wurde entwickelt, um die Interoperabilität zwischen SAP und Microsoft zu optimieren. Da über 90 % aller SAP-Kunden Microsoft-Produkte benutzen, hat dieses Thema eine besondere Relevanz. GWM bietet ein flexibles Framework, mit dem sich Applikationen bauen lassen, die aus der Microsoft-Welt SAP-Inhalte konsumieren.

Der Vorteil ist, dass Sie bei Kenntnissen der Microsoft-Technologie Ihr Wissen weiterhin nutzen können und mit GWM Applikationen entwickeln können, die auf SAP-Inhalten basieren. GWM unterstützt alle größeren Microsoft-Plattformen wie Office 365, Office 2013, Office 2010, Microsoft Azure und C#-basierte Applikationen (ab GWM SP03; siehe Abbildung 1.4).

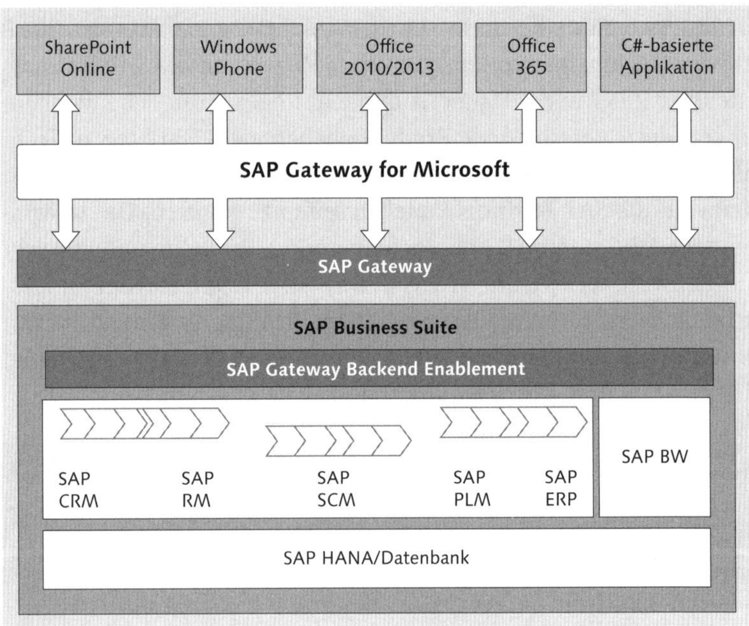

Abbildung 1.4 SAP Gateway for Microsoft im Kontext der bereits vorgestellten Infrastruktur

GWM lässt sich in der Cloud betreiben – genauer gesagt in Microsoft Azure, der Cloud-Plattform von Microsoft (ab GWM SP03). GWM unterstützt dabei auch Hybridszenarien (also eine Mischung aus On-Premise- und On-Demand-Szenarien). Das bedeutet, dass Sie ein SAP-System in sicherer, skalierbarer Weise mit Microsoft verbinden können, indem Sie die Microsoft-Cloud nutzen. Besonders wichtig ist hierbei, dass dies möglich ist, ohne die Verfügbarkeit negativ zu beeinflussen.

Wie aus Abbildung 1.4 zu erkennen ist, basiert GWM, zumindest teilweise, auf SAP Gateway und kann als solches SAP Gateway perfekt ergänzen. Dies gilt insbesondere in SAP-Microsoft-Interoperabilitätsszenarien.

Vorteile von GWM

Natürlich ist es grundsätzlich auch möglich, nur mit SAP Gateway Applikationen zu bauen, die eine Microsoft-Integration ermöglichen. Allerdings entgehen Ihnen in diesem Fall die Vorteile, die GWM bietet:

- Single Sign-on (SSO)
- Sicherheit
- Skalierbarkeit
- Monitoring
- Vorlagen für verschiedenste Szenarien (z. B. Outlook-Szenarien)
- vereinfachte Integration in C#-basierte Projekte

In Summe lässt sich sagen, dass GWM eine Menge unnötiger Arbeit für den Entwickler durch eingebaute Interoperabilität eliminiert. Dadurch wird GWM zum perfekten Partner für SAP Gateway in SAP-Microsoft-Interoperabilitätsszenarien.

1.4.2 SAP Enterprise Portal

Das *SAP Enterprise Portal* fungiert als Einstiegspunkt für alle Geschäftsinformationen – SAP- und Nicht-SAP-Informationen – über einen einfachen Webbrowser. Das Portal ist rollenbasiert und sicher.

SAP NetWeaver Portal oder SAP Enterprise Portal?

Die gleiche Vereinfachung, der das NetWeaver in SAP NetWeaver Gateway zum Opfer gefallen ist, verdanken wir die Umbenennung des SAP NetWeaver Portals in SAP Enterprise Portal. Wie bereits erwähnt, lassen sich weitere Informationen dazu hier finden: *http://scn.sap.com/community/netweaver/blog/2014/05/30/sap-netweaver-branding simplification*.

> Auch in diesem Fall gilt, dass sich in älteren Dokumenten noch der alte Name findet. Dies bedeutet nicht, dass die Dokumente obsolet sind. Sind die Dokumente noch über offizielle Quellen verfügbar, haben sie in der Regel noch Bedeutung. Berücksichtigt werden sollte dabei allerdings die Version des Portals, auf das sich die Dokumente beziehen.

Integrationsplattform

Als Integrationsplattform, die verschiedenste Oberflächentechnologien unterstützt, ist SAP Enterprise Portal eine natürliche Ergänzung zu SAP Gateway. Als komplementäres – nicht konkurrierendes – Produkt können wir uns auf die Vorteile konzentrieren, die sich aus der Zusammenarbeit von SAP Gateway und SAP Enterprise Portal ergeben. Schauen wir uns vorher noch kurz die Anforderungen von Kunden an:

- Einführung neuer Benutzeroberflächen und -technologien
- Mobilisierung bestehender Inhalte
- zentralisierte Steuerung und Verwaltung von auf SAP Gateway basierenden Anwendungen
- Erstellung von Webpräsenzen nach außen mit Inhalten von SAP- und Nicht-SAP-Systemen bei gleichzeitiger Nutzung der Vorteile von SAP Enterprise Portal und SAP Gateway

SAP Enterprise Portal – Fähigkeiten

Die folgenden Fähigkeiten decken diese Anforderungen ab:

- Verwaltung von Gateway-Anwendungen, basierend auf existierenden Rollen unter Verwendung von SAPUI5-iViews (nähere Informationen auf Englisch: *http://help.sap.com/saphelp_nw74/helpdata/en/fc/5b37515e517262e10000000a44538d/content.htm*)
- Nutzung des SAP Enterprise Portals als zentraler, skalierbarer und sicherer Integrationsknotenpunkt für Gateway-Anwendungen
- einfaches Deployment von Gateway-Anwendungen in das SAP Enterprise Portal
- Entwicklung von SAP-Enterprise-Portal-Inhalten durch Entwickler ohne SAP-Kenntnisse im klassischen Sinn über die Integration von Gateway-Datenquellen (siehe *http://help.sap.com/saphelp_nw74/helpdata/en/07/13829caa59408a82448784dd6428cd/frameset.htm* oder *http://help.sap.com/saphelp_nw73/helpdata/en/c5/322d3d85c34704a8121864a31074bb/frameset.htm*, beide auf Englisch)

Zusammenfassend erlaubt SAP Gateway ein einfaches Deployment von Anwendungen in das SAP Enterprise Portal. Das SAP Enterprise Portal wiederum stellt einen rollenbasierten, sicheren Einstiegspunkt für den Zugriff auf diese Anwendungen zur Verfügung und nutzt dabei eine vorhandene skalierbare Infrastruktur. Außerdem können Gateway-Anwendungen portalspezifische Entitäten (z. B. Dokumente, Suche, Rollen) nutzen.

SAP Gateway und SAP Enterprise Portal ergänzen sich perfekt, daher unterstützt SAP Enterprise Portal die Gateway-Servicekonsumierung seit SAP NetWeaver 7.3 SP08.

1.4.3 SAP Mobile Platform

Obwohl die Mobile-Plattform von SAP (*SAP Mobile Platform*, SMP) ebenfalls den Zugriff auf Business-Suite-Systeme durch mobile Endgeräte erlaubt, unterscheidet sie sich doch in vielerlei Hinsicht von SAP Gateway, besonders dadurch, dass SAP Gateway den Zugriff über verschiedene Kanäle auf die SAP Business Suite implementiert – die zwar den Zugriff durch mobile Endgeräte beinhalten, aber nicht auf diese eingeschränkt sind. Tatsächlich ist SAP Gateway (Java) in die SAP Mobile Platform integriert, wie Sie in Abbildung 1.5 sehen können.

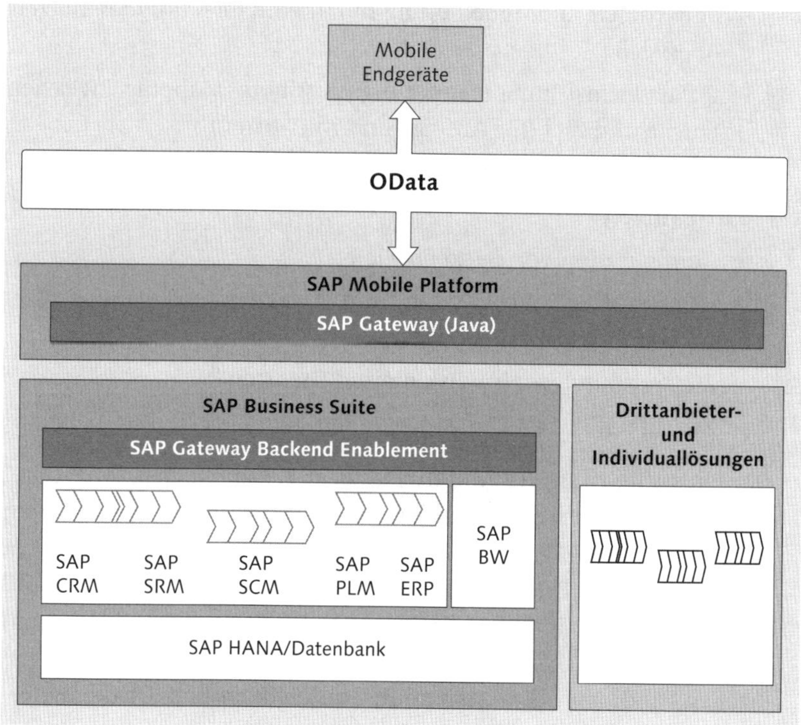

Abbildung 1.5 SAP Mobile Platform und SAP Gateway

SAP Mobile Platform und SAP Gateway

Zusammen bieten SAP Gateway und SMP komplementäre Funktionalitäten, die auf ihrem jeweiligen Hauptzweck beruhen: Mehrkanalunterstützung und Unterstützung mobiler Endgeräte.

In Kombination liefern SAP Gateway und SMP die besten Resultate – SAP Gateway im Bereich des OData Enablement der SAP Business Suite und SMP in der Unterstützung und Ermöglichung mobiler Applikationen. Es mag allerdings auch Szenarien geben, in denen SMP der Hauptakteur ist und SAP Gateway eigenständig in der Infrastruktur nicht einmal auftaucht.

Da SMP inzwischen eine eigene SAP-Gateway-Komponente (SAP Gateway [Java]) beinhaltet, die manchmal auch als Integration Gateway bezeichnet wird, ist es sehr einfach möglich, aus SAP Mobile Platform 3.0 OData-Provisioning anzubieten. In manchen Szenarien ist dies sinnvoll, da es die Installation einer eigenen SAP-Gateway-Instanz überflüssig machen kann.

Die SAP-Gateway-Komponente in SAP Mobile Platform 3.0 bietet:

- **Bei der Entwicklung**
  - einfache OData-Modellierung durch eine interaktive Benutzeroberfläche
  - OData-Dienst-Implementierung: Attribute Mapping zwischen Quelle und Ziel (für Anfrage und Antworten)
  - OData-Dienst-Deployment
- **Zur Laufzeit**
  - Konfiguration von Backend-Zielen
  - Registrierung, Aktivierung und Deaktivierung von OData-Diensten
  - Zielzuordnung zu provisionierten Diensten
  - Zugriff auf OData-Dienst-Dokumente und Server-Log-Dateien

Der Umstand, dass SAP Mobile Platform 3.0 eine eigene SAP-Gateway-Komponente bekommen hat, unterstreicht die Bedeutung von SAP Gateway und der Funktionalität, die das Produkt anbietet. Mit SAP Gateway, SAP Mobile Platform 3.0 und SAP NetWeaver 7.40 (inklusive SAP Gateway), wird die größtmögliche Flexibilität erreicht, um die SAP Business Suite über OData zugänglich zu machen, und auch die Integration von eigenen und Drittanbieterlösungen wird vereinfacht.

1.4.4 SAP HANA

Wie passt nun *SAP HANA* ins Bild? Wie integriert sich SAP Gateway mit SAP HANA? Und wichtiger noch, warum wollen wir eigentlich, dass SAP Gateway und SAP HANA zusammenarbeiten?

In-Memory

Bevor wir diese Fragen beantworten, sollten wir erst einmal darauf schauen, was SAP HANA eigentlich ist. SAP HANA vereint Datenbank- und Applikationsplattform-Funktionalitäten im Hauptspeicher (In-Memory), um z. B. Transaktionen, Analysen, Textanalysen und Vorhersagen so zusammenzuführen, dass die Daten geschäftlich in Echtzeit nutzbar sind.

Schauen wir jetzt noch kurz darauf, was Benutzer erwarten: Die Berechnungsfähigkeiten von SAP HANA sind dabei ein entscheidender Teil der Gleichung, ein anderer Teil ist, dass die Business-Suite-Logik einfach zur Verfügung gestellt wird. Allgemein erwarten Benutzer, dass sie Daten aus SAP HANA und der SAP Business Suite auf einfache und standardisierte Weise konsumieren können. SAP Gateway und SAP HANA in Kombination können dies bieten. Durch die Kombination ist es möglich, die Werte von Objekteigenschaften in SAP Gateway mit HANA-Anfragen zu verbessern. Sie können über SAP Gateway auf HANA-Objekte zugreifen. SAP Gateway erlaubt aber auch einen direkten Zugriff auf Daten über OData und einen transaktionalen Zugriff auf die SAP Business Suite.

Gesamtkosten-Entwicklung (TCD)

Ein Resultat dieser Vorteile ist eine Reduktion der Gesamtkosten der Entwicklung (*Total Cost of Development*, TCD) durch einen standardisierten Zugriff auf Daten und die Bereitstellung über OData. Bezüglich der Sicherheit ist die Abkapselung der SAP Business Suite von externen Benutzern eine enorme Verbesserung und erlaubt eine sichere Infrastruktur.

Mit der aktuellsten Version der SAP Business Suite, *SAP Business Suite on SAP HANA*, und *SAP S/4HANA* hat sich SAP entschlossen, die Vorteile des SAP Gateway Frameworks auch auf SAP HANA zu nutzen.

1.4.5 SAP Process Integration (PI) and SAP Process Orchestration (PO)

System zu System und System zu Benutzer

Bei *SAP Process Integration* (PI) handelt es sich um eine Enterprise-Application-Integration-Plattform (EAI), die zum SAP-NetWeaver-Stack gehört. Die Hauptaufgabe von SAP Process Integration ist der

Informationsaustausch zwischen verschiedenen Systemen in einer Firma und besonders zwischen Firmen (z. B. Partnern, Zulieferern). *SAP Process Orchestration* (PO) ist eine Kombination aus SAP PI, SAP Business Process Management (BPM), und SAP Business Rules Management (BRM).

Der Hauptunterschied zwischen SAP Gateway und SAP Process Integration liegt in den Anwendungsfällen: Während SAP Process Integration den Fokus auf die System-zu-System-Kommunikation legt, ist der Schwerpunkt bei SAP Gateway die System-zu-Benutzer-Kommunikation.

Heute, mit der zweiten Ausgabe unseres Buches, ist diese Einschätzung immer noch korrekt. Allerdings sehen wir auch Überlappungen: Mit SAP PO 7.31 SPS13 und SAP PO 7.40 SPS08 ist SAP Gateway inzwischen zu einem Teil von SAP PO geworden. Ähnlich wie bei der SAP Mobile Platform ist es jetzt möglich, SAP-Gateway-Dienste aus dem SAP-Backend-System direkt vom SAP-PO-Server zu nutzen. In manchen Szenarien kann dies von Vorteil sein, erlaubt es doch unter Umständen, die Installation eines dedizierten SAP-Gateway-Hauptservers zu vermeiden.

SAP Gateway in SAP PO bietet folgende Features:

- Einzel- und Verbundmechanismen, um Dienste via REST/OData zu exponieren
- Einzelplattform für alle Integrationsaspekte
- Provisionierung von in Java implementierter Geschäftslogik über einfache API

SAP Gateway steht nicht in Konkurrenz zu SAP PO und SAP PI – eher im Gegenteil. Die Produkte profitieren voneinander. Dies gilt besonders für Szenarien, in denen SAP PO als zentraler SAP-Gateway-Hub fungiert.

1.4.6 SAP Business Warehouse (BW)

Daten analysieren

SAP Business Warehouse ist eine der Business-Intelligence-Lösungen (BI) von SAP und Teil der Technologieplattform SAP NetWeaver. Sie kann große Mengen an Daten analysieren und auf intuitive und leicht anpassbare Art und Weise in Form von Reports präsentieren. Durch die Kombination von SAP BW und SAP Gateway ist es nun möglich, BW-Daten noch leichter über OData zu konsumieren. In diesem Szenario kann man auch Inhalte über BW-Standardwerkzeuge wie den BEx Query Designer oder über die Schnittstelle für mehrdimensionale Ausdrücke (*Multidimensional Expressions*, MDX) erstellen. Die folgenden Vorteile ergeben sich aus der Kombination der beiden Produkte:

- **Gesamtkosten der Entwicklung (Total Cost of Development, TCD)**
  In diesem Szenario können Inhalte einfach und ohne Coding erstellt werden, darüber lassen sich die Gesamtkosten der Entwicklung drastisch reduzieren.
- **Mehrkanalunterstützung (Multichannel Support)**
  SAP Gateway bringt eine Mehrkanalunterstützung mit, darüber lassen sich BW-Inhalte in fast jeden Kanal (das heißt beliebige Oberflächen oder Geräte) bringen und so die Reichweite dieser Inhalte erweitern.
- **Konsumierungswerkzeuge (Consumption Tools)**
  Mit Gateway-Konsumierungswerkzeugen können einfache analytische Anwendungen auf nahezu jedem Client erstellt werden.
- **Sicherheit**
  Mit SAP Gateway als Zwischenschicht werden BW-Systeme vor dem direkten (externen) Zugriff geschützt.

1.4.7 SAP Fiori

SAP Fiori und SAP Gateway

SAP Fiori ist die neue Benutzererfahrung für SAP-Produkte. Das Hauptziel von SAP Fiori ist die Anwendung moderner Designprinzipien auf komplexe Geschäftsprozesse und für deren Bearbeitung eingesetzte Softwarelösungen. SAP Fiori soll die Herausforderungen meistern, die wir in diesem Kapitel gezeigt haben. Es nutzt dazu bewusst SAP Gateway.

Da wir Kapitel 8, »SAPUI5-Applikationsentwicklung«, und Kapitel 9, »SAP Web IDE«, dem Thema SAP Fiori widmen, erwähnen wir es hier nur, um darauf hinzuweisen, dass es auf SAP Gateway basiert.

1.4.8 SAP API Management

SAP API Management und SAP Gateway

SAP API Management ist eine relative neue Erweiterung des SAP-Produktportfolios. Manchmal wird es als konkurrierendes Produkt zu SAP Gateway wahrgenommen. Da SAP API Management und SAP

Gateway sehr eng zusammenarbeiten und teils ähnliche Funktionen bieten, ist diese Wahrnehmung nachvollziehbar. SAP API Management kann letztlich aber eine wichtige und sinnvolle Erweiterung einer Infrastruktur sein, in der SAP Gateway zum Einsatz kommt. Wir werfen in Anhang B einen genaueren Blick auf SAP API Management und SAP Gateway.

1.5 Zusammenfassung

In diesem ersten Kapitel haben wir Ihnen die Herausforderungen gezeigt, denen sich moderne Geschäftsanwendungen gegenübersehen. Wir haben zudem die Probleme betrachtet, die in geschäftlichen Anwendungen auftreten, wenn es um den Zugriff auf Backend-Systeme geht, und die klassische Punkt-zu-Punkt-Lösung erläutert, die häufig zum Einsatz kommt. Anschließend haben wir gezeigt, wie Sie mit SAP Gateway diese Herausforderungen und Probleme angehen und die Infrastruktur für Geschäftsanwendungen vereinfachen können.

Ein genauerer Blick auf SAP Gateway hat gezeigt, wie es im Allgemeinen funktioniert und wie es sich installieren und von jedem nutzen lässt. Letztlich haben wir dann noch die Positionierung im Markt betrachtet und SAP Gateway in den Kontext anderer SAP-Produkte eingeordnet.

In Kapitel 2, »Einführung in OData«, gehen wir nun auf die technischen Details ein und schauen uns das OData-Protokoll im Kontext von SAP Gateway an.

In diesem Kapitel lernen Sie alles über OData, den Industriestandard, der eine wesentliche Grundlage für SAP Gateway bildet.

2 Einführung in OData

OData ist ein kurzer und einprägsamer Name für etwas Großes: ein Protokoll, um die existierenden großen Datensilos der IT zu öffnen und miteinander zu verbinden und dadurch die IT nachhaltig zu verändern. In diesem Kapitel geht es um das *Open Data Protocol* (OData) im Allgemeinen und die zugehörige Basis (REST). Sie werden die Struktur von OData-Services und die wichtigsten Operationen und Abfrageoptionen kennenlernen. Zum Abschluss geben wir Ihnen einen Überblick über OData in den verschiedenen SAP-Lösungen. Kurzum – dieses Kapitel dient als Schnellstart, um Ihnen das erforderliche Hintergrundwissen sowie die nötigen Grundlagen für SAP Gateway zu vermitteln.

2.1 OData und REST

Da OData ein REST-basiertes Protokoll ist, starten wir dieses Kapitel mit einer kurzen Einführung in beide.

2.1.1 Was ist REST?

Sechs Architektureigenschaften

Ein Begriff, der einem im Zusammenhang mit OData regelmäßig begegnet, ist *Representational State Transfer* (REST). OData-Abfragen nutzen das REST-Programmierparadigma, das 2000 von Roy Fielding in seiner Dissertation beschrieben wurde. Fielding nutzte REST, um den Architekturstil von Softwarearchitekturen zu beurteilen. Eine Architektur wird als REST-konform bezeichnet, wenn sie die folgenden sechs Architektureigenschaften erfüllt:

- **Client-Server-Architektur**
  Eine einheitliche Schnittstelle trennt Client und Server voneinander. Im Englischen führt dies zur sogenannten *Separation of Concerns*, was so viel bedeutet wie das Trennen in mehrere Elemente.
- **Zustandslosigkeit**
  Der Server speichert keine Daten zu den einzelnen Abfragen nach der Bearbeitung. Jede Abfrage eines Clients muss deshalb alle benötigten Informationen für die Verarbeitung beinhalten.
- **Pufferbarkeit**
  Antworten des Servers müssen stets die Pufferbarkeit spezifizieren, das heißt die Zeit, wie lange Daten gespeichert werden dürfen, um zu verhindern, dass Clients veraltete oder falsche Daten verwenden.
- **Mehrschichtigkeit**
  Ein Client weiß nicht, ob er direkt mit dem die Daten liefernden Server verbunden ist oder gegebenenfalls nur mit einem Server in der Mitte.
- **Einheitliche Schnittstelle**
  Eine einheitliche Schnittstelle zwischen Client und Server entkoppelt die Architektur. Dabei werden Ressourcen beispielsweise nach einem einheitlichen Verfahren identifiziert, wie z. B. Name, Pfad, Primärschlüssel. Ebenso werden die Abfrage und die Manipulation von Ressourcen nach einem einheitlichen Verfahren vorgenommen.
- **Programmcode bei Bedarf**
  Server können bei Bedarf die Funktionalität von Clients durch das Übertragen von ausführbarem Programmcode erweitern oder beeinflussen. Diese Eigenschaft wird als optional eingestuft.

Eine Architektur muss diese Eigenschaften einhalten, damit sie REST-basiert genannt werden kann. Wie man dabei die eigentliche Implementierung vornimmt, ist gleichgültig – solange die genannten Eigenschaften eingehalten werden.

REST-Befehle

Jeder REST-Befehl ist eine Abfrage vom Client an den Server mit einer der nachfolgenden Operationen:

- `GET`
  Ermitteln eines einzelnen Eintrags oder einer Liste von Einträgen
- `POST`
  Erzeugen eines neuen Eintrags

- `PUT`
  Verändern eines existierenden Eintrags
- `DELETE`
  Löschen eines existierenden Eintrags
- `PATCH`
  Aktualisieren einzelner Attribute eines existierenden Eintrags

Bei einer `GET`-Anfrage wird die empfangene Antwort als ein OData-Dokument dargestellt. Bei `POST` und `PUT` sendet der Client seine Informationen in Form eines OData-Dokuments an den Server. Bei `POST` gibt es die Besonderheit, dass der Server auch die Anfrage mit einem OData-Dokument beantwortet. Bei `DELETE` wird kein OData-Dokument ausgetauscht.

CRUD-Unterstützung

`POST`, `GET`, `PUT` und `DELETE` werden durch entsprechende `Create`-, `Retrieve`-, `Update`- und `Delete`-Methoden (CRUD) auf der Serverseite verarbeitet. Es kann sein, dass ein OData-Service alle vier Methoden implementiert, dies ist aber nicht verpflichtend. Zum Beispiel kann ein Server lediglich die `GET`-Operation zum Lesen von Daten unterstützen, aber keine Schreiboperationen.

Das wohl bekannteste Beispiel eines Systems, das die REST-Paradigmen einhält, ist das World Wide Web. Dies ist keine Überraschung, denn Roy Fielding war Mitautor des HTTP-Standards und entwickelte in seiner Dissertation ein Konzept, um eine Abstrahierung der Designprinzipien von der konkreten HTTP-Architektur vorzunehmen. Ein REST-konformer Service nutzt die Vorteile der WWW-Funktionalität sowie deren Architektur.

Hinweis

Es ist weitverbreitet, REST als ein Protokoll wie beispielsweise HTTP oder *Simple Object Access Protocol* (SOAP) zu bezeichnen. Dies ist nicht korrekt – REST ist ein Programmierparadigma und kein Protokoll.

Im Folgenden beschreiben wir die Schlüsselelemente einer REST-konformen Architektur.

URIs

Ein *Uniform Resource Identifier* (URI) identifiziert und lokalisiert eine Ressource mittels der verwendeten Zugriffsmethode (wie z. B. HTTP) und des Ortes im Netzwerk. Die Grundstruktur besteht aus einer Zugriffsmethode, die ein Schema spezifiziert, und einem schemaspezifischen Teil, die durch einen Doppelpunkt getrennt werden:

<Schema>: <Schemaspezifischer Teil>

Jede Ressource eines Service, auf die ein Konsument zugreift, hat mindestens einen URI. Dieser URI kann als Favorit abgelegt werden, um später darauf zugreifen zu können. Er kann auch z. B. per E-Mail oder Dokument weitergegeben werden. Beim OData-Protokoll werden beispielsweise einzelne Einträge oder Listen von Einträgen über solche URIs adressiert. Das Gleiche gilt für Abfragen, die die vorhandenen Abfrageoptionen von OData verwenden.

Links

HATEOAS

Ein Server exponiert eine selbstbeschreibende Ressource, die durch einen Client mittels ihres Links verändert werden kann. Die formale Beschreibung dieses Konzepts ist bekannt als *Hypermedia as the Engine of Application State* (HATEOAS). Betrachtet man die Bezeichnung genauer, stellt man fest, dass es primär um Links geht. Links wurden durch HTML sehr bekannt, bei dem sie beispielsweise dafür verwendet werden, um von einer Seite auf die nächste zu navigieren.

Als REST-konformes Protokoll offeriert OData ebenfalls Links, die dazu verwendet werden können, Ressourcen zu lesen, zu manipulieren und von einer Ressource zur anderen zu navigieren. Wenn Sie beispielsweise den nachfolgenden URI in Ihrem Browser eingeben, sehen Sie unter anderem die in Abbildung 2.1 dargestellten Links aus dem XML-Ergebnisdokument (Extensible Markup Language):

https://sapes4.sapdevcenter.com/sap/opu/odata/IWBEP/GWSAMPLE_BASIC/SalesOrderSet('0500000000')?sap-ds-debug=true

Der erste Link ist der sogenannte Selbst-Link (Self-Link), der es erlaubt, die angezeigte Ressource (hier ein Verkaufsbeleg) zu manipulieren (Lesen, Ändern, Löschen). Die beiden anderen Links stellen Links zu abhängigen Ressourcen zur Verfügung – in diesem Fall den zugehörigen Geschäftspartner und die Liste der Auftragspositionen.

Für den Zugriff auf die oben genannte URL müssen Sie sich, wie im SCN-Dokument *http://scn.sap.com/docs/DOC-40986* beschrieben, für das SAP-Gateway-Demo-Consumption-System registrieren.

```
<link title="SalesOrder" rel="self" href="SalesOrderSet('0500000000')"/>
<link title="ToBusinessPartner" type="application/atom+xml;type=entry"
rel="http://schemas.microsoft.com/ado/2007/08/dataservices/related/ToBusinessPartner"
href="SalesOrderSet('0500000000')/ToBusinessPartner"/>
<link title="ToLineItems" type="application/atom+xml;type=feed"
rel="http://schemas.microsoft.com/ado/2007/08/dataservices/related/ToLineItems"
href="SalesOrderSet('0500000000')/ToLineItems"/>
```

Abbildung 2.1 Links eines OData-Entitätstyps

Einheitliche Schnittstelle

HTTP-Verben

Eine der Haupteigenschaften eines REST-konformen Service ist die Verwendung von HTTP-Methoden (auch Verben genannt), bezogen auf adressierbare Ressourcen des URI. Konzeptionell entspricht dies der Anwendung von Datenbank-CRUD-Operationen mittels HTTP-Verben.

Zustandslose Kommunikation

Alle REST-konformen Services inklusive OData verwenden eine zustandslose Kommunikation. Zustandslose Kommunikation bedeutet, dass der Client bei jeder Anfrage stets alle Informationen zur Verfügung stellen muss, damit der Server die Anfrage bedienen kann. Der Server hält hierzu keinen Sitzungszustand – dieser muss auf dem Client vorgehalten werden.

Mehrfachrepräsentation einer Ressource

XML oder JSON

Jeder REST-konforme Server (wie beispielsweise SAP Gateway) kann Ressourcen in unterschiedlichen Repräsentationen darstellen (wie z. B. XML, JavaScript Object Notation – JSON). Beispielsweise können manche Konsumenten JSON viel leichter verarbeiten als XML.

2.1.2 Was ist OData?

Das Open Data Protocol ist ein REST-konformes Datenzugriffsprotokoll, das unter der *Microsoft Open Specification Promise* (OSP) für Datenabfragen und Datenänderungen herausgegeben wurde und das mit der Version OData 4.0 ein OASIS-Standard geworden ist. OData baut auf weitverbreiteten Industriestandards wie dem *Atom Publishing Protocol* (AtomPub), XML und JSON auf, die das Verständnis und die Nutzung vereinfachen. In Bezug auf die Funktionsweise des

World Wide Webs ist es konsistent und folgt dessen Grundprinzipien, neue Wege der Datenintegration und Zusammenarbeit zwischen verschiedenen Plattformen herstellerübergreifend zu ermöglichen. Es ist einfach zu verstehen und leicht zu erweitern. Es stellt Konsumenten definierte Schnittstellen für den Zugriff auf verschiedene Datenquellen zur Verfügung. Kurzum, man könnte OData auch als *Online Database Connectivity* (ODBC) für das World Wide Web bezeichnen. Es öffnet die Silos der traditionellen IT und erhöht den Wert der Daten durch den vereinfachten Zugriff auf Ressourcen.

MIX07-Konferenz

OData erblickte im April 2007 auf der Microsoft-MIX07-Konferenz das Licht der Welt. Ein Projekt namens Astoria wurde initiiert, um Daten per HTTP übertragen und so webbasierte Anwendungen effizienter machen zu können. Das Ziel des Projekts war es, Applikationen zu befähigen, Daten über Datendienste zu exponieren, die innerhalb eines Unternehmensnetzwerkes oder auch über das Internet von Clients konsumiert werden können. Dabei wurden bereits die Konzepte von OData verwendet: HTTP, URIs zur Identifikation verschiedener Daten innerhalb eines Service und die Verwendung von einfachen Formaten wie XML und JSON für die Repräsentation der ausgetauschten Daten.

MIX10-Konferenz

Der nächste große Meilenstein auf Microsoft-Seite war die MIX-Konferenz 2010, bei der OData offiziell von Doug Purdy während der Eröffnungsrede angekündigt wurde. Der Name Open Data Protocol wurde gewählt, um damit direkt deutlich zu machen, dass das Protokoll, der OData-Philosophie folgend, so offen wie möglich bleiben soll. Diese Denkrichtung folgt der Idee, dass bestimmte Daten für jeden frei zugänglich sein sollten – ohne Einschränkungen durch Copyrights, Patente oder andere Kontrollmechanismen. Microsoft stellte ein OData-Entwicklungspaket (SDK) zum Download bereit und kündigte an, OData-Unterstützung in eine Vielzahl von Produkten einzubauen, wie z. B. SharePoint 2010 und Excel 2010. Konsequenterweise wurde das OData-Protokoll unter der *Open Specification Promise* (OSP) publiziert, was die freie Nutzung und eine weitere Verbreitung des Protokolls ermöglicht. Freie Nutzung bedeutet, dass jeder das Protokoll ohne Lizenzkosten oder Vertrag nutzen kann.

SAP Gateway

Da immer mehr Nicht-ABAP-Entwickler auf Daten in SAP-Systemen zugreifen wollten, begann SAP im Jahr 2009 damit, in die Entwicklung von SAP Gateway zu investieren.

OASIS-Standard

2012 reichten Microsoft, Citrix, IBM, Progress Software, SAP und WSO2 zusammen einen Vorschlag zur Standardisierung von OData basierend auf der OData-V3-Spezifikation ein. Der Vorschlag wurde bei OASIS (Organization for the Advancement of Structured Information Standards) eingereicht, einem gemeinnützigen internationalen Konsortium, das die Entwicklung, die Konvergenz und die Annahme von offenen Standards für die globale IT-Gemeinschaft vorantreibt. Das Konsortium hat mehr als 5.000 Mitglieder, die mehr als 600 Organisationen aus über 100 Ländern repräsentieren. Am 17. März 2014 genehmigte das OData Technical Committee die OData-Version 4.0, die nun offiziell das werden kann, was sie inoffiziell bereits ist – die allgemein anerkannte und eingesetzte Lingua franca in der IT-Industrie.

Konsumenten und Produzenten

In den Jahren nach der Ankündigung des Projekts Astoria bei der MIX07 hat sich bereits ein großes Ökosystem um OData gebildet. Dieses Ökosystem ist eine wachsende Gemeinschaft von Datenproduzenten und -konsumenten, die OData zum Austausch von Daten aller Art verwenden. *OData-Konsumenten* sind beispielsweise Applikationen, die Daten konsumieren, die in OData exponiert wurden. Diese Applikationen können sehr unterschiedliche Dimensionen haben, z. B. einen Webbrowser oder auch eine native Anwendung, die zahlreiche Funktionen des OData-Protokolls nutzt. Der bekannteste OData-Konsument ist sicherlich Microsoft Excel.

OData-Produzenten sind Services, die ihre Daten über das OData-Protokoll exponieren. Es gibt viele bekannte kommerzielle Anwendungen, die ihre Daten über OData exponieren, wie beispielsweise Microsoft SharePoint, IBM WebSphere, Microsoft Dynamics, aber es existieren auch Open-Source-Projekte, wie z. B. Drupal oder Joomla. Hinzu kommt eine nahezu endlose Anzahl von Online-Services, die ihre Daten per OData zur Verfügung stellen (siehe hierzu beispielsweise Wikipedia via DBpedia). Eine detaillierte Liste von ausgewählten OData-Produzenten finden Sie unter *www.odata.org/ecosystem*.

Die OData-Gemeinde ist sich des Problems bewusst, dass im Zeitalter von großen Datenmengen der Bedarf wächst, auf Informationen aus den unterschiedlichsten Datenquellen über eine Vielzahl von unterschiedlichen Geräten zuzugreifen (siehe Abbildung 2.2).

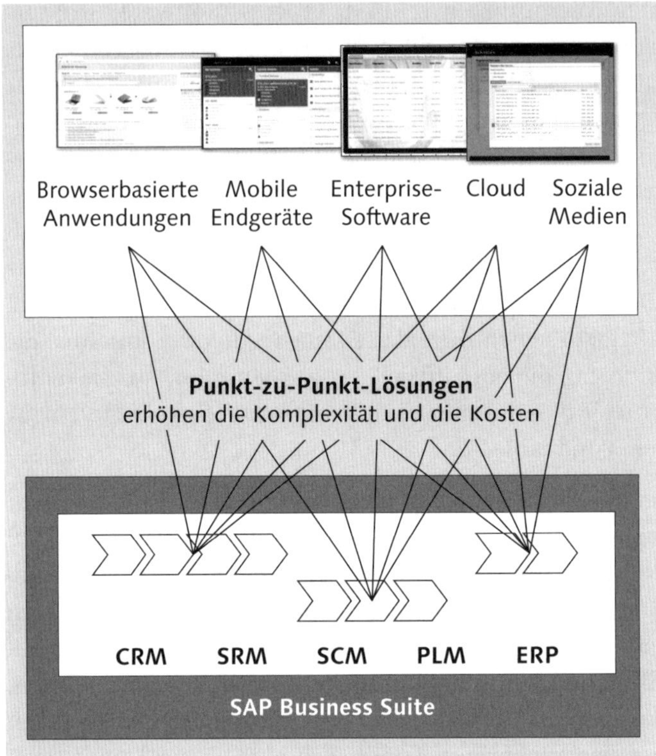

Abbildung 2.2 Herausforderung des Mehrfachzugriffs

Dieses Problem benötigt eine Lösung. Und die Lösung lautet OData – das Protokoll, das es erlaubt, Daten abzufragen und zu verändern, und das es auch ermöglicht, Anwendungen basierend auf Internettechnologien wie HTTP, AtomPub und JSON zu erstellen.

Hinweis

Im vorliegenden Buch konzentrieren wir uns auf OData im Zusammenhang mit SAP Gateway. Hierbei wird auf die Grundprinzipien von OData eingegangen. Für eine detaillierte Beschreibung von OData verweisen wir auf *www.odata.org*.

Abstraktes Modell und Protokoll

OData definiert primär zwei Aspekte: ein abstraktes Datenmodell und ein Protokoll, das es jedem Konsumenten ermöglicht, auf Informationen aus jeglicher Quelle zuzugreifen. OData erlaubt es außerdem, Daten aus unterschiedlichen Quellen zu mischen und zusammenzuführen und diese den Konsumenten in einer einheitlichen Form zur Nutzung bereitzustellen.

Designprinzipien

Das OData-Protokoll folgt diesen fünf Designprinzipien:

- **Vielfältigkeit der Datenspeicherung**
  Das zugrunde liegende Datenmodell kann aus den unterschiedlichsten Quellen bestehen. Ein klassisches relationales Datenmodell muss also nicht zwingend die Grundlage eines OData-Service sein.
- **Abwärtskompatibilität**
  Konsumenten und Services müssen über unterschiedliche Versionen hinweg sicherstellen, dass sie stets abwärtskompatibel zueinander sind.
- **REST-Prinzipien**
  Einhaltung der genannten REST-Prinzipien
- **Flexibler Implementierungsgrad**
  Der Grad der Implementierung hängt vom tatsächlichen Bedarf ab und kann nachträglich erweitert werden, sofern umfangreichere Funktionen erforderlich sind.
- **Einfachheit**
  Man geht stets von allgemeinen Anforderungen aus und stellt eine Erweiterbarkeit je nach Bedarf zur Verfügung.

Allgemeine technische Lösung

Mittels OData können Daten in strukturierter Form zwischen Client und Server ausgetauscht werden. Ein Client führt eine HTTP-Abfrage gegen eine Serverressource aus und erhält eine entsprechende Antwort. Dabei definiert der Service die zugreifbaren Ressourcen, die relevanten HTTP-Operationen und die Formate, in denen die Ressourcen abgefragt werden können. Mögliche Formate für die Ergebnisrepräsentation sind beispielsweise XML und JSON.

Basiskomponenten einer OData-Implementierung

Es gibt vier Basiskomponenten einer technischen OData-Implementierung:

- **OData-Datenmodell**
  Das OData-Datenmodell stellt einen generischen Weg zum Organisieren und Beschreiben der Daten zur Verfügung.
- **OData-Protokoll**
  Mithilfe des OData-Protokolls kann ein Client Abfragen an einen OData-Service stellen und erhält eine entsprechende Antwort. Grundsätzlich sind dies lediglich HTTP-basierte, REST-konforme CRUD-Operationen in Zusammenhang mit einer OData-basierten

Abfragesprache. Die Antwort eines OData-Service kann dabei entweder in XML oder in JSON dargestellt werden.

- **OData-Client-Bibliotheken**
  OData-Client-Bibliotheken unterstützen Sie bei der Erstellung von Anwendungen, die auf OData-Ressourcen zugreifen sollen. Die Verwendung solcher Bibliotheken (beispielsweise von Microsoft) ist nicht zwingend erforderlich – aber sie erleichtern den Umgang mit OData-Services deutlich.
- **OData-Services**
  Ein OData-Service ist die eigentliche Implementierung des OData-Protokolls und stellt den konsumierbaren Endpunkt bereit. Tatsächlich abstrahiert ein OData-Service das OData-Datenmodell und nimmt dabei eine Übersetzung der zugrunde liegenden Daten in die Form des vom Client geforderten Formats vor.

Darüber hinaus offeriert OData eine Vielzahl von intuitiven URI-Konventionen zur Navigation, Filterung, Sortierung und zum Blättern. OData stellt somit eine mächtige Abfragesprache dar – gewissermaßen *SQL light* für das Netz.

Aufgrund der verwendeten Basiskomponenten sieht ein Konsument lediglich das Datenmodell, das durch den OData-Service zur Verfügung gestellt wird. Die darunterliegenden Rohdaten werden somit vom Konsumenten abgekapselt, wodurch die internen Datenstrukturen für den Konsumenten so gut wie unsichtbar bleiben.

2.2 Struktur eines OData-Service

Basiselemente eines OData-Service

Als Nächstes betrachten wir die technischen Details von OData. Wie im vorhergehenden Abschnitt beschrieben, stellt ein OData-Service die eigentliche Implementierung des OData-Protokolls in Form eines exponierten Endpunktes zur Verfügung. Die Struktur eines OData-Service besteht dabei aus den folgenden Basiselementen:

- **Servicedokument**
  Ein Servicedokument repräsentiert einen Service, indem es alle Ressourcen, auf die zugegriffen werden kann, ihre URIs, Namen und Operationen beinhaltet.
- **Service-Metadatendokument**
  Das Service-Metadatendokument exponiert alle Metadaten eines

Service. Dies beinhaltet das Datenmodell, die Typen, mögliche Aktionen, Relationen und semantische Informationen.

Diese beiden Dokumente beinhalten folgende Elemente:

Elemente eines OData-Dokuments

- **Entität**
  Eine Entität wird auch Eintrag genannt und stellt eine konkrete Ausprägung eines Entitätstyps dar – vergleichbar mit einer Instanz in der objektorientierten Programmierung (OO). Ein Eintrag wird durch seinen Schlüssel eindeutig adressiert.
- **Entitätstyp (Entity Type)**
  Ein Entitätstyp beschreibt die Struktur einer Entität – vergleichbar mit einem Interface in der objektorientierten Programmierung. Der Entitätstyp legt die Attribute mit ihren Datentypen fest, welche Attribute den Schlüssel definieren, welche Navigationsattribute existieren etc.
- **Entitätsmenge (Entity Set)**
  Eine Entitätsmenge repräsentiert zur Laufzeit die (möglicherweise leere) Menge von Entitäten/Einträgen. Einer Entitätsmenge liegt immer ein Entitätstyp zugrunde. Beispielsweise können die Entitätsmengen `EmployeeSet`, `ContactSet` und `ManagerSet` auf dem Entitätstyp `Person` basieren.
- **Attribut (Property)**
  Ein Attribut ist ein typisiertes Element, das einen primitiven Datentyp, strukturierte Daten oder ein Navigationsattribut darstellt. Attribute sind vergleichbar mit den Feldern einer Datenbanktabelle.
- **Navigationsattribut (Navigation Property)**
  Ein Entitätstyp kann beliebig viele Navigationsattribute definieren. Ein Navigationsattribut ist eine spezielle Form eines Attributs, das eine Verknüpfung (Link) zu einer anderen Ressource (Entität oder Entitätsmenge) darstellt. Ob ein Navigationsattribut auf einen einzelnen Eintrag oder auf eine Eintragsmenge (Collection) verweist, wird durch die Kardinalität definiert (1:1 oder 1:n). Die Kardinalität sowie der Ziel-Entitätstyp werden durch die Assoziation festgelegt.
- **Assoziation**
  Eine Assoziation definiert die Relation zwischen zwei Entitätstypen. Rekursive Assoziationen sind hierbei erlaubt. Jede Assozia-

tion besteht aus zwei Assoziationsenden, die jeweils die beteiligten Entitätstypen sowie deren Kardinalität angeben. Die Assoziation definiert darüber hinaus die Fremdschlüsselbeziehung zwischen den beiden Entitätstypen.

Datenmodell

Das Zusammenspiel zwischen all diesen Elementen ist im Datenmodell eines OData-Service definiert. Das OData Model Editor PlugIn der SAP Web IDE ermöglicht es Entwicklern, ein OData-Modell toolunterstützt zu erstellen. Das Ergebnis dieser Modellierungen ist eine Datei, die von SAP Gateway verwendet werden kann, um die Implementierung eines OData-Service vorzunehmen. Die Verwendung des OData-Modell-Editors ist aber nicht verpflichtend – SAP Gateway bietet selbst die Möglichkeit, OData-Datenmodelle basierend auf unterschiedlichen Quellen (beispielsweise RFC-Schnittstellen) mit einer integrierten Entwicklungsumgebung, dem *Service Builder*, zu erstellen.

Um die genannten Elemente in Bezug auf SAP zu erläutern, verwenden wir einen einfachen Beispielservice, der mithilfe des Service Builders aus SAP Gateway erstellt wurde. Der Service Builder wird in Kapitel 5, »Einführung in die Erstellung von OData-Services mit SAP Gateway«, detailliert beschrieben. Der Service nutzt Demodaten und -funktionen aus dem SAP NetWeaver Enterprise Procurement Model (EPM), das als Nachfolger der SFlight-Beispiele betrachtet werden kann.

Hinweis

Der in diesem Beispiel verwendete Service GWSAMPLE_BASIC ist in der SAP NetWeaver Application Server ABAP 7.4 Trial Edition enthalten, die über das SAP Community Network (SCN) erhältlich ist. Außerdem ist der Service in dem ebenfalls über das SCN erreichbaren SAP Gateway Developer Center Demo System enthalten.

Beispiel-Datenmodell

Der Beispielservice basiert auf dem in Abbildung 2.3 dargestellten Datenmodell. Dieses Datenmodell wird verwendet, um Geschäftspartner, Verkaufsbelege, Verkaufsbelegpositionen, Produkte und Kontakte zu exponieren.

Wie zuvor erwähnt, gibt es für jeden OData-Service zwei Metadokumente: das Servicedokument und das Service-Metadatendokument. Hier zeigen wir, wie diese beiden Dokumente im Beispielservice zusammenspielen.

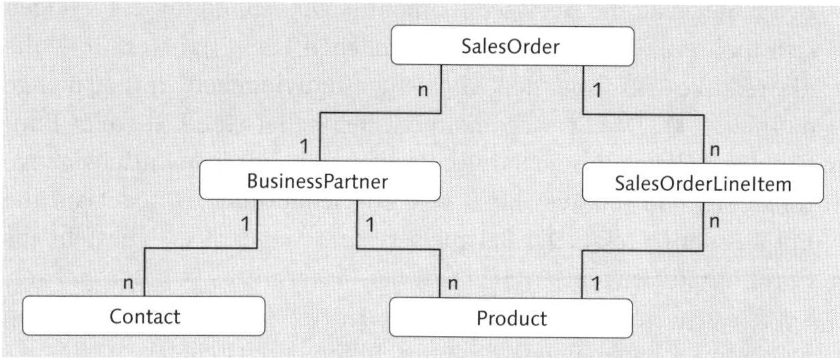

Abbildung 2.3 Datenmodell des Beispielservice GWSAMPLE_BASIC

Hinweis

Dieser Abschnitt ist lediglich ein Überblick über die OData-Services. In Kapitel 5, »Einführung in die Erstellung von OData-Services mit SAP Gateway«, Kapitel 6, »Serviceentwicklung«, und Kapitel 7, »Servicegenerierung«, werden wir hierauf nochmals detailliert eingehen.

2.2.1 Servicedokument

Als Erstes betrachten wir das Servicedokument, das alle definierten Entitätsmengen eines OData-Service auflistet. Das Servicedokument ist über den Wurzel-URI eines Service erreichbar und kann in den Formaten XML oder JSON ausgegeben werden. Der Basis-URI zeigt auf das Servicedokument selbst. In unserem Beispiel werden wir den Basis-URI mithilfe des Abfrageparameters `sap-ds-debug=true` aufrufen.

sap-ds-debug=true

Mithilfe des Abfrageparameters `sap-ds-debug=true` antwortet der Gateway-Server mit einer aufbereiteten HTML-Seite, die nutzbare Links enthält. Unabhängig davon, ob man das XML- oder JSON-Ausgabeformat gewählt hat, wird die Antwort im Browser in einem benutzerfreundlichen Format dargestellt. Die bereitgestellten Links können direkt angeklickt werden und müssen nicht durch Kopieren in den URI übernommen werden.

Wenn Sie Zugang zum Demosystem des SAP Gateway Developer Center haben, können Sie das Servicedokument des Beispielservice über den folgenden URI erreichen:

https://sapes4.sapdevcenter.com/sap/opu/odata/IWBEP/GWSAMPLE_BASIC/

Entitätsmengen

Betrachtet man das Servicedokument (siehe Abbildung 2.4), zeigen sich mehrere Entitätsmengen-Kennzeichen (`<app:collection>`), die die relative URL und den Titel einer individuellen Entitätsmenge definieren ❶. Das Servicedokument beinhaltet eine Liste aller Entitätstypen, die in diesem Service vorkommen. Für jede Entitätsmenge findet sich ein relativer Link, gekennzeichnet mit `href`, der auf die Entitätsmenge zeigt. Der Beispielservice `GWSAMPLE_BASIC` besteht aus fünf Entitätsmengen: `ProductSet`, `BusinessPartnerSet`, `ContactSet`, `SalesOrderSet` und `SalesOrderLineItemSet` sowie einer Reihe von weiteren Entitätsmengen, die Wertehilfen bereitstellen.

```
<app:service xml:lang="de" xmlns:sap="http://www.sap.com/Protocols/SAPData" xmlns:m="http://schemas.microsoft.com/ado/2007/08/dataservices/metadata"
xmlns:atom="http://www.w3.org/2005/Atom" xmlns:app="http://www.w3.org/2007/app" xml:base="https://SAPES4.SAPDEVCENTER.COM:443/sap/opu/odata/IWBEP/GWSAMPLE_BASIC/">
 - <app:workspace>
     <atom:title type="text">Data</atom:title>
   - <app:collection href="BusinessPartnerSet" sap:content-version="1">
       <atom:title type="text">BusinessPartnerSet</atom:title>
       <sap:member-title>BusinessPartner</sap:member-title>
     </app:collection>
   - <app:collection href="ProductSet" sap:content-version="1">
       <atom:title type="text">ProductSet</atom:title>
       <sap:member-title>Product</sap:member-title>
     </app:collection>
   - <app:collection href="SalesOrderSet" sap:content-version="1">
       <atom:title type="text">SalesOrderSet</atom:title>
       <sap:member-title>SalesOrder</sap:member-title>
     </app:collection>
   - <app:collection href="SalesOrderLineItemSet" sap:content-version="1">
       <atom:title type="text">SalesOrderLineItemSet</atom:title>
       <sap:member-title>SalesOrderLineItem</sap:member-title>
     </app:collection>
   - <app:collection href="ContactSet" sap:content-version="1">
       <atom:title type="text">ContactSet</atom:title>
       <sap:member-title>Contact</sap:member-title>
     </app:collection>
   + <app:collection href="VH_SexSet" sap:content-version="1" sap:updatable="false" sap:pageable="false" sap:deletable="false" sap:creatable="false">...</app:collection>
   + <app:collection href="VH_CountrySet" sap:content-version="1" sap:updatable="false" sap:pageable="false" sap:deletable="false" sap:creatable="false">...</app:collection>
   + <app:collection href="VH_AddressTypeSet" sap:content-version="1" sap:updatable="false" sap:pageable="false" sap:deletable="false" sap:creatable="false">...</app:collection>
   + <app:collection href="VH_CategorySet" sap:content-version="1" sap:updatable="false" sap:pageable="false" sap:deletable="false" sap:creatable="false">...</app:collection>
   + <app:collection href="VH_CurrencySet" sap:content-version="1" sap:updatable="false" sap:pageable="false" sap:deletable="false" sap:creatable="false">...</app:collection>
   + <app:collection href="VH_UnitQuantitySet" sap:content-version="1" sap:updatable="false" sap:pageable="false" sap:deletable="false" sap:creatable="false">...</app:collection>
   + <app:collection href="VH_UnitWeightSet" sap:content-version="1" sap:updatable="false" sap:pageable="false" sap:deletable="false" sap:creatable="false">...</app:collection>
   + <app:collection href="VH_UnitLengthSet" sap:content-version="1" sap:updatable="false" sap:pageable="false" sap:deletable="false" sap:creatable="false">...</app:collection>
   + <app:collection href="VH_ProductTypeCodeSet" sap:content-version="1" sap:updatable="false" sap:pageable="false" sap:deletable="false" sap:creatable="false">...</app:collection>
   + <app:collection href="VH_BPRoleSet" sap:content-version="1" sap:updatable="false" sap:pageable="false" sap:deletable="false" sap:creatable="false">...</app:collection>
   + <app:collection href="VH_LanguageSet" sap:content-version="1" sap:updatable="false" sap:pageable="false" sap:deletable="false" sap:creatable="false">...</app:collection>
   </app:workspace>
   <atom:link href="https://SAPES4.SAPDEVCENTER.COM:443/sap/opu/odata/IWBEP/GWSAMPLE_BASIC/" rel="self"/>
   <atom:link href="https://SAPES4.SAPDEVCENTER.COM:443/sap/opu/odata/IWBEP/GWSAMPLE_BASIC/" rel="latest-version"/>
</app:service>
```

Abbildung 2.4 Servicedokument GWSAMPLE_BASIC

SAP-Annotationen

Sie werden feststellen, dass das Servicedokument SAP-spezifische Metainformationen beinhaltet ❷. Die Annotationen `sap:creatable`, `sap:updatable` und `sap:deletable` geben an, ob die Entitätsmengen das Hinzufügen, das Ändern und/oder das Entfernen von Einträgen erlauben. Die Annotation `sap:searchable` beschreibt, ob eine Entitätsmenge die generische Suche (nicht das Filtern auf Feldebene) unterstützt. Beachten Sie, dass die SAP-spezifischen Annotationen nur dann im Servicedokument und im Service-Metadatendokument erscheinen, wenn ihre Werte nicht den Standardwerten entsprechen. Standardwerte sind z. B. `true` für `creatable` und `false` für `searchable`. (Weitere Details hierzu finden Sie unter *http://scn.sap.com/docs/DOC-44986*.)

In unserem Beispielservice sind die Entitätsmengen `VH_CountrySet` und die anderen Entitätsmengen, die Wertehilfen bereitstellen, als `sap:creatable="false"` gekennzeichnet (siehe Listing 2.1).

```
<app:collection href="VH_CountrySet" sap:content-version="1"
  sap:updatable="false" sap:pageable="false" sap:deletable=
  "false" sap:creatable="false"><atom:title type="text">
  VH_CountrySet</atom:title>
<sap:member-title>VH_Country</sap:member-title>
</app:collection>
```

Listing 2.1 »VH_CountrySet« annotiert als »sap:creatable=false«

In diesem Beispiel wird eine Ausnahme ausgegeben, wenn ein Konsument per HTTP-`POST`-Anfrage versucht, ein Land in der Entitätsmenge `VH_CountrySet` anzulegen. Diese Ausnahmebehandlung wird durch eine Implementierung in der CREATE_ENTITY-Methode des Service ausgelöst. Diese Ausnahme (mit dem zugehörigen HTTP-Fehlercode) sagt einem Konsumenten, dass er keine Länder anlegen kann, sondern auf die Inhalte nur lesend zugreifen kann.

Absoluter URI

Das Kombinieren des Basis-URI des Beispielservice `GWSAMPLE_BASIC` (*http://<host>:<port>/sap/opu/odata/IWBEP/GWSAMPLE_BASIC/*) mit der relativen Verknüpfung `href="BusinessPartnerSet"` verweist auf die Entitätsmenge `BusinessPartnerSet` und ermöglicht es einer Anwendung, einen absoluten URI auf diese Ressource zu konstruieren, wodurch die Anwendung die Menge der Einträge `BusinessPartner` direkt abrufen kann. Der konstruierte URI zum Lesen der Entitätsmenge der `BusinessPartner` aus diesem Beispiel lautet:

https://sapes4.sapdevcenter.com/sap/opu/odata/IWBEP/GWSAMPLE_BASIC/BusinessPartnerSet?sap-ds-debug=true

Gibt man diesen URI in einen Browser ein, wird die XML-Antwort aus Abbildung 2.5 dargestellt. Wenn Sie das Servicedokument mithilfe des Abfrageparameters `sap-ds-debug=true` in Ihrem Browser aufrufen, können Sie die vorhandenen Ressourcen direkt durch einen Klick auf die jeweiligen Entitätsmengen (z. B. `BusinessPartnerSet`) aufrufen.

```
<feed xmlns:m="http://schemas.microsoft.com/ado/2007/08/dataservices/metadata"
xml:base="https://SAPES4.SAPDEVCENTER.COM:443/sap/opu/odata/IWBEP/GWSAMPLE_BASIC/"
xmlns:d="http://schemas.microsoft.com/ado/2007/08/dataservices" xmlns="http://www.w3.org/2005/Atom">
  <id>https://SAPES4.SAPDEVCENTER.COM:443/sap/opu/odata/IWBEP/GWSAMPLE_BASIC/BusinessPartnerSet</id>
  <title type="text">BusinessPartnerSet</title>
  <updated>2015-12-08T20:21:33Z</updated>
 - <author>
    <name/>
  </author>
  <link title="BusinessPartnerSet" href="BusinessPartnerSet" rel="self"/>
 - <entry m:etag="W/"datetime'2015-10-12T23%3A41%3A54.4490000'"">
    <id>https://SAPES4.SAPDEVCENTER.COM:443/sap/opu/odata/IWBEP/GWSAMPLE_BASIC/BusinessPartnerSet('0100000000')</id>
    <title type="text">BusinessPartnerSet('0100000000')</title>
    <updated>2015-12-08T20:21:33Z</updated>
    <category scheme="http://schemas.microsoft.com/ado/2007/08/dataservices/scheme"
    term="/IWBEP/GWSAMPLE_BASIC.BusinessPartner"/>
    <link title="BusinessPartner" href="BusinessPartnerSet('0100000000')" rel="edit"/>
    <link title="ToSalesOrders" type="application/atom+xml;type=feed" href="BusinessPartnerSet('0100000000')/ToSalesOrders"
    rel="http://schemas.microsoft.com/ado/2007/08/dataservices/related/ToSalesOrders"/>
    <link title="ToContacts" type="application/atom+xml;type=feed" href="BusinessPartnerSet('0100000000')/ToContacts"
    rel="http://schemas.microsoft.com/ado/2007/08/dataservices/related/ToContacts"/>
    <link title="ToProducts" type="application/atom+xml;type=feed" href="BusinessPartnerSet('0100000000')/ToProducts"
    rel="http://schemas.microsoft.com/ado/2007/08/dataservices/related/ToProducts"/>
   - <content type="application/xml">
     - <m:properties xmlns:m="http://schemas.microsoft.com/ado/2007/08/dataservices/metadata"
       xmlns:d="http://schemas.microsoft.com/ado/2007/08/dataservices">
      - <d:Address m:type="/IWBEP/GWSAMPLE_BASIC.CT_Address">
          <d:City>Walldorf</d:City>
          <d:PostalCode>69196</d:PostalCode>
          <d:Street>Dietmar-Hopp-Allee</d:Street>
          <d:Building>16</d:Building>
          <d:Country>DE</d:Country>
          <d:AddressType>02</d:AddressType>
        </d:Address>
        <d:BusinessPartnerID>0100000000</d:BusinessPartnerID>
        <d:CompanyName>SAP</d:CompanyName>
        <d:WebAddress>http://www.sap.com</d:WebAddress>
        <d:EmailAddress>do.not.reply@sap.com</d:EmailAddress>
        <d:PhoneNumber>0622734567</d:PhoneNumber>
        <d:FaxNumber>0622734004</d:FaxNumber>
        <d:LegalForm>AG</d:LegalForm>
        <d:CurrencyCode>EUR</d:CurrencyCode>
        <d:BusinessPartnerRole>01</d:BusinessPartnerRole>
        <d:CreatedAt>2015-02-13T13:48:59.0000000</d:CreatedAt>
        <d:ChangedAt>2015-10-12T23:41:54.4490000</d:ChangedAt>
      </m:properties>
    </content>
  </entry>
 + <entry m:etag="W/"datetime'2015-02-13T13%3A48%3A59.0000000'"">...</entry>
 + <entry m:etag="W/"datetime'2015-02-13T13%3A48%3A59.0000000'"">...</entry>
 + <entry m:etag="W/"datetime'2015-02-13T13%3A48%3A59.0000000'"">...</entry>
 + <entry m:etag="W/"datetime'2015-02-13T13%3A48%3A59.0000000'"">...</entry>
```

Abbildung 2.5 Ergebnisentitätsmenge »BusinessPartnerCollection«

In der Entitätsmenge `BusinessPartnerSet` finden Sie folgende Elemente:

- Das `<feed>`-Element definiert die Ergebnismenge von 0 bis n `<entry>`-Einträgen. Diese Ergebnismenge entspricht also fast einer Tabelle.
- Das `<entry>`-Element enthält die Daten eines Mitglieds (eines Eintrags) der Ergebnismenge. Ein Eintrag entspricht somit einer Zeile einer Tabelle. Zu beachten ist, dass jeder Eintrag ein oder mehrere Verknüpfungselemente `<link>` beinhaltet.

- Jedes `<entry>`-Element verfügt darüber hinaus über eine *Selbstreferenz* (Self-Reference), die ein Verknüpfungselement `<link>` auf sich selbst ist. Dieses Element wird entweder mittels `rel="self"` oder `rel="edit"` dargestellt. Über dieses Element kann der Eintrag direkt adressiert werden.
- Der Primärschlüssel jedes Eintrags wird in der HTTP-Antwort in Klammern direkt hinter dem Namen der Entitätsmenge angegeben. Wenn der Primärschlüssel aus nur einem Attribut besteht, wird der Wert unmittelbar angegeben (z. B. `BusinessPartnerSet('0100000001')`). Besteht der Primärschlüssel aus mehreren Attributen, werden alle Attribute durch Komma getrennt mit dem jeweiligen Attributnamen und dem zugehörigen Wert angegeben.
- Innerhalb eines `<entry>`-Elements gibt es ein oder mehrere Attribute `<properties>`, die die eigentlichen Felder darstellen.
- Die Annotation `sap:searchable=true` gibt an, dass die Einträge einer Entitätsmenge generisch durchsucht werden können. Die Verknüpfung `atom:link` mit `rel="search"` zeigt auf ein OpenSearch-Dokument, das beschreibt, wie die generische Suche mithilfe der Abfrageoption `search=` durchgeführt werden kann.
- In der HTTP-Antwort findet sich zusätzlich für jeden Eintrag eine relative Verknüpfung `href="BusinessPartnerSet('0100000000')/ToSalesOrders"`, die Navigationsattribut genannt wird. Das hier gezeigte Beispiel ermöglicht die Navigation auf die Verkaufsbeleg-Entitätsmenge für einen bestimmten Geschäftspartner.

Nun sind Sie in der Lage, die Elemente eines OData-Ergebnisdokuments zu benennen und zu interpretieren.

2.2.2 Service-Metadatendokument

Wie bereits im Vorfeld definiert, spezifiziert das Service-Metadatendokument die gesamten Metainformationen eines Service inklusive des Modells, die Entitätstypen, Aktionen, Relationen und die detaillierte Semantik des Modells (siehe Abbildung 2.6). Der URI des Service-Metadatendokuments kann einfach durch das Hinzufügen von *$metadata* an den Basis-URI bestimmt werden. In unserem Beispiel wäre dies der folgende URI: $metadata

http://<host>:<port>/sap/opu/odata/IWBEP/GWSAMPLE_BASIC/$metadata

Der Zweck des Service-Metadatendokuments ist es, einem Konsumenten genaue Informationen über die Struktur, die Ressourcen, die Verknüpfungen und die möglichen Operationen eines Service bereitzustellen. OData-Software-Entwicklungswerkzeuge (SDK) können diese Informationen verwenden, um Zugriffsklassen (Proxies) zu generieren, die dann wiederum von Entwicklern für die einfache Interaktion mit dem OData-Service genutzt werden können. Wie bereits erwähnt, sind diese OData-Entwicklerwerkzeuge für zahlreiche Plattformen verfügbar – wodurch der Anwendungsentwickler in seiner ihm bekannten Entwicklungsumgebung arbeiten kann.

In dem OData-Service-Metadatendokument finden sich diese Informationen in dem *Entitätsdatenmodell* (Entity Data Model, EDM) wieder. Das Entitätsdatenmodell beschreibt den Aufbau und die Relationen der OData-Ressourcen, die als Entitätstypen innerhalb eines Geschäftsszenarios modelliert sind. Hierzu nutzt das Service-Metadatendokument eine konzeptionelle Schemadefinitionssprache (Conceptual Schema Definition Language, CSDL).

```
<?xml version="1.0" encoding="UTF-8"?>
- <edmx:Edmx xmlns:sap="http://www.sap.com/Protocols/SAPData" xmlns:m="http://schemas.microsoft.com/ado/2007/08/dataservices/metadata" xmlns:edmx="http://schemas.microsoft.com/ado/2007/06/edmx" Version="1.0">
  - <edmx:DataServices m:DataServiceVersion="2.0">
    - <Schema xml:lang="de" xmlns="http://schemas.microsoft.com/ado/2008/09/edm" sap:schema-version="1" Namespace="/IWBEP/GWSAMPLE_BASIC">
      + <EntityType sap:content-version="1" Name="BusinessPartner">
      + <EntityType sap:content-version="1" Name="Product">
      + <EntityType sap:content-version="1" Name="SalesOrder">
      + <EntityType sap:content-version="1" Name="SalesOrderLineItem">
      + <EntityType sap:content-version="1" Name="Contact">
      + <EntityType sap:content-version="1" Name="VH_Sex">
      + <EntityType sap:content-version="1" Name="VH_Country">
      + <EntityType sap:content-version="1" Name="VH_AddressType">
      + <EntityType sap:content-version="1" Name="VH_Category">
      + <EntityType sap:content-version="1" Name="VH_Currency">
      + <EntityType sap:content-version="1" Name="VH_UnitQuantity">
      + <EntityType sap:content-version="1" Name="VH_UnitWeight">
      + <EntityType sap:content-version="1" Name="VH_UnitLength">
      + <EntityType sap:content-version="1" Name="VH_ProductTypeCode">
      + <EntityType sap:content-version="1" Name="VH_BPRole">
      + <EntityType sap:content-version="1" Name="VH_Language">
      + <ComplexType Name="CT_Address">
      + <ComplexType Name="CT_String">
      + <Association sap:content-version="1" Name="Assoc_VH_Country_Contacts">
      + <Association sap:content-version="1" Name="Assoc_VH_Country_BusinessPartners">
      + <Association sap:content-version="1" Name="Assoc_VH_UnitQuantity_Products">
      + <Association sap:content-version="1" Name="Assoc_VH_UnitQuantity_SalesOrderLineItem">
      + <Association sap:content-version="1" Name="Assoc_BusinessPartner_Contacts">
      + <Association sap:content-version="1" Name="Assoc_BusinessPartner_Products">
      + <Association sap:content-version="1" Name="Assoc_BusinessPartner_SalesOrders">
      + <Association sap:content-version="1" Name="Assoc_VH_UnitWeight_Products">
      + <Association sap:content-version="1" Name="Assoc_SalesOrder_SalesOrderLineItems">
      + <Association sap:content-version="1" Name="Assoc_VH_Currency_BusinessPartners">
      + <Association sap:content-version="1" Name="Assoc_VH_Currency_Products">
      + <Association sap:content-version="1" Name="Assoc_VH_Currency_SalesOrders">
      + <Association sap:content-version="1" Name="Assoc_VH_Currency_SalesOrderLineItems">
      + <Association sap:content-version="1" Name="Assoc_Product_SalesOrderLineItems">
      + <Association sap:content-version="1" Name="Assoc_VH_Language_Contacts">
      + <Association sap:content-version="1" Name="Assoc_VH_Category_Products">
      + <Association sap:content-version="1" Name="Assoc_VH_Sex_Contacts">
      + <Association sap:content-version="1" Name="Assoc_VH_ProductTypeCode_Products">
      + <Association sap:content-version="1" Name="Assoc_VH_BPRole_BusinessPartners">
      + <Association sap:content-version="1" Name="Assoc_VH_UnitLength_Products">
      - <EntityContainer Name="/IWBEP/GWSAMPLE_BASIC_Entities" sap:supported-formats="atom json xlsx" m:IsDefaultEntityContainer="true">
          <EntitySet sap:content-version="1" Name="BusinessPartnerSet" EntityType="/IWBEP/GWSAMPLE_BASIC.BusinessPartner"/>
          <EntitySet sap:content-version="1" Name="ProductSet" EntityType="/IWBEP/GWSAMPLE_BASIC.Product"/>
          <EntitySet sap:content-version="1" sap:updatable="false" Name="SalesOrderSet" EntityType="/IWBEP/GWSAMPLE_BASIC.SalesOrder"/>
          <EntitySet sap:content-version="1" Name="SalesOrderLineItemSet" EntityType="/IWBEP/GWSAMPLE_BASIC.SalesOrderLineItem"/>
          <EntitySet sap:content-version="1" Name="ContactSet" EntityType="/IWBEP/GWSAMPLE_BASIC.Contact"/>
          <EntitySet sap:content-version="1" sap:updatable="false" sap:pageable="false" sap:deletable="false" sap:creatable="false" Name="VH_SexSet" EntityType="/IWBEP/GWSAMPLE_BASIC.VH_Sex"/>
          <EntitySet sap:content-version="1" sap:updatable="false" sap:pageable="false" sap:deletable="false" sap:creatable="false" Name="VH_CountrySet" EntityType="/IWBEP/GWSAMPLE_BASIC.VH_Country"/>
          <EntitySet sap:content-version="1" sap:updatable="false" sap:pageable="false" sap:deletable="false" sap:creatable="false" Name="VH_AddressTypeSet" EntityType="/IWBEP/GWSAMPLE_BASIC.VH_AddressType"/>
          <EntitySet sap:content-version="1" sap:updatable="false" sap:pageable="false" sap:deletable="false" sap:creatable="false" Name="VH_CategorySet" EntityType="/IWBEP/GWSAMPLE_BASIC.VH_Category"/>
          <EntitySet sap:content-version="1" sap:updatable="false" sap:pageable="false" sap:deletable="false" sap:creatable="false" Name="VH_CurrencySet" EntityType="/IWBEP/GWSAMPLE_BASIC.VH_Currency"/>
          <EntitySet sap:content-version="1" sap:updatable="false" sap:pageable="false" sap:deletable="false" sap:creatable="false" Name="VH_UnitQuantitySet" EntityType="/IWBEP/GWSAMPLE_BASIC.VH_UnitQuantity"/>
          <EntitySet sap:content-version="1" sap:updatable="false" sap:pageable="false" sap:deletable="false" sap:creatable="false" Name="VH_UnitWeightSet" EntityType="/IWBEP/GWSAMPLE_BASIC.VH_UnitWeight"/>
          <EntitySet sap:content-version="1" sap:updatable="false" sap:pageable="false" sap:deletable="false" sap:creatable="false" Name="VH_UnitLengthSet" EntityType="/IWBEP/GWSAMPLE_BASIC.VH_UnitLength"/>
          <EntitySet sap:content-version="1" sap:updatable="false" sap:pageable="false" sap:deletable="false" sap:creatable="false" Name="VH_ProductTypeCodeSet" EntityType="/IWBEP/GWSAMPLE_BASIC.VH_ProductTypeCode"/>
          <EntitySet sap:content-version="1" sap:updatable="false" sap:pageable="false" sap:deletable="false" sap:creatable="false" Name="VH_BPRoleSet" EntityType="/IWBEP/GWSAMPLE_BASIC.VH_BPRole"/>
          <EntitySet sap:content-version="1" sap:updatable="false" sap:pageable="false" sap:deletable="false" sap:creatable="false" Name="VH_LanguageSet" EntityType="/IWBEP/GWSAMPLE_BASIC.VH_Language"/>
        + <AssociationSet sap:content-version="1" sap:updatable="false" sap:deletable="false" sap:creatable="false" Name="Assoc_VH_Language_Contacts_AssocSet" Association="/IWBEP/GWSAMPLE_BASIC.Assoc_VH_Language_Contacts">
        + <AssociationSet sap:content-version="1" sap:updatable="false" sap:deletable="false" sap:creatable="false" Name="Assoc_VH_Category_Products_AssocSet" Association="/IWBEP/GWSAMPLE_BASIC.Assoc_VH_Category_Products">
```


Abbildung 2.6 Service-Metadatendokument ZGWSAMPLE_SRV

Entitätstypen Abbildung 2.7 zeigt den `BusinessPartner`-Entitätstyp, der im Service-Metadatendokument definiert ist.

```
<EntityType sap:content-version="1" Name="BusinessPartner">
 - <Key>
     <PropertyRef Name="BusinessPartnerID"/>
   </Key>
   <Property Name="Address" Nullable="false" Type="/IWBEP/GWSAMPLE_BASIC.CT_Address"/>
   <Property sap:updatable="false" sap:creatable="false" Name="BusinessPartnerID" Nullable="false" Type="Edm.String" sap:label="Business Partner ID" MaxLength="10"/>
   <Property Name="CompanyName" Nullable="false" Type="Edm.String" sap:label="Company" MaxLength="80"/>
   <Property Name="WebAddress" Type="Edm.String" sap:label="Web Address" sap:semantics="url" sap:filterable="false" sap:sortable="false"/>
   <Property Name="EmailAddress" Nullable="false" Type="Edm.String" sap:label="E-Mail" MaxLength="255" sap:semantics="email"/>
   <Property Name="PhoneNumber" Type="Edm.String" sap:label="Phone No." MaxLength="30" sap:semantics="tel"/>
   <Property Name="FaxNumber" Type="Edm.String" sap:label="Fax Number" MaxLength="30"/>
   <Property Name="LegalForm" Type="Edm.String" sap:label="Legal Form" MaxLength="10"/>
   <Property Name="CurrencyCode" Nullable="false" Type="Edm.String" sap:label="Currency Code" MaxLength="5" sap:semantics="currency-code"/>
   <Property Name="BusinessPartnerRole" Nullable="false" Type="Edm.String" sap:label="Bus. Part. Role" MaxLength="3"/>
   <Property sap:updatable="false" sap:creatable="false" Name="CreatedAt" Type="Edm.DateTime" sap:label="Time Stamp" Precision="7"/>
   <Property sap:updatable="false" sap:creatable="false" Name="ChangedAt" Type="Edm.DateTime" sap:label="Time Stamp" Precision="7" ConcurrencyMode="Fixed"/>
   <NavigationProperty Name="ToSalesOrders" ToRole="ToRole_Assoc_BusinessPartner_SalesOrders" FromRole="FromRole_Assoc_BusinessPartner_SalesOrders"
     Relationship="/IWBEP/GWSAMPLE_BASIC.Assoc_BusinessPartner_SalesOrders"/>
   <NavigationProperty Name="ToContacts" ToRole="ToRole_Assoc_BusinessPartner_Contacts" FromRole="FromRole_Assoc_BusinessPartner_Contacts"
     Relationship="/IWBEP/GWSAMPLE_BASIC.Assoc_BusinessPartner_Contacts"/>
   <NavigationProperty Name="ToProducts" ToRole="ToRole_Assoc_BusinessPartner_Products" FromRole="FromRole_Assoc_BusinessPartner_Products"
     Relationship="/IWBEP/GWSAMPLE_BASIC.Assoc_BusinessPartner_Products"/>
</EntityType>
```

Abbildung 2.7 Entitätstyp – »BusinessPartner«

Unser OData-Beispielservice besteht aus mehreren Entitätsmengen, wie z. B. `SalesOrderLineItemSet`, `BusinessPartnerSet` und `ContactSet` (siehe Abbildung 2.8). Alle zum OData-Service gehörenden Entitätsmengen werden im Entitätsbehälter (`EntityContainer`) aufgelistet.

Entitätsmengen

```
<EntityContainer Name="/IWBEP/GWSAMPLE_BASIC_Entities" sap:supported-formats="atom json xlsx" m:IsDefaultEntityContainer="true">
   <EntitySet sap:content-version="1" Name="BusinessPartnerSet" EntityType="/IWBEP/GWSAMPLE_BASIC.BusinessPartner"/>
   <EntitySet sap:content-version="1" Name="ProductSet" EntityType="/IWBEP/GWSAMPLE_BASIC.Product"/>
   <EntitySet sap:content-version="1" sap:updatable="false" Name="SalesOrderSet" EntityType="/IWBEP/GWSAMPLE_BASIC.SalesOrder"/>
   <EntitySet sap:content-version="1" Name="SalesOrderLineItemSet" EntityType="/IWBEP/GWSAMPLE_BASIC.SalesOrderLineItem"/>
   <EntitySet sap:content-version="1" Name="ContactSet" EntityType="/IWBEP/GWSAMPLE_BASIC.Contact"/>
   <EntitySet sap:content-version="1" sap:updatable="false" sap:pageable="false" sap:deletable="false" sap:creatable="false" Name="VH_SexSet
   <EntitySet sap:content-version="1" sap:updatable="false" sap:pageable="false" sap:deletable="false" sap:creatable="false" Name="VH_Countr
   <EntitySet sap:content-version="1" sap:updatable="false" sap:pageable="false" sap:deletable="false" sap:creatable="false" Name="VH_Addres
 + <AssociationSet sap:content-version="1" sap:updatable="false" sap:deletable="false" sap:creatable="false" Name="Assoc_BusinessPartner_Sa
 + <AssociationSet sap:content-version="1" sap:updatable="false" sap:deletable="false" sap:creatable="false" Name="Assoc_VH_Currency_Sales
 + <AssociationSet sap:content-version="1" sap:updatable="false" sap:deletable="false" sap:creatable="false" Name="Assoc_BusinessPartner_Co
 + <AssociationSet sap:content-version="1" sap:updatable="false" sap:deletable="false" sap:creatable="false" Name="Assoc_VH_UnitQuantity_S
 + <FunctionImport Name="RegenerateAllData" m:HttpMethod="POST" ReturnType="/IWBEP/GWSAMPLE_BASIC.CT_String">
 + <FunctionImport Name="SalesOrder_Confirm" EntitySet="SalesOrderSet" m:HttpMethod="POST" ReturnType="/IWBEP/GWSAMPLE_BASIC.
 + <FunctionImport Name="SalesOrder_Cancel" EntitySet="SalesOrderSet" m:HttpMethod="POST" ReturnType="/IWBEP/GWSAMPLE_BASIC.S
</EntityContainer>
```

Abbildung 2.8 Definition der Entitätsmengen – »SalesOrderLineItemSet«, »BusinessPartnerSet« und »ContactSet«

Die Assoziationen zwischen Entitätstypen sind ebenfalls Teil des Schemas. Sie werden nacheinander im Service-Metadatendokument aufgelistet (in unserem OData-Service beispielsweise die Assoziation `Assoc_BusinessPartner_SalesOrders` zwischen den Entitätstypen `BusinessPartner` und `SalesOrder`, wie in Abbildung 2.9 zu sehen ist).

Assoziationen

```
<Association sap:content-version="1" Name="Assoc_BusinessPartner_SalesOrders">
   <End Type="/IWBEP/GWSAMPLE_BASIC.BusinessPartner" Role="FromRole_Assoc_BusinessPartner_SalesOrders" Multiplicity="1"/>
   <End Type="/IWBEP/GWSAMPLE_BASIC.SalesOrder" Role="ToRole_Assoc_BusinessPartner_SalesOrders" Multiplicity="*"/>
 - <ReferentialConstraint>
   - <Principal Role="FromRole_Assoc_BusinessPartner_SalesOrders">
       <PropertyRef Name="BusinessPartnerID"/>
     </Principal>
   - <Dependent Role="ToRole_Assoc_BusinessPartner_SalesOrders">
       <PropertyRef Name="CustomerID"/>
     </Dependent>
   </ReferentialConstraint>
</Association>
```

Abbildung 2.9 Assoziation zwischen dem BusinessPartner-Entitätstyp und dem SalesOrder-Entitätstyp

Navigationsattribute

Zusätzlich hat der `BusinessPartner`-Entitätstyp noch drei Navigationsattribute mit den Namen `ToContacts`, `ToProducts` und `ToSalesOrders` (Abbildung 2.10). Das Navigationsattribut `ToContacts` ermöglicht es, die Entitätsmenge der Kontakte zu einem Geschäftspartner zu ermitteln. Das Navigationsattribut `ToSalesOrders` erlaubt es, eine Liste der Verkaufsbelege eines Geschäftspartners darzustellen.

```
<NavigationProperty Name="ToSalesOrders" ToRole="ToRole_Assoc_BusinessPartner_SalesOrders"
    FromRole="FromRole_Assoc_BusinessPartner_SalesOrders"
    Relationship="/IWBEP/GWSAMPLE_BASIC.Assoc_BusinessPartner_SalesOrders"/>
<NavigationProperty Name="ToContacts" ToRole="ToRole_Assoc_BusinessPartner_Contacts"
    FromRole="FromRole_Assoc_BusinessPartner_Contacts"
    Relationship="/IWBEP/GWSAMPLE_BASIC.Assoc_BusinessPartner_Contacts"/>
<NavigationProperty Name="ToProducts" ToRole="ToRole_Assoc_BusinessPartner_Products"
    FromRole="FromRole_Assoc_BusinessPartner_Products"
    Relationship="/IWBEP/GWSAMPLE_BASIC.Assoc_BusinessPartner_Products"/>
```

Abbildung 2.10 Navigationsattribute des BusinessPartner-Entitätstyps

2.3 OData-Operationen

Beim allgemeinen Datenzugriff spricht man meistens von sogenannten CRUD- oder auch CRUD-Q-Operationen (Create = Anlegen, Read = Lesen, Update = Ändern, Delete = Löschen, Query = Abfragen). Der Zusatz »Q« wird jedoch nicht immer explizit erwähnt, da die Abfrage eine Form des Lesezugriffs darstellt. Wie bereits in Abschnitt 2.1.1, »Was ist REST?«, beschrieben, verwendet OData die REST-Befehle `POST`, `GET`, `PUT` und `DELETE`, die sich auf die erwähnten CRUD-Operationen entsprechend abbilden lassen. Das OData-Protokoll legt hierbei die jeweiligen Konventionen der CRUD-Operationen fest – wobei nicht jeder OData-Service auch alle Operationen verpflichtend implementieren muss. In diesem Abschnitt betrachten wir jede dieser Operationen und zeigen Beispiele für ihre Verwendung.

2.3.1 Create = Anlegen

POST

Die `Create`-Operation wird immer dann verwendet, wenn Daten angelegt werden sollen. Es handelt sich also um Daten, die bislang beispielsweise auf dem SAP-Business-Suite-System noch nicht vorhanden sind, wie z. B. ein neuer Verkaufsbeleg oder ein neuer Geschäftspartner. Die zugehörige HTTP-Methode lautet `POST`. War das Anlegen erfolgreich, ist der zugehörige HTTP-Antwortcode 201 (= angelegt/created), der zusammen mit dem erstellten Eintrag an den Aufrufer übergeben wird. Mittels der Metadaten kann spezifiziert werden, ob eine Entitätsmenge das Anlegen von Einträgen erlaubt oder nicht. Diese Information findet sich im Metadatendokument und erlaubt es einem Konsumenten, sich entsprechend zu verhalten (das Anlegen zu unterstützen oder nicht). Die `Create`-Operation wird nicht generisch durch das SAP Gateway Framework behandelt. Stattdessen muss sich die jeweilige Serviceimplementierung um die Umsetzung kümmern (siehe Kapitel 5, »Einführung in die Erstellung von OData-Services mit SAP Gateway«, und Kapitel 6, »Serviceentwicklung«, die die Serviceimplementierung im Detail erläutern).

2.3.2 Read = Lesen

GET

Die `Read`-Operation ist die am häufigsten genutzte Zugriffsoperation, weil die meisten Applikationen in der Lage sind, Daten zu lesen, jedoch nur eine Untermenge in der Lage ist, Daten zu schreiben. Ein Beispiel hierfür wäre eine Speisekartenapplikation (z. B. für das angebotene Mittagessen in der Kantine), die primär nur Daten liest (vorausgesetzt, sie bietet keine Möglichkeit, z. B. eine Bewertung des jeweiligen Essens abzugeben).

Gelesene Daten können vielfältigen Ursprungs sein. Beispielsweise kann es sich um transaktionale Daten, Stammdaten etc. handeln. Die zugehörige HTTP-Methode für die Lese-Operation ist `GET`. Eine erfolgreiche Lese-Operation hat einen HTTP-Antwortcode 200 (OK) zur Folge. Wie bereits erwähnt, können Lese-Operationen in zwei Bereiche unterteilt werden – allgemeine Abfragen (`Query`) und Lesen eines einzelnen Eintrags (`Single Read`).

Abfrageoperation

Lesen einer Entitätsmenge

Eine `Query`-Operation (Abfrage) ist ein typischer Einstieg für viele Applikationen. Mittels einer `Query`-Operation soll eine Liste von Einträgen gelesen werden. Das Ergebnis ist also eine Entitätsmenge – unabhängig davon, ob das tatsächliche Ergebnis leer ist (0 Einträge), ein einzelner Eintrag oder eine echte Liste von Einträgen. Eine `Query`-Operation wird meist im Zusammenhang mit einem Filter angewendet, der dazu dient, die Ergebnismenge zu reduzieren. Ein Beispiel für eine solche Abfrage ist das Abfragen einer Liste von Verkaufsbelegen, gefiltert nach einer bestimmten Verkaufsorganisation, einem Belegstatus und/oder einem Belegdatum.

Ähnlich wie beim Anlegen definieren auch hier die Metadaten die möglichen Zugriffe der Abfrage-Operation. Beispielsweise definiert die Annotation `sap:addressable`, ob auf eine Entitätsmenge mittels der Abfrage-Operation zugegriffen werden darf oder nicht. Dies wird beispielsweise dann verwendet, wenn man lediglich den Zugriff über ein Navigationsattribut erlauben möchte und nicht den direkten Zugriff. Ein Beispiel hierfür wäre, dass man nicht pauschal alle Verkaufsbelege eines Business-Suite-Systems lesen darf, wohl aber die Verkaufsbelege eines Geschäftspartners (Kunden), für den man zuständig ist.

In der Metadatendefinition einer Entitätsmenge kann darüber hinaus definiert werden, ob für die Abfrage ein Filter zwingend erforderlich ist (`requires filter`). Hierdurch kann man einem Konsumenten mitteilen, dass beim Lesen der Daten zwingend ein Filter mitzugeben ist. Wird dies nicht berücksichtigt, löst die Serviceimplementierung typischerweise einen Fehler aus. Dies wird aber nicht pauschal durch das SAP Gateway Framework vorgenommen, sondern muss durch die entsprechende Implementierung berücksichtigt werden (auch hierzu verweisen wir auf Kapitel 5, »Einführung in die Erstellung von OData-Services mit SAP Gateway«, und Kapitel 6, »Serviceentwicklung«).

Lesen eines einzelnen Eintrags

Nachdem man eine Entitätsmenge gelesen hat, hat man auch die zugehörige Selbstreferenz (`self-link`), um zu jedem enthaltenen Eintrag zu navigieren. Die zughörige Lese-Operation wird »Lesen eines einzelnen Eintrags« genannt (`single read`). Der entscheidende Unterschied zur allgemeinen `Query`-Operation ist, dass man beim Lesen eines einzelnen Eintrags den Primärschlüssel des gewünschten Eintrags in dem URI mit angibt. Man greift somit auf einen Eintrag direkt zu, anstatt eine Entitätsmenge abzufragen (die natürlich als Ergebnis auch einen einzelnen Eintrag haben kann).

Beim Lesen eines einzelnen Eintrags wird der Primärschlüssel in dem URI in Klammern direkt hinter den Namen der Entitätsmenge geschrieben. Setzt sich der Primärschlüssel aus mehreren Attributen zusammen, muss jeweils der Name des Primärschlüsselattributs mit angegeben werden. Setzt sich der Primärschlüssel aus lediglich einem Attribut zusammen, muss lediglich der Wert des Attributs ohne den Attributnamen angegeben werden. Sie müssen sich aber keine Gedanken über den genauen Aufbau und die Zusammenstellung des URI machen, da die jeweilige Selbstreferenz stets den korrekten URI zur Verfügung stellt und man diesen nur verwenden muss.

2.3.3 Update = Ändern

Ändern eines vorhandenen Eintrags

Die `Update`-Operation wird immer dann verwendet, wenn ein existierender Eintrag verändert werden soll. Hierzu muss natürlich der Primärschlüssel wie beim Lesen eines einzelnen Eintrags mit angegeben werden, damit der zu ändernde Eintrag eindeutig identifiziert werden kann.

Die HTTP-Methode für die `Update`-Operation ist `PUT`. Bei erfolgreicher Verarbeitung der `Update`-Operation erhält man den HTTP-Code `204 (no content)`. Man erhält nicht erneut den Eintrag zusammen mit dem Ergebniscode zurück, da davon auszugehen ist, dass der Konsument (die Applikation, die die Änderung ausgelöst hat) über alle aktuellen Attribute des Eintrags verfügt.

Das gilt auch für die `PATCH`-Operation (die eine Form der Ändern-Operation ist), bei der lediglich die zu ändernden Attribute eines Eintrags übergeben werden. Das SAP Gateway Framework führt vor der Änderung ein Lesen dieses Eintrags aus und fügt die zu ändernden Attribute dort ein.

Da beide Änderungsoperationen den Eintrag nicht zusammen mit dem Ergebniscode zurückliefern, können Sie trotzdem mittels einer weiteren Anfrage an den Server diesen Eintrag lesen. Dies ist immer dann sinnvoll, wenn im Business-Suite-System (dem führenden System) Daten, wie z. B. Zwischensummen oder Liefertermine, bezogen auf Verfügbarkeiten etc. berechnet werden, die der Konsument nicht selbst bestimmen kann (bzw. sollte).

Manche Applikations- und Serviceimplementierung missbraucht die `Create`-Methode, um damit einen Eintrag zu ändern und gleichzeitig den Eintrag zusammen mit dem Ergebniscode zurückzuerhalten.

Ähnlich wie bei anderen Operationen gibt es auch für die `Update`-Operation eine entsprechende Annotation in den Metadaten (`Updatable`), die darüber informiert, ob Änderungen unterstützt werden oder nicht.

2.3.4 Delete = Löschen

Abschließend wird die `Delete`-Operation verwendet, um einen einzelnen Eintrag zu löschen. Ähnlich wie die `Update`-Operation muss zum Löschen ein einzelner Eintrag über den Primärschlüssel adressiert werden. Die zugehörige HTTP-Methode ist `DELETE`. Ein erfolgreiches Löschen eines Eintrags hat den HTTP-Ergebniscode 204 (`no content`) zur Folge.

Mittels der `sap:deletable`-Annotation kann definiert werden, ob Einträge aus Entitätsmengen gelöscht werden dürfen oder nicht. Genauso wie bei den zuvor beschriebenen Operationen muss auch hier die Serviceimplementierung dafür Sorge tragen, dass die exponierten Metadaten dem tatsächlichen Serviceumfang entsprechen (siehe hierzu Kapitel 5, »Einführung in die Erstellung von OData-Services mit SAP Gateway«, und Kapitel 6, »Serviceentwicklung«, in denen die Serviceimplementierung detailliert beschrieben wird).

2.4 OData-Abfrageoptionen

OData spezifiziert eine einfache und dennoch mächtige Abfragesprache, die es Konsumenten erlaubt, flexible Kombinationen aus Filter-, Sortier- und Blättern-Abfragen zu nutzen. Hierzu kann ein Konsument über Parameter in der Abfrage angeben, was genau er benötigt.

Abfrageoptionen können die Ergebnismenge beeinflussen, die der Gateway-Server zur Verfügung stellt. In vielen Fällen möchte man keine umfangreiche Entitätsmenge »einfach so« vom Server erhalten (wie z. B. die Liste aller im System vorhandenen Produkte), sondern benötigt die Liste gefiltert nach diversen Kriterien (wie z. B. der Materialart) und gegebenenfalls nur eine Untermenge der möglichen Attribute.

In dieser Einführung betrachten wir nur die wichtigsten OData-Abfrageoptionen, die in Tabelle 2.1 gezeigt werden.

Operation	Abfrageoption
Filtern und Projizieren	`$filter` und `$select`
Sortieren	`$orderby`

Tabelle 2.1 Liste der wichtigsten OData-Abfrageoperationen

Operation	Abfrageoption
konsumentenseitiges Blättern	`$top`, `$skip` und `$inlinecount`
Zählen	`$count`
Expandieren	`$expand`
Formatieren	`$format`

Tabelle 2.1 Liste der wichtigsten OData-Abfrageoperationen (Forts.)

Wir zeigen die unterschiedlichen Abfrageoptionen mithilfe von EPM-Beispieldaten, die durch SAP NetWeaver zur Verfügung gestellt werden. Konkret betrachten wir eine Entitätsmenge von Geschäftspartnern, wie sie in Tabelle 2.2 zu sehen ist.

BusinessPartner-ID = Geschäftspartner-Nr.	CompanyName = Firmenname	LegalForm = Rechtsform	City = Ort
100000000	SAP	AG	Walldorf, Deutschland
100000001	Becker Berlin	GmbH	Berlin, Deutschland
100000002	DelBont Industries	Ltd.	Wilmington, Delaware
100000003	Talpa	GmbH	Hannover, Deutschland
100000004	Panorama Studios	Inc.	Hollywood, California
100000005	TECUM	AG	Münster, Deutschland
100000006	Asia High tech	Inc.	Tokyo, Japan
100000007	Laurent	S.A.	Paris, Frankreich
100000008	AVANTEL	S.A.	Mexico City, Mexico
100000009	Telecomunicaciones Star	S.A.	Buenos Aires, Argentinien
100000010	Pear Computing – Services	Inc.	Atlanta, Georgia
100000011	Alpine Systems	AG	Salzburg, Österreich
100000012	New Line Design	Ltd.	Manchester, Grossbritannien

Tabelle 2.2 Untermenge der Geschäftspartner aus dem SAP-NetWeaver-EPM-Demo-Datenmodell

BusinessPartner-ID = Geschäfts-partner-Nr.	CompanyName = Firmenname	LegalForm = Rechtsform	City = Ort
100000013	HEPA Tec	GmbH	Bremen, Deutschland
100000014	Anav Ideon	Ltd.	Bismarck, North Dakota
100000015	Robert Brown Entertainment	Ltd.	Quebec, Canada
100000016	Mexican Oil Trading Company	S.A.	Puebla, Mexico
100000017	Meliva	AG	Köln, Deutschland
100000018	Compostela	S.A.	Mendoza, Argentinien
100000019	Pateu	S.A.R.L.	Lyon, Frankreich
...	...	...	...
100000044	Sorali	AG	Karlsruhe, Deutschland

Tabelle 2.2 Untermenge der Geschäftspartner aus dem SAP-NetWeaver-EPM-Demo-Datenmodell (Forts.)

Mithilfe dieser Entitätsmenge betrachten wir die in Tabelle 2.1 ausgewiesenen Abfrageoptionen nachfolgend im Detail.

2.4.1 Filtern und Projizieren ($filter und $select)

Wir beginnen mit dem Anwendungsfall des Filterns und Projizierens einer Entitätsmenge. Als Beispiel dient eine mobile Applikation, die eine Liste von Geschäftspartnern (Business Partner) darstellen soll. Da nicht alle Attribute der Entitätsmenge `BusinessPartnerSet` auf dem kleinen Bildschirm dargestellt werden können, sollen lediglich die Attribute `BusinessPartnerID` und `CompanyName` ausgegeben werden. Zusätzlich kann der Benutzer die Ergebnismenge durch Eingabe eines Filters auf den Firmennamen einschränken. Eine symbolische Darstellung dieser Applikation, die die Ergebnismenge durch Filtern der Daten reduziert, ist in Abbildung 2.11 dargestellt.

Die dargestellte Untermenge aller Geschäftspartner wird durch das Anwenden der `$filter`-Abfrageoption bestimmt. Die reduzierten

Felder (hier ID und Name) ergeben sich durch das Anwenden der `$select`-Abfrageoption.

$filter

Die `$filter`-Abfrageoption ist eine der wichtigsten Abfrageoptionen, da sie umfangreiche Möglichkeiten bietet, die Ergebnismenge einzuschränken. Ähnlich wie bei den meisten anderen Abfrageoptionen müssen Sie die Filter-Abfrageoption in der Serviceimplementierung selbst codieren. Ein generisches Filtern durch das SAP Gateway Framework findet nicht statt. So weit wie möglich werden die Filter-Abfragen jedoch durch das Framework in korrespondierende `Select-Options`-Tabellen umgewandelt, die im ABAP-Code relativ einfach für das Filtern der Daten genutzt werden können (genauso wie in ABAP-Reports). In Kapitel 5, »Einführung in die Erstellung von OData-Services mit SAP Gateway«, und Kapitel 6, »Serviceentwicklung«, wird hierauf detailliert eingegangen.

Abbildung 2.11 Mobile Applikation mit Filterung und Projizierung

Die nachfolgende HTTP-Abfrage liefert das Ergebnis, das in Abbildung 2.11 dargestellt ist:

https://sapes4.sapdevcenter.com/sap/opu/odata/IWBEP/GWSAMPLE_BASIC/BusinessPartnerSet?$filter=startswith(CompanyName,'S')

Das Ergebnis ist eine Liste aller Firmen, deren Firmenname mit dem Buchstaben »S« beginnt (siehe Tabelle 2.3).

BusinessPartner-ID = Geschäfts-partner-Nr.	CompanyName = Firmenname	LegalForm = Rechtsform	City = Ort
0100000000	SAP	AG	Walldorf
0100000041	South American IT Company	S.A.	Cordoba
0100000042	Siwusha	CJV	Shanghai
0100000044	Sorali	AG	Karlsruhe

Tabelle 2.3 Liste aller Geschäftspartner, deren Name mit »S« beginnt

Ein weiteres Beispiel wäre das Abfragen der `BusinessPartnerSet`-Entitätsmenge mithilfe des Gleichheitsoperators (`eq`), angewendet auf die Geschäftspartnernummer (`BusinessPartnerID`):

https://sapes4.sapdevcenter.com/sap/opu/odata/IWBEP/GWSAMPLE_BASIC/BusinessPartnerSet?$filter=BusinessPartnerID eq '0100000000'

Das Ergebnis ist eine Entitätsmenge mit nur einem Eintrag, nämlich dem Geschäftspartner »SAP«. Man kann auch mehrere Filter mit den logischen Operatoren `AND`, `OR`, `EQ` oder `NOT` kombinieren, z. B.:

https://sapes4.sapdevcenter.com/sap/opu/odata/IWBEP/GWSAMPLE_BASIC/BusinessPartnerSet?$filter=BusinessPartnerID eq '0100000000' or BusinessPartnerID eq '0100000044'

Das Ergebnis dieser Abfrage ist die Entitätsmenge mit `BusinessPartnerID = '0100000000'` oder `'0100000044'`, dies sind die Geschäftspartner »SAP« und »Solari«.

$select Die `$select`-Abfrageoption erlaubt es, die gewünschten Attribute zu definieren, die in der HTTP-Antwort ausgegeben werden sollen. Wird die `$select`-Abfrageoption nicht angegeben, werden automatisch alle Attribute aus dem Datenmodell in die Antwort geschrieben. Dies ist der Normalfall und entspricht der Anforderung vieler Applikationen. Allerdings gibt es Situationen, in denen man die Anzahl der Attribute einschränken möchte, z. B. wenn die Menge der übertragenen Daten aus Geschwindigkeitsgründen reduziert werden soll oder das Bestimmen einzelner (nicht benötigter) Attribute sehr rechenintensiv ist. In diesen Fällen kann man mithilfe der

`$select`-Abfrageoption genau die gewünschten Attribute bestimmen. Zum Beispiel mündet die folgende Abfrage in der Ergebnismenge, die in Tabelle 2.4 dargestellt ist:

https://sapes4.sapdevcenter.com/sap/opu/odata/IWBEP/GWSAMPLE_BASIC/BusinessPartnerSet?$select=BusinessPartnerID,CompanyName

BusinessPartnerID = Geschäftspartner-Nr.	CompanyName = Firmenname
0100000000	SAP
0100000001	Becker Berlin
0100000002	DelBont Industries
0100000003	Talpa
0100000004	Panorama Studios
0100000005	TECUM
0100000006	Asia High tech
0100000007	Laurent
0100000008	AVANTEL
0100000009	Telecomunicaciones Star

Tabelle 2.4 Resultat einer Projizierung via »$select«

In der Serviceimplementierung erhält man eine Tabelle der Attribute, die bei der `$select`-Abfrageoption angegeben wurden (sofern die Abfrageoption verwendet wurde). Dies erlaubt der Serviceimplementierung, auf die gewünschten Attribute einzugehen und die Attribute, die nicht angegeben wurden, erst gar nicht zu bestimmen. Wenn man allerdings die Anwendungsdaten mithilfe von RFC-/BAPI-Funktionsbausteinen bestimmt, fällt dieser Geschwindigkeitsvorteil unter Umständen sehr gering aus (wenn er überhaupt vorhanden ist). Das liegt daran, dass nicht alle RFC-/BAPI-Funktionsbausteine über das ABAP-Statement `IS SUPPLIED` überprüfen, ob bestimmte Parameter/Strukturen/Tabellen vom Aufrufer gewünscht werden, und somit unter Umständen die Daten trotzdem bestimmen, obwohl sie gar nicht benötigt werden.

Aber auch wenn Sie keinen Geschwindigkeitsvorteil durch die reduzierte Bestimmung der Daten aus dem Business-Suite-System haben, sollte sich die reduzierte Menge an Attributen bei der Übertragung der Daten an den Konsumenten als Vorteil erweisen (vor allem wenn nur noch eine geringe Anzahl an Attributen übertragen wird und/oder der Übertragungskanal langsam ist). Die Reduzierung der übertragenen Attribute wird durch das SAP Gateway Framework vorgenommen, so dass Sie hier nichts weiter implementieren müssen.

Die `$select`-Abfrageoption kann auf einzelne Einträge sowie auf Entitätsmengen angewendet werden.

2.4.2 Sortieren ($orderby)

Wie der Name bereits andeutet, erlaubt die Abfrageoption `$orderby`, das Ergebnis nach einzelnen Attributen zu sortieren. Hierbei kann für jedes zur Sortierung herangezogene Attribut einzeln festgelegt werden, ob aufsteigend (Zusatz `asc` für engl. *ascending*) oder absteigend (Zusatz `desc` für engl. *descending*) sortiert werden soll. Hierbei ist die aufsteigende Sortierung die Voreinstellung, weshalb der Zusatz `asc` nicht angegeben werden muss. Soll die Sortierung über mehrere Attribute erfolgen, müssen diese in dem URI durch Komma getrennt angegeben werden – beispielsweise wenn Sie die Geschäftspartner zunächst nach dem Ort und dann nach dem Firmennamen sortieren möchten. Navigationsattribute können nicht für die Sortierung herangezogen werden.

Sortieren über die Daten-Provider-Implementierung

Das SAP Gateway Framework sortiert leider nicht automatisch. Stattdessen müssen Sie die Sortierung Ihres Service in der Daten-Provider-Klasse selbst vornehmen. Die durch die Klasse vorgenommene Sortierung der Einträge wird durch das Framework unverändert nach außen an den Aufrufer weitergegeben. Somit kann die Implementierung beispielsweise eine Standardsortierung vornehmen (z. B. nach Kundennummer), auch wenn gar keine `$orderby`-Abfrageoption verwendet wurde.

Als Beispiel für eine `$orderby`-Abfrageoption nehmen wir die folgende HTTP-Abfrage, die als Ergebnis eine Entitätsmenge sortiert nach Rechtsform (`LegalForm`) und Firmenname (`CompanyName`) liefert, wie in Tabelle 2.5 dargestellt:

https://sapes4.sapdevcenter.com/sap/opu/odata/IWBEP/GWSAMPLE_BASIC/BusinessPartnerSet?$select=BusinessPartnerID,CompanyName,LegalForm&$orderby=LegalForm,CompanyName

BusinessPartnerID = Geschäftspartner-Nr.	CompanyName = Firmenname	LegalForm = Rechtsform
0100000043	Danish Fish Trading Company	A/S
0100000011	Alpine Systems	AG
0100000038	Bionic Research Lab	AG
0100000017	Meliva	AG
0100000000	SAP	AG

Tabelle 2.5 Geschäftspartner, sortiert nach Rechtsform und Firmenname

2.4.3 Konsumentenseitiges Blättern ($top, $skip und $inlinecount)

Konsumentenseitiges Blättern wird sehr häufig in mobilen Applikationen verwendet, in denen der für die Anzeige der Daten zur Verfügung stehende Platz bekanntermaßen begrenzt ist. Bei dem Beispiel aus Abbildung 2.12 wird die Ergebnisliste der Geschäftspartner über mehrere Seiten dargestellt, wenn das Ergebnis nicht auf eine Seite passt (es passen maximal sechs Einträge auf eine Seite).

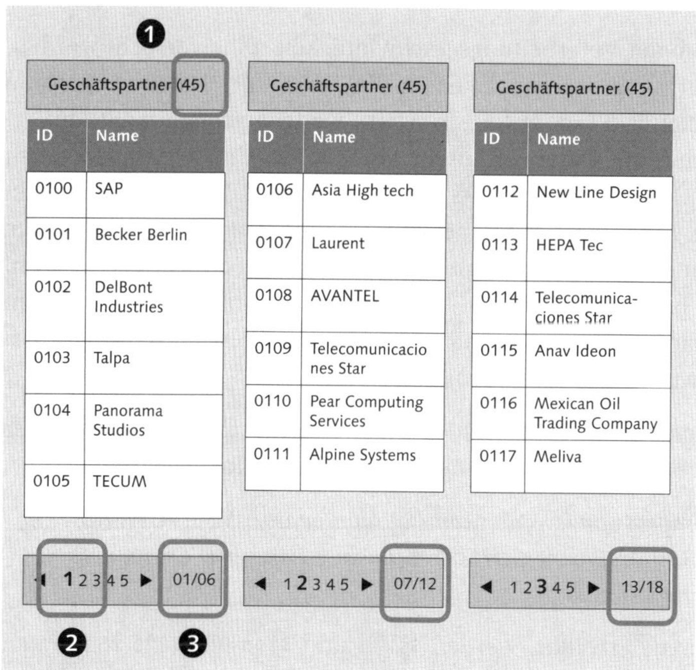

Abbildung 2.12 Konsumentenseitiges Blättern am Beispiel einer mobilen Anwendung

Durch die Seiten blättern Beim Durchblättern der Seiten ist es anwenderfreundlich, wenn die Gesamtzahl aller gefundenen Einträge angezeigt wird (siehe ❶ in Abbildung 2.12). Wenn – wie in unserem Beispiel – die Ergebnisliste mehr Einträge beinhaltet, als auf eine Seite passen, sollte dem Benutzer das Blättern ermöglicht werden. Hierbei sollte angezeigt werden, auf welcher Seite er sich gerade befindet ❷ und durch wie viele Einträge er bereits geblättert hat ❸.

Für das konsumentenseitige Blättern kann der Applikationsentwickler die folgenden Abfrageoptionen verwenden:

- `$top`
- `$skip`
- `$inlinecount`

$top Die `$top`-Abfrageoption wird meist zusammen mit der `$skip`-Abfrageoption verwendet, die nachfolgend beschrieben wird. Beide zusammen werden für das konsumentenbasierte Blättern verwendet. Dabei gibt `$top` an, wie viele Einträge man in der zurückgegebenen Entitätsmenge erhalten möchte. Wird z. B. `$top=3` angegeben, darf der Daten-Provider nur die ersten drei Einträge zurückgeben.

Bezüglich der Verarbeitungsgeschwindigkeit sollte versucht werden, den Wert von `$top` möglichst an die Schicht der Datenbeschaffung (z. B. einen BAPI- oder RFC-Baustein) weiterzugeben, damit idealerweise nur die Daten ermittelt werden, die der Konsument auch sehen möchte. Hierzu unterstützen einige Funktionsbausteine einen `maxrows`-Importparameter, der (je nach Implementierung) bereits die von der Datenbank zu lesende Datenmenge einschränken kann. Wenn beispielsweise die `$skip`-Abfrageoption nicht angegeben wird, kann der Wert für `$top` direkt an den Wert für `maxrows` übergeben werden (sofern vorhanden).

Die folgende HTTP-Abfrage liest die ersten sechs Geschäftspartner der `BusinessPartnerSet`-Entitätsmenge (siehe Tabelle 2.6):

https://sapes4.sapdevcenter.com/sap/opu/odata/IWBEP/GWSAMPLE_BASIC/BusinessPartnerSet?$select=BusinessPartnerID,CompanyName,LegalForm&$top=6

$skip Wie bereits erwähnt, werden `$skip` und `$top` meistens zusammen für das konsumentenseitige Blättern eingesetzt. Dabei definiert `$skip` die Anzahl der Einträge (nicht die Anzahl der Seiten!), die zu

Beginn übersprungen werden sollen. Gibt man beispielsweise `$skip=2` als Abfrageoption an, darf die Ergebnismenge nicht mehr die ursprünglichen Einträge 1 und 2 enthalten und startet stattdessen mit Eintrag 3.

BusinessPartnerID = Geschäftspartner-Nr.	CompanyName = Firmenname	LegalForm = Rechtsform
100000000	SAP	AG
100000001	Becker Berlin	GmbH
100000002	DelBont Industries	Ltd.
100000003	Talpa	GmbH
100000004	Panorama Studios	Inc.
100000005	TECUM	AG

Tabelle 2.6 Die ersten sechs Geschäftspartner – erste Seite

Die Abfrageoptionen `$skip` und `$top` werden vom SAP Gateway Framework an die Serviceimplementierung weitergereicht und müssen von der Serviceimplementierung angewendet werden. Das Framework selbst wendet die Abfrageoptionen nicht an. Näheres hierzu lernen Sie in Kapitel 5, »Einführung in die Erstellung von OData-Services mit SAP Gateway«, und Kapitel 6, »Serviceentwicklung«.

Sollte der Funktionsbaustein, der für die Datenbeschaffung verwendet wird, keinen `maxrows`-Parameter unterstützen, sollten Sie mit `$top` und `$skip` vorsichtig umgehen. Sonst kann es sein, dass viele Daten unnötig gelesen und berechnet und anschließend direkt wieder verworfen werden, was eine nicht zu unterschätzende Last auf dem Backend-System zur Folge haben kann. Wenn Sie die Datenermittlung komplett selbst implementiert haben und dabei unter Umständen sogar auf eigene Z-Tabellen zugreifen, haben Sie in der Regel mehr Freiheiten im Einschränken der von der Datenbank zu lesenden Daten (beispielsweise können Sie in Ihren `Select`-Statements den Zusatz `up to x rows` verwenden, der direkt die Anzahl der gelesenen Sätze reduziert).

Eine andere Möglichkeit besteht darin, serverseitiges Caching zu verwenden. Den sogenannten *Soft State Based Query Result Cache* stellen wir in Anhang A, »Weiterführende Konzepte«, vor. Oder man verwendet OData-Services, die auf Basis von CDS Views generiert werden, die `$top` und `$skip` automatisch unterstützen.

Wenn z. B. die dritte Seite der Entitätsmenge gelesen werden soll, kann dies mittels der folgenden HTTP-Abfrage erreicht werden:

https://sapes4.sapdevcenter.com/sap/opu/odata/IWBEP/GWSAMPLE_BASIC/BusinessPartnerSet?$select=BusinessPartnerID,CompanyName,LegalForm&$skip=12&$top=6

Das Ergebnis hierzu ist in Tabelle 2.7 dargestellt.

BusinessPartnerID = Geschäftspartner-Nr.	CompanyName = Firmenname	LegalForm = Rechtsform
100000012	New Line Design	Ltd.
100000013	HEPA Tec	GmbH
100000014	Anav Ideon	Ltd.
100000015	Robert Brown Entertainment	Ltd.
100000016	Mexican Oil Trading Company	S.A.
100000017	Meliva	AG

Tabelle 2.7 Ergebnismenge der dritten Seite

$inlinecount

Die `$inlinecount`-Abfrageoption erlaubt unter Berücksichtigung der angegebenen Filter, die Anzahl der Sätze zusammen mit der Entitätsmenge an den Aufrufer zu übergeben. Demgegenüber steht der URI-Zusatz `/$count`, der lediglich die Anzahl der Einträge zurückgibt (ohne die Einträge selbst) und somit keine Abfrageoption, sondern eine eigene Ressource darstellt.

Die `$inlinecount`-Abfrageoption hat die in Tabelle 2.8 dargestellten möglichen Parameter.

Option	Beschreibung
`$inlinecount=allpages`	Fügt die Anzahl der in dem URI adressierten Einträge in das Ergebnis ein.
`$inlinecount=none`	Fügt keine Anzahl ein.

Tabelle 2.8 Mögliche Parameter der $inlinecount-Abfrageoption

Typischerweise kann ein Konsument selbst die Anzahl der zu empfangenden Einträge durch einfaches Zählen bestimmen. Die `$inlinecount`-Abfrageoption hat aber trotzdem ihre Daseinsberechtigung, da sie gemäß der Definition auch beim konsumentenseitigen Blättern die Gesamtanzahl der Einträge bestimmt – und nicht nur die

Anzahl der in der Antwort enthaltenen Einträge. Somit kann ein Konsument die Gesamtanzahl der vorhandenen Einträge abbilden, auch wenn er zunächst vielleicht nur die erste Seite abgefragt und dargestellt hat.

Anzahl der Geschäftspartner

Abbildung 2.12 zeigt eine Applikation, die die Liste der Geschäftspartner abbildet. Sie stellt die Gesamtanzahl ❶ aller Geschäftspartner (45) zusammen mit einer Seitendirektwahl dar. Zu Beginn wird die erste Seite der Geschäftspartner angezeigt. Der URI für dieses Beispiel sieht folgendermaßen aus:

https://sapes4.sapdevcenter.com/sap/opu/odata/IWBEP/GWSAMPLE_BASIC/BusinessPartnerSet?$select=BusinessPartnerID,CompanyName&$inlinecount=allpages&$top=6

Der Gateway-Server liefert in diesem Fall lediglich die ersten sechs Einträge sowie die Gesamtanzahl 45. Die Anzahl der möglichen Seiten wird durch die konsumierende Applikation berechnet und ist nicht Teil der OData-Antwort.

Der Wert für `$inlinecount` wird vom Server mithilfe des `count`-Kennzeichens übermittelt: `<m:count>45</m:count>` (siehe Abbildung 2.13).

```
<feed xml:base="https://SAPES4.SAPDEVCENTER.COM:443/sap/opu/odata/IWBEP/GWSAMPLE_BASIC/"
xmlns:d="http://schemas.microsoft.com/ado/2007/08/dataservices" xmlns:m="http://schemas.microsoft.com/ado/2007/08/dataservices/metadata"
xmlns="http://www.w3.org/2005/Atom">
  <id>https://SAPES4.SAPDEVCENTER.COM:443/sap/opu/odata/IWBEP/GWSAMPLE_BASIC/BusinessPartnerSet</id>
  <title type="text">BusinessPartnerSet</title>
  <updated>2015-12-08T21:31:18Z</updated>
- <author>
    <name/>
  </author>
  <link title="BusinessPartnerSet" rel="self" href="BusinessPartnerSet"/>
  <m:count>46</m:count>
- <entry m:etag="W/"datetime'2015-10-12T23%3A41%3A54.4490000'"">
    <id>https://SAPES4.SAPDEVCENTER.COM:443/sap/opu/odata/IWBEP/GWSAMPLE_BASIC/BusinessPartnerSet('0100000000')</id>
    <title type="text">BusinessPartnerSet('0100000000')</title>
    <updated>2015-12-08T21:31:18Z</updated>
    <category scheme="http://schemas.microsoft.com/ado/2007/08/dataservices/scheme" term="/IWBEP/GWSAMPLE_BASIC.BusinessPartner"/>
    <link title="BusinessPartner" rel="edit" href="BusinessPartnerSet('0100000000')"/>
  - <content type="application/xml">
    - <m:properties xmlns:d="http://schemas.microsoft.com/ado/2007/08/dataservices"
      xmlns:m="http://schemas.microsoft.com/ado/2007/08/dataservices/metadata">
        <d:BusinessPartnerID>0100000000</d:BusinessPartnerID>
        <d:CompanyName>SAP</d:CompanyName>
      </m:properties>
    </content>
  </entry>
+ <entry m:etag="W/"datetime'2015-02-13T13%3A48%3A59.0000000'"">...</entry>
+ <entry m:etag="W/"datetime'2015-02-13T13%3A48%3A59.0000000'"">...</entry>
```

Abbildung 2.13 Übermittlung des $inlinecount-Wertes

2.4.4 Zählen ($count)

Die `$count`-Abfrage ist keine Abfrageoption, sondern stellt eine eigene Ressource dar und wird verwendet, um die Anzahl der aktuell in einer Entitätsmenge enthaltenen Einträge zu bestimmen. Dann

wird nur die Anzahl als einfacher ganzzahliger Wert übertragen. Die URL sieht in diesem Fall wie folgt aus:
https://sapes4.sapdevcenter.com/sap/opu/odata/IWBEP/GWSAMPLE_BASIC/BusinessPartnerSet/$count

2.4.5 Expandieren ($expand)

$expand Die `$expand`-Abfrageoption kommt immer dann zum Einsatz, wenn man mit nur einer einzigen HTTP-Anfrage an den Gateway-Server Daten von mehreren Entitätsmengen übermitteln möchte, anstatt für jede Entitätsmenge eine separate HTTP-Anfrage zu stellen oder die `$batch`-Massenverarbeitung zu verwenden.

Ein klassisches Beispiel für das Expandieren ist in Abbildung 2.14 dargestellt. Es handelt sich um das Abfragen von Verkaufsbelegkopfdaten zusammen mit der Liste der zugehörigen Verkaufsbelegpositionen mit nur einer HTTP-Anfrage ❶. Ein weiteres Beispiel wäre das Lesen eines Geschäftspartners zusammen mit der Ermittlung seiner Verkaufsbelege ❷, das man auch noch weiterführen könnte, indem man mit ebenfalls nur einer einzigen HTTP-Anfrage gleich noch die Verkaufsbelegpositionen zu jedem Verkaufsbeleg mitbestimmt ❸.

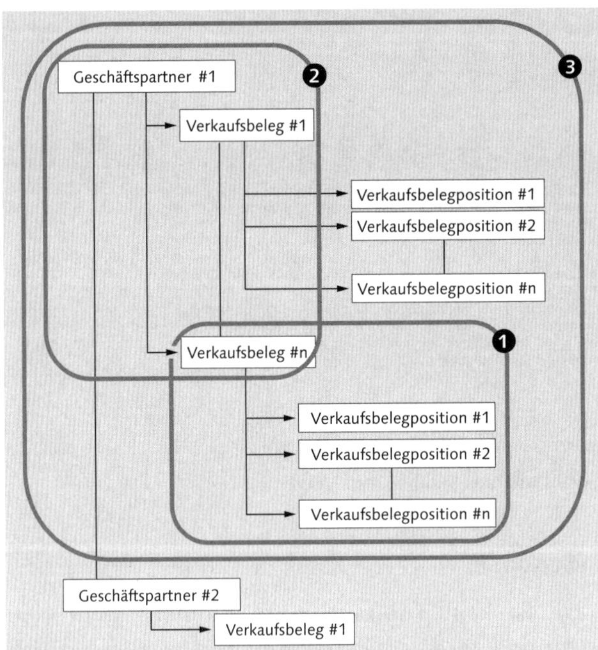

Abbildung 2.14 Beispiele für das Expandieren ($expand)

Definieren von Navigationsattributen

Das Expandieren ist nur entlang von Navigationsattributen möglich, weshalb das korrekte Definieren dieser Attribute zusammen mit der jeweiligen Assoziation und gegebenenfalls der Fremdschlüsselbeziehung sehr wichtig ist. In unserem Beispiel gibt es das Navigationsattribut `ToLineItems`, das es ermöglicht, von der `SalesOrder`-Entitätsmenge auf die Einträge der zugehörigen Entitätsmenge `SalesOrderLineItem` zu navigieren. Der zugehörige URI sieht folgendermaßen aus:

https://sapes4.sapdevcenter.com/sap/opu/odata/IWBEP/GWSAMPLE_BASIC/SalesOrderSet('0500000011')?$expand=ToLineItems

Das vom Gateway-Server zurückgegebene Ergebnis ist in Abbildung 2.15 dargestellt. Die `SalesOrderLineItem`-Entitätsmenge ist in dem Abschnitt zu sehen ❶, der mit `<m:inline> ... </m:inline>` markiert ist. Die Verkaufsbelegkopfinformationen werden hinter diesem Abschnitt ausgegeben ❷.

```
<entry xmlns="http://www.w3.org/2005/Atom" xml:base="https://SAPES4.SAPDEVCENTER.COM:443/sap/opu/odata/IWBEP/GWSAMPLE_BASIC/"
xmlns:d="http://schemas.microsoft.com/ado/2007/08/dataservices" xmlns:m="http://schemas.microsoft.com/ado/2007/08/dataservices/metadata">
  <id>https://SAPES4.SAPDEVCENTER.COM:443/sap/opu/odata/IWBEP/GWSAMPLE_BASIC/SalesOrderSet('0500000011')</id>
  <title type="text">SalesOrderSet('0500000011')</title>
  <updated>2015-12-08T21:38:55Z</updated>
  <category scheme="http://schemas.microsoft.com/ado/2007/08/dataservices/scheme" term="/IWBEP/GWSAMPLE_BASIC.SalesOrder"/>
  <link title="SalesOrder" rel="self" href="SalesOrderSet('0500000011')"/>
  <link title="ToBusinessPartner" type="application/atom+xml;type=entry"
  rel="http://schemas.microsoft.com/ado/2007/08/dataservices/related/ToBusinessPartner" href="SalesOrderSet('0500000011')/ToBusinessPartner"/>
- <link title="ToLineItems" type="application/atom+xml;type=feed" rel="http://schemas.microsoft.com/ado/2007/08/dataservices/related/ToLineItems"
  href="SalesOrderSet('0500000011')/ToLineItems">
  - <m:inline>
    - <feed xml:base="https://SAPES4.SAPDEVCENTER.COM:443/sap/opu/odata/IWBEP/GWSAMPLE_BASIC/">
        <id>https://SAPES4.SAPDEVCENTER.COM:443/sap/opu/odata/IWBEP/GWSAMPLE_BASIC/SalesOrderSet('0500000011')/ToLineItems</id>
        <title type="text">SalesOrderLineItemSet</title>
        <updated>2015-12-08T21:38:55Z</updated>
❶     - <author>
          <name/>
        </author>
        <link title="SalesOrderLineItemSet" rel="self" href="SalesOrderSet('0500000011')/ToLineItems"/>
      + <entry>...</entry>
      + <entry>...</entry>
      + <entry>...</entry>
      + <entry>...</entry>
      </feed>
    </m:inline>
  </link>
- <content type="application/xml">
  - <m:properties>
      <d:SalesOrderID>0500000011</d:SalesOrderID>
      <d:Note>EPM DG: SO ID 0500000011 Deliver as fast as possible</d:Note>
      <d:NoteLanguage>EN</d:NoteLanguage>
      <d:CustomerID>0100000004</d:CustomerID>
      <d:CustomerName>Panorama Studios</d:CustomerName>
      <d:CurrencyCode>EUR</d:CurrencyCode>
      <d:GrossAmount>325.94</d:GrossAmount>
❷     <d:NetAmount>273.90</d:NetAmount>
      <d:TaxAmount>52.04</d:TaxAmount>
      <d:LifecycleStatus>N</d:LifecycleStatus>
      <d:LifecycleStatusDescription>Neu</d:LifecycleStatusDescription>
      <d:BillingStatus/>
      <d:BillingStatusDescription>Initial</d:BillingStatusDescription>
      <d:DeliveryStatus/>
      <d:DeliveryStatusDescription>Initial</d:DeliveryStatusDescription>
      <d:CreatedAt>2015-02-13T05:00:00.0000000</d:CreatedAt>
      <d:ChangedAt>2015-02-13T05:00:00.0000000</d:ChangedAt>
    </m:properties>
  </content>
</entry>
```

Abbildung 2.15 Antwort einer $expand-Abfrage

Stark vereinfacht kann das Ergebnis auch folgendermaßen veranschaulicht werden, wobei die expandierten Einträge eingeschoben dargestellt sind:

```
Verkaufsbeleg - Eintrag(Auftragsnummer='123')
    Verkaufsbelegposition - Eintrag(Auftragsnummer= '123',
      Position='10')
    Verkaufsbelegposition - Eintrag(Auftragsnummer= '123',
      Position='20')
    Verkaufsbelegposition - Eintrag(Auftragsnummer= '123',
      Position='30')
    Verkaufsbelegposition - Eintrag(Auftragsnummer= '123',
      Position='40')
```

Mehrere Expansionen müssen durch Komma getrennt angegeben werden. Möchte man in dem zuvor genannten Beispiel noch zusätzlich den Geschäftspartner eines Verkaufsbelegs ausgeben, müsste der URI folgendermaßen aussehen:

http://sapes4.sapdevcenter.com/sap/opu/odata/IWBEP/GWSAMPLE_BASIC/SalesOrderSet%20('0500000011')?$expand=ToBusinessPartner,ToLineItems&sap-ds-debug=true

Das stark vereinfachte Ergebnis sähe dann wie folgt aus:

```
Verkaufsbeleg - Eintrag(Auftragsnummer='123')
    Geschäftspartner - Eintrag(Kundennummer='0815')
    Verkaufsbelegposition - Eintrag(Auftragsnummer= '123',
      Position='10')
    Verkaufsbelegposition - Eintrag(Auftragsnummer= '123',
      Position='20')
    Verkaufsbelegposition - Eintrag(Auftragsnummer= '123',
      Position='30')
    Verkaufsbelegposition - Eintrag(Auftragsnummer= '123',
      Position='40')
    ...
```

Die Kardinalität der Assoziation, die einem Navigationsattribut zugrunde liegt, definiert, ob das Resultat des Navigationsschrittes eine Entitätsmenge (in dem vorhergehenden Beispiel die Liste der Verkaufsbelegpositionen) oder ein einzelner Eintrag ist (im Beispiel der Geschäftspartnereintrag).

Geschachtelte Expansion

Das Expandieren ist entlang des gesamten Navigationsbaumes möglich. Wie bereits erwähnt (siehe ❸ in Abbildung 2.14), ist es beispielsweise möglich, von einem Geschäftspartnereintrag über die Liste seiner Verkaufsbelege bis hin zu den jeweiligen Verkaufsbelegpositionen zu expandieren. Der zugehörige URI hierzu lautet:

http://.../sap/opu/odata/IWBEP/GWSAMPLE_BASIC/BusinessPartnerSet('0100000000')?$expand=ToSalesOrders,ToSalesOrders/ToLineItems

Das zugehörige Ergebnis kann stark vereinfacht wie folgt dargestellt werden:

```
Geschäftspartner - Eintrag(Kundennummer='123')
    Verkaufsbeleg - Eintrag(Auftragsnummer='0815')
        Verkaufsbelegposition - Eintrag(Auftragsnummer =
          '0815',Position='10')
        Verkaufsbelegposition - Eintrag(Auftragsnummer =
          '0815',Position='20')
        Verkaufsbelegposition - Eintrag(Auftragsnummer =
          '0815',Position='30')
    Verkaufsbeleg - Eintrag(Auftragsnummer='0816')
        Verkaufsbelegposition - Eintrag(Auftragsnummer =
          '0816',Position='10')
        Verkaufsbelegposition - Eintrag(Auftragsnummer =
          '0816',Position='20')
        Verkaufsbelegposition - Eintrag(Auftragsnummer =
          '0816',Position='30')
    ...
```

Die `$expand`-Abfrageoption wird vom SAP Gateway Framework automatisch ausgeführt. Das heißt, dass die `Get_Entityset`-/`Get_Entity`-Methoden nacheinander entsprechend den gewählten Navigationsschritten ausgeführt werden. Das ist sehr elegant, da neben der Definition der Navigationsattribute keine spezielle Implementierung vorgenommen werden muss (vorausgesetzt, die jeweiligen Methoden können die übergebenen Schlüsselinformationen korrekt umsetzen). Hierbei muss aber berücksichtigt werden, dass unter Umständen ein und derselbe RFC-Funktionsbaustein entlang der gewählten Navigationsschritte mehrfach gegebenenfalls sogar mit denselben Filtern aufgerufen wird, was sich möglicherweise negativ auf die Performance auswirkt.

Im ersten Beispiel haben wir mittels `$expand` die Liste der Verkaufsbelegpositionen zu einem Verkaufsbeleg bestimmt. Um die Daten dieser beiden Entitätstypen (Verkaufsbeleg und Verkaufsbelegposition) zu ermitteln, ruft das SAP Gateway Framework die passenden `Get_Entityset`-/`Get_Entity`-Methoden nacheinander auf – und zwar unabhängig voneinander. Da beide Entitätstypen ihre Daten vom selben RFC-Funktionsbaustein erhalten, hat dies zur Folge, dass derselbe RFC-Funktionsbaustein für denselben Verkaufsbeleg zweimal aufgerufen wird. Selbst wenn der Baustein die Daten entsprechend puffert, stellt dieser Doppelaufruf eine unnötige Belastung des Business-Suite-Systems dar.

GET_EXPANDED_ENTITYSET

Um solche ineffizienten Aufrufe zu verhindern, können in der Daten-Provider-Klasse die beiden Methoden `GET_EXPANDED_ENTITY` bzw. `GET_EXPANDED_ENTITYSET` redefiniert (überschrieben) werden, um dadurch den geschachtelten Datenbaum selbst zu bestimmen und an das SAP Gateway Framework zu übergeben. Die Redefinition dieser Methoden ist optional – sollte aber im Sinn der Performancesteigerung immer in Betracht gezogen werden.

2.4.6 Formatieren ($format)

$format

Die `$format`-Abfrageoption legt das Format fest, in dem die OData-Antwort vom Gateway-Server zurückgegeben wird. Die folgenden zwei Optionen der OData-V2-Spezifikation stehen hierbei zur Auswahl: XML und JSON. Das Standardformat in OData V2 ist XML. Wird also keine `$format`-Abfrageoption angegeben, ist dies, als würde man explizit `$format=xml` angeben.

XML

Das folgende Beispiel liest alle Geschäftspartner, deren Firmenname mit »S« beginnt. Hierbei werden lediglich die Attribute Kundennummer (`BusinessPartnerID`) und Firmenname (`CompanyName`) der Geschäftspartner-Entitätsmenge (`BusinessPartnerCollection`) selektiert. Mithilfe der Abfrageoption `$format=xml` erhält man das Ergebnis, das in Abbildung 2.16 dargestellt ist. Dieselbe Abfrage mit `$format=json` liefert das Ergebnis, das in Abbildung 2.17 dargestellt ist.

Wie Sie erkennen können, ist die OData-Antwort im JSON-Format deutlich »schlanker« im Vergleich zur Antwort im XML-Format. Dies schlägt sich auch in einer deutlich kleineren Datenmenge beim JSON-Format nieder, die übertragen werden muss (selbst wenn beide Formate komprimiert betrachtet werden). Aus diesem Grund empfiehlt es sich, die Antwort immer in JSON formatiert zu übertragen, sofern der Aufrufer JSON interpretieren kann.

```
<feed xmlns="http://www.w3.org/2005/Atom" xml:base="https://SAPES4.SAPDEVCENTER.COM:443/sap/opu/odata/IWBEP/GWSAMPLE_BASIC/"
xmlns:d="http://schemas.microsoft.com/ado/2007/08/dataservices" xmlns:m="http://schemas.microsoft.com/ado/2007/08/dataservices/metadata">
  <id>https://SAPES4.SAPDEVCENTER.COM:443/sap/opu/odata/IWBEP/GWSAMPLE_BASIC/BusinessPartnerSet</id>
  <title type="text">BusinessPartnerSet</title>
  <updated>2015-12-08T22:23:54Z</updated>
- <author>
    <name/>
  </author>
  <link title="BusinessPartnerSet" rel="self" href="BusinessPartnerSet"/>
- <entry m:etag="W/"datetime'2015-10-12T23%3A41%3A54.4490000'"">
    <id>https://SAPES4.SAPDEVCENTER.COM:443/sap/opu/odata/IWBEP/GWSAMPLE_BASIC/BusinessPartnerSet('0100000000')</id>
    <title type="text">BusinessPartnerSet('0100000000')</title>
    <updated>2015-12-08T22:23:54Z</updated>
    <category scheme="http://schemas.microsoft.com/ado/2007/08/dataservices/scheme" term="/IWBEP/GWSAMPLE_BASIC.BusinessPartner"/>
    <link title="BusinessPartner" rel="edit" href="BusinessPartnerSet('0100000000')"/>
  - <content type="application/xml">
    - <m:properties xmlns:d="http://schemas.microsoft.com/ado/2007/08/dataservices"
      xmlns:m="http://schemas.microsoft.com/ado/2007/08/dataservices/metadata">
        <d:BusinessPartnerID>0100000000</d:BusinessPartnerID>
        <d:CompanyName>SAP</d:CompanyName>
      </m:properties>
    </content>
  </entry>
+ <entry m:etag="W/"datetime'2015-02-13T13%3A48%3A59.0000000'"">...</entry>
+ <entry m:etag="W/"datetime'2015-02-13T13%3A48%3A59.0000000'"">...</entry>
+ <entry m:etag="W/"datetime'2015-02-13T13%3A48%3A59.0000000'"">...</entry>
</feed>
```


Abbildung 2.16 ODATA-Antwort im XML-Format


```
{
 - d: {
   - results: [
     - {
       - __metadata: {
           id: https://SAPES4.SAPDEVCENTER.COM:443/sap/opu/odata/IWBEP/GWSAMPLE_BASIC/BusinessPartnerSet('0100000000'),
           uri: https://SAPES4.SAPDEVCENTER.COM:443/sap/opu/odata/IWBEP/GWSAMPLE_BASIC/BusinessPartnerSet('0100000000'),
           type: "/IWBEP/GWSAMPLE_BASIC.BusinessPartner",
           etag: "W/"datetime'2015-10-12T23%3A41%3A54.4490000'""
         },
         BusinessPartnerID: "0100000000",
         CompanyName: "SAP"
       },
     + {...},
     + {...},
     + {...}
     ]
   }
}
```


Abbildung 2.17 ODATA-Antwort im JSON-Format

Zugriff mittels Browser

An dieser Stelle sei kurz darauf hingewiesen, was beim Abruf von XML- bzw. JSON-formatierten Daten mit einem Browser zu beachten ist. Möchten Sie die Serverantwort im JSON-Format darstellen, empfiehlt sich die Verwendung von Firefox oder Google Chrome, für die es geeignete Erweiterungen gibt, die eine JSON-Antwort benutzerfreundlich darstellen.

Für Firefox empfiehlt sich hierbei die Verwendung der JSONView-Erweiterung. Sollte sie nicht installiert sein, wählen Sie EXTRAS • ADD-ONS, um den Add-on-Manager zu starten. Dort suchen Sie dann nach »JSONView«.

Wenn Sie sich dafür entscheiden, die Serverantwort im Standardformat von SAP Gateway (XML) abzurufen, erhält der Browser die XML-Antwort mit dem MIME-Typ `application/atom+xml`. Manche Browser interpretieren dies als Atom-Feed und stellen es wie eine Art Nachrichten-Feed dar, was dazu führt, dass viele Informationen aus dem Ergebnis nicht abgebildet werden.

Aus diesem Grund empfehlen wir die Verwendung des URI-Parameters `sap-ds-debug=true`, der sehr nützlich beim Testen von OData-Services mittels Browser ist. Fügt man diesen Parameter dem URI hinzu, antwortet der Gateway-Server nicht mehr mit einem einfachen XML- oder JSON-Dokument, sondern sendet eine dynamisch erzeugte HTML-Seite mit dem jeweiligen Inhalt, jedoch zusätzlich z. B. mit ausführbaren Links.

Excel-Format

SAP Gateway unterstützt auch die Abfrageoption `$format=xslx`. In diesem Fall hat die Response das binäre Format einer Excel-Datei vom Typ **.xlsx*, die vom Konsumenten heruntergeladen werden kann. Dasselbe Verhalten kann dadurch erreicht werden, dass der Konsument den HTTP-Header `accept = application/vnd.openxml-formats-officedocument.spreadsheetml.sheet` sendet.

Bitte beachten Sie, dass das Format *.xlsx* nur unterstützt wird, wenn das SAP-Gateway-System auf SAP NetWeaver 7.40 oder einem höheren Basisrelease basiert. Außerdem müssen Sie bei der Verwendung des Excel-Formats einige technische Einschränkungen beachten (z. B. keine Unterstützung von `$expand`). Die Details hierzu finden Sie in der Onlinedokumentation der SAP Gateway Foundation (SAP_GWFND).

2.5 OData in SAP-Lösungen

Aufgrund der Erweiterbarkeit von OData ist es möglich, Standard-OData-Abfragen und -Antworten mit Zusatzinformationen anzureichern. SAP nutzt dies, um beispielsweise SAP-spezifische Annotationen in die Metadaten aufzunehmen, die es Applikationsentwicklern erleichtern sollen, SAP-Geschäftsanwendungsdaten zu konsumieren. Hierzu gehören z. B. die Attributbezeichnungen, die dem SAP Data Dictionary (DDIC) entnommen werden (sofern das Attribut bzw. der Entitätstyp eine Anbindung an das Data Dictionary hat) und dann automatisch in allen gepflegten Sprachen zur Verfügung stehen.

SAP-spezifische Erweiterungen

Hier einige Beispiele für SAP-spezifische Erweiterungen in SAP Gateway:

- sprachabhängige Bezeichnungen für alle Attribute (bei entsprechender Anbindung an das Data Dictionary)

- Freitextsuche innerhalb von Entitätsmengen gleichen Entitätstyps und auch entitätsmengenübergreifend mittels OpenSearch
- Semantische Annotationen, die beispielsweise von Applikationen auf Mobilgeräten interpretiert werden können, um eine nahtlose Anbindung an Kontaktdaten, Kalendereinträge und auch Telefonfunktionen zu ermöglichen. Somit kann eine Applikation z. B. »wissen«, in welchem Feld eine Telefonnummer steht.

Da nicht alle Entitätstypen und Entitätsmengen das volle Spektrum der OData-Möglichkeiten unterstützen, bietet es sich an, solche Annotationen zu verwenden, um unnötige Zugriffe auf den Server zu vermeiden. Aus diesem Grund beinhaltet das Metadatendokument z. B. Informationen darüber, ob eine Entitätsmenge suchbar ist, welche Attribute zum Filtern verwendet werden können und welche Attribute durch den Server versorgt werden (z. B. beim Erstellen eines Eintrags).

Als Ergebnis wird es für Applikationsentwickler deutlich einfacher, korrekt annotierte Services in ihre Anwendungen einzubinden und zu konsumieren. Dies schafft eine zusätzliche Abstraktion der Business-Suite-Daten, da der Applikationsentwickler noch weniger vom Backend-System wissen muss. Dies erlaubt es auch, solche Entwickler mit dem Konsumieren von OData-Services zu beauftragen, die wenig oder gar kein Wissen über das darunterliegende SAP-System haben. Solche Entwickler können sich auf ihre gewohnte Entwicklungsumgebung konzentrieren, da sie über eine klar definierte Schnittstelle mit dem jeweiligen Business-Suite-System interagieren. Das führt nicht nur zu deutlich mehr Applikationen, es können nun auch bestehende Applikationen mit SAP-Anwendungsdaten angereichert werden.

ABAP- und nicht ABAP-basierte Anwendungen

Eine Vielzahl unterschiedlicher SAP-Lösungen basiert auf OData-Services, die mittels SAP Gateway zur Verfügung gestellt werden. Dies beinhaltet ABAP-basierte und nicht ABAP-basierte Anwendungen, wie z. B. HTML5 (siehe Abbildung 2.18).

In diesem Abschnitt betrachten wir einige dieser unterschiedlichen SAP-Lösungen, die von OData profitieren.

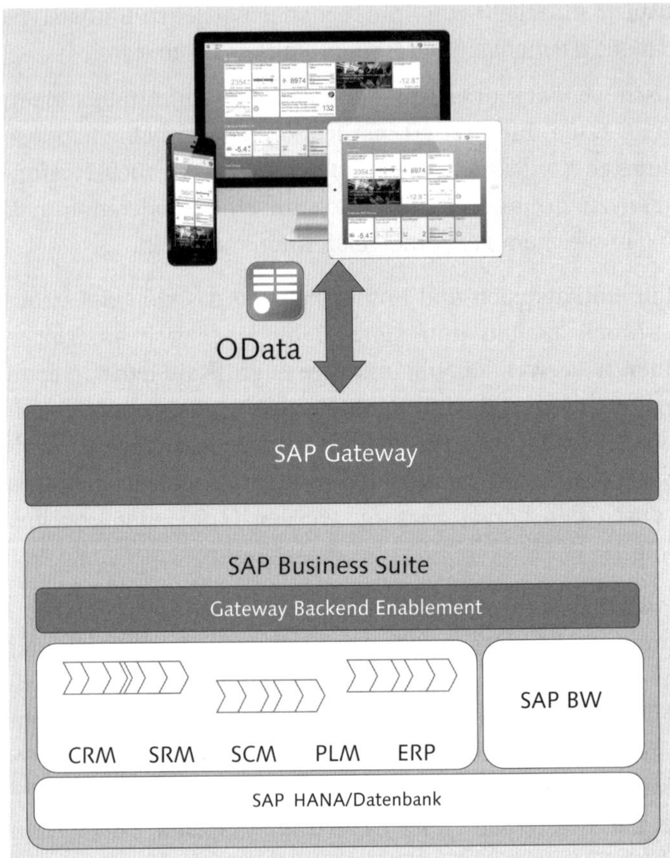

Abbildung 2.18 SAP Gateway bietet Zugriff für unterschiedliche Anwendungen.

2.5.1 Mobile-Productivity-Applikationen

Das Thema mobile Applikationen wird bei SAP seit einiger Zeit als sehr wichtig erachtet. Mobile Applikationen von SAP sind über die bekannten Kanäle wie den Android Market, Apple iTunes oder auch den Microsoft Marketplace verfügbar. Schwerpunkt dieser Applikationen sind beispielsweise das Personalwesen für Manager (SAP ERP HCM Manager Insight), Lösungen für Krankenhäuser (SAP Eletronic Medical Record) oder auch Applikationen für Vertriebsmitarbeiter, die ganzheitliche Sichten auf ihre Kunden schnell und präzise abrufen möchten (SAP Customer Financial Fact Sheet).

Die meisten mobilen Applikationen von SAP nutzen OData basierend auf SAP Gateway, um auf Daten des darunterliegenden Business-Suite-Systems zuzugreifen – dies oftmals auch im Zusammenhang mit der SAP Mobile Platform (SMP). Mit SMP ist es beispielsweise möglich, Benachrichtigungen (Push Notifications) an mobile Geräte zu versenden, die dann wiederum auf das auslösende Ereignis reagieren können.

2.5.2 SAP Fiori

SAP Fiori ist eine Sammlung von HTML5-Applikationen, die einfach und intuitiv in ihrer Bedienung sind. Diese Applikationen bilden meistens eine bestimmte Transaktion (oder eine wesentliche Funktion einer Transaktion) im Business-Suite-System ab. Die Auswahl wurde anhand der Nutzungshäufigkeit der zugrunde liegenden Funktion und des daraus resultierenden Mehrwertes getroffen. SAP-Fiori-Anwendungen sind einheitlich in ihrem Design und ihrer Bedienung, und zwar plattformübergreifend, das heißt unabhängig davon, ob man eine SAP-Fiori-Applikation über einen Desktop-PC, einen Tablet-Computer oder ein Smartphone nutzt. Lediglich die Darstellung wird hierbei an die vorhandene Bildschirmgröße angepasst.

SAPUI5/HTML5

SAP-Fiori-Anwendungen nutzen auch OData-Services, die von einem Gateway-System zur Verfügung gestellt werden, um Daten mit dem darunterliegenden Business-Suite-System auszutauschen. Als Frontend-Technologie kommt hierbei SAPUI5 bzw. HTML5 zum Einsatz. Weitere Informationen zu SAP Fiori und SAPUI5 erhalten Sie in Teil III, »Anwendungsentwicklung«.

2.5.3 SAP Jam

SAP Jam ist ein soziales Netzwerk für Unternehmen, das Funktionalitäten von *SuccessFactors* und *SAP StreamWork* kombiniert. SAP Jam stellt hierbei unter anderem eine Plattform für Inhalte sowie die Möglichkeit bereit, Experten für bestimmte Fragestellungen zu finden. Darüber hinaus können sich Mitarbeiter in Gemeinschaften zusammenfinden. Funktionen wie einfache Videos, Bildschirmaufzeichnungen, Umfragen, Aktivitätslisten sowie öffentliche und private Gruppen eröffnen neue Wege in der Geschäftswelt. SAP Jam basiert auf denselben Profilen und Organisationsdaten wie auch die anderen SuccesFactors-Module.

In einem weiteren Schritt ermöglicht SAP Jam, sich der Außenwelt zu öffnen, indem OData-basierte Services selbst zur Verfügung gestellt oder OData-Services konsumiert werden können:

- Die OData-Jam-API erlaubt auf einfache Weise, Daten mittels OData bereitzustellen und hieraus Geschäftsanwendungen im Zusammenspiel mit SAP Gateway zu erstellen.
- Geschäftsereignisse und andere Geschäftsattribute können mittels SAP Gateway konsumiert und beispielsweise in SAP-Jam-Feeds ausgegeben werden.

2.5.4 SAP Enterprise Portal

Das SAP Enterprise Portal erlaubt beispielsweise, einfache Benutzeroberflächen mit OData-Services zu generieren. Dies wird mithilfe eines Eclipse-basierten Assistenten realisiert, der die Metadaten eines OData-Service analysieren und daraus eine einfache Applikation erstellen kann. Die generierte Applikation liegt dem Listen-/Detailbildschema zugrunde, was bedeutet, dass man in der Regel mit einer Liste von Objekten beginnt und von dort in die weiteren Details navigieren kann.

iViews

Darüber hinaus ist es möglich, iViews zu erstellen, die SAPUI5-Anwendungen innerhalb des SAP Enterprise Portals anzeigen. Diese basieren auf der Applikations-Integrations-iView-Vorlage *com.sap.portal.appintegrator.sap*.

2.5.5 SAP Gateway for Microsoft

Microsoft SharePoint

SAP Gateway for Microsoft (GWM) ist ein Produkt, das es besonders einfach macht, SAP-Gateway-basierte OData-Services mit Microsoft-basierten Produkten zu integrieren.

Die relevanten Daten werden dabei weiterhin im SAP-Business-Suite-System gespeichert, jedoch kann die Visualisierung mit Microsoft-Produkten, wie z. B. Microsoft Excel, Microsoft SharePoint oder Microsoft Azure, erfolgen, wodurch die Benutzer in ihrer gewohnten Umgebung arbeiten können.

Visual-Studio-Entwickler können über SAP Gateway for Microsoft Visual Studio Add-in auf SAP-Systeme zugreifen. Ohne dass dafür spezielles SAP-Know-how nötig wäre, können .NET-Entwickler folgende Funktionen nutzen: sicherheitsrelevante Funktionen, wie z. B. Single-Sign-on (SSO) über x.509-Zertifikate, Security Assertion Markup Language (SAML) 2.0 etc. oder aber Funktionen, die eine zentrale Konfiguration (z. B. via Group Policies) oder aber die Protokollierung über den SAP Solution Manager erlauben.

2.5.6 SAP Solution Manager

Der SAP Solution Manager ist eine der wichtigsten Komponenten in einer SAP-Systemlandschaft. Er unterstützt Sie während des gesamten Lebenszyklus einer SAP-Lösung, vom Fachkonzept über die Installation und Konfiguration bis hin zur Produktivsetzung und dem Produktivbetrieb und darüber hinaus. Er bietet eine zentrale Anlaufstelle für Werkzeuge, Methodiken und vorkonfigurierte Inhalte. Eines der wesentlichen Ziele des SAP Solution Managers ist es, zeitnah auf kritische Ereignisse zu reagieren. Um dies zu erreichen, ist ein lückenloses Monitoring essenziell. Mithilfe von mobilen Anwendungen für Android und iOS ist es nun auch möglich, dieses Monitoring mobil zu betreiben. Und um dieses Monitoring zu ermöglichen, ist SAP Gateway Teil der neueren Standardinstallationen des SAP Solution Managers. Hierbei können die mobilen Anwendungen entweder direkt mittels OData auf den Gateway-Server zugreifen oder mithilfe der SAP Mobile Platform.

2.5.7 SAP HANA

SAP HANA ist eines der am schnellsten wachsenden Produkte von SAP. Diese In-Memory-Plattform kann lokal im Unternehmen installiert (on Premise) oder über die Cloud genutzt werden (on Demand). SAP HANA ist ideal, um Analysen in Echtzeit zu erstellen sowie Echtzeitapplikationen zu entwickeln und zu betreiben. Kern dieser Echtzeitplattform ist die HANA-Datenbank, die vollkommen anders arbeitet als klassische Datenbanken am Markt.

Bezogen auf die Analytik, unterstützt SAP HANA das operationelle Berichtswesen (Echtzeiteinblicke in Business-Suite-Daten), Data Warehousing (SAP Business Warehouse auf SAP HANA) sowie Vorhersagen und Textanalysen anhand von großen Datenmengen. In Bezug auf Echtzeitapplikationen wird SAP HANA beispielsweise bei Prozessbeschleunigern (hierbei werden Bewegungsdaten in Echtzeit vom Business-Suite-System für das Erstellen von Berichten übertragen und die

Ergebnisse gegebenenfalls auch wieder zurück), Planungs- und Optimierungsapplikationen (z. B. Verkaufsplanung, Liquiditätsprognosen etc.) sowie in Mess- und Steuerapplikationen eingesetzt.

OLAP und OLTP

All das ist durch die Kombination von OLAP (*Online Analytical Processing*) und OLTP (*Online Transaction Processing*) in SAP HANA möglich. Andere Datenbankmanagementsysteme (DBMS) auf dem Markt sind meistens entweder gut im Verarbeiten von transaktionalen Daten oder im Analysieren von Daten – aber selten in beidem. Wenn transaktionale DBMS-Produkte im Bereich der Analytik eingesetzt werden sollen, müssen die Daten meistens in zwei Datenbanken (OLAP und OLTP) getrennt werden. Dabei werden Daten aus dem transaktionalen System (z. B. SAP Business Suite) extrahiert, transformiert und in eine Berichtsdatenbank geladen (z. B. SAP BW). Die Berichtsdatenbank betreibt mitunter einen erheblichen Aufwand bei der Erstellung und der Wartung von Verbesserungsstrukturen, wie beispielsweise Aggregationen und Indizes, um eine akzeptable Systemleistung zur Verfügung zu stellen. Aufgrund ihrer hybriden Struktur für die Verarbeitung von transaktionalen Daten und analytischen Daten komplett im Hauptspeicher vereint SAP HANA die Vorteile beider Welten.

SAP HANA bietet zahlreiche Möglichkeiten für die Verbesserung von Geschäftsprozessen – und die Nutzung von OData vergrößert dieses Potenzial. Um Daten dabei mit größtmöglicher Flexibilität über OData zu konsumieren, bietet SAP HANA zwei grundlegende Modelle: die Nutzung von SAP Gateway mit einer SAP Business Suite on HANA oder die native OData-Unterstützung von SAP HANA mittels der SAP HANA Extended Application Services (SAP HANA XS).

SAP Business Suite on SAP HANA

Die SAP Business Suite on SAP HANA wurde dahingehend optimiert, dass der Code der SAP Business Suite eine Vielzahl von SAP-HANA-spezifischen Funktionen nutzt.

Da die SAP Business Suite on SAP HANA noch immer auf derselben Codelinie basiert wie die klassische SAP Business Suite handelt es sich hier nicht um ein komplettes Redesign wie bei SAP S/4HANA.

Optimierungen

Mit der SAP Business Suite on SAP HANA können Kunden von den folgenden Optimierungen profitieren:

- **SAP HANA Live**
  SAP HANA Live nutzt die Fähigkeiten von SAP HANA, ein Reporting in Echtzeit auf den Daten Ihres SAP-Business-Suite-on-SAP-HANA-Systems durchzuführen.
- **SAP Fiori Smart Business Cockpits**
  SAP Fiori Smart Business Cockpits erlauben Ihnen in Echtzeit Einblicke in Ihre Geschäftsprozesse. Dafür verwendet SAP Fiori OData-Services, die SAP HANA Live nutzen.
- **Freitext-Suche**
  Es ist nun möglich, in SAP ERP so zu suchen, wie Sie es von der Suche in Google gewöhnt sind. Hierbei werden OData-Services auf Basis von SAP Gateway genutzt. Dies könnte z. B. von Ihrem Kundensupport genutzt werden, um Kundenanfragen schneller zu bearbeiten.

SAP HANA XS Engine

Die *SAP HANA Extended Application Services* (SAP HANA XS) wurden mit SAP HANA SP5 eingeführt. Das Grundkonzept von SAP HANA XS ist es, einen umfangreichen Applikationsserver, einen Webserver und eine Entwicklungsumgebung in die Kernelemente der SAP-HANA-Datenbank einzubetten. Dies ermöglicht neben herausragender Performance auch den Zugriff auf die HANA-Kernfunktionen. Mit SAP HANA XS sind Sie in der Lage, Applikationen komplett in der HANA-Umgebung zu erstellen und laufen zu lassen, was unter anderem die Kosten reduziert. Für die Erstellung von Applikationen wird SAP HANA Studio verwendet, das umfangreiche Werkzeuge zur Verfügung stellt.

Das Programmiermodell von SAP HANA XS erlaubt es, OData-Services anhand von HANA-Tabellen oder -Sichten zu generieren. Der Prozess ist hierbei recht einfach. Innerhalb eines HANA-Projekts erstellen Sie ein Service-Definitionsdokument (Dateiendung *xsodata*). Innerhalb dieses Dokuments spezifizieren Sie die Quelltabelle/Quellsichten, Entitätsnamen und optional Schlüsselfelder. Nach dem Aktivieren kann der Service direkt getestet werden. Der generierte XS-OData-Service unterstützt dabei einige OData-Elemente, wie beispielsweise `$metadata`, `$filter`, `$orderby`. Auch Atom/XML und JSON werden unterstützt.

2.5.8 SAP S/4HANA

SAP S/4HANA ist SAPs neuestes Flaggschiff. Die ERP-Innovation basiert auf SAP HANA und SAP NetWeaver 7.50 ABAP. SAP S/4HANA nutzt das SAP Gateway Framework, das Teil des SAP-NetWeaver-7.50-Stacks ist. S/4 HANA gibt es in zwei Versionen:

- **Cloudbasiert**
  Der SAP-Gateway-Stack ist hier nicht für den Kunden sichtbar, da Kunden nicht selbst OData-Services mit der Transaktion SEGW erstellen und auch sonst keine tiefgreifenden Entwicklungen durchführen dürfen.
- **on Premise**
  Hier haben Kunden sämtliche Freiheiten, um selbst OData-Services und auch jede andere Art von Repository-Objekten zu erstellen. Wie bei der klassischen SAP Business Suite können Sie OData-Services, so wie in diesem Buch beschrieben, selbst erstellen.

Kunden und Partner können das Wissen über die Entwicklung von OData-Services, das wir Ihnen in diesem Buch vermitteln, sowohl in SAP-Business-Suite-Systemen als auch in SAP-S/4HANA-Systemen verwenden, die on Premise betrieben werden.

2.5.9 SAP-zertifizierte Partnerlösungen

SAP Gateway bietet – neben der allgemeinen Offenheit von SAP-Lösungen – zahlreiche Entwicklungs- und Support-Werkzeuge, die es auch Partnern ermöglichen, eigene Lösungen zu erstellen. Viele SAP-Partner haben dies bereits erkannt und eigene Gateway-basierte Lösungen entwickelt. Für diese Lösungen bietet SAP eine Zertifizierung an. Ein Überblick über die zertifizierten Gateway-basierten Partnerlösungen finden Sie auf der SAP-Partner-Finder-Website (*www.sap.com/partners/directories/SearchSolution.epx*).

2.6 OData-Funktionen von SAP Gateway

Als Herzstück der SAP-OData-Strategie stellt SAP Gateway den OData-Zugang für verschiedene Lösungen bereit und wird ständig erweitert. Zum Zeitpunkt der Erstellung dieser Auflage (Mai 2016) unterstützt die aktuelle Version von SAP Gateway (SAP Gateway in

SAP NetWeaver 7.50 SP1) die in Tabelle 2.9 aufgeführten OData-Funktionen.

OData-Merkmal	Beschreibung
Atom	Atom ist ein XML-basiertes Dokumentenformat, das Listen mit abhängigen Informationen als Feeds darstellt.
JSON	JSON ist ein einfaches Datenaustauschformat, das auf einer Untermenge des JavaScript-Programmierstandards basiert.
OpenSearch-Dokument	Das OpenSearch-Dokumenten-Beschreibungsformat kann genutzt werden, um die Freitextsuchmöglichkeiten zu beschreiben.
anpassbarer HTTP-Statuscodez	Beeinflussung des HTTP-Statuscodes im Rahmen der eigenen Serviceimplementierung
CRUD	HTTP-Methoden `POST`, `GET`, `UPDATE` und `DELETE` auf Ressourcen anwenden
Read (Media Resources)	Lesen von Binärdaten eines Media-Link-Eintrags. Der Media-Link-Eintrag kann entweder auf Binärdaten einer internen Tabelle verweisen oder auf eine externe Quelle.
CUD (Media Resources)	Erzeugen, Ändern und Löschen von Binärdaten eines Media-Link-Eintrags
Massendaten-verarbeitung	Die Massendatenverarbeitung (*Batch-Abfragen*) erlaubt es, mehrere Operationen in einer einzigen HTTP-Abfrage zu gruppieren.
wiederholbare Abfragen/Idempotenz	Abfragen, die mithilfe einer Abfragekennzeichnung wiederholt ausgeführt werden können. Eine solche Wiederholung wird durch das Idempotenz-Framework verarbeitet und stellt sicher, dass die Abfrage nicht mehrfach ausgeführt wird.
geschachteltes Einfügen (Deep Insert)	Einfügen eines geschachtelten Eintrags mit nur einem Aufruf (z. B. Kopf- und Positionsdaten)
Expansion	Schachteln einer OData-Antwort entlang des Navigationsbaumes
Zusammenfügen	Eine Ändern-Abfrage, die mithilfe der HTTP-Methode `MERGE/PATCH` gesendet wird, wird durch den Server durch Ergänzen der nicht übermittelten Attribute vervollständigt.

Tabelle 2.9 Überblick über ausgewählte OData-Funktionen, die von SAP Gateway unterstützt werden

OData-Merkmal	Beschreibung
Blättern	Mithilfe der Abfrageoptionen $top und $skip kann gezielt eine bestimmte Seite vom Konsumenten abgefragt werden.
Filter	Die $filter-Abfrageoption erlaubt das Filtern der Entitätsmenge anhand der vorhandenen Attribute.
Sortieren	Die $orderby-Abfrageoption erlaubt es, die Entitätsmenge anhand der vorhandenen Attribute zu sortieren.
Select (generische Handhabung durch den OData-Client)	Die $links-Option gibt an, dass die Antwort auf die Anfrage Verknüpfungen zwischen einem Eintrag, einem zugehörigen Eintrag oder einer Entitätsmenge enthält.
Skip Token (serverseitiges Blättern)	Die Abfrageantwort enthält ein <atom:link rel="next">-Element für die Teilrepräsentation der Entitätsmenge.
Multiorigin/ Multidestination (Ursprungssegment-Parameter)	Ein Service kann Daten von mehreren Backend-Systemen gleichzeitig lesen und zu einer einzelnen Entitätsmenge zusammenführen.
CSRF-tokenbasierter Sicherheitsmechanismus	Der Schutz gegen CSRF-Attacken wird mithilfe eines Token-basierten Austauschmechanismus zwischen Client und Server in den HTTP-Abfrage/ Antwort-Kopfinformationen realisiert.

Tabelle 2.9 Überblick über ausgewählte OData-Funktionen, die von SAP Gateway unterstützt werden (Forts.)

2.7 Was ist neu in OData 4.0?

Wie schon zuvor in diesem Kapitel beschrieben, ist das OData-Protokoll mit der Version OData 4.0 auch zum OASIS-Standard geworden. Zum Zeitpunkt der Entstehung dieses Buches (Mai 2016) unterstützt SAP Gateway OData 4.0 noch nicht. Laut der SAP-Gateway-Roadmap ist die Unterstützung jedoch geplant.

Obwohl das meiste, wenn auch nicht alles, was wir zum Thema OData besprochen haben, auch auf das OData-4.0-Protokoll zutrifft, möchten wir Ihnen einen Ausblick auf die neuen Funktionen geben, die mit dem geplanten Support von OData 4.0 in SAP Gateway zu erwarten sind.

In den folgenden Abschnitten werden wir uns auf die Funktionen konzentrieren, die für SAP-Produkte am wichtigsten sind. Eine komplette Liste der Änderungen in OData 4.0 im Vergleich zu OData 2.0 können Sie in der OData-Dokumentation *www.odata.org/documentation* finden.

2.7.1 Neues JavaScript-Object-Notation-Format

JSON ist das empfohlene und nun auch das Standardformat, das von OData-4.0-Services verwendet wird. Das neue JSON-Format wurde in OData 4.0 komplett neu gestaltet. Die dadurch übertragene Datenmenge konnte damit auf das absolut notwendige Minimum reduziert werden.

Alle Metadaten, die nicht unbedingt erforderlich sind, wurden entfernt, so dass die Payload einer Anfrage im Wesentlichen nur noch aus Name-Wert-Paaren besteht. Auf diese Weise kann eine Reduktion der Payload-Größe um bis zu 60 % erreicht werden (siehe Abbildung 2.19).

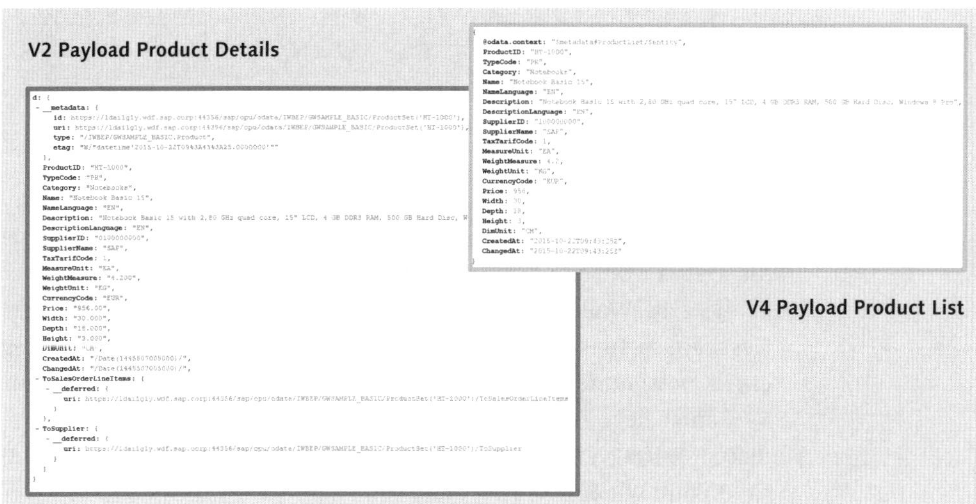

Abbildung 2.19 OData 2.0 vs. OData 4.0, Payload-Größe: Produktdetails

2.7.2 Verbesserte Abfragemöglichkeiten

Durch die verbesserten Abfragemöglichkeiten in OData 4.0 ist es möglich, genau die benötigten Daten mit einer geringeren Anzahl von Aufrufen im Vergleich zu OData 2.0 zu erhalten. Lassen Sie uns dazu zwei Beispiele betrachten.

Aggregation

Analytische Abfrageoptionen, wie zum Beispiel `groupby`, werden von OData 4.0 unterstützt (siehe Abbildung 2.20). Daher kann das Ergebnis einer Abfrage signifikant kleiner sein, als die Datenmenge in der Datenquelle. Ein Beispiel ist der folgende Aufruf:

```
GET Sales?$apply=
groupby((Product),aggregate(Amount with sum as Total))
```

ID	Category	Product	Country	Customer	Amount
1	Non-Food	Paper	USA	Joe	1
2	Food	Sugar	USA	Joe	2
3	Food	Coffee	USA	Joe	4
4	Food	Coffee	USA	Sue	8
5	Non-Food	Paper	USA	Sue	4
6	Food	Sugar	Netherlands	Sue	2
7	Non-Food	Paper	Netherlands	Sue	1
8	Non-Food	Paper	Netherlands	Sue	2

Product	Total
Coffee	12
Paper	8
Sugar	4

Abbildung 2.20 Analytische Funktionen

$filter and $expand

In OData 4.0 ist es auch möglich, expandierte Entitäten auf allen Ebenen zu filtern. Betrachten wir dazu folgendes Szenario, in dem Sie die Daten von einem oder mehreren Geschäftspartnern aus einer Stadt (z. B. Walldorf) zusammen mit den Verkaufsbelegen dieser Geschäftspartner lesen wollen, bei denen der Rechnungsbetrag einen bestimmten Schwellenwert überschreitet. Dabei sollen nur Verkaufsbelege gelesen werden, die Positionen haben, die das Produkt HT-1041 enthalten. Der entsprechende Aufruf in OData 4.0 sieht dann wie folgt aus:

```
/BusinessPartnerList?$filter=Address/City eq 'Walldorf'&
$expand=BP_2_SO($filter=GrossAmount ge 1100;
$expand=SO_2_SOITEM($filter=Product/ProductID eq 'HT-1041'))
```

Das vereinfachte Ergebnis dieses Aufrufs ist in Abbildung 2.21 dargestellt, wobei die Werte, die den Selektionskriterien entsprechen, optisch hervorgehoben sind.

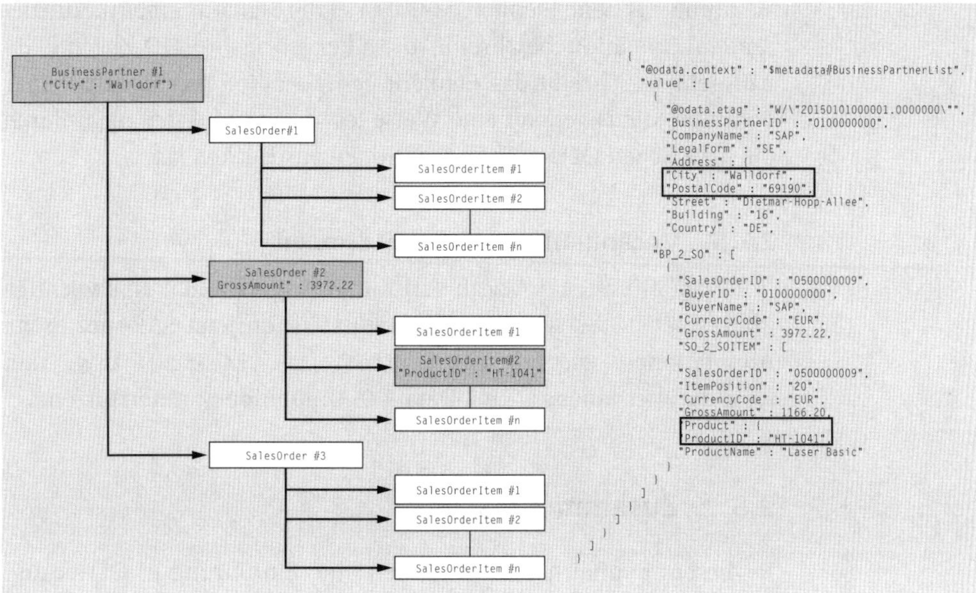

Abbildung 2.21 Filtern von expandierten Entitätsmengen

2.7.3 Cross-Service-Navigation

Während es in OData 2.0 nur möglich war, über eine Navigationseigenschaft von einer Entitätsmenge zu einer zweiten Entitätsmenge im selben Service zu navigieren, bietet OData 4.0 die Möglichkeit von Navigationseigenschaften, deren Ziel Entitätsmengen in referenzierten OData-Services sind. Cross-Service-Navigation kann beispielsweise dafür verwendet werden, um OData-Services wiederzuverwenden.

So kann man sich zum Beispiel einen OData-Service vorstellen, der als Suchhilfe fungiert und der von mehreren OData-Services genutzt werden kann. Die Partitionierung von Services dient auch der Beschleunigung von Anwendungen, die OData-Services konsumieren, da diese dann die Möglichkeit haben, große Datenmodelle schrittweise zu laden.

2.7.4 Actions und Functions

Es gibt nun eine klare Trennung zwischen modifizierenden und nicht modifizierenden Zugriffen, die nicht über normale CRUD-Q-Methoden ausgedrückt werden können.

Während das neue Element `edm:Action` die Signatur einer modifizierenden Operation beschreibt, die über normale CUD-Zugriffe hinausgeht, beschreibt das Element `edm:Function` die Signatur einer Funktion, die Daten auf eine Weise lesen kann, die sich nicht durch die klassischen OData-Abfrageoptionen ausdrücken lässt.

2.7.5 Vocabularies und Annotationen

In OData 4.0 werden Vocabularies und Annotationen eine wichtige Rolle spielen. SAP Gateway unterstützt schon jetzt SAP-spezifische Annotationen, wie z. B. `sap:updatable`, `sap:creatable` usw., und wird darüber hinaus auch OData-4.0-Annotationen unterstützen.

2.8 Zusammenfassung

In diesem Kapitel haben wir Ihnen eine Einführung in OData und das OData-Protokoll gegeben, das die Basis für SAP Gateway darstellt. Auch wenn dieses Kapitel das Thema nicht umfassend behandeln konnte, sollten Sie nun ein Grundverständnis von OData haben. Zum Abschluss hier noch einige Tipps und Tricks, die Ihnen im Umgang mit OData helfen sollen.

Tipps und Tricks im Umgang mit OData

- Beachten Sie immer die REST-Prinzipien.
- Nutzen Sie die OData-Abfrageoptionen `$filter`, `$top`, `$skip` und `$orderby`.
- Stellen Sie eine sinnvolle Menge an Filterattributen zur Verfügung.
- Achten Sie auf konkrete und lesbare Attribute.
- Verwenden Sie die korrekten Datentypen für Ihre Attribute.
- Verwenden Sie Media-Ressourcen und Media-Verknüpfungseinträge statt binärer Attribute.
- Verwenden Sie stets die Verknüpfungen, die sich aus vorangegangenen OData-Antworten ergeben haben, anstatt eigene Verknüpfungen zu konstruieren.
- Erfinden Sie keine eigenen Abfrageoptionen.
- Streben Sie qualitativ hochwertige Services an (z. B. in Bezug auf die Nutzbarkeit und Geschwindigkeit).
- Beachten Sie stets die »Last«, die sich durch OData-Zugriffe auf dem SAP-Business-Suite-System ergibt (z. B. bei `$expand`, `$top/$skip`, `$count` etc.).

In diesem Kapitel stellen wir Ihnen die architektonischen Grundkonzepte von SAP Gateway und die Integration mit anderen SAP-Schnittstellen vor. Das Kapitel legt somit durch den Aufbau des notwendigen theoretischen Hintergrundwissens die Grundlagen für spätere Kapitel.

3 Architektur und Integration

Öffnung von SAP-Systemen

SAP Gateway hat ein klar umrissenes Ziel – klassische SAP-Systeme sollen für Nicht-ABAP-Entwickler geöffnet werden. Ursprünglich war hierbei der Zielumfang auf Anwendungsfälle der sogenannten leichtgewichtigen Konsumierung (*Lightweight Consumption*) beschränkt. Um diese Anwendungsfälle zunächst einmal zu ermöglichen und dann auch zu vereinfachen, stellt SAP Gateway sowohl eine Plattform für die Bereitstellung (*Provisioning*) als auch für die Konsumierung (*Consumption*) von Services zur Verfügung. Zusätzlich werden verschiedene Werkzeuge für die Erstellung von Inhalten geliefert. Mittlerweile haben die Definition der Gateway-Prinzipien und ihre Umsetzung in weiten Teilen des SAP-Produktportfolios die Nutzungsmöglichkeiten von SAP Gateway stark erweitert. Zusätzliche Nutzungsszenarien, wie beispielsweise analytische Konsumierung (*Analytical Consumption*) oder auch Szenarien mit hoher Last, sind somit möglich geworden.

Im Folgenden werden wir die architektonischen Konzepte hinter den Gateway-Prinzipien erläutern, einen Überblick über die Architektur von SAP Gateway geben und Ihnen detaillierte Informationen zu den verschiedenen Datenquellen liefern, die mit Ihrem SAP-System integriert werden können.

3.1 Gateway-Prinzipien

Zeitlose Software

In der Anfangszeit der Enterprise Software waren Systeme monolithisch und gegenüber der Außenwelt abgeschottet. Mit der Evolution dieser monolithischen Systeme hin zu Landschaften aus verschiedensten Systemen für unterschiedlichste Zwecke entstand eine Herausforderung: Wie sollten diese Systeme zu Ende-zu-Ende-Prozessen verbunden werden? Wie zu Ende-zu-Ende-Szenarien ohne größere Brüche? Heutzutage sind aus mehreren Systemen zusammengesetzte Landschaften nicht nur die tagtägliche Realität, sondern auch wünschenswert – beispielsweise um verschiedene Aspekte des Geschäftsbetriebs zu separieren. Die Einführung von Mittelschichten (*Middle Tier*) in Unternehmenslandschaften, um eine verbesserte Konnektivität zu erreichen, führte leider auch zu höheren Kosten, höherer Komplexität und Insellösungen; und zu einer Reihe von siloartigen Ansätzen für das Bereitstellen der Daten für die Mittelschichten bzw. die Verbindung der verschiedenen Systeme untereinander.

Prinzipien zeitloser Software

Um die Komplexität von Landschaften aus verschiedenen Systemen zu reduzieren, hat SAP eine Reihe von Prinzipien erarbeitet, die vorgeben, wie Enterprise-Software-Systeme konstruiert werden sollten: die Prinzipien für zeitlose Software (*Timeless Software Principles*). Zeitlose Software ist ein systematischer, mit Schichten arbeitender Ansatz, der vorgibt, wie Aufzeichnungssysteme effizient zur Verfügung gestellt und wie sie mit dem Rest der Gesamtsystemlandschaft, den Entwicklungswerkzeugen, der Laufzeitumgebung und dem Lebenszyklus der Software verknüpft werden sollten.

Auf diesem Ansatz basierend, wurden die Aspekte, die für ein System lokal sind und das Verhalten eines gegebenen Systems oder einer Plattform adaptieren (*Platform Adaptation*), und die Anforderungen eines gegebenen Konsumenten und der notwendigen Infrastruktur voneinander abgegrenzt, um einen speziellen Konsumenten zu bedienen (*Consumer Adaptation*). Diese Trennung ist sinnvoll, weil in einer idealen Landschaft die Plattformadaptierung an ein bestimmtes Aufzeichnungssystem (*System of Record*) gekoppelt und nur einmal für jedes System notwendig ist. Die Konsumentenadaptierung für einen speziellen Kanal (beispielsweise mobil, Portal, Social Media, Benutzeroberfläche/UI, Analytics) wird nur einmal pro Landschaft benötigt und nicht für jedes einzelne Individualsystem.

Gateway-Prinzipien

Die Gateway-Prinzipien bestehen aus einer Reihe von architektonischen Konzepten, Methoden, Entwurfsmustern und Standards, die beschreiben, wie ein Enterprise-System seine Daten und Funktionen für die Konsumierung zur Verfügung stellen sollte. Sie zielen darauf ab, Zugang zu Aufzeichnungssystemen über verschiedene Kanäle und für diverse Konsumenten zur Verfügung zu stellen. Die Gateway-Prinzipien dienen hierbei als Handlungsempfehlung für die Plattformadaptierung in Aufzeichnungssystemen und sollen Entwicklern die Erstellung von Applikationen auf diesen Plattformen ermöglichen, die den Prinzipien der zeitlosen Software folgen. Zudem sind sie auf verschiedene Gebiete anwendbar (beispielsweise leichtgewichtige, analytische oder auch soziale Konsumierung). Elementare Gateway-Prinzipien sind:

- **Offenheit**
  Services können von jedem Gerät und von jeder Plattform aus konsumiert werden und jede User Experience generieren.
- **Zeitlosigkeit**
  Services funktionieren mit nahezu jeder Business-Suite-Version.
- **Einfachheit der Konsumierung**
  APIs (*Application Programming Interfaces*) sind sehr einfach zu konsumieren, und für die Konsumierung ist kein internes SAP-Wissen nötig.
- **Benutzerfokussierung**
  Der Haupttreiber für die Architektur sind Szenarien für die Benutzerinteraktion.
- **Arbeitsteilung**
  Nicht-SAP-Entwickler können Services ohne jedes ABAP-Wissen konsumieren; diese Entwickler können sich nahezu völlig unabhängig von der Gateway-Serviceentwicklung um die Client-Entwicklung kümmern.

SAP Gateway ist in seiner derzeitigen Form das Ergebnis der Anwendung der in den Gateway-Prinzipien festgelegten architektonischen Konzepte, der Entwurfsmuster (*Design Patterns*) und der Standards für die verschiedenen Anwendungstypen.

3.2 Architektur

Aus einer Gesamtsicht betrachtet, besteht die Architektur von SAP Gateway aus drei Schichten: der Business-Suite-Schicht, der Gateway-Schicht und der Konsumentenschicht (siehe Abbildung 3.1). Jede dieser Schichten dient einem klar umrissenen Zweck und bündelt für die Erfüllung dieses Zwecks notwendige Komponenten.

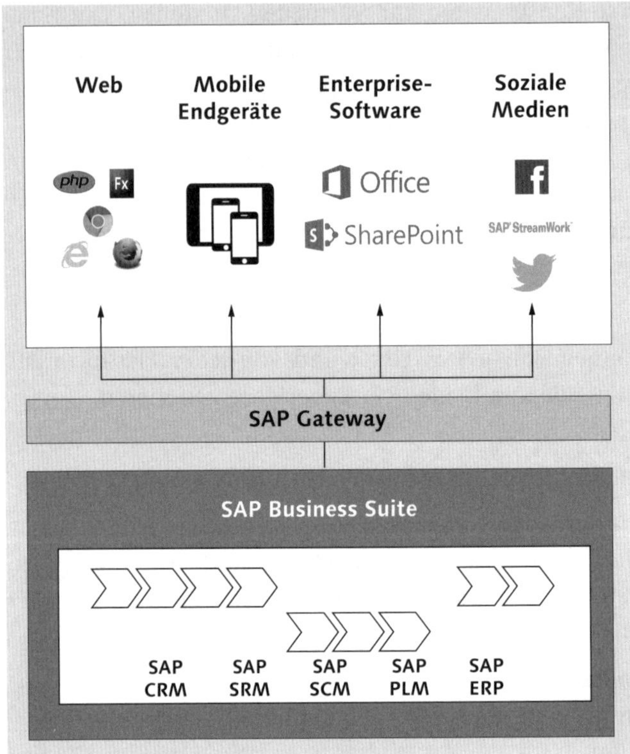

Abbildung 3.1 SAP Gateway – Architektur

Separation of Concerns

Mit diesem dreischichtigen Ansatz werden die Lebenszyklen von bestehenden Business-Suite-Implementierungen und den betreffenden Client-Applikationen entkoppelt und die relevanten Belange getrennt (*Separation of Concerns*). Daraus resultierend, werden die Abhängigkeiten zwischen den Systemen auf ein Minimum reduziert, so dass Upgrades, Updates und Deployments keine systemübergreifenden Auswirkungen haben (*Cross Impact*). Es ergibt sich eine hochflexible Landschaftsarchitektur, die vielfältige Applikationen und Szenarien ermöglicht.

Konsumentenschicht

In der Konsumentenschicht erfolgt die eigentliche Konsumierung der Gateway-Services – das heißt, hierauf greifen die Services zu. Konsumenten sind UI-zentrierte Clients, die OData-protokollkonforme Quellen konsumieren, die von SAP Gateway exponiert werden. Diese Exponierung kann entweder direkt oder indirekt erfolgen. Indirekt heißt hier: über zusätzliche, zwischengeschaltete Infrastrukturkomponenten (beispielsweise die SAP Mobile Platform). Typische Konsumenten der Gateway-Services sind z. B. mobile Geräte oder SAP Fiori.

SAP-Gateway-Schicht

Es überrascht nicht, dass die Gateway-Schicht den größten Teil der Gateway-Funktionalitäten und -Komponenten beherbergt – inklusive der Kernkomponenten. Diese Schicht dient dabei folgenden Zwecken:

- Sie ist das Verbindungsglied zwischen dem Backend und den konsumentenbasierten Laufzeitkomponenten, den Metadatenkomponenten und der OData-Bibliothek (OData Library).
- Sie stellt Werkzeuge für die Entwicklung und Erstellung von SAP-Gateway-Services zur Verfügung.
- Sie bietet alles, was zum Betrieb einer SAP-Gateway-Landschaft benötigt wird, beispielsweise Logging, Tracing, Performanceanalyse-Werkzeuge und Globalisierungsunterstützung.

SAP-Business-Suite-Schicht

Die Business-Suite-Schicht ist die Schicht, in der die Daten der Business-Applikationen angesiedelt sind. Zusätzlich liegt hier die Business-Logik der SAP Business Suite, auf die ein Großteil der Applikationen zugreift. In Bezug auf die zu SAP Gateway gehörigen Komponenten besteht die SAP-Business-Suite-Schicht von SAP NetWeaver ABAP 7.40 SP2 an aus der Softwarekomponente `SAP_GWFND`, die bereits standardmäßig im SAP NetWeaver enthalten ist. In älteren Versionen enthielt das Add-on für Business Enablement und Event Provisioning `IW_BEP` die Gateway-relevante Funktionalität und musste zusätzlich deployt werden.

Abhängig vom Landschafts-Setup und dem Nutzungsszenario kann es verschiedene Ausprägungen des Deployments geben. Wie bereits in Kapitel 1, »Einführung in SAP Gateway«, erwähnt, gibt es zwei Hauptarten des Deployments: das Deployment auf einem separaten Gateway-System (Hub-Deployment) und ein eingebettetes Deployment auf dem Business-Suite-System (Embedded Deployment). Zusätzlich zu diesen beiden Hauptoptionen ist ein »gemischtes« Deployment möglich. Die spezifische Ausprägung der Landschaft und das Nutzungsszenario entscheiden über die Wahl der Deployment-Variante. (Dies werden wir in Kapitel 4, »Deployment-Optionen, Installation und Konfiguration«, im Detail erläutern.)

Detaillierte Architektur

Wie bereits beschrieben, liegt der Hauptteil der Funktionalität und der Installation von SAP Gateway in der Mittelschicht (Middle Tier).

Darüber hinaus ist es wichtig zu wissen, welche Gateway-Komponenten in anderen Schichten zu finden sind. Daher sehen wir uns die drei Schichten und ihre Hauptkomponenten im Detail an (siehe Abbildung 3.2). Zudem werden wir die Add-on-Struktur von SAP Gateway erklären.

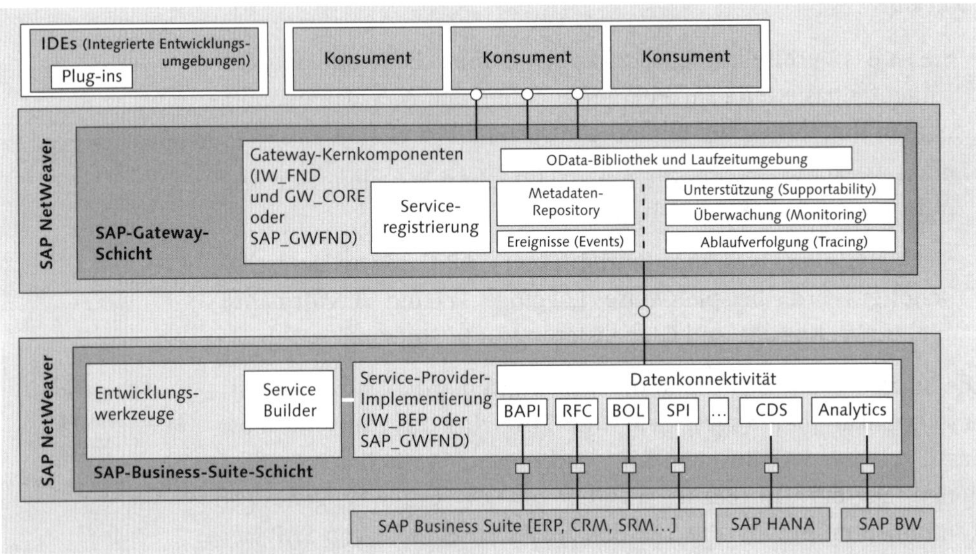

Abbildung 3.2 Hauptbestandteile von SAP Gateway

3.2.1 Konsumentenschicht

In der Konsumentenschicht können zwei Arten von Komponenten gefunden werden: Gateway-Konsumenten und integrierte Entwicklungsumgebungen (Integrated Development Environment, IDE).

SAP-Gateway-Konsumenten

SAP-Gateway-Konsumenten sind Komponenten, die Gateway-Services konsumieren. SAP Gateway ist primär dafür entwickelt worden, UI-zentrierten Clients (beispielsweise mobilen, nativen oder Webapplikationen wie SAPUI5/HTML5) den Zugriff auf Business-Daten zu ermöglichen. Clients können auf SAP Gateway entweder direkt oder indirekt über zusätzliche Infrastrukturkomponenten zugreifen. SMP ist z. B. eine dieser zusätzlichen Infrastrukturkomponenten.

Gateway-Konsumenten greifen auf REST-API-Ressourcen zu, die von SAP Gateway per HTTP(S) mithilfe des OData-Protokolls exponiert werden. In anderen Worten: Es gibt gar nicht so viel über Gateway-Konsumenten zu sagen – solange diese HTTP(S) konsumieren können, können sie auch Gateway-Services konsumieren. Kann zudem auch XML, JSON oder Atom geparst werden, können die empfangenen Daten auch prozessiert werden. SAP gibt tatsächlich keine Empfehlungen oder Einschränkungen bezüglich der Client-Technologie oder gar bezüglich der zu verwendenden Programmiersprache, mit der Gateway-Services konsumiert werden sollen. Alles, was sichergestellt werden muss, ist, dass die Client-Technologie Möglichkeiten zur HTTP(S)-Kommunikation bietet und XML- oder JSON-Dokumente konstruieren und parsen kann. Darüber hinaus bietet SAP vollkommene Freiheit bezüglich der Client-Technologie. Die Entwicklungstätigkeiten können mit der Verwendung einer OData Client Library noch weiter vereinfacht werden. Die OData Client Library nimmt dem Entwickler dabei beispielsweise Serialisierung, De-Serialisierung und die Validierung der OData-Payloads ab.

Integrierte Entwicklungsumgebungen (IDE)

Integrierte Entwicklungsumgebungen werden zur Entwicklung von Gateway-Konsumenten verwendet. Diese Entwicklungsumgebungen sind üblicherweise wohlbekannte Standardentwicklungsumgebungen, wie beispielsweise SAP Web IDE, Eclipse oder das Microsoft Visual Studio. Abhängig von der Zielumgebung bietet SAP-Gateway spezifische Funktionalitäten und Verbesserungen, die eine einfache und schnelle Erstellung von Applikationen zur Konsumierung von Gateway-Services erlauben.

3.2.2 SAP-Gateway-Schicht

Kernkomponenten

Die Gateway-Schicht ist das Herz von SAP Gateway (wie Sie in Abbildung 3.2 sehen). Die Herzkammern sind dabei die Kernkomponenten. Diese Kernkomponenten sind über verschiedene Versionen von SAP Gateway stabil, solange wir die spezifischen, einzelnen Komponenten betrachten. Die Paketierung in den unterschiedlichen SAP-Gateway-Versionen hat sich allerdings weiterentwickelt. Dies bedeutet, dass vor SAP NetWeaver 7.40 `GW_CORE` und `GW_FND` und ab SAP NetWeaver 7.40 `SAP_GWFND` die gleichen spezifischen Kernkomponenten enthalten – allerdings in einer geänderten Paketierung. In den neueren Versionen von SAP NetWeaver (ab 7.40) sind die SAP-

Gateway-Kernkomponenten bereits Teil des SAP-NetWeaver-Stacks. Die Installation von zusätzlichen Softwarekomponenten für SAP Gateway ist für einen Großteil der Anwendungsfälle nicht mehr notwendig.

Die Kernkomponenten beinhalten einige zentrale Komponenten: die Laufzeitkomponente, die OData-Bibliothek und die Metadatenkomponente (siehe Abbildung 3.3):

- Die Laufzeitkomponente beinhaltet eine OData-spezifische Laufzeitumgebung, die effizient OData-Requests prozessiert, und die benötigte Funktionalität, um OData-Services zu exponieren.
- Die OData-Bibliothek beinhaltet SAP-spezifische Metadaten, die bei der Konsumierung von SAP-Geschäftsdaten hilfreich sind. Dies sind beispielsweise Beschreibungen von Feldern, die vom ABAP-Data-Dictionary empfangen werden können.
- Die Metadatenkomponente verwaltet die Metadaten im Gateway-Server. Die Gateway-Metadaten beschreiben primär OData-Modelle, die als OData-Service-Dokumente und OData-Service-Metadatendokumente exponiert werden. Im Speziellen exponiert die Metadatenkomponente die standardisierte Beschreibung von OData-Services durch das Zusammensetzen von OData-Service-Dokumenten und Service-Metadatendokumenten. Diese Daten werden dann im Metadaten-Cache vorgehalten.

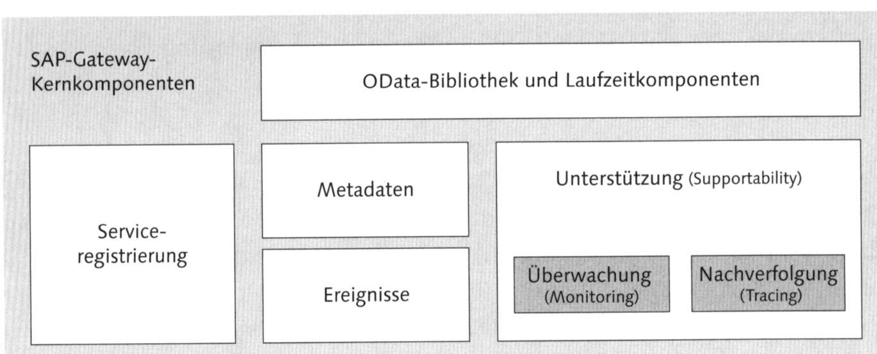

Abbildung 3.3 Kernkomponenten von SAP Gateway

Zusätzlich zu den zentralen Kernkomponenten gibt es eine Reihe anderer Komponenten, die in die Kategorie der Kernkomponenten fallen. Die Serviceregistrierung (Service Registry) ist der Datenspeicher, der die Verbindung zwischen einem OData-Service und der tatsächlichen Implementierung dieses Service hält. Dies kann im Business-Suite-System oder aber lokal im SAP Gateway stattfinden. Laufzeitservices (Runtime Services) für Unterstützung (*Supportability*), Nachverfolgung (*Tracing*) und Überwachung (*Monitoring*) stellen eine sichere Verbindung zwischen den Konsumenten und den SAP-Systemen bereit und bieten auch die Möglichkeit, Nachrichten von Gateway-Komponenten zur SAP Business Suite und zurück zu überwachen und zu verfolgen. Zudem werden Events (Ereignisse) unterstützt, um Push-Szenarien zu ermöglichen (beispielsweise Workflow-Szenarien, in denen eine Komponente auf Events in SAP-Systemen lauscht und dann Datenbeschreibungen dieses Events liefert, die wiederum an die Konsumenten geliefert werden können).

Generic Channel

In den ursprünglichen Releases von SAP Gateway wurden alle Entwicklungsaktivitäten im sogenannten Generic Channel ausgeführt. Dieser Kanal setzte auf einem generischen Framework auf, das eine Reihe von Exponierungsmodellen (Exposure Models) unterstützte. Mit SAP Gateway 2.0 SP3 wurde dann der OData-Channel eingeführt. Dieser ist auf die OData-Anforderungen und -Spezifikationen zugeschnitten und optimiert. Heute ist der OData-Channel die empfohlene und bevorzugte Option. Der Generic Channel sollte nicht mehr für Neuentwicklungen verwendet werden. Aus diesem Grund fokussiert dieses Buch auf den OData-Channel, bei dem die Entwicklung üblicherweise in der Business-Suite-Schicht erfolgt. (Wir werden in Kapitel 5, »Einführung in die Erstellung von OData-Services mit SAP Gateway«, auf den OData-Channel eingehen.)

3.2.3 SAP-Business-Suite-Schicht

Business-Logik

Die Business-Suite-Schicht hält, wie zu erwarten, die Daten und die Business-Logik der SAP Business Suite. Diese Schicht besteht aus den Entwicklungswerkzeugen und der Service-Provider-Implementierung. Von SAP NetWeaver ABAP 7.40 SP 02 an basieren sowohl die Entwicklungswerkzeuge als auch die Service-Provider-Implementierung auf `SAP_GWFND`. Dieses wird standardmäßig mit dem SAP NetWeaver in Versionen neuer als SAP NetWeaver 7.40 SP02 ausgeliefert. `SAP_GWFND` ersetzt eine Reihe von Add-ons, die in früheren Versionen von SAP NetWeaver zusätzlich installiert werden mussten. Diese ersetzten Add-ons beinhalten das Add-on für das SAP Business Suite Enablement und das Event Provisioning (`IW_BEP`), `IW_HDB`, `GW_CORE` und `IW_FND`.

Entwicklungswerkzeuge

Service Builder

Eine Reihe von in der SAP-Business-Suite-Schicht angesiedelten Entwicklungswerkzeugen unterstützt die Erstellung von Gateway-Services (siehe Abbildung 3.4). Diese Entwicklungswerkzeuge sind insofern sehr wichtig, als es ohne sie nicht viel zu konsumieren gäbe – zumindest nicht viel, was für die spezifischen Anwendungsszenarien geeignet wäre (zumeist werden Services für die spezifische Nutzung angepasst, wenn nicht sogar komplett neu generiert oder entwickelt, um perfekt auf die Szenarien zugeschnitten zu sein).

Abbildung 3.4 Werkzeuge für die Entwicklung von Services

Der Service Builder (Transaktion SEGW) ist das Hauptwerkzeug für die Serviceerstellung und bietet Entwicklern Werkzeuge zur Vereinfachung dieser Serviceerstellung im gesamten Entwicklungslebenszyklus eines Service. Der Service Builder bietet eine OData-konforme Modellierungsumgebung für die Erstellung und Wartung von Gateway-Services. Alle Entwicklungsartefakte, die Entwickler zur Serviceerstellung benötigen, werden visuell dargestellt, und Assistenten ermöglichen die Erstellung von aggregierten Objekten auf der Grundlage von Remote Function Calls (RFC), dem Business Object Repository (BOR) und Business Application Programming Interfaces (BAPIs). Zusätzlich unterstützt der Service Builder Entwickler bei der codebasierten Entwicklung von SAP-Gateway-Services (für weitere Details bezüglich des Service Builders siehe Kapitel 5, »Einführung in die Erstellung von OData-Services mit SAP Gateway«).

Service-Provider-Implementierung

Die Service-Provider-Implementierung (siehe Abbildung 3.5) bietet die Konnektivität zu Business-Suite-Systemen und kann mit vielen SAP-Schnittstellen Verbindung aufnehmen, z. B. BAPIs und RFCs genauso wie mit SAP Business Warehouse (BW), Service Provider Infrastructure oder SAP HANA. Die Service-Provider-Implementierung wird von der Laufzeitkomponente oder der Metadatenkomponente aufgerufen, um auf Services der SAP Business Suite zuzugreifen.

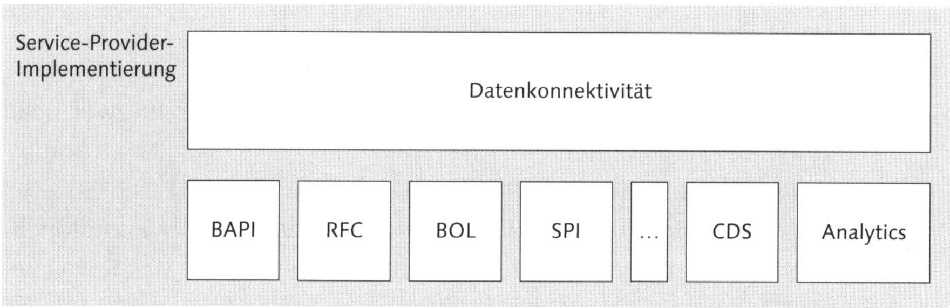

Abbildung 3.5 Service-Provider-Implementierung

3.2.4 Evolution der Add-on-Struktur

Add-ons

Wie bereits erläutert, bestand SAP Gateway in Versionen vor SAP NetWeaver 7.40 SP2 im Grundsatz aus einer Reihe von Add-ons auf der ABAP-Technologieplattform. Mit SAP NetWeaver 7.40 SP2 ist dann das Deployment von SAP Gateway deutlich verbessert worden. Die Add-on-Strukturen vor und nach SAP NetWeaver 7.40 SP2 unterscheiden sich also, wobei die neue Add-on-Struktur vereinfacht und optimiert worden ist. Die meisten der ursprünglichen Add-ons sind im SAP-NetWeaver-Standard aufgegangen. Es verbleiben allerdings auch jetzt noch einzelne Add-ons für spezifische Anwendungsfälle.

Nachdem wir uns die Architektur und die Hauptbestandteile von SAP Gateway angesehen haben, ist es nun an der Zeit, einen Blick auf die Add-on-Struktur zu werfen.

Werfen wir also einen Blick auf die Evolution der SAP-Gateway-Add-ons/-Komponenten aus einer zeitlichen Perspektive. Unter SAP Gateway 7.02 gab es vier Add-ons. Mit SAP NetWeaver 7.40 SP 02 hat es dann Optimierungen des Deployments gegeben (siehe Abbildung 3.6).

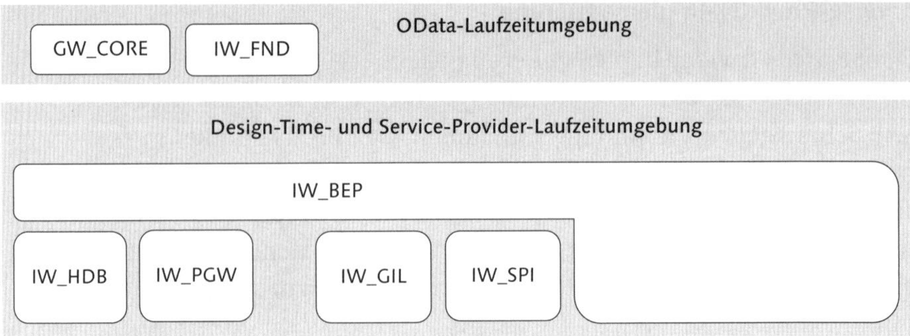

Abbildung 3.6 Funktionale Ansicht der Gateway-Komponenten

Diese Deployment-Optimierungen mündeten primär in zwei neue Softwarekomponenten: `IW_FNDGC` und `SAP_GWFND`. `SAP_GWFND` kombiniert vier alte Add-ons – `IW_HDB`, `IW_BEP`, `IW_FND` und `GW_CORE`. `IW_FNDGC` wird dabei nur für die Unterstützung von Legacy-Funktionalitäten benötigt. Diese sind für die Kunden relevant, die von SAP Gateway 2.0 auf SAP NetWeaver 7.40 und höher migrieren. Eine Reihe von älteren Add-ons werden zudem nicht mehr empfohlen (`IW_CBS`, `IW_CNT` und `IW_SCS`) (siehe Abbildung 3.7).

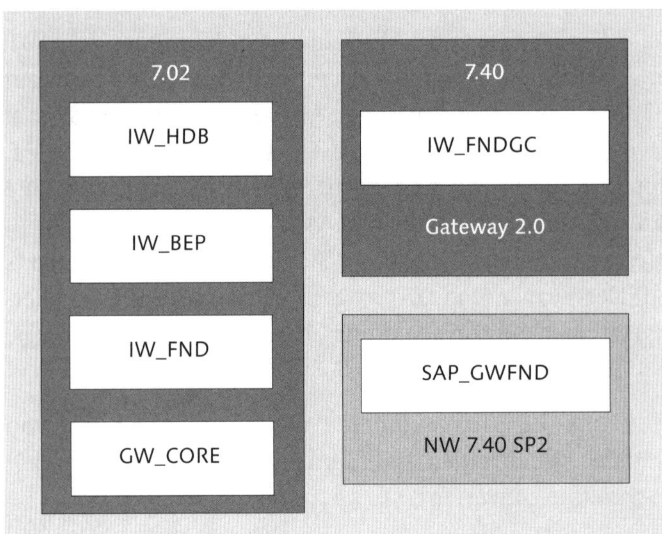

Abbildung 3.7 Neue Add-on-Struktur in SAP NetWeaver 7.40

Wie in Abbildung 3.7 gezeigt, existieren für SAP-NetWeaver-Versionen vor Version 7.40 SP2 zwei SAP-Gateway-Schicht-Framework-

Add-ons (GW_CORE und IW_FND) und vier SAP-Business-Suite-Schicht-Add-ons (IW_BEP, IW_HDB, IW_GIL und IW_SPI).

Funktionen

Im Folgenden werden wir nun einen näheren Blick auf diese Add-ons werfen und uns im Detail ansehen, welche Features und Funktionalitäten sie enthalten.

Wissenswertes über die Framework-Komponenten:

- GW_CORE enthält die Funktionalitäten, die für das OData-Protokoll benötigt werden.
- IW_FND (FND steht für Foundation) beinhaltet das Framework des Gateway-Servers, die Laufzeitkomponenten, die Metadatenkomponenten und gemeinsam genutzte Funktionalitäten wie Überwachung (Monitoring), Supportability und Sicherheit.

Wissenswertes über die Komponenten des SAP Business Suite Enablements:

- IW_BEP (Business Enablement Provisioning, BEP) beinhaltet das SAP Business Suite Enablement und das Event Provisioning.
- IW_HDB (SAP HANA) stellt den Business-Content-Adapter für SAP Gateway with HANA zur Verfügung, der die OData-Exponierung von HANA-Sichten per ADBC-Protokoll (ABAP Database Connectivity) ermöglicht.
- IW_GIL stellt einen generischen OData-Adapter für auf dem Generic Interaction Layer (GenIL) basierenden Content zur Verfügung.
- IW_SPI (Service Provider Infrastructure) stellt einen generischen OData-Adapter für auf der Service Provider Infrastructure (SPI) basierenden Content zur Verfügung.

Von SAP Gateway 7.40 SP2 an vereint die Komponente SAP_GWFND die vier alten Add-ons (IW_HDB, IW_BEP, IW_FND und GW_CORE). SAP_GWFND ist Teil des SAP-NetWeaver-Standards. Ab SP02 kann SAP Gateway ohne die Installation von zusätzlichen Softwarekomponenten genutzt werden.

SAP_GWFND beinhaltet dabei den funktionalen Umfang der kombinierten Komponenten. Somit findet sich hier die für das OData-Protokoll benötigte Funktionalität und zudem das Framework des SAP-Gateway-Servers. Dies beinhaltet die Laufzeitkomponenten, die Metadatenkomponenten und gemeinsam genutzte Services wie Monitoring, Supportability und Sicherheit.

Im Ergebnis kann somit jeder SAP-NetWeaver-Server (ab Version 7.40 SP2) die Rolle eines SAP-Gateway-Hubs oder SAP-Gateway-Backends übernehmen.

Optionale Add-ons

Zudem existieren noch einige optionale Add-ons. Diese können zusätzlich zu den mit SAP NetWeaver 7.40 SP2 gelieferten installiert werden, wenn spezielle Funktionalitäten genutzt werden sollen. Diese optionalen Add-ons sind:

- **IW_PGW (Process Gateway)**
  Sollte der Einsatz von SAP-Fiori-Approval-Anwendungen, wie beispielsweise *My Inbox*, geplant sein, so sollte das Add-on IW_PGW (üblicherweise als Process Gateway bezeichnet) installiert werden. IW_PGW ermöglicht die Exponierung von SAP Business Process Management und Process Observer Tasks für SAP BPM und SAP Business Workflow (auch als Unified Inbox bezeichnet).
- **IW_GIL (GenIL)**
  stellt einen generischen OData-Adapter für auf dem Generic Interaction Layer basierenden Content zur Verfügung
- **IW_SPI (Service Provider Infrastructure)**
  stellt einen generischen OData-Adapter für auf der Service Provider Infrastructure (SPI) basierenden Content zur Verfügung

3.3 Integration mit anderen SAP-Technologien

Wiederverwendung von Datenquellen

Wie schon in der Einführung zu diesem Kapitel erwähnt, hat SAP Gateway das klare Ziel, klassische SAP-Systeme für Nicht-ABAP-Entwickler zu öffnen. Diese klassischen SAP-Systeme bieten bereits eine Reihe von Möglichkeiten, um Daten über unterschiedliche Kanäle der Außenwelt zur Verfügung zu stellen. Daher ist es logisch, dass man, um eine möglichst große Menge von Services für eine Wiederverwendung zur Verfügung zu stellen, die bereits vorhandenen Komponenten als Basis nimmt. SAP Gateway stellt deshalb Werkzeuge bereit, die auf eine einfache Weise Services aus bereits existierenden Datenquellen der SAP Business Suite generieren. Diese bauen auf den generischen Datenzugriffsvarianten auf. Das heißt, dass Entwickler Datenquellen – wie beispielsweise RFC/BOR, SAP BW InfoCubes, multidimensionale Ausdrücke (Multidimensional Expressions, MDX), SAP BW Easy Query oder auf dem GenIL- und auf dem

Service-Provider-Infrastructure-Framework basierenden Content – für die Erstellung von Gateway-Services verwenden können.

SAP-Standardkonzepte oder Add-ons

In manchen Fällen werden auch SAP-Standardtechnologien verwendet (beispielsweise RFC oder BOR, CDS). In anderen Fällen ermöglicht SAP Gateway die Verwendung von generischen Datenzugriffsmöglichkeiten per Add-on (beispielsweise Service Provider Infrastructure). Diese Add-ons sind entweder lokale Add-ons, die auf dem betreffenden Business-Suite-System deployt werden (beispielsweise IW_GIL), oder fernaktivierte Add-ons (beispielsweise IW_SPI). Wir werden uns diese verschiedenen Varianten nun genauer ansehen.

3.3.1 Remote Function Call

Ein RFC ist ein SAP-Standardkonzept, um ein Function-Modul in einem vom aufrufenden System verschiedenen System zu rufen. Diese Remote Function kann dabei allerdings durchaus auch im selben System aufgerufen werden (als ein Remote Call). Die Fähigkeit zum Aufrufen von Remote Functions wird dabei vom RFC-Interface-System bereitgestellt. RFCs erlauben Remote Calls zwischen zwei SAP-Systemen oder zwischen einem SAP-System und einem Nicht-SAP-System. RFCs bestehen aus zwei Arten von Schnittstellen (Interfaces): einer Schnittstelle zum Aufrufen von ABAP-Programmen und einer Schnittstelle zum Aufrufen von Nicht-ABAP-Programmen. Weil SAP Gateway auf das Öffnen von ABAP-Systemen abzielt, ist die relevante Schnittstellenart für SAP Gateway in diesem Kontext die der ABAP-Schnittstellen.

Gibt es ein verfügbares RFC-Function-Modul, kann ein Gateway-Service einfach mithilfe der Gateway-Entwicklungstools exponiert werden.

3.3.2 Business Object Repository

BAPIs

SAP-Business-Objekte und deren BAPIs werden im BOR in einer auf der Hierarchie der SAP Business Suite Application Areas basierenden Struktur verwaltet. Jeder einzelne SAP-Business-Objekttyp und die zugehörigen Methoden sind im BOR identifiziert und beschrieben. Diese Beschreibung beinhaltet den SAP-Business-Objekttyp, die zugehörigen SAP-Schnittstellentypen und die Komponenten wie Methoden, Attribute und Ereignisse. Business Application Programming Interfaces (BAPIs) sind definiert als die Methoden der SAP-Business-Objekttypen. Nach außen legen SAP-Business-Objekte nur ihre Schnittstellen offen.

Das Business Object Repository beinhaltet wie gesagt alle SAP-Business-Objekttypen, so dass es eine perfekte Basis für die Generierung von Gateway-Services darstellt. Diese können einfach mithilfe der Gateway-Entwicklungswerkzeuge erstellt werden.

3.3.3 Service Provider Infrastructure

Die Service Provider Infrastructure (SPI) ist eine Applikations- und UI-unabhängige Schicht für die Exponierung von Business-Daten, die in der gesamten SAP Business Suite Verwendung finden. Beispiele sind die Bill of Material (BOM, Materialliste) im SAP Product Lifecycle Management (PLM), die Kaufaufträge im Materialmanagement (MM) und die Sustainability Enhancements (Verbesserung der Zukunftsfähigkeit) für Verkäufer in Finance (FI).

Das Hauptziel der SPI besteht darin, das User Interface komplett von der SAP Business Suite zu entkoppeln. Es gibt keine Abhängigkeit von Web Dynpro oder von einer anderen UI-Technologie. Stattdessen fungiert die SPI als Backbone für unterschiedliche Feeder-Technologien, wie beispielsweise SAP Interactive Forms by Adobe.

Durch die häufige Verwendung in allen Bereichen der SAP Business Suite wird die Service Provider Infrastructure zu einer hervorragenden Quelle für SAP-Gateway-Services. Ein Gateway-Service kann hier einfach unter Verwendung des Service Builders aus einem SPI-Objekt erstellt werden.

3.3.4 SAP BW InfoCubes

Das der Business Intelligence, dem Business Planning, analytischen Services und dem Data Warehousing dienende SAP BW ist eine exzellente Quelle von hoch qualitativen analytischen Daten.

Relationale Tabellen

InfoCubes sind dabei die zentralen Objekte im SAP BW. Ein InfoCube ist eine Menge von relationalen Tabellen, die nach einem Sternschema angeordnet sind. Eine große Faktentabelle (Fact Table) ist von mehreren Dimensionstabellen (Dimension Tables) umgeben.

3.3.5 Multidimensional Expressions

Zugriff auf eine OLAP-Datenbank

Multidimensional Expressions, kurz MDX, ist eine Sprache für die Abfrage und Manipulation von multidimensionalen Daten in einer OLAP-Datenbank (Online Analytical Processing). MDX ist stark von Microsoft gefördert worden und ein allgemein akzeptierter Industriestandard, der von einer Reihe von Anbietern unterstützt wird – auch von SAP für SAP BW.

SAP Gateway bietet durch die Verwendung von MDX einen einfachen Weg, um BW-Funktionalitäten zu exponieren. Diese Exponierung erfolgt mithilfe des SAP Gateway Analytics Service Generators, der Teil des Service Builders ist. Wie der Name schon andeutet, handelt es sich hier um einen Generierungsprozess, eine codebasierte Programmierung ist nicht erforderlich. MDX ist die bevorzugte Wahl für ältere Releases von SAP BW. Es wird seit SAP BW 7.0 unterstützt. Für neuere Releases wird die Verwendung von SAP BW Easy Query empfohlen. SAP BW Easy Query ist seit SAP BW 7.30 SP8 oder SAP BW 7.31 SP5 verfügbar.

3.3.6 SAP BW Easy Query

Für die Exponierung von BW-Daten empfiehlt SAP SAP BW Easy Query. Es ist deutlich weniger komplex als MDX und mit Blick auf Einfachheit und eine einfache Konsumierung entworfen worden. Tatsächlich muss nur auf Query-Ebene ein Flag im BEx Query Designer gesetzt werden. Alles Weitere erledigt das SAP-BW-System. Basierend auf als SAP BW Easy Query markierten Abfragen und mit SAP Gateway für den tatsächlichen Zugriff können so OData-Services exponiert werden.

3.3.7 Generic Interaction Layer

API

Der Generic Interaction Layer (GenIL) ist eine vereinheitlichende Schnittstelle zwischen dem Client und integrierten Applikationen. Ein Client (UI) kann GenIL verwenden, um auf alle APIs der verlinkten Applikationen zuzugreifen, ohne die API-Details oder die unterliegenden Datenstrukturen zu kennen. Das bedeutet, dass der Client nicht speziell für die Interaktion mit jeder individuellen Applikation programmiert werden muss. Stattdessen muss er nur für die GenIL-Applikation programmiert werden.

Als Teil des Business Object Layers (BOL) wird GenIL häufig für das SAP Customer Relationship Management Web Client UI (SAP CRM) verwendet. Zudem wird GenIL auch in anderen Applikationen der SAP Business Suite eingesetzt, wie beispielsweise SAP ERP Financials und SAP ERP Human Capital Management.

SAP Gateway erlaubt die Generierung von OData-Services, die GenIL verwenden. Somit kann man von SAP bereitgestellte GenIL-Objekte genauso für die Generierung von OData-Services nutzen wie auch speziell erstellte kundenspezifische GenIL-Objekte. Die Knoten, Relationen und Abfragen in den GenIL-Modellen werden dabei in die entsprechenden Entitäten in einem OData-Modell transformiert.

3.3.8 SAP Business Process Management

SAP Business Process Management (BPM) erlaubt das Controlling und die Automatisierung von Geschäftsprozessen. Hierbei wird ein Unternehmen aus der Prozessperspektive betrachtet – im Gegensatz zu einer Organisations-Chart-Perspektive –, und Prozesse können Ende-zu-Ende modelliert werden. Dies ist sehr nützlich für die Analyse und Modellierung von Geschäftsprozessen. BPM unterstützt den gesamten Lebenszyklus von Geschäftsprozessen – die Planung, die Implementierung und das Monitoring bis hin zur Optimierung.

3.3.9 SAP Business Workflow

SAP Business Workflow erlaubt die Erstellung und Ausführung von Geschäftsprozessen in SAP-Applikationssystemen: Workflow-Prozesse werden als Inhalte in der SAP Business Suite angeboten. Es ist möglich, diese von SAP ausgelieferten Workflows zu erweitern und kundenspezifische Versionen zu erstellen.

Um es Anwendern von SAP Business Workflow zu ermöglichen, Workflow-Items auf jedem Gerät oder jeder Plattform zu bearbeiten, kann SAP Gateway sogenannte SAP Business Workflow Tasks als OData-RESTful-Services exponieren. Dies erlaubt eine Reihe von neuen Business-Szenarien, wie beispielsweise Workflow-Inboxen auf mobilen Geräten.

3.3.10 Core Data Services

SAP HANA ist eine Plattform für Echtzeit-Analytik und -Applikationen. SAP HANA ermöglicht Organisationen die Analyse des Geschäftsbetriebs in Echtzeit, basierend auf sehr großen Datenmengen und einer Vielfalt von Detaildaten. Die Kerntechnologie der SAP-HANA-Plattform ist das In-Memory-Computing, das die Analyse von großen, nicht aggregierten Datenmengen im lokalen Speicher erlaubt. Das Zusammenspiel von SAP Gateway mit SAP HANA erlaubt dabei eine sehr einfache Nutzung der Vorteile des Hochgeschwindigkeits-Datenzugriffs und der blitzschnellen Analysemöglichkeiten.

Die SAP-HANA-Plattform hat bei der Entwicklung von Geschäftsapplikationen mit SAP zu einem Paradigmenwechsel geführt. Möglichst viel soll nun auf der Datenbankebene passieren, um eine möglichst optimale Performance zu erreichen.

Ein Core Data Service (CDS) ist eine Infrastruktur, die genutzt wird, um das unterliegende Datenmodell zu erstellen, das wiederum hilft, die Applikationsservices zu den UI-Clients zu exponieren. CDS vereinfacht und harmonisiert die Art und Weise der Definition und Konsumierung von Datenmodellen – unabhängig von der zur Konsumierung eingesetzten Technologie. CDS

CDS wird nativ sowohl in ABAP als auch in SAP HANA unterstützt. Technisch ist CDS eine SQL-Erweiterung, die eine Data Definition Language (DDL) für die Definition von semantisch reichen Datenbanktabellen und -sichten (CDS Entities) sowie benutzerdefinierten Typen in der Datenbank bereitstellt. Der Datenbankentwickler definiert die Datenbankpersistenz und die analytischen Modelle, die zur Exponierung von Daten als Antwort auf HTTP-Requests genutzt werden. Die Datenbankmodelle spezifizieren dabei, welche Daten für die Konsumierung zugreifbar gemacht werden und wie genau dies geschieht. CDS führt Erweiterungen von SQL in verschiedenen Bereichen ein. Diese Erweiterungen beinhalten beispielsweise Annotationen zur Anreicherung der Datenmodelle mit Metadaten, Assoziationen auf einer konzeptionellen Ebene, das Ersetzen von Joins durch einfache Pfadausdrücke in Abfragen und Ausdrücke zur Nutzung für Kalkulationen und Abfragen des Datenmodells.

SAP Gateway erlaubt die Nutzung sowohl von ABAP- als auch von HANA-basierten CDS Views als Grundlage für die Erstellung von SAP-Gateway-Services.

3.4 Zusammenfassung

Die Drei-Schichten-Architektur von SAP Gateway folgt den Gateway-Prinzipien sowie den Prinzipien zeitloser Software. Sie bietet die für vielfältige Einsatzgebiete notwendige Flexibilität – von mobilen Szenarien über Desktop-Applikationen bis hin zu Internet-Anwendungsfällen. Zugleich bietet sie auch die für geschäftskritische Anwendungsfälle notwendige Stabilität und Verlässlichkeit. Die Hauptschicht der Architektur ist die Gateway-Schicht, in der die meisten Funktionalitäten und Werkzeuge zu finden sind. Teile von SAP Gateway können sich zudem in der Business-Suite-Schicht befinden.

SAP Gateway stellt eine Menge von Werkzeugen bereit, die die einfache Erstellung von Gateway-OData-Services ermöglichen. Dafür können auch bereits vorhandene, über andere SAP-Technologien zugreifbare Inhalte (Content) verwendet werden. Dies beinhaltet eine Reihe von SAP-Standardtechnologien wie RFC, BOR, SPI, CDS und GenIL.

In Kapitel 4 werden wir Teil I des Buches mit einer Diskussion der Deployment-Optionen von SAP Gateway, der Installation und der Konfiguration abrunden.

Dieses Kapitel bietet einen Überblick über die verschiedenen Deployment-Optionen von SAP Gateway. Dies beinhaltet Hinweise für eine an die spezifische Gesamtlandschaft angepasste Installation, die notwendigen Konfigurationsschritte, um die gewählte Deployment-Option umzusetzen, und Empfehlungen, wann welche Art des Deployments verwendet werden sollte.

4 Deployment-Optionen, Installation und Konfiguration

In diesem Kapitel erhalten Sie eine Einführung in die verschiedenen Deployment-Optionen von SAP Gateway. Dies betrifft sowohl die Spezifika der einzelnen Optionen als auch ihre jeweiligen Vorteile. Danach werden wir uns die für eine typische Installation von SAP Gateway notwendigen Vorbereitungen und den nötigen Konfigurationsprozess ansehen. Es folgt ein Überblick der minimalen Installation und Konfiguration – dargelegt in einer Schnellstartanleitung. Weil diese Schnellstartanleitung nur die notwendigsten Einstellungen beschreibt, um SAP Gateway in einer absoluten Minimalkonfiguration ans Laufen zu bekommen, zeigen wir Ihnen dann eine typische Standardkonfiguration und den zugehörigen Konfigurationsprozess und sehen uns dabei ausgewählte Schritte im Detail an. Wir schließen das Kapitel mit der Diskussion einiger während der Installation und Konfiguration relevanten Best Practices für SAP Gateway ab.

4.1 Einführung in das Deployment von SAP Gateway

Deployment-Optionen

Grundsätzlich kann man aus zwei Perspektiven auf das Deployment von SAP Gateway blicken: aus der technischen Perspektive von SAP Gateway und aus einer architektonischen Perspektive. Um ein vollständiges Gesamtbild zu erhalten, müssen beide Perspektiven betrachtet werden. Weil die gewählte Deployment-Option starke Auswirkungen beispielsweise auf Performance oder Wartungsaufwand haben kann, empfiehlt es sich, die Deployment-Strategie gut informiert und sehr bewusst auszuwählen – unter Berücksichtigung der Systemlandschaft und des betreffenden Anwendungsfalls.

Für SAP Gateway 2.0 gibt es, abhängig von der zugrunde liegenden Gateway-Version, sehr unterschiedliche Deployments. Mit SAP Gateway 7.40 ist die Add-on-Struktur gegenüber früheren Versionen stark vereinfacht und für den OData-Channel optimiert worden.

Vor SAP NetWeaver 7.40

Vor SAP NetWeaver 7.40 galt: Grundlegende Gateway-Funktionalitäten befinden sich in verschiedenen Add-ons, die getrennt voneinander deployt werden. Die SAP-NetWeaver-Server oder Hub-Funktionalitäten erfordern, dass die Add-ons `GW_CORE` und `IW_FND` auf dem Server deployt werden. `IW_BEP` ist auf dem Business-Suite-System zu deployen, um das Backend-Enablement zur Verfügung zu stellen (siehe Tabelle 4.1).

	Kernkomponenten	Backend-Enablement
Version 7.31 und früher	`GW_CORE` `IW_FND`	`IW_BEP`
ab Version 7.40	`SAP_GWFND`	`SAP_GWFND`

Tabelle 4.1 SAP-NetWeaver-Version und erforderliche SAP-Gateway-Add-ons

Ab SAP NetWeaver 7.40

Von SAP NetWeaver 7.40 an wird die Softwarekomponente `SAP_GWFND` bereits mit dem Standard von SAP NetWeaver 7.40 ausgeliefert und ist somit bereits vorinstalliert. Diese Komponente beinhaltet den funktionalen Umfang von `IW_BEP`, `GW_CORE`, `IW_FND` und `IW_HDB`.

Deployment

Der Ausdruck *Deployment* beschreibt für Versionen ab SAP NetWeaver 7.40, wo die SAP-Gateway-Funktionalitäten liegen. Wir halten hier an dem Ausdruck Deployment aus Gründen der Einfachheit fest, da dieser Ausdruck ein stehender Ausdruck geworden ist. Aus technischer Sicht ist aber, da SAP-Gateway-Komponenten mit SAP NetWeaver bereits ausgeliefert werden, ein wirkliches Deployment nicht mehr notwendig. Es handelt sich technisch gesehen um einen Konfigurationsprozess.

Tabelle 4.2 zeigt die Softwarekomponenten und optionale Add-ons für SAP Gateway in Bezug auf SAP NetWeaver 7.40.

Name	Typ	Version	Hinweise
SAP_GWFND	ABAP	7.40	Installiert als Standard auf SAP-Net-Weaver-7.40-basierten Systemen. Beinhaltet: ▸ Laufzeitkomponenten ▸ Metadatenkomponenten ▸ Shared Services, z. B. für das Monitoring ▸ die OData-Bibliothek (OData Library) ▸ das Business Enablement Provisioning (BEP) ▸ den Business-Content-Adapter für SAP Gateway mit SAP HANA, um HANA-Views zur Verfügung stellen zu können
IW_FNDGC	ABAP	100	Ist optional und sollte nur installiert werden, wenn Generic-Channel-Services immer noch verwendet werden sollen. Die Verwendung des Generic Channels in Neuentwicklungen wird allerdings nicht mehr empfohlen!

Tabelle 4.2 Softwarekomponenten und optionale Add-ons für SAP Gateway unter SAP NetWeaver 7.40

Hub- vs. Embedded Deployment

Aus einer architektonischen Perspektive ist die entscheidende Frage, ob ein Hub-Deployment oder aber ein Embedded (also eingebettetes) Deployment vorteilhafter ist und verwendet werden soll:

- **Embedded Deployment**
  In Versionen vor SAP NetWeaver 7.40 wurden die SAP-Gateway-Kernkomponenten `IW_FND` und `GW_CORE` auf dem Business-Suite-System deployt. Alternativ ist, falls das Business-Suite-System auf 7.40 oder höher aufsetzt, `SAP_GWFND` bereits Teil des Standards und muss nur passend konfiguriert werden.
- **Hub-Deployment**
  In Versionen vor SAP NetWeaver 7.40 werden die SAP-Gateway-Kernkomponenten `IW_FND` und `GW_CORE` auf dem Gateway-Hub-System deployt. Alternativ wird ein SAP-NetWeaver-7.40-System als Hub verwendet, bei dem die Softwarekomponente `SAP_GWFND` bereits Teil des Standards ist und nur entsprechend konfiguriert werden muss.

Das Hub-Deployment kann in zwei weitere Varianten unterschieden werden, so dass sich insgesamt drei Deployment-Optionen ergeben. Jede dieser Möglichkeiten hat ihre Vor- und Nachteile. Im folgenden Abschnitt werden wir alle drei Möglichkeiten diskutieren, die Vor- und Nachteile vorstellen und gegeneinander abwägen sowie ein weiteres Szenario diskutieren, bei dem im Rahmen eines gemischten Deployments Hub- und Embedded Deployment kombiniert werden.

4.1.1 Hub-Deployment mit Entwicklung im SAP-Business-Suite-System

Bei einem Hub-Deployment mit Entwicklung im Business-Suite-System (siehe Abbildung 4.1) werden die Gateway-Serverfunktionalitäten nur auf einem einzigen, dedizierten Server verwendet: dem Hub-System. Der Gateway-Service ist somit auf den Business-Suite-Systemen installiert (dort, wo entweder `IW_BEP` für Systeme vor SAP NetWeaver 7.40 deployt ist oder wo die Softwarekomponente `SAP_GWFND` für SAP NetWeaver 7.40 konfiguriert ist) und wird dann am Gateway-Server registriert.

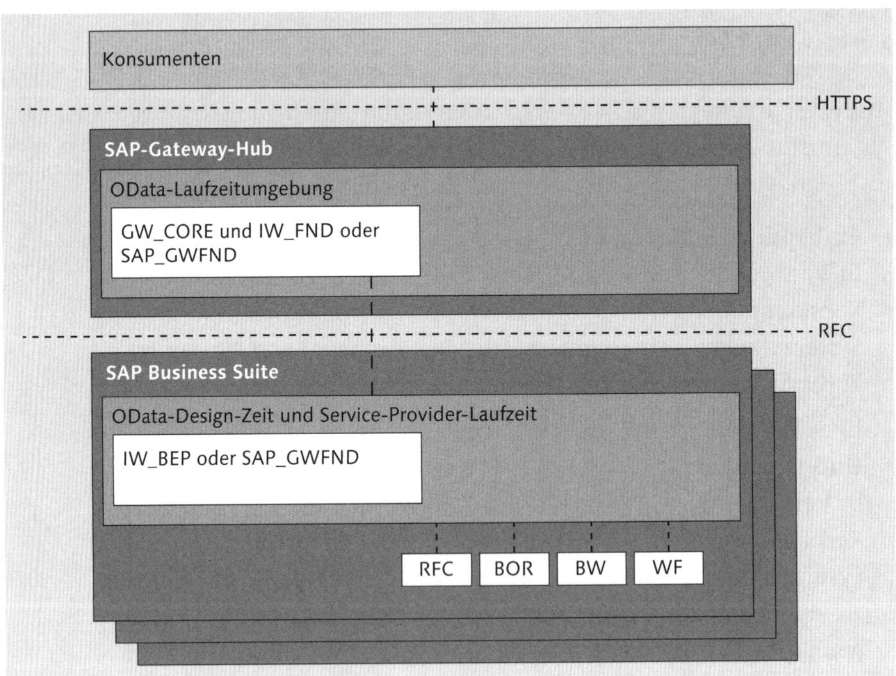

Abbildung 4.1 Hub-Deployment mit Entwicklung in der SAP Business Suite

Hub-Deployment – Anwendungsfälle

Diese Art von Deployment ist für die folgenden Anwendungsfälle geeignet:

- Produktionsumgebungen bei einer mittleren bis hohen Last (beispielsweise für durch die SAP Business Suite ausgelieferte mobile Applikationen)
- Szenarien, bei denen die Entwicklung im Business-Suite-System erfolgt
- Szenarien, in denen der Entwickler native Schnittstellen und/oder Data-Dictionary-Strukturen (DDIC) in der SAP Business Suite nutzen muss oder möchte

Vor- und Nachteile

Das Hub-Deployment mit Entwicklung in der SAP Business Suite hat die folgenden Vorteile:

- Unterstützung für Routing und für die Komposition multipler Systeme
- einen einzelnen Zugriffspunkt für mehrere Business-Suite-Systeme (Single Point of Access)
- Erhöhte Flexibilität: Hub-Systeme können auf einem neueren Release basieren (SAP NetWeaver 7.31, 7.40 oder 7.50) als die verbundenen SAP-Business-Suite-Systeme. Diese neueren Releases können beispielsweise zusätzliche Möglichkeiten der Authentifizierung bieten (Kerberos, Security-Assertion-Markup-Language-[SAML-]Browserprotokoll) und häufiger aktualisiert werden, ohne einen deutlich erhöhten Aufwand zu generieren (Servicefenster, Regressionstests).

Der einzige Nachteil dieser Methode ist, dass ein zusätzlicher Server für die SAP-Gateway-Instanz benötigt wird.

Release betreffende Erwägungen

Es gibt einige Aspekte, die Sie für die unterschiedlichen Releases von SAP NetWeaver im Hinterkopf behalten sollten, wenn Sie sich für diese Art des Deployments entscheiden. Für SAP NetWeaver 7.40 und 7.50 sollten Sie z. B. Folgendes beachten:

- Die Softwarekomponente `SAP_GWFND` ist bereits als Teil des Standards installiert.
- Der Lebenszyklus der Gateway-Inhalte wird durch die Frequenz der Updates des Business-Suite-Systems vorgegeben.

4.1.2 Hub-Deployment mit Entwicklung auf dem Hub

Für ein Hub-Deployment mit Entwicklung auf dem Hub (siehe Abbildung 4.2) werden die SAP-Gateway-Serverfunktionalitäten nur auf dem dedizierten Server genutzt, dem sogenannten Hub-System. Im Gegensatz zu der vorher vorgestellten ersten Option (Hub-Deployment mit Entwicklung in der SAP Business Suite) findet auf dem Hub auch das Deployment der Services statt. Diese Möglichkeit wird verwendet, wenn entweder keine Entwicklung in der SAP Business Suite durchgeführt werden darf oder aber das Add-on `IW_BEP` nicht in der SAP Business Suite deployt werden kann (für Releases vor SAP NetWeaver 7.40). In diesem speziellen Fall ist der Entwickler auf die Nutzung von Schnittstellen eingeschränkt, auf die per Remote Function Call (RFC) im SAP-Business-Suite-System zugegriffen werden kann.

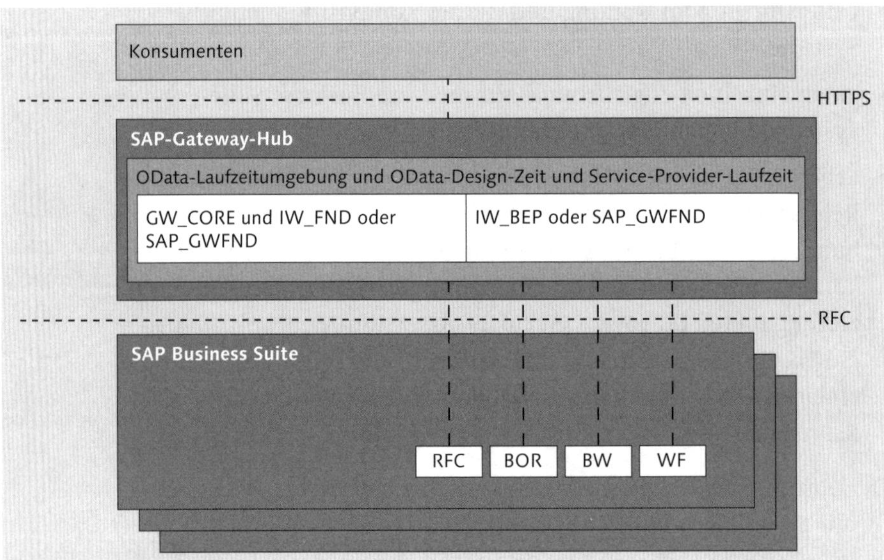

Abbildung 4.2 Hub-Deployment mit Entwicklung auf dem Hub

Anwendungsbeispiel

In validierten Umgebungen (beispielsweise in der pharmazeutischen Industrie) sind Änderungen in den betreffenden validierten Business-Suite-Systemen sehr zeitintensiv. Die Entwicklung in diesen Systemen wird zudem noch restriktiver gehandhabt. In einem solchen Szenario kann ein Deployment mit Entwicklung auf dem Hub sehr nützlich sein, um neue Technologien ohne eine Unterbrechung der geschäftskritischen Prozesse einsetzen zu können.

Der Hub kann entweder vor oder hinter der Firewall platziert werden. Zusätzlich können Sie optionale Komponenten für ein Hub-Deployment in Ihrem Gateway-System installieren.

Anwendungsfälle

Die folgenden Anwendungsfälle sind die Hauptanwendungsfälle für ein Hub-Deployment mit Entwicklung auf dem Hub:

- Szenarien, bei denen ein Deployment auf dem Business-Suite-System nicht erlaubt oder nicht erwünscht ist
- Szenarien, bei denen SAP-Gateway-Add-ons aus Sicherheits-, Stabilitäts- oder Kompatibilitätsgründen nicht im SAP-Business-Suite-System installiert werden können. In einem solchen Anwendungsfall ist diese Deployment-Option verpflichtend.
- POCs (Proof of Concept) mit SAP Gateway, da Änderungen der bestehenden Infrastruktur somit nicht nötig sind
- Szenarien mit mehreren Business-Suite-Systemen
- Szenarien, bei denen der Gateway-Server in der DMZ (demilitarisierte Zone) deployt wird

Vorteile

Das Hub-Deployment mit Entwicklung auf dem Hub bietet die folgenden Vorteile:

- Gateway-Ressourcen müssen in einer Landschaft nur einmal deployt werden. Dies bedeutet, dass es nicht nötig ist, SAP-Gateway-Add-ons in den Business-Suite-Systemen zu installieren und/oder zu konfigurieren.
- Inhalte können eingebracht werden, ohne das Business-Suite-System anzufassen, so dass beispielsweise von Partnern entwickelte Services nicht auf dem Business-Suite-System deployt werden müssen.
- Das Routing und die Komposition von mehreren Business-Suite-Systemen werden unterstützt.
- Der Lebenszyklus der Applikationen wird vom Lebenszyklus des Business-Suite-Systems entkoppelt.
- Das Routing und die Konnektivität des Business-Suite-Systems werden zentral verwaltet.
- Dieser Ansatz führt zu einer verbesserten Sicherheit, da ein potenzieller Angriff durch eine eigenständige Box validiert wird und somit potenzielle Angriffe auf ein SAP-Gateway-System nicht automatisch das Business-Suite-System beeinflussen können.

- Um externen Zugriff zu ermöglichen und Sicherheitsanforderungen zu erfüllen, kann das SAP-Gateway-System in der DMZ positioniert werden.
- Die Innovationsgeschwindigkeit von SAP Gateway und dem betreffenden Business-Suite-System sind voneinander unabhängig.
- Der Lebenszyklus von SAP Gateway ist nur in geringem Maß an den Lebenszyklus des Business-Suite-Systems gekoppelt.

Nachteile

Die Verwendung des Hub-Deployments mit Entwicklung auf dem Hub bringt die folgenden Nachteile mit sich:

- Für SAP Gateway wird ein zusätzlicher Server benötigt.
- Der Zugriff ist auf Remote Enabled Interfaces beschränkt (RFC-Funktionsmodule, Business Application Programming Interfaces – BAPIs, SAP BW Easy Query, Service-Provider-Infrastructure-Objekte).
- Die verwendbaren Remote Enabled Interfaces sind zum Teil nicht optimal – das heißt, sie bieten möglicherweise nicht die erforderlichen Filtermöglichkeiten.
- Auf Generic-Interaction-Layer-(GenIL-)Objekte kann nicht remote zugegriffen werden.
- Es gibt keine Möglichkeit, lokal auf Metadaten (DDIC) und Geschäftsdaten zuzugreifen. Das heißt, die Wiederverwendung von Daten ist auf den Remote-Zugriff beschränkt.
- Von SAP als Teil der mobilen Applikationen oder als Teil von SAP Fiori ausgelieferte OData-Services benötigen für Releases vor 7.40 ein Deployment von `IW_BEP` auf dem Business-Suite-System.

Überlegungen zur SAP-NetWeaver-Version

Bei den verschiedenen SAP-NetWeaver-Versionen gibt es einige Aspekte zu beachten, die eine Entscheidung für diese Art des Deployments beeinflussen können:

- Für die Releases von SAP NetWeaver 7.00, 7.01, 7.02, 7.03 und 7.31 kann die Komponente `IW_BEP` in jedem Business-Suite-System installiert werden. Für Release 7.40 und höher ist die Kernkomponente `SAP_GWFND` als Standard installiert und beinhaltet den funktionalen Umfang von `IW_BEP`.
- ABAP-Data-Dictionary-Strukturen oder Metadaten werden redundant deployt.

4.1.3 Embedded Deployment

Beim Embedded Deployment werden die Kernkomponenten von SAP Gateway und die optionalen Komponenten zusammen im SAP-Business-Suite-System deployt (siehe Abbildung 4.3). Für diese Deployment-Option wird kein zusätzlicher Server benötigt – nur das Business-Suite-System. Auf dem Business-Suite-System erfolgt dann auch die Entwicklung der Gateway-Services.

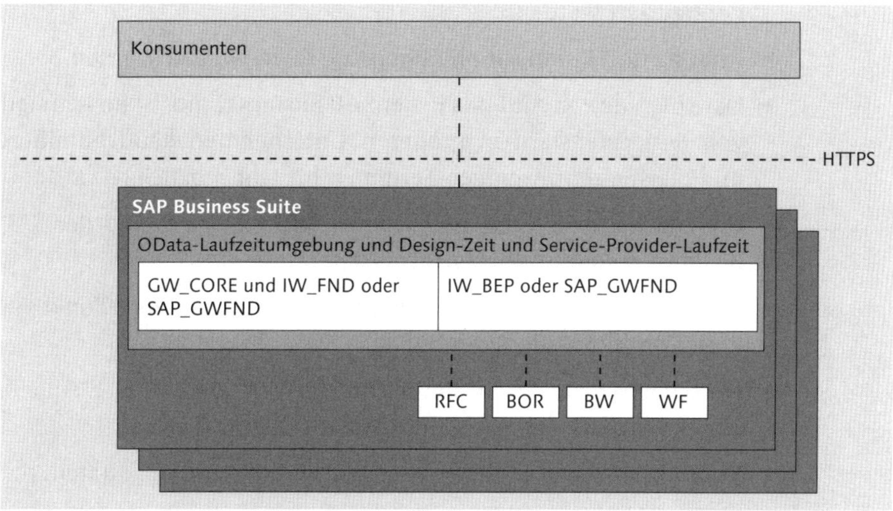

Abbildung 4.3 Embedded Deployment

Embedded Deployment – Anwendungsfälle

Die Hauptanwendungsfälle für das Embedded Deployment sind die folgenden:

- POCs oder Produktionsumgebungen mit geringerer bis mittlerer Last
- Szenarien, in denen Entwickler alle nativen Schnittstellen der SAP Business Suite nutzen müssen

Vorteile

Das Embedded Deployment bietet die folgenden Vorteile:

- Der Laufzeitaufwand (Runtime Overhead) ist geringer, da ein Remote-Aufruf gespart wird.
- direkter lokaler Zugriff auf Metadaten und Geschäftsdaten
- Es ist keine Zusammenführung der Inhalte verschiedener Applikationen nötig.
- Die Gesamtkosten werden verringert, da kein zusätzliches SAP-Gateway-System erforderlich ist.

- Inhalte der SAP Business Suite können sehr einfach wiederverwendet werden (beispielsweise können lokale Datenstrukturen wiederverwendet und auf lokale Geschäftslogik zugegriffen werden).

Nachteile

Das Embedded Deployment hat die folgenden Nachteile:

- Wenn mehrere SAP-Business-Suite-Systeme verwendet werden, muss SAP Gateway auf jedem einzelnen System eingerichtet und konfiguriert werden.
- Routing und Komposition können nicht verwendet werden.
- Das Upgrade von Add-ons in der SAP Business Suite ist im Rahmen von Servicefenstern in größeren Unternehmen häufig limitiert und meist nur an wenigen Terminen im Jahr möglich.
- Die Innovationsgeschwindigkeit von SAP Gateway und der SAP Business Suite müssen synchronisiert werden.
- Endgeräte müssen mit der SAP Business Suite auf einer Punkt-zu-Punkt-Basis integriert werden.
- Der Lebenszyklus der Gateway-Inhalte wird durch die Frequenz der Updates des Business-Suite-Systems diktiert.
- Komposition über Systemgrenzen hinweg ist nicht anzuraten.
- Eine sehr hohe Anzahl von Aufrufen von Gateway-Services könnte Auswirkungen auf die Performance haben und das Business-Suite-System beeinträchtigen. Als Ergebnis dieser Überlegung ist diese Deployment-Möglichkeit in einem Produktionssystem bei einer sehr hohen Anzahl von Serviceaufrufen nicht anzuraten.

Überlegungen zum Release

Zudem gibt es eine Überlegung hinsichtlich des Releases: Von SAP NetWeaver 7.40 an ist die Softwarekomponente `SAP_GWFND` bereits Teil des Standards. Aus diesem Grund ist das Embedded Deployment ohne zusätzlichen Aufwand auf jedem auf SAP NetWeaver 7.40 (und höher) aufsetzenden Business-Suite-System möglich.

4.1.4 Vergleich der Deployment-Optionen

Wie Sie gesehen haben, haben alle drei Deployment-Optionen für SAP Gateway Vor- und Nachteile. Um bei der Entscheidung für eines dieser Szenarien zu helfen, vergleichen wir diese noch einmal zusammenfassend und speziell hinsichtlich einiger Hauptentscheidungsmerkmale (siehe Tabelle 4.3).

	Embedded Deployment	Hub-Deployment mit Entwicklung auf dem Hub	Hub-Deployment mit Entwicklung im SAP-Business-Suite-System
Konfigurations- und Installationsaufwand	Es ist wird kein zusätzlicher Server benötigt. Alle Aktivitäten finden im Business-Suite-System statt.	Es wird ein zusätzlicher Server benötigt. Dieser muss bestellt und konfiguriert werden. Typischerweise richtet man eine Vertrauensbeziehung zwischen dem Hub und dem Business-Suite-System ein.	Es wird ein zusätzlicher Server benötigt. Dieser muss bestellt und konfiguriert werden. Typischerweise richtet man eine Vertrauensbeziehung zwischen dem Hub und dem Business-Suite-System ein.
Performance	Es entsteht zusätzliche Last auf dem Business-Suite-System, auf der anderen Seite spart man einen Remote-Aufruf.	Der Gateway-Server trägt die zusätzliche Last.	Der Gateway-Server trägt die zusätzliche Last.
Kosten	Es einstehen keine zusätzlichen Kosten, da das bestehende Business-Suite-System genutzt wird.	Ein zusätzlicher Gateway-Server wird benötigt.	Ein zusätzlicher Gateway-Server wird benötigt.
Wartung	SAP Gateway ist abhängig vom Wartungsplan der SAP Business Suite.	Es bestehen keine Abhängigkeiten zwischen SAP Gateway und der SAP Business Suite hinsichtlich der Wartung.	Es bestehen keine Abhängigkeiten zwischen SAP Gateway und der SAP Business Suite hinsichtlich der Wartung.
Entwicklungsaufwand/Limitierungen	Lokale Geschäftslogik und Datenstrukturen der SAP Business Suite können wiederverwendet werden.	Der Zugriff auf die SAP Business Suite ist eingeschränkt auf Schnittstellen, die remote aktiviert sind (RFC-Funktionsmodule, BAPIs, SAP BW Easy Query, Service-Provider-Infrastructure-Objekte).	Voller Zugriff mit der Möglichkeit, lokale Strukturen der SAP Business Suite wiederzuverwenden und auf lokale Geschäftslogik zuzugreifen.
Empfohlen für	Evaluierungssysteme und POCs; für Produktivsysteme nur bis zu einer mittleren Last empfohlen	POCs oder Produktivsysteme; diese Option ist verpflichtend, wenn kein Deployment bzw. keine Konfiguration der Gateway-Add-ons in der SAP Business Suite erlaubt ist.	Produktivsysteme, Nutzung für Szenarien, die SAP-Mobile-Platform(SMP-)Online-Applikationen oder SAP Fiori verwenden.

Tabelle 4.3 Vergleich der Deployment-Varianten

4.1.5 Gemischte Deployment-Optionen

Kombination von Deployment-Optionen

In realen Szenarien werden häufig Kombinationen der drei grundlegenden Deployment-Optionen verwendet. Typischerweise adressieren diese Kombinationen Schwächen oder aber spezielle Umstände in größeren Systemlandschaftsumgebungen.

Ein Beispiel hierfür ist eine Situation, in der eigentlich ein Embedded Deployment gewünscht, aber zunächst nicht möglich ist (beispielsweise weil Änderungen im Business-Suite-System nur in einem Servicefenster möglich sind). Deswegen besteht ein erstes Setup aus einem Gateway-Hub-Deployment mit Entwicklung auf dem Hub. Dieses verbindet sich mit dem Business-Suite-System. Mit dieser Variante wird die unmittelbare Auswirkung auf die SAP Business Suite vermindert. In einem nächsten Schritt wird dann nach einer Pilotphase die Komplexität der Gesamtlandschaft reduziert. Der Gateway-Server wird aus der Landschaft entfernt und durch ein Embedded Deployment auf dem Business-Suite-System ersetzt.

Ein weiteres Beispiel wäre eine Kombination von Hub-Deployment und Embedded Deployment in einer Landschaft, die verschiedene Business-Suite-Systeme miteinander kombiniert. Einige dieser Business-Suite-Systeme verwenden ein Hub-Deployment, andere wiederum ein Embedded Deployment. Ein System mit einem Embedded Deployment kann hier auch als Backend-System in einem Hub-Deployment verwendet werden.

Zu vermeidende Kombinationen

Was vermieden werden sollte, ist ein SAP-Business-Suite-System mit einem Embedded Deployment als Hub-System für ein zusätzliches SAP-Business-Suite-System zu nutzen (siehe Abbildung 4.4). Dies könnte zu einer Situation führen, in der die Version des Gateway-Hub-Systems niedriger ist als die der SAP-Gateway-Backend-Komponenten des remote angebundenen SAP-Business-Suite-Systems. (Eine solche Situation könnte eintreten, wenn es nicht möglich ist, das Hub-System zur gleichen Zeit wie das Business-Suite-System zu aktualisieren). In diesem Fall sind die neuen Funktionalitäten der neueren Version nicht nutzbar.

Empfohlene Deployment-Optionen

Um eine solche Situation zu vermeiden, empfehlen wir eine der folgenden beiden Möglichkeiten:

- Verwendung der Embedded-Deployment-Variante für jedes der Business-Suite-Systeme

- Bei der Verwendung einer hubbasierten Architektur sollte ein dediziertes Gateway-Hub-System verwendet werden, das immer auf dem neuesten Gateway-Release gehalten werden sollte.

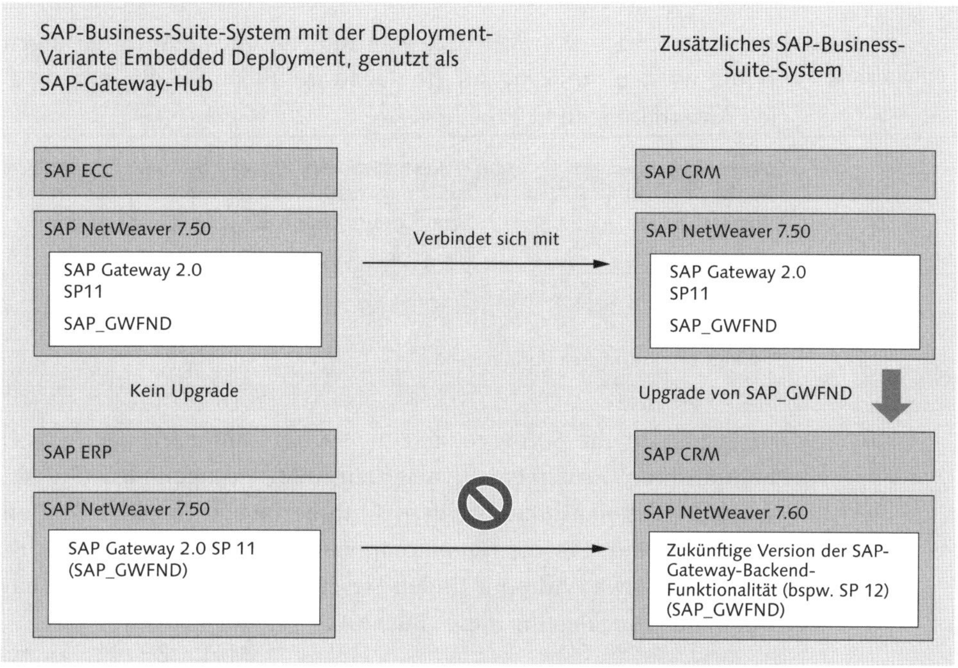

Abbildung 4.4 Möglicherweise problematischer Aktualisierungspfad bei der Verwendung eines Embedded Deployments als Hub für ein weiteres Backend-System

Vergleichbarkeit der Service-Pack-Stände in gemischten Umgebungen

Für gemischte Umgebungen von SAP NetWeaver 7.40 (und höher) und SAP Gateway 2.0 auf SAP NetWeaver 7.31 (und früher) stellt sich die Frage, welcher Service-Pack-Stand von SAP NetWeaver 7.40 (und höher) mit welchem Service-Pack-Stand von Versionen vor SAP Gateway 2.0 vergleichbar ist. Die Antwort auf diese Frage finden Sie in SAP-Hinweis 1942072: »SAP Gateway 2.0 Support Package Stack Definition«.

4.2 Vorbereitung für Installation und Konfiguration

Unabhängig von der gewählten Deployment-Option müssen Sie vor den eigentlichen Installations- und Konfigurationsschritten einige Vorarbeiten erledigen. Der erste Schritt für Versionen vor 7.40 ist die Überprüfung, ob die Voraussetzungen erfüllt werden. In einem nächsten Schritt muss dann die Software heruntergeladen werden. Danach ist es sinnvoll, die während des Installations- und Konfigurationsprozesses benötigten wichtigen Informationen herauszusuchen.

Minimale Anforderungen

Für den Betrieb von SAP Gateway müssen einige Anforderungen erfüllt werden. In Bezug auf die Hardware finden Sie diese minimalen Anforderungen in Tabelle 4.4.

Anforderung	Spezifikation
Prozessor	Dual Core oder besser, 2 GHz oder besser
RAM	8 GB oder größer
Festplattenplatz	80 GB oder größer

Tabelle 4.4 Hardwareanforderungen

In Bezug auf die Software sind die Minimalanforderungen etwas komplizierter. Prüfen Sie die neuesten Anforderungen im SAP Gateway Installation Guide, da diese Anforderungen für jedes Add-on spezifisch sind. Für die Hauptkomponenten und die gebräuchlichsten SAP-Gateway-Add-ons finden Sie die Anforderungen (zum Zeitpunkt der Drucklegung dieses Buches) in Tabelle 4.5.

<table>
<tr><th>Anforderung</th><th colspan="2">Spezifikation</th></tr>
<tr><td rowspan="3">SAP-NetWeaver-Stack</td><td colspan="2">Der neueste Kernel-Patch für die entsprechende SAP-NetWeaver-Version muss eingespielt werden.</td></tr>
<tr><td>Kernkomponenten <code>GW_CORE</code> und <code>IW_FND</code></td><td>▸ SAP NetWeaver 7.0 SPS25
▸ SAP NetWeaver 7.01 SPS10
▸ SAP NetWeaver 7.02 SPS07
▸ SAP NetWeaver 7.03 SPS01
▸ SAP NetWeaver 7.31 SPS01</td></tr>
<tr><td>Business-Enablement-Provisioning-(BEP-)Komponente (<code>IW_BEP</code>)</td><td>▸ SAP NetWeaver 7.0 SPS18
▸ SAP NetWeaver 7.01 SPS03
▸ SAP NetWeaver 7.02 SPS06
▸ SAP NetWeaver 7.03 SPS01
▸ SAP NetWeaver 7.31 SPS01</td></tr>
</table>

Tabelle 4.5 Softwareanforderungen

Anforderung	Spezifikation	
SAP-Net-Weaver-Stack (Forts.)	Kernkomponente `SAP_GWFND` (diese beinhaltet den funktionalen Umfang der Komponenten `IW_FND`, `GW_CORE`, `IW_BEP` und `IW_HDB`)	▸ SAP NetWeaver 7.40 SPS02 ▸ SAP NetWeaver 7.50 SPS00
SAP-Backend	Business-Suite-System	

Tabelle 4.5 Softwareanforderungen (Forts.)

Weitere Informationsquellen

- Die Installationsanforderungen für SAP Gateway 2.0 SP12 finden Sie hier: *http://help.sap.com/saphelp_gateway20sp12/helpdata/en/52/fc994f456a4573957461be15520fe8/content.htm*
- Den SAP Gateway Installation Guide finden Sie hier: *http://help.sap.com/saphelp_gateway20sp12/helpdata/en/c3/424a2657aa4cf58df949578a56ba80/frameset.htm*

Für weitere Informationen empfehlen wir die Product Availability Matrix (PAM) für SAP Gateway (*http://support.sap.com/pam*, dort nach »SAP Gateway 2.0« suchen). Zusätzlich empfehlen wir den SAP-Hinweis 1569624 für SAP Gateway. Für Versionen ab SAP Gateway 7.40 ist kein Download der Software nötig. SAP Gateway ist hier schon Teil von SAP NetWeaver.

Download-Paket

Für Versionen vor SAP NetWeaver 7.40 können Sie das SAP-Gateway-Paket vom SAP Service Marketplace aus dem SAP Software Download Center herunterladen. Rufen Sie *http://support.sap.com/swdc* auf, und navigieren Sie zu INSTALLATIONS AND UPGRADES • BROWSE OUR DOWNLOAD CATALOG • SAP NETWEAVER AND COMPLEMENTARY PRODUCTS • SAP GATEWAY • SAP GATEWAY 2.0.

Dort finden Sie die Software unter INSTALLATION AND UPGRADE und zudem auch die APPLICATION HELP, die das Herunterladen der Online-Dokumentation im HTML-Format erlaubt. Alternativ können Sie die Online-Dokumentation unter *http://help.sap.com* verwenden.

Vor dem Start der eigentlichen Konfiguration sollten einige Informationen über den Gateway-Host und die Gesamtlandschaft gesammelt werden (siehe Tabelle 4.6). Dieses Vorgehen spart später Zeit und vereinfacht den Vorgang.

Benötigte Information	Beschreibung
Fully Qualified Domain Name (FQDN)	Name des SAP NetWeaver Application Servers ABAP (AS ABAP) oder des Load Balancers (z. B. *server.domain.com*)
Anmeldedaten des Administrators	Anmeldedaten des Administrators für den SAP NetWeaver AS ABAP, um das System zu installieren und zu pflegen
HTTP/HTTP(S)-Ports	HTTP- und HTTP(S)-Portnummern der zentralen Instanz des AS ABAP (z. B. 8000 für HTTP und 8001 für HTTP[S])
SAP-System	Für jedes SAP-System, mit dem der Gateway-Server verbunden werden soll, werden die folgenden Informationen benötigt: ▸ System-ID, Systemnummer ▸ Servername ▸ HTTP/HTTP(S)-Port ▸ Anmeldedaten des Administrators (das heißt Benutzer-ID und Passwort)

Tabelle 4.6 Sammeln von Informationen

4.3 Schnellstartanleitung

Die Online-Dokumentation für SAP Gateway (*http://help.sap.com/nwgateway*) beschreibt zahlreiche Konfigurationsmöglichkeiten. Viele dieser Möglichkeiten werden die meisten Kunden allerdings gar nicht benötigen. Die Idee dieser Schnellstartanleitung ist es deshalb, Ihnen so schnell wie möglich zu einem grundlegend nutzbaren SAP-Gateway-System zu verhelfen. Dies zielt auf ein absolut elementares Setup ab. Nachdem diese grundlegende Konfiguration läuft, können Sie dann nach und nach zusätzliche Funktionalitäten und Komponenten von SAP Gateway nach Bedarf konfigurieren. Die Schnellstartanleitung gilt nur für die beiden Deployment-Optionen Embedded Deployment und Hub-Deployment mit Entwicklung auf dem Hub.

Die Schnellstartanleitung liefert einen einfach zu verfolgenden Überblick über die absolut notwendigen Schritte, um SAP Gateway zu installieren und zu konfigurieren. Nach Ausführung dieser Schritte haben Sie ein funktionsfähiges Gateway-System, das Sie als Sandbox-

System verwenden können. Oder aber Sie konfigurieren weiter und verwandeln diese grundlegende, minimale Konfiguration in eine voll nutzbare Produktivumgebung.

Wichtige Hinweise

- Ein Benutzer mit ausreichenden Berechtigungen wird benötigt, um die Schritte der Schnellstartanleitung durchführen zu können.
- Diese Konfiguration ist wirklich sehr grundlegend, und nur die absolut notwendigen Schritte werden ausgeführt. Verwenden Sie diese Konfiguration daher nicht ohne zusätzliche Konfigurationsschritte in einer Produktivumgebung. Dies betrifft speziell die Bereiche Autorisierung und Sicherheit. Vollständige Details finden Sie hier:
  http://help.sap.com/saphelp_gateway20sp12/helpdata/en/4c/a670b0e36c4c01ae2b9a042056f9dc/frameset.htm

Zur Erinnerung: Im Fall eines Embedded Deployments oder aber eines Hub-Deployments mit Entwicklung auf dem Hub werden die zentralen Komponenten von SAP Gateway und mögliche optionale Backend-Komponenten zusammen auf dem SAP-Business-Suite-System oder auf dem Hub deployt.

Setup und Konfigurationsschritte

Auf dem Weg zu einem minimal lauffähigen SAP Gateway müssen fünf Schritte ausgeführt werden. Für ältere SAP-NetWeaver-Versionen ist zudem ein weiterer Schritt notwendig:

1. Für Versionen vor SAP NetWeaver 7.40: Deployment der SAP-Gateway-Add-ons
2. Aktivierung von SAP Gateway
3. Erstellung eines SAP-Systemalias
4. Erstellung eines Gateway-Alias
5. Aktivieren des OPU-Knotens
6. Test der durchgeführten Einstellungen

Nachdem Sie diese fünf (bzw. sechs) Schritte durchgeführt haben, sollten Sie in der Lage sein, einen Service auf dem Gateway-System zu entwickeln und diesen zu veröffentlichen. Lassen Sie uns nun die einzelnen Schritte durchlaufen.

4.3.1 Schritt 1: Deployment der SAP-Gateway-Add-ons für ältere SAP NetWeaver

Transaktion SAINT

In einem SAP-NetWeaver-7.40- oder -7.50-System kann dieser Schritt übersprungen werden, da die Softwarekomponente SAP_GWFND schon Teil des Standards ist. Diese Komponente enthält die Funktionalitäten von GW-CORE, IW_FND und IW_BEP.

Für Systeme unter SAP NetWeaver 7.40 werden im ersten Schritt die drei Add-ons GW-CORE, IW_FND und IW_BEP mit der Transaktion SAINT deployt. SAINT ist dabei das Add-on-Installationstool.

4.3.2 Schritt 2: Aktivierung von SAP Gateway

Aktivierung im IMG

Im nächsten Schritt aktivieren Sie SAP Gateway, indem Sie die Transaktion SPRO starten, zum Knoten SAP GATEWAY AKTIVIEREN ODER DEAKTIVIEREN im SAP-Customizing-Einführungsleitfaden (Implementation Guide, IMG) navigieren (siehe Abbildung 4.5) und dann die Aktivierung durchführen.

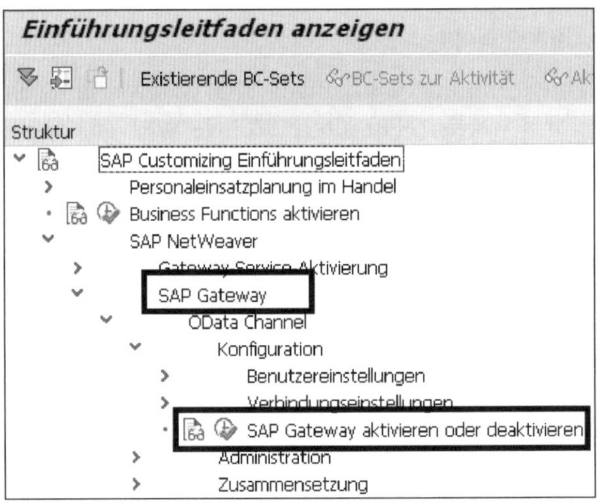

Abbildung 4.5 Aktivierung von SAP Gateway

4.3.3 Schritt 3: Erstellung eines SAP-Systemalias

Systemalias

Jetzt geht es an die Erstellung eines Systemalias, der vom Hub-System zum Business-Suite-System zeigt. Weil wir ein Embedded Deployment gewählt haben, werden wir den Systemalias-Eintrag LOCAL mit der RFC-Destination NONE erstellen. Dazu gehen Sie zu SAP-SYSTEM-ALIAS VERWALTEN im IMG (siehe Abbildung 4.6). Starten Sie die Transaktion SPRO, und navigieren Sie zu SAP NetWeaver • SAP Gateway • OData Channel • Konfiguration • Verbindungseinstellungen • SAP Gateway zu SAP-System • SAP-Systemalias verwalten.

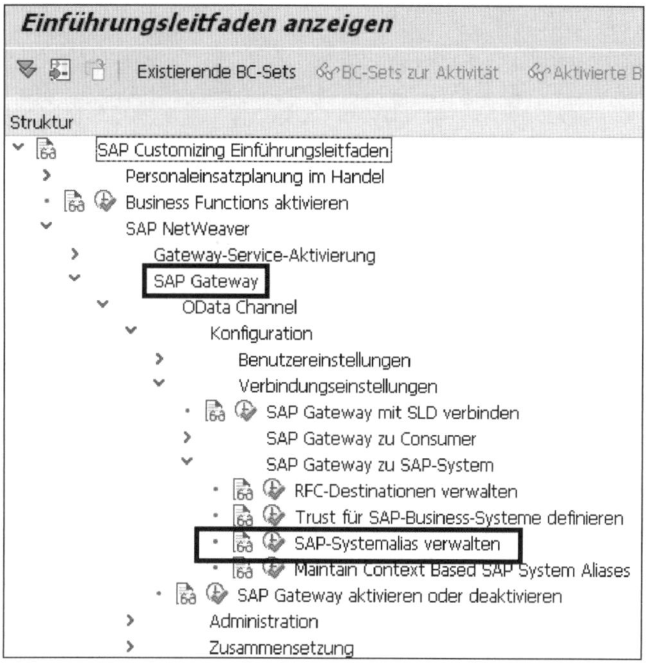

Abbildung 4.6 Erstellen des Systemalias

Dies öffnet die Änderungsansicht, in der Sie die in Tabelle 4.7 gezeigten Werte eintragen können.

Feld	Wert
SAP-Systemalias	LOCAL
Beschreibung	Local Gateway
Lok. SAP GW	X
Für lokale Anw	(leer)
RFC-Destination	NONE
Software-Version	DEFAULT
System-ID	SID des Systems (das heißt SAP Business Suite)
Client	Client, auf dem Sie arbeiten
WS-Provider System	(leer)

Tabelle 4.7 Anpassen der Werte der Sicht

Nachdem Sie die Werte eingegeben haben, sollte die Darstellung wie in Abbildung 4.7 aussehen.

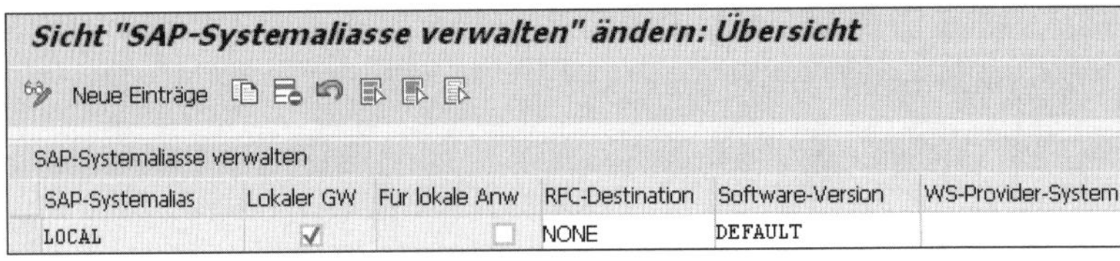

Abbildung 4.7 Beispiel – Systemalias-Erstellung

4.3.4 Schritt 4: Erstellung des SAP-Gateway-Alias

SAP-Gateway-Alias

Die Erstellung des Gateway-Alias ist notwendig, um zumindest einen Eintrag für den Gateway-Hub im Service Builder von SAP Gateway (Transaktion SEGW) zu haben. Dies erlaubt dann die Registrierung der entwickelten Services.

Um einen Gateway-Alias zu erstellen, navigieren Sie in einen anderen Teil des IMGs namens SAP NetWeaver • Gateway-Service-Aktivierung • Backend OData Channel • Verbindungseinstellungen zu SAP Gateway • SAP-Gateway-Einstellungen (siehe Abbildung 4.8).

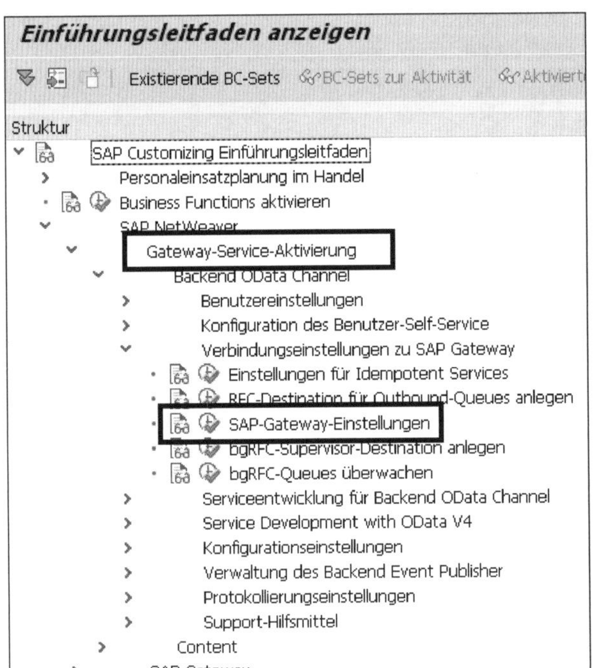

Abbildung 4.8 SAP Gateway – Einstellungen

Dieser Teil enthält die Gateway-Hub-spezifischen Customizing-Einstellungen. Geben Sie hier die in Tabelle 4.8 dargestellten Werte ein.

Feld	Wert
DESTINATIONSSYSTEM	GW_HUB
MANDANT	Client, auf dem Sie arbeiten
SYSTEMALIAS	eindeutiger Name für den Gateway-Host, beispielsweise SID
RFC-DESTINATION	NONE

Tabelle 4.8 Werte für das Customizing

Ihr Bildausschnitt sollte nun aussehen wie in Abbildung 4.9.

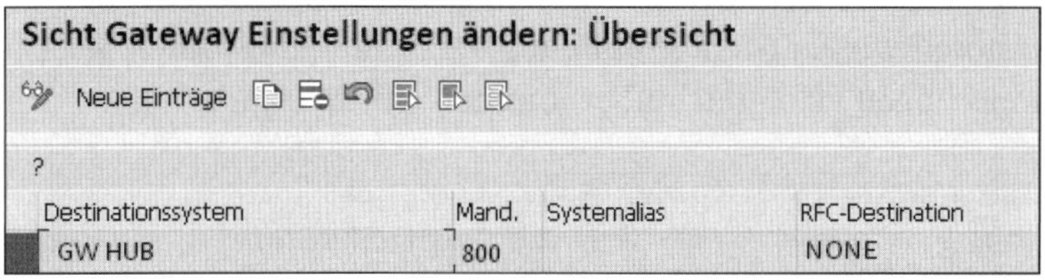

Abbildung 4.9 Übersicht der Einstellungen für SAP Gateway

4.3.5 Schritt 5: Aktivierung des OPU-Knotens

In einem frisch installierten System müssen Sie jetzt den OPU-Knoten mithilfe der Transaktion SICF aktivieren (siehe Abbildung 4.10). **Transaktion SICF**

Abbildung 4.10 Knotenaktivierung mit Transaktion SICF

Danach wird ein Dialog geöffnet. Hier müssen Sie nun bestätigen, dass alle Unterknoten aktiviert werden sollen. Dazu klicken Sie auf den Button Ja mit dem Hierarchiesymbol (siehe Abbildung 4.11).

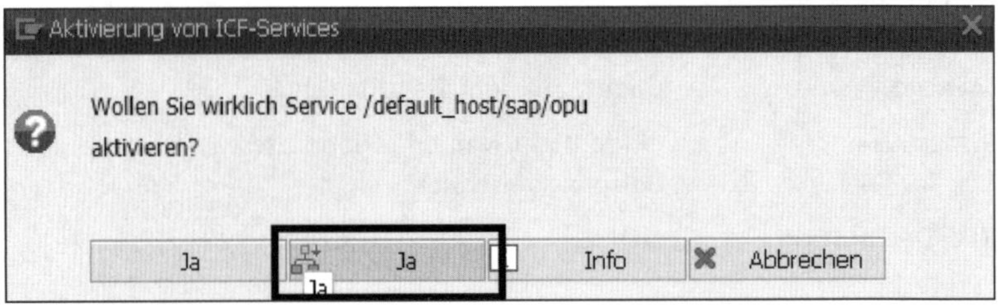

Abbildung 4.11 Bestätigung der Erstellung von ICF-Services (Internet Communication Framework)

Klicken Sie auf das Aktualisieren-Icon. Danach expandieren Sie den OPU-Knoten wieder (siehe Abbildung 4.12), und überprüfen Sie, ob die Änderungen erfolgreich übernommen worden sind.

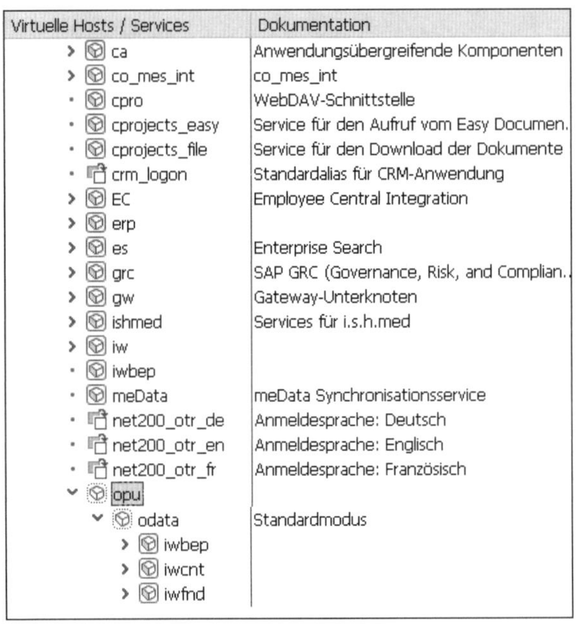

Abbildung 4.12 Aufklappen des Knotens

4.3.6 Schritt 6: Überprüfen der Einstellungen

Verifizierung der Konfiguration

Sie können Ihre Einstellungen nun durch die Entwicklung eines einfachen Service testen (Transaktion SEGW, siehe Abbildung 4.13).

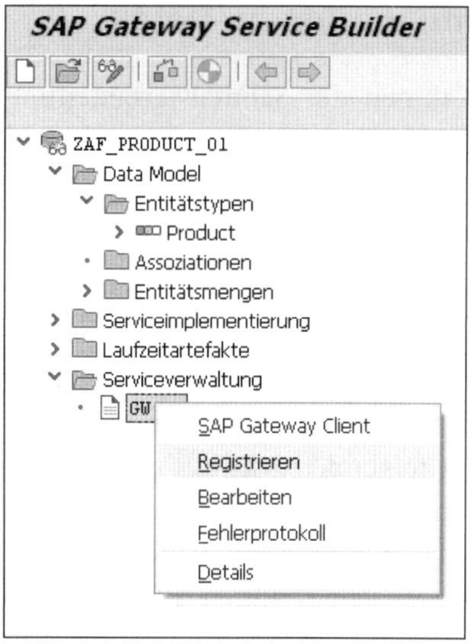

Abbildung 4.13 Expandieren des Knotens für den SAP Gateway Service Builder

Wie Sie in Abbildung 4.13 sehen, wird der Name des Zielsystems des Gateway-Alias im Knoten SERVICEVERWALTUNG in der Transaktion SEGW angezeigt.

Wenn Sie BEARBEITEN im Kontextmenü auswählen, wird die Transaktion /IWFND/MAINT_SERVICE (Activate and Maintain Service) auf dem Hub-System gestartet (siehe Abbildung 4.14). Beachten Sie, dass der Service für den LOCAL-Systemalias registriert worden ist, den Sie während unseres Konfigurationsprozesses gepflegt haben.

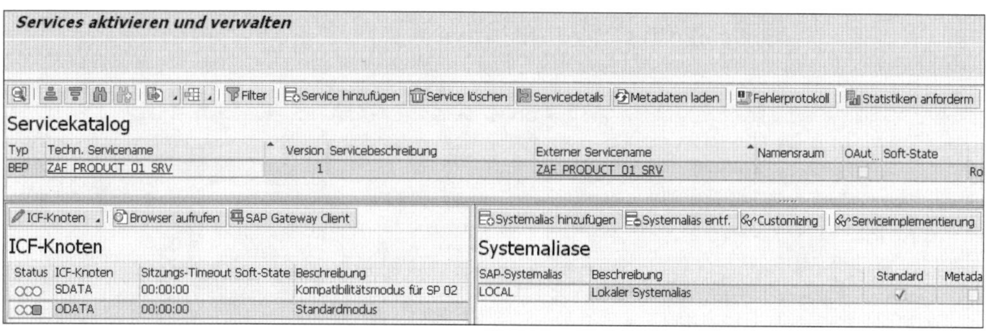

Abbildung 4.14 Services aktivieren und verwalten

4.4 Installation und Konfiguration im Detail

Wie schon erwähnt, ist die im Rahmen der Schnellstartanleitung durchgeführte Konfiguration sehr einfach und sollte auf keinen Fall so in einer Produktivumgebung verwendet werden – zumindest nicht ohne zusätzliche Schritte und deutliche Anpassungen. Selbst für Sandbox- und POC-Systeme werden zusätzliche Konfigurationen empfohlen und sind in vielen Fällen sogar zwingend notwendig.

Da bisher nur die absolut notwendigen Konfigurationsschritte durchgeführt worden sind und eine Reihe von wichtigen Schritten dabei übersprungen wurde, gibt der folgende Abschnitt einen Überblick darüber, was für eine vollständige Installation und Konfiguration von SAP Gateway notwendig ist. Anschließend werden wir uns einige ausgewählte Bereiche näher ansehen. Einen vollständigen SAP-Gateway-Konfigurationsleitfaden finden Sie unter *http://help.sap.com/nwgateway*.

Überblick über den Konfigurationsprozess

Der Installations- und Konfigurationsprozess von SAP Gateway gliedert sich in fünf Phasen (siehe Abbildung 4.15):

1. Für Systeme vor SAP NetWeaver 7.40: Installation und Konfiguration der Gateway-Add-ons
2. grundlegende Konfiguration von SAP Gateway (Basiskonfiguration)
3. OData-Channel-Konfiguration
4. (optionale) Konfiguration des Business-Enablement-Provisioning-Add-ons (`IW_BEP`) oder `SAP_GWFND`-Konfiguration
5. Smoke-Test der Installation

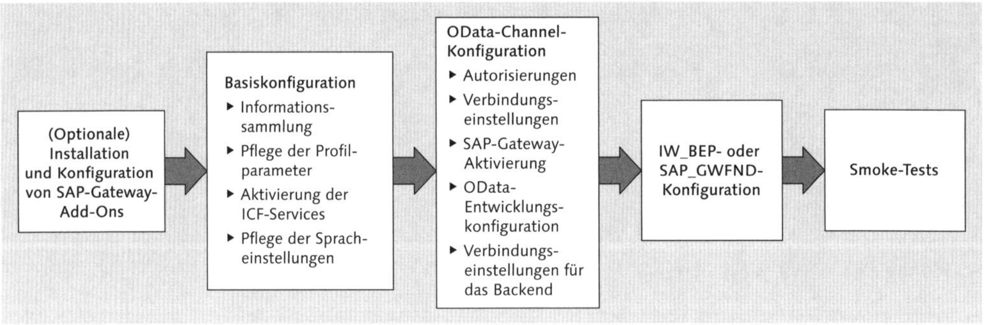

Abbildung 4.15 Installations- und Konfigurationsprozess

Jede dieser Phasen kann weiter in verschiedene Unterschritte unterteilt werden. Lassen Sie uns jetzt einen detaillierten Blick auf die Phasen und ihre jeweiligen Schritte werfen.

4.4.1 Installation der SAP-Gateway-Add-ons

Wie zuvor erwähnt, ist dieser Schritt nur für Systeme vor SAP NetWeaver 7.40 notwendig, da SAP NetWeaver ab Version 7.40 schon die Softwarekomponente `SAP_GWFND` als Teil des Standards enthält.

Installation der Add-ons

Um die benötigten Gateway-Add-ons für Versionen vor SAP Gateway 7.40 zu installieren, müssen diese in den meisten Fällen zunächst heruntergeladen werden. Weil die heruntergeladenen Installationspakete in einem komprimierten Format vorliegen, besteht dann der erste Schritt im Entpacken der Dateien in das lokale Dateisystem. Dann können die Add-ons mit dem Installationstool, der Transaktion SAINT, installiert werden.

1. Starten Sie die Transaktion SAINT, und wählen Sie START.
2. Gehen Sie zu INSTALLATION PACKAGE • PACKAGES LADEN • VOM FRONTEND, um die zuvor vom SAP Service Marketplace heruntergeladenen Installationsdateien in Ihr System zu laden.
3. Wählen Sie das Add-on <ADD-ON> <ADD-ON RELEASE> und START. Wenn alle Vorbedingungen für den Import des Add-ons erfüllt sind, zeigt das System die relevante Warteschlange. Die Warteschlange besteht aus dem Add-on-Package und den Support Packages sowie weiteren Add-on-Packages. Um den Installationsprozess zu starten, wählen Sie WEITER.
4. Um mehr Informationen zu erhalten, starten Sie die Transaktion SAINT und wählen INFO in der Applikations-Toolbar.
5. Das System fragt nun nach einem Passwort, das Sie für jede Komponente eingeben müssen. Diese Passwörter finden Sie im SAP Gateway Configuration Guide (*http://help.sap.com/nwgateway*).

4.4.2 Grundlegende Konfigurationseinstellungen

Konfiguration

Die für die Konfiguration des Systems notwendigen Schritte beinhalten das grundlegende Customizing für SAP Gateway und die beschreibenden Aktivitäten für die Systemkonfiguration.

Einige Aufgaben sind verpflichtend, andere dagegen sind optional und hängen davon ab, welche spezifischen Anwendungsfälle eingerichtet werden sollen. In Bezug auf die zeitliche Abfolge ist die verpflichtende Grundkonfiguration der Startpunkt, nachdem die für den Konfigurationsprozess nötigen Daten zusammengetragen worden sind. Danach erfolgt dann die Konfiguration des OData-Channels.

Vorbereitungen

Bevor wir mit der eigentlichen Konfiguration beginnen können, müssen wir eine Reihe von Informationen über das SAP-Gateway-Host-System und die Landschaft als Ganzes zusammentragen (Details hierzu in Abschnitt 4.2, »Vorbereitung für Installation und Konfiguration«). Danach können die Konfigurationsaktivitäten beginnen. In einer Reihe von Bereichen müssen Einstellungen an die SAP-Gateway-Anforderungen angepasst werden.

Zunächst verwenden Sie dazu die Transaktion RZ10, um die Profilparameter mit den in Tabelle 4.9 dargestellten Werten zu pflegen.

Profilparameter	Wert
login/accept_sso2_ticket	1
login/create_sso2_ticket	2

Tabelle 4.9 Profilparameter

Diese beiden Profilparameter sind erst nach einem Neustart aktiv. Sie werden benötigt, um Single Sign-on (SSO) von und zum Gateway-System zu ermöglichen.

Aktivierung der ICF-Services

In einem zweiten Schritt müssen dann die ICF-Services (Internet Communication Framework) konfiguriert werden. Nach der initialen Installation eines AS ABAP sind alle ICF-Services aus Sicherheitsgründen inaktiv, weil diese Services direkt aus dem Internet aufgerufen werden können. Daher stellen unwissentlich aktivierte Services ein beträchtliches Sicherheitsrisiko dar. Dieses Risiko wird durch geeignete Methoden zur Einschränkung des Zugriffs beseitigt.

Da verschiedene Services ausgeführt werden können, wenn man eine URL aufruft, müssen alle Serviceknoten im Baum der Transaktion SICF aktiviert werden. Der URL-Pfad wird auf die in der URL enthaltenen ICF-Unterknoten (Services) abgebildet. Zum Beispiel müssen Sie, wenn Sie die Services für die URL */sap/public/icman* aktivieren möchten, den Servicebaum `default_host` in der Transaktion SICF aktivieren. Dann müssen Sie davon getrennt die Services `sap`, `public` und `icman` aktivieren.

Um einen Service zu aktivieren, starten Sie die Transaktion SICF und wählen die benötigten ICF-Services im Baum aus.

Möglichkeiten zur Serviceaktivierung

Danach verwenden Sie eine von zwei Möglichkeiten zur Aktivierung von Services: entweder die Menüoption (SERVICE/HOST • AKTIVIEREN) oder aber das Kontextmenü (SERVICE AKTIVIEREN). Sie können dabei entweder einen ausgewählten Knoten oder aber einen vollständigen Unterbaum (mit dem Baumsymbol) aktivieren. Die zu aktivierenden Gateway-Services finden Sie in Tabelle 4.10.

Service	Kommentar
`/sap/public/opu`	Dieser Service wird für das Laden von Ressourcen (wie beispielsweise Bildern) benötigt.
`/sap/opu/odata` mit all seinen Unterknoten	OData ist der Standardmodus für alle neuen Applikationen. Wird ein neuer Service erstellt, wird automatisch ein neuer Knoten angelegt.
`/sap/opu/sdata` mit den folgenden Unterknoten: ▸ `/sap/opu/sdata/iwcnt` ▸ `/sap/opu/sdata/iwfnd` ▸ `/sap/opu/sdata/sap`	SData ist der Knoten für auf dem Generic Channel basierende Applikationen. Es wird auch Kompatibilitätsmodus für SP02 genannt. Die Aktivierung dieses Knotens ist optional, es sei denn, Sie verwenden ein Szenario, das auf einem der veralteten Generic-Channel-Services basiert.
Möchten Sie ein webbasiertes Szenario nutzen, müssen die folgenden Knoten auf dem Zielsystem aktiviert werden: ▸ `/sap/bc/srt/xip/sap` ▸ `/sap/bc/webdynpro/sap/saml2` ▸ `/sap/public/bc` ▸ `/sap/public/bc/ur` ▸ `/sap/public/mysssocnt`	Webbasiertes Szenario bedeutet hier, dass die Inhalte über Webservices konsumiert werden.

Tabelle 4.10 Zu aktivierende Gateway-Services

Sprach-
einstellungen

In einem dritten Schritt müssen dann die Spracheinstellungen überprüft und möglicherweise angepasst werden. Unterstützt werden von SAP Gateway nur die Sprachen der Überschneidungsmenge der angeschlossenen Backend-Systeme. Soll heißen: Eine Sprache wird dann unterstützt, wenn sie von jedem angeschlossenen Backend unterstützt wird. Sie können trotzdem sicherstellen, dass Ihre Benutzer eine entsprechende Sprache sehen. Folgen Sie hierfür dem spezifischen Logon-Sprachenprozess.

Logon-Sprache

Für weitere Informationen bezüglich der Logon-Sprachen empfehlen wir folgende Webseite:

https://help.sap.com/saphelp_nw74/helpdata/de/48/cae5c9356c3254e10000000a42189b/frameset.htm

4.4.3 OData-Channel-Konfiguration

OData-Channel-
Konfiguration

In einem nächsten Schritt ist die OData-Channel-Konfiguration zu pflegen. Dies ist aufgrund der Abhängigkeiten zum spezifischen SAP-NetWeaver-Release etwas herausfordernder. So hängt es beispielsweise vom unterliegenden SAP-NetWeaver-Release ab, wo die Konfigurationseinstellungen für den OData-Channel zu finden sind, und auch die Struktur im IMG kann davon abhängen:

- **SAP-NetWeaver-Release 7.00 und 7.01**
  Die Einstellungen zur OData-Channel-Konfiguration sind im IMG dort verfügbar, wo die Softwarekomponente `IW_FND` deployt worden ist. Im SAP-Referenz-IMG navigieren Sie zu SAP NetWeaver • Gateway.
- **SAP-NetWeaver-Release 7.02 und 7.31**
  Die Einstellungen zur OData-Channel-Konfiguration sind im IMG dort verfügbar, wo die Softwarekomponente `IW_FND` deployt worden ist. Im SAP-Referenz-IMG navigieren Sie zu SAP NetWeaver • Gateway • OData Channel.
- **SAP-NetWeaver-Release 7.40 und höher**
  Wenn Sie die Softwarekomponente `SAP_GWFND` verwenden, finden Sie die IMG-Aktivitäten unter SAP NetWeaver • Gateway und SAP NetWeaver • Gateway-Service-Aktivierung.

Allgemein muss während der OData-Channel-Konfiguration eine Reihe von Schritten durchgeführt werden. Dies beinhaltet das Setzen der passenden Autorisierungen für die Benutzer, die Konfiguration der Verbindungseinstellungen für SAP NetWeaver zum Business-Suite-System (inklusive der RFCs und der Systemaliasse), die Aktivierung von SAP Gateway, das Aufsetzen der OData-Channel-Entwicklung auf dem Business-Suite-System (und möglicherweise auch auf dem Hub-System) und die Konfiguration der Verbindungseinstellungen vom Business-Suite-System zum Gateway-Server. Im Folgenden führen wir Sie durch diese Schritte.

Konfiguration der Autorisierungen

Die erste Aufgabe besteht nun darin, eine Administratorrolle für die Gateway-Komponenten aufzusetzen und diese Rolle den gewünschten Benutzern zuzuordnen. Nachdem das erfolgt ist, können dann eine oder mehrere Benutzerrollen angelegt und diese dann Benutzern zugeordnet werden. Dazu können Sie entweder Ihre eigenen Rollen erstellen oder aber bestehende Rollen in neue kundenspezifische Rollen kopieren.

Zur Vereinfachung bietet SAP Gateway vordefinierte Rollen als Vorlagen (Templates) für Entwickler, Administratoren und Anwendungsfälle im Support an. Dabei beinhalten die Support-Vorlagen nur Anzeige-Autorisierungen und sind speziell für Support-Mitarbeiter erarbeitet worden.

Vordefinierte Rollenvorlagen

Die drei wichtigsten Arten von Vorlagen sind die Framework-Vorlagen (Tabelle 4.11), die OData-Channel-Vorlagen (Tabelle 4.12) und die BEP-Vorlagen (Tabelle 4.13).

Zusätzliche Quellen

Weitere Informationen zu den Vorlagen finden Sie unter:
http://help.sap.com/saphelp_gateway20sp08/helpdata/en/c3/424a2657aa4cf58df949578a56ba80/frameset.htm

Name der Vorlage	Rolle
/IWFND/RT_ADMIN	Framework-Administrator
/IWFND/RT_BOR_DEV	Business-Objects-Repository-(BOR-)Entwickler
/IWFND/RT_DEVELOPER	Entwickler
/IWFND/RT_GW_USER	Benutzer
/IWFND/RT_TU_NOTIF	technischer Benutzer für Benachrichtigungen

Tabelle 4.11 Vorlagen – Framework

Name der Vorlage	Rolle
/IWBEP/RT_MGW_ADM	OData-Channel-Administrator
/IWBEP/RT_MGW_DEV	OData-Channel-Entwickler
/IWBEP/RT_MGW_USR	OData-Channel-Benutzer
/IWHDB/RT_USER	OData-Channel-HANA-Integration-Benutzer
/IWBEP/RT_SUB_USR	Stellvertreterregistrierungsbenutzer

Tabelle 4.12 Vorlagen – OData-Channel

Name der Vorlage	Rolle
/IWBEP/RT_BEP_ADM	BEP-Administrator
/IWBEP/RT_BEP_USR	BEP-Benutzer

Tabelle 4.13 Vorlagen – Business Enablement Provisioning

Zusätzliche Informationen

Weitere Informationen zur Erstellung und Zuordnung von Rollen finden Sie unter:

https://help.sap.com/saphelp_gateway20sp12/helpdata/en/c0/af543a0ce04b7690c196294db1b802/content.htm

Schritte zur Erstellung von Rollen

Zur Erstellung der drei wichtigsten Rollen (Gateway-Entwickler [Developer], Gateway-Administrator und Gateway-Benutzer [User]) müssen nur fünf Schritte durchgeführt werden.

Für die Gateway-Entwickler erstellen Sie eine Entwicklerrolle basierend auf den Vorlagen `/IWFND/RT_DEVELOPER` und `/IWBEP/RT_MGW_DEV`, die auch die üblicherweise für die ABAP-Entwicklung benötigten Autorisierungen enthalten. Für den Gateway-Administrator erstellen Sie eine Rolle mit den Berechtigungen (Permissions) und den Zugriffsrechten (Privileges) für eine Reihe von Aufgaben, inklusive der folgenden:

- Erstellung von Services
- Analyse von Logs und Identifikation möglicher Probleme in der Gateway-Landschaft
- Installation, Konfiguration und Wartung von Gateway-Komponenten und von auf SAP Gateway aufbauenden Applikationen
- Konfiguration und Pflege von Benutzerdaten, inklusive Rollenpflege und User-Mapping

In einem letzten Schritt müssen für alle Gateway-Benutzer spezifisch auf die Aufgaben der Benutzer zugeschnittene Rollen angelegt werden. Dabei können Sie entweder verschiedene Autorisierungen für unterschiedliche Benutzerrollen spezifizieren oder aber alle Autorisierungen in einer einzigen Benutzerrolle bündeln. Für zusätzliche Informationen lesen Sie Abschnitt 15.2, »Validierung von Eingabedaten«.

4.4.4 Verbindung von SAP Gateway zur SAP Business Suite

Verbindungseinstellungen

In diesem Schritt werden die Verbindungseinstellungen gepflegt. Dies betrifft beide Richtungen – SAP Gateway zum Business-Suite-System und SAP Gateway zu den Konsumenten.

Für die Verbindungen zu den Konsumenten müssen Sie Einstellungen vornehmen, wenn Sie den Push Flow verwenden. Danach müssen Sie die Gateway-Komponenten konfigurieren und definieren, wie diese mit dem Backend zusammenarbeiten. Diese Aktivitäten werden im SAP-Referenz-IMG mit der Transaktion SPRO durchgeführt. Navigieren Sie zu SAP NETWEAVER • SAP GATEWAY • ODATA CHANNEL • KONFIGURATION • VERBINDUNGSEINSTELLUNGEN • SAP GATEWAY ZU SAP-SYSTEM.

Zusätzliche Informationen

Detaillierte Informationen zur Konfiguration der Verbindungseinstellungen von SAP Gateway zu den Konsumenten und zur Konfiguration der Einstellungen von SAP Gateway zu SAP-Systemen finden Sie unter:
https://help.sap.com/saphelp_gateway20sp12/helpdata/en/9d/d9b77a857240d18367b8713a29c1b1/content.htm

In einem ersten Schritt definieren Sie mit Transaktion SM59 eine Vertrauensbeziehung zwischen Ihrem Business-Suite-System und dem Gateway-Host. Dabei konfigurieren Sie das Business-Suite-System als vertrauendes System und den Gateway-Host als das System, dem vertraut wird.

Erstellung einer RFC-Destination auf dem SAP-Gateway-Host hin zum SAP-Business-Suite-System

Im nächsten Schritt setzen wir eine Typ-3-RFC-Verbindung vom Gateway-Host zur SAP Business Suite auf. Dazu starten Sie die Transaktion SPRO und öffnen den Referenz-IMG. Navigieren Sie zu SAP

NetWeaver • SAP Gateway • OData Channel • Konfiguration • Verbindungseinstellungen • SAP Gateway zu SAP-System • RFC-Destinationen verwalten. Dort erstellen Sie einen RFC vom Typ 3. Es ist wichtig, sich noch einmal zu vergegenwärtigen, dass Sie zuvor eine Vertrauensbeziehung zwischen dem Gateway-Host und dem SAP-System erstellt haben.

Erstellen des SAP-Systemalias für Applikationen

Erstellung des Systemalias

In einem weiteren Schritt spezifizieren Sie, wohin der Systemalias zeigt. Abhängig vom spezifischen Szenario und Ihrer Systemlandschaft müssen Sie den Systemalias aufsetzen. Der Systemalias ist das Ergebnis des Routings für einen Inbound Request auf SAP Gateway und kann entweder auf ein Remote- oder auf ein lokales System zeigen. Ist der Systemalias als lokale Gateway-Instanz markiert, bedeutet dies, dass das lokale Gateway-System selbst für die Prozessierung (Verwaltung und Speicherung) der Daten eines Inbound Requests zuständig ist.

Um den Systemalias zu konfigurieren, starten Sie die Transaktion SPRO und navigieren im Referenz-IMG zu SAP NetWeaver • SAP Gateway • OData Channel • Konfiguration • Verbindungseinstellungen • SAP Gateway zu SAP-System • SAP-Systemalias verwalten. Wählen Sie Neue Einträge, und geben Sie die für den Systemalias notwendigen Informationen ein. Diese Informationen beinhalten unter anderem den Systemalias-Namen, die RFC-Destination und die Softwareversion. Überprüfen Sie Ihre Systemalias-Konfiguration mithilfe von SAP-Systemaliasse prüfen, um sicherzustellen, dass alles funktioniert. Starten Sie hierfür die Transaktion SPRO, und navigieren Sie zu SAP NetWeaver • SAP Gateway • Frühere Entwicklung • Generic Channel • Konfiguration • Verbindungseinstellungen • SAP NetWeaver Gateway zu SAP-System. Dort führen Sie SAP-Systemaliasse prüfen aus. Obwohl dies nicht verpflichtend ist, sollte der Systemalias auch die System-ID des Systems beinhalten, da diese benötigt wird, um einen Gateway-Service aus der Transaktion SEGW in diesem Backend zu registrieren.

Aktivierung von SAP Gateway

Globale Aktivierung

Nun ist es an der Zeit, SAP Gateway in Ihrem System zu aktivieren. (Es ist jederzeit möglich, SAP Gateway wieder zu deaktivieren. In diesem Fall läuft kein Gateway-Service mehr, und jeder Konsument, der versucht, einen Gateway-Service aufzurufen, erhält eine Fehlermeldung.) Um SAP Gateway zu aktivieren, starten Sie die Transaktion SPRO und öffnen den SAP-Referenz-IMG. Navigieren Sie zu SAP NetWeaver • SAP Gateway • OData Channel • Konfiguration • SAP Gateway aktivieren oder deaktivieren, und führen Sie dann die Aktivierung aus.

Serviceaktivierung

Die Transaktion zur Aktivierung und zur Pflege von Services (Transaktion /IWFND/MAINT_SERVICES) wird zur Pflege aller registrierten Services auf dem Gateway-Server (Hub-System), zur Registrierung und Aktivierung und auch zum Löschen von Services verwendet. Die Hauptmaske ist dabei in einen oberen und einen unteren Teil unterteilt. Der obere Teil zeigt alle registrierten Services (Servicekatalog), während der untere Teil die Details des im Servicekatalog ausgewählten Service anzeigt. Die Details sind dabei in ICF-Knoten und Systemaliasse aufgeteilt.

Einstellungen für OData-Serviceentwicklung auf dem SAP-Business-Suite-System

OData-Channel-Einstellungen in der SAP Business Suite

OData-Channel-Implementierungen erhalten Daten aus dem verbundenen Business-Suite-System. Sowohl die Applikationslogik als auch die Metadaten werden dort vorgehalten. Sämtliche SAP-Gateway-Services müssen im Backend registriert werden, bevor sie auf dem Hub aktiviert werden können. Im Business-Suite-System müssen sowohl Modelle (Models) als auch Services gepflegt (registriert) werden. Dieser Registrierungsprozess erfolgt automatisch bei der Generierung der Laufzeitartefakte durch den Service Builder.

Manuelle Registrierung von Services im Backend

Der Registrierungsprozess kann auch manuell gestartet werden, falls dies nicht zuvor schon bei der Serviceerstellung mit dem Service Builder erfolgt ist. Sollte es nötig sein, den Registrierungsprozess separat durchzuführen, starten Sie die Transaktion SPRO, navigieren Sie zu SAP NetWeaver • Gateway-Service-Aktivierung • Backend OData Channel • Serviceentwicklung für Backend OData Channel, und wählen Sie dann entweder Modelle bearbeiten oder Service bearbeiten.

Nachdem ein Service im Business-Suite-System definiert worden ist, kann er im Gateway-System aktiviert werden.

Verbinden des SAP-Business-Suite-Systems mit dem SAP-Gateway-Server

In diesem Schritt müssen die Alias-Einträge in dem SAP-Business-Suite-System gepflegt werden. Die Erstellung eines Gateway-Alias ist notwendig, um zumindest einen Eintrag für den Gateway-Hub im SAP Gateway Service Builder (Transaktion SEGW) zu haben. Dies ist erforderlich, um die Registrierung der entwickelten Services zu erlauben.

Erstellen einer RFC-Destination vom SAP-Business-Suite-System zum SAP-Gateway-Server

Eine Typ-3-RFC-Verbindung vom Business-Suite-System zum Gateway-Host ist als Nächstes zu erstellen. Dazu starten Sie Transaktion SM59. Dort erstellen Sie einen RFC vom Typ 3. Es ist wichtig, sich noch einmal zu vergegenwärtigen, dass Sie zuvor eine Vertrauensbeziehung zwischen dem Business-Suite-System und Ihrem Gateway-Host erstellt haben.

Pflege der SAP-Gateway-Einstellungen im SAP-Business-Suite-System

Um die Einstellungen für das Gateway-System in der SAP Business Suite vorzunehmen, starten Sie die Transaktion SPRO und navigieren im Referenz-IMG zu SAP NetWeaver • Gateway-Service-Aktivierung • Backend OData Channel • Verbindungseinstellungen zu SAP Gateway • SAP-Gateway-Einstellungen. Dort geben Sie die in Tabelle 4.14 gezeigten Werte ein.

Feld	Wert
Destinationssystem	GW_HUB
Mandant	Client im Gateway-Server, in dem SAP Gateway aktiviert worden ist

Tabelle 4.14 SAP-Gateway-Einstellungen – Customizing-Werte

Feld	Wert
SYSTEMALIAS	eindeutiger Name für den Gateway-Server, beispielsweise die SID
RFC-DESTINATION	Name der RFC-Destination, die Sie zuvor angelegt haben

Tabelle 4.14 SAP-Gateway-Einstellungen – Customizing-Werte (Forts.)

4.4.5 Business-Enablement-Provisioning-Konfiguration

Business Enablement Provisioning (BEP) ist eine Komponente, die Sie in Ihrem Business-Suite-System aktivieren können, um im SAP-System Ereignisse und Aktionen zu behandeln und diese Ereignisse und Aktionen dann über SAP Gateway zu publizieren. BEP stellt Funktionalitäten zur Exponierung von Daten und Ereignissen als OData-basierte REST-Services zur Verfügung und ist in der Softwarekomponente `SAP_GWFND` enthalten, die standardmäßig ab Version 7.40 von SAP NetWeaver mitgeliefert wird (und in Versionen vor SAP NetWeaver 7.40 im Add-on `IW_BEP`). BEP kann verwendet werden, um BOR-Ereignisse (Business Object Repository, Events) ohne das Schreiben von Code zu erhalten und zu publizieren, um für SAP Business Workflow Ereignisse zu erhalten und zu senden und um Ereignisse aus Ihrem Code zu senden.

Um BEP zu aktivieren, beginnen Sie mit der Konfiguration der Rollenvorlagen. Danach definieren Sie ein Ereignis und die Ereignissubskription (Event Subscription) sowie Benachrichtigungen (Notifications). Danach werden die Verbindungseinstellungen zur Gateway-Landschaft spezifiziert. Diese Einstellungen sind sowohl für BEP als auch für den OData-Channel verfügbar.

Weitere Informationen

Die detaillierten Schritte zur Konfiguration von BEP finden Sie unter: *https://help.sap.com/saphelp_gateway20sp12/helpdata/en/92/75dc27df00473589000e4c8734fef7/content.htm*

4.4.6 Smoke-Tests

Überprüfen der Installation

Nachdem Sie sowohl die Installation als auch die Konfiguration fertiggestellt haben, sollten Sie überprüfen, dass alles auch zufriedenstellend funktioniert. Dies trifft auf alle relevanten Bereiche zu: Erstellung von Services, Konsumierung von Services und den Betrieb der Landschaft. In den meisten Fällen müssen nicht alle Details überprüft werden. Ein Smoke-Test reicht für POC- und Entwicklungssysteme meistens aus. Ist allerdings ein Produktivsystem betroffen, empfehlen wir weitergehende und detailliertere Tests. Abhängig vom Anwendungsfall sollte dabei speziell ein Augenmerk auf das Thema Sicherheit gelegt werden. Zudem sollte vor dem Go-live eine zusätzliche Revision des System-Setups und der Konfiguration durchgeführt werden.

Ablauf des Smoke-Tests

Für den Smoke-Test eines Entwicklungssystems empfehlen wir die folgenden Schritte:

1. Verwenden Sie den Gateway-Client, indem Sie die Transaktion /IWFND/GW_CLIENT starten und von dort den CATALOG SERVICE aufrufen, der den Servicekatalog anzeigt (*/sap/opu/odata/IWFND/CATALOGSERVICE/ServiceCollection*).
2. Rufen Sie einen der registrierten Services auf, wie beispielsweise RMT Sample Flight (*/sap/opu/odata/IWFND/RMTSAMPLEFLIGHT/TravelagencyCollection*).

Wenn diese beiden Services sinnvolle Daten zurückliefern, bestätigt dies die grundlegende Funktionsfähigkeit Ihrer Gateway-Installation. (Es könnte hier allerdings nötig sein, Beispielflugdaten durch die Ausführung des Reports `SAPBC_DATA_GENERATOR` zu generieren.)

Produktivsysteme

Für den Smoke-Test eines Produktivsystems sollten zunächst die gerade genannten Schritte durchgeführt werden, um zu überprüfen, ob die Serviceaufrufe funktionieren und Daten zurückliefern. Zudem sollte eine Reihe von zusätzlichen Smoke-Tests durchgeführt werden, um sicherzustellen, dass weitere wichtige SAP-NetWeaver- und Gateway-Funktionalitäten korrekt aufgesetzt sind. Dies beinhaltet z. B. grundlegende Sicherheitsüberprüfungen. Welche Tests im Einzelnen sinnvoll sind, hängt hierbei vom spezifischen Setup ab. Mögliche Tests wären beispielsweise:

- Positivtest: Aufrufen von Gateway-Services mit Benutzern mit verschiedenen Benutzerrollen und Überprüfung, ob dem Benutzer die Daten geliefert werden, die ihm geliefert werden sollen
- Negativtest: Aufrufen von Gateway-Services mit einem Benutzer, dem keine Daten geliefert werden sollen, und Überprüfung, ob das System sich wie erwartet verhält

Zusätzlich empfohlene Tests

Wie schon mehrfach erwähnt, handelt es sich bei den hier beschriebenen Tests nur um Smoke-Tests. Wir empfehlen geeignete weitergehende Tests, um die korrekte Funktion Ihres Setups zu überprüfen. Dies gilt im Besonderen für den Sicherheits- und Performancebereich.

Um die Tests effizient durchführen zu können, können Testfälle für die relevanten Services gespeichert werden. Dies kann mit dem Gateway-Client erfolgen. Dieser bietet die Möglichkeit einer Speicherung in seiner Testdatenbank. Der Gateway-Client im Allgemeinen und Speziellen sowie die Behandlung von Testfällen werden in Kapitel 14, »Lifecycle Management: Qualitätssicherung, Service-Deployment und Operations«, beschrieben.

Es gibt einige Best Practices für die Installation und Konfiguration von SAP Gateway, die sich als Ergebnis einer Vielzahl von Projekten herauskristallisiert haben. In den meisten Fällen beinhaltet die offizielle SAP-Dokumentation diese Erkenntnisse bereits und dient als Richtschnur. Lassen Sie uns hier trotzdem auf einige wichtige bewährte fachliche Praktiken eingehen – und Ihnen zeigen, wo Sie noch weitergehende Informationen zu diesen Themen finden.

Quintessenz zum Deployment

In Bezug auf die Deployment-Optionen ist die Quintessenz, dass ein Embedded Deployment nur in Ausnahmefällen für eine Produktivumgebung verwendet werden sollte, das heißt, entweder wenn nur wenig bis mittlere Last auf die Landschaft wirkt oder wenn man aus anderen Gründen gezwungen ist, diese Deployment-Variante zu verwenden. Es wird empfohlen, eine separate Gateway-Box zu verwenden, da dieses Setup besser skaliert, und die SAP-Gateway-Version immer auf dem neuesten Stand zu halten.

Für die Embedded-Umgebung spricht aber, dass sie die erste Wahl für einen einfachen Start in die Welt von SAP Gateway ist und sie sich gut zum Lernen und Ausprobieren eignet, beispielsweise mit einem POC.

Quick Sizer

Wenn Ihnen die Performance Ihrer Landschaft besonders wichtig ist, ist das Quick-Sizer-Werkzeug von SAP sehr hilfreich (*http://service.sap.com/quicksizing*). Der Quick Sizer ist ein freies, webbasiertes Tool. Wir empfehlen Ihnen, dieses Werkzeug schon früh während eines Gateway-Projekts einzusetzen. Nicht nur um sicherzustellen, dass genügend Leistung vorhanden ist und alle Requests rechtzeitig zu bearbeiten sind, sondern auch um dies ökonomisch sinnvoll zu tun. Sie können ein speziell auf SAP Gateway zugeschnittenes Dokument im SAP-NetWeaver-Dokumenten-Repository des Quick-Sizer-Tools finden.

Systemperformance

Eine Reihe von Faktoren beeinflusst die Systemleistung. Und diese Faktoren sind nicht auf die offensichtlichen beschränkt, wie beispielsweise Hauptspeicher oder CPU-Art und -Anzahl. Es gibt weitere, für SAP Gateway spezifische Faktoren, die Sie in Betracht ziehen sollten. Diese Faktoren können einen erheblichen Einfluss auf die Systemleistung haben. Ein Beispiel hierfür ist das Format der Gateway-Service-Aufrufe.

JSON und AtomPub

SAP-Gateway-OData-Services, die auf dem Format JavaScript Object Notation (JSON) basieren, haben einen deutlich geringeren Overhead als die auf dem AtomPub-Format basierenden Services – wenn mehr als 100 Objekte empfangen werden. Das heißt folglich, dass für Serviceaufrufe mit mehr als 100 Objekten, die performancerelevant sind, das JSON-Format gewählt werden sollte. Sollen weniger als 100 Objekte pro Serviceaufruf empfangen werden, ist der Overhead sowohl für Atom als auch für JSON gleich.

Rollenvorlagen

Bezogen auf die Autorisierungen der Benutzer ist die Empfehlung, so weit wie möglich die von SAP gelieferten Rollenschablonen zu verwenden, um sich damit das Leben zu erleichtern.

Reverse Proxy

Bei Sicherheitsthemen ist die Hauptempfehlung, das Gateway-System nicht direkt in das Internet zu stellen, sondern einen Reverse Proxy zwischen das SAP-Gateway-System und die Außenwelt zu schalten. Damit wird das SAP-Gateway-System gegen direkte Attacken abgeschirmt.

4.5 Zusammenfassung

Dieses Kapitel hat Ihnen einen qualifizierten Überblick über die verschiedenen für SAP Gateway möglichen Deployment-Optionen gegeben. Zudem wurden die Installation und Konfiguration von SAP Gateway dargestellt. Für einen schnellen Start von SAP Gateway wurde ein minimaler Konfigurationsleitfaden (Schnellstartanleitung) eingeführt. Zudem wurden zusätzliche Konfigurationsdetails vorgestellt und Best Practices besprochen, um ein möglichst gut zugeschnittenes Setup in fortgeschrittenen Umgebungen zu ermöglichen. Damit und mit der SAP-Standarddokumentation sollten Sie in der Lage sein, Ihr eigenes SAP-Gateway-System aufzusetzen und an Ihre Bedürfnisse anzupassen und dabei sowohl mögliche Fallen zu vermeiden als auch den SAP-Gateway-Funktionsumfang auszunutzen.

Hiermit beschließen wir nun Teil I des Buches. Im nächsten Kapitel werden wir uns dem Herz von SAP Gateway zuwenden: dem Prozess der OData-Service-Erstellung.

TEIL II
Serviceerstellung

In diesem Kapitel erläutern wir die einzelnen Schritte und Werkzeuge, die für die Erstellung von Gateway-Services erforderlich sind. Dabei behandeln wir sowohl die Entwicklung als auch die Generierung von Gateway-Services.

5 Einführung in die Erstellung von OData-Services mit SAP Gateway

Wie Sie in Kapitel 2, »Einführung in OData«, und 3, »Architektur und Integration«, gesehen haben, werden OData-Services im Business-Suite-Backend-System implementiert und als URI über den Gateway-Server publiziert, der einen Zugriff auf die Daten des Business-Suite-Systems ermöglicht.

Die Anzahl der OData-Services, die mit SAP Gateway als Teil des Standards ausgeliefert werden, ist klein. Dies wird sich auch in Zukunft nicht ändern, da OData-Services von Natur aus sehr granular und auf einen bestimmten Anwendungsfall zugeschnitten sind. OData-Services, die auf der Gateway-Technologie basieren, werden daher als Teil von SAP-Produkten wie SAP Fiori, SAP S/4HANA oder mobilen SAP-Anwendungen ausgeliefert.

Bei der Entwicklung von Anwendungen ist es häufig so, dass ein großer Teil der gesamten Entwicklungszeit in die Erstellung der geeigneten OData-Services investiert werden muss. Daher ist ein gutes Verständnis des Prozesses der Serviceerstellung besonders wichtig.

Das zentrale Werkzeug, um Services in SAP Gateway zu definieren und zu implementieren, ist der *SAP Gateway Service Builder* (Service Builder), der mit der Transaktion SEGW gestartet wird. Nachdem Sie einen Service im Service Builder erstellt und diesen auf dem Gateway-Server publiziert haben, kann dieser direkt in jedem beliebigen Konsumenten verwendet werden. Der Service Builder bietet alle Funktionalitäten für die Gateway-Serviceentwicklung »aus einer Hand« und wird ergänzt durch zusätzliche Support-Tools.

In bestimmten Fällen können Sie auch ausgewählte Schritte in anderen Tools ausführen und die Ergebnisse dann in den Service Builder importieren (so z. B. die Nutzung eines OData-Modell-Editors für die Erstellung eines OData-Modells).

Das Hauptziel dieses Kapitels ist es, Ihnen einen Überblick über den Prozess der Erstellung von OData-Services zu geben (siehe Abschnitt 5.2), den wir dann in Kapitel 6, »Serviceentwicklung«, und Kapitel 7, »Servicegenerierung«, ausführlicher diskutieren. Dazu bieten wir Ihnen in Abschnitt 5.1, »Serviceerstellung – Möglichkeiten«, einen kurze Übersicht über die einzelnen Schritte, die in den beiden Arten der Serviceerstellung (Serviceentwicklung und Servicegenerierung) ausgeführt werden.

In Abschnitt 5.3, »SAP Gateway – Entwicklungswerkzeuge«, stellen wir Ihnen dann das wichtigste Werkzeug für die Serviceerstellung vor: den SAP Gateway Service Builder. Danach werden weitere Tools beschrieben, die für die Erstellung und Verwaltung von Gateway-Services eingesetzt werden.

In Abschnitt 5.4, »Serviceerstellung – Schritt für Schritt«, werden wir uns dann detailliert mit den drei Hauptschritten der Serviceerstellung befassen: Datenmodelldefinition, Serviceimplementierung und Serviceverwaltung.

Außerdem betrachten wir folgende Themen der Serviceerstellung: das Redefinieren von bestehenden Business-Suite-Objekten und die Wiederverwendung und Erweiterung vorhandener Gateway-Services in Erweiterungsszenarien. Das Entwicklungsmodell, das der Entwicklung von Services in SAP Gateway zugrunde liegt, ist der sogenannte OData-Channel. Diesen stellen wir Ihnen in Abschnitt 5.5 vor.

5.1 Serviceerstellung – Möglichkeiten

Es gibt zwei Möglichkeiten, um OData-Services mit SAP Gateway zu erstellen:

- **Serviceentwicklung**
  Der klassische Ansatz ist die Programmierung von Gateway-Services in ABAP. Die Programmierung in ABAP ist einerseits äußerst flexibel und ermöglicht die Erstellung von sehr effizienten Ser-

vices. Sie erfordert andererseits jedoch ein gewisses Maß an technischem Know-how, ähnlich dem, das für die Entwicklung von Klassen und RFC-Funktionsbausteinen benötigt wird.

- **Servicegenerierung**
  Ein zweiter Weg ist die Generierung von Gateway-Services, bei der es vier Arten gibt:
  - Mapping einer Datenquelle: Hier können Sie einen Service durch das Mapping der CRUD-Q-Vorgänge einer Entitätsmenge auf die Methoden einer Datenquelle generieren. Dieses Vorgehen wird für folgende Datenquellen unterstützt:
    - RFC-Funktionsbausteine oder BAPIs mit dem *RFC-/BOR-Generator*
    - Suchhilfen (nur `Read`- und `Query`-Methode)
    - Core Data Services (CDS) Views (nur `Read`- und `Query`-Methode)
  - Redefinieren (Redefinition): Das Redefinieren erlaubt die Definition eines Gateway-Service auf Basis einer existierenden Datenquelle oder eines existierenden Gateway-Service. (Beachten Sie: Diese Option wird im Service Builder als *Überdefinieren* bezeichnet.)
  - Referenzierte Datenquellen: Exponieren eines oder mehrerer CDS Views, Assoziationen und Aktionen als OData-Service
  - Anlegen von CDS Views mit Eclipse: Durch eine einfache Anmerkung (`OData.publish: true`) in einem CDS View können OData-Services auch ohne Verwendung des Service Builders direkt aus Eclipse heraus angelegt werden.

Vor- und Nachteile

Die Servicegenerierung führt üblicherweise schneller zu Ergebnissen und ist weniger aufwendig als die Serviceentwicklung. Die Generierung von Services ist jedoch nicht so flexibel wie die Serviceentwicklung und daher vor allem für die Erstellung von einfachen Services geeignet. Die Optimierung von generierten Services ist nur eingeschränkt möglich, wenn keine ABAP-Programmierung erfolgen soll.

In den meisten Fällen wird man sich für die Serviceentwicklung entscheiden, da die Vorteile den erhöhten Entwicklungsaufwand rechtfertigen. Der Entwicklung von OData-Services mit SAP Gateway haben wir mit Kapitel 6, »Serviceentwicklung«, einen ausführlichen Praxisteil gewidmet.

Die Generierung von Gateway-Services ist jedoch dann interessant, wenn Sie über geeignete Datenquellen verfügen, wie z. B. Suchhilfen, GenIL-Objekte, Service-Provider-Objekte, BW Queries wie eine Easy Query oder aber geeignete RFC-Funktionsbausteine oder BAPIs. Auch die Generierung von Gateway-Services auf Basis der zuvor genannten SAP-Business-Objekte stellen wir in einem eigenen Praxisteil (Kapitel 7, »Servicegenerierung«) vor.

CDS Views

Mit SAP S/4HANA können aber nun OData-Services auf Basis von CDS Views generiert werden, die auch die *Draft-Infrastruktur* unterstützen. Wie ❶ in Abbildung 5.1 zeigt, wird dies die bevorzugte Art werden, mit der in Zukunft OData-Services erstellt werden.

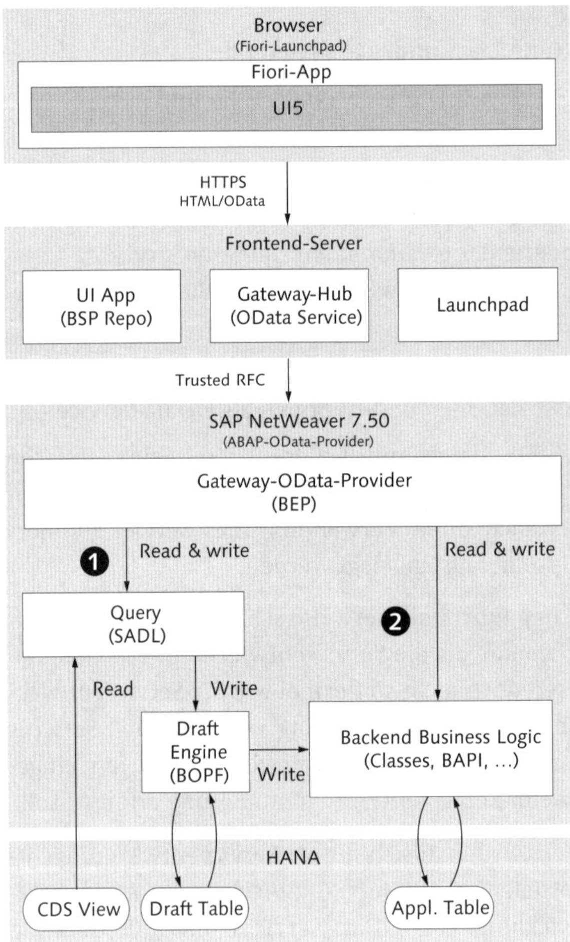

Abbildung 5.1 SAP-Gateway-Service-Erstellung für SAP Fiori – das neue Programmiermodell in SAP S/4HANA

Da OData-Services, die auf diese Weise erstellt wurden, auch die sogenannten Smart Templates für die Erstellung von Benutzeroberflächen unterstützen, wird es in der Mehrzahl der Anwendungsszenarien in SAP S/4HANA nicht mehr erforderlich sein, SAPUI5-Code zu entwickeln. Es wird genügen, hier geeignete CDS Views und BOPF-Objekte zu entwickeln.

Auch wenn OData-Services auf Basis von CDS Views generiert wurden, ist es möglich, die Ausführung der Datenbankzugriffe auf Basis der Service Adaption Language (SADL) zu optimieren, indem man die entsprechenden Schnittstellen-API des SADL-Frameworks implementiert oder aber Anwendungslogik in der Erweiterungsklasse der Datenanbieterklasse mit ABAP-Code implementiert.

In Systemen, die auf SAP NetWeaver 7.50 beruhen, wird es aber auch weiterhin möglich sein, OData-Services zu entwickeln oder über das Mapping einer Datenquelle zu implementieren, wie ❷ in Abbildung 5.1 zeigt. Auf diese Weise werden Kunden in der Lage sein, bereits vorhandene Geschäftsprozesslogik in Form von ABAP-Klassen und RFC-Funktionsbausteinen für die Erstellung von OData-Services zu nutzen, auch wenn Sie SAP Business Suite EHP 8 oder aber SAP S/4HANA (on Premise) verwenden.

Unabhängig davon, ob Sie sich für die Entwicklung oder die Generierung von Services entscheiden, folgen Sie in beiden Fällen dem Serviceerstellungsprozess in SAP Gateway.

5.2 Prozess der Serviceerstellung

Dieser Abschnitt gibt Ihnen einen Überblick über die Vorgehensweise bei der Serviceerstellung. Die Serviceerstellung wird dabei, bewusst vereinfacht, als eine Abfolge sequenzieller Schritte dargestellt, das heißt als *Wasserfallmodell*.

In der Realität erfolgt die Ausführung der einzelnen Schritte nicht sequenziell, sondern vielmehr iterativ. Zum besseren Verständnis beginnen wir mit der Darstellung der vereinfachten Vorgehensweise, bevor wir den detaillierten Prozess eingehend vorstellen.

Der Prozess der Serviceerstellung teilt sich in drei Hauptphasen auf: *Definition des Datenmodells*, *Serviceimplementierung* und *Servicever-*

waltung. Je nachdem, ob Sie sich für die Generierung oder die Entwicklung eines Service entschieden haben, müssen Sie innerhalb dieser Phasen unterschiedliche Schritte ausführen, es gibt jedoch auch Schritte, die sowohl bei der Entwicklung als auch bei der Generierung von Services ausgeführt werden müssen.

Bevor Sie mit der Erstellung eines Service beginnen können, muss dieser zunächst definiert werden. Hierbei werden Art und Umfang des Service festgelegt. Dies geschieht idealerweise in Abstimmung mit dem Entwickler der Client-Applikation, so dass Sie wissen, welche Daten in der Anwendung benötigt werden und wie Sie diese aus dem Business-Suite-System erhalten. Sind diese Voraussetzungen geklärt, können Sie mit den drei Phasen des Serviceerstellungsprozesses beginnen.

Datenmodelldefinition

In der Phase der Datenmodelldefinition definieren Sie das Datenmodell Ihres Service. Dabei werden die notwendigen Artefakte wie Entitätstypen, Entitätsmengen, Assoziationen und weitere Komponenten angelegt, die Ihr Service nutzen wird (die zuvor genannten Komponenten wurden in Kapitel 2, »Einführung in OData«, näher erläutert). Nach der Definition des Datenmodells müssen zunächst die Repository-Objekte generiert und im Business-Suite-System registriert werden. Danach können Sie mit der nächsten Phase der Serviceerstellung fortfahren, der Serviceimplementierung.

Serviceimplementierungsphase

In der Phase der Serviceimplementierung werden die Methoden implementiert, die von dem Service unterstützt werden sollen. Abhängig davon, ob dies durch Serviceentwicklung oder Servicegenerierung geschieht, folgen Sie unterschiedlichen Implementierungspfaden:

- Bei der Serviceentwicklung werden die Methoden, die vom Service unterstützt werden, mithilfe von ABAP-Programmierung implementiert.
- Bei der Servicegenerierung haben Sie die folgenden vier Möglichkeiten, einen Service zu generieren:
  - Wenn Sie das Mapping einer Datenquelle verwenden, erfolgt die Implementierung durch das Mapping der Vorgänge einer Entitätsmenge auf die Methoden eines RFC-Funktionsbausteins, eines BOR-Objekts (Business Object Repository), einer Suchhilfe oder eines CDS Views.

- Im Fall der Redefinition gibt es keinen separaten Schritt für die Implementierung des Service. Sie müssen lediglich den Datenmodellierungsschritt ausführen. Die Implementierung des Service wird dann auf Basis des Customizings generiert, das im Datenmodellierungsschritt durchgeführt wurde.
- Auch bei der Verwendung von referenzierten Datenquellen gibt es keinen Serviceimplementierungsschritt, da hier ein oder mehrere Entitätsmengen oder Assoziationen eines CDS Views in das Datenmodell übernommen werden.
- Wenn Sie einen CDS View mit Eclipse anlegen und durch die Anmerkung (`OData.publish: true`) als OData-Service im Backend-System registrieren, gibt es ebenfalls keinen Serviceimplementierungsschritt. Hier erfolgt die Serviceimplementierung auf Basis der CDS-View-Definition.

Serviceverwaltungsphase

In der dritten Phase des Prozesses der Serviceerstellung, der Serviceverwaltung, wird der Service im Gateway-Server aktiviert, so dass er im Servicekatalog auffindbar ist. Dies bedeutet, dass der Service von einem Client konsumiert werden kann.

Die drei Phasen – Datenmodelldefinition, Serviceimplementierung und Serviceverwaltung – sind in Abbildung 5.2 dargestellt.

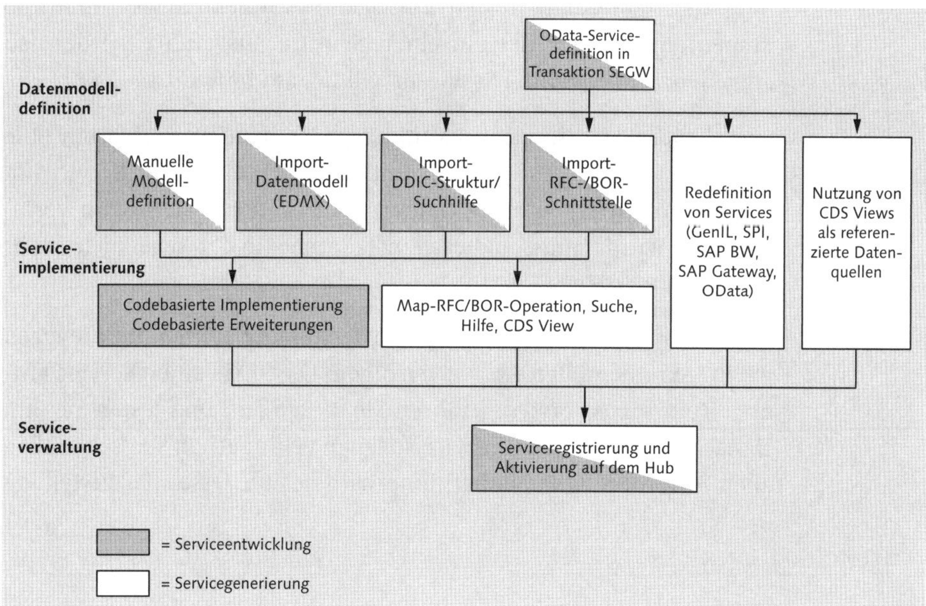

Abbildung 5.2 Prozess der Serviceerstellung

Dabei sind die Schritte, die in der Serviceentwicklung und in der Servicegenerierung durchgeführt werden, mit unterschiedlichen Farben gekennzeichnet. Die Schritte, die sowohl bei der Serviceentwicklung als auch bei der Servicegenerierung durchgeführt werden, sind mit zwei Farben gekennzeichnet. Obwohl wir die beiden Methoden der Serviceerstellung (Servicegenerierung und Serviceentwicklung) getrennt dargestellt haben, ist es möglich, beide Ansätze zu kombinieren.

So können Sie z. B. einen OData-Service erstellen, bei dem eine Entitätsmenge mithilfe des RFC-/BOR-Generators durch Mapping (Servicegenerierung) implementiert wird, während eine zweite Entitätsmenge durch ABAP-Programmierung (Serviceentwicklung) implementiert wird. Es ist auch möglich, einen Service auf Basis einer BW Query zu generieren, der zunächst nur einen lesenden Zugriff auf Daten ermöglicht. Diesen Service können Sie dann durch ABAP-Code so erweitern, dass er auch einen ändernden Zugriff auf Business-Daten ermöglicht.

Inkrementeller Serviceerstellungsprozess

Wie bereits erwähnt, haben wir den Prozess der Serviceerstellung der Übersichtlichkeit halber zunächst klar strukturiert und als Abfolge sequenzieller Schritte dargestellt. Dieses Wasserfallmodell eignet sich gut, um die drei verschiedenen Phasen der Serviceerstellung zu erläutern. In realen Entwicklungsprojekten wird man die Reihenfolge, in der die einzelnen Schritte ausgeführt werden, so anpassen, wie es für die Serviceerstellung am besten ist.

Lediglich bei der Serviceverwaltungsphase handelt es sich um eine Tätigkeit, die nur einmal ausgeführt wird. Sobald ein Service im Backend registriert und im Gateway-Hub aktiviert (das heißt veröffentlicht) wurde, müssen diese Einstellungen in der Regel nicht mehr angepasst werden.

In allen anderen Phasen der Serviceerstellung sollten Sie hingegen einen inkrementellen Ansatz verfolgen: Legen Sie einen Service an – oder Teile eines Service –, führen Sie diesen aus, und testen Sie ihn. Danach können Sie den Service so lange verändern, bis er schließlich allen Anforderungen genügt. Innerhalb des Prozesses der Erstellung eines OData-Service können das Datenmodell und auch die Serviceimplementierung mehrfach geändert werden.

Ausnahmen

Die Publizierung eines Service ist eine einmalige Angelegenheit, wenn nicht weitreichende Änderungen am Service vorgenommen werden. Die Registrierung eines Service für weitere Business-Suite-Systeme ist ein Beispiel für solch eine weitreichende Änderung.

Änderungen in der Serviceimplementierung oder dem Datenmodell eines Service, der bereits publiziert wurde, können in Entwicklungssystemen hingegen ohne zusätzliche Aktivitäten umgesetzt werden.

Beachten Sie: Da die Datenmodelle in Produktivsystemen aus Performancegründen gecacht werden, müssen bei Änderungen in der Datenmodelldefinition die Caches im Backend und im Gateway-Server aktualisiert werden.

Reihenfolge der Phasen ändern

Ein Ansatz, der in realen Entwicklungsprojekten oft genutzt wird, ist, dass man die Phasen der Serviceimplementierung und der Serviceverwaltung in umgekehrter Reihenfolge ausführt. Generiert man nach der Datenmodelldefinition zunächst das Service-Builder-Projekt und führt anschließend direkt den Schritt der Serviceverwaltung aus, um den Service zu aktivieren, kann man zunächst die Metadaten des Service (Servicedokument und Service-Metadatendokument) kontrollieren, obwohl der Service noch keine Funktionalität bietet. Anschließend kann man den Service-Stub inkrementell implementieren.

Abbildung 5.3 stellt diesen inkrementellen Prozess der Serviceerstellung dar. Der Prozess basiert auf Abbildung 5.2; zusätzlich haben wir noch inkrementelle Schritte hinzugefügt. Die inkrementellen Schritte sind dabei durch die durchgezogenen Pfeile gekennzeichnet, die die Übergänge zwischen den Phasen der Datenmodellierung und der Serviceimplementierung darstellen. Die Phasen sind durch horizontale Kästen dargestellt. Die gepunktete Linie zeigt dagegen die einmalige Aktivierung eines Service in der Phase der Serviceverwaltung.

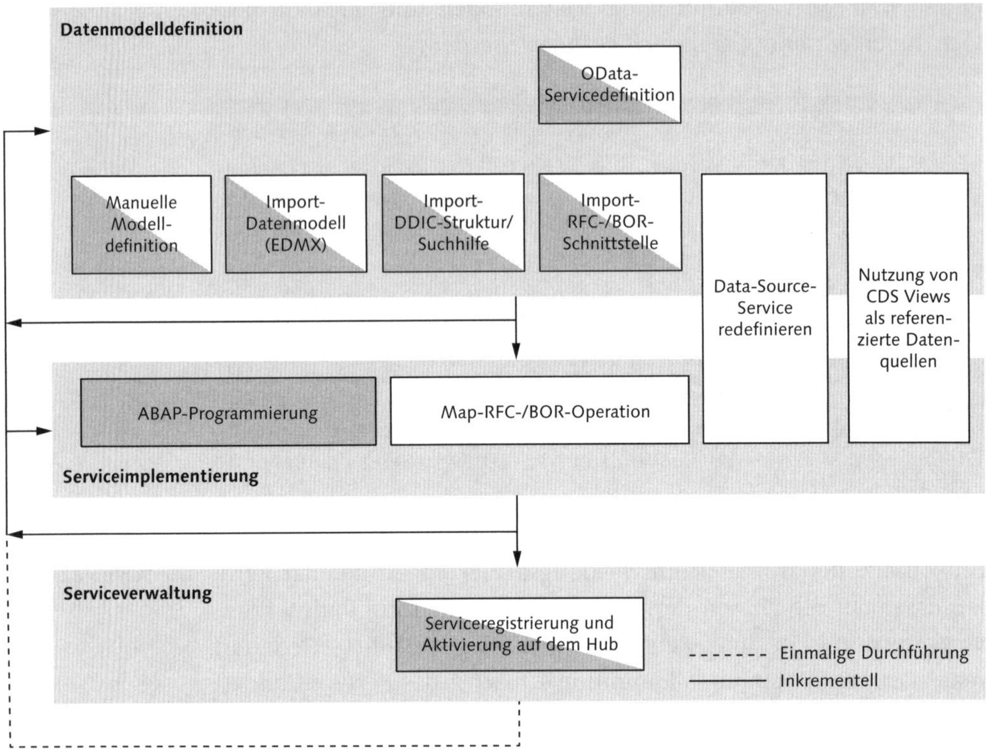

Abbildung 5.3 Inkrementeller Prozess der Serviceerstellung

5.3 SAP Gateway – Entwicklungswerkzeuge

SAP Gateway stellt eine Reihe von Werkzeugen zur Verfügung, um die unterschiedlichen Anforderungen aus den Bereichen Entwicklung, Test und Betrieb von OData-Services zu adressieren.

An dieser Stelle werden wir die Tools für den Betrieb von SAP Gateway nicht näher erläutern und uns stattdessen auf die Tools fokussieren, die im Rahmen der Serviceentwicklung zum Einsatz kommen. Wir werden daher zunächst im folgenden Abschnitt den SAP Gateway Service Builder näher betrachten. Anschließend werden wir in Abschnitt 5.3.2 weitere Tools vorstellen, die Sie beim Prozess der Erstellung von OData-Services unterstützen und die in optimaler Weise auf das Zusammenspiel mit dem Service Builder abgestimmt sind. In Abschnitt 5.3.3 werden wir Ihnen dann die Eclipse-basierten ABAP Development Tools for SAP NetWeaver vorstellen, mit denen CDS Views erstellt werden können.

5.3.1 SAP Gateway Service Builder

Der Service Builder bietet dem Entwickler alle Funktionen, die für die Modellierung und die Entwicklung von OData-Services in SAP Gateway erforderlich sind. Dies umfasst sowohl die Programmierung als auch die Generierung von OData-Services. Darüber hinaus bietet der Service Builder einen direkten Zugriff auf zusätzliche Funktionen, die für einen Entwickler interessant sind, wie z. B. die Serviceverwaltung und die Servicevalidierung. Der Service Builder unterstützt den gesamten Entwicklungszyklus (Development Lifecycle) eines OData-Service in SAP Gateway und kann über die Transaktion SEGW gestartet werden (siehe Abbildung 5.4).

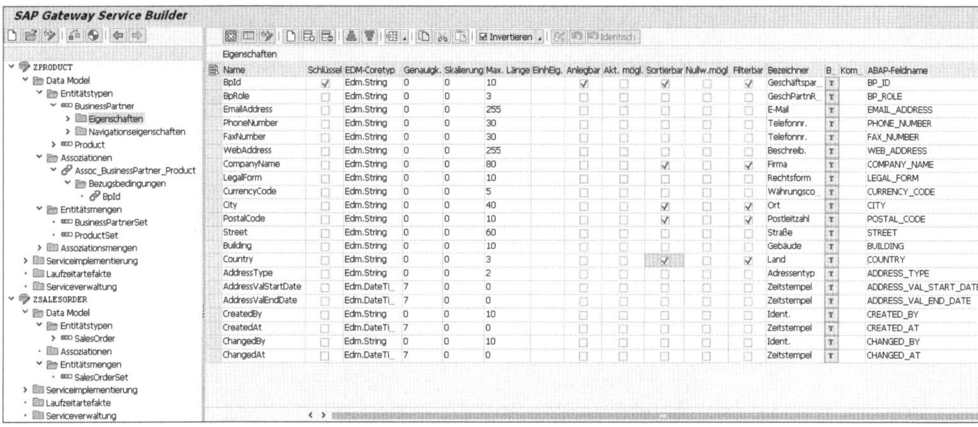

Abbildung 5.4 SAP Gateway Service Builder

Dabei eignet sich der Service Builder sowohl für erfahrene Entwickler als auch für Anfänger in der ABAP-Programmierung und für Nicht-Entwickler. Erfahrenen Entwicklern bietet der Service Builder die Möglichkeit der Entwicklung von Services durch ABAP-Programmierung und damit ein Maximum an Flexibilität bei der Serviceimplementierung. Für die Datenmodellierung können Entwickler den OData-Modeler des Service Builders nutzen, der den ABAP-Code der Modell-Provider-Klasse generiert.

Anfänger in der ABAP-Programmierung und Nicht-Entwickler hingegen werden die Möglichkeiten der Servicegenerierung zu schätzen wissen, die die Erstellung von OData-Services erlauben, ohne dass der Entwickler hierfür auch nur eine Zeile ABAP-Code schreiben muss.

Der Service Builder ermöglicht die Anzeige und Definition von OData-Services an zentraler Stelle. Dies umfasst die Laufzeitartefakte (Modell-Provider-Klasse (MPC), Daten-Provider-Klasse (DPC), Modell- und Servicedefinition), OData-Artefakte (Entitätsmenge, Entitätstypen und Attribute) sowie die verwendeten Datenquellen und Modelle.

Projektbasierte Entwicklung

Die Modellierungsumgebung des Service Builders unterstützt die projektbasierte Entwicklung. Alle entwicklungsrelevanten Objekte werden in diesen Projekten zusammengefasst. Das Anlegen eines Projekts im Service Builder ist der Startpunkt für jede Art von Serviceerstellung mit dem Service Builder. Damit wird dem Serviceentwickler die Möglichkeit geboten, alle entwicklungsrelevanten Artefakte in Projekten an einer zentralen Stelle zu bündeln. Der Service Builder erlaubt es dem Entwickler darüber hinaus, wie in Abbildung 5.5 gezeigt, mehrere Projekte zu öffnen und zu bearbeiten. In dem Beispiel wurden die Projekte ZPRODUCT und ZSALESORDER geöffnet.

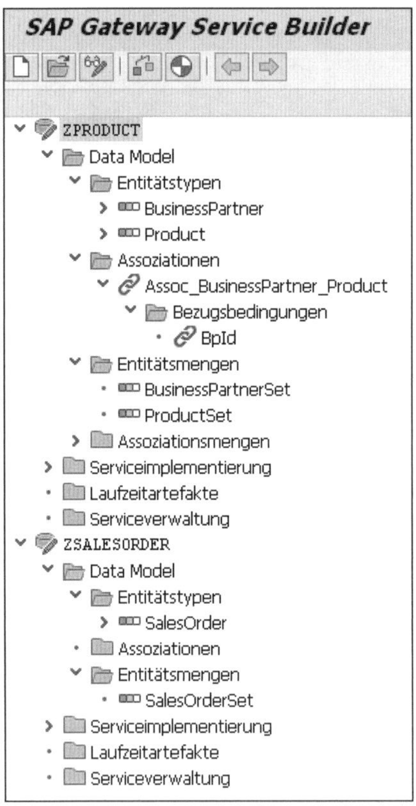

Abbildung 5.5 Projektbasierte Entwicklung

Achtung

Der Service Builder wird in dem System verwendet, in dem die BEP-Komponente (Business Enablement Provisioning) installiert ist. Dies ist üblicherweise das Business-Suite-System (siehe hierzu Kapitel 4, »Deployment-Optionen, Installation und Konfiguration«, in dem wir die verschiedenen Deployment-Optionen dargestellt haben).

Die BEP-Komponente wird bis SAP NetWeaver 7.31 als Add-on `IW_BEP` ausgeliefert. Mit SAP NetWeaver 7.40 SP02 ist die BEP-Komponente Teil der SAP-Basis und wird über die Softwarekomponente `SAP_GWFND` ausgeliefert. Daher ist es ohne besonderen Aufwand möglich, in auf SAP NetWeaver 7.40 basierenden oder neueren Systemen mit dem Service Builder OData-Services zu entwickeln.

Da der Service Builder als Teil der BEP-Komponente in der Regel (aber nicht zwingend) auf dem Business-Suite-System installiert ist, werden sowohl das Servicemodell (die Modell-Provider-Klasse, MPC) als auch die Serviceimplementierung (Daten-Provider-Klasse, DPC) auf diesem System definiert. Dies ist wichtig, um zu verstehen, welche ABAP-Repository-Objekte, wie z. B. Data-Dictionary-Elemente (DDIC), Strukturen und Datenelemente, referenziert werden können, wenn RFCs, BAPIs oder Klassenmethoden aufgerufen werden.

Bestmögliche Unterstützung

Mit dem Service Builder soll dem Entwickler die bestmögliche Unterstützung bei der Erstellung von OData-Services geboten werden, sowohl programmatisch als auch über die Generierung von OData-Services. Es gibt jedoch technische Restriktionen, was mit dem Service Builder modelliert, entwickelt oder generiert werden kann. Bestimmte OData-Features müssen gegebenenfalls manuell implementiert werden, und bestimmte Methoden sind gegebenenfalls nicht in einem redefinierten Business-Objekt verfügbar.

Das Ergebnis der Serviceentwicklung bzw. Servicegenerierung sind in jedem Fall ABAP-Klassen, die auf dem Programmiermodell des OData-Channels basieren (siehe Abschnitt 5.5). Entwickler haben jederzeit die Möglichkeit, den Sourcecode der ABAP-Klassen zu analysieren, um die Funktionsweise eines Service besser zu verstehen. Dann können Sie den (generierten) Code gegebenenfalls anpassen, indem Sie die entsprechenden Methoden der Modell- bzw. der Daten-Provider-Klasse redefinieren, die ihre Funktionalität von den Basisklassen erben und bei der Neugenerierung eines Service im Gegensatz zur Basisklasse nicht überschrieben werden.

5.3.2 Weitere Tools zur Unterstützung des Serviceerzeugungsprozesses

Wie bereits erwähnt, ist das zentrale Tool für die Erstellung von Services der SAP Gateway Service Builder. Darüber hinaus bietet SAP Gateway eine Reihe von Tools an, die den Entwicklungsprozess von Gateway-Services unterstützen. Mithilfe dieser Tools ist es z. B. möglich, Services frühzeitig zu testen oder die Kommunikation eines Service zu tracen. Aus diesem Grund geben wir Ihnen in diesem Abschnitt einen kurzen Überblick über einige dieser Funktionalitäten. Eine ausführliche Darstellung der Entwicklungs- und Administrationswerkzeuge von SAP Gateway finden Sie in Kapitel 14, »Lifecycle Management: Qualitätssicherung, Service-Deployment und Operations«.

SAP Gateway Client

Testen und Troubleshooting

Der SAP Gateway Client kann sowohl für das Testen als auch für das Troubleshooting verwendet werden und ist ein im Gateway-Server eingebauter REST-Client. Der SAP Gateway Client kann aus dem SAP GUI heraus über die Transaktion /IWFND/_GWCLIENT gestartet werden. Nachdem man einen Service auf dem Gateway-Server aktiviert hat, kann dieser dort umgehend mit dem SAP Gateway Client getestet werden, wie in Abbildung 5.6 gezeigt.

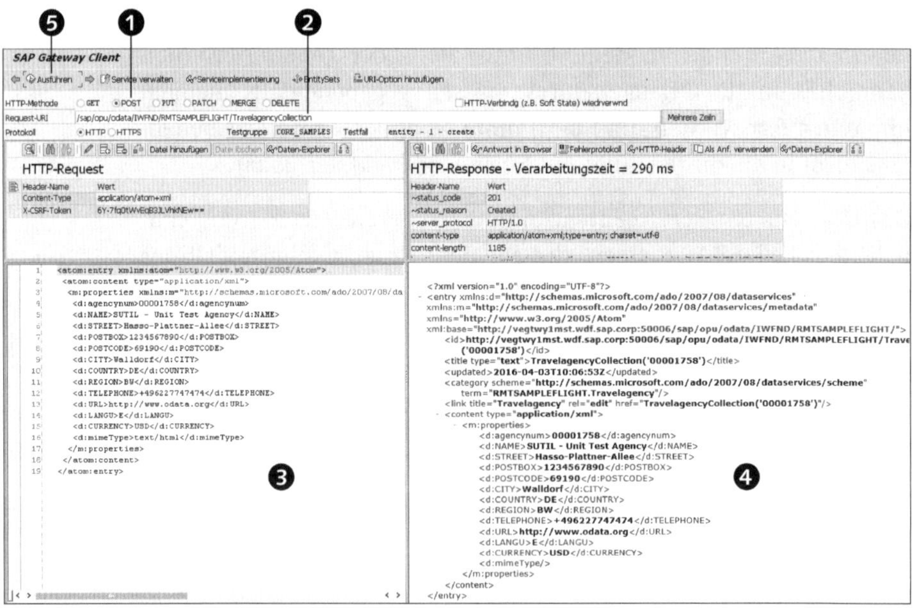

Abbildung 5.6 SAP Gateway Client – Anforderung erstellen

Hierzu wählt man zuerst die HTTP-Methode, wie z. B. GET, PUT, POST, PATCH, oder DELETE ❶. Dann gibt man den URI seines Requests im Eingabefeld REQUEST-URI ein ❷. Falls erforderlich, können auch bestimmte HTTP-Header gesetzt werden. Der Body des HTTP-Requests kann entweder manuell eingegeben werden, oder man lädt ihn aus einer Datei hoch ❸. Darüber hinaus ist es möglich, die Funktionalität ALS ANF. VERWENDEN zu nutzen. Damit kann der Inhalt einer Update-Anforderung auf Basis der HTTP-Response einer Leseanforderung ❹ erzeugen. Der HTTP-Request kann nun ausgeführt werden, wenn man AUSFÜHREN auswählt ❺.

Eine besonders nützliche Funktionalität des SAP Gateway Clients ist, dass man Testfälle in einer Datenbank speichern kann. Der Testfall, der in Abbildung 5.6 gezeigt wird, ist einer von mehr als 70 Testfällen, die als Testgruppe mit dem Namen CORE_SAMPLES ausgeliefert werden. Diese Testgruppe enthält Testfälle für die Standardtest-Gateway-Services TEA_TEST_APPLICATION und RMTSAMPLEFLIGHT. Beachten Sie, dass die Testfälle der Testgruppe CORE_SAMPLES in Ihrem System wie in Abbildung 5.7 angelegt werden müssen. Wählen Sie dazu im Menü des SAP Gateway Clients SAP GATEWAY CLIENT ❶ • CORE SAMPLES ANLEGEN ❷.

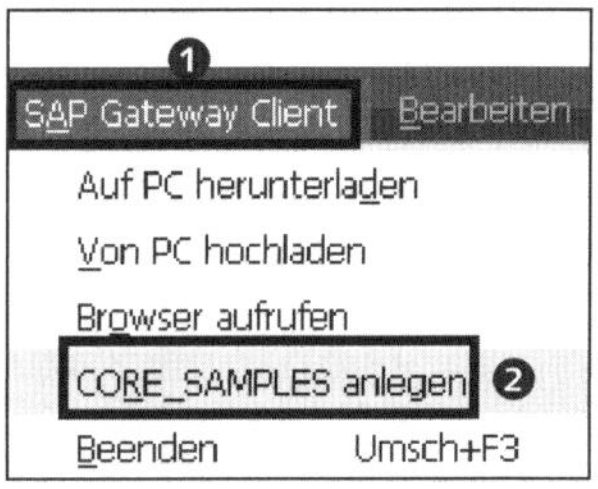

Abbildung 5.7 Anlegen der Testfälle der Testgruppe CORE_SAMPLES

Wenn Sie einen HTTP-Request als Testfall gespeichert haben, können Sie anschließend den HTTP-Returncode festlegen, der bei der Ausführung des HTTP-Requests vom Service zurückgeliefert werden soll. Ein HTTP-Request kann dabei mehrere gültige Returncodes zurückliefern (z. B. 200, 401, 402 und 403). Aus diesem Grund können auch im SAP Gateway Client mehrere gültige Rückgabewerte sowie Intervalle spezifiziert werden (z. B. 201 401–403).

Darüber hinaus ist es möglich, die Payload-Validierung zu nutzen. Dabei kann die Paylaod eines HTTP-Requests mit der erwarteten Payload eines Service verglichen werden und nicht nur mit dem HTTP-Returncode.

Ein oder mehrere Testfälle können dann mit dem SAP Gateway Client ausgeführt werden. Die Ergebnisse werden in einer Tabelle SAP GATEWAY CLIENT – MEHRFACHTEST mithilfe von Ampeln angezeigt, wobei sowohl der erwartete als auch der tatsächliche HTTP-Returncode in der Tabelle aufgeführt werden.

Fehlerprotokoll

Das *Fehlerprotokoll* (Error Log) ist ein weiteres Tool, das für Entwickler bei der Fehlerbehandlung von großem Nutzen ist.

Das Fehlerprotokoll wird im Gateway-Server über die Transaktion /IWFND/ERROR_LOG aufgerufen. Im Business-Suite-System gibt es auch ein Backend-Fehlerprotokoll mit einer sehr ähnlichen Benutzeroberfläche. Mithilfe des Backend-Fehlerprotokolls können Fehler analysiert werden, die im Business-Suite-Backend-System auftreten. Das Backend-Fehlerprotokoll wird über die Transaktion /IWBEP/ERROR_LOG im Business-Suite-System aufgerufen.

Das Fehlerprotokoll ist gut mit dem SAP Gateway Client integriert. So ist es beispielsweise möglich, einen HTTP-Request, der von einem OData-Konsumenten versendet wurde und der zu einem Verarbeitungsfehler führte, erneut auszuführen. Wählen Sie dazu wie in Abbildung 5.8 WIEDERGABE • SAP GATEWAY CLIENT.

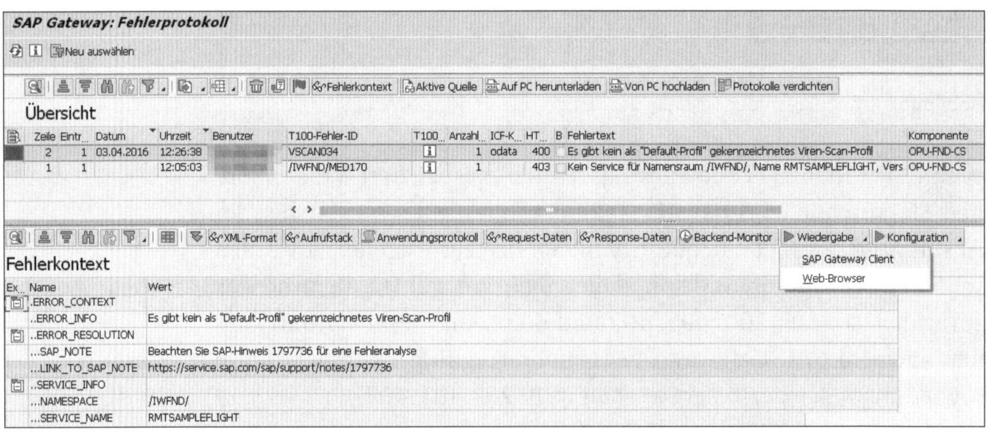

Abbildung 5.8 Transaktion /IW_FND/ERROR_LOG

Logging und Tracing

Eine weitere Möglichkeit der Fehlerbehandlung bietet die Analyse von Protokolleinträgen, die für das *SysLog* und das *Anwendungsprotokoll* von SAP Gateway von einem OData-Service erzeugt werden. Das SysLog kann über die Transaktion SM21 aufgerufen werden, während der Gateway-Anwendungsprotokoll-Viewer über Transaktion /IWFND/APPS_LOG aufgerufen werden kann.

SAP-Gateway-Statistikdaten

Bei der Entwicklung eines OData-Service oder einer Client-Anwendung ist der Entwickler an Performancedaten zu diesem Service interessiert. Die Statistikdaten für einen HTTP-Request können im SAP Gateway Client angezeigt werden, wenn man an den Request-URI den URL-Parameter `?sap-statistics=true` anhängt oder wenn man den HTTP-Request-Header `sap-statistics=true` setzt. Das SAP Gateway Framework stellt dem Client die Statistikdaten im HTTP-Header `sap-statistics` bereit. Die Antwortzeiten werden durch das SAP Gateway Framework darüber hinaus für jeden eingehenden HTTP-Request im SAP-Gateway-Server gespeichert.

Performance kontrollieren

Auf Basis dieser Daten kann man über die Transaktion /IWFND/STATS (SAP-Gateway-Statistik, siehe Abbildung 5.9) auf die Statistikdaten auch einzelner Serviceaufrufe zugreifen. Die Statistikdaten werden in regelmäßigen Abständen verdichtet, so dass die Performance jedes Service einfach ausgewertet werden kann. In Produktivsystemen ist diese Transaktion für den Administrator von großem Nutzen, wenn dieser die Performance von OData-Services kontrollieren möchte.

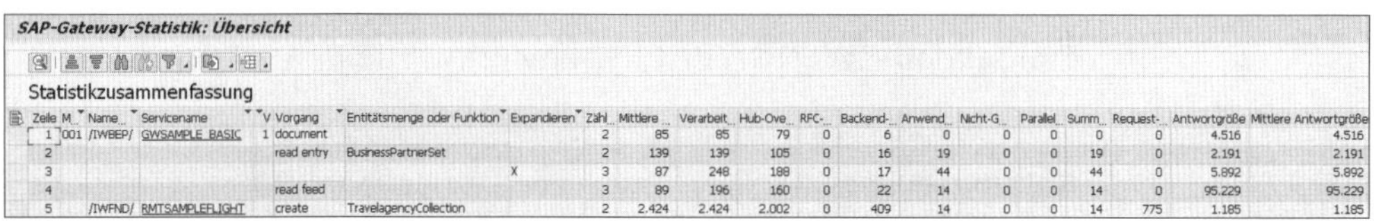
SAP-Gateway-Statistik: Übersicht

Statistikzusammenfassung

Zeile	M...	Name...	Servicename	V	Vorgang	Entitätsmenge oder Funktion	Expandieren	Zähl...	Mittlere ...	Verarbeit...	Hub-Ove...	RFC-...	Backend-...	Anwend...	Nicht-G...	Parallel...	Summ...	Request-...	Antwortgröße	Mittlere Antwortgröße
1	001	/IWBEP/	GWSAMPLE_BASIC	1	document			2	85	85	79	0	6	0	0	0	0	0	4.516	4.516
2					read entry	BusinessPartnerSet		2	139	139	105	0	16	19	0	0	19	0	2.191	2.191
3							X	3	87	248	188	0	17	44	0	0	44	0	5.892	5.892
4					read feed			3	89	196	160	0	22	14	0	0	14	0	95.229	95.229
5		/IWFND/	RMTSAMPLEFLIGHT		create	TravelagencyCollection		2	2.424	2.424	2.002	0	409	14	0	0	14	775	1.185	1.185

Abbildung 5.9 Transaktion /IWFND/STATS

Über die Transaktion /IWFND/TRACES kann man nicht nur die Performance eines einzelnen Serviceaufrufs im SAP Gateway Server und Backend-System aufzeichnen, sondern man kann dies auch mit der Payload eines Serviceaufrufs tun (siehe Abbildung 5.10).

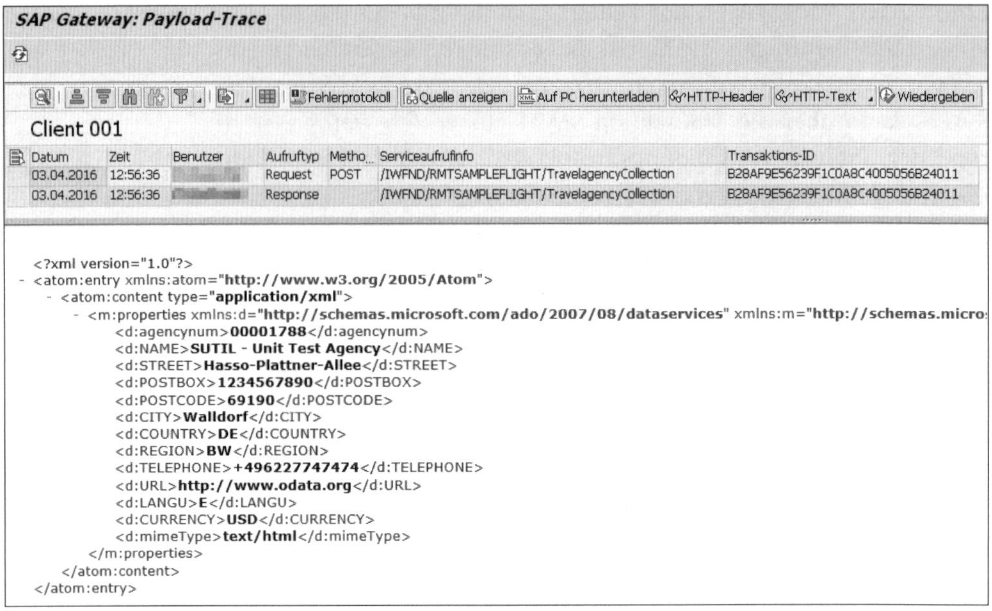

Abbildung 5.10 Transaktion /IWFND/TRACES – Payload-Trace

Mithilfe des Payload-Trace ist es möglich, sowohl die Payload zu überwachen, die vom Client zum Server gesendet wird, als auch den Inhalt der Response, die vom Server zurück an den Client geschickt wird. Die aufgezeichneten Daten können dann dazu verwendet werden, einen Request erneut an den Server zu senden.

Testfälle erstellen

Mit den im Payload-Trace aufgezeichneten Daten ist es darüber hinaus sehr einfach, Testfälle im SAP Gateway Client zu erstellen. Dies ist vor allem im Support-Fall von großem Nutzen. Um den Payload- und den Performance-Trace zu verwenden, müssen diese in der Transaktion /IWFND/TRACES aktiviert werden.

Katalogservice

Jedes Gateway-System bietet einen SERVICEKATALOG (Service Catalog), über den man eine Liste aller Services eines Gateway-Servers erhalten kann (siehe Abbildung 5.11). Der Katalog ist ein OData-Service, und die Liste der verfügbaren Services kann man über die folgende URL abfragen:

http://<server>:<port>/sap/opu/odata/iwfnd/CATALOGSERVICE;v=2/CatalogCollection

```
<?xml version="1.0" encoding="UTF-8"?>
<app:service xml:lang="de" xmlns:m="http://schemas.microsoft.com/ado/2007/08/dataservices/metadata"
xml:base="http://vegtwy1mst.wdf.sap.corp:50006/sap/opu/odata/iwfnd/CATALOGSERVICE;v=2/"
xmlns:sap="http://www.sap.com/Protocols/SAPData" xmlns:atom="http://www.w3.org/2005/Atom"
xmlns:app="http://www.w3.org/2007/app">
  - <app:workspace>
      <atom:title type="text">Data</atom:title>
    - <app:collection href="Vocabularies" sap:content-version="2" sap:deletable="false" sap:updatable="false" sap:addressable="false">
        <atom:title type="text">Vocabularies</atom:title>
        <sap:member-title>Vocabulary</sap:member-title>
      </app:collection>
    - <app:collection href="ServiceCollection" sap:content-version="2" sap:searchable="true" sap:deletable="false" sap:updatable="false"
      sap:creatable="false">
        <atom:title type="text">ServiceCollection</atom:title>
        <sap:member-title>Service</sap:member-title>
        <atom:link title="searchServiceCollection" type="application/opensearchdescription+xml" rel="search"
          href="ServiceCollection/OpenSearchDescription.xml"/>
      </app:collection>
    - <app:collection href="TagCollection" sap:content-version="2" sap:updatable="false" sap:creatable="false">
        <atom:title type="text">TagCollection</atom:title>
        <sap:member-title>Tag</sap:member-title>
      </app:collection>
    - <app:collection href="EntitySetCollection" sap:content-version="2" sap:deletable="false" sap:updatable="false" sap:creatable="false">
        <atom:title type="text">EntitySetCollection</atom:title>
        <sap:member-title>EntitySet</sap:member-title>
      </app:collection>
    - <app:collection href="CatalogCollection" sap:content-version="2">
        <atom:title type="text">CatalogCollection</atom:title>
        <sap:member-title>Catalog</sap:member-title>
      </app:collection>
    - <app:collection href="Annotations" sap:content-version="2" sap:deletable="false" sap:updatable="false">
        <atom:title type="text">Annotations</atom:title>
        <sap:member-title>Annotation</sap:member-title>
      </app:collection>
    </app:workspace>
    <atom:link rel="self" href="http://[illegible]/sap/opu/odata/iwfnd/CATALOGSERVICE;v=2/"/>
    <atom:link rel="latest-version" href="http://[illegible]/sap/opu/odata/iwfnd/CATALOGSERVICE;v=2/"/>
</app:service>
```


Abbildung 5.11 Servicekatalog – Servicedokument

OpenSearch

Der KATALOGSERVICE unterstützt das OpenSearch-Protokoll. Entwickler oder Entwicklungsumgebungen können daher Services über eine Freitextsuche anhand der Servicebeschreibung finden. Hierzu muss die folgende URL aufgerufen werden:

http://<server>:<port>/sap/opu/odata/iwfnd/CATALOGSERVICE;v=2/ Service Collection/OpenSearchDescription.xml

5.3.3 ABAP Development Tools for SAP NetWeaver und Core Data Services Views

Ein Core Data Services (CDS) View ist, wie der Name vermuten lässt, ein View, der dazu definiert werden kann, eine anwendungsspezifische Projektion der darunterliegenden Geschäftsdaten zu erhalten. Dies ist erforderlich, da die Geschäftsdaten in der Regel über mehrere Datenbanktabellen verteilt sind.

CDS stellt eine Spezifikation für eine SQL-basierte Datenbanksprache (Data Definition Language, DDL) bereit. Mit SAP HANA CDS und ABAP CDS gibt es zwei Dialekte dieser Datenbanksprache. Während mit SAP HANA CDS Views speziell für SAP HANA erstellt werden können, müssen ABAP CDS Views mehrere unterschiedliche Datenbanken unterstützen. Diese unterschiedlichen Anforderungen sind vergleichbar mit den Anforderungen an die ABAP-Open-SQL-Syntax. Auch diese unterstützt nur diejenigen SQL-Artefakte, die von allen Datenbanken unterstützt werden, die für SAP NetWeaver ABAP freigegeben sind.

Weitergehende Informationen

Einen ausführlichen Vergleich zwischen ABAP CDS Views und SAP HANA CDS Views finden Sie in folgendem Blog im SAP Community Network: *http://scn.sap.com/community/abap/blog/2015/07/20/cds--one-model-two-flavors*

Werfen wir nun einen Blick auf den Code eines einfachen CDS Views in Listing 5.1, wie Sie ihn auch in der SAP-Online-Hilfe finden:

http://help.sap.com/saphelp_nw75/helpdata/de/7c/078765ec6d4e6b88b71bdaf8a2bd9f/content.htm

```
@AbapCatalog.sqlViewName: 'CUSTOMER_VW'
DEFINE VIEW cust_book_view_entity AS SELECT FROM scustom
     JOIN sbook
     ON scustom.id = sbook.customid
     {
           scustom.id,
           scustom.name,
           sbook.bookid
     }
```

Listing 5.1 Beispiel für einen ABAP CDS View

Der CDS View `cust_book_view_entity` erzeugt einen Join auf Basis der beiden Datenbanktabellen `sbook` und `scustom`, die beide Teil des bekannten SFLIGHT-Datenmodells sind. Über den oben gezeigten CDS View kann man nun über die in Listing 5.2 gezeigte ABAP-SQL-Anweisung zugreifen.

```
SELECT id name bookid
FROM cust_book_view_entity
INTO TABLE @DATA(result_data)
WHERE ... .
```

Listing 5.2 Nutzung von CDS Views in ABAP-Code

ABAP CDS Views können mithilfe der Eclipse-basierten *ABAP Development Tools for SAP NetWeaver* und dem ABAP-CDS-Schlüsselwort DEFINE VIEW erstellt werden.

ABAP Development Tools for SAP NetWeaver

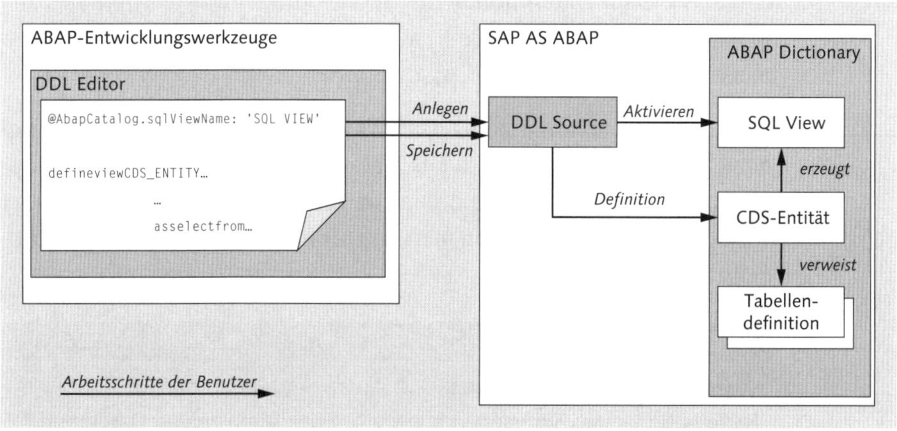

Abbildung 5.12 ABAP-CDS-View-Entwicklung – Architektur

Hinweis

Der SQL View und die CDS-Entität werden im selben Namensraum im DDIC angelegt. Daher müssen die beiden Namen unterschiedlich sein. In dem in Listing 5.1 gezeigten CDS View hat daher der SQL View den Namen CUSTOMER_VW, wohingegen die CDS-Entität den Namen cust_book_view_entity trägt.

5.4 Serviceerstellung – Schritt für Schritt

Zu Beginn dieses Kapitels haben wir in Abschnitt 5.2 den Prozess für die Erstellung von Gateway-Services vorgestellt. Dieser Prozess besteht aus den drei Phasen: Datenmodellierung, Serviceimplementierung und Serviceverwaltung.

Abhängig davon, ob Sie sich für die Serviceentwicklung oder die Servicegenerierung entscheiden, können Sie unterschiedliche Vorgehensweisen wählen. Wir betrachten nun diese verschiedenen Vorgehensweisen und die darin enthaltenen einzelnen Schritte eingehend aus technischer Sicht.

5.4.1 Datenmodellierung im Service Builder

Die erste Phase bei der Erstellung eines Service in SAP Gateway ist die Datenmodellierung. In dieser Phase soll mithilfe des Service Builders das OData-Datenmodell des Service modelliert werden, das alle Artefakte des OData-Service beschreibt, wie z. B. Entitätstypen, komplexe Typen, Attribute und Assoziationen.

Bei der Entwicklung eines Gateway-Service (Serviceentwicklung) oder bei der Generierung eines Gateway-Service mithilfe des Mappings einer Datenquelle (eine der verschiedenen Möglichkeiten der Servicegenerierung) startet man mit dem Anlegen eines Datenmodells.

Achtung

Wenn Sie die zweite Methode der Servicegenerierung wählen, also die Redefinition eines vorhandenen Service, wird kein neues Datenmodell definiert, sondern das vorhandene Datenmodell des Service- oder Business-Objekts wird redefiniert. Die Servicegenerierung mittels Redefinition wird in Abschnitt 5.4.5 beschrieben. Beachten Sie: Im Service Builder wird die Redefinition als »Überdefinieren« bezeichnet.

Fünf Möglichkeiten für die Definition

Der Service Builder bietet Ihnen verschiedene Möglichkeiten, ein Datenmodell zu definieren. Jede dieser Möglichkeiten adressiert dabei einen bestimmten Anwendungsfall:

- Die erste Möglichkeit zur Anlage eines Datenmodells ist, die verschiedenen Artefakte eines OData-Modells manuell im Service Builder anzulegen. Diese Vorgehensweise wird in der Dokumentation als *deklarative Modelldefinition* bezeichnet. Entitätstypen, Assoziationen und Assoziationsmengen werden hierbei manuell mit dem Service Builder angelegt.
- Die zweite Möglichkeit ist, ein komplettes Datenmodell im EDMX-Format zu importieren, das entweder mit dem OData Model Editor der SAP Web IDE oder mithilfe des Entity Data Modelers von Microsoft Visual Studio angelegt wurde. Darüber hinaus kann das Service-Metadatendokument eines bestehenden OData-Service in den Service Builder importiert werden.
- Bei der dritten und vierten Möglichkeit wird ein Entitätstyp auf Basis einer Datenstruktur angelegt, die schon im Business-Suite-System existiert. Bei dieser für den ABAP-Entwickler sehr beque-

men Variante werden Entitätstypen entweder auf Basis von DDIC-Strukturen und Tabellen oder aber auf Basis von RFC-/BOR-Schnittstellen generiert.

- Des Weiteren gibt es die Möglichkeit, die [F4]-Hilfen zu nutzen, die im DDIC definiert wurden. Die [F4]-Hilfen können dabei, wie auch RFC-/BOR-Schnittstellen, als Datenquelle genutzt werden und bieten eine Serviceimplementierung durch reines Mapping an, das heißt Servicegenerierung.

Im Folgenden werden wir alle fünf genannten Optionen detaillierter beschreiben.

Deklaratives Anlegen eines Datenmodells

Entitätstypen

Ein Datenmodell kann manuell mit dem Service Builder angelegt werden. Diese Methode kann verwendet werden, um Entitätstypen anzulegen, die auf manuell angelegten Attributen basieren. Die so angelegten Attribute können auf existierenden DDIC-Typen basieren.

Um einen OData-Service von Grund auf in einem WYSIWYG-Stil (what you see is what you get) zu modellieren, sind jedoch OData-Modellierungstools, wie beispielsweise der OData Modell Editor der SAP Web IDE (siehe auch Kapitel 8, »SAPUI5-Applikationsentwicklung«) und Microsoft Visual Studio, besser geeignet. In diesem Fall ist es jedoch erforderlich, das so angelegte Modell in den Service Builder zu importieren, wie im folgenden Absatz beschrieben wird.

Datenmodell aus Datei

Mit dieser Option kann ein Entwickler ein komplettes Datenmodell importieren, das entweder in einer EDMX-Datei oder aber in einem Metadatendokument eines existierenden OData-Service gespeichert ist. Dies beinhaltet die Definition sämtlicher OData-Artefakte, wie z. B. Entitätstypen, Entitätsmengen, Assoziationen und andere Komponenten.

Wenn Sie ein Datenmodell in ein bereits existierendes Projekt im Service Builder importieren wollen, so bietet der Service Builder die Möglichkeit des Reimports einer Datenmodelldatei. Dabei erscheint ein Dialog, der dem Entwickler anzeigt, welche Artefakte dem Datenmodell hinzugefügt werden und welche gelöscht werden würden.

Import eines Datenmodells via DDIC-Import

DDIC-Typunterstützung

Um schnell Entitätstypen und komplexe Typen in einem Datenmodell anzulegen, können die in einem Business-Suite-System bereits vorhandenen Datenstrukturen genutzt werden. Dazu können die folgenden DDIC-Typen in den Service Builder importiert werden:

- Views
- Datenbanktabellen
- Strukturen

Beautification

Wird ein Entitätstyp auf Basis eines DDIC-Typs angelegt, kann schon während des Imports ein leicht verständlicher Name gewählt werden. Auch ist es möglich, automatisch eine Default-Entitätsmenge anlegen zu lassen, wobei dem Namen des Entitätstyps die Endung »Set« angehängt wird.

Vor SP08 wird der Name des Entitätstyps vom Service Builder vorgeschlagen. Dieser vorgeschlagene Name wird dabei vom Namen des DDIC-Typs abgeleitet, indem die Unterstriche entfernt werden. Die durch Unterstriche getrennten Namensteile werden zu einem Namen in CamelCase-Notation zusammengesetzt. Wird beispielsweise vor SP08 eine Struktur mit dem Namen `BAPI_EPM_PRODUCT_HEADER` importiert, wird der Service Builder als Namen des Entitätstyps `BapiEpmProductHeader` vorschlagen. Dieser kann durch einen sprechenderen Namen ersetzt werden.

Diese Namenskonvention wird auch für die Attribute der so generierten Entitätstypen verwendet, so dass statt des originalen Feldnamens `SUPPLIER_NAME` der Name der Eigenschaft im generierten Entitätstyp `SupplierName` lauten wird.

Insbesondere die Namen der Entitätsmengen und ihrer Attribute sollten einfach zu verstehen sein. Dies ist wichtig, da es die Namen der Entitätsmengen und ihrer Attribute sind, die ein externer Konsument sieht.

Während des Imports einer DDIC-Struktur oder auch direkt danach kann der Entwickler einen als *Beautification* bezeichneten Prozess starten. Hierbei kann die Anzahl der Attribute eines Entitätstyps reduziert werden, indem diese einfach aus der Definition des Entitätstyps entfernt werden. Darüber hinaus ist es auch möglich, die generierten Namen einer Eigenschaft zu ändern, um sie so verständlicher zu gestalten.

Die Reduzierung der Anzahl von Attributen auf das notwendige Maß und das Umbenennen von Attributen, die nach außen sichtbar sind, sind essenziell, wenn es darum geht, Services zu erstellen, die einfach zu konsumieren sind. Das Publizieren von existierenden DDIC-Strukturen ohne verständliche Namen ist kontraproduktiv.

Das Thema Beautification wird eingehend in Abschnitt 7.4.1, »SAP BW Easy Query«, dargestellt.

Import eines Datenmodells via RFC/BOR

Funktionsmodul und BAPI-Parameter

Als weitere Möglichkeit für das Anlegen von Entitätstypen und Entitätsmengen bietet der Service Builder die Option, die Schnittstellen (Interfaces) von RFC-Funktionsbausteinen oder BAPIs zu importieren. Auch hier bietet der Service Builder einen Wizard an, der den Entwickler durch den Importprozess führt.

Die Verwendung von Schnittstellen von RFC-Funktionsbausteinen oder BOR-Objekten ist hilfreich, wenn diese Schnittstellen für den Zugriff auf Daten aus dem Business-Suite-System verwendet werden.

Dabei kann die Implementierung durch ABAP-Programmierung (Serviceentwicklung) oder durch reines Mapping (Servicegenerierung) erfolgen. Beim Mapping können mithilfe des RFC-/BOR-Generators die Vorgänge einer Entitätsmenge auf die Methoden einer RFC-/BOR-Schnittstelle gemappt werden.

Import einer Suchhilfe (F4-Hilfe)

Als fünfte Option bietet der Service Builder die Möglichkeit, Entitätstypen auf Basis existierender F4-Suchhilfen anzulegen. Ähnlich wie bei BOR-/RFC-Schnittstellen können hier Entitätstypen und Entitätsmengen auf Basis von Suchhilfen erzeugt werden. Der Assistent erstellt dabei auch das Mapping der Lesevorgänge (`Query`, `Read`), so dass kein separater Schritt für die Serviceimplementierung notwendig ist.

5.4.2 Serviceregistrierung im SAP-Business-Suite-System

Nachdem ein Datenmodell angelegt wurde, muss dieses noch registriert werden. Mit der Registrierung eines Service im Business-Suite-Backend-System wird das Ergebnis der Phase der Datenmodellierung persistiert.

Dies bedeutet, dass nun Laufzeitobjekte, die für einen Gateway-Service benötigt werden, mit dem Service Builder generiert werden. Der Service Builder übernimmt dabei für den Entwickler auch die Konfigurationsschritte, die notwendig sind, um den Service im Business-Suite-Backend-System zu registrieren.

Serviceregistrierung und Serviceverwaltung

Wie Sie in Abschnitt 5.1, »Serviceerstellung – Möglichkeiten«, gesehen haben, beinhaltet die Phase der Serviceverwaltung innerhalb der Serviceerstellung die Aktivitäten, um den Service im Gateway-Server zu registrieren und zu aktivieren. Dieser Prozess darf nicht mit der Serviceregistrierung im SAP-Business-Backend verwechselt werden, die nach der Datenmodelldefinition im Backend erfolgt.

In diesem Abschnitt werden wir uns auf die Serviceregistrierung im Business-Suite-Backend konzentrieren. In Abschnitt 5.4.4 werden wir die Serviceverwaltung vorstellen. Serviceregistrierung und Serviceverwaltung unterscheiden sich dabei wie folgt:

- Die Serviceregistrierung ist eine Aktivität im Rahmen der Serviceerstellung, die im SAP-Backend ausgeführt wird. Als Ergebnis der Serviceregistrierung werden die für die Implementierung nötigen Laufzeitartefakte im Backend-System generiert.
- Die Serviceverwaltung ist eine Aktivität, die im Gateway-Server ausgeführt wird. Hierbei wird der zuvor im Backend registrierte Service aktiviert, so dass er konsumiert werden kann.

Stub-Class-Erzeugung Auf der Basis des Datenmodells werden vom Service Builder die korrespondierende Modell- (MPC) und die Daten-Provider-Klasse (DPC) sowie deren Extensionsklassen generiert.

Die Basisklasse der Modell-Provider-Klasse enthält dabei den ABAP-Code, mit dem das Datenmodell des Service definiert wird. Die Implementierung der Serviceoperationen erfolgt in der Daten-Provider-Klasse. Die Extensionsklassen, die vom Service Builder generiert werden, können dazu verwendet werden, die entsprechenden Methoden der generierten Basisklasse zu redefinieren, das heißt mit kundeneigenem Code zu implementieren. Während die Methoden der Basisklassen der Daten-Provider-Klasse und der Modell-Provider-Klasse bei der Neugenerierung des Service-Builder-Projekts überschrieben werden, ist dies bei den Extensionsklassen nicht der Fall (weiterführende Informationen zum Thema Modell- und Daten-Provider-Klasse finden Sie in Abschnitt 5.5, »OData-Channel«).

Serviceregistrierung Damit die Laufzeitartefakte als Service genutzt werden können, müssen einige Konfigurationsschritte ausgeführt werden. Die Ausführung dieser Schritte wird vom Service Builder unterstützt.

Wird ein Projekt im Service Builder zum ersten Mal generiert, muss der Entwickler die Namen der Modell- und Daten-Provider-Klasse sowie deren Basisklassen festlegen (siehe Abbildung 5.13). Darüber hinaus muss der Entwickler den technischen Modellnamen (Technical Model Name) und den Name(n) des techn. Service (Technical Service Name) festlegen. Letzterer wird beim Publizieren des Service im Gateway-Service als Servicename verwendet und kann nicht geändert werden.

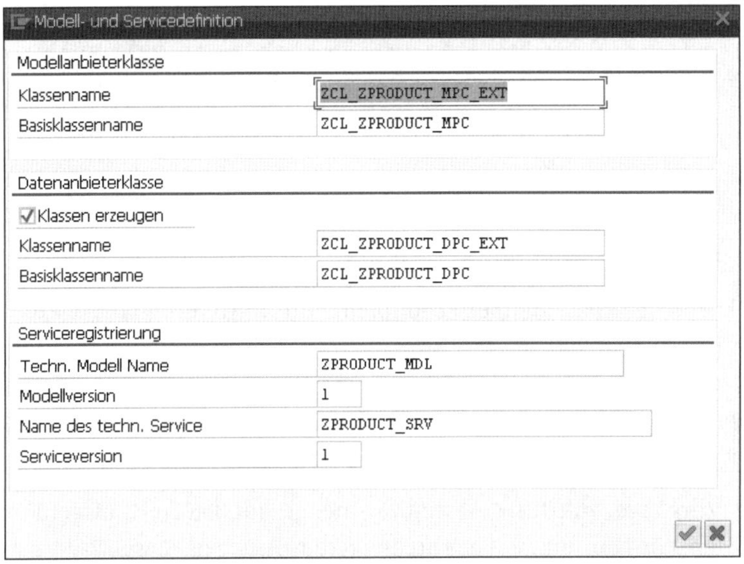

Abbildung 5.13 Dialog der Modell- und Servicedefinition (bei Anmeldung in deutscher Sprache)

Modell- und Daten-Provider-Klasse

Modell- und Daten-Provider-Klasse werden daher durch Customizing und nicht programmatisch zu einem Gateway-Service zusammengefügt. Diese Konfigurationsschritte werden, wie bereits erwähnt, für den Entwickler durch den Service Builder ausgeführt, wenn ein Projekt zum ersten Mal generiert wird. Der Prozess der Modell- und Servicedefinition ist in Abbildung 5.14 dargestellt.

Neben der Modell-Provider-Klasse (siehe Abschnitt 5.5.1) und Daten-Provider-Klasse (siehe Abschnitt 5.5.2) werden zwei weitere Repository-Objekte für das Modell und den Service angelegt, wenn der Service im Business-Suite-Backend-System registriert wird.

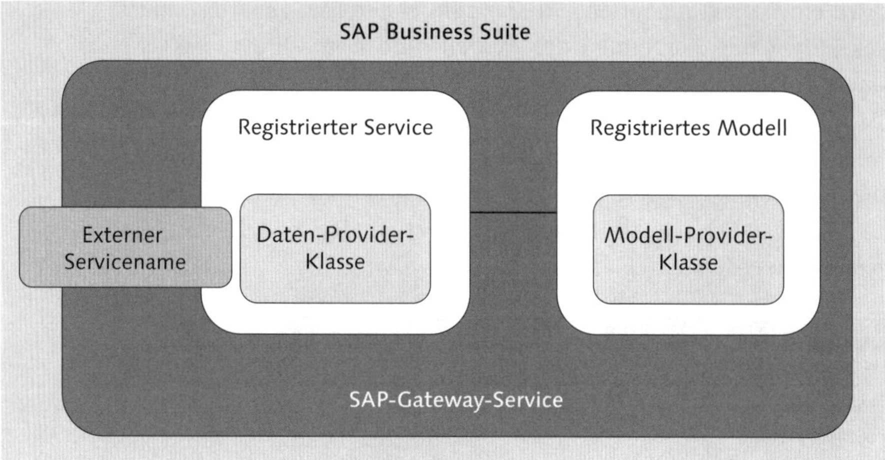

Abbildung 5.14 Service- und Modellregistrierung

5.4.3 Serviceimplementierung

Während der Phase der Serviceimplementierung werden die Methoden eines Gateway-Service implementiert. Die Implementierung erfolgt dabei entweder durch ABAP-Programmierung oder durch das Mappen der Methoden eines RFC-Funktionsbausteins eines BAPIs oder einer Suchhilfe auf die Attribute eines OData-Modells.

Die Vorgänge, die für eine Entitätsmenge zur Laufzeit ausgeführt werden können, umfassen Vorgänge zum Anlegen, Lesen, Aktualisieren und Löschen von Daten. Für diese werden die folgenden englischen Bezeichnungen verwendet: `CREATE`, `READ`, `UPDATE`, `DELETE` und `QUERY`, die daher auch als CRUD-Q-Methoden bezeichnet werden.

An dieser Stelle ist es wichtig, darauf hinzuweisen, dass die Serviceimplementierungsphase nur für die Serviceentwicklung und nur für eine der möglichen Optionen der Servicegenerierung relevant ist, nämlich für das Mapping einer Datenquelle. Für die Generierung von Services durch Redefinition (im Service Builder als Überdefinieren bezeichnet) und für referenzierte Datenquellen (CDS Views) muss der Schritt der Implementierung von Services nicht ausgeführt werden. Dies liegt daran, dass die Serviceimplementierung auf Basis des Customizings generiert wird, das im Schritt der Modelldefinition ausgeführt wurde.

Achtung

Die Servicegenerierung durch Redefinieren (Überdefinieren) wird in Abschnitt 5.4.5 und die Servicegenerierung durch referenzierte Datenquellen in Abschnitt 5.4.6 näher beschrieben.

Im Folgenden geben wir Ihnen für die Szenarien einen kurzen Überblick über die Phase der Serviceimplementierung, für die sie relevant ist: die Serviceentwicklung und die Servicegenerierung durch Mapping einer Datenquelle.

Serviceimplementierung durch ABAP-Programmierung

Wie Sie sich erinnern werden, wurde während der Serviceregistrierung am Ende der Datenmodellierungsphase eine Daten-Provider-Klasse erzeugt. Während der Phase der Serviceimplementierung werden diejenigen Vorgänge (Methoden) implementiert, die vom Gateway-Service unterstützt werden sollen.

Bei der Implementierung der Vorgänge durch ABAP-Programmierung muss der Entwickler die entsprechenden Methoden der Daten-Provider-Klasse (`DPC_EXT`) implementieren. Die Namen dieser Methoden werden Sie an die zuvor erwähnten CRUD-Q-Methoden erinnern:

- <ENTITY_SET_NAME>_CREATE_ENTITY
- <ENTITY_SET_NAME>_GET_ENTITY
- <ENTITY_SET_NAME>_UPDATE_ENTITY
- <ENTITY_SET_NAME>_DELETE_ENTITY
- <ENTITY_SET_NAME>_GET_ENTITYSET

Der Service Builder bietet einen bequemen Zugriff auf diese Methoden. Dazu muss der Knoten SERVICEIMPLEMENTIERUNG wie in Abbildung 5.15 aufgeklappt werden. CRUD-Q-Methoden

Von hier aus ist eine einfache Navigation zu dem entsprechenden Eintrag einer Entitätsmenge möglich, wobei alle CRUD-Q-Vorgänge der Entitätsmenge angezeigt werden. Durch die Auswahl von ZUR ABAP WORKBENCH aus dem Kontextmenü gelangen Sie direkt in den Class Builder (Transaktion SE24), in dem Sie die Methode der Modell-Provider-Klasse implementieren können, die dem Vorgang der Entitätsmenge entspricht.

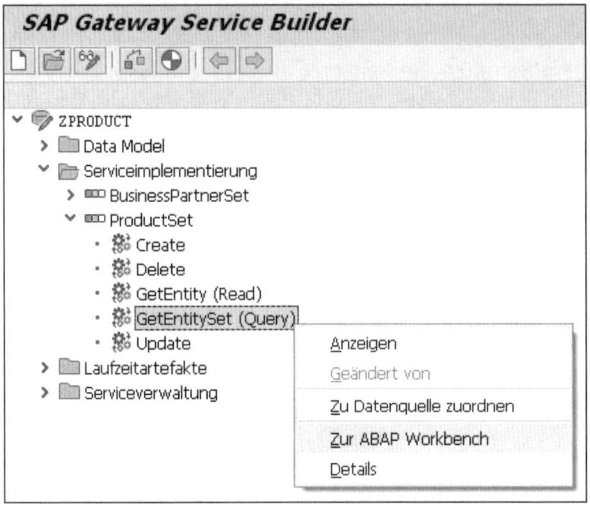

Abbildung 5.15 Serviceimplementierung durch ABAP-Programmierung

Darüber hinaus kann es erforderlich sein, dass noch zusätzliche Methoden in der Modell-Provider-Klasse redefiniert werden müssen, die nicht entitätsmengenspezifisch sind, wie die zuvor erwähnten CRUD-Q-Methoden (dies ist z. B. der Fall, wenn für den OData-Service die Unterstützung von Deep-Insert implementiert werden soll).

Serviceimplementierung durch das Mappen von RFC-/BOR-Schnittstellen

Die Vorgehensweise bei der Implementierung durch das Mapping von RFC-/BOR-Schnittstellen unterscheidet sich grundlegend von der Implementierung durch ABAP-Programmierung.

Der Mapping-Prozess wird dadurch gestartet, dass der Entwickler im Kontextmenü eines CRUD-Q-Vorgangs einer Entitätsmenge im Verzeichnis SERVICEIMPLEMENTIERUNG (SERVICE IMPLEMENTATION) die Option ZU DATENQUELLE ZUORDNEN (MAP TO DATASOURCE) wählt, wie in Abbildung 5.16 gezeigt.

Das Mapping-Tool des Service Builders ermöglicht es dem Entwickler dann, Relationen zwischen den Schnittstellenparametern eines RFC-Funktionsbausteins oder BAPIs und den Attributen einer Entitätsmenge festzulegen.

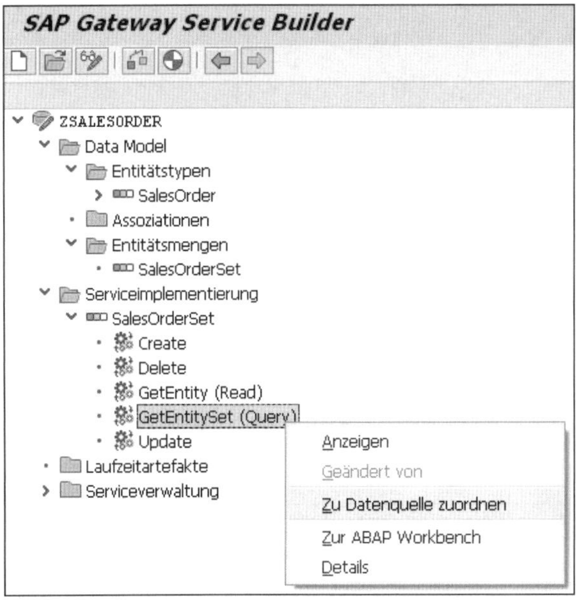

Abbildung 5.16 Mappen des Vorgangs einer Entitätsmenge zu einer Datenquelle

Die Vorgänge `CREATE`, `READ`, `UPDATE`, `DELETE` und `QUERY` (CRUD-Q) einer Entitätsmenge können dabei separat gemappt werden. Die eigentliche Serviceimplementierung, das heißt der ABAP-Code der Methoden der ABAP-Klasse, die die einzelnen CRUD-Q-Vorgänge implementieren, wird dabei vom Service Builder auf Basis des zuvor beschriebenen Mappings erzeugt. CRUD-Q

Der Service Builder bietet dem Entwickler eine besondere Unterstützung, wenn ein Entitätstyp durch den Import der Schnittstelle eines BOR-Objekts oder RFC-Funktionsbausteins angelegt wurde. In diesem Fall schlägt der Service Builder ein geeignetes Mapping vor, wenn Sie auf ZUORDNUNG VORSCHLAGEN klicken (siehe ❶ in Abbildung 5.17). Wie in der Abbildung gezeigt, schlägt der Service Builder ein Mapping zwischen der Eigenschaft `SoId` der Entitätsmenge `SalesOrderSet` und des Feldes `SO_ID` des Exportparameters `SOHEADERDATA` des RFC-Funktionsbausteins `BAPI_EPM_SO_GET_LIST` vor ❷.

Dieser Mapping-Vorschlag konnte automatisch erstellt werden, da der Entitätstyp, auf dem die Entitätsmenge `SalesOrderSet` basiert, durch den Import des Schnittstellenparameters `SOHEADERDATA` erzeugt wurde.

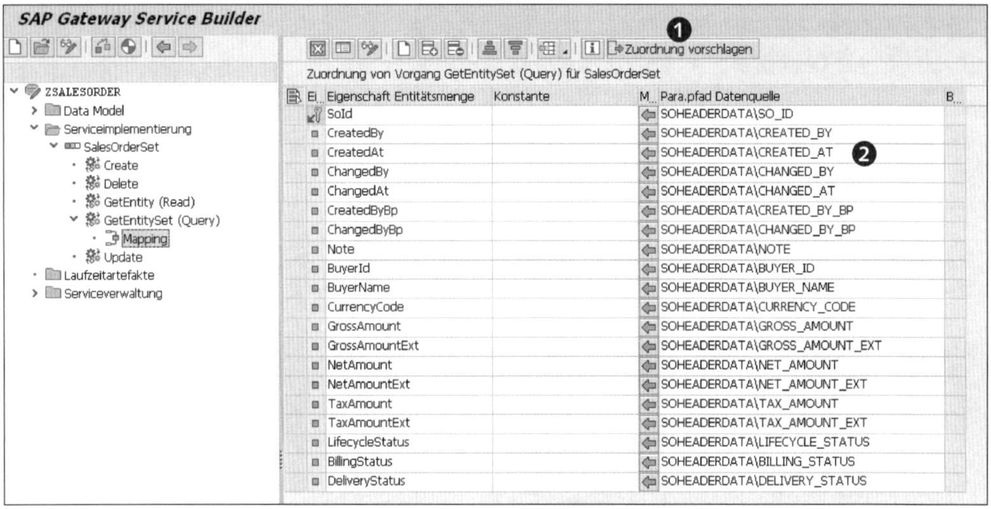

Abbildung 5.17 Mapping-Vorschläge – RFC-/BOR-Generator

Werden weitere Vorgänge der Entitätsmenge gemappt, prüft der Service Builder die bereits existierenden Mappings und leitet aus diesen Vorschläge für die zusätzlich zu mappenden Vorgänge ab.

Wurde also zunächst der `Query`-Vorgang (`GET_ENTITYSET`) einer Entitätsmenge gemappt und möchte man nun noch den `Read`-Vorgang (`GET_ENTITY`) mappen, kann der Service Builder einen Vorschlag für die Attribute erstellen, die bereits in der `GET_ENTITYSET`-Methode gemappt wurden.

Serviceimplementierung durch das Mappen von CDS Views

Die Implementierung eines Service durch das Mappen eines CDS Views unterscheidet sich von der Vorgehensweise beim Mappen einer RFC-/BOR-Schnittstelle.

Um den Assistenten für das Mapping zu starten, müssen Sie den Menüpunkt Zu Datenquelle zuordnen aus dem Kontextmenü einer Entitätsmenge im Verzeichnis Serviceimplementierung auswählen, anstatt dies wie beim RFC-/BOR-Generator bei den einzelnen Methoden (`Read` und `Query`) zu tun.

Der Mapping-Dialog im Service Builder erlaubt es Ihnen dann, sowohl ein Mapping zwischen den Eigenschaften eines CDS Views und den Eigenschaften einer Entitätsmenge (siehe Abbildung 5.18) als auch ein Mapping zwischen der Navigationseigenschaft einer Entitätsmenge und der Assoziation eines CDS Views zu definieren (siehe Abbildung 5.19).

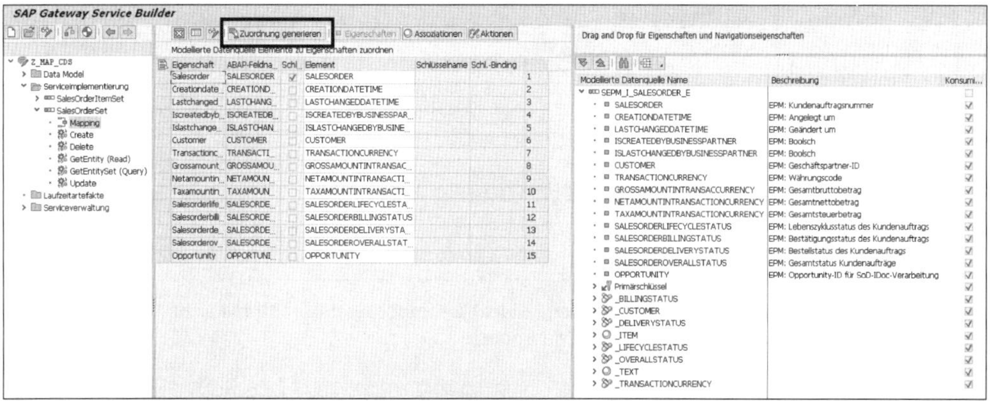

Abbildung 5.18 Mapping eines CDS Views – Eigenschaften

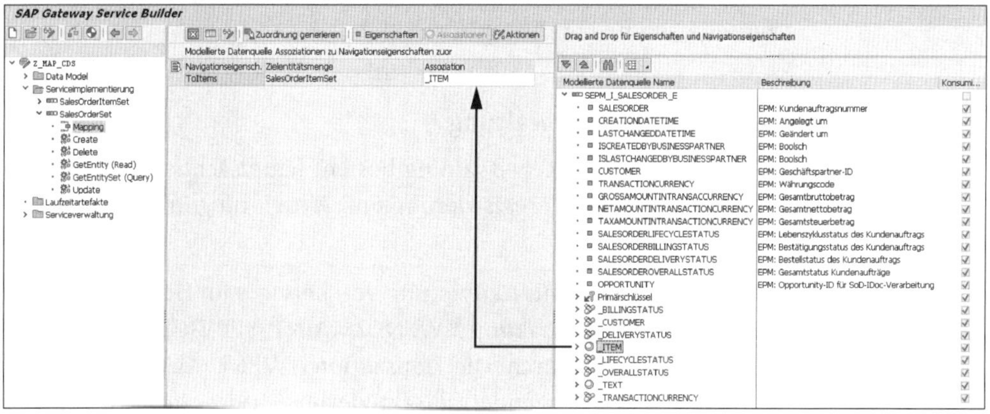

Abbildung 5.19 Mapping eines CDS Views – Assoziation

Serviceimplementierung durch das Mappen von F4-Suchhilfen

Die Vorgehensweise bei der Implementierung durch das Mappen von [F4]-Suchhilfen ist sogar einfacher als die Mapping-Vorgänge beim RFC-/BOR-Generator und einem CDS View. Der Assistent für den Import einer [F4]-Suchhilfe bietet nicht nur das Anlegen einer Entitätsmenge an, sondern führt auch direkt das Mapping für die `Query`- und `Read`-Vorgänge der Entitätsmenge durch (siehe Abbildung 5.20).

Abbildung 5.20 Assistent »Suchhilfe importieren« – automatisches Mapping der Read- und Query-Methode

Wie auch im Fall von CDS Views kann die Implementierung von ändernden CUD-Methoden entweder über eine codebasierte Implementierung oder das Mappen von RFC-Funktionsbausteinen erfolgen, die einen Schreibzugriff erlauben.

5.4.4 Serviceverwaltung

Die Phase der Serviceverwaltung besteht hauptsächlich aus den beiden Schritten Serviceregistrierung und Aktivierung im Gateway-Serversystem.

Aktivierung und Verwaltung von Services

Die Registrierung und Aktivierung von Services im Hub-System führen Sie mit der Transaktion /IWFND/MAINT_SERVICE (Activate and Maintain Service) durch. Die Transaktion /IWFND/MAINT_SERVICE wird auch dafür verwendet, alle aktivierten Services im Gateway-Server zu pflegen. Services müssen gepflegt werden, wenn sie in zusätzlichen Backend-Systemen registriert wurden oder deaktiviert werden sollen, z. B. weil sie nicht mehr benötigt werden. Da der Service Builder der zentrale Einstiegspunkt für die Serviceentwicklung ist, wurde im Service Builder die Funktionalität implementiert, die es dem Entwickler erlaubt, die Transaktion für die Pflege von Services im Hub-System (IWFND/MAINT_SERVICE) direkt aus dem Service Builder aufzurufen. Der Aufruf der Transaktion funktioniert auch remote, wenn der Service Builder im SAP-Backend aufgerufen wird.

Der Entwickler kann nun entweder ein Gateway-System aus der Liste der Gateway-Systeme im Verzeichnis SERVICEVERWALTUNG auswählen und aus dem Kontextmenü die Option REGISTRIEREN ❶ oder auf den Button BEARB. ❷ klicken (siehe Abbildung 5.21).

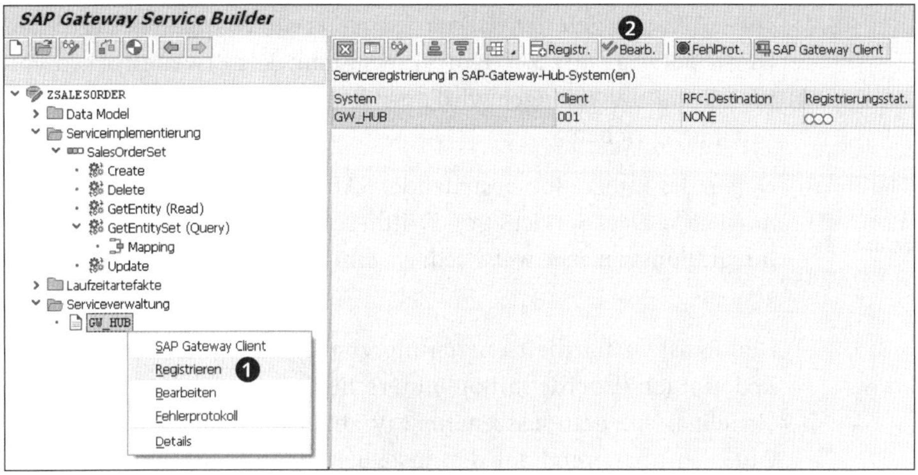

Abbildung 5.21 Aktivieren eines Service im SAP-Gateway-Hub aus dem Service Builder

5.4.5 Servicegenerierung mittels Redefinition

Wie in Abschnitt 5.1, »Serviceerstellung – Möglichkeiten«, dargestellt, geht es bei dem Prozess der Redefinition um das Generieren eines Service auf Basis eines existierenden Business-Objekts. Die Generierung erfolgt mithilfe eines Assistenten, bei dem die beiden Phasen der Datenmodelldefinition und der Implementierung zu einer Phase kombiniert werden, die Redefinition genannt wird.

Der so generierte Service muss nun im Gateway-Server aktiviert werden (Phase Serviceverwaltung) und kann dann konsumiert werden. Das Ziel der Redefinition ist es, Services mit geringem Aufwand anzulegen.

Bestehende Business-Objekte

In einem Business-Suite-System, wie z. B. SAP Customer Relationship Management (SAP CRM), SAP Product Lifecycle Management (SAP PLM) oder SAP Enterprise Asset Management (SAP EAM), gibt es eine Vielzahl verschiedenster Business-Objekte. Obwohl all diese Business-Objekte für unterschiedliche Anwendungsfälle entwickelt wurden, definieren sie doch alle Objekte, Relationen, Aktionen und Suchen, die denen ähneln, die man im OData-Protokoll findet. Daher liegt es nahe, Generatoren zu entwickeln, mit denen man aus den genannten Business-Objekten OData Services generieren kann.

Erweiterbarkeit

Es ist ebenfalls möglich, einen SAP-Gateway-Service auf Basis eines bereits bestehenden SAP-Gateway-Service mittels Redefinition zu generieren. Dieses Szenario wird verwendet, wenn ein Kunde einen von SAP ausgelieferten OData-Service erweitern möchte, z. B. den OData-Service einer SAP-Fiori-Anwendung. Die Erweiterbarkeit von SAP-Fiori-Anwendungen wird detailliert in Kapitel 10, »Erweiterbarkeit«, beschrieben.

Third-Party-OData-Services

Neben der Integration bestehender SAP-Business-Objekte ist es auch möglich, OData-Services von Drittherstellern zu integrieren. Dieses Integrationsszenario weist jedoch einige technische Einschränkungen auf.

Redefinitions-Assistent

Der Assistent für die Generierung von OData-Services mithilfe der Redefinition (Überdefinition) unterscheidet sich kaum innerhalb der einzelnen Integrationsszenarien. Wählen Sie eine der möglichen Optionen (basierend auf den installierten Add-ons) aus, startet ein Assistent, der Sie durch die folgenden drei Schritte leitet:

1. Auswahl eines Business-Objekts
2. Auswahl der Artefakte der Datenquelle (Datenmodelldefinition)
3. Generierung von Laufzeitartefakten und Serviceregistrierung im Backend (Serviceimplementierung)

Der Assistent startet also mit der Phase der Definition des Datenmodells und führt anschließend automatisch die Schritte durch, die zur Phase der Serviceimplementierung gehören. Nachdem der Service im Business-Suite-System auf diese Weise registriert und implementiert wurde, muss er nur noch im Gateway-Server aktiviert werden.

Die verschiedenen Integrationsszenarien, die in diesem Abschnitt beschrieben werden, basieren teilweise auf den in Tabelle 5.1 aufgeführten Add-ons. Wenn diese Add-ons in einem Business-Suite-System installiert sind, erscheinen wie in Abbildung 5.22 im Kontextmenü des Service Builders die entsprechenden Menüeinträge.

Die meisten Integrationsszenarien sind remote aufrufbar. Das bedeutet, dass das zu konsumierende Business-Objekt (z. B. das SPI-Objekt) nicht notwendigerweise auch in dem System vorhanden sein muss, in dem die BEP-Komponente bzw. das spezifische Add-on für das jeweilige Integrationsszenario installiert ist. Aus diesem Grund ist es prinzipiell möglich, die remotefähigen Integrationsszenarien auch im Gateway-Server zu implementieren. In diesem Fall spricht man von einem *Hub-Deployment mit Entwicklung auf dem Hub*.

Name des Add-ons	Integrationsszenario	Remote aufrufbar
IW_GIL	Generic Interaction Layer (GenIL)	
IW_SPI	Service Provider Infrastructure (SPI)	✓
SAP_GWFND und IW_BEP	Analytical Queries	✓
SAP_GWFND oder IW_BEP und IW_FND	OData-Service (External)	✓
SAP_GWFND oder IW_BEP	OData-Service (SAP Gateway)	✓

Tabelle 5.1 Add-ons für die Generierung von Services auf Basis existierender Datenquellen

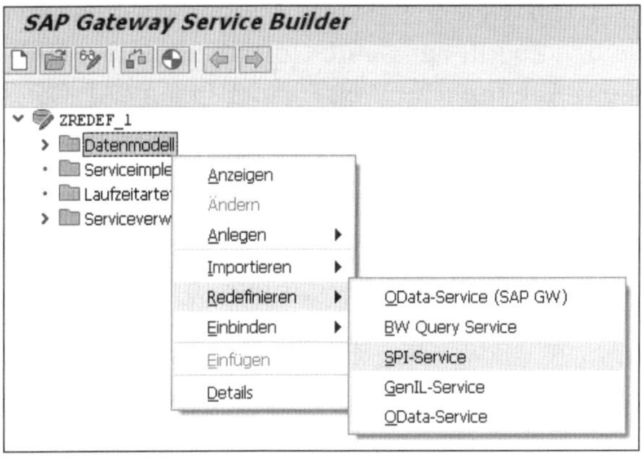

Abbildung 5.22 Kontextmenüoptionen für das Anlegen eines Datenmodells durch Redefinition (Überdefinieren)

Im Folgenden stellen wir nun die verschiedenen Business-Objekte näher vor, die als Datenquellen dienen können.

Generic Interaction Layer (GenIL)

Bestehende Business-Logik integrieren

Die Integration mit dem *Generic Interaction Layer* (GenIL) aus SAP Gateway bietet dem Entwickler die Möglichkeit, OData-Services auf Basis existierender GenIL-Objekte zu generieren. GenIL fungiert als Schnittstelle für existierende Business-Logik und bietet die Option, auf verschiedene Business-Objekte über eine einheitliche Schnittstelle zuzugreifen, und ist Teil des *Business Object Layers* (BOL), der aus den zwei folgenden Ebenen besteht:

- **GenIL**
  Die untere der beiden Ebenen ist ein Dispatcher, der GenIL-Komponenten und deren Modelle zur Laufzeit verwaltet und Anfragen von darüberliegenden Komponenten auf diejenigen Komponenten verteilt, die die angefragten Objekte implementieren.
- **BOL**
  Diese zustandsbehaftete Ebene bietet einen performanten Zugriff, indem sie als Puffer für die Benutzeroberfläche dient und so wiederholte Zugriffe auf die Schnittstellen zu den darunterliegenden Business-Objekten vermeidet.

Obwohl der BOL für den SAP CRM Web Client entwickelt wurde, ist der GenIL nicht hierauf beschränkt und auch in anderen Integrationsszenarien einsetzbar. Ein Beispiel hierfür ist das Webservice-Tool, mit dem aus GenIL-Objekten SOAP-Webservices generiert werden können, die den Zugriff auf GenIL-Objekte über das SOAP-Protokoll ermöglichen. Auf ähnliche Weise bietet Ihnen SAP Gateway die Möglichkeit, OData-Services auf Basis von GenIL-Objekten zu generieren (siehe Abbildung 5.23).

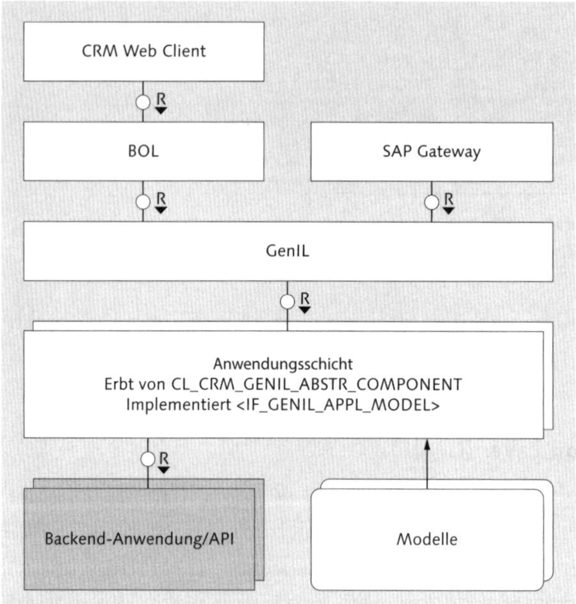

Abbildung 5.23 Integration von GenIL mit SAP Gateway

Die Knoten, Relationen und Queries des GenIL-Modells werden dabei, wie in Abbildung 5.24 gezeigt, auf entsprechende Entitäten eines OData-Modells gemappt.

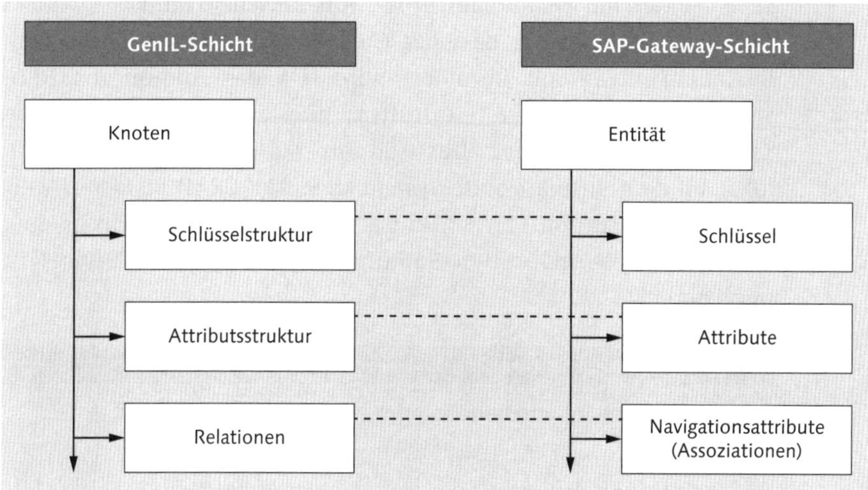

Abbildung 5.24 Mapping zwischen GenIL und einem OData-Modell

Obwohl die Schichten BOL und damit auch GenIL für den SAP CRM Web Client entwickelt wurden, wurde GenIL auch in anderen Business-Suite-Anwendungen wie SAP ERP Financials und SAP ERP Human Capital Management (HCM) eingesetzt. Die Integration mit SAP Gateway ist im Add-on `IW_GIL` enthalten. Dieses muss lokal im Business-Suite-System (z. B. in SAP CRM) installiert werden und erfordert seinerseits die Installation des Add-ons `IW_BEP`.

Achtung

Die GenIL-Integration ist nicht remote aufrufbar. Um Services nutzen zu können, die auf Basis von GenIL-Objekten generiert wurden, muss das Add-on `IW_GIL` im Business-Suite-System installiert sein, das seinerseits das Add-on `IW_BEP` oder ab 7.40 die Softwarekomponente `SAP_GWFND` erfordert.

Service Provider Infrastructure (SPI)

Die Service Provider Infrastructure (SPI) wurde ursprünglich für die Anwendung SAP PLM entwickelt. Bei SPI handelt es sich um ein Framework auf der Anwendungsebene, das verschiedene Konsumenten hat.

Das SPI-Framework wird derzeit nicht nur von der Anwendung SAP PLM genutzt, für die es ursprünglich entwickelt wurde, sondern auch von vielen weiteren Anwendungen der SAP Business Suite.

SPI-Objekte sind remote aufrufbar. Aus diesem Grund ist es nicht zwingend erforderlich, dass das Gateway-Add-on `IW_SPI` auf dem Business-Suite-System installiert wird. Da das Add-on die RFC-Schnittstelle des SPI-Layers aufruft, kann es auch auf dem Gateway-Server installiert werden. Das Add-on `IW_GIL` muss, wie erwähnt, lokal auf dem Business-Suite-System (z. B. SAP CRM) installiert werden. Die Integration von SPI mit SAP Gateway ermöglicht es dem Entwickler, SPI Application Building Blocks als OData-Services zu publizieren.

Weiterführende Informationen

Weiterführende Informationen zu diesem Thema finden Sie hier:

- SPI-Wiki im SCN: *http://wiki.sdn.sap.com/wiki/display/SPI*
- SAP-Online-Hilfe: *http://help.sap.com/saphelp_crm70/helpdata/en/7c/0f77e9f297402aacb48ca7110c7f2a/frameset.htm*

Analytische Queries

Analytische Queries sind die wichtigsten Werkzeuge für den Zugriff auf analytische Daten, die sich entweder in Business-Anwendungen, wie z. B. der SAP Business Suite, oder in Data-Warehouse-Systemen befinden, wie z. B. SAP Business Warehouse (BW).

Während analytische Queries in der SAP Business Suite den Zugriff auf konsistente, operationale Daten ermöglichen, bieten analytische Queries im BW-Hub den Zugriff auf konsistente, stark aggregierte Daten aus verschiedenen Unternehmensteilen.

Die Integration von SAP Gateway und SAP BW ermöglicht es Ihnen, die Inhalte von SAP BW über einen OData-Service zu publizieren, der auf Basis von multidimensionalen Ausdrücken (Multidimensional Expressions, MDX) oder SAP BW Easy Query entwickelt wurde. Während die Verwendung der MDX-Queries bereits mit BW-Systemen ab Release 7.0 möglich ist, benötigt man für die Integration von BW Easy Query mindestens Release SAP BW 7.30. BW Easy Queries sind jedoch im Vergleich zu MDX-Queries einfacher zu verstehen und zu verwenden.

SAP BW Easy Query

SAP BW Easy Query bietet analytische Queries, die bestimmte Voraussetzungen erfüllen. Für jede BW Easy Query wird vom System ein RFC-Funktionsbaustein erzeugt. Dies geschieht automatisch auf Basis der vorhandenen BW-Query-Definition. Auf Basis dieses RFCs kann ein entsprechender OData-Service erzeugt werden.

Um eine analytische Query als SAP BW Easy Query freigeben zu können, muss der Entwickler die entsprechende Checkbox in den Query-Attributen im BEx Query Designer (siehe Abbildung 5.25) aktivieren.

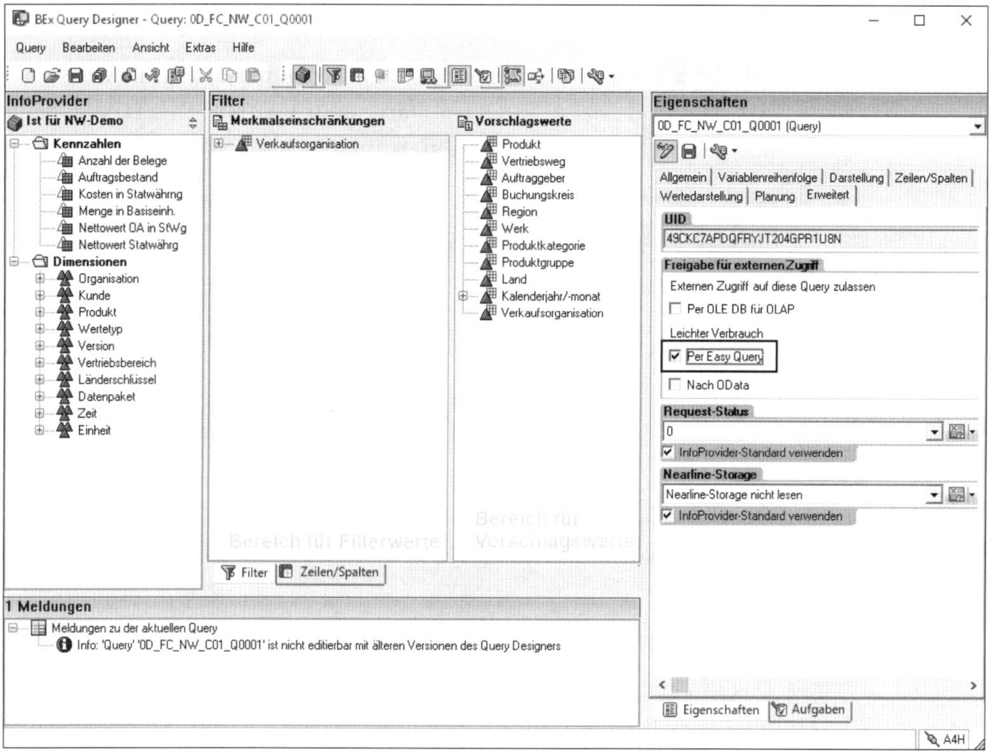

Abbildung 5.25 Definition einer Easy Query im BEx Query Designer

Danach erfolgt die Generierung eines RFC-Funktionsbausteins. Die generellen Merkmale einer SAP BW Easy Query sind, dass sich Merkmale in den Zeilen und die Kennzahlen in den Spalten befinden und freie Merkmale nicht auf OData gemappt werden.

Weiterführende Informationen

Weiterführende Informationen über SAP BW Easy Query können Sie in der SAP-Online-Hilfe finden. Wir empfehlen an dieser Stelle das folgende Dokument:

http://help.sap.com/saphelp_nw73/helpdata/en/b6/53d6c4e26a4504b8971c6e690d2105/frameset.htm

Analytische Annotationen

Dimensionen, Dimensionsattribute und Maße werden als Attribute eines Entitätstyps dargestellt. Entitätstypen, die die Ergebnisse einer MDX- oder BW Easy Query darstellen, sind als `sap:semantics=aggregate` gekennzeichnet.

Tabelle 5.2 zeigt, wie BW-Objekte, z. B. Dimensionen, Dimensionsattribute und Maße, in OData dargestellt werden. Die Tabelle zeigt nur die wichtigsten Annotationen.

SAP-BW-Objekte	OData-Repräsentation	SAP-Annotation
Cube of Type Query	Entitätstyp	`sap:semantics=aggregate`
Dimension	Eigenschaft	`sap:aggregation-role=dimension`
Dimensionsattribut	Eigenschaft	`sap:attribute-for=<dimension name>`
Maß	Eigenschaft	`sap:aggregation-role=measure`

Tabelle 5.2 Analytische Annotationen

Externer OData-Service

OSCI

Das Integrationsszenario *OData Services Consumption and Integration* (OSCI) zielt darauf ab, beliebige (auch Third-Party-) OData-Services aus SAP Gateway zu konsumieren und als Gateway-Services zu publizieren. Mit SP07 von SAP Gateway 2.0 ist diese Funktionalität vollständig in den Service Builder integriert worden.

Die Integration muss auf dem Gateway-Serversystem implementiert werden, wo auch das Add-on `IW_BEP` installiert werden muss. Dies ist notwendig, weil für die Konsumierung von OData-Services die OData-Bibliothek benötigt wird, die sich nur auf dem Gateway-Server befindet. Darüber hinaus ist auch das Add-on `IW_BEP` für die Entwicklung des Service auf dem Gateway-Server erforderlich.

Mit SAP NetWeaver ABAP 7.40 SP02 werden diese beiden Voraussetzungen von jedem ABAP-System erfüllt, da bei diesen Systemen die Softwarekomponente `SAP_GWFND` die entsprechenden Funktionalitäten enthält.

OData-Service (SAP Gateway)

Erweiterungskonzept

Der Service Builder erlaubt Ihnen auch die Generierung von Services, die auf OData-Services in SAP Gateway basieren. Dieses Integrationsszenario ist Teil des Erweiterungskonzepts von SAP-Gateway-Services und kann z. B. für die Erweiterung von Services genutzt werden, die von SAP mit SAP Fiori ausgeliefert werden.

Der redefinierte Service kann zum einen auf die Funktionen des Originalservice zugreifen und zum anderen um zusätzliche Attribute oder Entitätsmengen erweitert werden. Auf diese Weise ist auch eine Erweiterung von Services möglich, die auf Basis der zuvor beschriebenen Integrationsszenarien entwickelt wurden. Das Vorgehen bei der Erweiterung eines von SAP ausgelieferten Gateway-Service und einer SAPUI5-Anwendung zeigen wir anhand der SAP-Fiori-Referenz-App »Approve Purchase Orders« in einer detaillierten Schritt-für-Schritt-Anleitung in Abschnitt 10.3, »SAP-Fiori-Anwendungen erweitern«.

5.4.6 Servicegenerierung mit referenzierten Datenquellen

Mit der Verfügbarkeit von SAP HANA kam es zu einem Paradigmenwechsel hinsichtlich der Art und Weise, wie Geschäftsanwendungen von SAP entwickelt werden. Der Zugriff auf Daten in SAP S/4HANA basiert auf CDS und OData. Dies ist möglich, da CDS nicht nur reine Leseszenarien unterstützt, sondern auch transaktionale, analytische Szenarien und Szenarien, die auf Suchen beruhen.

Smart Templates

Mithilfe von CDS können Datenmodelle über Annotationen semantisch angereichert und durch *Smart Templates* konsumiert werden. Smart Templates sind »schlau«, da sie beispielsweise in der Benutzeroberfläche ein Eingabefeld bereitstellen, wenn eine Eigenschaft als `sap:updatable` gekennzeichnet ist. CDS Views können auch sehr leicht erweitert werden. Mit der Option Referenzierte Datenquellen kann der ABAP Entwickler in der Transaktion SEGW dynamische OData-Services generieren (siehe Abbildung 5.26).

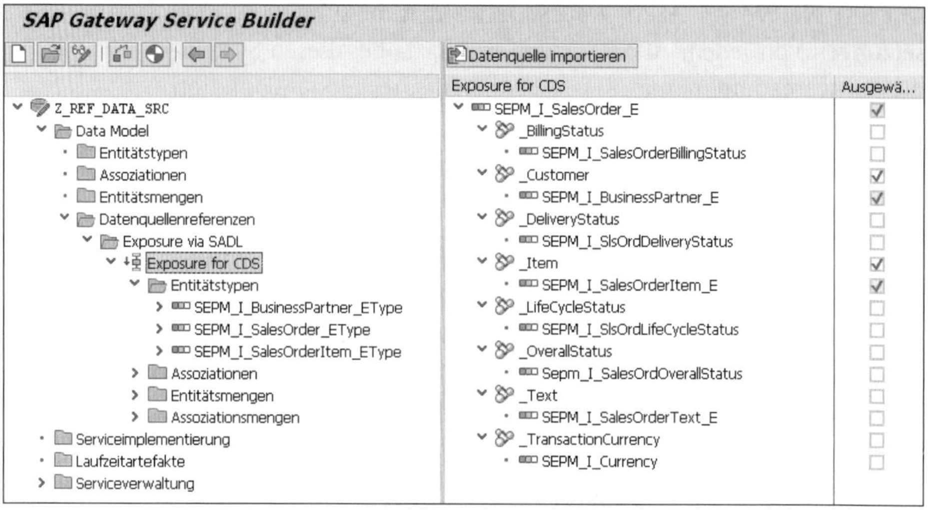

Abbildung 5.26 CDS View als referenzierte Datenquelle in der SEGW

Das bedeutet, dass sich ein OData-Service, der über eine referenzierte Datenquelle generiert wurde, automatisch an die Definition des zugrunde liegenden CDS Views anpasst. Im Service Builder kann der Entwickler die Entitäten und Assoziationen auswählen, die Teil des generierten Service sein sollen.

5.4.7 Servicegenerierung mit Eclipse mit der Option »OData.publish:true«

Ähnlich wie bei den referenzierten Datenquellen im Service Builder können in den *ABAP Development Tools in Eclipse* aus CDS Views OData-Services mithilfe der Option `OData.publish:true` generiert werden. Durch das einfache Setzen einer einzelnen Annotation `OData.publish:true` im DDL-Quellcode des CDS Views wird auf Basis des CDS Views ein OData-Service im SAP-Backend-System registriert. Technisch wird eine Modell-Provider-Klasse im SAP-Backend generiert und mit einer generischen Daten-Provider-Klasse als OData-Service registriert. Um den OData-Service zu publizieren, muss der Entwickler oder der Administrator den im SAP-Backend registrierten Service mithilfe der Transaktion /IWFND/MAINT_SERVICE im SAP-Gateway-Hub aktivieren.

Im Gegensatz zu allen anderen bislang vorgestellten Möglichkeiten, OData-Services zu generieren, wird hier der Service Builder nicht verwendet.

Es ist geplant, dass OData-Services, die über die Option `OData.publish:true` publiziert wurden, nicht nur Read-only-Szenarien unterstützen sollen. Dazu werden parallel zu dem OData-Service entsprechende BOPF-Objekte generiert. Die so generierten OData-Services sollen dann auch die Möglichkeit bieten, schreibend auf SAP-Anwendungsdaten zuzugreifen.

5.5 OData-Channel

Nachdem wir die grundlegenden Konzepte der verschiedenen Möglichkeiten für die Erstellung von Gateway-Services beschrieben haben, stellen wir nun das Konzept der OData-Channel-Programmierung vor. Diese Einführung ist essenziell für das Verständnis von Kapitel 6, »Serviceentwicklung«, in dem wir die Entwicklung von OData-Services detailliert beschreiben werden.

Der OData-Channel ermöglicht Ihnen die Entwicklung von Services durch die Definition von Objektmodellen und die Registrierung der entsprechenden Laufzeit, die in der Daten-Provider-Klasse implementiert wurde. Der Vorteil des OData-Channels ist, dass er Ihnen gewisse Freiheiten bei der Entwicklung von Services bietet. So können komplette DDIC-Informationen und lokale Schnittstellen in der SAP Business Suite genutzt werden, um Gateway-Services zu entwickeln.

Darüber hinaus können Query-Optionen auch im Business-Suite-Backend genutzt werden. Dies bedeutet, dass nur die Daten, die vom OData-Client abgefragt wurden, auch aus dem Business-Suite-System gelesen und zurück zum Client geschickt werden. Das Ergebnis sind hoch optimierte Services mit einer optimalen Performance, da nur ein Minimum an Daten an den Client gesendet wird.

Vier Komponenten von Gateway-Services

Gateway-Services bestehen aus der Sicht des OData-Programmiermodells aus vier Komponenten:

- der Implementierung einer **Modell-Provider-Klasse** und deren Basisklasse, die die Modelldefinition zur Laufzeit darstellt
- der Implementierung einer **Daten-Provider-Klasse** und deren Basisklasse, die zur Laufzeit aufgerufen wird, um die Datenanfragen auszuführen

- dem **technischen Servicenamen**, der zusammen mit dem *technischen Modellnamen* für die Registrierung des Service im Business-Suite-System genutzt wird
- dem **technischen Modellnamen**, der zusammen mit dem *technischen Servicenamen* für die Registrierung des Service im Business-Suite-System genutzt wird

Der technische Servicename und der technische Modellname werden zusammen mit den Klassennamen auf Basis des Projektnamens im Service Builder automatisch vorgeschlagen.

5.5.1 Modell-Provider-Klasse

Die Modell-Provider-Klasse (Model Provider Class, MPC) ist eine ABAP-Klasse, die die Definition des Datenmodells zur Laufzeit erzeugt. Aus diesem Grund werden alle Modellinformationen, die man im Projekt definiert hat, in der Modell-Provider-Basisklasse generiert. Die Basisklasse der Modell-Provider-Klasse muss deshalb immer dann neu generiert werden, wenn Sie die Modelldefinition in Ihrem Projekt ändern.

Die Modell-Provider-Klasse ist wichtig, da alles, was man im Service-Metadatendokument eines Service findet, in der Modell-Provider-Klasse auch durch ABAP-Programmierung implementiert wurde (siehe Abbildung 5.27).

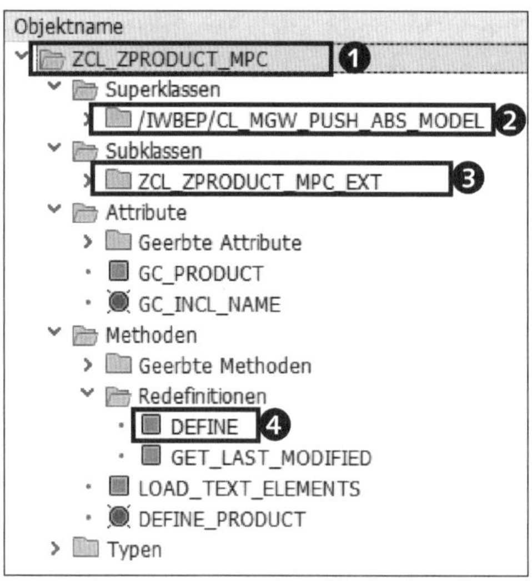

Abbildung 5.27 Modell-Provider-Klasse

Genau betrachtet, wird die Modelldefinition in zwei verschiedenen Klassen generiert:

Klassen

- Der Basisklasse ❶ (mit dem Suffix _MPC): Technisch wird die Basisklasse von der folgenden Superklasse ❷ abgeleitet: /IWBEP/CL_MGW_PUSH_ABS_MODEL.
- Der Modell-Provider-Klasse ❸ (mit dem Suffix _MPC_EXT): Die Modell-Provider-Klasse ist die Klasse, die über den technischen Modellnamen im Backend registriert wird. In der Modell-Provider-Klasse kann man wählen, welche Methoden redefiniert und welche Methoden von der Basisklasse übernommen werden.

In den meisten Fällen besteht für den Entwickler kein Grund, die Modell-Provider-Klasse zu ändern, die durch den Service Builder generiert wurde. Die Ausnahme von dieser Regel ist, wenn Sie einen Gateway-Service bauen möchten, der Features besitzt, die derzeit nicht mit dem Service Builder implementiert werden können. In diesem Fall kann der Entwickler Methoden in, z. B. die DEFINE-Methode ❹, der Modell-Provider-Klasse redefinieren.

Modell-Provider-Klasse im Detail

Normalerweise ist es nicht erforderlich, dass der Entwickler Methoden in der Modell-Provider-Klasse redefiniert, die vom Service Builder auf Basis des OData-Datenmodells generiert wurden. Dennoch schauen wir uns die Methoden genauer an, die vom Service Builder generiert wurden, um das darunterliegende Framework besser zu verstehen.

Die DEFINE-Methode in der Basisklasse der Modell-Provider-Klasse, die vom Service Builder generiert wird, enthält Aufrufe für die entitätstypspezifischen define_<entity_type>-Methoden. Darüber hinaus enthält die DEFINE-Methode einen Aufruf der define_Association-Methode, die die Assoziationen, Assoziationsmengen, Referential Constraints und Navigationsattribute erzeugt.

Die Methode GET_LAST_MODIFIED ist wichtig für die Kommunikation zwischen dem Business-Suite-Backend-System und dem Gateway-Server, wenn die Modell-Provider-Klasse im Backend geändert wurde. In diesem Fall wird ein Refresh der gecachten Metadaten des Service im Gateway-Server initiiert. Diese Methode sollte nicht manuell geändert werden.

In den entitätstypspezifischen DEFINE-Methoden generiert der Service Builder den ABAP-Code, der die Teile des OData-Modells erzeugt, das die Entitätstypen und die Entitätsmengen generiert, die auf diesem Entitätstyp basieren.

Die Attribute eines Entitätstyps werden durch das folgende Coding erzeugt, und die Attribute, die als Schlüsselfelder markiert wurden, werden im Code als Schlüsselfelder gesetzt.

```
lo_property = lo_entity_type->
create_property( iv_property_name = 'ProductID'
iv_abap_fieldname = 'PRODUCT_ID' ).
lo_property->set_is_key( ).
```

Schlussendlich wird der Entitätstyp an eine DDIC-Struktur gebunden, und eine oder mehrere Entitätsmengen werden angelegt. Beachten Sie: Wenn ein Entitätstyp an eine existierende DDIC-Struktur gebunden wird, kann er Conversion Exits und die Feldbezeichner der Datenelemente aus dem DDIC nutzen. Der mittlere Feldbezeichner mit einer Länge von 15 Zeichen eines Datenelements wird dabei als Default-Wert für die SAP-spezifische Annotation `sap:label` verwendet.

```
...
lo_entity_type->
bind_structure( iv_structure_name   =
'BAPI_EPM_PRODUCT_HEADER' iv_bind_conversions = 'X' ).
...
lo_entity_set = lo_entity_type->
create_entity_set( 'Products' )
```

In der Methode `DEFINE_ASSOCIATION` finden Sie den generierten Code, der die Assoziationen, Assoziationsmengen, Referential Constraints und Navigationsattribute des OData-Modells definiert.

5.5.2 Daten-Provider-Klasse und Basisklasse

Die Daten-Provider-Klasse (DPC) ist eine ABAP-Klasse, die alle Methoden bereitstellt, um OData-Aufrufe zu beantworten. Sie wird zur Laufzeit aufgerufen, um diese weiteren Aufrufe auszuführen. Daher sprechen wir auch von der Laufzeitrepräsentation der Serviceimplementierung. Die Daten-Provider-Klasse führt unter anderem die Operationen `CREATE`, `READ`, `UPDATE`, `DELETE` und `QUERY` aus.

Daten-Provider-Klasse und Basisklasse

Wie im Fall der Modell-Provider-Klasse findet man die Daten-Provider-Klasse (Data Provider Extension Class ❶) mit der Endung `_DPC_EXT` und eine Basisklasse (Data Provider Class ❷) mit der Endung `_DPC`. Die Daten-Provider-Klasse erbt von der Basisklasse (siehe Abbildung 5.28). Die Daten-Provider-Klasse ist die Klasse, die über den technischen Servicenamen registriert wird, das heißt, sie ist die Klasse, die in einem OData-Service ausgeführt wird.

Entitätsmengentypische Methoden

An dieser Stelle ist es wichtig zu erwähnen, dass es neben den entitätsmengenspezifischen Methoden ❸ auch Methoden gibt, die nicht spezifisch für eine einzelne Entitätsmenge sind.

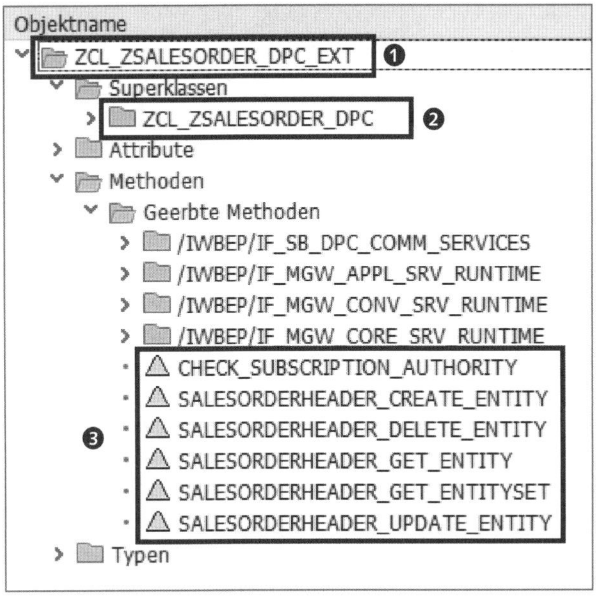

Abbildung 5.28 Interface der Daten-Provider-Klasse

Daten-Provider-Klasse im Detail

Für jede Entitätsmenge werden vom Service Builder Methoden angelegt, die vom Framework aufgerufen werden, wenn ein `CREATE`-, `READ`-, `UPDATE`- oder `DELETE`-Vorgang (CRUD) für die Entitätsmenge aufgerufen wird. Für eine Entitätsmenge mit dem Namen `<ENTIYSET>` werden die in Tabelle 5.3 aufgeführten Methoden angelegt.

Name der DPC-Methode	HTTP-Verb	Ziel
`<ENTITYSET>_CREATE_ENTITY`	`POST`	Entitätsmenge
`<ENTITYSET>_DELETE_ENTITY`	`DELETE`	Entität
`<ENTITYSET>_GET_ENTITY`	`GET`	Entität
`<ENTITYSET>_GET_ENTITYSET`	`GET`	Entitätsmenge
`<ENTITYSET>_UPDATE_ENTITY`	`UPDATE`	Entität

Tabelle 5.3 Entitätsmengenspezifische CRUD-Methoden

Darüber hinaus gibt es weitere Methoden, die nicht nur für eine einzelne Entitätsmenge gelten, sondern für alle Entitätsmengen, die sogenannten nicht entitätsmengenspezifischen Methoden.

Beispiele hierfür sind die Methoden, die die Ausführung von `$EXPAND`- oder Deep-Insert-Ausdrücken übernehmen, oder die Methoden, die aufgerufen werden, wenn ein Funktionsimport aufgerufen wird. Lassen Sie uns daher einen Blick auf diese Beispiele werfen:

- `GET_EXPANDED_ENTITY`, `GET_EXPANDED_ENTITYSET`
  Die Ausführung von `$expand`-Ausdrücken wird vom SAP Gateway Framework out of the box generisch angeboten, wenn Ihr Modell geeignete Navigationsattribute enthält und das Handling der Navigationsattribute implementiert wurde. Es wird jedoch oft Situationen geben, in denen man die Ausführung der `$expand`-Aufrufe selbst implementieren möchte. Ein Beispiel hierfür sind RFC-Funktionsbausteine wie `BAPI_EPM_SO_GET_LIST`. Dieser Funktionsbaustein liest zusammen mit den Kopfdaten eines Verkaufsauftrags auch dessen Einzelposten. Wird nun die Entitätsmenge, die die Kopfdaten der Verkaufsaufträge enthält, so aufgerufen, dass aufgrund des `$expand`-Ausdrucks zugleich auch die Einzelposten des Verkaufsauftrags gelesen werden sollen, würden unnötige Zugriffe auf die Datenbank erfolgen, da die Einzelposten schon beim Lesen der Header-Daten aus der Datenbank gelesen wurden.
- `CREATE_DEEP_ENTITY`
  Das Gegenstück zum Schlüsselwort `$expand` ist die Deep-Insert-Anweisung, bei deren Aufruf die `CREATE_DEEP_ENTITY`-Methode ausgeführt wird. Ein typisches Beispiel hierfür ist der Fall, bei dem zusammen mit einem Verkaufsauftrag zwingend auch mindestens ein Einzelposten angelegt werden muss.
- `EXECUTE_ACTION`
  Die `EXECUTE_ACTION`-Methode ist ebenfalls nicht entitätsmengenspezifisch. Diese Methode wird aufgerufen, wenn ein Funktionsimport in einem OData-Service ausgeführt werden soll. Funktionsimporte ermöglichen die Ausführung von lesenden und schreibenden Szenarien.
- Funktionsimporte können in einem Business-Szenario eingesetzt werden, wenn Daten gelesen oder geschrieben werden müssen und diese Funktionen nicht durch den Aufruf von CRUD-Q-Methoden abgebildet werden können.

5.5.3 Technische Überlegungen zur OData-Channel-Entwicklung

Die OData-Channel-Entwicklung kann entweder in der SAP Business Suite oder auf dem Gateway-Server stattfinden, wie in Abbildung 5.29 dargestellt. Wo aber auch immer Sie entwickeln möchten, die BEP-Komponente muss in dem entsprechenden System installiert werden, oder Sie müssen ein System verwenden, das auf SAP NetWeaver 7.40 SP2 oder höher basiert.

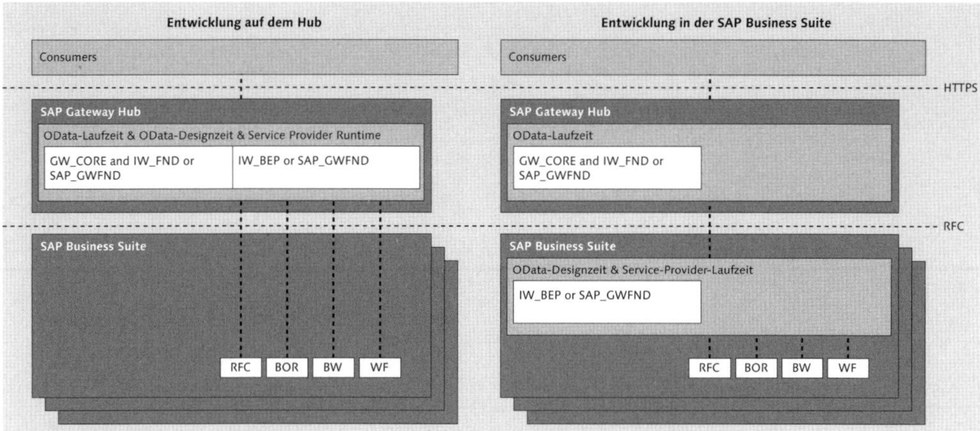

Abbildung 5.29 OData-Channel-Entwicklung auf dem Hub oder in der SAP Business Suite

5.6 Zusammenfassung

Das Anlegen von OData-Services folgt dem bereits vorgestellten Prozess der Erzeugung von Gateway-Services. Dieses Vorgehen wird von SAP empfohlen und durch den Service Builder optimal unterstützt.

In diesem Kapitel haben wir Ihnen zunächst das Tooling und den Entwicklungsprozess vorgestellt, um Ihnen ein Basis-Know-how für die technisch anspruchsvollen Schritt-für-Schritt-Anleitungen zur Serviceentwicklung und Servicegenerierung in Kapitel 6, »Serviceentwicklung«, und Kapitel 7, »Servicegenerierung«, zu vermitteln. In Kapitel 6 werden Sie die Vorteile des OData-Channel-Programmiermodells nutzen können, das wir in diesem Kapitel vorgestellt haben.

Die Serviceentwicklung ist eine der zwei wesentlichen Methoden zur Erstellung von OData-Services. Durch eigenes Entwickeln ist man grundsätzlich flexibler als bei der Servicegenerierung, der zweiten Methode.

6 Serviceentwicklung

Dieses Kapitel beschreibt den Prozess der OData-Serviceentwicklung im Business-Suite-System mit ABAP. Nach der Lektüre dieses Kapitels können Sie OData-Services mit dem zentralen Entwicklungswerkzeug – dem SAP Gateway Service Builder – erstellen und mit dem OData-Channel-Entwicklungsansatz implementieren.

Datenmodelldefinition, Serviceimplementierung und -administration

Die in diesem Kapitel beschriebenen Schritte folgen dem allgemeinen Ansatz der Serviceentwicklung und seinen drei Schritten (Definition des Datenmodells, Implementierung des Service, Administration des Service), wie in Kapitel 5, »Einführung in die Erstellung von OData-Services mit SAP Gateway«, erläutert. Wie dort bereits erwähnt, müssen die Schritte der Datenmodellerstellung, der Serviceimplementierung und der Serviceadministration nicht zwingend nach dem sogenannten Wasserfallprinzip erfolgen, sondern werden eher iterativ vorgenommen, um dem OData-Service mit jeder Iteration mehr Funktionsumfang zu geben. Dies entspricht dem Ansatz vieler anderer Programmiersprachen, bei denen man ebenfalls zunächst ein erstes Element auf die Benutzeroberfläche bringt, dann die zugehörige Funktion implementiert und anschließend mit dem nächsten Element fortfährt.

In diesem Kapitel erläutern wir die Schritte der OData-Serviceentwicklung, wie sie in einem realen Szenario vorkommen könnten. Abbildung 6.1 zeigt die Schritte dieses Entwicklungsprozesses.

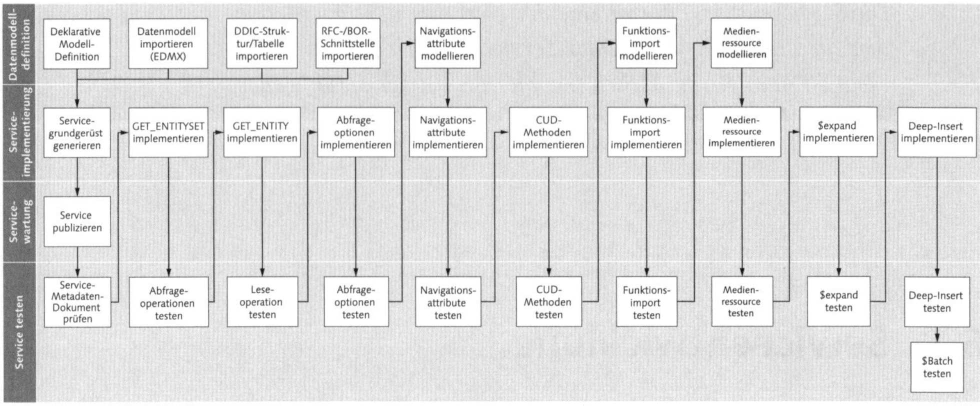

Abbildung 6.1 Beispiel-Entwicklungsprozess

6.1 Definition des Datenmodells

SAP Gateway Service Builder

Wie Sie bereits aus den vorangegangenen Kapiteln gelernt haben, besteht jeder Gateway-OData-Service aus einem Datenmodell und einer Serviceimplementierung. Die Datenmodelldefinition wird zur Laufzeit durch das Servicedokument und das Service-Metadatendokument repräsentiert. Die Serviceimplementierung stellt die eigentliche Funktionalität des OData-Service zur Verfügung. Das Datenmodell eines Gateway-OData-Service, der mit dem OData-Channel-Entwicklungsparadigma implementiert wurde, wird durch die Modell-Provider-Klasse (Model Provider Class, MPC) definiert. Die Serviceimplementierung ist in der Daten-Provider-Klasse (Data Provider Class, DPC) definiert. Der SAP Gateway Service Builder unterstützt Sie bei der Erstellung der beiden Klassen.

Manuelle Serviceerstellung

Es ist natürlich auch möglich, die Modell-Provider-Klasse sowie die Daten-Provider-Klasse manuell mithilfe des ABAP Class Builders (Transaktion SE24) zu erstellen. Dies kann jedoch sehr zeitintensiv sein, da vor allem die Erstellung der Modell-Provider-Klasse recht aufwendig werden kann. Darüber hinaus ist die manuelle Erstellung der MPC meist auch recht fehleranfällig. Für die Daten-Provider-Klasse gibt es wiederkehrende Aufgaben wie das Mappen der Datenquellen und die Erstellung der CRUD-Q-Methoden, die mithilfe eines Werkzeugs deutlich einfacher zu erledigen sind.

Bei den Installationsoptionen haben Sie gesehen, dass es auch möglich ist, vom SAP_GWFND/IW_BEP-System aus Daten aus anderen Remote-

Systemen zu nutzen. In diesem Zusammenhang sollten Sie beachten, dass dann beispielsweise bestimmte Datenelemente eventuell nicht im SAP_GWFND/IW_BEP-System vorhanden sind.

Die beiden Schritte der Datenmodellerstellung

Für die Erstellung eines Datenmodells mithilfe des SAP Gateway Service Builders muss zunächst ein Projekt erstellt werden. Anschließend kann die Definition des Datenmodells erfolgen. Diese beiden Schritte erläutern wir im Folgenden.

6.1.1 Erstellung eines Projekts

Transaktion SEGW

Den SAP Gateway Service Builder starten Sie mit der Transaktion SEGW. Dort können Sie dann ein Projekt anlegen bzw. Ihre zuvor erstellten Projekte ansehen und weiter bearbeiten.

Ein Projekt ist sozusagen eine Klammer um alle Artefakte, die während der OData-Serviceerstellung entwickelt werden. Der Service Builder erlaubt es, mehrere Projekte parallel zu öffnen und zu bearbeiten. Abbildung 6.2 zeigt ein Beispiel eines einzelnen Service-Builder-Projekts. Der Wurzelknoten ist das Projekt selbst – in diesem Fall /IWBEP/GWSAMPLE_BASIC (/IWBEP/GWSAMPLE_BASIC ist ein Beispiel-OData-Service, der seit SAP_GWFND 7.40 SP08 ausgeliefert wird). Als ersten Unterknoten sehen Sie DATA MODEL. In diesem Knoten ist die gesamte Definition des Datenmodells enthalten.

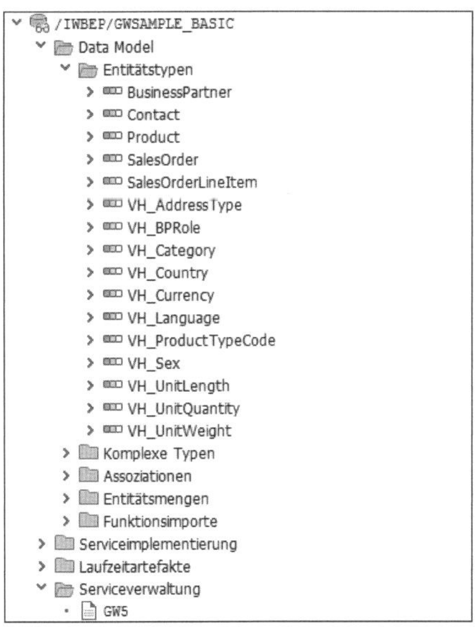

Abbildung 6.2 Beispiel eines Service Builder Projekts

Der Unterknoten SERVICEIMPLEMENTIERUNG bringt die eigentliche Funktion in den Service, indem man verschiedene Datenquellen (z. B. RFCs oder BAPIs) mit den Elementen des Datenmodells verknüpft. Über diesen Unterknoten ist es auch möglich, in die ABAP-Entwicklungsumgebung zu wechseln, um einzelne Methoden von Hand zu implementieren. LAUFZEITARTEFAKTE fasst alle Artefakte zusammen (bzw. die wichtigsten), die im Rahmen der Projektbearbeitung erstellt wurden. Abschließend kann man über den Unterknoten SERVICEVERWALTUNG die Registrierung und Aktivierung des OData-Service auf dem Gateway-Hub vornehmen.

Starten Sie den Service Builder zum ersten Mal, sehen Sie zunächst ein leeres Fenster (siehe Abbildung 6.3).

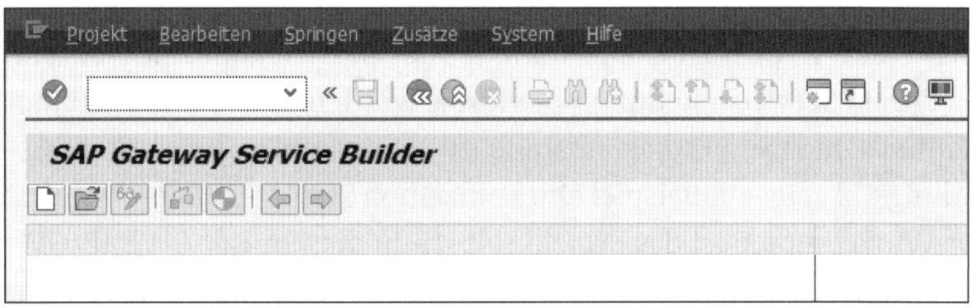

Abbildung 6.3 Erster Aufruf des Service Builders

Projekt anlegen

Mit dem Button PROJEKT ANLEGEN können Sie ein neues Service-Builder-Projekt erstellen (siehe Abbildung 6.4).

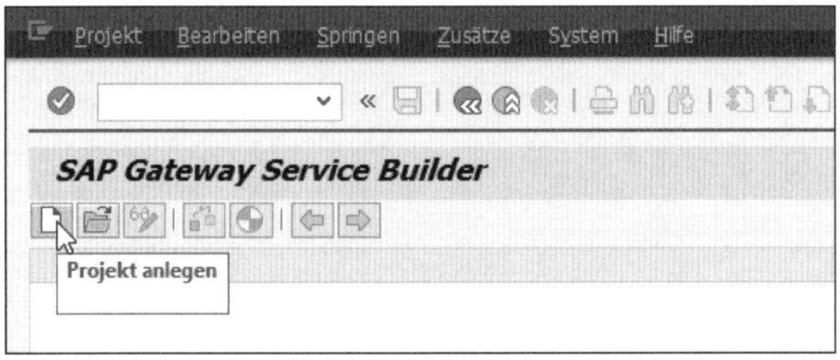

Abbildung 6.4 Service-Builder-Projekt anlegen

Projektdetails

Dies öffnet das Dialogfenster PROJEKT ANLEGEN, in dem Sie die folgenden Attribute angeben können bzw. müssen (siehe Abbildung 6.5):

- PROJEKT
  Der eigentliche Name des Projekts. Für den Projektnamen sind Sonderzeichen und Leerzeichen nicht erlaubt. Außerdem darf ein Projektname nicht mit einer Ziffer beginnen. Unterstriche sind

zulässig. Die Maximallänge des Projektnamens ist auf 30 Zeichen beschränkt.

- BESCHREIBUNG
  Eine Kurzbeschreibung Ihres Projekts. Zulässig sind 60 Zeichen.
- PROJEKTTYP
  Folgende Optionen stehen zur Verfügung:
  - SERVICE MIT SAP-ANNOTATIONEN: Dieses ist der Standardprojekttyp, der für die meisten Anwendungen ausreichend ist. SAP-Annotationen bezieht sich in diesem Zusammenhang auf die Annotationen, die die grundlegenden Eigenschaften des Modells beschreiben (z. B. `sap:creatable` für die Erzeugbarkeit einer Entität, siehe Tabelle 6.1).
  - SERVICE MIT VOKABULARBASIERTEN ANNOTATIONEN: Mithilfe dieses Projekttyps können Sie dem Projekt ein oder mehrere Vokabulare aus dem Vokabular-Repository zuordnen. Durch die Zuordnung können die darin enthaltenen Terme für die Beschreibung der Modelleigenschaften verwendet werden. Diese Terme gehen deutlich über die Möglichkeiten der SAP-Annotationen hinaus.

    Das Vokabular-Repository erlaubt es auch, eigene Vokabulare in das Repository aufzunehmen.
  - ANNOTATIONSMODELL FÜR REFERENZIERTEN SERVICE: Dieser Projekttyp wird genutzt, um einen bereits vorhandenen Service zu annotieren. Im Gegensatz zu den zuvor genannten Projekttypen erscheinen diese Annotationen nicht in den Metadaten, sondern werden mithilfe des Katalogservice (`/IWFND/CatalogService;v=2`) exponiert. Diese Annotationen werden normalerweise durch den Konsumenten gelesen (z. B. von einer HTML5-Applikation), um damit die Visualisierung der Benutzeroberfläche zu beeinflussen (z. B. die Sichtbarkeit und/oder die Reihenfolge von Spalten).
- GENERIERUNGSSTRAT.
  Derzeit gibt es nur die Generierungsstrategie STANDARD. Abhängig vom Projekttyp kann es zukünftig weitere Generierungsstrategien geben.
- PAKET und VERANTWORTLICHER
  Das Paket (die Entwicklungsklasse) und den Verantwortlichen kennen Sie bereits von anderen Repository-Objekten, wie z. B.

ABAP-Reports, DDIC-Tabellen, und anderen Objekten. $TMP wird für Objekte verwendet, die lokal entwickelt und nicht in ein angeschlossenes Zielsystem transportiert werden sollen. Möchten Sie das Projekt und die Inhalte in ein angeschlossenes System transportieren, müssen Sie ein transportierbares Paket angeben. Solch ein Paket kann mithilfe der ABAP Development Workbench (Transaktion SE80) angelegt werden.

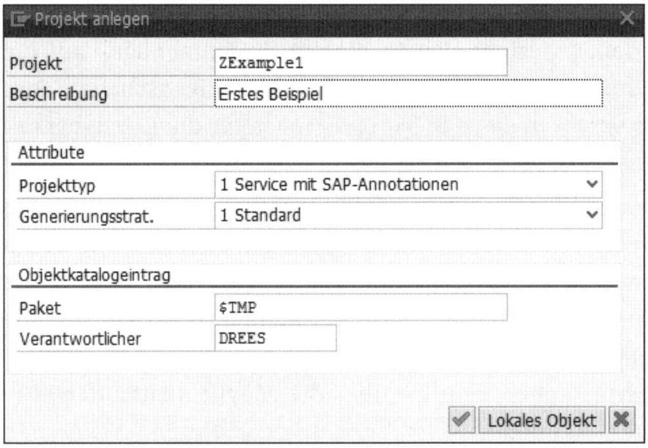

Abbildung 6.5 Dialogfenster »Projekt anlegen«

ABAP-Repository-Eintrag

Der Projektname wird zu einem ABAP-Repository-Eintrag. Aus diesem Grund muss der Projektname auch die bekannten SAP-Namenskonventionen einhalten. Das bedeutet, er muss mit einem »Z« oder einem »Y« beginnen. Zusätzlich es ist möglich, einen zuvor registrierten Namensraum für den Projektnamen zu verwenden. Wie bei anderen Entwicklungsobjekten wird dieser Namensraum dann, mit einem führenden und nachfolgenden Schrägstrich (/) versehen, vor den Projektnamen gestellt (beispielsweise `/MeinNamensraum/Projekt`).

In unserem Beispiel wird der Repository-Eintrag `R3TR IWPR ZEXAMPLE1` erstellt. `IWPR` bedeutet hierbei *Gateway Business Suite Enablement – Service Builder Project* und ist wie jedes andere Repository-Objekt mithilfe eines normalen ABAP-Workbench-Transportauftrags transportierbar. Hierbei beinhaltet `IWPR` nur das Projekt – nicht jedoch zugehörige Artefakte, wie z. B. die Modell- oder Daten-Provider-Klasse. Diese erscheinen als separate Einträge mit ihren zugehörigen Repository-Typen im Transportauftrag.

6.1.2 Erstellen des Datenmodells

Nachdem wir unser Projekt angelegt haben, können wir mit der Erstellung des OData-Service beginnen. Als Erstes erstellen wir das Datenmodell. Wie bereits in Kapitel 5, »Einführung in die Erstellung von OData-Services mit SAP Gateway«, erwähnt, gibt es mehrere Ansätze für die Erstellung des Datenmodells:

Datenmodelloptionen

- deklarative Erstellung des Datenmodells
- Import des Datenmodells aus einer Entity-Data-Model-XML-Datei (EDMX-Datei)
- Import des Datenmodells aus einer DDIC-Struktur/-Tabelle
- Import des Datenmodells aus einer RFC-/BOR-Schnittstelle

Die deklarative Modellerstellung wird meistens dann gewählt, wenn man keine Quelle hat, aus der man das Datenmodell ableiten bzw. importieren kann. Sonst empfiehlt es sich, das Modell durch Importieren aus einer Quelle zu erstellen, da dies im Normalfall erheblich schneller ist. Lassen Sie uns all diese Optionen etwas genauer betrachten.

Deklarative Erstellung des Datenmodells

Deklarative Erstellung bedeutet manuelle Erstellung des Datenmodells durch Festlegen aller Informationen eines Attributs. Um den ersten Entitätstyp auf diese Weise zu erstellen, klicken Sie rechts auf Data Model und wählen Anlegen • Entitätstyp aus dem Kontextmenü (siehe Abbildung 6.6).

Manuelle Erstellung

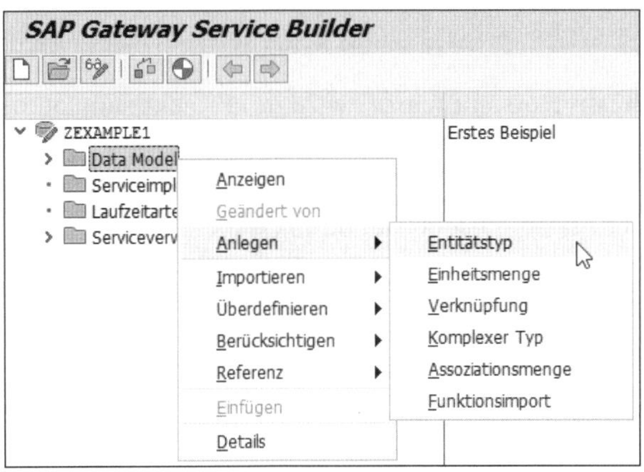

Abbildung 6.6 Anlegen eines Entitätstyps

Zugehörige Entitätsmenge erzeugen

In dem Dialogfenster ENTITÄTSTYP ANLEGEN müssen Sie den Namen des zu erstellenden Entitätstyps angeben. Dieser Name muss innerhalb des Projekts eindeutig sein.

Optional können Sie das Kontrollkästchen ZUGEH. ENTMENGE ANLEGEN (Zugehörige Entitätsmenge anlegen) markieren. Dadurch können Sie eine zu diesem Entitätstyp gehörige Entitätsmenge in einem Schritt anlegen. Normalerweise stehen Entitätstypen und Entitätsmengen in einer 1:1-Beziehung. Es ist aber auch möglich, einen Entitätstyp in mehreren Entitätsmengen zu verwenden. Beispielsweise könnte man einen Entitätstyp `Geschäftspartner` definieren und diesen in den Entitätsmengen `AuftraggeberSet`, `WarenempfängerSet` und `RechnungsempfängerSet` verwenden.

In unserem ersten Beispiel erstellen wir einen Entitätstyp »Product« (siehe Abbildung 6.7) mit einer Reihe von Attributen. Nachdem Sie den Namen des Entitätstyps angegeben haben, markieren Sie das Kontrollkästchen ZUGEH. ENTMENGE ANLEGEN, wodurch der Name der anzulegenden Entitätsmenge durch Hinzufügen von »Set« vorgegeben wird.

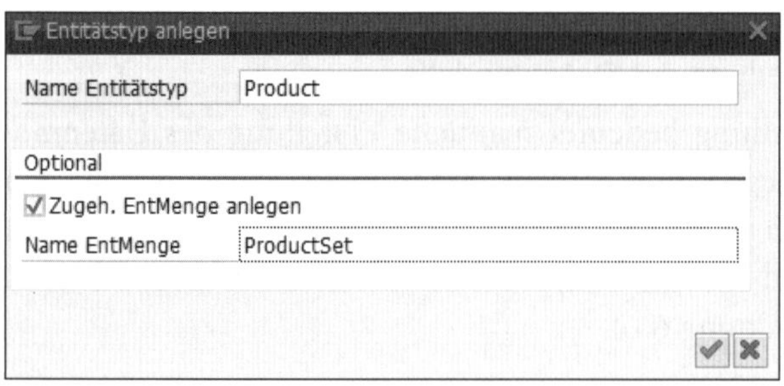

Abbildung 6.7 Erstellen eines Entitätstyps

Nachdem der Entitätstyp erstellt wurde, wird der Projektbaum automatisch aktualisiert und expandiert. Der neue Entitätstyp wird markiert und ausgewählt. Auf der rechten Seite erkennt man die Informationen zu dem Entitätstyp (siehe Abbildung 6.8).

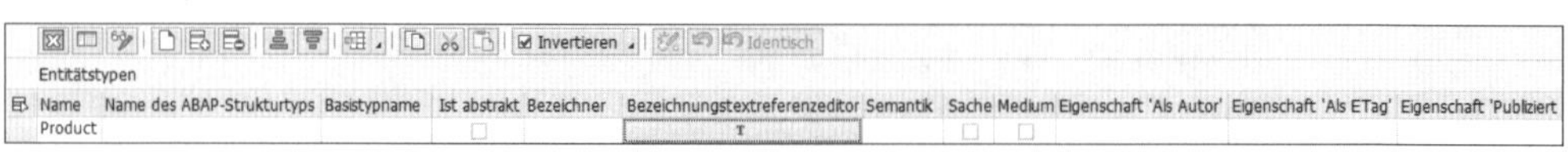

Abbildung 6.8 Entitätstypinformationen

Eine wichtige Eigenschaft ist hierbei der NAME DES ABAP-STRUKTURTYPS. Mit dieser optionalen Eigenschaft kann man den Entitätstyp mit einer DDIC-Struktur oder DDIC-Tabelle verknüpfen. Dies ist sehr hilfreich, da es Ihnen ermöglicht, die Attributdefinition (z. B. Länge und Nachkommastellen) vom zugehörigen DDIC-Element zu erben. Zusätzlich können auch die – meistens in mehreren Sprachen vorhandenen – Texte aus dem DDIC wiederverwendet werden. Dies ist besonders dann praktisch, wenn Sie eine Anwendung entwickeln, die in mehreren Sprachen genutzt werden soll, und Sie die Texte aus dem Data Dictionary wiederverwenden möchten (entweder einmalig beim ersten Erstellen der Applikation oder sogar dynamisch zur Laufzeit).

Aber auch wenn Sie nur eine Sprache einsetzen, kann es bereits hilfreich sein, wenn die Texte nur an einer Stelle gepflegt werden müssen und nicht an mehreren. Dies birgt natürlich die Gefahr, dass sich Ihre Benutzeroberfläche ändert, sobald ein Text im DDIC angepasst wird. Letztendlich bleibt es aber Ihnen überlassen, wie Sie mit den Texten umgehen.

Bis jetzt hat unser Entitätstyp noch keine Attribute. Dies können wir schnell ändern, indem wir den Projektbaum aufklappen und auf EIGENSCHAFTEN doppelklicken (siehe Abbildung 6.9).

Abbildung 6.9 Eigenschaftsknoten im Projektbaum

Auf der rechten Seite des Projektfensters wird die Tabelle der Entitätstypattribute mit ihren Eigenschaften angezeigt. Da wir noch kein Attribut angelegt haben, ist die Tabelle nach dem Anlegen eines neuen Entitätstyps zunächst leer. Mithilfe der Buttons ZEILE ANHÄNGEN und ZEILE EINFÜGEN können Sie ein neues Attribut für den Entitätstyp anlegen.

Pflichtinformationen Als Pflichtinformation müssen Sie Name und EDM-Coretyp für jedes Attribut angeben. Außerdem muss mindestens ein Attribut des Entitätstyps als Ist Schlüssel markiert sein. In unserem aktuellen Beispiel legen wir drei Attribute für unseren Product-Entitätstyp an: ProductID, Category und Name. Alle basieren auf dem EDM-Coretyp `Edm.String` mit individuellen Längenangaben (siehe Abbildung 6.10).

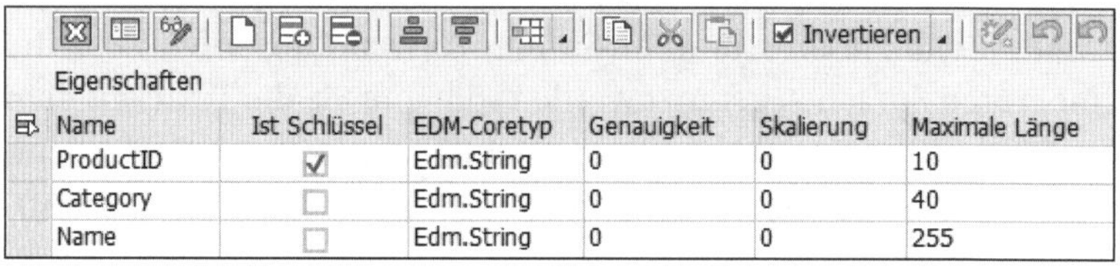

Name	Ist Schlüssel	EDM-Coretyp	Genauigkeit	Skalierung	Maximale Länge
ProductID	☑	Edm.String	0	0	10
Category	☐	Edm.String	0	0	40
Name	☐	Edm.String	0	0	255

Abbildung 6.10 Entitätstypattribute

Schlüsselfeld Das Attribut ProductID ist als Schlüsselfeld markiert. Somit besteht der Primärschlüssel unseres Entitätstyps aus einem Feld. Die Eigenschaft Maximale Länge wurde manuell mit 10 für das Attribut ProductID, 40 für das Attribut Category und 255 für das Attribut Name angegeben.

Die weiteren Attributeigenschaften (siehe Abbildung 6.11) legen die SAP-Annotationen fest und sind in Tabelle 6.1 erläutert.

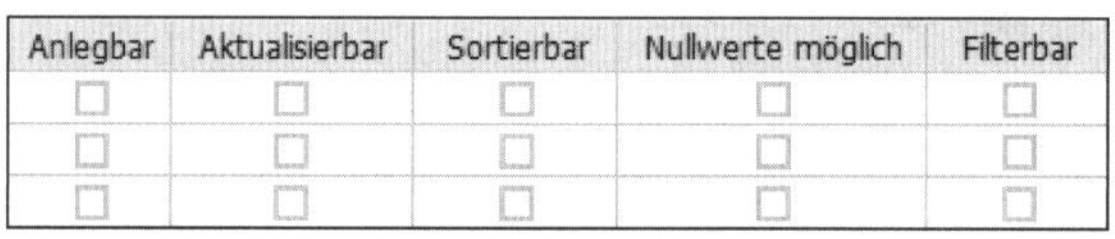

Anlegbar	Aktualisierbar	Sortierbar	Nullwerte möglich	Filterbar
☐	☐	☐	☐	☐
☐	☐	☐	☐	☐
☐	☐	☐	☐	☐

Abbildung 6.11 Weitere Attributeigenschaften

Spalte	Annotation	Beschreibung/Beispiel
Anlegbar	`sap:creatable`	Dieses Attribut kann beim Anlegen eines Eintrags der zugehörigen Entitätsmenge angegeben werden. Diese Eigenschaft ist bei den meisten Attributen markiert, da ein Wert übernommen werden soll, wenn ein Eintrag angelegt wird (z. B. Kundenname). Diese Eigenschaft ist meistens nicht markiert, wenn ein Attribut vom Business-Suite-System ermittelt wird (z. B. Kundennummer oder Verkaufsbeleg-Nummer).

Tabelle 6.1 Attributeigenschaften/Annotationen

Spalte	Annotation	Beschreibung/Beispiel
Aktualisierbar	`sap:updatable`	Dieses Attribut kann beim Ändern eines vorhandenen Eintrags angegeben werden. Meistens ist die Eigenschaft Aktualisierbar genauso definiert wie die Eigenschaft Anlegbar. Die Eigenschaft kommt immer dann zum Einsatz, wenn Attribute änderbar sein sollen (z. B. Telefonnummer). Die Eigenschaft ist meistens nicht markiert für Attribute, die vom Business-Suite-System berechnet werden (z. B. Verfügbarkeitsdatum oder Änderungszeitstempel).
Sortierbar	`sap:sortable`	Die Eigenschaft Sortierbar informiert einen Konsumenten darüber, ob ein Attribut für die Sortierung genutzt werden kann oder nicht. Dadurch weiß ein Konsument, ob er das Attribut in der Abfrageoption `$orderby` einsetzen darf (z. B. `$orderby=Kundenname`).
Nullwerte möglich	`Nullable`	Die Eigenschaft Nullwerte möglich legt fest, ob ein Attribut den Wert `Null` annehmen kann oder nicht. Dies ist eine sehr wichtige Eigenschaft, beispielsweise für Datums- und Zeitfelder, da diese, wenn sie leer sind, nicht in die OData-Antwort eingetragen werden können, sofern die Eigenschaft Nullwerte möglich nicht gesetzt ist. Generell empfiehlt es sich, alle Attribute als Nullwerte möglich zu kennzeichnen. Andererseits definiert die Eigenschaft Nullwerte möglich ein Attribut als optional, das heißt, ein Konsument braucht dieses Attribut nicht zu füllen. Schlüsselfelder dürfen generell keinen Nullwert haben.
Filterbar	`sap:filterable`	Die Eigenschaft Filterbar definiert, ob ein Attribut von einem Konsumenten in einer `$filter`-Abfrageoption verwendet werden darf (z. B. `$filter=Auftragsnummer eq '1234'`).

Tabelle 6.1 Attributeigenschaften/Annotationen (Forts.)

Die Annotationen sind Teil des Service-Metadatendokuments (siehe Abbildung 6.12).

```
- <EntityType Name="Product" sap:content-version="1">
  - <Key>
      <PropertyRef Name="ProductID" />
    </Key>
    <Property Name="ProductID" Type="Edm.String" Nullable="false" MaxLength="10" sap:creatable="false" sap:updatable="false"
      sap:sortable="false" sap:filterable="false" />
  </EntityType>
```

Abbildung 6.12 Metadaten eines Attributs mit allen Eigenschaften (als Beispiel)

Anlegbar, Aktualisierbar, Sortierbar, Filterbar

Die Eigenschaften Anlegbar, Aktualisierung möglich, Sortierbar und Filterbar werden im Service-Metadatendokument ausschließlich dazu verwendet, Konsumenten über den implementierten Funktionsumfang zu informieren. Diese Eigenschaften haben allerdings nur informativen Charakter, da keinerlei Überprüfung oder Unterstützung durch das Gateway-Framework erfolgt. Beispielsweise ist es durchaus möglich, ein Attribut – das nicht als aktualisierbar gekennzeichnet ist – bei einer Änderung eines Eintrags mit zu übergeben und zu verarbeiten. Man erhält also nicht automatisch einen Fehler zur Laufzeit, wenn ein Attribut nicht gemäß seiner Annotation verwendet wird.

Wir empfehlen, dass sich die Daten-Provider-Klasse (DPC) stets gemäß der Definition der Metadaten verhalten sollte, damit Konsumenten immer wissen, welchen Funktionsumfang ein OData-Service bietet. Leider gibt es zahlreiche OData-Services, die dieser Empfehlung nicht folgen und oftmals gar keine Annotation gepflegt haben. In solchen Fällen können Sie meist nur durch Ausprobieren herausfinden, welchen Funktionsumfang der Service bietet. Allerdings sind solche OData-Services meist nur für einen einzelnen spezifischen Anwendungsfall erstellt worden, somit steht die Wiederverwendung nicht unbedingt im Vordergrund.

In unserem Beispiel (siehe Abbildung 6.13) markieren wir alle Anlegbar-Eigenschaften der Attribute ProductID, Category und Name. Im weiteren Verlauf dieses Kapitels werden wir die zugehörige `Create`-Operation entsprechend implementieren. Die Eigenschaft Aktualisierung möglich wird für alle Attribute außer der ProductID markiert, da sie der Primärschlüssel ist und in unserem Beispiel nicht verändert werden kann.

Die SORTIERBAR-Eigenschaft markieren wir für keines der Attribute, da wir keine Sortierung implementieren werden. Die Eigenschaft NULLWERT MÖGLICH wird ebenfalls für keines der Attribute markiert, da keines der Attribute optional ist. FILTERBAR markieren wir für die Attribute PRODUCTID und CATEGORY, da wir für diese im weiteren Verlauf entsprechende Filter implementieren werden.

Name	Schlüssel	EDM-Coretyp	Genauigk.	Skalierung	Max. Länge	EinhEig.	Anlegbar	Akt. mögl.	Sortierbar	Nullwerte möglich	Filterbar	Bezeichner
ProductID	✓	Edm.String	0	0	10		✓				✓	Produktnummer
Category		Edm.String	0	0	40		✓	✓			✓	Produktkategorie
Name		Edm.String	0	0	255		✓	✓				Produktname

Abbildung 6.13 Eigenschaften und Bezeichner der Produktattribute

Nun haben wir die Definition eines einfachen Entitätstyps bereits fertiggestellt. Als Nächstes definieren wir die Entitätsmenge. Dies ist erforderlich, da die Serviceimplementierung wie auch die Konsumierung stets basierend auf den Entitätsmengen erfolgen. Der Entitätstyp selbst kann nicht konsumiert werden.

Eine Entitätsmenge kann durch einen Doppelklick auf den Entitätsmengenknoten im Projektbaum erzeugt werden. Anschließend müssen Sie in der Tabelle auf der rechten Seite auf den Button ZEILE ANHÄNGEN oder ZEILE EINFÜGEN klicken. In unserem Beispiel haben wir bereits eine Entitätsmenge mit dem Namen PRODUCTSET bei der Erstellung des Entitätstyps angelegt (siehe Abbildung 6.14).

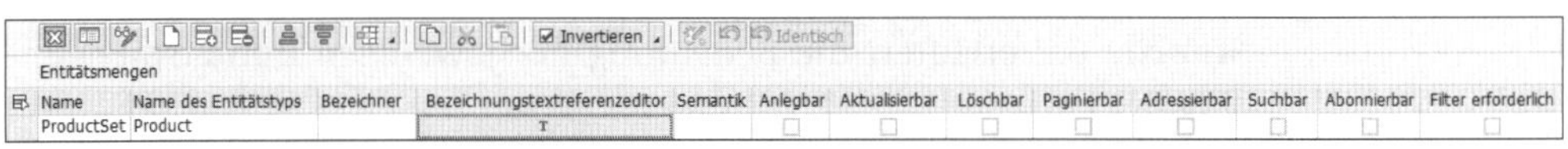

Name	Name des Entitätstyps	Bezeichner	Bezeichnungstextreferenzeditor	Semantik	Anlegbar	Aktualisierbar	Löschbar	Paginierbar	Adressierbar	Suchbar	Abonnierbar	Filter erforderlich
ProductSet	Product		T									

Abbildung 6.14 Entitätsmenge »ProductSet« im initialen Zustand

Benennung der Entitätsmenge

Es gibt unterschiedliche Ansätze, wie man die Entitätsmenge zu einem Entitätstyp benennt. In unseren Beispielen nutzen wir den Zusatz »Set« (`ProductSet`). In anderen OData-Services sieht man auch den Zusatz »Collection« (z. B. `ProductCollection`) oder die Verwendung des Plurals (z. B. `Products`). Letztendlich ist es Ihre Entscheidung, welchen Ansatz Sie bevorzugen. Sie sollten lediglich sicherstellen, dass Sie nicht innerhalb eines OData-Service die Ansätze mischen.

Für jede Entitätsmenge muss der zugrunde liegende Entitätstyp definiert werden. Diese Angabe ist zwingend erforderlich, da eine Entitätsmenge ohne Entitätstyp nicht verwendbar ist. Man kann den Entitätstyp entweder per Hand eintippen oder über die [F4]-Wertehilfe auswählen. Wenn Sie die Entitätsmenge während der Erstellung des Entitätstyps mit erstellt haben, dann ist diese Zuordnung bereits vorhanden.

Darüber hinaus können Sie optional noch einen Bezeichner für die Entitätsmenge angeben. Dieser Bezeichner wird im Service-Metadatendokument ausgegeben und ermöglicht es einem Konsumenten, diesen Bezeichner in der Benutzeroberfläche z. B. als Seitenüberschrift anzuzeigen.

Flags

Auf der Ebene der Entitätsmenge gibt es ebenfalls einige Eigenschaften als Kontrollkästchen, die die Fähigkeiten der Entitätsmenge über ihre Annotationen festlegen. Ebenso wie die Eigenschaften bei den Entitätstypen werden diese Annotationen lediglich in den Metadaten (in diesem Fall im Service-Metadatendokument wie auch im Servicedokument) zum Ausdruck gebracht. Das Gateway-Framework betrachtet diese Annotationen zur Laufzeit nicht. Dies kann z. B. dazu führen, dass man, auch wenn eine Entitätsmenge nicht als ANLEGBAR gekennzeichnet ist, trotzdem erfolgreich eine `POST`-Anfrage auf sie absetzen kann. Auch für Entitätsmengen ist es ratsam, dass die Annotationen dem tatsächlichen Funktionsumfang des OData-Service entsprechen sollten.

Tabelle 6.2 erläutert die Bedeutung der jeweiligen Entitätsmengen-Eigenschaften.

Eigenschaft	Annotation	Beschreibung/Beispiel
SUCHBAR	`sap:searchable`	Die SUCHBAR-Eigenschaft sagt aus, ob die Serviceimplementierung einen Such-String (Abfragemethode) verarbeiten kann. Ein Such-String ist nicht zu verwechseln mit dem Filtern auf einzelne Attribute. Als Beispiel könnte der folgende URI dazu verwendet werden, alle Produkte zu suchen, die den Text »box« enthalten: `ProductSet?search= 'box'`.

Tabelle 6.2 Eigenschaften der Entitätsmengen

Eigenschaft	Annotation	Beschreibung/Beispiel
AKTUALISIERBAR	sap:updatable	Das Ändern von Einträgen des zugehörigen Entitätstyps ist erlaubt. Änderungen werden mit HTTP-PUT-Abfragen auf den zu ändernden Eintrag realisiert. Als Beispiel kann das Produkt mit der Produktnummer='123' geändert werden.
LÖSCHBAR	sap:deletable	Das Löschen von Einträgen des zugehörigen Entitätstyps ist erlaubt. Löschungen werden mittels HTTP-DELETE-Abfragen realisiert. Als Beispiel kann man die Verkaufsbelegposition mit der Auftragsnummer='50000' und der Positionsnummer='10' löschen.
PAGINIERBAR	sap:pageable	Das konsumentenseitige Blättern über diese Entitätsmenge ist erlaubt. Das konsumentenseitige Blättern wird mittels der Abfrageparameter $top und $skip realisiert. Hierdurch kann der Konsument die Größe der Seite und die Anzahl der zu überspringenden Einträge festlegen.
ADRESSIERBAR	sap:addressable	Diese Eigenschaft legt fest, ob eine Entitätsmenge direkt über den URI angesprochen (adressiert) werden darf oder nicht. Direkt adressiert bedeutet, dass man z. B. die Entitätsmenge über den URI direkt aufruft, z. B. .../ProductSet. Im Gegensatz dazu steht die indirekte Adressierung über ein Navigationsattribut, z. B. SalesOrderSet('1')/Items. Die Entitätsmenge SalesOrderItemSet ist hierbei nicht adressierbar, da sie nur über das Navigationsattribut Items erreicht werden kann. Als Beispiel kann man sich einen Anwendungsfall vorstellen, bei dem es nicht sinnvoll ist, alle im System existierenden Auftragspositionen ungefiltert ohne Bezug zum Auftragskopf zu lesen.

Tabelle 6.2 Eigenschaften der Entitätsmengen (Forts.)

Eigenschaft	Annotation	Beschreibung/Beispiel
Anlegbar	sap:creatable	Das Anlegen von Einträgen des dazugehörigen Entitätstyps ist erlaubt. Das Anlegen von Einträgen wird mittels HTTP-POST-Abfragen realisiert. Als Beispiel kann man einen Geschäftspartner-Eintrag erstellen.
Abonnierbar	-	Die Abonnierbar-Eigenschaft erscheint als solche nicht direkt in den Metadaten. Stattdessen werden beim Setzen dieser Eigenschaft zwei weitere Entitätsmengen in die Metadaten hineingeneriert (SubscriptionCollection und NotificationCollection), die für die Abwicklung der Abonnierbarkeit relevant sind. Die Abonnierbarkeit wird dazu verwendet, Benachrichtigungen basierend auf Ereignissen an Konsumenten zu versenden (z. B. wenn sich ein Auftragsstatus ändert). Für die Nutzung der Abonnierbarkeit sind je nach Anwendungsfall noch weitere Systemkonfigurationen (z. B. bgRFC-Einstellungen), User-Exit-Implementierungen oder Workflow-Ereignistypkopplungen erforderlich.
Filter erforderlich	sap:requires-filter	Die Eigenschaft Filter erforderlich legt fest, ob eine Abfrage auf eine Entitätsmenge einen Filter erfordert. Ist diese Eigenschaft markiert, muss ein Filter angegeben werden. Zum Beispiel würde die folgende Abfrage .../BusinessPartnerSet?$filter=City eq 'Frankfurt' alle Geschäftspartner aus Frankfurt ermitteln. Die ungefilterte Abfrage .../BusinessPartnerSet wäre gemäß der Annotation nicht zulässig (würde aber nicht automatisch einen Fehler erzeugen).

Tabelle 6.2 Eigenschaften der Entitätsmengen (Forts.)

In unserem Beispiel setzen wir die Eigenschaften ANLEGBAR, AKTUALISIERBAR, LÖSCHBAR, PAGINIERBAR und ADRESSIERBAR (siehe Abbildung 6.15).

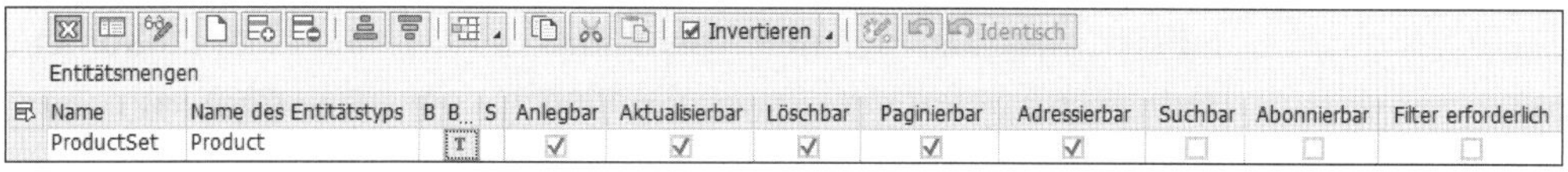

Abbildung 6.15 ProductSet-Entitätsmenge mit markierten Eigenschaften

Nachdem der Service generiert und aktiviert wurde (was wir in Abschnitt 6.2, »Serviceregistrierung im SAP-Business-Suite-System«, und in Abschnitt 6.4, »Serviceadministration«, betrachten), können Sie sehen, wie die Eigenschaften in dem Service-Metadatendokument dargestellt werden (siehe Abbildung 6.16).

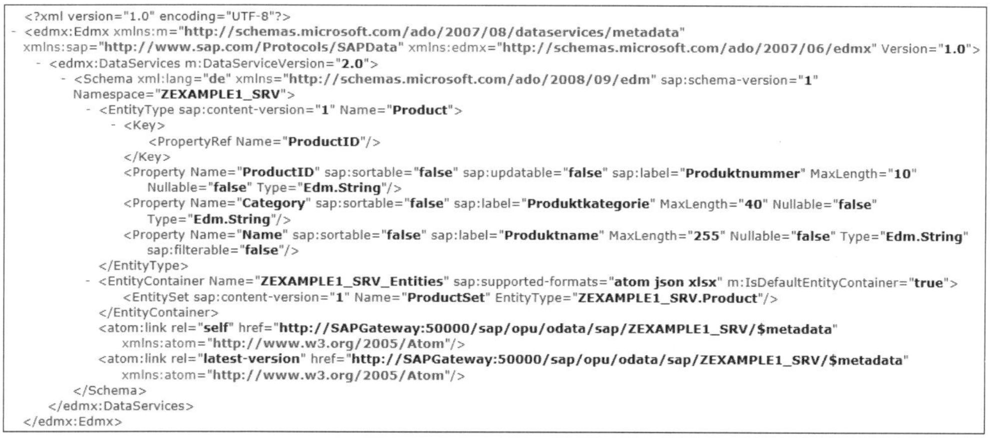

```
<?xml version="1.0" encoding="UTF-8"?>
- <edmx:Edmx xmlns:m="http://schemas.microsoft.com/ado/2007/08/dataservices/metadata"
  xmlns:sap="http://www.sap.com/Protocols/SAPData" xmlns:edmx="http://schemas.microsoft.com/ado/2007/06/edmx" Version="1.0">
  - <edmx:DataServices m:DataServiceVersion="2.0">
    - <Schema xml:lang="de" xmlns="http://schemas.microsoft.com/ado/2008/09/edm" sap:schema-version="1"
      Namespace="ZEXAMPLE1_SRV">
      - <EntityType sap:content-version="1" Name="Product">
        - <Key>
            <PropertyRef Name="ProductID"/>
          </Key>
          <Property Name="ProductID" sap:sortable="false" sap:updatable="false" sap:label="Produktnummer" MaxLength="10"
            Nullable="false" Type="Edm.String"/>
          <Property Name="Category" sap:sortable="false" sap:label="Produktkategorie" MaxLength="40" Nullable="false"
            Type="Edm.String"/>
          <Property Name="Name" sap:sortable="false" sap:label="Produktname" MaxLength="255" Nullable="false" Type="Edm.String"
            sap:filterable="false"/>
        </EntityType>
      - <EntityContainer Name="ZEXAMPLE1_SRV_Entities" sap:supported-formats="atom json xlsx" m:IsDefaultEntityContainer="true">
          <EntitySet sap:content-version="1" Name="ProductSet" EntityType="ZEXAMPLE1_SRV.Product"/>
        </EntityContainer>
        <atom:link rel="self" href="http://SAPGateway:50000/sap/opu/odata/sap/ZEXAMPLE1_SRV/$metadata"
          xmlns:atom="http://www.w3.org/2005/Atom"/>
        <atom:link rel="latest-version" href="http://SAPGateway:50000/sap/opu/odata/sap/ZEXAMPLE1_SRV/$metadata"
          xmlns:atom="http://www.w3.org/2005/Atom"/>
      </Schema>
    </edmx:DataServices>
</edmx:Edmx>
```

Abbildung 6.16 Beispiel eines Metadatendokuments mit Entitätsmengenattributen

In unserem einfachen Beispiel nutzen wir lediglich einen Entitätstyp mit einer Entitätsmenge. Weitere Definitionen (wie z. B. das Definieren einer Assoziation) sind zunächst nicht erforderlich.

Im folgenden Abschnitt importieren wir ein Datenmodell anhand einer umfangreicheren EDMX-Datei mit mehreren Entitätstypen, Entitätsmengen, Assoziationen und zugehörigen Navigationsattributen.

Importieren eines Datenmodells via EDMX-Datei

Entity Data Model XML

Ein Datenmodell kann auch anhand einer bestehenden EDMX-Datei (EDMX steht für Entity Data Model XML) aufgebaut werden. Dabei kann diese Datei mit jedem Werkzeug erstellt werden, das solche Modelle erstellen und in eine Datei exportieren kann, wie beispielsweise das OData Modell Editor PlugIn in der SAP Web IDE. Eine weitere Quelle für eine EDMX-Datei ist auch jeder OData-Service, auf den Sie Zugriff haben, denn das Service-Metadatendokument (`$metadata`) liefert eine Datei, die hierfür genutzt werden kann.

In diesem Beispiel verwenden wir das Service-Metadatendokument des SAP Gateway Sample Service /IWBEP/GWSAMPLE_BASIC. Hierzu speichern Sie das Service-Metadatendokument ab, um es anschließend mithilfe des Service Builders zu importieren. Hierfür legen Sie zunächst ein neues Projekt an (siehe Abbildung 6.17).

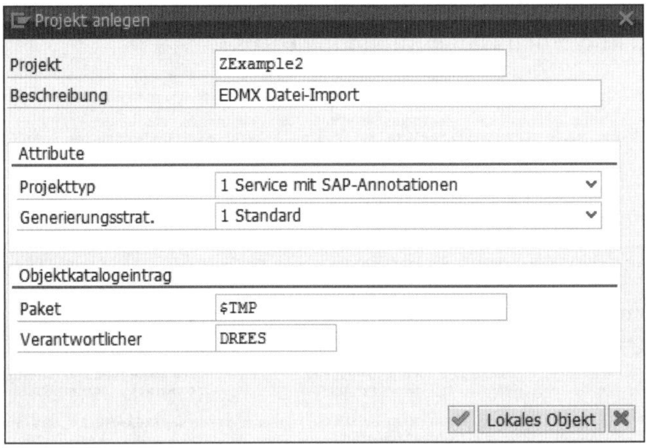

Abbildung 6.17 Anlegen eines neuen Projekts für den Dateiimport

Nachdem Sie ein neues Projekt angelegt haben, öffnen Sie den Dateiimport durch einen Klick mit der rechten Maustaste auf den Knoten DATA MODEL und durch Auswahl von IMPORTIEREN • DATENMODELL AUS DATEI (siehe Abbildung 6.18) im Kontextmenü. Dies öffnet den ersten Schritt des Dateiimport-Assistenten (siehe Abbildung 6.19). Dort haben Sie die Option, einen benutzerdefinierten Import (BENDEF.IMPORT) oder einen vollständigen Import (VOLLST. IMPO) auszuwählen.

Bis einschließlich SAP Gateway 2.0 SP06 gab es nur die Möglichkeit eines vollständigen Imports, der immer das gesamte Datenmodell überschreibt. Seit SAP Gateway 2.0 SP07 wurde der Funktionsumfang durch das Ergänzen des benutzerdefinierten Imports verbessert. Der benutzerdefinierte Import erlaubt es, das bestehende Modell mit dem zu importierenden Modell zu kombinieren.

Abbildung 6.18 Importieren eines Datenmodells aus einer Datei

Da wir zu diesem Zeitpunkt noch kein Datenmodell haben, ist nur die Option VOLLST. IMPO auswählbar.

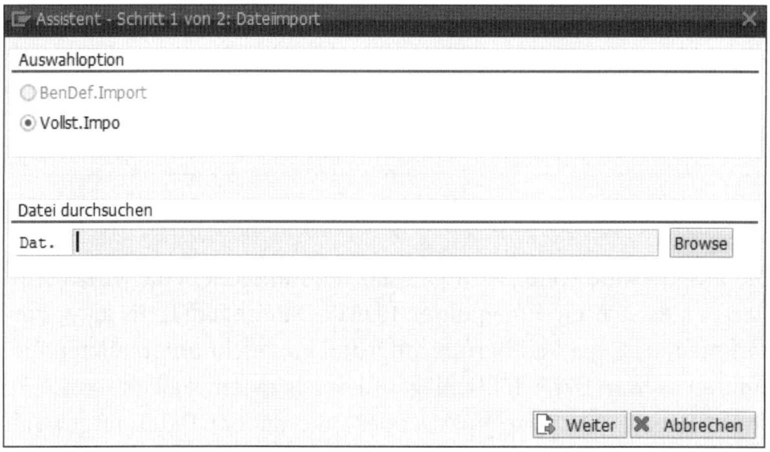

Abbildung 6.19 Schritt 1 des Dateiimport-Assistenten

Durch einen Klick auf den Button BROWSE (steht für Durchsuchen) öffnet sich der Dateiauswahl-Dialog. In diesem Dateiauswahl-Dialog wählen Sie die zu importierende Datei aus (siehe Abbildung 6.20).

Nachdem eine Datei für den Import ausgewählt wurde, gelangen Sie wieder zum ersten Schritt des Dateiimport-Assistenten zurück. Dort klicken Sie auf WEITER.

Abhängig von Ihren lokalen SAP-GUI-Einstellungen kann es sein, dass Ihnen eine Sicherheitswarnmeldung angezeigt wird, die darauf hinweist, dass vom SAP GUI aus versucht wird, auf eine Datei zuzugreifen. Dies müssen Sie erlauben, da Sie sonst den Assistenten nicht fortführen können.

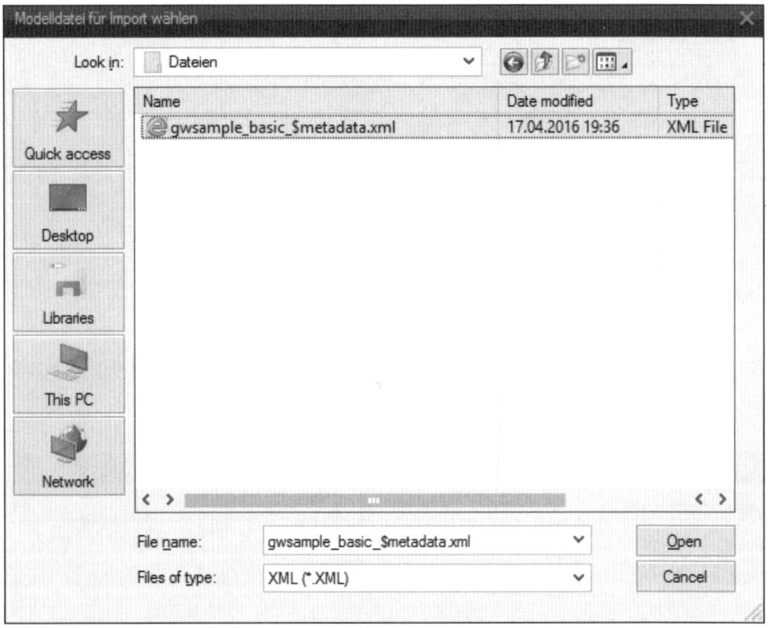

Abbildung 6.20 Dateiauswahl-Dialog

Die ausgewählte Datei wird gelesen, und anschließend wird verifiziert, ob es sich um eine gültige EDMX-Datei handelt. Es kann vorkommen, dass die Validierung aufgrund von nicht unterstützten Elementen in der Datei fehlschlägt. In solch einem Fall muss die zu importierende Datei angepasst oder eine andere Datei ausgewählt werden.

Im letzten Schritt des Assistenten (siehe Abbildung 6.21) wird Ihnen das zu erwartende Ergebnis angezeigt. Hier können Sie sich anschauen, wie das Datenmodell nach dem Import aussehen wird. Sie haben die Möglichkeit, wieder zum ersten Schritt zurückzukehren und gegebenenfalls eine andere Datei auszuwählen. Oder Sie klicken auf FERTIG STELLEN, damit das Datenmodell übernommen wird.

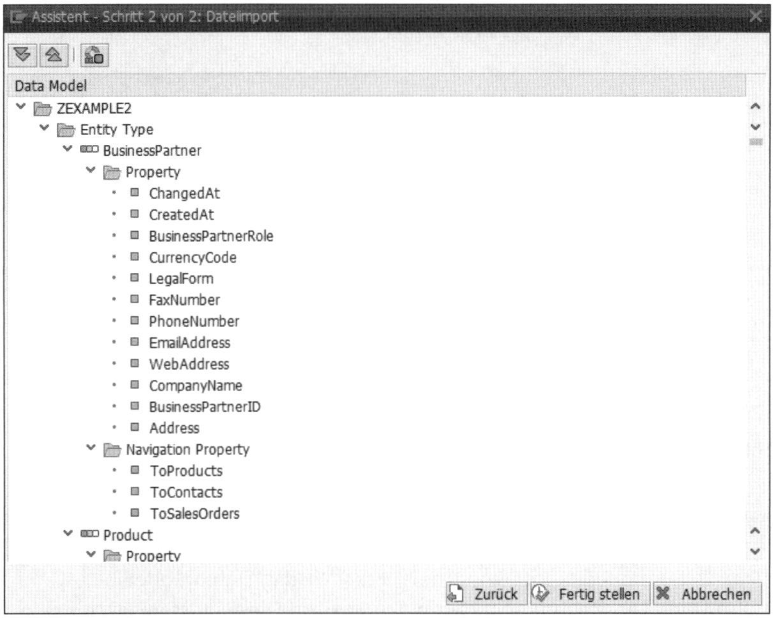

Abbildung 6.21 Zweiter Schritt des Dateiimport-Assistenten

Import erfolgreich

Wurde die Datei importiert, erhalten Sie die Meldung MODELLDATEI ERFOLGREICH IMPORTIERT. Nach jedem Import wird automatisch eine Prüfung der Projektkonsistenz ausgeführt. Im Fall des Imports der Metadaten des /IWBEP/GWSAMPLE_BASIC-Beispielservice erhalten Sie einige Warnmeldungen. Dies liegt daran, dass die Prüfungen des Service Builders im Laufe der Zeit verbessert wurden, um sicherzustellen, dass ein Service zur Laufzeit keine Fehler aufgrund von z. B. fehlerhaften Attribut-Deklarationen verursacht. Da der importierte Service zwar EDM-Informationen, jedoch keine Verknüpfung zu DDIC-Objekten (Strukturen/Tabellen) hat, führen die anhand der EDM-Typen abgeleiteten ABAP-Datentypen zu den genannten Warnungen.

Sollten bei der Prüfung der Projektkonsistenz Warnungen oder Fehler im NACHRICHTEN-Bereich auftauchen, so können Sie durch Doppelklick auf die jeweilige Meldung an diejenige Stelle im Projekt navigieren, die den Fehler oder die Warnung verursacht hat.

Nachdem das Datenmodell importiert wurde, können Sie den Projektbaum expandieren und sich das Datenmodell anschauen (siehe Abbildung 6.22). Wie Sie erkennen können, wurden zahlreiche Entitätstypen, Entitätsmengen, Assoziationen und andere Elemente importiert.

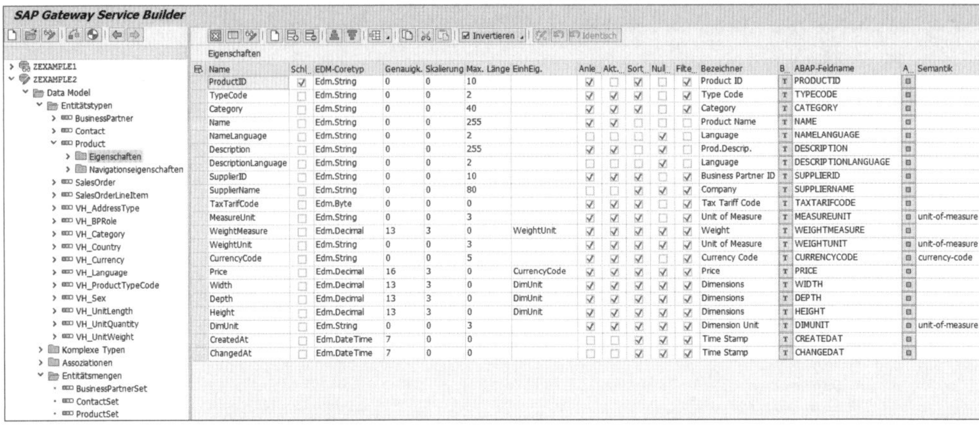

Abbildung 6.22 Datenmodell nach dem Dateiimport

> **Hinweis**
>
> Der Datenmodellimport importiert lediglich das Datenmodell selbst. Es wird keine Serviceimplementierung importiert. Diese muss im Nachhinein durch das Mapping entsprechender Datenquellen im Service Builder oder durch das Implementieren der zugehörigen Methoden mit ABAP vorgenommen werden.
>
> Außerdem werden durch den Dateiimport keine DDIC-Beziehungen hergestellt, die der ursprüngliche Service gegebenenfalls hatte.

Nachdem das Datenmodell importiert wurde, können Sie es an Ihre Bedürfnisse anpassen. Beispielsweise können Sie die Elemente einfach löschen, die Sie in Ihrem Service nicht benötigen. Außerdem können Sie Ihrem Datenmodell neue Elemente (z. B. Attribute oder Entitätstypen) hinzufügen.

Wie bereits erwähnt, können Sie den Dateiimport beliebig oft wiederholen. Dies ist beispielsweise dann sinnvoll, wenn sich die Quelldatei ändert und Sie diese Änderungen in Ihr Projekt übernehmen wollen.

Importieren eines Datenmodells aus dem Data Dictionary

Die dritte Möglichkeit, um ein Datenmodell zu definieren, ist der Import einer Struktur oder Tabelle aus dem Data Dictionary (DDIC). Hierzu erstellen Sie zunächst wieder ein neues Projekt (ZEXAMPLE3), klicken rechts auf DATA MODEL und wählen IMPORTIEREN • ABAP-DICTIONARY-STRUKTUR aus dem Kontextmenü (siehe Abbildung 6.23).

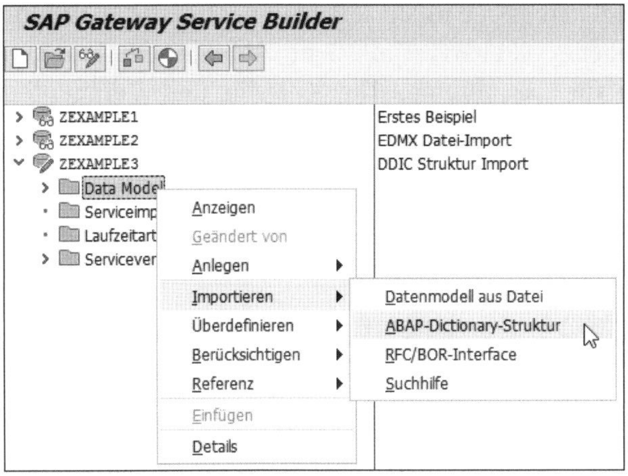

Abbildung 6.23 Importieren einer ABAP-Dictionary-Struktur

Dies öffnet den ABAP-Dictionary-Struktur-Importassistenten (siehe Abbildung 6.24). Auch wenn die Namensgebung des Assistenten auf »Strukturen« hindeutet, so ist er trotzdem in der Lage, auch die Definitionen von ABAP-Dictionary-Tabellen, -Views sowie auch CDS Views zu importieren.

Standardmäßig importiert man die Definition in einen neuen Entitätstypen. Durch Auswahl der Option KOMPL. TYP können Sie die Definition alternativ auch in einen neuen komplexen Typ importieren.

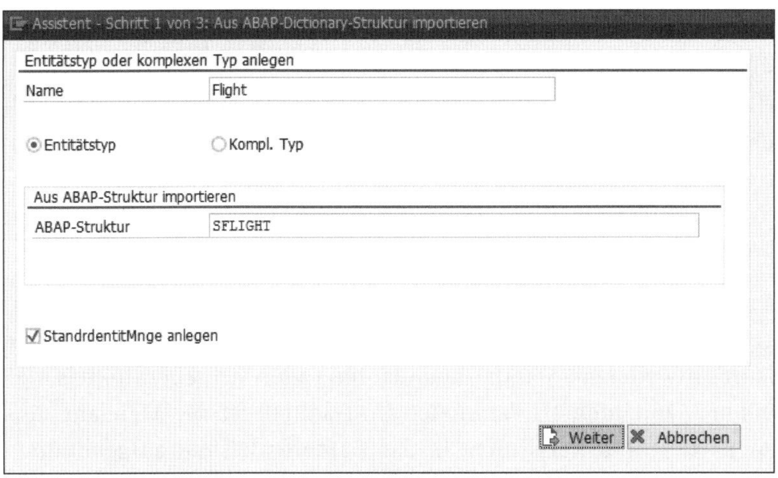

Abbildung 6.24 Schritt 1 des Assistenten für den ABAP-Dictionary-Struktur-Import

Als Name des Entitätstyps geben Sie »Flight« und als ABAP-Struktur die Datenbanktabelle »SFLIGHT« an (siehe Abbildung 6.24). Das Kontrollkästchen für das automatische Anlegen und Verknüpfen einer zugehörigen Entitätsmenge ist standardmäßig markiert.

Danach klicken Sie auf Weiter. Nun wird die Definition der angegebenen DDIC-Struktur bzw. Datenbanktabelle gelesen und im zweiten Schritt des Assistenten angezeigt (siehe Abbildung 6.25).

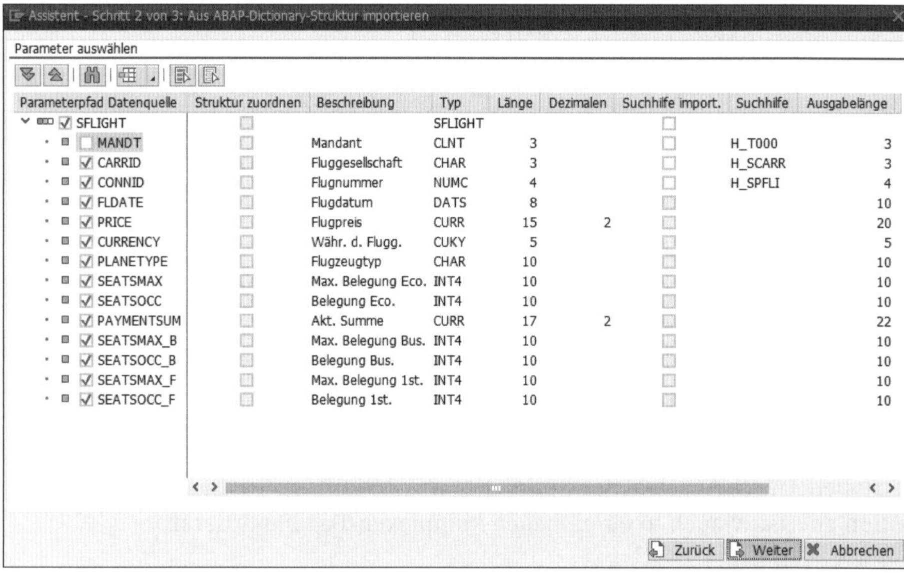

Abbildung 6.25 Schritt 2 des Assistenten für den ABAP-Dictionary-Struktur-Import

Hier können Sie nun entweder die gesamte Struktur mit all ihren Feldern oder auch nur einzelne Felder auswählen. Je nach zu importierender Struktur markiert man meistens zunächst die gesamte Struktur und de-selektiert anschließend die Felder, die man nicht benötigt.

Mandantenfeld

Das Mandantenfeld, über das die meisten Datenbanktabellen verfügen, müssen Sie nicht mit in Ihren Service aufnehmen. Jeder Service läuft entweder im Standardmandanten, oder Sie geben mittels URI einen Mandanten als Parameter an. Dadurch ist der Mandant stets spezifiziert und muss nicht in das Datenmodell mit aufgenommen werden. Die ABAP-Laufzeitumgebung fügt den Mandanten bei Datenbankzugriffen automatisch hinzu.

Parallel zu dem Import der eigentlichen ABAP-Dictionary-Struktur können auch über das ABAP Dictionary verknüpfte Suchhilfen direkt mitimportiert werden. Diese dienen dann der Serviceimplementierung der zugehörigen Felder (werden also nicht als neue Elemente in das Datenmodell aufgenommen).

Attribute

Haben Sie alle gewünschten Attribute ausgewählt, können Sie auf WEITER klicken, um zum letzten Schritt (Schritt 3) des ABAP-Dictionary-Struktur-Importassistenten zu gelangen. Hier markieren Sie die Attribute, die den Primärschlüssel des Entitätstyps darstellen. Ein Primärschlüssel kann stets aus mehreren Attributen bestehen. Komplexe Typen haben keinen Primärschlüssel. Außerdem können Sie in diesem Schritt die Namen der Attribute ändern. Das können Sie zwar später auch noch tun, jedoch bietet es sich in diesem Dialogschritt an. Wir ändern z. B. die Attributnamen `Carrid` auf `CarrierID`, `Connid` auf `ConnectionID` und `Fldate` auf `FlightDate` (siehe Abbildung 6.26).

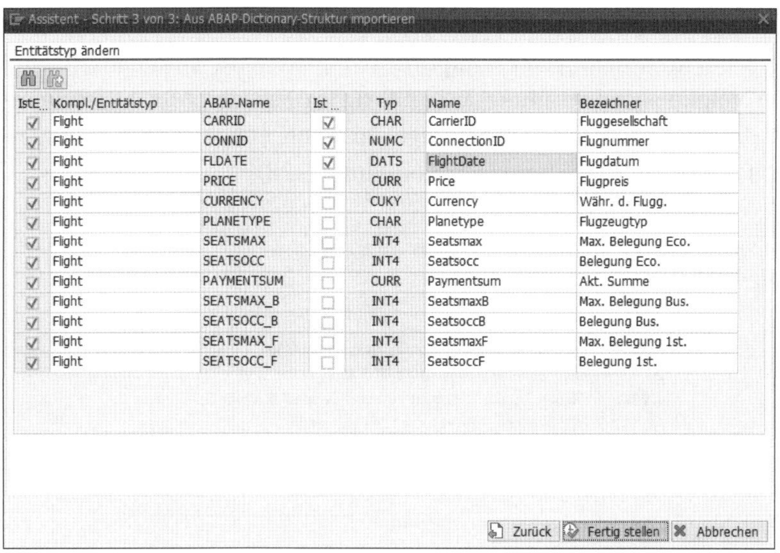

Abbildung 6.26 Schritt 3 des Assistenten für den ABAP-Dictionary-Struktur-Import

Die Spalte BEZEICHNER stellt den FELDBEZEICHNER MITTEL aus dem zugehörigen Datenelement aus dem ABAP-Dictionary dar, der für die Attribute vorgeschlagen wird.

Nachdem Sie auf FERTIG STELLEN geklickt haben, wird der angegebene Entitätstyp in Ihrem Projekt erstellt. Sie können den ABAP-Dictionary-Struktur-Importassistenten so oft, wie gewünscht, aufrufen, um immer wieder neue Entitätstypen oder auch komplexe Typen in Ihrem Datenmodell zu erstellen.

Wenn Sie sich die Details des erzeugten Entitätstyps anzeigen lassen, sehen Sie, dass der Entitätstyp `Flight` eine Beziehung zu der zugrunde liegenden DDIC-Struktur bzw. -Tabelle `SFlight` hat (siehe Abbildung 6.27).

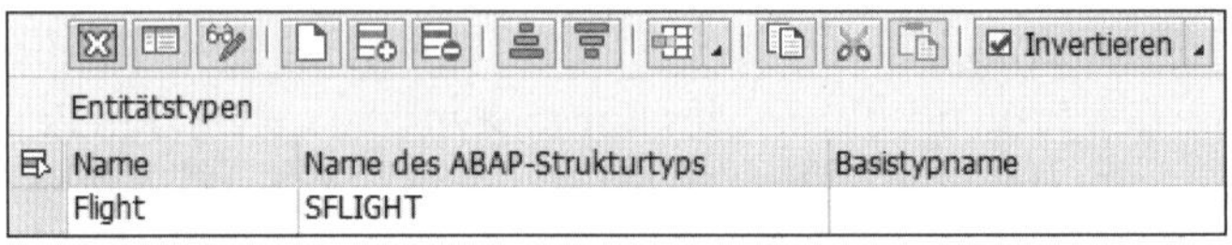

Abbildung 6.27 Entitätstyp mit referenzierter DDIC-Tabelle

Wie bereits erwähnt, erlaubt die Referenzierung das Übernehmen der Attributdefinition der zugrunde liegenden Datenbanktabelle oder Struktur. Dies beinhaltet den Datentyp, die Feldlänge, die Nachkommastellen und die Bezeichner in den installierten Sprachen.

Projektkonsistenzprüfung

Nachdem Abschluss des Importassistenten wird automatisch eine Projektkonsistenzprüfung ausgeführt. Im Fall der ABAP-Dictionary Tabelle `SFLIGHT` erhalten Sie gegebenenfalls einige Warnmeldungen im Nachrichtenfenster (siehe Abbildung 6.28).

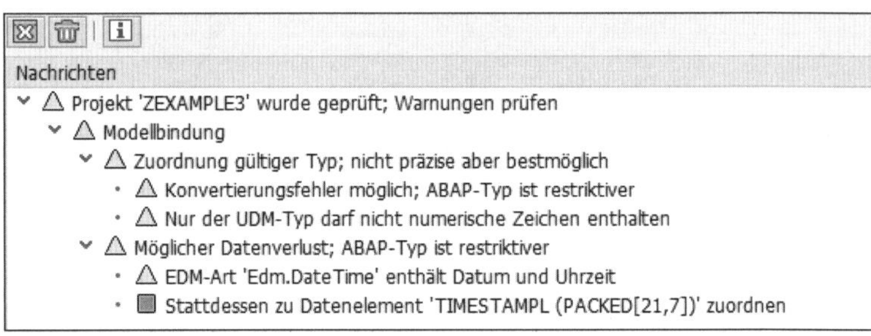

Abbildung 6.28 Warnmeldungen nach dem DDIC-Import

Durch Doppelklick auf die jeweilige Meldung gelangen Sie direkt zu dem die Meldung verursachenden Element. Beispielsweise deutet die Meldung: »Nur der UDM-Typ darf nicht numerische Zeichen enthalten« darauf hin, dass ein Datenelement des Typs `NUMC` zur Laufzeit verwendet wird, wobei der verwendete EDM-Datentyp vom Typ `String` ist. Daraus resultiert, dass der EDM-Datentyp auch nicht numerische Zeichen enthalten kann, die zur Laufzeit jedoch nicht in ein `NUMC` Feld konvertiert werden können.

Die zweite Warnung deutet auf ein ABAP-Datumsfeld (Datentyp DATS) hin, das per Definition nur das Datum selbst, jedoch keine Zeitinformation beinhalten kann. Der verwendete EDM-Datentyp ist Edm.DateTime, der sehr wohl neben dem Datum auch eine Uhrzeit beinhalten kann. Aufgrund der in OData 2.0 vorhandenen EDM-Datentypen kann dies leider nicht besser abgebildet werden. Die von der Konsistenzprüfung vorgeschlagene Aktion wäre die Anpassung des ABAP-Datentyps (TIMESTAMPL statt DATS), was in unserem Fall nicht anwendbar ist.

Wie Sie erkennen können, sind die ABAP-Datentypen nicht immer zu 100 % auf die EDM-Datentypen abbildbar (und umgekehrt). Nichtsdestotrotz versucht der Service Builder beim Importieren von Datenmodellen stets die geeignetsten Datentypen vorzuschlagen. Sie erhalten entsprechende Warn- oder Fehlermeldungen, wenn dies nicht optimal gelingt, und der Vorschlag zu möglichen Datenverlusten zur Laufzeit oder gar zu Laufzeitfehlern führen kann.

Es ist grundsätzlich empfehlenswert, die aufgelisteten Warn- und Fehlermeldungen zu berücksichtigen und im Idealfall zur erreichen, dass die Projektkonsistenzprüfung eine grüne Ampel zeigt.

Importieren eines Datenmodells mittels BOR/RFC

Eine weitere Möglichkeit, um ein Datenmodell zu erstellen, ist das Importieren einer BOR-/RFC-Schnittstelle. BOR steht für Business Object Repository, das zentrale Objektverzeichnis. Beim BOR-Import wird die Schnittstelle einer BOR-Methode (z. B. BusinessPartner.CreateFromData) importiert. RFC steht für Remote Function Call, und mittels RFC-Import ist es möglich, die Schnittstelle eines RFC-Funktionsbausteins als Datenmodell zu importieren. Da BOR-Methoden recht häufig als RFC-Funktionsbausteine implementiert sind, sind beide Importmethoden aus Sicht des Service Builders quasi identisch.

BAPI_EPM_PRODUCT_GET_LIST

Legen Sie nun ein neues Projekt an (ZEXAMPLE4), und führen Sie den Import des RFC-Funktionsbausteins BAPI_EPM_PRODUCT_GET_LIST durch. Der BOR-/RFC-Importassistent wird durch einen Klick mit der rechten Maustaste auf DATA MODEL und Auswahl von IMPORTIEREN • RFC/BOR INTERFACE im Kontextmenü gestartet (siehe Abbildung 6.29).

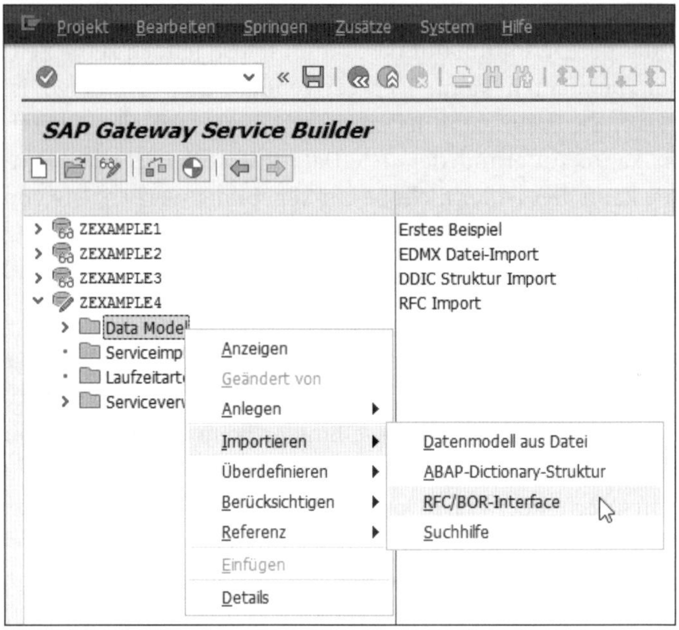

Abbildung 6.29 Aufruf des RFC-/BOR-Schnittstellenassistenten

Im ersten Schritt wird zunächst der Name des Entitätstyps angegeben – in unserem Beispiel »Product«. Anschließend legen Sie fest, ob sich die BOR-Methode bzw. der RFC-Funktionsbaustein lokal im selben System (lokal aus Sicht der `SAP_GWFND/IW_BEP`-Komponente) oder in einem entfernten System befindet (Remote-System). Im Fall eines Remote-Systems müssen Sie zusätzlich die RFC-Verbindung zu dem gewünschten System angeben.

BOR oder RFC

Mittels Auswahlbox müssen Sie den Typ der Datenquelle (BOR-Objekt oder RFC-Funktionsbaustein) angeben. Abschließend müssen Sie noch angeben, wie der Name der Datenquelle lautet. Abhängig von dem gewählten Typ, werden Sie durch eine zugehörige [F4]-Wertehilfe bei der Auswahl unterstützt, die es auch erlaubt, nach Werten zu suchen. Dies funktioniert auch in einem Remote-Szenario.

In unserem Beispiel erzeugen Sie den Entitätstyp PRODUCT im lokalen System, indem Sie den RFC-Funktionsbaustein mit dem Namen `BAPI_EPM_PRODUCT_GET_LIST` (siehe Abbildung 6.30) angeben.

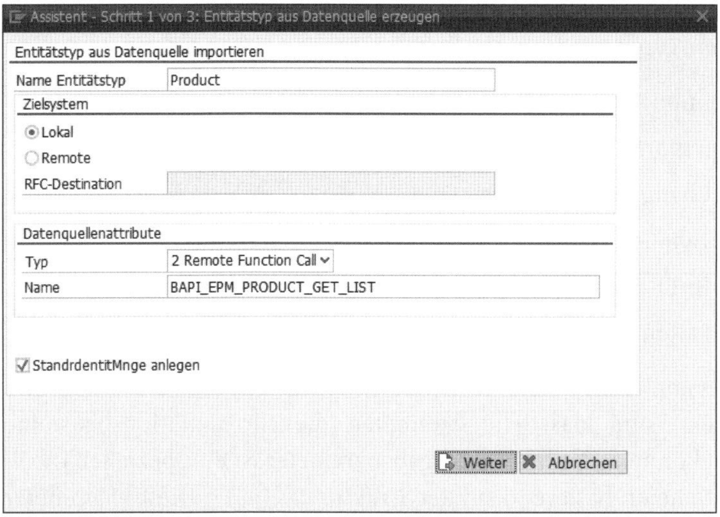

Abbildung 6.30 Schritt 1 des RFC-Importassistenten

Ähnlich wie bei den anderen Datenquellen können Sie auch hier durch Markieren des Kontrollkästchens erreichen, dass automatisch eine zugehörige Entitätsmenge erstellt wird.

Anschließend klicken Sie auf WEITER. Im nächsten Bild sieht man zunächst die zusammengeklappte Schnittstelle des angegebenen RFC-Funktionsbausteins bzw. der angegebenen BOR-Methode (siehe Abbildung 6.31).

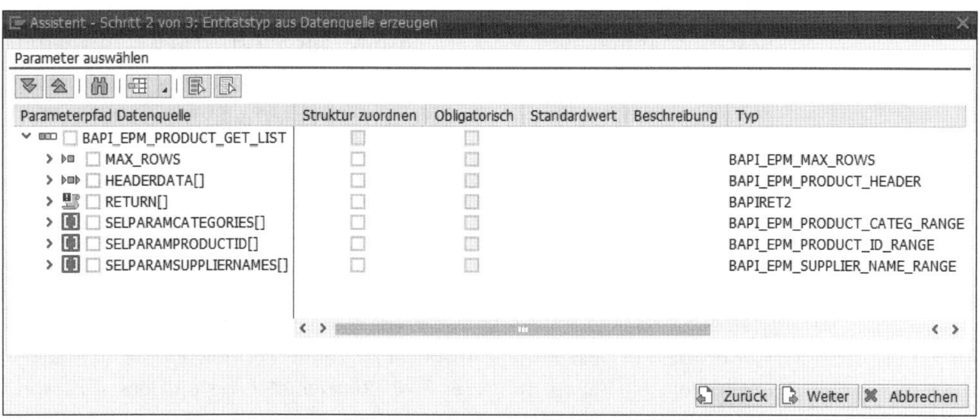

Abbildung 6.31 Schritt 2 des RFC-Importassistenten

Parameter

Jeder Schnittstellenparameter ist mit einem kleinen Icon versehen, das den Typ des Parameters beschreibt:

- Importparameter
- Exportparameter
- Changing-Parameter
- Tabellenparameter (mit eckigen Klammern hinter dem Namen)
- BAPI-Rückgabeparameter
- Parameter `Select Options`

Die ersten vier Parametertypen (Import, Export, Changing und Tabellen) sind klassische Parameter, die alle Funktionsbausteine haben können. Der BAPI-Rückgabeparameter ist ein spezieller Tabellenparameter, basierend auf der Struktur `BAPIRET2`. Dieser Parameter hat ein eigenes Icon, da sich der Service Builder automatisch um die Verarbeitung dieses Parameters kümmert, wenn Sie die Serviceimplementierung über den Service Builder modellieren (z. B. `Get_EntitySet`-Methode). Daher ist es in der Regel nicht erforderlich, beispielsweise einen `Return`-Entitätstyp im Datenmodell zu definieren, um Fehlerinformationen an einen Konsumenten zu übermitteln. Dies wird stattdessen automatisch über die Serviceimplementierung durch das Auslösen einer entsprechenden Ausnahme vorgenommen. Im Fall einer Serviceimplementierung durch den Service Builder wird die BAPI-Rückgabetabelle automatisch nach Fehlermeldungen (Meldungen mit dem Meldungstyp »E«) durchsucht und eine Business-Ausnahme bei Vorhandensein ausgelöst. Diese Ausnahme resultiert für den Aufrufer in einem entsprechenden HTTP-Fehlercode zusammen mit dem Langtext der Fehlermeldung.

Hinweis

Das automatische Verarbeiten der Fehlermeldung aus der BAPI-Rückgabetabelle findet nur statt, wenn die Serviceimplementierung im Service Builder durch entsprechendes Mapping von BOR-Methoden bzw. RFC-Funktionsbausteinen erfolgt ist. Wenn Sie die Methoden der Daten-Provider-Klasse selbst mittels ABAP implementieren, müssen Sie sich auch selbst um die Auswertung der BAPI-Rückgabetabelle und das Auslösen der Ausnahme kümmern.

In der Schnittstelle werden `Select-Options`-Parameter durch ein grünes Icon mit eckigen Klammern dargestellt. Es ist nicht nötig,

Select-Options-Parameter als eigene Entitätstypen im Datenmodell abzubilden, da diese als Filter dienen und somit bei der Serviceimplementierung als Importparameter verknüpft werden. Select-Options-Tabellen werden durch ihre spezifische DDIC-Struktur mit den Feldern SIGN und OPTION sowie LOW und HIGH für die eigentlichen Werte identifiziert.

Der BOR-/RFC-Importassistent erlaubt es Ihnen, die Schnittstelle zu expandieren, um sich die enthaltenen Parameter, Strukturen und Tabellen anzusehen. In diesem Beispiel nutzen wir ein BAPI, das per Definition keine geschachtelte Schnittstelle haben darf. Aus diesem Grund finden Sie nur »normale« Felder bei den Import-, Export- und Tabellenstrukturen. Um einen Entitätstyp PRODUCT zu erstellen, markieren Sie den Tabellenparameter HEADERDATA[] (siehe Abbildung 6.32). Das Feld STRUKTUR ZUORDNEN wird hierbei automatisch mit selektiert, wodurch der zu erstellende Entitätstyp einen Bezug zur darunterliegenden DDIC-Struktur/-Tabelle erhält.

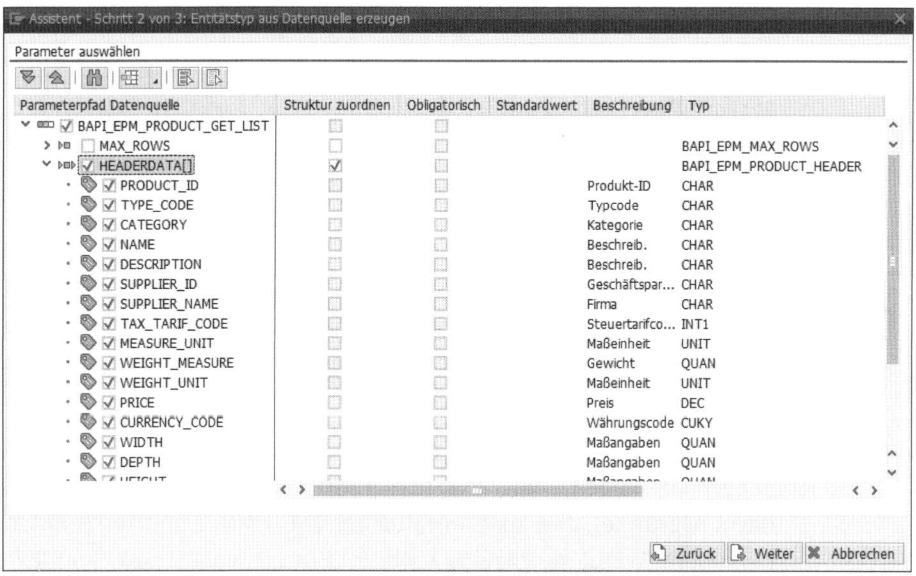

Abbildung 6.32 Schritt 2 des RFC-Importassistenten – Auswahl eines Tabellenparameters

Zusammenfassung

Nachdem Sie die Auswahl der Attribute abgeschlossen haben, können Sie durch einen Klick auf WEITER zum letzten Schritt des Assistenten gelangen. Dort sehen Sie zusammengefasst, welche Entitätstypen bzw. komplexen Typen erzeugt werden. Außerdem haben Sie wie beim DDIC-Strukturimport die Möglichkeit, die Schlüsselattribute festzulegen. Sie können außerdem den Namen der Attribute sowie die Bezeichner direkt ändern (siehe Abbildung 6.33).

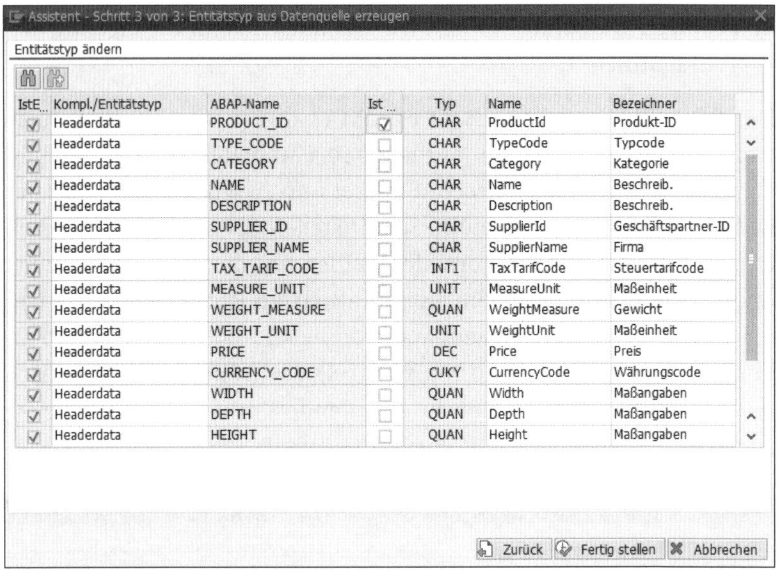

Abbildung 6.33 Schritt 3 des RFC-Importassistenten

In diesem Beispiel wurde lediglich der Tabellenparameter HEADERDATA aus der RFC-Schnittstelle markiert. Dies führt automatisch dazu, dass alle enthaltenen Parameter selektiert werden. Aus diesem Grund erstellt der Assistent einen einzelnen Entitätstyp mit je einem Attribut für jedes Feld der zugrunde liegenden Struktur. Der Name des zu erstellenden Entitätstyps entspricht dabei dem Namen des Tabellenparameters (hier HEADERDATA).

HEADERDATA

Der Name PRODUCT, den wir beim ersten Schritt des Assistenten angegeben haben, wird hierbei ignoriert. Dieses Verhalten liegt darin begründet, dass man mithilfe des RFC-/BOR-Importassistenten bei einem Aufruf gleichzeitig mehrere Entitätstypen bzw. komplexe Typen erstellen kann, sofern die angegebene Schnittstelle über mehrere Parameter verfügt. Aus diesem Grund wird für den Entitätsnamen und Entitätsmengennamen zunächst der Name des Schnittstellenparameters herangezogen.

Bevor Sie den Assistenten abschließen, sollten Sie stets überprüfen, ob die erste Spalte ISTENTITÄT korrekt gefüllt ist. Wenn Sie einen

Entitätstyp erstellen, muss die Spalte für jedes Attribut markiert sein. Wenn Sie einen komplexen Typ erstellen, darf die Spalte nicht markiert sein.

In unserem Beispiel ist die Spalte für alle Einträge markiert. Dies ist korrekt, da wir ja einen Entitätstyp erstellen möchten und der zugrunde liegende Schnittstellenparameter von Typ Tabelle ist.

Sofern der Schnittstellenparameter vom Typ Struktur ist, wird automatisch ein komplexer Typ vorgeschlagen. Zusätzlich wird in diesem Fall ein Entitätstyp mit dem beim ersten Schritt vergebenen Entitätsnamen erzeugt, der diesen komplexen Typ beinhaltet.

Ist-Schlüssel-Spalte

Wie bereits aus den anderen Beispielen gelernt, sollten Sie mithilfe der Spalte IST SCHLÜSSEL die Attribute markieren, die zum Primärschlüssel der zu erzeugenden Entitätsmenge gehören. Ansonsten reklamiert die Projektkonsistenzprüfung das Fehlen eines Schlüsselattributs, nachdem Sie den Assistenten abgeschlossen haben.

Die Spalte NAME wird aus dem Namen des zugeordneten ABAP-Schnittstellenparameters abgeleitet. Dies ist der Name, unter dem das Attribut im OData-Service erscheint und verwendet wird. Da der ABAP-Name in manchen Fällen relativ kryptisch ist, ist es meistens sinnvoll, den nach außen sichtbaren Namen anzupassen (z. B. `SalesOrderID` anstatt `VBELN`).

Nach einem Klicken auf FERTIG STELLEN wird der Entitätstyp erstellt und in das Datenmodell übernommen. Die automatische Projektkonsistenzprüfung läuft ab und sollte keine Fehler melden (siehe Abbildung 6.34).

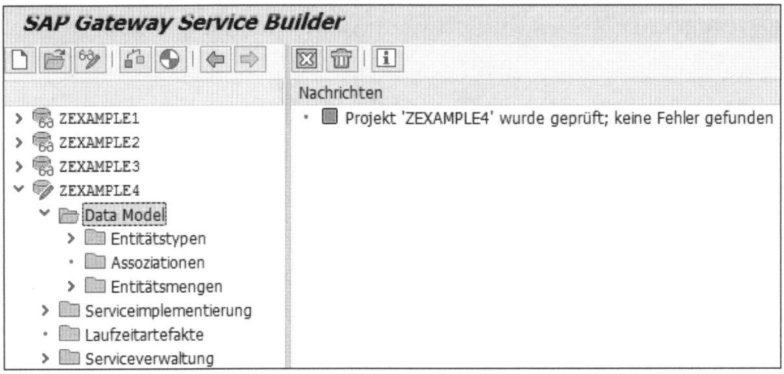

Abbildung 6.34 Ergebnis der Projektkonsistenzprüfung nach dem RFC-Import

Sollten Sie z. B. vergessen haben, den Primärschlüssel zu spezifizieren, können Sie durch einen Doppelklick auf den Fehler im Nachrichtenfenster direkt an die fehlerhafte Stelle navigieren. Dies ist insbesondere in großen Datenmodellen sehr hilfreich.

Wie bereits erwähnt, wurde der Name des Entitätstyps sowie der Entitätsmenge anhand des Schnittstellenparameters abgeleitet. Durch Navigieren im Projektbaum können Sie sehr schnell an die zugehörige Stelle im Datenmodell navigieren und die Namen durch `Product` bzw. `ProductSet` ersetzen, wenn gewünscht.

6.2 Serviceregistrierung im SAP-Business-Suite-System

Vier Projekte

Wenn Sie die vorangegangenen Beispiele im System ausgeführt haben, haben Sie nun die folgenden vier Projekte im Service Builder:

- ZExample1: manuell erzeugter `Product`-Entitätstyp
- ZExample2: importiertes Datenmodell vom /IWBEP/GWSAMPLE_BASIC-Service
- ZExample3: importiertes Datenmodell von der SFlight-ABAP-Dictionary-Struktur
- ZExample4: importiertes Datenmodell vom RFC-Funktionsbaustein `BAPI_EPM_PRODUCT_GET_LIST`

Als Nächstes generieren Sie die Laufzeitartefakte und registrieren den Service im Business-Suite-Backend-System. Dies erfolgt durch das Generieren des Projekts, das durch Klicken auf den Button Laufzeitobjekte erzeugen initiiert wird (siehe Abbildung 6.35).

Abbildung 6.35 Laufzeitobjekte erzeugen

Beim ersten Generieren der Laufzeitobjekte wird Ihnen das Dialogfenster MODELL- UND SERVICEDEFINITION angezeigt (siehe Abbildung 6.36). Meistens können Sie in diesem Dialogfenster die Vorgabewerte unverändert übernehmen. Trotzdem ist es wichtig, die vorgegebenen Werte und ihre Bedeutung zu verstehen.

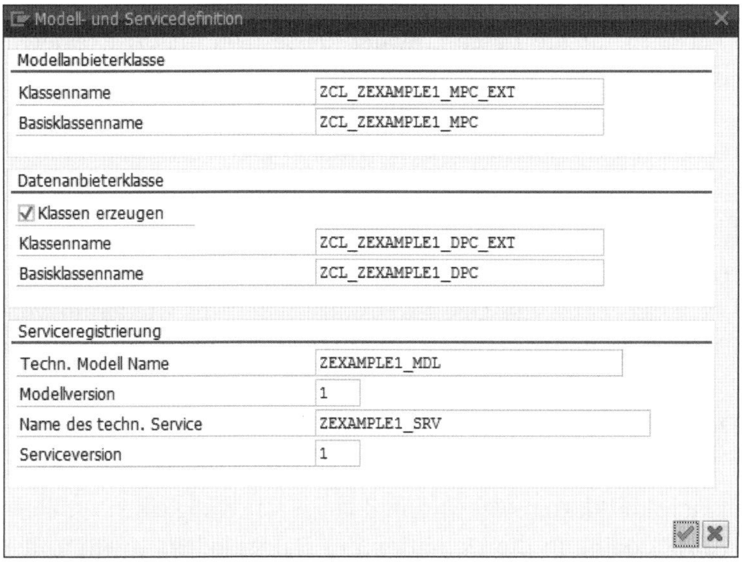

Abbildung 6.36 Dialogfenster »Modell- und Servicedefinition«

Alle generierten ABAP-Klassen werden nach dem Muster `<Namensraum>CL_<Projektname>_<Suffix>` erstellt. Der Namensraum entspricht in der Regel dem Standardnamensraum »Z«. Aus diesem Grund beginnen die Klassennamen der generierten Klassen im Projekt ZEXAMPLE1 mit `ZCL_ZEXAMPLE1`.

Modell-Provider-Klasse

Wie bereits in Kapitel 5, »Einführung in die Erstellung von OData-Services mit SAP Gateway«, erwähnt, ist die Modell-Provider-Klasse (MPC) eine ABAP-Klasse, die die Definition des Datenmodells zur Laufzeit repräsentiert. Aus diesem Grund werden alle Informationen über das Datenmodell, das Sie im Rahmen der Modellierung im Service Builder vorgenommen haben, in diese Klasse generiert. Daher muss die Modell-Provider-Klasse auch jedes Mal neu generiert werden, wenn Sie Änderungen am Datenmodell Ihres Service vornehmen.

Basis- und Extensionsklasse

Die Datenmodelldefinition wird in zwei Klassen generiert: in der Erweiterungsklasse oder Extensionsklasse (mit dem Suffix `_MPC_EXT`) und der Basisklasse (mit dem Suffix `_MPC`). Technisch ist die Basisklasse von der Superklasse /IWBEP/CL_MGW_PUSH_ABS_MODEL abgeleitet. Die Extensionsklasse wiederum beerbt die Basisklasse. Die Extensionsklasse ist letztendlich die Klasse, die im Service über den technischen Modellnamen registriert wird. Dadurch ist es mithilfe von Redefinitionen in der Extensionsklasse möglich, das Datenmodell zu beeinflussen.

Daten-Provider-Klasse

Das gilt auch für die Daten-Provider-Klasse (DPC). Dort existieren ebenfalls eine Extensionsklasse (Suffix _DPC_EXT) und eine Basisklasse (Suffix _DPC). Die Daten-Provider-Klassen stellen die Laufzeitrepräsentation Ihrer Serviceimplementierung dar. Die Daten-Provider-Klassen sind beispielsweise für die Ausführung der CREATE-, READ-, UPDATE-, DELETE- und QUERY-Operationen verantwortlich.

Die Daten-Provider-Basisklasse erbt von der Superklasse /IWBEP/CL_MGW_PUSH_ABS_DATA; die DPC-Extensionsklasse erbt wiederum von der Daten-Provider-Basisklasse. Die DPC-Extensionsklasse wird über den technischen Servicenamen im Service registriert und dann zur Laufzeit ausgeführt. Somit ist die DPC-Extensionsklasse die Klasse, die man beim Ausführen von Operationen im Service anspricht.

Die Extensionsklassen (MPC_EXT und DPC_EXT) ermöglichen es, eigenes ABAP-Coding in die Definition des Datenmodells sowie in die Serviceimplementierung einzufügen. Dies ist erforderlich, da man nicht alle denkbaren Anwendungsfälle mithilfe des Service Builders abdecken kann (beispielsweise das Konsumieren eines RFC-Funktionsbausteins mit einer komplexen geschachtelten Schnittstelle).

Die Extensionsklassen (MPC_EXT und DPC_EXT) können mithilfe der typischen Entwicklungswerkzeuge (z. B. ABAP Class Builder) angepasst werden, und der Service Builder stellt dabei sicher, dass die Extensionsklassen beim wiederholten Generieren nicht überschrieben werden. Das Generieren fügt – sofern erforderlich – lediglich neue Methoden in die Extensionsklassen ein. Beispielsweise werden jeweils fünf Methoden entsprechend den CRUD-Q-Operationen für jede neue Entitätsmenge in die DPC-Extensionsklasse aufgenommen. Bereits vorhandene Methoden werden in der Extensionsklasse nicht überschrieben.

CRUD-Q

Eine Ausnahme stellt hierbei das Löschen von Entitätsmengen aus dem Datenmodell dar. Wenn die zugehörigen fünf CRUD-Q-Methoden bereits in die Daten-Provider-Klassen generiert wurden, werden diese Methoden aus beiden Klassen (Basis- und Extensionsklasse) beim nächsten Generieren gelöscht. Dies beinhaltet auch möglicherweise vorhandene Redefinitionen und kann somit zum Verlust von eigenem ABAP-Coding in den Extensionsklassen führen. Aus diesem Grund sollten Sie stets vorsichtig mit dem Löschen von Entitätsmengen umgehen.

Jeder OData-Channel-Service benötigt einen technischen Modellnamen und einen technischen Servicenamen – sowohl im Business-Suite-Backend-System als auch auf dem Gateway-Server. Das Definieren des technischen Modellnamens sowie des technischen Servicenamens wird im Rahmen der ersten Generierung des Service-Builder-Projekts vorgenommen.

Der technische Modellname zeigt hierbei im Wesentlichen auf die MPC-Extensionsklasse. Die Definition des technischen Modellnamens ist gleichbedeutend mit der Aktivität, die Sie im Implementierungsleitfaden über folgenden Pfad erreichen: SAP NetWeaver • Aktivierung SAP-Gateway-Service • Backend OData Channel • Service-Entwicklung für Backend OData Channel • Modelle bearbeiten. Standardmäßig wird jedes Modell in der Version 1 registriert.

Der technische Servicename zeigt auf die DPC-Extensionsklasse und ist identisch mit dem externen Servicenamen (das ist der Name, unter dem der Service letztendlich erreichbar ist bzw. sein wird). Zusätzlich zeigt der technische Servicename auch noch auf den technischen Modellnamen, da jede Serviceimplementierung auch ein Datenmodell benötigt. Die Definition des technischen Servicenamens können Sie mit folgender Aktivität im Implementierungsleitfaden festlegen: SAP NetWeaver • Aktivierung SAP-Gateway-Service • Backend OData Channel • Service-Entwicklung für Backend OData Channel • Service bearbeiten. Auch hier wird die Registrierung standardmäßig mit der Version 1 vorgenommen.

Der technische Servicename zeigt auf die DPC-Extensionsklasse und ist identisch mit dem externen Servicenamen (das ist der Name, unter dem der Service letztendlich erreichbar ist bzw. sein wird). Zusätzlich zeigt der technische Servicename auch noch auf den technischen Modellnamen, da jede Serviceimplementierung auch ein Datenmodell benötigt. Die Definition des technischen Servicenamens entspricht der folgenden Aktivität im Implementierungsleitfaden: SAP NetWeaver • Aktivierung SAP-Gateway-Service • Backend OData Channel • Service-Entwicklung für Backend

ODATA CHANNEL • SERVICE BEARBEITEN. Auch hier wird die Registrierung standardmäßig mit der Version 1 vorgenommen.

Paketzuordnung

Nachdem Sie das Dialogfenster MODELL- UND SERVICEDEFINITION durch einen Klick auf WEITER geschlossen haben, werden Sie nach einer Paketzuweisung für die zu erstellenden Klassen gefragt (siehe Abbildung 6.37). Im Normalfall werden Sie hier die gleiche Paketzuordnung vornehmen wie beim Anlegen des Projekts.

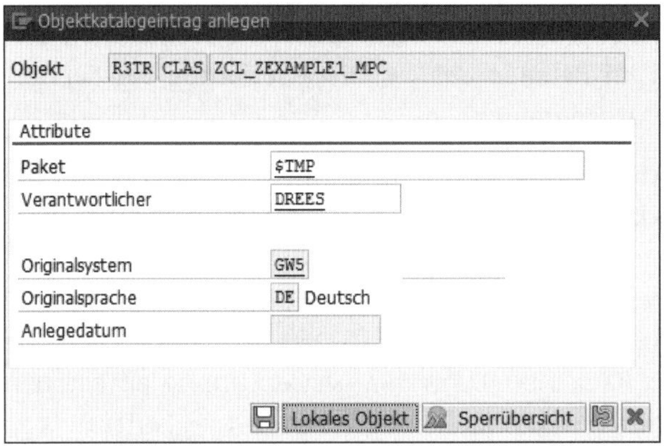

Abbildung 6.37 Objektkatalogeintrag für die Modell-Provider-Basisklasse

Nachdem Sie alle Informationen angegeben haben, beginnt die Generierung der vier Klassen sowie die Registrierung der Objekte im Business-Suite-System. Abhängig von der Anzahl der unterschiedlichen RFC-Funktionsbaustein-Schnittstellen in Ihrem Projekt und der Größe der jeweiligen Schnittstellen kann die Generierung einige Zeit in Anspruch nehmen. Dies liegt daran, dass bei jeder Generierung die Schnittstellen neu gelesen werden und dies bei komplexen Schnittstellen, die beispielsweise über eine Remote-Verbindung gelesen werden, einige Zeit dauern kann.

Nachrichtenfenster

Da unser einfaches Beispiel keine Funktionsbaustein-Schnittstellen verwendet, ist die Generierung relativ schnell abgeschlossen. Dann wird in dem Nachrichtenfenster das Ergebnis der jeweiligen Schritte dargestellt (siehe Abbildung 6.38).

Waren die Generierung und Registrierung erfolgreich, werden Ihnen ausschließlich grüne Ampeln im Nachrichtenfenster angezeigt. Sollte es zu Fehlern gekommen sein, zeigt Ihnen das Nachrichtenfenster die entsprechenden Meldungen an. Per Doppelklick können Sie meist direkt zu den Fehlern navigieren, um sie zu beheben.

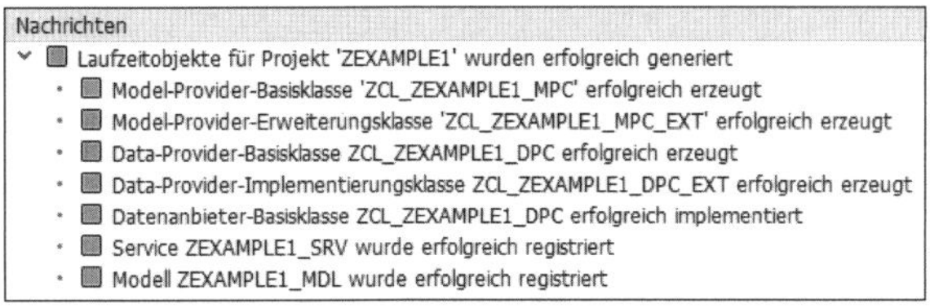

Abbildung 6.38 Nachrichtenfenster nach der ersten Generierung

Nachdem die Generierung abgeschlossen ist, sehen Sie auch, dass der Knoten LAUFZEITOBJEKTE in Ihrem Projektbaum gefüllt ist. Dort finden Sie alle Artefakte, die generiert worden sind. In unserem Beispiel sind dies die beiden Daten-Provider-Klassen, die beiden Modell-Provider-Klassen, das technische Modellobjekt und das technische Serviceobjekt (siehe Abbildung 6.39).

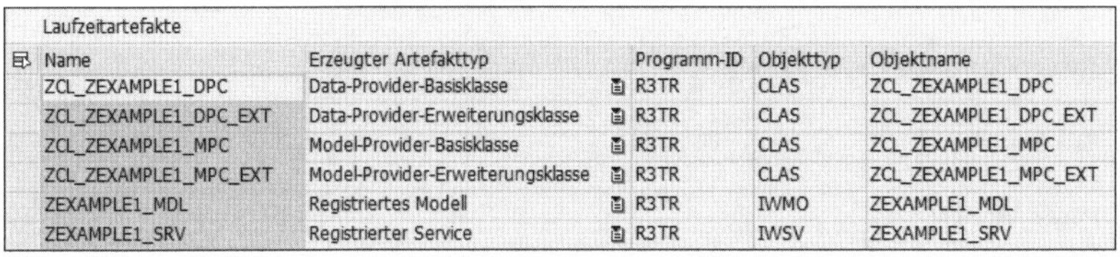

Laufzeitartefakte

Name	Erzeugter Artefakttyp	Programm-ID	Objekttyp	Objektname
ZCL_ZEXAMPLE1_DPC	Data-Provider-Basisklasse	R3TR	CLAS	ZCL_ZEXAMPLE1_DPC
ZCL_ZEXAMPLE1_DPC_EXT	Data-Provider-Erweiterungsklasse	R3TR	CLAS	ZCL_ZEXAMPLE1_DPC_EXT
ZCL_ZEXAMPLE1_MPC	Model-Provider-Basisklasse	R3TR	CLAS	ZCL_ZEXAMPLE1_MPC
ZCL_ZEXAMPLE1_MPC_EXT	Model-Provider-Erweiterungsklasse	R3TR	CLAS	ZCL_ZEXAMPLE1_MPC_EXT
ZEXAMPLE1_MDL	Registriertes Modell	R3TR	IWMO	ZEXAMPLE1_MDL
ZEXAMPLE1_SRV	Registrierter Service	R3TR	IWSV	ZEXAMPLE1_SRV

Abbildung 6.39 Laufzeitartefakte von ZExample1

Laufzeitartefakte

Wenn Sie beispielsweise RFC-Funktionsbausteine oder BOR-Methoden in der Serviceimplementierung verwenden, dann wird für jeden RFC-Funktionsbaustein bzw. für jede BOR-Methode eine zugehörige Klassen-Schnittstelle als weiteres Artefakt generiert und in die Liste aufgenommen.

Wie bereits erwähnt, wird durch die Registrierung des technischen Modellnamens ein entsprechender Eintrag im Implementierungsleitfaden vorgenommen (siehe Abbildung 6.40).

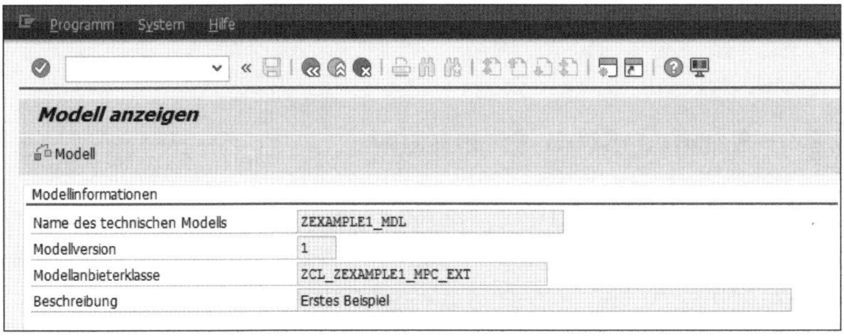

Abbildung 6.40 Technisches Modellobjekt von ZExample1

Das trifft auch auf die Registrierung des technischen Serviceobjekts zu (siehe Abbildung 6.41). Die Modellregistrierung und die Serviceregistrierung werden zusammen als Backend-Registrierung des OData-Channel-Service bezeichnet.

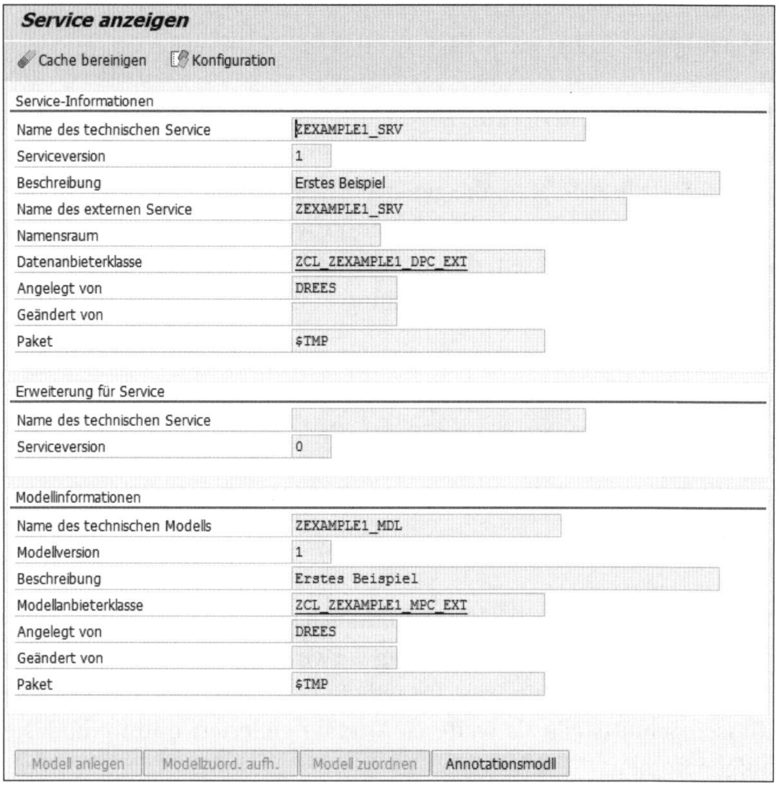

Abbildung 6.41 Technisches Serviceobjekt für ZExample1

Die Generierung der Daten- und Modell-Provider-Klassen sowie die Registrierung des Modells und des Service schließen die Registrierung des OData-Service im Backend-System ab.

6.3 Service-Stub-Erzeugung

Die Serviceimplementierung fügt das eigentliche »Leben« in unseren Service ein. Bisher haben wir lediglich das Datenmodell des OData-Service definiert. Die Serviceimplementierung kümmert sich, basierend auf dem definierten Datenmodell, um die eigentliche Ausführung der Operationen, wie z. B. das Ermitteln einer Geschäftspartnerliste, gefiltert nach einem Postleitzahlenbereich. Die Serviceimplementierung ist also das Bindeglied zwischen Datenmodell und Backend-Geschäftslogik, beispielsweise eines BAPIs (RFC-Funktionsbausteins). Eine detaillierte Beschreibung hierzu finden Sie in Abschnitt 6.5, »Iterative Serviceimplementierung und Modellerweiterung«.

Basierend auf Abbildung 6.1, betrachten wir nun die generierte Serviceimplementierung, die durch das Generieren des Projekts in Abschnitt 6.2, »Serviceregistrierung im SAP-Business-Suite-System«, entstanden ist. Eine detaillierte Implementierung der Operationen nehmen wir erst im Anschluss vor. Der Grund hierfür ist, dass wir vor der eigentlichen Implementierung des Service bereits die Metadaten des funktionierenden Service betrachten möchten. Und da jeder OData-Channel-Service sowohl eine Modell- als auch eine Daten-Provider-Klasse zum Funktionieren benötigt, müssen wir uns zunächst kurz der Serviceimplementierung widmen, bevor wir den Service erstmalig aufrufen können.

Daten-Provider-Klasse

Um die generierte Daten-Provider-Klasse betrachten zu können, expandieren Sie den Knoten LAUFZEITARTEFAKTE im Projektbaum, klicken mit der rechten Maustaste auf den Eintrag `ZCL_ZEXAMPLE1_DPC` und dann auf ZUR ABAP WORKBENCH im Kontextmenü (siehe Abbildung 6.42).

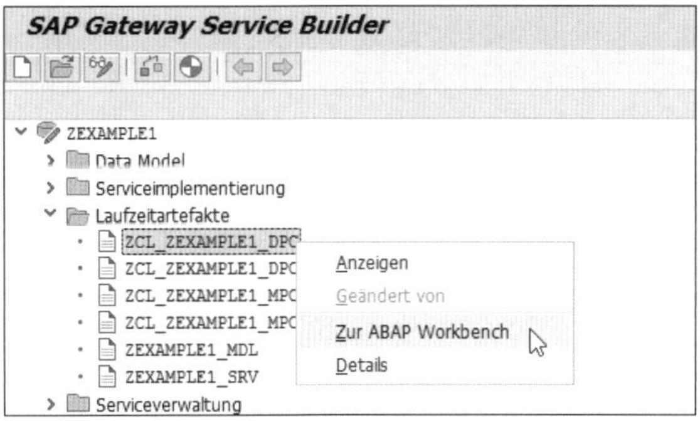

Abbildung 6.42 Absprung in die Daten-Provider-Basisklasse (ABAP Workbench)

ABAP Class Builder

Dies öffnet den ABAP Class Builder mit der Daten-Provider-Basisklasse. Die in schwarz dargestellten Methoden wurden redefiniert (siehe Abbildung 6.43). Die Redefinition der Methoden erfolgt in der Basisklasse mit jeder neuen Generierung.

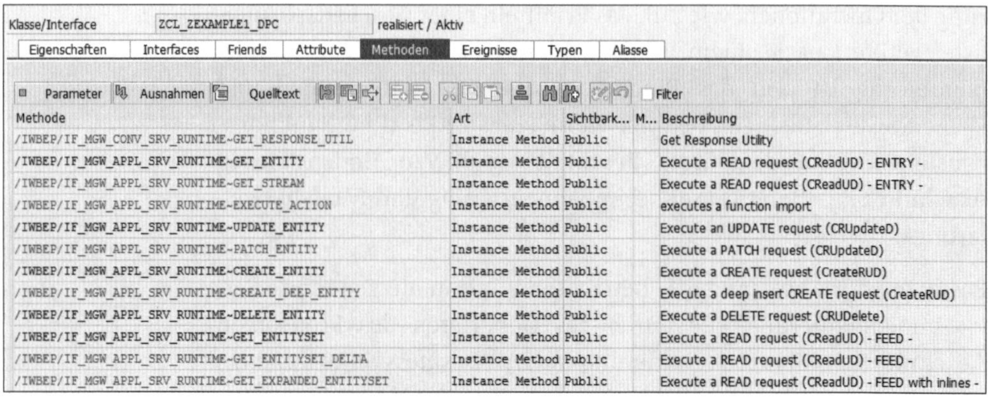

Abbildung 6.43 Generierte Daten-Provider-Basisklasse

Als Beispiel können Sie die redefinierte Methode `/IWBEP/IF_MGW_APPL_SRV_RUNTIME~GET_ENTITYSET` durch einen Doppelklick auf den Namen betrachten (siehe Abbildung 6.44).

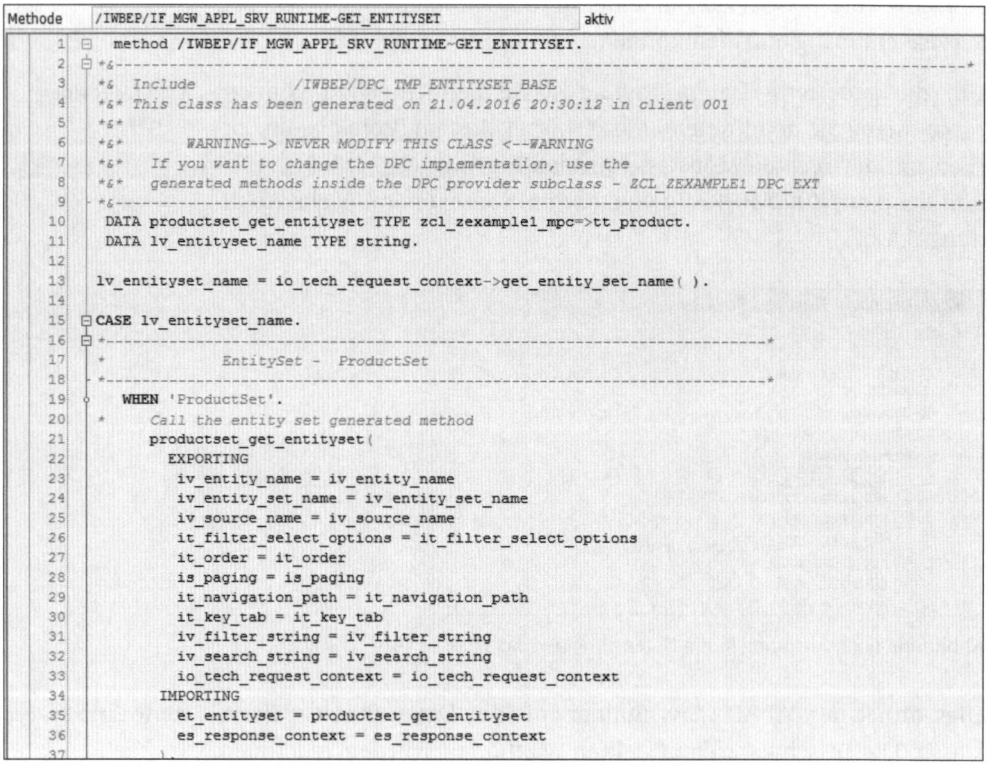

Abbildung 6.44 Generierte GET_ENTITYSET-Methode der Daten-Provider-Basisklasse

Wenn Sie das Coding betrachten, sehen Sie einen großen `CASE`-Anweisungsblock. Für jede Entitätsmenge wird in diesem Block eine eigene (ebenfalls generierte) Untermethode aufgerufen. Dies erfolgt für alle fünf CRUD-Q-Operationen (`Create`/Anlegen, `Read`/Lesen, `Update`/Ändern, `Delete`/Löschen und `Query`/Abfragen).

Business-Ausnahmen

Solange noch keine explizite Implementierung z. B. durch das Mapping eines RFC-Funktionsbausteins auf eine Operation mithilfe des Service Builders erfolgt ist, geben die generierten Untermethoden Business-Ausnahmen aus (siehe Abbildung 6.45). Dies macht dem Aufrufer deutlich, dass die betreffende Operation nicht zur Verfügung steht, da sie nicht implementiert ist.

Methode PRODUCTSET_GET_ENTITYSET aktiv

```
method PRODUCTSET_GET_ENTITYSET.
RAISE EXCEPTION TYPE /iwbep/cx_mgw_not_impl_exc
  EXPORTING
    textid = /iwbep/cx_mgw_not_impl_exc=>method_not_implemented
    method = 'PRODUCTSET_GET_ENTITYSET'.
endmethod.
```

Abbildung 6.45 Generierte PRODUCTSET_GET_ENTITYSET-Methode der Daten-Provider-Basisklasse

6.4 Serviceadministration

Registrierung und Aktivierung

Der nächste Schritt besteht aus der Registrierung und Aktivierung des OData-Service auf dem Gateway-Hub, auch Serviceadministration genannt. Dies kann von Hand durch das Ausführen der Transaktion /IWFND/MAINT_SERVICE und Klicken auf SERVICE HINZUFÜGEN auf dem Gateway-Hub erfolgen. Es ist aber deutlich einfacher, dies direkt aus dem Service Builder heraus im Business-Suite-System durchzuführen.

Administration im IMG

Als Voraussetzung hierfür muss das Gateway-Hub-System dem Business-Suite-System bekannt gemacht werden. Dies geschieht über den Implementierungsleitfaden und den Pfad SAP NETWEAVER • AKTIVIERUNG SAP-GATEWAY-SERVICE • BACKEND ODATA CHANNEL • VERBINDUNGSEINSTELLUNGEN ZU SAP GATEWAY • SAP-GATEWAY-EINSTELLUNGEN. In dieser IMG-Aktivität geben Sie für das Zielsystem einen Namen (DESTINATIONSSYSTEM), den Mandanten, einen Alias (SYSTEMALIAS) und die RFC-Destination an, unter der das Gateway-Hub-System erreichbar ist. Bei eingebetteten Systemen (Gateway-Hub- und Business-Suite-Backend-System befinden sich im selben System) muss ebenfalls ein Eintrag angelegt werden. In diesem Fall geben Sie NONE als RFC-Destination an (siehe Abbildung 6.46). Es ist wichtig, in der Tabelle für jeden Eintrag eine RFC-Destination zu hinterlegen, sonst erscheint der Eintrag nicht im Service Builder.

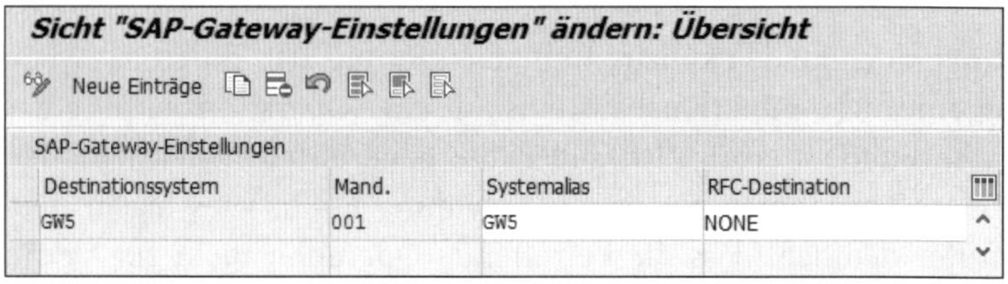

Abbildung 6.46 Registriertes Gateway-System auf dem Business-Suite-Backend-System

Nachdem Sie das Gateway-Hub-System mithilfe des Implementierungsleitfadens bekannt gemacht haben, finden Sie im Service Builder im Knoten Serviceverwaltung einen entsprechenden Eintrag. Beachten Sie in diesem Zusammenhang, dass der Service Builder neu gestartet werden muss, wenn Sie Änderungen im Implementierungsleitfaden vorgenommen haben, da der Service Builder Customizing-Informationen zwischenspeichert.

Ein Doppelklick auf den Gateway-Eintrag im Projektbaum zeigt im Detailfenster Informationen über die Serviceregistrierung auf dem entsprechenden Gateway-System an (siehe Abbildung 6.47).

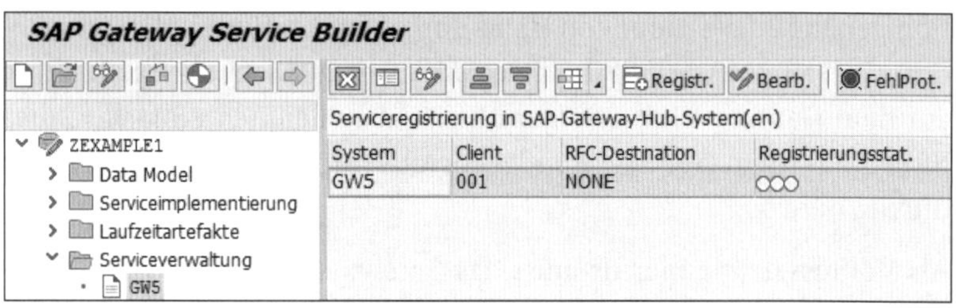

Abbildung 6.47 Status der Serviceregistrierung auf dem Gateway-Hub-System

Nun können Sie die Registrierung und Aktivierung des OData-Service auf dem Gateway-Hub-System vornehmen. Hierzu markieren Sie das gewünschte Gateway-Hub-System und klicken auf den Button Registrieren.

Wenn Sie diese Funktion das erste Mal ausführen, erhalten Sie zunächst eine Warnung, dass die jetzige Operation auf dem ausgewählten Zielsystem stattfindet (siehe Abbildung 6.48). Technisch wird hierzu die eingetragene RFC-Destination verwendet, um in das Zielsystem zu springen und dort die Registrierung und Aktivierung auszuführen.

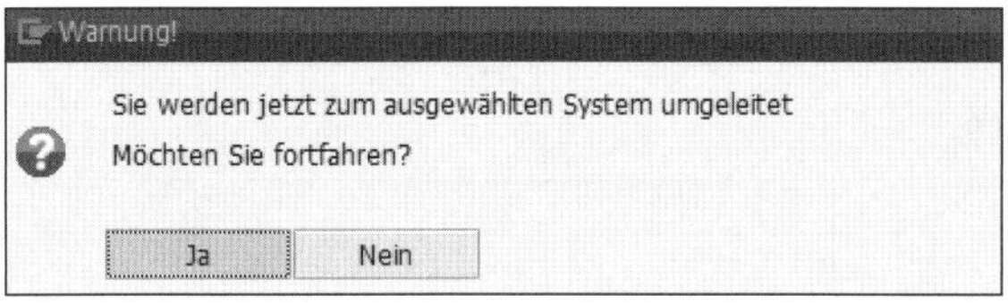

Abbildung 6.48 Weiterleitungswarnung

Systemalias

Nachdem Sie dieses Pop-up bestätigt haben, gelangen Sie in das nächste Fenster, in dem Sie den Systemalias angeben müssen (siehe Abbildung 6.49). Dieses Fenster stammt bereits vom Gateway-Hub-Server, weshalb der anzugebende Systemalias auch in dem dortigen Customizing definiert werden muss. Sie müssen also einen Systemalias auswählen, der auf das Business-Suite-System zeigt, in dem Sie den Service Builder aufgerufen haben. In einer eingebetteten Installation nutzt man typischerweise den Systemalias LOCAL, der natürlich vorher angelegt worden sein muss.

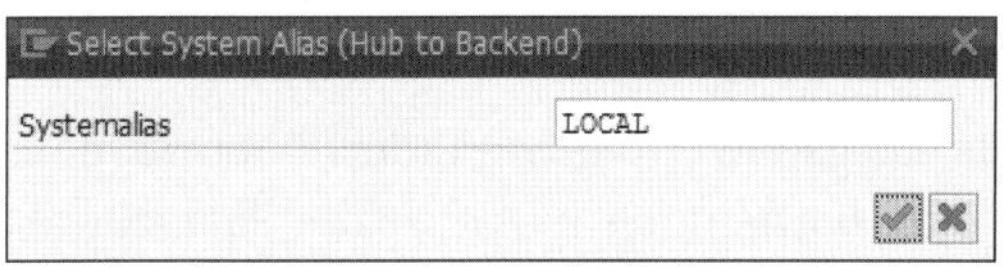

Abbildung 6.49 Angabe des Systemalias auf dem Gateway-Hub-Server

Im nächsten Fenster werden einige weitere Informationen abgefragt. Auch dieses Fenster läuft auf dem Gateway-Hub-System und entspricht dem Fenster, das angezeigt wird, wenn Sie die Transaktion /IWFND/MAINT_SERVICE verwenden und den BUTTON SERVICE HINZUFÜGEN anklicken, um einen neuen Service zu registrieren (siehe Abbildung 6.50).

Technischer Service- und technischer Modellname

In diesem Fenster werden TECHNISCHER SERVICENAME und TECHNISCHER MODELLNAME auf dem Gateway-Hub-Server festgelegt. Diese werden dann 1:1 dem Servicenamen und dem Modellnamen auf dem Business-Suite-Backend-System zugeordnet, die Sie beim ersten Generieren des Projekts festgelegt haben. Der Eintrag EXTERNER SERVICENAME leitet sich direkt von dem technischen Servicenamen auf dem Business-Suite-System ab und kann nicht mehr geändert werden.

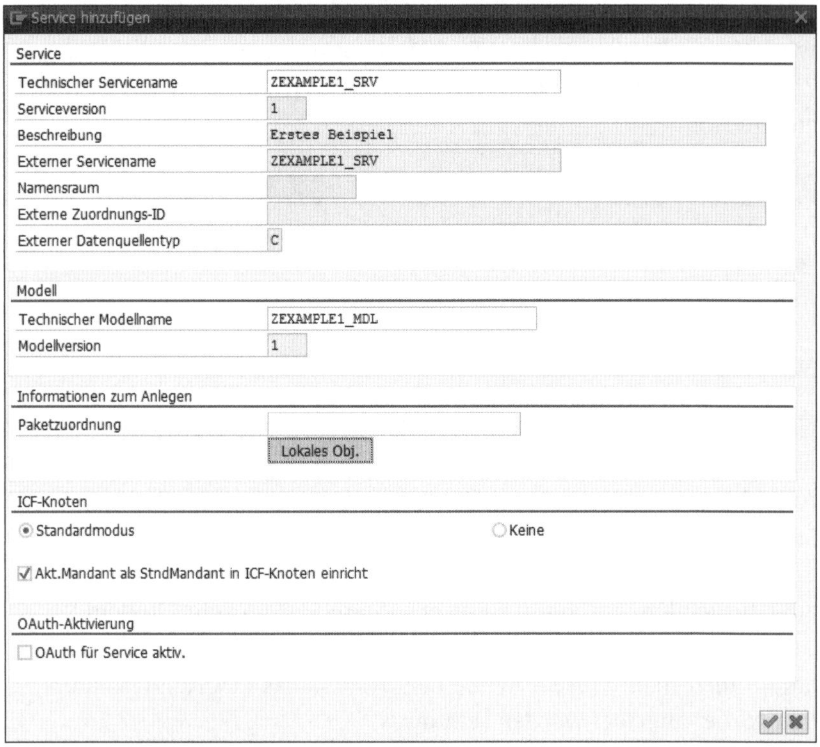

Abbildung 6.50 Dialog »Service hinzufügen« auf dem Gateway-Hub-Server

In der Regel kann man die Vorgabewerte unverändert übernehmen. Die einzige Angabe, die man vornehmen muss, ist die Paketzuordnung für die zu erstellenden Repository-Objekte. In unserem Fall wählen Sie `$TMP`.

Nach einem Klick auf OK werden die Serviceregistrierung sowie die Serviceaktivierung auf dem Gateway-Hub-Server vorgenommen, und Sie gelangen zurück in den Service Builder. Waren die Registrierung und Aktivierung erfolgreich, zeigt der Systemüberblick eine grüne Ampel (siehe Abbildung 6.51).

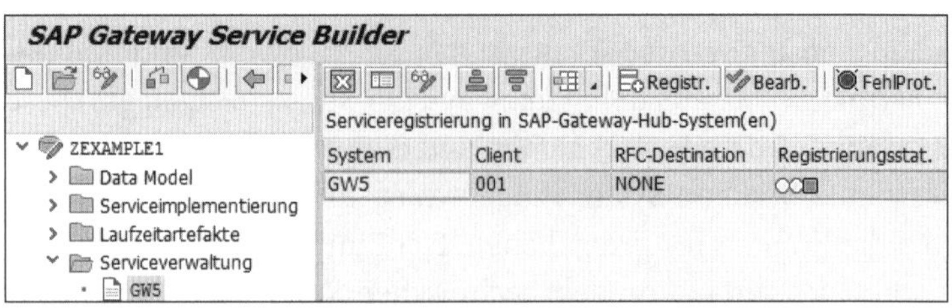

Abbildung 6.51 Statusänderung nach erfolgreicher Aktivierung

Nun ist der OData-Service auf dem Gateway-Hub-System registriert und aktiv und kann konsumiert werden. Der externe Servicename (also der Name, unter dem der Service z. B. per Browser aufgerufen werden kann) entspricht dem technischen Servicenamen, der bei der ersten Generierung des Projekts im Service Builder angegeben wurde.

Transaktion /IWFND/GW_CLIENT

Sie können den SAP Gateway Client (Transaktion /IWFND/GW_CLIENT) auf dem Gateway-Hub-System verwenden, um den OData-Service zu konsumieren. Der zugehörige URI für diesen Service lautet: */sap/opu/odata/sap/ZEXAMPLE1_SRV*. Wird der URI mithilfe des SAP Gateway Clients ausgeführt, erhalten Sie das Servicedokument (siehe Abbildung 6.52).

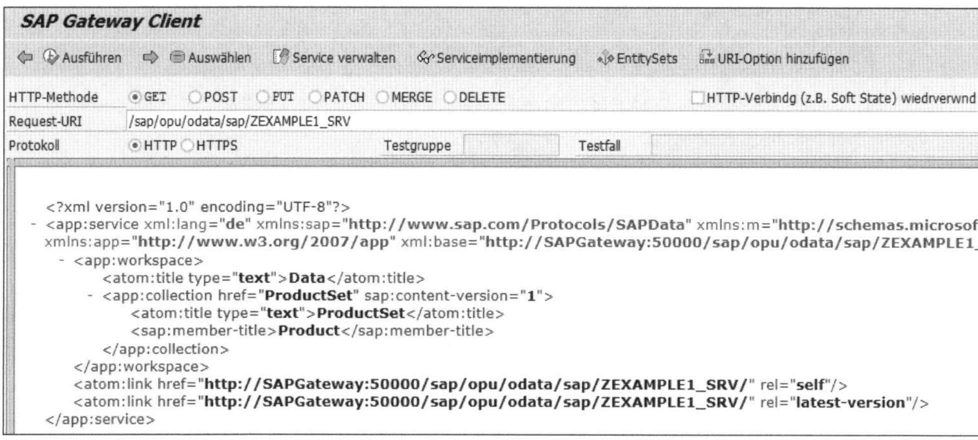

Abbildung 6.52 Servicedokument des Service ZEXAMPLE1_SRV

Wenn Sie den Zusatz `/$metadata` hinzufügen, erhalten Sie das Service-Metadatendokument unseres Beispielservice (siehe Abbildung 6.53).

Der OData-Service hat derzeit eine einzige Entitätsmenge (`ProductSet`). Diese Entitätsmenge könnten wir jetzt auch schon konsumieren – allerdings würde dies zum jetzigen Zeitpunkt zu den zuvor beschriebenen Ausnahmen führen, da wir bisher keine Serviceimplementierung vorgenommen haben. Diese betrachten wir im folgenden Abschnitt.

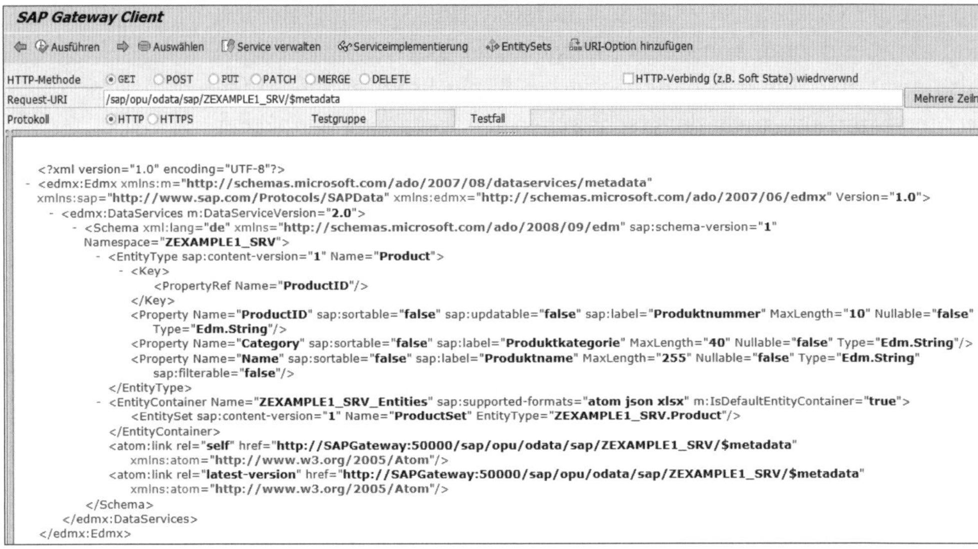

Abbildung 6.53 Service-Metadatendokument des Service ZEXAMPLE1_SRV

6.5 Iterative Serviceimplementierung und Modellerweiterung

Iterativer Ansatz

Wie bereits in Abbildung 6.1 dargestellt, folgt die Serviceimplementierung meist einem iterativen Ansatz. Diese Herangehensweise verfolgen wir auch in diesem Abschnitt. Hierzu beschreiben wir einzelne Erweiterungen, die wir anschließend implementieren und direkt testen.

Ein typischer »Einstiegspunkt« in einen OData-Service ist die Ausführung einer Abfrage, um eine Entitätsmenge zu ermitteln – beispielsweise die Liste aller Geschäftspartner oder aller Produkte. Deshalb wird meistens die `get_entityset`-Methode zuerst implementiert. Dadurch können Sie die Einträge bzw. den Feed der zugehörigen Entitätsmenge lesen. Dies wird detailliert in Abschnitt 6.5.1, »Feed (GET_ENTITYSET)«, beschrieben. Aus dem Feed können Sie mithilfe der Self-Links in jeden einzelnen Eintrag navigieren. Hierzu wird meist im Anschluss die `get_entity`-Methode implementiert, mit der ein einzelner Eintrag gelesen werden kann. Dies ist im Detail in Abschnitt 6.5.2, »Lesen eines Eintrags (GET_ENTITY)«, beschrieben.

Query-Optionen

Einen OData-Service mit umfangreichen Abfragemöglichkeiten auszustatten kann für Konsumenten sehr nützlich sein. Dadurch können

Konsumenten beispielsweise nur die benötigten Attribute lesen (`$select`), das Ergebnis nach verschiedenen Kriterien filtern (`$filter`), konsumentenseitiges Blättern nutzen (`$top`/`$skip`), die Anzahl der Einträge zusammen mit dem Feed anfordern (`$inlinecount`) oder das Ergebnis nach den gewünschten Attributen sortiert abfragen (`$orderby`). All dies wird in Abschnitt 6.5.3, »Abfrageoptionen«, im Detail erläutert.

Navigationsattribute (auch bekannt als Navigationslinks) sind wichtige Elemente in einem OData-Service, da sie die möglichen Navigationsschritte zwischen OData-Entitäten beschreiben. Dies kann beispielsweise die Navigation von einem Verkaufsbelegkopf (Eintrag) zur korrespondierenden Liste der Verkaufsbelegpositionen (Entitätsmenge) sein. Die Definition und die Implementierung von Navigationsattributen werden in Abschnitt 6.5.4, »Navigationsattribute«, erläutert.

Wenn Sie in Ihrem OData-Service das Schreiben von Daten erlauben möchten, müssen Sie die zugehörigen Methoden `create_entity`, `update_entity` und `delete_entity` implementieren. Dies ist im Detail in Abschnitt 6.5.5, »Create-, Update- und Delete-Methoden«, erläutert.

In Abschnitt 6.5.6, »Funktionsimporte«, beschreiben wir ein Beispiel für die Implementierung eines Funktionsimports. Funktionsimporte kommen immer dann zum Einsatz, wenn die typischen CRUD-Q-Operationen nicht ausreichen oder nicht passend sind. Ein Beispiel hierfür ist die Statusänderung eines Verkaufsauftrags, die neben der Veränderung des Statusattributs noch weitere Prozesse im Hintergrund auslösen kann und deshalb vielleicht eher als Funktionsimport implementiert werden sollte.

Medienressourcen werden verwendet, um Binärdaten zu exponieren, wie z. B. Bilder. In Abschnitt 6.5.7, »Medienressourcen«, wird beschrieben, wie ein Entitätstyp in einen Media-Link-Entitätstyp umgewandelt wird und was dabei beachtet werden muss.

`$expand` ist eine sehr wichtige OData-Funktion, die es erlaubt, mehrere Einträge und Entitätsmengen von unterschiedlichen Entitätstypen entlang der Navigationsattribute mit nur einem HTTP-Aufruf abzufragen, anstatt hierfür mehrere Aufrufe (Server-Roundtrips) vornehmen zu müssen. Dies hat in der Regel sehr positive Auswirkungen auf die Geschwindigkeit eines OData-Service. Hierbei muss aber zwingend auf die Serviceimplementierung im Business-Suite-Backend-System geachtet werden, da hierfür oftmals eine dedizierte Implementierung vorgenommen werden sollte. Dies alles finden Sie in Abschnitt 6.5.8, »Expand/Self-Expand«.

Ein Deep Insert kann als Umkehrung des `$expand` betrachtet werden. Anstatt eine geschachtelte Struktur zu empfangen, kann man eine geschachtelte Struktur an den Gateway-Hub-Server senden, um hier beispielsweise einen Verkaufsbeleg zusammen mit mehreren Verkaufsbelegpositionen mit nur einem Serviceaufruf anzulegen. In Abschnitt 6.5.9, »Deep Insert«, beschreiben wir die Implementierung eines Deep Inserts im Detail.

Abschließend gibt Abschnitt 6.5.10, »Batch«, eine Einführung in `$batch`, das es erlaubt, mehrere unabhängige HTTP-Serviceaufrufe mit nur einem einzigen Aufruf an den Server zu übermitteln.

Bevor Sie mit der Implementierung der Daten-Provider-Klasse beginnen, sollten Sie das Projekt noch einmal generieren, um sicherzustellen, dass die aktuellen Extensionsklassen dem letzten Modellierungsstand entsprechen. Dies stellt außerdem sicher, dass das Projekt keine Fehler enthält (siehe Abbildung 6.54).

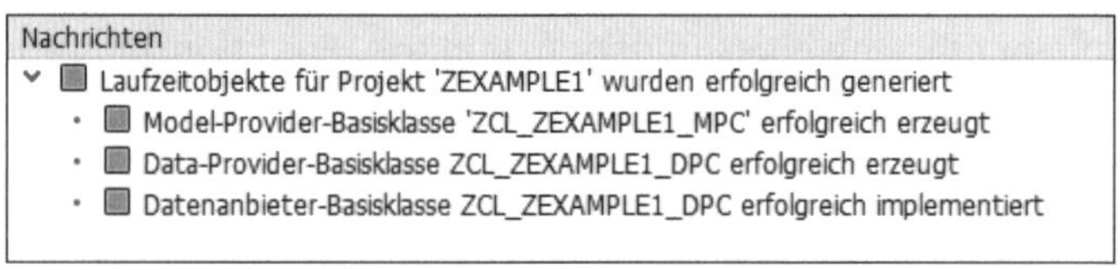

Abbildung 6.54 Erfolgreiche Regenerierung des Beispielprojekts

6.5.1 Feed (GET_ENTITYSET)

Um die `get_entityset`-Methode der `ProductSet`-Entitätsmenge zu implementieren, expandieren Sie im Service Builder den Knoten SERVICEIMPLEMENTIERUNG und den Unterknoten PRODUCTSET. Dann klicken mit der rechten Maustaste auf GETENTITYSET (QUERY) und wählen ZUR ABAP WORKBENCH im Kontextmenü (siehe Abbildung 6.55).

Dies zeigt Ihnen zunächst ein Informationsfenster, das Sie darauf hinweist, dass die Methode noch nicht implementiert wurde (siehe Abbildung 6.56).

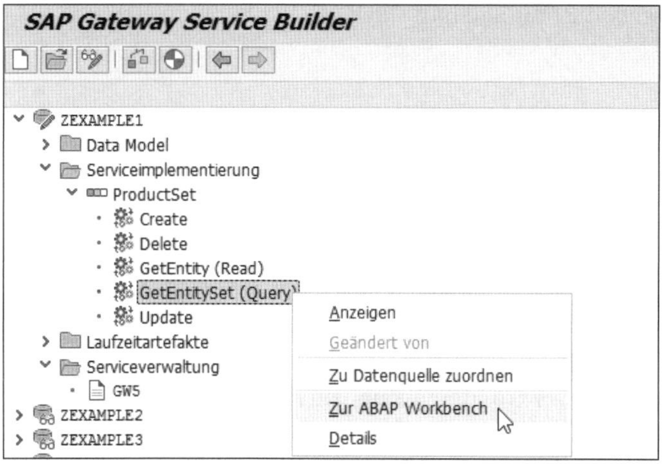

Abbildung 6.55 Navigation zur Abfrageimplementierung in die ABAP Workbench

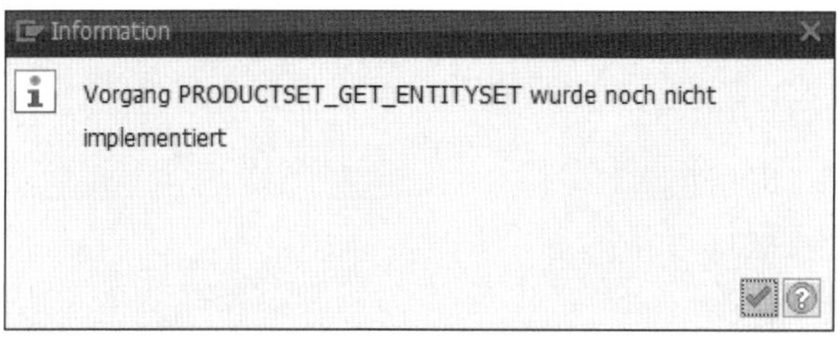

Abbildung 6.56 Information, dass die Methode noch nicht implementiert wurde

Nachdem Sie das Pop-up bestätigt haben, öffnet sich die ZCL_ZEXAMPLE1_DPC_EXT-Klasse im ABAP Class Builder (Transaktion SE24). Da zu diesem Zeitpunkt noch keine Methode redefiniert wurde, werden alle Methoden in blauer Schrift dargestellt. Dies zeigt an, dass die Methode von der Superklasse (in diesem Fall die Daten-Provider-Basisklasse) vererbt wurde. Wird keine Redefinition vorgenommen, wird die jeweilige Methode der Superklasse (also der Daten-Provider-Basisklasse) ausgeführt.

Methoden aus den Schnittstellen verwenden

Wie Sie sehen, erbt die Extensionsklasse zahlreiche Methoden aus verschiedenen Interfaces von der Basisklasse. Die Methode, die uns für die Implementierung der Abfrage (Query) interessiert, ist die GET_ENTITYSET-Methode aus der Schnittstelle /IWBEP/IF_MGW_APPL_SRV_RUNTIME. Diese Methode verarbeitet alle Abfragen von allen Entitätsmengen unseres Service. Aus diesem Grund hat der Service Builder eine CASE-Struktur in diese Methode generiert und ruft von dort aus lokale Untermethoden für die Verarbeitung je Entitätsmenge auf.

Dieses Vorgehen ist für alle fünf CRUD-Q-Methoden gleich (CREATE_ENTITY, GET_ENTITY, UPDATE_ENTITY, DELETE_ENTITY, GET_ENTITYSET).

Die Aufteilung der generischen fünf CRUD-Q-Methoden in individuelle entitätsmengenspezifische Untermethoden schafft eine klare Trennung der für die Verarbeitung einer OData-Anfrage erforderlichen Methoden. Die Methodennamen setzen sich hierbei aus dem jeweiligen Entitätsmengennamen und der jeweiligen Operation zusammen, wobei bei Methodennamen eine Längenbeschränkung von 30 Zeichen gilt. Sollte der zusammengesetzte Name länger als 30 Zeichen lang sein, wird der Name entsprechend gekürzt, wobei trotzdem die Eindeutigkeit innerhalb der Klasse gewahrt bleibt.

Fünf Methoden

Die fünf Untermethoden, die in unserem Beispiel erzeugt wurden, heißen:

- PRODUCTSET_CREATE_ENTITY
- PRODUCTSET_DELETE_ENTITY
- PRODUCTSET_GET_ENTITY
- PRODUCTSET_GET_ENTITYSET
- PRODUCTSET_UPDATE_ENTITY

Um nun die Get_Entityset-Methode für unser Beispiel zu implementieren, müssen Sie die Methode PRODUCTSET_GET_ENTITYSET redefinieren. Hierzu aktivieren Sie zunächst den Änderungsmodus ([Strg] + [F1]), scrollen in der Liste der Methoden nach unten und stellen den Cursor auf die Zeile PRODUCTSET_GET_ENTITYSET. Nun klicken Sie auf den Button **Redefinieren**. Dies öffnet den ABAP Editor und redefiniert die PRODUCTSET_GET_ENTITYSET-Methode.

Als Erstes sehen Sie einen vom ABAP Class Builder generierten Codeabschnitt, der auskommentiert ist. Dieser kann dazu verwendet werden, um dieselbe Methode der Superklasse zu rufen. Da diese aber nur eine Ausnahme (Exception) auslösen wird, unterlassen wir das. Ersetzen Sie stattdessen das Coding durch die Zeilen aus Listing 6.1.

```
METHOD productset_get_entityset.

  DATA: ls_headerdata TYPE bapi_epm_product_header,
        lt_headerdata TYPE STANDARD TABLE OF bapi_epm_
          product_header,
        ls_product    LIKE LINE OF et_entityset.
```

```
  CALL FUNCTION 'BAPI_EPM_PRODUCT_GET_LIST'
*   EXPORTING
*     MAX_ROWS                  =
    TABLES
      headerdata                = lt_headerdata
*     SELPARAMPRODUCTID         =
*     SELPARAMSUPPLIERNAMES     =
*     SELPARAMCATEGORIES        =
*     RETURN                    =
            .

  LOOP AT lt_headerdata INTO ls_headerdata.
    ls_product-productid = ls_headerdata-product_id.
    ls_product-category  = ls_headerdata-category.
    ls_product-name      = ls_headerdata-name.
    APPEND ls_product TO et_entityset.
  ENDLOOP.

ENDMETHOD.
```

Listing 6.1 Product-Entitätsmenge – Get_Entityset-Methode

Geschäftslogik aufrufen

Wie Sie im Beispiel-Coding erkennen können, ruft die Methode die zugrunde liegende Geschäftslogik auf – in diesem Fall den RFC-Funktionsbaustein `BAPI_EPM_PRODUCT_GET_LIST` –, um die Liste der Produkte zu bestimmen. Dieses einfache Beispiel unterstützt noch keinen Filter oder Ähnliches. Es werden pauschal alle Produkte des SAP Enterprise Procurement Models (EPM) von der Datenbank ausgegeben.

Nachdem die Daten ermittelt wurden, müssen sie an die Exporttabelle der Methode übergeben werden (`ET_ENTITYSET`). Anhand der Signatur erkennen Sie, dass die Tabelle vom Typ `ZCL_ZEXAMPLE1_MPC=>TT_PRODUCT` ist. Hierbei handelt es sich um einen generierten Typ in der Modell-Provider-Basisklasse. Dies ist wichtig zu wissen, da alle Änderungen am Datenmodell erst wieder durch Regenerieren in die Daten- und Modell-Provider-Basisklassen überführt werden müssen.

Mittels einer kleinen Schleife werden die Produktdaten (`LT_HEADERDATA`) in die Exporttabelle (`ET_ENTITYSET`) übernommen. Bei gleichen Feldnamen hätten Sie auch das ABAP-Kommando `move-corresponding` nutzen können. Stattdessen übergeben wir jedes Feld einzeln, da beispielsweise der Feldname der Produkt-ID in der Struktur `ls_headerdata` einen Unterstrich aufweist.

`Move-corresponding` hätte auch dann verwendet werden können, wenn Sie das Datenmodell mithilfe des ABAP-Dictionary-Imports oder des RFC-/BOR-Imports erzeugt hätten (so wie in den anderen Beispielprojekten), da dann die ABAP-Feldnamen des Datenmodells den Feldnamen der importierten Quellen entsprechen.

Ausnahme auslösen

Sollte während der Verarbeitung der `GET_ENTITYSET`-Methode irgendein Fehler auftreten, können Sie einfach eine Ausnahme vom Typ `/IWBEP/CX_MGW_BUSI_EXCEPTION` auslösen. Dies bricht die aktuelle Verarbeitung ab und sendet einen entsprechenden HTTP-Fehlercode an den Aufrufer.

Wenn Sie die Implementierung fertiggestellt haben, müssen Sie das Coding aktivieren. Dies geschieht über den Button Aktivieren oder über die Tastenkombination [Strg] + [F3]. Stellen Sie immer sicher, dass Sie alle Änderungen aktivieren (siehe Abbildung 6.57).

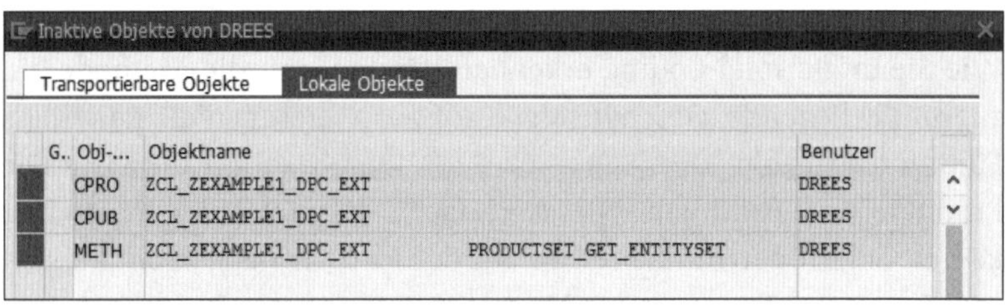

Abbildung 6.57 Aktivieren aller Änderungen im ABAP Class Builder

Da das Service-Builder-Projekt bereits generiert wurde, ist eine Neugenerierung des Projekts nicht erforderlich.

Mithilfe des SAP Gateway Clients können wir nun unsere erste Abfrage durch Ausführen des URIs */sap/opu/odata/sap/ZEXAMPLE1_SRV/ProductSet* testen. Wie erwartet, erhalten wir die Liste aller Produkte (siehe Abbildung 6.58).

Wie Sie an dem Ergebnis erkennen können, enthält jedes Produkt in dem Feed einen Link, um zum jeweiligen Eintrag navigieren zu können (siehe Kennzeichen `entry-id`). Da die Implementierung der einzelnen Leseoperation (`get_entity`) noch nicht vorgenommen wurde, würden diese Links noch zu einem Fehler führen.

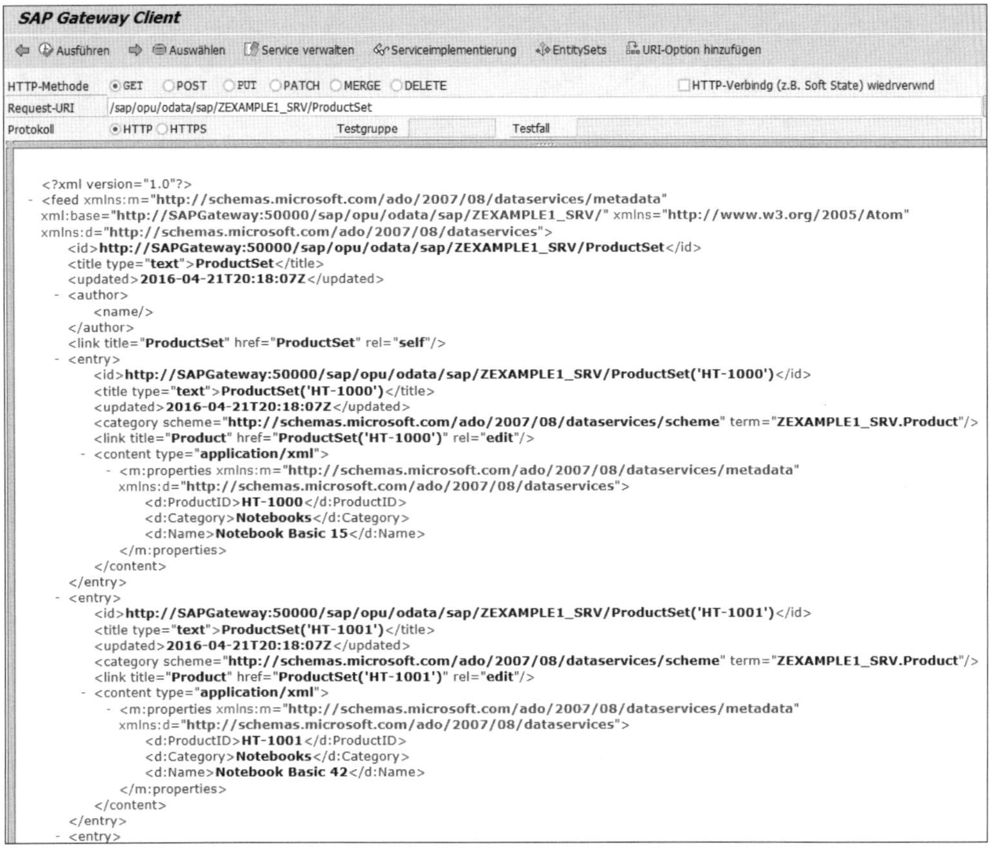

Abbildung 6.58 ProductSet von ZExample1_SRV

6.5.2 Lesen eines Eintrags (GET_ENTITY)

Als Nächstes implementieren wir das Lesen eines einzelnen Produkts. Hierzu gehen Sie sehr ähnlich wie bei der zuvor implementierten QUERY-Methode vor. Im Projektbaum des Service Builders expandieren Sie den Knoten SERVICEIMPLEMENTIERUNG • PRODUCTSET, klicken mit der rechten Maustaste auf GETENTITY (READ) und wählen ZUR ABAP WORKBENCH aus dem Kontextmenü aus. Auch hier erhalten Sie beim ersten Mal eine Information, dass die Methode noch nicht redefiniert wurde.

Das Lesen eines einzelnen Produkts wird von der Methode PRODUCTSET_GET_ENTITY übernommen. Sie redefinieren die Methode und ersetzen das Coding durch die Zeilen aus Listing 6.2.

```
METHOD productset_get_entity.

  DATA: ls_entity      LIKE er_entity,
        ls_product_id TYPE bapi_epm_product_id,
        ls_headerdata TYPE bapi_epm_product_header.

  io_tech_request_context->get_converted_keys(
    IMPORTING
      es_key_values = ls_entity ).

  ls_product_id-product_id = ls_entity-productid.

  CALL FUNCTION 'BAPI_EPM_PRODUCT_GET_DETAIL'
    EXPORTING
      product_id              = ls_product_id
    IMPORTING
      headerdata              = ls_headerdata
*   TABLES
*     CONVERSION_FACTORS      =
*     RETURN                  =
            .

  er_entity-productid = ls_headerdata-product_id.
  er_entity-category  = ls_headerdata-category.
  er_entity-name      = ls_headerdata-name.

ENDMETHOD.
```

Listing 6.2 Product-Entitätsmenge – Get_Entity-Methode

Schlüsselinformation

Die Aufgabe der `Get_Entity`-Methode ist es, einen einzelnen Eintrag aus der Liste der Ergebnismenge zu ermitteln. Hierzu muss der Konsument die Schlüsselinformation des gewünschten Eintrags mithilfe von runden Klammern als Teil des URIs übergeben, z. B. *.../ProductSet('HT-1000')*. Sollte der Primärschlüssel des zugrunde liegenden Entitätstyps aus mehr als nur einem Attribut bestehen, dann müssen zusätzlich auch die Attributnamen mit angegeben werden. Die einzelnen Primärschlüsselattribute werden hierbei durch Komma voneinander getrennt, z. B. *.../LineItemSet(OrderID='123',Item='10')*.

Im Beispiel-Coding erkennen Sie, dass wir nicht die übergebene `IT_KEY_TAB`-Tabelle verwenden, sondern die übergebene Objektreferenz `io_tech_request_context` und von dieser die Methode `get_converted_keys( )`. Dies wird gemacht, weil die Tabelle `IT_KEY_TAB` den Primärschlüssel mithilfe der externen Attributnamen übergibt, also der Namen, die auch die Konsumenten im Service-Metadatendokument sehen. Es ist aber empfehlenswert, im ABAP-Coding einheitlich die internen ABAP-Namen der Attribute zu verwenden. Die internen ABAP-Feldnamen sind für den Konsumenten des OData-Service nicht sichtbar und dienen lediglich der ABAP-Implementierung. Die externen Attributnamen könnten sich auf Anforderung eines Konsumenten gegebenenfalls ändern, was bei Verwendung dieser Namen im ABAP-Coding auch Codeanpassungen zur Folge haben kann. Dies sollte daher vermieden werden.

Verwendung von internen ABAP-Feldnamen

Es wird empfohlen, die Verwendung der externen Attributnamen im ABAP-Coding zu vermeiden. Stattdessen sollten ausschließlich die internen ABAP-Feldnamen verwendet werden. Hierzu kann die übergebene Objektreferenz `io_tech_request_context` mit ihren angebotenen `GET`-Methoden genutzt werden. Die parallel in der Signatur übergebenen Strukturen oder Tabellen (z. B. `IT_KEY_TAB` oder `IV_SOURCE_NAME`) nutzen die externen Namen und sind daher nicht zu empfehlen. Diese Parameter sind in der Parameterbeschreibung auch als »obsolete« gekennzeichnet.

Dies bezieht sich auf alle Methoden (`GET_ENTITY`, `GET_ENTITYSET`, `CREATE_ENTITY` etc.) des Interface `/IWBEP/IF_MGW_APPL_SRV_RUNTIME`.

Eine weitere Betrachtung gilt den Konvertierungsroutinen. Standardmäßig sind die Konvertierungen aktiv, was bedeutet, dass alle im OData-Service auszugebenden Werte in ihre externe Repräsentation konvertiert werden. Als Beispiel wird eine Verkaufsbelegposition, die auf der Datenbank basierend auf dem Datentyp `NUMC` in der Form »0000000010« abgespeichert ist, ohne die führenden Nullen als »10« im OData-Service ausgegeben. Dies erfolgt mithilfe der im ABAP-Dictionary zugeordneten Konvertierungsroutinen.

Konvertierungen werden auch für alle Schlüsselfelder ausgeführt, weshalb bei der Ermittlung des Schlüssels in z. B. der `Get_Entity`-Methode zunächst die Rückkonvertierung ausgeführt werden muss. Hierzu kann die Methode `get_converted_keys( )` auf der Objektreferenz `io_tech_request_context` verwendet werden, die die Konvertierung zurück in die interne Repräsentation (also wieder mit führenden Nullen) vornimmt. Die nicht konvertierten Schlüsselfelder können mithilfe der Methode `get_keys( )` bestimmt werden.

Konvertierungsroutinen werden auf Attributebene zugewiesen, was wir im aktuellen Beispiel nicht vorgenommen haben. Daher werden hier auch keine Konvertierungen durchgeführt. Im Beispiel-Coding nutzen wir trotzdem die entsprechende `get_converted_keys( )`-Methode, da dies die empfohlene Vorgehensweise ist.

Die Methode `get_converted_keys( )` liefern die Werte der Primärschlüsselattribute in Form einer Struktur zurück, die der des zugrunde liegenden Entitätstyps entspricht. Aus diesem Grund basiert die Variable `ls_entity` auf dem Datentyp `ZCL_ZEXAMPLE1_MPC=>TS_PRODUCT`. Im Gegensatz dazu liefert die Methode `get_keys( )` die Primärschlüssel in Form einer Schlüssel-Wert-Paare-Tabelle.

Nachdem der Primärschlüssel des Eintrags ermittelt wurde, kann die zugrunde liegende Geschäftslogik aufgerufen werden (hier der RFC-Funktionsbaustein `BAPI_EPM_PRODUCT_GET_DETAIL`), um die eigentlichen Daten zu ermitteln. Das Ergebnis (`HEADERDATA`) wird dann in die Rückgabestruktur `ER_ENTITY` geschrieben. Da, wie erwähnt, die externen und internen Namen voneinander abweichen, wird dies Feld für Feld vorgenommen.

DPC-Extensionsklasse aktivieren

Die Rückgabestruktur ist vom Typ `ZCL_ZEXAMPLE1_MPC=>TS_PRODUCT`, der in der Modell-Provider-Basisklasse definiert ist. Nachdem Sie die geänderte DPC-Extensionsklasse aktiviert haben, können Sie den Eintrag für das Produkt HT-1000 durch Ausführen des URIs */sap/opu/odata/sap/ZEXAMPLE1_SRV/ProductSet('HT-1000')* ermitteln. Wie erwartet, erhalten Sie nun keine Entitätsmenge, sondern einen einzelnen Eintrag (siehe Abbildung 6.59).

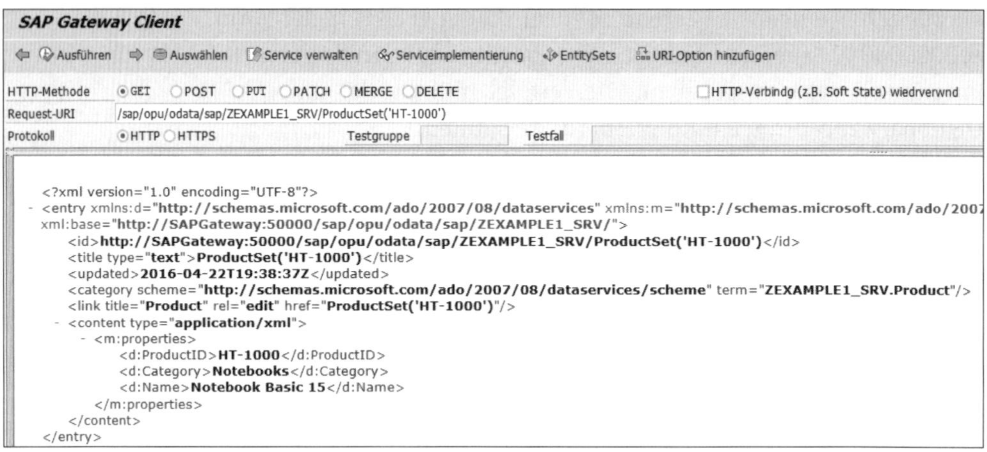

Abbildung 6.59 Eintrag des Produkts »HT-1000«

6.5.3 Abfrageoptionen

Derzeit kann der Beispielservice nur eine ungefilterte Liste aller Produkte zur Verfügung stellen. In diesem Abschnitt betrachten wir die einzelnen Abfrageoptionen `$select`, `$filter`, `$top`, `$skip`, `$inlinecount` und `$orderby`. Sie erlauben es, lediglich die gewünschten Attribute zu ermitteln (`$select`), ein Ergebnis zu filtern (`$filter`), konsumentenseitiges Blättern (`$top` und `$skip`), das Zählen der Einträge (`$inlinecount`) und das Sortieren (`$orderby`) vorzunehmen.

$select

Automatische Verarbeitung

Die `$select`-Abfrageoption erlaubt es Ihnen, nur die Attribute in die Ergebnismenge aufzunehmen, die Sie auch benötigen. Dies ist für Entitätsmengen sowie für einzelne Einträge möglich. `$select` wird automatisch vom Gateway-Framework verarbeitet – Sie müssen hier also nichts Spezielles implementieren. Allerdings sollten Sie auf `$select` reagieren, indem Sie nur die tatsächlich angefragten Attribute ermitteln und an die Rückgabetabelle übergeben. Dadurch können Sie je nach Situation die Geschwindigkeit deutlich steigern (beispielsweise wenn sehr aufwendig zu berechnende Attribute gar nicht benötigt werden).

Die über `$select` angefragten Attribute können mithilfe der Methode `io_tech_request_context->get_select( )` bestimmt werden. Diese Methode liefert Ihnen eine Tabelle aller selektierten Attribute aus dem URI. Das Auswerten der `$select`-Abfrageoption ist für alle lesenden Zugriffe (`Get_Entity`-/`Get_EntitySet`-Methoden) relevant.

In neueren Versionen des SAP Gateway Frameworks gibt es auch die Methode `get_select_with_mandtry_fields( )`, die zusätzlich immer alle Primärschlüsselattribute mitliefert, egal, ob diese in der `$select`-Abfrageoption angegeben wurden oder nicht.

Unser Beispiel profitiert bei der Datenermittlung leider nicht von einem `$select`-Statement, da die Ermittlung mit einem zentralen RFC-Funktionsbaustein erfolgt.

$filter

Häufig verwendet

Die `$filter`-Abfrageoption ist die am häufigsten verwendete Abfrageoption. Sie erlaubt das flexible Filtern der Daten in der `Get_EntitySet`-Implementierung. Hierbei ist zu beachten, dass nur auf Attribute gefiltert werden kann, die Teil des Datenmodells sind. Außerdem muss die Filterung in der DPC-Methode manuell implementiert werden. Ein automatisches Filtern durch das Gateway-Framework findet nicht statt.

Über die für Filter erforderliche Annotation kann dem Konsumenten mitgeteilt werden, dass ein Filter für die Abfrage der Entitätsmenge angegeben werden muss. Wie bereits erwähnt, haben diese Annotationen nur informativen Charakter – das Gateway-Framework nimmt hier keine automatische Prüfung zur Laufzeit vor.

Unser derzeitiger Beispielservice unterstützt noch keinen Filter. Man könnte zwar einen Filter in dem URI angeben – er hätte aber keinen Einfluss auf die Ergebnismenge. Betrachten Sie die Schnittstelle des RFC-Funktionsbausteins `BAPI_EPM_PRODUCT_GET_LIST`, dann stellen Sie fest, dass dort Select-Options-Tabellen zum Filtern über Categories, Product IDs und Supplier Names angeboten werden (siehe Abbildung 6.60).

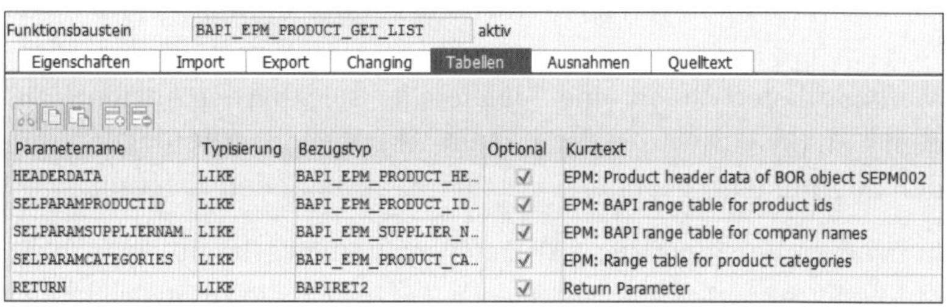

Parametername	Typisierung	Bezugstyp	Optional	Kurztext
HEADERDATA	LIKE	BAPI_EPM_PRODUCT_HE...	✓	EPM: Product header data of BOR object SEPM002
SELPARAMPRODUCTID	LIKE	BAPI_EPM_PRODUCT_ID...	✓	EPM: BAPI range table for product ids
SELPARAMSUPPLIERNAM...	LIKE	BAPI_EPM_SUPPLIER_N...	✓	EPM: BAPI range table for company names
SELPARAMCATEGORIES	LIKE	BAPI_EPM_PRODUCT_CA...	✓	EPM: Range table for product categories
RETURN	LIKE	BAPIRET2	✓	Return Parameter

Abbildung 6.60 Schnittstelle des Funktionsbausteins BAPI_EPM_PRODUCT_GET_LIST

Coding erweitern

Um nun die möglichen Filterparameter zu nutzen, erweitern Sie das Coding der Methode `PRODUCTSET_GET_ENTITYSET` der DPC-Extensionsklasse. Tauschen Sie das Coding durch die Zeilen aus Listing 6.3 aus.

```
METHOD productset_get_entityset.

  DATA: lr_filter                  TYPE REF TO /iwbep/if_mgw_req_
                                     filter,
        lt_filter_select_options TYPE /iwbep/t_mgw_select_option,
        ls_filter_select_options TYPE /iwbep/s_mgw_select_option,
```

```
      ls_select_option         TYPE /iwbep/s_cod_select_option,
      lt_selparamproductid     TYPE STANDARD TABLE OF bapi_epm_
                                 product_id_range,
      ls_selparamproductid     TYPE bapi_epm_product_id_range.

  DATA: lt_headerdata          TYPE STANDARD TABLE OF bapi_epm_
                                 product_header,
      ls_headerdata            TYPE bapi_epm_product_header,
      ls_product               LIKE LINE OF et_entityset.

  lr_filter = io_tech_request_context->get_filter( ).
  lt_filter_select_options = lr_filter->get_filter_select_
    options( ).

  LOOP AT lt_filter_select_options INTO ls_filter_select_options.
    IF ls_filter_select_options-property EQ 'PRODUCTID'.
      LOOP AT ls_filter_select_options-select_options INTO ls_
        select_option.
        ls_selparamproductid-sign   = ls_select_option-sign.
        ls_selparamproductid-option = ls_select_option-option.
        ls_selparamproductid-low    = ls_select_option-low.
        ls_selparamproductid-high   = ls_select_option-high.
        APPEND ls_selparamproductid TO lt_selparamproductid.
      ENDLOOP.
    ENDIF.
  ENDLOOP.

  CALL FUNCTION 'BAPI_EPM_PRODUCT_GET_LIST'
*   EXPORTING
*     MAX_ROWS                   =
    TABLES
      headerdata                 = lt_headerdata
      selparamproductid          = lt_selparamproductid
*     SELPARAMSUPPLIERNAMES      =
*     SELPARAMCATEGORIES         =
*     RETURN                     =
            .

  LOOP AT lt_headerdata INTO ls_headerdata.
    ls_product-productid = ls_headerdata-product_id.
    ls_product-category  = ls_headerdata-category.
    ls_product-name      = ls_headerdata-name.
    APPEND ls_product TO et_entityset.
  ENDLOOP.

ENDMETHOD.
```

Listing 6.3 Product-Entitätsmenge – Get_Entityset-Methode mit ProductID-Filter

Die eingeführten Änderungen finden zu Beginn der Methode statt. Mithilfe der Methode `io_tech_request_context->get_filter( )` erhalten Sie zunächst die Referenz auf das zentrale Filterobjekt. Darauf wenden Sie die Methode `get_filter_select_options( )` an, die Ihnen eine Tabelle der verwendeten Filter in Form von Select-Options-Tabellen liefert. Dies ist für die Weitergabe an unser BAPI hilfreich, da dieses über entsprechende Filterparameter verfügt.

Nach dem Implementieren der Methode müssen die Änderungen erneut aktiviert werden. Anschließend kann der folgende URI ausgeführt werden, um Produkte mit `product-id >= 'HT-1000'` und `product-id <= 'HT-1020'` zu bestimmen: */sap/opu/odata/sap/ZEXAMPLE1_SRV/ProductSet?$filter=ProductID ge 'HT-1000' and ProductID le 'HT-1020'*.

Filtern nach Kategorien

Zusätzlich können Sie noch einen Filter für die Kategorien hinzufügen. Neben der Datendeklaration und der Übergabe an den Funktionsbaustein müssen Sie die Zeilen aus Listing 6.4 in die Loop-Schleife einfügen.

```
ELSEIF ls_filter_select_options-property EQ 'CATEGORY'.
  LOOP AT ls_filter_select_options-select_options INTO ls_
    select_option.
    ls_selparamcategories-sign   = ls_select_option-sign.
    ls_selparamcategories-option = ls_select_option-option.
    ls_selparamcategories-low    = ls_select_option-low.
    ls_selparamcategories-high   = ls_select_option-high.
    APPEND ls_selparamcategories TO lt_selparamcategories.
  ENDLOOP.
```

Listing 6.4 Product-Entitätsmenge – Get_Entityset-Methode mit zusätzlichem Filter auf Category

Zusätzlich zum vorhergehenden Filter kann jetzt außerdem auf die Kategorie `Category = 'Notebooks'` gefiltert werden:

/sap/opu/odata/sap/ZEXAMPLE1_SRV/ProductSet?$filter=ProductID ge 'HT-1000' and ProductID le 'HT-1020' and Category eq 'Notebooks'

Es ist leicht zu erkennen, dass gewisse Filter sehr schnell recht komplex werden können.

Select-Options-Tabellen

Wie bereits beschrieben, werden die Filterinformationen aus dem URI in einem Select-Options-Format an die `Get_EntitySet`-Methode übergeben. Hierbei ist jedoch zu beachten, dass dies gewissen Einschränkungen unterliegt. Ähnlich wie bei einem ABAP-Report kann man mit Select-Options nicht alle denkbaren Anwendungsfälle abdecken. Zum Beispiel kann ein Filter wie `FeldA eq 'A' or FeldB eq 'B'` nicht mit Select-Options-Tabellen abgebildet werden. Dies würde funktionieren, wenn man den Operanden `and` statt `or` nehmen würde – aber das hat natürlich ein anderes Ergebnis zur Folge.

Für solche Sonderfälle stellt das Filterobjekt die Methode `get_filter_string( )` zur Verfügung, die den Filter entsprechend dem URI zur Verfügung stellt (jedoch nicht im Select-Options-Format).

Eine weitere Möglichkeit stellen die Methoden `get_osql_where_clause( )` und `get_osql_where_clause_convert( )` der Objektreferenz `io_tech_request_context` dar, die einen Filterstring zur Verfügung stellen, der beispielsweise in einer dynamischen ABAP-Open-SQL-`SELECT`-Anweisung verwendet werden kann.

$top, $skip und $inlinecount

Blättern-Funktion

Die `$top`- und `$skip`-Abfrageoptionen werden auch konsumentenseitiges Blättern genannt. Dies bedeutet, dass der Konsument angeben kann, wie viele Einträge er erhalten möchte (`$top`) und wie viele Einträge zu Beginn übersprungen werden sollen (`$skip`). Damit kann ein Konsument eine Blättern-Funktion implementieren.

Angenommen ein Konsument ist in der Lage ist, drei Produkte pro Seite anzuzeigen. Der folgende URI würde die Produkte 1–3 für die erste Seite ermitteln:

/sap/opu/odata/sap/ZEXAMPLE1_SRV/ProductSet?$top=3&$skip=0

Der folgende URI ermittelt die Produkte 4–6 für die zweite Seite:

/sap/opu/odata/sap/ZEXAMPLE1_SRV/ProductSet?$top=3&$skip=3

Man kann erkennen, dass der Wert für die Seitengröße (`$top`) konstant bleibt. Der Wert für das Überspringen der Einträge (`$skip`) wächst mit der auszugebenden Seite stetig an. Hierbei ist zu beachten, dass es sich bei `$skip` um die Anzahl der Einträge und nicht um die Anzahl der Seiten handelt.

Durch diese beiden Parameter kann man recht effizient die Datenermittlung implementieren, da nur die Datensätze von der Datenbank gelesen werden müssen, die auch tatsächlich benötigt werden. Allerdings kann man dies meistens nicht voll ausnutzen, da man in der

Regel nicht direkt auf die Datenbank zugreifen sollte, sondern über die vorhandenen APIs. Die meisten der Funktionsbausteine haben jedoch keine Importparameter für `$top` und `$skip`, weshalb man das Blättern erst anwenden kann, wenn bereits die gesamte Liste ermittelt wurde.

Einige der Standardbausteine bieten zumindest einen Input-Parameter `MAX_ROWS` an, mit dem man die zu lesenden Sätze reduzieren kann. Dieser Parameter kann aber auch nur dann verwendet werden, wenn die Ergebnismenge nicht auch noch sortiert werden soll.

Betrachten wir ein Beispiel, bei dem die Standardsortierung des Funktionsbausteins Anwendung finden soll. Wenn auf jeder Seite drei Produkte erscheinen sollen und die fünfte Seite angezeigt werden soll, dann würde die Berechnung des `MAX_ROWS`-Parameters wie folgt aussehen:

MAX_ROWS = <Seitengröße> × <Seite> = 3 × 5 = 15

Serverlast

Man müsste also die ersten 15 Einträge von der Datenbank lesen, um die Produkte für die Seite 5 (Einträge 13–15) zu ermitteln. Die anderen Produkte (Einträge 1–12) werden auch gelesen – müssen dann jedoch verworfen werden, weil sie für die angeforderte Ergebnismenge nicht relevant sind. Dies wird ineffizienter und steigert die Serverlast, je weiter der Konsument nach hinten blättert (Seite 6, Seite 7, Seite 8 etc.), da immer mehr Einträge gelesen werden müssen, die direkt wieder verworfen werden.

Wenn die Ergebnismenge auch noch sortiert werden soll, dann kann der `MAX_ROWS`-Parameter meistens nicht mehr verwendet werden, da das Blättern immer nach dem Filtern und Sortieren angewendet werden muss und die meisten BAPIs keine Möglichkeit der Sortierung bieten.

Hat man die Geschäftslogik selbst implementiert und greift z. B. auf eigene Z-Tabellen zu, dann kann man die Werte für `$top` und `$skip` recht effizient einsetzen.

Die Werte für `$top` und `$skip` können mithilfe der `get_top( )`- und `get_skip( )`-Methoden der Objektreferenz `io_tech_request_context` ermittelt werden. Ähnlich wie das Filtern muss auch das konsumentenseitige Blättern selbst implementiert werden. Die Berechnung des `MAX_ROWS`-Parameters kann beispielsweise erfolgen, wie in Listing 6.5 gezeigt.

```
lv_maxrows-bapimaxrow = 0.
lv_top  = io_tech_request_context->get_top( ).
lv_skip = io_tech_request_context->get_skip( ).
IF ( lv_top IS NOT INITIAL ).
  lv_maxrows-bapimaxrow = lv_top + lv_skip.
ENDIF.
```

Listing 6.5 Berechnung des MAX_ROWS-Parameters

`Lv_maxrows` ist dabei vom Typ `bapi_epm_max_rows`. Unmittelbar nach dem RFC-Funktionsbaustein-Aufruf können `$top` und `$skip` auf die Ergebnismenge angewendet werden. Hierzu müssen der Start- und der Endpunkt der zu übernehmenden Tabelleneinträge, wie in Listing 6.6 dargestellt, ermittelt werden.

```
lv_start = 1.
IF lv_skip IS NOT INITIAL.
  lv_start = lv_skip + 1.
ENDIF.

IF lv_top IS NOT INITIAL.
  lv_end = lv_top + lv_start - 1.
ELSE.
  lv_end = lines( lt_headerdata ).
ENDIF.

LOOP AT lt_headerdata INTO ls_headerdata
  FROM lv_start TO lv_end.
  ls_product-productid = ls_headerdata-product_id.
  ls_product-category  = ls_headerdata-category.
  ls_product-name      = ls_headerdata-name.
  APPEND ls_product TO et_entityset.
ENDLOOP.
```

Listing 6.6 Product-Entitätsmenge – Get_Entityset-Methode mit konsumentenseitigem Blättern

Wie bereits erwähnt und wie Sie anhand der Implementierung erkennen können, werden `$top` und `$skip` korrekt angewendet. Die Serverlast sinkt hierbei jedoch gegebenenfalls nur gering, da wir lediglich den `MAX_ROWS`-Parameter angeben können und letztendlich nicht wissen, wie der Funktionsbaustein intern die Daten ermittelt.

$inlinecount

Die `$inlinecount`-Abfrageoption tritt meistens im Zusammenhang mit `$top` und `$skip` auf. Ähnlich wie beim `$count` wird die Anzahl der Einträge ermittelt und an den Aufrufer übergeben. Allerdings wird die Anzahl bei `$inlinecount` zusammen mit der Entitätsmenge übergeben (daher der Zusatz »inline«). Die `$inlinecount`-Abfrageoption muss mit dem Zusatz `"allpages"` angegeben werden. Ruft man sie alternativ mit `$inlinecount=none` auf, dann hat dies den gleichen Effekt, als würde man die Abfrageoption weglassen.

`$inlinecount` ermittelt stets die Anzahl aller Einträge gemäß einem eventuell vorhandenen Filter – jedoch unabhängig von `$top` und `$skip`. Dies verhindert meistens die Möglichkeit, nur eine Untermenge der Daten von der Datenbank zu lesen, da sonst die Gesamtzahl nicht bestimmt werden kann.

Um zu ermitteln, ob `$inlinecount` über den URI angegeben wurde, kann die Methode `has_inlinecount( )` von der Objektreferenz `io_tech_request_context` verwendet werden. Das hierfür angepasste Coding sieht dann folgendermaßen aus:

```
lv_maxrows-bapimaxrow = 0.
lv_top  = io_tech_request_context->get_top( ).
lv_skip = io_tech_request_context->get_skip( ).
lv_has_inlinecount = io_tech_request_context->has_
  inlinecount( ).
IF ( lv_top IS NOT INITIAL ) AND
   ( lv_has_inlinecount EQ abap_false ).
  lv_maxrows-bapimaxrow = lv_top + lv_skip.
ENDIF.
```

Unmittelbar nach dem RFC-Funktionsbaustein-Aufruf kann man den Wert für `$inlinecount` mithilfe der Exportstruktur `ES_RESPONSE_CONTEXT` setzen:

```
IF lv_has_inlinecount EQ abap_true.
  es_response_context-inlinecount = lines( lt_
    headerdata ).
ENDIF.
```

Als Beispiel stellt der folgende URI die ersten drei Einträge der ersten Seite zur Verfügung, wobei trotzdem die gesamte Entitätsmenge gezählt wird (115 Einträge):

/sap/opu/odata/sap/ZEXAMPLE1_SRV/ProductSet?$top=3&$skip=0&
$inlinecount=allpages

Der Wert für `$inlinecount` ist im Ergebnis in dem Kennzeichen `m:count` enthalten (siehe Abbildung 6.61).

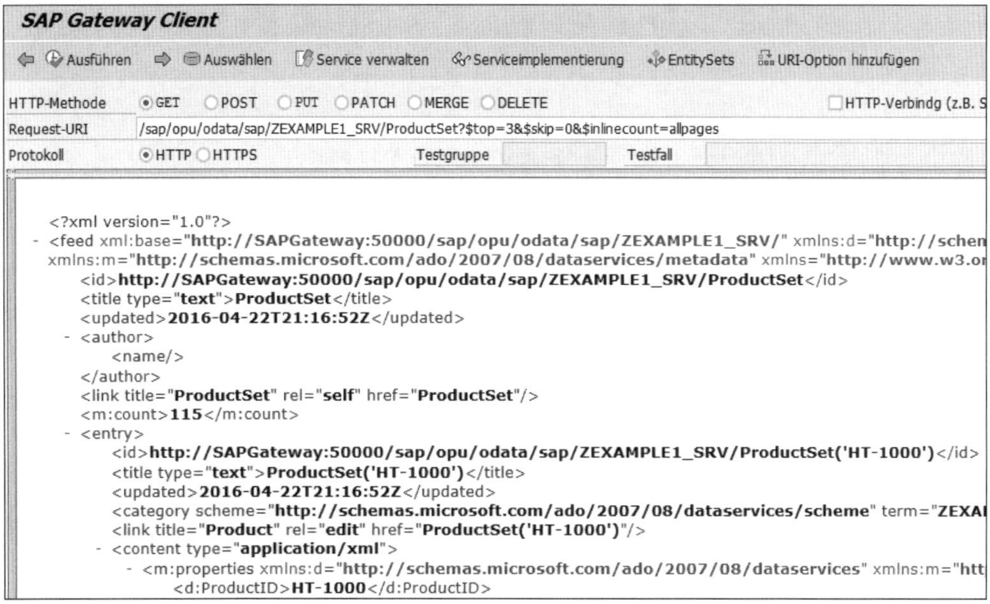

Abbildung 6.61 Abfrageergebnis mit »$inlinecount«

$orderby

Die `$orderby`-Abfrageoption erlaubt es, die Ergebnismenge zu sortieren. Mithilfe der Methode `get_orderby( )` von der Objektreferenz `io_tech_request_context` können Sie die Liste der Attribute ermitteln, nach denen sortiert werden soll. Ein automatisches Sortieren durch das Framework findet nicht statt (Ausnahme ist hier die Multi Destination Composition).

Wenn die Product-Entitätsmenge zunächst nach der Kategorie und dann nach dem Namen sortiert werden soll, sieht der zugehörige URI wie folgt aus:

/sap/opu/odata/sap/ZEXAMPLE1_SRV/ProductSet?$orderby=Category, Name

Die Methode `get_orderby( )` liefert in diesem Fall eine Tabelle mit zwei Einträgen, wie in Tabelle 6.3 dargestellt. Die `Property_Path`-Information wird dann relevant, wenn Sie beispielsweise nach einem Attribut eines komplexen Typs in einer Entitätsmenge sortieren möchten.

Property	Property_Path	Order
CATEGORY	CATEGORY	asc
NAME	NAME	asc

Tabelle 6.3 Ergebnis der get_orderby( )-Methode

Wenn Sie absteigend sortieren möchten, müssen Sie in dem URI den Zusatz `desc` angeben, der dann entsprechend in der Tabelle in der Spalte `Order` erscheint. Die Standardsortierung ist aufsteigend (`asc`) und muss nicht explizit in dem URI angegeben werden.

Serverseitiges Blättern

In Kombination mit `$top` und `$skip` sollte die Ergebnismenge zunächst immer erst sortiert werden, bevor z. B. das Blättern angewendet wird. Anderenfalls kann das Ergebnis inkorrekt sein.

Wenn man die zuvor genannten Abfrageoptionen in einem URI kombiniert, dann ist es nahezu unmöglich, ein BAPI zu finden, dass alle diese Optionen unterstützt und effizient auf der Datenbank ausführt. Somit wird für jede angefragte Seite zunächst die komplette Liste gelesen, gegebenenfalls gefiltert, sortiert und schlussendlich aus der verbleibenden Liste die gewünschte Seite ermittelt. Solche Abfragen können bei mehreren parallel arbeitenden Konsumenten zu einer erheblichen Last auf dem SAP-Backend-System werden. In solchen Fällen sollte darüber nachgedacht werden, ein serverseitiges Blättern zu implementieren, was zur Folge hat, dass der Konsument die empfangenen Daten zwischenspeichern muss. In diesem Fall kann der Konsument jedoch schneller über die lokalen Daten blättern und muss nicht für jede Seite auf den Server zugreifen.

6.5.4 Navigationsattribute

Navigationsattribute erlauben es, von einem Eintrag oder einer Entitätsmenge zu einem anderen Eintrag oder einer anderen Entitätsmenge zu navigieren. Ein typisches Beispiel hierfür ist die Navigation von einem Verkaufsbeleg (Eintrag) zur Liste der Verkaufsbelegpositionen (Entitätsmenge). Navigationsattribute basieren immer auf Assoziationen. Die Assoziation legt den führenden und den abhängigen Entitätstyp sowie die Kardinalität zwischen beiden fest. Zusätzlich kann man die Bezugsbedingungen (Fremdschlüsselbeziehung) angeben. Die Metadaten des in ZEXAMPLE2 importierten Beispiels aus dem

/IWBEP/GWSAMPLE_BASIC-Service beinhalten einige Beispiele für Navigationsattribute.

Um zu unserem Beispiel (ZEXAMPLE1) ein Navigationsattribut hinzufügen zu können, benötigen wir zunächst ein weiteres Attribut in dem Product-Entitätstyp. Außerdem benötigen wir einen weiteren Entitätstyp, zu dem wir navigieren können.

Zunächst legen wir ein neues Attribut SUPPLIERID mit dem Typ EDM.STRING und der MAXIMALLÄNGE 10 an (siehe Abbildung 6.62). Markieren Sie die Eigenschaften ANLEGBAR und AKTUALISIERBAR. Anschließend müssen Sie das Projekt neu generieren und das Mapping des neuen Attributs in die `Get_EntitySet`- und die `Get_Entity`-Methode aufnehmen.

Eigenschaften

Name	Schlüssel	EDM-Coretyp	Gen...	Skali...	Max...	E	Anlegbar	Aktualisierbar	Sortierbar	Nullw.mögl	Filterbar	Bezeichner
ProductID	☑	Edm.String	0	0	10		☑	☐	☐	☐	☑	Produktnummer
Category	☐	Edm.String	0	0	40		☑	☑	☐	☐	☑	Produktkategorie
Name	☐	Edm.String	0	0	255		☑	☑	☐	☐	☐	Produktname
SupplierID	☐	Edm.String	0	0	10		☑	☑	☐	☐	☐	Lieferantennummer

Abbildung 6.62 Product-Entitätstyp mit neuem Attribut »SupplierID«

In der `Get_EntitySet`-Methode (`PRODUCTSET_GET_ENTITYSET`) muss hierfür die folgende Zeile in die Loop-Schleife aufgenommen werden:

```
ls_product-supplierid = ls_headerdata-supplier_id.
```

In die `Get_Entity`-Methode (`PRODUCTSET_GET_ENTITY`) muss am Ende die folgende Zeile ergänzt werden:

```
er_entity-supplierid = ls_headerdata-supplier_id.
```

Nachdem Sie die DPC-Extensionsklasse aktiviert haben, können Sie mithilfe des SAP Gateway Clients überprüfen, ob das neue Attribut `SupplierID` korrekt gefüllt wird (siehe Abbildung 6.63).

Entitätstyp »Supplier«

Um nun mithilfe des SupplierID-Attributs von einem Entitätstyp zu einem andern Entitätstyp navigieren zu können, benötigen Sie als Nächstes einen weiteren Entitätstyp in Ihrem Datenmodell. Hierzu legen Sie den neuen Entitätstyp SUPPLIER in dem Projekt ZEXAMPLE1 an (siehe Abbildung 6.64).

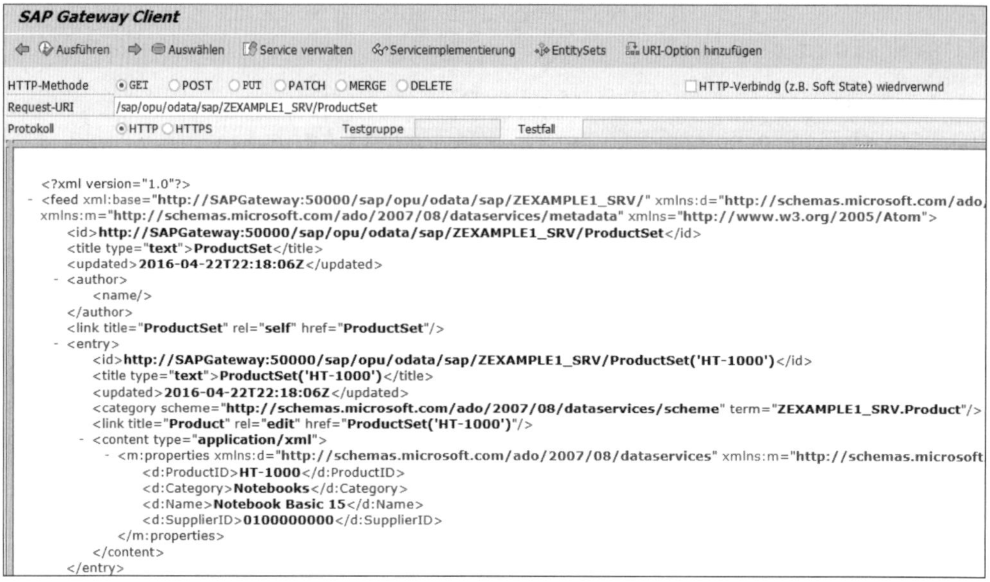

Abbildung 6.63 Product-Entitätsmenge mit SupplierID

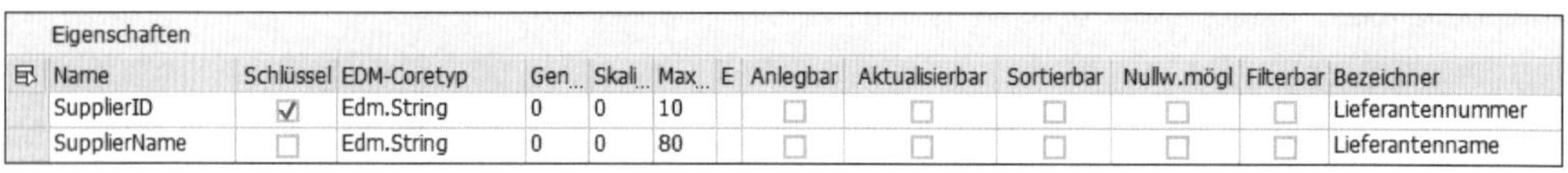

Eigenschaften

Name	Schlüssel	EDM-Coretyp	Gen...	Skali...	Max...	E	Anlegbar	Aktualisierbar	Sortierbar	Nullw.mögl	Filterbar	Bezeichner
SupplierID	☑	Edm.String	0	0	10		☐	☐	☐	☐	☐	Lieferantennummer
SupplierName	☐	Edm.String	0	0	80		☐	☐	☐	☐	☐	Lieferantenname

Abbildung 6.64 Neuer Entitätstyp »Supplier«

Der Einfachheit halber definieren Sie lediglich zwei Attribute `SupplierID` (`Edm.String, Maximale Länge=10`) und `SupplierName` (`Edm.String, Maximale Länge=80`). Die Attributeigenschaften lassen Sie alle unmarkiert, da wir lediglich einen lesenden Zugriff implementieren werden (keinen Filter, keine Sortierung, etc.).

Außerdem legen Sie eine Entitätsmenge mit den Namen SUPPLIERSET an (siehe Abbildung 6.65). Hierbei markieren Sie lediglich die Eigenschaft ADRESSIERBAR.

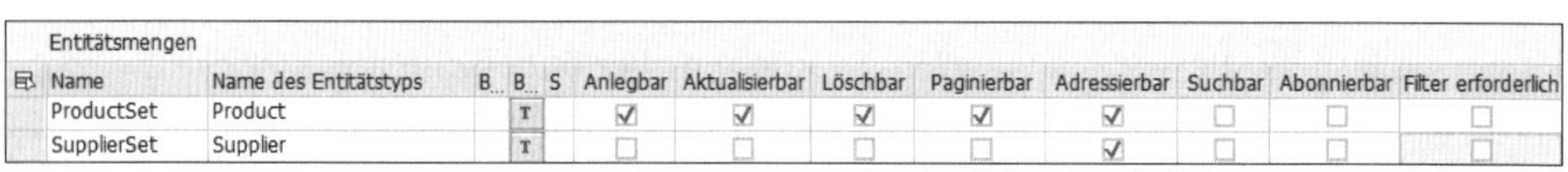

Entitätsmengen

Name	Name des Entitätstyps	B...	B...	S	Anlegbar	Aktualisierbar	Löschbar	Paginierbar	Adressierbar	Suchbar	Abonnierbar	Filter erforderlich
ProductSet	Product		T		☑	☑	☑	☑	☑	☐	☐	☐
SupplierSet	Supplier		T		☐	☐	☐	☐	☑	☐	☐	☐

Abbildung 6.65 Neue Entitätsmenge »SupplierSet«

Generieren und Redefinieren

Als Nächstes müssen Sie das Projekt erneut generieren, damit die neuen Methoden und Datentypen erstellt werden. Anschließend redefinieren Sie die Methode SUPPLIERSET_GET_ENTITYSET der DPC-Extensionsklasse mit dem Coding aus Listing 6.7.

```
METHOD supplierset_get_entityset.

  DATA: ls_bpheaderdata TYPE bapi_epm_bp_header,
        lt_bpheaderdata TYPE STANDARD TABLE OF bapi_epm_bp_
          header,
        ls_supplier     LIKE LINE OF et_entityset.

  CALL FUNCTION 'BAPI_EPM_BP_GET_LIST'
    TABLES
      bpheaderdata = lt_bpheaderdata.

  LOOP AT lt_bpheaderdata INTO ls_bpheaderdata.
    ls_supplier-supplierid   = ls_bpheaderdata-bp_id.
    ls_supplier-suppliername = ls_bpheaderdata-company_name.
    APPEND ls_supplier TO et_entityset.
  ENDLOOP.

ENDMETHOD.
```

Listing 6.7 Supplier-Entitätsmenge – Get_Entityset-Methode

Die SUPPLIERSET_GET_ENTITY-Methode redefinieren Sie mit dem Coding aus Listing 6.8.

```
METHOD supplierset_get_entity.

  DATA: ls_entity     LIKE er_entity,
        ls_bp_id      TYPE bapi_epm_bp_id,
        ls_headerdata TYPE bapi_epm_bp_header.

  io_tech_request_context->get_converted_keys(
    IMPORTING
      es_key_values = ls_entity ).

  ls_bp_id-bp_id = ls_entity-supplierid.

  CALL FUNCTION 'BAPI_EPM_BP_GET_DETAIL'
    EXPORTING
      bp_id      = ls_bp_id
    IMPORTING
      headerdata = ls_headerdata.

  er_entity-supplierid   = ls_headerdata-bp_id.
  er_entity-suppliername = ls_headerdata-company_name.

ENDMETHOD.
```

Listing 6.8 Supplier-Entitätsmenge – Get_Entity-Methode

Nachdem Sie die DPC-Extensionsklasse aktiviert haben, können Sie mithilfe des SAP Gateway Clients die neuen Methoden ausprobieren. Hierzu rufen Sie den folgenden URI auf, der die Liste der Lieferanten ermittelt (siehe Abbildung 6.66):

/sap/opu/odata/sap/ZEXAMPLE1_SRV/SupplierSet

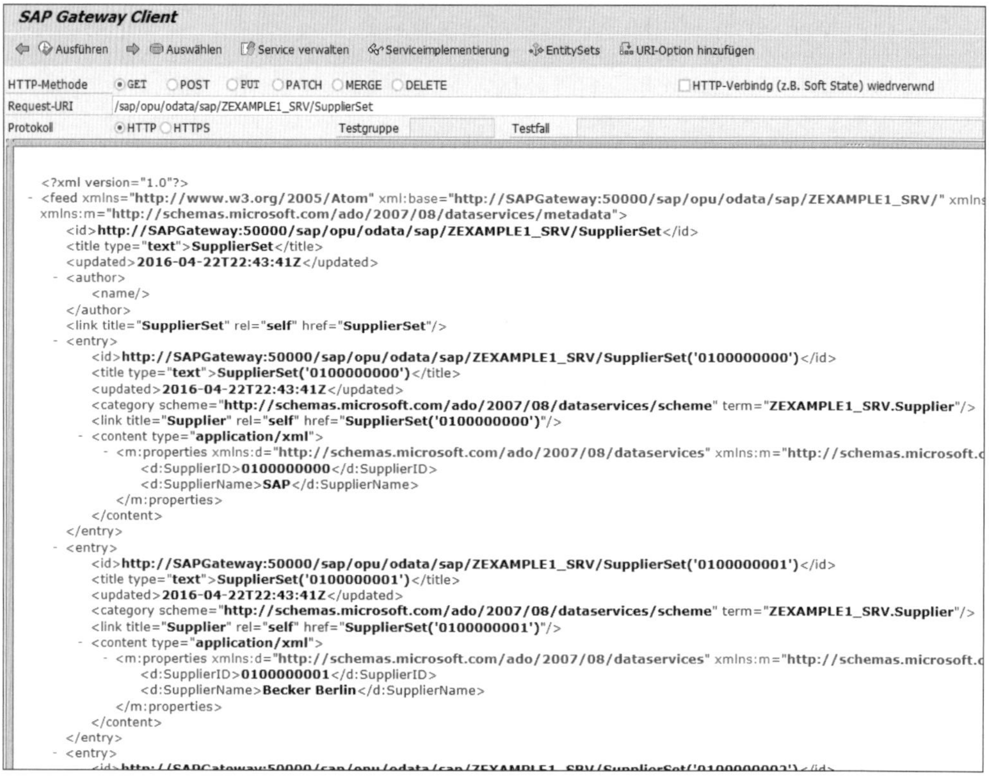

Abbildung 6.66 SupplierSet des ZExample1_SRV-Service

Durch Ausführen eines der Links kann auch die Implementierung der `Get_Entity`-Methode überprüft werden.

Navigationattribut definieren

Bisher haben wir einen neuen Entitätstyp und eine neue Entitätsmenge in unser Datenmodell aufgenommen. Außerdem haben wir die zugehörigen `Get_Entity`- und `Get_EntitySet`-Methoden implementiert. Als Nächstes erstellen wir ein Navigationsattribut, um von einem Produkt zum zugehörigen Lieferanten navigieren können. Hierfür erstellen Sie zunächst eine Assoziation, indem Sie im Projektbaum auf DATA MODEL • ASSOZIATIONEN doppelklicken und einen neuen Eintrag anlegen.

Jede Assoziation muss einen Namen, eine ERSTE ENTITÄT, eine KARDINALITÄT DER HAUPTENTITÄT, eine ABHÄNGIGE ENTITÄT sowie eine KARDINALITÄT DER ABHÄNGIGEN ENTITÄT haben (siehe Abbildung 6.67).

Assoziationen

Name	E...	Erste Entität	Kardinalität der Hauptentität	Abh. Entität	Kardinalität der abhängigen Entität
Assoc_Product_Supplier		Product	M	Supplier	1

Abbildung 6.67 Definition der Assoziation »Assoc_Product_Supplier«

Jeder Lieferant kann 0...n Produkte liefern. Aus diesem Grund wird die KARDINALITÄT DER ABHÄNGIGEN ENTITÄT (SUPPLIER) auf 1 und die KARDINALITÄT DER HAUPTENTITÄT (PRODUCT) auf *M* gesetzt. Für das Eintragen der Informationen empfiehlt es sich, die F4-Wertehilfe zu verwenden.

Anschließend können Sie das Navigationsattribut anlegen. Hierfür navigieren Sie im Projektbaum zu DATA MODEL • ENTITÄTSTYPEN • PRODUCT • NAVIGATIONSEIGENSCHAFTEN und legen einen neuen Eintrag an. Als Namen verwenden Sie TOSUPPLIER, und als BEZIEHUNGSNAME wählen Sie über die Wertehilfe die zuvor erstellte Assoziation aus (siehe Abbildung 6.68).

Navigationseigenschaften

Name	Beziehungsname	ABAP-Feldname	Bezeichner	B...
ToSupplier	Assoc_Product_Supplier			T

Abbildung 6.68 Definition des Navigationsattributs

Das Attribut hat den Namen TOSUPPLIER, weil wir später mithilfe dieses Navigationsattributs von einem Produkt zum zugehörigen Lieferanten navigieren möchten.

Neu generieren und prüfen

Nun müssen Sie das Projekt wieder generieren. Wenn Sie im Anschluss die Metadaten betrachten, stellen Sie fest, dass diese schon deutlich angewachsen sind. Das neue Navigationsattribut ist auch in der Product-Entitätsmenge sichtbar (siehe Abbildung 6.69).

Jeder Eintrag in der Liste der Produkte stellt nun einen weiteren Link mit dem Zusatz */ToSupplier* zur Verfügung, mit dessen Hilfe die Navigation zum entsprechenden Lieferanten erfolgen kann. Gemäß der Definition in der Assoziation ist das Ziel der Navigation ein einzelner Eintrag (in unserem Datenmodell gibt es genau einen Lieferanten für ein Produkt).

```
- <entry>
    <id>http://SAPGateway:50000/sap/opu/odata/sap/ZEXAMPLE1_SRV/ProductSet('HT-1000')</id>
    <title type="text">ProductSet('HT-1000')</title>
    <updated>2016-04-22T23:06:16Z</updated>
    <category scheme="http://schemas.microsoft.com/ado/2007/08/dataservices/scheme" term="ZEXAMPLE1_SRV.Product"/>
    <link title="Product" rel="edit" href="ProductSet('HT-1000')"/>
    <link title="ToSupplier" type="application/atom+xml;type=entry"
       rel="http://schemas.microsoft.com/ado/2007/08/dataservices/related/ToSupplier" href="ProductSet('HT-1000')/ToSupplier"/>
  - <content type="application/xml">
    - <m:properties xmlns:d="http://schemas.microsoft.com/ado/2007/08/dataservices"
       xmlns:m="http://schemas.microsoft.com/ado/2007/08/dataservices/metadata">
         <d:ProductID>HT-1000</d:ProductID>
         <d:Category>Notebooks</d:Category>
         <d:Name>Notebook Basic 15</d:Name>
         <d:SupplierID>0100000000</d:SupplierID>
      </m:properties>
    </content>
</entry>
```


Abbildung 6.69 Navigationsattribut »ToSupplier« in der Product-Entitätsmenge

Das Navigationsattribut navigiert in unserem Fall zu einem einzelnen Lieferanteneintrag – nicht zu einer Entitätsmenge. Dies liegt an der angegebenen Kardinalität. In dem verwendeten EPM-Datenmodell hat jedes Produkt einen einzelnen, eindeutigen Lieferanten. Umgekehrt kann ein Lieferant jedoch mehrere Produkte liefern.

Führt man diese Navigationsverknüpfung für eines der Produkte aus, dann erhält man zunächst noch eine Fehlermeldung. Das liegt daran, dass der URI den Primärschlüssel des Produkts beinhaltet, die `Get_Entity`-Methode des Lieferanten (die in diesem aufgerufen wird) jedoch den Primärschlüssel des Lieferanten für die Ermittlung der Daten benötigt. Um dieser Anforderung gerecht zu werden, erweitern wir unser Coding ein wenig.

Erweiterung

Die benötigte Erweiterung ist das Ableiten der Lieferantennummer (`SupplierID`) von einer Produktnummer (`ProductID`) innerhalb der `Get_Entity`-Methode `SUPPLIERSET_GET_ENTITY`, wie in Listing 6.9 gezeigt.

```
METHOD supplierset_get_entity.

  DATA: ls_entity          LIKE er_entity,
        ls_bp_id           TYPE bapi_epm_bp_id,
        ls_headerdata      TYPE bapi_epm_bp_header.

  DATA: lv_source_entity_set_name TYPE /iwbep/mgw_tech_name,
        ls_product                TYPE zcl_zexample1_mpc=>
                                    ts_product,
        ls_product_id             TYPE bapi_epm_product_id,
        ls_prd_headerdata         TYPE bapi_epm_product_
                                    header.

  lv_source_entity_set_name = io_tech_request_context->get_
    source_entity_set_name( ).
```

```
  IF lv_source_entity_set_name EQ 'ProductSet'.
    io_tech_request_context->get_converted_source_keys(
      IMPORTING
        es_key_values = ls_product ).

    ls_product_id-product_id = ls_product-productid.

    CALL FUNCTION 'BAPI_EPM_PRODUCT_GET_DETAIL'
      EXPORTING
        product_id               = ls_product_id
      IMPORTING
        headerdata               = ls_prd_headerdata.

    ls_bp_id-bp_id = ls_prd_headerdata-supplier_id.
  ELSE.
    io_tech_request_context->get_converted_keys(
      IMPORTING
        es_key_values = ls_entity ).

    ls_bp_id-bp_id = ls_entity-supplierid.
  ENDIF.

  CALL FUNCTION 'BAPI_EPM_BP_GET_DETAIL'
    EXPORTING
      bp_id      = ls_bp_id
    IMPORTING
      headerdata = ls_headerdata.

  er_entity-supplierid   = ls_headerdata-bp_id.
  er_entity-suppliername = ls_headerdata-company_name.

ENDMETHOD.
```

Listing 6.9 Supplier-Entitätsmenge – Get_Entity-Methode mit Lieferantenermittlung über den Produkteintrag

Anhand des Listings erkennen Sie, dass mithilfe der Variablen `lv_source_entity_set_name` zunächst unterschieden wird, von welcher Entitätsmenge die Abfrage ausgeht. Handelt es sich um die Produktentitätsmenge, gehen wir von einer Navigation aus (schließlich befinden wir uns ja in der Methode `supplierset_get_entity`). In diesem Fall wird zunächst der Primärschlüssel des Produkts ermittelt (`get_converted_source_keys( )`). Mit diesem wird dann mit dem BAPI `BAPI_EPM_PRODUCT_GET_DETAIL` das gesamte Produkt gelesen. Hierdurch erhalten wir die erforderliche Lieferantennummer, mit der wir schlussendlich den Lieferanten bestimmen können (BAPI_EPM_BP_GET_DETAIL).

Nach dem Aktivieren der DPC-Extensionsklasse können Sie die Navigation z. B. durch den folgenden URI ausprobieren:

/sap/opu/odata/sap/ZEXAMPLE1_SRV/ProductSet('HT-1000')/ToSupplier

Als Ergebnis erhalten Sie den Lieferanteneintrag, der das Produkt 'HT-1000' liefert (siehe Abbildung 6.70). Gemäß der OData-Definition erhalten Sie im Ergebnis den sogenannten Self-Link auf den aktuellen Eintrag (.../SupplierSet('0100000000')).

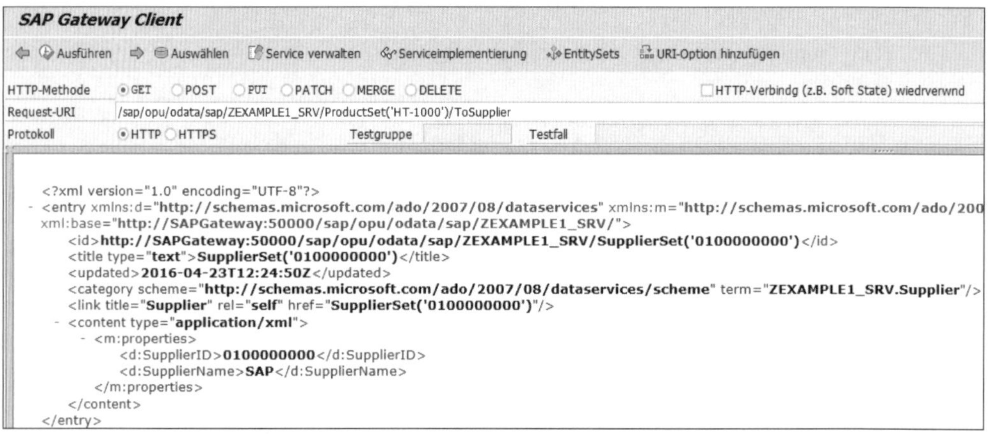

Abbildung 6.70 ToSupplier-Navigationsergebnis für das Produkt »HT-1000«

6.5.5 Create-, Update- und Delete-Methoden

Bisher haben wir lediglich lesend mithilfe der entsprechenden GET_LIST- und GET_DETAIL-RFC-Funktionsbausteine auf die zugrunde liegenden Daten zugegriffen. Als Nächstes betrachten wir den schreibenden Zugriff mithilfe der CUD-Operationen CREATE (Anlegen), UPDATE (Ändern) und DELETE (Löschen).

Create

Mithilfe der CREATE-Operation können Einträge in eine Entitätsmenge eingefügt werden. Im Fall unseres Produkts wird dies durch die Methode PRODUCTSET_CREATE_ENTITY in der Daten-Provider-Klasse prozessiert.

Genauso wie bei den Lesezugriffen müssen Sie auch hier die Implementierung durch Redefinition der Methode in der DPC-Extensionsklasse vornehmen. Als Beispiel können Sie das Listing 6.10 verwenden.

Redefinition in der DPC-Extensionsklasse

```
METHOD productset_create_entity.

  DATA: ls_headerdata TYPE bapi_epm_product_header,
        ls_product    LIKE er_entity,
        lt_return     TYPE STANDARD TABLE OF bapiret2.

  io_data_provider->read_entry_data( IMPORTING es_data =
    ls_product ).

  ls_headerdata-product_id     = ls_product-productid.
  ls_headerdata-category       = ls_product-category.
  ls_headerdata-name           = ls_product-name.
  ls_headerdata-supplier_id    = ls_product-supplierid.
  ls_headerdata-measure_unit   = 'EA'.
  ls_headerdata-currency_code  = 'EUR'.
  ls_headerdata-tax_tarif_code = '1'.
  ls_headerdata-type_code      = 'PR'.

  CALL FUNCTION 'BAPI_EPM_PRODUCT_CREATE'
    EXPORTING
      headerdata         = ls_headerdata
*     PERSIST_TO_DB      = ABAP_TRUE
    TABLES
*     CONVERSION_FACTORS =
      return             = lt_return.

  IF lt_return IS NOT INITIAL.
    mo_context->get_message_container( )->add_messages_from_
      bapi(
      it_bapi_messages         = lt_return
      iv_determine_leading_msg = /iwbep/if_message_
                                 container=>gcs_leading_
                                 msg_search_option-first ).

    RAISE EXCEPTION TYPE /iwbep/cx_mgw_busi_exception
      EXPORTING
        textid            = /iwbep/cx_mgw_busi_exception=>
                            business_error
        message_container = mo_context->get_message_
                            container( ).
  ENDIF.

  er_entity = ls_product.

ENDMETHOD.
```

Listing 6.10 Product-Entitätsmenge – Create-Entity-Methode

Über die Methode io_data_provider->read_entry_data erhalten Sie die im HTTP-Request-Body eingegebenen Daten in Form einer typisierten Struktur gemäß dem aktuellen Entitätstyp (ls_product ist vom Typ ZCL_ZEXAMPLE1_MPC=>TS_PRODUCT). Die empfangenen Daten können dann für den Aufruf des RFC-Funktionsbausteins BAPI_EPM_PRODUCT_CREATE genutzt werden. Hierfür müssen einige Werte noch mit Standardwerten gefüllt werden, da diese nicht Bestandteil unseres Datenmodells sind (z. B. measure_unit). Geschieht dies nicht, wird die zugrunde liegende Geschäftslogik beim Anlegen eines Produkts einen Fehler zurückliefern.

Fehlerbehandlung

In diesem Beispiel haben wir auch erstmalig eine eigene Fehlerbehandlung implementiert. Dies haben wir der Einfachheit halber bei den vorangegangenen Get_EntitySet- und Get_Entity-Beispielen nicht getan. Generell ist es immer ratsam, eine Fehlerbehandlung vorzusehen.

Die Fehlerbehandlung in diesem Beispiel bezieht sich auf das Auslesen von Meldungen in der Rückgabetabelle lt_return. Wir gehen davon aus, dass nur Fehler (und keine Erfolgs- oder Warnmeldungen) in der Rückgabetabelle zu finden sein werden. Ist ein Eintrag vorhanden, wird eine entsprechende Ausnahme ausgelöst (/iwbep/cx_mgw_busi_exception). Hierbei wird die Tabelle der Meldungen mit übergeben. Das Gateway-Framework kümmert sich darum, dass diese Meldungen neben dem HTTP-400-Ergebniscode Teil der HTTP-Antwort sind. Ein Konsument kann diese Meldungen dann auslesen und entsprechend darstellen.

Am Ende der Methode wird der erzeugte Eintrag an das Framework zurückgegeben. Dies ist wichtig, da gemäß OData-Spezifikation die CREATE-Operation den erzeugten Eintrag an den Konsumenten zurückgeben muss. In unserem Beispiel geben wir die empfangenen Daten unverändert zurück. Dies ist nur dann möglich, wenn beim Anlegen keine Felder berechnet werden (wie z. B. eine Kundennummer). Wenn der Eintrag berechnete Felder enthält, muss nach dem Anlegen ein entsprechendes Get-Detail-BAPI aufgerufen werden, um die aktuellen Werte zurückliefern zu können.

DPC-Extensionsklasse aktivieren

Nachdem Sie die CREATE-Methode implementiert haben, müssen Sie die DPC-Extensionsklasse wieder aktivieren. Anschließend können Sie mit dem SAP Gateway Client die neu implementierte Operation testen.

Die CREATE-Operation erfordert einen entsprechenden HTTP-Request-Body mit dem zu erstellenden Eintrag. Hier bietet es sich an, auf den Button ALS ANFRAGE VERWENDEN im SAP Gateway Client für einen beliebigen Produkteintrag zu klicken. Hierzu muss zunächst ein geeignetes Produkt mithilfe der GET-Operation als Quelle ermittelt werden.

Der Button ALS ANFRAGE VERWENDEN übernimmt dann den HTTP-Body aus dem Ergebnis in den HTTP-Body für die Anfrage (siehe Abbildung 6.71). Im SAP Gateway Client zeigt die linke Seite die HTTP-Anfragen und die rechte Seite die HTTP-Antworten.

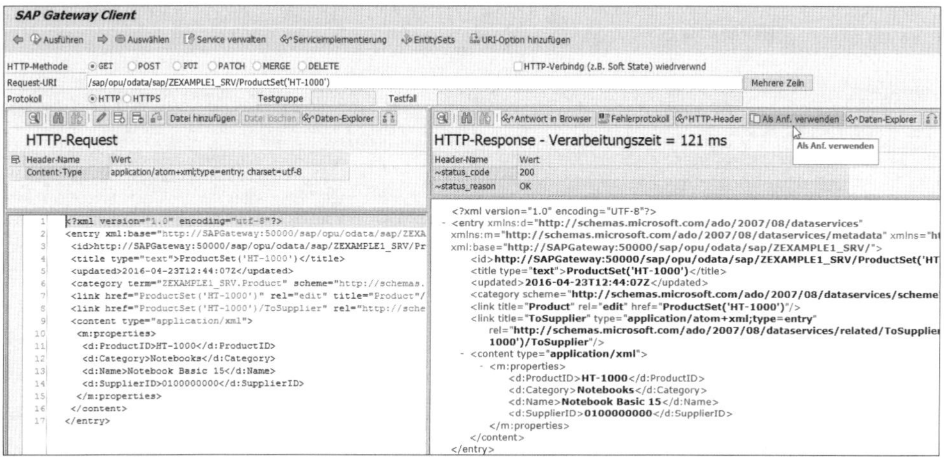

Abbildung 6.71 Button »Als Anfrage verwenden« im SAP Gateway Client

Bevor Sie die CREATE-Operation ausführen können, müssen Sie noch die HTTP-Methode von GET auf POST umstellen. Außerdem müssen Sie den URI anpassen, da CREATE-Operationen auf der Entitätsmenge und nicht auf einem Eintrag ausgeführt werden (entfernen Sie den Primärschlüssel und die Klammer aus dem URI). Abschließend sollten Sie noch die anzulegenden Daten anpassen. In unserem Fall müssen Sie mindestens die Produkt-ID und den Namen ändern, da diese eindeutig sein müssen.

Die zugrunde liegende Geschäftslogik entscheidet, ob Sie beim Erstellen eines Eintrags den Primärschlüssel mitgeben (externe Nummernvergabe) oder ob der Primärschlüssel von der Geschäftslogik vorgegeben wird (interne Nummernvergabe). In unserem Beispiel müssen wir einen eindeutigen Primärschlüssel (die Produkt-ID) beim Anlegen eines Eintrags mit angeben.

HTTP-Rückgabecode 201

Konnte die CREATE-Operation erfolgreich ausgeführt werden (siehe Abbildung 6.72), erhalten Sie den HTTP-Rückgabecode 201. Außerdem erhalten Sie den erzeugten Eintrag als Teil des Ergebnisses zurück. Dadurch ist sichergestellt, dass der Konsument auf jeden Fall einen Link auf den erzeugten Eintrag erhält, um gegebenenfalls nachfolgende Änderungen vornehmen zu können. Ohne diesen Link wüsste der Konsument nicht, wie er den gerade erzeugten Eintrag noch mal ansprechen kann.

Neben dem Link erhält der Konsument auch den neuen Eintrag aus der Entitätsmenge. Dies ist hilfreich, da beispielsweise berechnete Felder nicht erst durch eine erneute GET-Anfrage ermittelt werden müssen.

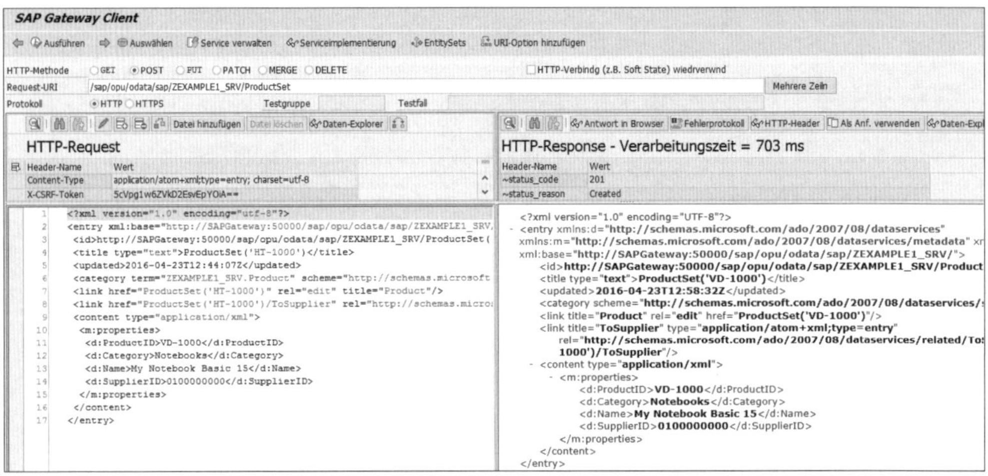

Abbildung 6.72 Erfolgreiche Create-Operation

Update

Die UPDATE-Operation erlaubt es Ihnen, einen bestehenden Eintrag zu ändern. Der zugehörige URI muss somit den zu ändernden Eintrag adressieren. Die UPDATE-Operation für das Produkt wird von der Methode PRODUCTSET_UPDATE_ENTITY in der Daten-Provider-Klasse verarbeitet.

Auch hier müssen Sie die Implementierung durch die Redefinition der DPC-Extensionsklasse vornehmen. Als Beispiel können Sie das Coding aus Listing 6.11 verwenden.

```
METHOD productset_update_entity.

  DATA: ls_product     LIKE er_entity,
        ls_entity      LIKE er_entity,
        ls_product_id  TYPE bapi_epm_product_id,
        ls_headerdata  TYPE bapi_epm_product_header,
        ls_headerdatax TYPE bapi_epm_product_headerx,
        lt_return      TYPE STANDARD TABLE OF bapiret2.

  io_data_provider->read_entry_data( IMPORTING es_data =
    ls_product ).

  io_tech_request_context->get_converted_keys(
    IMPORTING
      es_key_values = ls_entity ).

  ls_product_id-product_id = ls_entity-productid.

  CALL FUNCTION 'BAPI_EPM_PRODUCT_GET_DETAIL'
    EXPORTING
      product_id             = ls_product_id
    IMPORTING
      headerdata             = ls_headerdata
   TABLES
*     CONVERSION_FACTORS     =
      return                 = lt_return.

  IF lt_return IS NOT INITIAL.
    mo_context->get_message_container( )->add_messages_from_bapi(
      it_bapi_messages         = lt_return
      iv_determine_leading_msg = /iwbep/if_message_container=>
                                 gcs_leading_msg_search_option-
                                 first ).

    RAISE EXCEPTION TYPE /iwbep/cx_mgw_busi_exception
      EXPORTING
        textid            = /iwbep/cx_mgw_busi_exception=>
                            business_error
        message_container = mo_context->get_message_container( ).
  ENDIF.

  ls_headerdata-category     = ls_product-category.
  ls_headerdata-name         = ls_product-name.
  ls_headerdata-supplier_id  = ls_product-supplierid.

  ls_headerdatax-product_id  = ls_headerdata-product_id.
  ls_headerdatax-category    = 'X'.
```

```
  ls_headerdatax-name        = 'X'.
  ls_headerdatax-supplier_id = 'X'.

  CALL FUNCTION 'BAPI_EPM_PRODUCT_CHANGE'
    EXPORTING
      product_id          = ls_product_id
      headerdata          = ls_headerdata
      headerdatax         = ls_headerdatax
*     PERSIST_TO_DB       = ABAP_TRUE
    TABLES
*     CONVERSION_FACTORS  =
*     CONVERSION_FACTORSX =
      return              = lt_return.

  IF lt_return IS NOT INITIAL.
    mo_context->get_message_container( )->add_messages_from_bapi(
      it_bapi_messages         = lt_return
      iv_determine_leading_msg = /iwbep/if_message_container=>
                                 gcs_leading_msg_search_option-
                                 first ).

    RAISE EXCEPTION TYPE /iwbep/cx_mgw_busi_exception
      EXPORTING
        textid            = /iwbep/cx_mgw_busi_exception=>
                            business_error
        message_container = mo_context->get_message_container( ).
  ENDIF.

  er_entity = ls_product.

ENDMETHOD.
```

Listing 6.11 Product-Entitätsmenge – Update-Entity-Methode

In dieser Implementierung verwenden wir einige Elemente aus den vorangegangenen Beispielen. Zunächst nutzen wir das Objekt `io_data_provider`, um die Daten aus dem HTTP-Request-Body zu erhalten. Den konvertierten Primärschlüssel ermitteln wir mithilfe der Methode `get_converted_keys` anhand der Objektreferenz `io_tech_request_context`. Über den Primärschlüssel lesen wir mithilfe des RFC-Funktionsbausteins `BAPI_EPM_PRODUCT_GET_DETAIL` das Produkt aus der Datenbank in die Struktur `ls_headerdata`. Hier kommt die erste Fehlerbehandlung zum Einsatz, bei der wir prüfen, ob das zu ändernde Produkt überhaupt existiert. Auch hier gehen wir wieder davon aus, dass in der Tabelle `lt_return` lediglich Fehler auftreten können.

Eigenschaften verarbeiten

Nachdem wir das Produkt aus der Datenbank gelesen haben, mischen wir die über die HTTP-Anfrage hereingereichten Attribute in die Struktur `ls_headerdata`. Da wir ein BAPI aufrufen, müssen wir auch noch die X-Struktur `ls_headerdatax` mit den zu ändernden Feldern füllen. Das eigentliche Ändern des Produkts findet mithilfe des RFC-Funktionsbausteins `BAPI_EPM_PRODUCT_CHANGE` statt. Die Rückgabetabelle prüfen wir erneut auf Meldungen hin und erzeugen bei vorhandenen Einträgen eine Ausnahme. Auch bei dieser Methode gibt es einen `ER_ENTITY`-Exportparameter, der mit dem geänderten Eintrag gefüllt werden sollte.

Nachdem Sie die Implementierung abgeschlossen haben, müssen Sie wie zuvor die DPC-Extensionsklasse aktivieren. Anschließend verwenden Sie wieder den SAP Gateway Client, um die neue Operation auszuprobieren. Auch hier führen Sie zunächst das Lesen eines einzelnen Eintrags aus, um einen entsprechenden HTTP-Body als Vorlage für die `Update`-Operation zu haben (Button ALS ANFRAGE VERWENDEN).

HTTP-Ergebniscode 204

Der URI kann unverändert bleiben, da die Änderung auf dem zuvor gelesenen Eintrag ausgeführt wird. Lediglich die HTTP-Methode muss von `GET` auf `PUT` umgestellt werden. War das Ändern erfolgreich (siehe Abbildung 6.73), erhalten Sie einen HTTP-Ergebniscode `204` (No Content).

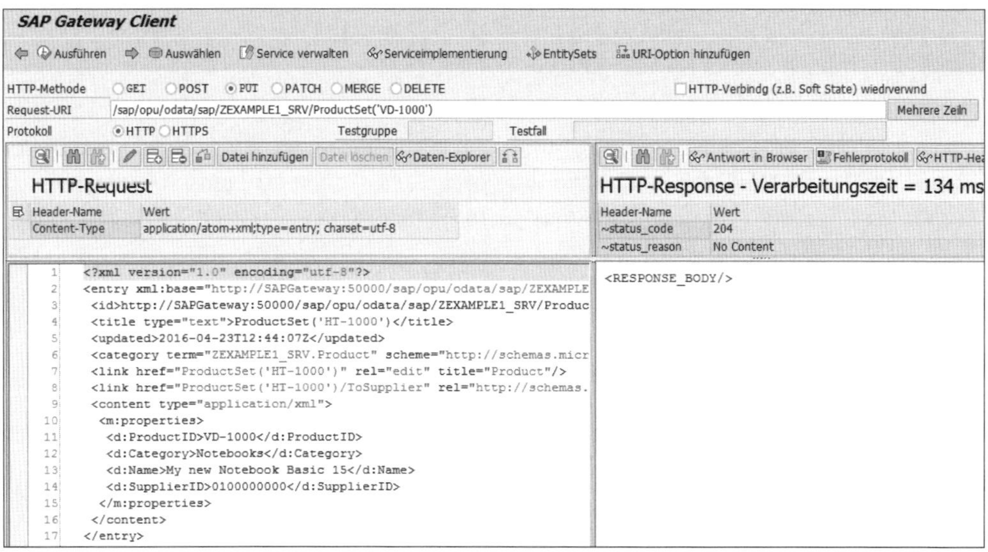

Abbildung 6.73 Erfolgreiche Update-Operation

Der Ergebniscode zeigt an, dass der HTTP-Body leer ist. Dies geschieht mit Absicht, da davon ausgegangen wird, dass der Konsument über alle Daten verfügt. Ist dies nicht der Fall, kann im Anschluss der Eintrag mithilfe der GET-Methode noch einmal ermittelt werden.

Delete

Die DELETE-Operation ist in der Regel recht einfach zu implementieren. Für unser Beispiel müssen Sie hierzu die Methode PRODUCTSET_DELETE_ENTITY in der DPC-Extensionsklasse redefinieren. Als Beispiel können Sie das Coding aus Listing 6.12 verwenden.

```
METHOD productset_delete_entity.

  DATA: ls_entity     TYPE zcl_zexample1_mpc=>ts_product,
        ls_product_id TYPE bapi_epm_product_id,
        lt_return     TYPE STANDARD TABLE OF bapiret2.

  io_tech_request_context->get_converted_keys(
    IMPORTING
      es_key_values = ls_entity ).

  ls_product_id-product_id = ls_entity-productid.

  CALL FUNCTION 'BAPI_EPM_PRODUCT_DELETE'
    EXPORTING
      product_id    = ls_product_id
*     PERSIST_TO_DB = ABAP_TRUE
    TABLES
      return        = lt_return.

  IF lt_return IS NOT INITIAL.
    mo_context->get_message_container( )->add_messages_from_
      bapi(
      it_bapi_messages         = lt_return
      iv_determine_leading_msg = /iwbep/if_message_
        container=>gcs_leading_msg_search_option-first ).

    RAISE EXCEPTION TYPE /iwbep/cx_mgw_busi_exception
      EXPORTING
        textid          = /iwbep/cx_mgw_busi_exception=>
                          business_error
```

```
        message_container = mo_context->get_message_
                                  container( ).
    ENDIF.

ENDMETHOD.
```

Listing 6.12 Product-Entitätsmenge – Delete-Entity-Methode

Primärschlüssel

Wie bei der `Get_Entity`- bzw. `Update`-Methode wird zunächst der Primärschlüssel mithilfe der `get_converted_keys( )`-Methode ermittelt. Anschließend wird mit dieser Information der RFC-Funktionsbaustein `BAPI_EPM_PRODUCT_DELETE` aufgerufen. Auch hier wird geprüft, ob in der Rückgabetabelle `lt_return` Meldungen enthalten sind, und eine Ausnahme ausgelöst, wenn dies der Fall ist.

Nachdem Sie die DPC-Extensionsklasse aktiviert haben, können Sie die `DELETE`-Operation ausprobieren. Der URI muss hierzu wieder einen Eintrag selektieren, und die HTTP-Operation muss `DELETE` sein. War das Löschen erfolgreich, erhalten Sie eine HTTP-Antwort `204` (No Content, siehe Abbildung 6.74).

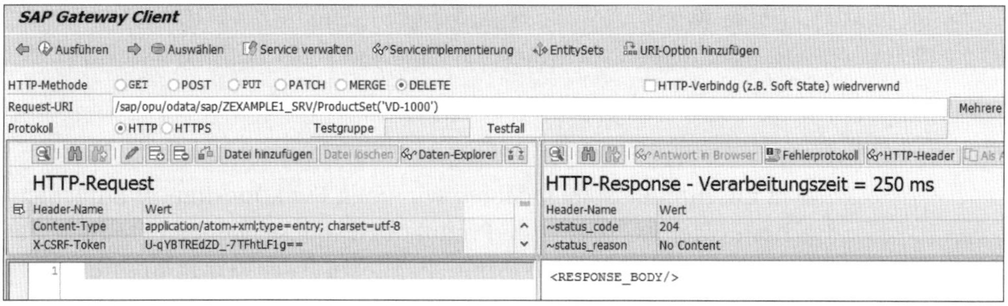

Abbildung 6.74 Erfolgreiche Delete-Operation

6.5.6 Funktionsimporte

Funktionsimporte (Function Imports) werden auch Aktionen (Actions) genannt. Sie kommen immer dann zum Einsatz, wenn es darum geht, Aktionen auf einem oder mehreren Objekten auszuführen, die nicht mit den vorgestellten CRUD-Q-Methoden abgebildet werden können. Ein mögliches Beispiel hierfür ist die Freigabe eines Verkaufsbelegs, die je nach Szenario zahlreiche Attribute beeinflusst und gegebenenfalls weitere Funktionen im Business-Suite-System anstößt (z. B. das Starten eines Workflows).

Funktionsimport definieren

Funktionsimporte werden auf der Ebene des Service definiert. Legen Sie einen Funktionsimport mithilfe des Service Builders an, indem Sie im Kontextmenü von DATA MODEL die Option ANLEGEN • FUNKTIONSIMPORT auswählen. Dies öffnet das Fenster FUNKTIONSIMPORT ANLEGEN, in dem Sie den Namen des Funktionsimports angeben müssen (siehe Abbildung 6.75).

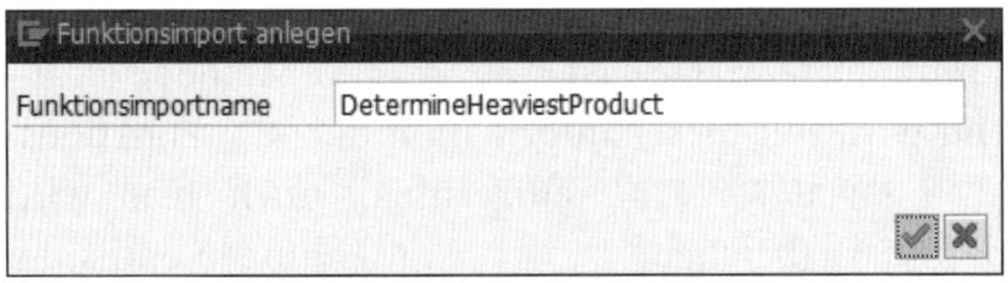

Abbildung 6.75 Anlegen eines Funktionsimports

Für jeden Funktionsimport müssen Sie eine Rückgabeart festlegen. Die Werte aus Tabelle 6.4 werden hierbei unterstützt.

Rückgabeart	Beschreibung
komplexer Typ	Rückgabe erfolgt in Form eines komplexen Typs.
Entitätstyp	Rückgabe erfolgt in Form eines Entitätstyps.
keine Rückgabe	Der Funktionsimport liefert keine Daten zurück.

Tabelle 6.4 Rückgabearten eines Funktionsimports

In unserem Beispiel möchten wir einen Funktionsimport implementieren, der das schwerste Produkt bzw. die schwersten Produkte aus der Liste der Produkte ermittelt. Hierzu legen wir in unserem Entitätstyp PRODUCT zunächst zwei neue Attribute an, WEIGHTMEASURE mit dem EDM-CORETYP EDM.DECIMAL, GENAUIGKEIT 13 und SKALIERUNG 3 sowie WEIGHTUNIT mit dem EDM-CORETYP EDM.STRING und MAXIMALE LÄNGE 3 (siehe Abbildung 6.76). Diese Attribute beinhalten das Gewicht (WEIGHTMEASURE) sowie die zugehörige Gewichtseinheit (WEIGHTUNIT) eines Produkts.

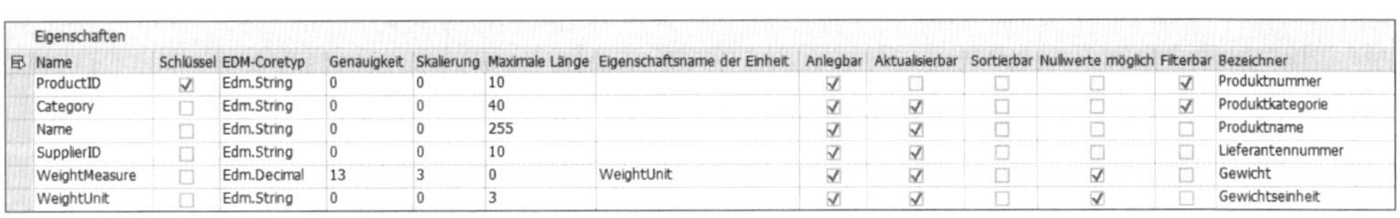

Eigenschaften

Name	Schlüssel	EDM-Coretyp	Genauigkeit	Skalierung	Maximale Länge	Eigenschaftsname der Einheit	Anlegbar	Aktualisierbar	Sortierbar	Nullwerte möglich	Filterbar	Bezeichner
ProductID	☑	Edm.String	0	0	10		☑	☐	☐	☐	☑	Produktnummer
Category	☐	Edm.String	0	0	40		☑	☑	☐	☐	☑	Produktkategorie
Name	☐	Edm.String	0	0	255		☑	☑	☐	☐	☐	Produktname
SupplierID	☐	Edm.String	0	0	10		☑	☑	☐	☐	☐	Lieferantennummer
WeightMeasure	☐	Edm.Decimal	13	3	0	WeightUnit	☑	☑	☐	☑	☐	Gewicht
WeightUnit	☐	Edm.String	0	0	3		☑	☑	☐	☑	☐	Gewichtseinheit

Abbildung 6.76 Neue Attribute »WeightMeasure« und »WeightUnit« des Product-Entitätstyps

Stellen Sie sicher, dass Sie die Methoden `Get_EntitySet`, `Get_Entity`, `Create` und `Update` dahin gehend anpassen, dass sie die neuen Attribute mit verarbeiten.

Die Rückgabeart des Funktionsimports ist eine Entitätsmenge, da wir die Liste der schwersten Produkte ermitteln möchten. Wir wählen eine Liste für die Ausgabe, da es abhängig vom übergebenen Filter gegebenenfalls gar kein Produkt gibt (und somit auch kein schwerstes Produkt), genau ein schwerstes Produkt oder eine Liste von Produkten, wenn mehrere den größten Gewichtswert aufweisen.

Nachdem Sie für die Rückgabeart ENTITÄTSTYP ausgewählt haben (und [↵] drücken), können Sie im folgenden Feld den Entitätstyp PRODUCT angeben. Die Rückgabekardinalität legt fest, wie viele Elemente des angegebenen Rückgabetyps zurückgegeben werden können. Die Werte aus Tabelle 6.5 werden unterstützt.

Kardinalität	Beschreibung
0..1	Es kann höchstens eine Instanz auftreten. Keine Instanz ist auch zulässig. Beachten Sie bitte, dass diese Rückgabekardinalität nach Möglichkeit nicht verwendet werden sollte. Weitere Informationen hierzu erhalten Sie im SAP-Hinweis 2009874.
1	Es wird genau eine Instanz zurückgegeben.
0..n	Es können 0 bis n Instanzen auftreten.
1..n	Es können 1 bis n Instanzen auftreten.

Tabelle 6.5 Rückgabekardinalitäten

In unserem Beispiel wählen wir 0..N als RÜCKGABEKARDINALITÄT, da wir, wie erwähnt, entweder kein Produkt oder eine Liste von Produkten zurückgeben werden. Die Liste kann dabei auch genau ein Produkt enthalten.

Nach der Angabe der RÜCKGABEKARDINALITÄT (und nach Drücken von [↵]) können Sie in dem Feld RÜCKGABEENTIT.ME. die Entitätsmenge PRODUCTSET angeben.

Die HTTP-Methode legt fest, ob der Funktionsimport lediglich Daten liest (HTTP-`GET`) oder ob auch schreibend auf Daten zugegriffen wird (HTTP-`POST`). Dies sollte korrekt angegeben werden, da nur bei einem HTTP-`POST` der Schutz per CSRF-Token (Cross-Site Request Forgery) genutzt wird.

Abschließend wird das Feld AKTION FÜR ENTITÄTSTYP auf PRODUCT gesetzt. Hierdurch legen Sie fest, dass der Funktionsimport zum Produkt-Entitätstyp gehört. Nachdem Sie alle Informationen definiert haben, sollte Ihr Funktionsimport wie in Abbildung 6.77 aussehen.

Funktionsimporte

Name	Rückgabeart	Rückgabeart	Rückgabekardin.	Rückgabeentit.me.	HTTP-Methodentyp	Aktion für Entitätstyp
DetermineHeaviestProduct	Entitätstyp	Product	0..n	ProductSet	Nicht spezifiziert	Product

Abbildung 6.77 Definition eines Beispiel-Funktionsimports

Importparameter definieren

Nach dem Anlegen des Funktionsimports können Sie auch mögliche Importparameter definieren. In unserem Beispiel definieren wir die Produktkategorie als Importparameter, um damit das schwerste Produkt einer Kategorie zu ermitteln.

Zur Definition von Importparametern navigieren Sie im Projektbaum zu FUNKTIONSIMPORTE • DETERMINEHEAVIESTPRODUCT und klicken doppelt auf FUNKTIONSIMPORTPARAMETER. Anschließend können Sie in der Liste auf der rechten Seite die Importparameter anlegen/bearbeiten. In unserem Beispiel legen wir den Importparameter `Category` mit denselben Informationen wie im PRODUCT-Entitätstyp an (siehe Abbildung 6.78).

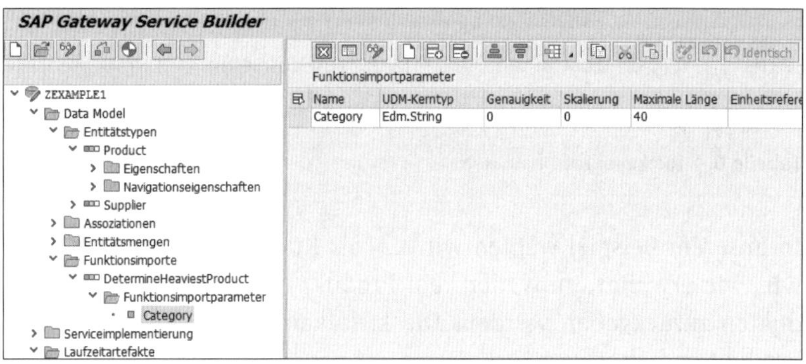

Abbildung 6.78 Definition eines Importparameters für einen Funktionsimport

Damit können wir die Definition der Metadaten abschließen. Sie müssen nur noch die Neugenerierung des Projekts vornehmen, um anschließend die Implementierung in der DPC-Extensionsklasse `ZCL_ZEXAMPLE1_DPC_EXT` durchführen zu können.

Nachdem die Neugenerierung abgeschlossen ist, redefinieren Sie in der DPC-Extensionsklasse die Methode `EXECUTE_ACTION` aus dem

Interface /IWBEP/IF_MGW_APPL_SRV_RUNTIME. Listing 6.13 zeigt das einzutragende Beispiel-Coding.

```
METHOD /iwbep/if_mgw_appl_srv_runtime~execute_action.

  DATA: lv_action_name      TYPE /iwbep/mgw_tech_name,
        lt_product          TYPE zcl_zexample1_mpc=>tt_product,
        ls_product          TYPE zcl_zexample1_mpc=>ts_product,
        lt_headerdata       TYPE TABLE OF bapi_epm_product_header,
        lt_headerdata_orig  TYPE TABLE OF bapi_epm_product_header,
        ls_headerdata       TYPE bapi_epm_product_header,
        lt_categories       TYPE TABLE OF bapi_epm_product_categ_
                              range,
        ls_categories       TYPE bapi_epm_product_categ_range,
        lv_max_weight       TYPE snwd_weight_measure,
        lv_output           TYPE snwd_weight_measure.

  CONSTANTS: cv_weight_unit_kg TYPE snwd_weight_unit VALUE 'KG'.

  lv_action_name = io_tech_request_context->get_function_import_
    name( ).

  CASE lv_action_name.
    WHEN 'DetermineHeaviestProduct'.
*     Put Category filter together
      io_tech_request_context->get_converted_parameters(
        IMPORTING
          es_parameter_values = ls_product ).

      IF NOT ls_product-category IS INITIAL.
        ls_categories-low    = ls_product-category.
        ls_categories-option = 'EQ'.   "Equal
        ls_categories-sign   = 'I'.    "Including
        APPEND ls_categories TO lt_categories.
      ENDIF.

*     Fetch filtered Products
      CALL FUNCTION 'BAPI_EPM_PRODUCT_GET_LIST'
        TABLES
          headerdata         = lt_headerdata_orig
          selparamcategories = lt_categories.

*     Convert all Weights to KG and determine the highest weight
        value
      CLEAR lv_max_weight.
      LOOP AT lt_headerdata_orig INTO ls_headerdata.
        CALL FUNCTION 'UNIT_CONVERSION_SIMPLE'
```

```
    EXPORTING
      input                  = ls_headerdata-weight_measure
      unit_in                = ls_headerdata-weight_unit
      unit_out               = cv_weight_unit_kg
    IMPORTING
      output                 = lv_output
    EXCEPTIONS
      conversion_not_found   = 1
      division_by_zero       = 2
      input_invalid          = 3
      output_invalid         = 4
      overflow               = 5
      type_invalid           = 6
      units_missing          = 7
      unit_in_not_found      = 8
      unit_out_not_found     = 9
      OTHERS                 = 10.

  IF sy-subrc NE 0.  CONTINUE.  ENDIF.
  ls_headerdata-weight_measure = lv_output.
  ls_headerdata-weight_unit    = cv_weight_unit_kg.
  APPEND ls_headerdata TO lt_headerdata.
  IF lv_output > lv_max_weight.  lv_max_weight = lv_output.
    ENDIF.
ENDLOOP.

*     Put the product(s) with the highest weight into the result
  table
SORT lt_headerdata_orig BY product_id.
LOOP AT lt_headerdata INTO ls_headerdata WHERE weight_
   measure = lv_max_weight.
  READ TABLE lt_headerdata_orig INTO ls_headerdata
    WITH KEY product_id = ls_headerdata-product_id
    BINARY SEARCH.

  CLEAR ls_product.
  ls_product-productid     = ls_headerdata-product_id.
  ls_product-name          = ls_headerdata-name.
  ls_product-category      = ls_headerdata-category.
  ls_product-supplierid    = ls_headerdata-supplier_id.
  ls_product-weightmeasure = ls_headerdata-weight_measure.
  ls_product-weightunit    = ls_headerdata-weight_unit.
  APPEND ls_product TO lt_product.
ENDLOOP.

copy_data_to_ref(
  EXPORTING
```

```
        is_data = lt_product
      CHANGING
        cr_data = er_data ).

    WHEN OTHERS.
      CALL METHOD super->/iwbep/if_mgw_appl_srv_runtime~execute_
        action
        EXPORTING
          iv_action_name         = iv_action_name
          it_parameter           = it_parameter
          io_tech_request_context = io_tech_request_context
        IMPORTING
          er_data                = er_data.

  ENDCASE.

ENDMETHOD.
```

Listing 6.13 Funktionsimport für »DetermineHeaviestProduct«

In diesem Coding wird zunächst mittels `CASE`-Kontrollstruktur eine Unterscheidung für den zu prozessierenden Funktionsimport getroffen. Hierzu wird als Erstes die Methode `get_function_import_name( )` der Objektreferenz `io_tech_request_context` aufgerufen.

Dies ist erforderlich, da alle Funktionsimporte des gesamten Service durch die eine `EXECUTE_ACTION`-Methode verarbeitet werden (bei Funktionsimporten werden keine Untermethoden generiert). Für die eigentliche Verarbeitung wird die Produktkategorie (ermittelt durch `get_converted_parameters( )`) als Filter für den Aufruf des RFC-Funktionsbausteins `BAPI_EPM_PRODUCT_GET_LIST` verwendet. Hierdurch erhalten wir nur die Produkte, die zur angegebenen Kategorie passen.

Gewicht umrechnen

Die ermittelte Produktliste kann Produkte mit unterschiedlichen Gewichtseinheiten (z. B. g oder kg) enthalten. Aus diesem Grund rechnen wir alle Gewichte mithilfe des Standard-Funktionsbausteins `UNIT_CONVERSION_SIMPLE` in kg um. Der Einfachheit halber ignorieren wir solche Produkte, bei denen die Umrechnung nicht erfolgreich war. Während wir die Liste der Produkte verarbeiten, merken wir uns bereits das größte vorkommende Gewicht in der Variablen `lv_max_weight`.

Nachdem wir das größte vorkommende Gewicht bestimmt haben, selektieren wir alle Produkte, die dieses Gewicht haben, und tragen sie in die Ergebnistabelle `lt_product` ein. Mithilfe der Methode `copy_data_to_ref` wird die Ergebnistabelle auf den generischen Exportparameter `er_data` kopiert.

Nachdem Sie die DPC-Extensionsklasse aktiviert haben, können Sie den Funktionsimport mithilfe des folgenden URIs ausprobieren:

/sap/opu/odata/sap/ZEXAMPLE1_SRV/DetermineHeaviestProduct?Category='Keyboards'

Anhand des Ergebnisses können Sie erkennen, dass ein Produkt als schwerstes ermittelt werden konnte (siehe Abbildung 6.79). Der Filter auf die Kategorie wurde ebenfalls korrekt angewendet.

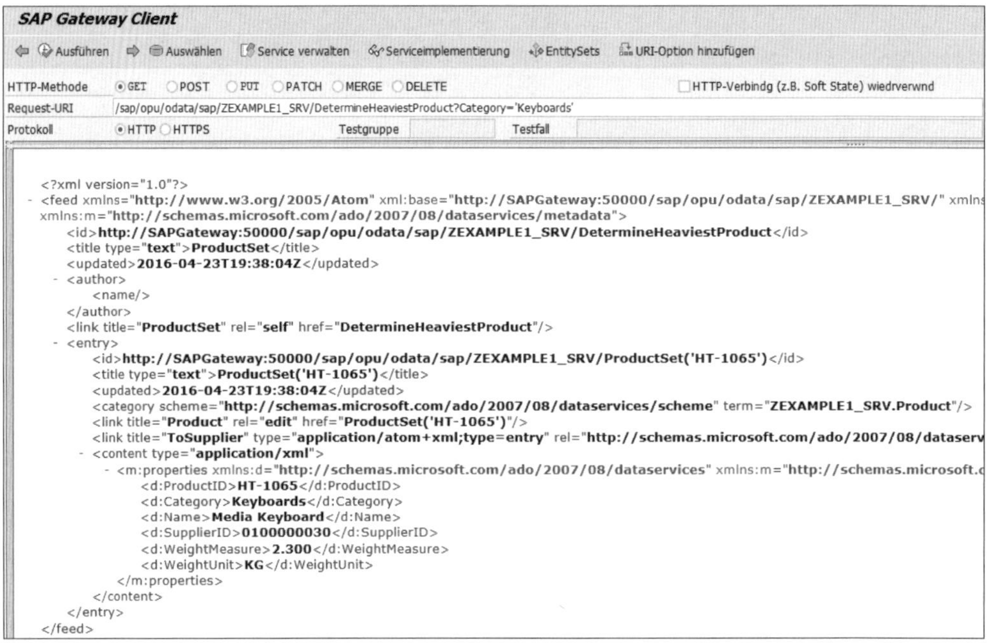

Abbildung 6.79 Ergebnis der Funktionsimport-Ausführung

Der Aufbau des URIs für die Verwendung von Funktionsimporten zeigt, dass der Name des Funktionsimports stets direkt nach dem Servicenamen angegeben wird. Ein Funktionsimport wird also nicht basierend auf einer Entitätsmenge oder einem einzelnen Eintrag aufgerufen. Funktionsimport-Parameter werden beim Aufruf wie gewöhnliche URL-Parameter angefügt. Bei mehreren Parametern erfolgt eine Trennung durch das kaufmännische Und (&). Tabellarische Parameter können leider nicht übergeben werden.

6.5.7 Medienressourcen

Medienressourcen (Media Resources) werden dazu genutzt, Binärdaten, wie z. B. Bilder oder Videos, an Konsumenten mittels OData zu exponieren. Der Zugriff auf eine Medienressource erfolgt über einen Medien-Verknüpfungseintrag (Media Link Entry).

Kennzeichen »Medium« setzen

Um einen regulären Entitätstyp in einen Medien-Verknüpfungsentitätstyp umzuwandeln, müssen Sie das Kennzeichen MEDIUM im Service Builder setzen. Dieses Attribut kann jedoch auch per Programmcode über den Methodenaufruf `set_is_media( )` in Beziehung zu einem Entitätstyp in der MPC-Extensionsklasse gesetzt werden. Hierdurch wird im Service-Metadatendokument das Kennzeichen `HasStream` auf den Wert `true` gesetzt.

Sobald man einen Entitätstyp als Medien-Verknüpfungsentitätstyp deklariert, muss man auch zwei wichtige Attribute berücksichtigen:

- **Source URI**
  Der Quell-URI (Source URI) kann von einem Konsumenten dazu verwendet werden, die Medienressource selbst abzurufen. Das Attribut, das den Quell-URI zur Laufzeit beinhaltet, muss mithilfe der Methode `set_as_content_source( )` in der MPC-Extensionsklasse gekennzeichnet werden. Diese Kennzeichnung ist allerdings optional.
  Das Gateway-Framework nutzt diese Information zur Laufzeit, um in der Antwort ein `content`-Element zur Verfügung zu stellen, das aus dem MIME-Typ (siehe nächster Punkt) sowie aus einem URI auf die Ressource besteht.
  Sollte kein Attribut als Quell-URI angegeben worden oder das angegebene Attribut zur Laufzeit leer sein, erzeugt das Framework automatisch ein `source`-Element mit dem `$value`-Zusatz, das es dem Konsumenten ermöglicht, die Binärdaten der Ressource direkt aufzurufen.
- **MIME Type**
  Der MIME-Typ beschreibt den Typ der Medienressource (also z. B. Image/JPEG). Das Attribut, das den MIME-Typ beinhaltet, muss mithilfe der Methode `set_as_content_type( )` in der MPC-Extensionsklasse gekennzeichnet werden. Dies ist zwingend erforderlich. Sollte dies nicht erfolgt sein, erhalten Sie Fehlermeldungen vom Framework beim Versuch, auf die Daten zuzugreifen.

Sollte der Quell-URI einen absoluten Pfad auf die Medienressource beinhalten, kann der Konsument die Ressource direkt von dieser Quelle abrufen (z. B. *<Content-Server>:<port>/path/subpath/.../picture.jpg*). Dies setzt jedoch voraus, dass die konsumierende Applikation einen direkten Zugriff auf diese Ressource hat. Dies muss nicht automatisch der Fall sein, da für z. B. einen Dateiserver gegebenenfalls eine separate Authentifizierung erforderlich und gegebenenfalls noch eine Firewall überwunden werden muss.

$value Anstatt die Ressource über einen absoluten Link zugänglich zu machen, kann der Gateway-Hub-Server die Binärdaten auch durch den Zusatz `$value` direkt zur Verfügung stellen. Dies erfordert die Implementierung der `Get_Stream`-Methode (Interface `/IWBEP/IF_MGW_APPL_SRV_RUNTIME`) in der DPC-Extensionsklasse. Aus Sicht des Konsumenten ist dies in der Regel ein Vorteil, da der Konsument weiterhin mit nur einem Endpunkt kommuniziert (dem Gateway-Hub-Server) und sich nicht an mehreren Servern anmelden muss.

Um dies in unserem Beispiel zu demonstrieren, müssen Sie zunächst zwei neue Attribute in das Datenmodell (Entitätstyp PRODUCT) aufnehmen: PICTUREURI (EDM.STRING, Länge 255) und PICTUREMIMETYPE (EDM.STRING, Länge 128, siehe Abbildung 6.80).

Eigenschaften

Name	Schlüssel	EDM-Coretyp	Genauigkeit	Skalierung	Maximale Länge	Eigenschaftsname der Einheit	Anlegbar	Aktualisierbar	Sortierbar	Nullw.mögl	Filterbar	Bezeichner
ProductID	☑	Edm.String	0	0	10		☑	☐	☐	☐	☑	Produktnummer
Category	☐	Edm.String	0	0	40		☑	☑	☐	☐	☑	Produktkategorie
Name	☐	Edm.String	0	0	255		☑	☑	☐	☐	☐	Produktname
SupplierID	☐	Edm.String	0	0	10		☑	☑	☐	☐	☐	Lieferantennummer
WeightMeasure	☐	Edm.Decimal	13	3	0	WeightUnit	☑	☑	☐	☑	☐	Gewicht
WeightUnit	☐	Edm.String	0	0	3		☑	☑	☐	☑	☐	Gewichtseinheit
PictureURI	☐	Edm.String	0	0	255		☑	☑	☐	☐	☐	URI des Bildes
PictureMIMEType	☐	Edm.String	0	0	128		☑	☑	☐	☐	☐	MIME Typ

Abbildung 6.80 Attribute für Medienressourcen

In der MPC-Extensionsklasse müssen Sie dann die Methode `define( )` redefinieren, wie im Coding aus Listing 6.14 gezeigt.

```
METHOD define.

  DATA: lo_entity_type TYPE REF TO /iwbep/if_mgw_odata_
          entity_typ,
        lo_property    TYPE REF TO /iwbep/if_mgw_odata_
          property.

  super->define( ).

  lo_entity_type = model->get_entity_type( 'Product' ).
```

```
  lo_entity_type->set_is_media( ).
  lo_property = lo_entity_type->get_property
    ( 'PictureURI' ).
  lo_property->set_as_content_source( ).
  lo_property = lo_entity_type->get_property
    ( 'PictureMIMEType' ).
  lo_property->set_as_content_type( ).

ENDMETHOD.
```

Listing 6.14 Redefinition der Define-Methode

Modell-Provider-Basisklasse

Der Programmcode ruft zunächst die `Define`-Methode aus der Superklasse (Modell-Provider-Basisklasse) auf. Dadurch wird das gesamte im Service Builder modellierte Modell verarbeitet. Anschließend wandeln wir den Entitätstyp mithilfe der Methode `set_is_media( )` zum Medien-Verknüpfungsentitätstyp um. Das `PictureURI`-Attribut wird zur `content-source` (Quell-URI), und das `PictureMIMEType`-Attribut ist der `content-type` (MIME-Typ).

Nachdem Sie das Projekt neu generiert und die MPC-Extensionsklasse aktiviert haben, finden Sie ein neues Element `m:HasStream` im Service-Metadatendokument (siehe Abbildung 6.81).


```
  <?xml version="1.0" encoding="UTF-8"?>
- <edmx:Edmx xmlns:m="http://schemas.microsoft.com/ado/2007/08/dataservices/metadata" xmlns:sap="http://www.sap.com/Protocols/SAPDa
  Version="1.0">
  - <edmx:DataServices m:DataServiceVersion="2.0">
    - <Schema xml:lang="de" xmlns="http://schemas.microsoft.com/ado/2008/09/edm" sap:schema-version="1" Namespace="ZEXAMPLE1_SRV">
      - <EntityType sap:content-version="1" m:HasStream="true" Name="Product">
        - <Key>
            <PropertyRef Name="ProductID"/>
          </Key>
          <Property Name="ProductID" sap:sortable="false" sap:updatable="false" sap:label="Produktnummer" MaxLength="10" Nullable="false" Ty
          <Property Name="Category" sap:sortable="false" sap:label="Produktkategorie" MaxLength="40" Nullable="false" Type="Edm.String"/>
          <Property Name="Name" sap:sortable="false" sap:label="Produktname" MaxLength="255" Nullable="false" Type="Edm.String" sap:filterab
          <Property Name="SupplierID" sap:sortable="false" sap:label="Lieferantennummer" MaxLength="10" Nullable="false" Type="Edm.String"
          <Property Name="WeightMeasure" sap:sortable="false" sap:label="Gewicht" Type="Edm.Decimal" sap:filterable="false" sap:unit="Weight
          <Property Name="WeightUnit" sap:sortable="false" sap:label="Gewichtseinheit" MaxLength="3" Type="Edm.String" sap:filterable="false"/
          <Property Name="PictureURI" sap:sortable="false" sap:label="URI des Bildes" MaxLength="255" Nullable="false" Type="Edm.String" sap:
          <Property Name="PictureMIMEType" sap:sortable="false" sap:label="MIME Typ" MaxLength="128" Nullable="false" Type="Edm.String" sa
          <NavigationProperty Name="ToSupplier" ToRole="ToRole_Assoc_Product_Supplier" FromRole="FromRole_Assoc_Product_Supplier" Rel
        </EntityType>
```


Abbildung 6.81 Medien-Verknüpfungsentitätstyp

Damit die beiden neuen Attribute zur Laufzeit auch mit Werten gefüllt werden, müssen Sie erneut die CRUD-Q-Methoden (`PRODUCTSET_GET_ENTITYSET`, `PRODUCTSET_GET_ENTITY`, `PRODUCTSET_CREATE_ENTITY`, `PRODUCTSET_UPDATE_ENTITY`), sowie den Funktionsimport (`EXECUTE_ACTION`) anpassen.

MIME-Typ

Leider ist der MIME-Typ nicht Teil der Rückgabe-Struktur `HEADERDATA` der BAPIs `BAPI_EPM_PRODUCT_GET_LIST` und `BAPI_EPM_PRODUCT_GET_DETAIL`. Daher muss der MIME-Typ erst von uns separat berechnet bzw. ermittelt werden. Hierzu ändern wir die Methode PRODUCT-SET_GET_ENTITYSET beispielsweise mit dem Programmcode aus Listing 6.15 ab.

```
METHOD productset_get_entityset.

  DATA: lr_filter                 TYPE REF TO /iwbep/if_mgw_req_
                                   filter,
        lt_filter_select_options TYPE /iwbep/t_mgw_select_option,
        ls_filter_select_options TYPE /iwbep/s_mgw_select_option,
        ls_select_option         TYPE /iwbep/s_cod_select_option,
        lt_selparamproductid     TYPE STANDARD TABLE OF bapi_epm_
                                   product_id_range,
        ls_selparamproductid     TYPE bapi_epm_product_id_range,
        lt_selparamcategories    TYPE STANDARD TABLE OF bapi_epm_
                                   product_categ_range,
        ls_selparamcategories    TYPE bapi_epm_product_categ_
                                   range.

  DATA: lt_headerdata            TYPE STANDARD TABLE OF bapi_epm_
                                   product_header,
        ls_headerdata            TYPE bapi_epm_product_header,
        ls_product               LIKE LINE OF et_entityset.

  DATA: lv_maxrows         TYPE bapi_epm_max_rows,
        lv_top             TYPE int4,
        lv_skip            TYPE int4,
        lv_start           TYPE int4,
        lv_end             TYPE int4,
        lv_has_inlinecount TYPE abap_bool.

  DATA: lr_mr_api TYPE REF TO if_mr_api.

  lr_mr_api = cl_mime_repository_api=>if_mr_api~get_api( ).

  lr_filter = io_tech_request_context->get_filter( ).
  lt_filter_select_options = lr_filter->get_filter_select_
    options( ).

  LOOP AT lt_filter_select_options INTO ls_filter_select_options.
    IF ls_filter_select_options-property EQ 'PRODUCTID'.
      LOOP AT ls_filter_select_options-select_options INTO
        ls_select_option.
        ls_selparamproductid-sign   = ls_select_option-sign.
        ls_selparamproductid-option = ls_select_option-option.
        ls_selparamproductid-low    = ls_select_option-low.
        ls_selparamproductid-high   = ls_select_option-high.
        APPEND ls_selparamproductid TO lt_selparamproductid.
```

```
      ENDLOOP.
    ELSEIF ls_filter_select_options-property EQ 'CATEGORY'.
      LOOP AT ls_filter_select_options-select_options INTO
        ls_select_option.
        ls_selparamcategories-sign   = ls_select_option-sign.
        ls_selparamcategories-option = ls_select_option-option.
        ls_selparamcategories-low    = ls_select_option-low.
        ls_selparamcategories-high   = ls_select_option-high.
        APPEND ls_selparamcategories TO lt_selparamcategories.
      ENDLOOP.
    ENDIF.
  ENDLOOP.

  lv_maxrows-bapimaxrow = 0.
  lv_top  = io_tech_request_context->get_top( ).
  lv_skip = io_tech_request_context->get_skip( ).
  lv_has_inlinecount = io_tech_request_context->
    has_inlinecount( ).
  IF ( lv_top IS NOT INITIAL ) AND
     ( lv_has_inlinecount EQ abap_false ).
    lv_maxrows-bapimaxrow = lv_top + lv_skip.
  ENDIF.

  CALL FUNCTION 'BAPI_EPM_PRODUCT_GET_LIST'
    EXPORTING
      max_rows                    = lv_maxrows
    TABLES
      headerdata                  = lt_headerdata
      selparamproductid           = lt_selparamproductid
*     SELPARAMSUPPLIERNAMES       =
      selparamcategories          = lt_selparamcategories
*     RETURN                      =
          .

  IF lv_has_inlinecount EQ abap_true.
    es_response_context-inlinecount = lines( lt_headerdata ).
  ENDIF.

  lv_start = 1.
  IF lv_skip IS NOT INITIAL.
    lv_start = lv_skip + 1.
  ENDIF.

  IF lv_top IS NOT INITIAL.
    lv_end = lv_top + lv_start - 1.
  ELSE.
    lv_end = lines( lt_headerdata ).
  ENDIF.
```

```
  LOOP AT lt_headerdata INTO ls_headerdata
    FROM lv_start TO lv_end.
    ls_product-productid     = ls_headerdata-product_id.
    ls_product-category      = ls_headerdata-category.
    ls_product-name          = ls_headerdata-name.
    ls_product-supplierid    = ls_headerdata-supplier_id.
    ls_product-weightmeasure = ls_headerdata-weight_measure.
    ls_product-weightunit    = ls_headerdata-weight_unit.
    ls_product-pictureuri    = ls_headerdata-product_pic_url.

    IF ls_product-pictureuri IS NOT INITIAL.
      CALL METHOD lr_mr_api->get
        EXPORTING
          i_url              = ls_product-pictureuri
        IMPORTING
          e_mime_type        = ls_product-picturemimetype
        EXCEPTIONS
          parameter_missing  = 1
          error_occured      = 2
          not_found          = 3
          permission_failure = 4
          OTHERS             = 5.
    ENDIF.

    APPEND ls_product TO et_entityset.
  ENDLOOP.

ENDMETHOD.
```

Listing 6.15 Product-Entitätsmenge – Get_Entityset-Methode mit Filter, konsumentenseitigem Blättern, Inline-Count und MIME-Typ-Bestimmung

In diesem spezifischen Beispiel stellt die zugrunde liegende Geschäftslogik (hier der EPM-RFC-Funktionsbaustein `BAPI_EPM_PRODUCT_GET_LIST`) bereits einen absoluten Pfad auf das Bild im MIME-Repository zur Verfügung. Aus diesem Grund können Sie die MIME-Repository-API (`GET`-Methode) zum Ermitteln des MIME-Typs des Bildes verwenden.

Ergebnis

Als Ergebnis sieht man das `PictureMIMEType`-Attribut zur Laufzeit gefüllt – jedoch nur für solche Einträge, die einen gültigen Wert in `PictureURI` haben (siehe Abbildung 6.82). Zusätzlich erkennt man, dass ein `content`-Element mit den Werten `type` und `src` in der Ergebnismenge enthalten ist. Darüber hinaus gibt es einen neuen Link, der auf die Binärdaten der Medienressource zeigt (.../`$value`).

```
- <entry>
    <id>http://SAPGateway:50000/sap/opu/odata/sap/ZEXAMPLE1_SRV/ProductSet('HT-1000')</id>
    <title type="text">ProductSet('HT-1000')</title>
    <updated>2016-04-23T20:37:27Z</updated>
    <category scheme="http://schemas.microsoft.com/ado/2007/08/dataservices/scheme" term="ZEXAMPLE1_SRV.Prodi
    <link title="Product" rel="edit" href="ProductSet('HT-1000')"/>
    <link type="image/jpeg" rel="edit-media" href="ProductSet('HT-1000')/$value"/>
    <link title="ToSupplier" type="application/atom+xml;type=entry" rel="http://schemas.microsoft.com/ado/2007/08/d
    <content type="image/jpeg" src="/sap/public/bc/NWDEMO_MODEL/IMAGES/HT-1000.jpg"/>
  - <m:properties xmlns:d="http://schemas.microsoft.com/ado/2007/08/dataservices" xmlns:m="http://schemas.micros
        <d:ProductID>HT-1000</d:ProductID>
        <d:Category>Notebooks</d:Category>
        <d:Name>Notebook Basic 15</d:Name>
        <d:SupplierID>0100000000</d:SupplierID>
        <d:WeightMeasure>4.200</d:WeightMeasure>
        <d:WeightUnit>KG</d:WeightUnit>
        <d:PictureURI>/sap/public/bc/NWDEMO_MODEL/IMAGES/HT-1000.jpg</d:PictureURI>
        <d:PictureMIMEType>image/jpeg</d:PictureMIMEType>
    </m:properties>
  </entry>
```


Abbildung 6.82 Eintrag mit Medien-Verknüpfungsinformationen

Denken Sie auch daran, die `Get_Entity`-Methode in der DPC-Extensionsklasse entsprechend anzupassen. Als Beispiel können Sie den Programmcode aus Listing 6.16 verwenden.

```
METHOD productset_get_entity.

  DATA: ls_entity      LIKE er_entity,
        ls_product_id TYPE bapi_epm_product_id,
        ls_headerdata TYPE bapi_epm_product_header.

  DATA: lr_mr_api TYPE REF TO if_mr_api.

  lr_mr_api = cl_mime_repository_api=>if_mr_api~get_api( ).

  io_tech_request_context->get_converted_keys(
    IMPORTING
      es_key_values = ls_entity ).

  ls_product_id-product_id = ls_entity-productid.

  CALL FUNCTION 'BAPI_EPM_PRODUCT_GET_DETAIL'
    EXPORTING
      product_id                = ls_product_id
    IMPORTING
      headerdata                = ls_headerdata
*   TABLES
*     CONVERSION_FACTORS        =
*     RETURN                    =
          .

  er_entity-productid      = ls_headerdata-product_id.
  er_entity-category       = ls_headerdata-category.
  er_entity-name           = ls_headerdata-name.
  er_entity-supplierid     = ls_headerdata-supplier_id.
```

```
  er_entity-weightmeasure = ls_headerdata-weight_measure.
  er_entity-weightunit    = ls_headerdata-weight_unit.
  er_entity-pictureuri    = ls_headerdata-product_pic_url.

  IF er_entity-pictureuri IS NOT INITIAL.
    CALL METHOD lr_mr_api->get
      EXPORTING
        i_url              = er_entity-pictureuri
      IMPORTING
        e_mime_type        = er_entity-picturemimetype
      EXCEPTIONS
        parameter_missing  = 1
        error_occured      = 2
        not_found          = 3
        permission_failure = 4
        OTHERS             = 5.
  ENDIF.

ENDMETHOD.
```

Listing 6.16 Product-Entitätsmenge – Get_Entity-Methode mit MIME-Typ-Ermittlung

Binärdaten bereitstellen

Das content-src-Element stellt bereits einen absoluten Pfad auf das Bild zur Verfügung, der von einem Konsumenten genutzt werden kann. Wir möchten in diesem Beispiel aber auch die Binärdaten hinter dem /$value-Link bereitstellen. Hierzu müssen Sie die Methode /IWBEP/IF_MGW_APPL_SRV_RUNTIME~GET_STREAM in der DPC-Extensionsklasse redefinieren. Als Beispiel dient der Programmcode aus Listing 6.17.

```
METHOD /iwbep/if_mgw_appl_srv_runtime~get_stream.

  DATA: lv_entityset_name TYPE /iwbep/mgw_tech_name,
        ls_product        TYPE zcl_zexample1_mpc=>ts_product,
        lr_mr_api         TYPE REF TO if_mr_api,
        ls_stream         TYPE ty_s_media_resource.

  lv_entityset_name = io_tech_request_context->get_entity_set_
    name( ).

  CASE lv_entityset_name.
    WHEN 'ProductSet'.
      CALL METHOD productset_get_entity
        EXPORTING
          iv_entity_name          = iv_entity_name
          iv_entity_set_name      = iv_entity_set_name
          iv_source_name          = iv_source_name
```

```
          it_key_tab              = it_key_tab
          io_tech_request_context = io_tech_request_context
          it_navigation_path      = it_navigation_path
        IMPORTING
          er_entity               = ls_product.

      IF NOT ls_product-pictureuri IS INITIAL.
        lr_mr_api = cl_mime_repository_api=>if_mr_api~get_api( ).
        CALL METHOD lr_mr_api->get
          EXPORTING
            i_url              = ls_product-pictureuri
          IMPORTING
            e_content          = ls_stream-value
            e_mime_type        = ls_stream-mime_type
          EXCEPTIONS
            parameter_missing  = 1
            error_occured      = 2
            not_found          = 3
            permission_failure = 4
            OTHERS             = 5.

        copy_data_to_ref(
          EXPORTING
            is_data = ls_stream
          CHANGING
            cr_data = er_stream ).
      ENDIF.

    WHEN OTHERS.
      CALL METHOD super->/iwbep/if_mgw_appl_srv_runtime~get_
        stream
        EXPORTING
          iv_entity_name          = iv_entity_name
          iv_entity_set_name      = iv_entity_set_name
          iv_source_name          = iv_source_name
          it_key_tab              = it_key_tab
          it_navigation_path      = it_navigation_path
          io_tech_request_context = io_tech_request_context
        IMPORTING
          er_stream               = er_stream
          es_response_context     = es_response_context.

  ENDCASE.

ENDMETHOD.
```

Listing 6.17 Service der Get-Stream-Methode

Der Programmcode prüft zunächst, ob der gerade verarbeitete Entitätstyp ein Produkt ist (ähnlich wie beim Funktionsimport werden keine Untermethoden generiert).

Anschließend wird die `Get_Entity`-Methode aufgerufen, um die Produktinformationen zu ermitteln. Über das gefüllte `PictureURI`-Attribut können nun die Binärdaten von der gewünschten Ressource ermittelt werden. Hierzu verwenden wir erneut die MIME-Repository-API, die uns die Binärdaten und noch mal den MIME-Typ liefert. Beide schreiben wir in eine spezielle Rückgabestruktur vom Typ `ty_s_media_resource`. Abschließend kopieren wir die ermittelten Daten mithilfe der `copy_data_to_ref`-Methode wieder in den Rückgabeparameter `er_stream`.

Nachdem Sie die DPC-Extensionsklasse aktiviert haben, können Sie das Bild des Produkts HT-1000 mithilfe des folgenden URIs abrufen:

/sap/opu/odata/sap/ZEXAMPLE1_SRV/ProductSet('HT-1000')/$value

Als Ergebnis erhalten Sie das gewünschte Bild (Abbildung 6.83).

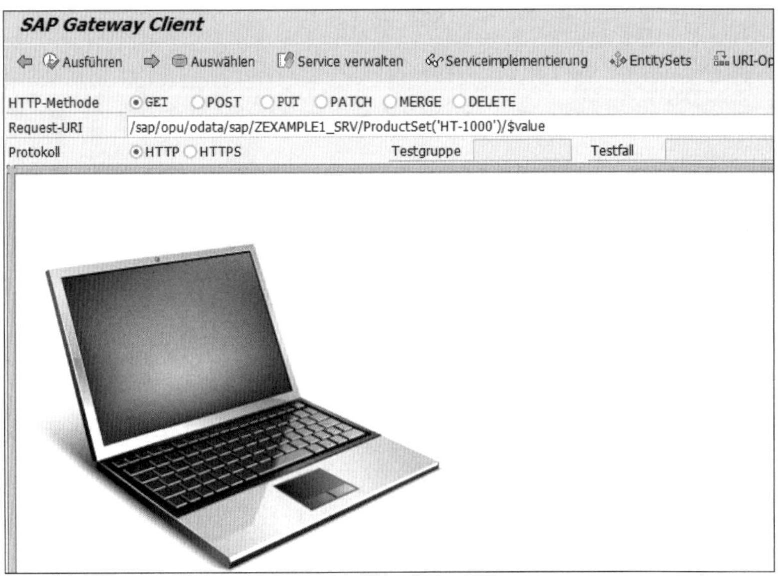

Abbildung 6.83 Binärdaten des Produkts »HT-1000«

6.5.8 Expand/Self-Expand

Die `$expand`-Abfrageoption ist sehr hilfreich, um zusammenhängende Daten über mehrere Entitäten oder Entitätsmengen mit nur einem Aufruf zu ermitteln, anstatt mehrere einzelne Aufrufe vorzunehmen.

Expandieren der Daten

Das Expandieren der Daten erfolgt stets entlang der Navigationsattribute. Der `$expand` wird generisch durch das Gateway-Framework ausgeführt, das seinerseits die zugehörigen `Get_Entity`- und/oder `Get_EntitySet`-Methoden aufruft, um das geschachtelte Ergebnis zu ermitteln. Gemäß den definierten Assoziationen (die die Grundlage eines jeden Navigationsattributs sind) weiß das Framework, ob beim Expandieren die entsprechende `Get_Entity`- oder `Get_EntitySet`-Methode gerufen werden muss.

Das Expandieren des Ergebnisses durch das Gateway-Framework ist recht elegant und einfach, da Sie neben der Modellierung nur die passenden `Get_Entity`- oder `Get_EntitySet`-Methoden zur Verfügung stellen müssen (die es in der Regel schon gibt). Die Methoden selbst wissen hierbei nichts von der Expandierung. Der generische Ansatz hat jedoch den Nachteil, dass unter Umständen ein und dieselbe (RFC-)Funktion mehrfach aufgerufen wird, um das geschachtelte Gesamtergebnis zu ermitteln. Das liegt daran, dass das Gateway-Framework natürlich kein Wissen über die zugrunde liegende Geschäftslogik hat und somit nicht wissen kann, dass vielleicht ein einzelner RFC-Aufruf die Daten für die gesamte Expandierung zur Verfügung stellen kann. Hierfür wurde die Möglichkeit geschaffen, durch Redefinition der Methoden `GET_EXPANDED_ENTITY` (Interface `/IWBEP/IF_MGW_APPL_SRV_RUNTIME`) und `GET_EXPANDED_ENTITYSET` selbst die Ermittlung des expandierten Baumes (oder Teilbaumes) vorzunehmen.

In unserem Beispiel haben wir bereits ein Navigationsattribut zwischen dem Produkt und dem Lieferanten definiert. Hier können wir die `$expand`-Abfrageoption nutzen, um zu einem Produkt direkt den Lieferanten zu ermitteln und mit nur einem Serviceaufruf zur Verfügung zu stellen. Der zugehörige URI für das Produkt HT-1000 sieht wie folgt aus:

/sap/opu/odata/sap/ZEXAMPLE1_SRV/ProductSet('HT-1000')?
$expand=ToSupplier

In der Antwort erkennen Sie, dass der Lieferant in das Element `m:inline` eingebettet ist (siehe Abbildung 6.84).

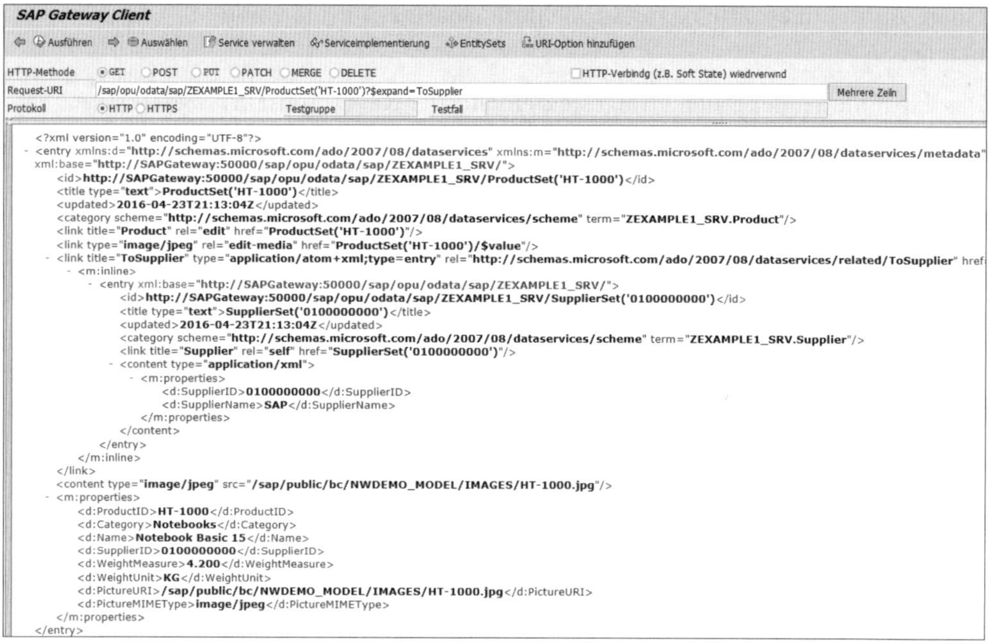

Abbildung 6.84 Produktdetails mit »$expand« auf den Lieferanten

Erweitern des Datenmodells

Um nun das Redefinieren der `GetExpandedEntity`-Methode zu demonstrieren, erweitern wir zunächst unser Datenmodell, damit wir die Daten von zwei Entitäten mit nur einem RFC-Funktionsbaustein-Aufruf ermitteln können.

Wir fügen einen neuen Entitätstyp mit dem Namen `ProductConvFactor` in unser Modell ein. Dieser Entitätstyp hat die folgenden Parameter (siehe Abbildung 6.85).

Eigenschaften

Name	Schlüssel	EDM-Coretyp	Genauigkeit	Skalierung	Maximale Länge	Eigenschaftsname der Einheit	Anlegbar	Aktualisierbar	Sortierbar	Nullw.mögl	Filterbar	Bezeichner
ProductID	✓	Edm.String	0	0	10		✓				✓	Produkt ID
SourceUnit	✓	Edm.String	0	0	3		✓					Quell-Mengeneinheit
TargetUnit	✓	Edm.String	0	0	3		✓					Ziel-Mengeneinheit
Numerator		Edm.Int32	0	0	0		✓					Zähler
Denominator		Edm.Int32	0	0	0		✓					Nenner

Abbildung 6.85 Attribute des ProductConvFactor-Entitätstyps

Legen Sie anschließend eine Entitätsmenge mit dem neuen Entitätstyp und dem Namen PRODUCTCONVFACTORSET an. Legen Sie eine Assoziation mit dem Namen ASSOC_PRODUCT_PRODCONVFACTOR an, die eine Kardinalität von 1:M zwischen den PRODUCT- und PRODUCTCONVFACTOR-Entitätstypen hat (siehe Abbildung 6.86).

Assoziationen					
Name	E...	Erste Entität	Kardinalität der Hauptentität	Abh. Entität	Kardinalität der abhängigen Entität
Assoc_Product_Supplier		Product	M	Supplier	1
Assoc_Product_ProdConvFactor		Product	1	ProductConvFactor	M

Abbildung 6.86 Neue Assoziation – »Assoc_Product_ProductConvFactor«

Doppelklicken Sie auf BEZUGSBEDINGUNGEN, und fügen Sie einen neuen Eintrag für die PRODUCTID hinzu (siehe Abbildung 6.87). Die nicht eingabebereiten Felder werden beim Drücken von [↵] automatisch gefüllt.

Bezugsbedingungen			
Erste Entität	Principal-Schlüssel	Abhängige Entität	Abhängige Eigenschaft
Product	ProductID	ProductConvFactor	ProductID

Abbildung 6.87 Bezugsbedingungen für die ProductID

Navigationsattribut anlegen

Legen Sie ein neues Navigationsattribut für den PRODUCT-Entitätstyp mit dem Namen TOCONVFACTORS basierend auf der zuvor erstellten Assoziation an (siehe Abbildung 6.88).

Navigationseigenschaften		
Name	Beziehungsname	ABAP-Feldname
ToSupplier	Assoc_Product_Supplier	TOSUPPLIER
ToConvFactors	Assoc_Product_ProdConvFactor	TOCONVFACTORS

Abbildung 6.88 Navigationsattribut »ToConvFactors«

Generieren Sie das Projekt, damit die Modell- und Daten-Provider-Klassen aktualisiert werden. Aufgrund der neuen Entitätsmenge erhalten Sie auch wieder fünf neue Untermethoden für die CRUD-Q-Operationen.

Redefinieren Sie die `Get_EntitySet`-Methode `PRODUCTCONVFACTOR_GET_ENTITYSET` in der DPC-Extensionsklasse beispielsweise mit dem Programmcode aus Listing 6.18.

```
METHOD productconvfacto_get_entityset.

  DATA: lv_source_entity_set_name TYPE /iwbep/mgw_tech_name,
        ls_product                TYPE zcl_zexample1_mpc=>
                                    ts_product,
        ls_product_id             TYPE bapi_epm_product_id,
        ls_conversion_factors     TYPE bapi_epm_product_conv_
                                    factors,
        lt_conversion_factors     TYPE STANDARD TABLE OF bapi_
                                    epm_product_conv_factors,
```

```
        ls_conv_factor            LIKE LINE OF et_entityset,
        lt_
return                   TYPE STANDARD TABLE OF bapiret2.

  lv_source_entity_set_name = io_tech_request_context->
    get_source_entity_set_name( ).

* Is this a navigation from the ProductSet?
  IF lv_source_entity_set_name EQ 'ProductSet'.
    io_tech_request_context->get_converted_source_keys(
      IMPORTING
        es_key_values = ls_product ).

    ls_product_id-product_id = ls_product-productid.

    CALL FUNCTION 'BAPI_EPM_PRODUCT_GET_DETAIL'
      EXPORTING
        product_id                = ls_product_id
*     IMPORTING
*       HEADERDATA                =
      TABLES
        conversion_factors        = lt_conversion_factors
        return                    = lt_return.

    IF lt_return IS NOT INITIAL.
      mo_context->get_message_container( )->add_messages_from_
        bapi(
        it_bapi_messages          = lt_return
        iv_determine_leading_msg = /iwbep/if_message_container=>
                                    gcs_leading_msg_search_option-
                                    first ).

      RAISE EXCEPTION TYPE /iwbep/cx_mgw_busi_exception
        EXPORTING
          textid            = /iwbep/cx_mgw_busi_exception=>
                              business_error
          message_container = mo_context->get_message_
                              container( ).
    ENDIF.

    LOOP AT lt_conversion_factors INTO ls_conversion_factors.
      ls_conv_factor-productid    = ls_conversion_factors-product_
                                    id.
      ls_conv_factor-sourceunit   = ls_conversion_factors-source_
                                    unit.
      ls_conv_factor-targetunit   = ls_conversion_factors-target_
                                    unit.
      ls_conv_factor-numerator    = ls_conversion_factors-
                                    numerator.
```

```
      ls_conv_factor-denominator = ls_conversion_factors-
                                   denominator.
      APPEND ls_conv_factor TO et_entityset.
    ENDLOOP.

  ELSE.
    CALL METHOD super->productconvfacto_get_entityset
      EXPORTING
        iv_entity_name           = iv_entity_name
        iv_entity_set_name       = iv_entity_set_name
        iv_source_name           = iv_source_name
        it_filter_select_options = it_filter_select_options
        is_paging                = is_paging
        it_key_tab               = it_key_tab
        it_navigation_path       = it_navigation_path
        it_order                 = it_order
        iv_filter_string         = iv_filter_string
        iv_search_string         = iv_search_string
        io_tech_request_context  = io_tech_request_context
      IMPORTING
        et_entityset             = et_entityset
        es_response_context      = es_response_context.
  ENDIF.

ENDMETHOD.
```

Listing 6.18 Entitätsmenge »Product Conversion Factors« – Get_Entityset-Methode

DPC-Extensionsklasse aktivieren

Aktivieren Sie die DPC-Extensionsklasse. Nun können Sie den folgenden URI zur Ermittlung der Liste der Konvertierungsfaktoren für das Produkt HT-1000 aufrufen:

/sap/opu/odata/sap/ZEXAMPLE1_SRV/ProductSet('HT-1000')/ToConvFactors

Der korrespondierende `$expand`-Aufruf sieht folgendermaßen aus:

/sap/opu/odata/sap/ZEXAMPLE1_SRV/ProductSet('HT-1000')?$expand=ToConvFactors

Wie Sie sehen, kann `$expand` recht einfach eingesetzt werden und erfordert keinen speziellen Implementierungsaufwand. Allerdings sieht man auch, dass der RFC-Funktionsbaustein `BAPI_EPM_PRODUCT_GET_DETAIL` zweimal aufgerufen wird: einmal zum Ermitteln der Produktdaten und einmal zum Ermitteln der Liste der Konvertierungsfaktoren. In diesem kleinen Beispiel mag das vielleicht kein Problem sein, jedoch kann dies bei komplexeren Aufrufen zu deutlichen Performanceeinbußen führen.

Framework-Methoden redefinieren

Daher ist es möglich und ratsam, die Methoden GET_EXPANDED_ENTITY bzw. GET_EXPANDED_ENTITYSET in der DPC-Extensionsklasse zu redefinieren und dem Framework direkt das expandierte Ergebnis in Form einer geschachtelten Struktur oder geschachtelten Tabelle zu liefern. Dabei ist es auch möglich, nur einen Teil des abgefragten Baumes selbst zu ermitteln und den Rest vom Gateway-Framework erledigen zu lassen.

In unserem Beispiel redefinieren wir die GET_EXPANDED_ENTITY-Methode in der Schnittstelle /IWBEP/IF_MGW_APPL_SRV_RUNTIME, um den $expand der Konvertierungsfaktoren selbst zu übernehmen. Als Beispiel verwenden Sie den Programmcode aus Listing 6.19.

```
METHOD /iwbep/if_mgw_appl_srv_runtime~get_expanded_entity.

* Nested result type
  DATA: BEGIN OF ls_prod_convfactors.
          INCLUDE TYPE zcl_zexample1_mpc=>ts_product.
  DATA: toconvfactors TYPE STANDARD TABLE OF zcl_zexample1_mpc=>
    ts_productconvfactor WITH DEFAULT KEY,
        END OF ls_prod_convfactors.

  DATA: ls_product      TYPE zcl_zexample1_mpc=>ts_product,
        ls_product_id   TYPE bapi_epm_product_id,
        ls_headerdata   TYPE bapi_epm_product_header,
        ls_conv_factors TYPE bapi_epm_product_conv_factors,
        lt_conv_factors TYPE TABLE OF bapi_epm_product_conv_
          factors,
        ls_conv_factor  TYPE zcl_zexample1_mpc=>
          ts_productconvfactor,
        lt_return       TYPE STANDARD TABLE OF bapiret2.

  DATA: lv_entityset_name               TYPE /iwbep/mgw_tech_name,
        lv_compare_result_prod_convfac TYPE io_expand->
          ty_e_compare_result,
        ls_expanded_clause              LIKE LINE OF et_expanded_
          tech_clauses.

  DATA: lr_mr_api TYPE REF TO if_mr_api.

  lr_mr_api = cl_mime_repository_api=>if_mr_api~get_api( ).

  lv_entityset_name              = io_tech_request_context->
    get_entity_set_name( ).
  lv_compare_result_prod_convfac = io_expand->compare_to_tech_
    names( 'TOCONVFACTORS' ).

* Expand on Product / Conversion Factors?
```

```
IF lv_entityset_name EQ 'ProductSet' AND
  ( lv_compare_result_prod_convfac EQ io_expand->gcs_compare_
      result-match_subset OR
    lv_compare_result_prod_convfac EQ io_expand->gcs_compare_
      result-match_equals ).

  io_tech_request_context->get_converted_keys(
    IMPORTING
      es_key_values = ls_product ).

  ls_product_id-product_id = ls_product-productid.

  CALL FUNCTION 'BAPI_EPM_PRODUCT_GET_DETAIL'
    EXPORTING
      product_id         = ls_product_id
    IMPORTING
      headerdata         = ls_headerdata
    TABLES
      conversion_factors = lt_conv_factors
      return             = lt_return.

  IF lt_return IS NOT INITIAL.
    mo_context->get_message_container( )->add_messages_from_
      bapi(
      it_bapi_messages          = lt_return
      iv_determine_leading_msg = /iwbep/if_message_container=>
                                 gcs_leading_msg_search_option-
                                 first ).

    RAISE EXCEPTION TYPE /iwbep/cx_mgw_busi_exception
      EXPORTING
        textid            = /iwbep/cx_mgw_busi_exception=>
                            business_error
        message_container = mo_context->get_message_
                              container( ).
  ENDIF.

  ls_prod_convfactors-productid     = ls_headerdata-product_id.
  ls_prod_convfactors-category      = ls_headerdata-category.
  ls_prod_convfactors-name          = ls_headerdata-name.
  ls_prod_convfactors-supplierid    = ls_headerdata-supplier_id.
  ls_prod_convfactors-weightmeasure = ls_headerdata-weight_
                                      measure.
  ls_prod_convfactors-weightunit    = ls_headerdata-weight_unit.
  ls_prod_convfactors-pictureuri    = ls_headerdata-product_pic_
                                      url.

  IF ls_prod_convfactors-pictureuri IS NOT INITIAL.
    CALL METHOD lr_mr_api->get
```

```
        EXPORTING
          i_url              = ls_prod_convfactors-pictureuri
        IMPORTING
          e_mime_type        = ls_prod_convfactors-picturemimetype
        EXCEPTIONS
          parameter_missing  = 1
          error_occured      = 2
          not_found          = 3
          permission_failure = 4
          OTHERS             = 5.
    ENDIF.

    LOOP AT lt_conv_factors INTO ls_conv_factors.
      ls_conv_factor-productid   = ls_conv_factors-product_id.
      ls_conv_factor-sourceunit  = ls_conv_factors-source_unit.
      ls_conv_factor-targetunit  = ls_conv_factors-target_unit.
      ls_conv_factor-numerator   = ls_conv_factors-numerator.
      ls_conv_factor-denominator = ls_conv_factors-denominator.
      APPEND ls_conv_factor TO ls_prod_convfactors-toconvfactors.
    ENDLOOP.

    copy_data_to_ref(
      EXPORTING
        is_data = ls_prod_convfactors
      CHANGING
        cr_data = er_entity ).

    ls_expanded_clause = 'TOCONVFACTORS'.
    APPEND ls_expanded_clause TO et_expanded_tech_clauses.

  ELSE.
    super->/iwbep/if_mgw_appl_srv_runtime~get_expanded_entity(
      EXPORTING
        iv_entity_name           = iv_entity_name
        iv_entity_set_name       = iv_entity_set_name
        iv_source_name           = iv_source_name
        io_expand                = io_expand
        it_key_tab               = it_key_tab
        it_navigation_path       = it_navigation_path
        io_tech_request_context  = io_tech_request_context
      IMPORTING
        er_entity                = er_entity
        et_expanded_clauses      = et_expanded_clauses
        et_expanded_tech_clauses = et_expanded_tech_clauses ).
  ENDIF.

ENDMETHOD.
```

Listing 6.19 Service der Get-Expanded-Entity-Methode für die Conversion-Factors-Expandierung

Auch wenn der Programmcode ein wenig umfangreicher erscheint, ist er doch nicht zu komplex. Bei der Datendefinition erstellen wir eine geschachtelte Struktur, die ein Produkt und im Feld `ToConvFactors` die Tabelle der Konvertierungsfaktoren aufnehmen kann. Hierbei ist es wichtig, dass das Feld genauso heißen muss wie das Navigationsattribut im Datenmodell.

Die Variable `lv_compare_result_prod_convfac` ist sehr wichtig, da sie mithilfe der Methode `io_expand->compare_to_tech_names` überprüft, welcher Expand angefragt wurde. In unserem kleinen Navigationsbaum mündet dieser Vergleich in ein `match-equals`. Dadurch weiß die Implementierung, dass sie den Expand für die Konvertierungsfaktoren ausführen soll.

Dann kann die Datenermittlung beginnen. Der RFC-Funktionsbaustein `BAPI_EPM_PRODUCT_GET_DETAIL` wird nun nur ein einziges Mal aufgerufen und ermittelt hierbei die Produktdaten zusammen mit den Konvertierungsfaktoren. Über die am Anfang definierte geschachtelte Struktur `ls_prod_convfactors` wird das Ergebnis an das Framework übergeben.

Am Ende der Verarbeitung ist es sehr wichtig, darauf zu achten, dass Sie die Tabelle `et_expanded_tech_clauses` aktualisieren. Hierüber teilen Sie dem Framework mit, dass Sie sich tatsächlich um den angeforderten Expand gekümmert haben.

Weiterhin ist es wichtig, in dem `else`-Zweig die Super-Methode von `get_expanded_entity` aufzurufen, weil hierüber diejenigen Expand-Anfragen bearbeitet werden, um die wir uns nicht in unserem eigenen Coding kümmern.

6.5.9 Deep Insert

Umkehrung von $expand

Ein Deep Insert ist gewissermaßen die Umkehrung des `$expand`. Anstatt Daten in Form einer geschachtelten Struktur zu empfangen, übergeben Sie nun Daten in einer geschachtelten Form an den Gateway-Server. Hierüber ist es beispielsweise möglich, einen Verkaufsbeleg zusammen mit einer Liste von Positionen mit nur einem einzigen HTTP-Aufruf anzulegen.

In unserem Beispiel legen wir ein Produkt zusammen mit einer Liste von Konvertierungsfaktoren an. Das Produkt ist ein einzelner Eintrag. Die Konvertierungsfaktoren sind eine Entitätsmenge. Im

Gegensatz zum `$expand` müssen Sie die Implementierung eines Deep Inserts auf jeden Fall selbst übernehmen. Eine generische Abarbeitung durch das Framework findet nicht statt (die Standardimplementierung löst eine Ausnahme aus). Die Behandlung des Deep Inserts findet in der `CREATE_DEEP_ENTITY`-Methode des `/IWBEP/IF_MGW_APPL_SRV_RUNTIME`-Interface statt.

Wenn Sie die Implementierung des Medienressourcen-Beispiels aus Abschnitt 6.5.7 vorgenommen haben, müssen Sie vor der Redefinition der Deep-Insert-Methode zunächst den Medien-Verknüpfungsentitätstyp wieder zu einem normalen Entitätstyp machen. Sonst müssten Sie die `CREATE_STREAM`-Methode implementieren, die hier aber nicht im Fokus steht. Der einfachste Weg, um aus dem Product wieder einen normalen Entitätstyp zu machen, ist das Auskommentieren der Zeile `lo_entity_type->set_is_media( )` in der MPC-Extensionsklasse. Denken Sie im Anschluss daran, die MPC-Extensionsklasse zu aktivieren.

Anschließend können Sie mit der DPC-Extensionsklasse fortfahren und die Methode `CREATE_DEEP_ENTITY` aus dem Interface `/IWBEP/IF_MGW_APPL_SRV_RUNTIME` redefinieren. Als Beispiel können Sie den Programmcode aus Listing 6.20 verwenden.

```
METHOD /iwbep/if_mgw_appl_srv_runtime~create_deep_entity.

* Nested input/result type
  DATA: BEGIN OF ls_prod_convfactors.
          INCLUDE TYPE zcl_zexample1_mpc=>ts_product.
  DATA: toconvfactors TYPE STANDARD TABLE OF zcl_zexample1_mpc=>
    ts_productconvfactor WITH DEFAULT KEY,
        END OF ls_prod_convfactors.

  DATA: lv_entityset_name TYPE /iwbep/mgw_tech_name,
        ls_headerdata     TYPE bapi_epm_product_header,
        ls_conv_factors   TYPE bapi_epm_product_conv_factors,
        lt_conv_factors   TYPE TABLE OF bapi_epm_product_conv_
                           factors,
        ls_conv_factor    TYPE zcl_zexample1_mpc=>
                           ts_productconvfactor,
        lt_return         TYPE TABLE OF bapiret2.

  lv_entityset_name = io_tech_request_context->get_entity_set_
    name( ).

  CASE lv_entityset_name.
```

```
WHEN 'ProductSet'.
  io_data_provider->read_entry_data( IMPORTING es_data =
    ls_prod_convfactors ).

  ls_headerdata-product_id      = ls_prod_convfactors-
                                  productid.
  ls_headerdata-category        = ls_prod_convfactors-
                                  category.
  ls_headerdata-name            = ls_prod_convfactors-name.
  ls_headerdata-supplier_id     = ls_prod_convfactors-
                                  supplierid.
  ls_headerdata-measure_unit    = 'EA'.
  ls_headerdata-currency_code   = 'EUR'.
  ls_headerdata-tax_tarif_code  = '1'.
  ls_headerdata-type_code       = 'PR'.
  ls_headerdata-weight_measure  = ls_prod_convfactors-
                                  weightmeasure.
  ls_headerdata-weight_unit     = ls_prod_convfactors-
                                  weightunit.
  ls_headerdata-product_pic_url = ls_prod_convfactors-
                                  pictureuri.

  LOOP AT ls_prod_convfactors-toconvfactors INTO ls_conv_
    factor.
    ls_conv_factors-product_id  = ls_conv_factor-productid.
    ls_conv_factors-source_unit = ls_conv_factor-sourceunit.
    ls_conv_factors-target_unit = ls_conv_factor-targetunit.
    ls_conv_factors-numerator   = ls_conv_factor-numerator.
    ls_conv_factors-denominator = ls_conv_factor-denominator.
    APPEND ls_conv_factors TO lt_conv_factors.
  ENDLOOP.

  CALL FUNCTION 'BAPI_EPM_PRODUCT_CREATE'
    EXPORTING
      headerdata         = ls_headerdata
    TABLES
      conversion_factors = lt_conv_factors
      return             = lt_return.

  IF lt_return IS NOT INITIAL.
    mo_context->get_message_container( )->add_messages_from_
      bapi(
      it_bapi_messages         = lt_return
      iv_determine_leading_msg = /iwbep/if_message_container=>
                                 gcs_leading_msg_search_
                                 option-first ).

    RAISE EXCEPTION TYPE /iwbep/cx_mgw_busi_exception
```

```
          EXPORTING
            textid            = /iwbep/cx_mgw_busi_exception=>
                                business_error
            message_container = mo_context->get_message_
                                container( ).
      ENDIF.

      copy_data_to_ref(
        EXPORTING
          is_data = ls_prod_convfactors
        CHANGING
          cr_data = er_deep_entity ).

    WHEN OTHERS.
      CALL METHOD super->/iwbep/if_mgw_appl_srv_runtime~create_
        deep_entity
        EXPORTING
          iv_entity_name          = iv_entity_name
          iv_entity_set_name      = iv_entity_set_name
          iv_source_name          = iv_source_name
          io_data_provider        = io_data_provider
          it_key_tab              = it_key_tab
          it_navigation_path      = it_navigation_path
          io_expand               = io_expand
          io_tech_request_context = io_tech_request_context
        IMPORTING
          er_deep_entity          = er_deep_entity.
  ENDCASE.

ENDMETHOD.
```

Listing 6.20 Service der Create-Deep-Entity-Methode für Product- und Conversion-Factors-Erstellung mit Fehlerbehandlung

Geschachtelte Datentypen definieren

Zunächst wird in der Implementierung wieder ein geschachtelter Datentyp definiert, der die im HTTP-Body enthaltenen Daten aufnehmen kann. Auch hier ist im Tabellenfeld `toconvfactors` neben den Attributen für ein Produkt die gesamte Liste der Konvertierungsfaktoren enthalten. Diese geschachtelte Struktur wird zerlegt, und anschließend erfolgt der Aufruf des RFC-Funktionsbausteins `BAPI_EPM_PRODUCT_CREATE`, der das Produkt zusammen mit der Liste der Konvertierungsfaktoren anlegt.

Über die Fehlerbehandlung wird wieder überprüft, ob ein Eintrag in der Rückgabetabelle enthalten ist. Ist dies der Fall, wird eine Ausnahme ausgelöst. Abschließend wird der erzeugte geschachtelte Eintrag wieder an das Framework zurückgegeben, damit daraus wieder eine OData-Antwort erstellt werden kann. Ähnlich wie ein `Create` so muss auch ein Deep Insert die Daten wieder an den Konsumenten zurückliefern.

Für das Ausprobieren des Deep Inserts ist es sinnvoll, zunächst einen `$expand` gleicher Struktur auszuführen und das Ergebnis dann über den Button ALS ANFRAGE VERWENDEN im SAP Gateway Client als Anfrage-HTTP-Body zu verwenden. Hier müssen Sie dann nur noch die Produktnummer anpassen (auch für die Konvertierungsfaktoren), da die Nummer eindeutig sein muss. Den URI müssen Sie noch auf die Entitätsmenge umstellen, und die HTTP-Operation ist wieder ein `POST`.

Konnte alles erfolgreich verarbeitet werden, erhalten Sie die geschachtelte Struktur zurück (siehe Abbildung 6.89). Zur Überprüfung können Sie anschließend `GET` mit `$expand` ausführen, um zu sehen, ob alles korrekt angelegt wurde.

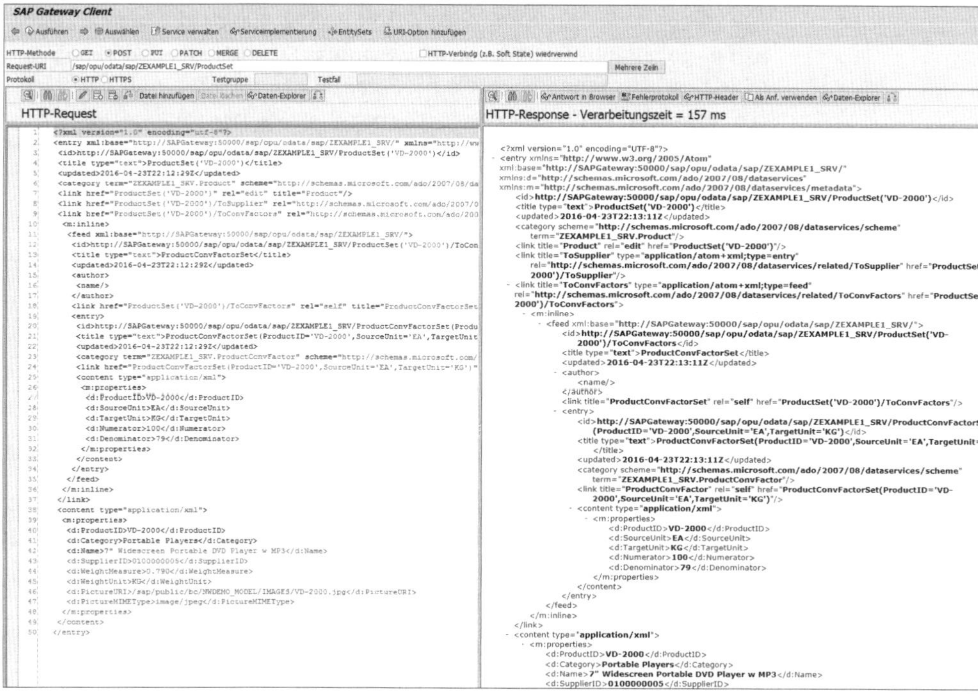

Abbildung 6.89 Erfolgreicher Deep Insert eines Produkts und der Konvertierungsfaktoren

6.5.10 Batch

Eine OData-Batch-Verarbeitung wird in der Regel dort verwendet, wo ein Konsument mehrere voneinander unabhängige HTTP-Aufrufe in einem einzigen Aufruf kombinieren möchte. Ein möglicher Anwendungsfall ist z. B. das Lesen von Customizing-Daten beim Starten einer Applikation, bei dem mehrere voneinander unabhängige Entitätsmengen gelesen werden.

Lese- und Schreibzugriffe

Bei der Batch-Verarbeitung werden einzelne OData-Aufrufe in einem großen Aufruf zusammengefasst. Die einzelnen Aufrufe können hierbei sowohl lesend als auch schreibend auf die Daten zugreifen. Schreibzugriffe müssen mit `change-set`-Elementen gruppiert werden, damit Sie innerhalb eines jeden Change-Sets ein transaktionales Verhalten haben. Transaktional bedeutet hierbei, dass entweder alle Änderungen eines Change-Sets persistiert werden oder keine (Rollback).

> **Hinweis**
>
> Sie können keine Batch-Verarbeitung nutzen, wenn die einzelnen Aufrufe voneinander abhängen, das heißt, wenn das Ergebnis eines Aufrufs (z. B. eine Geschäftspartnernummer) der Filter für den nächsten Aufruf ist.
>
> Mit SAP_GWFND 7.40 SP13 und SAP Gateway 2.0 SP12 wurde die *Content-ID-Referenzierung* ausgeliefert, die es mithilfe von Platzhaltern erlaubt, auch voneinander abhängige Aufrufe zu verarbeiten.

Ein Batch wird immer mit der HTTP-`POST`-Methode ausgeführt. Der URI ist für alle Batch-Aufrufe eines Service gleich. In unserem Beispiel lautet der URI für alle Batch-Aufrufe */sap/opu/odata/sap/ZEXAMPLE1_SRV/$batch*. Die einzelnen HTTP-Aufrufe müssen in den HTTP-Aufruf-Body geschrieben werden. Ist die Kommunikation über HTTPS abgesichert, hat dies den angenehmen Nebeneffekt, dass alle auszuführenden URIs im Body gesichert sind.

OData-Batch-Aufrufe sind Multipart-MIME-v1.0-Nachrichten, von denen jeder Teil einen unterschiedlichen Content-Typ haben kann. Ein einfaches Batch-Beispiel ist die Ausführung von zwei `Get_Entity`-Aufrufen. Eine solche Anfrage ist in Listing 6.21 beispielhaft dargestellt.

```
--batch_zmybatch
Content-Type: application/http
Content-Transfer-Encoding: binary
```

```
GET ProductSet('HT-1000') HTTP/1.1


--batch_zmybatch
Content-Type: application/http
Content-Transfer-Encoding: binary

GET ProductSet('HT-1001') HTTP/1.1


--batch_zmybatch--
```

Listing 6.21 Beispiel – $batch-Request-Body

Für einen Batch-Aufruf müssen Sie zwingend den korrekten `Content-Type` mittels HTTP-Header-Attribut setzen. In unserem Beispiel ist dies `Content-Type = multipart/mixed;boundary=batch_zmybatch`. Wenn Sie diese Anfrage mithilfe des SAP Gateway Clients ausführen, erhalten Sie die Details der Produkte HT-1000 und HT-1001 in einer Antwort (siehe Abbildung 6.90).

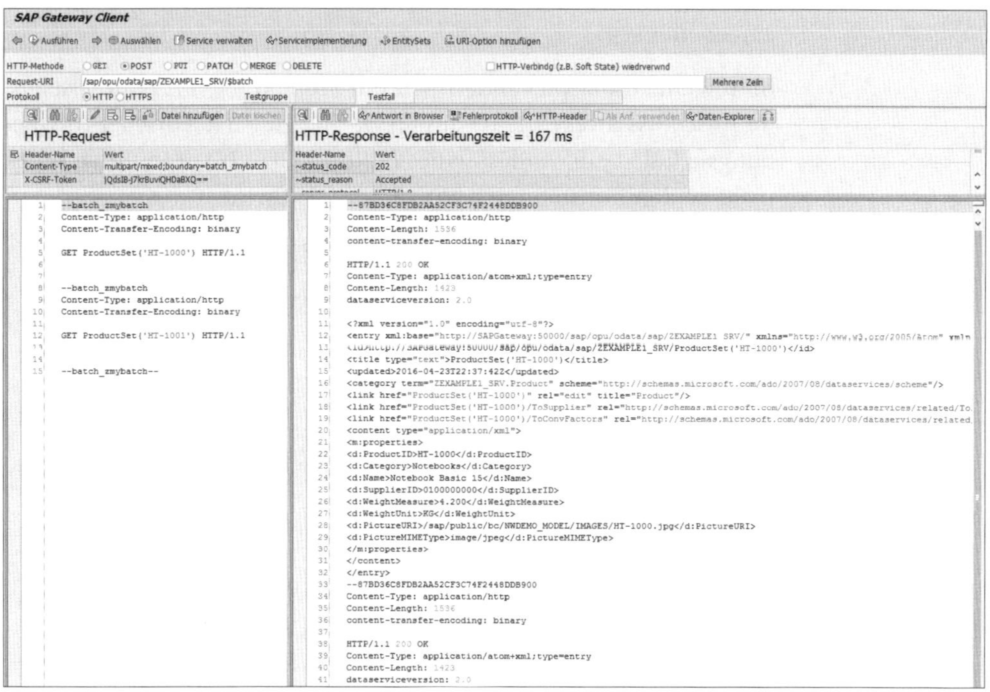

Abbildung 6.90 Einfacher Batch-Aufruf mit zwei Schritten

Grenzmarkierung

Beachten Sie hierbei die Grenzmarkierung (Boundary Marker) `batch_zmybatch` im Header sowie vor jedem Aufruf im Body mit einem führenden Doppelbindestrich »--«. Der `Content-Type` auf Kopfebene ist `multipart/mixed`. Jeder Schritt muss ebenfalls einen `Content-Type` definieren – in unserem Fall `application/http`.

Außerdem müssen Sie sicherstellen, dass zwischen jedem Batch-Schritt zwei Leerzeilen im HTTP-Body aufgeführt sind. Sonst erhalten Sie einen Fehler bezüglich eines ungültigen Bodys. Außerdem müssen Sie den HTTP-Body am Ende mit einer Abschluss-Grenzmarkierung (Closing Boundary Marker) mit führenden Doppelbindestrichen sowie nachfolgenden Doppelbindestrichen versehen.

Die Batch-Operationen selbst (z. B. `GET ProductSet('HT-1000') HTTP/1.1`) müssen die gewünschte HTTP-Operation, die anzusprechende Ressource sowie gegebenenfalls weitere URI-Parameter beinhalten.

Da wir in diesem Beispiel lediglich Daten lesen, müssen wir kein `change-set` nutzen. Sobald ein schreibender Zugriff erfolgt, müssen alle schreibenden Operationen in einem oder mehreren `change-sets` eingebettet sein.

Im folgenden Beispiel ändern wir ein Produkt (`UPDATE`) und lesen es im Anschluss direkt wieder aus (`GET`). Dies ist ein klassischer Anwendungsfall, da beim Ändern eines Eintrags (`UPDATE`) der Eintrag selbst nicht an den Konsumenten zurückgeschickt wird.

Das zugehörige Beispiel ist in Listing 6.22 zu sehen.

```
--batch_zmybatch
Content-Type: multipart/mixed; boundary=changeset_
zmychangeset

--changeset_zmychangeset
Content-Type: application/http
Content-Transfer-Encoding: binary

PUT ProductSet('HT-1001') HTTP/1.1
Content-Type: application/atom+xml

<atom:entry xmlns:atom="http://www.w3.org/2005/Atom">
<atom:content type="application/xml">
<m:properties xmlns:m="http://schemas.microsoft.com/ado/
  2007/08/dataservices/metadata"
```

```
  xmlns:d="http://schemas.microsoft.com/ado/2007/08/
  dataservices">
  <d:ProductID>HT-1001</d:ProductID>
  <d:Category>Notebooks</d:Category>
  <d:Name>Notebook Basic 42</d:Name>
  <d:SupplierID>0100000001</d:SupplierID>
  <d:WeightMeasure>4.500</d:WeightMeasure>
  <d:WeightUnit>KG</d:WeightUnit>
  <d:PictureURI>/sap/public/bc/NWDEMO_MODEL/IMAGES/HT-
    1001.jpg</d:PictureURI>
  <d:PictureMIMEType>image/jpeg</d:PictureMIMEType>
</m:properties>
</atom:content>
</atom:entry>

--changeset_zmychangeset--


--batch_zmybatch
Content-Type: application/http
Content-Transfer-Encoding: binary

GET ProductSet('HT-1001') HTTP/1.1


--batch_zmybatch--
```

Listing 6.22 Batch-Verarbeitung mit schreibendem Zugriff

Diese Batch Abfrage ändert zuerst das Produkt HT-1001 und liest es anschließend wieder aus. Sollten in einem `change-set` mehrere Schreiboperationen erfolgen, darf keine der Operationen ein `commit-work` auslösen, da sonst die transaktionale Konsistenz nicht gewährleistet ist. Dies wird vom Gateway-Framework überprüft. Wird diese Bedingung verletzt, wird zur Laufzeit ein Kurzdump ausgelöst. Diese Prüfung ist deaktiviert, wenn ein `change-set` lediglich eine Schreiboperation enthält.

commit-work

Das Gateway-Framework führt am Ende eines jeden `change-set` ein `commit-work` aus. Zu Beginn wird vom Framework die redefinierbare Methode `CHANGESET_BEGIN` aufgerufen und am Ende `CHANGESET_END` (beide enthalten in dem Interface `/IWBEP/IF_MGW_APPL_SRV_RUNTIME`). Darüber hinaus haben Sie die Möglichkeit, zu den jeweiligen Zeitpunkten eigene Logik ablaufen zu lassen. Beispielsweise können Sie eine Member-Variable anlegen, die Informationen darüber führt, ob gerade ein `change-set` aktiv ist. Eine `UPDATE`-Methode könnte diese Information auswerten, um beispielsweise ein eigenes `commit-work` zu unterdrücken.

Zudem kann die `change-set-begin`-Methode dazu verwendet werden, nicht erlaubte Kombinationen von Entitätstypen in Change-Sets aufzuspüren und einen entsprechenden Fehler auszugeben. Hierfür listet die Importtabelle `it_operation_info` alle im Change-Set enthaltenen Entitätstypen auf.

Am Ende der Verarbeitung wird die `CHANGESET_END`-Methode aufgerufen, in der Sie eine eigene abschließende `change-set`-Verarbeitung vornehmen können.

6.6 Zusammenfassung

Dieses Kapitel hat Ihnen eine Einführung in die OData-Serviceentwicklung gegeben, die durch den SAP Gateway Service Builder unterstützt wird. Anhand eines Schritt-für-Schritt-Ansatzes haben wir einen OData-Service modelliert, implementiert und ausgeführt.

Die Datenmodelldefinition haben wir dabei deklarativ vorgenommen. Hierbei wurden Entitätstypen, Entitätsmengen, Attribute, Assoziationen, Fremdschlüsselbeziehungen, Navigationsattribute und Funktionsimporte angelegt. Außerdem haben wir die Möglichkeiten betrachtet, ein Datenmodell mittels Import aus einer EDMX-Datei, mittels Import aus einer ABAP-Dictionary-Struktur/-Tabelle und durch den Import einer BOR-/RFC-Schnittstelle zu erstellen.

Die Serviceimplementierung wurde vollständig manuell durch Redefinieren der entsprechenden Methoden in der DPC-Extensionsklasse vorgenommen. Auch wenn dies manchmal etwas Zeit kostet, hat man so die volle Kontrolle über die Implementierung. Demgegenüber steht die Implementierung durch das Modellieren der CRUD-Q-Operationen mit dem Service Builder. Dies ist ebenfalls sehr empfehlenswert, da man in vielen Fällen voll funktionsfähige OData-Services erstellen kann, ohne eine Zeile Code zu schreiben. Diese Möglichkeiten werden in Kapitel 7, »Servicegenerierung«, detailliert erläutert.

Mit der Servicegenerierung bietet SAP Gateway neben der Entwicklung von Services einen Weg, um OData-Services ohne Programmierkenntnisse zu erstellen. In diesem Kapitel beschreiben wir diesen Prozess in mehreren Schritt-für-Schritt-Anleitungen.

7 Servicegenerierung

In Kapitel 6, »Serviceentwicklung«, haben wir Ihnen gezeigt, wie die Serviceimplementierung mithilfe von ABAP-Programmierung erfolgt. Es ist jedoch auch möglich, bestehende Schnittstellen und Business-Objekte der SAP Business Suite zu verwenden, um daraus OData-Services zu generieren. Bei diesem als *Servicegenerierung* bezeichneten Prozess können Services erstellt werden, ohne dass hierzu auch nur eine Zeile Code geschrieben werden muss. Daher stellen wir in diesem Kapitel die Generierung von OData-Services mit dem SAP Gateway Service Builder vor.

Die Generierung von OData-Services mit dem Service Builder kann auf Basis der folgenden Schnittstellen und Business-Objekte erfolgen: Remote-Funktionsbausteinen (RFC), Business Application Programming Interfaces (BAPI), Suchhilfen, ABAP Core Data Services (CDS) Views, GenIL-Objekten , Service Provider Infrastructure (SPI) Building Blocks, SAP BW Easy Query etc. Dabei werden diese bestehenden Schnittstellen und SAP-Business-Objekte auf leicht zu konsumierende OData-Services gemappt.

Anwendungsfälle

Dazu werden wir die folgenden vier Anwendungsfälle betrachten.

RFC-/BOR-Generator

Der erste und am weitesten verbreitete Anwendungsfall ist der RFC-/BOR-Generator. Bei der Generierung eines Service mithilfe des RFC-/BOR-Generators muss zwar kein Coding erstellt werden; es sind jedoch eine Reihe manueller Schritte durchzuführen. Wie im Fall der Serviceentwicklung erfolgt die Servicegenerierung mit dem RFC-/

BOR-Generator, wie in Abbildung 7.1 dargestellt, in den drei bereits bekannten Phasen Modelldefinition, Serviceimplementierung und Serviceverwaltung.

Obwohl für die Verwendung des RFC-/BOR-Generators kein ABAP-Know-how benötigt wird, erfordert dieser Generator doch eine genaue Kenntnis der zu verwendenden RFC-Funktionsbausteine und das Verständnis der verwendeten Datentypen. Die Ausnahme von dieser Regel sind Fälle, in denen es keinen geeigneten RFC-Funktionsbaustein gibt und dieser daher erstellt werden muss. Daher werden wir auch dieses Vorgehen vorstellen.

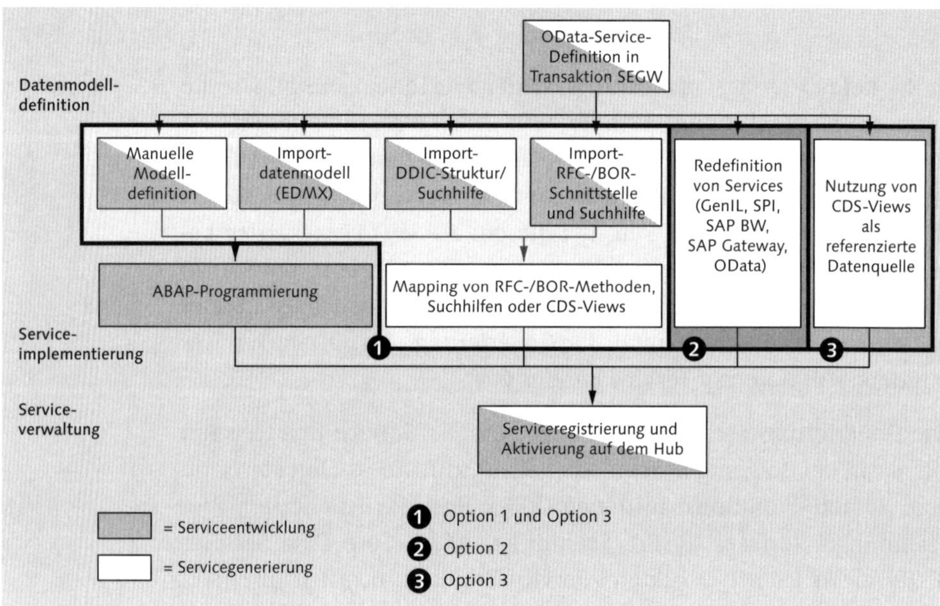

Abbildung 7.1 Übersicht der Serviceerstellung in SAP Gateway mit dem Service Builder (Transaktion SEGW)

Suchhilfen

Im zweiten Anwendungsfall werden Suchhilfen verwendet, die im ABAP Data Dictionary (DDIC) definiert wurden. Suchhilfen werden in der SAP Business Suite in Web Dynpro oder SAP-GUI-Oberflächen sehr oft dafür verwendet, um einem Benutzer die Eingabe von Daten zu vereinfachen.

Da Suchhilfen aber auch in SAPUI5-Anwendungen verwendet werden können, bietet Ihnen der SAP Service Builder einen einfachen

Weg, um diese wertvollen Artefakte zu nutzen, ohne dass Sie hierfür eine Zeile Code schreiben müssen.

CDS Views

Die dritte Möglichkeit der Servicegenerierung basiert auf den ABAP CDS Views, die von SAP beispielsweise mit SAP S/4HANA ausgeliefert werden oder die seit SAP NetWeaver 7.40 SP05 auch von Kunden erstellt werden können. Dabei gibt es die beiden folgenden Möglichkeiten, OData-Services auf Basis von CDS Views zu erstellen:

- **Modeled Data Sources (MDS)**
  Diese Option wurde erstmals mit SAP NetWeaver 7.40 bereitgestellt und funktioniert ähnlich wie der RFC-/BOR-Generator und der Generator für die Suchhilfen. Der Entwickler muss hier ein Business-Objekt (einen ABAP CDS View) auf eine Entitätsmenge mappen, die durch den Import einer DDIC-Struktur erstellt wurde.
- **Referenced Data Sources (RDS)**
  Mit SAP NetWeaver 7.50 gibt es die Möglichkeit, referenzierte Datenquellen zu nutzen. Aus Sicht des Entwicklers ähnelt dieser Weg dem Vorgehen bei der Redefinition eines Business-Objekts bzw. der Redefinition eines SAP-Gateway-Service.

Wie auch im Fall der Redefinition werden hier Objekte und Assoziationen eines Business-Objekts ausgewählt. Die Serviceimplementierung erfolgt auf Basis der ausgesuchten Komponenten.

Beide Methoden führen im Endeffekt eine Serviceimplementierung für die `Read`- und `Query`-Methode durch.

Wenn CUD-Methoden implementiert werden müssen, so kann dies entweder über codebasierte Implementierung erfolgen oder aber über die Implementierung eines geeigneten Business-Object-Processing-Framework-(BOPF-)Objekts.

Redefinition

Der vierte Anwendungsfall ist die Generierung eines Service auf Basis eines SAP-Business-Objekts durch Redefinition. Verglichen mit dem Einsatz des RFC-/BOR-Generators ist diese Option, einen Service zu erstellen, die einfachere Variante. Dies umfasst die Redefinition von

GenIL-Objekten, SPI-Objekten und SAP BW Easy Query oder MDX-Queries. Im Gegensatz zum RFC-/BOR-Generator ist der Mapping-Prozess bei diesen Integrationsszenarien wesentlich einfacher, da diese Business-Objekte schon jetzt OData-Services sehr ähnlich sind.

Bei der Redefinition werden die Datenmodelldefinitionen existierender Business-Objekte und Methoden auf Entitätstypen und Entitätsmengen eines OData-Service gemappt. Die Serviceimplementierung wird danach auf Basis der vom Entwickler ausgewählten und gemappten Artefakte generiert (siehe Abbildung 7.1).

7.1 Generierung auf Basis einer RFC-/BOR-Schnittstelle

In Kapitel 6, »Serviceentwicklung«, haben wir bereits gezeigt, wie eine Datenmodelldefinition durch den Import einer RFC-/BOR-Schnittstelle erfolgen kann. Dieses Vorgehen ist weit verbreitet, da die meisten von Kunden entwickelten Gateway-OData-Services zur Datenbeschaffung RFC-Funktionsbausteine aufrufen.

In diesem Abschnitt zeigen wir Ihnen nun, wie die Serviceimplementierung im Gegensatz zu der in Kapitel 6 vorgestellten Implementierung mit ABAP-Code auch durch reines Mapping von RFC-Funktionsbausteinen auf die Methoden einer Entitätsmenge erfolgen kann.

Der Prozess der Servicegenerierung beginnt mit der Erstellung eines neuen Projekts ZRFC1 im Service Builder und der anschließenden Datenmodelldefinition (siehe Abschnitt 7.1.1).

Das Modell besteht dabei aus zwei Entitätstypen `SalesOrderHeader` und `SalesOrderLineItem`. Beide Entitätstypen werden durch den Import von Parametern der Schnittstellen der entsprechenden Funktionsbausteine erstellt, die Teil des *SAP Enterprise Procurement Models* (EPM) sind. EPM ist eine Testanwendung, die in der SAP-Basis enthalten ist und Demodaten der fiktiven Firma ITelo enthält. Hiermit lassen sich Szenarien implementieren, die eher realen Szenarien in der SAP Business Suite ähneln als das altbekannte SFLIGHT-Modell.

RFC-/BOR-Schnittstelle

Nachdem die Entitätstypen angelegt worden sind, erstellen Sie ein Navigationsattribut, das die Navigation von den Kopfdaten eines Verkaufsauftrags zu der Liste der Einzelposten erlaubt. Mithilfe eines solchen Navigationsattributs ist es auch möglich, über einen

`$expand`-Aufruf die Kopfdaten zusammen mit der Liste der Einzelposten in einem Serviceaufruf auszulesen. Das Datenmodell ist in Abbildung 7.2 dargestellt.

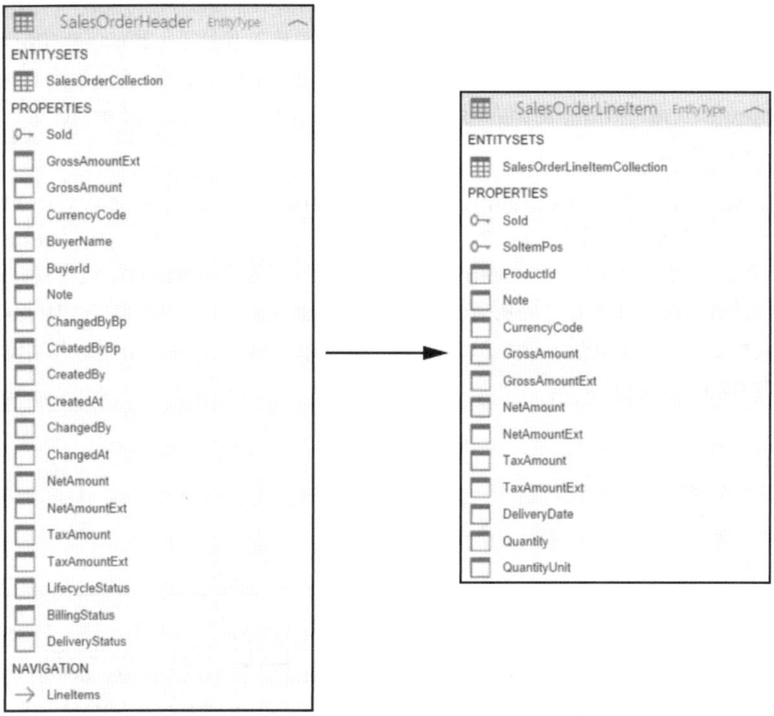

Abbildung 7.2 Entitätsdatenmodell – Service ZRFC1

Hinweis

Wie bereits in Kapitel 5, »Einführung in die Erstellung von OData-Services mit SAP Gateway«, erwähnt, werden die Phasen Datenmodelldefinition, Serviceimplementierung und Serviceverwaltung in normalen Entwicklungsprojekten nicht immer wie in dem in Abbildung 7.1 gezeigten Wasserfallmodell sequenziell durchlaufen.

Nach der Definition des Datenmodells werden die Repository-Objekte generiert und der Service durch den Service Builder im Backend registriert (siehe Abschnitt 7.1.2, »Serviceregistrierung: Anlegen eines Stubs«).

In diesem Schritt werden sowohl die Modell-Provider-Klasse (MPC) als auch eine Stub-Daten-Provider-Klasse (DPC) generiert, deren

Methoden leer sind und entweder durch ABAP-Programmierung (siehe Kapitel 6, »Serviceentwicklung«) oder Mapping (wie in diesem Kapitel beschrieben) implementiert werden müssen.

Da eine rudimentäre Serviceimplementierung (Anlegen einer Modell-Provider-Klasse und einer Stub-DPC) bereits durchgeführt wurde, werden wir zunächst den Service aktivieren, um das Service-Metadatendokument zu testen (siehe Abschnitt 7.1.3, »Serviceverwaltung«).

CRUD-Q-Methoden implementieren

Anschließend erfolgt dann die Implementierung der verschiedenen CRUD-Q-Methoden `CREATE`, `READ`, `UPDATE`, `DELETE` und `QUERY` (siehe Abschnitt 7.1.4, »Serviceimplementierung: SalesOrderHeaderSet«, und Abschnitt 7.1.5, »Serviceimplementierung: SalesOrderLineItem-Set«). Dieser realistische Ablauf zur Anlage von Services ist in Abbildung 7.3 dargestellt.

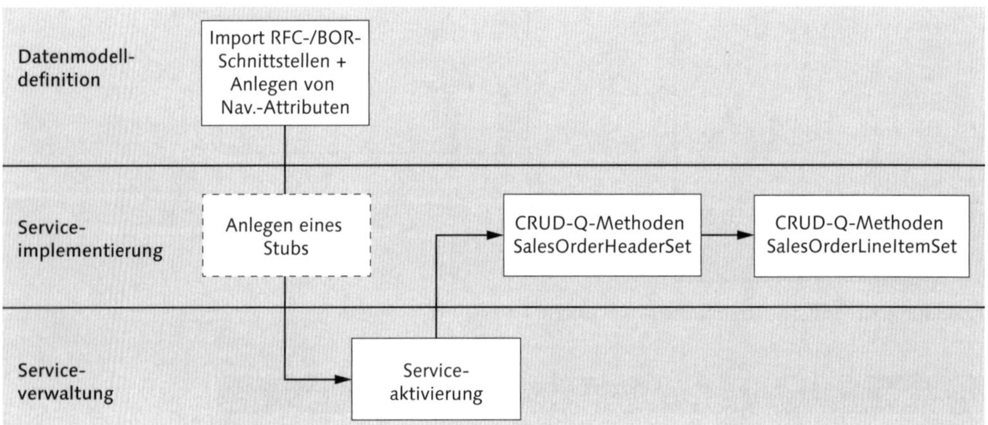

Abbildung 7.3 Realistischer Ablauf des Anlegens eines Service mit dem RFC-/BOR-Generator

Die finale Serviceimplementierung ist in Abschnitt 7.1.4 und Abschnitt 7.1.5 beschrieben. Die Serviceimplementierung erfolgt durch die Zuordnung der entsprechenden RFC-Funktionsbausteine zu den jeweiligen Operationen und durch das Mapping der Felder des Funktionsbausteins auf die Attribute der Entitätsmenge.

Auf diese Weise können Sie sowohl sämtliche CRUD-Q-Operationen (`CREATE`, `READ`, `UPDATE`, `DELETE` und `QUERY`) als auch Navigationsattribute konfigurieren, ohne eine Zeile ABAP-Code schreiben zu müssen; vorausgesetzt, ein entsprechender RFC-Funktionsbaustein ist vorhanden.

In unserem Beispiel werden wir fünf Funktionsbausteine für die Verkaufsaufträge des EPM-Datenmodells verwenden. Dabei werden Sie sehen, dass sich die CRUD-Q-Operationen für die Kopfdaten sehr einfach generieren lassen, während die Operationen für die Einzelposten angepasst werden müssen.

7.1.1 Datenmodelldefinition

Nachdem Sie das zuvor genannte Projekt generiert haben, importieren Sie zunächst den RFC-Funktionsbaustein `BAPI_EPM_SO_GET_LIST`. Dieser Funktionsbaustein wird für das Lesen der Liste der Verkaufsaufträge verwendet. Darüber hinaus besitzt der Funktionsbaustein auch eine Ausgabetabelle für die Einzelposten.

Wird für die Definition eines Datenmodells ein Funktionsbaustein verwendet, ist die Schnittstellenbeschreibung von besonderem Interesse, da aus dieser die Entitätstypen generiert werden. Die durch den Funktionsbaustein bereitgestellten Daten wiederum kommen bei der Serviceimplementierung ins Spiel.

Entitätstyp: Schritt 1

Klicken Sie in dem neu angelegten Projekt auf DATENMODELL, und wählen Sie dann IMPORTIEREN • RFC/BOR INTERFACE. Hierdurch wird der Dialog ENTITÄTSTYP AUS DATENQUELLE ERZEUGEN geöffnet (siehe Abbildung 7.4).

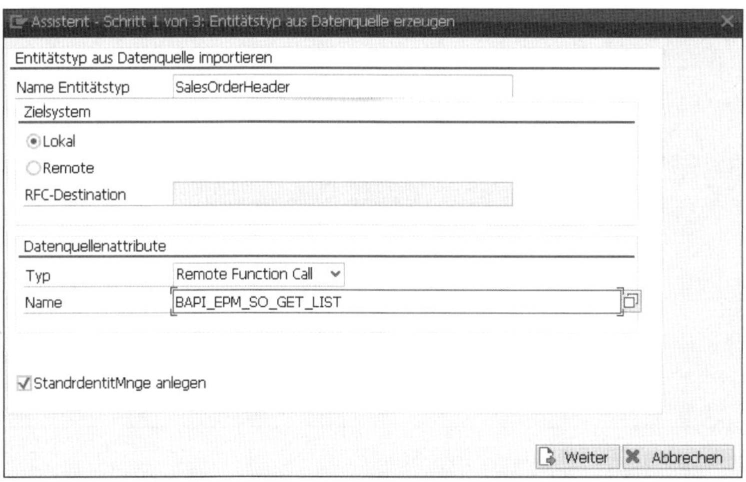

Abbildung 7.4 RFC-Importassistent – Schritt 1

Geben Sie im Feld Name Entitätstyp »SalesOrderHeader« ein. Wählen Sie die Option Lokal als Zielsystem, um die Schnittstellenbeschreibung aus dem lokalen System zu verwenden. Es ist auch möglich, durch die Auswahl der Option Remote im Feld RFC-Destination den Namen einer RFC-Destination anzugeben, um die Schnittstellenbeschreibung aus einem Remote-System zu verwenden.

Unter Datenquellenattribute legen Sie fest, nach welcher Datenquelle Sie suchen. Als Typ können Sie Business Object Repository oder Remote Function Call auswählen. Normale, das heißt nicht remote aufrufbare Funktionsbausteine werden nicht unterstützt. Als Letztes müssen Sie nun den Namen des RFC-Funktionsbausteins spezifizieren, dessen Schnittstellenbeschreibungen verwendet werden. In diesem Beispiel verwenden Sie `BAPI_EPM_SO_GET_LIST`. Lassen Sie das Ankreuzfeld StandrdEntitMnge anlegen (Standardentitätsmenge anlegen) ausgewählt, und klicken Sie auf Weiter.

Entitätstyp: Schritt 2

Der Assistent liest nun die Schnittstellenbeschreibung der Datenquelle und zeigt das Ergebnis in einem zweiten Fenster (siehe Abbildung 7.5) an. In diesem Fenster wählen Sie die Attribute aus, die als Attribute in Ihrem Entitätstyp verwendet werden sollen.

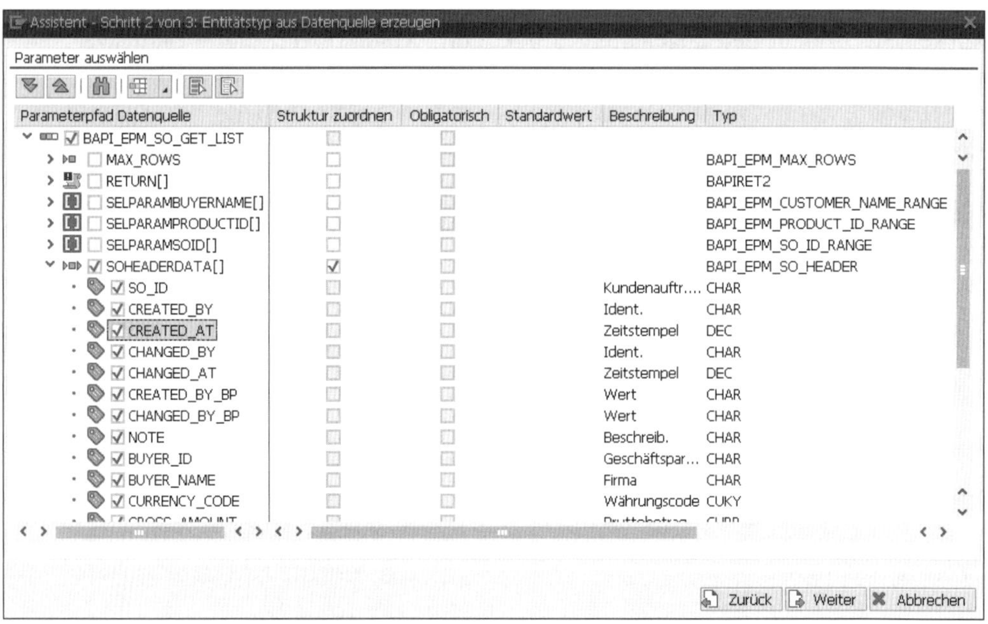

Abbildung 7.5 RFC-Importassistent – Schritt 2

Beginnen Sie mit der Auswahl der Attribute des Entitätstyps für die Kopfdaten von Verkaufsaufträgen. Der Assistent kann mehrere Entitätstypen und/oder komplexe Typen in einem Schritt anlegen. Für eine bessere Übersichtlichkeit werden wir den Assistenten jedoch Schritt für Schritt für jeden Entitätstyp aufrufen.

Um den Entitätstyp für die Kopfdaten der Verkaufsaufträge anzulegen, verwenden wir die Schnittstellentabelle `SOHEADERDATA`. Sie können hier die gesamte Tabelle auswählen, indem Sie die Checkbox neben `SOHEADERDATA` aktivieren. Anstatt die gesamte Tabelle `SOHEADERDATA` auszuwählen, können auch nur einzelne Felder ausgewählt werden. Durch eine Reduzierung der Anzahl der Attribute erhält man einfachere Entitätstypen.

Achten Sie darauf, die Checkbox STRUKTUR ZUORDNEN zu aktivieren, da hierdurch sichergestellt wird, dass die Attribute des Entitätstyps und die Typdeklarationen in der Modell-Provider-Klasse auf dem richtigen DDIC-Objekt basieren.

Entitätstyp: Schritt 3

Wählen Sie die gesamte Tabelle aus, aktivieren Sie die Checkbox für die Zuweisung der Struktur, und klicken Sie auf WEITER. Im folgenden Fenster wählen Sie das oder die primäre(n) Schlüsselfeld(er) des Entitätstyps aus. (Wenn nicht mindestens ein Schlüsselfeld ausgewählt wird, erhält man am Ende des Assistenten eine Fehlermeldung, da hier automatisch eine Überprüfung des Projekts erfolgt. Ein Entitätstyp, der nicht mindestens ein primäres Schlüsselfeld hat, wird als fehlerhaft angesehen.)

Markieren Sie in diesem Beispiel `SO_ID` (Sales Order ID) als primäres Schlüsselfeld für den Entitätstyp der Kopfdaten der Verkaufsaufträge (siehe Abbildung 7.6), und klicken Sie dann auf FERTIG STELLEN.

Haben Sie die gesamte Tabelle ausgewählt, müssen Sie nun den Entitätstyp von `Soheaderdata` in `SalesOrderHeader` und die Entitätsmenge von `SoheaderdataSet` in `SalesOrderHeaderSet` umbenennen. Überprüfen Sie, ob dem Entitätstyp die richtige ABAP-Struktur zugewiesen wird. Wie in Abbildung 7.7 zu sehen ist, ist dies `BAPI_EPM_SO_HEADER`. Diese Zuweisung ist wichtig, da so garantiert ist, dass die Attribute des Entitätstyps und die Typdeklaration in der Modell-Provider-Klasse auf dem korrekten Data-Dictionary-Objekt basieren.

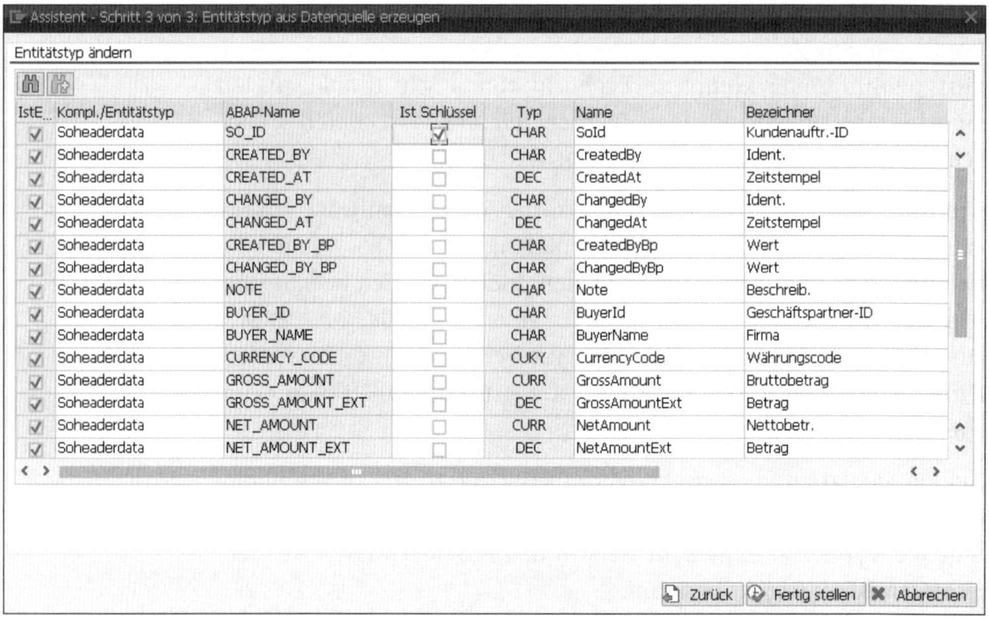

Abbildung 7.6 RFC-Importassistent – Schritt 3

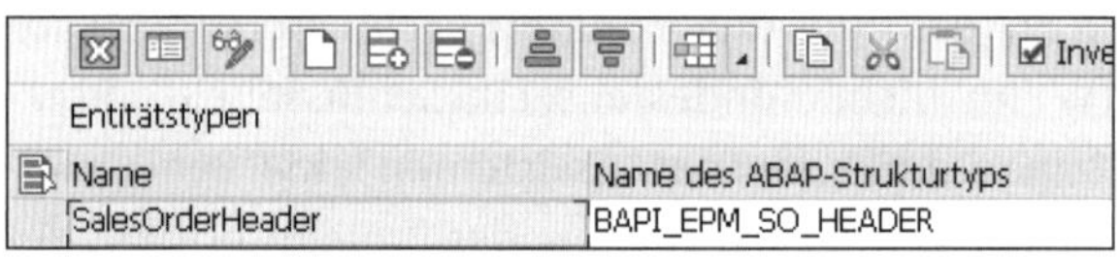

Abbildung 7.7 ABAP-Strukturzuweisung zum Entitätstyp

Führen Sie die gleichen Schritte nun noch einmal durch, um einen Entitätstyp `SalesOrderLineItem` für die Einzelposten anzulegen. Dieser Entitätstyp kann über den Import desselben RFC-Funktionsbausteins `BAPI_EPM_SO_GET_LIST` generiert werden. Die Schnittstellentabelle ist `SOITEMDATA`. Der primäre Schlüssel besteht aus zwei Feldern: `SO_ID` und `SO_ITEM_POS`.

Pflege der SAP-Annotationen

Die SAP-Annotationen Anlegbar (Creatable), Aktualisierung möglich (Updatable) etc. sollten für jedes importierte Attribut korrekt gepflegt sein, das vom Entwickler einer Client-Applikation genutzt werden kann. Wir empfehlen, zumindest die Annotation Nullwerte möglich (Nullable) für Nicht-Schlüssel-Felder zu pflegen; anderenfalls kann dies zu Problemen führen, insbesondere bei der Verwendung von Datums-/Zeitfeldern.

Entitätsmengen

Für jeden Entitätstyp wurde jeweils eine Default-Entitätsmenge angelegt, die Sie in `SalesOrderSet` und `SalesOrderLineItemSet` umbenennen mussten, um sprechendere Namen als diejenigen zu erhalten, die aus den Namen der DDIC-Strukturen abgeleitet wurden (siehe Abbildung 7.8).

Für die Entitätsmenge `SalesOrderLineItemSet` deaktivieren Sie die SAP-Annotation ADRESSIERBAR, da auf die Einzelposten, wie im folgenden Abschnitt beschrieben, nur über ein Navigationsattribut der Entitätsmenge `SalesOrderHeaderSet` zugegriffen werden soll.

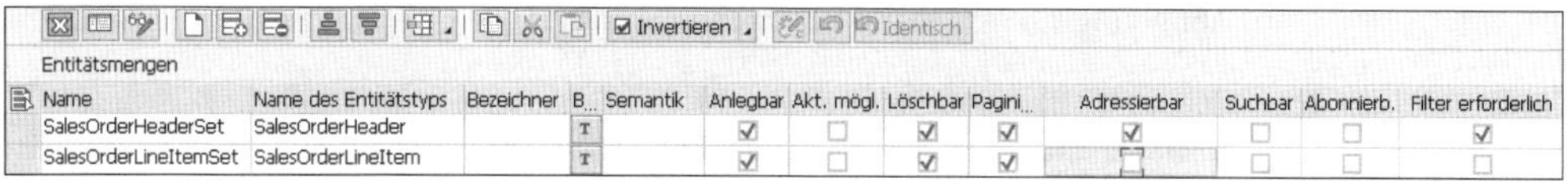

Abbildung 7.8 Entitätsmengen für SalesOrderHeader- und LineItem-Entitätstypen

Assoziationen und referenzielle Constraints

Im nächsten Schritt legen wir zwischen den beiden Entitätstypen eine Assoziation mit einem referenziellen Constraint an. Auf Basis des referenziellen Constraints kann man ein Navigationsattribut anlegen, das dazu verwendet werden kann, die Einzelposten zu lesen, die zu einem bestimmten Kopfeintrag eines Verkaufsauftrags gehören. Zum Anlegen einer Assoziation navigieren Sie in der Baumstruktur des Service-Builder-Projekts zum Ordner ASSOZIATIONEN unterhalb des DATENMODELL-Ordners und wählen durch einen Klick mit der rechten Maustaste aus dem Kontextmenü des Ordners ASSOZIATIONEN die Option ANLEGEN aus. Nun öffnet sich der Assistent zum Anlegen von Assoziationen, referenziellen Constraints und Navigationsattributen.

Im ersten Fenster des Assistenten legen Sie den Namen der Assoziation fest und wählen die Entitätstypen und deren Kardinalität aus (siehe Abbildung 7.9). Hier können Sie auch direkt die Checkbox ZUGEH. NAVIGATIONSEIGENSCHAFT ANL. markieren, damit eine Navigationseigenschaft angelegt wird. In diesem Beispiel wird die Navigationseigenschaft `toLineItems` angelegt.

Im zweiten Fenster legen Sie den referenziellen Constraint fest, indem das Schlüsselfeld der Principal-Entität auf die Eigenschaft der abhängigen Entität gemappt wird. In diesem Beispiel ist die ERSTE ENTITÄT `SalesOrderHeader`, der PRINCIPAL-SCHLÜSSEL besteht nur aus einem einzelnen Feld `SoId`. Dieses Attribut wird auf das Attribut `SoId` des abhängigen Entitätstyps `SalesOrderLineItem` gemappt (siehe Abbildung 7.10).

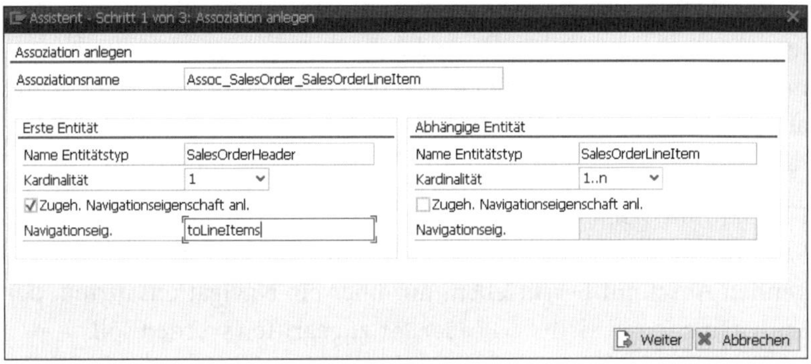

Abbildung 7.9 Assoziationsassistent – Schritt 1

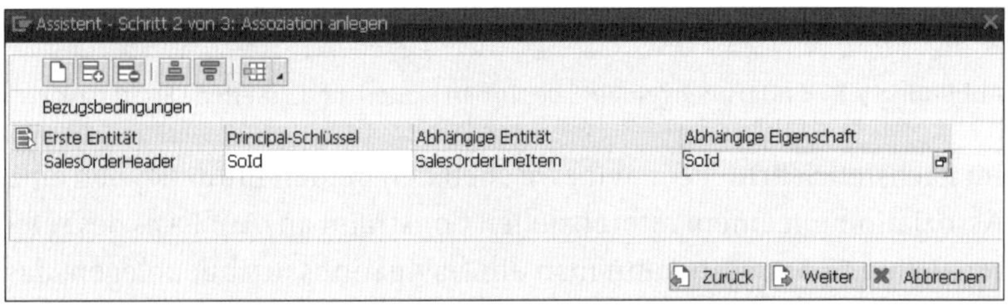

Abbildung 7.10 Assoziationsassistent – Schritt 2

Im dritten Fenster müssen Sie den Namen der Assoziationsmenge angeben. Hierbei schlägt der Assistent den Namen der Assoziation vor. Die zugehörigen Entitätsmengen werden von den jeweiligen Entitätstypen abgeleitet (siehe Abbildung 7.11).

Damit ist die Modelldefinition unseres RFC-Beispiels abgeschlossen. Das Datenmodell besteht aus zwei Entitätstypen, zwei Entitätsmengen, einer Assoziation mit einem referenziellen Constraint und einem Navigationsattribut.

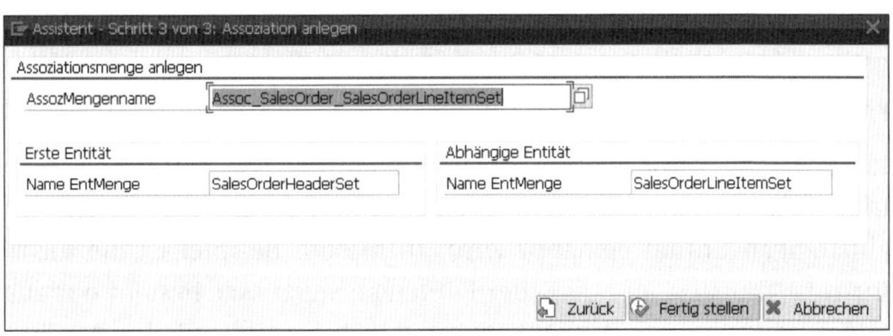

Abbildung 7.11 Assoziationsassistent – Schritt 3

7.1.2 Serviceregistrierung: Anlegen eines Stubs

Nach dem Anlegen des Datenmodells können Sie nun durch einen Klick auf den Button GENERIEREN die Laufzeitartefakte anlegen. Akzeptieren Sie hier die vom Service Builder im Dialog MODELL- UND SERVICEDEFINITION vorgeschlagenen Default-Werte.

Modell- und Servicegenerierung

In diesem Schritt werden sowohl die Modell-Provider-Klassen als auch die Daten-Provider-Klassen angelegt, wie Sie es in den vorangegangenen Kapiteln gelernt haben. Während die Modell-Provider-Klasse die Informationen des Datenmodells enthält, wurde die Daten-Provider-Klasse als leerer Stub angelegt. Der Service Builder registriert den Service im Backend-System und legt hierfür ein technisches Modell und einen technischen Service an (siehe Abbildung 7.12). Geben Sie im Dialog OBJEKTKATALOGEINTRAG ANLEGEN den Namen eines Pakets an, z. B. `$TMP`.

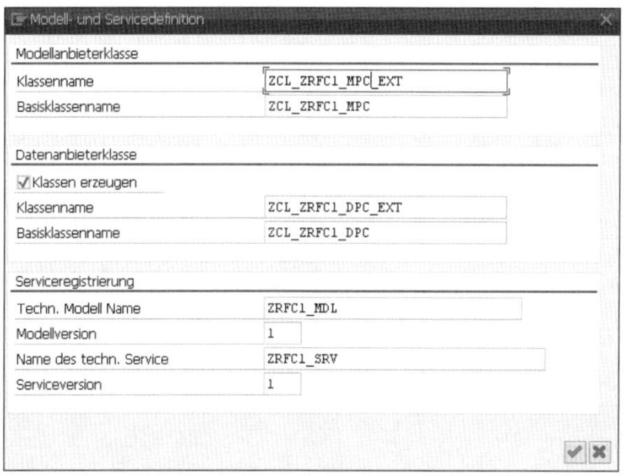

Abbildung 7.12 Generieren von Modell und Service

7.1.3 Serviceverwaltung

Nachdem das Projekt erfolgreich generiert und im Backend registriert wurde, kann der OData-Service nun im Gateway-Hub registriert, aktiviert und damit publiziert werden. Hierfür müssen Sie den Ordner SERVICEVERWALTUNG im Beispielprojekt aufklappen. Öffnen Sie das Kontextmenü durch einen Klick mit der rechten Maustaste auf den Eintrag des Hub-Systems, auf dem der Service registriert und aktiviert werden soll, und wählen Sie dort REGISTRIEREN.

Serviceaktivierung auf dem Hub

Bestätigen Sie im nachfolgenden Dialog die Warnung, dass Sie in das ausgewählte System weitergeleitet werden, und geben Sie den Namen des Systemalias an, der zuvor auf dem Gateway-Hub für den Zugriff auf das Backend-System angelegt worden ist. (In diesem Fall wählen wir LOCAL, da wir ein System mit der Embedded-Deployment-Option verwenden.) Danach öffnet sich das Fenster mit dem Dialog SERVICE HINZUFÜGEN. In diesem Dialog sehen Sie die Namen der Objekte (TECHNISCHER SERVICENAME, TECHNISCHER MODELLNAME), die auf dem Gateway-Hub-System angelegt werden (siehe Abbildung 7.13).

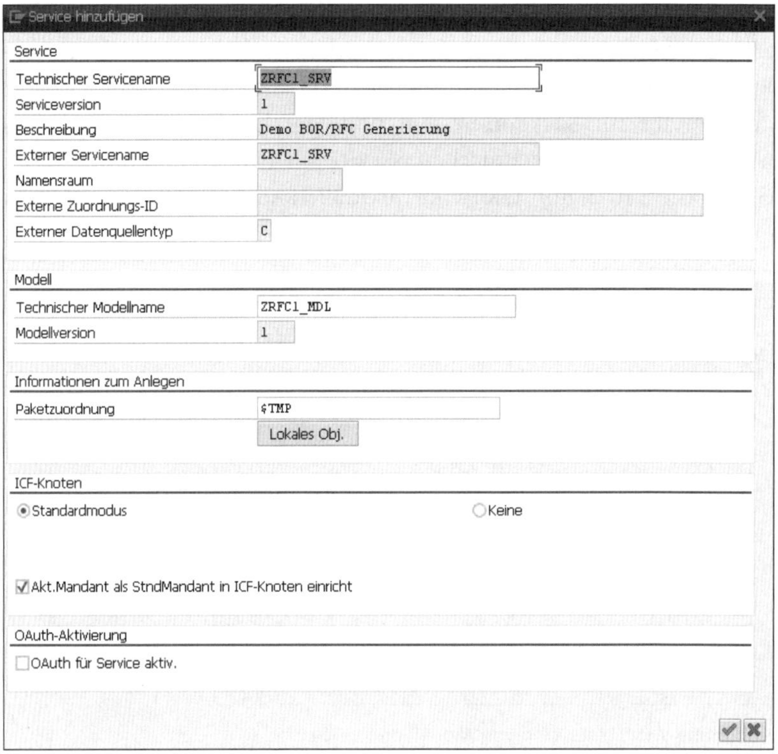

Abbildung 7.13 Dialog »Service hinzufügen« auf dem Gateway-Hub

Auch hier verändern Sie die Vorschlagswerte nicht und klicken auf LOKALES OBJ., wodurch eine Zuordnung zum Paket $TMP erfolgt. Sollen hingegen die Repository-Objekte transportiert werden, muss der Name eines transportierbaren Pakets ausgewählt werden.

Beachten Sie das Feld EXTERNER SERVICENAME, unter dem der Service im Internet Communication Framework (ICF) aktiviert wird. Dieser Name (hier ZRFC1_SRV) wird aus dem technischen Servicenamen abgeleitet, den Sie bei der ersten Generierung des Projekts gewählt haben, als der OData-Service im Backend registriert wurde. Der externe Servicename, der aus dem technischen Servicenamen abgeleitet wird, kann bei der Registrierung und Aktivierung des Service im Gateway-Hub-System nicht mehr geändert werden.

Metadaten testen

Nach der Bestätigung des Dialogs SERVICE HINZUFÜGEN ist der OData-Service auf dem Gateway-Hub-System aktiviert. Sie können den Service nun mit dem SAP Gateway Client oder im Browser testen – zumindest die Metadaten des Service, da bislang noch keine Serviceimplementierung durch das Mappen der Methoden der RFC-Funktionsbausteine stattgefunden hat und lediglich ein leerer Stub für die Daten-Provider-Klasse generiert wurde.

Öffnen Sie im Ordner SERVICEVERWALTUNG des Beispielprojekts das Kontextmenü eines Eintrags des Hub-Systems, auf dem der Service registriert und aktiviert wurde, und wählen Sie dort SAP GATEWAY CLIENT. Damit starten Sie auf dem Hub den SAP Gateway Client. Der URI des Service lautet */sap/opu/odata/SAP/ZRFC1_SRV* und liefert das Servicedokument des Service. Fügt man der Root-URL */$metadata* hinzu, liefert die aufgerufene URL das Metadatendokument des OData-Service.

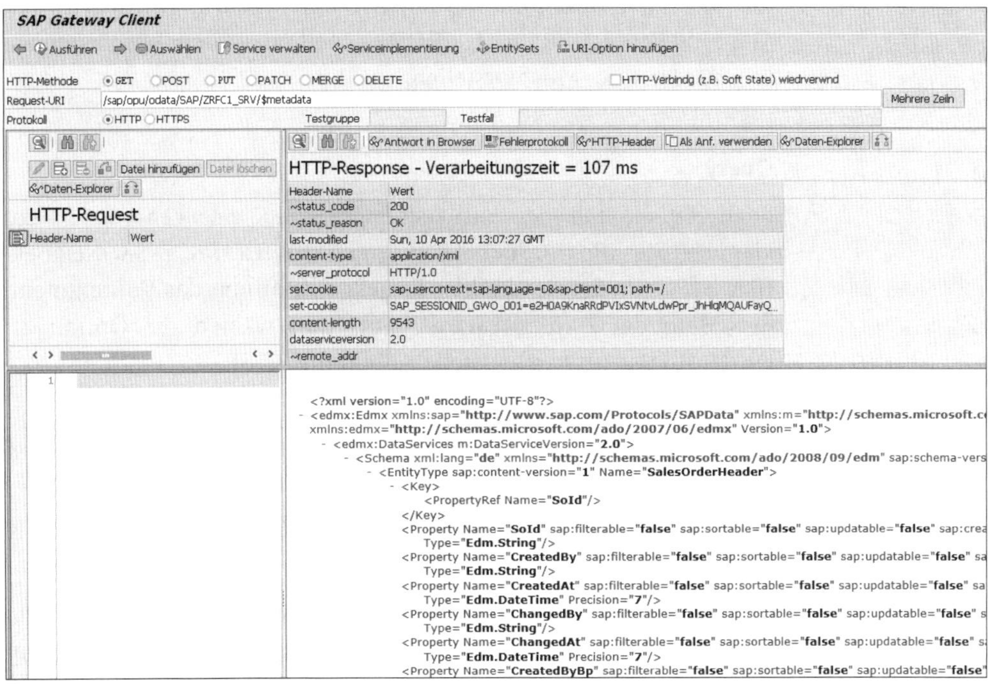

Abbildung 7.14 Metadaten des Service ZRFC1_SRV

Sie können nun überprüfen, ob alle Attribute korrekt von den verwendeten RFC-Funktionsbausteinen abgeleitet wurden. Sie sehen auch die Schlüsselfelder, die Assoziation, den referenziellen Constraint und die Navigationseigenschaft, die in diesem Projekt angelegt wurden (siehe Abbildung 7.14).

7.1.4 Serviceimplementierung: SalesOrderHeaderSet

Nachdem die Laufzeitartefakte angelegt wurden, können Sie mit der Serviceimplementierung beginnen. Der Service Builder hat hierzu für alle CRUD-Q-Methoden einer Entitätsmenge (leere) Methoden in der Daten-Provider-Klasse generiert.

Um mit dem Mapping zu beginnen, wählen Sie im Ordner SERVICEIMPLEMENTIERUNG aus dem Kontextmenü einer CRUD-Q-Methode einer Entitätsmenge die Option ZU DATENQUELLE ZUORDNEN.

Das Mapping-Tool des Service Builders ermöglicht Ihnen dann das Mapping zwischen den Schnittstellenparametern eines Funktionsbausteins oder BAPIs und den Attributen einer Entitätsmenge.

Im folgenden Abschnitt werden wir Ihnen Schritt für Schritt den Mapping-Prozess für alle CRUD-Q-Methoden der Entitätsmenge `SalesOrderHeaderSet` vorstellen.

Query

Beginnen Sie mit der Entitätsmenge `SalesOrderHeaderSet`. Dazu klappen Sie die Ordner SERVICEIMPLEMENTIERNG • SALESORDERHEADERSET im Service-Builder-Projekt auf, öffnen das Kontextmenü der Methode GETENTITYSET (QUERY) und wählen die Option ZU DATENQUELLE ZUORDNEN (siehe Abbildung 7.15).

Lokales oder Remote-System

Hierdurch wird der Dialog ZU DATENQUELLE ZUORDNEN geöffnet, in dem Sie angeben müssen, ob sich die Datenquelle in dem lokalen System befindet, in dem `IW_BEP` oder `SAP_GWFND` installiert sind, oder ob die Datenquelle in einem Remote-System verfügbar ist (siehe Abbildung 7.16).

Ist Letzteres der Fall, müssen Sie an dieser Stelle die RFC-Destination angeben, die auf das Remote-System zeigt und die Sie schon bei der Definition des Datenmodells aus der RFC-Schnittstelle angegeben haben.

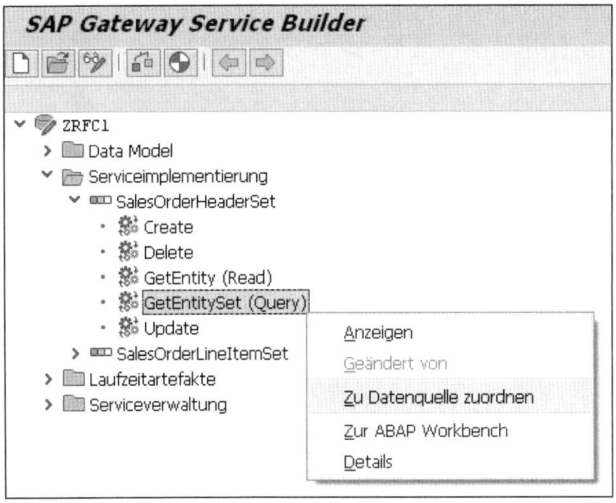

Abbildung 7.15 Kontextmenü für das Mapping einer Datenquelle

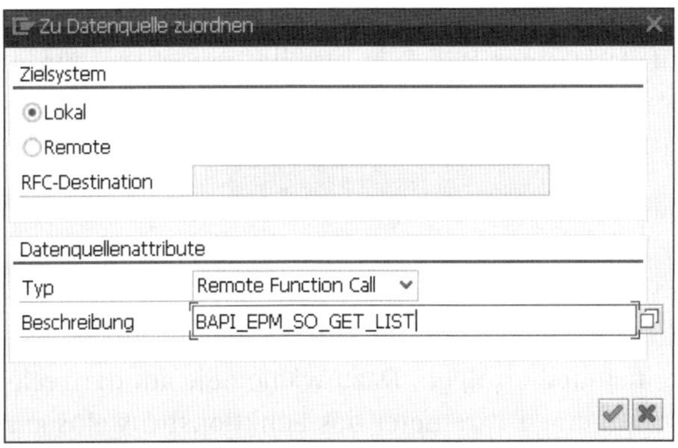

Abbildung 7.16 Zu Datenquelle zuordnen

Mapping-Dialog

In unserem Beispiel rufen wir die EPM-Funktionsbausteine im lokalen System auf. In dem Dialog, der in Abbildung 7.16 gezeigt ist, wählen Sie dann den Typ der Datenquelle aus, den Sie auf Ihren OData-Service mappen möchten. Hierbei können Sie entweder BOR-Objekte oder Remote-Funktionsbausteine auswählen. Nicht-RFC-fähige Funktionsbausteine werden nicht unterstützt. In diesem Beispiel wählen Sie Remote Function Call und `BAPI_EPM_SO_GET_LIST` für den Funktionsbaustein, der gemappt werden soll.

Nachdem Sie auf Weiter geklickt haben, sehen Sie ein vorbefülltes Mapping-Fenster (siehe Abbildung 7.17). Das Gitter in der Mitte zeigt das noch leere aktuelle Mapping der Methode. Auf der rechten

Seite sehen Sie den von Ihnen ausgewählten RFC-Funktionsbaustein und dessen Schnittstelle.

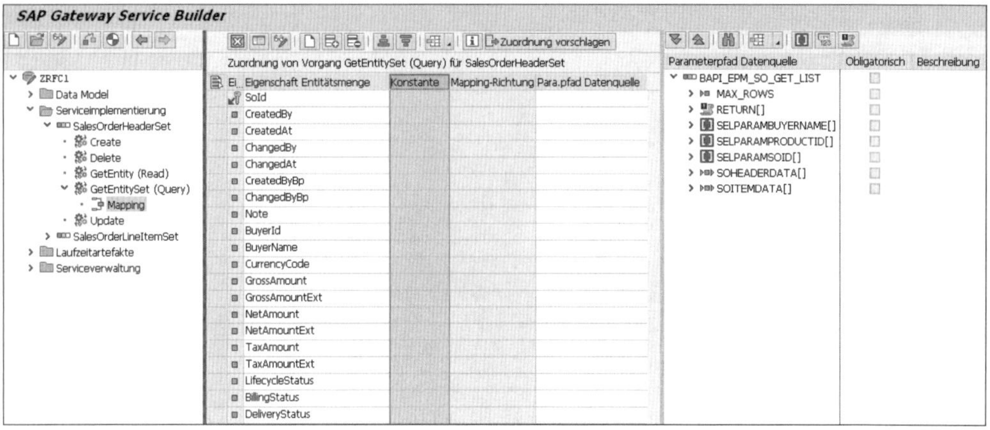

Abbildung 7.17 Mapping der Methode »GetEntitySet (Query)«

Da das Modell auf Basis einer RFC-Schnittstelle importiert wurde, kann man sich über den Button ZUORDNUNG VORSCHLAGEN ein Mapping vorschlagen lassen.

Ist der Service Builder nicht in der Lage, ein Mapping auf Basis der Herkunft des Attributs zu bestimmen, wird kein Mapping vorgeschlagen. Dies kann beispielsweise der Fall sein, wenn Sie dem Entitätstyp manuell Attribute hinzugefügt haben. In einem solchen Fall muss das Mapping manuell erfolgen. Dazu wählen Sie auf der rechten Seite (Datenquelle) einen Parameter des Funktionsbausteins aus und ziehen ihn auf die Zeile der Entitätsmenge, auf die Sie den Parameter mappen möchten (per Drag & Drop).

Mapping-Richtung

Sobald ein Parameter gemappt wird, wird auch die Richtung des Mappings festgelegt. Die Mapping-Richtung wird durch einen Pfeil in der Spalte MAPPING-RICHTUNG visualisiert, der entweder nach links (Output) oder nach rechts (Input) zeigt. Kann kein Default-Wert für die Mapping-Richtung festgelegt werden, wird ein Fragezeichen angezeigt. Das Icon, das die Mapping-Richtung anzeigt, ist ein Button, mit dem die Richtung geändert werden kann; vorausgesetzt, dies wird durch den Parameter des RFC-Funktionsbausteins unterstützt. (So kann beispielsweise ein Ausgabeparameter nicht mit einer Input-Richtung gemappt werden.)

Die Mapping-Richtung Output bewirkt, dass der Parameter des Funktionsbausteins dem Konsumenten zur Verfügung gestellt wird (z. B. der Wert eines Attributs für einen einzelnen Eintrag einer Liste). Die Mapping-Richtung Input bewirkt hingegen, dass der Wert des Attributs an den Funktionsbaustein als Input-Parameter übergeben wird (z. B. ein Filter).

Datenquellenparameter

Es ist zwingend erforderlich, alle primären Schlüsselfelder einer Entitätsmenge auf Attribute der Datenquelle zu mappen. Anderenfalls würde die Konsistenzprüfung des Projekts einen Fehler melden. Attribute, die keine Schlüsselfelder sind, müssen nicht zwingend gemappt werden. Keinen Eintrag im Mapping-Gitter einzutragen ist gleichbedeutend mit dem Löschen der kompletten Zeile. Dies löscht jedoch nur das Mapping, nicht aber das Attribut.

Konstanten

Die Spalte KONSTANTE ist nicht für Ausgabewerte, sondern nur für Eingabewerte relevant (z. B. ein X-Flag, das bestimmte RFC-Funktionsbausteine benötigen, wenn Daten übertragen werden).

In unserem Beispiel konnte der Mapping-Vorschlag alle Parameter auf die entsprechenden Attribute der Entitätsmenge des Vorgangs GETENTITYSET (QUERY) abbilden (siehe Abbildung 7.18).

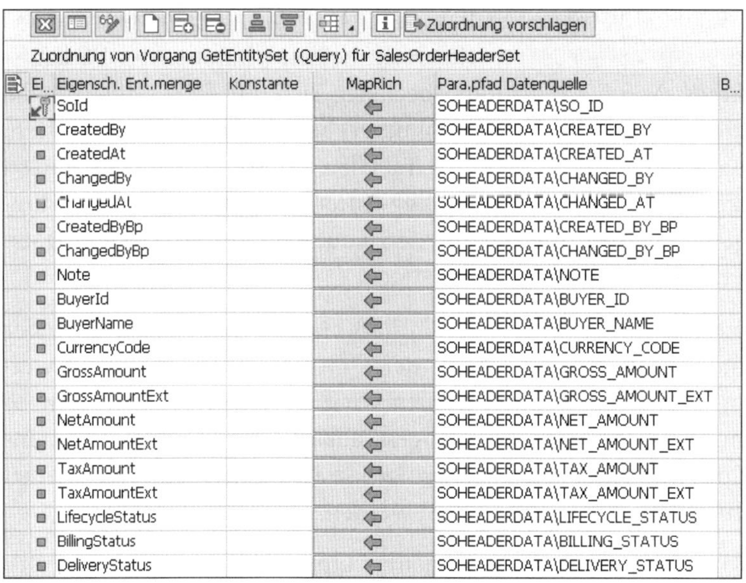

Ei...	Eigensch. Ent.menge	Konstante	MapRich	Para.pfad Datenquelle	B...
	SoId		⇐	SOHEADERDATA\SO_ID	
	CreatedBy		⇐	SOHEADERDATA\CREATED_BY	
	CreatedAt		⇐	SOHEADERDATA\CREATED_AT	
	ChangedBy		⇐	SOHEADERDATA\CHANGED_BY	
	ChangedAt		⇐	SOHEADERDATA\CHANGED_AT	
	CreatedByBp		⇐	SOHEADERDATA\CREATED_BY_BP	
	ChangedByBp		⇐	SOHEADERDATA\CHANGED_BY_BP	
	Note		⇐	SOHEADERDATA\NOTE	
	BuyerId		⇐	SOHEADERDATA\BUYER_ID	
	BuyerName		⇐	SOHEADERDATA\BUYER_NAME	
	CurrencyCode		⇐	SOHEADERDATA\CURRENCY_CODE	
	GrossAmount		⇐	SOHEADERDATA\GROSS_AMOUNT	
	GrossAmountExt		⇐	SOHEADERDATA\GROSS_AMOUNT_EXT	
	NetAmount		⇐	SOHEADERDATA\NET_AMOUNT	
	NetAmountExt		⇐	SOHEADERDATA\NET_AMOUNT_EXT	
	TaxAmount		⇐	SOHEADERDATA\TAX_AMOUNT	
	TaxAmountExt		⇐	SOHEADERDATA\TAX_AMOUNT_EXT	
	LifecycleStatus		⇐	SOHEADERDATA\LIFECYCLE_STATUS	
	BillingStatus		⇐	SOHEADERDATA\BILLING_STATUS	
	DeliveryStatus		⇐	SOHEADERDATA\DELIVERY_STATUS	

Abbildung 7.18 Vollständiges Mapping der Methode »GetEntitySet (Query)«

Nachdem Sie das Mapping durchgeführt haben, sollten Sie überprüfen, ob das Projekt und die Mappings technisch korrekt sind, um Laufzeitfehler zu verhindern. Der Service Builder überprüft beispielsweise, ob die Datentypen des gemappten Funktionsbausteins kompatibel sind.

Projektgenerierung

Das war auch schon alles, um die `QUERY`-Methode zu implementieren. Nun muss nur noch das Service-Builder-Projekt neu generiert werden. Nachdem dies erledigt ist und das Projekt erfolgreich generiert wurde, kann der Service über die folgende URL im SAP Gateway Client aufgerufen werden:

/sap/opu/odata/sap/ZRFC1_SRV/SalesOrderHeaderSet

Führt man diesen URI aus, erhält man eine ungefilterte Liste von Verkaufsaufträgen (Sales Orders), die mithilfe des Funktionsbausteins `BAPI_EPM_SO_GET_LIST` gelesen werden.

Input-Mapping

Bis zu diesem Zeitpunkt haben Sie noch kein Input-Mapping durchgeführt. Daher unterstützt die `QUERY`-Methode keine Filteroptionen. Dies kann man ändern, indem dem Mapping der Methode `GetEntitySet` (`QUERY`) der Entitätsmenge der Verkaufsaufträge neue Zeilen hinzugefügt werden. Hierzu muss der RFC-Funktionsbaustein jedoch über geeignete Input-Parameter verfügen.

Der Funktionsbaustein `BAPI_EPM_SO_GET_LIST` verfügt über drei `SELECT-OPTION`-Input-Tabellen: `SELPARAMSOID`, `SELPARAMBUYERNAME` und `SELPARAMPRODUCTID`. Die ersten beiden (Nummer des Verkaufsauftrags, Name des Käufers) beziehen sich auf die Kopfdaten, die dritte Input-Tabelle (Produktnummer) bezieht sich auf Einzelposten. Um die beiden `SELECT-OPTION`-Tabellen auf Kopfdatenebene nutzen zu können, müssen dem Mapping-Gitter zwei zusätzliche Zeilen hinzugefügt werden. Klicken Sie hierzu auf den Button Zeile einfügen oder Zeile anhängen.

Die Namen der Attribute der Entitätsmenge können dabei entweder manuell eingegeben oder aus der [F4]-Wertehilfe ausgewählt werden. In unserem Beispiel wählen wir `SoId` und `BuyerName`. Danach können die gewünschten Ranges-Tabellen des Funktionsbausteins auf das Feld Parameter der Datenquelle der neu angelegten Zeilen mittels Drag & Drop abgebildet werden.

Da in diesem Fall keine regulären Input-Felder, sondern `SELECT-OPTION`-Tabellen gemappt werden, erscheint der Dialog Bereich

ZUORDNEN für jede SELECT-OPTION-Tabelle, die gemappt wird (siehe Abbildung 7.19).

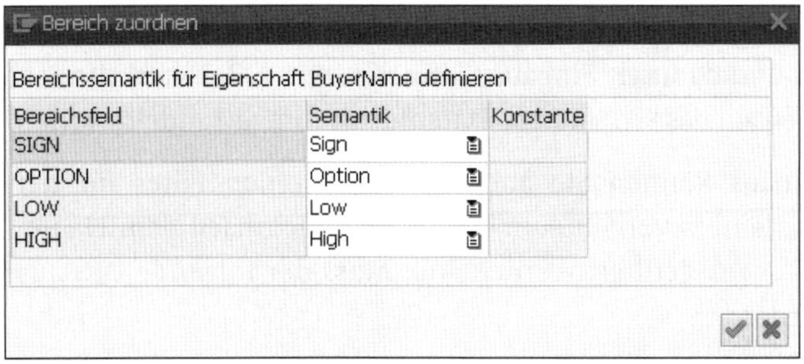

Abbildung 7.19 Dialog »Bereich zuordnen« für SELECT-OPTION-Tabellen

Da der Service Builder wissen muss, in welchen Feldern der Ranges-Tabellen sich die Werte für SIGN, OPTION, LOW und HIGH befinden, erscheint das Pop-up jedes Mal, wenn eine Ranges-Tabelle gemappt wird. Normalerweise enthält der Dialog korrekte Default-Werte und muss nur bestätigt werden.

Neue Input-Mappings

Nachdem Sie das Mapping für die beiden SELECT-OPTION-Tabellen SELPARAMSOID (ID des Verkaufsauftrags) und SELPARAMBUYERNAME (Name des Käufers) durchgeführt haben, enthält das Mapping-Fenster für die Methode GetEntitySet zwei neue Input-Mappings (siehe Abbildung 7.20).

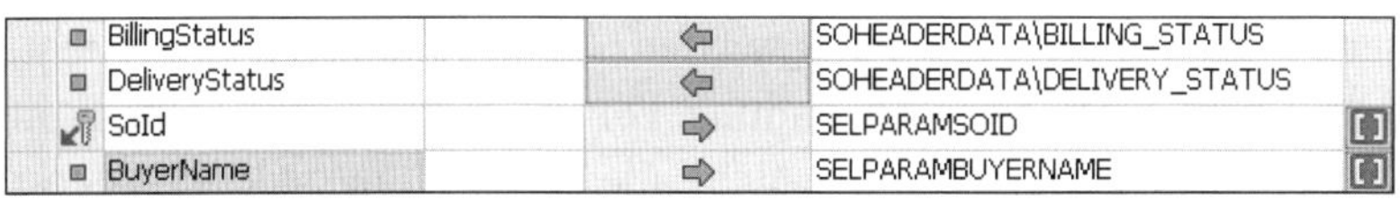

Abbildung 7.20 Input-Mapping für SELECT-OPTION-Filterwerte

Das grüne Icon mit den eckigen Klammern zeigt an, dass das Mapping auf einer Ranges-Tabelle basiert. Wenn Sie auf ein solches Icon klicken, öffnet sich der Dialog BEREICH ZUORDNEN, und Sie können das Mapping überprüfen und gegebenenfalls ändern.

Um die neu gemappten Filter nutzen zu können, muss nun das Projekt neu generiert werden. Danach können Sie z. B. folgenden URI ausführen, um die Verkaufsaufträge mit der ID >= '500000010' und der ID <= '500000020' herauszufiltern:

/sap/opu/odata/sap/ZRFC1_SRV/SalesOrderHeaderSet?$filter=SoId ge '500000010' and SoId le '500000020'

Beachten Sie, dass wir im Filterkriterium die externe Darstellung der Nummer eines Verkaufsauftrags (*'500000010'*) verwenden, die keine führenden Nullen (*'0500000010'*) aufweist, anders als bei der internen Darstellung. Dies funktioniert, da Konvertierungs-Exits verwendet werden und dadurch Eingabeparameter, wie z. B. Filterkriterien, vom externen auf das SAP-interne Datenformat umgewandelt werden.

Filterkriterien

Darüber hinaus können Sie auch zusätzlich einen Filter für den Namen des Käufers verwenden. Wenn zusätzlich nach dem Namen `Panorama Studios` gefiltert werden soll, muss der folgende URI ausgeführt werden:

/sap/opu/odata/sap/ZRFC1_SRV/SalesOrderHeaderSet?$filter=SoId ge '500000010' and SoId le '500000020' and BuyerName eq 'Panorama Studios'

Wie unschwer zu erkennen ist, können Filterkriterien sehr lang sein.

Die Filterkriterien werden vom Framework in Ranges-Tabellen gemappt. Auf diese Weise können sie einfach verarbeitet und der jeweiligen `RANGES-INPUT`-Tabelle des RFC-Funktionsbausteins in der (generierten) `GetEntitySet`-Methode zugewiesen werden. Das Framework stellt die Werte in einer generischen Tabelle bereit, in der jeder Eintrag ein Attribut einer Entitätsmenge darstellt, das in der Query-Option `$filter` verwendet wird.

An dieser Stelle ist anzumerken, dass die Bereitstellung von Filterkriterien in Ranges-Tabellen gewissen Einschränkungen unterliegt. Ähnlich wie bei der Verwendung von `SELECT-OPTIONS`-Feldern in einem ABAP-Report können nicht alle Anwendungsfälle abgedeckt werden. So ist es z. B. aufgrund des `or`-Operanden nicht möglich, einen Filter wie `FieldA eq 'A' or FieldB eq 'B'` mit Ranges-Tabellen auszudrücken. Mit dem Operanden `and` ist dies aber möglich. Jedoch würde die Query dann natürlich ein anderes Ergebnis liefern.

Single Read

Der Single Read kann ähnlich wie die `QUERY`-Operation sehr einfach modelliert werden. Dazu müssen Sie nun die Ordner SERVICEIMPLEMENTIERUNG • SALESORDERHEADERSET aufklappen, mit der rechten Maustaste auf GETENTITY (READ) klicken und im Kontextmenü ZU DATENQUELLE ZUORDNEN auswählen.

Das Zielsystem bleibt gleich (LOCAL), es könnte jedoch, falls nötig, auch ein anderes System ausgewählt werden. (Es ist jedoch ziemlich unwahrscheinlich, dass bei einer Query und einem Single Read die Resultate aus zwei verschiedenen Systemen gelesen werden sollen.)

Dieses Mal verwenden Sie den Baustein `BAPI_EPM_SO_GET_DETAIL` als RFC-Funktionsbaustein für die Datenbeschaffung. Auch hier können Sie auf den Button MAPPING VORSCHLAGEN klicken, um ein Mapping der Parameter des Funktionsbausteins auf die entsprechenden Attribute der Entitätsmenge zu erzeugen.

Neben dem Mapping für die Output-Parameter müssen Sie nun ein Input-Mapping für alle Schlüsselfelder anlegen. (In diesem Beispiel wird nur ein einzelnes Schlüsselfeld verwendet.) Wenn Sie vergessen, dieses Mapping zu erstellen, meldet der Service Builder dies als Fehler (siehe Abbildung 7.21).

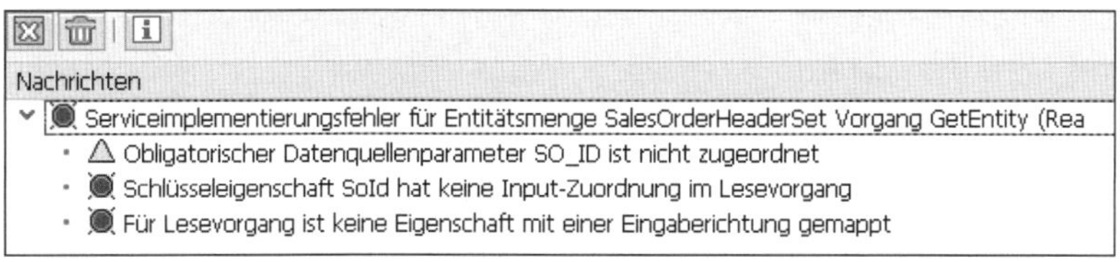

Abbildung 7.21 Fehlendes Input-Mapping – Anzeige im Nachrichtenfenster

Fehlendes Input-Mapping

Das fehlende Input-Mapping kann einfach durchgeführt werden, indem man eine neue Zeile im Mapping-Fenster anlegt und `SoId` als Attribut der Entitätsmenge über die Wertehilfe auswählt. Nun müssen Sie den RFC-Input-Parameter `SO_ID-SO_ID` per Drag & Drop in die Spalte PARA.PFAD DATENQUELLE ziehen. Da es sich um einen Importparameter des RFC-Funktionsbausteins handelt, wird die Mapping-Richtung automatisch auf den Wert Input gesetzt. Da wir keine `SELECT-OPTIONS`-Tabelle mappen, erscheint kein grünes Icon mit eckigen Klammern wie im Fall der `QUERY`-Methode.

Die Konsistenzprüfung des Projekts zeigt nun eine grüne Ampel an, da das gemeldete Problem gelöst wurde. Nachdem das Projekt generiert wurde, können Sie eine Abfrage für einen einzelnen Wert aus der Liste der Kopfdaten der Verkaufsaufträge durch den folgenden URI im SAP Gateway Client ausführen:

/sap/opu/odata/sap/ZRFC1_SRV/SalesOrderHeaderSet('500000011')

Wie erwartet, erhalten Sie nun einen einzelnen Eintrag anstelle eines OData-Feeds.

Ausschalten von Konvertierungs-Exits

Es ist in Ausnahmefällen auch möglich, die Konvertierung für das ganze Datenmodell komplett oder auch für einzelne Eigenschaften auszuschalten. Das entsprechende Coding, um die `DEFINE`-Methode in der MPC-Extensionsklasse zu redefinieren, lautet:

```
METHOD define.
  super->define( ).
  model->set_no_conversion( abap_true ).
ENDMETHOD.
```

Wenn dieses Coding aktiviert ist, wird der Konvertierungs-Exit nicht mehr aufgerufen. Beachten Sie, dass in diesem Fall auch die Konvertierungs-Exits für die Währungsfelder deaktiviert würden, die sehr wichtig sind. Wenn Sie einen Konvertierungs-Exit nur für einzelne Eigenschaften deaktivieren wollen, so können Sie dies mit dem in Listing 7.1 gezeigten Coding erreichen.

```
METHOD define.
  DATA: lo_entity_type TYPE REF TO /iwbep/if_mgw_odata_
          entity_typ,
        lo_property    TYPE REF TO /iwbep/if_mgw_odata_
          property.

  super->define( ).

  lo_entity_type = model->get_entity_type
    ( 'SalesOrderHeader' ).
  lo_property = lo_entity_type->get_property( 'SoId' ).
  lo_property->disable_conversion( ).
ENDMETHOD.
```

Listing 7.1 Deaktivierung von Konvertierungs-Exits für einzelne Eigenschaften

Bislang kann unser Service sowohl gefilterte als auch ungefilterte Listen von Verkaufsauftragskopfdaten auslesen, ebenso die Kopfdaten eines einzelnen Verkaufsauftrags.

In einem nächsten Schritt werden wir die Funktionalität implementieren, um Verkaufsaufträge anzulegen (`Create`), zu aktualisieren (`Update`) oder zu löschen (`Delete`).

Create

Die `CREATE`-Methode wird immer dann verwendet, wenn ein neuer Eintrag in einer Liste angelegt werden soll. Im Service Builder können Sie die Serviceimplementierung der CREATE-Methode der Entitätsmenge SalesOrderHeaderSet starten, indem Sie den Ordner SERVICEIMPLEMENTIERUNG • SALESORDERHEADERSET auswählen und nach einem Klick mit der rechten Maustaste auf CREATE die Option ZU DATENQUELLE ZUORDNEN aus dem Kontextmenü auswählen.

Zu Datenquelle zuordnen

Hierdurch wird der Dialog ZU DATENQUELLE ZUORDNEN geöffnet, in dem Sie das Zielsystem, den Typ der Datenquelle und den Namen der Datenquelle auswählen. In diesem Beispiel wählen Sie wieder REMOTE FUNCTION CALL als Datenquelle und den RFC-Funktionsbaustein BAPI_EPM_SO_CREATE.

Auch hier können Sie den Button MAPPING VORSCHLAGEN anklicken, um das Mapping der Parameter des Funktionsbausteins auf die entsprechenden Attribute der Entitätsmenge durchzuführen. Dieses Mal ist die Default-Richtung Input, da alle Attribute vom Request-Body zum jeweiligen Importparameter transportiert werden müssen.

Die Verarbeitung der RFC-Return-Tabelle geschieht automatisch durch das Framework. Wenn ein Fehler auftritt, wird eine entsprechende Exception geworfen und der Text der Fehlermeldung zusammen mit dem zugehörigen HTTP-Returncode ausgegeben. Dies geschieht zwar auch bei anderen Methoden, tritt aber häufiger auf, wenn Daten in das System geschrieben werden.

Mapping vorschlagen

Ist das vorgeschlagene Mapping korrekt, müssen Sie nur noch manuell eine Zeile für die ID der Bestellung anlegen, die durch den RFC-Funktionsbaustein BAPI_EPM_SO_CREATE zurückgegeben wird. Mappen Sie dieses via Drag & Drop auf das Feld HEADERDATA\SO_ID.

Ist das vorgeschlagene Mapping nicht korrekt, wird die Konsistenzprüfung des Projekts einen Fehler melden, wie Sie es in Abbildung 7.21 bei dem fehlenden Input-Mapping sehen konnten.

In diesem Beispiel wird diese Information im Feld SO_ID der Exportstruktur HEADERDATA übergeben. Das Feld muss auf das Schlüsselfeld des Entitätstyps gemappt werden. Die vorgeschlagene Richtung des Mappings wird dabei automatisch auf Output gestellt. Das vollständige Mapping ist in Abbildung 7.22 zu sehen.

Wenn Sie das Mapping der CREATE-Operation beendet haben, prüfen und regenerieren Sie das Projekt direkt. Danach können Sie mit dem SAP Gateway Client testen, ob die CREATE-Operation wie erwartet funktioniert (statt des Gateway Clients kann auch jeder andere REST-Client verwendet werden).

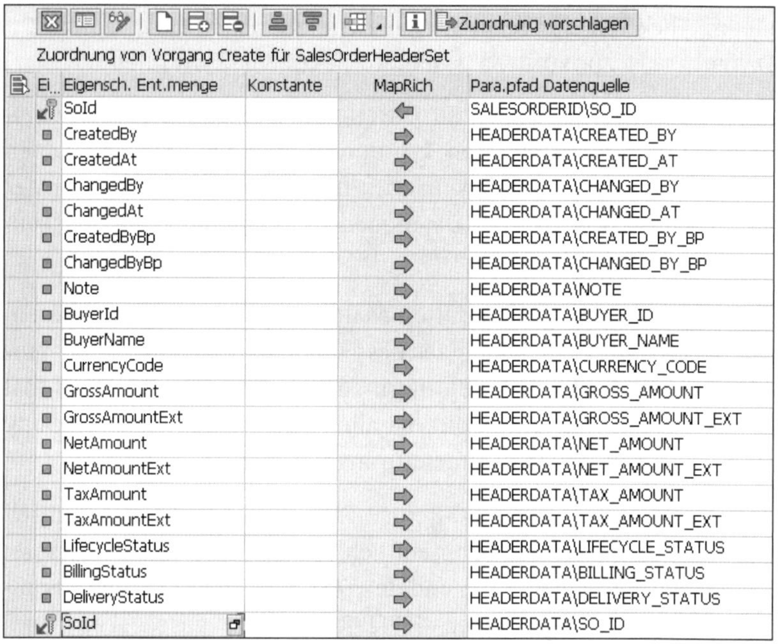

Ei...	Eigensch. Ent.menge	Konstante	MapRich	Para.pfad Datenquelle
	SoId		⇦	SALESORDERID\SO_ID
	CreatedBy		⇨	HEADERDATA\CREATED_BY
	CreatedAt		⇨	HEADERDATA\CREATED_AT
	ChangedBy		⇨	HEADERDATA\CHANGED_BY
	ChangedAt		⇨	HEADERDATA\CHANGED_AT
	CreatedByBp		⇨	HEADERDATA\CREATED_BY_BP
	ChangedByBp		⇨	HEADERDATA\CHANGED_BY_BP
	Note		⇨	HEADERDATA\NOTE
	BuyerId		⇨	HEADERDATA\BUYER_ID
	BuyerName		⇨	HEADERDATA\BUYER_NAME
	CurrencyCode		⇨	HEADERDATA\CURRENCY_CODE
	GrossAmount		⇨	HEADERDATA\GROSS_AMOUNT
	GrossAmountExt		⇨	HEADERDATA\GROSS_AMOUNT_EXT
	NetAmount		⇨	HEADERDATA\NET_AMOUNT
	NetAmountExt		⇨	HEADERDATA\NET_AMOUNT_EXT
	TaxAmount		⇨	HEADERDATA\TAX_AMOUNT
	TaxAmountExt		⇨	HEADERDATA\TAX_AMOUNT_EXT
	LifecycleStatus		⇨	HEADERDATA\LIFECYCLE_STATUS
	BillingStatus		⇨	HEADERDATA\BILLING_STATUS
	DeliveryStatus		⇨	HEADERDATA\DELIVERY_STATUS
	SoId		⇨	HEADERDATA\SO_ID

Abbildung 7.22 Mapping der Create-Methode

HTTP-Body

Um die `CREATE`-Operation auszuführen, benötigen Sie einen geeigneten HTTP-Body mit einem Verkaufsauftrag. Anstatt einen solchen HTTP-Body mühsam manuell zu erzeugen, klicken Sie im SAP Gateway Client auf den Button ALS ANF. VERWENDEN. Um einen geeigneten Datensatz zu erzeugen, müssen Sie die `GET`-Operation ausführen. Danach klicken Sie auf den Button ALS ANF. VERWENDEN, um den Inhalt des Response-Bodys auf die linke Seite des SAP Gateway Clients zu kopieren (die linke Seite ist die Request-Seite, während die rechte Seite die Response-Seite ist).

Bevor Sie die `CREATE`-Operation ausführen können, müssen Sie zunächst die HTTP-Methode von `GET` auf `POST` ändern. Außerdem muss der URI angepasst werden, da die `CREATE`-Operation auf einer Collection ausgeführt werden muss und nicht auf einem einzelnen Eintrag. Entfernen Sie daher aus dem zuvor verwendeten URI die Klammern mit dem Primärschlüssel:

/sap/opu/odata/sap/ZRFC1_SRV/SalesOrderHeaderSet

Schlussendlich müssen Sie nun nur noch den HTTP-Body und die Werte der Attribute anpassen. In diesem Beispiel müssen Sie zunächst alle Attribute außer `CurrencyCode`, `BuyerName`, `BuyerId` und `Note` aus dem HTTP-Body entfernen, weil der RFC-Funktionsbaustein nur die genannten Felder als Eingabeparameter zulässt.

Sie könnten nun auch das Mapping für die nicht verwendeten Attribute löschen, aber in diesem Fall weiß der Client nicht, dass die meisten Attribute ignoriert werden. Wenn Sie dagegen das Mapping behalten, werden entsprechende Fehlermeldungen an den Konsumenten gesendet, wenn diese Attribute unerlaubterweise im HTTP-Request-Body verwendet werden.

Wenn der Aufruf der `CREATE`-Operation erfolgreich war (siehe Abbildung 7.23), erhalten Sie eine HTTP-`201`-Response. Darüber hinaus enthält der Response-Body den neu angelegten Verkaufsauftrag mit einer Nummer, die aus einem entsprechenden Nummernkreis im Backend berechnet bzw. bestimmt wird. Zusätzlich gibt es noch weitere Felder, die vom Backend-Server berechnet wurden, so z. B. `CreatedAt`, `CreatedBy`.

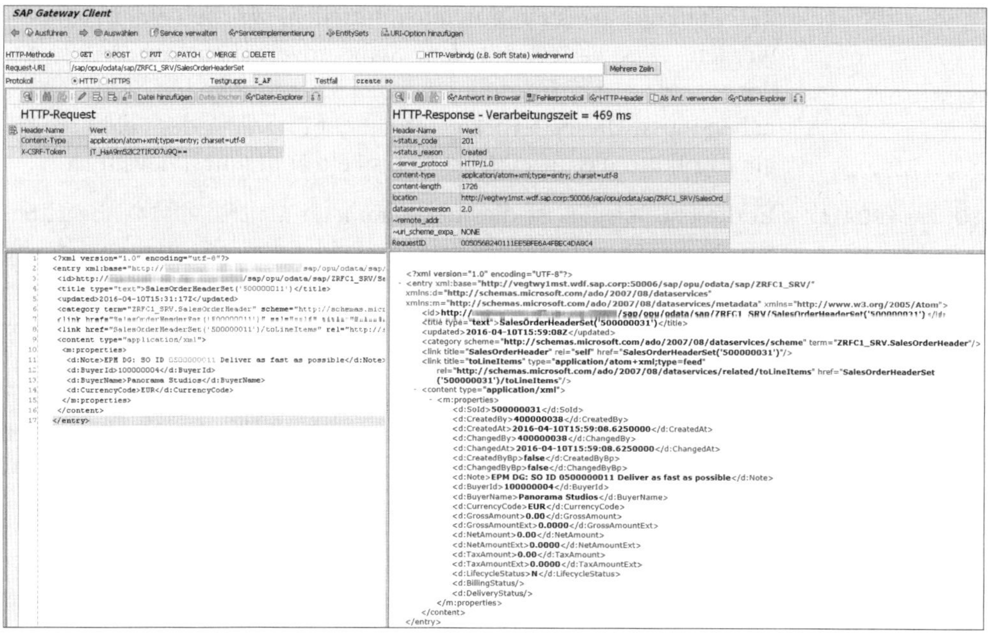

Abbildung 7.23 Erfolgreiche Create-Methode

An dieser Stelle werden Sie sich vielleicht fragen, warum der komplette Eintrag nach dem Anlegen zurückgegeben wurde. Dies geschah, obwohl wir lediglich die `SalesOrderID` als Output-Attribut gemappt haben. Der Grund hierfür ist, dass der RFC-/BOR-Generator automatisch die Methode `get_entity` aufruft, nachdem die `Create`-Methode ausgeführt wurde, um den zuvor neu angelegten Eintrag zu lesen.

Update

Die `UPDATE`-Methode wird immer dann verwendet, wenn existierende Einträge geändert werden müssen. Sie können die Implementierung der `UPDATE`-Methode im Service Builder starten, indem Sie zunächst den Ordner SERVICEIMPLEMENTIERUNG • SALESORDERHEADERSET auswählen, dann mit der rechten Maustaste auf UPDATE klicken und ZU DATENQUELLE ZUORDNEN aus dem Kontextmenü selektieren.

Zu Datenquelle zuordnen

Dieses Mal geben Sie im Dialog ZU DATENQUELLE ZUORDNEN den Funktionsbaustein `BAPI_EPM_SO_CHANGE` an.

Wie bei der `CREATE`-Operation führen Sie das Mapping aus, indem Sie den Button MAPPING VORSCHLAGEN anklicken. Sie müssen dem RFC-Funktionsbaustein nun auch mitteilen, welche Felder geändert werden. Dies basiert auf dem Standardverhalten von BAPIs, bei denen jeder Importparameter einen entsprechenden X-Parameter haben muss. Dieser X-Parameter hat ein Flag für jedes Feld der Originalstruktur, das anzeigt, ob dieses Feld änderungsrelevant ist.

SOHEADERDATAX

In diesem Beispiel ist dies der Parameter `SOHEADERDATAX` (beachten Sie das `X` am Ende des Namens). Die Felder dieser Struktur haben die gleichen Namen wie die des Importparameters `SOHEADERDATA`; sie unterscheiden sich jedoch bei den Datentypen. Während die primären Schlüsselfelder (in diesem Beispiel ist es nur das Feld `SO_ID`) auf demselben Datenelement basieren, basieren alle anderen Felder auf dem Datenelement `BAPIUPDATE`, das ein Feld vom Typ *Character* der Länge 1 (CHAR 1) ist.

Für jedes Attribut der Entitätsmenge, das Sie über die `UPDATE`-Methode ändern möchten und das auf ein Feld des Importparameters `SOHEADERDATA` gemappt wurde, muss daher ein »X« im Feld des Parameters `SOHEADERDATAX` übergeben werden. Wenn für ein Feld kein »X« übergeben werden soll, muss das Feld leer sein. Hierfür können Sie die Spalte KONSTANTE im Mapping-Fenster verwenden.

In unserem Beispiel müssen Sie nun für jeden konstanten Wert, den Sie übergeben möchten, eine neue Zeile in der Mapping-Tabelle anlegen (siehe Abbildung 7.24).

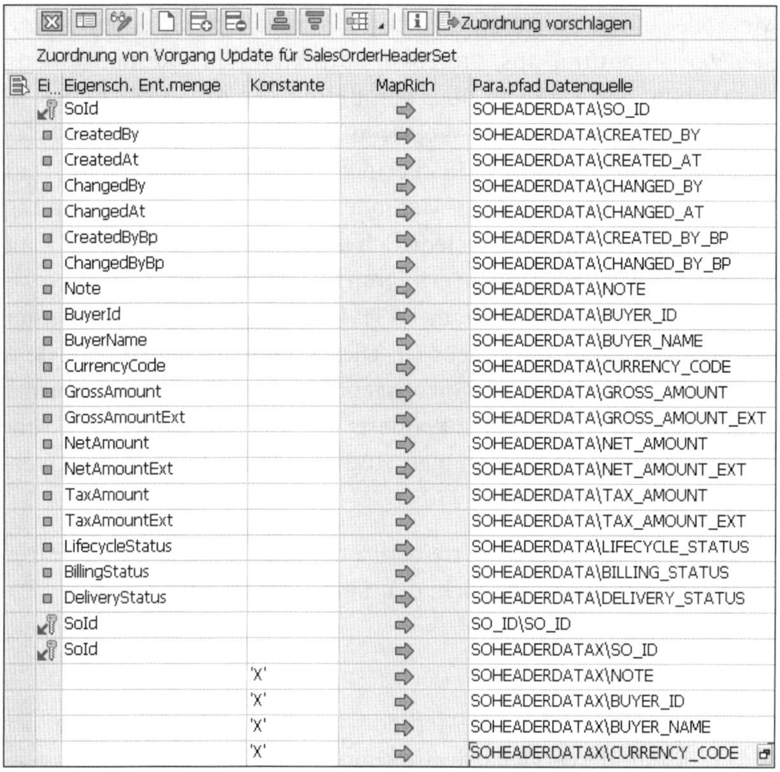

Zuordnung vorschlagen

Zuordnung von Vorgang Update für SalesOrderHeaderSet

Ei...	Eigensch. Ent.menge	Konstante	MapRich	Para.pfad Datenquelle
	SoId		⇨	SOHEADERDATA\SO_ID
	CreatedBy		⇨	SOHEADERDATA\CREATED_BY
	CreatedAt		⇨	SOHEADERDATA\CREATED_AT
	ChangedBy		⇨	SOHEADERDATA\CHANGED_BY
	ChangedAt		⇨	SOHEADERDATA\CHANGED_AT
	CreatedByBp		⇨	SOHEADERDATA\CREATED_BY_BP
	ChangedByBp		⇨	SOHEADERDATA\CHANGED_BY_BP
	Note		⇨	SOHEADERDATA\NOTE
	BuyerId		⇨	SOHEADERDATA\BUYER_ID
	BuyerName		⇨	SOHEADERDATA\BUYER_NAME
	CurrencyCode		⇨	SOHEADERDATA\CURRENCY_CODE
	GrossAmount		⇨	SOHEADERDATA\GROSS_AMOUNT
	GrossAmountExt		⇨	SOHEADERDATA\GROSS_AMOUNT_EXT
	NetAmount		⇨	SOHEADERDATA\NET_AMOUNT
	NetAmountExt		⇨	SOHEADERDATA\NET_AMOUNT_EXT
	TaxAmount		⇨	SOHEADERDATA\TAX_AMOUNT
	TaxAmountExt		⇨	SOHEADERDATA\TAX_AMOUNT_EXT
	LifecycleStatus		⇨	SOHEADERDATA\LIFECYCLE_STATUS
	BillingStatus		⇨	SOHEADERDATA\BILLING_STATUS
	DeliveryStatus		⇨	SOHEADERDATA\DELIVERY_STATUS
	SoId		⇨	SO_ID\SO_ID
	SoId		⇨	SOHEADERDATAX\SO_ID
		'X'	⇨	SOHEADERDATAX\NOTE
		'X'	⇨	SOHEADERDATAX\BUYER_ID
		'X'	⇨	SOHEADERDATAX\BUYER_NAME
		'X'	⇨	SOHEADERDATAX\CURRENCY_CODE

Abbildung 7.24 Mapping der Update-Operation mit Konstanten

Die konstanten Werte für den Importparameter SOHEADERDATAX haben kein entsprechendes Attribut in einer Entitätsmenge des OData-Service, da sie als Konstante beim Aufruf des Funktionsbausteins übergeben werden (Input-Mapping). Konstante Werte können im Übrigen nicht für ein Output-Mapping verwendet werden (was auch wenig sinnvoll wäre). Schlussendlich müssen Sie nur noch das Attribut SoId der Entitätsmenge auf das Feld SOID\SO_ID des Importparameters SOHEADERDATA des RFC-Funktionsbausteins mappen.

Wenn Sie nun alle Schritte durchgeführt haben, haben Sie das Primärschlüsselfeld dreimal gemappt, um den RFC-Funktionsbaustein in der Update-Methode aufrufen zu können.

Prüfen und Neugenerierung des Projekts

Nach der Implementierung der `UPDATE`-Methode können Sie die Projektkonsistenz prüfen und das Projekt neu generieren. Danach können Sie mithilfe des SAP Gateway Clients überprüfen, ob die `UPDATE`-Methode wie gewünscht funktioniert. Wie beim Test der `CREATE`-Methode führen Sie zunächst einen `Read`-Request auf einen einzelnen Verkaufsauftrag aus, um einen korrekten HTTP-Response-Body zu erhalten, den Sie dann über den Button ALS ANF. VERWENDEN in das HTTP-Request-Fenster kopieren. Im Gegensatz zur `CREATE`-Methode ändert sich der URI bei der `UPDATE`-Methode nicht. Dies liegt daran, dass die `UPDATE`-Methode auf einem einzelnen Eintrag ausgeführt wird. Sie müssen lediglich die HTTP-Methode von `GET` auf `PUT` ändern. War das Update erfolgreich, erhalten Sie eine HTTP-`204`-Response (No Content). Dieser HTTP-Returncode bedeutet, dass der Body der HTTP-Response leer ist. Dieses Verhalten entspricht dem HTTP-Standard, da man davon ausgeht, dass der Client alle Informationen bezüglich des Update-Requests hat, und daher ein Zurücksenden der geänderten Daten einen zusätzlichen und unnötigen Overhead darstellen würde.

Sollte der Server jedoch Werte berechnet haben, die der Client nicht kennt, ist es jederzeit möglich, den Einzelsatz erneut zu lesen.

Delete

Im Gegensatz zur `UPDATE`-Methode ist die Implementierung der `DELETE`-Methode vergleichsweise simpel. Sie können die Implementierung der `DELETE`-Methode für die Entitätsmenge `SalesOrderHeaderSet` starten, indem Sie die Ordner SERVICEIMPLEMENTIERUNG • SALESORDERHEADERSET aufklappen, mit der rechten Maustaste auf DELETE klicken und im Kontextmenü den Eintrag ZU DATENQUELLE ZUORDNEN auswählen.

Schlüsselfeld

Der entsprechende Funktionsbaustein heißt `BAPI_EPM_SO_DELETE`. Er benötigt als Importparameter lediglich das Schlüsselfeld (siehe Abbildung 7.25), da weder ein HTTP-Request-Body noch `X`-Felder für diese Methode benötigt werden.

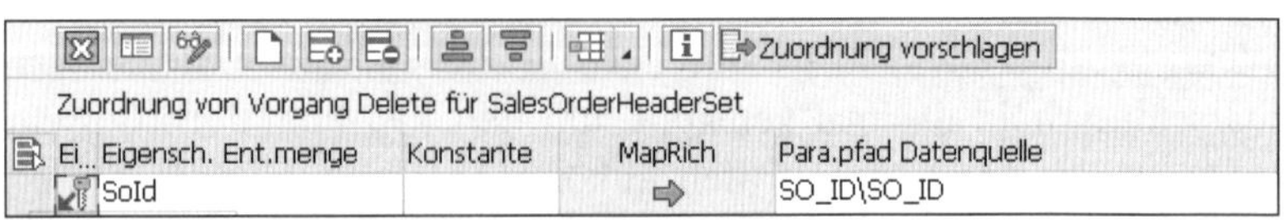

Abbildung 7.25 Mapping der Delete-Operation

Nach der Regenerierung des Projekts können Sie prüfen, ob die Serviceimplementierung der DELETE-Methode korrekt funktioniert. Die DELETE-Methode einer Entitätsmenge wird immer auf einem einzelnen Eintrag ausgeführt, daher müssen Sie hier einen URI verwenden, der auf einen einzelnen Verkaufsauftrag zeigt. Als HTTP-Methode müssen Sie DELETE auswählen. Wenn der Aufruf von DELETE erfolgreich war, erhalten Sie eine HTTP-204-Response (No Content).

7.1.5 Serviceimplementierung: SalesOrderLineItemSet

Nachdem Sie das Mapping für die Entitätsmenge SalesOrderHeaderSet erstellt haben, müssen Sie nun das Mapping für die zweite Entitätsmenge SalesOrderLineItemSet anlegen. In diesem Beispiel stehen wir vor dem Problem, dass es nicht für alle Methoden der Entitätsmenge geeignete Funktionsbausteine für ein Mapping gibt. Wir werden Ihnen zeigen, wie Sie dieses Problem umgehen können, indem Sie Ihre eigenen RFC-Funktionsbausteine entwickeln.

Für die Kopfdaten der Verkaufsaufträge konnten wir alle fünf CRUD-Q-Methoden auf entsprechende Funktionsbausteine des EPM-Demodatenmodells mappen. Da die Funktionsbausteine alle vorhanden waren, war dieses Vorgehen relativ unkompliziert.

Kein geeigneter RFC-Funktionsbaustein vorhanden

Im Folgenden müssen Sie nun jedoch den Zugriff auf die Einzelposten eines Verkaufsauftrags mit dem RFC-Generator implementieren. Hierzu haben wir die Entitätsmenge SalesOrderLineItemSet erstellt. Für den Zugriff auf die Einzelposten stellt das EPM-Demodatenmodell keine dedizierten RFC-Funktionsbausteine zur Verfügung.

Zwar ist der lesende Zugriff auf die Informationen zu den Einzelposten eines Verkaufsauftrags über den Funktionsbaustein für die Anzeige der Details eines Verkaufsauftrags möglich, den wir zuvor verwendet haben, doch es fehlt ein RFC-Funktionsbaustein für den Zugriff auf die Details eines Einzelpostens. Aus diesem Grund kann die Serviceimplementierung mit dem Service Builder nicht komplett durch ein Mapping von (bestehenden) Funktionsbausteinen erfolgen, und Sie müssen einzelne Methoden durch selbst geschriebenes Coding redefinieren.

In den Metadaten haben wir das Navigationsattribut LineItems definiert. Dieses ermöglicht die Navigation von einem Verkaufsauftrag auf die Liste der zugehörigen Einzelposten. Ein solches Navigationsattribut ist auch erforderlich, wenn man, wie in Kapitel 2, »Einführung in OData«, beschrieben, den Abfrageparameter `$expand` oder Deep Insert nutzen möchte.

In den Metadaten wurde die Entitätsmenge `SalesOrderLineItemSet` als *not addressable* annotiert. Dies bedeutet, dass es für den Konsumenten nicht möglich sein soll, die Entitätsmenge direkt über einen URI zu adressieren:

/sap/opu/odata/sap/ZRFC1_SRV/SalesOrderLineItemSet

Da es jedoch nicht möglich ist, den Konsumenten davon abzuhalten, einen solchen URI zu verwenden, müssen Sie bei der Serviceimplementierung sicherstellen, dass der Service auf einen solchen Request mit einer geeigneten Fehlermeldung antwortet.

Query

Methoden-Mapping

Die erste Methode der Entitätsmenge `SalesOrderLineItems`, die wir auf die entsprechende Datenquelle mappen, ist die Methode `GetEntitySet` (`QUERY`). Da es keinen dedizierten RFC-Funktionsbaustein für den Zugriff auf die Liste der Einzelposten gibt, müssen wir den Funktionsbaustein `BAPI_EPM_SO_GET_DETAIL` verwenden, mit dem man Zugriff auf die Details eines Verkaufsauftrags hat, der über einen Tabellenparameter den Zugriff auf die Liste der Einzelposten ermöglicht.

Klappen Sie dazu in der Baumstruktur des Service-Builder-Projekts den Ordner SERVICEIMPLEMENTIERUNG • SALESORDERLINEITEMSET auf. Klicken Sie nun mit der rechten Maustaste auf GETENTITYSET (QUERY) im Kontextmenü, und wählen Sie ZU DATENQUELLE ZUORDNEN. In dem nun folgenden Dialog geben Sie als Name des Funktionsbausteins `BAPI_EPM_SO_GET_DETAIL` an. Auch hier sollten Sie wieder von den Mapping-Vorschlägen Gebrauch machen.

Neue Zeile im Mapping

Da der Funktionsbaustein `BAPI_EPM_SO_GET_DETAIL` als Input-Parameter die ID eines Verkaufsauftrags benötigt, also die Sales Order ID, müssen Sie eine neue Zeile in der Mapping-Tabelle hinzufügen. Mappen Sie dort das Attribut `SoId` der Entitätsmenge auf den Importparameter `SO_ID-SO_ID` des Funktionsbausteins (siehe Abbildung 7.26).

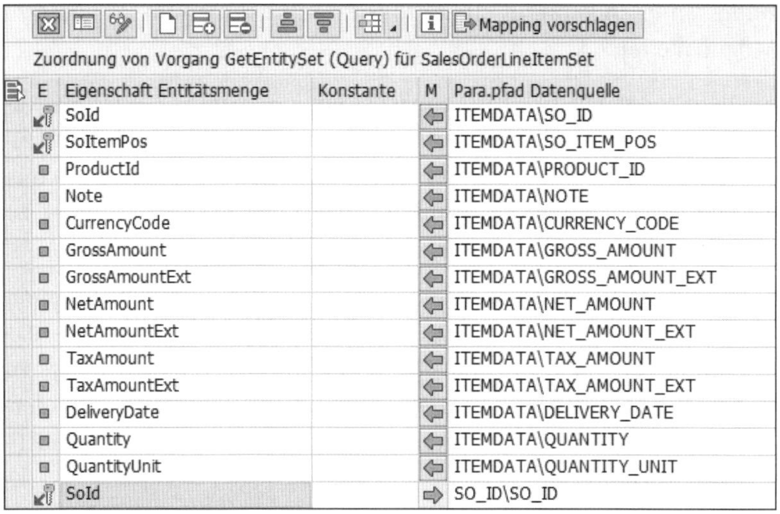
Mapping vorschlagen

Zuordnung von Vorgang GetEntitySet (Query) für SalesOrderLineItemSet

E	Eigenschaft Entitätsmenge	Konstante	M	Para.pfad Datenquelle
	SoId		⇦	ITEMDATA\SO_ID
	SoItemPos		⇦	ITEMDATA\SO_ITEM_POS
	ProductId		⇦	ITEMDATA\PRODUCT_ID
	Note		⇦	ITEMDATA\NOTE
	CurrencyCode		⇦	ITEMDATA\CURRENCY_CODE
	GrossAmount		⇦	ITEMDATA\GROSS_AMOUNT
	GrossAmountExt		⇦	ITEMDATA\GROSS_AMOUNT_EXT
	NetAmount		⇦	ITEMDATA\NET_AMOUNT
	NetAmountExt		⇦	ITEMDATA\NET_AMOUNT_EXT
	TaxAmount		⇦	ITEMDATA\TAX_AMOUNT
	TaxAmountExt		⇦	ITEMDATA\TAX_AMOUNT_EXT
	DeliveryDate		⇦	ITEMDATA\DELIVERY_DATE
	Quantity		⇦	ITEMDATA\QUANTITY
	QuantityUnit		⇦	ITEMDATA\QUANTITY_UNIT
	SoId		⇨	SO_ID\SO_ID

Abbildung 7.26 Mapping der Methode »GetEntitySet (Query)« für die Einzelposten

Über den referenziellen Constraint, der in den Metadaten definiert wurde, kann das Framework den Primärschlüssel `SoId` des primären Entitätstyps (Principal Entity Type, `SalesOrderHeader`) als Filterkriterium für den abhängigen Entitätstyp (Dependent Entity Type, `SalesOrderLineItem`) für das Attribut `SoId` verwenden.

Nachdem das Projekt generiert wurde, können Sie das Navigationsattribut `toLineItems` verwenden, um vom Verkaufsauftrag zur Liste der Einzelpositionen zu navigieren. Die Liste der Einzelposten wird über die Filterung nach der ID des Verkaufsauftrags bestimmt. Der folgende URI ist ein Beispiel für diesen Zugriff:

/sap/opu/odata/sap/ZRFC1_SRV/SalesOrderHeaderSet('500000000')/toLineItems

Der Zugriff auf die Liste der Einzelposten ohne die Verwendung eines Filters wird zu einer Fehlermeldung führen, da der RFC-Funktionsbaustein die ID des Verkaufsauftrags als Importparameter benötigt.

Single Read

Drei Optionen

Das Mapping für das Lesen eines einzelnen Datensatzes über die `GetEntity`-Methode ist etwas aufwendiger, da es keinen geeigneten EPM-RFC-Funktionsbaustein gibt, mit dem man einen einzelnen Einzelposten lesen kann. In einem solchen Fall hat man im Prinzip drei Möglichkeiten:

- Die erste Möglichkeit ist, zunächst einen eigenen (Z-)RFC-Funktionsbaustein anzulegen, der einen geeigneten RFC-Funktionsbaustein zusammen mit der fehlenden ABAP-Logik verschalt, um diesen neu erstellten RFC-Funktionsbaustein für das Mapping zu verwenden, wie zuvor beschrieben.
- Die zweite Möglichkeit ist, einen Standard-RFC-Funktionsbaustein zu verwenden und dessen Felder bestmöglich zu mappen, das Coding der Daten-Provider-Klasse und Modell-Provider-Klasse zu generieren, dann die gesamte Methode in die Daten-Provider-Extensionsklasse zu kopieren und dann mit der fehlenden ABAP-Logik anzupassen.
- Die dritte Möglichkeit ist, den kompletten Methodenaufruf von Grund auf manuell zu implementieren, wie wir es in Kapitel 6, »Serviceentwicklung«, beschrieben haben.

Die zweite und dritte Möglichkeit sind einander sehr ähnlich, da in beiden Fällen die Methode (hier `Get_Entity`) in der Extensionsklasse durch ABAP-Programmierung implementiert wird.

Die zweite Möglichkeit hat den Nachteil, dass hier ein Mapping durch den Service Builder vorgeschlagen wurde, obwohl die generierte Methode nicht mehr verwendet wird, weil das Coding der generierten Methode in die Methode der Extensionsklasse kopiert wurde und so von weiteren Änderungen des Mappings und Regenerierungen losgelöst ist.

Verschalung über einen RFC-Funktionsbaustein

Wir werden uns daher auf die erste Möglichkeit konzentrieren und einen RFC-Funktionsbaustein `Z_BAPI_EPM_SO_ITEM_GET_DETAIL` als Verschalung entwickeln. Dazu haben wir über die Transaktion SE80 eine neue Funktionsgruppe angelegt (z. B. `ZRFC1`).

Die Parameterschnittstelle des Funktionsbausteins, der als Verschalung verwendet wird, besteht aus zwei Importparametern: einem für die ID des Verkaufsauftrags (`SO_ID`) und einem für die Position des Einzelpostens (`SO_ITEM_POS`). Der Funktionsbaustein hat einen Exportparameter `itemdata` vom Typ `BAPI_EPM_SO_ITEM`, der einen einzelnen Einzelposten aufnehmen kann. Der Tabellenparameter `RETURN` ist für die Rückgabe der BAPI-Return-Tabelle vorgesehen. Das Coding ist in Listing 7.2 zu sehen.

```
FUNCTION z_bapi_epm_so_item_get_detail.
*"----------------------------------------------------------
*"*"Local Interface:
*"  IMPORTING
*"     VALUE(SO_ID) TYPE  SNWD_SO_ID
*"     VALUE(SO_ITEM_POS) TYPE  SNWD_SO_ITEM_POS
*"  EXPORTING
*"     VALUE(ITEMDATA) TYPE  BAPI_EPM_SO_ITEM
*"  TABLES
*"      RETURN STRUCTURE  BAPIRET2 OPTIONAL
*"----------------------------------------------------------

  DATA: ls_so_id    TYPE bapi_epm_so_id,
        lt_itemdata TYPE STANDARD TABLE OF bapi_epm_so_item,
        ls_return   TYPE bapiret2.

  ls_so_id-so_id = so_id.
  CALL FUNCTION 'BAPI_EPM_SO_GET_DETAIL'
    EXPORTING
      so_id              = ls_so_id
*   IMPORTING
*     HEADERDATA         =
    TABLES
      itemdata           = lt_itemdata
      return             = return.

  CHECK return[] IS INITIAL.
  READ TABLE lt_itemdata INTO itemdata WITH KEY so_item_
    pos = so_item_pos.
  IF sy-subrc NE 0.
    CALL FUNCTION 'BALW_BAPIRETURN_GET2'
      EXPORTING
        type   = 'E'
        cl     = 'SEPM_BOR_MESSAGES'
        number = '003'
        par1   = 'Item does not exist'
      IMPORTING
        return = ls_return.
    APPEND ls_return TO return.
  ENDIF.

ENDFUNCTION.
```

Listing 7.2 ABAP-Code des Wrapper-RFC-Funktionsbausteins zum Lesen der Details eines Einzelpostens

Wie Sie sehen können, wird der EPM-Funktionsbaustein `BAPI_EPM_SO_GET_DETAIL` verwendet, um die benötigten Informationen zu lesen. Dieser Funktionsbaustein liefert die komplette Liste aller Einzelposten für einen Verkaufsauftrag. In einem zweiten Schritt verwenden Sie den Importparameter SO_ITEM_POS, um den gewünschten Einzelposten aus der Liste der Einzelposten auszuwählen.

Falls der Einzelposten nicht an der Position SO_ITEM_POS vorhanden ist, wird eine entsprechende Fehlermeldung an den Tabellenparameter RETURN übergeben. Nachdem Sie den Z-RFC-Funktionsbaustein aktiviert haben, können Sie ihn auf die Methode GetEntity (READ) der Entitätsmenge SalesOrderLineItemSet mappen (siehe Abbildung 7.27). Vergessen Sie nicht, den Funktionsbaustein als remotefähig zu kennzeichnen, da er sonst nicht für das Mapping im Service Builder verwendet werden kann und nicht gefunden wird.

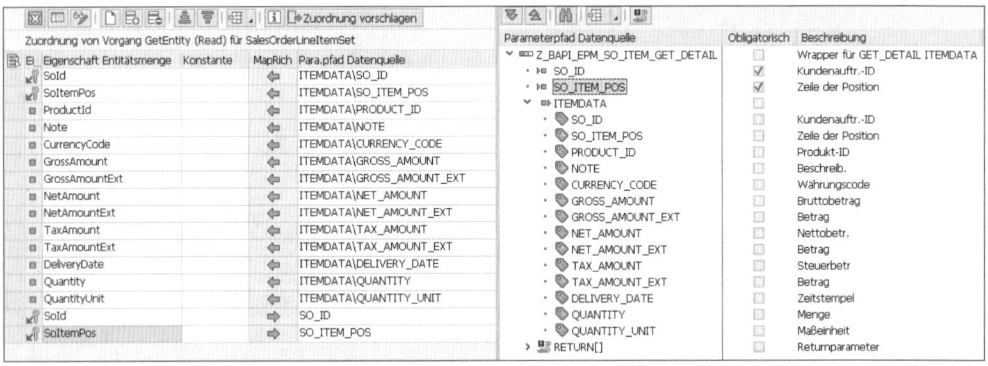

Abbildung 7.27 Mapping der Methode »GetEntity (Read)« für die Einzelposten

Mapping-Vorschläge

Beachten Sie, dass der Button MAPPING VORSCHLAGEN noch immer verwendet werden kann, obwohl das Datenmodell von einem anderen RFC-Funktionsbaustein abgeleitet wurde. Dies liegt daran, dass die Funktionalität MAPPING VORSCHLAGEN nicht nur den Namen des Funktionsbausteins prüft, sondern auch die Definition der Parameterschnittstellen. Um es mit anderen Worten zu sagen: Es ist immer sinnvoll, auf den Button MAPPING VORSCHLAGEN zu klicken.

Wie zuvor beschrieben, müssen wir auch in diesem Fall zwei neue Zeilen in der Mapping-Tabelle anlegen, um die Kundenauftragsnummer SO_ID und die Zeile der Position SO_ITEM_POS im Kundenauftrag zu übergeben.

Gepufferte RFC-Funktionsbaustein-Definitionen

Beachten Sie zudem, dass die Definitionen der RFC-Funktionsbausteine gepuffert werden. Wenn Sie also die Parameterschnittstelle des Funktionsbausteins anpassen, müssen Sie den Service Builder neu starten, damit die Änderungen dort sichtbar werden. Nach der Generierung des Projekts kann man den Zugriff auf einen einzelnen Datensatz eines Einzelpostens mit folgendem URI testen:

/sap/opu/odata/sap/ZRFC1_SRV/SalesOrderLineItemSet(SoId='500000000',SoItemPos='10')

Create

Wrapperfunktionsmodul

Die CREATE-Methode der Entitätsmenge SalesOrderLineItemSet kann auch über das Mapping eines Z-RFC-Funktionsbausteins implementiert werden. Wie bei der READ-Methode legen wir dazu einen neuen Z-RFC-Funktionsbaustein Z_BAPI_EPM_SO_ITEM_GET_CREATE an. Die Parameterschnittstelle besteht aus einem Importparameter für einen Verkaufsauftrag mit der ID (SO_ID), einem Importparameter, der die Struktur eines Datensatzes für einen Einzelpostens (SOITEMDATA) hat, und einem Importparameter vom Typ der Ihnen bekannten X-Struktur (SOITEMDATAX), deren Flags dem Funktionsbaustein mitteilen, welche Attribute zu aktualisieren sind.

Der Importparameter PERSIST_TO_DB legt fest, ob die Daten auf der Datenbank gespeichert oder nur im Memory gehalten werden sollen. Dieser Parameter entscheidet auch darüber, ob ein COMMIT WORK ausgeführt wird. Die Default-Einstellung ist, dass dieser Parameter gesetzt ist. Über den Exportparameter SO_ITEM_POS geben Sie die Position des angelegten Einzelpostens zurück. Das Coding ist Listing 7.3 zu sehen.

```
FUNCTION z_bapi_epm_so_item_get_create.
*"----------------------------------------------------------------
*"*"Local Interface:
*"  IMPORTING
*"     VALUE(SO_ID) TYPE  SNWD_SO_ID
*"     VALUE(SOITEMDATA) TYPE  BAPI_EPM_SO_ITEM
*"     VALUE(SOITEMDATAX) TYPE  BAPI_EPM_SO_ITEMX
*"     VALUE(PERSIST_TO_DB) TYPE  BAPI_EPM_BOOLEAN DEFAULT ABAP_
         TRUE
*"  EXPORTING
*"     VALUE(SO_ITEM_POS) TYPE  SNWD_SO_ITEM_POS
*"  TABLES
*"      RETURN STRUCTURE  BAPIRET2 OPTIONAL
*"----------------------------------------------------------------

  DATA: ls_so_id        TYPE bapi_epm_so_id,
        lt_soitemdata   TYPE STANDARD TABLE OF bapi_epm_so_item,
```

```
        lt_soitemdatax  TYPE STANDARD TABLE OF bapi_epm_so_itemx,
        ls_itemdata_new TYPE  bapi_epm_so_item,
        lt_itemdata_new TYPE STANDARD TABLE OF bapi_epm_so_item.

  ls_so_id-so_id = so_id.
  APPEND soitemdata  TO lt_soitemdata.
  APPEND soitemdatax TO lt_soitemdatax.
  CALL FUNCTION 'BAPI_EPM_SO_CHANGE'
    EXPORTING
      so_id         = ls_so_id
      persist_to_db = persist_to_db
    TABLES
      soitemdata    = lt_soitemdata
      soitemdatax   = lt_soitemdatax
      return        = return.

  CHECK return[] IS INITIAL.
  CALL FUNCTION 'BAPI_EPM_SO_GET_DETAIL'
    EXPORTING
      so_id    = ls_so_id
    TABLES
      itemdata = lt_itemdata_new.

  SORT lt_itemdata_new BY so_item_pos DESCENDING.
  READ TABLE lt_itemdata_new INTO ls_itemdata_new INDEX 1.
  so_item_pos = ls_itemdata_new-so_item_pos.

ENDFUNCTION.
```

Listing 7.3 ABAP-Code des Wrapper-RFC-Funktionsbausteins zum Anlegen eines Einzelpostens

EPM-Funktionsbaustein

Dieses Mal verwenden wir den EPM-Funktionsbaustein BAPI_EPM_SO_CHANGE, da das Anlegen eines Einzelpostens eine Änderung der zugehörigen Instanz des Verkaufsauftrags darstellt.

Die Tabelle SOITEMDATAX besitzt ein Feld ACTIONCODE, das dazu verwendet wird, anzuzeigen, dass es sich hierbei um eine Insert-Methode handelt. Dazu wird der Wert I als konstanter Wert über das Mapping der CREATE-Methode im Service Builder gemappt (siehe Abbildung 7.28).

Nachdem ein Einzelposten erfolgreich angelegt wurde, muss die gesamte Liste der Einzelposten mithilfe des Funktionsbausteins BAPI_EPM_SO_GET_DETAIL gelesen werden; dies ist die einzige Möglichkeit, um den neu angelegten Einzelposten auszulesen.

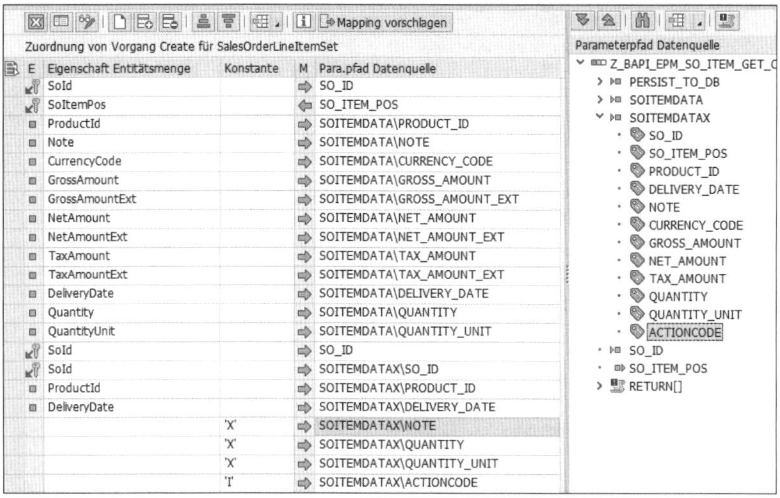

Abbildung 7.28 Mapping der Create-Methode für die Einzelposten

Nach dem Mappen und Generieren des Projekts kann man die CREATE-Methode der Entitätsmenge SalesOrderLineItemSet mithilfe des Gateway Clients testen. Dazu müssen Sie mit dem Gateway Client einen POST-Request auf folgendem URI ausführen:

/sap/opu/odata/sap/ZRFC1_SRV/SalesOrderLineItemSet

Ähnlich wie bei dem zuvor ausgeführten POST-Request, den Sie mit dem Service Builder ausgeführt haben, empfehlen wir auch hier, zunächst einen GET-Request auf einen Einzelposten auszuführen.

Danach können Sie über den Button ALS ANF. VERWENDEN einen HTTP-Request-Body als Vorlage für den Create-Request erstellen. Einen neuen Request mithilfe eines solchen HTTP-Request-Bodys zu erstellen, der als Vorlage dient, ist wesentlich einfacher als einen solchen Request *from scratch* zu bauen.

Update

Standard-RFC-Funktionsbaustein

Die UPDATE-Methode kann einfach durch das Mapping des Standard-RFC-Funktionsbausteins BAPI_EPM_SO_CHANGE erfolgen. Es muss also kein Z-RFC-Funktionsbaustein zur Verschalung angelegt werden, weil die Parameterschnittstelle und der RFC-/BOR-Generator auch Tabellenparameter unterstützen. Der ACTIONCODE ist in diesem Fall U, da Sie einen Datensatz aktualisieren möchten (Update, siehe Abbildung 7.29).

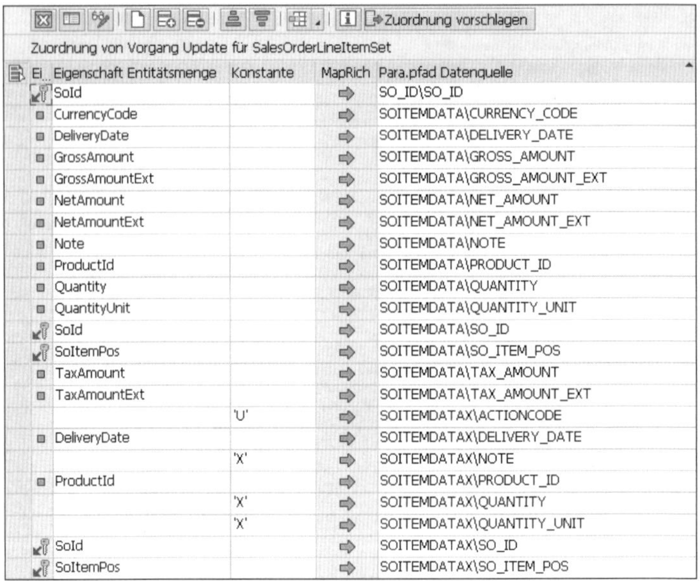

Ei...	Eigenschaft Entitätsmenge	Konstante	MapRich	Para.pfad Datenquelle
	SoId		⇨	SO_ID\SO_ID
	CurrencyCode		⇨	SOITEMDATA\CURRENCY_CODE
	DeliveryDate		⇨	SOITEMDATA\DELIVERY_DATE
	GrossAmount		⇨	SOITEMDATA\GROSS_AMOUNT
	GrossAmountExt		⇨	SOITEMDATA\GROSS_AMOUNT_EXT
	NetAmount		⇨	SOITEMDATA\NET_AMOUNT
	NetAmountExt		⇨	SOITEMDATA\NET_AMOUNT_EXT
	Note		⇨	SOITEMDATA\NOTE
	ProductId		⇨	SOITEMDATA\PRODUCT_ID
	Quantity		⇨	SOITEMDATA\QUANTITY
	QuantityUnit		⇨	SOITEMDATA\QUANTITY_UNIT
	SoId		⇨	SOITEMDATA\SO_ID
	SoItemPos		⇨	SOITEMDATA\SO_ITEM_POS
	TaxAmount		⇨	SOITEMDATA\TAX_AMOUNT
	TaxAmountExt		⇨	SOITEMDATA\TAX_AMOUNT_EXT
		'U'	⇨	SOITEMDATAX\ACTIONCODE
	DeliveryDate		⇨	SOITEMDATAX\DELIVERY_DATE
		'X'	⇨	SOITEMDATAX\NOTE
	ProductId		⇨	SOITEMDATAX\PRODUCT_ID
		'X'	⇨	SOITEMDATAX\QUANTITY
		'X'	⇨	SOITEMDATAX\QUANTITY_UNIT
	SoId		⇨	SOITEMDATAX\SO_ID
	SoItemPos		⇨	SOITEMDATAX\SO_ITEM_POS

Abbildung 7.29 Mapping der Update-Operation der Einzelposten

Nach dem Generieren des Projekts können Sie die UPDATE-Methode der Entitätsmenge SalesOrderLineItemSet mithilfe des SAP Gateway Clients testen. Führen Sie dazu einen PUT-Request für den folgenden URI aus:

/sap/opu/odata/sap/ZRFC1_SRV/SalesOrderLineItemSet(SoId='500000000',SoItemPos='10')

Wenn alles funktioniert hat, sollte die HTTP-Response leer und mit einem HTTP-Returncode 204 (No Content) versehen sein.

Delete

Verschalung durch einen Z-RFC-Funktionsbaustein

Zu guter Letzt müssen wir für die Serviceimplementierung der DELETE-Methode erneut einen Z-RFC-Funktionsbaustein zur Verschalung anlegen. Dies liegt daran, dass ein Einzelposten im EPM-Datenmodell leider nicht eindeutig durch die ID des Verkaufsauftrags und die Position des Einzelpostens bestimmt ist. Die EPM-spezifische Logik erfordert noch die Produkt-ID und das Lieferdatum.

Daher müssen wir einen weiteren Z-RFC-Funktionsbaustein Z_BAPI_EPM_SO_ITEM_DELETE erstellen. Dieser Funktionsbaustein liest zunächst die Daten des Einzelpostens und ruft anschließend den Standard-RFC-Funktionsbaustein BAPI_EPM_SO_CHANGE auf, um die

Daten des Einzelpostens zu löschen. Das Coding für den Funktionsbaustein sieht wie folgt aus (Listing 7.4):

```
FUNCTION z_bapi_epm_so_item_delete.
*"----------------------------------------------------------------
*"*"Local Interface:
*"  IMPORTING
*"     VALUE(SO_ID) TYPE  SNWD_SO_ID
*"     VALUE(SO_ITEM_POS) TYPE  SNWD_SO_ITEM_POS
*"     VALUE(PERSIST_TO_DB) TYPE  BAPI_EPM_
BOOLEAN DEFAULT ABAP_TRUE
*"  TABLES
*"      RETURN STRUCTURE  BAPIRET2 OPTIONAL
*"----------------------------------------------------------------

  DATA: ls_so_id     TYPE bapi_epm_so_id,
        ls_itemdata  TYPE bapi_epm_so_item,
        lt_itemdata  TYPE STANDARD TABLE OF bapi_epm_so_item,
        ls_itemdatax TYPE bapi_epm_so_itemx,
        lt_itemdatax TYPE STANDARD TABLE OF bapi_epm_so_itemx.

  CALL FUNCTION 'Z_BAPI_EPM_SO_ITEM_GET_DETAIL'
    EXPORTING
      so_id       = so_id
      so_item_pos = so_item_pos
    IMPORTING
      itemdata    = ls_itemdata
    TABLES
      return      = return.

  CHECK return[] IS INITIAL.
  APPEND ls_itemdata TO lt_itemdata.

  ls_itemdatax-so_id          = so_id.
  ls_itemdatax-so_item_pos    = so_item_pos.
  ls_itemdatax-product_id     = ls_itemdata-product_id.
  ls_itemdatax-delivery_date = ls_itemdata-delivery_date.
  ls_itemdatax-actioncode     = 'D'.
  APPEND ls_itemdatax TO lt_itemdatax.

  ls_so_id-so_id = so_id.
  CALL FUNCTION 'BAPI_EPM_SO_CHANGE'
    EXPORTING
      so_id         = ls_so_id
*     SOHEADERDATA  =
*     SOHEADERDATAX =
      persist_to_db = persist_to_db
```

```
  TABLES
    soitemdata    = lt_itemdata
    soitemdatax   = lt_itemdatax
    return        = return.

ENDFUNCTION.
```

Listing 7.4 Funktionsbaustein zum Löschen eines Sales-Order-Line-Eintrags

Nachdem das Projekt neu generiert wurde und Sie den Funktionsbaustein `Z_BAPI_EPM_SO_ITEM_DELETE` auf die `DELETE`-Methode der Entitätsmenge `SalesOrderLineItemSet` abgebildet haben, können Sie das Löschen eines Einzelpostens mithilfe des folgenden URIs testen:

/sap/opu/odata/sap/ZRFC1_SRV/SalesOrderLineItemSet(SoId='0500000011',SoItemPos='0000000020')

War der Löschvorgang erfolgreich, erhalten Sie ebenfalls einen HTTP-Returncode `204` (No Content).

7.1.6 Fazit

Wie Sie in unserem Beispiel gesehen haben, ist der Service Builder eine große Hilfe bei der Modellierung des Datenmodells, der Serviceimplementierung über das Mappen der Parameterschnittstellen von Funktionsbausteinen und auch beim Publizieren eines Service.

Es gibt allerdings Situationen, in denen der generierte Code entweder angepasst werden muss, oder Situationen, in denen man einen Z-RFC-Funktionsbaustein entwickeln muss, wenn man einen OData-Service mithilfe des RFC-/BOR-Generators erstellen möchte, aber kein geeigneter RFC-Funktionsbaustein zur Verfügung steht.

7.2 Generierung über Suchhilfen

Ähnlich wie RFC-Funktionsbausteine, die auf die Methoden eines OData-Service gemappt werden können, ist es auch möglich, im ABAP Data Dictionary (DDIC) definierte Suchhilfen zu verwenden. Die Generierung von OData-Services auf Basis von Suchhilfen ist sehr einfach und effizient, da es in SAP-Business-Suite-Backend-Systemen eine große Anzahl solcher Suchhilfen gibt.

Der Assistent für das Anlegen eines Entitätstyps auf Basis einer Suchhilfe führt gleich zwei Schritte aus: die Definition des Datenmodells und die Serviceimplementierung. Daher ist der Prozess der Servicegenerierung auf der Basis von Suchhilfen wesentlich einfacher als der, wenn Sie Services auf Basis von RFC-Funktionsbausteinen generieren.

Suchhilfe auswählen

Im ersten Bildschirm des Assistenten AUS SUCHHILFE IMPORTIEREN wählen Sie die Suchhilfe aus und geben einen Namen für den Entitätstyp an (hier »Country«). Ändern Sie nicht die Auswahl für die Ankreuzfelder STANDRDENTITMNGE ANLEGEN (Standardentitätsmenge anlegen), ABFR. (Abfragen) und LESEN (siehe Abbildung 7.30).

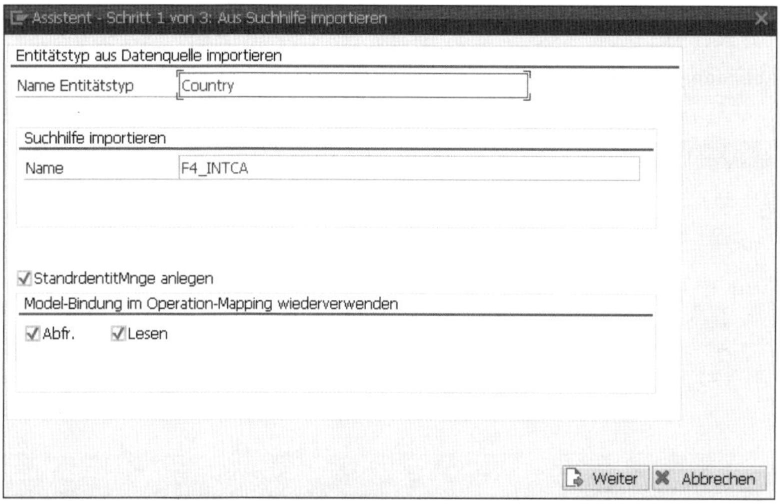

Abbildung 7.30 Schritt 1 des Assistenten »Aus Suchhilfe importieren«

Aufgrund dieser Eingaben legt der Service Builder neben dem Entitätstyp `Country` auch eine Entitätsmenge `CountrySet` an. Außerdem wird eine Serviceimplementierung für die `Read`- und `Query`-Methode durchgeführt, indem die ausgewählte Suchhilfe auf die Entitätsmenge gemappt wird.

Felder für Entitätsmenge

Im zweiten Schritt des Assistenten können Sie die Felder auswählen, die Teil der Entitätsmenge sein sollen (siehe Abbildung 7.31).

Schlüsselfelder

Im dritten Schritt müssen Sie nun noch die Schlüsselfelder des Entitätstyps auswählen und können dann auf FERTIG STELLEN klicken (siehe Abbildung 7.32).

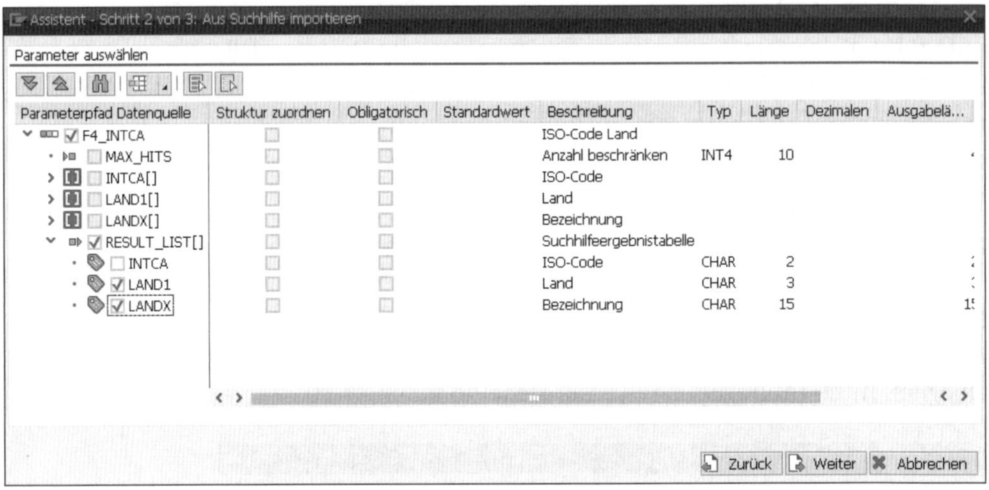

Abbildung 7.31 Schritt 2 des Assistenten »Aus Suchhilfe importieren«

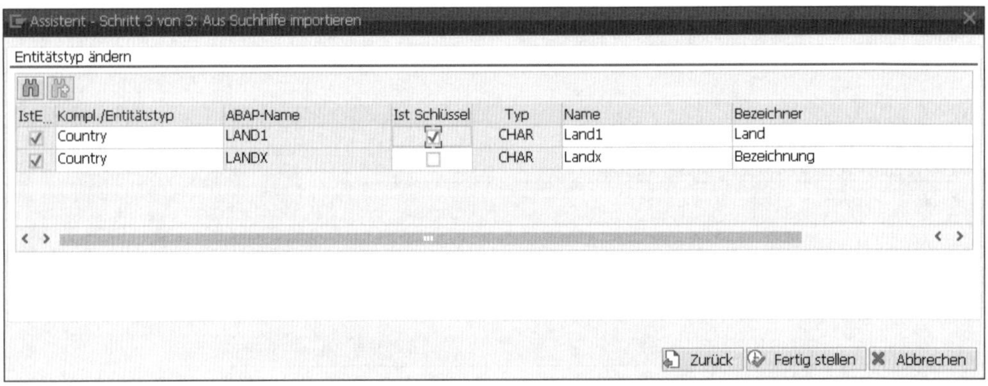

Abbildung 7.32 Schritt 3 des Assistenten »Aus Suchhilfe importieren«

Nach der Generierung der Laufzeitartefakte ist der Service im Backend registriert, und Sie können sich die Serviceimplementierung ansehen. Wie in Abbildung 7.33 gezeigt, hat der Assistent sowohl die `Read`- als auch die `Query`-Methode der Entitätsmenge gemappt.

Da das Mapping der `Query`-Methode auch das Mapping der Bereichswerte umfasst, wird automatisch die `Query`-Option `$filter` unterstützt. So können Sie beispielsweise folgenden URI im SAP Gateway Client ausführen, um eine Abfrage mit einem Filterkriterium abzusetzen:

/sap/opu/odata/SAP/ZSEARCHHELP_SRV/CountrySet?$filter= Land1 eq 'US'

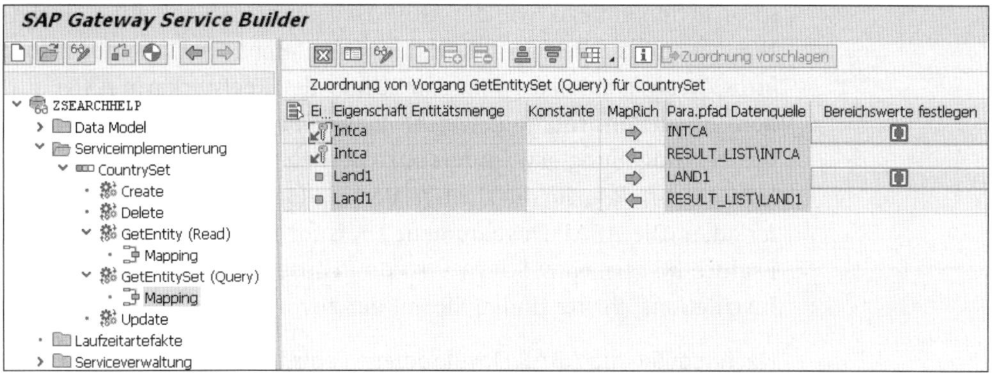

Abbildung 7.33 Serviceimplementierung über das Mapping einer Suchhilfe

7.3 Generierung über CDS Views

Die Erstellung von OData-Services auf Basis von CDS Views ist eine weitere flexible Möglichkeit, um OData-Services mit dem Service Builder zu entwickeln.

Dieser Abschnitt bietet eine Einführung in das Thema ABAP CDS Views. Anhand eines einfachen Beispiels zeigen wir Ihnen, wie ABAP CDS Views angelegt und mit dem Service Builder genutzt werden können. Wie schon der Name *View* vermuten lässt, haben ABAP CDS Views die Aufgabe, einen Zugriff auf Daten zu ermöglichen, die auf verschiedene Datenbanktabellen und/oder verschiedene andere Views verteilt sind. Dieser Vorgang wird auch als *Projektion* bezeichnet. CDS

Wie schon in Kapitel 5, »Einführung in die Erstellung von OData-Services mit SAP Gateway«, beschrieben, gibt es zwei Arten von CDS Views, die im ABAP Data Dictionary (DDIC) angelegt werden. Zum einen sind dies die SAP HANA CDS Views, die nur SAP-HANA-Datenbanken unterstützen, und zum anderen die in diesem Kapitel näher betrachteten ABAP CDS Views, die ähnlich dem ABAP Open SQL mehrere Datenbanken unterstützen.

Um ABAP CDS Views zu erstellen bzw. zu bearbeiten, müssen Sie zunächst die Eclipse-basierten *ABAP Development Tools for SAP NetWeaver* installieren, da die ABAP CDS Views leider nicht mit den traditionellen ABAP-Werkzeugen (wie z. B. der Transaktion SE80) bearbeitet werden können.

Informationen dazu, wie die ABAP Development Tools for SAP NetWeaver zu installieren sind, finden Sie in folgender Dokumentation: *https://tools.hana.ondemand.com/*. Unter der Registerkarte ABAP finden Sie die Information, welche Eclipse-Plattformen, welche Java-Laufzeitumgebung usw. unterstützt werden. Achten Sie beim Download darauf, dass Sie die richtige Version (32-Bit oder 64-Bit) herunterladen. Die ABAP Development Tools for Eclipse werden über das Feature INSTALL NEW SOFTWARE von Eclipse installiert. Die genauen Installationsschritte finden Sie auf der zuvor erwähnten Webseite.

Nachdem Sie die ABAP Development Tools installiert haben, können Sie in die ABAP-Perspektive wechseln (siehe Abbildung 7.34).

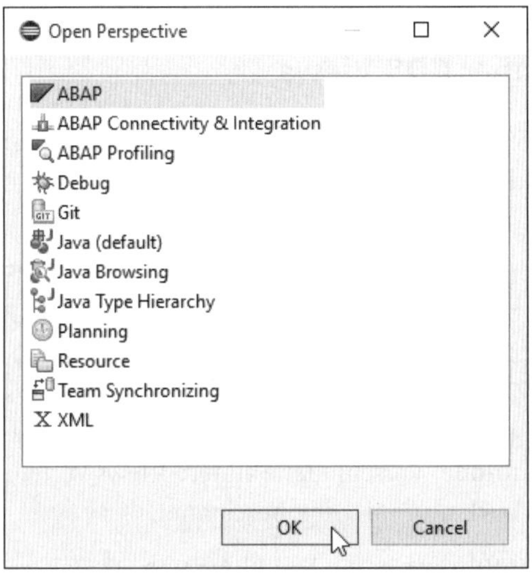

Abbildung 7.34 Öffnen der ABAP-Perspektive in Eclipse

Projekt anlegen

In der ABAP-Perspektive legen Sie zunächst ein ABAP-Projekt an. Dazu müssen Sie sich mit einem SAP-NetWeaver-ABAP-System verbinden und erhalten damit Zugriff auf die in diesem System enthaltenen Entwicklungsobjekte. Der einfachste Weg, ein ABAP-Projekt anzulegen, ist es, auf den kleinen Pfeil neben dem NEW-Icon zu klicken und den Eintrag ABAP PROJECT auszuwählen (siehe Abbildung 7.35).

Verbindung zum Backend-System

In dem nachfolgenden Dialog müssen Sie die Verbindung zum SAP-Backend-System angeben. Hier haben Sie die Möglichkeit, eine in Ihrem SAP GUI hinterlegte Verbindung auszuwählen. Alternativ können Sie auch selbst die Verbindungsattribute System-ID, Applikationsserver und Instanznummer als manuelle Verbindung angeben. Im nächsten Schritt werden die Login-Informationen (Mandant, Benutzername, Passwort und Sprache) abgefragt.

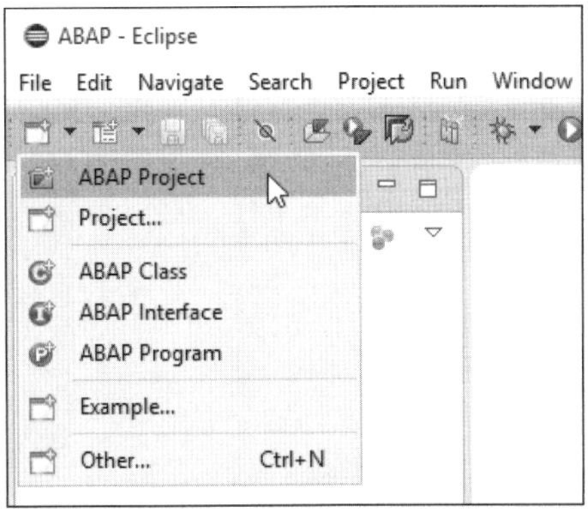

Abbildung 7.35 Anlegen eines neuen ABAP-Projekts

Standardmäßig wird das `$TMP`-Paket Ihren Favoriten hinzugefügt. Das ist für unser Beispiel ausreichend. Mittels Rechtsklick auf FAVORITE PACKAGES und Auswahl von ADD A PACKAGE im Kontextmenü können Sie weitere Pakete hinzufügen. Dies wäre beispielsweise dann erforderlich, wenn Sie Ihre Entwicklungen mithilfe des ABAP-Transportwesens in ein angeschlossenes Zielsystem transportieren möchten.

DDL Source anlegen

Um einen ABAP CDS View zu erzeugen, müssen Sie zunächst eine Data Definition Language Source (DDL Source) anlegen. Eine DDL Source ist das zugrunde liegende ABAP-Entwicklungsobjekt für alle CDS-Entitäten.

Um eine neue DDL Source anzulegen, klicken Sie im Navigationsbaum mit der rechten Maustaste auf $TMP und wählen NEW • OTHER ABAP REPOSITORY OBJECT aus dem Kontextmenü. Im Dialog NEW ABAP REPOSITORY OBJECT scrollen Sie zu dem Knoten CORE DATA SERVICES, expandieren ihn und wählen DDL SOURCE (siehe Abbildung 7.36).

Klicken Sie auf NEXT, um den Assistenten NEW DDL SOURCE zu öffnen. Dort geben Sie einen Namen sowie eine Beschreibung für die neue DDL Source an. Die Attribute PACKAGE und PROJECT werden automatisch, basierend auf Ihrer Auswahl im Navigationsbaum, gefüllt (siehe Abbildung 7.37).

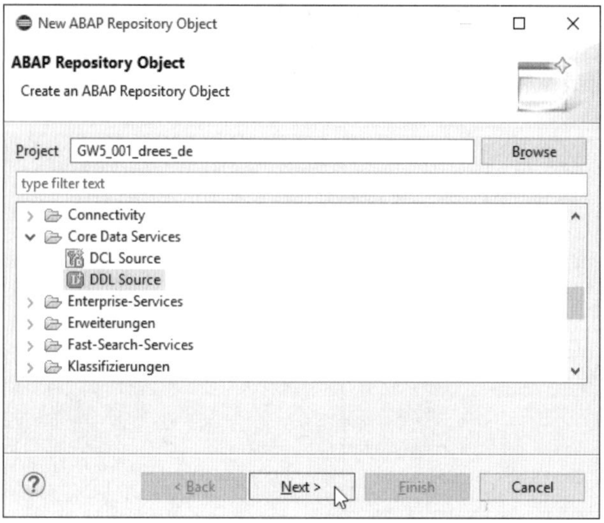

Abbildung 7.36 Neuer ABAP-Repository-Objekteintrag

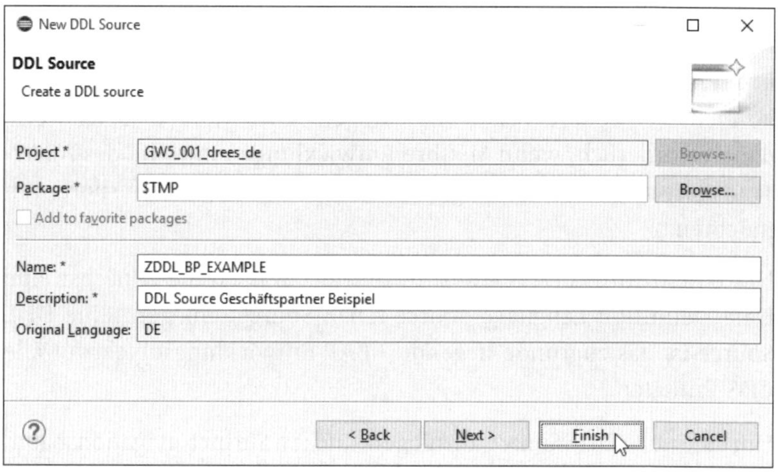

Abbildung 7.37 Assistent zum Erstellen einer neuen DDL Source

Diese Angaben sind für den Moment ausreichend. Sie könnten auch NEXT drücken, um in dem Assistenten weiter zu navigieren und einen Transportauftrag zuzuordnen oder eine andere Vorlage (Template) als die Standardvorlage auszuwählen. Es gibt beispielsweise Vorlagen für Joins (DEFINE VIEW WITH JOIN) und für Assoziationen (DEFINE VIEW WITH ASSOCIATION), die Ihnen bei der Erstellung von komplexeren DDL Sources helfen können.

Nachdem Sie auf FINISH geklickt haben, wird die DDL Source angelegt und der zugehörige Editor geöffnet. Standardmäßig wird der Name der DDL Source als Name für den ABAP CDS View vorgeschlagen (siehe Abbildung 7.38).

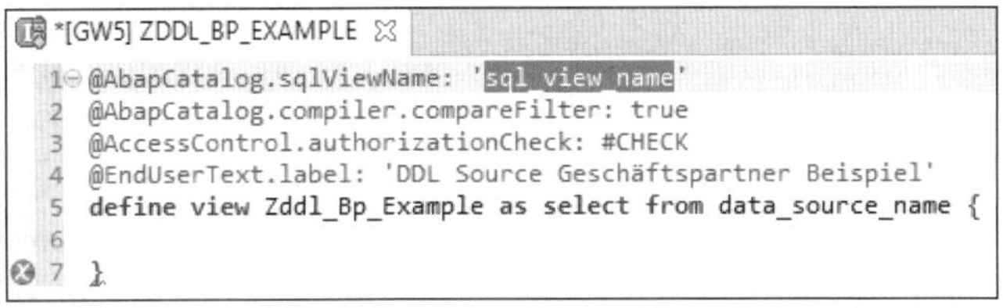

Abbildung 7.38 Texteditor für die Erstellung des ABAP CDS Views

SQL View

Ein weiteres Element, das bei der Erstellung eines ABAP CDS Views betrachtet werden muss, ist der SQL View. Für jeden ABAP CDS View wird ein korrespondierender SQL View im ABAP Dictionary generiert. Die Struktur des SQL Views wird dabei von dem ABAP CDS View vorgegeben. Der SQL View erlaubt es Ihnen, auf die Daten mithilfe der bekannten Tools (z. B. den Transaktionen SE11 und SE16) zuzugreifen. Darüber hinaus können Sie auch mit ABAP Open SQL auf den SQL View zugreifen, wobei es nicht empfohlen wird, die generierten SQL Views in ABAP-Programmen zu verwenden. Stattdessen sollten Sie direkt auf den ABAP CDS View zugreifen, um den vollen Funktionsumfang nutzen zu können. Beachten Sie bitte, dass sich der Name des ABAP CDS Views von dem Namen des SQL Views unterscheiden muss.

Namen

Bei der Erstellung von ABAP CDS Views müssen Sie drei Namen unterscheiden:

- **Name der DDL Source**
  Die DDL Source ist das zugrunde liegende ABAP-Entwicklungsobjekt. Der Name erscheint im Navigationsbaum unter DATA DEFINITIONS.
- **Name des SQL Views**
  Dies ist der Name des ABAP Dictionary SQL Views, der durch die Annotation `@AbapCatalog.sqlViewName` zu Beginn der DDL Source definiert wird.
- **Name des ABAP CDS Views**
  Der Name wird durch den Text direkt nach `define view` definiert. Unter diesem Namen greifen Sie auf den ABAP CDS View zu (z. B. im Service Builder).

In unserem Beispiel ändern Sie zunächst den markierten Namen des SQL Views (siehe Abbildung 7.38). Standardmäßig wird immer der gleiche Name `sql_view_name` vorgegeben, den Sie in `zview_bp_example` ändern. Dann ändern Sie den eigentlichen Namen des ABAP CDS Views von `Zddl_Bp_Example` nach `ZCDS_BP_Example`.

Als Datenquelle wollen wir die Tabelle `snwd_bpa` verwenden, die Geschäftspartnerdaten aus dem EPM-Datenmodell beinhaltet. Hierzu ersetzen Sie `data_source_name` durch `snwd_bpa`. Um sich das Tippen ein wenig zu erleichtern, wählen Sie einen Alias, indem Sie den Zusatz `as bp` ergänzen. Nun legen Sie fest, dass unser ABAP CDS View über die drei Felder `bp.node_key`, `bp.bp_id` und `bp.company_name` verfügen soll. Hierbei bildet das Feld `node_key` den Primärschlüssel der Tabelle. Das Feld selbst ist vom Typ GUID. Die Primärschlüsselfelder werden durch das Präfix `key` gekennzeichnet. Die Definition des ABAP CDS Views sollte nun wie in Abbildung 7.39 aussehen.

*[GW5] ZDDL_BP_EXAMPLE

```
@AbapCatalog.sqlViewName: 'zview_bp_example'
@AbapCatalog.compiler.compareFilter: true
@AccessControl.authorizationCheck: #CHECK
@EndUserText.label: 'DDL Source Geschäftspartner Beispiel'
define view ZCDS_BP_Example as select from snwd_bpa as bp {
    key bp.node_key,
    bp.bp_id,
    bp.company_name
}
```

Abbildung 7.39 Der erste ABAP CDS View

Beachten Sie bitte, dass das Mandantenfeld (z. B. das Feld `MANDT`) automatisch berücksichtigt wird. Sie müssen es nicht in die Definition Ihres ABAP CDS Views mit aufnehmen. Der generierte SQL View enthält das Mandantenfeld automatisch, sofern die zugrunde liegende Datenquelle (in unserem Fall die Tabelle `snwd_bpa`) ein solches Feld beinhaltet.

View aktivieren

Zum Aktivieren Ihres ABAP CDS Views klicken Sie auf den entsprechenden Button in der Menüleiste oder verwenden die Tastenkombination [Strg] + [F3], so wie Sie es von der ABAP Workbench her kennen. Nachdem der ABAP CDS View erfolgreich aktiviert worden ist, können Sie sich eine Vorschau der Daten erstellen lassen. Hierzu klicken Sie mit der rechten Maustaste auf den Namen der DDL Source im Navigationsbaum und wählen Open Data Preview (siehe Abbildung 7.40).

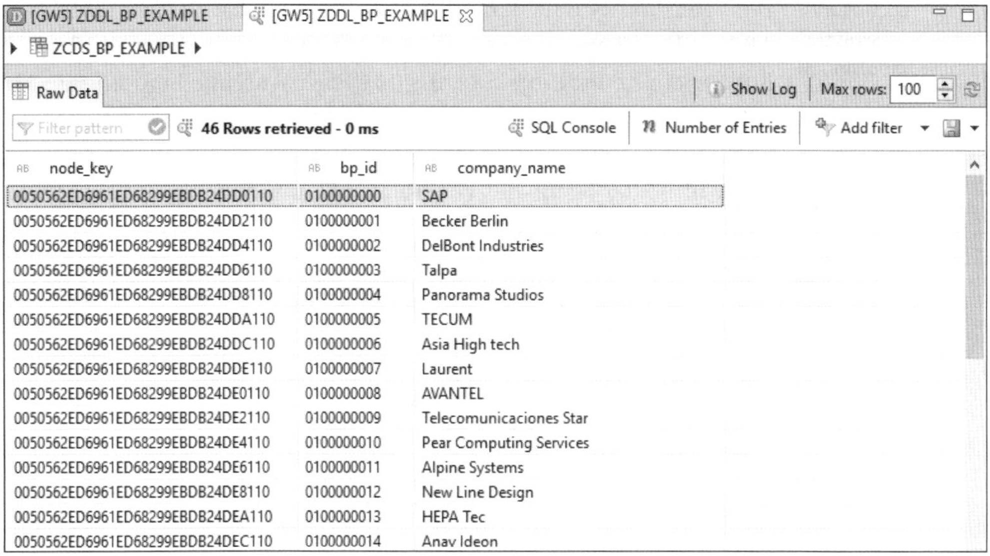

Abbildung 7.40 Vorschau auf den ABAP CDS View

Alias vergeben

Um die Feldnamen im ABAP CDS View etwas lesbarer zu machen, vergeben Sie nun ein paar Aliasse, wie in Listing 7.5 gezeigt.

```
@AbapCatalog.sqlViewName: 'zview_bp_example'
@AbapCatalog.compiler.compareFilter: true
@AccessControl.authorizationCheck: #CHECK
@EndUserText.label: 'DDL Source Geschäftspartner Beispiel'
define view ZCDS_BP_Example as select from snwd_bpa as bp {
    key bp.node_key as BusinessPartnerUUID,
    bp.bp_id        as BusinessPartnerID,
    bp.company_name as CompanyName
}
```

Listing 7.5 Feldnamen

Dieser einfache ABAP CDS View ist bereits für eine erste Verwendung im Service Builder ausreichend.

7.3.1 Modellierte Datenquellen (Modeled Data Sources)

Alle Datenquellen, die wir bisher in Service-Builder-Projekten betrachtet haben, sind *modellierte Datenquellen* (Modeled Data Sources – MDS). Der Name leitet sich davon ab, dass das gesamte Modell bis zum letzten Attribut zur Designtime definiert wird und das Ergebnis in die Modell-Provider-Basisklasse generiert wird.

Dictionary-Struktur importieren

Den gleichen Ansatz können wir auch bei der Verwendung von ABAP CDS Views nutzen. Sie erstellen hierzu zunächst im Service Builder ein neues Projekt (z. B. `ZCDS_MDS`). Anschließend klicken Sie mit der rechten Maustaste auf DATA MODEL und wählen IMPORTIEREN • ABAP-DICTIONARY-STRUKTUR. Der Name der zu importierenden Struktur ist der Name des generierten SQL Views `ZVIEW_BP_EXAMPLE` (siehe Abbildung 7.41).

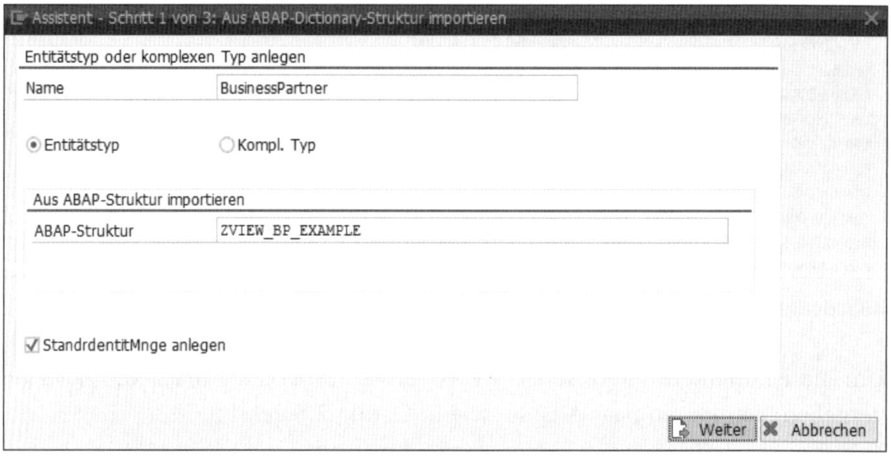

Abbildung 7.41 Schritt 1 des Assistenten für den Import einer ABAP-Dictionary-Struktur

Im zweiten Schritt des Assistenten wählen Sie alle Felder außer dem Mandantenfeld (`MANDT`) aus. Im dritten Schritt markieren Sie das Feld BUSINESSPARTNERUUID als Primärschlüssel und klicken auf FERTIG STELLEN. Der erzeugte Entitätstyp sollte aussehen, wie in Abbildung 7.42 dargestellt.

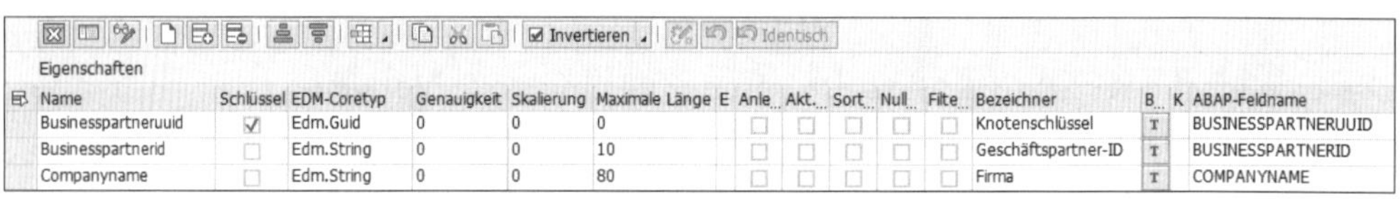

Abbildung 7.42 Importierte ABAP-CDS-View-Attribute

Service implementieren

Wir haben nun basierend auf einer ABAP-Dictionary-Quelle einen Entitätstyp mit verknüpfter Entitätsmenge erzeugt. Der eigentliche Bezug zum ABAP CDS View kommt durch die Serviceimplementierung zustande. Hierzu expandieren Sie im Projektbaum den Knoten SERVICEIMPLEMENTIERUNG, klicken mit der rechten Maustaste auf

BusinessPartnerSet und wählen Zu Datenquelle zuordnen aus dem Kontextmenü (siehe Abbildung 7.43). Beachten Sie hierbei bitte, dass Sie den Rechtklick auf der Entitätsmenge selbst und nicht auf einer der Operationen ausführen.

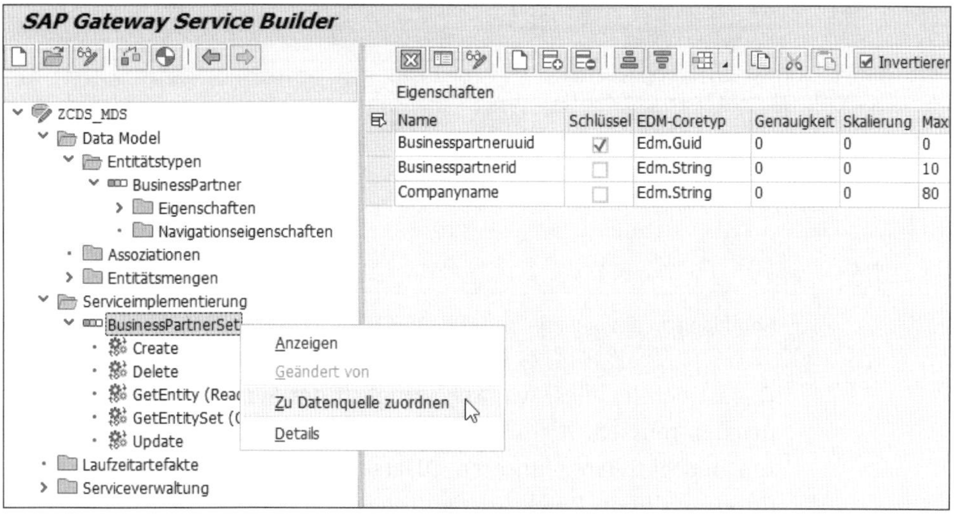

Abbildung 7.43 Aufruf der Serviceimplementierung auf Basis der Entitätsmenge

Im Assistenten Zu Datenquelle zuordnen wird nun der Eintrag Business Entity als Typ der Datenquelle angeboten. Der Name unserer Datenquelle ist CDS~ZCDS_BP_EXAMPLE. Der Name kann mit der Wertehilfe F4 ausgewählt werden (siehe Abbildung 7.44).

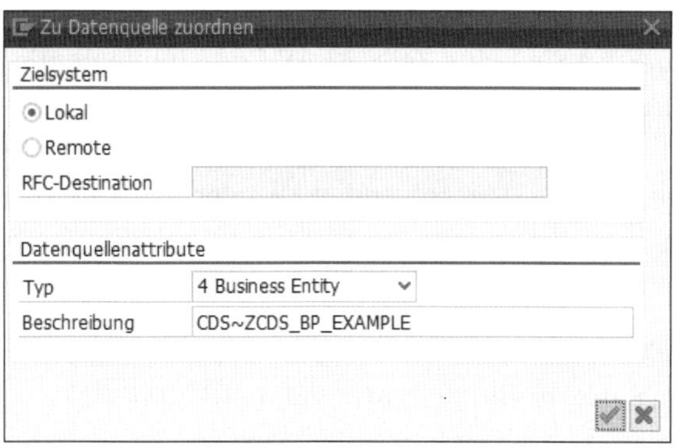

Abbildung 7.44 Festlegen der Datenquelle für die Entitätsmenge

Nachdem Sie den Assistenten beendet haben, öffnet sich das Fenster Modellierte Datenquelle Elemente zu Eigenschaften zuordnen.

Ähnlich wie beim Zuordnen von RFC-Bausteinen können Sie auch hier mithilfe des Buttons ZUORDNUNG GENERIEREN die Verknüpfung vom Service Builder erstellen lassen (siehe Abbildung 7.45).

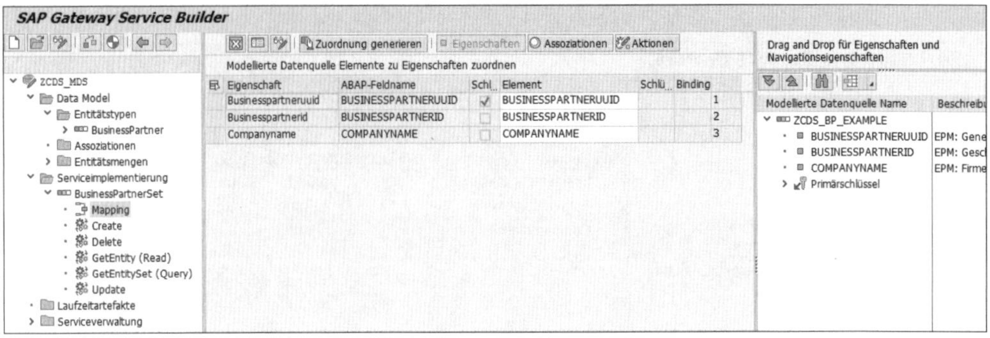

Abbildung 7.45 Verknüpfung der ABAP-CDS-View-Felder

Das ist bereits alles, was Sie bezüglich der Serviceimplementierung machen müssen. Als Nächstes generieren Sie das Projekt, registrieren und aktivieren unseren OData-Service und testen ihn im SAP Gateway Client. Rufen Sie den folgenden URI auf, der eine ungefilterte Liste aller Geschäftspartner zur Verfügung stellt:
/sap/opu/odata/SAP/ZCDS_MDS_SRV/BusinessPartnerSet

SADL Der Datenzugriff zur Laufzeit wird vom SADL-Framework (*Service Adaptation Definition Language*) übernommen. Dieses Framework ist beispielsweise in der Lage, Filterabfragen in dem URI in entsprechende `where`-Bedingungen für den Zugriff auf die Datenbank zu übersetzen. Das hat erhebliche Performancevorteile zur Folge und führt außerdem dazu, dass Sie keine Zeile ABAP-Code implementieren müssen. Es können hierbei z. B. auch solche Filter genutzt werden, die gar nicht in den `Select`-Optionen abgebildet werden können. Dies ist beispielsweise in dem folgenden URI der Fall, bei dem die `$filter`-Abfrage zusammen mit einer String-Funktion (`substringof`) verwendet wird:

/sap/opu/odata/SAP/ZCDS_MDS_SRV/BusinessPartnerSet?$filter=substringof('ech',Companyname) or Businesspartnerid lt '100000001'

Dieser URI hat im SAP Gateway Client das in Abbildung 7.46 dargestellte Ergebnis zur Folge.

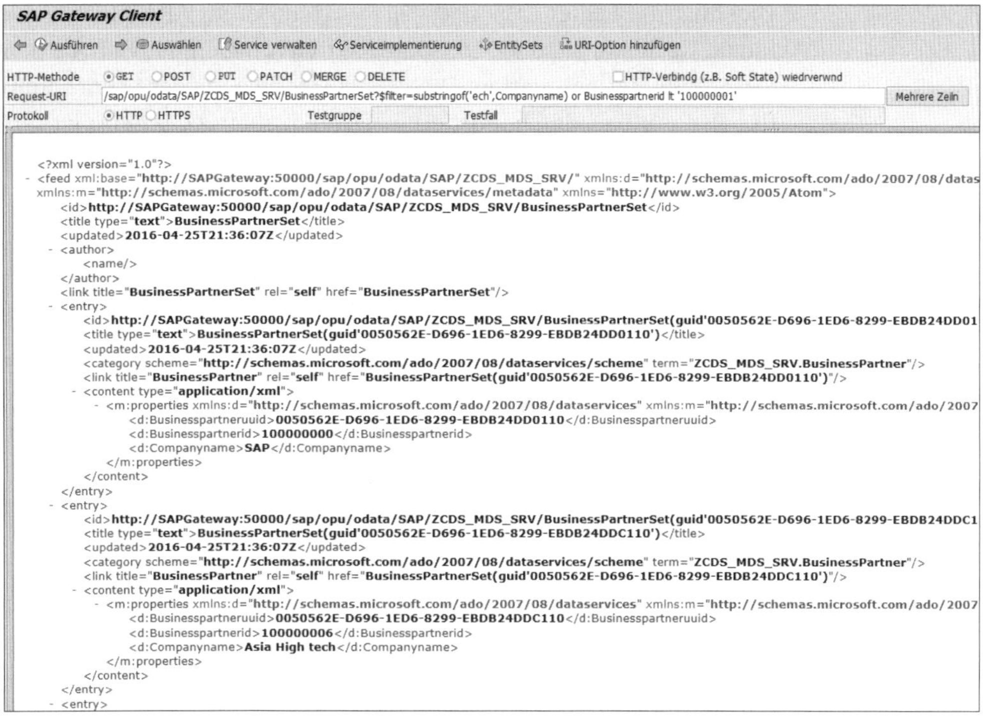

Abbildung 7.46 Ergebnis eines ABAP-CDS-View-basierten OData-Service

Wir erweitern nun unseren ABAP CDS View um ein Join-Statement, um zusätzlich noch Adressinformationen in den OData-Service mit aufzunehmen. Die erweiterte DDL Source ist in Listing 7.6 dargestellt.

Join-Statement

```
@AbapCatalog.sqlViewName: 'zview_bp_example'
@AbapCatalog.compiler.compareFilter: true
@AccessControl.authorizationCheck: #CHECK
@EndUserText.label: 'DDL Source Geschäftspartner Beispiel'
define view ZCDS_BP_Example
    as select from snwd_bpa as bp
    inner join snwd_ad as adr
    on bp.address_guid = adr.node_key
{
    key bp.node_key as BusinessPartnerUUID,
    bp.bp_id        as BusinessPartnerID,
    bp.company_name as CompanyName,
    adr.city        as City,
    adr.country     as CountryID
}
```

Listing 7.6 Erweiterte DDL Source mit Ermittlung der Adressinformationen

Dies fügt die Felder `City` und `CountryID` unserem ABAP CDS View hinzu. Nachdem Sie die DDL Source aktiviert haben, müssen Sie den Service Builder neu starten. Dies ist erforderlich, da der Service Builder den Aufbau der importierten Datenquellen zwischenspeichert und daher Ihre Änderungen am ABAP CDS View sonst nicht sichtbar wären.

Eigenschaften anpassen

Versetzen Sie Ihr Projekt nach dem Neustart des Service Builders in den Editiermodus, und expandieren Sie den Knoten DATA MODEL • ENTITÄTSTYPEN. Klicken Sie mit der rechten Maustaste auf den Entitätstyp BUSINESSPARTNER, und wählen Sie IMPORTIEREN • EIGENSCHAFTEN im Kontextmenü (siehe Abbildung 7.47).

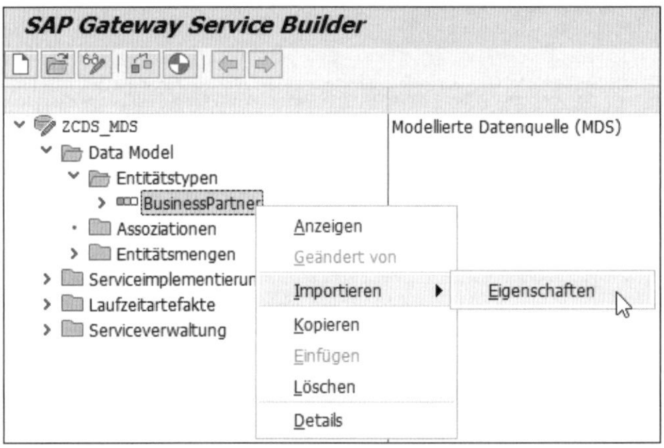

Abbildung 7.47 Weitere Attribute importieren

Dies öffnet den Assistenten für den Import einer ABAP-Dictionary-Struktur, den Sie bereits beim Erstellen des Entitätstyps gesehen haben. Im jetzigen Fall erlaubt es uns der Assistent, noch weitere, bisher nicht im Modell enthaltene Felder in das Datenmodell aufzunehmen. Markieren Sie die beiden neuen Felder CITY und COUNTRYID (siehe Abbildung 7.48), und beenden Sie den Assistenten.

Nach dem Erweitern des Datenmodells müssen Sie sich auch noch um die Serviceimplementierung kümmern. Expandieren Sie den Knoten BUSINESSPARTNERSET, und doppelklicken Sie auf MAPPING. Dies öffnet das Zuordnungsfenster, wo Sie erneut auf den Button ZUORDNUNG GENERIEREN klicken. Dies sollte die Zuordnung für die beiden neuen Felder erstellen. Anschließend generieren Sie das Projekt und probieren unseren OData-Service aus.

Abbildung 7.48 Hinzufügen von neuen Attributen zum Entitätstyp

Wie Sie sehen, ist es bei jeder Anpassung der Datenquelle erforderlich, das Datenmodell sowie die Serviceimplementierung im Service Builder mit zu aktualisieren.

7.3.2 Referenzierte Datenquellen (Referenced Data Sources)

Referenzierte Datenquellen (Referenced Data Sources – RDS) erlauben es Ihnen, ABAP CDS Views als OData-Service auf eine noch generischere Art und Weise zu exponieren.

RDS

Um dies an einem Beispiel zu demonstrieren, erstellen wir uns ein neues Projekt im Service Builder (z. B. ZCDS_RDS). Anstatt eine ABAP-Dictionary-Struktur zu importieren (wie bei dem Beispiel zuvor), klicken Sie mit der rechten Maustaste auf DATA MODEL und wählen REFERENZ • MODELLIERTE DATENQUELLENREF. im Kontextmenü aus (siehe Abbildung 7.49).

Im ersten Schritt des Assistenten für referenzierte Datenquellen wählen Sie CDS CORE DATA SERVICES als MODELLIERTE DATENQUELLE TYP aus. Für das Feld MODELLIERTE DATENQUELLE NAME geben Sie den im vorherigen Beispiel angelegten ABAP CDS View `ZCDS_BP_EXAMPLE` an (siehe Abbildung 7.50). Der Name der Datenquelle kann auch mit der F4-Wertehilfe bestimmt werden.

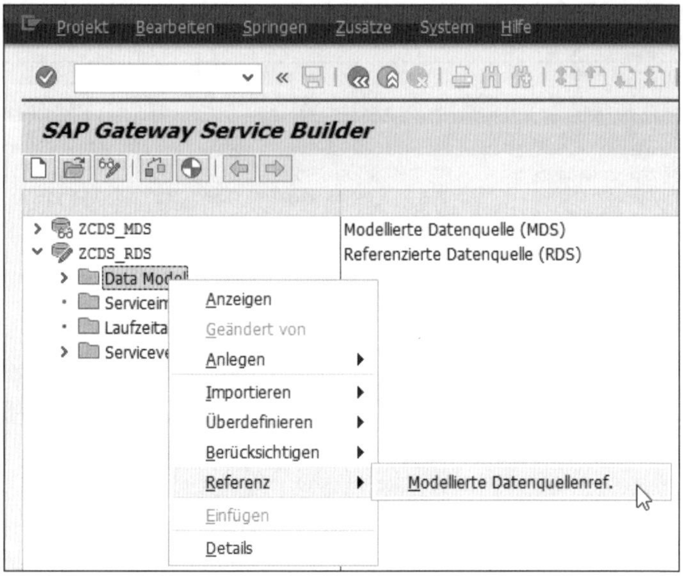

Abbildung 7.49 Aufruf des Assistenten für referenzierte Datenquellen

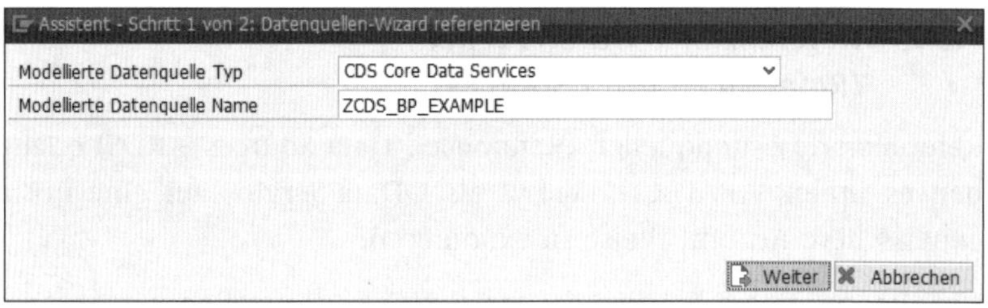

Abbildung 7.50 Schritt 1 des Assistenten für referenzierte Datenquellen

Im nächsten Schritt wird der angegebene ABAP CDS View analysiert und dargestellt (siehe Abbildung 7.51). Da es sich bei unserem ABAP CDS View um einen recht einfachen View handelt, der beispielsweise keine Assoziationen beinhaltet, werden in dem Assistenten auch keine weiteren abhängigen Elemente dargestellt.

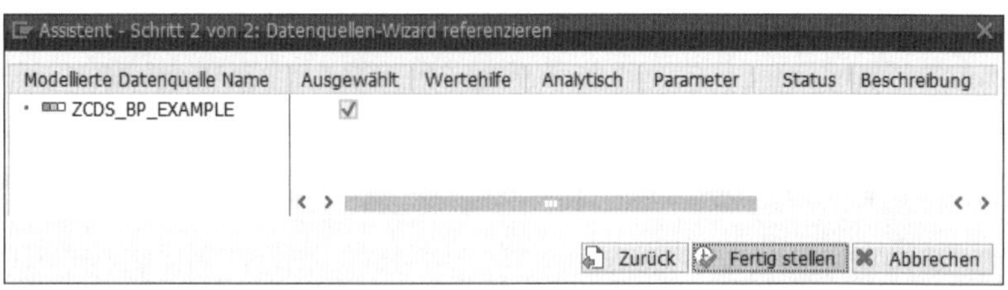

Abbildung 7.51 Schritt 2 des Assistenten für referenzierte Datenquellen

Klicken Sie auf FERTIG STELLEN, um den ABAP CDS View in Ihrem Projekt zu referenzieren. Wie Sie sehen, ist es diesmal nicht erforderlich, die gewünschten Attribute, Feldnamen oder auch Schlüsselfelder auszuwählen. Diese Informationen werden alle dynamisch aus dem referenzierten ABAP CDS View übernommen.

Service registrieren und verwenden

Generieren Sie das Service-Builder-Projekt, und registrieren Sie den OData-Service auf dem Gateway-Hub. Mithilfe des URIs */sap/opu/odata/SAP/ZCDS_RDS_SRV/ZCDS_BP_Example* können Sie den Service im SAP Gateway Client konsumieren. Der Name der Entitätsmenge leitet sich hierbei von dem Namen des ABAP CDS Views ab.

Fügen Sie nun die beiden Attribute `Street` und `Building` dem ABAP CDS View hinzu (siehe Listing 7.7). Aktivieren Sie anschließend den erweiterten ABAP CDS View.

```
@AbapCatalog.sqlViewName: 'zview_bp_example'
@AbapCatalog.compiler.compareFilter: true
@AccessControl.authorizationCheck: #CHECK
@EndUserText.label: 'DDL Source Geschäftspartner Beispiel'
define view ZCDS_BP_Example
    as select from snwd_bpa as bp
    inner join snwd_ad as adr
    on bp.address_guid = adr.node_key
{
    key bp.node_key as BusinessPartnerUUID,
    bp.bp_id        as BusinessPartnerID,
    bp.company_name as CompanyName,
    adr.city        as City,
    adr.country     as CountryID,
    adr.street      as Street,
    adr.building    as Building
}
```

Listing 7.7 Erweiterter CDS View mit den neuen Feldern »Street« und »Building«

Da unser OData-Service den ABAP CDS View referenziert, ist eine Neugenerierung des Service-Builder-Projekts nicht erforderlich. Je nach Konfiguration kann es sein, dass Sie den Metadaten-Cache gegebenenfalls leeren müssen. Wenn Sie dann den zuvor verwendeten URI erneut ausführen, erscheinen die beiden neuen Felder automatisch in Ihrem OData-Service (siehe Abbildung 7.52).

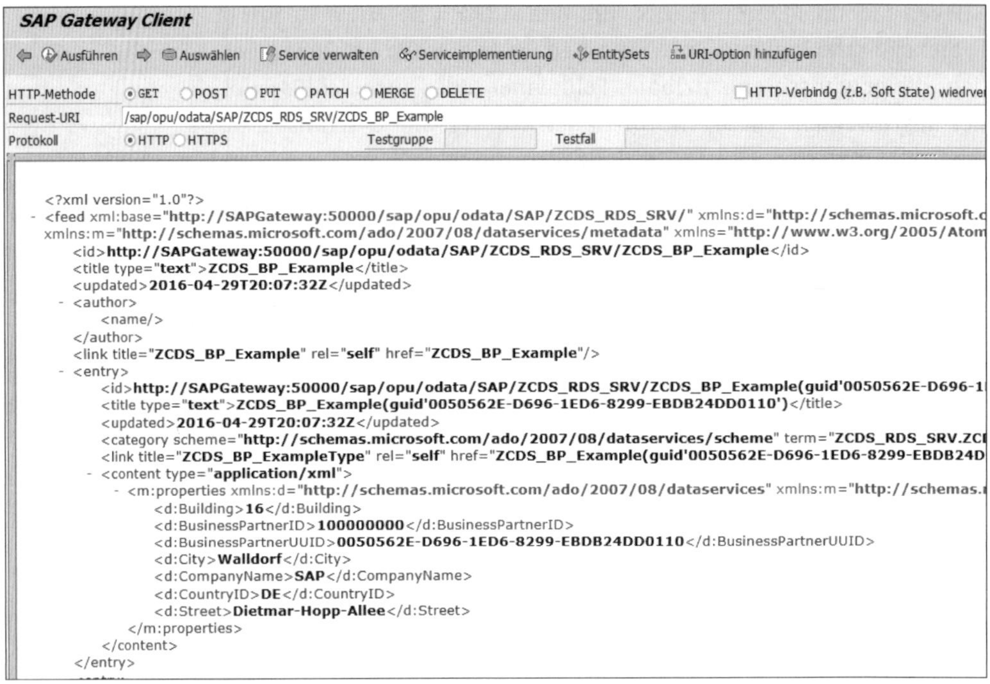

Abbildung 7.52 Erweiterter Service auf Basis eines referenzierten ABAP CDS Views

EPM-Kontaktpersonen

Als Nächstes fügen wir unserem ABAP CDS View eine Assoziation hinzu. Hierfür erstellen Sie zunächst eine neue DDL Source ZDDL_CONT_EXAMPLE, die einen ABAP CDS View für EPM-Kontaktpersonen (EPM contact person) definiert (siehe Listing 7.8). Vergessen Sie nicht, die neue DDL Source zu aktivieren.

```
@AbapCatalog.sqlViewName: 'zview_ct_example'
@AbapCatalog.compiler.compareFilter: true
@AccessControl.authorizationCheck: #CHECK
@EndUserText.label: 'DDL Source Kontaktpersonen Beispiel'
define view ZCDS_Cont_Example
    as select from snwd_bpa_contact as cont
{
    key cont.node_key as ContactUUID,
    cont.first_name as FirstName,
    cont.last_name  as LastName,
    cont.parent_key as BusinessPartnerUUID
}
```

Listing 7.8 Zusätzlicher ABAP CDS View für EPM-Kontaktpersonen

Anschließend fügen Sie eine Null-zu-viele-Assoziation ([0..*]) auf den neuen Kontaktpersonen-ABAP-CDS-View unserem Geschäftspartner-ABAP-CDS-View hinzu (siehe Listing 7.9). Achten Sie darauf, dass am Ende des Listings noch der Alias-Name contacts aufgeführt ist, denn erst dann wird der assoziierte View für einen Konsumenten, wie beispielsweise den Service Builder, sichtbar. Aktivieren Sie den erweiterten ABAP CDS View.

```
@AbapCatalog.sqlViewName: 'zview_bp_example'
@AbapCatalog.compiler.compareFilter: true
@AccessControl.authorizationCheck: #CHECK
@EndUserText.label: 'DDL Source Geschäftspartner Beispiel'
define view ZCDS_BP_Example
    as select from snwd_bpa as bp
    inner join snwd_ad as adr
    on bp.address_guid = adr.node_key

    association [0..*] to ZCDS_Cont_Example as contacts
    on $projection.BusinessPartnerUUID =
 contacts.BusinessPartnerUUID
{
    key bp.node_key as BusinessPartnerUUID,
    bp.bp_id        as BusinessPartnerID,
    bp.company_name as CompanyName,
    adr.city        as City,
    adr.country     as CountryID,
    adr.street      as Street,
    adr.building    as Building,

    contacts
}
```

Listing 7.9 Erweiterter ABAP CDS View mit Assoziation

Service Builder neu starten

Aufgrund der hinzugefügten Assoziation muss nun der Service Builder neu gestartet werden, da er die vorherige Definition des ABAP CDS Views gepuffert hat. Wechseln Sie in den Änderungsmodus, expandieren Sie den Projektbaum DATA MODEL • DATENQUELLENREFERENZEN • EXPOSURE VIA SADL, und doppelklicken Sie auf EXPOSURE FOR CDS. Dies öffnet das zentrale Fenster für das Hinzufügen und Entfernen von Assoziationen und ABAP CDS Views. Dort werden nun die neue Assoziation sowie der neue ABAP CDS View aufgeführt (siehe Abbildung 7.53).

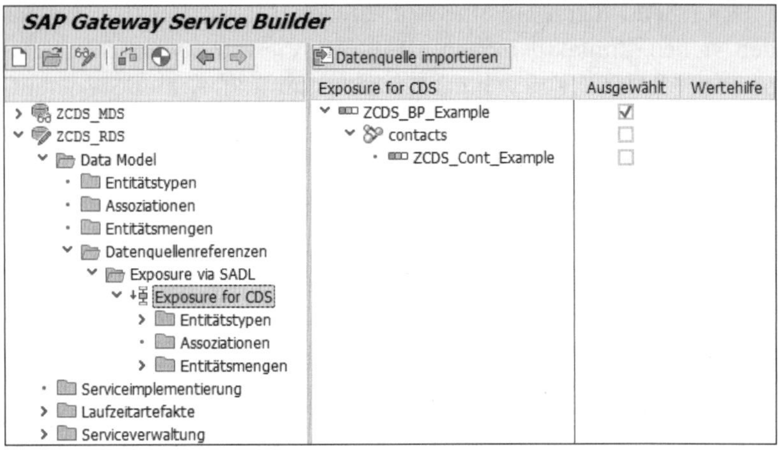

Abbildung 7.53 Neue Assoziation sowie neuer ABAP CDS View

Assoziation aktivieren

Standardmäßig sind die neuen Elemente noch nicht ausgewählt. Dies ist die einzige manuelle Änderung, die Sie an dem Projekt beim Einsatz von referenzierten Datenquellen vornehmen müssen. Markieren Sie die beiden neuen Elemente, und generieren Sie das Projekt erneut. Dies fügt Ihrem OData-Service die Assoziation sowie die neue Entitätsmenge hinzu. Zusätzlich finden Sie nun ein Navigationsattribut mit dem Namen `tocontacts` bei dem Geschäftspartner-Entitätstyp. Dieses erlaubt es Ihnen, von einem Geschäftspartner zu der Liste seiner Kontaktpersonen zu navigieren.

7.4 Generierung über Redefinition

Wie Sie in Abschnitt 7.1, »Generierung auf Basis einer RFC-/BOR-Schnittstelle«, gesehen haben, hat die Erstellung eines OData-Service mithilfe des RFC-/BOR-Generators viel mit dem manuellen Entwicklungsprozess gemein, der in Kapitel 6, »Serviceentwicklung«, beschrieben wurde.

So ist es in beiden Fällen erforderlich, zunächst ein Entitätsdatenmodell als Basis für die Serviceimplementierung zu erstellen. Obwohl es der RFC-/BOR-Generator dem Entwickler erlaubt, einen Service zu generieren, ohne hierfür eigenen ABAP-Code zu entwickeln, wird der Prozess mühsam, wenn kein geeigneter RFC-Funktionsbaustein vorhanden ist.

Auf der anderen Seite bietet der generierte Service viele Funktionalitäten out of the box, wie z. B. den Support für die Filterung oder Client Side Paging, die sonst manuell implementiert werden müssten. Daher wäre es wünschenswert, wenn man OData-Services mit minimalem manuellem Aufwand erstellen könnte.

Hier kommen die Integrationsszenarien ins Spiel, die von SAP Gateway unterstützt werden. SAP hat in der Vergangenheit viel in hoch entwickelte Frameworks investiert, die es sowohl SAP als auch Kunden erlauben, Business-Objekte für die unterschiedlichsten Anwendungsfälle zu modellieren. So haben auch Kunden diese Frameworks genutzt, um ihre eigenen Business-Szenarien zu implementieren oder die von SAP ausgelieferten Business-Szenarien durch Customizing anzupassen.

Erfreulicherweise können diese Business-Objekte dazu verwendet werden, OData-Services zu generieren – ein Prozess, der als *Redefinition* bezeichnet wird.

Redefinition

Der Begriff Redefinition stammt aus dem in ABAP Objects verfügbaren Vererbungskonzept. So kann in ABAP Objects die Methode einer Oberklasse in der Unterklasse redefiniert werden, das heißt, sie kann bei unveränderter Schnittstelle in der Unterklasse neu implementiert werden, hat dabei jedoch weiterhin Zugriff auf die in der Oberklasse implementierten Funktionalitäten. Ein OData-Service, der mit dem Service Builder durch Redefinition generiert wurde, erbt die Funktionalität des Business-Objekts, das als Datenquelle (Data Source) verwendet wurde.

Integrationsszenarien

Die Generierung eines Service durch Redefinition eines bestehenden Business-Objekts ist für folgende Frameworks verfügbar:

- SAP Business Warehouse (SAP BW)
- Service Provider Infrastructure (SPI)
- Generic Interaction Layer (GenIL)
- Operational Data Provisioning (ODP)

Diese Business-Objekte haben bereits viel mit einem OData-Service gemeinsam. Da sie bereits ähnliche Konzepte unterstützen, wie z. B. Entitätsmengen und Query-Methoden, ist es möglich, diese Konzepte auf die Entitätsmengen und CRUD-Q-Methoden eines OData-Service abzubilden.

OData-Services können in SAP Gateway durch Redefinition auch auf folgende Art entwickelt werden:

- mit SAP Gateway entwickelte OData-Services SAP-GW
- mit Nicht-SAP-Technologien (z. B. .NET) entwickelte OData-Services

Die genannten Integrationsszenarien wurden teilweise in separaten Add-ons auf Basis von SAP_GWFND/IW_BEP entwickelt und ausgeliefert. Während das Integrationsszenario für SPI das Einspielen des Add-ons IW_SPI erfordert, muss man für das Integrationsszenario mit GenIL-Objekten das Add-on IW_GIL installieren. Die Integration mit Objekten aus SAP BW und externen sowie internen OData-Services ist bereits Teil von IW_BEP und SAP_GWFND.

Je nachdem, welche der genannten Add-ons in Ihrem System installiert sind, werden daher unterschiedliche Untermenüs unterhalb des Menüpunktes REDEFINITION im Service Builder angezeigt, wie die Optionen aus Abbildung 7.54: ODATA-SERVICE (SAP GW), BW QUERY SERVICE, SPI-SERVICE, GENIL-SERVICE und ODATA-SERVICE.

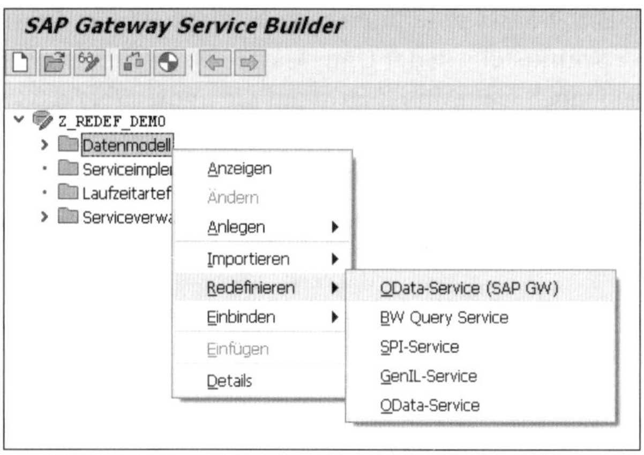

Abbildung 7.54 Optionen für Redefinition

Redefinitionsassistent

Wenn Sie eine dieser Optionen auswählen, wird ein Assistent gestartet, der Sie durch die folgenden drei Schritte leitet:

1. Auswahl eines Business-Objekts
2. Registrierung des Service im Backend und Aktivitäten im Korrektur- und Transportwesen
3. Auswahl der Artefakte der ausgewählten Datenquelle

Die Schritt-für-Schritt-Anleitung für das Generieren eines OData-Service ist für alle Integrationsszenarien nahezu identisch. Die Schritte, die Sie ausführen müssen, um einen OData-Service in SAP Gateway auf Basis eines der Frameworks zu generieren, unterscheiden sich im Wesentlichen nur im dritten Dialogfenster des Assistenten, das die von der Datenquelle auszuwählenden Artefakte anzeigt.

Beispiele für Redefinition

Nachdem wir Ihnen in Abschnitt 7.1, »Generierung auf Basis einer RFC-/BOR-Schnittstelle«, detailliert gezeigt haben, wie man einen Service mithilfe des RFC-/BOR-Generators generieren kann, zeigen wir Ihnen nun in Schritt-für-Schritt-Anleitungen, wie Sie OData-Services auf Basis von zwei Business-Objekten generieren können:

- SAP BW Easy Query (siehe Abschnitt 7.4.1)
- Service Provider Infrastructure (siehe Abschnitt 7.4.2)

7.4.1 SAP BW Easy Query

Bei SAP BW Easy Query handelt es sich um extern verfügbare Schnittstellen, die einen Zugriff auf analytische Queries in SAP BW ermöglichen. Im Gegensatz zu anderen externen Query-Schnittstellen in SAP BW sind Easy Queries eher statisch und bieten bewusst nur sehr wenig Flexibilität bei der Auswahl der Daten, um andererseits den Zugriff selbst zu vereinfachen.

Anwendungsfall

Als Beispiel betrachten wir den folgenden Anwendungsfall für die Generierung eines Service auf Basis einer SAP BW Easy Query. Eine Firma möchte ihren Mitarbeitern eine Anwendung anbieten, mit der sie Zugriff auf die Verkaufszahlen in verschiedenen Ländern haben. Die Daten für diese Auswertung sollen dabei dynamisch aus den Ergebnissen einer bestehenden Easy Query aus dem SAP-BW-System der Firma gelesen werden.

In unserem Beispiel werden wir den *SAP Demo Content for Features* in SAP NetWeaver 7.40 verwenden. Jedes Beispielszenario in diesen SAP-Demodaten enthält vordefinierte Objekte, wie z. B. InfoProvider, Queries und Workbooks, mit bereits generierten Inhalten.

Teil des SAP Demo Content for Features ist ein Beispiel auf Basis des SAP NetWeaver Demo Models (EPM), das einige Queries enthält. Wir werden dabei die Query `0D_FC_NW_C01_Q0001` verwenden.

Weitergehende Informationen zum SAP Demo Content for Features finden Sie in der SAP-Online-Hilfe unter:

http://help.sap.com/saphelp_nw74/helpdata/en/47/addc08e04b1599e10000000a42189c/frameset.htm

Achtung

Der SAP Demo Content enthält erst mit SAP NetWeaver 7.40 SP06 SAP BW Easy Query. Wenn Sie also SAP NetWeaver 7.40 mit einem Service-Pack-Stand kleiner als SP6 verwenden, müssen Sie die Query kopieren, als SAP BW Easy Query markieren und unter einem neuen technischen Namen `ZOD_FC_NW_C01_Q0001` abspeichern.

Führen Sie dazu in SAP NetWeaver 7.40 folgende Schritte durch:

- Bevor Sie die SAP BW Easy Query in Ihrem SAP-NetWeaver-System 7.40 verwenden können, müssen bestimmte Systemeinstellungen durchgeführt werden. Diese Einstellungen sind in SAP-Hinweis 1944258 beschrieben.
- Verwenden Sie den BEx Query Designer. Dieser ermöglicht es Ihnen, nach bestehenden Queries zu suchen oder neue Queries zu erstellen.
- Geben Sie die Query für den externen Zugriff als Easy Query frei. Hier müssen Sie die Regeln für das Erstellen von SAP BW Easy Query beachten. Sie müssen ein tabellenartiges Layout verwenden und berücksichtigen, dass nur Einzelwerte und interne Variablen unterstützt werden. Außerdem können weder Bedingungen (Conditions) noch Schwellenwerte (Exceptions) verwendet werden. Darüber hinaus werden auch keine Queries mit Eingabemöglichkeiten im Planungskontext unterstützt.

Die Generierung eines OData-Service auf Basis einer SAP BW Easy Query muss in einem System durchgeführt werden, in dem das Add-on `IW_BEP` installiert ist, oder in einem System, das mindestens auf SAP NetWeaver 7.40 SP02 basiert. Dies kann entweder ein SAP-BW-System oder ein Gateway-Serversystem sein.

Voraussetzung für dieses Integrationsszenario ist außerdem, dass die SAP-BW-Komponenten mindestens auf SAP BW 7.30 SP08 oder SAP BW 7.31 SP05 basieren. Für dieses Beispiel verwenden wir den Mandanten 001 eines SAP-NetWeaver-7.40-ABAP-Trial-Systems (*www.sap.com/abap-trial*), in dem die SAP-BW-Beispieldaten aktiviert wurden.

Prozessschritte

Nun müssen Sie die folgenden Schritte durchführen:

1. OData-Services auf Basis einer SAP BW Easy Query durch Redefinition generieren. Dies umfasst die beiden Phasen der Definition des Datenmodells und der Serviceimplementierung.

2. Service auf dem Gateway-System veröffentlichen (Serviceverwaltung)
3. Attribute der generierten Entitätsmenge durch BEAUTIFICATION umbenennen. Dieser Schritt ist Teil der Phase der Datenmodellierung.
4. Service neu generieren. Dies gehört wieder in die Phase der Serviceimplementierung.

Die einzelnen Schritte und ihre Zuordnung zu den drei Phasen der Serviceerstellung sind in Abbildung 7.55 dargestellt.

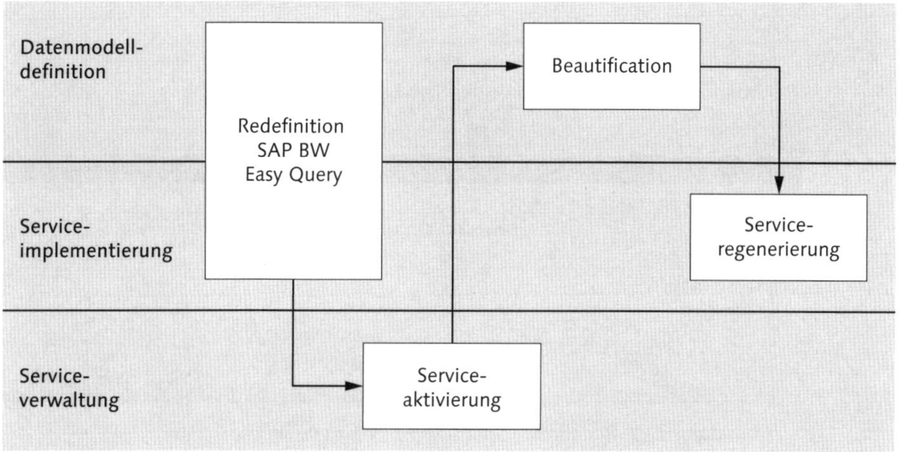

Abbildung 7.55 Abfolge der Schritte bei der Redefinition einer SAP BW Query

Redefinition einer SAP BW Easy Query

Anlegen eines Projekts

Nachdem Sie die SAP BW Easy Query angelegt haben, können Sie nun damit beginnen, einen OData Service auf Basis dieser Query zu generieren. Legen Sie dazu im Service Builder ein Projekt mit dem Namen »Z_DEMOEQ« an.

Redefinition

Hierzu klicken Sie mit der rechten Maustaste auf den Ordner DATA MODEL, wählen ÜBERDEFINIEREN (Redefinieren) und dann die Option BW-QUERY-SERVICE im Kontextmenü, wie in Abbildung 7.56 gezeigt.

Dies startet, wie in Abbildung 7.57 zu sehen ist, den Assistenten für die Redefinition eines SAP-BW-Query-Service. Im ersten von drei Fenstern müssen Sie zahlreiche Parameter angeben.

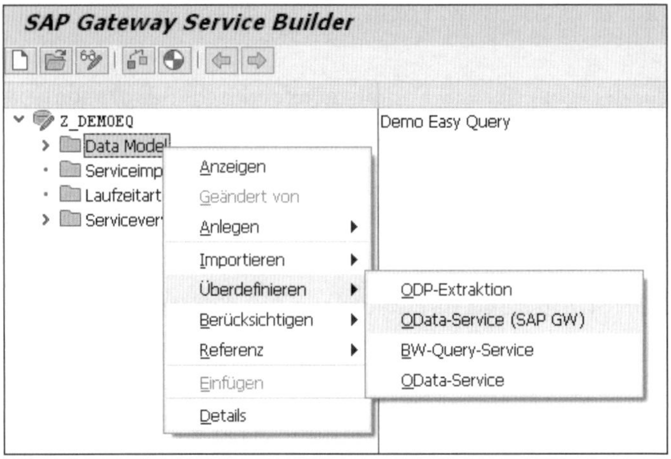

Abbildung 7.56 Redefinition eines SAP-BW-Query-Service

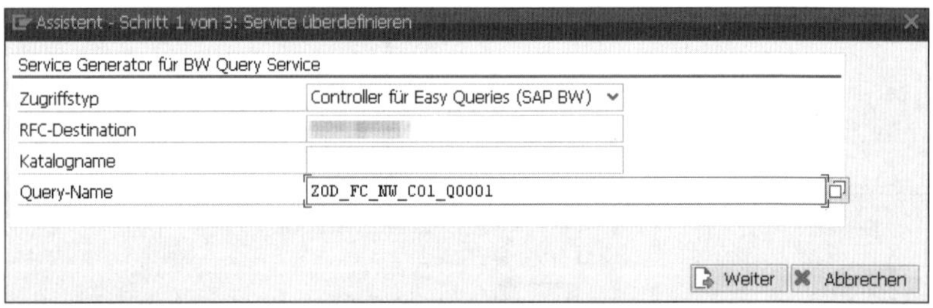

Abbildung 7.57 Redefinition eines SAP-BW-Query-Service – Schritt 1

Im Feld Zugriffstyp müssen Sie angeben, welche Art von Query Sie verwenden. Hier können Sie eine der beiden Optionen Controller für MDX (SAP BW) oder Controller für Easy Queries (SAP BW) auswählen. In diesem Szenario wählen Sie die zweite Option, da es die empfehlenswertere Variante ist.

Assistent: Schritt 1

Im Feld RFC-Destination müssen Sie den Namen der RFC-Verbindung angeben, die auf das SAP-BW-System zeigt. Lassen Sie das Feld Katalogname leer. Fügen Sie im Feld Query-Name den Namen der SAP BW Easy Query `Z0D_FC_NW_C01_Q0001` ein, die Sie zuvor angelegt haben, und klicken Sie auf Weiter.

Assistent: Schritt 2

Im zweiten Fenster des Assistenten (siehe Abbildung 7.58) müssen Sie eine Beschreibung für das technische Modell und den technischen Service angeben, die im weiteren Verlauf angelegt werden.

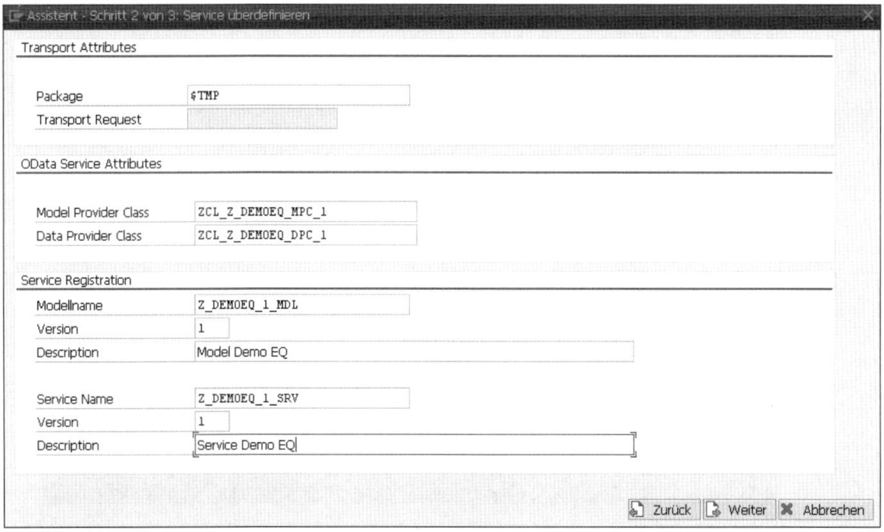

Abbildung 7.58 Redefinition eines SAP-BW-Query-Service – Schritt 2

Im letzten Fenster des Assistenten müssen Sie wie in Abbildung 7.59 alle Optionen auswählen und klicken dann auf FERTIG STELLEN.

Assistent: Schritt 3

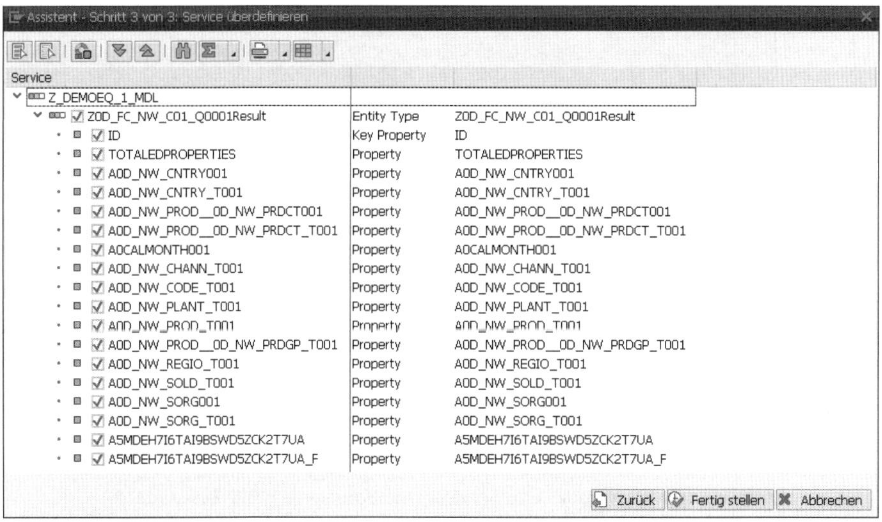

Abbildung 7.59 Redefinition eines SAP-BW-Query-Service – Schritt 3

Service generieren und registrieren

Die einzige Aktivität, die Sie als Entwickler jetzt noch ausführen müssen, ist die Generierung der Laufzeitobjekte. Damit wird ein OData-Service auf Basis der Redefinition einer SAP BW Easy Query erzeugt (siehe Abbildung 7.60).

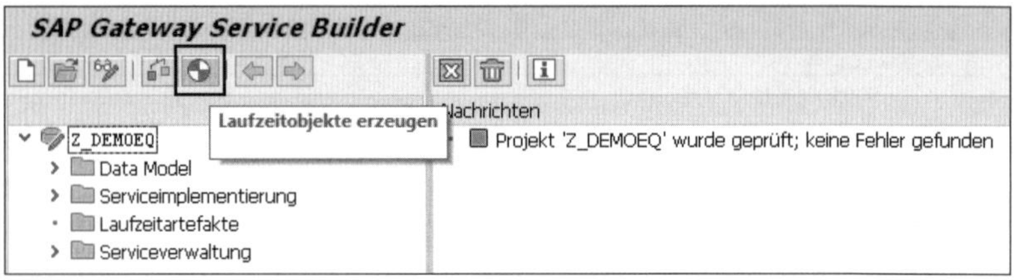

Abbildung 7.60 Generierung des redefinierten Service

Im Dialog MODELL- UND SERVICEDEFINITION (siehe Abbildung 7.61) dürfen Sie nicht die Option wählen, den existierenden Service zu erweitern (Ankreuzfeld BASIS-/ERWEIT. SERV. ÜBERSCHR.). Klicken Sie dann auf WEITER.

Abbildung 7.61 Modell- und Servicegenerierung – SAP BW Easy Query

Dieser Schritt legt sowohl die Modell- als auch die Daten-Provider-Klassen des Service an, wie Sie in den vorhergehenden Beispielen gelernt haben. Außerdem wird der Service im SAP-Backend registriert, indem ein technisches Modell und ein technischer Service angelegt werden.

Im folgenden Dialog OBJEKTKATALOG EINTRAG ANLEGEN drücken Sie den Button LOKALES OBJEKT, über den Sie das Paket `$TMP` auswählen. Sollen die Repository-Objekte transportiert werden, müssen Sie hier ein transportierbares Paket auswählen.

Aktivieren und Testen des Service

Nachdem das Projekt im Backend erfolgreich generiert und registriert wurde, muss der Service nun im Gateway-Server registriert und aktiviert werden. Serviceaktivierung

Klappen Sie hierzu in der Projektansicht den Ordner SERVICEVERWALTUNG auf. Wählen Sie den Eintrag für das Gateway-Serversystem aus, auf dem Sie den Service aktivieren möchten, öffnen Sie das Kontextmenü durch einen Klick mit der rechten Maustaste, und wählen Sie REGISTRIEREN.

Bestätigen Sie nun die Warnung, dass der ausgewählte Bearbeitungsschritt im Gateway-Serversystem durchgeführt wird. Im nachfolgenden Dialog können Sie nun den Systemalias auswählen, der vom Gateway-Server zum SAP-BW-System zeigt. (Dieser Dialog erscheint jedoch nur, wenn mehrere Systemalias-Einträge angelegt wurden, die vom Hub zum selben Backend-System zeigen.)

Im Dialog SERVICE HINZUFÜGEN, der auf dem Hub ausgeführt wird, wählen Sie LOKALES OBJ., um die zu generierenden Repository-Objekte dem Paket `$TMP` zuzuordnen. Sollen die Repository-Objekte transportiert werden, müssen Sie hier ein transportierbares Paket auswählen.

Danach können Sie den neu erstellten Service testen. Klappen Sie hierzu in der Projektansicht den Ordner SERVICEVERWALTUNG auf. Wählen Sie den Eintrag für das Gateway-Serversystem, auf dem Sie den Service aktiviert haben, öffnen Sie das Kontextmenü durch einen Klick mit der rechten Maustaste, und wählen Sie SAP GATEWAY CLIENT. Hierdurch wird im Gateway-Hub der SAP Gateway Client gestartet. Service testen

Wenn der Service korrekt funktioniert, zeigt der SAP Gateway Client das Servicedokument (siehe Abbildung 7.62).

Das Ergebnis der Query können Sie nun im SAP Gateway Client durch Ausführung des folgenden URIs anzeigen:

/sap/opu/odata/SAP/Z_DEMOEQ_SRV/ZOD_FC_NW_C01_Q0001Results

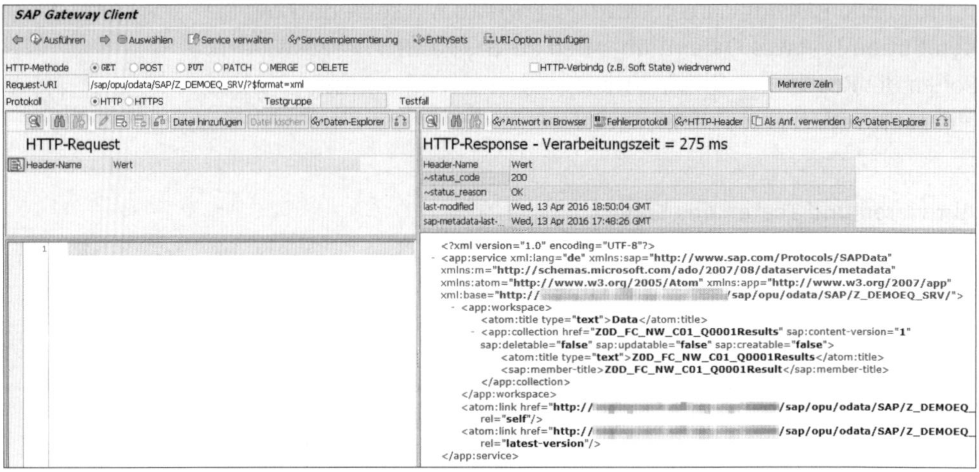

Abbildung 7.62 Testen des Service – Anzeige des Servicedokuments

Der Service antwortet mit einer Liste von Einträgen (siehe Abbildung 7.63).

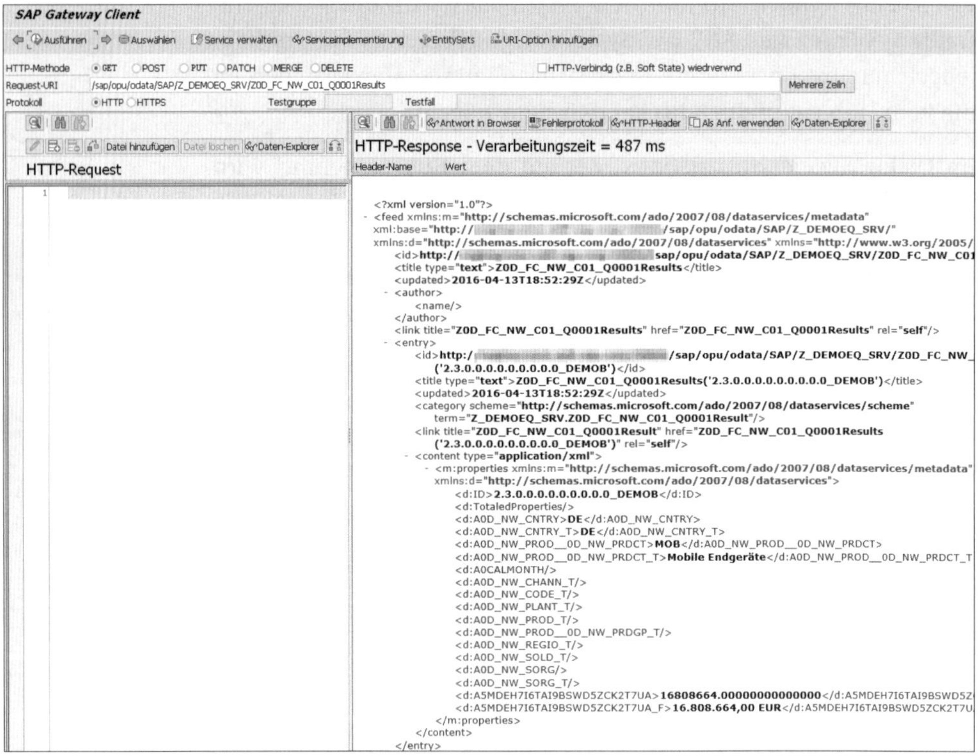

Abbildung 7.63 Einzelner Eintrag aus dem Query-Ergebnis

SAP-BW-Query-Monitor

Kontrollieren Sie nun die Ergebnisse der Query im BW-Client des ABAP-Trial-Systems mithilfe des Query-Monitors (Transaktion RSRT). Geben Sie hier im Feld QUERY den Namen der Query `Z0D_FC_NW_C01_Q0001` an, wählen Sie aus der Dropdown-Liste QUERY ANZEIGE HTML als Anzeigeoption aus, und führen Sie die Query aus.

Das Ergebnis ist in Abbildung 7.64 für den Drilldown auf LAND und PRODUKTKATEGORIE dargestellt.

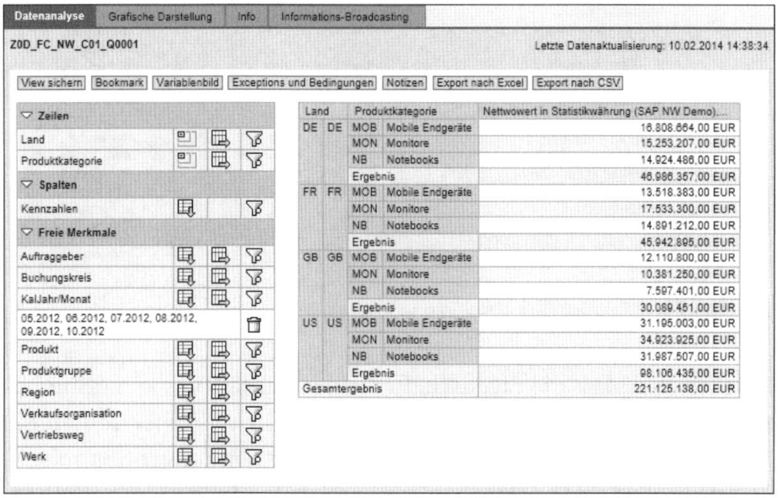

Abbildung 7.64 Transaktion RSRT – Query-Monitor

Beautification

Leider sind die Namen der Attribute der Entitätsmenge `Z0D_FC_NW_C01_Q0001Results`, die das Ergebnis der Query zurückliefert, nicht leicht verständlich (siehe Abbildung 7.63).

Dies liegt daran, dass als Attributnamen die technischen Namen angezeigt werden, die in der SAP BW Query verwendet werden. Sie können die Namen der Attribute des generierten Service aber umbenennen, so dass sie auch für Nicht-SAP-Entwickler einfach zu verstehen sind. Dieser Vorgang wird auch *Beautification* genannt. Starten Sie hierzu den Service Builder, und öffnen Sie das Projekt ZBWEQDEMO. Navigieren Sie zum Entitätstyp `Z0D_FC_NW_C01_Q0001Result`, und wählen Sie den Knoten EIGENSCHAFTEN per Doppelklick aus. Wählen Sie nun ATTRIBUTE ÜBERDEFINIEREN (siehe Abbildung 7.65), und ersetzen Sie die Werte in der Spalte NAME mit den Werten, die Sie in der Spalte BEZEICHNER finden. Dies sind dieselben Werte, die

Sie auch in den `sap:label`-Annotationen im Service-Metadatendokument finden.

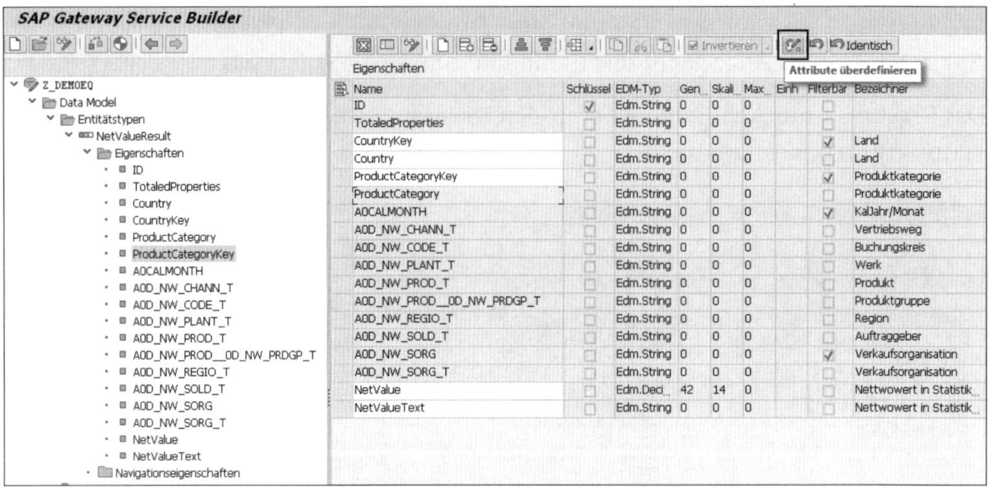

Abbildung 7.65 Redefinition von Attributnamen

Keine Sonderzeichen wählen

Beachten Sie, dass die Eigenschaften eines Entitätstyps keine Sonderzeichen, wie z. B. Leerzeichen, enthalten dürfen. Daher sollten Sie Namen verwenden, die einer *CamelCase*-Namenskonvention folgen, wenn Sie alle Sonderzeichen wie Leerzeichen oder Punkte entfernen. Benennen Sie daher die Namen der Eigenschaften in der Spalte NAME (siehe Abbildung 7.65) wie folgt um:

- Ändern Sie `A0D_NW_CNTRY_T` in `Country`.
- Ändern Sie `A0D_NW_CNTRY` in `CountryKey`.
- Ändern Sie `A0D_NW_PROD__0D_NW_PRDCT_T` in `ProductCategory`.
- Ändern Sie `A0D_NW_PROD__0D_NW_PRDCT` in `ProductCategoryKey`.
- Ändern Sie `A5MDEH7I6TAI9BSWD5ZCK2T7UA` in `NetValue`.
- Ändern Sie `A5MDEH7I6TAI9BSWD5ZCK2T7UA_F` in `NetValueText`.

Neben den Namen der Eigenschaften können Sie auch den Namen des Entitätstyps selbst umbenennen: `Z0D_FC_NW_C01_Q0001Result` sowie die Entitätsmenge `Z0D_FC_NW_C01_Q0001Results` in `NetValueResult` und `NetValueResults`. Speichern Sie die Änderungen.

Service-Neugenerierung

Nachdem die Änderungen durchgeführt wurden, können Sie nun das Projekt und damit den OData-Service neu generieren. Den überarbeiteten OData-Service können Sie nun entweder im Browser oder im SAP Gateway Client testen.

```
{
 - d: {
    - results: [
       - {
          + __metadata: {...},
            ProductCategory: "Mobile Endgeräte",
            NetValueText: "73.632.850,00 EUR"
         },
       - {
          + __metadata: {...},
            ProductCategory: "Monitore",
            NetValueText: "78.091.682,00 EUR"
         },
       - {
          + __metadata: {...},
            ProductCategory: "Notebooks",
            NetValueText: "69.400.606,00 EUR"
         },
       - {
          + __metadata: {...},
            ProductCategory: "Gesamtergebnis",
            NetValueText: "221.125.138,00 EUR"
         }
      ]
   }
}
```

Abbildung 7.66 Gefiltertes Resultat mit lesbaren Attributnamen

Filterung unterstützt

Der generierte Service unterstützt out of the box die Filterung der Ergebnisdaten für die Eigenschaften `ProductKey` und `CountryKey`, weil die Eigenschaften in den Zeilen in der verwendeten SAP BW Easy Query als »Text und Schlüssel« markiert wurden. Daher ist es möglich, dass Sie auf die Entitätsmenge `NetValueResults` den Filter-String `$filter=CountryKey eq 'US'` anwenden können, um damit die Anzahl der Einträge in der Ergebnismenge zu reduzieren. Führen Sie dazu entweder im Browser oder im SAP Gateway Client den folgenden URI aus:

/sap/opu/odata/SAP/Z_DEMOEQ_SRV/NetValueResults?$filter CountryKey eq 'US'&$select=ProductCategory,NetValueText&$format=json&sap-ds-debug=true

Vergleichen Sie nun das Ergebnis der Query, das in Abbildung 7.64 gezeigt wurde, mit den Resultaten, die wir mithilfe der Transaktion RSRT erhalten haben (siehe Abbildung 7.66).

7.4.2 Service Provider Infrastructure (SPI)

Ein weiteres Beispiel für ein Integrationsszenario ist das *Service Provider Infrastructure* (SPI). Im Gegensatz zu Services auf Basis einer SAP BW Query kann man mit Services auf Basis von SPI-Daten im Backend nicht nur lesen, sondern auch ändern und anlegen. Da das SPI remotefähig ist, kann man das Add-on `IW_SPI` im Prinzip auch auf dem Gateway-Hub installieren. Im Rahmen des Redefinitionsprozesses werden hier die Knoten, Datenstrukturen und ID-Strukturen eines SPI-Modells auf die korrespondierenden Entitätstypen eines OData-Modells gemappt.

In diesem Abschnitt werden wir ein einfaches SPI-Objekt verwenden, das auf dem EPM-Demodatenmodell beruht und als Teil der Softwarekomponente SAP Business Suite Foundation (SAP_BS_FND) ausgeliefert wird.

Beispiel: Geschäftspartner abrufen

Als Anwendungsfall für die Entwicklung eines OData-Service auf Basis eines SPI-Objekts betrachten wir in diesem Beispiel eine Anwendung, die es den Mitarbeitern der fiktiven Firma ITelo erlaubt, eine Liste der Geschäftspartner von ITelo abzurufen. Dabei soll es die Anwendung dem Benutzer erlauben, Geschäftspartner nicht nur aufzulisten, sondern auch anzulegen und zu pflegen. Darüber hinaus soll es möglich sein, auch auf die Kontakte eines Geschäftspartners zuzugreifen.

Ein großer Vorteil dieser Vorgehensweise ist es, dass Kunden, die bereits viel in das SPI-Framework investiert haben, diese Investitionen nutzen können, um aus einem entsprechenden SPI-Objekt auf einfache Weise einen OData-Service zu generieren.

Um dieses Beispiel nachvollziehen zu können, benötigen Sie ein Gateway-Hub-System oder ein SAP-Backend-System, in dem alle in Tabelle 7.1 aufgeführten Add-ons installiert wurden.

Softwarekomponente	Beschreibung
SAP_GWFND oder IW_BEP	Backend Event Provider
IW_SPI	Service Provider Infrastructure
SAP_BS_FND	SAP Business Suite Foundation

Tabelle 7.1 Für die Generierung von OData-Services auf Basis von SPI benötigte Add-ons

Das hier verwendete Beispiel nutzt ein *Embedded Deployment*. Im weiteren Verlauf dieses Abschnitts werden Sie einen OData-Service auf Basis eines SPI-Service generieren und dabei folgende Schritte ausführen:

1. Generierung eines OData-Service durch Redefinition eines SPI-Service (Dies umfasst die Phasen Definition des Datenmodells und Serviceimplementierung.)
2. Aktivierung des Service auf dem Gateway-System (Serviceverwaltung)

Diese Schritte und ihre Zuordnung zu den drei Phasen der Serviceerstellung sehen Sie in Abbildung 7.67. Im Gegensatz zur Redefinition einer SAP BW Easy Query müssen Sie nicht noch einmal in die Phase der Definition des Datenmodells springen, da die Namen der Entitätsmengen, der Entitätstypen und ihrer Eigenschaften nicht aus technischen Namen generiert werden.

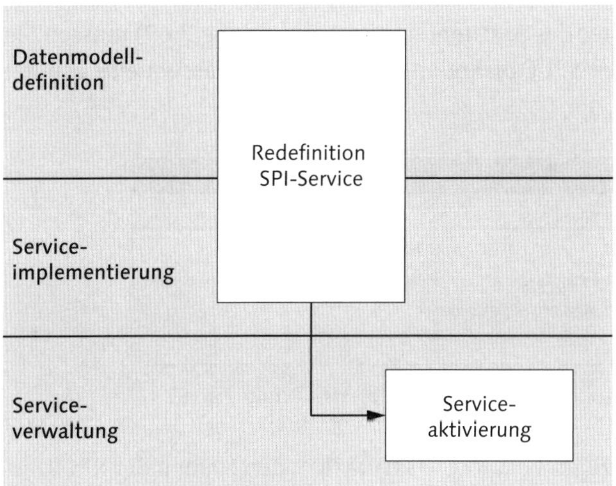

Abbildung 7.67 Reihenfolge der Schritte bei der Redefinition eines SPI-Service

Redefinition eines SPI-Service

Projekt anlegen

Starten Sie den Service Builder (Transaktion SEGW), und legen Sie zunächst ein neues Projekt mit dem Namen »ZSPIDEMO« an. Navigieren Sie im Projektbaum zum Knoten DATENMODELL, klicken Sie mit der rechten Maustaste darauf, und wählen Sie ÜBERDEFINIEREN (Redefinieren) und dann SPI-SERVICE aus dem Kontextmenü (siehe Abbildung 7.68).

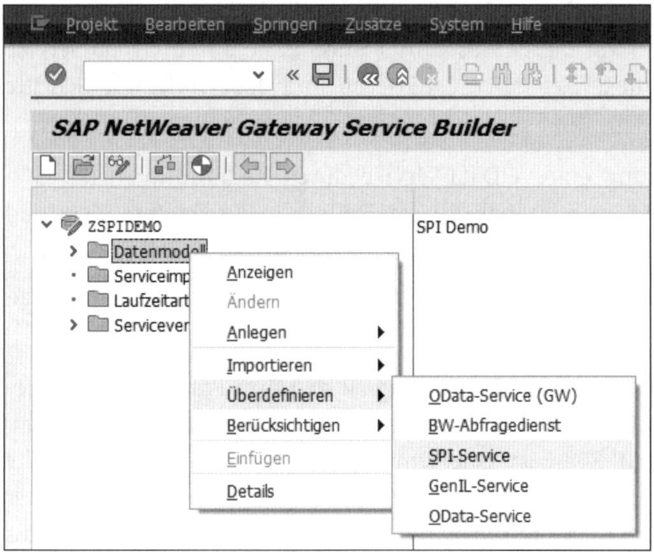

Abbildung 7.68 Servicegenerierung auf Basis eines SPI-Objekts

Assistent: Schritt 1

Im ersten Fenster des Assistenten (siehe Abbildung 7.69) müssen Sie den Namen des SPI-Objekts angeben, das als Datenquelle genutzt werden soll.

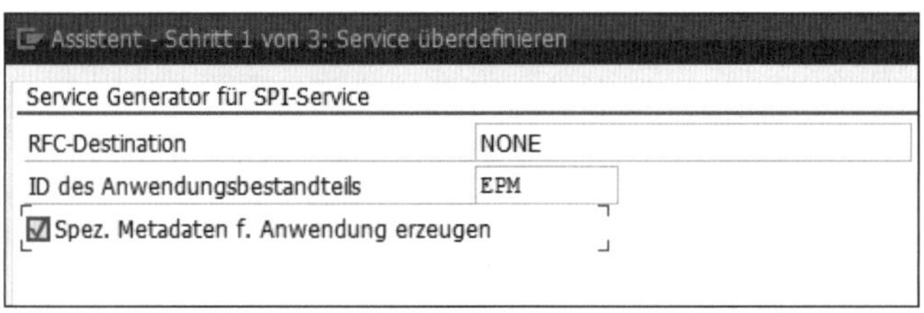

Abbildung 7.69 Auswahl der ID des SPI-Objekts – Schritt 1 von 3

Geben Sie hierzu im Feld RFC-Destination den Namen der RFC-Destination an, die auf das Backend-System verweist, wo das SPI-Objekt zu finden ist. In unserem Fall wählen Sie None aus. Geben Sie im Feld ID des Anwendungsbestandteils (Application Building Block ID) den Namen des SPI-Objekts an (hier EPM).

Assistent: Schritt 2

Im zweiten Fenster des Assistenten müssen Sie im Beschreibungsfeld eine sinnvolle Beschreibung des technischen Modells und des technischen Service festlegen, die durch den Service Builder generiert werden. Alle anderen vom Service Builder vorgeschlagenen Werte können Sie unverändert beibehalten (siehe Abbildung 7.70).

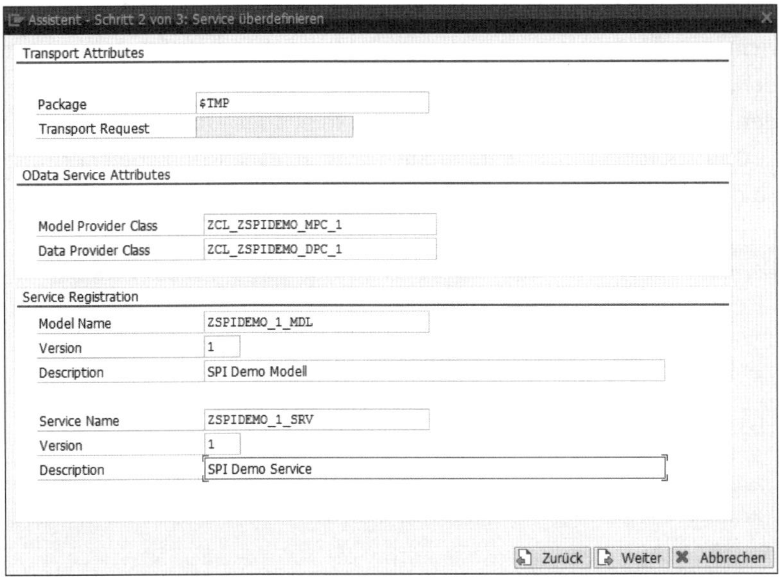

Abbildung 7.70 Serviceregistrierung im Backend – Schritt 2 von 3

Assistent: Schritt 3

Im dritten Fenster des Assistenten müssen Sie die Artefakte des SPI-Service auswählen, die gemappt und Teil des OData-Service werden sollen. In diesem Beispiel sollten Sie die Entitätstypen `Business_Partner` und `Contact` sowie die Assoziation `ContactofBusiness_Partner` wie in Abbildung 7.71 auswählen. Klicken Sie abschließend auf FERTIG STELLEN.

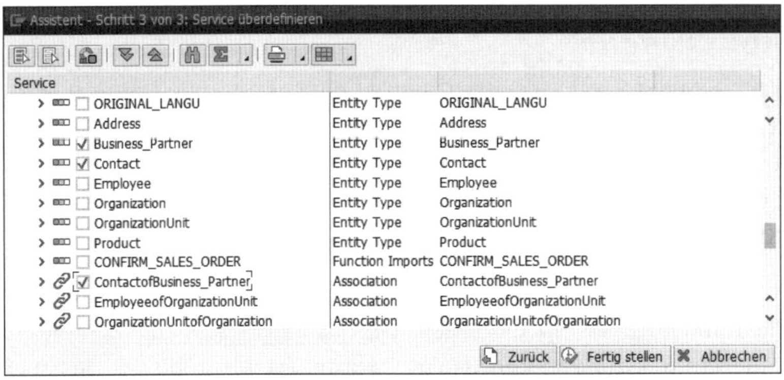

Abbildung 7.71 Auswahl von OData-Artefakten – Schritt 3

Generieren der Laufzeitobjekte

Jetzt klicken Sie im Service Builder im Menü auf PROJEKT • GENERIEREN oder auf den Button LAUFZEITOBJEKTE ERZEUGEN. Wählen Sie im folgenden Dialogfenster MODELL- UND SERVICEDEFINITION nicht die

Option ZEITRAUMLEISTUNG ÜBERSCHREIBEN (diese Beschreibung sollte richtigerweise »Servicedefinition überschreiben« heißen, da damit der existierende Service überschrieben würde), und bestätigen Sie den Dialog (siehe Abbildung 7.72). Im folgenden Dialog OBJEKTKATALOG EINTRAG ANLEGEN wählen Sie $TMP als Paket und speichern die Änderungen.

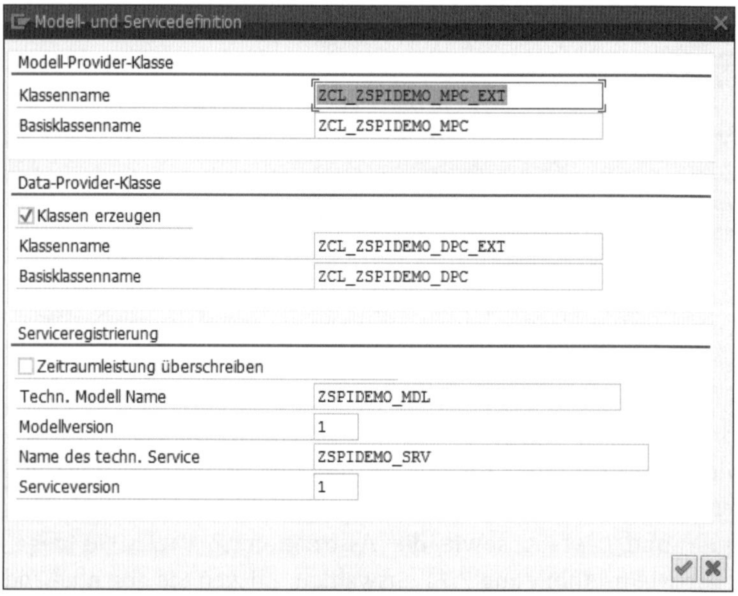

Abbildung 7.72 Modell- und Servicedefinition

Service aktivieren

Nachdem der Service generiert wurde, muss er nun im Gateway-Hub registriert und aktiviert werden. Klappen Sie dazu im Projektbaum den Knoten SERVICEVERWALTUNG auf, und wählen Sie den Eintrag des Hubs, auf dem Sie den Service aktivieren möchten. Wählen Sie im Kontextmenü REGISTRIEREN.

Im Dialog SAP-SYSTEMALIASSE ZU ODATA SERVICE ZUWEISEN wählen Sie unter SAP-SYSTEMALIAS den Eintrag `LOCAL_SPI`, der für dieses Redefinitionsszenario konfiguriert wurde. Da wir in diesem Beispiel ein ERP-System mit der Softwarekomponente SAP_BS_FND 731 SP03 verwenden, muss die Softwareversion des Systemalias auf /IWSPI/BSFND_731 gesetzt werden (siehe Abbildung 7.73).

Im Dialog SERVICE HINZUFÜGEN müssen Sie noch das Paket auswählen.

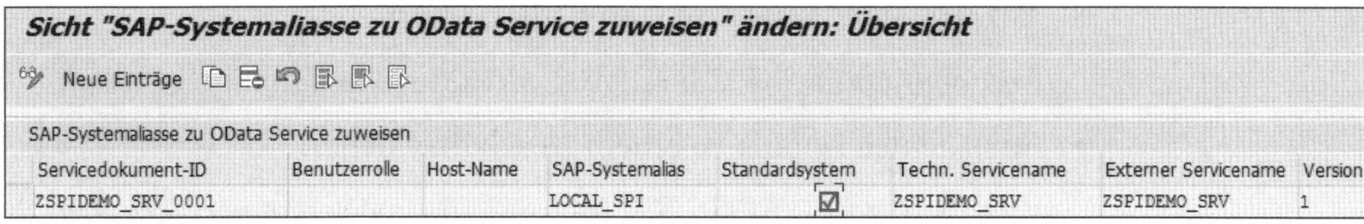

Abbildung 7.73 Systemalias-Konfiguration

SAP-Systemalias-Definition für das SPI-Integrationsszenario

Der Systemalias-Eintrag, der auf das Backend-System zeigt, in dem sich die Serviceimplementierung des OData-Service befindet, der wiederum auf Basis eines SPI-Objekts angelegt wurde, muss eine Angabe zur Softwareversion enthalten.

Der Grund ist, dass sich die Implementierung des Integrationsszenarios für SPI in der Vergangenheit geändert hat. Daher ist es erforderlich, dass Sie einen entsprechenden SAP-Systemalias-Eintrag anlegen, *bevor* Sie den Service im Gateway-Hub-System aktivieren. Wenn Sie einen SAP-Systemalias-Eintrag für das Backend-System anlegen, in dem das Add-on `IW_SPI` installiert ist, müssen Sie abhängig von der Version der Softwarekomponente SAP_BS_FND, die in diesem Backend installiert ist, einen der beiden folgenden Werte im Feld für die Softwareversion eintragen:

- Wenn Sie SPI-Objekte in einem System verwenden, in dem die Softwarekomponente SAP_BS_FND 702 SP09 installiert ist, wählen Sie als Softwareversion DEFAULT.
- Wenn Sie SPI-Objekte aus einem System verwenden, in dem die Softwarekomponente SAP_BS_FND 731 SP03 installiert ist, wählen Sie als Softwareversion /IWSPI/BSFND_731.

Test des Service

Sie können den Service nun testen. Klappen Sie dazu im Projektbaum den Knoten SERVICEVERWALTUNG auf, und wählen Sie durch einen Klick mit der rechten Maustaste auf den Eintrag des Hub-Systems, auf dem der Service aktiviert werden soll, aus dem Kontextmenü die Option SAP GATEWAY CLIENT aus. Mit dem SAP Gateway Client können Sie nun den Service testen.

Der Service liefert eine Liste von Geschäftspartnern, die Details zu einem einzelnen Geschäftspartner und über eine Navigationseigenschaft eine Liste von Kontakten für den ausgewählten Geschäftspartner (siehe Abbildung 7.74). Der generierte Service bietet darüber hinaus auch die Möglichkeit, die Ergebnisse zu filtern, ohne dass Sie hierfür eine einzige Zeile Code schreiben müssen. Daher können Sie die folgenden HTTP-Requests mit dem SAP Gateway Client ausführen:

- Anzeige einer Liste von Geschäftspartnern:
  /sap/opu/odata/SAP/ZSPIDEMO_SRV/Business_PartnerCollection
- Anzeige der Details zu einem Geschäftspartner:
  /sap/opu/odata/SAP/ZSPIDEMO_SRV/Business_PartnerCollection (binary'005056B200041EE399CB7ECBC2CB6C2F')
- Anzeige der Kontakte eines ausgewählten Geschäftspartners unter Verwendung der Navigationseigenschaft `ContactCollection`:
  /sap/opu/odata/SAP/ZSPIDEMO_SRV/Business_PartnerCollection (binary'005056B200041EE399CB7ECBC2CB6C2F')/ContactCollection?$select=FIRST_NAME,LAST_NAME,EMAIL_ADDRESS&$filter= FIRST_NAME eq 'Karl'&$format=json&sap-ds-debug=true


```
{
 - d: {
   - results: [
     - {
         + __metadata: {...},
           FIRST_NAME: "Karl",
           LAST_NAME: "Muller",
           EMAIL_ADDRESS: "karl.mueller@sap.com"
       }
     ]
   }
}
```


Abbildung 7.74 SPI-Integration – Ergebnis der Query des generierten Service

7.5 Zusammenfassung

In diesem Kapitel haben wir Ihnen in mehreren Schritt-für-Schritt-Anleitungen gezeigt, wie Sie für die folgenden Szenarien OData-Services in SAP Gateway generieren können:

- RFC-/BOR-Schnittstellen
- Suchhilfen
- CDS Views über das Mappen von Datenquellen oder als referenzierte Datenquelle
- Redefinition

Szenario 1

Sie haben gelernt, dass es mit dem RFC-/BOR-Generator möglich ist, OData-Services auf Basis existierender RFC-Funktionsbausteine zu generieren, ohne hierfür auch nur eine Zeile ABAP-Code schreiben zu müssen. Darüber hinaus haben wir Ihnen gezeigt, was Sie tun müssen, wenn nicht für alle Methoden des OData-Service geeignete RFC-Funktionsbausteine existieren, indem Sie einen geeigneten Funktionsbaustein entwickeln, der die gewünschte Funktionalität verschalt.

Als zweites Szenario haben wir Ihnen gezeigt, wie Sie die [F4]-Suchhilfe nutzen können. Dies ist besonders bei der Entwicklung von SAP-Fiori-Anwendungen hilfreich, da diese Suchhilfen auch in selbst geschriebenen SAP-Fiori-Anwendungen genutzt werden können, ohne dass hierfür auch nur eine Zeile Code geschrieben werden muss. Szenario 2

Darüber hinaus haben Sie den dritten Ansatz, die Servicegenerierung, kennengelernt, die auf der Verwendung von CDS Views beruht, und gelernt, wie man solche ABAP CDS Views selbst anlegen kann. Hier haben wir Ihnen beide Methoden der Servicegenerierung auf der Basis von ABAP CDS vorgestellt. Szenario 3

Während die Methode des Mappens einer Datenquelle schon mit SAP NetWeaver 7.40 zur Verfügung steht, sind die referenzierten Datenquellen erst mit dem Release 7.50 verfügbar.

Der Einsatz von CDS Views bei referenzierten Datenquellen wird in Zukunft immer mehr an Bedeutung gewinnen, da in SAP S/4HANA Business-Objekte vorzugsweise als CDS Views modelliert werden.

Zuletzt haben wir Ihnen die Möglichkeit vorgestellt, Services auf Basis existierender SAP-Business-Objekte zu generieren: Szenario 4

- SAP BW Easy Query
- Service Provider Infrastructure (SPI)

TEIL III

Anwendungsentwicklung

Eine Applikation einmal entwickeln und diese dann auf verschiedenen Plattformen nutzen – dieser Traum kann nun mit der Entwicklung von HTML5-Anwendungen endlich wahr werden. Wir zeigen Ihnen, wie einfach die Entwicklung von HTML-Anwendungen dank SAPUI5 ist, und geben Ihnen darüber hinaus eine kurze Einführung in SAP Fiori.

8 SAPUI5-Applikationsentwicklung

Die Entwicklung von Apps ist in den vergangenen Jahren sowohl im Consumer- als auch im Business-Bereich stetig gewachsen und hat sich mittlerweile in allen Bereichen voll etabliert. Das *SAP User Interface Development Toolkits für HTML5* (SAPUI5) unterstützt jeden Anwendungsentwickler bei der Erstellung von einfach zu nutzenden UI-Anwendungen, basierend auf HTML5 und JavaScript. SAPUI5 ist plattformunabhängig, läuft also auf allen PCs, MACs oder mobilen Endgeräten und kann deren unterschiedliche Funktionen, wie z. B. GPS- oder Kamerafunktionen, optimal nutzen.

Die Einführung in die Entwicklung webbasierter Apps bildet den Einstieg in dieses Kapitel (siehe Abschnitt 8.1). In Abschnitt 8.2 geben wir Ihnen eine Übersicht über SAP Fiori sowie SAPUI5. SAP Fiori steht dabei exemplarisch für die Gruppe von HTML5-Entwicklungen, die von SAP angeboten werden.

SAP Fiori/SAPUI5

Die SAPUI5-JavaScript-Bibliothek wächst schnell. Da alle SAP-Fiori-Anwendungen sowie die einzelnen Abschnitte in diesem Kapitel auf SAPUI5 basieren, sehen Sie diese Kapitel als einen ersten Schritt in die SAPUI5-Welt an. Möchten Sie eine produktive Anwendung erstellen, erkundigen Sie sich vorher auf den offiziellen SAP-Webseiten (oder Hinweisen in diesem Kapitel), um zu prüfen, ob es eine aktuellere Version gibt oder ob eine aktualisierte Anleitung existiert.

Nach einer Einführung in die Grundlagen von SAPUI5 und wie HTML5, JavaScript und CSS zusammenpassen, führen wir Sie durch die einzelnen Schritte einer SAPUI5-Entwicklung. In Abschnitt 8.3 zeigen wir Ihnen, wie Sie SAPUI5 auf Ihrem PC installieren. Abschließend (siehe Abschnitt 8.4) erstellen wir zwei Beispiele für die Erweiterung einer SAPUI5-Anwendung.

OpenUI5

OpenUI5 ist die kostenlose Version von SAPUI5, die unter der Open-Source-Lizenz Apache 2.0 läuft. Ein wichtiger Grund, die wichtigsten Funktionen von SAPUI5 zu öffnen, war die wachsende HTML5-Entwickler-Community und der entsprechende Entwicklungsprozess von SAPUI5. Unabhängig davon wird in diesem Kapitel weiterhin der Begriff SAPUI5 verwendet.

Der UI-Entwicklungsprozess wurde völlig vom Backend-System entkoppelt. Dies war ein wichtiger Schritt, um die UI-Seite für die Entwicklungs-Community zu öffnen. Allerdings wurde nicht das gesamte SAPUI5 geöffnet. Es gibt noch einige Steuerelement-Bibliotheken, die lediglich in der SAPUI5-Version verfügbar sind. Für weitere Informationen zu diesem Themengebiet empfehlen wir Ihnen die folgenden Quellen:

- *http://openui5.org*
- *https://openui5.hana.ondemand.com*

8.1 Web-Applikations-Entwicklung

Webanwendungen basieren auf drei Säulen der Entwicklung: HTML, CSS und JS. Die *Hypertext Markup Language* (HTML) bildet die Struktur sowie das Layout eines Webdokuments und ist die Hauptsprache fast aller Webinhalte. Üblicherweise wird das visuelle Format dieser Inhalte jedoch durch *Cascading Stylesheets* (CSS) übernommen, die die deklarative Sprache für Stilvorlagen darstellen. *JavaScript* (JS) ist eine Skriptsprache für die Validierung von Benutzereingaben oder die Kommunikation mit Webservern, wobei die Funktionsvielfalt von HTML und CSS erweitert wird.

Die neueste Version von HTML, HTML5, hat ganz neue Features, wie etwa die Fähigkeit, Video- und Audiodaten innerhalb von Webseiten abzuspielen oder auch Animationen und Benutzerinteraktionsmodelle darzustellen.

Browser

Entscheidend ist, dass HTML5 nicht nur für mobile Anwendungen geeignet ist, sondern auch für normale Webseiten von Desktop-Computern oder Laptops genutzt werden kann. Obwohl HTML5 plattformunabhängig ist, ist es aktuell noch nicht browserunabhängig, weil es noch kein offizieller Standard ist. Daher verfügt aktuell noch kein Browser über eine komplette HTML5-Unterstützung. Allerdings fügen alle Browser, einschließlich Internet Explorer, Mozilla Firefox, Google Chrome, Safari oder Opera, immer neue HTML5-Funktionen ihren neuesten Versionen hinzu. Bevor Sie daher mit der Entwicklung Ihrer neuen HTML5-Anwendung starten, müssen Sie definieren, wer davon profitieren wird und welcher Browser die von Ihnen geforderten Funktionen des definierten Benutzungsszenarios am besten abbilden kann. Hierfür können Sie speziell die Website *http://html5test.com* nutzen, um Ihren eigenen Browser zu testen und um zu sehen, welche HTML5-Spezifikationen im Einzelnen unterstützt werden.

HTML5-Browser-Empfehlungen

Aktuell empfehlen wir Ihnen Google Chrome für HTML5-Entwicklungen, da dieser die HTML5-Features in größerem Rahmen unterstützt als z. B. der Internet Explorer oder Mozilla Firefox. Am 28. Oktober 2014 wurde HTML5 durch das World Wide Web Konsortium (W3C) als formaler Standard final verabschiedet.

Zu den neuesten Funktionen des HTML5-Formats gehört auch die Unterstützung mobiler Geräte. In diesem Zusammenhang ist der Begriff *HTML5-Anwendungen* zu einem Synonym für Webanwendungen geworden. Aus diesem Grund geht es in diesem Kapitel um die Entwicklung von Webanwendungen, wobei es sich üblicherweise um reine Onlineanwendungen handelt. Diese benötigen daher einen dauerhaften Onlinezugriff auf den Server, auf dem die Daten gespeichert werden, um diese per Webservice abrufen zu können.

Da Sie nun ein besseres Verständnis des Themas Webentwicklung und SAPUI5 haben, widmen wir uns im folgenden Abschnitt dem prominentesten Anwendungsgebiet von SAPUI5: der Erstellung von SAP-Fiori-Anwendungen.

8.2 Einführung in SAP Fiori und SAPUI5

Das beste Beispiel für SAPUI5-Anwendungen ist aktuell die Entwicklungsreihe der SAP-Fiori-Business-Applikationen von SAP. Der Abschnitt beginnt mit einer kurzen Vorstellung dieser Anwendungen sowie der SAPUI5-Architektur. Anschließend erläutern wir SAPUI5 im Allgemeinen und zeigen Ihnen, wie Sie das SAPUI5-Entwicklungswerkzeug als Eclipse-Plugin installieren können.

8.2.1 SAP Fiori

SAP Fiori wurde in enger Zusammenarbeit mit mehr als 250 Kunden von SAP entwickelt. Gemeinsam wurden die am häufigsten verwendeten Funktionsanforderungen des täglichen Bedarfs identifiziert. Dabei soll SAP Fiori die Mitarbeiterproduktivität erhöhen, die Beantwortungszeiten reduzieren und die gesamten Geschäftsprozesse damit optimieren. Die SAP-Fiori-Applikationen können von jedem Browser mit HTML5-Unterstützung angezeigt werden, gleichgültig, ob Desktop-PC oder mobiles Endgerät.

SAP-Fiori-Anwendungen bieten eine einfache Benutzeroberfläche sowie ein intuitives Bedienkonzept. Dabei passt sich das konsequente und ansprechende Design automatisch an das UI des aufrufenden Geräts an und stellt das Layout auf die Bildschirmgröße ein.

Keeping simple things simple

Der Slogan »einfache Dinge einfach halten« kann dank SAP Fiori wahr werden. SAP Fiori kann entweder als eine Sammlung von Anwendungen auf einer einzigen Plattform oder in Form mehrerer Webanwendungen implementiert werden. Sie können alle installierten und für Sie freigegebenen Anwendungen bequem aus einer Oberfläche, dem *SAP Fiori Launchpad*, starten (siehe Abbildung 8.1).

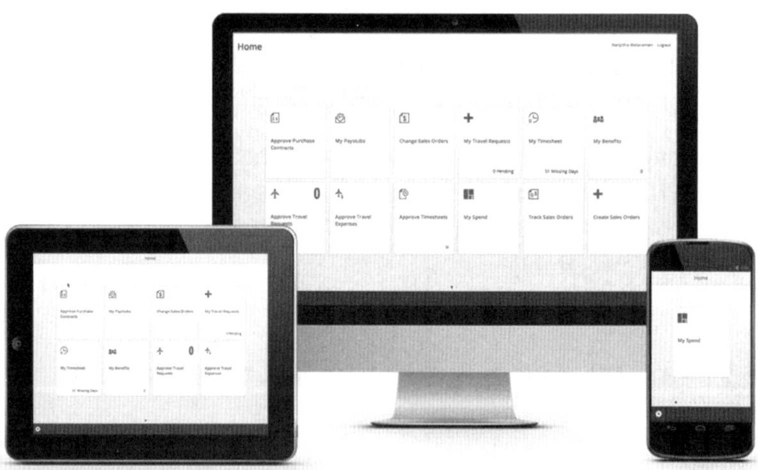

Abbildung 8.1 SAP Fiori – Launchpad

Die erste Auslieferungswelle von SAP Fiori in 2013 enthielt 25 Anwendungen für bekannte Szenarien wie Workflow-Genehmigungen, Informationsabfragen und Self-Service-Aufgaben. Bis heute hat die SAP AG mehr als 750 SAP-Fiori-Anwendungen publiziert.

SAP-Fiori-Katalog

Den gesamten SAP-Fiori-Katalog finden Sie hier:
https://fioriappslibrary.hana.ondemand.com/sap/fix/externalViewer/#/home

Look and Feel

Wie bereits erwähnt, werden das Aussehen und die Bedienung von SAP-Fiori-Anwendungen automatisch und dynamisch an die unterschiedlichen Gerätebildschirmgrößen angepasst und dafür optimiert. Während bei einem Desktop- oder Tablet-PC alle Informationen auf einem Bildschirm dargestellt werden, ist die Smartphone-Darstellung für kleinere Bildschirme optimiert. Die so angezeigten Anwendungen haben somit eine ganz andere, aber ebenfalls intuitive Art der Navigation, die Sie an die Ihrer nativen Smartphone-Anwendungen erinnern wird.

Es gibt drei verschiedene Arten von SAP-Fiori-Anwendungen (siehe Tabelle 8.1).

Applikationstyp	Beschreibung
transaktional	▸ aufgabenbasierter Zugriff (z. B. Anlegen oder Ändern) ▸ Läuft auf jeder Datenbank und auf SAP HANA.
analytisch	▸ visuelle Übersicht für Monitoring oder Nachverfolgung ▸ Läuft nur auf SAP HANA.
Fact Sheet	▸ Übersicht und Kontextnavigation zwischen verknüpften Objekten ▸ Läuft nur auf SAP HANA.

Tabelle 8.1 Applikationstypen

In Abbildung 8.2 sehen Sie eine grobe Übersicht über die von SAP Fiori verwendete Architektur.

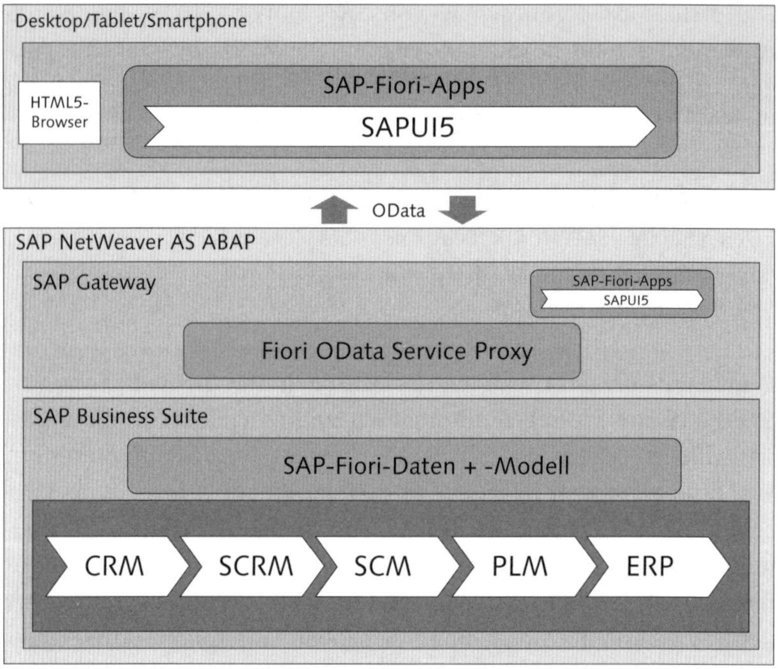

Abbildung 8.2 SAP Fiori – Architektur

Hinweis

Eine detaillierte Checkliste mit allen Voraussetzungen für Ihre gewünschten Funktionalitäten finden Sie auf der SAP-Hilfeseite unter *http://help.sap.com/fiori*.

Aus technischer Sicht besteht jede SAP-Fiori-Anwendung aus einer Datenbereitstellungs- und einer UI-Komponente. Die UI-Komponente ist die SAPUI5-App (mit minimaler Logik), die eigentliche Business-Logik und die Datenbereitstellung werden über einen Gateway-OData-Service abgewickelt.

Die SAP-Fiori-UI-Komponente ist üblicherweise im selben System wie die Gateway-Komponenten installiert, um Sicherheitsfunktionen bezüglich der CSRF (Cross-Site-Request-Forgery) gewährleisten zu können. Mithilfe eines gemeinsam genutzten Reverse Proxys können Sie die SAP-Fiori-UI-Komponente auch auf einem anderen SAP NetWeaver Application Server ABAP (AS) mit einem *SAPUI5-Add-on für SAP NetWeaver* installieren.

Weitere Informationen

Für weitere Details zur Architektur von SAP Fiori empfehlen wir Ihnen die folgende Webseite:
http://help.sap.com/fiori_bs2013/helpdata/en/40/1b675374b-c6655e10000000a423f68/frameset.htm

SAP-Fiori-Anwendungen erweitern

Die Erweiterung einer SAP-Fiori-Anwendung kann durch Änderung der Business-Suite-, Gateway- und/oder SAPUI5-Schicht erfolgen. Sie müssen jedoch nicht immer alle Schichten erweitern. Daher erhalten Sie in Tabelle 8.2 einen Überblick über die Kriterien, nach denen Sie festlegen können, welche Schicht verbessert werden sollte. Eine detaillierte Übersicht über die Erweiterungsmöglichkeiten erhalten Sie in Kapitel 10.

Anwendungsschicht	Erweiterung
SAP Business Suite	Erforderlicher Inhalt/Business-Logik existiert nicht auf der Backend-Seite.
SAP Gateway	Erforderlicher Inhalt/Business-Logik existiert auf Backend-Ebene, wird aber nicht als OData-Service von SAP Gateway bereitgestellt.
SAPUI5	Erforderlicher Inhalt/Business-Logik existiert auf Backend-Ebene und wird als OData-Service von SAP Gateway bereitgestellt, wird aber nicht in der SAPUI5-Anwendung dargestellt.

Tabelle 8.2 Applikationsschichten für SAP Fiori

SAP Web IDE

Die einfachste Möglichkeit für die Erweiterung der SAPUI5-Schicht bietet die SAP Web IDE. Diese ist kostenlos auf der SAP HANA Cloud Platform (HCP) verfügbar. Weitere Details über die SAP Web IDE finden Sie in Kapitel 9.

Weitere Informationen

Für tiefer gehende Informationen über die Erweiterung der unterschiedlichen SAP-Fiori-Schichten, der unterschiedlichen SAP-Fiori-Anwendungstypen und die allgemeine Entwicklung mit SAP Fiori empfehlen wir Ihnen das Buch *SAP Fiori: Implementierung und Entwicklung* von Michael Englbrecht und Michael Wegelin (SAP PRESS, 2015), zu finden unter *http://www.sap-press.de/3894/*.

Obwohl die Verwendung der SAP Web IDE die einfachste Möglichkeit für die SAPUI5-Entwicklung ist, zeigen wir Ihnen weitere Alternativen und darüber hinaus die Erweiterung einer bestehenden SAP-Fiori-Anwendung mit Eclipse in Abschnitt 8.4.2. Wenn Sie zusätzlich Ihren OData-Service im SAP Gateway erweitern wollen (zweite Schicht), lesen Sie bitte zunächst Kapitel 7, »Servicegenerierung« und zusätzlich Kapitel 10, in dem die Erweiterung im Detail erläutert wird.

8.2.2 SAPUI5

Das SAP User Interface Development Toolkit für HTML5 (SAPUI5) unterstützt Anwendungsentwickler bei der Erstellung einfach zu nutzender UI-Anwendungen, basierend auf JavaScript und HTML5. Die SAPUI5-Laufzeit ist eine clientbasierte HTML5-Rendering-Bibliothek mit einer Reihe von UI-Steuerelementen für Desktop- und mobile Anwendungen. Das Eclipse-SAPUI5-Plug-in bietet ein einfaches Programmiermodell, basiert natürlich auf JavaScript und kann daher zusammen mit jeder anderen JavaScript-Bibliothek verwendet/erweitert werden. Das UI-Design bedient sich bei den *Cascading Stylesheets Level 3* (CSS3), was es dem Entwickler sehr effektiv ermöglicht, die bereitgestellten Themes an die eigenen Bedürfnisse/das eigene Design anzupassen. SAP nutzt die bekannte JS-Bibliothek *jQuery* als Grundlage und erweitert die vielfach bewährte Open-Source-Bibliothek um zusätzliche Elemente.

Weitere Informationen

Für weitere Informationen zum Einstieg in die SAPUI5-Entwicklung empfehlen wir: *https://sapui5.netweaver.ondemand.com/*

Model-View-Controller

Die Entwicklung von SAPUI5 basiert auf dem *MVC-Konzept* (Model-View-Controller, siehe Abbildung 8.3). MVC ist ein Muster für die Strukturierung von Softwareentwicklung in drei unabhängige Einheiten:

- **Modell (Model)**
  Anwendungsdaten, Geschäftsregeln, Funktionen, Logik
- **Anzeige (View)**
  Rendering, UI, Layout
- **Steuerung (Controller)**
  Anwendungsverhalten, Benutzeraktionen/-eingaben, Konvertierung

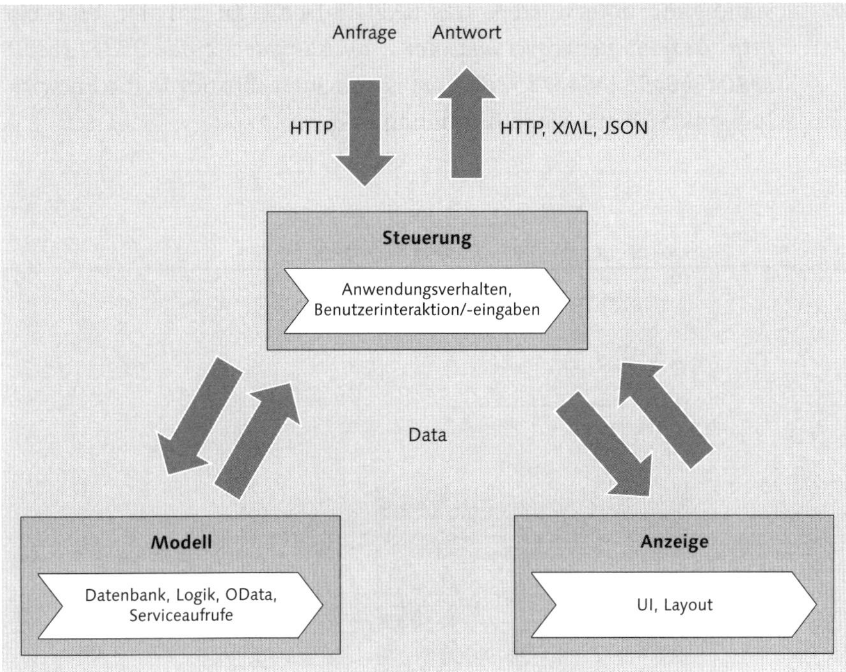

Abbildung 8.3 Model-View-Controller-Konzept

Gemäß dem MVC-Muster wird der für die Ansicht (UI) relevante Quellcode von dem für die Steuerung strikt getrennt. Diese Trennung vereinfacht z. B. auch die Verbindung mit Nicht-SAP-Systemen.

Eine detaillierte Übersicht über die verschiedenen SAP-Entwicklungspakete für Eclipse finden Sie unter *https://tools.hana.ondemand.com/*.

Anforderungen

SAPUI5-Eclipse-Plug-in: Mindestanforderungen

- Eclipse Kepler (Version 4.3) oder Luna (Version 4.4)
- Windows OS (7) 32- oder 64-Bit, Linux oder Apple Mac OS X 10.6
- Java Runtime Environment (JRE) Version 1.6 oder höher, 32- oder 64-Bit

Das SAPUI5-Entwicklungs-Toolkit ist eine Sammlung von Eclipse-basierten Tools, Editoren und Assistenten, die Ihnen dabei helfen, neue Projekte zu erstellen, und die den gesamten Entwicklungsprozess mithilfe von Quellcodebeispielen und einer Quellcode-Vervollständigung unterstützen. Das SAPUI5-Demo-Kit auf der Webseite *https://sapui5.netweaver.ondemand.com/sdk/#docs/guide/95d113be50-ae40d5b0b562b84d715227.html* ist ein guter Einstieg in die Entwicklung mit SAPUI5 (siehe Abbildung 8.4).

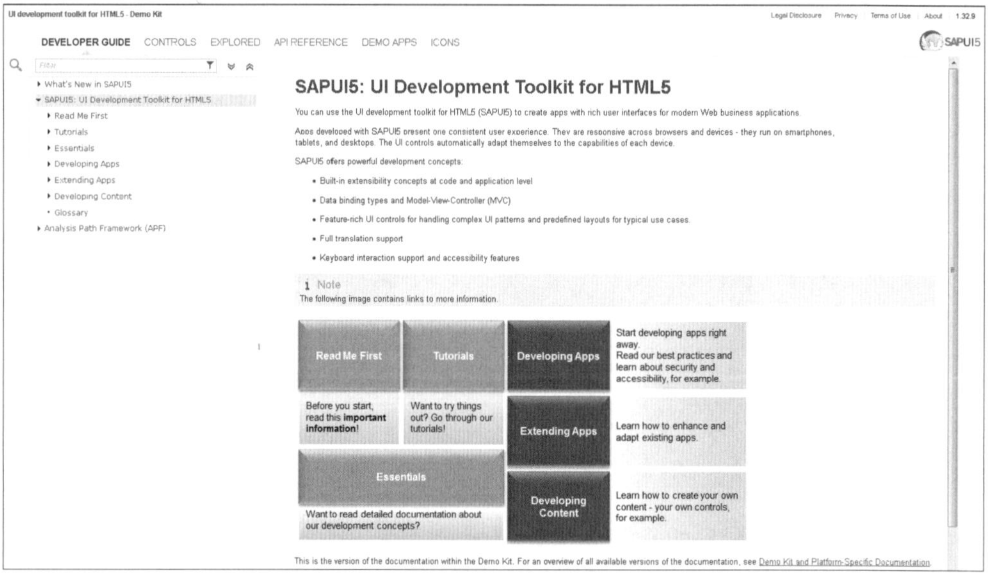

Abbildung 8.4 SAPUI5 – Demo-Kit

Der erste Schritt zur Entwicklung einer SAPUI5-Anwendung ist natürlich die Erstellung einer eigenen Applikation.

8.3 SAPUI5 installieren

Eclipse

Nun ist es an der Zeit, das Entwicklungs-Toolkit für SAPUI5 herunterzuladen und zu installieren. Die einzelnen Installationsschritte sind sehr einfach. Führen Sie folgende Schritte aus:

1. Downloaden und installieren Sie Java SE7.
2. Downloaden und starten Sie Eclipse (Kepler oder Luna).
3. Wählen Sie im Eclipse-Hauptmenü HELP • INSTALL NEW SOFTWARE.
4. Im Feld WORK WITH geben Sie die Quell-URL ein, unter der die zu installierenden Funktionen bereitgestellt werden, »https://tools.hana.ondemand.com/kepler« (ersetzen Sie Kepler mit Luna, wenn Sie Eclipse Luna verwenden), und drücken Sie [↵].

SAP GWPA

Wenn Sie das veraltete und nicht mehr unterstützte Programm *SAP Gateway Productivity Accelerator* (GWPA) nutzen möchten, müssen Sie Eclipse Juno verwenden. Da das Programm veraltet ist, wird keine andere Eclipse-Version unterstützt.

Die Updateseite listet alle verfügbaren Funktionen inklusive Namen und Versionsnummer für SAPUI5 auf (siehe Abbildung 8.5).

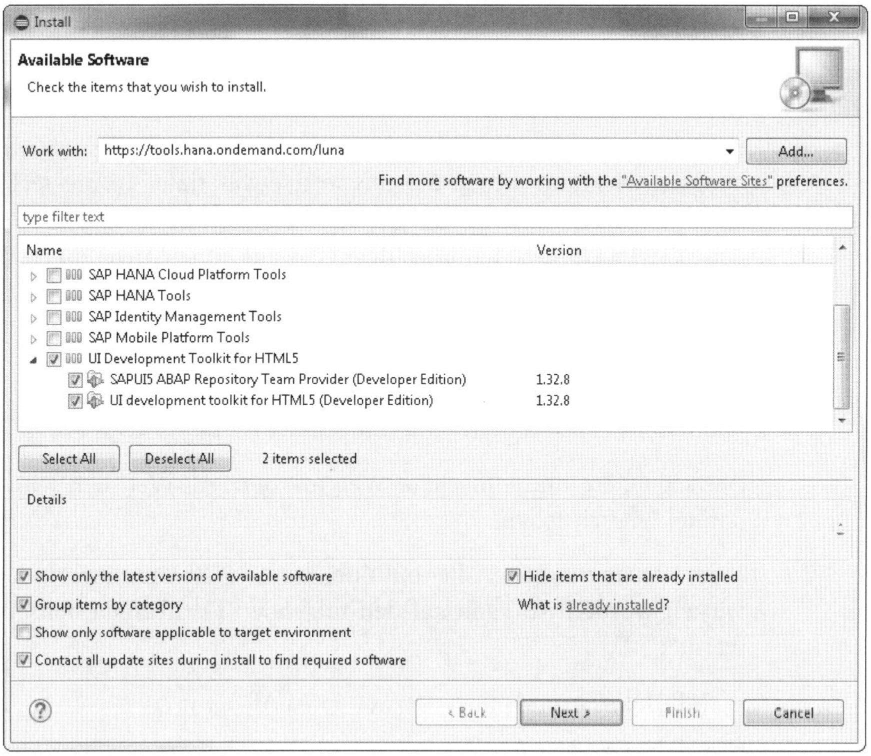

Abbildung 8.5 SAPUI5 installieren

5. Markieren Sie die Checkbox UI DEVELOPMENT TOOLKIT FOR HTML5, alle untergeordneten Elemente werden automatisch markiert. Die Checkbox SAPUI5 ABAP REPOSITORY TEAM PROVIDER (DEVELOPER EDITION) ist für den integrierten Veröffentlichungsprozess zum ABAP Repository verantwortlich.
6. Klicken Sie auf NEXT. Eclipse lädt alle benötigten Plug-ins herunter, und Sie erhalten anschließend eine Übersicht über die zu installierenden Objekte.

7. Klicken Sie erneut auf NEXT. Lesen und akzeptieren Sie die Lizenzbedingungen, indem Sie den entsprechenden Radiobutton auswählen, und klicken Sie auf FINISH.
8. Der Installationsprozess startet. Nach Fertigstellung fordert Eclipse zu einem Neustart auf. Starten Sie Eclipse neu.

Sie können das Plug-in nun für SAPUI5 in Eclipse verwenden, um Ihre SAPUI5-Anwendung anzulegen oder zu erweitern. Im nächsten Abschnitt werden wir eine neue SAPUI5-Anwendung anlegen.

8.4 SAPUI5-Anwendung erstellen

Sie haben nun eine allgemeine Vorstellung von der SAPUI5-Anwendungsentwicklung, lassen Sie uns jetzt etwas tiefer in die technischen Details eintauchen. Der erste Schritt der SAPUI5-Anwendungsentwicklung ist natürlich die Erstellung einer Anwendung. Wir zeigen Ihnen die folgenden zwei Möglichkeiten:

- manuelle Erstellung einer Anwendung, ohne die Hilfe eines Software Development Kits (SDK) (siehe Abschnitt 8.4.1)
- mit der Eclipse-Entwicklungsumgebung (siehe Abschnitt 8.4.2)

Der schnellere und einfachere Weg mit der SAP Web IDE wird in Kapitel 9 beschrieben.

Jede Webanwendung, die mithilfe des SAPUI5-Frameworks entwickelt worden ist, kann auf den folgenden Plattformen betrieben werden:

- SAP NetWeaver Application Server ABAP
- SAP NetWeaver Application Server Java
- SAP HANA Cloud Platform
- Open-Source-Java-Applikationsserver
- statischer Open-Source-Webserver

Bei der Wahl einer SAP-Plattform gibt es zwei Optionen für den Veröffentlichungsprozess, abhängig von der SAP-NetWeaver-Version:

- **SAP NetWeaver 7.00, 7.01, 7.02 und 7.03/7.31 < SPS 04**
  manueller Bereitstellungsprozess mithilfe des ABAP-Reports

  `/UI5/UI5_REPOSITORY_LOAD`

- **SAP NetWeaver 7.03/7.31 und höher**
  in Eclipse integrierter Bereitstellungsprozess mit dem ABAP-Repository-Team-Provider-Plug-in

8.4.1 Manuelle Erstellung

Beispiel »Hello World«

Die erste Möglichkeit der manuellen Erstellung einer SAPUI5-Applikation ist das von SAP bereitgestellte Beispiel *Hello World*, das nur einige Minuten Entwicklungszeit in Anspruch nimmt. Sie können diese Beispielanwendung mit jedem Computer erstellen und nahezu jeden Browser verwenden, um die erstellte Anwendung zu testen. Das Entscheidende für Sie ist zu wissen, wo Sie ohne eigenen Server trotzdem auf SAPUI5 referenzieren können.

SAPUI5-JavaScript-Datei

Die folgende SAPUI5-JavaScript-Bootstrap-Datei ist bereits in unsere Quellcodebeispiele eingebettet: *https://sapui5.netweaver. ondemand.com/resources/sap-ui-core.js*

Die URL war zum Zeitpunkt der Erstellung dieses Buches (Mai 2016) aktuell. Versuchen Sie zuerst, die URL in Ihrem Browser aufzurufen. Sollte das nicht funktionieren, versuchen Sie eine andere SAPUI5-Installation zu finden, oder installieren Sie SAPUI5 direkt auf einem Ihrer eigenen Server.

Folgende Schritte sind notwendig, um Ihre erste SAPUI5-Anwendung auf Ihrem Windows-Computer anzulegen:

1. Erstellen Sie ein neues Textdokument (z. B. Klick mit rechter Maustaste auf Ihren Desktop und Auswahl von NEU • TEXTDOKUMENT). Als Namen wählen Sie z. B. »HelloWorld.html«. Der wichtigste Teil dabei ist die Dateiendung *.html*. Akzeptieren Sie deshalb die Änderungswarnung vor der Änderung von *.txt* zu *.html*, und öffnen Sie die gerade erstellte Datei mit dem Windows-Notepad-Editor (verwenden Sie nicht Microsoft Word).
2. Tragen Sie den HTML-Code wie in Listing 8.1 in den Editor ein, und speichern Sie die Datei.

```
</html>
<html>
<head>
    <meta http-equiv="X-UA-Compatible" content="IE=edge" />
    <meta http-equiv="Content-Type" content="text/
      html;charset=UTF-8"/>
```

```
        <title>SAPUI5</title>
        <script id="sap-ui-bootstrap"
            src=" https://sapui5.netweaver.ondemand.com/
              resources/sap-ui-core.js"
            data-sap-ui-theme="sap_goldreflection"
            data-sap-ui-libs="sap.ui.commons">
        </script>
        <script>
            $(function(){
                $("#uiArea").sapui("Button", "btn", {
                    text:"Hello World!",
                    press:function(){$("#btn").fadeOut();}
                });
            });
        </script>
    </head>
    <body class="sapUiBody">
        <div id="uiArea"></div>
    </body>
    </html>
```

Listing 8.1 SAP-Beispielanwendung »Hello World!«

3. Das war es bereits. Sie können Ihre erste SAPUI5-Anwendung direkt testen, indem Sie die vervollständigte HTML-Datei in Ihrem bevorzugten Browser öffnen. Sie sehen den implementierten Button mit der festgelegten Bezeichnung innerhalb der von Ihnen erstellten SAPUI5-Anwendung (siehe Abbildung 8.6).

Abbildung 8.6 SAPUI5 – Button »Hello World!«

Hello World!

Klicken Sie nun auf den Button Hello World! Daraufhin wird dieser mit der definierten Methode `fadeOut()` ausgeblendet (siehe Abbildung 8.7).

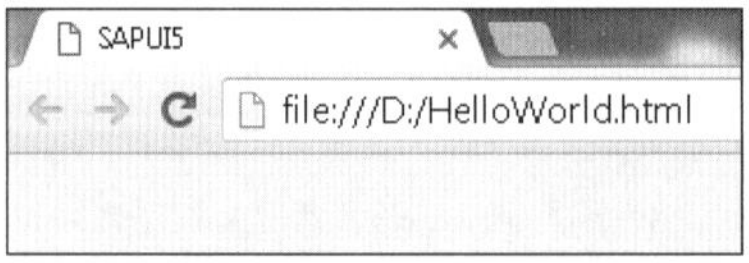

Abbildung 8.7 SAPUI5 – »Hello World«-Applikation nach Interaktion

Dieses manuelle Vorgehen wird durch SAPUI5 für Eclipse erheblich optimiert und daher im folgenden Abschnitt erläutert.

8.4.2 Erstellung mit Eclipse

SAPUI5-Projekt anlegen

Lassen Sie uns nun die einzelnen Schritte in Eclipse näher betrachten. Legen Sie ein neues SAPUI5-Projekt wie folgt an:

1. Erstellen Sie ein neues Projekt über FILE • NEW • PROJECT, und wählen Sie APPLICATION PROJECT unter dem Knotenpunkt SAPUI5 APPLICATION DEVELOPMENT.
2. Klicken Sie auf NEXT, und geben Sie den gewünschten Projektnamen im Feld PROJECT NAME ein (siehe Abbildung 8.8).
3. Lassen Sie die Checkbox CREATE AN INITIAL VIEW markiert, um eine neue Ansicht anzulegen (später können Sie zusätzliche weitere Ansichten anlegen). Außerdem können Sie Ihre Zielgerätebibliothek auswählen: SAP.UI.COMMONS oder SAP.M (Browserunterstützung für mobiles Betriebssystem). Wählen Sie für unser Szenario SAP.UI.COMMONS. Klicken Sie erneut auf NEXT.

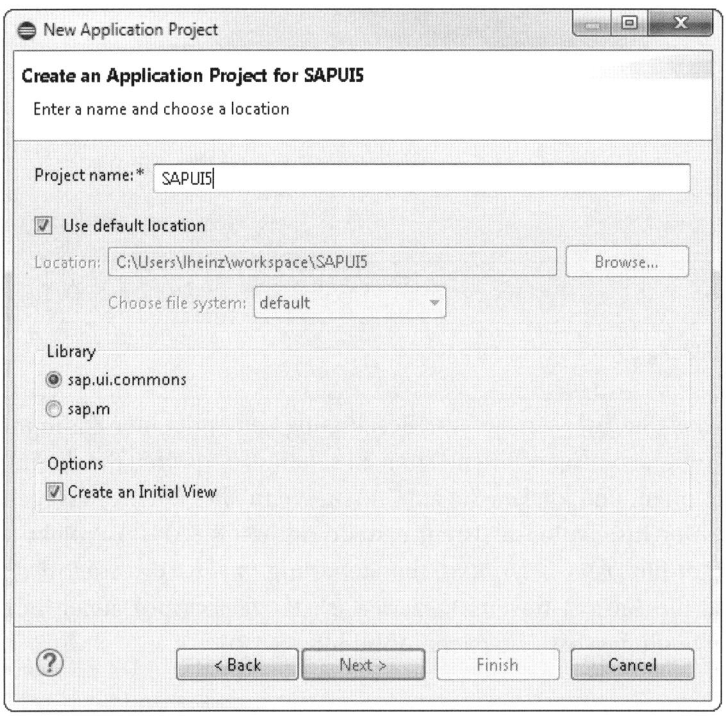

Abbildung 8.8 SAPUI5-Projekt anlegen

Ansicht anlegen Um eine neue Ansicht anzulegen (siehe Abbildung 8.9), müssen Sie die Ansichtseigenschaft pflegen. Dazu zählen der Ordner (FOLDER; Default-Einstellung beibehalten), der frei wählbare Name der Ansicht im Feld NAME und die bevorzugte Entwicklungssprache im Feld DEVELOPMENT PARADIGM (Default-Einstellung JAVASCRIPT beibehalten).

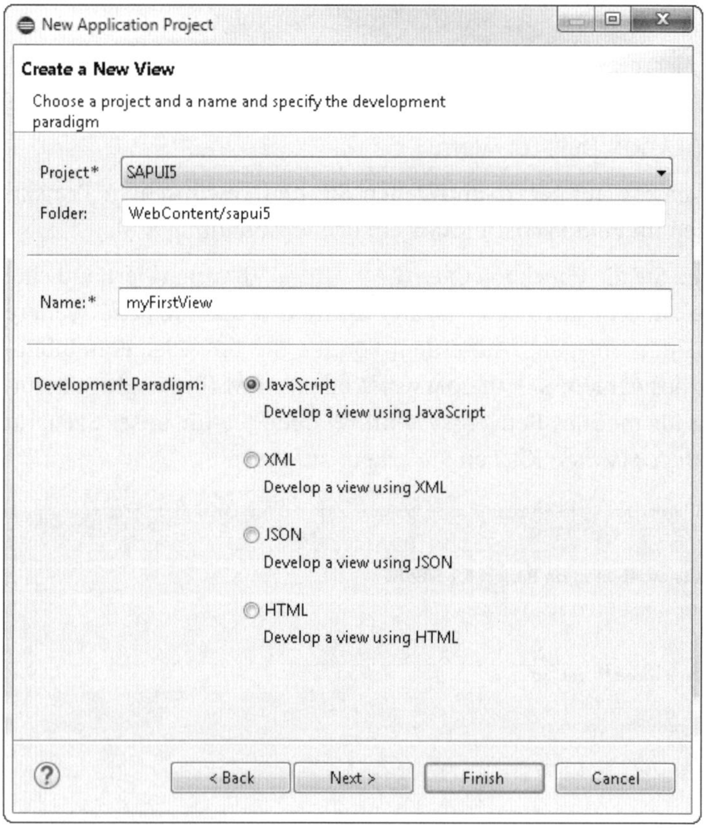

Abbildung 8.9 Neue Ansicht anlegen

Klicken Sie auf NEXT, um die Bestätigungsseite mit einer Zusammenfassung der ausgewählten Daten zu sehen. Überprüfen Sie die Informationen, und klicken Sie auf FINISH, wenn alles korrekt angegeben ist. Der Installationsassistent erstellt ein neues SAPUI5-Projekt und öffnet die Datei *index.html*, die Steuerung (*myFirstView.controller.js*) und die Ansicht (*myFirstView.view.js*) der JavaScript-Dateien in der Anwendungsvorschau (siehe Abbildung 8.10).

Abbildung 8.10 Neues SAPUI5-Projekt

Buttons hinzufügen

Wir haben Ihnen in Abschnitt 8.4.1 bereits gezeigt, wie Sie eine neue SAPUI5-Anwendung mit einem einfachen Button erstellen können. Um eine ähnliche Funktion innerhalb des erstellten Eclipse-Projekts hinzuzufügen, führen Sie folgende Schritte aus:

1. Öffnen Sie die für die Ansicht zuständige JavaScript-Datei (*myFirstView.view.js*), um einen neuen Button zu erstellen, und fügen Sie den Code aus Listing 8.2 der vorhandenen Methode `createContent` hinzu:

```
createContent : function(oController) {
    var aControls = [];
    var oButton   = new sap.ui.commons.Button({
    id   : this.createId("MyFirstButton"),
    text : "HelloSAPUI5"
    });

  aControls.push(oButton.attachPress
    (oController.displayText));
    return aControls;
  }
```

Listing 8.2 View-Funktionen

2. Reagieren Sie auf das Ereignis `displayText`.

3. Öffnen Sie die JavaScript-Datei für die Steuerung (*myFirstView.controller.js*), und fügen Sie den Quellcode aus Listing 8.3 hinzu.

```
displayText : function(oEvent) {
    alert(oEvent.getSource().getId() + "works!");
}
```

Listing 8.3 Steuerungsfunktionen

Bemerkung

Der gezeigte Quellcode funktioniert nur für JavaScript. Wenn Sie eine andere Entwicklungssprache ausgewählt haben, besuchen Sie die folgende Hilfeseite von SAP, um den richtigen Quellcode zu erhalten:

http://help.sap.com/saphelp_nw74/helpdata/de/07/d2bdc3ad0e4c62b14123e6f80dca56/content.htm?frameset=/de/fc/f5e9b5068f4e008779e520e546604b/frameset.htm&current_toc=/de/5c/be4e5b4a19479a92b1d32ff23b7b63/plain.htm&node_id=38

Web-App-Vorschau

Sie können Ihre neue SAPUI5-Anwendung auf dem in Eclipse eingebetteten Jetty-Server testen, indem Sie auf den Projektknoten mit der rechten Maustaste klicken und Run As • Web App Preview auswählen (siehe Abbildung 8.11).

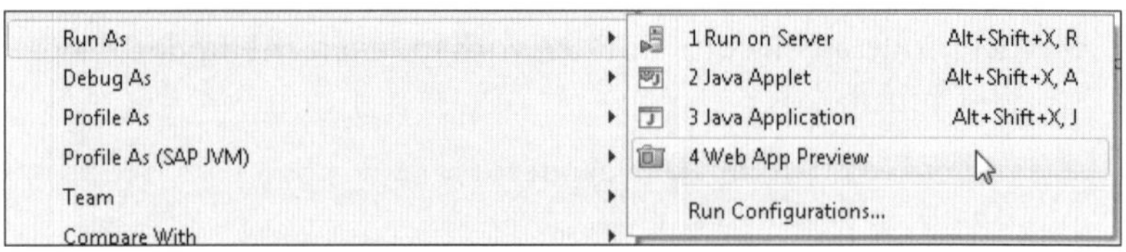

Abbildung 8.11 SAPUI5-Applikation in Web-App-Vorschau

Alles wird automatisch konfiguriert, und ein neuer Tab innerhalb von Eclipse neben den bereits vorhandenen Tabs wird geöffnet. Sie können diese URL auch innerhalb eines Browsers Ihrer Wahl öffnen (siehe Abbildung 8.12).

Klicken Sie auf den erstellten Button HelloSAPUI5, um die ordnungsgemäße Funktion zu prüfen. Ein Alarm-Pop-up mit der internen Button-ID und der definierten Nachricht wird geöffnet (siehe Abbildung 8.13).

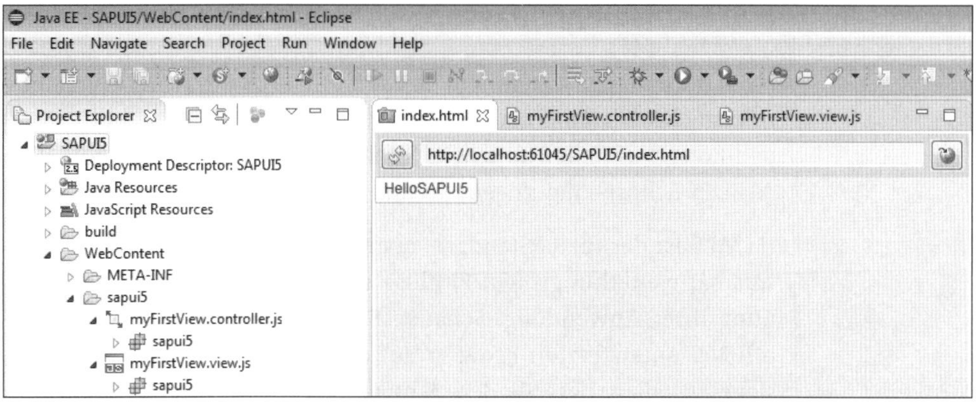

Abbildung 8.12 Web-App-Anzeige im Browser

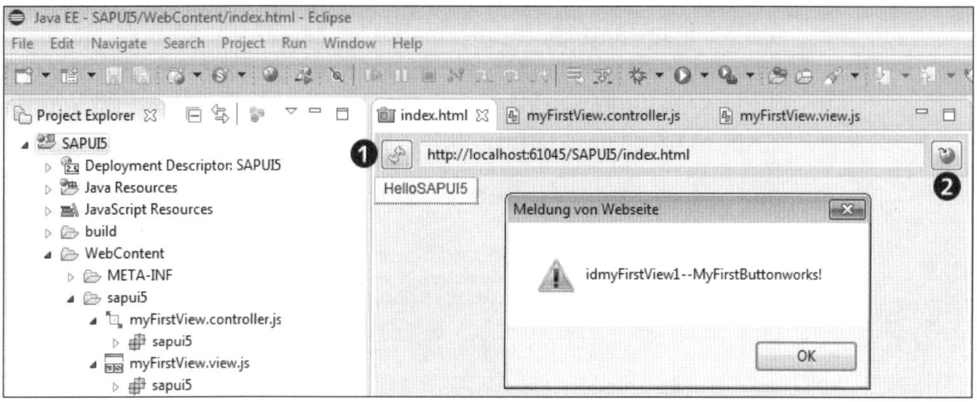

Abbildung 8.13 Alarmnachricht in SAPUI5

Wenn Sie irgendetwas innerhalb Ihres SAPUI5-Projekts ändern, müssen Sie die Anwendungsvorschau mit dem Button REFRESH (Icon mit zwei Pfeilen auf der linken Seite der Positionsleiste, siehe ❶ in Abbildung 8.13) aktualisieren. Sie können die Anwendung auch in Ihrem externen Standardbrowser testen, indem Sie den Button OPEN IN EXTERNAL BROWSER (Erdball-Icon auf der rechten Seite der Positionsleiste ❷) anklicken.

Weitere Informationen

Für weitere Informationen, wie Sie Ihre erste Anwendung mit SAPUI5 entwickeln können, empfehlen wir:

https://sapui5.hana.ondemand.com/sdk/index.html#docs/guide/23cfd955f58142389fa7c9097e11559c.html

8.5 Zusammenfassung

Nach diesem Kapitel kennen Sie die Vorteile von HTML5. Sie haben gelernt, wie Sie eine neue SAPUI5-Anwendung innerhalb des Notepad-Editors erstellen und wie Sie Ihre erste Anwendung mit dem SAPUI5-Eclipse-Plug-in generieren.

HTML5 ist der finale Standard, aber der Einsatz des richtigen Browsers hat weiterhin großen Einfluss auf das Aussehen und die Bedienung Ihrer Anwendung. Schauen Sie sich daher die durch SAPUI5 offiziell unterstützten Browser auf der folgenden Webseite an, um sicherzustellen, dass Sie den richtigen Browser verwenden, um Ihre SAPUI5-Anwendung zu prüfen und auch zu entwickeln: *https://sapui5.netweaver.ondemand.com/sdk/#docs/guide/BrowserSupport.html.*

Falls Sie ausführlichere Informationen benötigen, können Sie diese über das SAP Community Network finden. Der zentrale Ort, um mit Ihrer SAPUI5-Entwicklerkarriere zu starten, ist das Demo-Kit auf der SAP HANA Cloud Platform unter *https://sapui5.hana.ondemand.com.*

Im nächsten Kapitel erläutern wir Ihnen die SAP Web IDE.

Die Entwicklung von Applikationen kann mit verschiedenen SAP-Tools optimiert werden. Dieses Kapitel zeigt Ihnen, wie Sie die SAP Web IDE, das zentrale browserbasierte Entwicklungstool der SAP, verwenden können.

9 SAP Web IDE

In der Anwendungsentwicklung spielen neben der verwendeten Zielplattform und der damit zusammenhängenden Programmiersprache (SAPUI5, siehe Kapitel 8, »SAPUI5-Applikationsentwicklung«) auch die unterstützen Entwicklungswerkzeuge eine entscheidende Rolle. Um den Einstieg in die Welt der Anwendungsentwicklung so einfach wie möglich zu gestalten, bietet SAP einige nützliche, autonom funktionierende Plug-ins sowie ein neues browserbasiertes Entwicklungswerkzeug für SAPUI5 an, die *SAP Web IDE*. Die SAP Web IDE ist eine Entwicklungsumgebung mit einigen integrierten Tools, um den gesamten Ende-zu-Ende Entwicklungsprozess zu unterstützen.

Bereits 2013 veröffentlichte SAP einen grafischen WYSIWYG-Webeditor (*what you see is what you get*) mit dem Namen *SAP AppBuilder*. Der SAP AppBuilder konnte jedoch ausschließlich für die Entwicklung von Prototypen verwendet werden. 2014 wurde das Programm erweitert und in *SAP River RDE* (Rapid Development Environment) umbenannt. Schlussendlich erhielt das Programm nach weiteren Optimierungen seinen heutigen Namen SAP Web IDE.

Die SAP Web IDE deckt das gesamte SAPUI5-Design- und -Entwicklungsspektrum sowie die Erweiterung von bereits existierenden SAP-Fiori-Apps ab. Diese Prozesse werden sowohl für Browser als auch mobile Endgeräte durch vorgefertigte Templates, Entwicklungsassistenten und Quellcode- oder Datenmodell-Editoren unterstützt.

Die SAP Web IDE ist dabei sowohl für Anwendungs- als auch UI-Entwickler optimiert und bietet die Möglichkeit der einfachen und schnellen Konsumierung eines OData-Service. Dabei wird eine vollständige kleine Beispielanwendung erstellt, inklusive User Interface und dem notwendigen Quellcode für die Konsumierung des verwendeten OData-Service.

Weitere Informationen

Für weitere Informationen zur SAP Web IDE empfehlen wir die folgenden URL: *http://scn.sap.com/docs/DOC-55465*

In diesem Kapitel geben wir Ihnen eine Übersicht über die SAP Web IDE. Wir zeigen Ihnen, wie Sie Zugriff auf die kostenlose Trial-Version in der SAP HANA Cloud Platform (HCP) erhalten und wie Sie die lokale Version der SAP Web IDE installieren (siehe Abschnitt 9.1), inklusive der jeweils notwendigen Konfiguration, um Ihre SAP Web IDE mit Ihrem SAP Gateway zu verbinden (siehe Abschnitt 9.2). Zusätzlich zeigen wir Ihnen die verfügbaren OData-Beispielservices von *www.odata.org*, die verfügbaren SAP-Gateway-Services der SAP und wie Sie den kostenlosen Zugriff auf diese erhalten (siehe Abschnitt 9.3). Wir zeigen Ihnen, wie Sie eine SAPUI5-Anwendung erstellen (siehe Abschnitt 9.4) und welche SAP-Fiori-Referenz-Anwendungen verfügbar sind (siehe Abschnitt 9.5). Abschließend erstellen und ändern wir mithilfe des OData-Modell-Editors ein OData-Modell (siehe Abschnitt 9.6).

9.1 Installation und Zugriff

On Premise und on Demand

Es gibt zwei Wege, die SAP Web IDE zu installieren und darauf zuzugreifen:

- per Installation als lokale Version auf Ihrem Desktop (on Premise)
- per SAP HCP (on Demand)

In diesem Abschnitt zeigen wir Ihnen die notwendigen Schritte für beide Optionen.

9.1.1 Installation on Premise über die lokale Version

Sie können eine lokale Version der SAP Web IDE auf Ihrem Desktop-PC installieren. Diese lokale Version ist ausschließlich für Test- und Evaluierungsprozesse gedacht und beinhaltet im Gegensatz zur SAP-HCP-Version auch nicht die neuesten Funktionen.

Folgende Schritte sind notwendig, um die lokale Version der SAP Web IDE zu installieren:

1. Besuchen Sie die Seite *https://store.sap.com*, und suchen Sie nach »SAP Web IDE«.
2. Klicken Sie auf den Button TRIAL VERSION auf der Trefferliste (siehe Abbildung 9.1).
3. Geben Sie in der sich öffnenden Dialogbox Ihre Kontaktinformationen ein, akzeptieren Sie die Nutzungsbedingungen, und klicken Sie abschließend auf SUBMIT, um den Download der lokalen Version zu starten.

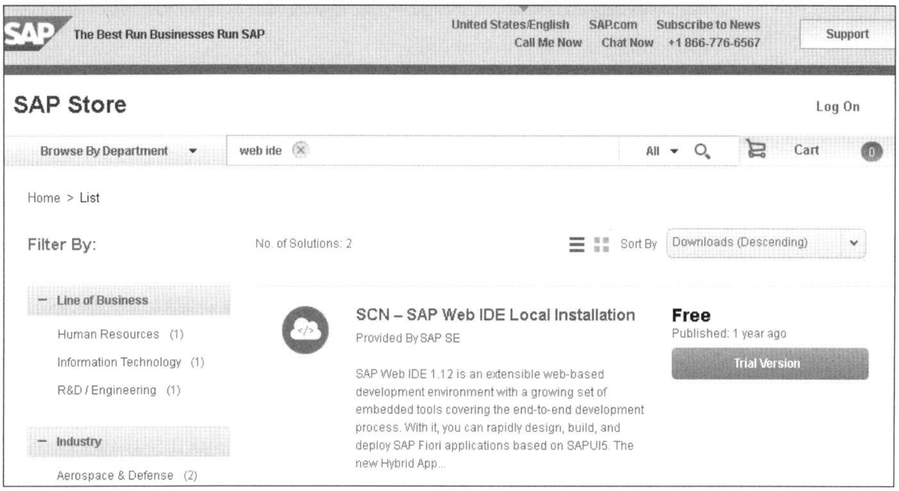

Abbildung 9.1 SAP Store – SAP Web IDE

4. Sie erhalten eine E-Mail mit einem Download-Link für die 94 MB große Installationsdatei *SAP_Web_IDE_Local_Inst.zip*. Starten Sie die Datei nach dem Download, und führen Sie die folgenden Schritte durch.
5. Erstellen Sie einen lokalen Order *SAPWebIDE* auf Ihrem Laufwerk *C*.
6. Laden Sie die aktuellste stabile Version des *Eclipse-Orion-Applikationsservers* von *http://download.eclipse.org/orion/* herunter, und entpacken Sie diesen in den erstellten Ordner *C:/SAPWebIDE*.

   Eclipse-Orion-Applikationsserver

7. Laden Sie die aktuellste Version des *p2 director* von *www.eclipse.org/downloads/download.php?file=/tools/buckminster/products/director_latest.zip* herunter, und entpacken Sie die Dateien auf Ihr Laufwerk D (oder einen beliebigen anderen Ordner).

Verwaltungsplattform (p2)

p2 ist eine Technologieplattform für die Verwaltung von Eclipse- und Equinox-basierten Applikationen.

8. Prüfen Sie die Java-Version über die Kommandozeile mithilfe des Befehls `java -version` (siehe Abbildung 9.2).

Abbildung 9.2 Java-Version prüfen

Java SE 7

Benutzen Sie Java SE 7 (1.7.x) anstelle der Version 8 (1.8.x), da mit Version 8 in bestimmten Systemkonfigurationen Probleme bekannt sind. Wenn Sie bereits Version 8 installiert haben, deinstallieren Sie diese, und laden Sie die aktuellste Version des Java SE 7 Runtime Environments von *www.oracle.com/technetwork/java/javase/downloads/jre7-downloads-1880261.html* herunter.

Java SE

Nach dem erfolgreichen Download aller Daten entpacken Sie bitte alle Dateien auf Ihrer lokalen Festplatte und fahren mit dem Installationsprozess wie folgt fort:

1. Öffnen Sie die Kommandozeile erneut, und installieren Sie das SAP-Web-IDE-Paket auf dem Eclipse-Orion-Server mit der Hilfe des p2-director-Tools. Geben Sie dazu den folgenden Befehl ein: (Wenn Sie einen anderen Pfad als beschrieben verwendet haben, passen Sie bitte vorher den Pfad zu der Datei *updatesite.zip* an und/oder zu Ihrem Eclipse-Orion-Ordner. Wenn einer der Pfade zu der ZIP-Datei oder zum Eclipse-Ordner Leerzeichen beinhaltet, muss der Pfad mit Anführungszeichen umschlossen werden.)

```
director -repository jar:file:D:\updatesite.zip!/
  -installIU com.sap.webide.orionplugin.feature.feature.
  group -destination c:\SAPWebIDE\eclipse
```

   Drücken Sie [↵] auf Ihrer Tastatur (siehe Abbildung 9.3).

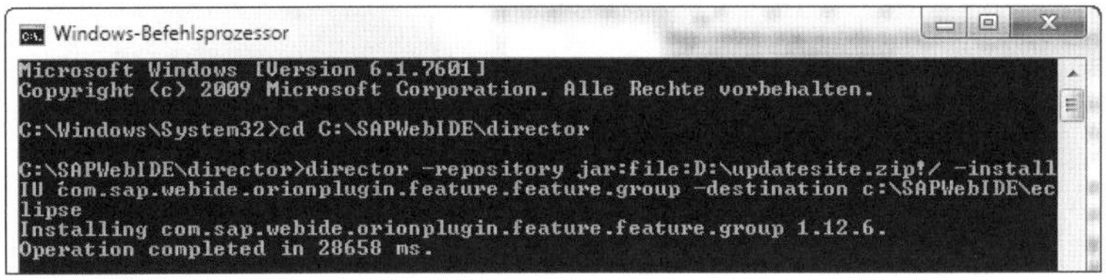

Abbildung 9.3 Installation des SAP Web IDE Packages nach Eclipse Orion

Orion-Port

2. Navigieren Sie zu Ihrem Eclipse-Orion-Ordner unter *C:\SAPWebIDE\eclipse*, und öffnen Sie die Datei *orion.ini* mit einem Texteditor, bevor Sie den Eclipse-Orion-Server starten.
3. Suchen Sie die Zeile `-Dorg.eclipse.equinox.http.jetty.http.port=8080`, und ersetzen Sie den Port `8080` durch z. B. `8090` (siehe Abbildung 9.4).

Abbildung 9.4 Änderung des Orion-Webports

4. Speichern Sie die Datei. Führen Sie die Datei *orion.exe* aus, um den Eclipse-Orion-Server zu starten. Eine Kommandozeile wird geöffnet.
5. Starten Sie anschließend einen Browser Ihrer Wahl, und öffnen Sie die Webseite *http://localhost:8090/webide/index.html*. Die Eclipse-Orion-Startseite sollte nun angezeigt werden, wo Sie sich mit Ihrem Orion-, GitHub- oder Google-Account anmelden müssen (siehe Abbildung 9.5).

Orion-Account

6. Sollten Sie noch keinen dieser Accounts besitzen, empfehlen wir die Erstellung eines neuen Orion-Accounts unter *https://orionhub.org/mixloginstatic/register.html*. Nach der erfolgreichen Registrierung erhalten Sie eine Bestätigungs-E-Mail.
7. Loggen Sie sich mit Ihren Zugangsdaten ein. Nach kurzer Ladezeit wird die Startseite der lokale SAP Web IDE angezeigt (siehe Abbildung 9.6).

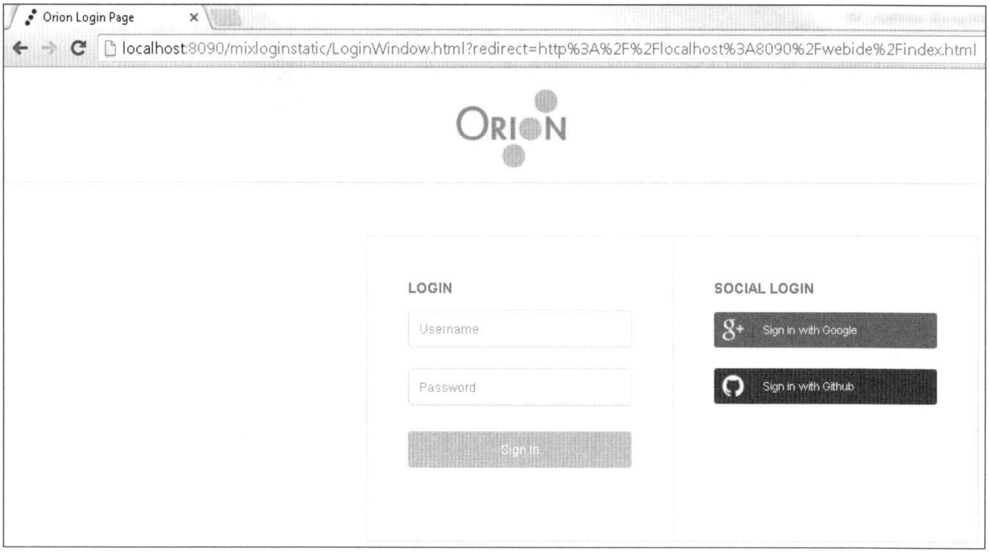

Abbildung 9.5 Orion-Webserver-Login

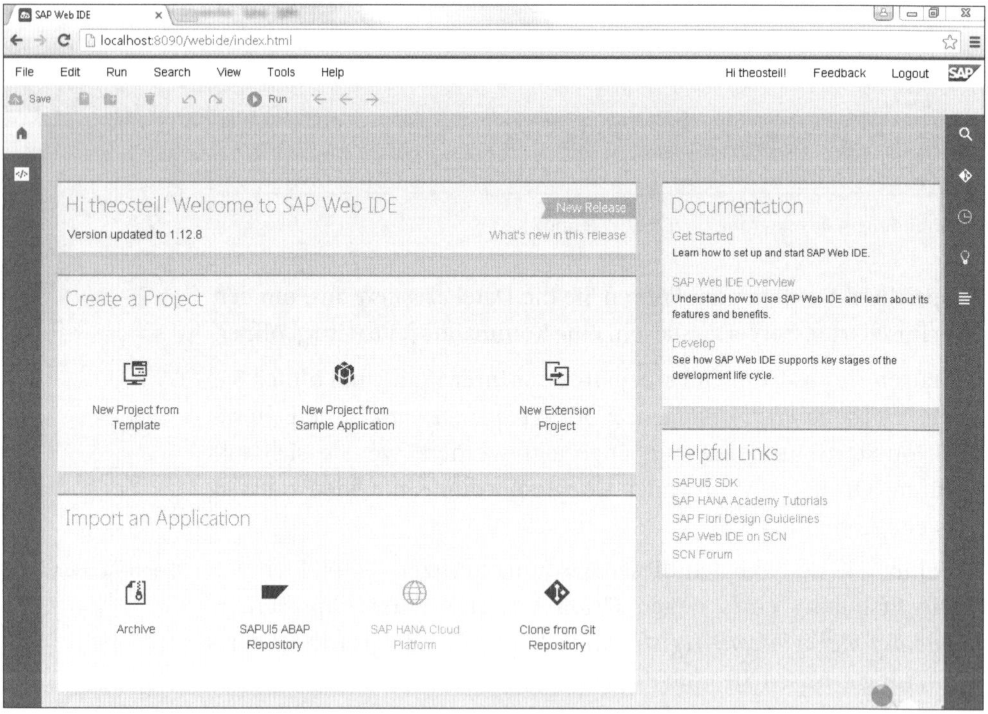

Abbildung 9.6 Lokale SAP Web IDE

Jetzt sind Sie in der Lage, mit der lokalen SAP Web IDE Ihre ersten Entwicklungen durchzuführen.

Sie können Ihre lokale SAP Web IDE beenden, indem Sie Ihr Browserfenster schließen, die Eclipse-Orion-Konsole öffnen, dort den Befehl `close` eintragen und [↵] drücken. Bestätigen Sie das Beenden des Servers, indem Sie die Taste [Y] drücken. Die Konsole wird automatisch beendet.

Weitere Informationen

Weitere Informationen zur lokalen Installation der SAP Web IDE finden Sie unter *https://scn.sap.com/docs/DOC-58848*.

9.1.2 On-Demand-Zugriff über SAP HANA Cloud Platform

Kostenloser Test-Account

Die SAP Web IDE ist zusätzlich auch über SAP HCP ohne eine lokale Installation verfügbar.

Wie bereits in der Kapiteleinleitung erläutert, ist die SAP Web IDE ein Paket aus unterschiedlichen Anwendungen, das teilweise aus den vorherigen SAP-Tools wie dem SAP AppBuilder, dem AppDesigner, dem Gateway Productivity Accelerator (GWPA) oder dem SAP Fiori Toolkit erstellt wurde. Diese ehemaligen Programme und Plug-ins konnten ausschließlich in der jeweils spezifischen Umgebung (z. B. iOS oder Android) genutzt werden oder wie der GWPA als Eclipse-basiertes Entwicklungswerkzeug. SAP überträgt diese Tools teilweise in die SAP Web IDE auf der SAP HCP, um die Entwicklungsprozesse zu optimieren und eine lokale Installation überflüssig zu machen.

Weitere Informationen

Sie finden eine detaillierte Dokumentation zu SAP HCP auf *https://help.hana.ondemand.com/webide/frameset.htm* (siehe Abbildung 9.7).

SAP-HCP-Umgebung

SAP HCP ist die grundlegende Technologieplattform von SAP für jede Art von Applikationen, die auf SAP HANA in der Cloud basieren. Abbildung 9.8 gibt Ihnen eine grobe architektonische Übersicht der SAP-Web-IDE-Umgebung innerhalb von SAP HCP.

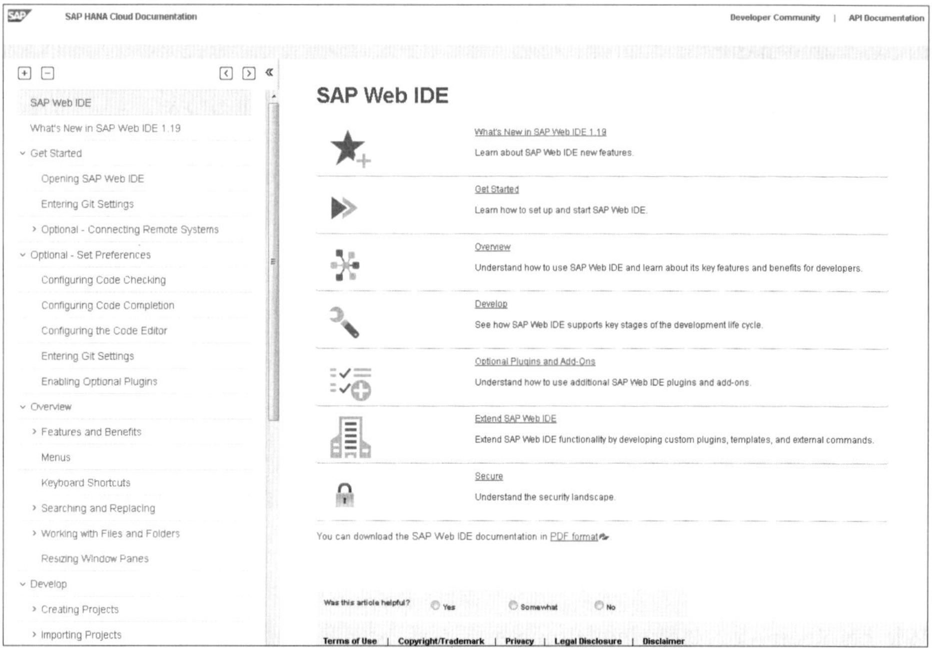

Abbildung 9.7 Dokumentation zu SAP HANA Cloud

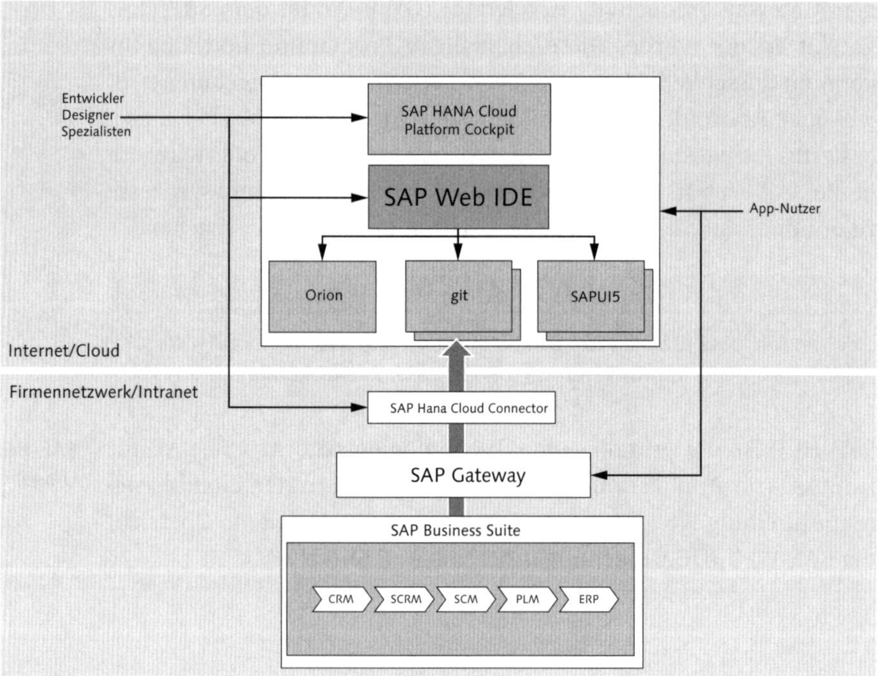

Abbildung 9.8 SAP-Web-IDE-Umgebung

Die folgenden Elemente sind in dieser Umgebung enthalten:

- **SAP HANA Cloud Platform Cockpit**
  Das SAP HCP Cockpit ist der zentrale Einstiegspunkt, um alle Funktionen und Applikationen innerhalb von SAP HCP zu verwalten. Beispielsweise können Sie auf die SAP Web IDE zugreifen oder eine Remote-Verbindung anlegen.
- **Orion Server**
  Der Orion Server stellt eine Reihe von Backend-Services zur Verfügung, auf denen die SAP Web IDE basiert.
- **Git Repository**
  Das Git Repository kann für die Verwaltung des Quellcodes genutzt werden.
- **SAPUI5**
  SAPUI5 ist das bekannte UI-Repository und die Basis für alle SAP-Fiori-Applikationen.
- **SAP HANA Cloud Connector**
  Der SAP HANA Cloud Connector erlaubt allen On-Demand-Funktionen innerhalb der SAP HCP den Zugriff auf das lokale On-Premise-SAP-System.

Sie können sich Ihren kostenlosen Testzugang zu SAP HCP wie folgt anlegen: Testzugang

1. Rufen Sie *https://account.hanatrial.ondemand.com* auf, und klicken Sie auf Register (siehe Abbildung 9.9).

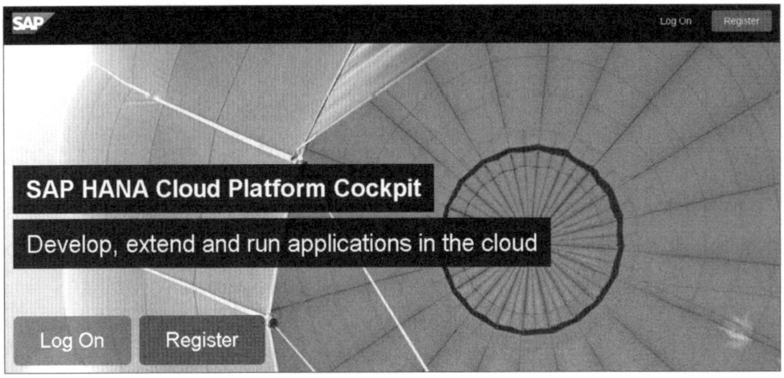

Abbildung 9.9 SAP HANA Cloud Platform – Logon

2. Geben Sie Ihren Vor- und Nachnamen, Ihre E-Mail-Adresse, Ihr Passwort und Ihre bevorzugte Kontaktmöglichkeit in der sich öff-

nenden REGISTRATION-Dialogbox ein. Akzeptieren Sie die Nutzungsbedingungen, und klicken Sie abschließend auf REGISTER.

3. Sie erhalten einen Aktivierungslink an die angegebene E-Mail-Adresse. Klicken Sie auf den Link in der E-Mail, um Ihren Registrierungsprozess zu vervollständigen. Nach der erfolgreichen Anlage Ihres Account erscheint ein Bestätigungs-Pop-up, das Sie mit einem Klick auf CONTINUE bestätigen. Anschließend werden Sie zum SAP HCP Cockpit weitergeleitet (siehe Abbildung 9.10).
4. Klicken Sie im linken Menü auf den Eintrag SUBSCRIPTIONS, um den Zugriff auf die SAP Web IDE zu erhalten. Klicken Sie im folgenden Bildschirm auf den Tabelleneintrag WEBIDE, um Ihre Instanz der SAP Web IDE (z. B. *https://webide-yourusername.dispatcher.hanatrial.ondemand.com*) zu öffnen.

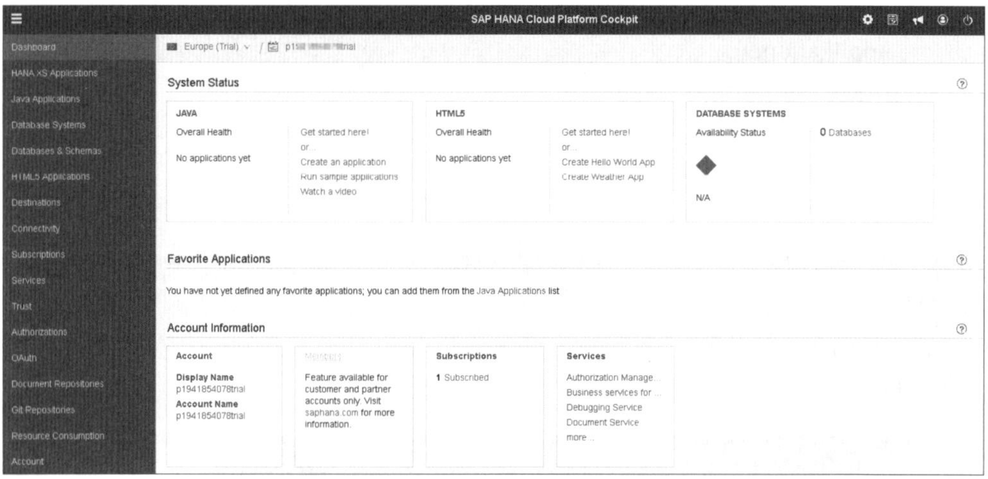

Abbildung 9.10 SAP HANA Cloud Platform Cockpit

Nun sind Sie in der Lage, die SAP Web IDE aus der SAP HCP zu nutzen.

Im nächsten Abschnitt zeigen wir Ihnen sowohl die Konfiguration der lokalen SAP Web IDE als auch von SAP HCP, um eine Verbindung zu Ihrem SAP Gateway aufbauen zu können.

9.2 Verbindung zu SAP Gateway

Im vorherigen Abschnitt haben wir gezeigt, wie Sie eine lokale Version der SAP Web IDE auf Ihrem Desktop installieren können und wie Sie auf die SAP Web IDE auf SAP HCP zugreifen können. In diesem Abschnitt konfigurieren wir sowohl die lokale Installation als auch SAP HCP, um SAP Gateway mit der SAP Web IDE zu verbinden.

9.2.1 Verbindung der lokalen Installation mit SAP Gateway

Remote-Systeme

Dieser Abschnitt zeigt Ihnen, wie Sie Ihre lokale SAP Web IDE mit einem Remote-System verbinden können. In Abschnitt 9.2.2 zeigen wir Ihnen, wie Sie die SAP Web IDE in der SAP HCP mit einem SAP Gateway verbinden, um OData-Services zu konsumieren.

Anbindung der Remote-Systeme

Sie können unterschiedliche Serviceziele definieren, um auf das Remote-System zugreifen zu können. Für weitere Informationen empfehlen wir den folgenden How-to-Guide:
www.sdn.sap.com/irj/scn/go/portal/prtroot/docs/library/uuid/d010835c-b539-3210-6eb6-906c58d3c573?QuickLink=index&overridelayout=true&60408715027671
Voraussetzung für die Verbindung zu Ihrem eigenen ABAP-System ist mindestens die SAP-Basisversion 7.31 SP14 oder 7.40 SP8.

Folgende Schritte sind für die Konfiguration der Verbindung notwendig:

1. Öffnen Sie eine Konsole, und navigieren Sie zu dem Unterordner *Destinations* in Ihrem Eclipse-Orion-Verzeichnis *SAP Web IDE*. Wie bereits in Abschnitt 9.1, »Installation und Zugriff«, beschrieben, lautet der exakte Pfad *C:\SAPWebIDE\eclipse\config_master\service.destinations\destinations*. Geben Sie daher den folgenden Befehl ein: `cd C:\SAPWebIDE\eclipse\config_master\service.destinations\destinations` (siehe Abbildung 9.11).

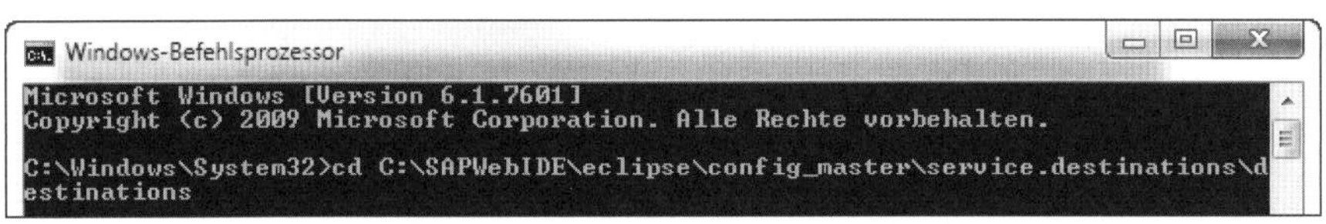

Abbildung 9.11 Zielordner

2. Im nächsten Schritt erstellen Sie eine Verbindung zum SAP-ES4-Demosystem. Geben Sie den Befehl `echo #ServiceDestination > ES4` ein, um eine Datei für die Konfiguration der Verbindung zu

erstellen. Geben Sie anschließend `notepad es4` ein, um die erstellte Datei mit dem Editor zu öffnen. Ersetzen Sie `#ServiceDestination` mit den Zeilen aus Listing 9.1, und speichern Sie die Datei.

```
Description=ES4
Type=HTTP
TrustAll=true
Authentication=NoAuthentication
Name=ES4
ProxyType=Internet
URL=https\://sapes4.sapdevcenter.com
WebIDEUsage=odata_abap,ui5_execute_abap,dev_abap
WebIDESystem=ES4
WebIDEEnabled=true
```

Listing 9.1 Verbindungskonfiguration für das SAP-ES4-Demosystem

3. Schließen Sie die gegebenenfalls bereits geöffnete SAP Web IDE, und starten Sie diese anschließend neu. Sie werden erneut dazu aufgefordert, sich am Eclipse-Orion-Server anzumelden.

Nun sind Sie in der Lage, Ihre lokale SAP Web IDE mit einem SAP-Gateway-System zu verbinden.

9.2.2 Verbindung zwischen SAP Web IDE auf der SAP HANA Cloud Platform und SAP Gateway

Dieser Abschnitt beschreibt, wie Sie aus der SAP-Web-IDE-Umgebung in der SAP HCP eine Verbindung zu dem SAP-Gateway-Demosystem ES4 aufbauen, um OData-Services zu konsumieren. Wenn Sie noch keinen Zugang zu dem ES4 haben, legen Sie bitte, wie in Abschnitt 9.3, »OData-Beispielservices«, beschrieben, einen Account an. Abschnitt 9.4 zeigt Ihnen anschließend, wie Sie eine SAPUI5-Anwendung mit der SAP Web IDE erstellen und mit dieser einen OData-Service konsumieren.

Folgende Schritte sind für die Konfiguration der Verbindung notwendig:

1. Öffnen Sie die URL zu Ihrer On-Demand-SAP-Web-IDE auf der SAP HCP, und melden Sie sich mit Ihren Zugangsdaten an. Klicken Sie auf DESTINATIONS im Menü auf der linken Seite, und klicken Sie anschließend auf NEW DESTINATION, um eine neue Verbindung anzulegen.

2. In der nächsten Ansicht geben Sie den Namen Ihrer Verbindung im Feld Name und den Verbindungstyp im Feld Type (»HTTP«) ein. Die Zielverbindungsadresse im Feld URL sollte die System-Domain (*https://sapes4.sapdevcenter.com/*) mit einem »/« am Ende sein. Die SAP Web IDE verbindet den Pfad der OData-Ressource automatisch mit der System-URL. Geben Sie weiterhin den Proxy-Typ im Feld Proxy Type (»Internet«), die Authentifizierungsmethode im Feld Authentication (»BasicAuthentication«) und den Benutzernamen und das Passwort in den Feldern User und Password ein (siehe Abbildung 9.12).

Abbildung 9.12 Neue SAP-Gateway-Verbindung anlegen

Eigenschaften

Nun müssen Sie die Eigenschaften der Verbindung festlegen:

1. Fügen Sie folgende zusätzliche Parameter hinzu, indem Sie auf den Button New Property klicken (siehe Tabelle 9.1).

Parameter	Wert
WebIDEEnabled	true
WebIDESystem	ES4
WebIDEUsage	odata_abap,ui5_execute_abap,dev_abap

Tabelle 9.1 Zusätzliche Verbindungseinstellungen

2. Klicken Sie auf den Button Save, um die Konfiguration der Verbindungseinstellungen zu sichern. Klicken Sie abschließend auf Check Connection, um die eingegebenen Daten und die Verbindung zu testen.

Jetzt können Sie jede beliebige Serviceanwendung auf SAP HCP mit dem gerade konfigurierten SAP-Gateway-System verbinden.

9.3 OData-Beispielservices

Wenn Sie kein eigenes SAP-Gateway-System verfügbar haben und trotzdem mit der Entwicklung und Konsumierung von OData-Services beginnen möchten oder einfach eine Vorschau erhalten möchten, können Sie sich kostenlos für das SAP-Gateway-Beispielservice-Demosystem registrieren. Sie erhalten Zugriff auf das SAP-Demosystem für SAP-Gateway-Services über die SCN-Seite *http://scn.sap.com/docs/DOC-40986*.

SAP-Demosystem

Zuerst müssen Sie einen eigenen Account für das SAP-Gateway-Demosystem mit Ihren SCN-Benutzerdaten anlegen (*https://accounts.sap.com/saml2/idp/sso/accounts.sap.com*). Nach erfolgreicher Registrierung erhalten Sie eine E-Mail mit Benutzernamen und Passwort. Nun können Sie sich per WebGUI auf das SAP-Gateway-ES4-System aufschalten: *https://sapes4.sapdevcenter.com* (siehe Abbildung 9.13).

Das WebGUI ist der einzige Weg, um eine Verbindung zu dem System aufzubauen, da SAP aus Sicherheitsgründen alle Verbindungen über Windows oder die Java-GUI deaktiviert hat. Sie haben Lese- und Schreibrechte für die veröffentlichten Services sowie Zugriff auf die Entwicklungstools, aber Sie haben keine Berechtigung, um eigene Entwicklungen oder Änderungen durchzuführen.

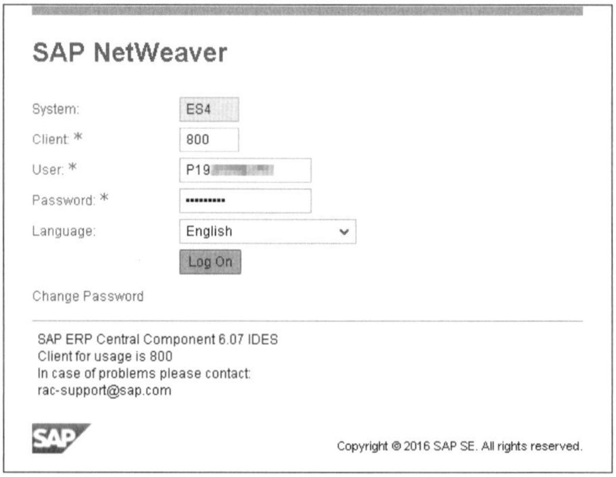

Abbildung 9.13 SAP ES4 – WebGUI

SAP-Beispielservices

SAP stellt verschiedene Services zu unterschiedlichen Szenarien bereit, um den Umgang mit OData kennenzulernen und zu verstehen. Jeder OData-Service stellt mindestens die folgenden Funktionalitäten zur Verfügung:

- Metadatendokument
- Konsumierungsmodell
- Beispiel-Query-Operationen
- Beispiel-Lese-Operation

Sie können Ihre bevorzugte Entwicklungsumgebung oder jeden Webbrowser nutzen, um auf einen der folgenden Demoservices zuzugreifen:

- **Enterprise Procurement Model (CRUD-Q)**
  CRUD-Q-Operationen für die Entity-Typen `BusinessPartner`, `Contact`, `Product`, `SalesOrder` und `SalesOrderLineItem`:
  https://sapes4.sapdevcenter.com/sap/opu/odata/IWBEP/GWSAMPLE_BASIC/?sap-ds-debug=true
- **Flight example (read-only)**
  Leseoperationen auf den bekannten SAP-Flugdaten:
  https://sapes4.sapdevcenter.com/sap/opu/odata/IWFND/RMTSAMPLEFLIGHT/?sap-ds-debug=true
- **Enterprise Procurement Model (read-only)**
  Leseoperationen auf den Entitätstypen `BusinessPartner`, `SalesOrder` und weitere:
  https://sapes4.sapdevcenter.com/sap/opu/odata/IWBEP/GWDEMO/?sap-ds-debug=true

SAP will in Zukunft zusätzliche Services zu weiteren Szenarien bereitstellen. Eine vollständige Liste über die aktuell verfügbaren OData-Beispielservices erhalten Sie im SCN unter *http://scn.sap.com/docs/DOC-31221*.

OData.org-Beispielservices

Die Website *OData.org* stellt zusätzlich drei weitere Beispielservices bereit:

- **Northwind-Service** (Lesezugriff)
  Zugriff auf die Northwind-Datenbank
  http://services.odata.org/Northwind/Northwind.svc/

- **OData-Beispielservice** (Lesezugriff)
  Zugriff auf Kategorien, Produkte und Lieferanten
  http://services.odata.org/OData/OData.svc/
- **OData-Beispielservice** (Lese- und Schreibzugriff)
  Zugriff auf Kategorien, Produkte und Lieferanten inklusive Schreibberechtigung
  http://services.odata.org/v3/odata/odata.svc

Die komplette Liste der Beispielservices erhalten Sie auf der Webseite *www.odata.org/ecosystem/*.

Im nächsten Abschnitt beschreiben wir, wie Sie eine SAPUI5-Applikation mit der SAP Web IDE entwickeln.

9.4 SAPUI5-Anwendungsentwicklung

Die SAP Web IDE beschleunigt den Erstellungsprozess von Desktop- und Mobile-Anwendungen durch die einfache Benutzeroberfläche. In Abschnitt 9.2.1 (on Premise) und Abschnitt 9.2.2 (on Demand) haben wir beschrieben, wie Sie die SAP Web IDE mit einem SAP-Gateway-System verbinden, um OData-Services konsumieren zu können. In diesem Abschnitt zeigen wir Ihnen die Entwicklung einer SAPUI5-Applikation mit der SAP Web IDE innerhalb von SAP HCP, da diese ähnlich zu der lokalen Installation ist, jedoch immer die aktuellsten Funktionen beinhaltet.

Subscription

Führen Sie dazu die folgenden Schritte aus:

1. Melden Sie sich in Ihrem SAP HCP Cockpit an, um auf Ihre SAP Web IDE zuzugreifen. Klicken Sie dazu auf SUBSCRIPTIONS (siehe Abbildung 9.14).
2. Wählen Sie die Subscription (= abonnierte HTML5-Anwendung) WEBIDE. Die Abonnement-Details werden geladen und in einer Übersicht angezeigt. Neben der aktiven Anwendungsversion im Feld ACTIVE APPLICATION VERSION der SAP Web IDE sehen Sie die direkte URL im Feld APPLICATION URL.
3. Klicken Sie auf die URL, um die SAP Web IDE zu starten. Melden Sie sich mit Ihren Zugangsdaten an, um mit der Entwicklung zu beginnen. Fügen Sie die URL Ihren Favoriten hinzu, um zukünftig direkt auf die SAP Web IDE zugreifen zu können.

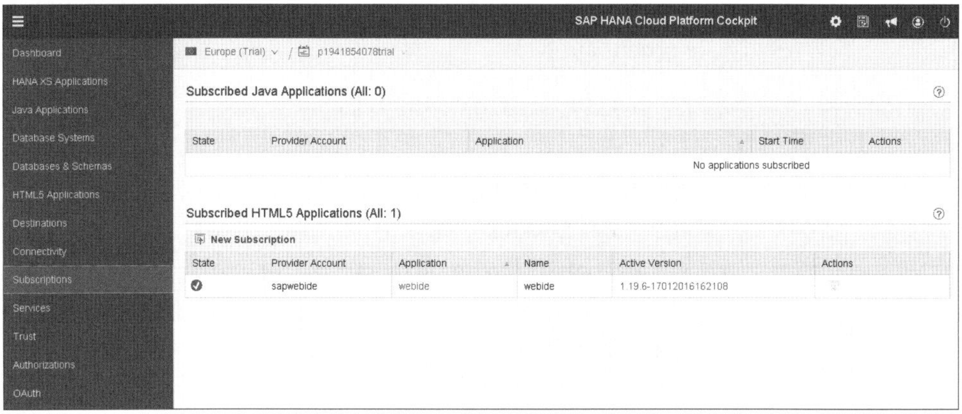

Abbildung 9.14 Subscription in der SAP Web IDE

4. Erstellen Sie ein neues Projekt über den Button New Project from Template auf der Startseite (siehe Abbildung 9.15).

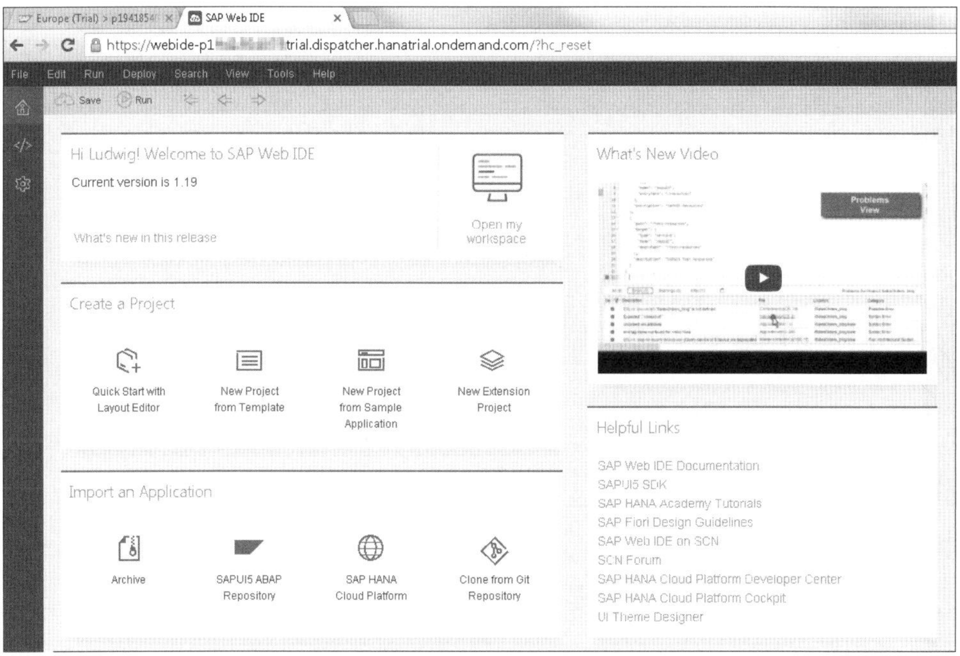

Abbildung 9.15 SAP Web IDE – Startbildschirm

5. Wählen Sie das Standard-Template SAP Fiori Master Detail Application, und klicken Sie auf Next. Geben Sie einen Projekt-

namen ohne Leerzeichen im Feld PROJECT NAME ein, und klicken Sie erneut auf NEXT.

Datenverbindungen

So legen Sie eine Datenverbindung an:

1. Wählen Sie unter der Auswahl SOURCES eine der folgenden Datenverbindungsmöglichkeiten: SERVICE CATALOG, WORKSPACE, FILE SYSTEM oder SERVICE URL:
   - SERVICE CATALOG: Wählen Sie Ihr gewünschtes SAP-Gateway-System, und wählen Sie anschließend den OData-Service aus der Serviceliste (siehe Abbildung 9.16). Klicken Sie auf NEXT, um mit dem nächsten Schritt fortzufahren.
   - WORKSPACE: Wählen Sie einen lokalen Service aus Ihrem SAP-Web-IDE-Workspace (siehe Abschnitt 9.6, »OData-Modell-Editor«).

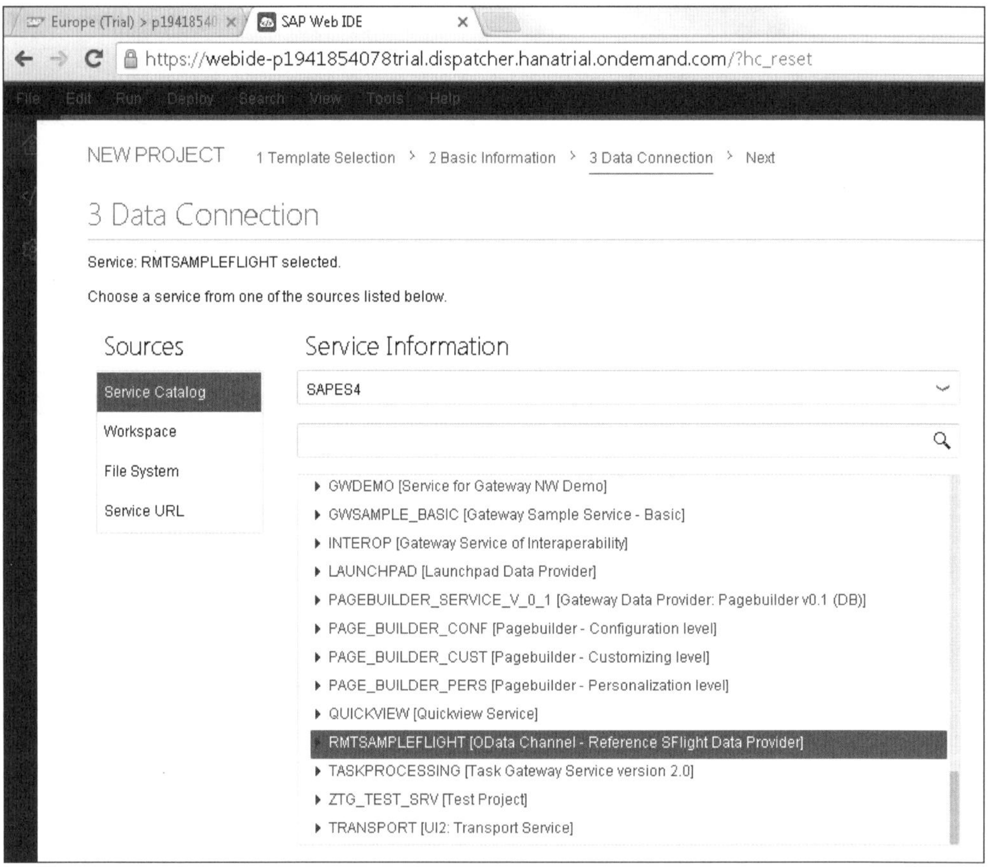

Abbildung 9.16 OData-Service aus dem Servicekatalog auswählen

- File System: Laden Sie die nötigen Serviceinformationen aus einer lokalen Datei in Ihre SAP Web IDE.
- Service URL: Fügen Sie eine SAP-Gateway-Service-URL ohne Host-Information (*sap/opu/odata/IWFND/RMTSAMPLEFLIGHT/*) ein, geben Sie Ihre Zugangsdaten ein, und warten Sie, bis Sie durch alle verfügbaren Entitäten des eingetragenen OData-Service navigieren können (siehe Abbildung 9.17). Wählen Sie die Entität FlightCollection aus der Liste Details auf der rechten Seite, und klicken Sie auf Next.

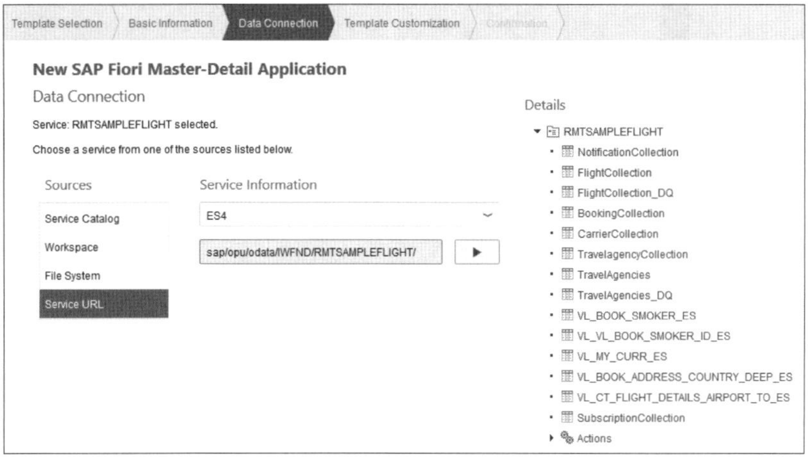

Abbildung 9.17 SAP Web IDE – Service-URL

Template Customizing

Im nächsten Schritt passen Sie das ausgewählte Template an:

1. Geben Sie die Anwendungseinstellungen im Feld Application Settings und die Datenbindung im Feld Data Bindings ein. Sie können sich die Detailsicht der verfügbaren Felder und deren Position auf dem SAPUI5-Screen über ein Pop-up anzeigen lassen (siehe Abbildung 9.18). Klicken Sie auf Next, wenn Sie mit diesem Schritt fertig sind.
2. Klicken Sie auf der Bestätigungsseite auf Finish. Ihr neues SAPUI5-Projekt wird generiert.

Weitere Informationen

Für weitere Informationen zur Entwicklung mit der SAP Web IDE empfehlen wir:
https://help.hana.ondemand.com/webide/frameset.htm?6284a94889db4f3cad001ba674282f20.html

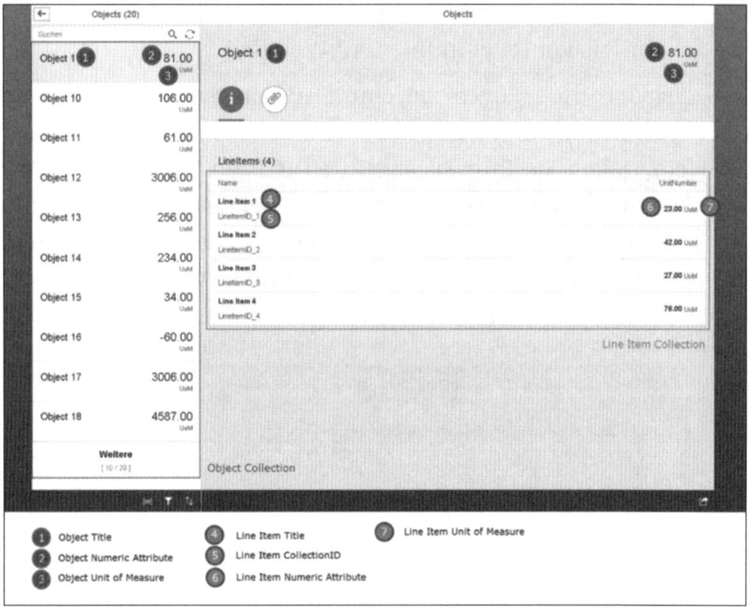

Abbildung 9.18 SAP Web IDE – Template Customizing

3. Klicken Sie mit der rechten Maustaste auf das soeben erstellte Projekt, und wählen Sie RUN • RUN WITH SERVER (siehe Abbildung 9.19), um die Anwendung zu starten.

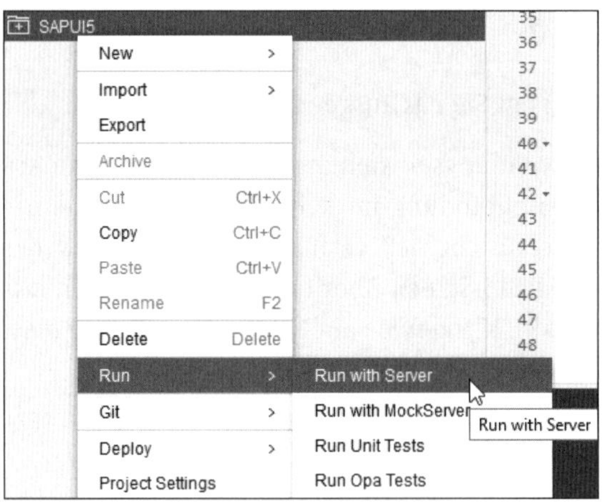

Abbildung 9.19 SAPUI5-Projekt mit OData-Server

Melden Sie sich in dem neuen geöffneten Fenster mit Ihren Benutzerdaten an. Ihre erstellte SAPUI5-Anwendung wird mit den Daten aus dem OData-Service angezeigt (siehe Abbildung 9.20).

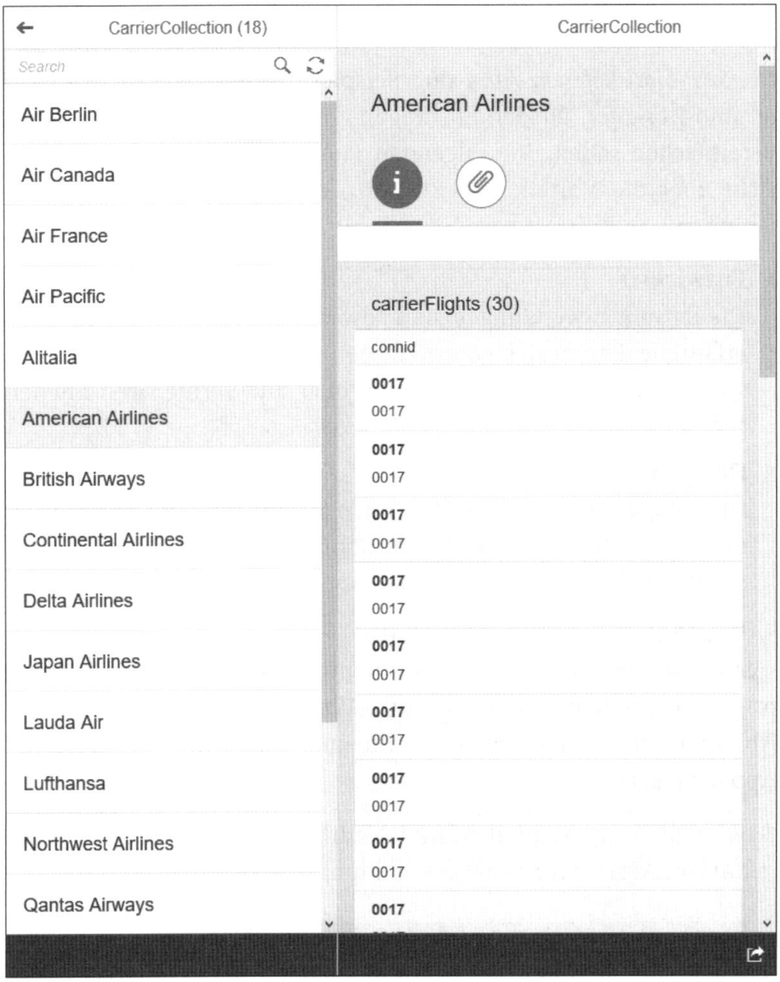

Abbildung 9.20 SAP Web IDE – SAPUI5-Applikation

Im folgenden Abschnitt zeigen wir Ihnen, wie Sie eine SAPUI5-Webanwendung über die SAP Web IDE erstellen können, ohne auch nur eine einzige Zeile Quellcode zu schreiben. Wir erstellen in unserem Beispiel eine einfache Master-Detail-SAPUI5-Anwendung, die einen OData-Service aus Ihrem SAP-Gateway-System konsumiert.

Existierende Anwendungen erweitern

Es ist natürlich ebenfalls möglich, bereits existierende Anwendungen mit neuen Funktionen zu erweitern. Die Erweiterung von SAP-Fiori-Applikationen zeigen wir Ihnen ausführlich in Kapitel 10, »Erweiterbarkeit«.

9.5 SAP-Fiori-Referenz-Apps

Die *SAP-Fiori-Referenz-Apps* sind Beispielanwendungen für Entwickler und Designer, die den Einstieg in die Entwicklung von SAP Fiori vereinfachen sollen. Die folgenden Punkte geben eine kurze Übersicht über die Vorteile der Referenz-Apps für jede dieser beiden Gruppen:

- **Entwickler**
  Die Beispielanwendungen sind sowohl für Einsteiger als auch für erfahrene Entwickler geeignet. Sie erhalten Quellcode und Beispiele, die einen guten Überblick über alle verfügbaren Ebenen geben.
- **Designer**
  UI-Designer finden Beispiele zu den Schablonen und Kontrollelementen für SAP Fiori. Designer können zusätzlich den Interaktionsablauf der SAP-Fiori-Business-Applikationen erlernen.

App anlegen

SAP-Fiori-Referenz-Apps sind in der SAP Web IDE bereits als Beispiele integriert und basieren auf dem standardisierten SAP Enterprise Procurement Model (EPM). Wir zeigen Ihnen in diesem Abschnitt die notwendigen Schritte, um eine SAP-Fiori-Referenz-App anzulegen:

1. Wählen Sie im Menü der SAP Web IDE File • New • Project from Sample Application (siehe Abbildung 9.21).

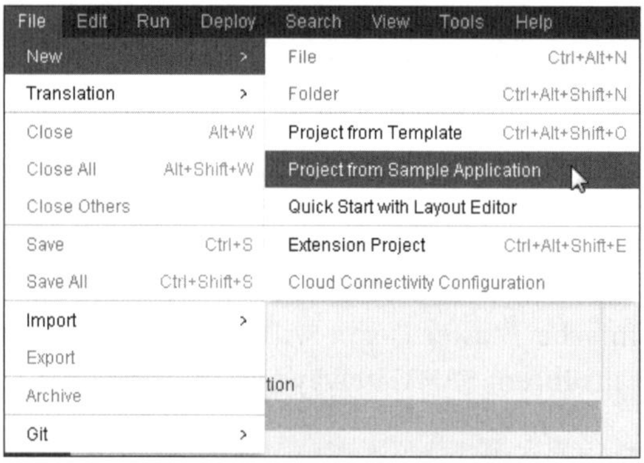

Abbildung 9.21 Projekt aus Beispiel-Applikation erzeugen

2. Sie können eine der folgenden Beispielanwendungen wählen:
   - Shop (Vollbild-App)
   - Manage Products (Master-Detail-App)
   - Approve Purchase Orders (Master-Detail-App)

   Diese Anwendungen sind Referenzen für das Schreiben von Quellcode wie auch die Richtlinien für das Design der User Experience.

SAP-Fiori-Apps-Referenzbibliothek

Die SAP-Fiori-Apps-Referenzbibliothek stellt Informationen über die verfügbaren SAP-Fiori-Apps zur Verfügung und hilft Ihnen damit, SAP Fiori zu erkunden und in Ihre Projekte zu integrieren: *https://fioriappslibrary.hana.ondemand.com/sap/fix/externalViewer/*

3. Wählen Sie die Option Manage Products, und klicken Sie anschließend auf Next.
4. Stimmen Sie den SAP-Lizenzbedingungen zu, und klicken Sie auf Finish, um ein neues Projekt mit dem Namen »nw.epm.refaaps.ext.prod.manage« zu generieren. Klicken Sie auf Run, um die Anwendung zu starten.
5. Ein neues Fenster wird geöffnet, in dem Sie einen von drei unterschiedlichen Typen für die Laufzeitausführung wählen können (siehe Abbildung 9.22).

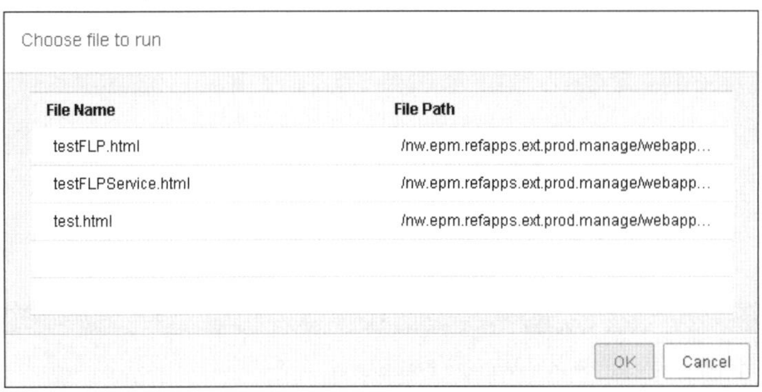

Abbildung 9.22 SAP Fiori – Ausführungstyp

Sie können zwischen unterschiedlichen Laufzeittypen wählen:

- testFLP.html: Diese Seite startet eine App ohne OData-Service-Anbindung, aber mit inkludierten Demodaten.

- TESTFLPSERVICE.HTML: Diese Seite ruft ebenfalls die App auf, allerdings wird hier der gewählte OData-Service aufgerufen und die gelesen Daten angezeigt.
- TEST.HTML: Diese Seite startet eine Übersichtstestseite mit zwei Links auf die bereits beschriebenen App-Seiten.

6. Wählen Sie TESTFLPSERVICE.HTML, und klicken Sie auf OK. Die SAP-Fiori-App wird anschließend geladen (siehe Abbildung 9.23).

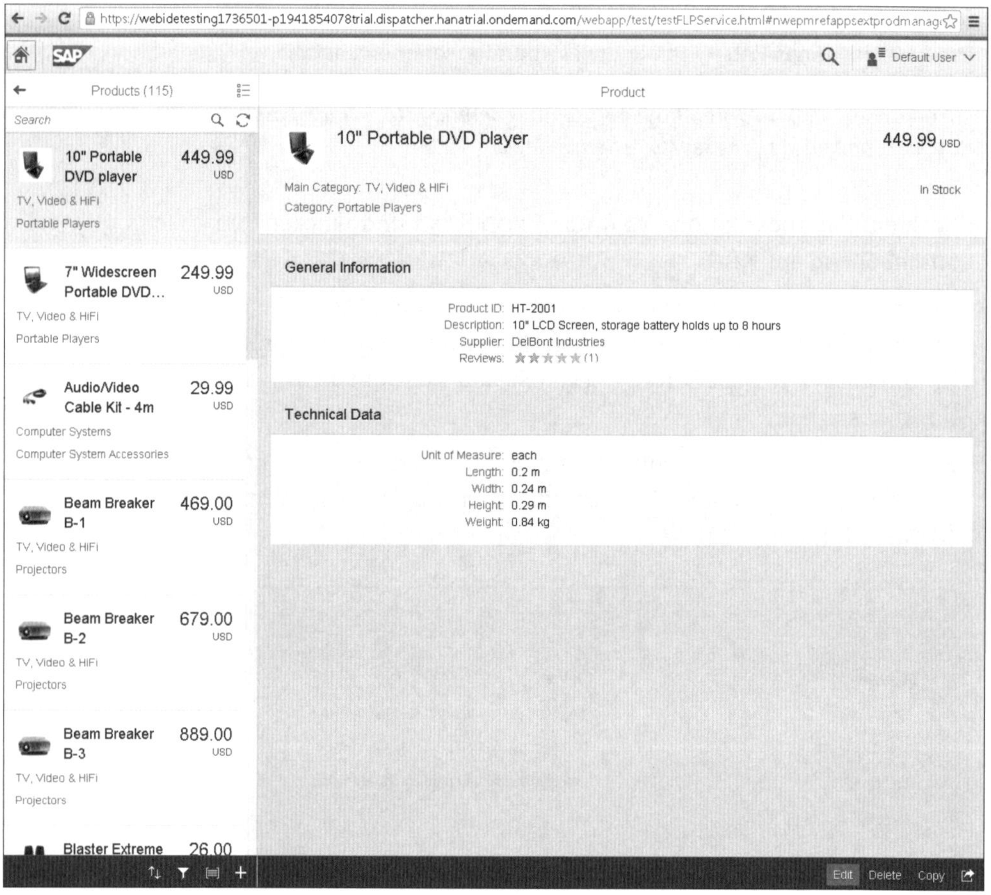

Abbildung 9.23 SAP Fiori – Manage Products

Jetzt können Sie mit den vorhandenen SAP-Fiori-Apps eine Beispielanwendung erstellen und sich damit den Quellcode wie auch das Layout anschauen. Durch die auf diesem Weg erstellten Beispielanwendungen können Sie lernen, wie Sie anschauliche Layouts entwerfen und durchdachten Quellcode schreiben können.

9.6 OData-Modell-Editor

Die SAP Web IDE ist nicht nur ein hilfreiches Tool für die Anwendungsentwicklung, sie ermöglicht zusätzlich die Erstellung oder Änderung von OData-Datenmodellen in einem webbasierten OData-Modell-Editor. Darüber hinaus können Sie auch das Beziehungsmodell der Entitäten in einem einfach zu nutzenden grafischen Modell-Viewer anzeigen.

Keine ABAP-Kenntnisse notwendig

Dadurch wird die Erstellung oder Änderung von OData-Datenmodellen selbst für Personen möglich, die keine Entwicklungskenntnisse in ABAP haben. Der OData-Modell-Editor ermöglicht es Ihnen, den gesamten Entwicklungsprozess zu beschleunigen, indem auch Nicht-SAP-Entwickler die Freiheit erhalten, sich die notwendigen Daten für den jeweiligen Geschäftskontext selber zu modellieren. Nachdem Sie ein Modell erstellt haben, können Sie dieses aus der SAP Web IDE exportieren, wodurch der ABAP-Entwickler die Möglichkeit erhält, durch die exportierte Modelldatei mithilfe des SAP Gateway Service Builders einen OData-Service im Backend zu generieren. In diesem Abschnitt zeigen wir Ihnen, wie Sie den OData-Modell-Editor in der SAP Web IDE aktivieren und wie Sie Dateien in den OData-Modell-Editor importieren.

9.6.1 OData-Modell-Editor aktivieren

OData-Modell

Folgende Schritte sind notwendig, um den OData-Modell-Editor zu aktivieren:

1. Öffnen Sie die SAP Web IDE, navigieren Sie zu TOOLS • PREFERENCES, und wählen Sie im linken Bereich PREFERENCES die Option OPTIONAL PLUGINS. Selektieren Sie den Punkt ODATA MODEL EDITOR, und klicken Sie anschließend auf SAVE. Aktualisieren Sie Ihren Browser, um die SAP Web IDE neu zu laden.
2. Klicken Sie mit der rechten Maustaste im Menübaum auf den Ordner LOCAL, um einen neuen Ordner zu erstellen. Wählen Sie NEW • FOLDER. Geben Sie den Namen des neuen Ordners ein, und klicken Sie auf OK. Klicken Sie erneut mit der rechten Maustaste auf den gerade erstellten Ordner, und wählen Sie nun NEW • ODATA MODEL FILE, und geben Sie anschließend den Namen des neuen Modells im Feld MODEL NAME ein (siehe Abbildung 9.24).

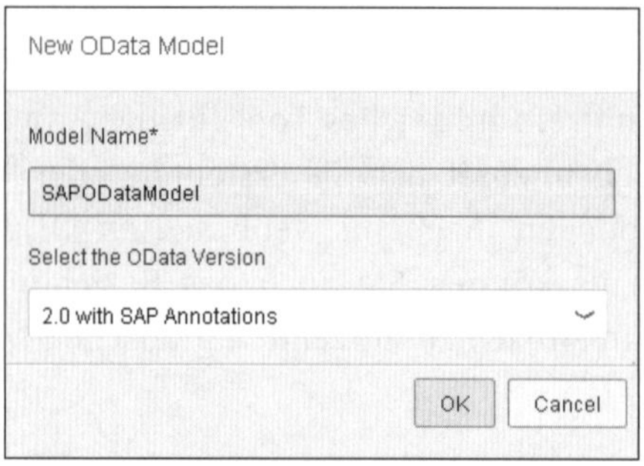

Abbildung 9.24 OData-Modell

3. Klicken Sie auf OK. Eine gültige OData-EDMX-Datei wird erzeugt.
4. Der schemabasierte Quellcodeassistent kann wie folgt genutzt werden: Klicken Sie mit der rechten Maustaste auf die Quellcodestelle, an der Sie die Änderung einfügen wollen. Drücken Sie die Tasten [Strg] + Leertaste, um eine Liste der möglichen Elemente zu erhalten, die Sie an dieser Stelle verwenden können (siehe Abbildung 9.25).

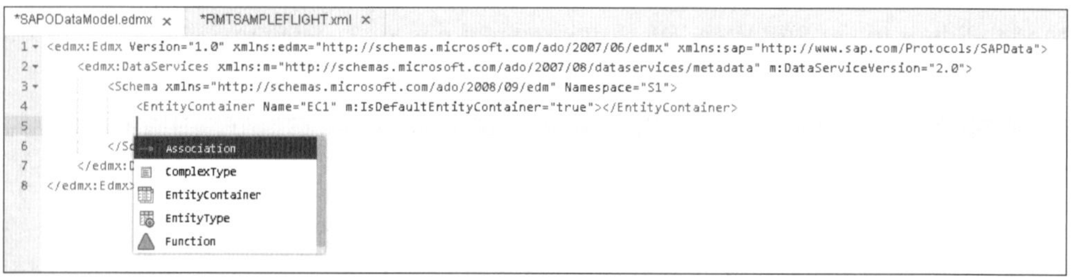

Abbildung 9.25 Schemabasierter Codeassistent

5. Der modellbasierte Quellcodeassistent stellt Quellcodevorschläge anhand des verwendeten Modells zur Verfügung. Stellen Sie den Mauscursor zwischen die Anführungszeichen eines Namensattributs für ein vorhandenes PropertyRef-Element, und drücken Sie [Strg] + Leertaste, um die verfügbaren Namensvorschläge zu erhalten (siehe Abbildung 9.26).

Jetzt sind Sie in der Lage, den OData-Modell-Editor der SAP Web IDE zu verwenden. Im nächsten Abschnitt zeigen wir Ihnen, wie Sie den Editor verwenden, um Modelldateien zu importieren.

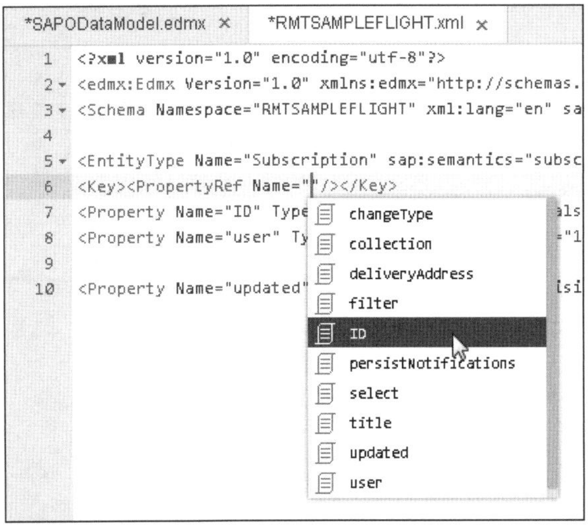

Abbildung 9.26 Modellbasierter Codeassistent

9.6.2 Dateien im OData-Modell-Editor importieren

Der OData Model Editor der SAP Web IDE unterstützt natürlich auch den Import von Modelldateien. Folgende Schritte sind dafür notwendig:

1. Sie können eine bereits vorhandene Metadaten-XML-Datei von jedem OData-Service herunterladen. Öffnen Sie dazu beispielsweise die URL *https://sapes4.sapdevcenter.com/sap/opu/odata/IWFND/RMTSAMPLEFLIGHT/$metadata* in Ihrem Browser, und speichern Sie den Inhalt in einer Datei auf Ihrer lokalen Arbeitsstation.
2. Klicken Sie mit der rechten Maustaste auf den Ordner, in den Sie die Datei importieren möchten. Wählen Sie dazu IMPORT • ODATA MODEL, und klicken Sie anschließend auf BROWSE. Wählen Sie eine gültige XML-Datei (oder EDMX-Datei) im sich öffnenden IMPORT-Pop-up aus.
3. Klicken Sie auf IMPORT, um den Upload-Prozess zu starten. Die Datei wird zunächst geprüft, mögliche Fehler werden angezeigt.
4. Wechseln Sie zu dem Tab DESIGN, um die im Service befindlichen Entitäten in einem grafischen Viewer anzuzeigen (siehe Abbildung 9.27).

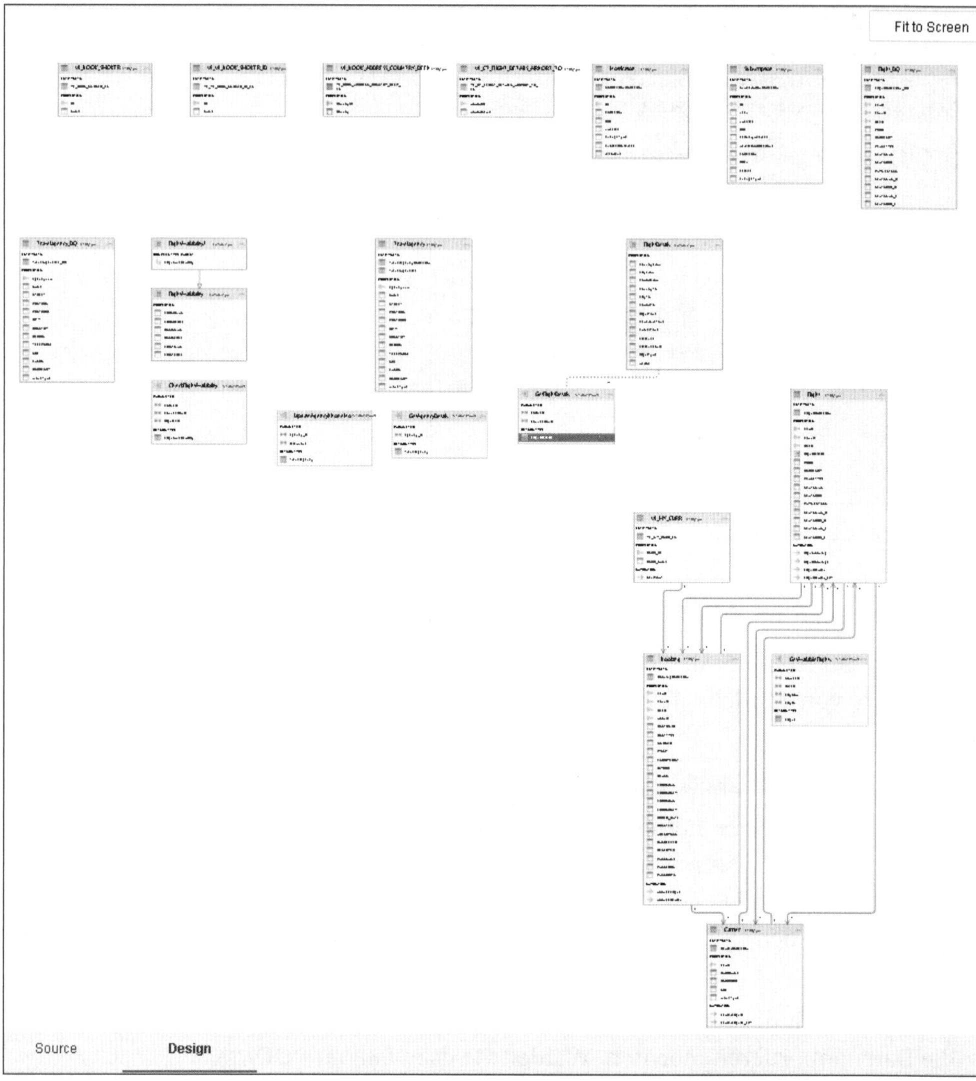

Abbildung 9.27 SAP-OData-Modell – Übersicht

Da Sie nun eine Servicemetadatendatei in den OData-Modell-Editor importiert haben und die im Service enthaltenen Entitäten visualisiert haben, können Sie als Nächstes eine SAPUI5-Anwendung ohne Serviceanbindung erstellen, die ausschließlich auf die vorher importierte EDMX-Datei zugreift.

Erstellen Sie eine neue Applikation, wie in Abschnitt 9.4 beschrieben. Wählen Sie im Schritt zur Datenverbindung den Punkt WORK-

SPACE als Servicequelle (siehe Abbildung 9.16). Öffnen Sie den Ordner in Ihrem Workspace, wo Sie die EDMX-Datei importiert haben, und folgen Sie den weiteren Schritten des Assistenten. Sie haben nun eine neue SAPUI5-App aus einer EDMX-Datenmodell-Datei erzeugt.

Weitere Informationen

Für weitere Informationen zum OData-Modell-Editor empfehlen wir: *https://help.hana.ondemand.com/webide_odatamodeler/frameset.htm?e5c9289506a7493189948b55c69097db.html*

9.7 Zusammenfassung

Die SAP Web IDE ist ein browserbasiertes Tool, das viele verschiedene Funktionen zentral bündelt. Dazu zählen die OData-Service-Konsumierung und die Applikationserstellung. Wir haben weiterhin den OData-Modell-Editor vorgestellt, um den Entwicklungsprozess auch für Nicht-ABAP-Entwickler zu optimieren. Die SAP Web IDE ist dabei für jeden einfach zu nutzen. Sie wird einen großen Einfluss auf die Entwicklungszeit Ihrer Anwendungen und dabei zusätzlich auf die Qualität Ihrer zukünftigen Projekte haben. In Kapitel 10, »Erweiterbarkeit«, zeigen wir Ihnen, wie Sie einen existierenden OData-Service sowie eine SAPUI5-Anwendung erweitern können.

Die Erweiterung von SAP-Fiori-Anwendungen beschränkt sich nicht nur auf SAPUI5-Entwicklung in der SAP Web IDE. Sie besteht zu großen Teilen auch aus OData-Serviceentwicklung. In diesem Kapitel erklären wir Ihnen den gesamten Ende-zu-Ende-Prozess der Erweiterung von SAP-Fiori-Anwendungen und zeigen Ihnen, welche Rolle dabei die OData-Serviceentwicklung spielt.

10 Erweiterbarkeit

Mit SAP Fiori liefert SAP eine Vielzahl von Apps aus, die OData-Services auf Basis von SAP Gateway nutzen. Die Erwartung von Kunden an SAP als Anbieter von Standardsoftware ist dabei, dass diese Apps von den Kunden erweitert und an ihre Bedürfnisse angepasst werden können, so wie es heute auch schon für andere Anwendungen in der SAP Business Suite möglich ist. Neben der Anpassung des User Interface (UI) einer App kann es dabei auch erforderlich sein, den darunterliegenden OData-Service zu erweitern.

SAP-Fiori-Anwendungen verwenden ein Erweiterungskonzept, dass es Kunden und Partnern erlaubt, die von SAP ausgelieferten Services und Anwendungen auf verschiedene Arten an die Bedürfnisse des Kunden anzupassen. In diesem Kapitel zeigen wir Ihnen, wie man den OData-Service einer SAP-Fiori-Anwendung mithilfe des Service Builders erweitern kann und welche Möglichkeiten es gibt, die SAPUI5-Anwendungen mit der SAP Web IDE zu erweitern.

10.1 Redefinition und Erweiterung von OData-Services

Grundlage für die Erweiterbarkeit von OData-Services in SAP Gateway ist die Generierung eines neuen Service über die Redefinition eines vorhandenen Gateway-Service. Detaillierte Informationen dazu finden Sie in der SAP-Online-Hilfe (Suche nach »Extending an

OData Service Using Service Builder«). Durch die Redefinition eines bestehenden OData-Service wird ein neuer OData-Service erstellt, der sämtliche Funktionen des Basisservice erbt. Die Redefinition kann durchgeführt werden, ohne dass hierzu auch nur eine Zeile Code geschrieben werden muss. Das Datenmodell des neu angelegten Service kann dann erweitert werden. Beispiele für solche Erweiterungen sind das Hinzufügen einzelner Eigenschaften ❶ zu einem Entitätstyp oder aber auch das Hinzufügen von neuen Entitätstypen ❷, Entitätsmengen, Assoziationen und Navigationsattributen ❸, wie in Abbildung 10.1 gezeigt.

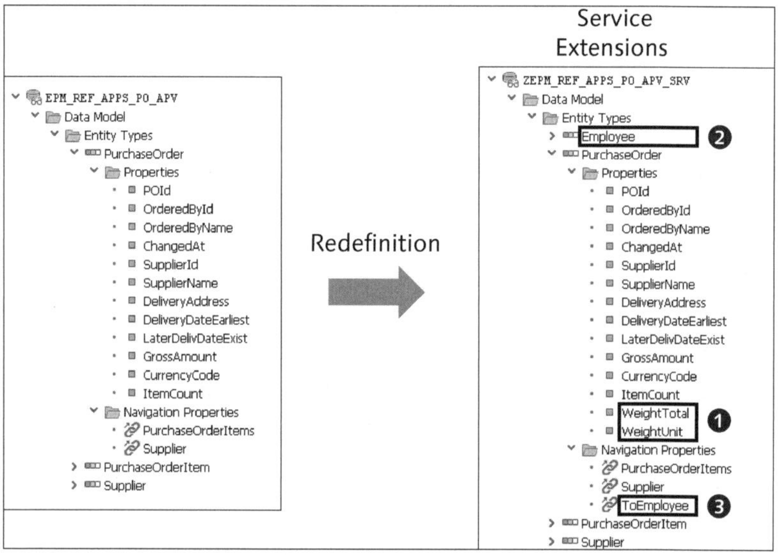

Abbildung 10.1 Datenmodell des Originalservice und des redefinierten, erweiterten Service

In diesem Abschnitt werden wir daher zunächst den Prozess der Redefinition erläutern. Anschließend werden wir zwei Beispiele für die Erweiterung von Services diskutieren, bei denen der Service einerseits um kundeneigene Felder und andererseits um kundeneigene Entitätsmengen erweitert wird (siehe Abbildung 10.1).

10.1.1 Redefinition

Der Entwicklungsprozess für die Erweiterung eines OData-Service ist in Abbildung 10.2 dargestellt. Dieser Prozess besteht aus den folgenden Schritten:

1. Die Serviceentwicklung beginnt mit dem Anlegen eines neuen Projekts in der Transaktion SEGW.
2. Die beiden Phasen der Datenmodelldefinition und der Serviceimplementierung werden in einem Schritt durchgeführt. Hierzu wählt man aus dem Kontextmenü des Knotens Data Model die Option Überdefinieren • OData-Service (SAP-GW).
3. Nachdem der Service im Backend registriert und auf dem Hub publiziert wurde, kann dieser erweitert werden.
4. Sie können nun das Datenmodell erweitern, indem Sie Eigenschaften Entitätstypen oder auch komplette Entitätsmengen hinzufügen.
5. Während für einige Erweiterungen eine codebasierte Implementierung erforderlich ist (Hinzufügen einer Entitätsmenge), ist dies bei dem Hinzufügen von einzelnen Eigenschaften nicht immer erforderlich.
6. Nachdem der Service erweitert wurde, muss der erweiterte Service getestet werden.

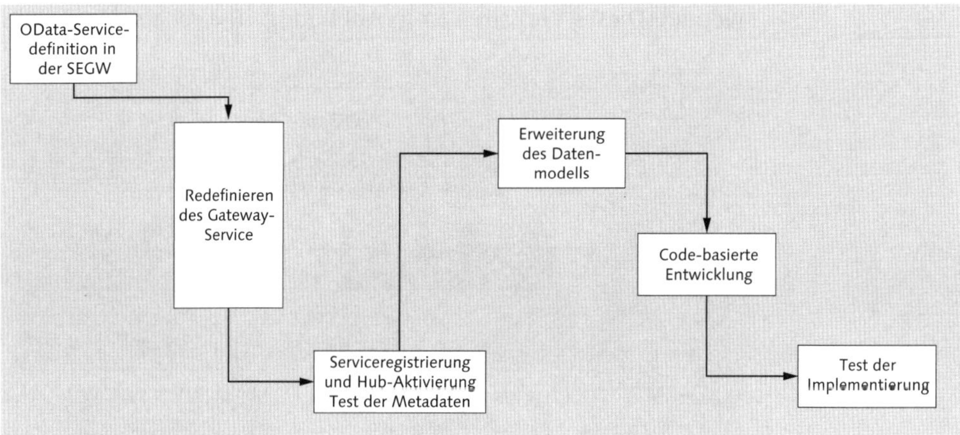

Abbildung 10.2 Erweiterbarkeit eines SAP-Gateway-OData-Service – Entwicklungsprozess

Der in Abbildung 10.2 dargestellte Prozess wird in einer Schritt-für-Schritt-Anleitung beschrieben. Bevor wir der Beschreibung in der Schritt-für-Schritt-Anleitung folgen, muss geklärt werden, wie sich der neu generierte Service verhalten soll:

- Die erste Möglichkeit ist, dass der neu angelegte Service unter einer neuen Service-URL erreichbar ist.

- Die zweite Möglichkeit ist, dass keine neue URL angelegt wird und der neue Service stattdessen über die URL des Basisservice erreichbar ist.

Um Ihnen die Entscheidung zu erleichtern, welche der beiden Möglichkeiten Sie wählen, wollen wir das unterschiedliche Verhalten der beiden oben genannten Optionen erläutern:

- Bei der ersten Option wird ein zweiter Service mit einer eigenen Service-URL angelegt. Das heißt, nach der Redefinition des Basisservice haben Sie zwei Service-URLs:
  - *.../ZEXTENDED_SRV*
  - *.../ZBASE_SRV*

  Wenn ein OData-Client die Service-URL *.../ZEXTENDED_SRV* aufruft, so wird, wie in Abbildung 10.3 links gezeigt, die Serviceimplementierung ZEXTENDED_SRV aufgerufen. Wenn ein OData-Client hingegen die Service-URL *.../ZBASE_SRV* aufruft, so wird vom Framework die Serviceimplementierung ZBASE_SRV verwendet. Dieses Verhalten ist in Abbildung 10.3 rechts dargestellt.

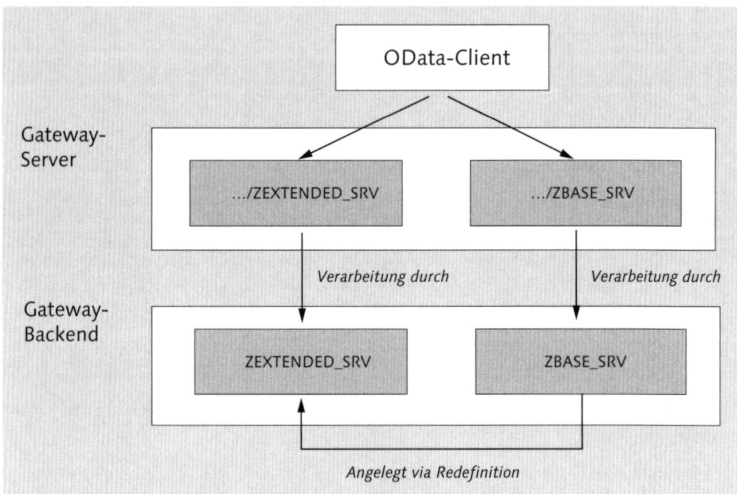

Abbildung 10.3 Standardverhalten bei Redefinition

- Bei der zweiten Option ist die Serviceimplementierung des Basisservice nicht mehr aufrufbar. Nach der Redefinition gibt es nur noch eine Service-URL *.../ZBASE_SRV*. Ruft ein OData-Client die Service-URL *.../ZBASE_SRV* auf, so wird die Serviceimplementierung des erweiterten Service genutzt. Wie in Abbildung 10.4 dargestellt, ist die Serviceimplementierung des Basisservice nun nicht mehr erreichbar. Ein Anwendungsfall für die zweite Option ist eine SAP-Fiori-Anwendung, die so erweitert werden muss, dass sich die Service-URL nicht ändert.

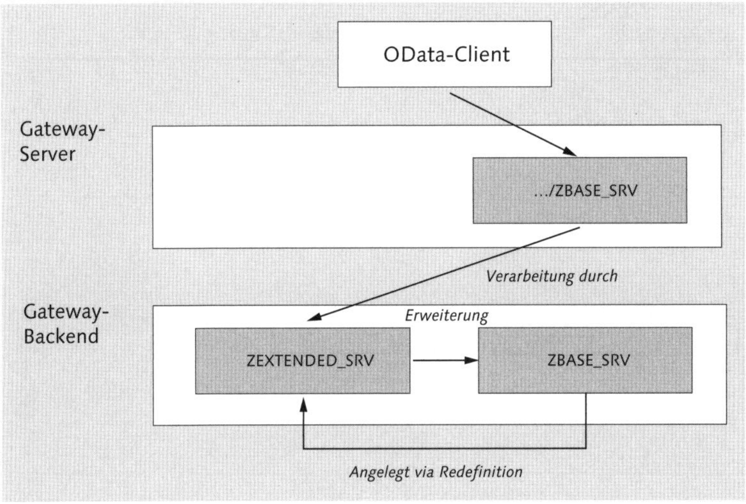

Abbildung 10.4 Redefinition – Verhalten, wenn der Basisservice nicht mehr aufrufbar sein soll

Wie aber legt der Entwickler fest, ob der erweiterte Service eine neue Service-URL verwendet oder die bereits existierende Service-URL des Basisservice nutzt? Das Verhalten, ob man eine oder zwei Service-URLs verwendet, wird bei der Registrierung des Service im Backend festgelegt (siehe Abbildung 10.2). In diesem Schritt werden die Laufzeitobjekte im Backend generiert, und der Service wird registriert.

In diesem Schritt können Sie zwischen zwei Optionen wählen. Wenn Sie, wie in Abbildung 10.5 gezeigt, das Ankreuzfeld BASIS-/ERWEIT. SERV. ÜBERSCHR. wählen, so wird der erweiterte Service mit dem technischen Servicenamen `ZBASE_SRV` registriert. Der Service Builder zeigt hier eine Warnung an, dass der Basisservice in diesem Fall nicht mehr aufrufbar sein wird. Dies liegt daran, dass der technische Servicename eines Service, der auch bei der Erstellung der Service-URL verwendet wird, nachträglich nicht mehr geändert werden kann. Der erweiterte Service wird nun die Service-URL verwenden, die für den Basisservice angelegt wurde: */sap/opu/odata/sap/ ZBASE_SRV*.

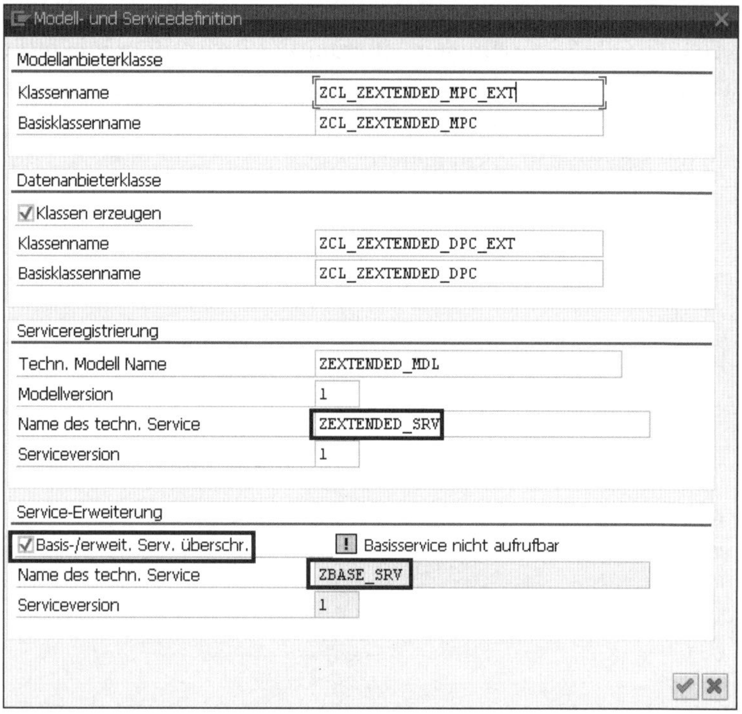

Abbildung 10.5 Transaktion SEGW Redefinition – Einstellungen, um einen erweiterten Service über die URL des Basisservice anzusprechen

Wenn Sie das Ankreuzfeld BASIS-/ERWEIT. SERV. ÜBERSCHR. nicht auswählen (dies ist auch die von der Transaktion SEGW angebotene Standardeinstellung), so wird der erweiterte Service mit dem technischen Servicenamen `ZEXTENDED_SRV` registriert, wie in Abbildung 10.6 gezeigt. Wenn der Service publiziert wird, wird er über eine neue URL aufrufbar sein: */sap/opu/odata/sap/ZEXTENDED_SRV*.

Hinweis

Sie sollten die Option BASIS-/ERWEIT. SERV. ÜBERSCHR. nur dann auswählen, wenn Ihr System mindestens auf der Version SAP Gateway 2.0 SP9 oder SAP NetWeaver 7.40 SP8 basiert. Da die Service-URL, die von einer SAP-Fiori-Anwendung verwendet wird (siehe Abschnitt 10.3.2), inzwischen sehr leicht durch ein Erweiterungsprojekts in der SAP Web IDE geändert werden kann, besteht normalerweise auch kein Grund für die Nutzung dieser Option.

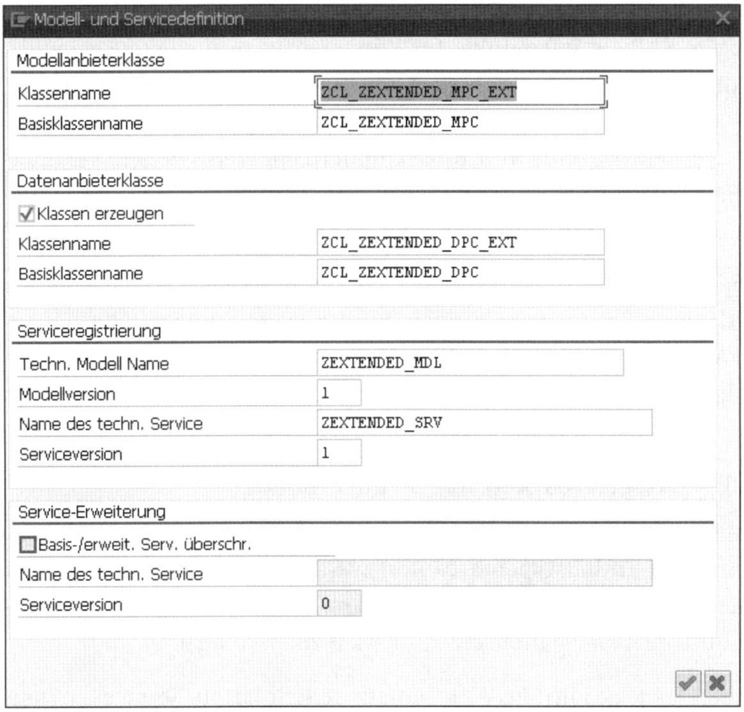

Abbildung 10.6 Transaktion SEGW Redefinition – Einstellungen, um einen erweiterten Service über eine neue URL zu publizieren

10.1.2 Erweiterbarkeit auf Feldebene

Entitätstypen basieren typischerweise auf Data-Dictionary-(DDIC-) Strukturen, die durch das Hinzufügen von Append-Strukturen erweitert werden können. Aber selbst wenn die zugrunde liegende DDIC-Struktur erweitert wird, wird der Entitätstyp nicht ebenfalls automatisch geändert. Der Entwickler muss den Entitätstyp des Service, der durch Redefinition angelegt wurde, immer noch selbst erweitern.

Erweitern

Wie aber werden die neu angelegten Eigenschaften mit Daten versorgt? Normalerweise muss man für das Befüllen zusätzlicher Felder ABAP-Code schreiben. Hierzu müssen Sie die entsprechende Methode in der DPC_EXT-Klasse redefinieren.

Extension Include

Bei SAP-Fiori-Anwendungen, bei denen eine Erweiterung schon vorgesehen ist, kommt der Mechanismus der *Extension Includes* zum Einsatz, bei dem kein ABAP-Code entwickelt werden muss. Bei Extension Includes handelt es sich um leere DDIC-Strukturen. SAP-Fiori-Anwendungen verwenden Entitätstypen, die auf DDIC-

Strukturen mit Extension Includes basieren. Extension Includes werden von SAP als Startpunkte für Kundenerweiterungen ausgeliefert, für die Kunden Appends anlegen können. Felder, die auf diese Weise neu angelegt wurden, können von Anwendungen generisch behandelt werden. Mithilfe von Programmiertechniken wie MOVE-CORRESPONDING kann der Code zusätzliche Felder berücksichtigen, die von den Kunden in diesen Append-Strukturen hinzugefügt wurden.

Daher kann die Erweiterung von Original-SAP-Fiori-Anwendungen relativ einfach sein, wenn Kunden für die Erweiterung von Entitätstypen Appends wiederverwenden können, die sie bereits dafür verwendet haben, um bestehende SAP-Datenbanktabellen zu erweitern.

10.1.3 Erweiterbarkeit auf Strukturebene

OData-Services können nicht nur durch das Hinzufügen von Eigenschaften zu Entitätstypen erweitert werden. Es ist auch möglich ein Datenmodell durch das Hinzufügen von Entitätstypen, Entitätsmengen und auch Navigationseigenschaften zu erweitern.

Da die Transaktion SEGW in einem redefinierten Service für neu hinzugefügte Entitätsmengen keine entsprechenden CRUD-Q-Methoden generiert, muss der Entwickler die Dispatcher-Methoden, wie z. B. `/iwbep/if_mgw_appl_srv_runtime~get_entity`, redefinieren, die die `GET_ENTITY`-Aufrufe in einer `DPC_EXT`-Klasse behandeln. Über eine `SELECT-CASE`-Anweisung, die den Namen der Entitätsmenge überprüft, kann der Entwickler kundeneigenes Coding aufrufen oder die Basisklasse für die Behandlung all der Entitätsmengen aufrufen, die bereits Teil des Basisservice sind (siehe Listing 10.1).

```
method /iwbep/if_mgw_appl_srv_runtime~get_entityset.
  case lv_entityset_name.
    when '<new entity set>'.
* do something to get the data
    when others.
      super->/iwbep/if_mgw_appl_srv_runtime~get_
      entityset( ... ).
  endcase.
endmethod.
```

Listing 10.1 Beispielcode für die Redefinition einer Dispatcher-Methode

10.2 Erweiterbarkeit von SAPUI5-Anwendungen

SAPUI5-Anwendungen können direkt online in der SAP Web IDE erweitert werden (siehe auch Kapitel 9). Dazu müssen Sie nur ein Erweiterungsprojekt anlegen, das die Funktionalität und das Erscheinungsbild der Originalanwendung verändert, wobei diese Änderungen jedoch nur im Erweiterungsprojekt vorgenommen werden. Die auf diese Weise angepasste Anwendung wird als Startprojekt verwendet und startet die SAPUI5-Anwendung mit den erweiterten Objekten. So ist es nicht erforderlich, die Originalanwendung selbst zu verändern. Das Erweiterungskonzept ist in Abbildung 10.7 dargestellt.

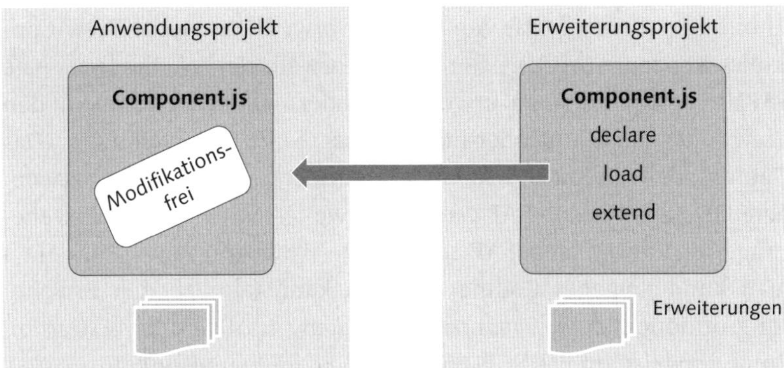

Abbildung 10.7 SAP Fiori –Erweiterungskonzept

Abhängig davon, welche Objekte Sie ändern möchten, haben Sie verschiedene Möglichkeiten, eine SAPUI5-Anwendung zu erweitern.

Unterstützte Änderungen

In SAPUI5 werden die folgenden Änderungen unterstützt:

- neue SAPUI5-View-Operationen hinzufügen
- neue Navigationspfade hinzufügen
- Navigationspfade anpassen
- Views erweitern
- Views ersetzen
- Views modifizieren
- Controller erweitern
- Controller ersetzen
- I18n-Texte anpassen

Die am häufigsten verwendeten Einsatzgebiete für diese Änderungen sind:

- neue Felder hinzufügen
- Felder ausblenden
- neue Buttons hinzufügen
- neue kundenspezifische Listen hinzufügen
- neue Tab-Reiter hinzufügen
- OData-Services ersetzen
- komplette Views ersetzen
- komplette Controller ersetzen

Abbildung 10.8 zeigt das von SAPUI5 verwendete Model-View-Controller-Konzept (MVC). Die zuvor erwähnten Methoden, eine SAPUI5-Anwendung zu erweitern, ändern das Datenmodell, den View oder die Controller-Ebene einer SAPUI5-Anwendung. Das Datenmodell der SAPUI5-Anwendung ändert sich, wenn der verwendete OData-Service in SAP Gateway erweitert wird. Für die Erweiterung von Views liefert SAP sogenannte Extension Points, in denen man kundeneigenes Coding einfügen kann (ähnlich den Erweiterungsoptionen, engl. *Enhancement Options*, in ABAP). Ein Extension Point verweist auf das SAPUI5-Control <core:ExtensionPoint/> XML view element.

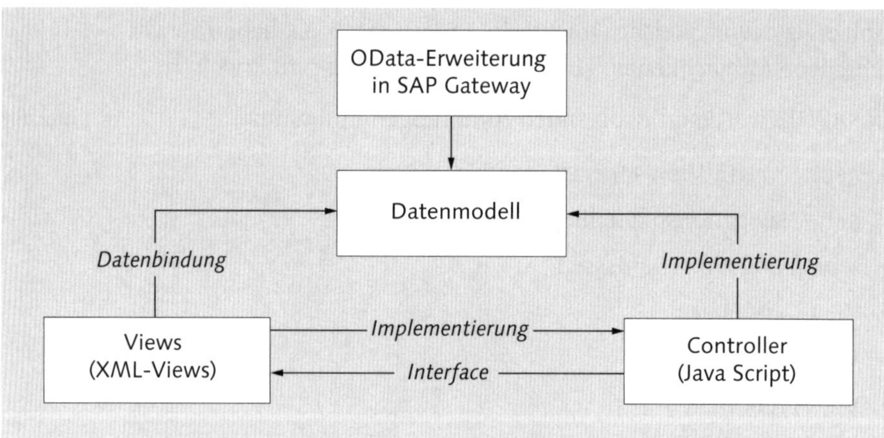

Abbildung 10.8 SAP Fiori –Erweiterungsmöglichkeiten im Model-View-Controller-Konzept

Views können auch durch das Verstecken einzelner UI-Controls geändert werden, deren Sichtbarkeit beeinflusst werden kann. Auf Controller-Seite gibt es den *UI-Controller-Hook* oder auch die Möglichkeit, einen Controller komplett zu ersetzen.

Achtung

Es gibt Beschränkungen bei der Erweiterbarkeit von SAPUI5-Anwendungen. Obwohl SAP neue Versionen von SAP-Fiori-Anwendungen so ausliefert, dass kundeneigener Code nicht überschrieben wird, kann nicht garantiert werden, dass Erweiterungen auch nach einem Upgrade einer App fehlerfrei funktionieren. Wir empfehlen Ihnen daher, für weitergehende Informationen zu diesem Thema das Dokument »Caveats Regarding Stability Across Application Upgrades« zu lesen:
https://sapui5.hana.ondemand.com/sdk/#docs/guide/aef3384510724522a07df94ec90d1351.html

Zusätzliche Informationen

Weitere Informationen über die Erweiterung von SAPUI5-Anwendungen finden Sie in der Onlinedokumentation unter:
https://sapui5.netweaver.ondemand.com/sdk/#docs/guide/a264a9abf98d4-caabbf9b027bc1005d8.html

10.3 SAP-Fiori-Anwendungen erweitern

In diesem Abschnitt werden wir die SAP-Fiori-Referenz-Applikation *Bestellanforderungen genehmigen* (engl. *Approve Purchase Orders*) erweitern. Diese Anwendung ist eine typische Genehmigungsanwendung. Sie bietet dem Nutzer eine Liste von Bestellanforderungen (engl. Purchase Order), die dem Benutzer zugewiesen wurden, und erlaubt es ihm, diese zu genehmigen oder abzulehnen.

Um das Erweiterungskonzept von SAP-Fiori-Anwendungen exemplarisch darzustellen, werden wir die Anwendung *Bestellanforderungen genehmigen* so erweitern, dass der Genehmigende zusätzlich das Gesamtgewicht ❶ (siehe Abbildung 10.9) einer Bestellanforderung in der Detailansicht sieht. Außerdem werden dem Genehmigenden die Kontaktdaten ❷ des Mitarbeiters angezeigt, der die Bestellanforderung ausgelöst hat, so dass er diesen kontaktieren kann, bevor er die Bestellanforderung genehmigt oder ablehnt.

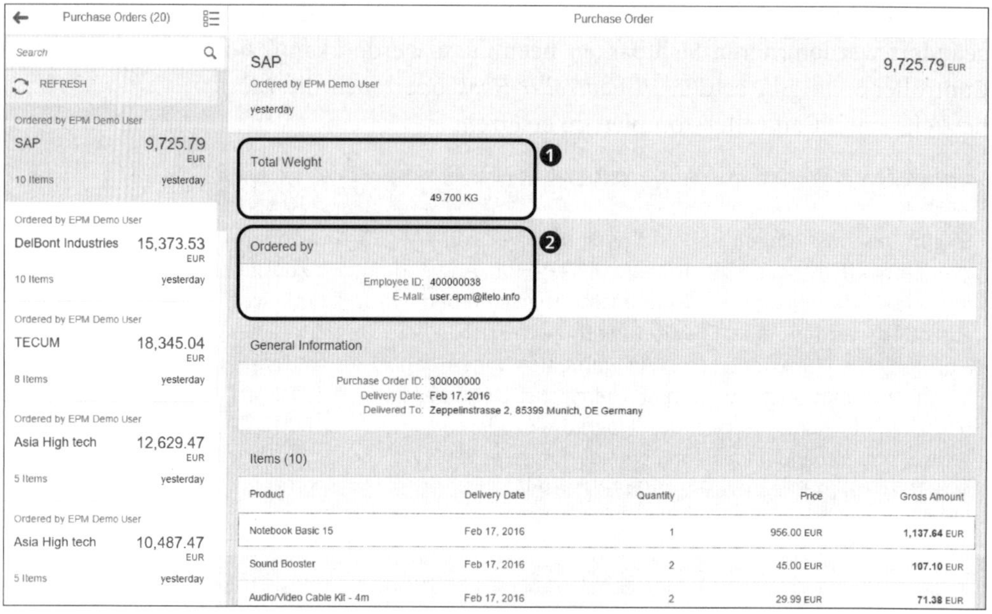

Abbildung 10.9 Oberfläche der erweiterten Anwendung »Bestellanforderungen genehmigen«

Weitergehende Informationen

Sie können weitergehende Informationen über die SAP-Fiori-Referenz-Apps in folgendem SCN-Dokument finden:
http://scn.sap.com/docs/DOC-59963

Für das von uns ausgewählte Beispiel *Bestellanforderungen genehmigen* müssen sowohl der OData-Service als auch die SAPUI5-Anwendung erweitert werden. Der folgende Abschnitt ist daher selbst in die beiden folgenden Unterabschnitte unterteilt:

- In Abschnitt 10.3.1 beschreiben wir die Schritte, die notwendig sind, um den OData-Service mit dem Service Builder zu erweitern.
- In Abschnitt 10.3.2 zeigen wir Ihnen, wie man die SAP Web IDE verwenden kann, um die SAPUI5-Anwendung *Bestellanforderungen genehmigen* zu erweitern.

Beginnen wir nun mit der Beschreibung dessen, was der Entwickler des OData-Service tun muss.

10.3.1 OData-Service erweitern

In unserem Beispiel wollen wir Daten anzeigen, die nicht vom OData-Service der SAP-Referenz-App angeboten werden. Um diese zusätzlichen Daten vom SAP-Backend-System zu lesen, muss der zugrunde liegende OData-Service erweitert werden. Während das Gesamtgewicht einer Bestellanforderung in einem zusätzlichen kundeneigenen Feld der `PurchaseOrders`-Entitätsmenge gelesen werden kann, müssen die Kontaktdaten des Mitarbeiters aus einer neuen Entitätsmenge `EmployeeSet` gelesen werden.

Dies ist nötig, da ein Mitarbeiter mehrere Bestellanforderungen ausgelöst haben kann und somit zwischen den beiden Entitäten eine 1:n-Beziehung besteht. Das Gesamtgewicht der Bestellanforderung wird im SAP-Backend auf Basis der Gewichtsangaben der einzelnen Produkte und der Positionen der Bestellanforderung berechnet. Da es sich bei diesem Beispiel um einen Entitätstyp handelt, der kein Extension Include anbietet, zeigen wir hiermit, wie jede Entitätsmenge einer SAP-Fiori-Anwendung erweitert werden kann.

OData-Service erweitern

Für unser Beispiel werden wir den OData-Service auf mehrere Arten erweitern. Wir beginnen mit der Erweiterung des Entitätstyps `PurchaseOrder`. Dieser Entitätstyp erhält zwei zusätzliche Eigenschaften, um das Gesamtgewicht der Bestellanforderung zu speichern (`WeightTotal`) und um die Einheit des Gesamtgewichts anzugeben (`WeightUnit`). Darüber hinaus werden wir eine Entitätsmenge `EmployeeSet` hinzufügen, die eine Navigation von der Entitätsmenge der Bestellanforderungen auf die Entitätsmenge der Mitarbeiter ermöglicht. Mit der Navigationseigenschaft `ToEmployee` kann man die Kontaktdaten eines Mitarbeiters lesen, der die Bestellanforderung ausgelöst hat. Die Struktur des Datenmodells des Basisservice und des erweiterten Service werden in Abbildung 10.1 gezeigt.

Führen Sie folgende Schritte durch, um den OData-Service der Anwendung *Bestellanforderungen genehmigen* zu erweitern:

1. Legen Sie im Service Builder ein neues Projekt ZEPM_REF_APPS_PO_APV an, und erstellen Sie einen neuen Service durch Redefinition des Service EPM_REF_APPS_PO_APV _SRV.
2. Erweitern Sie das Datenmodell, indem Sie die beiden neuen Eigenschaften `WeightTotal` und `WeightUnit` dem Entitätstyp `PurchaseOrder` hinzufügen.

3. Redefinieren Sie die Methoden purchaseorders_get_entityset und purchaseorders_get_entity in der Daten-Provider-Extensionsklasse, und fügen Sie den Code der Berechnung des Gesamtgewichts für die ausgewählte Bestellanforderung hinzu.
4. Erweitern Sie das Datenmodell, indem Sie den Entitätstyp Employee und die Entitätsmenge EmployeeSet hinzufügen, und erweitern Sie die Entitätsmenge PurchaseOrders um die Navigationseigenschaft ToEmployee.
5. Da der Service Builder nicht automatisch Methoden für die Behandlung von Read-Requests (GET_ENTITY) und Query-Requests (GET_ENTITYSET) erstellt, werden wir diese Methoden manuell in der Daten-Provider-Extensionsklasse erstellen.
6. In der Daten-Provider-Extensionsklasse werden hierfür die Methoden /iwbep/if_mgw_appl_srv_runtime~get_entity und /iwbep/if_mgw_appl_srv_runtime~get_entityset redefiniert, da die beiden Dispatcher-Methoden die manuell angelegten Methoden nicht aufrufen würden.

Append-Struktur anlegen

Die PurchaseOrders-Entitätsmenge basiert auf der DDIC-Struktur SEPM_REF_APPS_PO_APV_PO. Um dem Entitätstyp PurchaseOrder zusätzliche Eigenschaften hinzuzufügen, müssen Sie zunächst die DDIC-Struktur erweitern. Führen Sie dazu folgende Schritte durch:

1. Starten Sie die Transaktion SE11. Geben Sie im Feld Datentyp den Namen der DDIC-Struktur »SEPM_REF_APPS_PO_APV_PO« ein.
2. Wählen Sie Append-Struktur..., und geben Sie »ZZPO_EXT« im Dialog Append-Struktur zu ... anlegen als Appendname ein (siehe Abbildung 10.10).
3. Fügen Sie zwei Felder für das Gesamtgewicht und für die Einheit des Gesamtgewichts hinzu. Verwenden Sie »Total weight of items in purchase order« als Kurzbeschreibung und die Inhalte aus Tabelle 10.1 für die neuen Felder.

Komponente	Typisierungsart	Komponententyp
ZZ_WEIGHT_TOTAL	Type	SNWD_WEIGHT_MEASURE
ZZ_WEIGHT_UNIT	Type	SNWD_WEIGHT_UNIT

Tabelle 10.1 Felder der Append-Struktur ZZPO_EXT

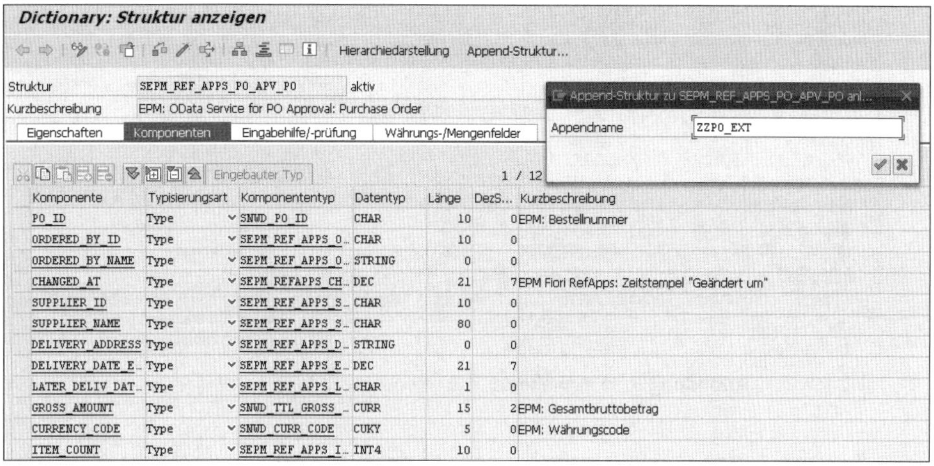

Abbildung 10.10 Anlegen einer Append-Struktur ZZPO_EXT

4. Wechseln Sie zum Reiter WÄHRUNGS-/MENGENFELDER (siehe Abbildung 10.11). In der Zeile für die Komponente ZZ_WEIGHT_TOTAL geben Sie »ZZPO_EXT« in der Spalte REFERENZTABELLE ein und »ZZ_WEIGHT_UNIT« in der Spalte REFERENZFELD.

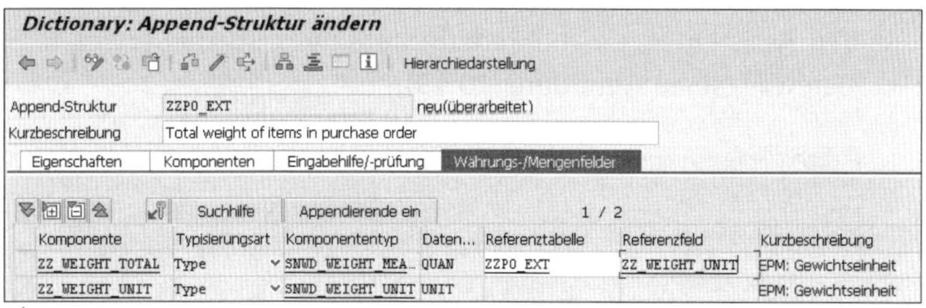

Abbildung 10.11 Pflege der Währungs- und Mengenfelder

5. Um die Änderungen zu aktivieren, wählen Sie aus dem Menü STRUKTUR • AKTIVIEREN. Geben Sie im Dialog OBJEKTKATALOGEINTRAG ANLEGEN den Wert `$TMP` für das Paket ein, und sichern Sie Ihre Eingabe. Die erweiterte Struktur ist in Abbildung 10.12 gezeigt.

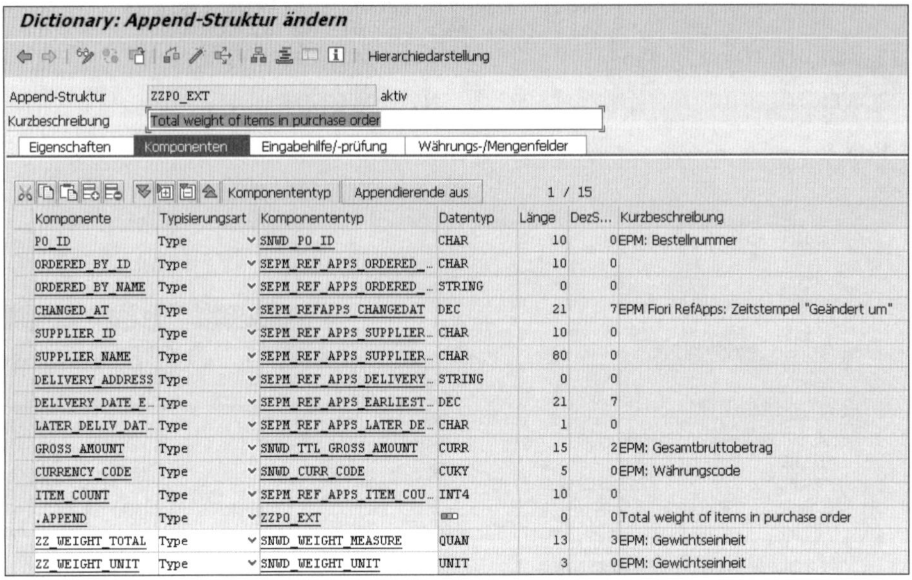

Abbildung 10.12 Erweiterter Datentyp

OData-Service EPM_REF_APPS_PO_APV_SRV redefinieren

Als Nächstes werden Sie den OData-Service redefinieren:

1. Starten Sie den Service Builder, und legen Sie ein neues Projekt ZEPM_REF_APPS_PO_APV an. Wählen Sie als Beschreibung »Extension of SAP Fiori Ref App "Approve Purchase Orders«. Wählen Sie aus dem Kontextmenü des Knotens DATA MODEL die Optionen ÜBERDEFINIEREN • ODATA-SERVICE (SAP GW). Dies startet den Assistenten für die Redefinition eines OData-Service in SAP Gateway (siehe Abbildung 10.13).

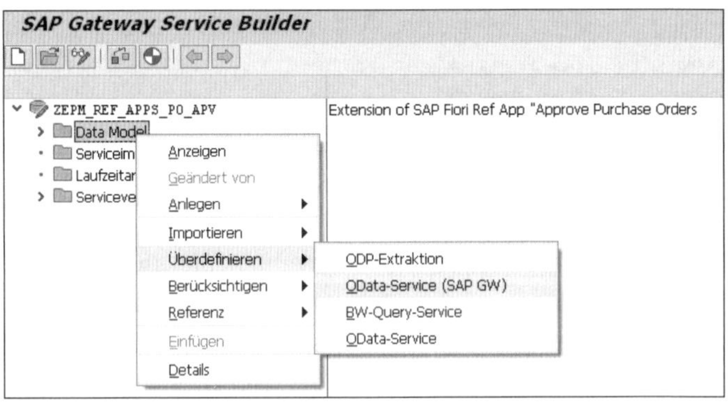

Abbildung 10.13 Start der Redefinition des Basisservice

Im ersten Fenster des Assistenten müssen Sie nun den TECHNICAL SERVICE NAME des Gateway-Service EPM_REF_APPS_PO_APV_SRV auswählen und die VERSION »0001« eingeben (siehe Abbildung 10.14). Wählen Sie WEITER.

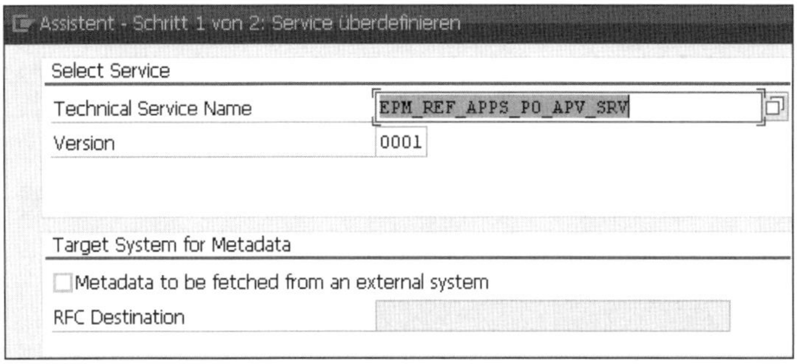

Abbildung 10.14 Assistent, Schritt 1 von 2: Service-Redefinition

Wählen Sie im zweiten Bildschirm des Assistenten alle Komponenten des OData-Modells EPM_REF_APPS_PO_APV_MDL des Referenzservice EPM_REF_APPS_PO_APV_SRV aus (siehe Abbildung 10.15). Wählen Sie nach der Auswahl aller Komponenten FERTIG STELLEN.

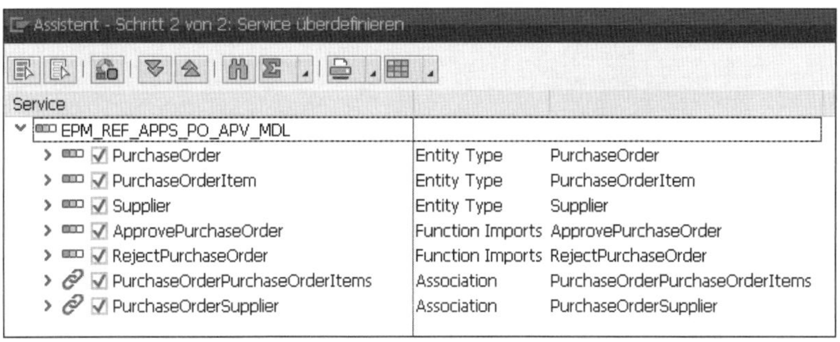

Abbildung 10.15 Assistent, Schritt 2 von 2: Service-Redefinition

Redefinierten OData-Service registrieren und publizieren

Registrierung

Nun werden Sie den redefinierten OData-Service im Backend registrieren und auf dem Hub publizieren, so dass man ihn ausführen und testen kann. Führen Sie dazu die folgenden Schritte durch:

1. Wählen Sie den Button LAUFZEITOBJEKTE ERZEUGEN, um die Laufzeitobjekte zu generieren und den Service im Backend zu registrieren. Ändern Sie nicht die Standardvorgaben im Dialog MODELL- UND SERVICEDEFINITION (siehe Abbildung 10.16). Markieren Sie

das Ankreuzfeld BASIS-/ERWEIT. SERV. ÜBERSCHR. nur, wenn Sie die bereits existierende URL des Basisservice auch für den erweiterten Service nutzen wollen und wenn Sie auf den Basisservice nicht mehr zugreifen müssen (siehe Abschnitt 10.1.1, »Redefinition«, für mehr Details). Wählen Sie WEITER.

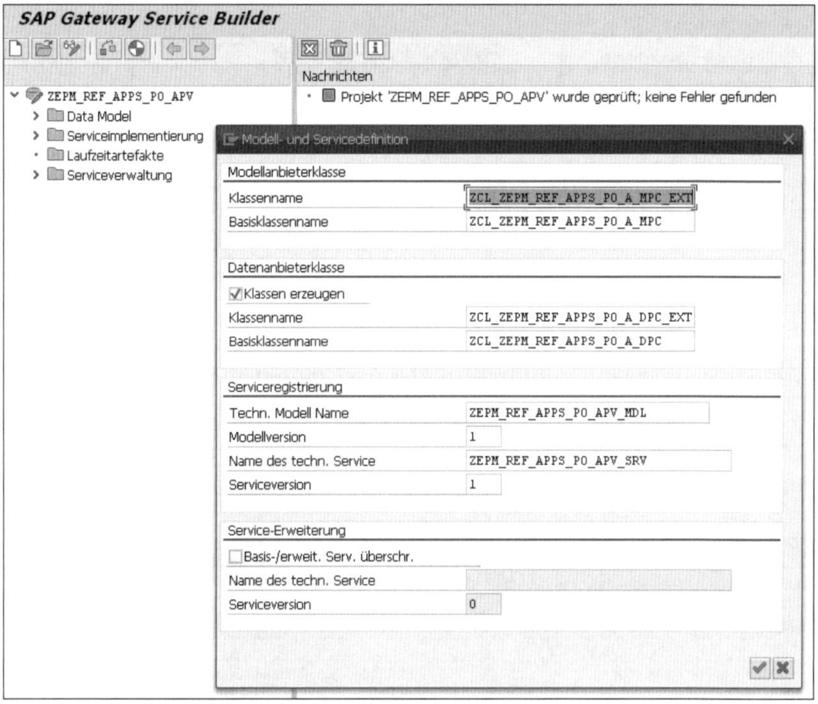

Abbildung 10.16 Generierung der Runtime-Objekte für den redefinierten Service

2. Wählen Sie im Dialog Objektkatalogeintrag anlegen $TMP für das Paket, wie in Abbildung 10.17 gezeigt, und klicken Sie auf SICHERN.

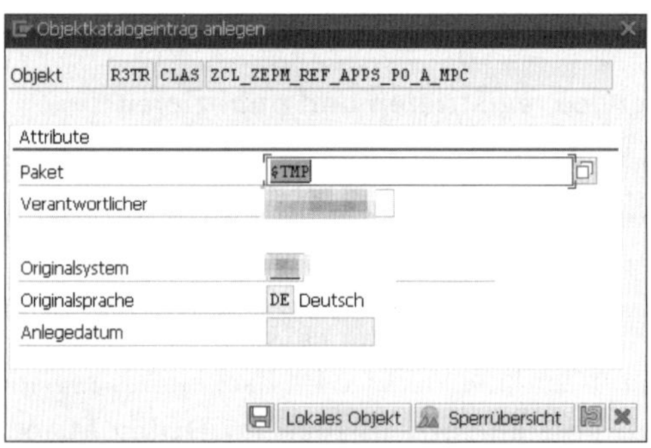

Abbildung 10.17 Dialog »Objektkatalogeintrag anlegen«

3. Öffnen Sie das Verzeichnis Serviceverwaltung, und wählen Sie den Eintrag für das SAP-Gateway-Service-System aus. Wählen Sie sodann, wie in Abbildung 10.18 gezeigt, Registrieren aus dem Kontextmenü.

Abbildung 10.18 Publizieren des redefinierten Service auf dem SAP-Gateway-Hub

4. Geben Sie, wie in Abbildung 10.19 gezeigt, im Dialog Select System Alias (Hub to Backend) den Namen des SAP-System-Alias an, der vom SAP-Gateway-Hub auf Ihr Backend-System zeigt (hier LOCAL).

Abbildung 10.19 Auswahl des System-Alias

5. Geben Sie im Dialog Service hinzufügen im Feld Paketzuordnung den Wert `$TMP` ein (siehe Abbildung 10.20).

Testen

Sie sollten nun testen, ob der redefinierte Service dieselben Daten liefert wie der Service, der von der SAP-Referenz-App verwendet wird. Führen Sie dazu folgende Schritte aus:

1. Wählen Sie aus dem Kontextmenü (siehe Abbildung 10.18) den Eintrag SAP Gateway Client, und bestätigen Sie die Warnung, dass Sie nun in ein anderes System weitergeleitet werden.
2. Wenn Sie im SAP Gateway Client die folgende URL */sap/opu/odata/SAP/ZEPM_REF_APPS_PO_APV_SRV/PurchaseOrders?$format=json* im Feld Request-URI angeben, so sollten Sie als Ergebnis die in Abbildung 10.21 gezeigten Daten zurückgeliefert bekommen.

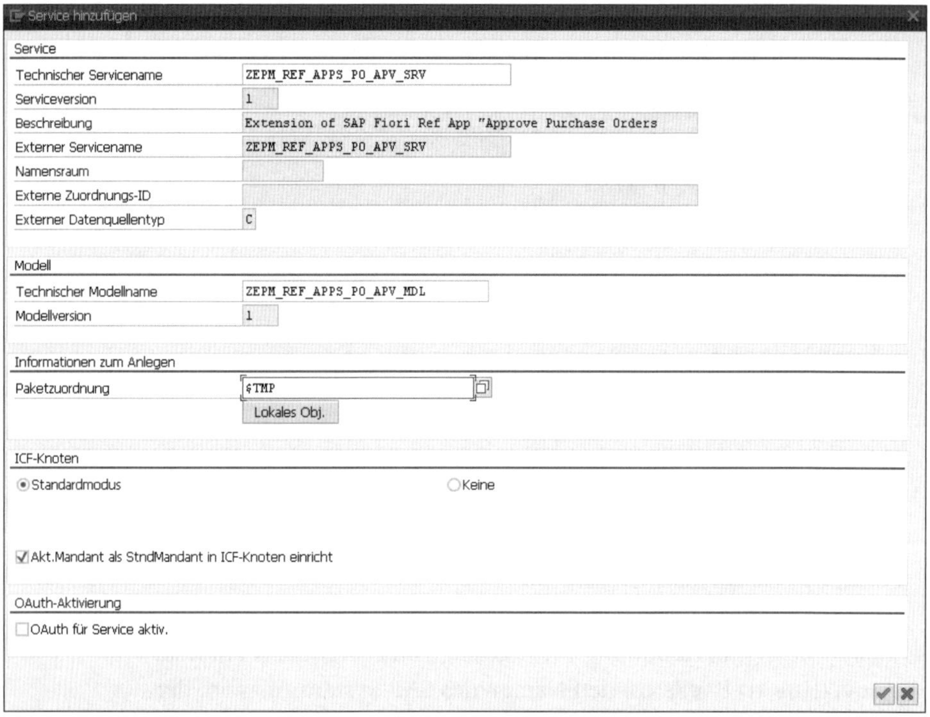

Abbildung 10.20 Dialog »Service hinzufügen«

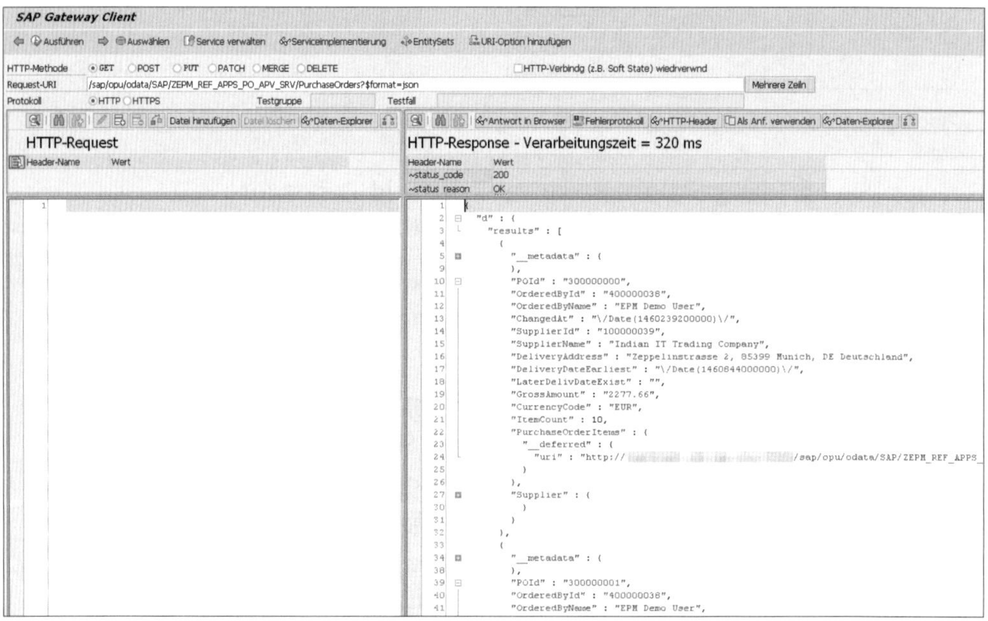

Abbildung 10.21 Testen des redefinierten Service mit dem SAP Gateway Client

Hinzufügen kundeneigener Felder

In diesem Abschnitt werden Sie den Entitätstyp mit kundeneigenen Feldern erweitern. Führen Sie dazu die folgenden Schritte durch:

1. Navigieren Sie im Service-Builder-Projekt zum Entitätstyp `PurchaseOrder`. Wählen Sie, wie in Abbildung 10.22 gezeigt, aus dem Kontextmenü IMPORTIEREN • EIGENSCHAFTEN aus.

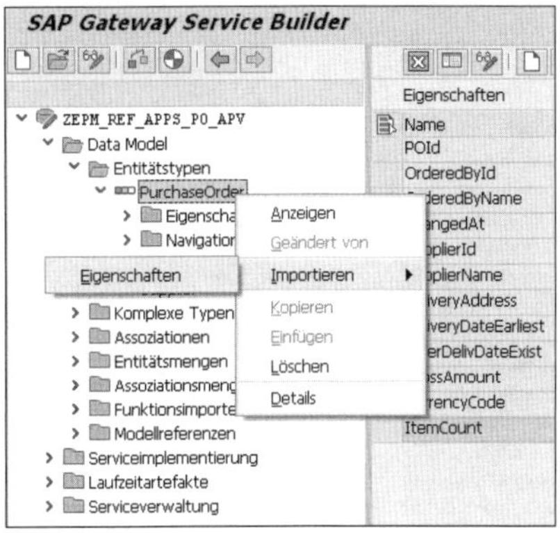

Abbildung 10.22 Importieren von Eigenschaften

2. Wählen Sie im ersten Bildschirm des Assistenten zum Importieren von Eigenschaften (siehe Abbildung 10.23) die beiden Felder aus, die Sie zuvor der DDIC-Struktur über eine Append-Struktur hinzugefügt haben.

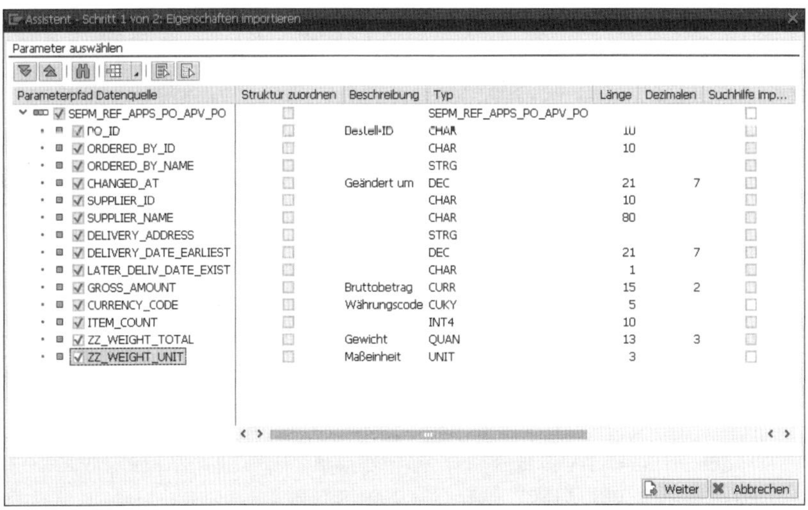

Abbildung 10.23 Assistent, Schritt 1 von 2: Eigenschaften importieren

3. Im zweiten Bildschirm des Assistenten (siehe Abbildung 10.24) können Sie nun die externen Namen, die aus den Namen der ABAP-Felder der DDIC-Struktur vorgeschlagen werden, anpassen. Ändern Sie hier den externen Namen von `zZWeightTotal` zu `WeightTotal` und den externen Namen `zZWeightUnit` zu `WeightUnit`, und wählen Sie Fertig stellen.

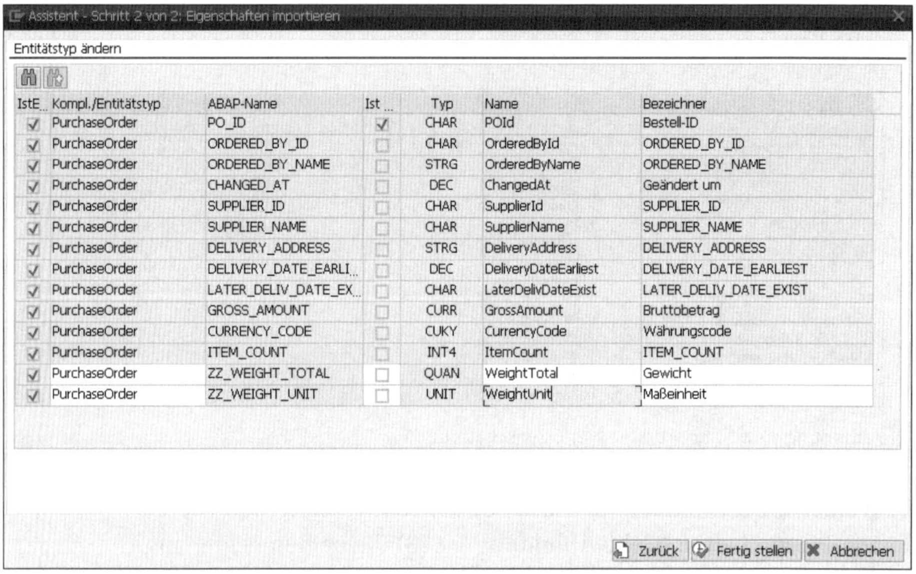

Abbildung 10.24 Assistent, Schritt 2 von 2: Eigenschaften importieren

Serviceimplementierung für kundeneigene Felder

Redefinieren von GET_ENTITYSET

Sie müssen nun die Methode `PURCHASEORDERS_GET_ENTITYSET` in der Daten-Provider-Extensionsklasse `ZCL_ZEPM_REF_APPS_PO_A_DPC_EXT` des erweiterten Service implementieren, so dass die Eigenschaften `WeightTotal` und `WeightUnit` befüllt werden, wenn ein `GET`-Request an die Entitätsmenge `PurchaseOrderSet` gesendet wird.

Der Code in Listing 10.2 ruft zuerst die Methode `purchaseorders_get_entityset` der Basisklasse auf, um eine Liste der Bestellungen in Form der internen Tabelle `et_entityset` zu erhalten. Danach liest der Code alle Tabelleneinträge und berechnet das Gesamtgewicht aller Bestellpositionen mithilfe der Methode `z_get_total_po_weight`.

```
method purchaseorders_get_entityset.
data : ls_entityset like line of et_entityset.
```

```
    try.
        call method super->purchaseorders_get_entityset
          exporting
            iv_entity_name            = iv_entity_name
            iv_entity_set_name        = iv_entity_set_name
            iv_source_name            = iv_source_name
            it_filter_select_options = it_filter_select_options
            is_paging                 = is_paging
            it_key_tab                = it_key_tab
            it_navigation_path        = it_navigation_path
            it_order                  = it_order
            iv_filter_string          = iv_filter_string
            iv_search_string          = iv_search_string
            io_tech_request_context   = io_tech_request_context
                                        importing
            et_entityset              = et_entityset
            es_response_context       = es_response_context.
      catch /iwbep/cx_mgw_busi_exception .
      catch /iwbep/cx_mgw_tech_exception .
    endtry.

* filling the fields for total weight and weight unit in the
  extended entity set

    loop at et_entityset into ls_entityset.
      call method z_get_total_po_weight
        exporting
          po_id        = ls_entityset-po_id
        importing
          weight_total = ls_entityset-zz_weight_total
          weight_unit  = ls_entityset-zz_weight_unit.
      modify et_entityset from ls_entityset.
    endloop.
endmethod.
```

Listing 10.2 »purchaseorders_get_entityset«

Eigenschaften berechnen

Dieselbe Methode `z_get_total_po_weight` kann auch dafür genutzt werden, um die Werte der neuen Eigenschaften zu berechnen, wenn die `GET_ENTITY`-Methode aufgerufen wird (siehe Listing 10.3).

```
method purchaseorders_get_entity.
try.
        call method super->purchaseorders_get_entity
          exporting
            iv_entity_name            = iv_entity_name
            iv_entity_set_name        = iv_entity_set_name
            iv_source_name            = iv_source_name
```

```
            it_key_tab              = it_key_tab
            it_navigation_path      = it_navigation_path
            io_tech_request_context = io_tech_request_context
          importing
            er_entity               = er_entity
            es_response_context     = es_response_context.
      catch /iwbep/cx_mgw_busi_exception .
      catch /iwbep/cx_mgw_tech_exception .
    endtry.

* filling the fields for total weight and weight unit in the
  extended entity

    call method z_get_total_po_weight
      exporting
        po_id        = er_entity-po_id
      importing
        weight_total = er_entity-zz_weight_total
        weight_unit  = er_entity-zz_weight_unit.
endmethod.
```

Listing 10.3 »purchaseorders_get_entity«

Die Methode `z_get_total_po_weight` berechnet das Gesamtgewicht der Bestellpositionen mithilfe eines Inner Joins des Core Data Service (CDS) Views `sepm_ipoie`, der die Bestellpositionen enthält, und des CDS Views `sepm_iproducte`, der die Informationen zum Produkt enthält, wie z. B. das Gewicht. Da die Gewichte der einzelnen Produkte in Gramm und Kilogramm angegeben sind, verwendet der Code den Funktionsbaustein `UNIT_CONVERSION_SIMPLE`, um alle Gewichte in Kilogramm umzurechnen (siehe Listing 10.4).

```
method z_get_total_po_weight.

    data: begin of wa,
            purchaseorder     type sepm_ipoie-purchaseorder,
            purchaseorderitem type sepm_ipoie-purchaseorder
              item,
            product           type sepm_ipoie-product,
            quantity          type sepm_ipoie-quantity,
            weight            type sepm_iproducte-weight,
            weightunit        type sepm_iproducte-weightunit,
          end of wa,
          itab        like sorted table of wa
            with unique key purchaseorder purchaseorderitem ,
          totalweight type sepm_iproducte-weight,
          weight      type sepm_iproducte-weight.
```

```
    constants: cv_weight_unit_kg type snwd_weight_
      unit value 'KG'.

    select  poi~purchaseorder poi~purchaseorderitem poi~
      product poi~quantity pd~weight pd~weightunit
      into  corresponding fields of table itab
      from  (  sepm_ipoie as poi
                inner join sepm_iproducte as pd on
                  poi~product = pd~product  )
      where poi~purchaseorder = po_id .

    clear totalweight.

    loop at itab into wa.

*     Convert all Weights to KG
      clear weight.

      call function 'UNIT_CONVERSION_SIMPLE'
        exporting
          input                = wa-weight
          unit_in              = wa-weightunit
          unit_out             = cv_weight_unit_kg
        importing
          output               = weight
        exceptions
          conversion_not_found = 1
          division_by_zero     = 2
          input_invalid        = 3
          output_invalid       = 4
          overflow             = 5
          type_invalid         = 6
          units_missing        = 7
          unit_in_not_found    = 8
          unit_out_not_found   = 9
          others               = 10.

      if sy-subrc ne 0.  continue.  endif.
      totalweight = totalweight + wa-quantity * weight.

    endloop.

    weight_total = totalweight.
    weight_unit = cv_weight_unit_kg.

endmethod.
```

Listing 10.4 Methode »z_get_total_po_weight«

Ergebnis

Rufen Sie nun einen `GET`-Request mit dem folgenden URI aus dem SAP Gateway Client auf:
sap/opu/odata/SAP/ZEPM_REF_APPS_PO_APV_SRV_SRV/PurchaseOrders?$format=json

Die HTTP-Response enthält dann eine Liste, in der die neuen Eigenschaften mit Werten, wie z. B. `"WeightTotal" : "6.514"` und `"WeightUnit" : "KG"` befüllt sind. Das Ergebnis wird in Abbildung 10.25 gezeigt.


```
{
  "__metadata" : {
  },
  "POId" : "300000000",
  "OrderedById" : "400000038",
  "OrderedByName" : "EPM Demo User",
  "ChangedAt" : "\/Date(1461621600000)\/",
  "SupplierId" : "100000010",
  "SupplierName" : "Pear Computing Services",
  "DeliveryAddress" : "Zeppelinstrasse 2, 85399 Munich, DE Deu
  "DeliveryDateEarliest" : "\/Date(1462226400000)\/",
  "LaterDelivDateExist" : "",
  "GrossAmount" : "5091.17",
  "CurrencyCode" : "EUR",
  "ItemCount" : 10,
  "WeightTotal" : "6.514",
  "WeightUnit" : "KG",
  "PurchaseOrderItems" : {
    "__deferred" : {
      "uri" : "http://[illegible]/sap/opu/od
    }
  },
  "Supplier" : {
    }
  }
},
```


Abbildung 10.25 Ergebnis der erweiterten Bestellanforderungsliste

Hinzufügen einer kundeneigenen Entitätsmenge

Kundeneigene Entitätsmenge

Als Nächstes werden Sie das Datenmodell Ihrer Anwendung durch einen kundeneigenen Entitätstyp `Employee` und eine Entitätsmenge `EmployeeSet` erweitern.

Die Entitätsmenge `EmployeeSet` liefert eine Liste von Kontaktdaten der Mitarbeiter. Die Idee ist hierbei, dass die SAP-Fiori-Referenz-App erweitert wird, so dass zusammen mit den Details einer Bestellanforderung auch die Kontaktdaten des Mitarbeiters oder der Mitarbeiterin angezeigt werden, die die Bestellanforderung ausgelöst haben. Damit hat der Genehmigende die Möglichkeit, auf einfache Weise mit dem Mitarbeiter Kontakt aufzunehmen, falls noch offene Fragen bei der Bestellanforderung zu klären sind.

Um die Entitätsmenge hinzuzufügen, führen Sie folgende Schritte durch:

1. Wählen Sie aus der Struktur des Service-Builder-Projekts das Verzeichnis DATA MODEL aus, und wählen Sie, wie in Abbildung 10.26 gezeigt, aus dem Kontextmenü IMPORTIEREN • ABAP-DICTIONARY-STRUKTUR.

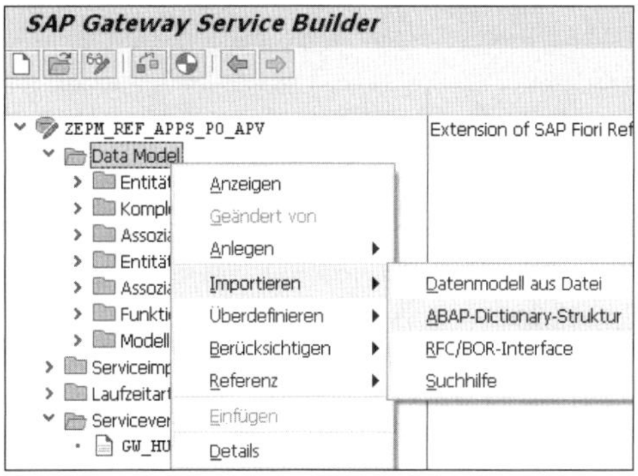

Abbildung 10.26 Import der DDIC-Struktur SNWD_EMPLOYEES

2. Geben Sie im ersten Bildschirm des Assistenten für den Import von DDIC-Strukturen »Employee« im Feld NAME ein, und wählen Sie `SNWD_EMPLOYEES` im Feld ABAP-STRUKTUR. Ändern Sie nicht die Auswahl für das Ankreuzfeld STANDRDENTITMNGE (Standardentitätsmenge) ANLEGEN, und wählen Sie WEITER. Dadurch werden eine Entitätsmenge `EmployeeSet` und ein Entitätstyp `Employee` angelegt (siehe Abbildung 10.27).

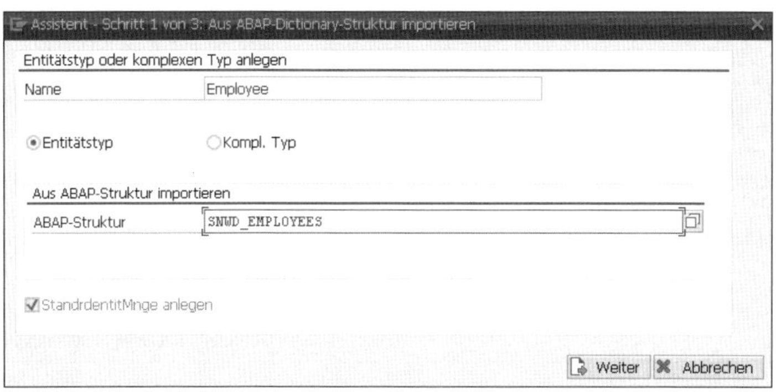

Abbildung 10.27 Assistent, Schritt 1 von 3: ABAP-DDIC-Struktur importieren

3. Im zweiten Bildschirm des Eingabeassistenten für DDIC-Strukturen wählen Sie nur die folgenden Felder aus der Datenquelle: SNWD_EMPLOYEE, EMPLOYEE_ID, FIRST_NAME, MIDDLE_NAME, LAST_NAME, PHONE_NUMBER, EMAIL_ADDRESS und EMPLOYEE_PIC_URL (siehe Abbildung 10.28).

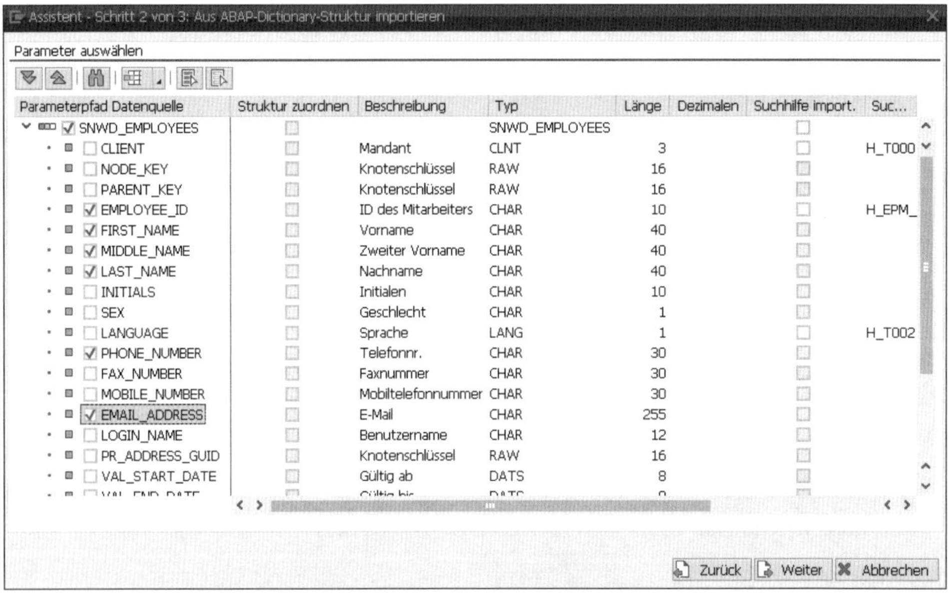

Abbildung 10.28 Assistent, Schritt 2 von 3: ABAP-DDIC-Struktur importieren

4. Im dritten Bildschirm des Assistenten für den Import einer DDIC-Struktur müssen Sie EMPLOYEE_ID als Schlüsselfeld für den Entitätstyp auswählen. (Abbildung 10.29).

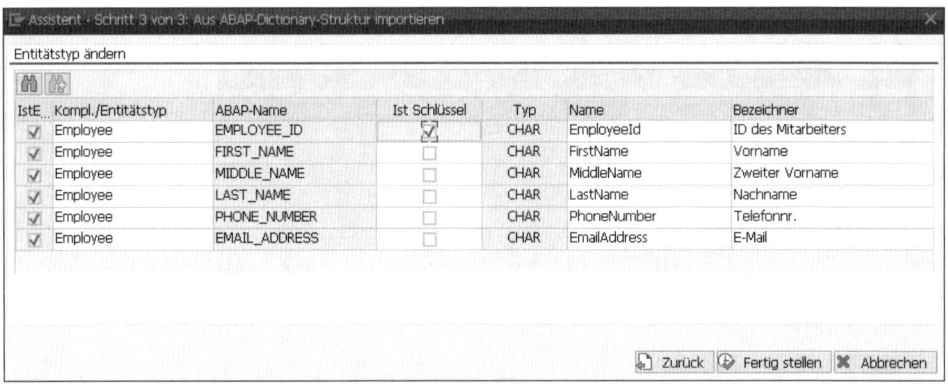

Abbildung 10.29 Assistent, Schritt 3 von 3 – ABAP-DDIC-Struktur importieren

Anlegen einer Navigationseigenschaft

Sie können nun eine Assoziation zwischen dem neu angelegten Entitätstyp `Employee` und dem Entitätstyp `PurchaseOrder` anlegen. Der Assistent wird Sie durch die notwendigen Schritte leiten und auch eine Navigationseigenschaft `ToPurchaseOrders` in der Entitätsmenge `EmployeeSet` anlegen.

Führen Sie dazu die folgenden Schritte durch:

1. Navigieren Sie in der Struktur des Service-Builder-Projekts ZEPM_REF_APPS_PO_APV_SRV zum Verzeichnis DATA MODEL, und wählen Sie aus dem Kontextmenü ANLEGEN • VERKNÜPFUNG (siehe Abbildung 10.30).

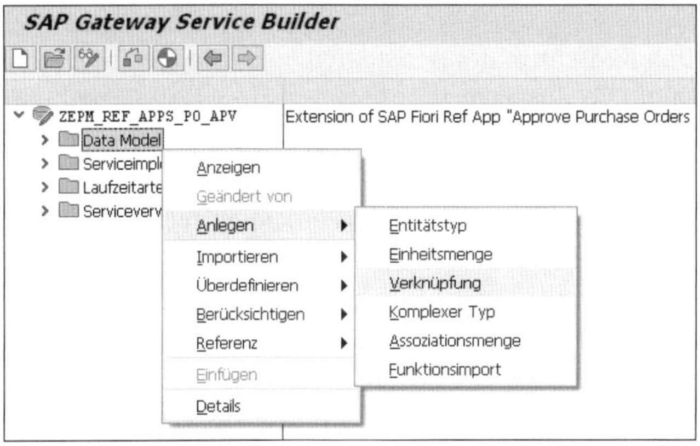

Abbildung 10.30 Anlegen einer Assoziation mit dem Service Builder

2. Im ersten Bildschirm des Assistenten (siehe Abbildung 10.31) müssen Sie zunächst den Namen der Assoziation und die beteiligten Entitätstypen mit ihren Kardinalitäten angeben. Sie können außerdem die Ankreuzfelder ZUGEH. NAVIGATIONSEIGENSCHAFT ANL. auswählen, um auch die Navigationseigenschaften anzulegen. In unserem Beispiel werden Sie die Assoziation `Assoc_Employee_PurchaseOrder` anlegen. Geben Sie für die erste Entität »Employee« im Feld NAME ENTITÄTSTYP ein, »1« im Feld KARDINALITÄT und »ToPurchaseOrders« im Feld NAVIGATIONSEIG.

   Verwenden Sie für die ABHÄNGIGE ENTITÄT die Werte »PurchaseOrder« im Feld NAME ENTITÄTSTYP, »0..n« im Feld KARDINALITÄT und »ToEmployee« im Feld NAVIGATIONSEIG.

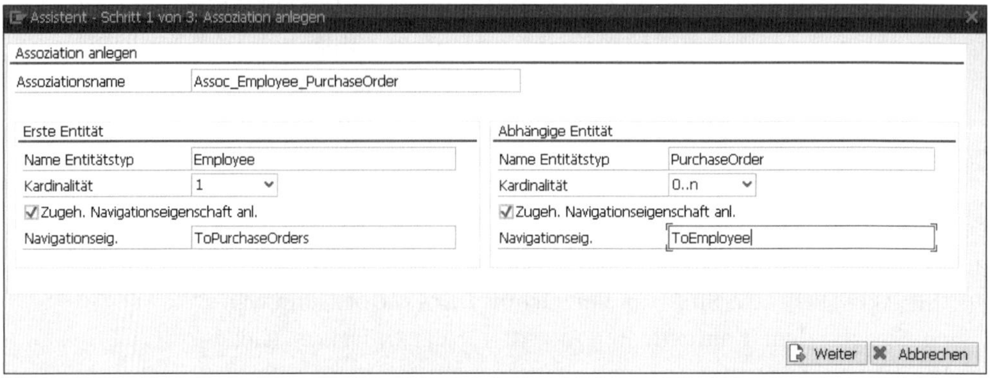

Abbildung 10.31 Assistent, Schritt 1 von 3: Assoziation anlegen

3. Im zweiten Bildschirm des Assistenten legen Sie die Fremdschlüsselbeziehung für die Navigationseigenschaften fest. Hierzu führen Sie ein Mapping zwischen dem Schlüssel der ersten Entität und einer Eigenschaft der abhängigen Entität durch. In diesem Beispiel besteht der PRINCIPAL-SCHLÜSSEL aus einem einzelnen Feld `EmployeeId`. Dieses Feld wird auf die ABHÄNGIGE EIGENSCHAFT `OrderedById` der abhängigen Entität `PurchaseOrder` gemappt. Wählen Sie WEITER.

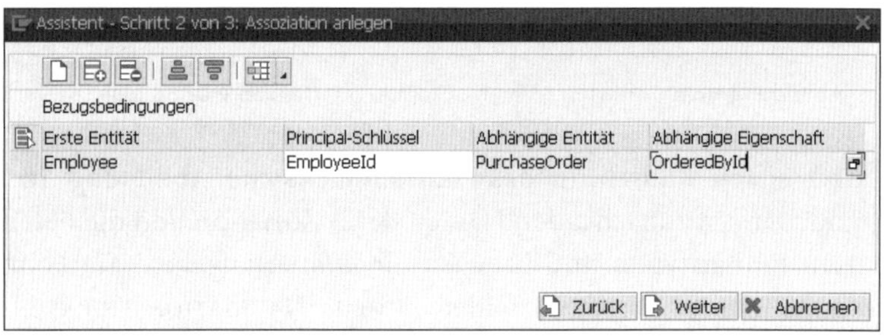

Abbildung 10.32 Assistent, Schritt 2 von 3: Assoziation anlegen

4. Im dritten Bildschirm des Assistenten legen Sie den Namen der Assoziationsmenge fest (siehe Abbildung 10.33). Der Namensvorschlag basiert auf dem Namen der Assoziation. Die zugehörigen Entitätsmengen werden aus den zugehörigen Entitätstypen abgeleitet. Ändern Sie die Standardeinstellungen nicht, und wählen Sie FERTIG STELLEN.

Abbildung 10.33 Assistent, Schritt 3 von 3: Assoziation anlegen

Serviceimplementierung für eine kundeneigene Entitätsmenge

Nachdem das Datenmodell des redefinierten Service durch das Hinzufügen einer Entitätsmenge erweitert wurde, können Sie nun mit der Serviceimplementierung fortfahren.

Da der Service Builder keine CRUD-Q-Methoden anlegt, wenn eine Entitätsmenge einem Datenmodell eines Service hinzugefügt wurde, der durch Redefinition generiert wurde, müssen Sie manuell die beiden folgenden Methoden erstellen: `Z_EMPLOYEESET_GET_ENTITY` und `Z_EMPLOYEESET_GET_ENTITYSET`.

Kundeneigene Entitätsmenge

Da diese Methoden nicht automatisch vom SAP Gateway Framework aufgerufen werden, müssen Sie darüber hinaus die generischen Dispatcher-Methoden `/iwbep/if_mgw_appl_srv_runtime~get_entity` und `/iwbep/if_mgw_appl_srv_runtime~get_entityset` redefinieren.

Über eine `CASE`-Anweisung prüft der Code dann, ob die beiden neu angelegten Methoden `Z_EMPLOYEESET_GET_ENTITY` und `Z_EMPLOYEESET_GET_ENTITYSET` für einen `Read`- oder `Query`-Zugriff auf die Entitätsmenge `EmployeeSet` ausgeführt werden sollen. Anderenfalls ruft die redefinierte Dispatcher-Methode die entsprechende Methode der Basisklasse auf.

Sie müssen zunächst die beiden Methoden `Z_EMPLOYEESET_GET_ENTITY` und `Z_EMPLOYEESET_GET_ENTITYSET` anlegen, indem Sie die Methoden `/IWBEP/IF_MGW_APPL_SRV_RUNTIME~GET_ENTITY` bzw. `/IWBEP/IF_MGW_APPL_SRV_RUNTIME~GET_ENTITYSET` kopieren.

In der Methode `Z_EMPLOYEESET_GET_ENTITYSET` müssen Sie zunächst den Rückgabeparameter `ER_ENTITYSET` in `ET_ENTITYSET` umbenennen. Die Typisierungsmethode von `Type Ref To` müssen Sie in `Type` ändern und den Bezugstyp in ZCL_ZEPM_REF_APPS_PO_A_MPC=>TT_EMPLOYEE (siehe Abbildung 10.34).

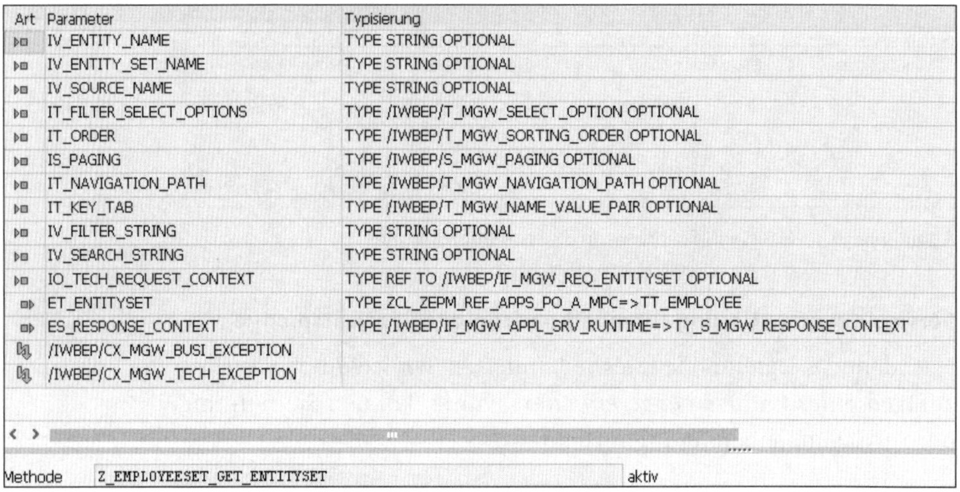

Art	Parameter	Typisierung
	IV_ENTITY_NAME	TYPE STRING OPTIONAL
	IV_ENTITY_SET_NAME	TYPE STRING OPTIONAL
	IV_SOURCE_NAME	TYPE STRING OPTIONAL
	IT_FILTER_SELECT_OPTIONS	TYPE /IWBEP/T_MGW_SELECT_OPTION OPTIONAL
	IT_ORDER	TYPE /IWBEP/T_MGW_SORTING_ORDER OPTIONAL
	IS_PAGING	TYPE /IWBEP/S_MGW_PAGING OPTIONAL
	IT_NAVIGATION_PATH	TYPE /IWBEP/T_MGW_NAVIGATION_PATH OPTIONAL
	IT_KEY_TAB	TYPE /IWBEP/T_MGW_NAME_VALUE_PAIR OPTIONAL
	IV_FILTER_STRING	TYPE STRING OPTIONAL
	IV_SEARCH_STRING	TYPE STRING OPTIONAL
	IO_TECH_REQUEST_CONTEXT	TYPE REF TO /IWBEP/IF_MGW_REQ_ENTITYSET OPTIONAL
	ET_ENTITYSET	TYPE ZCL_ZEPM_REF_APPS_PO_A_MPC=>TT_EMPLOYEE
	ES_RESPONSE_CONTEXT	TYPE /IWBEP/IF_MGW_APPL_SRV_RUNTIME=>TY_S_MGW_RESPONSE_CONTEXT
	/IWBEP/CX_MGW_BUSI_EXCEPTION	
	/IWBEP/CX_MGW_TECH_EXCEPTION	

Methode Z_EMPLOYEESET_GET_ENTITYSET aktiv

Abbildung 10.34 Signatur der Methode Z_EMPLOYEESET_GET_ENTITYSET

In der Methode Z_EMPLOYEESET_GET_ENTITY muss lediglich die Typisierung des Parameters ER_ENTITY von TYPE REF TO auf TYPE und der Bezugstyp auf den Wert ZCL_ZEPM_REF_APPS_PO_A_MPC=>TS_EMPLOYEE geändert werden (siehe Abbildung 10.35).

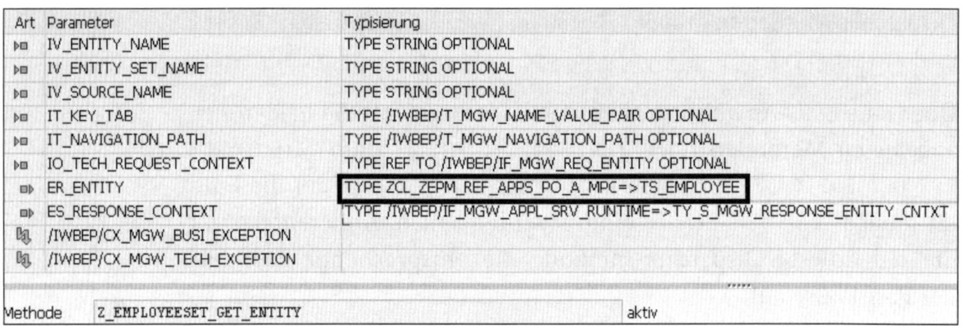

Art	Parameter	Typisierung
	IV_ENTITY_NAME	TYPE STRING OPTIONAL
	IV_ENTITY_SET_NAME	TYPE STRING OPTIONAL
	IV_SOURCE_NAME	TYPE STRING OPTIONAL
	IT_KEY_TAB	TYPE /IWBEP/T_MGW_NAME_VALUE_PAIR OPTIONAL
	IT_NAVIGATION_PATH	TYPE /IWBEP/T_MGW_NAVIGATION_PATH OPTIONAL
	IO_TECH_REQUEST_CONTEXT	TYPE REF TO /IWBEP/IF_MGW_REQ_ENTITY OPTIONAL
	ER_ENTITY	TYPE ZCL_ZEPM_REF_APPS_PO_A_MPC=>TS_EMPLOYEE
	ES_RESPONSE_CONTEXT	TYPE /IWBEP/IF_MGW_APPL_SRV_RUNTIME=>TY_S_MGW_RESPONSE_ENTITY_CNTXT
	/IWBEP/CX_MGW_BUSI_EXCEPTION	
	/IWBEP/CX_MGW_TECH_EXCEPTION	

Methode Z_EMPLOYEESET_GET_ENTITY aktiv

Abbildung 10.35 Signatur der Methode Z_EMPLOYEESET_GET_ENTITY

Der ABAP-Code für die Methode z_employeeset_get_entityset wird in Listing 10.5 gezeigt.

```
method z_employeeset_get_entityset.
   select employee_id first_name middle_name last_
name phone_number email_address employee_pic_url
```

```
   into corresponding fields of table et_entityset from
     snwd_employees.
endmethod.
```

Listing 10.5 »z_employeeset_get_entityset«

Listing 10.6 zeigt den Code für die Methode `z_employeeset_get_entity`.

```
method z_employeeset_get_entity.

  data: ls_headerdata     type zcl_zepm_ref_apps_po_a_mpc=>
                            ts_employee,
        ls_headerdata_src type zcl_zepm_ref_apps_po_a_mpc=>
                            ts_purchaseorder.
  data: ls_snwd_po  type snwd_po.
  data: ls_snwd_employees type snwd_employees.
  data: lt_nav_path       type /iwbep/t_mgw_tech_navi,
        ls_nav_path       type /iwbep/s_mgw_tech_navi,
        employee_id       type zcl_zepm_ref_apps_po_a_mpc=>
                            ts_purchaseorder-ordered_by_id,
        lv_source_entity_set_name type /iwbep/mgw_tech_name.

  lv_source_entity_set_name = io_tech_request_context->
    get_source_entity_set_name( ).

  if lv_source_entity_set_name eq 'PurchaseOrders'.
    lt_nav_path = io_tech_request_context->
      get_navigation_path( ).
    read table lt_nav_path into ls_nav_path with key nav_prop =
      'TOEMPLOYEE'.
    if sy-subrc = 0.
      call method io_tech_request_context->
        get_converted_source_keys
        importing
          es_key_values = ls_headerdata_src.
      select single po_id created_by into corresponding
        fields of
      ls_snwd_po from snwd_po where po_id = ls_headerdata_
        src-po_id.
      select single employee_id into corresponding fields of
      ls_snwd_employees from snwd_employees where node_key =
        ls_snwd_po-created_by.
      employee_id = ls_snwd_employees-employee_id.
    endif.
  else.
    call method io_tech_request_context->get_converted_keys
      importing
```

```
        es_key_values = ls_headerdata.
      if ls_headerdata is not initial.
        employee_id = ls_headerdata-employee_id.
      endif.
    endif.
    if employee_id is not initial.
      select single employee_id first_name middle_name last_name
        phone_number email_address employee_pic_url
      into corresponding fields of er_entity from snwd_employees
        where employee_id = employee_id.
    endif.
  endmethod
```

Listing 10.6 »z_employeeset_get_entity«

Das Coding in der Methode `z_employeeset_get_entity` erscheint auf den ersten Blick relativ kompliziert. Dies liegt an dem zugrunde liegenden Demodatenmodell. Da die Bestellanforderung nicht die Personalnummer des Mitarbeiters enthält, müssen wir diesen Wert mithilfe der Nummer der Bestellanforderung aus den Datenbanktabellen des EPM-Demodatenmodells auslesen.

Dispatcher-methoden redefinieren

Wie schon zuvor beschrieben, müssen Sie die Dispatcher-Methode `/iwbep/if_mgw_appl_srv_runtime~get_entity` redefinieren, so dass die manuell erstellte Methode `z_employeeset_get_entity` aufgerufen wird, wenn mit einem `GET`-Request die Daten eines einzelnen Mitarbeiters abgerufen werden. Dieser Aufruf ist in Listing 10.7 gezeigt.

```
method /iwbep/if_mgw_appl_srv_runtime~get_entity.

    data z_employeeset_get_entity type zcl_zepm_ref_apps_po_a_
      mpc=>ts_employee.
    data lv_entityset_name type string.
    data lr_entity type ref to data.

    lv_entityset_name = io_tech_request_context->get_entity_set_
      name( ).

    case lv_entityset_name.

      when 'EmployeeSet'.

* Call the method we created for the entity set

        z_employeeset_get_entity(
```

```
          exporting
            iv_entity_name          = iv_entity_name
            iv_entity_set_name      = iv_entity_set_name
            iv_source_name          = iv_source_name
            it_key_tab              = it_key_tab
            it_navigation_path      = it_navigation_path
            io_tech_request_context = io_tech_request_context
          importing
            er_entity               = z_employeeset_get_
entity ).

*     Send specific entity data to the caller interface

        copy_data_to_ref(
          exporting
            is_data = z_employeeset_get_entity
          changing
            cr_data = er_entity
        ).

      when others.

        super->/iwbep/if_mgw_appl_srv_runtime~get_entity(
          exporting
            iv_entity_name          = iv_entity_name
            iv_entity_set_name      = iv_entity_set_name
            iv_source_name          = iv_source_name
            it_key_tab              = it_key_tab
            it_navigation_path      = it_navigation_path
            io_tech_request_context = io_tech_request_context
          importing
            er_entity               = er_entity ).

    endcase.

endmethod.
```

Listing 10.7 Coding der Dispatcher-Methode »/iwbep/if_mgw_appl_srv_runtime~get_entity«

Darüberhinaus müssen Sie, wie in Listing 10.8 gezeigt, auch die Dispatcher-Methode `/iwbep/if_mgw_appl_srv_runtime~get_entityset` redefinieren, damit auch die manuell erstellte Methode `z_employeeset_get_entityset` aufgerufen wird, wenn mit einem `GET`-Request die Entitätsmenge `EmployeeSet` aufgerufen wird.

```
method /IWBEP/IF_MGW_APPL_SRV_RUNTIME~GET_ENTITYSET.

  data z_employeeset_get_entityset  type zcl_zepm_ref_apps_po_a_
    mpc=>tt_employee.

    data lv_entityset_name type string.
    data lr_entity type ref to data.

    lv_entityset_name = io_tech_request_context->get_entity_set_
      name( ).

    case lv_entityset_name.
      when 'EmployeeSet'.
* Call the method we created for the entity set
        z_employeeset_get_entityset(
            exporting
              iv_entity_name           = iv_entity_name
              iv_entity_set_name       = iv_entity_set_name
              iv_source_name           = iv_source_name
              it_filter_select_options = it_filter_select_options
              it_order                 = it_order
              is_paging                = is_paging
              it_navigation_path       = it_navigation_path
              it_key_tab               = it_key_tab
              iv_filter_string         = iv_filter_string
              iv_search_string         = iv_search_string
              io_tech_request_context  = io_tech_request_context
            importing
              et_entityset             = z_employeeset_get_
entityset
              es_response_context      = es_response_context ).

        copy_data_to_ref(
               exporting
                 is_data = z_employeeset_get_entityset
               changing
                 cr_data = er_entityset
             ).

      when others.
        super->/iwbep/if_mgw_appl_srv_runtime~get_entityset(
            exporting
              iv_entity_name           = iv_entity_name
              iv_entity_set_name       = iv_entity_set_name
              iv_source_name           = iv_source_name
              it_filter_select_options = it_filter_select_options
              it_order                 = it_order
```

```
          is_paging                  = is_paging
          it_navigation_path         = it_navigation_path
          it_key_tab                 = it_key_tab
          iv_filter_string           = iv_filter_string
          iv_search_string           = iv_search_string
          io_tech_request_context    = io_tech_request_context
        importing
          er_entityset               = er_entityset
          es_response_context        = es_response_context ).

    endcase.
  endmethod.
```

Listing 10.8 Coding der Dispatcher-Methode »/iwbep/if_mgw_appl_srv_runtime~get_entityset«

Wenn Sie nun den folgenden URI */sap/opu/odata/SAP/ZEPM_REF_APPS_PO_APV_SRV/PurchaseOrders('300000031')/ToEmployee?$format=json* im SAP Gateway Client aufrufen, sollten Sie das in Abbildung 10.36 gezeigte Ergebnis erhalten.

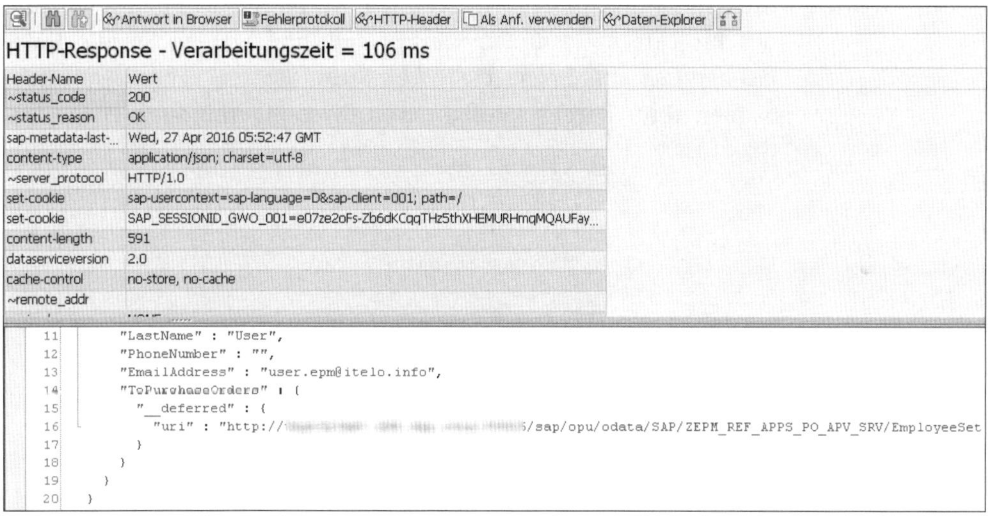

Abbildung 10.36 Kontaktdetails des Mitarbeiters, der die Bestellanforderung ausgelöst hat

10.3.2 Erweiterung der SAPUI5-Anwendung

In diesem Abschnitt zeigen wir Ihnen, wie Sie ein Erweiterungsprojekt zu einer existierenden SAP-Fiori-Anwendung (Approve Purchase Orders) in der SAP Web IDE erstellen und wie Sie die SAP-

Fiori-Referenz-App mit Ihrem SAP-Gateway-System verbinden. Danach zeigen wir Ihnen drei Erweiterungsoptionen:

- Verbergen eines bestehenden UI-Elements
- Ersetzen eines OData-Service
- Hinzufügen eines UI-Elements zu einem Extension Point
- Hinzufügen eines zweiten UI-Elements zu einem Extension Point

Neues Projekt in der SAP Web IDE anlegen

Wenn Sie noch keine SAP-Fiori-App haben, gehen Sie zu Abschnitt 9.5, »SAP-Fiori-Referenz-Apps«, und erstellen Sie ein neues Projekt aus der Beispielanwendung APPROVE PURCHASE ORDER. Diese SAPUI5-App ist die Basis für die weiteren Schritte in diesem Abschnitt. Alle Referenz-Apps werden mit dem Standardzielsystem `RefAppsBackend` ausgeliefert, was zunächst auf Ihr eigenes SAP-Gateway-System angepasst werden muss.

SAP Web IDE

Melden Sie sich in der SAP Web IDE an, öffnen Sie den Menübaum des Projekts *nw.epm.refapps.ext.po.apv*, und wählen Sie die Datei *neo-app.json* aus. Ersetzen Sie den String `RefAppsBackend` mit dem Namen Ihrer bereits konfigurierten Systemverbindung (siehe Listing 10.9).

```
"path": "/sap/opu/odata",
"target": {
  "type": "destination",
  "name": "ES4",
  "entryPath": "/sap/opu/odata"
},
"description": "Backend oData service"
```

Listing 10.9 Referenz-App-Verbindung auf ES4 ändern

Speichern Sie Ihre Änderungen, und erstellen Sie ein neues Erweiterungsprojekt. Klicken Sie dazu auf FILE • NEW • EXTENSION PROJECT, und wählen Sie die zu erweiternde Anwendung aus. Klicken Sie auf SELECT APPLICATION und anschließend auf WORKSPACE. Wählen Sie das angelegte Projekt *nw.epm.refaaps.ext.po.apv* aus, und klicken Sie auf OK. Der Standardname des Erweiterungsprojekts ist der Projektname mit dem Suffix »Extension«. Klicken Sie auf NEXT, um mit dem Assistenten fortzufahren. Klicken Sie auf der folgenden Bestätigungsseite auf FINISH, um das Projekt anzulegen. Der Erweiterungsbereich öffnet sich und zeigt die Applikation an. Ändern Sie die Bildschirmauflösung in der oberen Leiste im linken Bereich auf LARGE (siehe Abbildung 10.37).

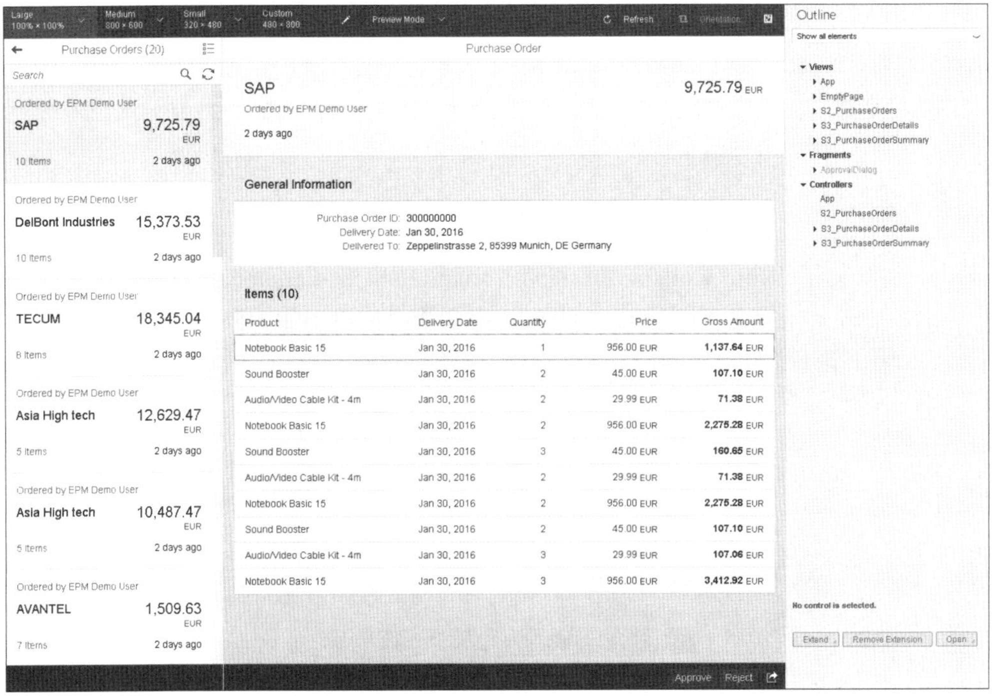

Abbildung 10.37 Erweiterungsprojekt – Vorschaumodus

Die voll funktionsfähige Anwendung wird automatisch im Vorschaumodus (PREVIEW MODE) geöffnet und mit dem konfigurierten Backend-System verbunden. Nun können Sie alle Funktionen des Vorschaumodus erkunden: Sie können die Ausrichtung (ORIENTATION) verändern, um die Anzeige auf einem mobilen Endgerät zu simulieren. Wählen Sie im Bereich OUTLINE die Eigenschaft SHOW EXTENSIBLE ELEMENTS im Dropdown-Menü auf der rechten Seite. Alle erweiterbaren Elemente werden im darunterliegenden Menübaum angezeigt. Klicken Sie auf PREVIEW MODE in der oberen Menüleiste, und wechseln Sie auf den Erweiterungsmodus EXTENSIBILITY MODE. Nun können Sie ein Element in der Layoutvorschau auswählen. Dies wird durch die farbliche Änderung zu Pink signalisiert, das dazugehörige Element im Menübaum auf der rechten Seite wird ebenfalls ausgewählt (siehe Abbildung 10.38).

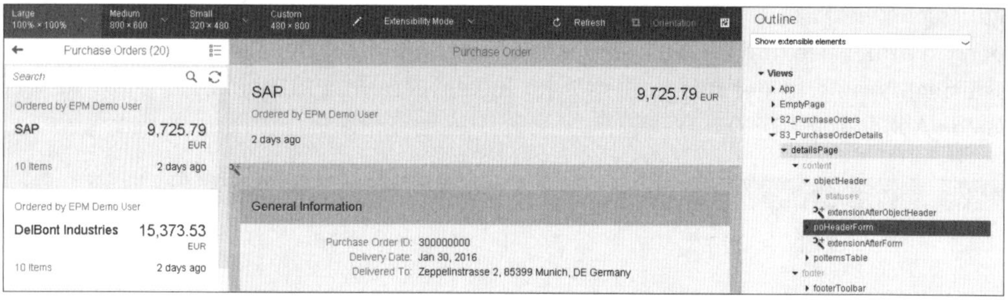

Abbildung 10.38 Auswahl von Elementen im Erweiterungsmodus

Vorhandenes UI-Element ausblenden

Nun wollen wir ein vorhandenes Bedienelement, wie z. B. den REJECT-Button, ausblenden. Wählen Sie den roten REJECT-Button in der Layoutvorschau aus, klicken Sie mit der rechten Maustaste im Menübaum auf das markierte Element, und wählen Sie im Kontextmenü die Option HIDE CONTROL, um das Element auszublenden (siehe Abbildung 10.39).

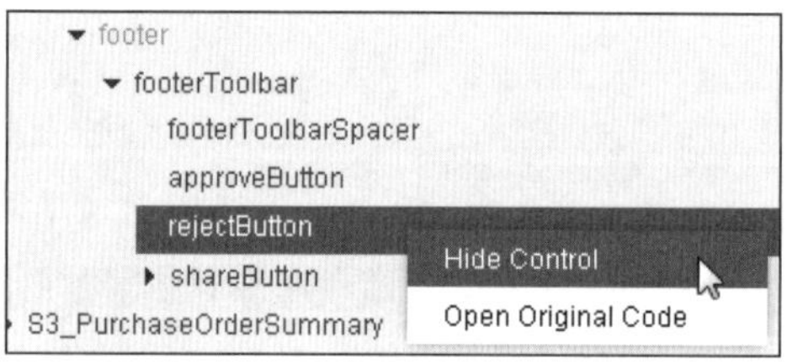

Abbildung 10.39 Ausblenden des Reject-Buttons

Das sich öffnende Änderungs-Pop-up APPLICATION CHANGED bestätigt die erfolgreiche Änderung. Sie können entweder den automatisch erzeugten Erweiterungsquellcode anzeigen lassen oder die Applikation aktualisieren. Wenn Sie den erweiterten Quellcode anzeigen, sehen Sie, dass das Button-Attribut für die Sichtbarkeit `visible` den neuen Wert `false` besitzt. Starten Sie das Erweiterungsprojekt wie ein normales Projekt. Wie Sie nun sehen können, ist der REJECT-Button nun ausgeblendet (siehe Abbildung 10.40). Sie können das Projekt im Erweiterungsmenü erneut editieren. Markieren Sie das Projekt, und navigieren Sie zu TOOLS • EXTENSIBILITY PANE. Das Element REJECTBUTTON ist nun im Menübaum als ausgeblendet markiert.

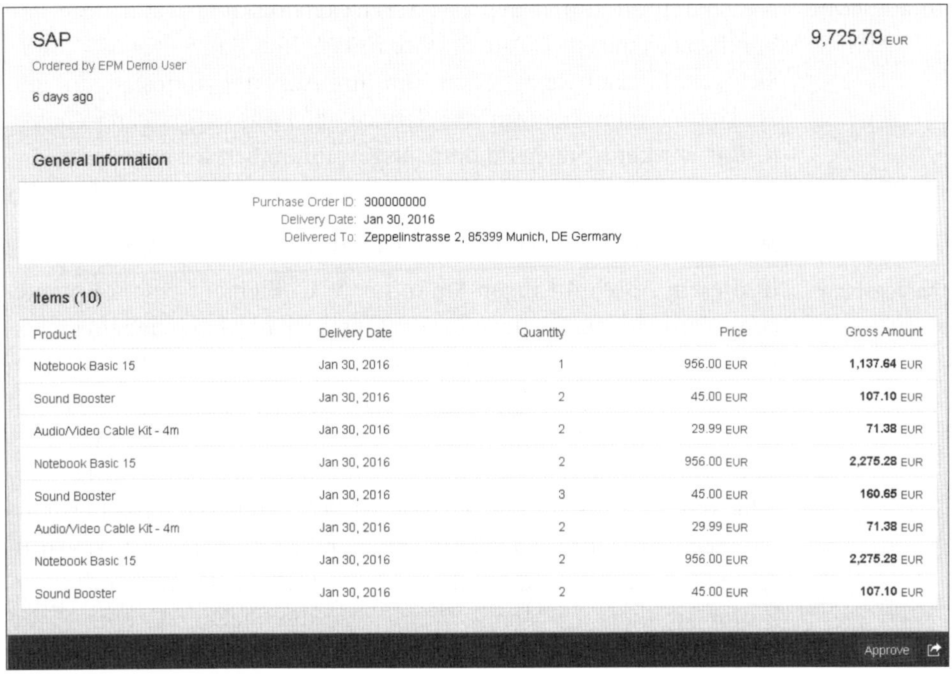

Abbildung 10.40 Ausgeblendeter Reject-Button

Service austauschen

Bevor wir ein neues UI-Element einem Erweiterungspunkt hinzufügen, möchten wir zunächst einen Standard-OData-Service durch unseren erweiterten Service mit dem Entity-Set `PurchaseOrder` austauschen. Markieren Sie den Ordner des Erweiterungsprojekts, und wählen Sie FILE • NEW • EXTENSION. Bestätigen Sie das ausgewählte Projekt, indem Sie auf NEXT klicken. Wählen Sie in der Buttonleiste REPLACE SERVICE, und klicken Sie erneut auf NEXT (siehe Abbildung 10.41).

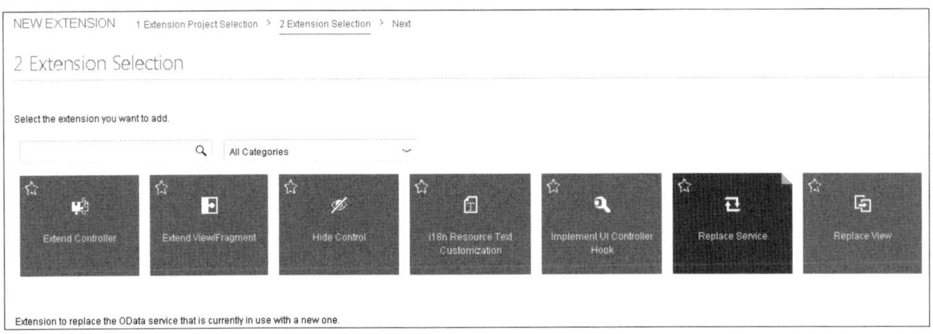

Abbildung 10.41 Service austauschen

OData-Service ersetzen

Navigieren Sie durch den ES4-Servicekatalog, und wählen Sie den bereits erweiterten OData-Service ZEPM_REF_APPS_PO_APV_SRV_SRV aus. Klicken Sie auf NEXT, um Ihre Auswahl zu bestätigen, und klicken Sie zum Ersetzen des Service auf FINISH. Die Datei *Component.js* wird entsprechend dem ausgewählten Service angepasst.

Neues UI-Element einem Erweiterungspunkt hinzufügen

Erweiterungspunkt

In diesem Abschnitt fügen Sie in neues UI-Element einem Erweiterungspunkt hinzu. Dafür rufen Sie (falls noch nicht geschehen) die EXTENSIBILITY PANE auf. Im OUTLINE-Menübaum wählen Sie aus dem Dropdown-Menü die Option SHOW EXTENSIBLE ELEMENTS. Erweitern Sie den View S3_PURCHASEORDERDETAILS. Alle verfügbaren Erweiterungspunkte innerhalb des Standard-Views haben einen Schraubenschlüssel mit einem Pluszeichen als Icon, um die Erweiterungsmöglichkeiten zu signalisieren. Wählen Sie die Option EXTENSIONAFTEROBJECTHEADER, und klicken Sie anschließend auf den EXTEND-Button am Ende des Menüs. Wählen Sie abschließend EXTEND VIEW/FRAGEMENT. Das Pop-up APPLICATION CHANGED bestätigt die erfolgreiche Änderung. Nun können Sie den erweiterten Quellcode anzeigen lassen oder die erfolgreich angelegte Erweiterung einfach bestätigen. Klicken Sie auf OK. Das Element mit der zusätzlichen Information (EXTENDED) wird angezeigt. Um die hierfür erstellte Erweiterung zu öffnen, wählen Sie OPEN • EXTENSION (Sie können sich zusätzlich den ursprünglichen Quellcode über ORIGINAL CODE anzeigen lassen). Entfernen Sie den Quellcode <!-- in Zeile 4 und --> in Zeile 11, um die Kommentierung zu entfernen und die Standardfelder zur Laufzeit anzuzeigen (siehe Abbildung 10.42).

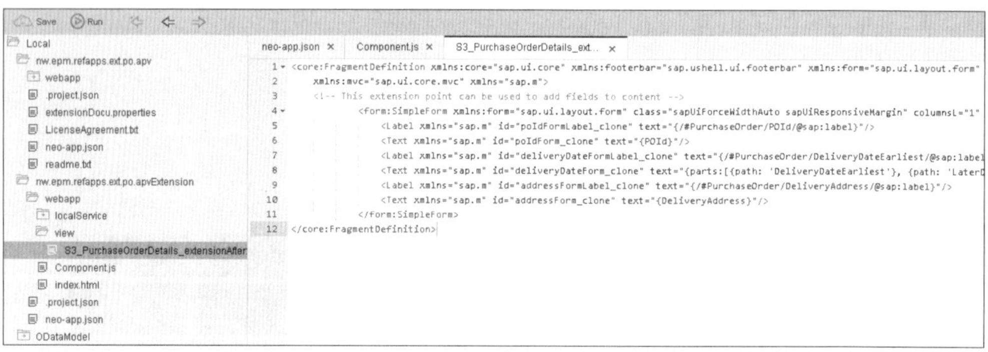

Abbildung 10.42 Aktivierung des Codes in der Extension-Datei

Speichern Sie die Datei. Öffnen Sie die Anwendung, und Sie werden sehen, dass die allgemeinen Informationen doppelt angezeigt werden. Gehen Sie zu der Erweiterungsdatei zurück, und ändern Sie den Titel des Kommandos `SimpleForm`, löschen Sie alle Standardlabels und -Texte, und fügen Sie die bereits erstellten Erweiterungsfelder `WeightTotal` und `WeightUnit` (siehe Abschnitt 10.3.1, »OData-Service erweitern«) aus der Serviceerweiterung ein (siehe Listing 10.10):

```
<form:SimpleForm xmlns:form="sap.ui.layout.form" class=
  "sapUiForceWidthAuto sapUiResponsiveMargin"
  columnsL="1" columnsM="1" emptySpanL="5" emptySpanM="5"
  id="poHeaderForm_clone"
  labelSpanL="3" labelSpanM="3" layout=
  "ResponsiveGridLayout" maxContainerCols="2"
  minWidth="1024" title="Total Weight">
<Label xmlns="sap.m" id="WeightTotalLabel_clone" text="{/#
  PurchaseOrder/WeightTotal/@sap:label}"/>
<Text xmlns="sap.m" id="WeightTotal_clone" text=
  "{WeightTotal} {WeightUnit}"/>
</form:SimpleForm>
```

Listing 10.10 Quellcodeerweiterungspunkt »Total Weight«

Speichern Sie Ihre Änderungen. Nun müssen Sie eine Datenquelle den gerade erstellten Feldern per `DataSet` hinzufügen. Klicken Sie mit der rechten Maustaste auf die View-Datei im Workspace, und wählen Sie OPEN WITH • LAYOUT EDITOR. Wählen Sie den View, und klicken Sie auf PURCHASEORDERS im Dropdown DATASET (siehe Abbildung 10.43).

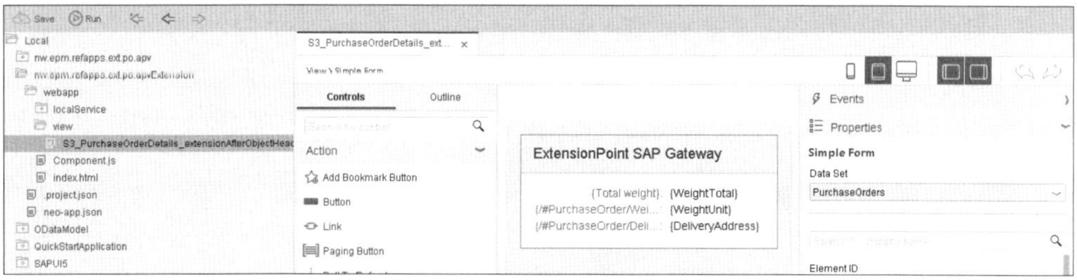

Abbildung 10.43 Datenquelle »PurchaseOrder« hinzufügen

Controller erweitern

Speichern Sie Ihre Änderungen. Im letzten Schritt müssen die den Controller um die beiden neuen Felder erweitern. Wie bereits beim Ersetzen des Service selektieren Sie den Ordner des Erweiterungsprojekts und wählen FILE • NEW • EXTENSION. Bestätigen Sie das ausgewählte Projekt, und klicken Sie anschließend auf NEXT. Wählen Sie EXTEND CONTROLLER aus den möglichen Optionen, und klicken Sie erneut auf NEXT (siehe Abbildung 10.41). Wählen Sie den bereits erweiterten Controller S3_PURCHASEORDERDETAILS aus dem Dropdown CONTROLLER, und wählen Sie den Eintrag COPY OF THE ORIGINAL CONTROLLER aus dem Dropdown REPLACE WITH (siehe Abbildung 10.44), um den Inhalt in eine neue Erweiterungsdatei zu kopieren.

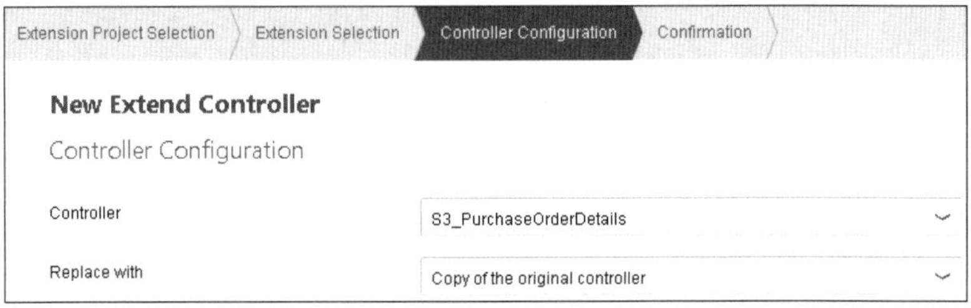

Abbildung 10.44 Erweiterte Datei »controller.js«

Klicken Sie auf NEXT und anschließend auf FINISH, um die Erweiterung hinzuzufügen. Die Kopie des ursprünglichen Controllers wird angezeigt. Entfernen Sie alle Kommentarzeichen »//«, um den Quellcode zu aktivieren. Klicken Sie dazu mit der rechten Maustaste in den Quellcode, und wählen Sie aus dem Kontextmenü TOGGLE LINE COMMENT (siehe Abbildung 10.45). Nun fügen Sie im Selektionsbefehl der Datei *controller.js* in Zeile 40 die beiden neuen Felder `WeightTotal` und `WeightUnit` hinzu (siehe Listing 10.11).

Abbildung 10.45 Aktivierung des kopierten Controllers

```
parameters: { select: "POId,OrderedByName,SupplierName,Gross
Amount,CurrencyCode,ChangedAt,DeliveryDateEarliest,LaterDeliv
DateExist,DeliveryAddress,ItemCount,WeightTotal,WeightUnit"
}
```

Listing 10.11 Zusätzliche Parameter dem Selektionsbefehl hinzufügen

Speichern Sie Ihre Änderungen, und starten Sie die Anwendung. Der Erweiterungspunkt mit den beiden neu hinzugefügten Feldern wird nun angezeigt (siehe Abbildung 10.46).

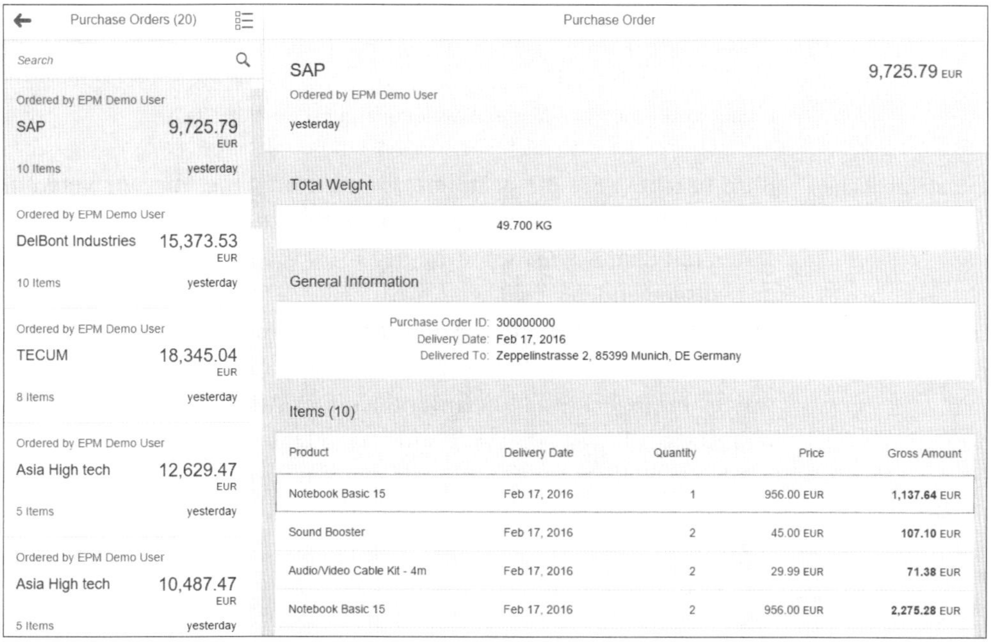

Abbildung 10.46 UI-Erweiterung »Total Weight«

Ein weiteres UI-Element dem Erweiterungspunkt hinzufügen

Neben den bereits angezeigten Gewichtsinformationen möchten wir nun zusätzlich die Kontaktdetails des Mitarbeiters anzeigen, der die Bestellung beauftragt hat. Öffnen Sie dazu den Quellcode der Datei *S3_PurchaseOrderDetails_extensionAfterObjectHeaderCustom.fragment.xml*, und fügen Sie den Quellcode aus Listing 10.12 hinzu, um einen zweiten Bereich dem Erweiterungspunkt hinzuzufügen.

```
<form:SimpleForm xmlns:form="sap.ui.layout.form" class=
  "sapUiForceWidthAuto sapUiResponsiveMargin"
  columnsL="1" columnsM="1" emptySpanL="5" emptySpanM="5"
```

```
  id="poHeaderForm_clone2" labelSpanL="3"
  labelSpanM="3" layout="ResponsiveGridLayout"
  maxContainerCols="2" minWidth="1024"
  title="Ordered by">
<Text binding='{ToEmployee}' visible="false" />
<Label xmlns="sap.m" id="EmployeeIdLabel_clone" text="{/#
  Employee/EmployeeId/@sap:label}"/>
<Text  xmlns="sap.m" id="EmployeeId_clone"  text=
  "{ToEmployee/EmployeeId}"/>
<Label xmlns="sap.m" id="EmailAddressLabel_clone" text="{/#
  Employee/EmailAddress/@sap:label}"/>
<Text  xmlns="sap.m" id="EmailAddress_clone"  text=
  "{ToEmployee/EmailAddress}"/>
</form:SimpleForm>
```

Listing 10.12 Quellcode für den Erweiterungspunkt Kontaktdetails

Datenanbindung

Bitte beachten Sie die geänderte Datenanbindung, die wir verwenden, um die Daten für den zweiten Bereich zu konsumieren. Um die Daten mit dem Navigation-Property `ToEmployee` zu verknüpfen, wird das ausgeblendete Feld `<Text binding='{ToEmployee}' visible="false" />` hinzugefügt. Dieses Vorgehen zwingt das SAPUI5-Framework, alle Mitarbeiterdaten über das Navigation-Property zu lesen, was es ermöglicht, alle darin enthaltenen Attribute über ein Statement, wie z. B. `text="{ToEmployee/EmailAddress}"`, zu lesen.

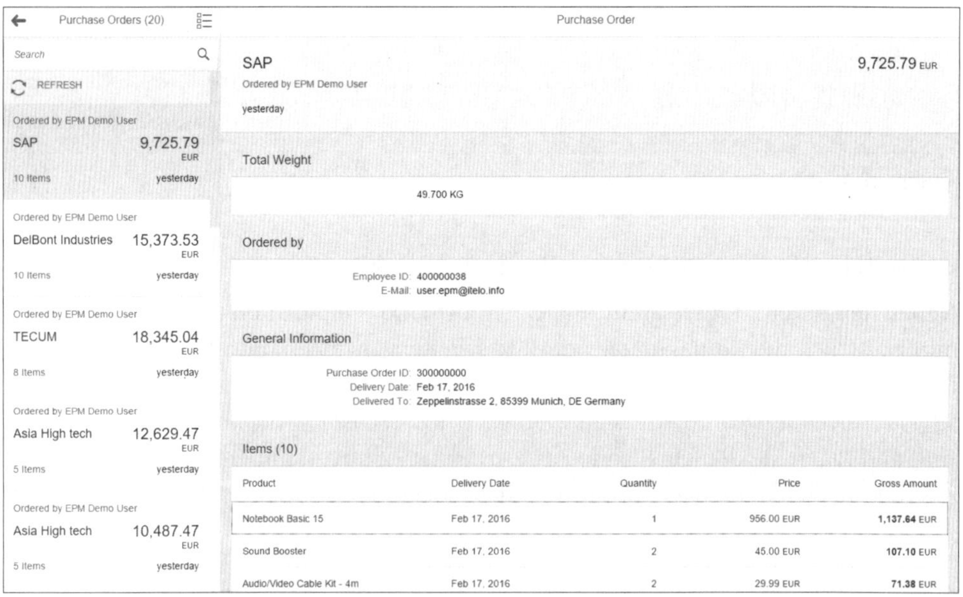

Abbildung 10.47 UI-Erweiterung – Gesamtgewicht und Mitarbeiterkontaktdaten

Speichern Sie Ihre Änderungen, und starten Sie die Anwendung erneut. Wie in Abbildung 10.47 dargestellt, sehen Sie nun zusätzlich zu dem bereits hinzugefügten Gewichtsbereich einen zweiten Bereich mit den Kontaktinformationen des Mitarbeiters, der die Bestellung beauftragt hat.

10.4 Zusammenfassung

In diesem Kapitel habe Sie gelernt, wie man durch Redefinition einen neuen OData-Service anlegt, der alle Funktionen eines Basisservice erbt, und wie man diesen neu angelegten Service erweitern kann. Darüber hinaus haben Sie erfahren, welche Schritte Sie auf der SAPUI5-Seite durchführen müssen. Hier haben wir das Konzept der Erweiterungsprojekte vorgestellt, mit denen es möglich ist, eine SAP-Originalanwendung modifikationsfrei zu erweitern.

Im nächsten Kapitel zeigen wir Ihnen, wie Sie hybride Anwendungen auf der Basis des *SAP Web IDE Hybrid App Toolkits* erstellen.

Dieses Kapitel führt Sie durch die Entwicklung mobiler Anwendungen mit SAP Gateway. Sie erfahren mehr über die benötigte Software und die technischen Voraussetzungen für die Entwicklung Ihrer mobilen Apps.

11 Entwicklung mobiler Apps

In den letzten Jahren hat das rasante Wachstum von Smartphones und Tablet-Computern die Entwicklung von mobilen Anwendungen massiv beeinflusst. Anfangs waren kleine Applikationen wie Kalender oder Taschenrechner revolutionärer Teil damaliger Betriebssysteme und konnten nicht entfernt oder durch gleichartige Apps ersetzt werden.

Seither hat sich vieles verändert. Mobile Anwendungen und deren Einsatzmöglichkeiten sind nicht nur flexibler geworden, sondern sie spielen sowohl im Consumer- als auch im Business-Bereich eine immer wichtigere Rolle, und ihre Bedeutung wird in Zukunft sicherlich weiterhin wachsen.

Der damit ebenfalls verbundene Wandel von einer konsumentengetriebenen Welt hin zu einer globalen Business-Welt macht es für Unternehmen unabdingbar, sich ständig weiterzuentwickeln und anzupassen. Mobile Applikationen ermöglichen es jedem Unternehmen, sich dieser Veränderung zu stellen und die eigene Position am Markt entsprechend zu behaupten oder gar auszubauen. Im Gegensatz dazu schrumpft der weltweite PC-Markt Jahr für Jahr, während die Zahl der heruntergeladenen mobilen Anwendungen stetig steigt.

Typische Fragen

Einige der Gründe dafür sind die enorme Innovationsgeschwindigkeit innerhalb der mobilen Welt und damit korrespondierend die kürzeren Lebenszyklen sowie der immer größer werdende Funktionsumfang mobiler Endgeräte. Bevor Sie mit der Entwicklung mobiler Applikationen beginnen, sollten Sie sich die folgenden Fragen stellen, um hinsichtlich zukünftiger Anwendungen für Ihr Unternehmen die richtigen Entscheidungen treffen zu können:

- Brauchen wir mehr als einen spezifischen Hardwareanbieter?
- Benötigen wir fertige OData-Plug-ins, oder können wir unsere eigenen von Grund auf neu erstellen?
- Sollten wir Hybridanwendungen nutzen, weil wir Webentwickler im eigenen Haus haben?

Kapitelübersicht

In diesem Kapitel stellen wir Ihnen das Thema der Entwicklung von mobilen Anwendungen mit SAP Gateway näher vor. In Abschnitt 11.1, »Übersicht«, diskutieren wir die mobile Entwicklung an drei Hauptansätzen: native Entwicklung, hybride Entwicklung und HTML5-Entwicklung. Anschließend beschäftigen wir uns mit den Details der nativen (siehe Abschnitt 11.2) und der hybriden Anwendungsentwicklung (siehe Abschnitt 11.3). Da HTML5 nicht ausschließlich für mobile Anwendungen nutzbar ist (z. B. auch als normale Website für Ihren Desktop-PC oder Mac), konzentrieren wir uns in Kapitel 8, »SAPUI5-Applikationsentwicklung«, auf dieses Thema.

Apple, Google und Microsoft sind die führenden IT-Unternehmen, die die Verbraucher sowie den gesamten Markt ständig mit neuen Ideen und Hardwareerweiterungen vorantreiben. Neue Optionen im Bereich der Geschäftsprozesse, der Entwicklung und auch der Verwaltung von mobilen Geräten jedem Unternehmen, seine mobilen Geräte angemessen zu verwalten, zu sichern und die eigenen Geschäftsprozesse für die Herausforderungen einer globalisierten Welt entsprechend zu optimieren.

Hybride vs. native Apps

Diese Vielfalt verschiedener Ansätze ist ein Grund dafür, warum die Entwicklung mobiler Cross-Platform-Anwendungen immer mehr an Bedeutung gewinnt. Hiermit können Entwicklungskosten reduziert und dieselben Funktionalitäten zur gleichen Zeit auf verschiedenen Geräteplattformen bereitgestellt werden. Cross-Platform-Anwendungen sind in der Regel reine Webanwendungen, die auf fast jeder modernen mobilen Plattform in der gleichen Weise funktionieren, jedoch keine Zugriffsmöglichkeiten auf das sogenannten native *Application Programming Interface* (API) der jeweils spezifischen Platform besitzen. Dies ist einer der Hauptgründe dafür, warum die Hybrid-Container-Anwendungen, die die Macht der nativen APIs und die Freiheit der Wahl des Betriebssystems entsprechend vereinen, zunehmend an Popularität gewinnen – sowohl in der Consumer- als auch in der Business-Welt.

SAP Store

Der gesamte App-Markt wächst jeden Tag, und Unternehmen müssen entscheiden, auf welche Technologie sie setzen möchten. Dabei ermöglicht es SAP ihren Kunden, mit einem SAP-eigenen App-Store auf alle verfügbaren Anwendungen, die von SAP oder ihren Partnern entwickelt wurden, zuzugreifen, diese zu testen und zu erwerben.

Bevor die Entscheidungsträger in Ihrem Unternehmen jedoch festlegen können, welche Applikationen eingekauft oder intern entwickelt werden sollen, müssen zunächst die Fragen nach dem Use Case, der Erweiterung der aktuellen Systemlandschaft und der gewünschten Zielgeräte (und damit auch der Platform) beantwortet werden.

11.1 Übersicht

Generell können Sie zwischen drei verschiedenen Ansätzen unterscheiden, die alle mit der SAP Mobile Platform (SMP) nutzbar sind:

- native Applikationen
- hybride Container-Applikationen
- HTML5-Applikationen (auch als Web-Apps bekannt)

Die wichtigsten Eigenschaften dieser drei Ansätze werden nun beschrieben:

- **Native Entwicklung**
  - Ermöglicht den Zugriff auf Entwicklungsschnittstellen wie die native Datenbank oder Replikationsdienste.
  - Stellt Zugriff auf Datenbanken/Datenobjekte und Replikationsdienste für die Verteilung und die Verwaltung der Applikation zur Verfügung.
  - Ist besonders gut für grafisch anspruchsvolle Anwendungen oder komplexe Offline-Szenarien geeignet.
- **Hybride Entwicklung**
  - Bietet ebenfalls Zugriff auf native Gerätefunktionen.
  - Nutzt einen eigenen verschlüsselten/sicheren Datenspeicher.
  - Besitzt eine robuste Datennachrichtenschicht.
  - Unterstützt das Application Lifecycle Management (ALM).
  - Ermöglicht die Migration von komplexen SAP- und Nicht-SAP-Datenquellen.

- **HTML5-Entwicklung**
  - Nutzt die Vorteile vieler Webentwicklungsressourcen.
  - Nutzt standardisierte Webentwicklungswerkzeuge.
  - Ermöglicht eine einfache Cross-Platform-Nutzung, Support und Implementierung.
  - Funktioniert gut für die schnelle Entwicklung von einfachen Anwendungen, die auf Webservices zugreifen.

Da wir HTML5-Anwendungen bereits in Kapitel 8, Kapitel 9 und Kapitel 10 näher erläutern, konzentrieren wir uns in diesem Kapitel auf die native (siehe Abschnitt 11.2) und hybride Applikationsentwicklung (siehe Abschnitt 11.3).

11.2 Native mobile Applikationen

Vorteile nativer Entwicklung

Dieser Abschnitt soll Ihnen zeigen, warum native Anwendungsentwicklung nach wie vor eine wichtige Rolle in der Geschäftswelt spielt. Im Allgemeinen bieten native Anwendungen die beste Leistung und größte Optionsvielfalt für ein ansprechendes Grafikdesign. Mit den *Software Development Kits* (SDKs), die für die jeweilige Platform optimiert und an die Bedürfnisse spezialisierter Entwickler angepasst sind, haben Sie die vollständige Kontrolle über die User Experience (Benutzererfahrung) und Zugriff auf die lokalen gerätespezifischen Funktionen wie Kamera, GPS oder den Lagesensor.

Diese Vorteile sind aber zugleich auch ein Grund dafür, warum die Entwicklung nativer Anwendungen viel komplexer und kostspieliger sein kann als die mobiler Web-Apps. Native Anwendungsentwicklung beinhaltet zunächst einmal die Auswahl einer spezifischen Ziel-Platform, was natürlich dazu führen kann, dass einige Personen (mit anderen Betriebssystemen) ausgeschlossen werden. Die finale Verteilung fertiger Applikationen wird in den meisten Fällen über zentrale App Stores (wie den von Apple oder Google Play) abgewickelt. Eine Übersicht über einige Vor- und Nachteile nativer Anwendungsentwicklung sehen Sie in Tabelle 11.1.

Vorteile	Nachteile
gute Performance	platformspezifische Entwicklung
lokaler API-Zugriff	Entwicklungskosten
App-Store-Vertrieb	Lizenzkosten
Offline-Funktionalitäten	App-Store-Verifizierung

Tabelle 11.1 Vor- und Nachteile nativer Applikationen

11.3 Hybride mobile Applikationen

Hybride Applikationen sind ein Mix aus nativer und webbasierter Anwendung. Das Ziel dahinter ist, die Vorteile beider Ansätze zu vereinen und die Nachteile entsprechend zu minimieren. Hybride Frameworks basieren normalerweise auf Webtechnologien und ermöglichen die Entwicklung von plattformübergreifenden Anwendungen, die sich nahezu nicht von einer nativen App unterscheiden lassen.

Hybride Frameworks

Hybride Frameworks beinhalten einen nativen Container für Webanwendungen mit Zugriff auf viele Funktionen der spezifischen Platform. Auf diesem Weg ist es beispielsweise möglich, aus der hybriden Applikation auf den Kalender zuzugreifen (sofern die Zugriffsrechte durch den Benutzer erteilt wurden) oder die Gerätevibration zu steuern, was mit einer reinen Webanwendung nicht möglich ist.

Um diese Szenarien nutzen zu können, werden hybride Anwendungen als native Anwendung für die jeweilige Ziel-Platform kompiliert und können somit in nahezu jedem App Store angeboten werden. Dabei wird ein *Web View* in die native Anwendung eingebettet, der für die Darstellung des User Interface in der nativen Browser-Laufzeitumgebung verantwortlich ist. Entwickler können ihre eigene API erstellen oder die Vorteile von bereits bestehenden und gut dokumentierten Lösungen, wie beispielsweise das SAP Web IDE Hybrid-App Toolkit Add-on nutzen.

SAP Web IDE Hybrid-App Toolkit

Das SAP Web IDE Hybrid-App Toolkit Add-on ist ein einfach zu nutzendes Tool, mit dem Sie hybride Applikationen erstellen und veröffentlichen. In diesem Abschnitt zeigen wir Ihnen, wie Sie das Toolkit herunterladen und installieren, wie Sie Ihre erste hybride Applikation für Android erstellen und wie Sie die generierte App im Android-Emulator testen.

Das Toolkit beinhaltet die folgenden drei Komponenten:

- **SAP-Web-IDE-Plug-in**
  Aktiviert die Funktionen für die hybride App-Entwicklung in der SAP Web IDE.
- **SAP Hybrid-App Toolkit Connector**
  Verbindet die SAP Web IDE mit der lokalen Entwicklungsumgebung.
- **SAP Hybrid-App Toolkit Companion**
  Aktiviert die Live-Vorschau einer Web-App, die in der SAP Web IDE erstellt wurde.

Weitere Informationen

Weitere Informationen über das Hybrid-App Toolkit Add-on der SAP Web IDE finden Sie unter:
https://help.hana.ondemand.com/webide_hat/frameset.htm

Das SAP Web IDE Hybrid-App Toolkit Add-on benötigt einige zusätzliche Programme, die nicht Bestandteil der Toolkit-Installation sind und manuell installiert werden müssen. Wir zeigen Ihnen im folgenden Abschnitt, welche Programme Voraussetzung sind und wo Sie diese herunterladen können.

11.3.1 Voraussetzungen

Es gibt einige Programme, die die Basis für das Toolkit bilden und daher zuerst installiert werden müssen, bevor die eigentliche Installation durchgeführt werden kann.

Umgebungsvariable

Stellen Sie immer sicher, dass Ihrem System zu jedem installierten Tool eine Umgebungsvariable hinzugefügt wird.

Die folgenden Voraussetzungen müssen für das hybride Applikation-Add-on erfüllt werden:

- **Aktuellste Version des SAP Mobile Platform SDK**
  Der Installationsprozess wird in Abschnitt 11.3.2 vorgestellt.

- **Node v0.12.7**
  Laden Sie das Programm von *https://nodejs.org/en/blog/release/v0.12.7/* herunter, und installieren Sie es. Das Programm beinhaltet den Node Package Manager (npm).
- **Kapsel Command-Line Interface (CLI)**
  Installieren Sie die Kapsel CLI mit der npm-Konsole. Öffnen Sie die Konsole, und geben Sie den folgenden Befehl ein: `npm install -g C:\SAP\MobileSDK3\KapselSDK\cli`.
- **Aktuellste Version des Java Development Toolkit (JDK)**
  Laden und installieren Sie das JDK von *www.oracle.com/technetwork/java/javase/downloads/index.html*.
- **Cordova Version 5.2.0**
  Installieren Sie Cordova in der Version 5.2.0 mit der npm-Konsole (siehe Abbildung 11.1). Öffnen Sie die Konsole, und geben Sie den folgenden Befehl ein: `npm install -g cordova@5.2.0`.

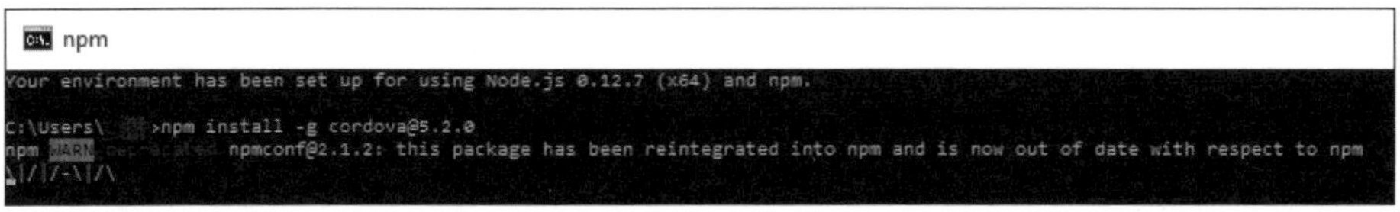

Abbildung 11.1 Cordova 5.2.0 mit npm-Konsole installieren

- **Aktuellste Git-Client-Version (Quellcodeverwaltung)**
  Laden und installieren Sie den Git Client von *http://git-scm.com/*.
- **Aktuellste Bower-Version (ein Paketmanagementsystem für Git)**
  Bower wird automatisch während der Installation des Hybrid-App Toolkit Add-ons mit installiert.
- **Aktuellste Version von Apache Ant 1.8**
  Laden und installieren Sie Apache Ant von *http://ant.apache.org/bindownload.cgi*.
- **Android SDK 5.1.1 (API Level 22) für die Android-Entwicklung**
  Laden und installieren Sie das aktuellste Android Studio Package von *http://developer.android.com/sdk/index.html#Other*, und fügen Sie das SDK 5.1.1 manuell hinzu (siehe Abbildung 11.2).

  Ändern Sie das Android-Standardgerät TARGET auf ANDROID 5.1.1 (siehe Abbildung 11.3).

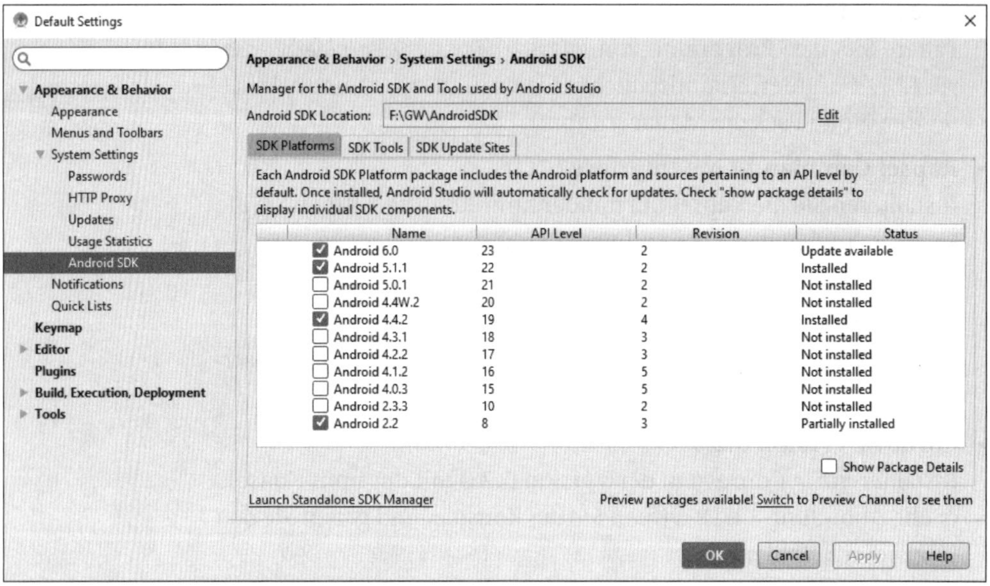

Abbildung 11.2 Android 5.1.1 SDK hinzufügen

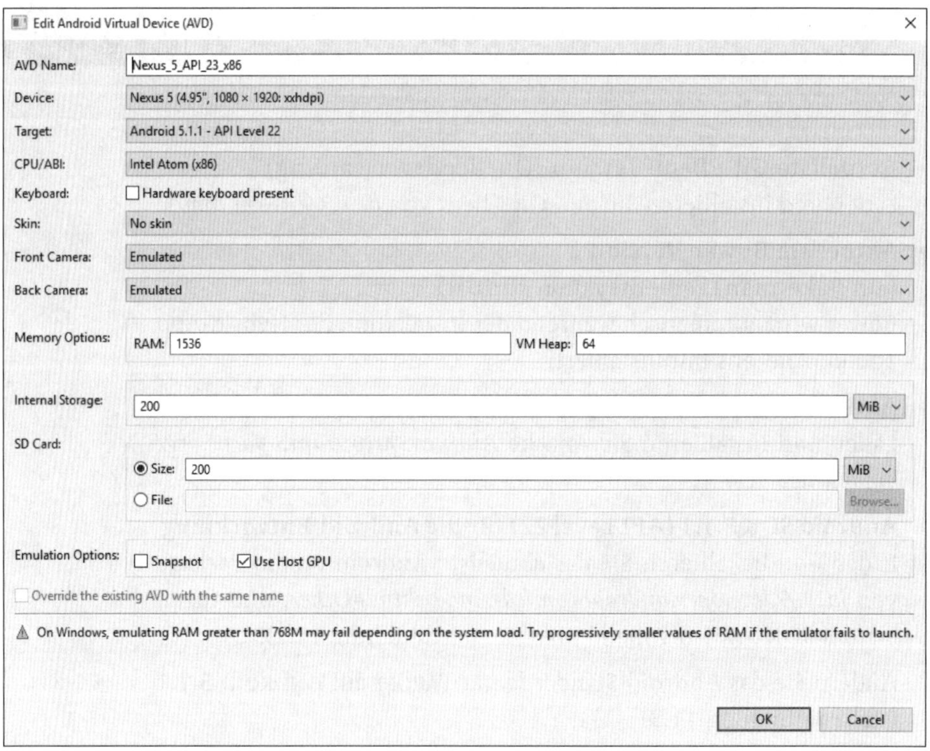

Abbildung 11.3 Android Virtual Device (AVD)

- **Xcode für die iOS-Entwicklung**
  Laden und installieren Sie die aktuellste Xcode-Version von *https://developer.apple.com/downloads/index.action*, und führen Sie manuell von der Kommandozeile den Befehl `sudo npm install -g ios-sim` aus, um den Simulator hinzuzufügen.

Weitere Informationen

Weitere Informationen zu den Voraussetzungen für das Hybrid-App Toolkit Add-on finden Sie unter:

- *https://help.hana.ondemand.com/webide_hat/frameset.htm?d2865598e67f4ddabc79e5943352b0a1.html*
- *https://help.hana.ondemand.com/webide_hat/frameset.htm?aa4ede549b4b4a508a9d294995707aee.html*

Da Sie die Voraussetzungen nun kennen, zeigen wir Ihnen im nächsten Abschnitt, wie Sie das SAP Mobile Platform SDK und das SAP Web IDE Hybrid-App Toolkit Add-on herunterladen und installieren. Anschließend zeigen wir die Erstellung einer hybriden App auf Android-Basis.

11.3.2 Download und Installation

In diesem Abschnitt zeigen wir Ihnen, wie Sie das SAP Mobile Platform SDK herunterladen und installieren, um eine lokale Entwicklungsumgebung zur Verfügung zu haben, die Sie mithilfe des SAP Web IDE Hybrid-App Toolkit Add-on mit der SAP Web IDE verbinden können.

Download des SAP Mobile Platform Software Development Kits

SAP Mobile Platform SDK

Zuerst müssen Sie die kostenlose Testversion des SAP Mobile Platform SDK aus dem SAP Store herunterladen:

1. Rufen Sie den SAP Store (*http://store.sap.com*), und suchen Sie nach »SAP Mobile Platform SDK«, oder rufen Sie die folgende URL auf: *https://store.sap.com/sap/cp/ui/resources/store/html/SolutionDetails.html?pid=0000013098*
2. Klicken Sie auf TRIAL VERSION, um die kostenlose Testversion des SAP Mobile Platform SDK herunterzuladen (siehe Abbildung 11.4).

3. Geben Sie Ihre Kontaktinformationen in dem sich öffnen Download-Pop-up ein, markieren Sie die Checkboxen, um die Nutzungsbedingungen zu akzeptieren, und klicken Sie abschließend auf SUBMIT.
4. Sie erhalten eine E-Mail mit dem Download-Link an Ihre angegebene E-Mail-Adresse. Öffnen Sie den Link. Auf der Download-Seite für das SAP Mobile Platform SDK wählen Sie den passenden Download-Link für Ihr Betriebssystem, auf dem Sie die Entwicklung durchführen möchten, mit dem höchsten Service Pack (SP) und Patch Level (PL). Laden Sie die Installationsdateien herunter. Stellen Sie sicher, dass Sie eine vollständige Version und kein Update herunterladen.

Weitere Informationen

Weitere Informationen zum Download finden Sie unter:
http://help.sap.com/smp3010sdk

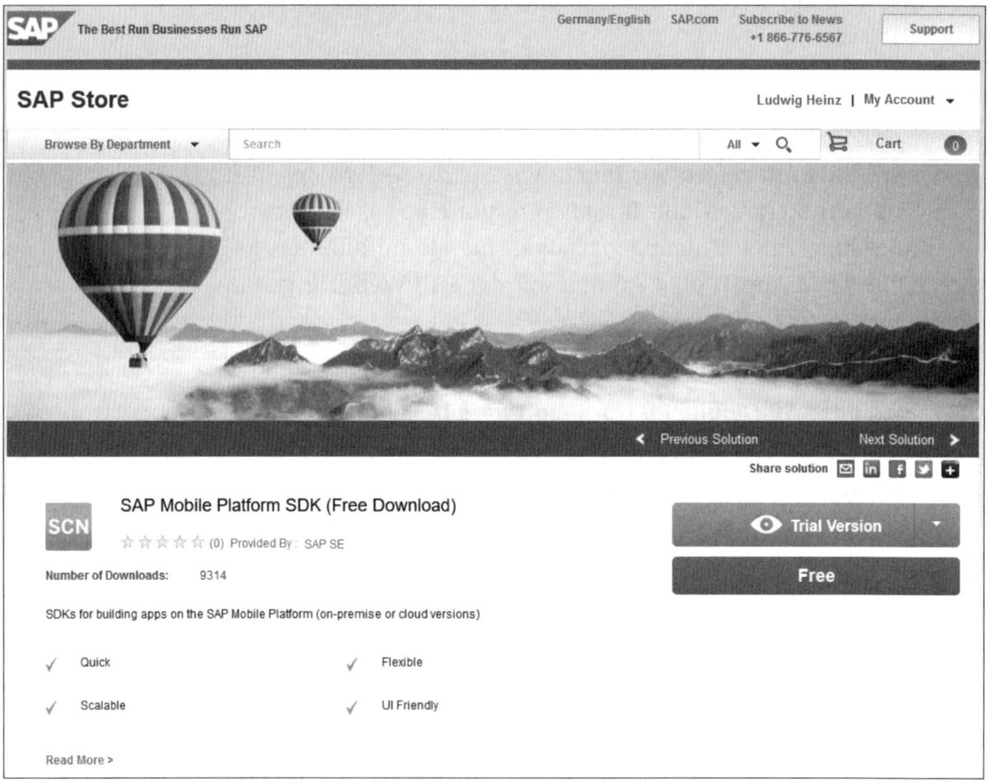

Abbildung 11.4 SAP Mobile Platform SDK – Download der Testversion

5. Entpacken Sie die heruntergeladene ZIP-Datei, und starten Sie das Setup über die Datei *setupAMD64.exe* (siehe Abbildung 11.5).

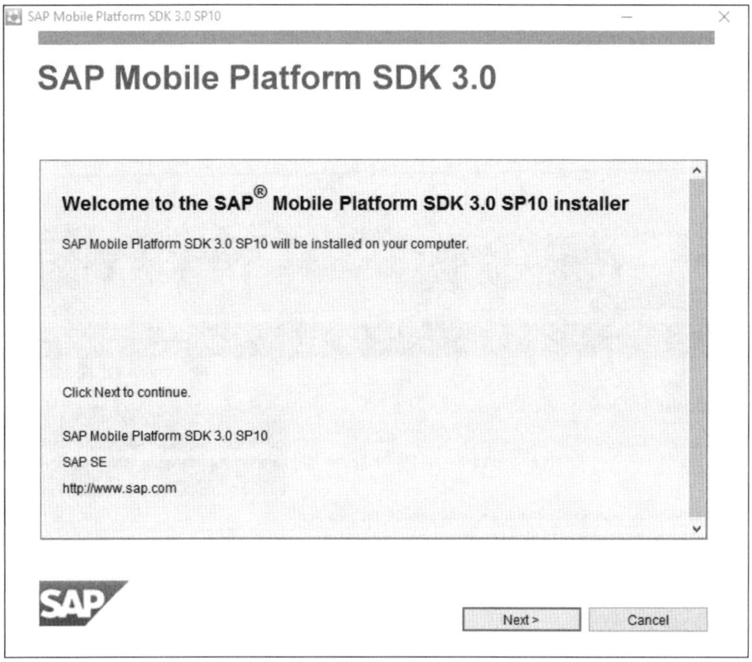

Abbildung 11.5 SAP Mobile Platform SDK 3.0 – Setup

Folgen Sie dem Installationsassistenten, um das SAP Mobile Platform SDK 3.0 zu installieren.

Download des SAP Web IDE Hybrid-App Toolkit Add-on

Toolkit Download

Nachdem Sie das SDK installiert haben, laden Sie in diesem Abschnitt das kostenlose SAP Web IDE Hybrid-App Toolkit Add-on aus dem SAP Store herunter. Dazu sind folgende Schritte notwendig:

1. Besuchen Sie den SAP Store (*http://store.sap.com*), und suchen Sie nach »SAP Web IDE Hybrid App Toolkit«, oder rufen Sie die folgende URL auf: *https://store.sap.com/sap/cp/ui/resources/store/html/SolutionDetails.html?pid=0000013586*
2. Klicken Sie auf TRIAL VERSION, um die kostenlose Testversion herunterzuladen (siehe Abbildung 11.6).

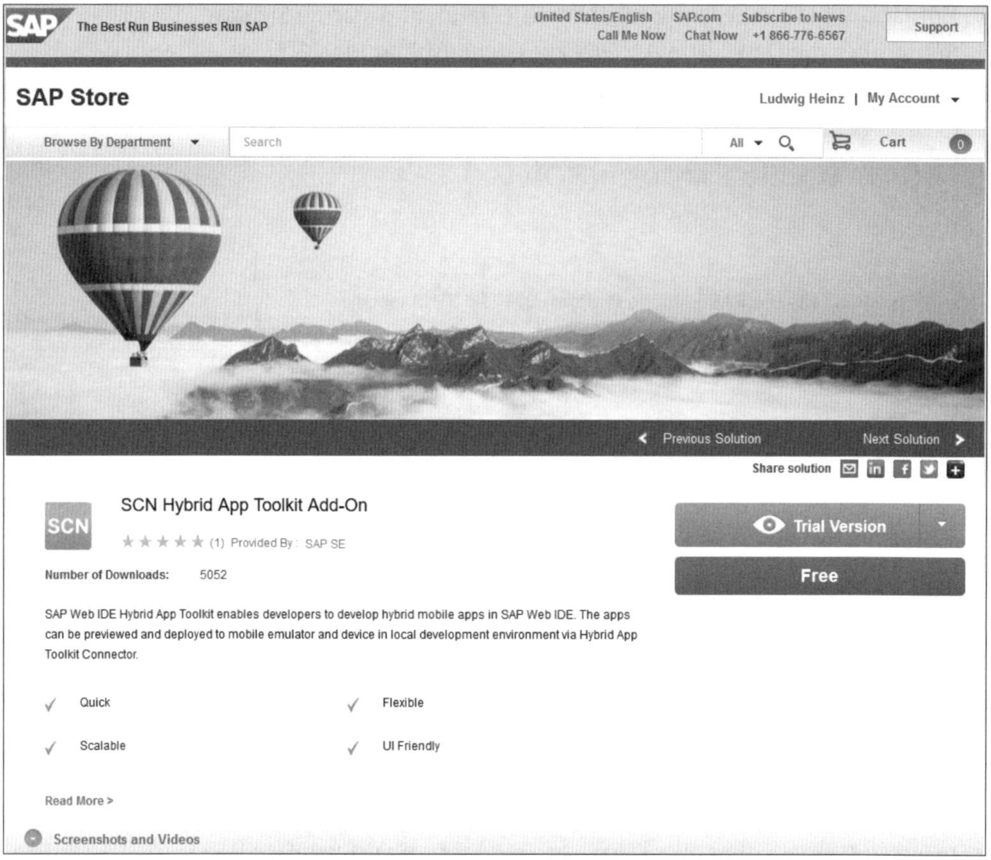

Abbildung 11.6 SAP Web IDE Hybrid-App Toolkit Add-on – Download der Testversion

Installation des SAP Web IDE Hybrid-App Toolkit Add-ons

Toolkit-Installation

In diesem Abschnitt zeigen wir Ihnen die Installation des SAP Web IDE Hybrid-App Toolkit Add-ons. Dazu sind folgende Schritte notwendig:

1. Entpacken Sie den Inhalt des bereits heruntergeladenen Archivs des SAP Web IDE Hybrid-App Toolkit Add-ons in einen Ordner, und öffnen Sie die Datei *setup.cmd*.
2. Wenn Sie *Node.js* ohne einen Neustart installiert haben, müssen Sie zunächst Ihren PC neu starten. Die Installation unter Verwendung der npm-Konsole startet, und die notwendigen Voraussetzungen werden überprüft (siehe Abbildung 11.7).

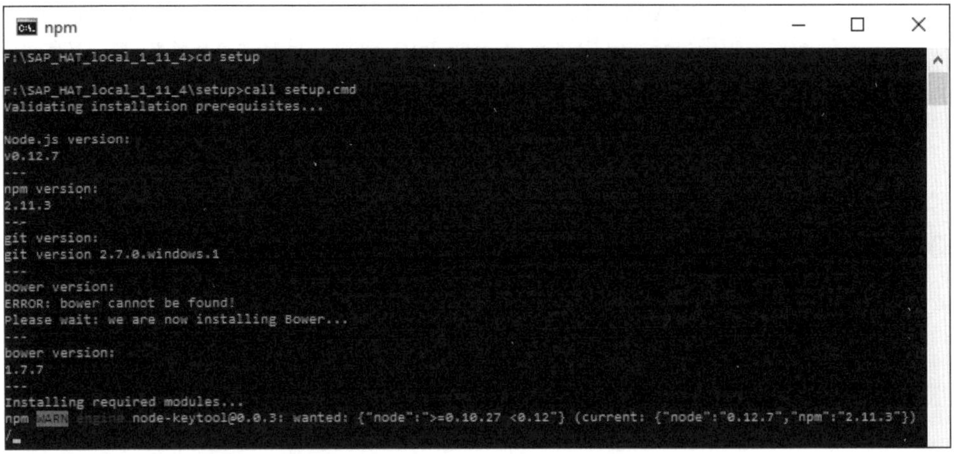

Abbildung 11.7 SAP Web IDE Hybrid-App Toolkit Add-on – Installation

Sollte Bower nicht bereits installiert sein, wird das Tool automatisch in seiner neuesten Version installiert.

3. Nach der erfolgreichen Überprüfung wird das eigentliche Setup gestartet (siehe Abbildung 11.8).

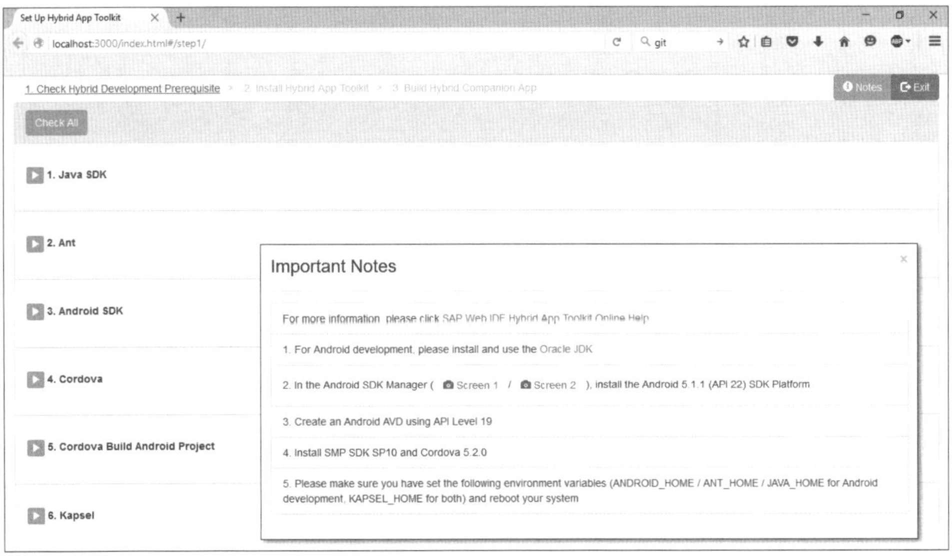

Abbildung 11.8 Setup-Seite

4. Lesen Sie die Important Notes im Pop-up-Fenster, und überprüfen Sie alle weiteren Voraussetzungen, indem Sie auf den Button Check All auf der linken Seite klicken.

5. Der Assistent prüft die korrekte Installation und Konfiguration der folgenden Programme: Java SDK, Ant, Android SDK, Cordova, Android AVD und Kapsel CLI. Sollte Kapsel CLI nicht installiert sein, kann es über den Button NPM INSTALL -G innerhalb der Fehlermeldung nachinstalliert werden (siehe Abbildung 11.9).

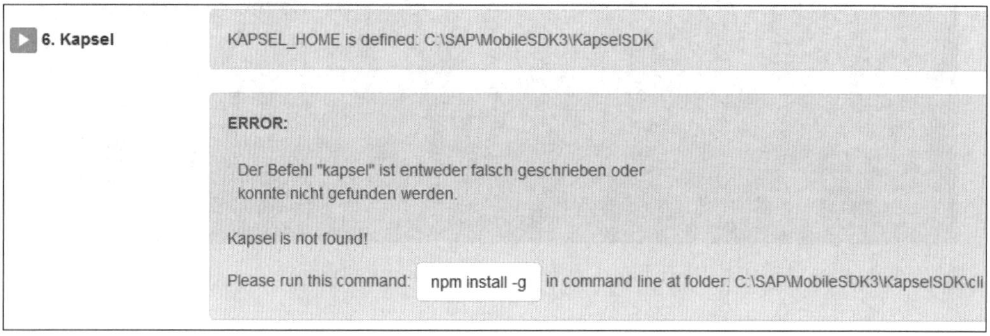

Abbildung 11.9 Kapsel – npm-Installation

6. Bestätigen Sie die Installation im folgenden Fenster, und klicken Sie auf RUN, um die Installation zu beenden (siehe Abbildung 11.10).

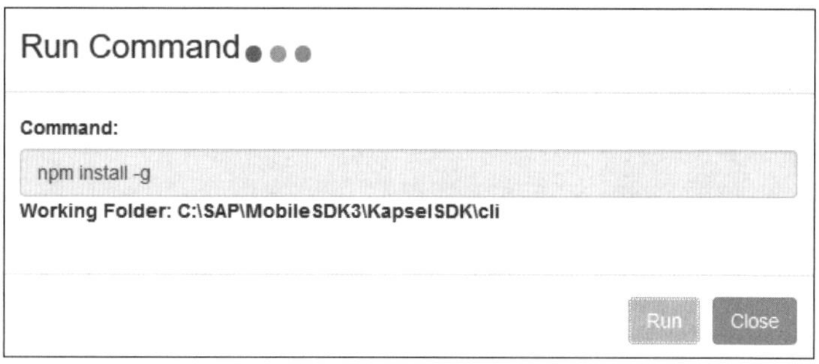

Abbildung 11.10 »npm install -g«

7. Klicken Sie erneut auf CHECK ALL, um sicherzustellen, dass alles richtig installiert wurde. Wurde kein Fehler gefunden, gelangen Sie zur nächsten Seite (siehe Abbildung 11.11).

Warnung

Sie können mit der Installation nicht fortfahren, wenn Sie nicht alle Voraussetzungen erfüllen.

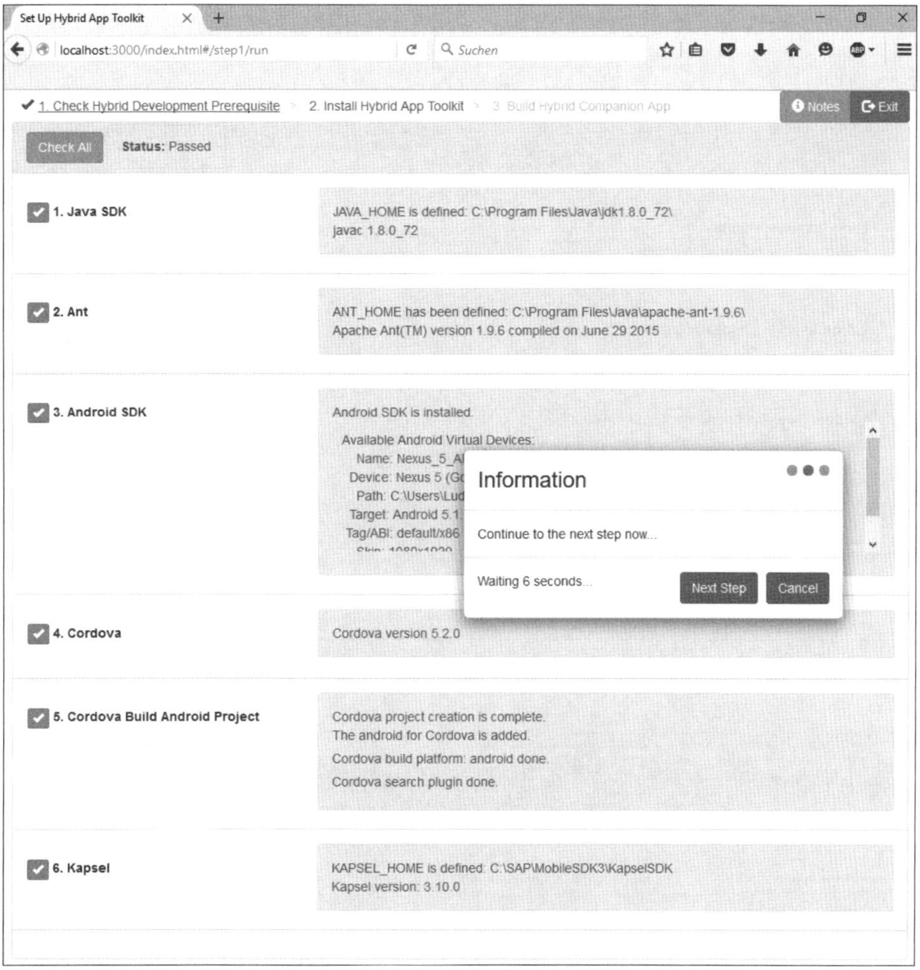

Abbildung 11.11 Die Entwicklungsvoraussetzungen für hybride Apps wurden erfüllt.

8. Im nächsten Schritt klicken Sie nun auf den Button INSTALL. Anschließend wird die SAPUI5-Bibliothek heruntergeladen und installiert (siehe Abbildung 11.12).
9. Als Nächstes konfigurieren Sie den SAP Web IDE Hybrid-App Toolkit Connector. Geben Sie die SAP-Web-IDE-URL ein, mit der das lokale SDK über den Hybrid-App Toolkit Connector verbunden werden soll (z. B. *https://webide-yourusername.dispatcher.neo.ondemand.com*). Klicken Sie abschließend auf UPDATE.
10. Tragen Sie ein Passwort Ihrer Wahl zweimal ein, um die Generierung eines Zertifikats zu ermöglichen (siehe Abbildung 11.13).

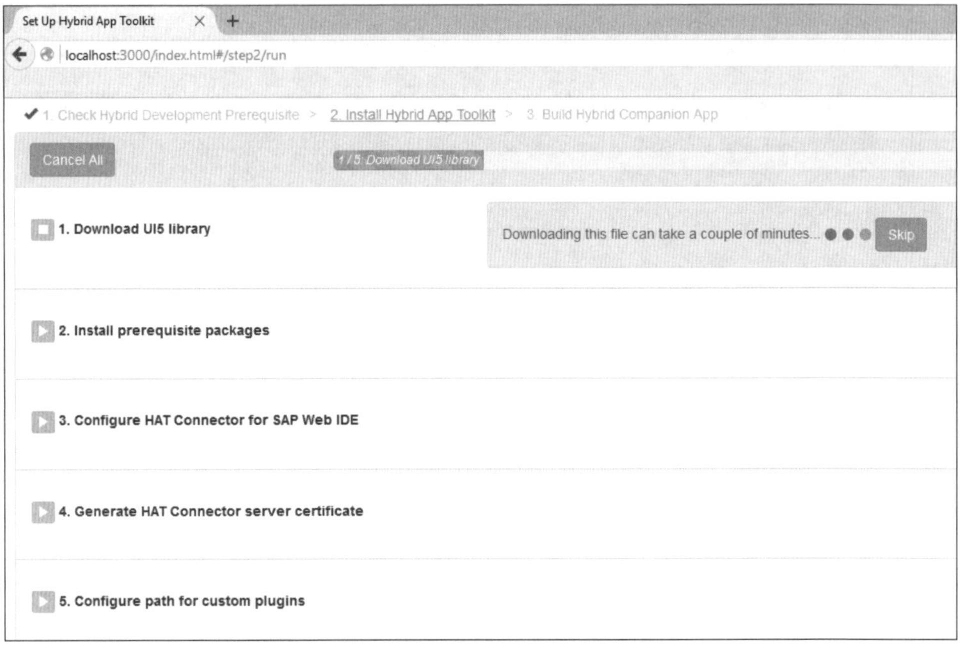

Abbildung 11.12 Download der SAPUI5-Bibliothek

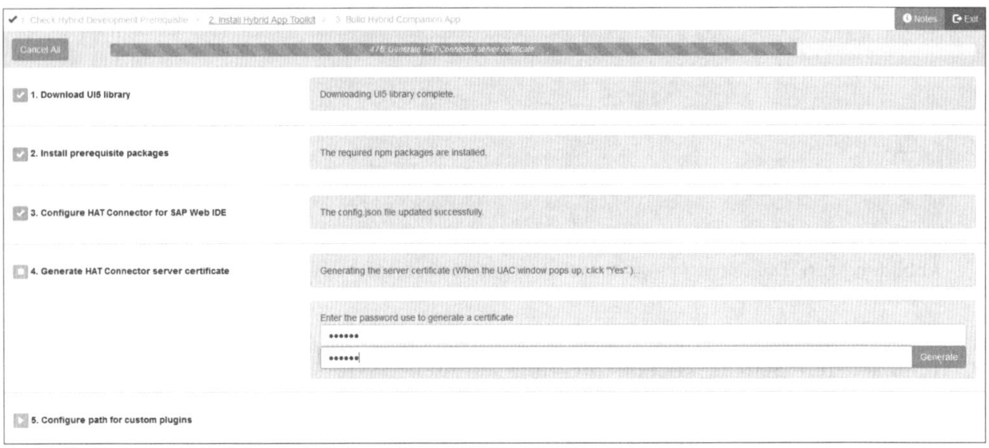

Abbildung 11.13 Hybrid-App Toolkit Connector – Server-Zertifikat

11. Klicken Sie dazu auf GENERATE. Das Setup des SAP Web IDE Hybrid-App Toolkit Add-ons erstellt ein Server-Zertifikat mit dem von Ihnen vergeben Passwort und installiert es auf Ihrem System. Akzeptieren Sie dazu die Windows-Meldung, um das Hinzufügen des Zertifikats zuzulassen.

Da wir in diesem Buch keine kundeneigenen Plug-ins verwenden, können Sie den nächsten Schritt überspringen.

12. Gehen Sie daher direkt zum dritten und letzten Schritt BUILD HYBRID COMPANION APP, und klicken Sie dort auf BUILD. Der nun erstellte Companion Container enthält viele Cordova- und Kapsel-Plug-ins, die häufig in hybriden Applikationen verwendet werden. Behalten Sie die Standardeinstellungen bei, oder ändern Sie die Konfigurationsparameter nach Ihren Wünschen (siehe Abbildung 11.14).

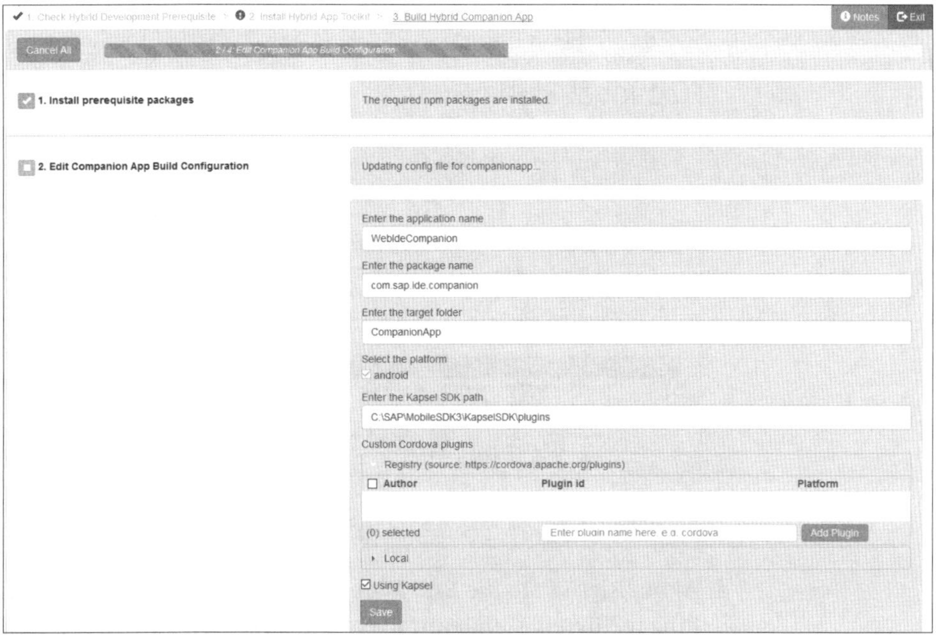

Abbildung 11.14 Hybride Companion-App erstellen

13. Klicken Sie auf SAVE, um den Generierungsprozess abzuschließen. Es wird die Android-Datei *WebIdeCompanion.apk* im SAP-Hybrid-App-Toolkit-Unterordner *WebIDECompanion\platforms\android* angelegt. Klicken Sie auf OK, um das Setup zu beenden (siehe Abbildung 11.15).

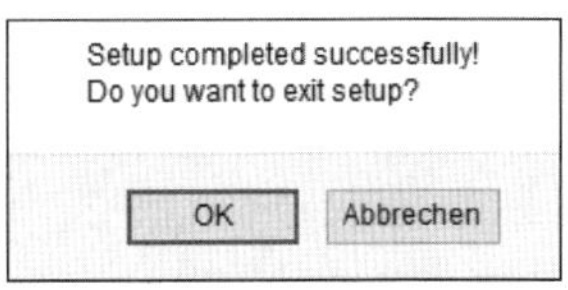

Abbildung 11.15 Das Setup wurde erfolgreich beendet.

Aktivieren Sie das SAP-Web-IDE-Plug-in für das Hybrid-App Toolkit Add-on

SAP-Web-IDE-Plug-in

Im nächsten Schritt aktivieren Sie das SAP-Web-IDE-Plug-in für das Hybrid-App Toolkit Add-on in den folgenden Schritten:

1. Öffnen Sie Ihre SAP Web IDE, und loggen Sie sich ein.
2. Gehen Sie zu TOOLS • PREFERENCES, und wählen Sie dort OPTIONAL PLUGINS aus dem linken Menü.
3. Markieren Sie das Plug-in HYBRID APP TOOLKIT, um dieses zu aktivieren, und klicken Sie abschließend auf SAVE (siehe Abbildung 11.16).

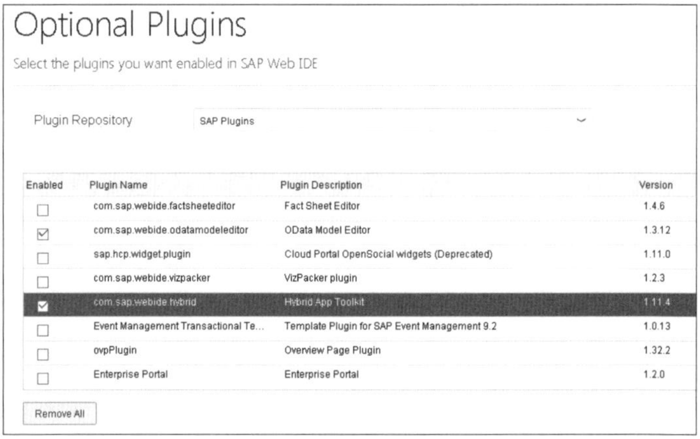

Abbildung 11.16 Das Plug-in Hybrid-App Toolkit aktivieren

4. Aktualisieren Sie die SAP Web IDE. Nun können Sie zu dem neu hinzugefügten Menüeintrag HYBRID APPLICATION TOOLKIT navigieren (siehe Abbildung 11.17).

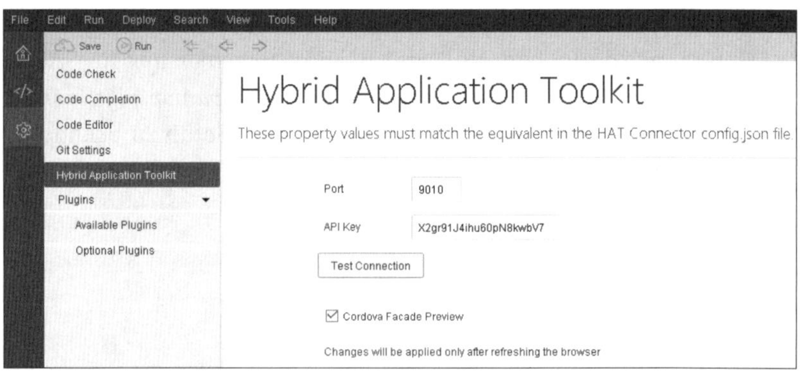

Abbildung 11.17 Hybrid-App-Toolkit-Einstellungen

Ausführen des SAP Web IDE Hybrid-App Toolkit Add-ons

Sie können das fertig eingerichtete Toolkit wie folgt starten:

1. Öffnen Sie die Datei *run.cmd* im Hybrid-App-Toolkit-Hauptordner.
2. Die Befehlszeile wird geöffnet, der Befehl *node server.js* wird ausgeführt, und Sie müssen anschließend Ihr Zertifikatspasswort eintragen. Nachdem Sie Ihr Passwort erfolgreich eingetragen haben, ist der Hybrid-App Toolkit Connector gestartet und läuft auf Port 9010 (siehe Abbildung 11.18).

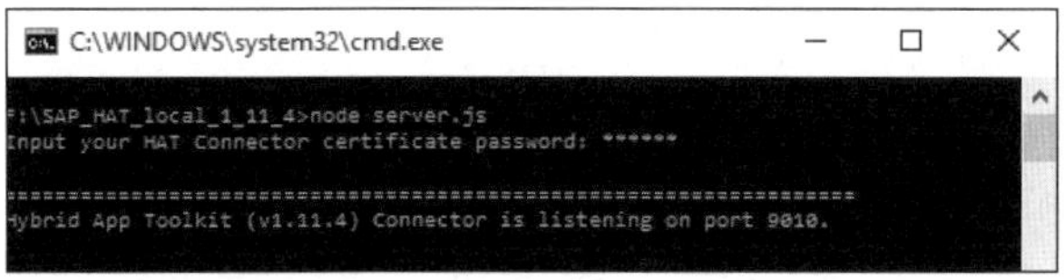

Abbildung 11.18 Hybrid-App Toolkit Connector wurde gestartet.

3. Öffnen Sie Ihren Browser, und rufen Sie die URL *https://localhost:9010* auf. Installieren Sie die Sicherheitswarnung oder vertrauen Sie ihr.

Unterschiedliche Browserkonfiguration

Wenn Sie nicht wissen, wie Sie trotz Sicherheitswarnung in Ihrem Browser die Seite laden können, empfehlen wir:
https://help.hana.ondemand.com/webide_hat/frameset.htm?d763551065b84915bdd5443f0f745870.html

4. Nachdem Sie der Verbindung vertraut haben, wird die Bestätigungsseite des ausgeführten Hybrid-App Toolkit Connectors angezeigt (siehe Abbildung 11.19).

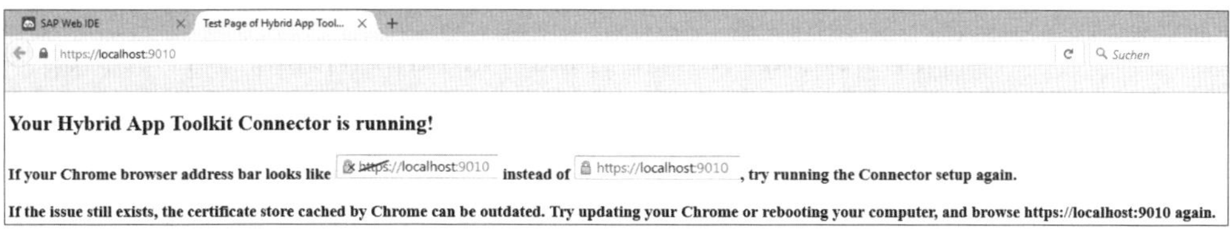

Abbildung 11.19 Gestarteter Hybrid-App Toolkit Connector

5. Klicken Sie in der SAP Web IDE auf den Button TEST CONNECTION, während der Hybrid-App Toolkit Connector startet. Es erscheint die

entsprechende Meldung, dass die Verbindung verfügbar ist inklusive der Versionsnummer des Connectors (siehe Abbildung 11.20).

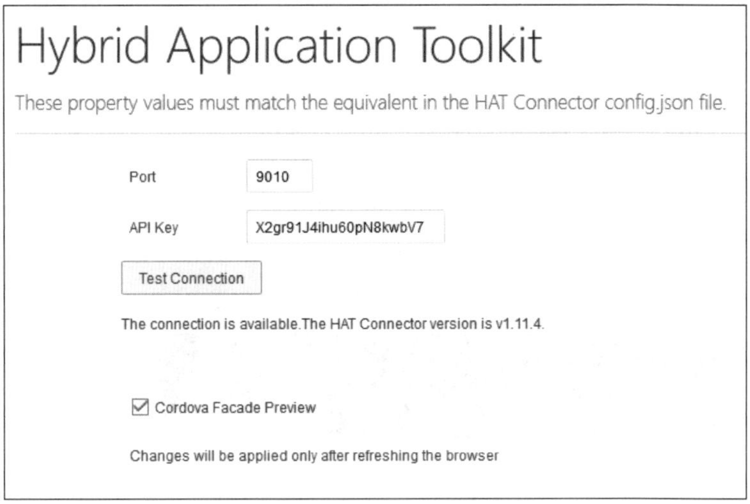

Abbildung 11.20 Verbindung zum SAP Hybrid-App Toolkit Connector testen

Die Eigenschaften werden automatisch während des Installationsprozesses in die Hybrid-App-Toolkit-Connector-Datei *config.json* eingefügt, wenn die SAP-Web-IDE-URL bereitgestellt wird. Mithilfe des Hybrid-App Toolkit Connectors haben Sie nun eine Verbindung zwischen dem lokal installierten SAP Mobile Platform SDK und der SAP Web IDE hergestellt.

Weitere Informationen

Weitere Informationen zum Installationsprozess finden Sie unter: *https://help.hana.ondemand.com/webide_hat/frameset.htm?573709669eea4aa388e7df3856b241f7.html*

11.3.3 SAP-HANA-Cloud-Platform-Mobile-Service-App anlegen

In diesem Abschnitt erstellen Sie eine neue App für den SAP HANA Cloud Platform Mobile Service (HCPms), um Ihre entwickelte hybride Applikation über eine sichere Verbindung der SAP HANA Cloud Platform nach außen zu veröffentlichen.

Folgende Schritte sind dazu notwendig:

1. Melden Sie sich mit Ihren Zugangsdaten bei SAP HCP an, wie bereits in Abschnitt 9.1.2, »On-Demand-Zugriff über SAP HANA Cloud Platform«, beschrieben. Klicken Sie dazu auf SERVICES im linken Menü.
2. Navigieren Sie zu dem Eintrag MOBILE SERVICES, und aktivieren Sie diesen (sofern noch nicht aktiv, siehe Abbildung 11.21).

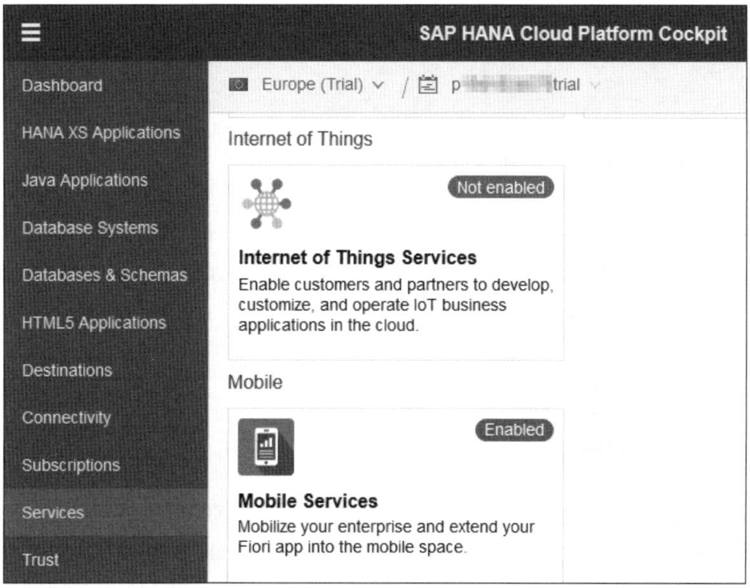

Abbildung 11.21 Mobile Services aktivieren

3. Klicken Sie auf SUBSCRIPTIONS, und starten Sie die HCPMSADMIN-App (siehe Abbildung 11.22).

Subscribed HTML5 Applications (All: 2)

New Subscription

State	Provider Account	Application	Name	Active Version	Actions
✔	sapmobile	hcpmsadmin	hcpmsadmin	16.1.0	
✔	sapwebide	webide	webide	1.21.4-27012016151118	

Abbildung 11.22 Abonnierte HTML5-Apps

4. Klicken Sie auf APPLICATION URL im Detailbildschirm (*https://hcp-msadminyourusername.dispatcher.hanatrial.ondemand.com*), um das SAP HCPms Cockpit zu öffnen (siehe Abbildung 11.23).

Abbildung 11.23 SAP HCPms Cockpit

5. Klicken Sie auf den Kasten APPLICATIONS, und wählen Sie anschließend das Icon mit dem Blatt Papier und dem Stern, um eine neue App anzulegen (siehe Abbildung 11.24).

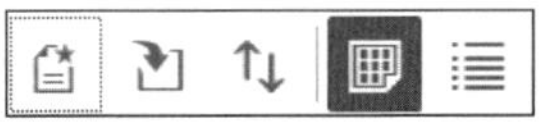

Abbildung 11.24 Neue Mobile-Service-App anlegen

6. Es öffnet sich ein neues Fenster, in dem Sie Ihre Applikationsdetails eintragen müssen. Geben Sie die APPLICATION ID im Format »*com.name.ending*« (z. B. »com.sapui.gw«) ein, da Sie diese ID später wiederverwenden müssen. Vergeben Sie einen NAME, wählen Sie HYBRID aus dem TYPE-Dropdown, und demarkieren Sie alle Checkboxen. Setzen Sie die SECURITY CONFIGURATION auf NONE (siehe Abbildung 11.25).
7. Klicken Sie auf SAVE, um die App anzulegen.
8. Wählen Sie im oberen Menü BACK-END, und tragen Sie die OData-Service-URL im Feld BACK-END URL ein. Wählen Sie INTERNET als PROXY TYPE, und wählen Sie BASIC AUTHENTICATION als AUTHENTICATION TYPE. Geben Sie Ihren USER NAME und Ihr PASSWORD ein (siehe Abbildung 11.26).

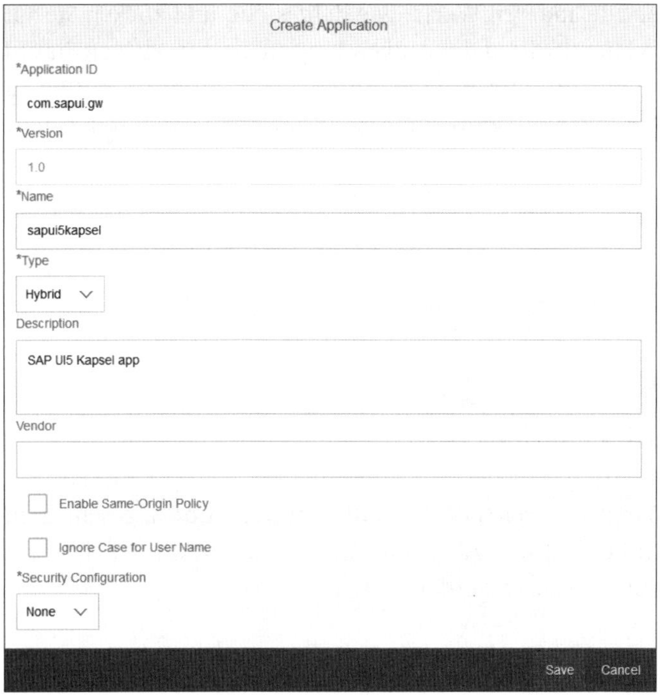

Abbildung 11.25 Applikation anlegen

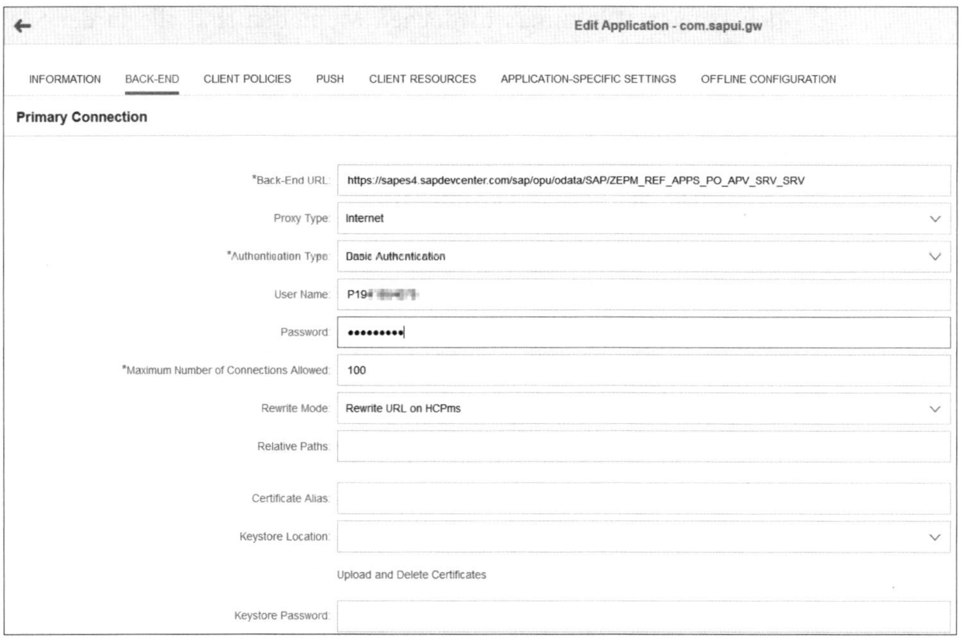

Abbildung 11.26 Backend-Verbindungsdetails

9. Lassen Sie alle anderen Werte, wie dargestellt, und klicken Sie auf SAVE. Navigieren Sie zu der Anwendungsübersicht, klicken Sie auf das Zahnrad-Icon, und wählen Sie PING, um die Anwendung zu testen. Anschließend wird eine Seite PING RESULT angezeigt (siehe Abbildung 11.27).

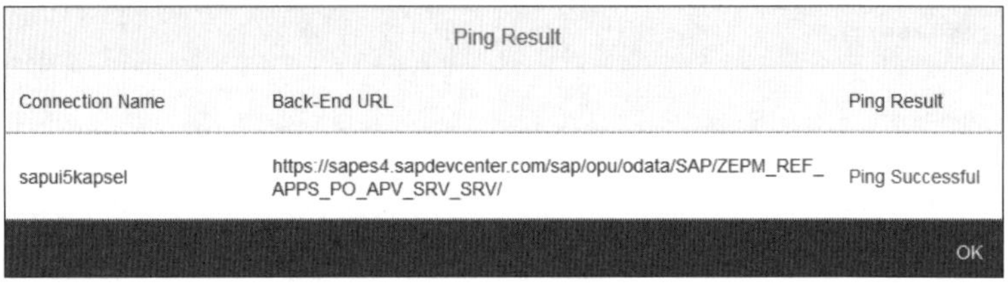

Abbildung 11.27 Ping-Ergebnis

Wenn der Ping erfolgreich ist, kann die Konfiguration abgeschlossen werden und im nächsten Abschnitt mit der Entwicklung der ersten hybriden App finalisiert werden.

11.3.4 Entwicklung einer hybriden App

In diesem Abschnitt zeigen wir Ihnen, wie Sie Ihre erste hybride App mithilfe des bereits installierten und konfigurierten SAP-Tools erstellen können. Die unterschiedlichen Methoden sind alle in der SAP Web IDE verfügbar.

Hybrides Template

Sie können Ihre erste hybride App aus einem der folgenden Templates erstellen:

- SAPUI5 Starter Kapsel Applikation
- SAPUI5 Master Detail Kapsel Applikation
- SAPUI5 Master Detail Kapsel Offline Applikation

Darüber hinaus können Sie ein neues Projekt mit dem Hybrid Mobile Enablement Feature anlegen, das innerhalb des SAPUI5-Assistenten ausgewählt werden kann. Weiterhin zeigen wir Ihnen, wie Sie einen OData-Service innerhalb einer hybriden App konsumieren können.

Für unser Beispiel wählen Sie die SAPUI5 Master Detail Kapsel Applikation als Template. Folgende Schritte sind notwendig, um eine hybride App zu erstellen:

1. Öffnen Sie die SAP Web IDE (siehe Kapitel 9), und navigieren Sie zu FILE • NEW • PROJECT FROM TEMPLATE.
2. Im sich öffnenden Assistenten wählen Sie im Dropdown SAPUI5 MOBILE APPLICATION und anschließend die Option SAPUI5 MASTER DETAIL KAPSEL APPLICATION (siehe Abbildung 11.28).

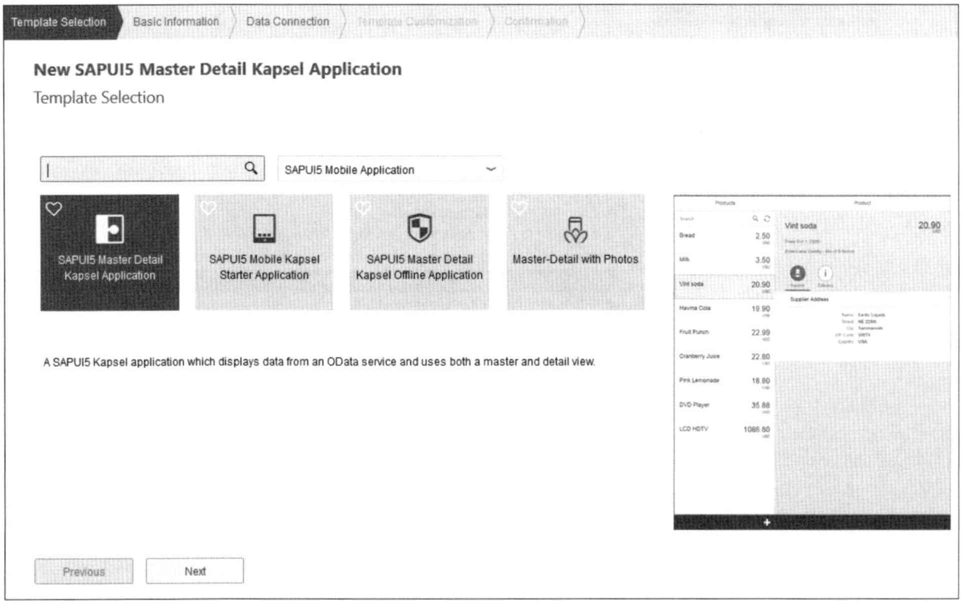

Abbildung 11.28 SAPUI5 Master Detail Kapsel Applikation

3. Klicken Sie auf NEXT, vergeben Sie einen Projektnamen, und klicken Sie erneut auf NEXT. Wählen Sie einen Service aus den verfügbaren Quellen, wie z. B. SERVICE CATALOG aus dem ES4-Demosystem (siehe Abbildung 11.29).
4. Wählen Sie einen OData Service, und klicken Sie auf NEXT. Geben Sie einen TITLE für die MASTER SECTION im Bereich TEMPLATE CUSTOMIZATION ein, und wählen Sie eine ODATA COLLECTION aus dem Dropdown aus (siehe Abbildung 11.30).
5. Füllen Sie die Felder für die Bereiche MAIN DATA FIELDS und DETAIL SECTION, und klicken Sie auf NEXT. Klicken Sie abschließend auf FINISH, um den Assistenten zu beenden und Ihr hybrides SAPUI5-Projekt zu erstellen.

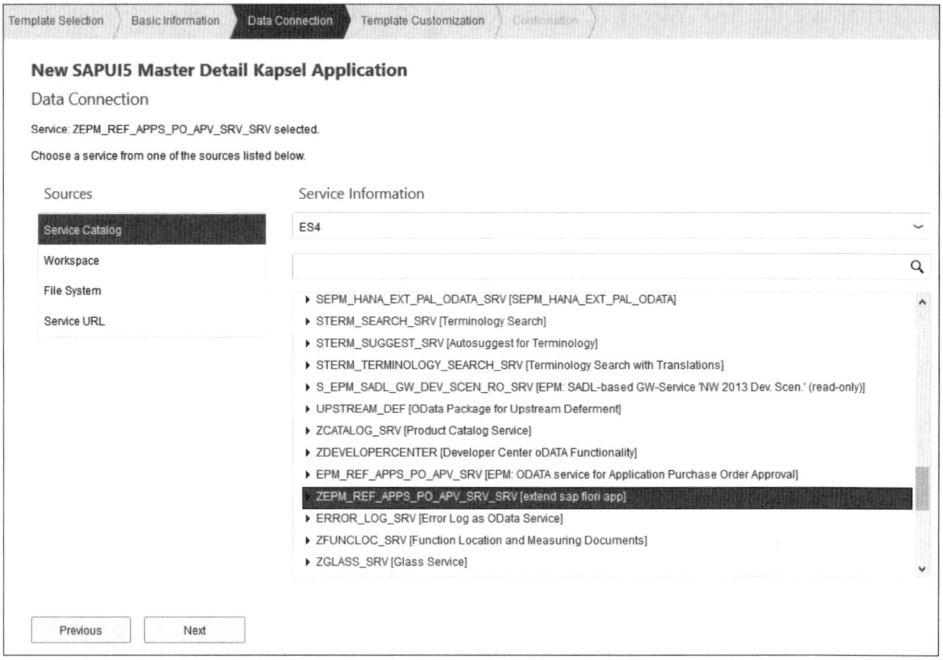

Abbildung 11.29 Datenverbindung auswählen

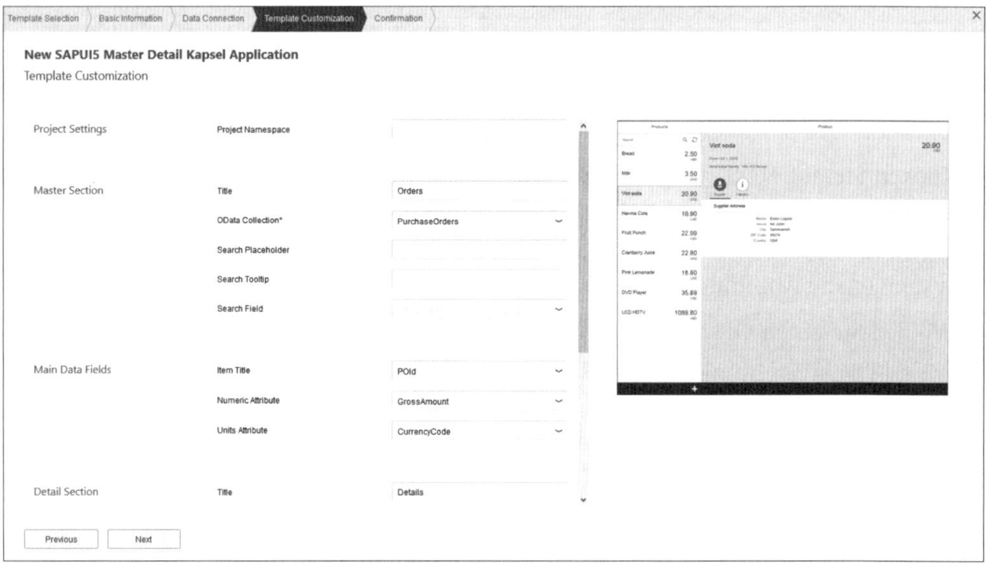

Abbildung 11.30 Template Customizing

6. Klicken Sie mit der rechten Maustaste auf Ihr erstelltes Projekt, und klicken Sie im Kontextmenü auf Project Settings. Wählen Sie

DEVICE CONFIGURATION aus dem Menü, und geben Sie den APP NAME und die APP ID ein. Geben Sie exakt die Werte für diese beiden Elemente ein, die Sie bei der Registrierung der Applikation SAP HCPms verwendet haben (siehe Abbildung 11.31).

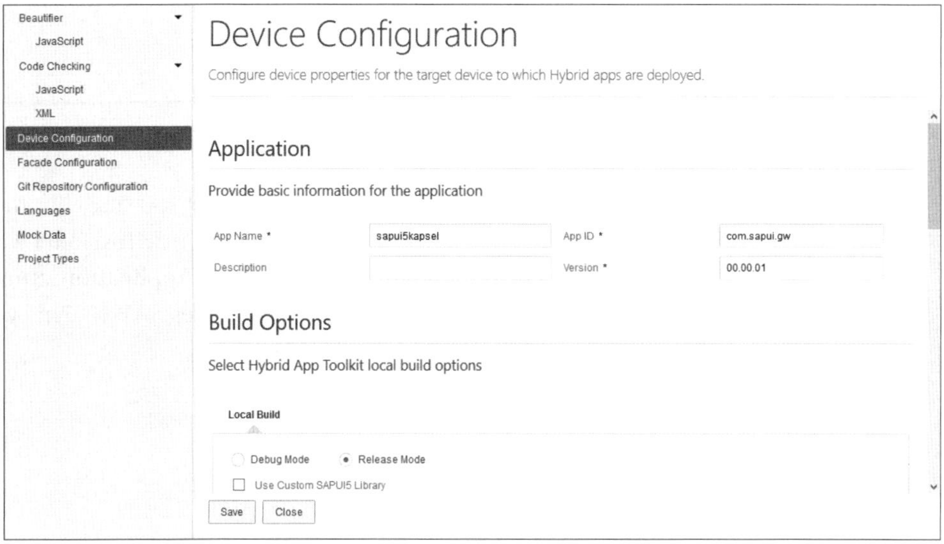

Abbildung 11.31 Gerätekonfiguration

7. Geben Sie eine VERSION im Format »xx.xx.xx« ein, und aktivieren Sie die Checkbox ANDROID, um Android als Zielplattform auszuwählen.

   Zusätzlich können Sie wählen, welche Cordova-APIs (siehe Abbildung 11.32) und/oder Kapsel-APIs (siehe Abbildung 11.33) in Ihrer Anwendung verfügbar sein sollen.

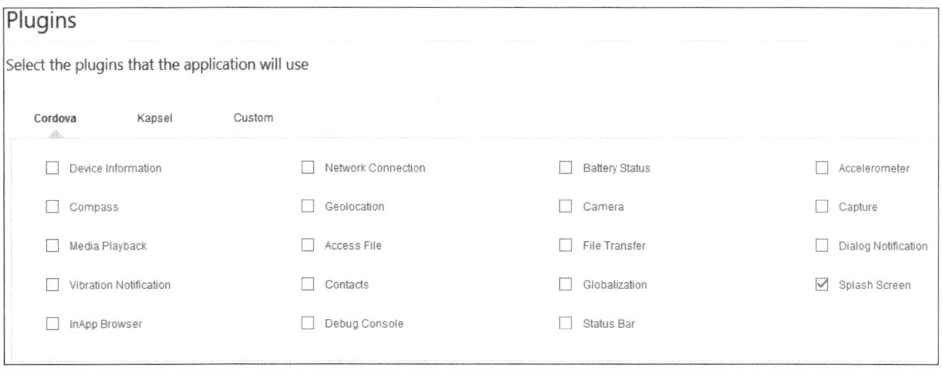

Abbildung 11.32 Cordova-APIs

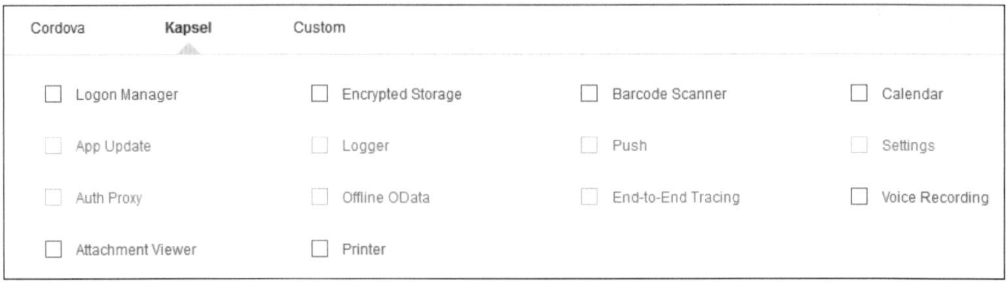

Abbildung 11.33 Kapsel-APIs

8. Wählen Sie LOGON MANAGER unter dem Punkt KAPSEL. Nun müssen Sie entweder einen On-Demand-SAP-HCPms-Host oder eine On-Premise-SAP-Mobile-Platform für Ihre Applikationsanmeldung auswählen. Diese sollte mit der URL Ihres SAP HCPms vorausgefüllt sein (siehe Abbildung 11.34).

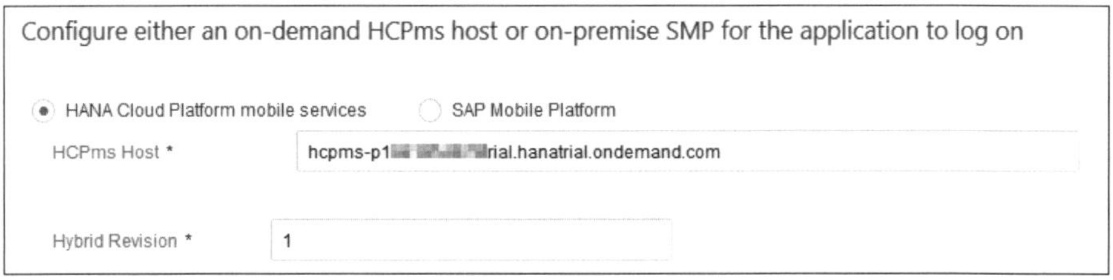

Abbildung 11.34 SAP-HCPms-Host

9. Klicken Sie auf SAVE, um die Gerätekonfiguration zu beenden. Alle Einstellungen sind in der Datei *project.json* gespeichert.

Sie haben den Entwicklungsprozess erfolgreich abgeschlossen und können nun die unterschiedlichen Testszenarien ausprobieren.

Test der hybriden Applikation mit der Cordova-Fassade

Mit Cordova-Fassade testen

Da die Cordova-Fassade automatisch aktiviert wird (siehe Abbildung 11.20) und Ihre Anwendung die native API aufruft, können Sie Ihre soeben erzeugte Applikation innerhalb des Browsers aufrufen, indem Sie die Datei *index.html* innerhalb Ihres Projekts auswählen und auf RUN klicken. Ein neues Fenster mit der ausgeführten Anwendung wird geöffnet (siehe Abbildung 11.35).

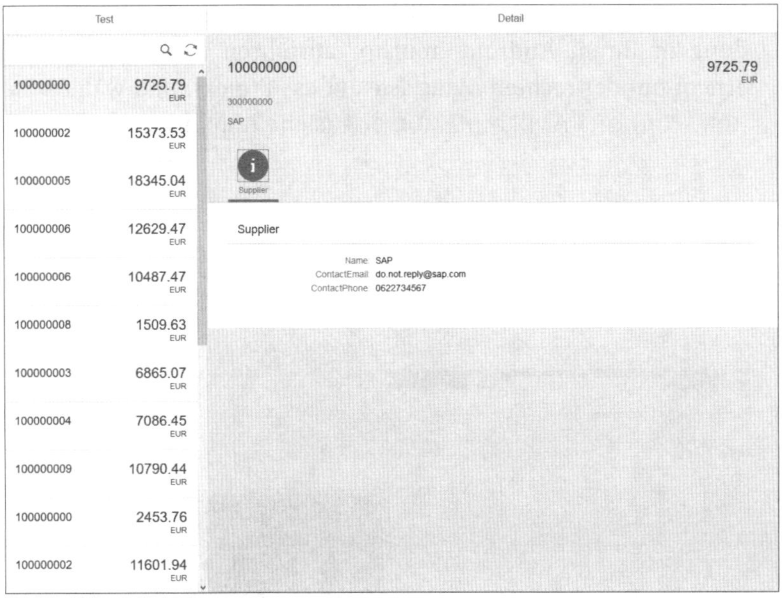

Abbildung 11.35 Cordova-Fassade

Test der hybriden Applikation im Android-Emulator

Sie können die Verwendung von nativen Geräte-APIs innerhalb einer nativen Umgebung wie dem Android-Emulator testen. Dazu müssen Sie das Projekt von der SAP Web IDE in dem lokalen SAP Web IDE Hybrid-App Toolkit Add-on veröffentlichen. Dazu sind folgende Schritte notwendig:

Im Android Emulator testen

1. Klicken Sie mit der rechten Maustaste auf das Projekt, und wählen Sie Deploy • Deploy to local Hybrid App Toolkit (siehe Abbildung 11.36).

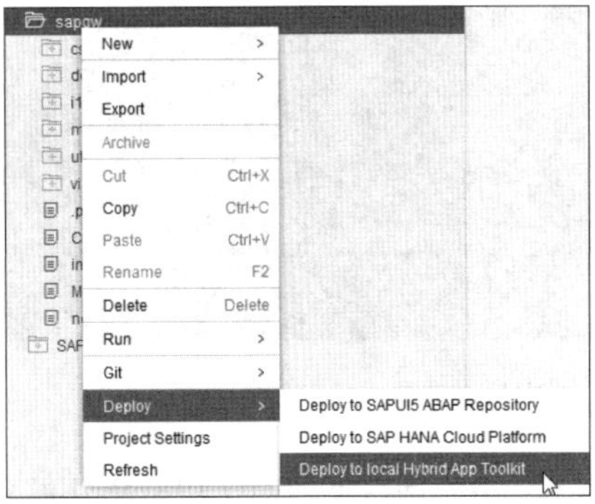

Abbildung 11.36 Veröffentlichung auf dem lokalen Hybrid-App Toolkit

2. Nachdem die App veröffentlicht wurde, können Sie die Anwendung in Ihrem Android-Emulator ausführen. Klicken Sie dazu erneut mit der rechten Maustaste auf das Projekt, und wählen Sie RUN • RUN ON • ANDROID EMULATOR (siehe Abbildung 11.37).

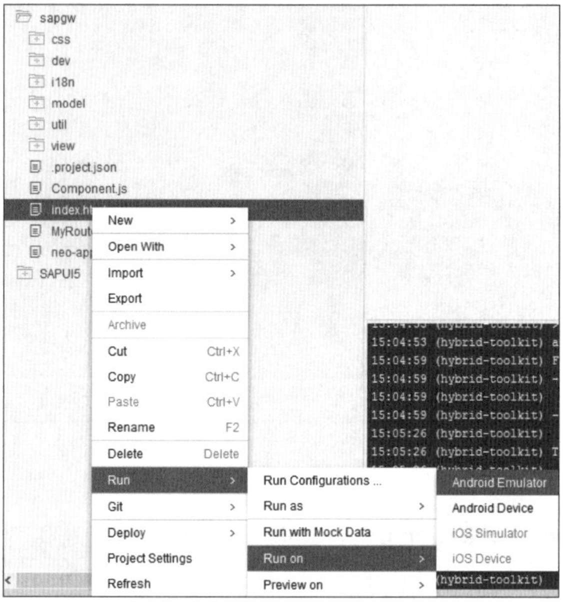

Abbildung 11.37 Testlauf im Android-Emulator

3. Wählen Sie TEST KEY als Schlüssel für das Android-Release, und klicken Sie auf OK.

4. Die Anwendung wird im lokalen Android-Emulator gepackt und installiert. Dieser Prozess kann über die SAP-Web-IDE-Konsole überwacht werden (siehe Abbildung 11.38).

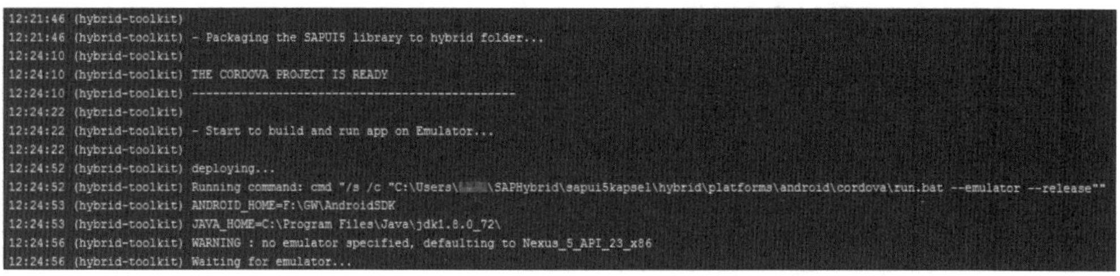

Abbildung 11.38 SAP-Web-IDE-Konsole

Konsole

Der Android-Emulator wird automatisch gestartet und bootet das Android-Betriebssystem und anschließend die Applikation. Dieser

Vorgang dauert einige Minuten, da die App zunächst kompiliert wird und alle notwendigen Dateien in die fertige App transferiert werden müssen. Nachdem der Veröffentlichungs- und Installationsprozess beendet ist, melden Sie sich mit Ihren Benutzerdaten am SAP HCPms an (siehe Abbildung 11.39).

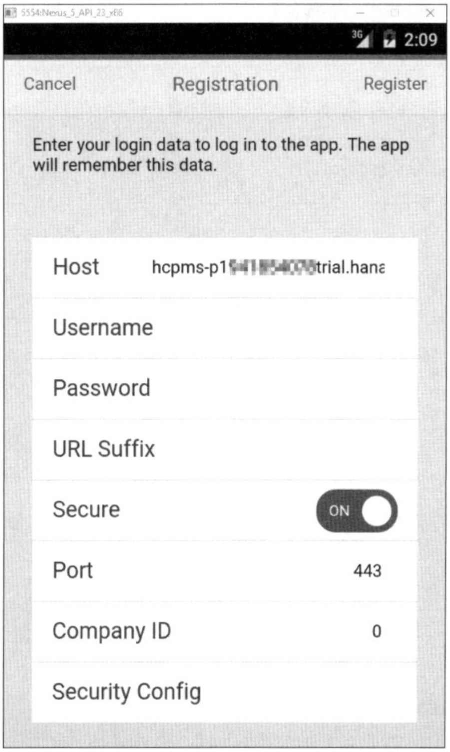

Abbildung 11.39 Android-Emulator: SAP-HCPms-Logon

5. Klicken Sie, um fortzufahren, auf REGISTER. Wählen Sie DISABLE PASSCODE im nächsten Bildschirm, und klicken Sie anschließend auf SUBMIT (siehe Abbildung 11.40).

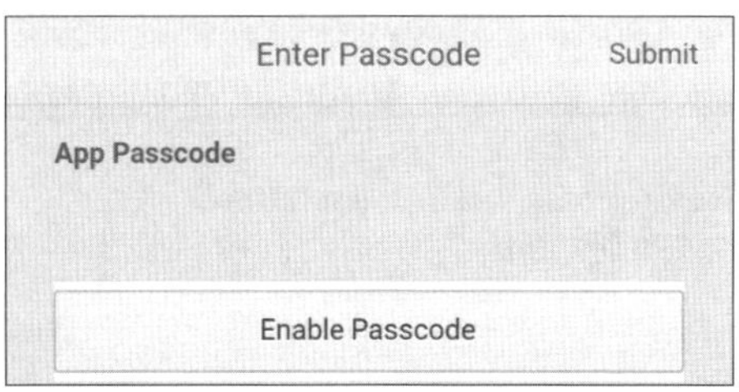

Abbildung 11.40 App-Passcode deaktivieren

6. Da Sie bereits Ihre Mobile-Service-Benutzerdaten in der erstellten Applikation eingetragen haben, wird die App umgehend geladen, und die Hauptansicht mit den Kopfdaten aus dem OData-Service wird angezeigt (siehe Abbildung 11.41).

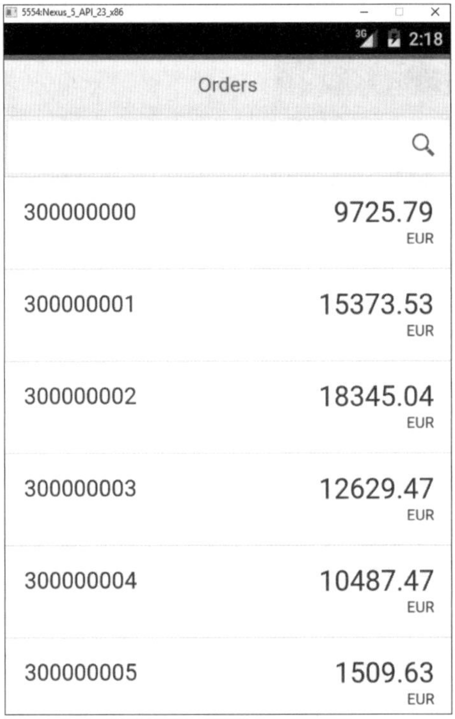

Abbildung 11.41 Android-Emulator: hybride App

7. Klicken Sie nun auf einen Eintrag, und navigieren Sie so auf die Detailansicht (siehe Abbildung 11.42).

Sie sind jetzt in der Lage, eine hybride SAPUI5-App mit OData-Server-Anbindung zu erstellen.

Veröffentlichung

Sie finden weitere Informationen über den Veröffentlichungsprozess unter folgender URL:
https://help.hana.ondemand.com/webide_hat/frameset.htm?78af70cac7e444608f69b436b5391c93.html

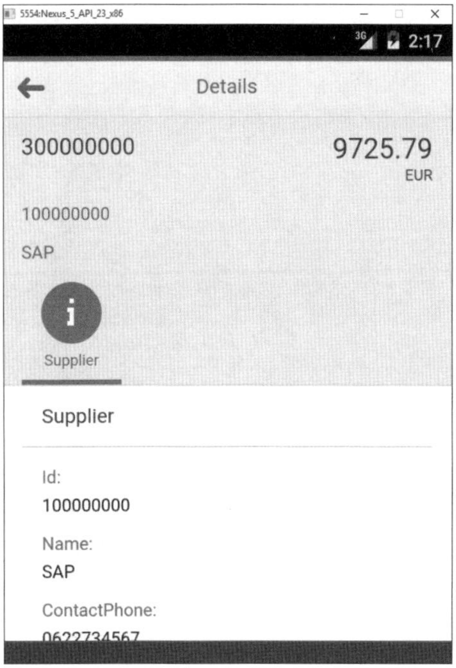

Abbildung 11.42 Hybride App – Detailansicht

11.4 Zusammenfassung

Sie haben in diesem Kapitel den Unterschied zwischen nativen und hybriden Applikationen kennengelernt. Wir haben Ihnen die Grundvoraussetzungen für die Installation des SAP Web IDE Hybrid-App Toolkit Add-ons gezeigt. Weiterhin haben wir Ihnen dargestellt, wie Sie das SAP Web IDE Hybrid-App Toolkit Add-on installieren und konfigurieren, das SAP-Web-IDE-Plug-in aktivieren und einen SAP HCPms erstellen. Am Ende haben wir eine hybride SAPUI5-App auf Basis von Android erzeugt.

Weitere Informationen finden Sie im SAP Community Network oder in den Foren der unterschiedlichen Entwicklungsseiten der Hersteller.

Kapitel 12 zeigt Ihnen, wie Sie eigene Social-Media-Applikationen mit Hilfe der Programmiersprache PHP entwickeln können. Anhand der jeweiligen APIs zeigen wir Ihnen, wie Sie Daten über OData-Services auf den Plattformen Facebook, Twitter und der chinesischen Microblogging-Webseite Sina Weibo bereitstellen können.

Social Media sind überall. Wir zeigen Ihnen in diesem Kapitel die Möglichkeiten mit OData für einige der größten Social-Media-Plattformen der Welt.

12 Social-Media-Applikationsentwicklung

Wir leben in einer datengetriebenen Wirtschaft. API-Designer ([Web] *Application Programming Interface*) müssen dazu genau definieren, wie und welche Daten aus einer Vielzahl von Anwendungen und Dienstleistungen bereitgestellt werden können. Auch wenn Plattformen wie Facebook, Twitter oder Sina Weibo (eine chinesische Microblogging-Seite und Mischung aus Twitter und Facebook) heute noch keine eigenen OData-Services anbieten, erläutern wir Ihnen in diesem Kapitel, wie Sie Ihre Daten über OData-Services auf den verschiedenen Social-Media-Plattformen bereitstellen können.

Social Media sind heute eine breit akzeptierte und genutzte Basis für soziale Kommunikation und Information. Die verschiedenen Plattformen ermöglichen es jedem, Ideen und Gedanken auszutauschen oder Informationen aufzugreifen, die weit über die eigene Gesellschaft oder Kultur hinausgehen. Die meisten Benutzer posten und kommunizieren der gesamten Community die eigenen Interessen und bevorzugten Produkte oder Dienstleistungen. Dies ermöglicht es jedem Unternehmen, die durch Marktforschung in diesem Umfeld gewonnenen Informationen in richtungsweisende Entscheidungen in Bezug auf die eigenen Kunden umzusetzen. Social Media stehen damit nicht nur für das reine Sammeln von Daten und Informationen, sondern auch für die Verbesserung von Produkten oder die Bereitstellung maßgeschneiderter Dienstleistungen auf Basis der gesammelten Kundeninformationen.

Eine effektive Nutzung von Social-Media-Plattformen bietet daneben auch die Möglichkeit des aktiven Kontakts mit den Verbrauchern. Hier kann Ihr SAP Gateway in Aktion treten, durch das Sie die gewünschten Informationen direkt aus Ihrem SAP-System den Kunden bereitstellen oder Kundenabfragen, wie beispielsweise den Status einer Bestellung, anbieten können. Wichtig ist dabei, dass Sie diese Daten gezielt einsetzen und genau entscheiden, welche Plattform für Ihre Anforderungen die richtige ist.

Social-Media-Strategie

Denken Sie daran, es ist nicht das Ziel, gut in sozialen Medien zu sein. Ziel ist es, gut in Ihrem Alltagsgeschäft zu sein, auch mit der Unterstützung der sozialen Medien. Sie müssen zuerst Ihre Geschäftsziele klar definieren und dann versuchen zu verstehen, wie Sie die sozialen Medien dabei nutzen können, Ihre Ziele noch schneller zu erreichen. Es gibt immer etwas zu optimieren, um ein noch besseres Ergebnis liefern zu können. Beachten Sie daher die Interessen und Wünsche Ihrer Kunden auf den verschiedenen Plattformen, und stellen Sie selbst auch eigene Informationen oder Angebote bereit, die Ihre Marke stärken und die Kundenbindung erhöhen.

Eine Social-Media-Präsenz ist ohne ein klares Geschäftskonzept nicht möglich und kann sogar kontraproduktiv wirken. Dieses Kapitel zeigt Ihnen, wie Sie Anwendungen mit OData-Serviceverbindung erstellen können. Aber wie Sie Social Media in Ihrem Unternehmen erfolgreich nutzen, bleibt Ihnen überlassen und hängt ganz spezifisch von Ihrer Situation und Ihren Produkten oder Dienstleistungen ab.

Der *Hypertext Preprocessor* (*PHP*, ehemals Personal Home Page Tools) ist die Grundlage für die Entwicklung jeder Social-Media-Applikation. In diesem Kapitel beginnen wir mit der Erstellung einer PHP-Webseite auf Basis des *OData Software Development Kits (SDK) für PHP* (siehe Abschnitt 12.1). Diese Entwicklung wird dann in den darauffolgenden Abschnitten als Grundlage verwendet und erweitert, um eine Verbindung mit den APIs der Plattformen Facebook (siehe Abschnitt 12.2), Twitter (siehe Abschnitt 12.3) und der chinesischen Microblogging-Website Sina Weibo (siehe Abschnitt 12.4) herzustellen.

12.1 PHP

PHP ist eine serverseitige Skriptsprache für Webentwicklungen und wurde 1994 von Rasmus Lerdorf konzipiert. PHP kann genutzt werden, um auf Daten aus Datenbanken oder Webservices zuzugreifen. Da PHP auf einem Server betrieben werden muss, benötigen Sie einen entsprechenden Webserver, der PHP unterstützt, um die Entwicklungen in diesem Kapitel nachvollziehen zu können. Falls Sie keinen Zugriff auf einen Webserver haben, empfehlen wir die kostenlose Software *XAMPP*. Dies ist eine einfach zu installierende Apache-Distribution, die auch *MySQL*, PHP und *Perl* beinhaltet.

Erste Schritte mit PHP

PHP ist eine der am häufigsten verwendeten Entwicklungssprachen für die Webseitenerstellung und daher bei den meisten Web-Hostern bereits vorinstalliert. Im Folgenden erfahren Sie, wie Sie eine OData-Webseite mithilfe des verfügbaren OData SDKs für PHP erstellen können.

OData SDK für PHP

Das SDK ermöglicht es Ihnen, einen vorhandenen OData-Service zu konsumieren und die Daten innerhalb der definierten PHP-Methoden zu verwenden. Das OData SDK für PHP basiert auf der Datei *DataSvcUtil*, die dazu verwendet wird, Proxy-Klassen auf Basis der Metadaten des ausgewählten OData-Service zu erzeugen. Die so erzeugten Klassen können später genutzt werden, um eine Verbindung zu dem OData-Service aufzubauen und die verfügbaren CRUD-Methoden `Create`, `Read`, `Update` und `Delete` auszuführen. Die Nutzung der Proxy-Klassen ermöglicht Ihnen einen schnellen und einfachen Start in die Entwicklung von Webanwendungen, da Sie keinen eigenen Quellcode erstellen müssen, um den Serviceaufruf und das Parsen der Daten abzuwickeln. Das SDK besitzt keine Abhängigkeit zum eingesetzten Betriebssystem Ihres Webservers.

Erste Schritte mit PHP

Sie finden alle notwendigen Downloads in der folgenden Liste:

- XAMPP: *http://sourceforge.net/projects/xampp/files/*
- OData SDK für PHP: *http://odataphp.codeplex.com/*
- Aptana Studio: *www.aptana.com/products/studio3/download.html*
  Wir empfehlen diese Open-Source- und Eclipse-basierte IDE (integrierte Entwicklungsumgebung, engl. *Integrated Development Environment*) für die Entwicklung Ihrer Webanwendungen oder einen Editor Ihrer Wahl.

Sie können XAMPP einfach installieren, indem Sie die gepackte ZIP-Datei herunterladen und entpacken. Erstellen Sie zuerst einen Ordner mit dem Namen *odataphp*. Extrahieren Sie alle Dateien und Ordner in dem Ordner *framework* aus der heruntergeladenen ZIP-Datei in den gerade erstellten Ordner *odataphp*. Um sicherzustellen, dass

PHP die SDK-Funktionen ausführen kann, fügen Sie den Pfad dem Ordner *odataphp* der `include_path`-Anweisung der Konfigurationsdatei *php.ini* hinzu, beispielsweise: `include_path = ".; C:\xampp\php\odataphp"`.

Erstellen Sie als Nächstes eine Variable namens `ODataphp_path` in der Datei *php.ini* unterhalb der zuvor hinzugefügten Zeile, und verweisen Sie auf den Pfad, in dem das Toolkit installiert wurde, beispielsweise: `ODataphp_path = "C:\xampp\php\odataphp"`.

Stellen Sie darüber hinaus sicher, dass das PHP-XML-Modul installiert ist und die Funktionen *php_xsl.dll* und *php_curl.dll* in der *php.ini*-Datei aktiviert sind. Wenn Sie XAMPP bereits nutzen, ist alles richtig vorkonfiguriert.

Proxy-Klasse generieren

Nachdem die Installation abgeschlossen ist, können Sie die Proxy-Klasse für Ihren ausgewählten OData-Service generieren. Öffnen Sie das Kommandozeilentool in Ihrem Betriebssystem, und navigieren Sie zu dem Ordner, in dem sich Ihr OData-SDK-Ordner *odataphp* befindet. Der Befehl, um die Proxy-Klasse mithilfe der Datei *PHPDataSvcUtil.php* zu erstellen, ist in der verfügbaren SDK-Dokumentation sehr ausführlich erläutert.

In diesem Beispielszenario erstellen Sie die Proxy-Klasse des OData-Service im Ordner *C:\PHPODataSample*. Geben Sie daher den folgenden Befehl in die geöffnete Kommandozeile ein (ersetzen Sie die Platzhalter für Benutzernamen und Kennwort durch Ihre Anmeldeinformationen, sofern erforderlich, oder entfernen Sie diese):

```
php odataphp\PHPDataSvcUtil.php /uri= https://
sapes4.sapdevcenter.com/sap/opu/odata/IWFND/
RMTSAMPLEFLIGHT /out=C:\PHPODataSample /auth=windows
/u=Benutzername /p=Kennwort
```

Die Datei erzeugt die Proxy-Klassen anhand der Servicemetadaten in den spezifizierten Ausgabepfad und zeigt abschließend eine Erfolgsmeldung in der Konsole an (siehe Abbildung 12.1).

Abbildung 12.1 OData-PHP-Proxy-Datei erzeugen

Nach einigen Sekunden ist die Proxy-Klasse für den OData-Service erstellt. Die erzeugte Datei enthält die Definition einer Klasse, die dazu verwendet werden kann, die verfügbaren Funktionen des OData-Service auszuführen.

OData-Service konsumieren

Sie werden die soeben erstellte Proxy-Klassendatei verwenden, um den OData-Service zu konsumieren und in einer einfachen Listenansicht anzuzeigen. Navigieren Sie zu Ihrem Ausgabeordner, in dem die Proxy-Klassendatei liegt. Erstellen Sie eine leere Datei mit dem Namen *index.php* in diesem Ordner. Kopieren Sie den kompletten Ordner auf Ihren Webserver (z. B. in den XAMPP-Ordner *htdocs*). Als Nächstes muss die erstellte Proxy-Klasse in die Datei *index.php* integriert werden, beispielsweise mit: `require_once "RMTSAMPLEFLIGHT_Entities.php";`.

Hinweis

Bei den Feldnamen der Proxy-Klasse ist die Groß- und Kleinschreibung wichtig. Daher müssen diese so verwendet werden, wie sie in dem Metadatendokument angezeigt werden. In unserem Beispiel sind alle Schlüsselfelder in Kleinbuchstaben, die Felder `PRICE`, `CARRNAME` und `CURRENCY` jedoch in Großbuchstaben dargestellt.

Fügen Sie den Quellcode aus Listing 12.1 in Ihre Datei ein, um alle verfügbaren Datensätze der `CarrierCollection` konsumieren zu können und die Felder `carrid` und `CARRNAME` anzuzeigen. Ersetzen Sie die Felder `ihrbenutzer` und `ihrpasswort` durch Ihre eigenen Logon-Daten.

```
<?php
require_once "RMTSAMPLEFLIGHT_Entities.php";
// Connect
$OData = new RMTSAMPLEFLIGHT_Entities('https://sapes4.
  sapdevcenter.com/sap/opu/odata/IWFND/RMTSAMPLEFLIGHT');
$OData->Credential = new WindowsCredential('ihrbenutzer',
  'ihrpasswort');
echo "------ Carrier list ------ <br/>";
try {
    $OData->addHeader('X-Requested-With', 'XMLHttpRequest');
//  Execute
    $flights= $OData->Execute("CarrierCollection")->Result;
//  Output
    foreach ($flights as $flight){
        echo "ID: " . $flight->carrid . "<br/>";
        echo "Name: " . $flight->CARRNAME . "<br/><br/>";
```

```
    }
    }catch(DataServiceRequestException $exception)
    {
        echo $exception->Response->getError();
    }
?>
```

Listing 12.1 PHP-OData-Konsumierung

Speichern Sie die Änderungen, und öffnen Sie die Datei in Ihrem Browser (Ihr lokaler Webserver muss natürlich gestartet sein). Das Ergebnis unseres Beispiels wird wie folgt angezeigt (siehe Abbildung 12.2).

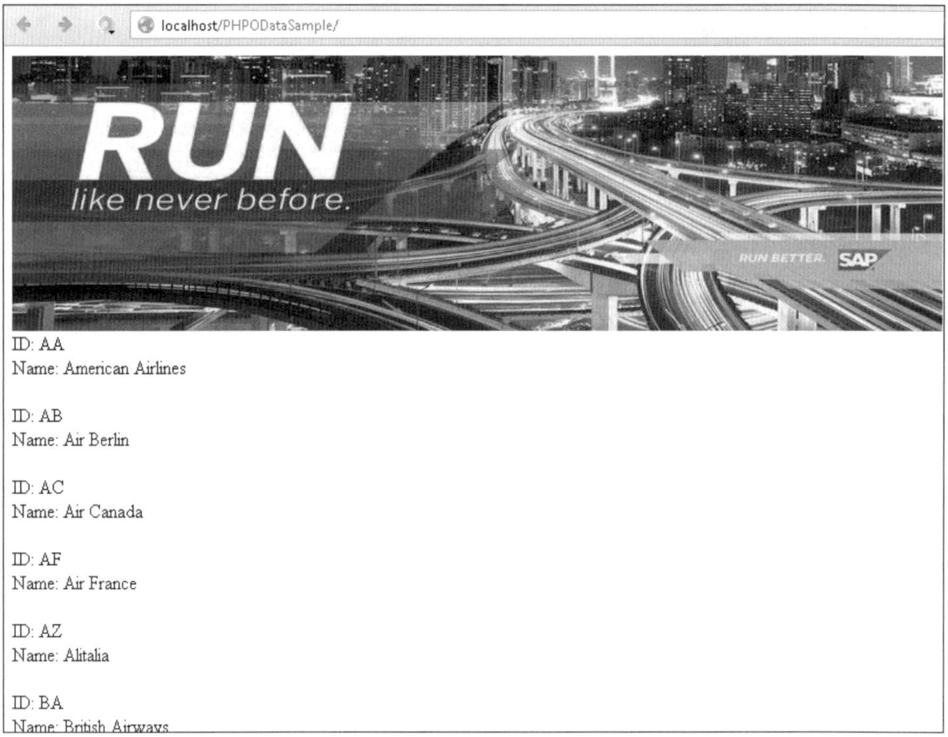

Abbildung 12.2 PHP-Beispiel mit OData-Daten

Nun können Sie Ihre gewünschte Logik implementieren, um eine Verbindung zu einem OData-Service aufzubauen und alle gewünschten Funktionen in PHP auszuführen. Die ordnungsgemäße Funktion ist die Grundlage für alle folgenden Abschnitte.

12.2 Facebook

Facebook ist das größte kostenlose soziale Online-Netzwerk der Welt und wächst ständig weiter. Erst im Februar 2004 wurde es von Mark Zuckerberg und einigen anderen damaligen Studenten der Harvard-Universität gegründet. Facebook zählt mehr als 1,5 Milliarden aktive Benutzer und hat sich durch den Zukauf des Message-Anbieters WhatsApp im Februar 2014 weiter vergrößert.

Applikation anlegen

Wenn Sie noch keinen Entwickler-Account für Facebook besitzen, besuchen Sie *https://developers.facebook.com*, und legen Sie einen neuen Account an.

Loggen Sie sich anschließend ein, und klicken Sie in der oberen Toolbar auf My Apps und anschließend auf Add a New App. Wählen Sie Website, und das Fenster Create New App wird geöffnet, in dem Sie den Namen Ihrer App im Feld Display Name eintragen und eine passende Kategorie im Feld Category wählen (siehe Abbildung 12.3).

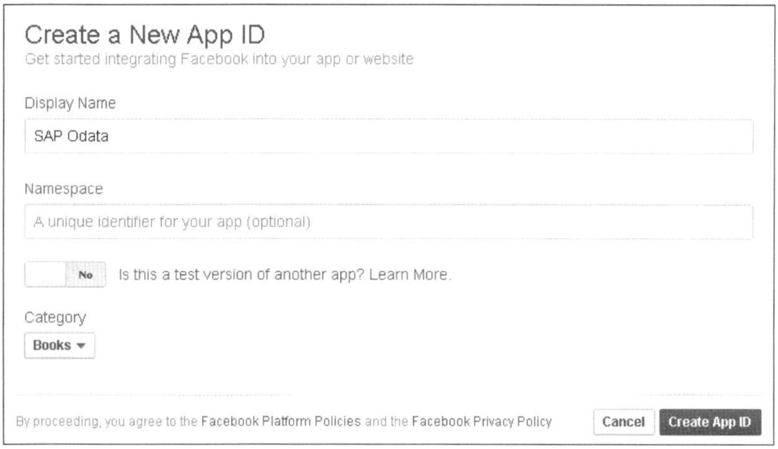

Abbildung 12.3 Facebook-Anwendung anlegen

Namen vergeben

Klicken Sie auf Create App ID, und geben Sie das CAPTCHA auf der folgenden Seite ein. Klicken Sie auf Continue. Sie werden zu der Seite Main Page weitergeleitet. Wählen Sie Settings auf der linken Seite, um auf die Basic-Anwendungseinstellungen zu gelangen. Vergeben Sie einen Namensraum im Feld Namespace, unter dem Ihre Applikation später verfügbar sein soll. In unserem Beispiel ist das »sapodatasample«. Die direkte URL wird später *http://apps.facebook.com/sapodatasample* lauten.

Klicken Sie auf +ADD PLATFORM, und wählen Sie FACEBOOK CANVAS, um zu definieren, wie Ihre Anwendung aufgerufen wird und wie sie sich mit Facebook verbinden kann. Geben Sie im Feld SECURE CANVAS URL die URL ein, unter der unser zu erstellendes PHP später aufgerufen werden kann. In unserem Beispiel ist das *https://localhost/facebook/* (siehe Abbildung 12.4). Klicken Sie abschließend auf SAVE CHANGES.

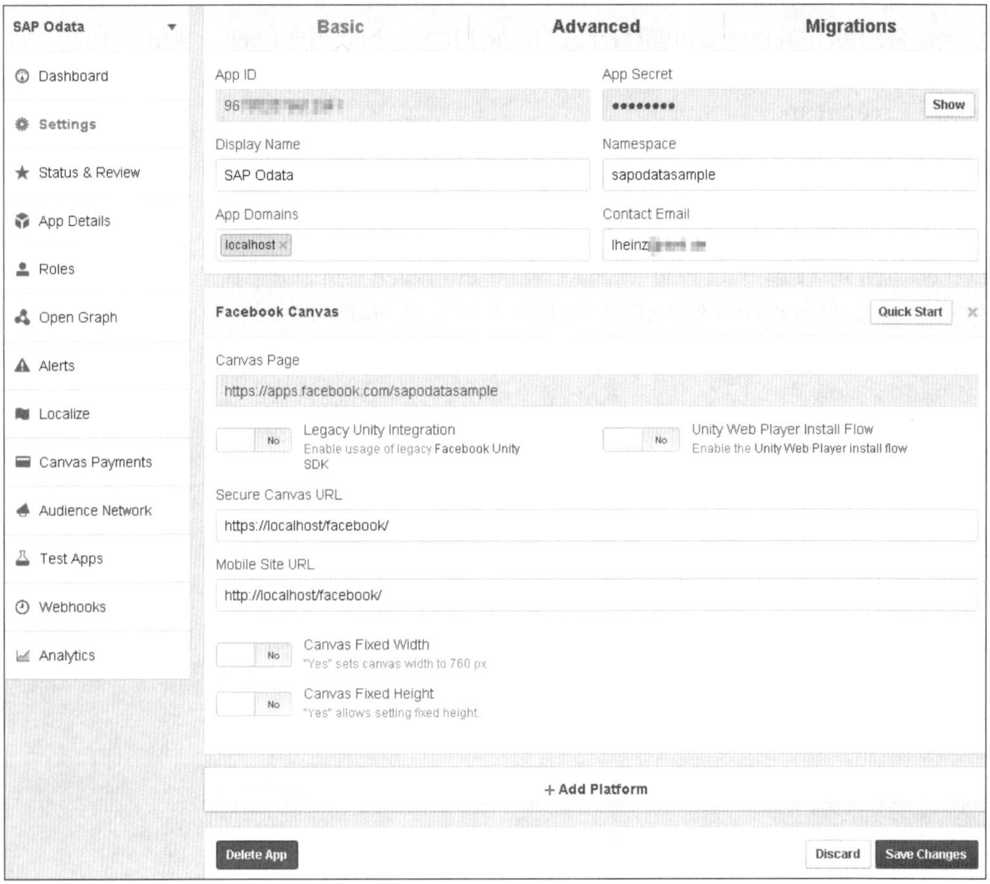

Abbildung 12.4 Facebook-Basiseinstellungen

Zugriffsrechte

Im nächsten Schritt müssen Sie Ihrer Anwendung erlauben, Einträge auf Ihrer Seite zu verfassen. Klicken Sie im linken Menü auf PERMISSIONS, und geben Sie im Feld USER & FRIEND PERMISSIONS den Wert »publish_actions« ein. Klicken Sie auf SAVE CHANGES, und navigieren

Sie zurück auf die Seite BASIC, wo die APP ID und das APP SECRET gesichert sind, mit denen Sie später Zugriff auf die Facebook-API erhalten.

Erteilen Sie Ihrer Anwendung nun die notwendigen Zugriffsrechte, um ein Access-Token zu erhalten, das Ihnen temporären Zugriff auf die Facebook-API ermöglicht. Rufen Sie die URL *https://developers.facebook.com* auf, und wählen Sie TOOLS & SUPPORT • ACCESS TOKEN TOOL. Erlauben Sie sich den Zugriff (siehe Abbildung 12.5).

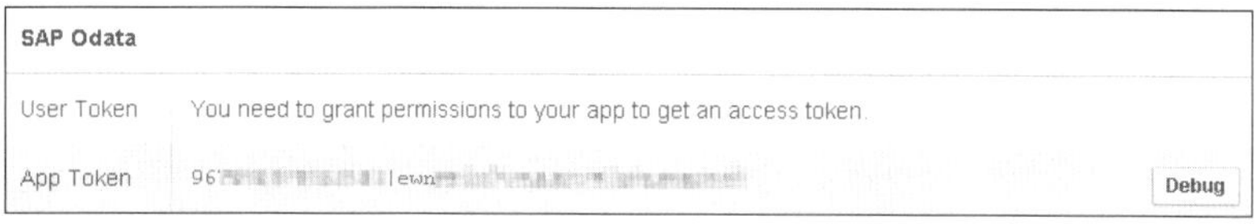

Abbildung 12.5 Zugriff erlauben

SDK

Für diesen Teil der Anwendungsentwicklung gibt es ein eigenes Facebook-PHP-SDK (Sie finden eine Anleitung dazu auf der folgenden Seite: *https://developers.facebook.com/docs/php/gettingstarted*). Erstellen Sie auf Ihrem PC einen leeren Ordner namens *Facebook*, und laden Sie das Facebook-PHP-SDK (v5) von *https://github.com/facebook/facebook-php-sdk-v4* herunter.

Hinweis

Obwohl die URL auf Version 4 (v4) verweist, laden Sie bitte die aktuellste Version 5 herunter. Die SDK-Version 5 läuft unter PHP 5.4 oder höher mit der installierten Erweiterung `mbstring`.

Extrahieren Sie den Ordner *facebook-php-sdk-v4-master* und alle darin enthaltenen Dateien aus der gerade heruntergeladenen Datei *facebook-php-sdk-v4-master.zip* in den eben erstellten Ordner *Facebook*, und benennen Sie den Ordner in *sdk* um. Kopieren Sie auch die Datei *RMTSAMPLEFLIGHT_Entities.php* aus dem PHP-Ordner (erläutert in Abschnitt 12.1, »PHP«) in den Ordner *Facebook*.

Hinweis

Schreibberechtigungen, wie z. B. `publish_actions`, können ab Version 2.0 nicht direkt aus dem App-Center für API-Versionen angefragt werden. Deshalb müssen Sie sie diese direkt aus der App anfragen.

fb.php

Erstellen Sie eine neue Datei mit dem Namen *fb.php*, und öffnen Sie diese anschließend in einem Editor Ihrer Wahl. Fügen Sie den Quellcode aus Listing 12.2 ein, und ersetzen Sie die Einträge zu `appId` und `app_secret` durch Ihre eigenen Daten:

```
<?php
    require_once '/sdk/autoload.php';
    require_once 'RMTSAMPLEFLIGHT_Entities.php';

    session_start();

    $fb = new Facebook\Facebook([
        'app_id' => 'ihreappid',
        'app_secret' => 'ihrsecret',
        'default_graph_version' => 'v2.4',
        'default_access_token' => isset($_SESSION['facebook_
          access_token']) ? $_SESSION['facebook_access_
          token'] : 'ihreappid'|'ihrsecret'
    ]);
?>
```

Listing 12.2 Facebook-API-Datei

index.php Erstellen Sie eine zweite Datei mit dem Namen *index.php* für den Login-Prozess und die Berechtigung, um Daten auf Ihrer Facebook-Seite zu publizieren. Fügen Sie den Quellcode aus Listing 12.3 in die soeben erstellte Datei ein.

```
<?php
  include 'fb.php';
  $helper = $fb->getRedirectLoginHelper();
  $permissions = ['publish_actions'];
  $loginUrl = $helper->getLoginUrl('http://localhost/
    Facebook/odata.php', $permissions);
  echo '<a href="' . $loginUrl . '">Facebook Login</a>';
?>
```

Listing 12.3 Datei index.php mit Facebook-Login

odata.php Erstellen Sie abschließend eine dritte Datei mit dem Namen *odata.php*, fügen Sie den Quellcode aus Listing 12.4 ein, und ersetzen Sie die Felder `benutzername` und das `passwort` durch Ihre Zugangsdaten.

```
<html xmlns="http://www.w3.org/1999/xhtml" xmlns:fb="http://
  www.facebook.com/2008/fbml">
<head>
<title>SAP Gateway</title>
<?php
include 'fb.php';
```

```
$helper = $fb->getRedirectLoginHelper();
$accessToken = $helper->getAccessToken();

if (isset($accessToken)) {
   $_SESSION['facebook_access_token'] = (string) $accessToken;
   $fb->setDefaultAccessToken($_SESSION['facebook_access_
     token']);
   echo '<h4>Access Token</h4>';
   var_dump($accessToken->getValue());
}else{
    echo '<h4>Error</h4>';
}
?>
</head>
<body>
<h1 id="fb-welcome"></h1>
<?php
// Connect
$OData = new RMTSAMPLEFLIGHT_Entities('https://sapes4.
  sapdevcenter.com/sap/opu/odata/IWFND/RMTSAMPLEFLIGHT/');
$OData->Credential =
 new WindowsCredential('benutzername', 'passwort');
try {
    $OData->addHeader('X-Requested-With', 'XMLHttpRequest');
//  Execute
    $flights= $OData->Execute("CarrierCollection")->Result;
//  Output
    foreach ($flights as $flight){
        echo '    <form action="" >
                    <input type="text" name="text" style=
                      "width:300px" value="Carrier:' .
                      $flight->carrid . '" />
                    <input type="submit" />
              </form>';
        echo "Name: " . $flight->CARRNAME . "<br/><br/>";
    }
    }catch(DataServiceRequestException $exception)
    {
        echo $exception->Response->getError();
    }

// Post Facebook update
if( isset($_REQUEST['text']) ) {
    $linkData = [
    'link'    => 'http://www.sap.com',
```

```
    'message' => $_REQUEST['text'],
    ];

    try {
    $response = $fb->post('/me/feed', $linkData);
    } catch(Facebook\Exceptions\FacebookResponseException $e) {
    echo 'Graph error: ' . $e->getMessage();
    exit;
    } catch(Facebook\Exceptions\FacebookSDKException $e) {
    echo 'SDK error: ' . $e->getMessage();
    exit;
    }
    var_dump( $response );
}
?>
</body>
</html>
```

Listing 12.4 Facebook-PHP-OData-Konsumierung

Speichern Sie Ihre Änderungen, kopieren Sie alle Dateien auf Ihren Webserver, und öffnen Sie die URL *http://localhost/Facebook/login/index.php* in Ihrem Browser. Klicken Sie auf LOGIN TO FACEBOOK, loggen Sie sich mit Ihren Facebook-Zugangsdaten ein, und akzeptieren Sie die Schreibberechtigung (Post) der Anwendung auf Ihr Profil (siehe Abbildung 12.6).

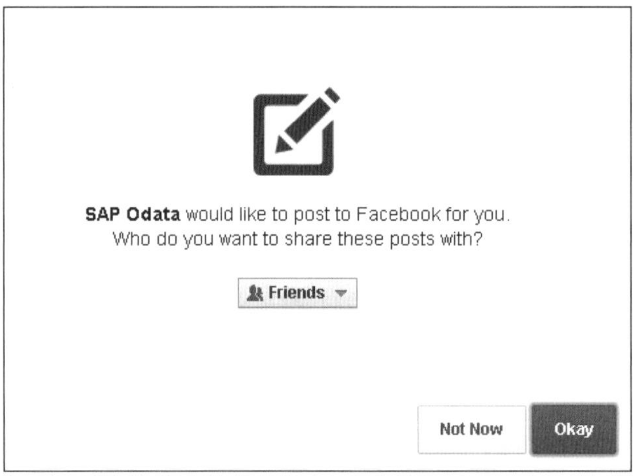

Abbildung 12.6 Facebook und OData

Nach dem erfolgreichen Login werden Sie automatisch zu der Datei *odata.php* weitergeleitet (siehe Abbildung 12.7).

Abbildung 12.7 Submit-Seite der Datei odata.php

Applikation testen

Nun können Sie einen neuen Eintrag in Ihrem Facebook-Profil aus einem der OData-Datensätze heraus posten. Klicken Sie dazu einfach auf einen der SUBMIT-Buttons. Sie erhalten eine Bestätigung über die erfolgreich erstellte Facebook-Nachricht auf der erstellten PHP-Seite. Ihr Facebook-Profil sieht dann wie folgt aus (siehe Abbildung 12.8).

Abbildung 12.8 Aktualisiertes Facebook-Profil

Sie können nun den Inhalt aus einem OData-Service direkt auf Ihrem Facebook-Profil oder dem Ihres Unternehmens posten.

12.3 Twitter

Twitter wurde 2006 gegründet und ist ein soziales Netzwerk sowie ein Microblogging-Dienst. Twitter ermöglicht den Benutzern, 140 Zeichen lange Nachrichten zu senden und zu lesen. Dabei hat Twitter zurzeit ca. 650 Millionen aktive Benutzer. Einer der Gründe für diese Popularität ist die große Anzahl von Entwicklern, die über die Jahre viele verschiedene Anwendungen erstellt haben.

Twitter-SDKs

Starten Sie die Twitter-Applikationsentwicklung, rufen Sie die Entwickler-Website unter *https://dev.twitter.com* auf, und erstellen Sie einen eigenen Account. Wie alle anderen sozialen Netzwerke hat Twitter eine eigene API, um Applikationen entwickeln zu können. Eine vollständige Liste aller verfügbaren SDKs für die unterschiedlichen Programmiersprachen finden Sie unter *https://dev.twitter.com/overview/api/twitter-libraries*.

Öffnen Sie die Seite *https://dev.twitter.com/apps*, um eine neue Twitter-Applikation anzulegen. Loggen Sie sich mit Ihren Zugangsdaten ein. Klicken Sie auf den Button CREATE NEW APP, und geben Sie die Applikationsdetails wie einen Namen im Feld NAME, eine Beschreibung im Feld DESCRIPTION, eine WEBSITE und eine CALLBACK URL ein, auf die der Benutzer nach einer erfolgreichen Authentifizierung umgeleitet wird. Akzeptieren Sie die Richtlinien DEVELOPER AGREEMENT, und klicken Sie auf den Button CREATE YOUR TWITTER APPLICATION, um Ihre erste Twitter-Applikation anzulegen. Sie werden anschließend zu Ihren Anwendungsdetails weitergeleitet. Navigieren Sie zu dem Reiter KEYS AND ACCESS TOKENS, wo Sie den Zugangsschlüssel CONSUMER KEY und das Passwort CONSUMER SECRET finden (siehe Abbildung 12.9). Um Zugriff auf Ihre Daten zu erhalten, klicken Sie nun auf den Button CREATE ACCESS TOKEN.

Anwendungseinstellungen

Damit Sie Nachrichten über Ihre Anwendung veröffentlichen können, müssen Sie die Zugriffsrechte (ACCESS LEVEL) ändern. Klicken Sie dazu auf MODIFY APP PERMISSIONS, und ändern Sie den APPLICATION TYPE auf READ, WRITE, AND ACCESS DIRECT MESSAGES. Klicken Sie zum Aktualisieren der Einstellungen auf UPDATE SETTINGS.

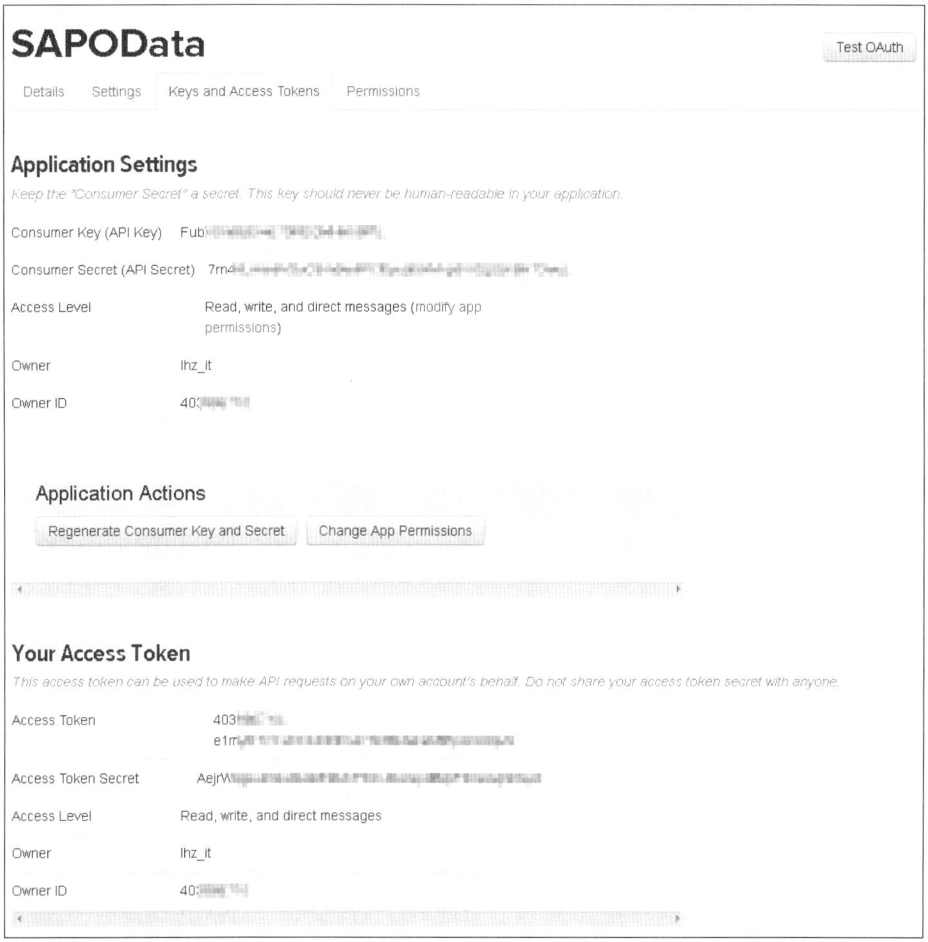

Abbildung 12.9 Twitter-Anwendungseinstellungen

Wie bereits erwähnt, sind viele verschiedene PHP-Bibliotheken für Twitter verfügbar. Wir nutzen die bekannte TwitterOAuth-Bibliothek, die Sie unter *https://github.com/abraham/twitteroauth* herunterladen können. Extrahieren Sie alle Dateien aus der heruntergeladenen Datei *TwitterOAuth-master.zip*, und ändern Sie den Ordnernamen *TwitterOAuth-master* auf »twitter«. Kopieren Sie die Datei *RMTSAMPLEFLIGHT_Entities.php* aus dem bereits erstellten Ordner *PHP* (beschrieben in Abschnitt 12.1). Erstellen Sie eine neue Datei mit dem Namen *index.php*, und öffnen Sie diese in einem Texteditor Ihrer Wahl. Fügen Sie den Quellcode aus Listing 12.5 in die geöffnete Datei ein. Ersetzen Sie die Felder `ihrbenutzer` und `ihrpasswort` durch Ihre eigenen Logon-Daten.

```
<html xmlns="http://www.w3.org/1999/xhtml">
<head>
<title>SAP Gateway</title>
<?php

  require_once 'RMTSAMPLEFLIGHT_Entities.php';
  require "autoload.php";

  use Abraham\TwitterOAuth\TwitterOAuth;

  $consumerKey       = 'CONSUMER_KEY';
  $consumerSecret    = 'CONSUMER_SECRET';
  $accessToken       = 'ACCESS_TOKEN';
  $accessTokenSecret = 'ACCESS_SECRET';

  $tweet = new TwitterOAuth($consumerKey, $consumerSecret,
    $accessToken, $accessTokenSecret);
  ?>
  </head>
  <body>
  <?php

  // Connect
  $OData = new RMTSAMPLEFLIGHT_Entities('https://sapes4.
    sapdevcenter.com/sap/opu/odata/IWFND/RMTSAMPLEFLIGHT/');
  $OData->Credential = new WindowsCredential('ihrbenutzer',
    'ihrpasswort');
  try {
      $OData->addHeader('X-Requested-With', 'XMLHttpRequest');
  //  Execute
      $flights= $OData->Execute("CarrierCollection")->Result;
  //  Output
      foreach ($flights as $flight){
          echo '    <form action="" >
                      <input type="text" name="text" style=
                        "width:300px" value="Carrier:' .
                        $flight->carrid . '" />
                      <input type="submit" />
                </form>';
          echo "Name: " . $flight->CARRNAME . "<br/><br/>";
      }
      }catch(DataServiceRequestException $exception)
      {
          echo $exception->Response->getError();
      }

  // Post Twitter update
  if( isset($_REQUEST['text']) ) {
```

```
    $tweet->post('statuses/update', array('status' => $_REQUEST
      ['text']));
  }
?>
</body>
</html>
```

Listing 12.5 Twitter-PHP-OData-Konsumierung

OAuth-Schlüssel

Fügen Sie Ihre von Twitter bereitgestellten OAuth-Schlüssel dem `config`-Bereich hinzu (Listing 12.6).

```
$consumerKey       = 'CONSUMER_KEY';
$consumerSecret    = 'CONSUMER_SECRET';
$accessToken       = 'ACCESS_TOKEN';
$accessTokenSecret = 'ACCESS_SECRET';
```

Listing 12.6 Twitter-API-Schlüssel

Twitter-Applikation

Speichern Sie Ihre Änderungen, kopieren Sie die Dateien auf Ihren Webserver, und öffnen Sie die Datei *index.php* in Ihrem Browser. Loggen Sie sich mit Ihren Twitter-Zugangsdaten ein.

Nach dem Login werden Sie dazu aufgefordert, Ihre Applikation zu genehmigen. Klicken Sie auf AUTHORIZE, um die Verbindung zuzulassen. Sie sehen nun eine Liste der verfügbaren Fluggesellschaften aus dem OData-Service (siehe Abbildung 12.10).

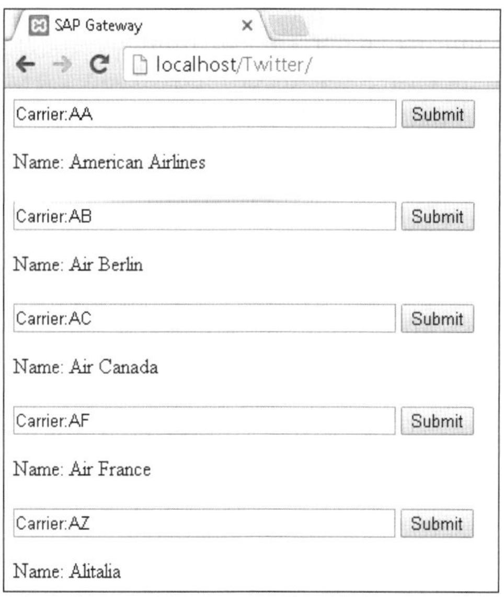

Abbildung 12.10 Submit-Anwendung von Twitter

Klicken Sie auf den Button SUBMIT, um die Daten aus dem Eingabefeld auf Ihrem Twitter-Account zu veröffentlichen. Sie erhalten am Ende der PHP-Seite eine Meldung über das erfolgreiche Erstellen Ihres Tweets. Ihr Twitter-Account sieht danach wie folgt aus (siehe Abbildung 12.11).

Abbildung 12.11 OData-Tweet

Sie können nun den Inhalt aus einem OData-Service direkt auf Ihrem Twitter-Account oder dem Ihres Unternehmens veröffentlichen.

12.4 Sina Weibo (新浪微博)

Sina Weibo (*weibo* ist das chinesische Wort für Mikroblog) ist ein chinesischer Hybrid aus Twitter und Facebook und eine der populärsten Webseiten in China. Die Seite wurde im August 2009 durch die Sina Corporation veröffentlicht und hat mehr als 500 Millionen registrierte Benutzer. Wir zeigen Ihnen an diesem Beispiel, wie einfach es ist, Daten aus SAP über SAP Gateway auf jeder beliebigen Social-Media-Plattform zu veröffentlichen.

Leider ist Weibo nicht auf Deutsch verfügbar und auch nicht vollständig ins Englische übersetzt. Daher schreiben wir, wann immer möglich, eine Übersetzung aus dem Mandarin ins Deutsche dazu. Sie können als weitere Hilfe einen Browser mit integrierter Seitenübersetzung wie Google Chrome verwenden. Aktivieren Sie die Google-Chrome-Übersetzung, indem Sie im Chrome-Menü auf EINSTELLUNGEN klicken. Scrollen Sie bis zum Ende der Seite, und klicken Sie auf den Link ERWEITERTE EINSTELLUNGEN ANZEIGEN. Navigieren Sie in der nun erweiterten Seite zu den SPRACHEINSTELLUNGEN, und markieren Sie die Checkbox ÜBERSETZUNG VON FREMDSPRACHIGEN SEITEN ANBIETEN, um die Übersetzung zu aktivieren. Wir zeigen Ihnen die normalen Weibo-Webseiten, ohne die Google-Chrome-Übersetzung, damit Sie die originale Ansicht sehen.

Account

Sie benötigen einen normalen Benutzer-Account für Sina Weibo, bevor Sie mit der Erstellung Ihrer ersten Applikation beginnen können. Öffnen Sie die Webseite *www.weibo.com/signup/signup.php* in Ihrem Browser, um einen Account anzulegen. Ändern Sie die Sprache in der rechten unteren Ecke auf ENGLISH (siehe Abbildung 12.12).

Abbildung 12.12 Sprache auf Englisch ändern

Klicken Sie in dem sich öffnenden Fenster auf den Button 确定 (BESTÄTIGEN), um das Ändern der Sprache zu bestätigen.

Aufgrund einer sehr gründlichen Überprüfung von geschäftlichen Accounts (z. B. eine auf Briefpapier unterschriebene Bestätigung) empfehlen wir, für Ihre ersten Tests einen normalen Privat-Account anzulegen. Tragen Sie Ihre E-Mail-Adresse (EMAIL), ein Passwort (PASSWORD) und einen Bestätigungscode (VERIFICATION CODE) ein, und bestätigen die Eingaben mit einem Klick auf SIGN UP NOW (siehe Abbildung 12.13).

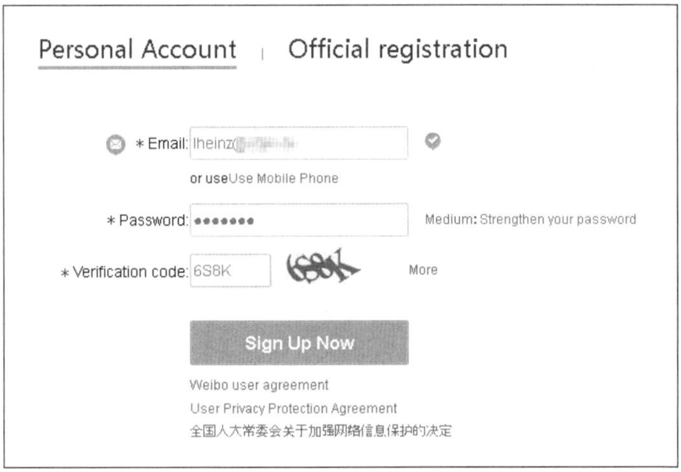

Abbildung 12.13 Privaten Account anlegen

Hinweis

Sie werden manchmal dazu aufgefordert, Ihre Login-Daten per Telefon zu verifizieren. Sie können den letzten Schritt mit einer abweichenden E-Mail-Adresse einfach wiederholen, um dieses Verfahren zu umgehen.

Sie werden auf die nächste Seite weitergeleitet und müssen nun weitere Details eingeben, wie Ihr Land im Feld LOCATION (德國 = DEUTSCHLAND), Geschlecht (GENDER) und Geburtsdatum (BIRTHDAY). Alle anderen Informationen sind optional.

Klicken Sie auf den Button NEXT. Sie können nun bis zu fünf Interessen auswählen. Klicken Sie, wenn Sie fertig sind, auf [↵]. Sie werden auf Ihr Benutzerprofil weitergeleitet. Klicken Sie anschließend zweimal auf den Button NEXT STEP und dann auf den Button GOT IT, um das Fenster mit WHAT'S NEW WITH YOU mit Neuigkeiten zu schließen. Sie erhalten eine Erinnerung, um Ihre E-Mail-Adresse zu bestätigen. Schauen Sie in Ihrem E-Mail-Postfach nach, und bestätigen Sie die Account-Erstellung.

Entwickler-Account anlegen

Starten Sie die Applikationsentwicklung über die Seite *http://open.weibo.com/development*, und legen Sie einen neuen Entwickler-Account an. Klicken Sie auf den Button 创建应用 (APPLIKATION ANLEGEN), der sich auf der rechten Seite befindet (siehe Abbildung 12.14).

Abbildung 12.14 Entwickler-Account anlegen

Loggen Sie sich mit Ihrer E-Mail-Adresse als Benutzernamen ein. Wählen Sie die Art der Applikation, die Sie anlegen möchten. Im Rahmen dieses Beispiels wählen wir eine Webapplikation. Klicken Sie daher auf das mittlere Icon 网页应用 (COMPUTERMONITOR).

Hinweis
Es gibt keine Übersetzungen der Entwicklerseite, auch nicht ins Englische.

Sie werden aufgefordert, Ihre persönlichen Daten einzugeben. Tabelle 12.1 listet die nötigen Informationen auf.

Mandarin	Deutsch
开发者类型	ENTWICKLERTYP (个人 = PRIVAT, 公司 = GESCHÄFTLICH)
开发者名称	ENTWICKLERNAME
所在地区	LAND (德國 = DEUTSCHLAND)
详细地址	ADRESSE
邮编	PLZ
企业邮箱	E-MAIL
企业电话	TELEFON
聊天工具	CHAT-PROGRAMM
网站	WEBSITE
紧急联系人姓名	NOTFALL-KONTAKTNAME
紧急联系人电话	NOTFALL-KONTAKTTELEFON

Tabelle 12.1 Persönliche Daten

Klicken Sie auf den blauen Button 提交 (ÜBERMITTELN), um die Daten zu übertragen.

Sie müssen nun erneut die angegebene E-Mail-Adresse bestätigen. Bestätigen Sie dazu das sich öffnende Fenster, indem Sie auf den blauen Button 確定 (FESTLEGEN) klicken. Nach wenigen Sekunden werden Sie auf Ihre Sina-Weibo-Benutzerseite weitergeleitet (siehe Abbildung 12.15).

Abbildung 12.15 Sina-Weibo-Account

Stellen Sie sicher, dass Sie Ihre E-Mail-Adresse bestätigen, sonst können Sie keine Nachrichten erstellen. Klicken Sie auf den Bestätigungslink in der E-Mail. Es öffnet sich die Sina-Weibo-Webseite. Um Ihre Anwendung zu erstellen, öffnen Sie die Webseite *http://open.weibo.com/development*, und klicken Sie auf den orangefarbenen Button 立即创建微连接 (MIKROBLOGGING-SEITE ANLEGEN) (siehe Abbildung 12.16).

Applikation anlegen

Wählen Sie nun die Art der Applikation aus. Klicken Sie dazu auf den Button 网页应用 (WEBANWENDUNG), und füllen Sie das Formular mit Informationen zu Ihrer Applikation, wie in Tabelle 12.2 dargestellt.

Mandarin	Deutsch
应用名称	NAME
应用地址	URL (Adresse der Anwendung)

Tabelle 12.2 Applikationsinformationen

Mandarin	Deutsch
应用简介	Beschreibung (kurz)
应用介绍	Beschreibung (lang) (20 Wörter oder mehr)
应用分类	Kategorie
标签	Tags (Wählen Sie 其他 – andere)

Tabelle 12.2 Applikationsinformationen (Forts.)

Abbildung 12.16 App anlegen

Lassen Sie die Checkbox neben 我已阅读并接受《新浪微博开发者协议 markiert, um zu bestätigen, dass Sie die Entwicklerregeln Sina Weibo Developer Agreement gelesen und akzeptiert haben.

Nachdem Sie das Formular ausgefüllt haben, können Sie auf den Button 创建 (Anlegen) klicken (siehe Abbildung 12.17).

Sicherheitsschlüssel

Sie werden auf die Hauptseite Ihrer Anwendung weitergeleitet. Sie benötigen nun den App Key und das App Secret, um Zugriff auf die Weibo-API zu erhalten. Geben Sie die notwendigen Informationen wie Titel oder Beschreibung ein, und wählen Sie ein passendes Label, wie in Abbildung 12.18 dargestellt.

Abbildung 12.17 Weibo-Applikation anlegen

Abbildung 12.18 Anwendungseinstellungen

In dem bereits geöffneten Teilmenü auf der linken Seite klicken Sie auf den Button 高级信息 (ERWEITERTE INFORMATIONEN), um eine URL einzutragen (siehe Abbildung 12.19).

Abbildung 12.19 OAuth-Einstellungen

OAuth

Klicken Sie auf den Editier-Button 编辑 auf der rechten Seite der Leiste OAUTH2.0 授权设置, und füllen Sie die beiden leeren Felder mit einer Website für die Weiterleitung (siehe Tabelle 12.3).

Mandarin	Deutsch
授权回调页	ERFOLGREICHE AUTHENTIFIZIERUNG WEBSITE
取消授权回调页	ABGELEHNTE AUTHENTIFIZIERUNG WEBSITE

Tabelle 12.3 Weiterleitung – Webseitenziele

Tragen Sie als Ziel einer erfolgreichen Autorisierung die Website *http://yourwebserver/callback.php* ein. Klicken Sie auf den grünen Button 提交 (ÜBERMITTELN), um Ihre Eingaben zu bestätigen.

Sie können einen zusätzlichen Account für Tests anlegen. Klicken Sie dazu im bereits geöffneten Untermenü auf den dritten Button 测试帐号 (TESTACCOUNT). Zum Editieren klicken Sie auf den Button 编辑 auf der rechten Seite der Navigationsleiste. Fügen Sie einen neuen Namen im Feld 用户昵称 (BENUTZERNAME) für einen neuen Testzugang (添加测试帐号) hinzu. Klicken Sie auf den grünen Button

提交 (ABSENDEN), um Ihre Eingaben zu bestätigen. Klicken Sie erneut auf den grünen Button 提交 (ABSENDEN), um Ihre Eingaben nochmals zu verifizieren (siehe Abbildung 12.20).

Abbildung 12.20 Testzugang hinzufügen

Sina-Weibo-SDK

Sina Weibo stellt viele verschiedene SDKs für unterschiedliche Programmiersprachen zur Verfügung. Sie finden eine detaillierte Liste unter *http://open.weibo.com/wiki/SDK/en*.

Hinweis

Die Liste der verfügbaren Sina-Weibo-SDK ist teilweise veraltet. Wenn Sie die Webseite des GitHub PHP SDK besuchen, sehen Sie, dass das angezeigte *code.google.com*-SDK nicht mehr verfügbar ist.

Wie bereits in Abschnitt 12.1, »PHP«, erwähnt, möchten wir alle unsere Social-Media-Anwendungen auf PHP basierend erstellen. Daher gehen Sie auf *https://github.com/xiaosier/libweibo*, und laden Sie die letzte Version des Weibo-PHP-SDKs herunter.

Öffnen Sie die heruntergeladene Datei *libweibo-master.zip*. Duplizieren Sie den bereits erstellten Ordner *PHP* (siehe Abschnitt 12.1), und benennen Sie diesen in *weibo* um. Extrahieren Sie alle Dateien aus dem Weibo-PHP-SDK in den Ordner *weibo*, und überschreiben Sie die Datei *index.php*. Öffnen Sie die Datei *config.php* zum Editieren, und fügen Sie Ihren Applikationsschlüssel (`WB_AKEY`), das Applikationspasswort (`WB_SKEY`) und die URL (`WB_CALLBACK_URL`) ein. Ersetzen Sie die Informationen aus Listing 12.7 durch die Informationen aus Ihrer erstellten Sina-Weibo-Anwendung.

```
define( "WB_AKEY" , 'AppKey' );
define( "WB_SKEY" , 'AppSecret' );
define( "WB_CALLBACK_URL" , 'http://yourserver/
  callback.php' );
```

Listing 12.7 PHP-Weibo-API-Konfiguration

Stellen Sie sicher, dass die URL im Feld `WB_CALLBACK_URL` exakt dieselbe ist wie in den Weibo-Einstellungen.

weibolist.php

Ändern Sie nun die Datei *weibolist.php*, um Ihre OData-Verbindung zu implementieren. Öffnen Sie die Datei, und ersetzen Sie den Quellcode aus Listing 12.8 durch den Quellcode aus Listing 12.9.

```
<form action="" >
<input type="text" name="text" style="width:300px" />
<input type="submit" />
</form>
```

Listing 12.8 Weibo-PHP ersetzen

```
<?php
  require_once 'RMTSAMPLEFLIGHT_Entities.php';
  // Connect
  $OData = new RMTSAMPLEFLIGHT_Entities('https://sapes4.
    sapdevcenter.com/sap/opu/odata/IWFND/RMTSAMPLEFLIGHT');
  $OData->Credential =
    new WindowsCredential('youruser', 'yourpassword');
  try {
      $OData->addHeader('X-Requested-With', 'XMLHttpRequest');
  //  Execute
      $flights= $OData->Execute("CarrierCollection")->Result;
  //  Output
      foreach ($flights as $flight){
          echo '    <form action="" >
                      <input type="text" name="text" style=
                        "width:300px" value="Carrier:' .
                        $flight->carrid . '" />
                      <input type="submit" />
                </form>';
          echo "Name: " . $flight->CARRNAME . "<br/><br/>";
      }
      }catch(DataServiceRequestException $exception)
      {
          echo $exception->Response->getError();
      }
?>
```

Listing 12.9 Weibo-PHP-OData-Konsumierung

Speichern Sie Ihre Änderungen, kopieren Sie die Dateien auf Ihren Webserver, und öffnen Sie die Datei *index.php* in Ihrem Browser. Loggen Sie sich mit Ihren Sina-Weibo-Zugangsdaten ein. Nach dem Login werden Sie dazu aufgefordert, Ihre Applikation zu genehmigen (siehe Abbildung 12.21).

Abbildung 12.21 Zugriff auf das Benutzerprofil erlauben

Zugriff erteilen Klicken Sie auf den roten Button 授权 (ERLAUBEN), um die Verbindung zuzulassen. Die Standard-Website *index.php* erscheint, und Sie müssen auf den roten Weibo-Login-Button 点击进入授权页面 (EINTRETEN) klicken, um sich einzuloggen. Sie werden anschließend auf Ihre definierte Seite mit einem Authentifizierungscode als Parameter weitergeleitet. Nachdem Sie erfolgreich eingeloggt sind, klicken Sie auf den Link 进入你的微博列表页面 (MIKROBLOGGING-SEITE BETRETEN), um auf Ihre Microblogging-Seite zu gelangen. Sie sehen nun eine Liste der verfügbaren Fluggesellschaften (Carriers) sowie eine Liste aller Account-Updates darunter (siehe Abbildung 12.22).

Inhalt posten Klicken Sie auf einen der SUBMIT-Buttons, um den Inhalt des Eingabefeldes in Ihrem Sina-Weibo-Account zu veröffentlichen (siehe Abbildung 12.23).

Abbildung 12.22 Submit-Seite von Sina Weibo

Abbildung 12.23 Sina-Weibo-Nachricht

Sie können nun den Inhalt aus einem OData-Service direkt auf Ihrem Sina-Weibo-Account oder auf dem Ihres Unternehmens veröffentlichen.

12.5 Zusammenfassung

Soziale Medien werden immer mehr zu einem wichtigen Bestandteil Ihres Unternehmensalltags. Wir haben Ihnen in diesem Kapitel gezeigt, wie Sie mit einem SDK für PHP einen OData-Service konsumieren können. Mit dem PHP-SDK für OData haben wir verschiedene Applikationen mit OData-Servicezugriff sowie Applikationen mit API-Zugriff für Facebook, Twitter und Sina Weibo erstellt.

Im Kapitel 13, dem letzten Kapitel zur Anwendungsentwicklung zeigen wir Ihnen die Entwicklung von Unternehmensanwendungen.

Das letzte Kapitel in Teil III konzentriert sich auf die Entwicklung von Unternehmensanwendungen und stellt Beispiele der OData-Serviceentwicklung für Microsoft SharePoint, Microsoft Office und andere vor.

13 Entwicklung von Unternehmensanwendungen

Die Entwicklung von Applikationen inklusive Anbindung per OData-Service an Ihre geschäftlichen Softwarelösungen und -prozesse ist die vierte und letzte Säule der möglichen Entwicklungsoptionen, die wir Ihnen in diesem Buch vorstellen möchten (siehe Abbildung 13.1).

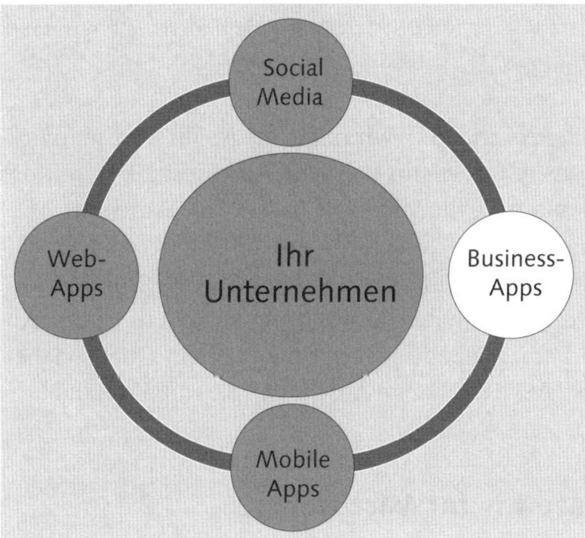

Abbildung 13.1 Unternehmensapplikationen

Die Komplexität heutiger Geschäftsprozesse in eine kleine Anwendung zu transferieren ist keine einfache Aufgabe. Wir zeigen Ihnen in diesem Kapitel, wie Sie diesen Weg trotzdem gehen können – mit den Daten, die Ihr Unternehmen dringend benötigt, um die alltäglichen Aufgaben eigenständig lösen zu können. Mit SAP Gateway können Sie Ihre Daten aus verschiedenen Quellen in einer einzigen Geschäftsanwendung zentralisieren.

Das Unternehmen Microsoft Corporation wurde 1975 gegründet und ist eine der größten Firmen in der Computerbranche. Die breite Angebotspalette umfasst die Entwicklung von Software, Softwarelösungen und auch damit verbundene Dienstleitungen. Diese breite Aufstellung am Markt hat dazu geführt, dass Microsoft heute das bekannteste Computerbetriebssystem herstellt und vertreibt: Windows. Das ist natürlich auch einer der Gründe dafür, warum einige der bekanntesten Softwarelösungen im Geschäftsbereich direkt von Microsoft stammen, wie SharePoint, LightSwitch, Excel oder Office. Wir möchten Ihnen in diesem Kapitel zeigen, wie Sie mit diesen Produkten Gateway-OData-Services in der bereits vorhandenen Systemlandschaft konsumieren können.

SAP Gateway Productivity Accelerator

Das Tool SAP Gateway Productivity Accelerator for Microsoft (GWPAM) heißt jetzt SAP Gateway for Microsoft (GWM). Sie finden weitere Informationen unter *http://scn.sap.com/docs/DOC-47563*.

Am Anfang des Kapitels erläutern wir Ihnen die Applikationsentwicklung mit SAP Gateway for Microsoft (siehe Abschnitt 13.1), mit der OData-Formaterweiterung für Microsoft Excel (siehe Abschnitt 13.2) und der Anwendungsentwicklung für Microsoft SharePoint bzw. Office 365 (siehe Abschnitt 13.3). Anschließend zeigen wir Ihnen, wie Sie eine Microsoft-LightSwitch-Anwendung erstellen (siehe Abschnitt 13.4), und abschließend geben wir Ihnen ein Quellcodebeispiel für Microsoft ASP.NET (siehe Abschnitt 13.5) an die Hand.

13.1 SAP Gateway for Microsoft

Voraussetzungen

SAP Gateway for Microsoft (GWM) optimiert die Konsumierung von SAP-Gateway-basierten OData-Services in Produkten der Firma Microsoft. GWM harmoniert mit Microsoft Office und anderen Windows-/ASP.NET-basierten Applikationen, die wir in diesem Kapitel erläutern.

GWM-Voraussetzungen

Betriebssystem (32-Bit/64-Bit):

- Windows 7/8
- Windows Server 2008 Standard/Enterprise

Visual Studio:

- Visual Studio 2010 (.NET 4.0/4.5)
- Visual Studio 2012 (.NET 4.5) mit installierten Microsoft Office Developer Tools
- Visual Studio 2013 mit WCF Data Service 5.6 und Visual Studio 2013 SDK
- Visual Studio 2013 Community Edition (.NET 4.5)

Microsoft Office (mit aktueller Version der Visual Studio 2010 Tools für Office Runtime):

- Microsoft Office 2010
- Microsoft Office 2013

Weitere Informationen zu den Voraussetzungen finden Sie unter:
http://help.sap.com/saphelp_nwgwpam_1/helpdata/en/80/572a006e15425799df17b5c83eb24f/content.htm?frameset=/en/53/8be0db450541e493d7b4c2e5685ecf/frameset.htm&current_toc=/en/d8/c9a9c590ed44829bc09f043969cd71/plain.htm&node_id=31h

Zunächst erläutern wir im folgenden Abschnitt die Installation von SAP GWM.

13.1.1 Installation von SAP Gateway for Microsoft

Folgende Schritte sind für die Installation notwendig:

SAP GWM: Entwickler-Testversion

1. Laden Sie zunächst die kostenlose Entwickler-Testversion von SAP GWM aus dem SAP Store (*http://store.sap.com*) herunter. Suchen Sie nach »GWM«, oder rufen Sie die folgende URL auf:

   https://store.sap.com/sap/cp/ui/resources/store/html/SolutionDetails.html?pid=0000013181

2. Klicken Sie auf den Button Trial Version, und laden Sie die kostenlose Entwicklerversion für die Entwicklungsumgebung Microsoft Visual Studio herunter (siehe Abbildung 13.2).

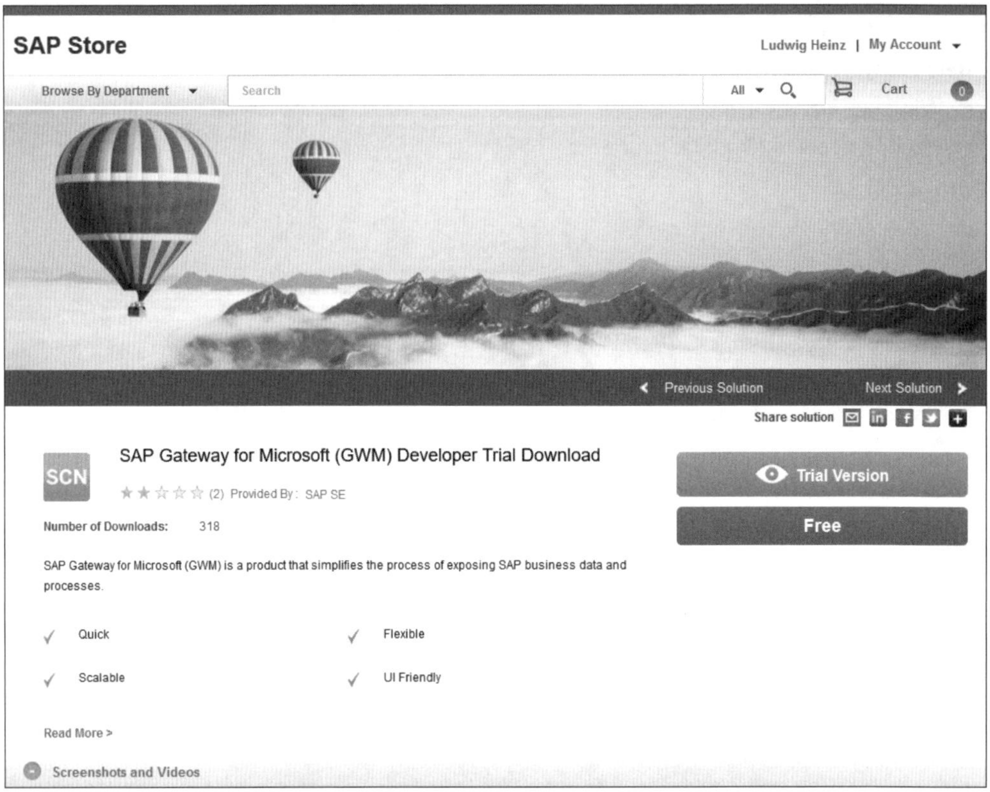

Abbildung 13.2 GWM – Download der Entwickler-Testversion

3. Geben Sie Ihre Kontaktinformationen im Download-Pop-up ein, akzeptieren Sie die Lizenzbestimmungen, indem Sie die Checkboxen markieren, und klicken Sie anschließend auf SUBMIT. Sie erhalten eine E-Mail mit einem Download-Link. Öffnen Sie den Link, und laden Sie die Installationsdateien herunter.

Voraussetzungen

Nachdem Sie alle notwendigen Installationsdateien heruntergeladen haben, zeigen wir Ihnen, wie Sie das SAP-GWM-Add-in in Verbindung mit Microsoft Visual Studio 2012 installieren und für Microsoft Office 2010 eine Anwendung entwickeln. Abhängig von der bereits installierten Software benötigen Sie noch zusätzliche Bibliotheken, die manuell installiert werden müssen. Anderenfalls erhalten Sie eine Fehlermeldung, dass bestimmte DDL-Dateien (*Data Definition Language*) im sogenannten Assembly Cache fehlen (siehe Abbildung 13.3).

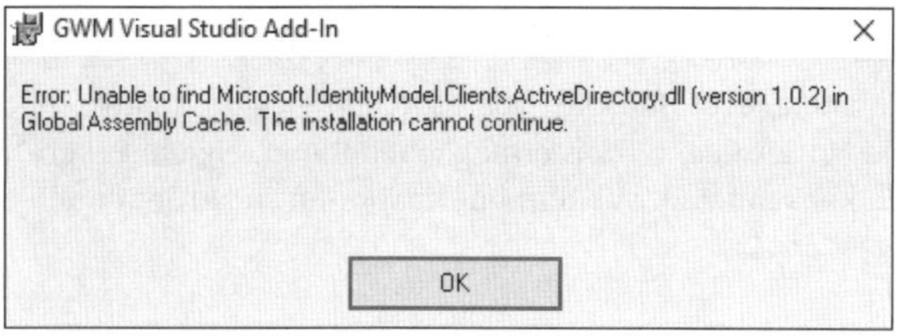

Abbildung 13.3 Fehlende Bibliothek

NuGet-Paket installieren

Folgende Schritte sind notwendig, um die Bibliotheken hinzuzufügen:

1. Laden Sie das NuGet-Paket *microsoft.identitymodel.clients.active-directory.1.0.2.nupkg* von *www.nuget.org/packages/Microsoft.IdentityModel.Clients.ActiveDirectory/1.0.2* herunter, öffnen Sie die ZIP-Datei, und entpacken Sie das Paket in einen Ordner. Starten Sie die Entwickler-Kommandozeile für Visual Studio als Administrator, und fügen Sie den folgenden Befehl ein, um das Paket dem Cache hinzuzufügen:

```
gacutil -if YOUR_PATH_TO_THE_EXTRACTED_FOLDER\lib\net40\
Microsoft.IdentityModel.Clients.ActiveDirectory.dll
```

2. Drücken Sie [↵], der Befehl wird ausgeführt und das Paket hinzugefügt (siehe Abbildung 13.4).

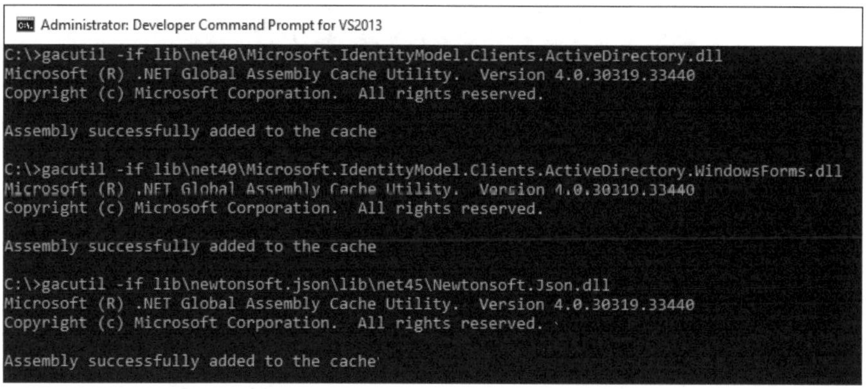

Abbildung 13.4 Assembly-Pakete dem Visual Studio Cache hinzufügen

3. Installieren Sie die ebenfalls im heruntergeladenen Archiv enthaltene DLL-Datei *Microsoft.IdentityModel.Clients.ActiveDirectory.WindowsForms.dll* auf die gleiche Weise.

Paketmanager NuGet

NuGet ist ein Paketmanager für die Microsoft-Entwicklungsplattform inklusive .NET. Die NuGet Client Tools ermöglichen Ihnen, eigene Pakete zu erstellen und zu konsumieren. Weitere Informationen zu NuGet finden Sie unter *www.nuget.org/*.

4. Installieren Sie weiterhin *Newtonsoft.Json.dll* in der Version 5.0.6 (nutzen Sie keine andere Version!) auf dem gleichen Weg, wie beschrieben (laden Sie das Paket von *www.nuget.org/packages/Newtonsoft.Json* herunter).
5. Öffnen Sie die bereits heruntergeladene Installationsdatei *GWM_Visual_Studio_Add-In.msi*, um die Installation zu starten (siehe Abbildung 13.5).

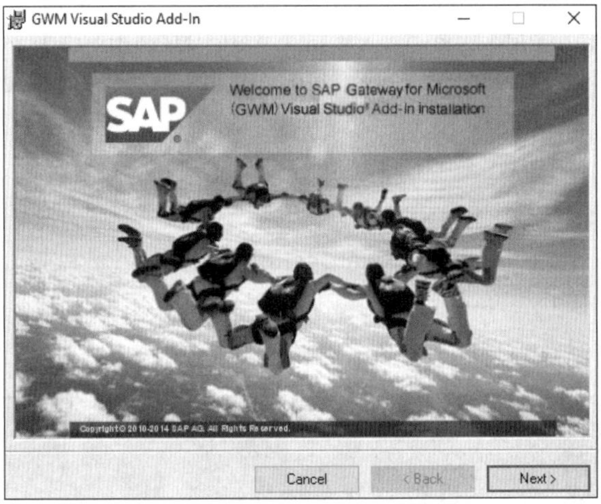

Abbildung 13.5 GWM – Installation

6. Klicken Sie auf der Seite GWM VISUAL STUDIO ADD-IN auf NEXT. Lesen Sie das Copyright, und klicken Sie erneut auf NEXT.
7. Lesen Sie die Nutzungsbedingungen, bestätigen Sie, dass Sie die Bedingungen akzeptieren, und selektieren Sie die Checkbox I AGREE. Klicken Sie auf NEXT, um fortzufahren.
8. Wählen Sie den gewünschten Installationsordner, und klicken Sie auf NEXT. Mit einem erneuten Klick auf NEXT starten Sie die Installation.
9. Nachdem die Installation abgeschlossen ist, schließen Sie das Setup-Programm. Öffnen Sie Ihr Visual Studio. Sie finden die in-

stallierte GWM-Erweiterung unter TOOLS • EXTENSIONS AND UPDATES (siehe Abbildung 13.6).

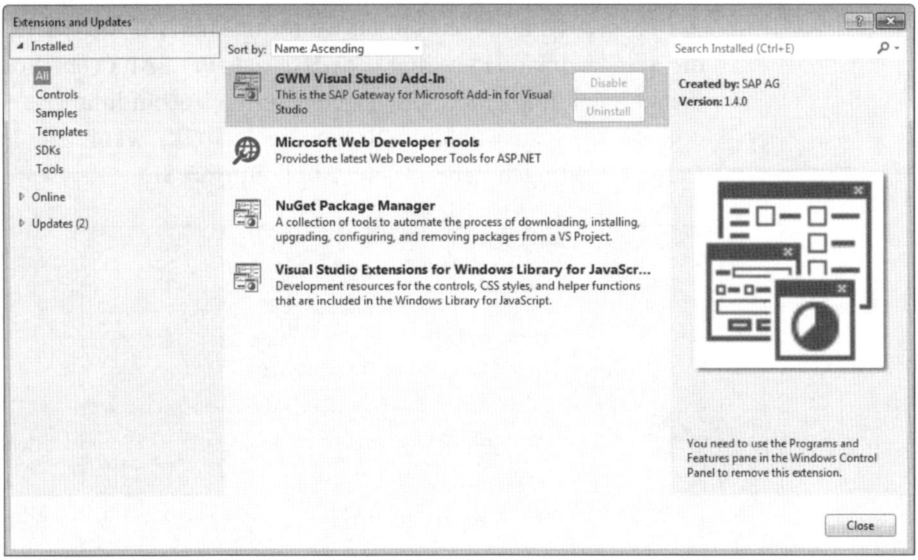

Abbildung 13.6 GWM Visual Studio Add-in

Erweiterung und Update Manager: GWM fehlt

Wenn die GWM-Erweiterung nicht angezeigt wird, schließen Sie alle Instanzen von Visual Studio, und laden Sie die Datei *VsRestart.vsix* von *https://visualstudiogallery.msdn.microsoft.com/01f0a1ae-1513-48dd-9cf0-efb38419b480*.

Öffnen Sie die heruntergeladene Datei, und klicken Sie auf INSTALL. Nachdem die Installation abgeschlossen ist, klicken Sie auf CLOSE. Starten Sie Ihr Visual Studio erneut, die GWM-Erweiterung sollten nun im Update Manager (EXTENSION AND UPDATES) angezeigt werden.

Zusätzlich können Sie die verfügbaren SAP-Services über TOOLS • BROWSE SAP SERVICES durchsuchen (siehe Abbildung 13.7). **SAP-Services durchsuchen**

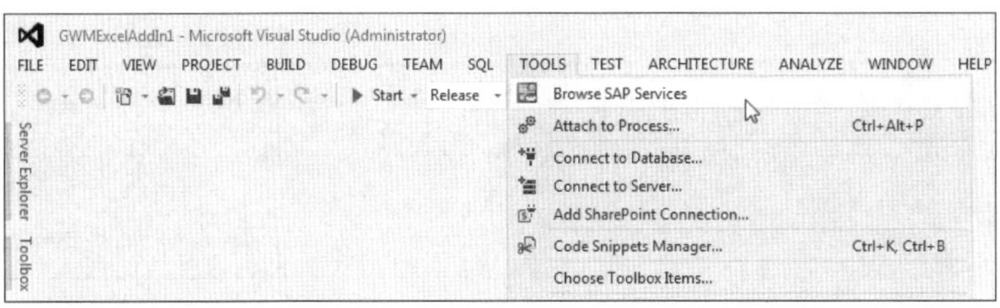

Abbildung 13.7 SAP Services durchsuchen

10. Klicken Sie auf Browse SAP Services, um den Suchassistenten zu starten. Tragen Sie Ihr SAP NW GW System (ohne HTTP oder HTTPS), den Port (Standard ist 80) sowie den User Name und das Password ein. Sie können weiterhin den SAP Client (oder die Standardmandaten-Checkbox Use default SAP Client) oder die Verwendung einer SSL-verschlüsselten Verbindung Use SSL connections auswählen. Klicken Sie auf OK, wenn Sie Ihre Daten eingetragen haben (siehe Abbildung 13.8).

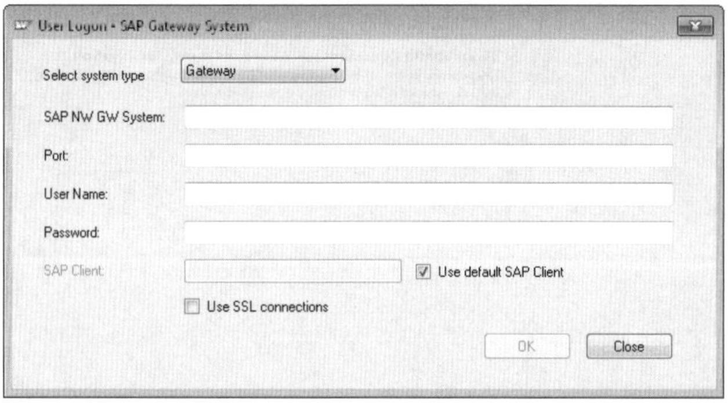

Abbildung 13.8 Benutzer-Logon: SAP-Gateway-System

11. Es wird eine Liste aller verfügbaren OData-Services angezeigt (siehe Abbildung 13.9).

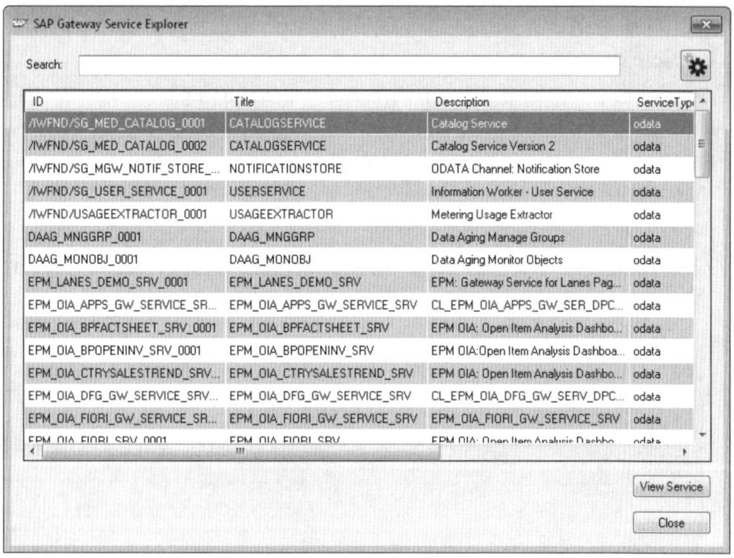

Abbildung 13.9 SAP Gateway Service Explorer

12. Wählen Sie einen Service aus der Liste, oder suchen Sie nach einem expliziten Namen über die Suchleiste, klicken Sie auf den gewünschten Service, und klicken Sie auf VIEW SERVICE, um die Servicedetails anzuzeigen (siehe Abbildung 13.10).

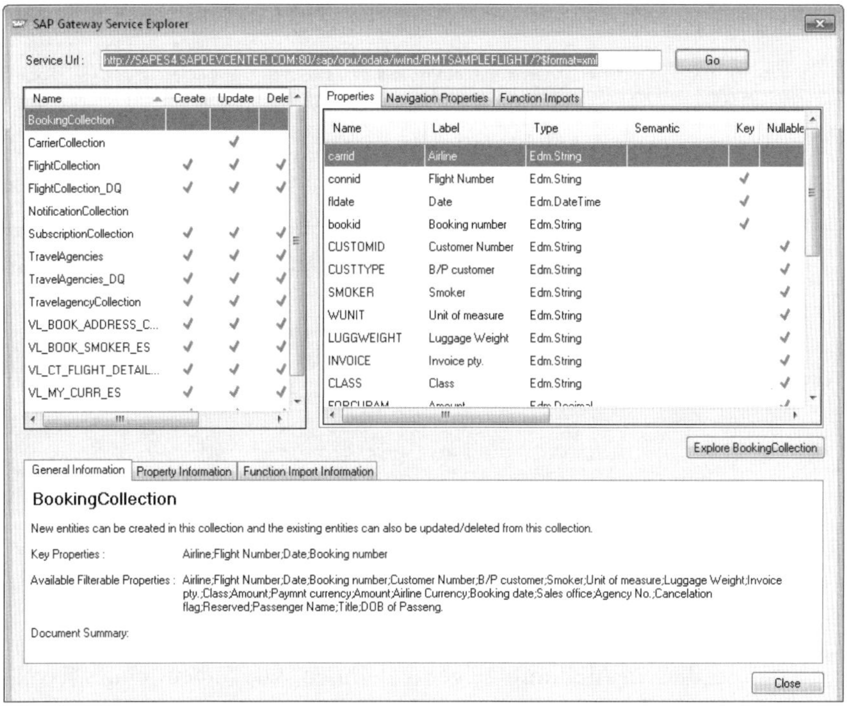

Abbildung 13.10 SAP Gateway – Servicedetails

13. Sie erhalten allgemeine Informationen über die vorhandenen Collections, die Properties, Navigation Properties und Funktionsimporte. Sie können sich zusätzlich die ersten 20 Datensätze anzeigen lassen (siehe Abbildung 13.11), indem Sie auf den Button EXPLORE [COLLECTIONNAME] auf der rechten Seite klicken (siehe Abbildung 13.10).

Sie können Ihre ausgewählte Service Collection aus diesem Bildschirm testen und die vorhandenen Funktionen wie die Erstellung oder das Löschen eines vorhandenen Datensatzes erkunden.

Im nächsten Abschnitt zeigen wir Ihnen, wie Sie ein Microsoft-Excel-Projekt mit dem GWM Visual Studio Add-in erstellen.

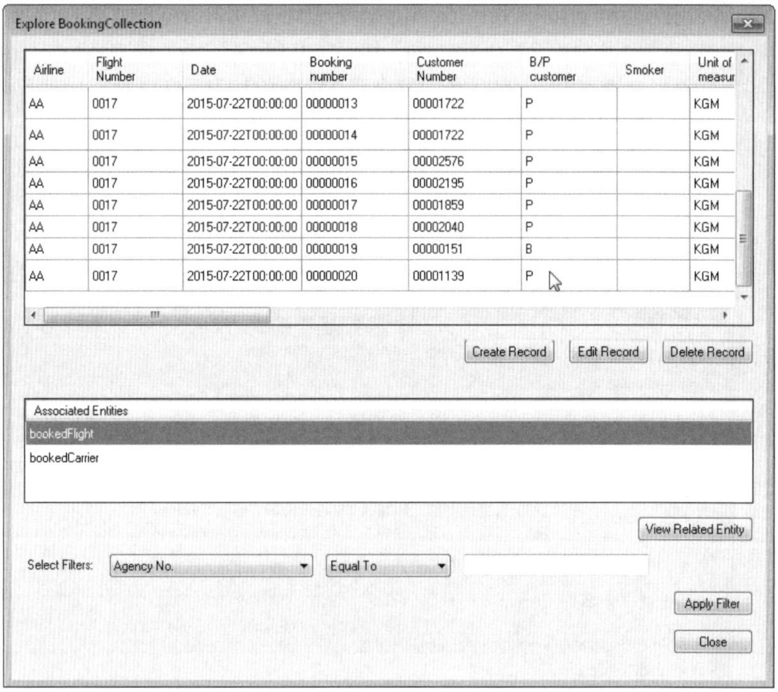

Abbildung 13.11 Booking Collection erkunden

13.1.2 SAP Gateway for Microsoft Excel 2010 Add-in

In diesem Abschnitt zeigen wir Ihnen, wie Sie ein neues Excel-Projekt erstellen. Dazu sind folgende Schritte notwendig:

1. Öffnen Sie Ihr Visual Studio, gehen Sie zu File • New • Project, und wählen Sie Visual C# im Template-Menübaum auf der linken Seite. Wählen Sie GWM Excel 2010 Add-in als Ihr Template (siehe Abbildung 13.12).
2. Klicken Sie auf OK. Sie können den gewünschten Systemtyp, für den Sie eine Verbindung aufbauen möchten, aus dem Dropdown Select System Type mit den folgenden Optionen auswählen: Gateway, SMP oder Azure. Der Standardeintrag Gateway ist die richtige Auswahl für dieses Beispiel. Geben Sie die Service URL eines SAP-ES4-Beispielservice an (siehe Abschnitt 9.3, »OData-Services«), und klicken Sie anschließend auf Go (siehe Abbildung 13.13).

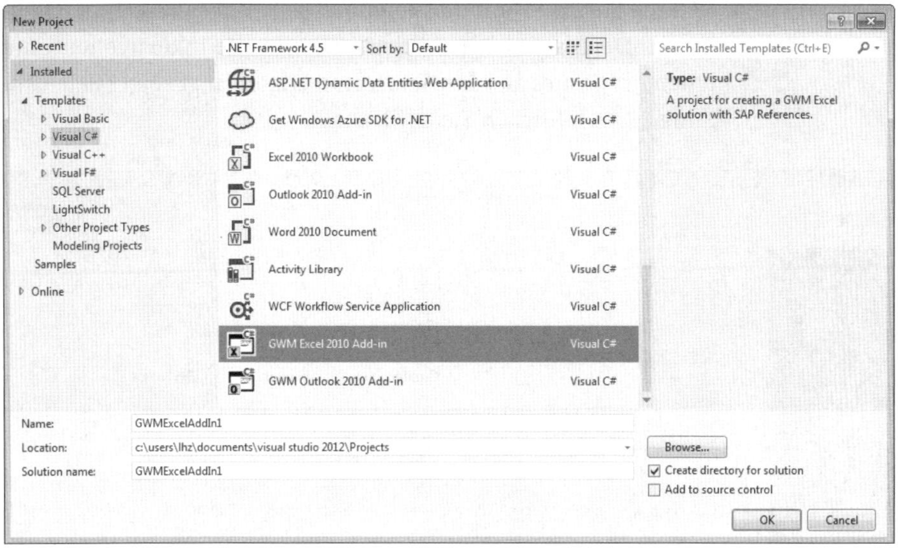

Abbildung 13.12 GWM Excel 2010 Add-in

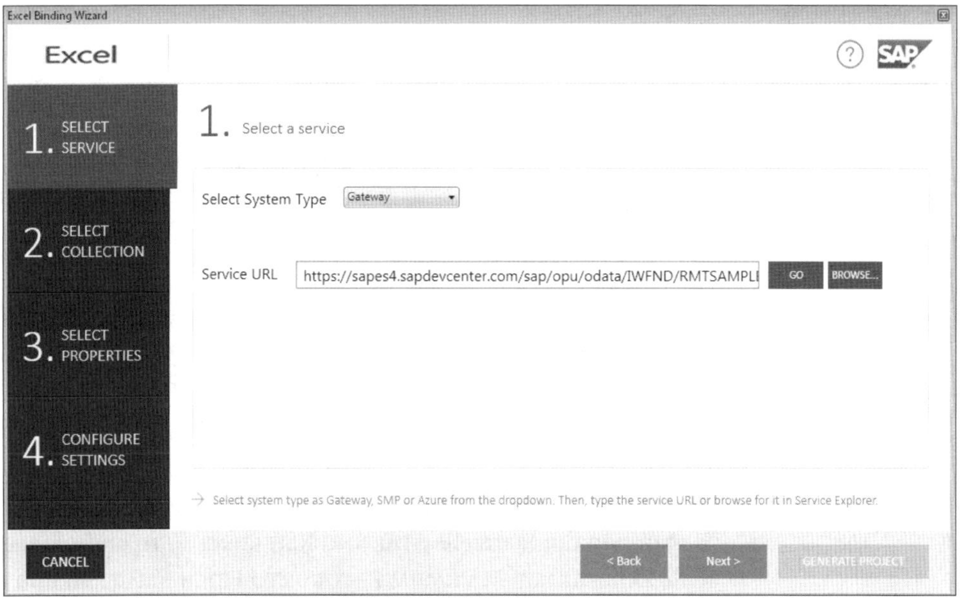

Abbildung 13.13 Excel – Service-URL auswählen

3. Geben Sie Ihre Benutzerdaten ein, und klicken Sie auf OK. Sofern alles richtig eingegeben wurde, erscheint die folgende Meldung: [SERVICENAME] SERVICE DETAILS WERE SUCCESSFULLY LOADED. Klicken Sie auf NEXT.

4. Wählen Sie die von Ihnen gewünschte Service Collection. Die Collection-Details werden auf der rechten Seite inklusive der enthaltenen Properties aus den Servicemetadaten angezeigt (siehe Abbildung 13.14). Klicken Sie auf NEXT.

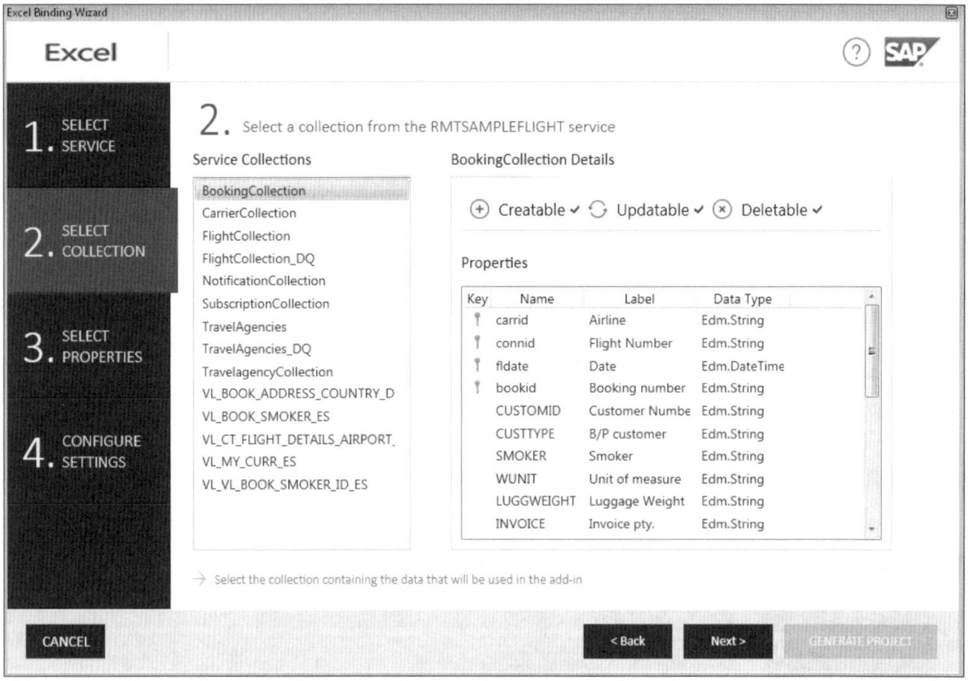

Abbildung 13.14 Excel – Collection auswählen

5. Wählen Sie über die Checkbox in der ersten Spalte die gewünschten Properties aus Ihrer Collection. Als Grundeinstellung sind alle Properties ausgewählt. Aus Performancegründen sollten Sie ungenutzte Properties demarkieren (siehe Abbildung 13.15). Klicken Sie auf NEXT.

6. Konfigurieren Sie Ihre Serviceeinstellungen für das Excel-Sheet. Sie können die Startzelle STARTING REFERENCE CELL und die maximale Zeilenanzahl MAXIMUM RECORDS TO FETCH einstellen und ein Attribut für die Spaltenüberschriften aus dem Dropdown SELECT A VALUE FOR THE COLUMN HEADER auswählen. Zusätzlich können Sie die Benutzeroperationen wie Anlegen, Aktualisieren oder Löschen aktivieren (siehe Abbildung 13.16).

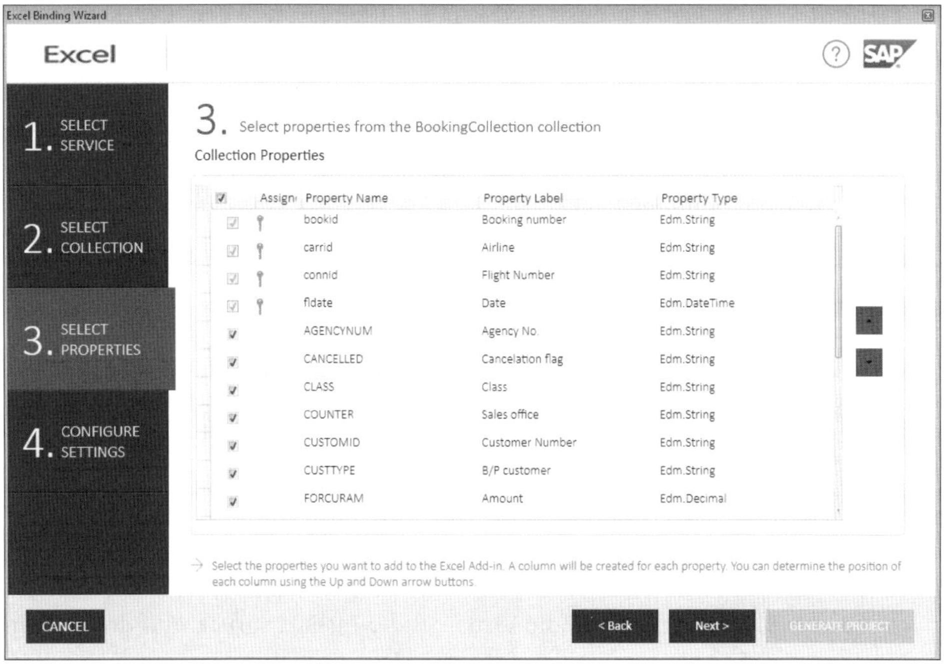

Abbildung 13.15 Excel – Properties auswählen

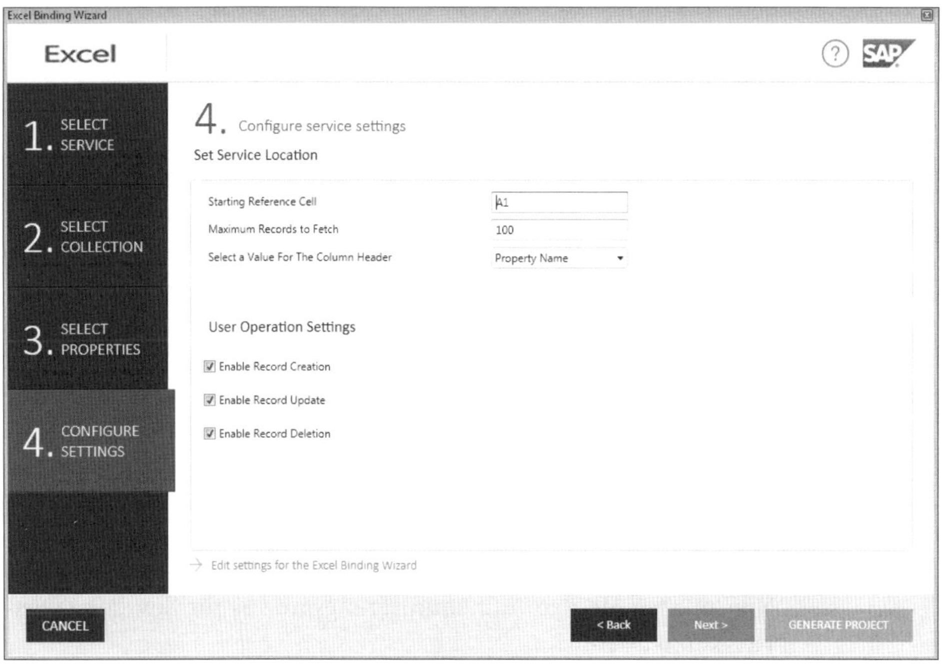

Abbildung 13.16 Excel – Serviceeinstellungen

7. Klicken Sie auf GENERATE PROJECT, um den EXCEL BINDING WIZARD zu beenden.
8. Das Projekt wird mit den Einstellungen aus dem Assistenten angelegt. Die Zusammenfassung GENERATED GWM PROJECT REPORT wird in Ihrem Standardbrowser als HTML-Seite angezeigt (siehe Abbildung 13.17).

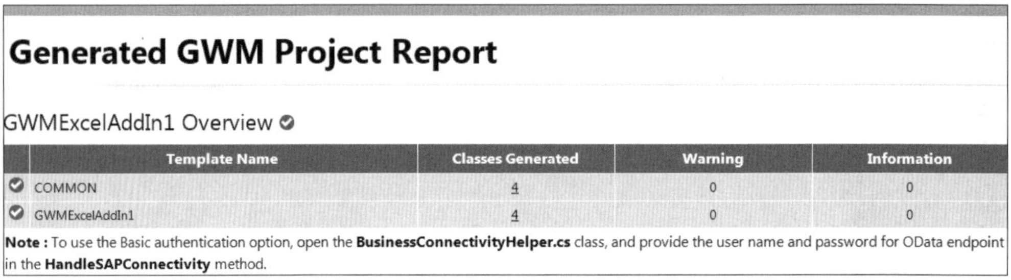

Abbildung 13.17 Excel – generierter GWM-Projekt-Report

9. Wechseln Sie in die Visual-Studio-Instanz zurück. Auf der rechten Seite sehen Sie den SOLUTION EXPLORER mit dem angelegten Projekt (siehe Abbildung 13.18).

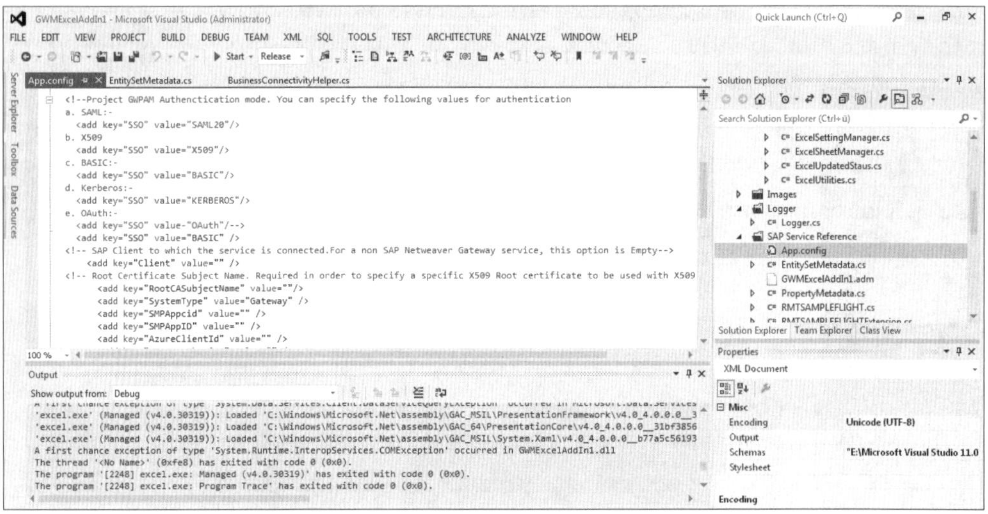

Abbildung 13.18 Visual Studio mit GWM-Excel-Projekt

Nun müssen Sie den Authentifizierungsprozess für den OData-Service konfigurieren:

1. Navigieren Sie zu der Datei *App.config* im Ordner *SAP Service Reference*. Wählen Sie aus den SAP-GWM-Authentifizierungsmöglichkeiten Basic, OAuth oder X509 (siehe Abbildung 13.19).

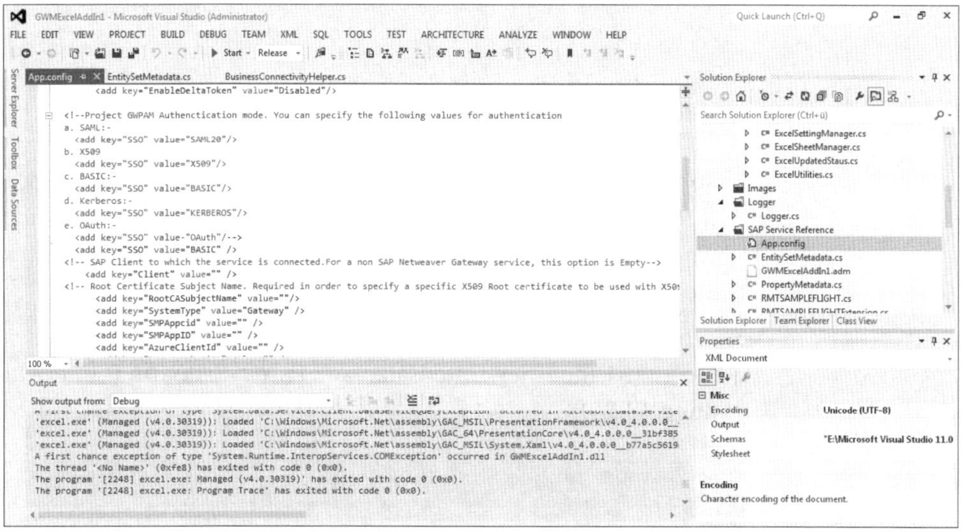

Abbildung 13.19 App.config

2. Verwenden Sie den Standardmodus als Basis für Ihre erste Applikation. Navigieren Sie zu der Klassendatei *BusinessConnectivityHelper.cs*, und öffnen Sie aus dem Dropdown die Methode HANDLESAPCONNECTIVITY (siehe Abbildung 13.20).

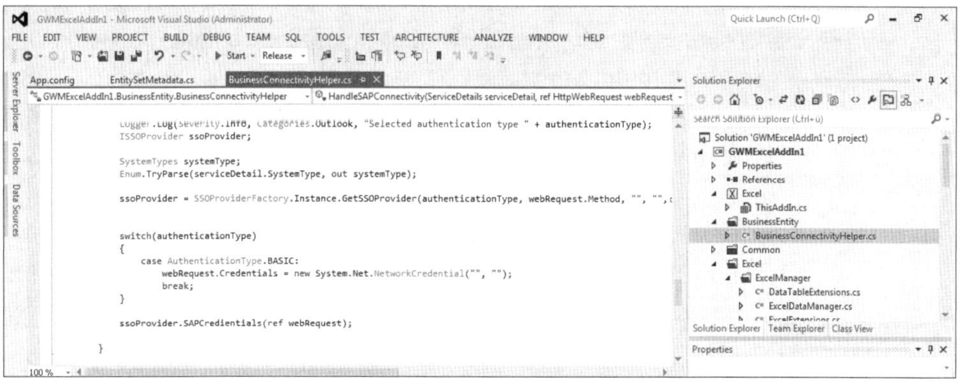

Abbildung 13.20 BusinessConnectivityHelper.cs

3. Tragen Sie Ihre Zugangsdaten für den OData-Service in die entsprechenden Felder ein (Listing 13.1).

```
switch(authenticationType)
{
case AuthenticationType.BASIC:
        webRequest.Credentials = new System.Net.
          NetworkCredential("username", "password");
        break;
}
```

Listing 13.1 HandleSAPConnectivity

4. Speichern Sie die Datei, und klicken Sie auf den Button START, um Ihre erstellte Anwendung zu starten. Excel wird geöffnet, und Sie werden aufgefordert, das erstellte Add-in zu installieren. Klicken Sie auf INSTALL.
5. Wechseln Sie zu dem Tab-Reiter GWMEXCELADDIN1, und klicken Sie zum Laden der Datensätze auf FETCH RECORDS (siehe Abbildung 13.21).

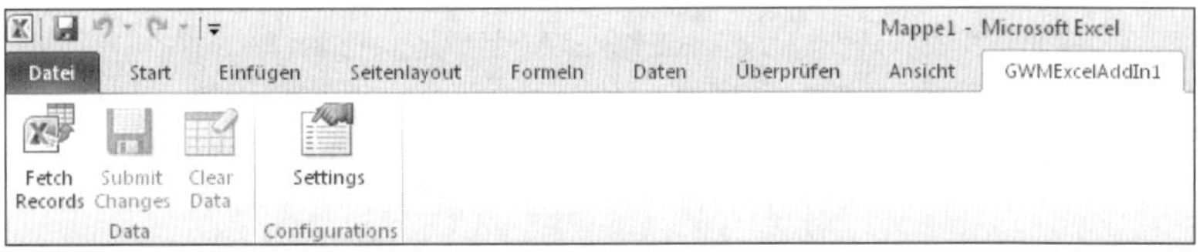

Abbildung 13.21 Tab-Reiter »GWMExcelAddIn1«

Es wird eine Verbindung zu SAP Gateway aufgebaut, und die Daten werden in das Excel-Sheet geladen (siehe Abbildung 13.22).

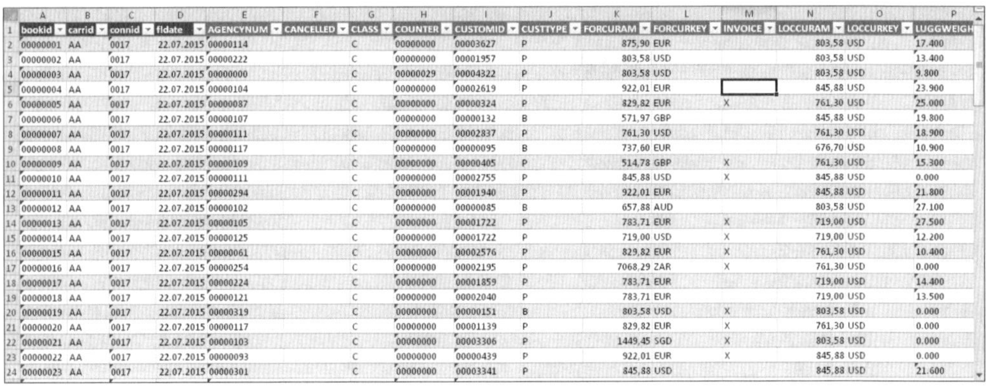

	A	B	C	D	E	F	G	H	I	J	K	L	M	N	O	P
1	bookid	carrid	connid	fldate	AGENCYNUM	CANCELLED	CLASS	COUNTER	CUSTOMID	CUSTTYPE	FORCURAM	FORCURKEY	INVOICE	LOCCURAM	LOCCURKEY	LUGGWEIGH
2	00000001	AA	0017	22.07.2015	00000114		C	00000000	00003627	P	875,90	EUR		803,58	USD	17.400
3	00000002	AA	0017	22.07.2015	00000222		C	00000000	00001957	P	803,58	USD		803,58	USD	13.400
4	00000003	AA	0017	22.07.2015	00000000		C	00000029	00004322	P	803,58	USD		803,58	USD	9.800
5	00000004	AA	0017	22.07.2015	00000104		C	00000000	00002619	P	922,01	EUR		845,88	USD	23.900
6	00000005	AA	0017	22.07.2015	00000087		C	00000000	00000324	P	829,82	EUR	X	761,30	USD	25.000
7	00000006	AA	0017	22.07.2015	00000107		C	00000000	00000132	B	571,97	GBP		845,88	USD	19.800
8	00000007	AA	0017	22.07.2015	00000111		C	00000000	00002837	P	761,30	USD		761,30	USD	18.900
9	00000008	AA	0017	22.07.2015	00000117		C	00000000	00000095	B	737,60	EUR		676,70	USD	10.900
10	00000009	AA	0017	22.07.2015	00000109		C	00000000	00000405	P	514,78	GBP	X	761,30	USD	15.300
11	00000010	AA	0017	22.07.2015	00000111		C	00000000	00002755	P	845,88	USD	X	845,88	USD	0.000
12	00000011	AA	0017	22.07.2015	00000294		C	00000000	00001940	P	922,01	EUR		845,88	USD	21.800
13	00000012	AA	0017	22.07.2015	00000102		C	00000000	00000085	B	657,88	AUD		803,58	USD	27.100
14	00000013	AA	0017	22.07.2015	00000105		C	00000000	00001722	P	783,71	EUR	X	719,00	USD	27.500
15	00000014	AA	0017	22.07.2015	00000125		C	00000000	00001722	P	719,00	USD	X	719,00	USD	12.200
16	00000015	AA	0017	22.07.2015	00000061		C	00000000	00002576	P	829,82	EUR	X	761,30	USD	10.400
17	00000016	AA	0017	22.07.2015	00000254		C	00000000	00002195	P	7068,29	ZAR	X	761,30	USD	0.000
18	00000017	AA	0017	22.07.2015	00000224		C	00000000	00001859	P	783,71	EUR		719,00	USD	14.400
19	00000018	AA	0017	22.07.2015	00000121		C	00000000	00002040	P	783,71	EUR		719,00	USD	13.500
20	00000019	AA	0017	22.07.2015	00000319		C	00000000	00000151	B	803,58	USD	X	803,58	USD	0.000
21	00000020	AA	0017	22.07.2015	00000117		C	00000000	00001139	P	829,82	EUR	X	761,30	USD	0.000
22	00000021	AA	0017	22.07.2015	00000103		C	00000000	00003306	P	1449,45	SGD	X	803,58	USD	0.000
23	00000022	AA	0017	22.07.2015	00000093		C	00000000	00000439	P	922,01	EUR	X	845,88	USD	0.000
24	00000023	AA	0017	22.07.2015	00000301		C	00000000	00003341	P	845,88	USD		845,88	USD	21.600

Abbildung 13.22 GWM – Excel-Daten

13.1.3 SAP Gateway for Microsoft Outlook 2010 Add-in

In diesem Abschnitt zeigen wir Ihnen, wie Sie ein neues Outlook-Projekt erstellen. Dazu sind folgende Schritte notwendig:

Microsoft Outlook

1. Öffnen Sie Ihr Visual Studio, gehen Sie zu FILE • NEW • PROJECT, und wählen Sie VISUAL C# im Template-Menübaum auf der linken Seite. Wählen Sie GWM OUTLOOK 2010 ADD-IN als Ihr Template (siehe Abbildung 13.12). Klicken Sie auf OK, um fortzufahren.
2. Wählen Sie ein Template für CONTACTS, APPOINTMENTS oder TASKS (siehe Abbildung 13.23).

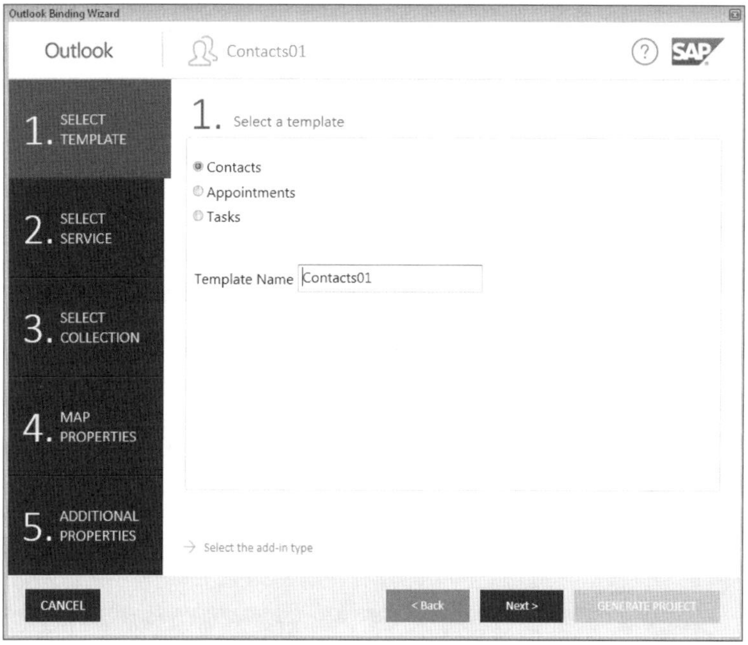

Abbildung 13.23 Outlook-Assistent

3. Geben Sie einen TEMPLATE NAME ein, und klicken Sie auf NEXT.
4. Sie können den gewünschten Systemtyp, für den Sie eine Verbindung aufbauen möchten, aus dem Dropdown SELECT SYSTEM TYPE mit den folgenden Optionen auswählen: GATEWAY, SMP oder AZURE. Der Standardeintrag GATEWAY ist die richtige Auswahl für dieses Beispiel.
5. Geben Sie die SERVICE URL eines SAP-ES4-Beispielservice an (siehe Abschnitt 9.3, »OData-Beispielservices«), und klicken Sie anschließend auf GO (siehe Abbildung 13.24).

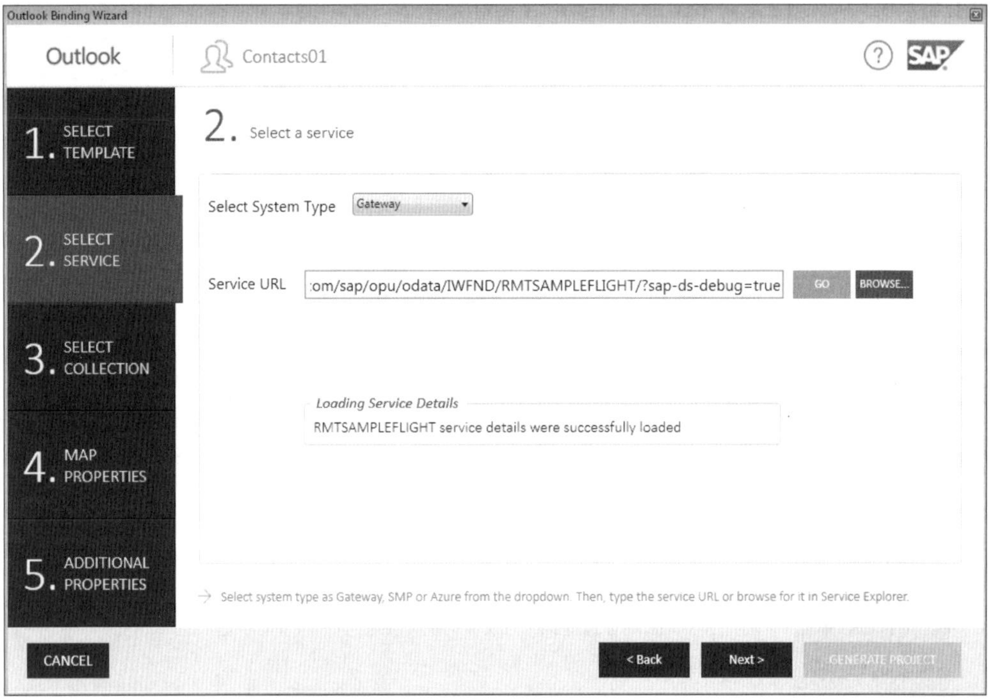

Abbildung 13.24 Outlook – Service-URL eintragen

6. Geben Sie Ihre Benutzerdaten ein, und klicken Sie auf OK. Sofern alles richtig eingegeben wurde, erscheint die folgende Meldung: [SERVICENAME] SERVICE DETAILS WERE SUCCESSFULLY LOADED. Wenn Sie die genaue Service-URL nicht kennen, klicken Sie auf BROWSE, und geben Sie Ihre Systemdaten ein (siehe Abbildung 13.25).

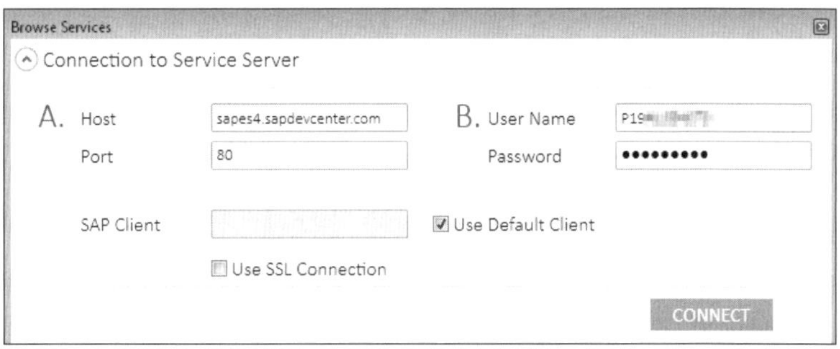

Abbildung 13.25 Outlook – Verbindung zu SAP Gateway aufbauen

7. Klicken Sie auf CONNECT, um eine Liste der verfügbaren Services zu erhalten (siehe Abbildung 13.26).

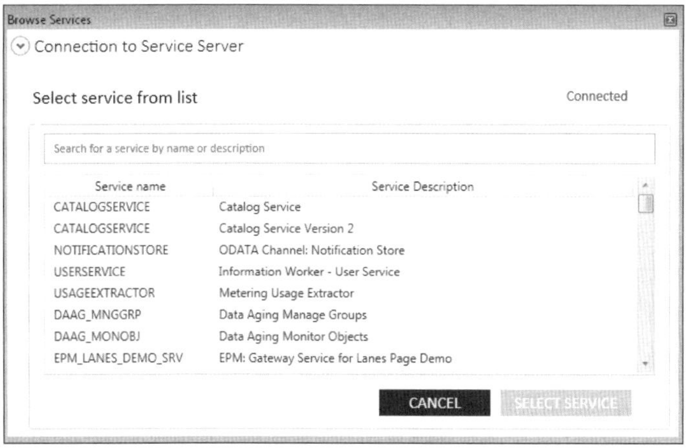

Abbildung 13.26 Outlook – Services durchsuchen

8. Wählen Sie einen Service, klicken Sie auf SELECT SERVICE und abschließend auf NEXT.
9. Wählen Sie Ihre gewünschte Service Collection. Die Collection-Details werden auf der rechten Seite inklusive der Properties aus den Servicemetadaten angezeigt (siehe Abbildung 13.27). Klicken Sie auf NEXT.

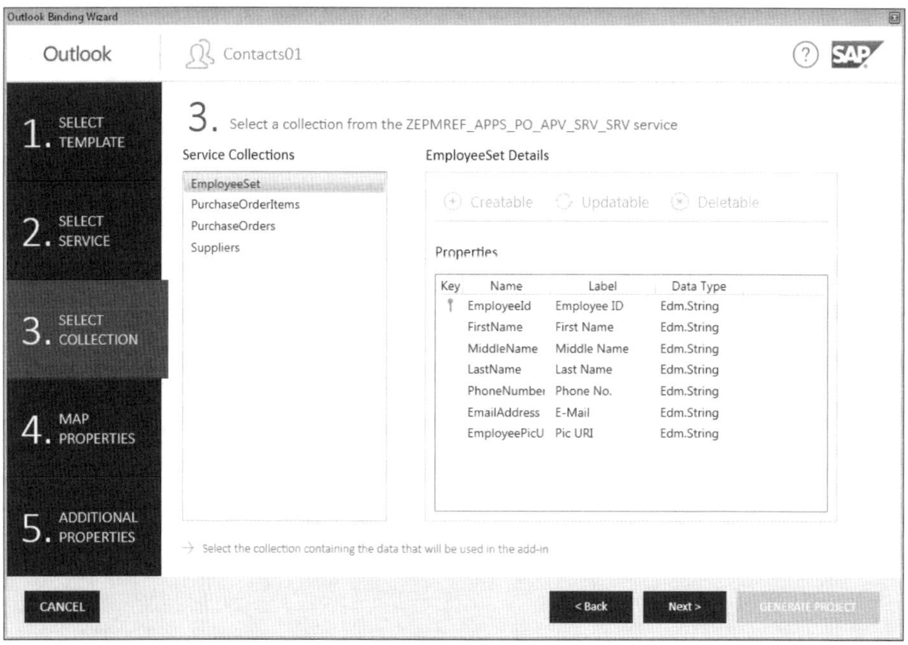

Abbildung 13.27 Outlook – Collection auswählen

10. Klicken Sie auf NEXT. Verknüpfen Sie die Collection Properties aus dem OData-Service mit den Outlook Properties (siehe Abbildung 13.28).

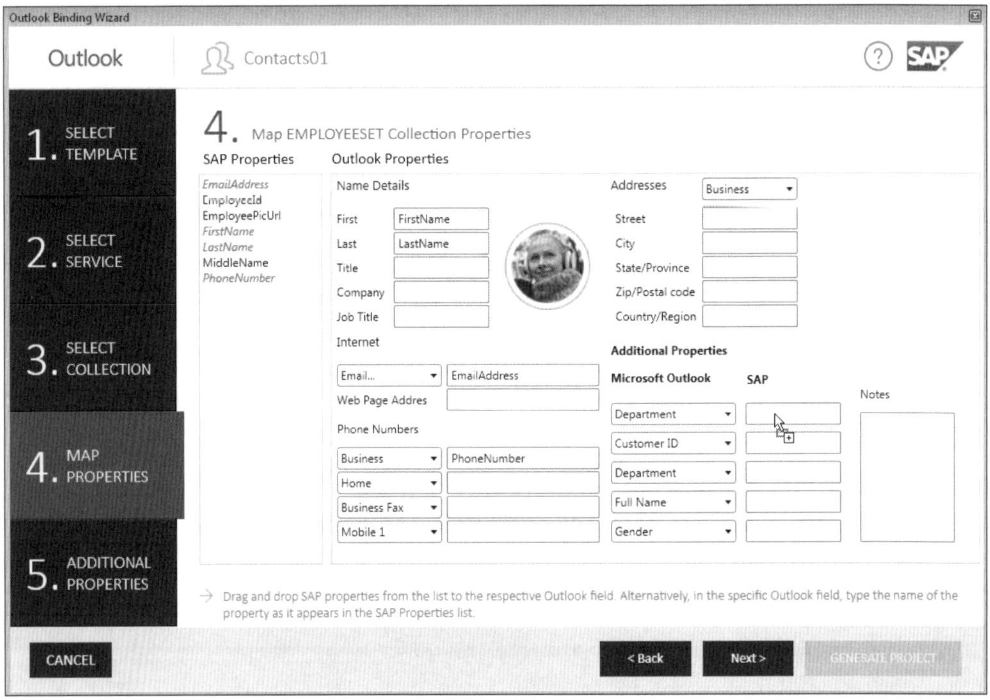

Abbildung 13.28 Outlook – Collection Properties verknüpfen

11. Ziehen Sie die SAP PROPERTIES per Drag & Drop aus der Service Collection auf die verfügbaren OUTLOOK PROPERTIES. Sie können fünf zusätzliche Felder aus dem Dropdown ADDITIONAL PROPERTIES wählen. Klicken Sie anschließend auf NEXT.

12. Im letzten Schritt wählen Sie ADD UNMAPPED PROPERTY TABS (CUSTOM AND ASSOCIATED) – OPTIONAL, vergeben den Namen für den Tab-Reiter CUSTOM TAB NAME und markieren oder demarkieren die möglichen verknüpften Navigation Properties aus dem OData-Service (siehe Abbildung 13.29).

13. Klicken Sie auf NEXT, um die Zusammenfassung PROJECT SUMMARY einzusehen (siehe Abbildung 13.30).

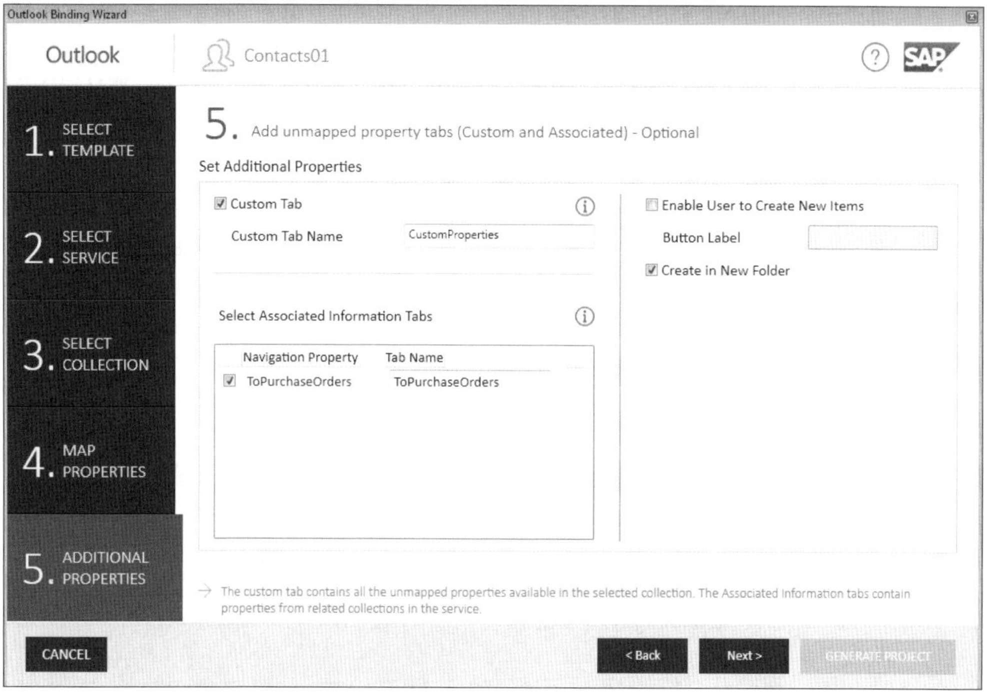

Abbildung 13.29 Outlook – Navigation Property

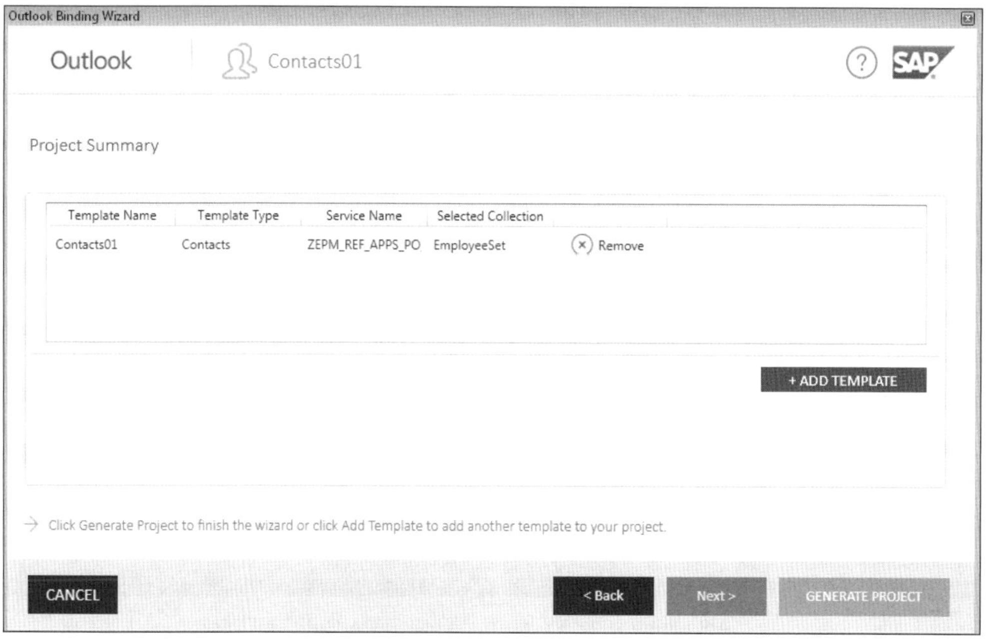

Abbildung 13.30 Outlook – Projektzusammenfassung

14. Sie können weitere Templates über den Button + ADD TEMPLATE hinzufügen. Klicken Sie abschließend auf GENERATE PROJECT, um den Assistenten OUTLOOK BINDING WIZARD zu beenden.

    Das Projekt wird mit den Einstellungen aus dem Assistenten erstellt. Der Report GWM PROJECT GENERATION REPORT wird in Ihrem Default-Browser als HTML-Seite angezeigt (siehe Abbildung 13.31).

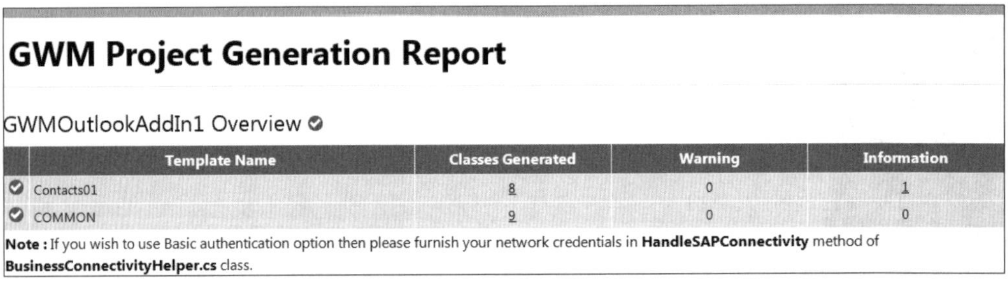

GWM Project Generation Report

GWMOutlookAddIn1 Overview

Template Name	Classes Generated	Warning	Information
Contacts01	8	0	1
COMMON	9	0	0

Note : If you wish to use Basic authentication option then please furnish your network credentials in **HandleSAPConnectivity** method of **BusinessConnectivityHelper.cs** class.

Abbildung 13.31 Outlook – generierter GWM-Projekt-Report

15. Wechseln Sie zu der Visual-Studio-Instanz zurück. Auf der rechten Seite sehen sie den SOLUTION EXPLORER mit dem gerade erstellten Projekt (siehe Abbildung 13.32).

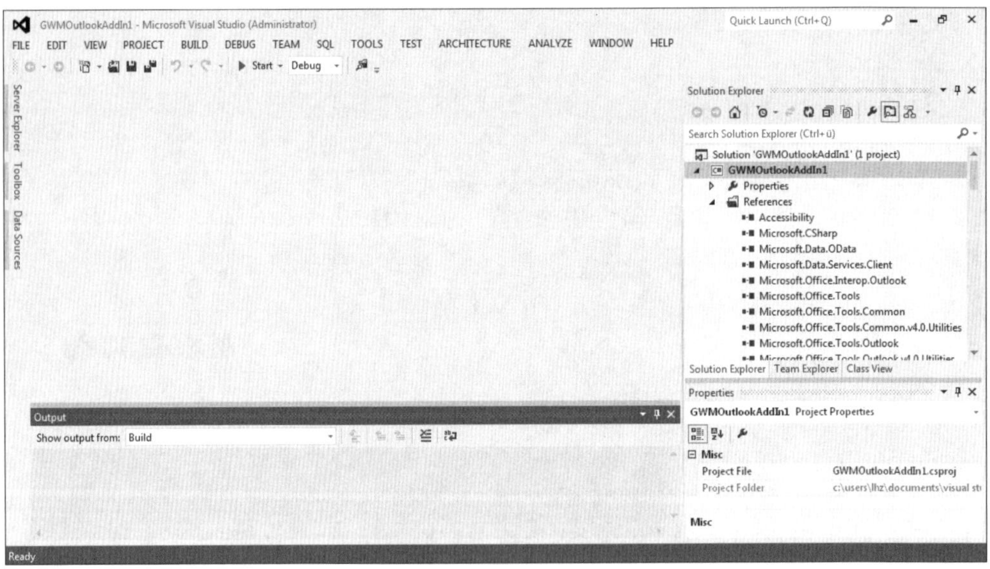

Abbildung 13.32 Visual Studio mit GWM-Outlook-Projekt

Nun müssen Sie den Authentifizierungsprozess für den OData-Service konfigurieren:

1. Navigieren Sie zu der Datei *App.config* im Ordner *SAP Service Reference*. Wählen Sie aus den SAP-GWM-Authentifizierungsmöglichkeiten Basic, OAuth oder X509 (siehe Abbildung 13.33).

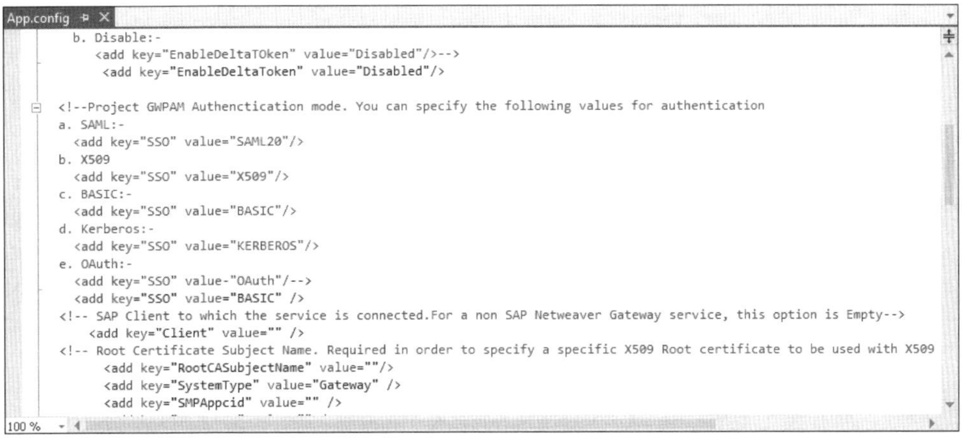

Abbildung 13.33 Outlook – App.config

2. Verwenden Sie den Standardmodus als Basis für Ihre erste Applikation. Navigieren Sie zu der Klassendatei *BusinessConnectivity-Helper.cs*, und öffnen Sie aus dem Dropdown die Methode HANDLESAPCONNECTIVITY (siehe Abbildung 13.34).

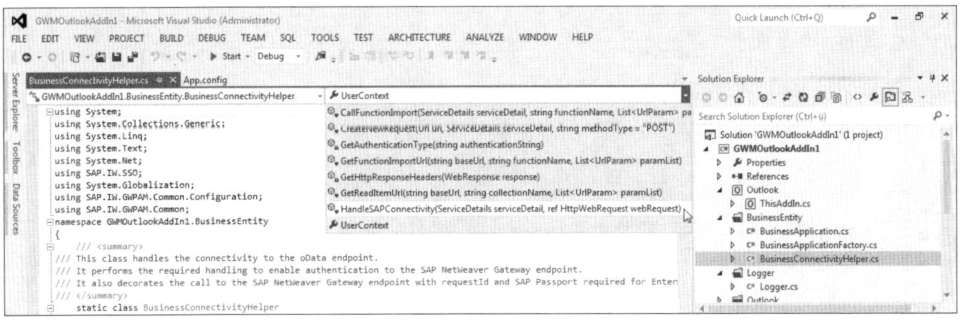

Abbildung 13.34 Outlook – BusinessConnectivityHelper.cs

3. Tragen Sie Ihre Zugangsdaten für den OData-Service in die entsprechenden Felder ein (siehe Listing 13.1).

4. Speichern Sie die Datei, und klicken Sie auf den Button START, um Ihre erstellte Anwendung zu starten. Outlook wird geöffnet, und der erstellte Tab-Reiter wird in der Ribbon-Leiste angezeigt (siehe Abbildung 13.35).

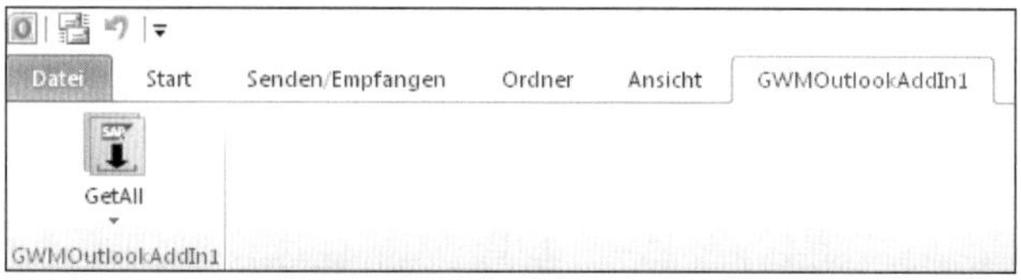

Abbildung 13.35 Tab-Reiter »GWMOutlookAddIn1«

5. Klicken Sie auf den Button GETALL, und wählen Sie den angelegten Template-Namen. Alle Kontakte werden aus dem SAP-System geladen und als neue Kontakte in Outlook angelegt (siehe Abbildung 13.36).

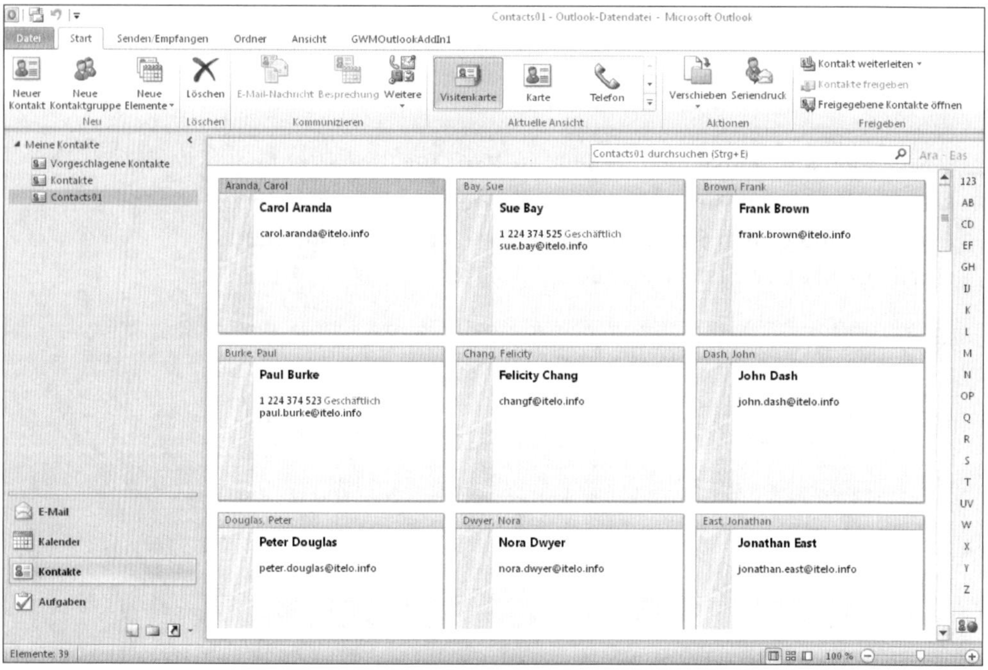

Abbildung 13.36 Angelegte Kontakte

Weitere Informationen

Weitere Informationen zu GWM finden Sie unter der URL: *http://help.sap.com/nwgwpam*.

13.2 Microsoft Excel

Neben dem SAP GWM Visual Studio Add-in für Microsoft Excel gibt es zwei weitere Optionen, um OData-Services in Excel zu konsumieren. Die erste Alternative ist das von Microsoft entwickelte Tool *PowerPivot* (Abschnitt 13.2.1). Die zweite Alternative ist die Möglichkeit, direkt über den URL-Parameter `$format=xlsx` die OData-Daten als Excel-Datei herunterzuladen (Abschnitt 13.2.2), was ohne zusätzliche Tools oder Add-ins direkt von SAP Gateway unterstützt wird.

13.2.1 PowerPivot

Microsoft hat mit dem Excel-Add-on PowerPivot eine Möglichkeit geschaffen, um OData-Services direkt und ohne zusätzliche Kosten zu konsumieren. Nutzen Sie das installierbare Plug-in als Daten-Mash-up oder Erkundungswerkzeug, um analytische Auswertungen oder Grafiken aus Ihren produktiven SAP-Echtdaten auf Knopfdruck zu erstellen.

PowerPivot: Minimalanforderungen

- Microsoft Excel 2010
- .NET Framework 4.0
- Visual Studio 2010 Tools für die Office-Laufzeit
- Microsoft-PowerPivot-Plug-in

Microsoft PowerPivot ermöglicht es Ihnen und Ihren Mitarbeitern, OData-Services aus verschiedenen Quellen, wie etwa SAP Gateway, zu konsumieren und diese Daten in Excel zu zentralisieren. Sie finden die detaillierten Anforderungen und nötigen Download-Links auf folgender Webseite von Microsoft: *https://support.office.com/en-gb/article/Power-Pivot-Add-in-a9c2c6e2-cc49-4976-a7d7-40896795d045* PowerPivot

Hinweis

Beachten Sie, dass sich die verfügbaren 32- und 64-Bit-Versionen von PowerPivot auf die von Ihnen installierte Microsoft-Excel-Version und nicht auf Ihr Betriebssystem beziehen.

Nachdem Sie alle notwendigen Voraussetzungen erfüllt haben, können Sie PowerPivot für Excel installieren und konfigurieren. Öffnen

Sie die Datei *PowerPivot_for_Excel.msi*, und folgen Sie dem Installationsassistenten.

Starten Sie Microsoft Excel nach Installationsende. Die Registerkarte POWERPIVOT erscheint in der Menüleiste von Office 2010 (siehe Abbildung 13.37).

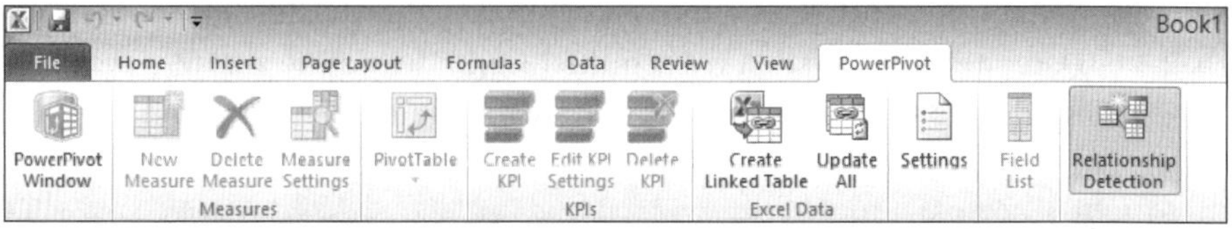

Abbildung 13.37 PowerPivot-Ribbon

Service konsumieren

Führen Sie folgende Schritte durch:

1. Klicken Sie auf den Button POWERPIVOT WINDOW auf der linken Seite der Menüleiste. In dem sich öffnenden Fenster klicken Sie auf EXTERNE DATEN ABRUFEN und in dem aufblendenden Menü auf den Button GET EXTERNAL DATA FROM A DATA FEED, um Ihren OData-Service auszuwählen (siehe Abbildung 13.38).

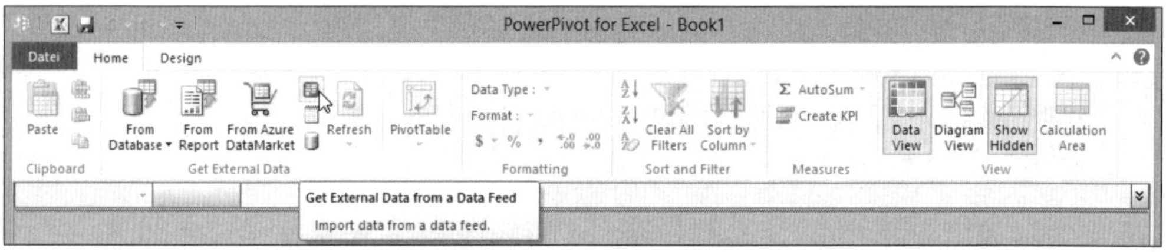

Abbildung 13.38 Externe Datenquelle

Sicherheitsoptionen

Geben Sie Ihre OData-Service-URL im folgenden Fenster ein, und klicken Sie auf ADVANCED. Scrollen Sie bis zu den Sicherheitseinstellungen, und passen Sie die Einstellungen INTEGRATED SECURITY, USER ID und PASSWORD an Ihre Anforderungen an (siehe Abbildung 13.39).

2. Klicken Sie auf OK, um Ihre Änderungen zu bestätigen. Klicken Sie anschließend auf TEST CONNECTION, um die vorgenommenen Einstellungen prüfen zu lassen. Wenn die Verbindung erfolgreich war, können Sie mit einem Klick auf CONTINUE fortfahren.

3. Wählen Sie die verfügbaren Collections aus, indem Sie die entsprechenden Checkboxen markieren. Schließen Sie den Vorgang ab, indem Sie auf den Button FINISH klicken

Abbildung 13.39 Sicherheitseinstellungen

Das PowerPivot-Plug-in überträgt nun alle Daten aus den ausgewählten Collections in Ihr Microsoft Excel. Sie werden über die Anzahl der übertragenen Datensätze pro Collection in einem zusätzlichen Fenster informiert. Nachdem die Übertragung abgeschlossen ist, können Sie das Fenster schließen. Das Plug-in erstellt für jede Entity Collection eine eigene Registerkarte in Microsoft Excel (siehe Abbildung 13.40).

ODATA-Import

carrid	CARRNAME	CURRCODE	URL	mimeType	properties_carrid	properties_CARRNAME	properties_CURRCODE	properties_URL	properties_mimeType
AA	American Airli...	USD	http://...	text/html	AA	American Airlines	USD	http://www.aa.com	text/html
AB	Air Berlin	EUR	http://...	text/html	AB	Air Berlin	EUR	http://www.airbe...	text/html
AC	Air Canada	CAD	http://...	text/html	AC	Air Canada	CAD	http://www.airca...	text/html
AF	Air France	EUR	http://...	text/html	AF	Air France	EUR	http://www.airfra...	text/html
AZ	Alitalia	EUR	http://...	text/html	AZ	Alitalia	EUR	http://www.alitali...	text/html
BA	British Airways	GBP	http://...	text/html	BA	British Airways	GBP	http://www.britis...	text/html
CO	Continental Ai...	USD	http://...	text/html	CO	Continental Airlines	USD	http://www.conti...	text/html
DL	Delta Airlines	USD	http://...	text/html	DL	Delta Airlines	USD	http://www.delta...	text/html
FJ	Air Pacific	USD	http://...	text/html	FJ	Air Pacific	USD	http://www.airpa...	text/html
JL	Japan Airlines	JPY	http://...	text/html	JL	Japan Airlines	JPY	http://www.jal.co...	text/html
LH	Lufthansa	EUR	http://...	text/html	LH	Lufthansa	EUR	http://www.luftha...	text/html
NG	Lauda Air	EUR	http://...	text/html	NG	Lauda Air	EUR	http://www.lauda...	text/html
NW	Northwest Airl...	USD	http://...	text/html	NW	Northwest Airlines	USD	http://www.nwa.c...	text/html
QF	Qantas Airways	AUD	http://...	text/html	QF	Qantas Airways	AUD	http://www.qanta...	text/html
SA	South African ...	ZAR	http://...	text/html	SA	South African Air.	ZAR	http://www.saa.c...	text/html
SQ	Singapore Airli...	SGD	http://...	text/html	SQ	Singapore Airlines	SGD	http://www.singa...	text/html
SR	Swiss	CHF	http://...	text/html	SR	Swiss	CHF	http://www.swiss...	text/html
UA	United Airlines	USD	http://...	text/html	UA	United Airlines	USD	http://www.ual.c...	text/html

Abbildung 13.40 PowerPivot – Datenansicht

Modell

Zusätzlich zu den reinen Daten können Sie sich eine Übersicht des gesamten Datenmodells des konsumierten OData-Service ansehen (siehe Abbildung 13.41). Klicken Sie dazu auf DIAGRAM VIEW in der rechten Ecke der PowerPivot-Ribbon-Leiste.

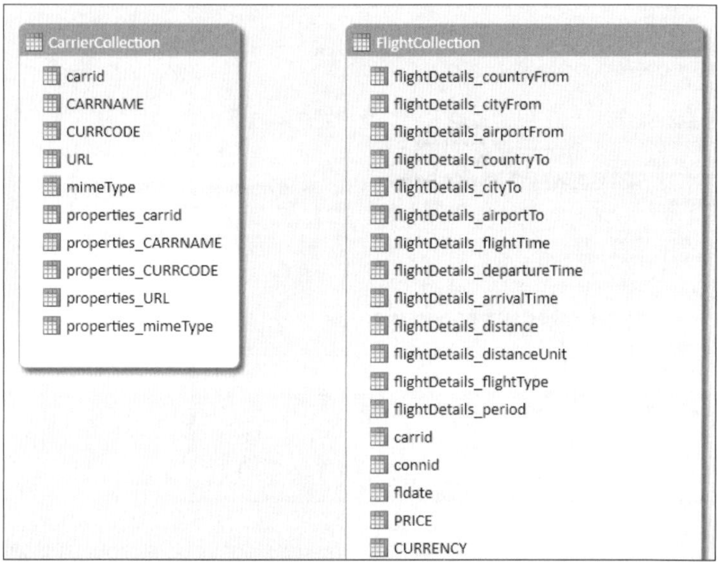

Abbildung 13.41 PowerPivot – Datenmodell

Sie können nun Daten aus Ihrem SAP-System direkt nach Microsoft Excel auf Knopfdruck transferieren, ohne diese vorher mühsam manuell aus dem System heruntergeladen zu haben. Dadurch haben Sie viele verschiedene Möglichkeiten, um analytische Auswertungen oder Diagramme basierend auf Ihren SAP-Daten zu erstellen.

13.2.2 $format=xlsx

Neben den beiden verfügbaren Add-ins unterstützt auch SAP Gateway selbst die Verwendung von Microsoft Excel, ohne zusätzliche Tools zu installieren (benötigt mindesten SAP NetWeaver 7.40 und SP09 oder höher). Dazu müssen Sie einen OData-Service-Aufruf für ein Entity Set mit dem zusätzlichen URL-Parameter versehen:

```
$format=xlsx
```

Alternativ können Sie auch den folgenden HTTP-Kopf verwenden:

```
accept = application/vnd.openxmlformats-
officedocument.spreadsheetml.sheet
```

Wenn Sie einen dieser zusätzlichen Parameter verwenden, wird weder eine JSON-Datei (*JavaScript Object Notation*) noch eine XML-Datei übertragen. Sie empfangen die Daten im Excel-Format XLSX.

Der Aufruf des Beispielservice für die `CarrierCollection` mit dem notwendigen `$format=xlsx`-URL-Parameter öffnet ein Excel-Sheet mit allen verfügbaren Fluggesellschaften:

```
https://sapes4.sapdevcenter.com/sap/opu/odata/IWFND/
RMTSAMPLEFLIGHT/CarrierCollection?$format=xlsx
```

Weitere Informationen

Sie finden weitere Informationen zu den vorhandenen Restriktionen des Excel-Supports auf der folgenden Seite:
https://help.sap.com/saphelp_nw74/helpdata/en/a2/4c8490449041b88b7890d299b57351/content.htm?frameset=/en/a2/4c8490449041b88b7890d299b57351/frameset.htm&current_toc=/en/ad/612bb3102e4f54a3019697fef65e5e/plain.htm&node_id=174

13.3 Microsoft SharePoint/Office 365

Microsoft SharePoint Server ermöglicht Ihrem Unternehmen neue Funktionen hinsichtlich Datenzugriff, Zusammenarbeit und Dokumentenmanagement. Eine eigene Microsoft-SharePoint-Applikation zu erstellen erweitert die Anzahl an Programmiersprachen und Technologien, die mit Microsoft SharePoint einfach konsolidiert werden können.

Hinweis

Wir verwenden den Begriff *Microsoft SharePoint* in diesem Kapitel sowohl für den Entwicklungsprozess für Microsoft SharePoint als auch für die Cloud-Lösung Office 365.

Registrieren Sie zunächst einen eigenen Office-365-Account, wenn kein eigener Microsoft SharePoint Server für Ihre Tests vorhanden ist. Microsoft bietet dazu einen kostenlosen Testzugang für 30 Tage an. Eine detaillierte Anleitung, wie Sie Ihre erste Microsoft-Office- oder Microsoft-SharePoint-Applikation erstellen können, finden Sie auf der Microsoft-Entwickler-Website unter *http://msdn.microsoft.com/en-US/library/office/apps/fp161179*.

Ihre Entwicklungsmöglichkeiten hängen stark von der Art des Hostings und der ausgewählten Programmiersprache ab. Wir zeigen Ihnen im Folgenden, wie Sie Ihre erste Microsoft-SharePoint-Anwendung mit Visual Studio 2012 erstellen, die Daten von einem bereits vorhandenen OData-Service empfängt und anzeigt. Dies ist ein sehr komfortabler Weg, um Ihre SAP-Daten auf Ihren Microsoft SharePoint Server zu übertragen, der z. B. per Wegezugriff erreichbar ist und Ihre wichtigen Daten konsolidieren kann.

Microsoft Office 365: Minimalanforderungen

- Microsoft-Office-365-(Test-)Account
- Office Developer Tools für Visual Studio 2012
- SharePoint-Client-Komponenten

Einstellungen

Um Ihre erste Microsoft-SharePoint-Anwendung zu erstellen, gehen Sie wie folgt vor:

1. Starten Sie Visual Studio 2012, und wählen Sie FILE • NEW • PROJECT, um Ihr erstes Microsoft-SharePoint-Projekt anzulegen.
2. Erweitern Sie den Knoten VISUAL C#, und wählen Sie den Eintrag APP FOR SHAREPOINT 2013 aus, der sich im Template-Verzeichnis OFFICE/SHAREPOINT befindet (siehe Abbildung 13.42).

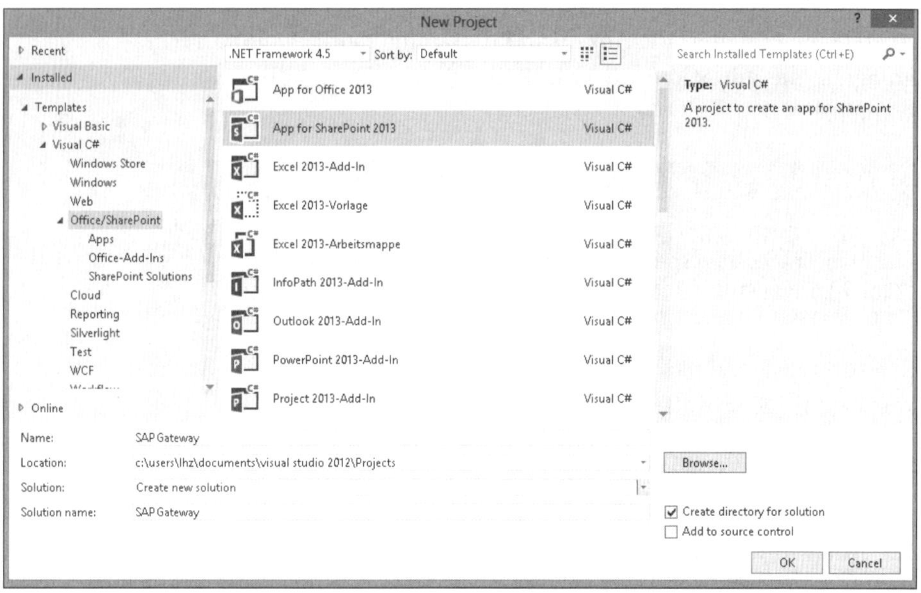

Abbildung 13.42 Neues Microsoft-SharePoint-Projekt anlegen

3. Vergeben Sie einen Projektnamen im Feld NAME, und klicken Sie auf OK.
4. Im nächsten Schritt müssen Sie die Microsoft-SharePoint-Einstellungen festlegen. Dabei gibt es verschiedene Optionen, wie Sie Ihre Applikation hosten können, wie wir Ihnen in Tabelle 13.1 zeigen.

Option	Beschreibung
Microsoft-SharePoint-gehostete Applikationen	Alle Komponenten werden von einer On-Premise- oder Office-365-Microsoft-SharePoint-Serverlandschaft gehostet.
Provider-gehostete Applikationen	Beinhalten alle Komponenten, die außerhalb einer Microsoft-SharePoint-Serverlandschaft gehostet werden.
automatisch gehostete Applikationen	Beinhalten alle Remote-Komponenten, die auf Windows Azure deployt werden können.

Tabelle 13.1 Optionen für das Hosting

5. Vergeben Sie einen Namen für Ihre Microsoft-SharePoint-Applikation, und tragen Sie die URL Ihres Microsoft SharePoint Servers ein, über die Sie Ihre Anwendung später debuggen können. Die URL hat dabei das Format *https://YOURUSERNAME.sharepoint.com*.
6. Nachdem Sie Ihre URL eingetragen haben, können Sie den Eintrag SHAREPOINT-HOSTED aus dem Dropdown-Menü auswählen (siehe Abbildung 13.43).

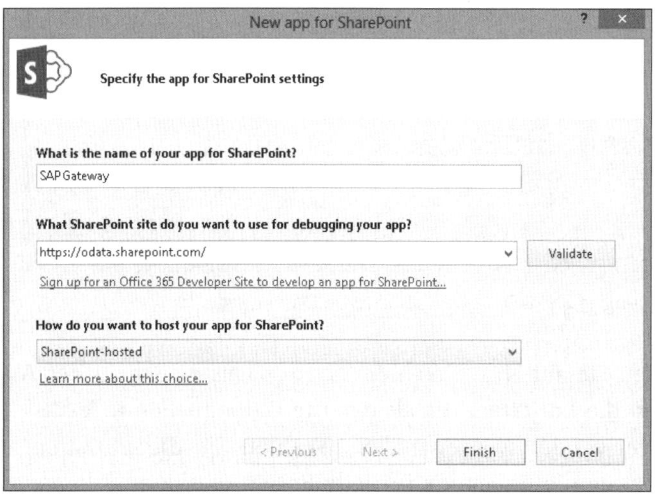

Abbildung 13.43 Erstellung einer neuen Microsoft-SharePoint-Applikation

7. Klicken Sie auf den Button FINISH. Nachdem das Projekt generiert wurde, erscheint ein Pop-up, in dem Sie Ihre Zugangsdaten eingeben müssen.
8. Nach der erfolgreichen Authentifizierung klicken Sie mit der rechten Maustaste auf Ihr erstelltes Projekt und wählen anschließend ADD • CONTENT TYPES FOR AN EXTERNAL DATA SOURCE, um Ihrem Projekt einen neuen OData-Service hinzuzufügen.

Hinweis

Wenn Sie einen OData-Service verwenden, der eine Authentifizierung erfordert, nutzt Visual Studio die Domäne als Teiler des Authentifizierungskopfes. Sie können einen Backslash am Anfang Ihres Benutzernamens hinzufügen (z. B. \myuser), um die Domäne zu ignorieren. Damit wir alle Probleme im Hinblick auf die Authentifizierung für die gezeigte Testanwendung ausschließen können, verwenden wir ausschließlich die kostenlosen Beispielservices von *www.odata.org* (die wir bereits in Abschnitt 9.3, »OData-Beispielservices«, vorgestellt haben), die keine Authentifizierung benötigen.

9. Stellen Sie sicher, dass Ihr OData-Service von Ihrem Microsoft SharePoint Server aus erreichbar ist. Geben Sie nun Ihre OData-Service-URL und einen frei wählbaren Namen für die neue Datenquelle ein (siehe Abbildung 13.44).

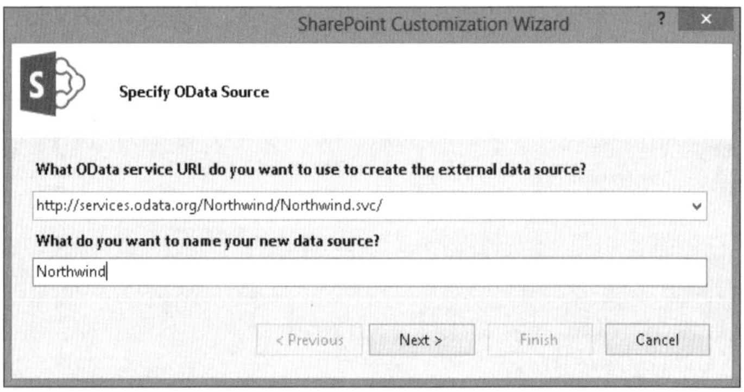

Abbildung 13.44 OData-URL als externe Datenquelle

10. Klicken Sie auf NEXT. Wählen Sie im nächsten Schritt des Assistenten die Entitäten, die als externe Datenquellen in Visual Studio verwendet werden sollen. Wählen Sie die Entitäten aus, indem Sie die Checkbox für jede Entität markieren, die genutzt werden soll (siehe Abbildung 13.45).

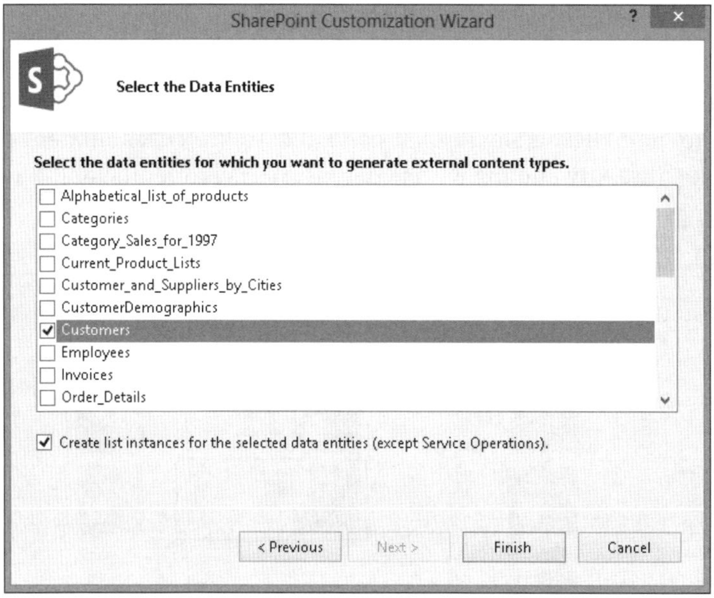

Abbildung 13.45 OData-Service – Entitäten wählen

11. Klicken Sie auf FINISH, um den Generierungsprozess zu starten.

Hinweis

Lassen Sie das Feld CREATE LIST INSTANCES FOR THE SELECTED DATA ENTRIES (EXCEPT SERVICE OPERATIONS) markiert, um eine externe Liste zu erzeugen. Diese Liste kann dadurch automatisch erzeugt werden.

Nach einigen Sekunden sind alle Objekte erzeugt und in Ihrem Visual-Studio-Projekt als EXTERNAL CONTENT TYPE und EXTERNAL LIST INSTANCE angelegt.

Veröffentlichen

Wählen Sie in DEBUG • START (oder drücken Sie F5). Visual Studio kompiliert Ihre Applikation und veröffentlicht diese auf Ihrem Microsoft SharePoint Server. Nachdem die Anwendung veröffentlicht wurde, öffnet sich Ihr Standardbrowser automatisch, und Sie werden aufgefordert, Ihren Benutzernamen und Ihr Passwort für den Server einzugeben. Danach wird Ihre gerade erstellte Anwendung angezeigt. Obwohl Sie noch keine Einstellungen für das Layout vorgenommen haben, können Sie bereits einige Informationen sehen. Das Ergebnis des OData-Service-Aufrufs können Sie einsehen, indem Sie die URL wie folgt anpassen: */yourappname/Lists/yourentityname*. In unserem Beispiel sieht die URL danach wie folgt aus:

https://odata.sharepoint.com/SAPGateway/Lists/Customers

Sie können Ihre Anwendung auch von der Office-365-Startseite aus aufrufen. Loggen Sie sich dort ein, navigieren Sie auf die Entwicklerseite, und klicken Sie dort auf den Link Site Content auf der linken Seite. Ihre Anwendung wird in der Liste der veröffentlichten Anwendungen angezeigt (siehe Abbildung 13.46).

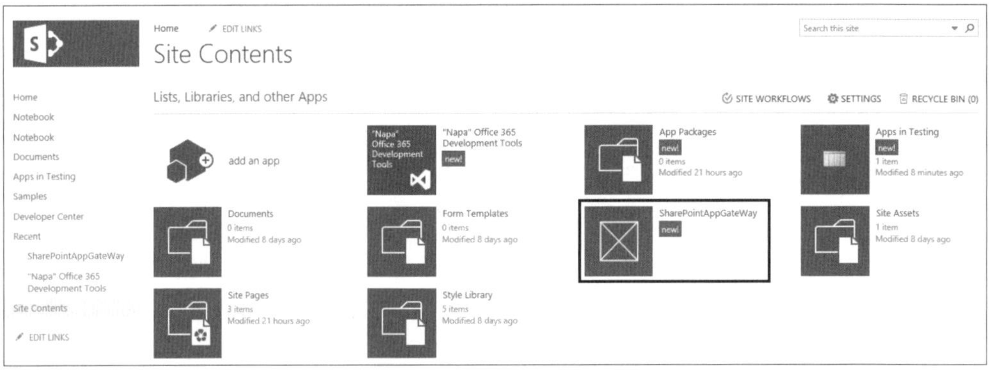

Abbildung 13.46 Anwendungen in Microsoft Office 365

Ihre erstellte Microsoft-SharePoint-Anwendung finden Sie in der im Test befindlichen App auf der Startseite. Als Ergebnis sehen Sie eine Webseite, wie in Abbildung 13.47 dargestellt. Die Daten aus Ihrem OData-Service werden in einer einfachen Tabellenansicht angezeigt.

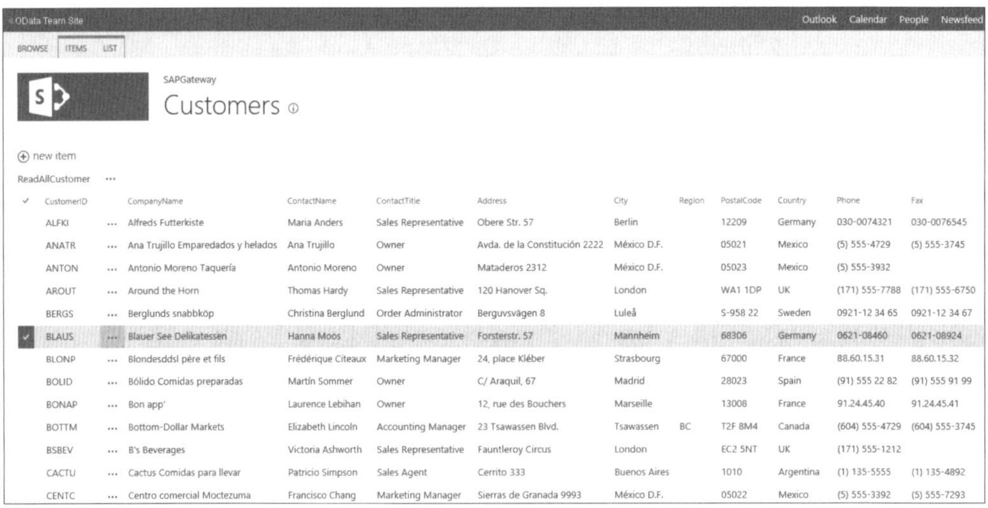

Abbildung 13.47 Microsoft Office 365 – Anwendung mit OData

13.4 Microsoft LightSwitch

Microsoft LightSwitch ist ein Visual-Studio-Produkt, um Anwendungen für Unternehmen zu erstellen. Die Applikationen werden auf Microsoft-Systemen mit .NET-Technologien erstellt und können als Microsoft-Silverlight-, HTML5- oder Microsoft-SharePoint-Anwendung erzeugt werden. Als Datenquellen werden Microsoft-SharePoint-, OData- und WCF-Services (Windows Communication Foundation) unterstützt. Die Logik kann dabei mit Visual Basic oder Visual C# programmiert werden, wobei das Design, die Beziehungen zwischen den Entitäten und die UI-Ansichten durch ein integriertes Grafikdesigner-Programm erstellt werden können.

Microsoft LightSwitch: Minimalanforderungen

- Visual Studio 2012
- .NET Framework

Applikation anlegen

1. Starten Sie Visual Studio 2012, um ein neues LightSwitch-Projekt anzulegen. Wählen Sie dazu FILE • NEW • PROJECT.
2. Wählen Sie aus den Vorlagen auf der linken Menüseite LIGHTSWITCH aus und eine der beiden Programmiersprachen Ihrer Wahl. In diesem Beispiel erstellen wir eine Visual-Basic-Anwendung (siehe Abbildung 13.48).

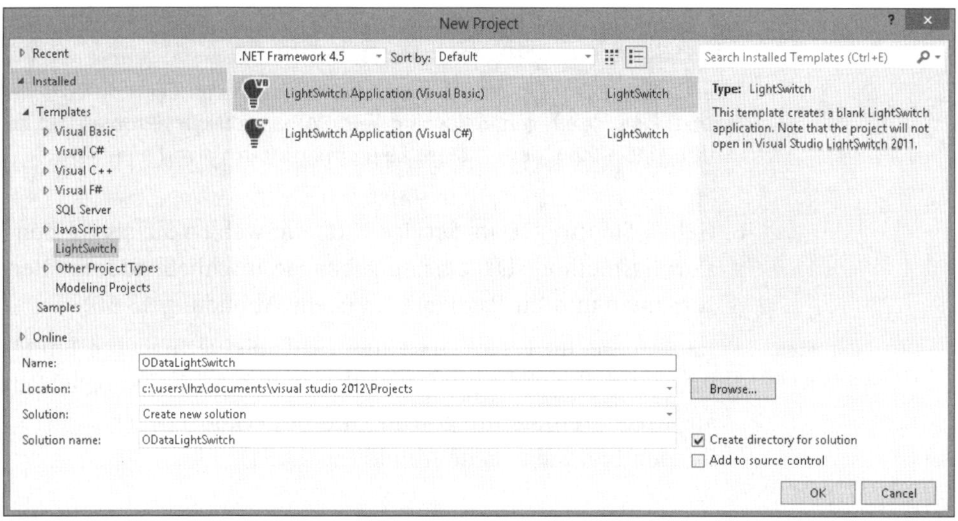

Abbildung 13.48 LightSwitch-Projekt anlegen

Datenquelle

3. Vergeben Sie einen Projektnamen, und klicken Sie auf OK. Nachdem das Projekt erstellt wurde, öffnet sich der Dialog START WITH DATA.
4. Klicken Sie auf den Link ATTACH TO EXTERNAL DATA SOURCE, um den ATTACH DATA SOURCE WIZARD zu starten. Wählen Sie als Erstes die Datenquelle, die in unserem Szenario natürlich ein ODATA SERVICE ist (siehe Abbildung 13.49).

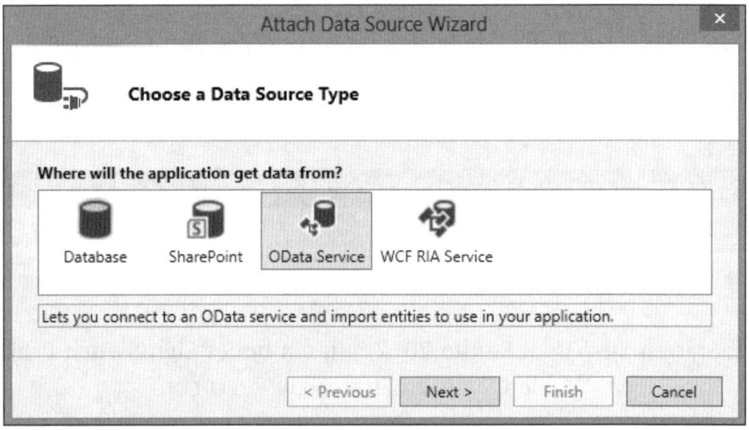

Abbildung 13.49 Datenquelle – OData-Service

5. Klicken Sie auf NEXT. Sie werden nun nach einer Service-URL und den gegebenenfalls benötigten Benutzerdaten gefragt.

Warnung

Der OData-Datentyp MEDIENELEMENT wird nicht von LightSwitch unterstützt. Dies ist ein generelles und kein SAP-spezifisches Problem. Microsoft LightSwitch ignoriert diese Elemente, sofern sie vorhanden sind.

6. Geben Sie Ihre OData-Service-URL ein, wählen Sie als Authentifizierungsmethode OTHER, und geben Sie anschließend Ihren Benutzernamen und Ihr Passwort ein (siehe Abbildung 13.50).

Entitäten auswählen

Klicken Sie auf NEXT. Das Plug-in lädt die verfügbaren Entitäten und zeigt diese in einem Menübaum mit Auswahlmöglichkeiten an. Markieren Sie die gewünschten Checkboxen der zu verwendenden Entitäten (siehe Abbildung 13.51).

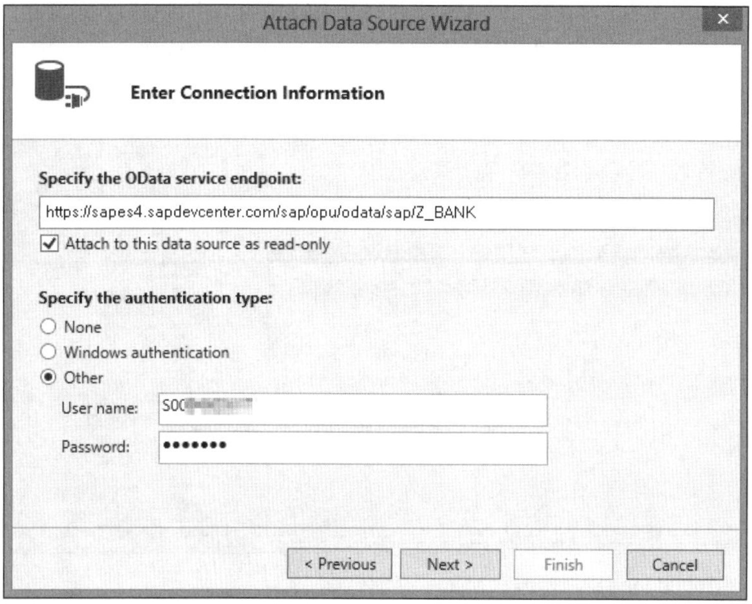

Abbildung 13.50 OData-Service hinzufügen

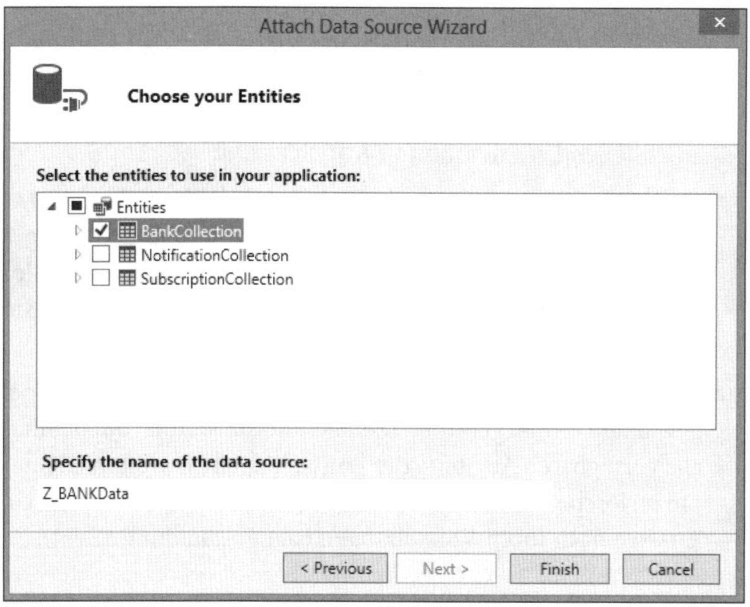

Abbildung 13.51 OData-Collections auswählen

7. Der Name der Datenquelle ist standardmäßig der OData-Servicename, kann aber auf Wunsch geändert werden. Klicken Sie

abschließend auf FINISH. Es folgt die automatische Erzeugung der Datenquellen und die Vorschau der Collections in Tabellenform (siehe Abbildung 13.52).

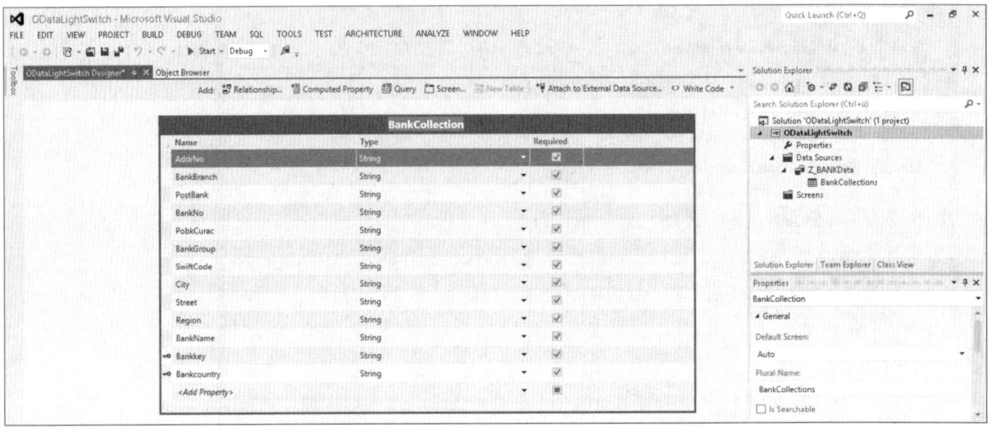

Abbildung 13.52 BankCollection-Vorschau

8. Leider ist diese Tabellenvorschau kein fertiges Bildschirmelement. Daher müssen Sie eine eigene Bildschirmmaske erstellen, um die Daten aus dem OData-Service anzeigen zu können. Klicken Sie dazu mit der rechten Maustaste auf den Ordner SCREENS im SOLUTION EXPLORER auf der rechten Seite. Klicken Sie anschließend auf den Button ADD SCREEN.
9. Es wird ein Pop-up geöffnet, in dem Sie das Template EDITABLE GRID SCREEN auswählen. Selektieren Sie Ihre Datenquelle aus dem Dropdown-Menü auf der rechten Seite, und geben Sie einen eigenen Bildschirmnamen im Feld SCREEN NAME ein (siehe Abbildung 13.53).
10. Klicken Sie auf OK. Der ODATALIGHT DESIGNER wird mit der ausgewählten Entität geöffnet. Das erstellte Standardlayout beinhaltet alle verfügbaren Attribute der Entität. Fügen Sie weitere Elemente hinzu, löschen Sie vorhandene, oder sortieren Sie die Daten-Grid-Anzeige nach Ihren Vorstellungen (siehe Abbildung 13.54).

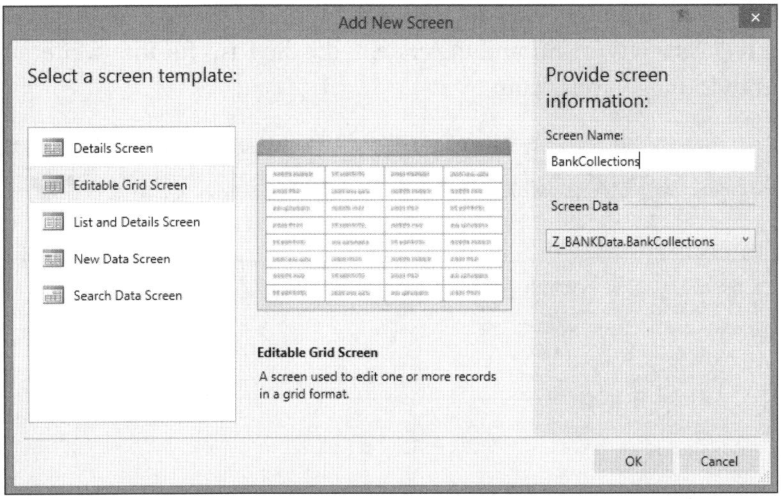

Abbildung 13.53 Neue Bildschirmansicht hinzufügen

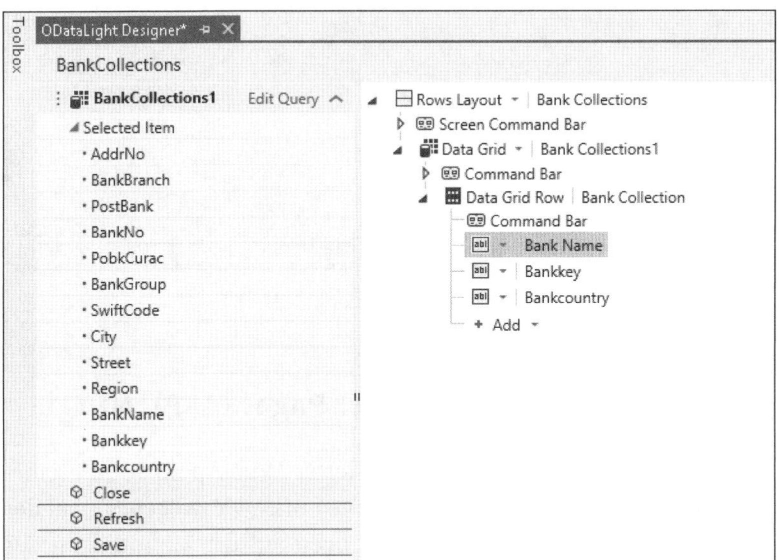

Abbildung 13.54 ODataLight Designer: Layout

Drücken Sie [F5], sobald Sie fertig sind, um die Anwendung zu kompilieren und zu starten. Nach dem Start erscheint Ihre erstellte Bildschirmmaske, gefüllt mit den übermittelten Daten aus dem OData-Service (siehe Abbildung 13.55).

OData-LightSwitch-Applikation

Sie haben nun Ihre erste einfache Microsoft-LightSwitch-Applikation mit OData-Service-Anbindung erstellt, die die Basis für Ihre weiteren Entwicklungen sein kann.

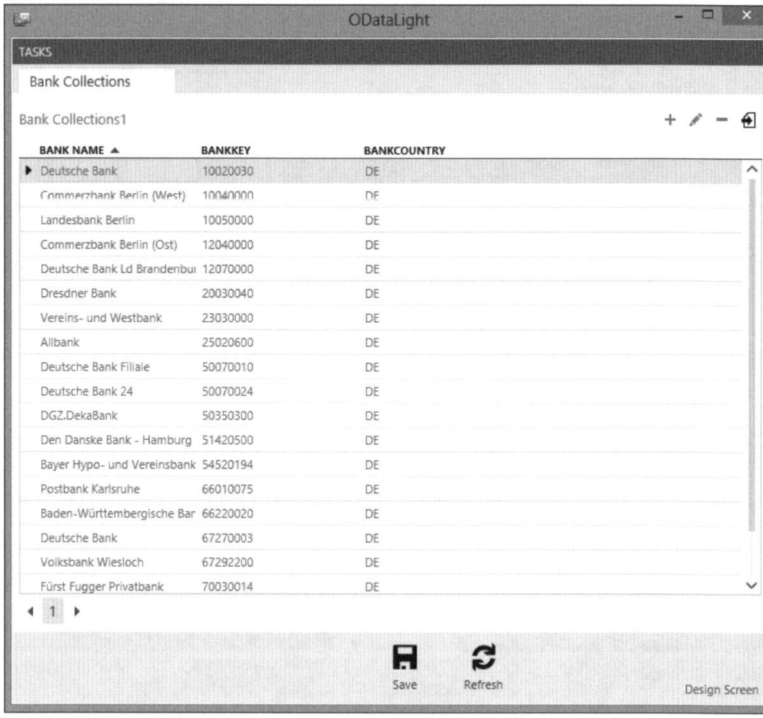

Abbildung 13.55 Fertige ODataLight-Anwendung

13.5 Microsoft Active Server Pages (ASP) .NET

Microsoft ASP.NET ist ein serverbasiertes Web-Applikation-Framework. Es ist Bestandteil des .NET Frameworks, weswegen Sie bei der Entwicklung von ASP.NET-Anwendungen auf die Bibliotheken des .NET Frameworks Zugriff haben. Weiterhin können Sie Anwendungen in jeder mit der Common-Language-Runtime (CLR) kompatiblen Sprache entwickeln, inklusive Microsoft Visual Basic und C#.

Warnung

Im SCN gibt es ein Stand-alone-Plug-in mit dem Namen SAP Gateway Developer Tool für Visual Studio. Das Programm unterstützt lediglich Visual Studio 2010. Die Aussage in der Dokumentation »Visual Studio 2010 oder höher« ist falsch.

Da das verfügbare Plug-in nicht weiterentwickelt wird, zeigen wir Ihnen in Listing 13.2, wie Sie einen OData-Service mit jeder Visual-Studio-Version konsumieren können.

```
private static void GetCarrierByID()
{
    // Carrier ID for search
    string carrierId = "AA"; //American Airlines

/** SAP Gateway OData service **/
string serviceUrl = "http://<Gateway_Host>:<Gateway_Port>/
  sap/opu/odata/iwfnd/RMTSAMPLEFLIGHT/";

RMTSAMPLEFLIGHT.RMTSAMPLEFLIGHT service =
 new RMTSAMPLEFLIGHT.RMTSAMPLEFLIGHT(
    new Uri(serviceUrl));
    service.Credentials = new
      NetworkCredential(username, password);

/** Execute **/
var carrier = (from Carrier c in service.CarrierCollection
            where c.carrid == carrierId
            select c).FirstOrDefault();

/** Write result to console **/
Console.WriteLine(String.Format("Carrier ID =
 {0}",carrier.carrid));
Console.WriteLine(String.Format("Carrier Name =
 {0}",carrier.carrname));
}
```

Listing 13.2 .NET-Applikation-Codeschnipsel

13.6 Zusammenfassung

Nach der Lektüre dieses Kapitels sollten Sie in der Lage sein, Anwendungen mithilfe des SAP GWM zu entwickeln und Daten über Microsoft SharePoint, Excel oder Office mit Daten aus einem OData-Service zu versorgen. Selbst wenn Sie kein Technikexperte oder Entwickler sind, können Sie mithilfe des SAP-GWM-Assistenten für Excel und Outlook und z. B. des PowerPivot-Plug-ins eigene Applikationen aus existierenden OData-Services erstellen. In diesem Zusammenhang haben wir auch eine LightSwitch-Beispielanwendung erstellt. Dieses Kapitel umfasst dennoch nur eine kleine Anzahl an möglichen Optionen für Ihre Unternehmensapplikation mit Anbindung an einen Gateway-OData-Service.

TEIL IV
Administration

In diesem Kapitel werden einige nicht direkt entwicklungsbezogene Themen behandelt, die für eine Produktivumgebung jedoch relevant sind.

14 Lifecycle Management: Qualitätssicherung, Service-Deployment und Operations

SAP-Gateway-Lebenszyklus

Wie bei jeder Software folgt auch die Entwicklung mit SAP Gateway einem Lebenszyklus. Im Regelfall beginnt dieser Lebenszyklus mit der Identifizierung eines Geschäftsszenarios und der Analyse der Benutzeranforderungen. Dann folgt der Entwurf der auf den spezifischen Anwendungsfall zugeschnittenen Lösung sowohl aufseiten der SAP Business Suite als auch aufseiten des Frontends. Darauf folgen dann die eigentliche Implementierung, das Testen, die Dokumentation und das Deployment der erstellten Gateway-Services. In den nächsten Schritten kommt es dann optional zum Setup und der Konfiguration von SAP API Management, zum Roll-out der Frontend-Entwicklungen für die verschiedenen Zielplattformen und schließlich zum Betrieb und zur Wartung. Üblicherweise stoppt dieser Prozess nicht, sondern ist inkrementell und sieht in der Darstellung aus wie eine Spirale. Sobald sich neue Geschäftsanforderungen ergeben, werden die Phasen des Prozesses wieder durchlaufen (siehe Abbildung 14.1). Allerdings startet dieser neue Durchlauf durch die Phasen des Prozesses aufbauend auf dem, was schon da ist.

In diesem Kapitel werden wir uns auf drei ausgewählte Phasen des SAP Gateway-Softwarelebenszyklus konzentrieren: *Testen*, *Deployment* und *Betrieb* einer Gateway-Umgebung. Die weiteren Phasen (*Entwurf* und *Implementierung*) sind bereits im Rahmen von Kapitel 5, »Einführung in die Erstellung von OData-Services mit SAP Gateway«, Kapitel 6, »Serviceentwicklung«, und Kapitel 7, »Servicegenerierung«, betrachtet worden. Eine Gemeinsamkeit der hier in diesem Kapitel betrachteten Phasen des Gateway-Softwarelebenszyklus ist, dass es sich nicht um Entwicklungsphasen handelt. Daher wird diesen Phasen in Projekten häufig weniger Aufmerksamkeit geschenkt. Sie sind allerdings sehr wichtig für den Projekterfolg. Und genau deshalb behandeln wir sie hier.

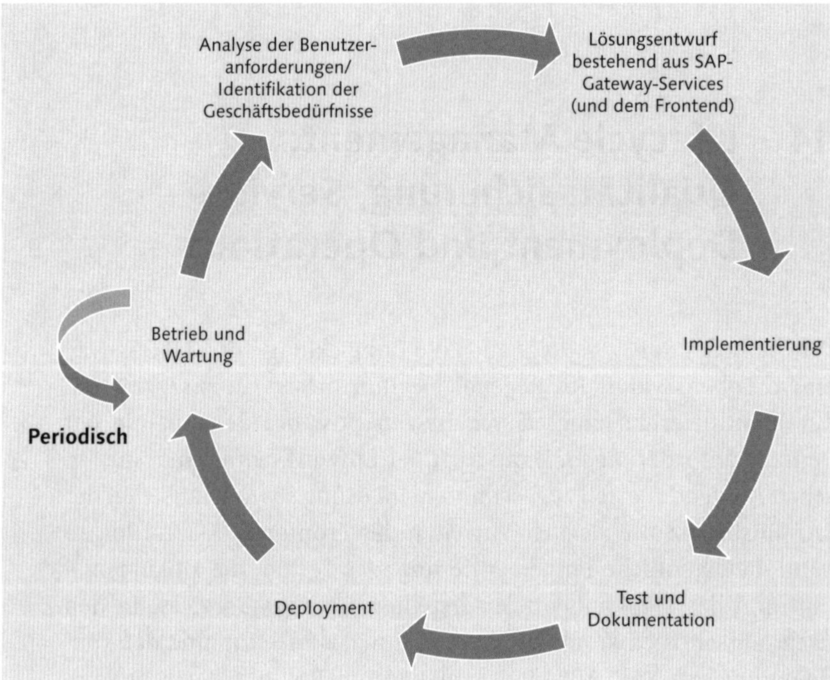

Abbildung 14.1 SAP Gateway – Softwarelebenszyklus

14.1 Testen

Drei-Schichten-Architektur

Die Drei-Schichten-Architektur von SAP Gateway (Business-Suite-Schicht, Gateway-Schicht und Konsumentenschicht) vereinfacht auf der einen Seite das Testen, da offensichtliche und klar definierte Schnittstellen für Tests zur Verfügung stehen. Auf der anderen Seite können durch die vielen verschiedenen Technologien (ABAP, Client-Technologie) und die unterschiedlichen (technologischen) Hintergründe der in das Projekt involvierten Personen und Abteilungen jedoch auch besondere Herausforderungen entstehen.

Im Allgemeinen ist es einfach, Testempfehlungen für den Gateway-/ABAP-Bereich abzugeben, da diese Technologie in allen Projekten die Konstante ist. Auf der Client-Seite ist dies aufgrund der vielfältigen Client-Technologien und der möglicherweise für diese Technologien benötigten unterschiedlichen Testherangehensweisen ungleich schwieriger. Denken Sie beispielsweise an eine mobile Applikation, die idealerweise auf dem Gerät und nicht nur auf einem Emulator getestet werden sollte. Dies bedeutet üblicherweise einen größeren Testaufwand, der durch die zusätzliche Landschaftskomplexität bedingt ist. Diese Tests sind deshalb erst ab einem bestimmten Reifegrad der Applikation sinnvoll. Gleichzeitig könnte eine einfache HTML5-Applikation ohne größeren Aufwand schon früh während der Entwicklung getestet werden, möglicherweise sogar mit agilen/testgetriebenen Entwicklungsmethoden.

Die frühe Testbarkeit gilt besonders für auf SAPUI5 basierenden Applikationen, die auf dem Gateway-Hub-System deployt werden können. Diese Applikationen haben einen Lebenszyklus, der dem von auf SAP Gateway basierenden OData-Services ähnelt, da SAPUI5-Applikationen üblicherweise auf einem ABAP-System als Business Server Page (BSP) deployt werden.

In diesem Abschnitt werden wir sowohl den Prozess des Testens von Gateway-Services als auch den von Client-Applikationen einführen. Wir beschließen den Abschnitt mit einigen allgemeinen Best Practices für das Testen.

14.1.1 Testen von SAP-Gateway-Services

Testwerkzeuge

Das Testen von mit SAP Gateway entwickelten OData-Services kann unabhängig von der Zielplattform erfolgen, auf der die Services später konsumiert werden sollen. SAP stellt dafür als Teil der SAP-Gateway-Plattform Testwerkzeuge zur Verfügung, die das Testen der erstellten OData-Services deutlich vereinfachen. Die beiden Haupttestwerkzeuge sind dabei der *SAP Gateway Client* und das *Service Validation Tool*. Beide werden in diesem Abschnitt detailliert beschrieben.

SAP Gateway Client

Der SAP Gateway Client (Transaktion /IWFND/GW_CLIENT) ist ein mächtiges Werkzeug und erlaubt das Testen jeglicher OData-Services. Das ermöglicht es, OData-Services im Vorfeld zu testen und Qualitätssicherungsmaßnahmen durchzuführen, bevor der Service wirklich verwendet wird. Der SAP Gateway Client erlaubt folgende Aktivitäten:

- Erstellen von Testfällen für OData-Services
- Speichern der erstellten Testfälle und das Abspielen dieser Testfälle zu jeder Zeit
- Simulation eines Service zur Laufzeit, um mögliche Probleme zu identifizieren und zu beseitigen
- Reproduktion von Laufzeitsituationen, die zu einem bestimmten Fehler geführt haben
- Ausführen mehrerer Testfälle in sequenzieller Reihenfolge, um komplexere Szenarien der Erstellung, des Updates, des Lesens und des Löschens von Daten testen zu können.

Der SAP Gateway Client ist vollständig mit anderen Gateway-Tools wie der Transaktion /IWFND/MAINT_SERVICE (Maintain Service) oder der Transaktion /IWFND/ERROR_LOG (Fehlerprotokoll) integriert, damit identifizierte Probleme schnell und effizient weiterverfolgt werden können. Der SAP Gateway Client fungiert als HTTP-Client und erlaubt das Testen von HTTP-Requests und -Responses, wie sie zur Laufzeit auftreten würden. Gestartet wird der Client mit der Transaktion /IWFND/GW_CLIENT. Die Benutzeroberfläche des SAP Gateway Clients zeigt Abbildung 14.2.

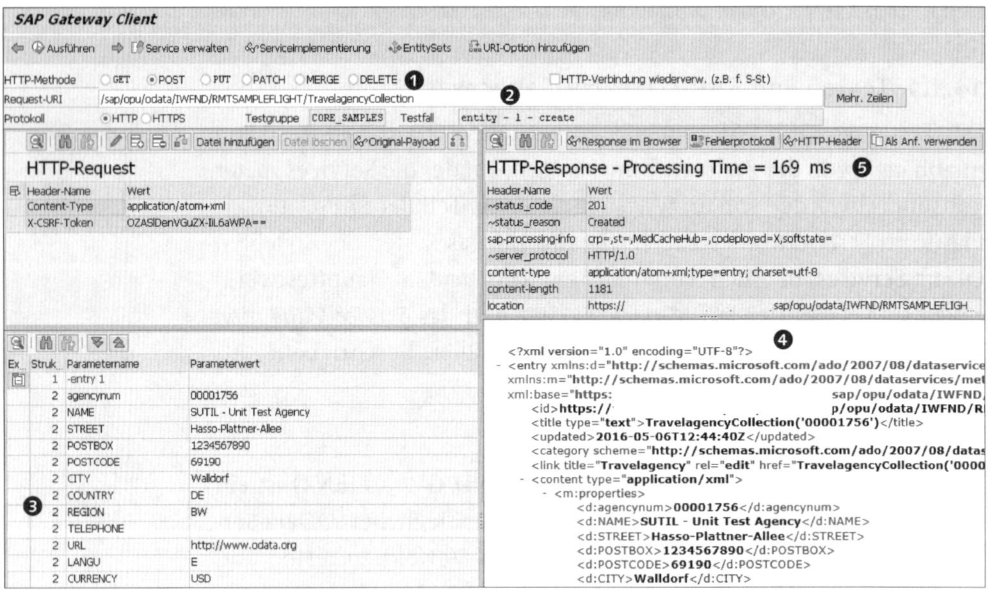

Abbildung 14.2 SAP Gateway Client – Transaktion /IWFND/GW_CLIENT

Sie können die HTTP-Methoden GET, POST, PUT, PATCH, MERGE und DELETE verwenden ❶. Das Werkzeug bietet zudem einen Bereich für die Eingabe der Request-URI ❷ und einen Bildbereich für den HTTP-Request ❸. Dieser HTTP-Request-Bereich kann entweder direkt mit den Servicedaten (Service Payload) oder aber aus einer Datei gefüllt werden. Nachdem Sie den Request ausgeführt haben, wird das Ergebnis im Antwortbereich dargestellt ❹. Sollte als Ergebnis des Tests ein Fehler aufgetreten sein, werden HTTP-Status und -Wert angezeigt. Sie können dann die Details der HTTP-Response anzeigen oder die Response in einem zusätzlichen Browser ausgeben lassen, aber auch zur Registerkarte FEHLERPROTOKOLL ❺ navigieren, um den Fehler zu analysieren und zu korrigieren.

Testfälle und Gruppen

Um wiederholtes Testen zu vereinfachen, ist der SAP Gateway Client mit einer unterliegenden Datenbank integriert. Dies erlaubt den Zugriff auf bereits in der Datenbank gespeicherte Request-Daten oder das Speichern der eigenen Testfälle in dieser Datenbank. Gespeicherte Testfälle können dann einfach wiederholt ausgeführt werden. Testfälle können in Testgruppen zusammengefasst werden, so dass sie einfacher wieder auffindbar sind. Zudem ist es möglich, die erwarteten HTTP-Returncodes für Testfälle zu hinterlegen. Wenn es dann bei der Ausführung des Testfalls zu einer Abweichung zwischen dem tatsächlichen und dem erwarteten Returncode kommt, wird der Testfall als fehlerhaft angezeigt (wie unter ❻ in Abbildung 14.3).

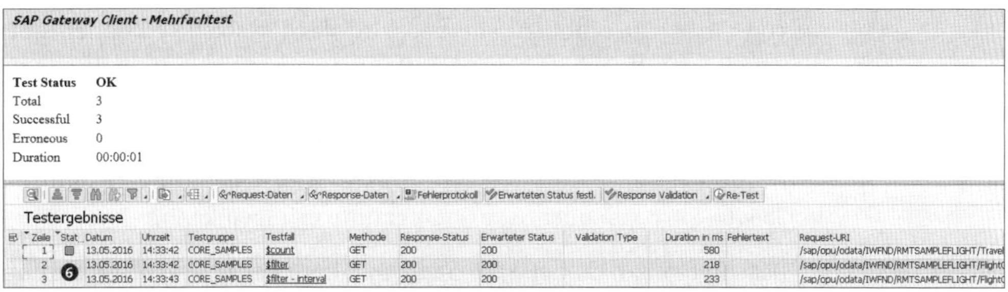

Abbildung 14.3 SAP Gateway Client – Multiple-Test-Maske

Von SAP ausgelieferte Beispiel-Testfälle

Um das Testen weiter zu vereinfachen, liefert SAP die Testgruppe CORE_SAMPLES aus, die bereits beispielhafte Testdaten enthält. Sie können diese Testdaten für die Nutzung freischalten, und zwar über die Auswahl von SAP GATEWAY CLIENT • CORE_SAMPLES ANLEGEN aus dem Menü des SAP Gateway Clients. Bereits existierende Testfälle können an Ihre Anforderungen angepasst werden, oder aber Sie definieren und speichern Ihre eigenen Testfälle.

Nach der Ausführung der Testfälle werden die Ergebnisse in SAP GATEWAY CLIENT – MEHRFACHTEST angezeigt, wie in Abbildung 14.3 zu sehen ist: der durch eine Ampel dargestellte Status des Testfalls, die HTTP-Methode, die HTTP-Response, der erwartete Status, ein beschreibender Fehlertext, die Request-URI und die Testgruppe. Im Fall eines Fehlers können Sie durch Anklicken des Buttons direkt in das Fehlerprotokoll abspringen. Nach der Beseitigung des Problems, das zu dem Fehler geführt hat, können Sie dann auf den Button RETEST klicken, um die Testwiederholung durchzuführen.

Daten-Explorer

Ein weiteres Feature des SAP Gateway Clients ist der Daten-Explorer. Dieser ist ab SAP Gateway SP08 verfügbar und erlaubt die Darstellung des Response-Payloads eines OData-Requests in einer benutzerfreundlichen Tabelle. Die Response eines OData-Requests kann im XML- oder im JSON-Format formatiert sein. Bei `$batch`-Requests zudem als Kombination der beiden Formate. Der Daten-Explorer unterstützt Nutzer, indem er die Lesbarkeit der Responses weiter erhöht. Um den Daten-Explorer zu starten, klicken Sie auf den Button DATEN-EXPLORER im SAP Gateway Client. Um wieder zum originalen Payload zu gelangen, klicken Sie ORIGINAL-PAYLOAD.

CSRF Der SAP Gateway Client unterstützt Sie zudem bei der Durchführung von `WRITE`-Operationen. Hierbei wird das für solche Aktionen notwendige CSRF-Token (*Cross-Site Request Forgery*) automatisch erworben. (Dies ist ein großer Vorteil, da beispielsweise bei der Verwendung eines Third-Party-REST-Clients zunächst ein separater `GET`-Request durchgeführt werden muss und erst dann die eigentliche `Update`-, `Create`- oder `Delete`-Operation erfolgen kann.)

Beachten Sie, dass der SAP Gateway Client für jede `READ`-Operation ein neues CSRF-Token anfordert. Daher ändert sich das in der Transaktion angezeigte Token kontinuierlich, obwohl es eine gewisse Lebensdauer hat.

Ein weiteres Highlight des SAP Gateway Clients ist der Zugriff auf SAP-Performance-Statistiken für die OData-Requests, ohne das Performance-Trace-Tool aktivieren zu müssen. Um die SAP-Performance-Statistiken zu erhalten, fügen Sie `?sap-statistics=true` am

Ende der Request-URL an. Dies ist davon unabhängig, ob es sich um einen GET-, POST-, PUT-, MERGE-, PATCH- oder DELETE-Request handelt.

Zusätzliche Quellen

Weitere Informationen zum SAP Gateway Client finden Sie unter der URL *http://help.sap.com/saphelp_gateway20sp12/helpdata/en/84/cdd122239d4dd0bee1da7fe4a16850/content.htm*.

Service-Validierungswerkzeug

Validierung zur Laufzeit

SAP Gateway bietet ein Service-Validierungswerkzeug, das die Laufzeit für alle Gateway-Services validiert. Die Validierung zur Laufzeit stellt sicher, dass sich die Runtime wie erwartet verhält und es keine Probleme gibt (wie beispielsweise Syntaxfehler in Programmen, RFC-Autorisierungsprobleme etc.). Die Validierung beinhaltet die Ausführung von READ- und QUERY-Operationen auf den durch den Service exponierten Collections über das Servicedokument und daraufhin die Überprüfung des HTTP-Response-Codes. Für READ-Operationen führt das Tool auch die Self-Links für alle Collections und für alle Navigation Properties rekursiv durch. Während dieses Prozesses ist keine Benutzerinteraktion erforderlich.

Um einen Service zu validieren, starten Sie die Transaktion /IWFND/SRV_VALIDATE und geben die Servicebeleg-ID (*Service Document Identifier*) ein. Wählen Sie SERVICE VALIDIEREN und danach AUSFÜHREN. Nach der Ausführung kommen Sie automatisch zu den Ergebnissen. Nach einem Validierungslauf können Sie auf der Hauptseite ERGEBNIS LETZTER LAUF wählen und mit AUSFÜHREN einen Blick auf die Detailergebnisse werfen, ohne einen weiteren vollen Durchlauf durchführen zu müssen.

eCATT-basierte Testautomatisierung für OData-Services

Das *extended Computer Aided Test Tool* (eCATT) ist eines der von SAP-Kunden hauptsächlich genutzten Werkzeuge, um funktionale Tests zu erstellen und auszuführen. Das Hauptziel des Tools ist das automatisierte Testen von Geschäftsprozessen in SAP. Weitergehende Informationen hinsichtlich der Nutzung von eCATT für das automatisierte Testen von OData-Services finden Sie hier: *http://scn.sap.com/docs/DOC-64981*.

14.1.2 Testen einer Client-Applikation

Das Testen einer Client-Applikation ist ein komplexer Vorgang, da es sehr viele verschiedene Zielplattformen gibt, auf denen Gateway-Services konsumiert werden können. Daher geben wir Ihnen hier keine detaillierten Empfehlungen für das Testen von spezifischen Client-Applikationen auf einer bestimmten Client-Technologie.

Wir zeigen Ihnen jedoch die drei Hauptkategorien von Gateway-Projekten sowie Gemeinsamkeiten und Unterschiede der drei Projektkategorien, die Auswirkungen auf die jeweiligen Teststrategien haben:

- **Mobile**
  Diese Kategorie beinhaltet alle Gateway-Projekte, in denen Applikationen auf mobilen Endgeräten deployt werden (d. h. Smartphones, Tablets, Notebooks) und die SAP Gateway zum Zugriff auf die SAP Business Suite verwenden. Beispiele sind hier Android- oder iPhone-Applikationen.
- **Desktop**
  Diese Kategorie beinhaltet alle Projekte, in denen eine Applikation für die Konsumierung von Gateway-Services auf einem stationären Endgerät entwickelt wird. Typischerweise ist dieses Endgerät ein PC. Beispiele für Desktop-Applikationen sind auf Microsoft .NET basierende Anwendungen.
- **Web**
  Diese Kategorie beinhaltet alle Projekte, die SAP Gateway für den webbasierten Zugriff auf Business-Suite-Systeme nutzen. Beispiele sind Facebook-Applikationen, auf HTML5 und JavaScript basierende sowie auf PHP basierende Browserapplikationen.

Auswirkungen auf den Projektlebenszyklus

Die meisten anderen Anwendungsfälle und Architekturen sind Unterkategorien dieser drei Hauptkategorien. Der Typ eines Gateway-Projekts hat deutliche Auswirkungen auf dessen Lebenszyklus. Viele Dinge können auch bei verschiedenen Typen ähnlich gehandhabt werden, bei anderen Aspekten gibt es jedoch deutliche Unterschiede zwischen den Typen. In Bezug auf das Testen findet man die folgenden Gemeinsamkeiten auch bei Projekten eines unterschiedlichen Typs:

1. Endgeräte konsumieren Gateway-Services und sind auf deren Korrektheit angewiesen. Es ist schwierig (wenn auch nicht unmöglich), für eine Applikation auf einem Endgerät inkorrekte Daten zu identifizieren. Für alle von den Client-Applikationen aufzurufen-

den Services sollten Testfälle auf dem SAP Gateway Client erstellt und ausgeführt werden.

2. Es ist schwierig zu entscheiden, in welche Richtung getestet werden soll. In einer idealen Welt würde man per Bottom-up-Methode testen, das heißt mit der Verifizierung der Korrektheit der Gateway-Services beginnen. Erst dann würden die für das Coding auf den Endgeräten verantwortlichen Entwickler mit ihren Entwicklungsaufgaben beginnen. Unglücklicherweise ist unsere Welt nicht perfekt. Aus Kosten- oder Verfügbarkeitsgründen überlappt sich die Arbeit der beiden Teams (das heißt des Gateway-Service-Teams und des Applikationsteams) häufig zu großen Teilen oder sogar komplett.
3. Was das Testen zusätzlich erschwert, ist, dass die Mitglieder des einen Teams häufig keine Erfahrungen im jeweils anderen Bereich haben, so dass es auch hier ein Potenzial für Kommunikationsprobleme zwischen den Teams gibt. Glücklicherweise hilft hier das OData-Protokoll, da das Entity Data Model als eine Art Kontrakt zwischen den SAP- und Nicht-SAP-Entwicklern fungiert. SAP Gateway erleichtert gegenüber traditionellen Ansätzen die Zusammenarbeit von Business-Suite-Entwicklern und Client-Entwicklern deutlich. Trotz allem verbleiben immer noch einige zu überbrückende Gegensätze.

Weitere Faktoren

Beim Test von Gateway-Client-Applikationen gibt es noch weitere Faktoren, die es zu berücksichtigen gilt. Diese Faktoren sind spezifisch für die einzelnen Projektkategorien und somit nicht für jedes einzelne Projekt relevant. Wenn sie jedoch relevant sind, haben sie starke Auswirkungen auf das Testen. Diese Faktoren sind:

- **Online oder offline**
  Web- und Desktop-Endgeräte werden in nahezu allen Fällen in Produktivumgebungen im Online-Modus betrieben. Daher sollten Verbindungsabbrüche in den Testfällen abgedeckt sein. Daraus werden allerdings nur einige wenige Testfälle im Testplan resultieren. Für einige mobile Applikationen wird dies allerdings vollkommen anders sein. Geschäftskritische Applikationen müssen häufig Offline-Unterstützung bieten, um auch bei einem Verbindungsabbruch oder bei nicht vorhandener oder schlechter Konnektivität den Geschäftsbetrieb fortführen zu können. Dies wiederum erfordert zusätzlichen Entwicklungs- und Testaufwand.

- **Zusätzliche Komponenten**
  Zusätzliche Komponenten oder technische Lösungen können das Applikationsverhalten beeinflussen und müssen für die Planung der Tests mit in Betracht gezogen werden. Beispiele hierfür sind die SAP Mobile Platform (SMP) in Kombination mit SAP Gateway oder aber Sicherheitsmechanismen für Webapplikationen.

Wie zuvor ausgeführt, können wir diese Themen aus einer Gateway-Perspektive nur kurz anreißen. Im Endeffekt handelt es sich um Entwicklungs- und Qualitätssicherungsthemen für die Endgeräte. Aus Gateway-Sicht ist der Hauptpunkt eine bestmögliche Synchronisation der Client-Entwicklung mit der Gateway-Serviceentwicklung.

14.1.3 Best Practices für das Testen von SAP Gateway

Best Practices für das Testen

Der Fokus dieses Best-Practices-Abschnitts liegt auf der Sicherstellung der Korrektheit und Verifizierung der entwickelten Gateway-Services und auf einer funktionierenden Organisation des Entwicklungsprojekts für eine zeitnahe Nutzung der entwickelten und verifizierten Gateway-Services während der Entwicklung für die Endgeräte. Wir empfehlen, die folgenden Best Practices für das Testen von Gateway-Services zu beachten:

- Vor Projektstart sollten Sie möglichst sicherstellen, dass die zwei Entwicklungsteams (Applikation auf dem Endgerät, SAP Business Suite) miteinander reden und verifizieren, dass die geplanten Gateway-Services die richtigen Daten für die Client-Applikation liefern. Ungenutzte Daten über SAP Gateway zu versenden verringert die Performance. Ein fehlendes Feld in der Client-Applikation kann zu einem unnötigen Aufwand führen (beispielsweise zusätzliche Tests, Kommunikation). Aus diesem Grund lohnt sich ein »Trockentest« in vielen Fällen. Mit anderen Worten: Stellen Sie unbedingt sicher, dass Ihre Spezifikationen auf der Client-Applikationsseite zur Spezifikation auf der Gateway-Seite passen. Sie ersparen sich damit möglicherweise unnötigen Aufwand.
- Üblicherweise beginnt man mit der Entwicklung von Gateway-Services. Damit stehen der Client-Applikation schon früh konsumierbare Services zur Verfügung. Ein deutlich früherer Start der Gateway-Entwicklung gegenüber der Client-Entwicklung ist allerdings nicht notwendig. Zumeist reichen einige Tage. Geben Sie Ihrem Team allerdings ausreichend Zeit.

- Services sollten entsprechend ihrer Nutzung in der Client-Applikation gruppiert werden. Idealerweise können Teile der Client-Applikation schon auf entwickelten und bereits voll funktionsfähigen Services aufgebaut werden. So können die Client-Entwickler ihre Applikation bereits während der Entwicklung gegen die echten Services testen; so besteht kein Bedarf an Stubs auf der Client-Seite, was Zeit spart und die Qualität verbessert. Stub (Stumpf) bezeichnet hierbei einen Programmcode, der für einen anderen, noch nicht entwickelten Code verwendet wird und so die Existenz des noch nicht entwickelten Codes vortäuscht. Insgesamt führt dies zu einem inkrementellen Entwicklungsansatz. Eine nützliche Empfehlung im Fall eines engen Zeitrahmens ist es, Stubs aufseiten von SAP Gateway zu verwenden, um die frühe Konsumierung der Services zu ermöglichen.
- Vollständig entwickelte Gateway-Services sollten dann gründlich mithilfe von Test-Tools getestet werden, beispielsweise mit dem SAP Gateway Client. Haben die Services ein gewisses Qualitätsniveau erreicht, können sie der Client-Entwicklung zur Verfügung gestellt werden. Zusätzliche Tests können dann mit der Client-Applikation durchgeführt werden, sobald diese bereit ist, um die Gesamtqualität weiter zu verbessern.
- Führen Sie frühzeitig Tests in der Produktivumgebung durch. Das heißt, stellen Sie sicher, dass es nicht durch die technische Umgebung (beispielsweise durch Reverse Proxies, Ports) oder durch die Hardware, auf der Sie die Applikation nutzen möchten (beispielsweise wenn die Entwicklung nur auf einem Emulator durchgeführt worden ist), zu Überraschungen kommt. Es ist offensichtlich, dass diese Tests in einem frühen Entwicklungsstadium nicht immer Ende-zu-Ende durchgeführt werden können. Trotzdem können Sie ausgewählte Tests durchführen – es ist gleichgültig, ob Sie einen Gateway-Service mit einem Browser oder aber der Client-Applikation rufen. Sie werden höchstwahrscheinlich die gleichen Probleme zwischen dem Browser und SAP Gateway entdecken, die Sie auch zwischen der Client-Applikation und SAP Gateway entdecken würden. Zumindest gilt dies für die Konsumierung der Gateway-Services.
- Technisch vereinfacht die Verwendung der Query-Option `sap-ds-debug=true` das Testen mit dem Browser, da die XML- oder JSON-Response als eine HTML-Seite gerendert wird. Aus diesem Grund

kann jeder Browser für das Testen verwendet werden, und die Testergebnisse sind browserunabhängig. Zudem zeigt die Query-Option `sap-ds-debug=true` viele zusätzliche Details, die während der Fehlersuche von Interesse sein können.

- Nutzen Sie die Möglichkeiten von `sap-statistics=true` am Ende Ihrer Request-URL, um Performance-Informationen zu erhalten. Tun Sie dies zudem möglichst früh. Mit diesem Vorgehen erhalten Sie früh einen Einblick in die Kosten eines Serviceaufrufs und können bei Problemen zeitig gegensteuern.

Zusammenfassend ist zu sagen, dass sowohl OData als auch SAP Gateway für frühes und einfaches Testen entworfen worden sind. Dies macht sich bemerkbar und sollte in hochwertige Services und Applikationen münden.

14.2 Service-Deployment

Nachdem sowohl die entwickelten Gateway-Services als auch die Client-Applikation einen gewissen Reifegrad erreicht haben, ist es Zeit für den Roll-out. Bei einem *klassischen Roll-out* wird eine einsatzbereite Software zu ihren zukünftigen Benutzern gebracht. Diese Beschreibung eines Roll-outs greift im Fall der erwähnten mobilen oder Desktop-Kategorien, aber für Gateway-Services greift sie nur teilweise. Die Gateway-Services müssen nur auf dem Gateway-Server unter Nutzung des Änderungs- und Transportsystems deployt werden. Eine Betrachtung des Roll-outs im Fall von Client-Applikationen liegt wiederum nicht im Rahmen dieses Buches. Stattdessen konzentrieren wir uns hier auf den Gateway-Teil, der im engeren Sinn eigentlich eher Deployment als Roll-out ist.

Repository-Objekte

Wie Sie in Kapitel 5, »Einführung in die Erstellung von OData-Services mit SAP Gateway«, Kapitel 6, »Serviceentwicklung«, und Kapitel 7, »Servicegenerierung«, gesehen haben, muss bei der Erstellung eines OData-Service eine Reihe von Repository-Objekten, wie beispielsweise ABAP-Klassen, angelegt werden. Es ist wichtig zu verstehen, dass Repository-Objekte nicht nur im Business-Suite-System angelegt werden müssen, sondern auch auf dem Gateway-Server. Zusätzlich zu den Repository-Objekten müssen auch noch Customizing-Einträge im Gateway-Serversystem angelegt werden. All diese Repository-Objekte und Customizing-Einträge müssen in den Kundensystemen mithilfe des Änderungs- und Transportsystems transportiert werden, damit sie in der Produktivumgebung genutzt werden können.

Versionierung

Im Folgenden sehen wir uns das Lifecycle Management eines Gateway-Service genauer an und beschreiben dabei zunächst, welche Repository-Objekte zwischen den Business-Suite-Systemen transportiert werden müssen. Dann werden wir die Lifecycle-Management-Aktivitäten betrachten, die auf den Gateway-Servern erfolgen sollen. Hier werden wir im Speziellen beschreiben, welche Repository-Objekte zwischen den Gateway-Servern in einer Systemlandschaft transportiert werden müssen und wie die Customizing-Einstellungen transportiert werden.

Abschließend erklären wir dann das Konzept der Versionierung, das von den Gateway-Services unterstützt wird, und untersuchen die verschiedenen Möglichkeiten der Transaktion /IWFND/MAINT_SERVICE (Activate and Maintain Services). Diese wird für die Pflege der Services in Gateway-Serversystemen verwendet. Die Versionierung als Feature ist dann von Interesse, wenn neuere Versionen von Gateway-Services durch Änderungen nicht mehr mit älteren Services kompatibel sind, die in bereits ausgerollter Client-Software verwendet werden. In einem solchen Fall erlaubt SAP Gateway über die Versionierung die gleichzeitige Unterstützung verschiedener Versionen von Services (und Clients).

Deployment-Optionen und Lifecycle Management

Von den verschiedenen, in Kapitel 4, »Deployment-Optionen, Installation und Konfiguration«, besprochenen Deployment-Optionen (Hub-Deployment mit Entwicklung in der SAP Business Suite, Hub-Deployment mit Entwicklung auf dem Hub und Embedded Deployment) erfordert eine Option ein besonderes Augenmerk. Im Fall des Hub-Deployments mit Entwicklung in der SAP Business Suite muss der Transport der Repository-Objekte und der Customizing-Einträge zwischen dem Gateway-Hub und dem Business-Suite-System synchronisiert werden – oder es muss zumindest sichergestellt werden, dass die Transporte des Business-Suite-Systems zuerst transportiert werden, so dass die Artefakte verfügbar sind, wenn die Services auf dem Gateway-Hub registriert und aktiviert werden.

Die anderen beiden Deployment-Optionen sind einfacher in der Handhabung, da sämtliche Entwicklungsartefakte und Customizing-Einträge nur in einem System erstellt und zu nur einem System transportiert werden, auf dem sowohl der Gateway-Server als auch die Gateway-Backend-Enablement-Komponenten installiert sind.

14.2.1 Transport von Repository-Objekten zwischen SAP-Business-Suite-Systemen

In diesem Abschnitt ist das als Backend bezeichnete System das, in dem die Entwicklung eines OData-Service stattfindet. Abhängig von der gewählten Deployment-Option, kann dies das Gateway-Hub-System sein, wenn IW_BEP deployt worden ist oder wenn das Hub-System auf 7.40 SP2 (oder höher) läuft – das System, auf dem sich die Softwarekomponente SAP_GWFND befindet.

Beispiele für Repository-Objekte

Als Ergebnis der Entwicklung eines Gateway-Service mit dem Gateway Service Builder werden die folgenden Repository-Objekte angelegt:

- Vier ABAP-Klassen:
  - Daten-Provider-Klasse (DPC)
  - Daten-Provider-Extensionsklasse
  - Modell-Provider-Klasse (MPC)
  - Modell-Provider-Extensionsklasse
- Serviceobjekt
- Modellobjekt
- Service-Builder-Projekt

Diese Repository-Objekte (Tabelle 14.1) müssen in die Qualitätssicherungs- und die Produktivsysteme transportiert werden, wie in Abbildung 14.4 zu sehen ist.

Kurzbeschreibung	Programm-ID	Objekttyp	Beispiel eines Objektnamens
Service-Builder-Projekt	R3TR	IWPR	Z_PRODUCT
Klasse	R3TR	CLAS	ZCL_Z_PRODUCT_MPC
Klasse	R3TR	CLAS	ZCL_Z_PRODUCT_MPC_EXT
Klasse	R3TR	CLAS	ZCL_Z_PRODUCT_DPC
Klasse	R3TR	CLAS	ZCL_Z_PRODUCT_DPC_EXT

Tabelle 14.1 Repository-Objekte eines Gateway-Service im Backend-System

Kurzbeschreibung	Programm-ID	Objekttyp	Beispiel eines Objektnamens
Modellobjekt	R3TR	IWMO	ZPRODUCT_MDL
Serviceobjekt	R3TR	IWSV	Z_PRODUCT

Tabelle 14.1 Repository-Objekte eines Gateway-Service im Backend-System (Forts.)

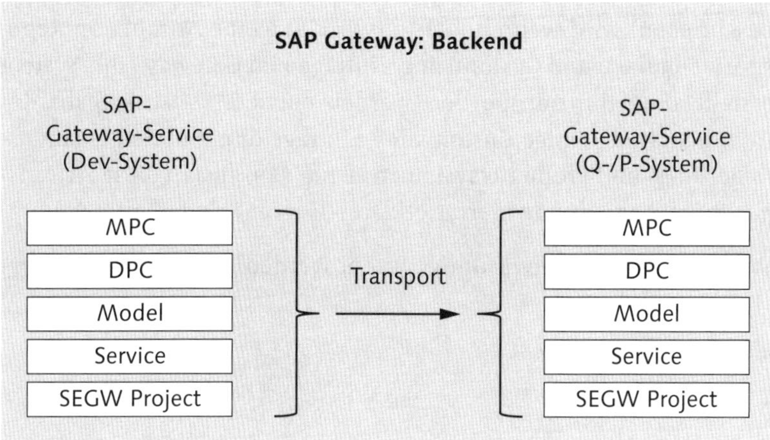

Abbildung 14.4 Zwischen Business-Suite-Systemen zu transportierende Repository-Objekte

Beim Import dieser Repository-Objekte in die Qualitätssicherungs- oder Produktiv-Backend-Systeme wird der Service automatisch im System registriert. Um einen OData-Service konsumieren zu können, muss dieser Service im Gateway-Hub-System registriert und aktiviert worden sein. Dieser Prozess wird in Abschnitt 14.2.2, »Transport der Repository-Objekte und Customizing-Einträge zwischen SAP-Gateway-Serversystemen«, beschrieben.

Transport nicht verpflichtend

Um den Service in einem anderen System der Transportsystemlandschaft nutzen zu können, ist der Transport des Service-Builder-Projekts nicht verpflichtend – es reicht aus, lediglich die Laufzeitkomponenten zu transportieren. Sie könnten es allerdings als deutlich angenehmer empfinden, auch das Service-Builder-Projekt verfügbar zu haben, da es als Eingangspunkt zur Transaktion SEGW verwendet werden kann. Dies könnte im Fall einer notwendig gewordenen Fehlersuche hilfreich sein.

14.2.2 Transport der Repository-Objekte und Customizing-Einträge zwischen SAP-Gateway-Serversystemen

Zusätzlich zur Serviceimplementierung im Backend muss der Service im Gateway-Hub aktiviert und möglicherweise in zusätzlichen Backend-Systemen registriert werden. Als Ergebnis (wie in Kapitel 5, »Einführung in die Erstellung von OData-Services mit SAP Gateway«, Kapitel 6, »Serviceentwicklung«, und Kapitel 7, »Servicegenerierung«, beschrieben) wird während der Entwicklung eine Anzahl von Repository-Objekten und Customizing-Einträgen im Gateway-Hub-System erstellt, die dann transportiert werden müssen. Es ist Aufgabe des Administrators, einige Customizing-Einträge direkt in den Qualitätssicherungs- und Produktivsystemen zu pflegen, anstatt diese zu transportieren. Die Gründe hierfür erklären wir im Folgenden.

Im Gateway-Hub-Entwicklungssystem werden nur drei Repository-Objekte angelegt:

- Servicemodell
- Service
- ICF-Knoten

Zusätzlich werden die folgenden Customizing-Einstellungen erstellt:

- Systemalias (der auch schon vorher existiert haben könnte)
- Zuordnung des Systemalias zu dem aktivierten Service

Diese Objekte werden in Abbildung 14.5 unter ❶ dargestellt. Zusätzlich werden die zu transportierenden Repository-Objekte in Tabelle 14.2 aufgeführt.

Beschreibung	Programm-ID	Objekttyp	Objektnamenbeispiel
Service	R3TR	IWSG	ZPRODUCT_SRV_0001
Modell	R3TR	IWOM	ZPRODUCT_MDL_0001_BE
ICF-Knoten	R3TR	SICF	00O2TMQPDL0AXGC-2ZZH2Y8XW1

Tabelle 14.2 Repository-Objekte eines Gateway-Service im Gateway-Hub-System

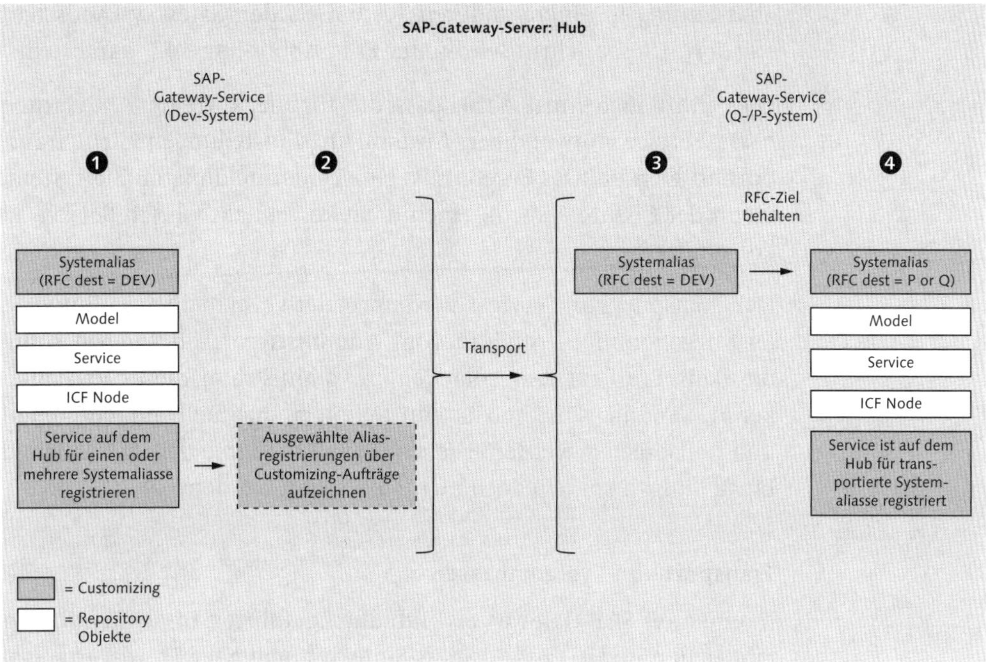

Abbildung 14.5 Repository-Objekte und Customizing-Einstellungen, die zwischen den Gateway-Serversystemen zu transportieren sind

Customizing-Einträge

Die Customizing-Einträge, die als Teil des Serviceerstellungsprozesses im Gateway-Server-Entwicklungssystem erstellt werden, erfordern besondere Aufmerksamkeit. Einige Customizing-Einträge müssen manuell in einem Customizing-Request erzeugt werden, da sie nicht automatisch aufgenommen werden. Zusätzlich sind einige spezifische Customizing-Schritte manuell im Gateway-Produktionssystem vorzunehmen, da diese nicht transportiert werden können. Wir diskutieren diese Prozesse im Folgenden.

Transport der Zuordnung von Systemaliassen

Bei der Verwendung der Transaktion /IWFND/MAINT_SERVICE (Activate and Maintain Service), um einen Service auf dem Gateway-Hub zu aktivieren und ihn für ein oder mehrere Backend-Systeme zuzuordnen, werden die Customizing-Einstellungen, die erstellt werden, *nicht* automatisch aufgezeichnet. Stattdessen müssen Sie diese Customizing-Einstellungen *manuell* aufzeichnen. Der Grund hierfür ist, dass nicht davon ausgegangen werden kann, dass ein Systemalias-Eintrag in einem anderen System als der Gateway-Landschaft existiert. Dieser Schritt wird unter ❷ in Abbildung 14.5 dargestellt.

Dies führt manchmal dazu, dass die für die korrekte Aktivierung eines Service notwendigen Customizing-Einstellungen nicht transportiert werden. Das Ergebnis ist eine Fehlermeldung im Zielsystem, wenn der Client versucht, einen nicht korrekt aktivierten Service zu konsumieren.

Der Transport von Services wird normalerweise nicht vom Entwickler vorgenommen, sondern vom Administrator – deswegen sollte dies kein Problem sein, solange der Administrator dieses Verhalten kennt und die Customizing-Einstellungen manuell aufgenommen und transportiert werden. Die manuelle Aufnahme der Customizing-Einstellungen sollte jedoch nicht übersehen werden.

Transport von Systemaliassen

In einer auf SAP Gateway als Hub durchgeführten Implementierung gibt es den Bedarf, auf Business-Suite-Systeme oder Third-Party-Systeme per RFC, Webservices oder OData-Protokoll zuzugreifen. Die Content Provider Connectivity abstrahiert von solchen Protokollspezifika durch die Verwendung eines Systemalias, der vom Administrator so konfiguriert werden kann, dass er auf den gewünschten RFC, Webservice oder die HTTP-Destination zeigt. Aufgrund ihrer Wichtigkeit bedarf die Behandlung dieser Systemalias-Einträge in einer Gateway-Produktivumgebung besonderer Aufmerksamkeit (siehe ❸ und ❹ in Abbildung 14.5).

Destinationen mit verschiedenen Namen

Manchmal gestaltet sich dieses nützliche Konzept dadurch etwas schwieriger, dass Destinationen in Entwicklungs- und Produktivsystemen üblicherweise verschiedene Namen haben. Der Hintergrund hier ist, dass (Kunden-)Namenskonventionen für RFC-Destinationen (beispielsweise) häufig den logischen Systemnamen des Zielsystems oder andere spezifische Hinweise für den Benutzer beinhalten, wohin das System zeigt. Als Ergebnis ist es dann nötig, diese systemspezifischen Einstellungen in den SAP-Alias-Einträgen eines jeden in der Landschaft (Entwicklung, Qualitätssicherung, Produktion) enthaltenen Gateway-Hub-Systems zu pflegen.

Technisch werden die Einstellungen für einen Systemalias-Eintrag in Customizing-Tabellen gespeichert, die mithilfe der Sicht `/IWFND/V_DFSYAL` gepflegt werden können. Da die Mandanten in einem Produktivsystem üblicherweise zur Verhinderung von Customizing-Änderungen gesperrt sind, ist es normalerweise mit den Standardeinstellungen nicht möglich, die Sichten /IWFND/V_DFSYAL zu pflegen; es sein denn, das System wird geöffnet. Selbstverständlich steht die Öffnung eines Produktivsystems für diese Aufgaben aus rechtlichen Gründen außer Frage; es sei denn, außergewöhnliche Umstände erfordern dies (beispielsweise während eines Upgrades). Die Nutzung eines *Current Settings* genannten Konzepts, das für diese und ähnliche Situationen eingeführt worden ist, ist allerdings möglich.

Die Tabellenpflege wird über einen Customizing-Task im IMG gestartet, der solche Änderungen erlaubt, weil er als Current Setting klassifiziert worden ist. Ab SP06 ist der Customizing-Task für die Pflege des Systemalias entsprechend konfiguriert. Als Ergebnis können Sie einen Systemalias pflegen, wenn der Pflegedialog über den IMG geöffnet wird. Dafür müssen Sie die Transaktion SPRO ausführen und zu SAP NetWeaver • SAP Gateway • OData Channel • Konfiguration • Verbindungseinstellungen • SAP Gateway zu SAP-System navigieren.

Hinweis

Beachten Sie, dass in einem SAP Gateway-Hub vor SAP Gateway 2.0 SP06 die Einstellungen im IMG für das Customizing-Objekt manuell geändert werden müssen, wie in SAP-Hinweis 135028 (Transfer IMG Activity to Current Setting) beschrieben.

Mit dem Current-Settings-Konzept können Kunden nun Systemaliasse einmal im Entwicklungssystem anlegen und die Aliasse dann in das Produktivsystem transportieren. Im Produktivsystem ist der Administrator dann in der Lage, die tatsächlich von einem Systemalias verwendeten RFCs, Webservices oder HTTP-Destinationen in das Zielsystem zu pflegen.

14.2.3 Versionierung

SAP Gateway bietet die Versionierung an, um eine gewisse Trennung von älteren und neueren Gateway-Services zu ermöglichen. Dies ist essenziell, um verschiedene Versionen eines Service parallel zur Konsumierung bereitstellen zu können.

Versionsnummern

Standardmäßig wird jeder initiale Gateway-Service mit der Versionsnummer 1 registriert und aktiviert. Wird der Service weiterentwickelt und sind Änderungen in neueren Versionen des Service nicht mehr kompatibel mit älteren Versionen, können Sie den Service mit einer höheren Versionsnummer registrieren und aktivieren (beispielsweise 2 oder 3). Diese Versionsnummer ist eine vierstellige Zahl, so dass es möglich ist, bis zu 9.999 Versionen eines Service zu erstellen.

Wird der Service konsumiert, muss der Konsument der URI beispielsweise »;v=2« hinzufügen, um auf Version 2 zugreifen zu können. Zum Beispiel:

http://<host>:<port>/sap/opu/odata/iwfnd/catalogservice;v=2/

Technisch ist jede neue Version einem komplett neuen Service sehr ähnlich. Jede Version hat ihre eigenen Modell-Provider- und Daten-Provider-Klassen. Dies erlaubt es beispielsweise, die komplette Logik von Version 1 (die bereits in der Produktion sein könnte) zu behalten und alles andere für Version 2 unabhängig zu definieren.

14.2.4 Transaktion »Services aktivieren und verwalten«

OData-Services müssen im Gateway-Hub-System gepflegt und aktiviert werden. Dazu müssen Sie die Transaktion /IWFND/MAINT_SERVICE (Services aktivieren und verwalten) auf dem Gateway-Hub-System ausführen.

In der ersten Eingabemaske wird der Servicekatalog dargestellt. Dieser enthält die Liste der im aktuellen System aktivierten Services. Alternativ erhält man diese Liste auch über den Aufruf von *http://<server>:<port>/sap/opu/odata/iwfnd/CATALOGSERVICE/*.

Ein Service kann durch die Auswahl in der Liste und danach entweder durch die Auswahl von Browser aufrufen oder SAP Gateway Client im Abschnitt ICF-Knoten getestet werden. Die Eingabemaske Services aktivieren und verwalten ermöglicht die Ausführung der folgenden Aktionen (siehe Abbildung 14.6):

❶ Registrierung und Aktivierung eines neuen Service im Hub

❷ Starten des Fehlerprotokolls für den ausgewählten Service

❸ Test des ausgewählten Service im Browser

❹ Test des ausgewählten Service mit dem SAP Gateway Client

❺ Hinzufügen eines zusätzlichen Systemalias-Eintrags für den ausgewählten Service

❻ Löschen der Systemalias-Zuordnung für den ausgewählten Service

❼ Inspektion der Serviceimplementierung

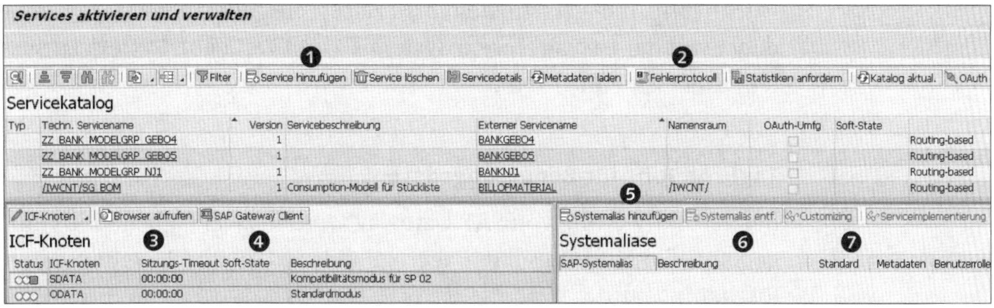

Abbildung 14.6 Transaktion /IWFND/MAINT_SERVICE – Activate and Maintain Services

SAP hat darauf abgezielt, den Prozess der Serviceaktivierung auf dem Gateway-Hub-System für den Entwickler so einfach wie möglich zu gestalten. Folgerichtig ist es möglich, den Prozess der Serviceregistrierung und Serviceaktivierung auf dem Gateway-Hub direkt aus dem Service Builder heraus zu starten. Dies erfolgt über einen Klick mit der rechten Maustaste auf den Gateway-Hub-Eintrag, für den Sie Ihren Service registrieren und aktivieren möchten. Dann wählen Sie REGISTRIEREN aus dem Kontextmenü aus.

14.3 Operations

Wiederkehrende Aufgaben

Die Operations-Phase des Gateway-Lebenszyklus besteht hauptsächlich aus wiederkehrenden Aufgaben, die nicht vernachlässigt werden sollten. Eben weil der Betrieb einer Landschaft kein Einmal-Ereignis ist, sondern eine fortwährende Aufgabe, ist es wichtig, die Landschaft sinnvoll und effizient zu betreiben. In diesem Abschnitt werden wir uns zunächst einige periodisch wiederkehrende Aufräumarbeiten ansehen, bevor wir einen tiefer gehenden Blick auf das für SAP Gateway relevante Monitoring werfen, um den Abschnitt mit einigen Best Practices für das Troubleshooting zu schließen.

14.3.1 Periodische Säuberungsaufgaben

Nach dem Roll-out müssen regelmäßig bestimmte Tätigkeiten durchgeführt werden, um sicherzustellen, dass SAP Gateway reibungslos läuft und die Performance optimal bleibt. Im Besonderen müssen auf dem Gateway-System regelmäßig ausgeführte Jobs betrachtet und in bestimmten Intervallen durch Säuberungsjobs aufgeräumt werden. Wie häufig die verschiedenen Services ausgeführt werden, hängt dabei von der Last auf Ihrem System ab und kann von System zu System unterschiedlich sein.

Tägliche Jobs für Benutzungsdaten

Bei der Aktivierung von SAP Gateway werden zwei tägliche Jobs eingeplant, die Nutzungsdaten aggregieren und zu alte Nutzungsdaten löschen:

- `SAP_IWFND_METERING_AGG` ist als täglicher Job eingeplant, der Daten basierend auf dem Report `/IWFND/R_MET_AGGREGATE` aggregiert.
- `SAP_IWFND_METERING_DEL` ist als täglicher Job eingeplant, der Daten, die älter als zwei Tage sind, basierend auf dem Report `/IWFND/R_MET_DELETE` löscht.

Anwendungsprotokoll

Flag

Es gibt unter TRANSAKTION SPRO • SAP NETWEAVER • SAP GATEWAY • ODATA CHANNEL • ADMINISTRATION • PROTOKOLLIERUNGSEINSTELLUNGEN • PROTOKOLLLEVEL FÜR ALLE BENUTZER SETZEN ein Flag, das bestimmt, was in das Anwendungsprotokoll geschrieben wird (beispielsweise nur Fehler oder auch Warnungen). Stellen Sie sicher, dass dieses Flag entsprechend gesetzt ist. Anderenfalls könnten über einen längeren Zeitraum im Anwendungsprotokoll sehr viele Einträge auflaufen. Doch selbst mit eingeschränkten Einstellungen müssen Sie das Anwendungsprotokoll regelmäßig, das heißt in gewissen zeitlichen Abständen, bereinigen. Um die gespeicherte Datenmenge zu begrenzen, sollte das Anwendungsprotokoll nur einen Eintrag pro Request als Standardeinstellung speichern. Zudem besteht kein Grund, diese Einträge für mehr als einige Tage vorzuhalten.

Auf einem Gateway-Server kann das Anwendungsprotokoll in der Gateway-IMG-Struktur über den folgenden Navigationspfad geleert werden: Transaktion SPRO • SAP NetWeaver • SAP Gateway • OData Channel • Administration • Cache-Einstellungen • Cache und Persistenz bereinigen.

In einem Business-Suite-System-IMG sieht der Navigationspfad zum Leeren des Anwendungsprotokolls wie folgt aus: Transaktion SPRO • SAP NetWeaver • Gateway-Service-Aktivierung • Backend OData Channel • Protokollierungseinstellungen • Clear Application Log.

Es wird empfohlen, die Aktivität auszuführen, einen Job einzuplanen und den Report `SBAL_DELETE` zum Löschen des Anwendungsprotokolls zu verwenden.

14.3.2 Monitoring-Überblick

SAP Gateway enthält eine Reihe von Werkzeugen, um Probleme in Ihrer Gateway-Umgebung zunächst zu identifizieren (beispielsweise per Überwachung/Monitoring) und dann in einem zweiten Schritt das Problem näher untersuchen zu können, um schließlich eine Lösung zu finden (beispielsweise Fehlerbehebung/Troubleshooting). Diese Werkzeuge sind untereinander auf vielfältige Weise verbunden und erlauben, einfach von einem Werkzeug zum anderen zu springen, wenn dies nötig sein sollte. Dies erleichtert die Suche und Analyse hinsichtlich möglicher Fehler deutlich und spart Zeit. Ziel ist es, dass Sie sich auf die Problemsuche konzentrieren können, und nicht auf die Werkzeuge.

Monitoring und Troubleshooting

SAP Gateway geht die Überwachung und Fehlerbehebung von mehreren Seiten an:

- **Computing Center Management System (CCMS)**
  Führt die Überwachung der Gateway-Systemumgebung durch und warnt den Systemadministrator, wenn mögliche Probleme entdeckt werden.
- **Fehlerprotokoll**
  Liefert detaillierte Informationen zu Gateway-Laufzeitfehlern und erlaubt eine eingehende Ursachenanalyse. Verwenden Sie dieses Werkzeug, um aufgetretene Fehler zu analysieren, die zum Abbruch eines OData-Requests oder des Notification Processings (Push Channel) geführt haben. Auf das Fehlerprotokoll kann über die Transaktion /IWFND/ERROR_LOG auf dem Gateway-Hub

System oder über die Transaktion /IWBEP/VIEW_LOG auf dem Business-Suite-System zugegriffen werden.

- **Anwendungsprotokoll**
  Ermöglicht das Einsehen der von SAP Gateway geführten Anwendungsprotokolls. Dieses Werkzeug wird für die Überprüfung von eher technischen Fehlerdetails empfohlen. Der Zugriff auf das Anwendungsprotokoll erfolgt über die Transaktion /IWFND/APPS_LOG auf dem Gateway-System und über die Transaktion /IWBEP/ERROR_LOG auf dem Business-Suite-System.
- **SAP Solution Manager**
  Führt die Überwachung der Gateway-Systemumgebung mit einem Fokus auf Ende-zu-Ende-Betrachtungen durch. Der SAP Solution Manager stellt diverse Monitore zur Verfügung, die Warnungen anzeigen, wenn bestimmte Fehlerbedingungen erfüllt sind. Beispielsweise wird ein Alert angezeigt, wenn die Anzahl der Fehler im Fehlerprotokoll einen bestimmten Schwellenwert übersteigt.
- **Performance-Trace-Tool**
  Bietet detaillierte Informationen hinsichtlich der Performance von Gateway-Serviceaufrufen. Dies ist das Werkzeug der Wahl, wenn Serviceaufrufe Performanceprobleme zeigen. Sie können auf das Performance-Trace-Tool über die Transaktion /IWFND/TRACES zugreifen.

Im Folgenden besprechen wir jedes dieser Werkzeuge im Detail. Wir beschließen diesen Abschnitt mit einigen eng an die Überwachung (Monitoring) angelehnten Tipps zur Fehlerbehebung.

Überwachung per Computing Center Management System (CCMS)

Transaktion RZ20

SAP Gateway wird automatisch durch das CCMS überwacht. Das CCMS wird mit SAP NetWeaver bereitgestellt und kann direkt nach der Installation verwendet werden. CCMS erlaubt das Sammeln aller Monitoring-Informationen Ihrer Systemlandschaft in einem zentralen Monitoring-System. Gesammelte Informationen hinsichtlich SAP Gateway können dann mit der Transaktion RZ20 betrachtet werden. Die hier dargestellten Informationen werden stündlich erneuert und beinhalten die in Nutzung befindlichen Applikationen und wie häufig diese aufgerufen werden.

Alerts

Alerts (Alarmsignale) sind ein zentrales Konzept des CCMS. Die Alerts werden vom Alert-Monitor generiert, wenn der Status des überwachten Systems von der Norm abweicht. Diese Abweichung wird dabei über Schwellenwerte und Regeln festgestellt. Alerts erwecken Aufmerksamkeit für kritische Situationen und sollten vom Systemadministrator adressiert werden. Auf SAP Gateway bezogen bedeutet dies, dass spezifische Gateway-Alerts die Aufmerksamkeit des Administrators auf mögliche Probleme lenken und die Überwachung eines produktiven Gateway-Systems stark vereinfachen.

Logging und Tracing mit dem Fehlerprotokoll

Das Gateway-Fehlerprotokoll ist eine äußerst sinnvolle Ergänzung des SAP-NetWeaver-Standards *Application Log Viewer* (Anwendungsprotokoll). Wir empfehlen, das Fehlerprotokoll als zentrales Werkzeug für das Logging in SAP Gateway. Auf das Werkzeug kann über die Transaktion /IWFND/ERROR_LOG zugegriffen und dieses kann sowohl auf dem Gateway-Hub als auch auf dem Business-Suite-System verwendet werden. Auf dem Business-Suite-System ist dann allerdings die Transaktion /IWBEP/ERROR_LOG zu verwenden. Das Werkzeug bietet detaillierte Kontextinformationen in Bezug auf Fehler, die zur Laufzeit aufgetreten sind. Dies erfolgt in zwei verschiedenen Bildbereichen: einem Übersichtsbereich (ÜBERSICHT) und einem Fehlerkontextbereich (FEHLERKONTEXT).

Das Gateway-Fehlerprotokoll erlaubt die Identifizierung der Stelle, an der ein Fehler im Quellcode auftritt, wie oft er auftritt, die Reproduktion des Fehlers, die Ursachenanalyse, und letztendlich bietet das Fehlerprotokoll Hilfe bei der Fehlerkorrektur.

Überblick und Details

Um diesen Prozess zu vereinfachen, ist das Fehlerprotokoll, wie schon erwähnt, in einen Überblicksbereich (ÜBERSICHT) und einen Detailbereich (FEHLERKONTEXT) unterteilt (siehe Abbildung 14.7). Der Übersichtsbereich listet alle Fehler-IDs, ihre Attribute sowie das Datum und die Zeit auf, zu der die betreffenden Fehler aufgetreten sind. Fehlerinformationen und beschreibende Fehlertexte können dargestellt werden, um detaillierte Informationen hinsichtlich eines bestimmten Fehlers zu erhalten. Zudem kann auch eine Suche in der Fehlerliste durchgeführt werden.

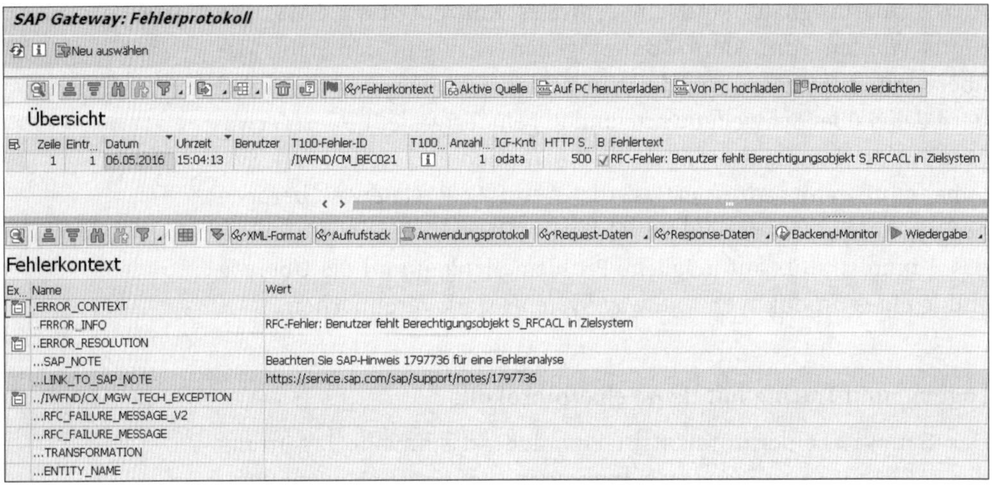

Abbildung 14.7 SAP Gateway – Fehlerprotokoll

Fehlerkontext

Der Fehlerkontextbereich (FEHLERKONTEXT) kann durch die Auswahl eines Fehlers im Übersichtsbereich und einen Doppelklick auf die Fehlerinformation angesprungen werden. Dann werden die relevanten Informationen bezüglich eines Fehlers im Fehlerkontextbereich dargestellt, in dem weitere Untersuchungen durch das Expandieren der Informationen möglich sind. Der Fehlerkontextbereich bietet unter anderem die folgenden Informationen:

- XML-FORMAT
  Stellt den Fehlerkontext in einem XML-Format dar, das die ungefilterte Darstellung aller Informationen bietet.
- REQUEST-DATEN
  Zeigt den XML-Request, der von einem externen Konsumenten geschickt wurde. Dieser Aufruf beinhaltet den HTTP-Request-Header und den Payload.
- RESPONSE-DATEN
  Zeigt das Antwort-XML, das von SAP Gateway geschickt worden ist. Dies beinhaltet den HTTP-Response-Header und den Payload.
- WIEDERGABE
  Erlaubt zwei Wiedergabeoptionen (SAP GATEWAY CLIENT und WEBBROWSER), um Fehler zu reproduzieren und zu korrigieren.
- ANWENDUNGSPROTOKOLL
  Erlaubt das Navigieren zum entsprechenden Eintrag im Anwendungsprotokoll.

Zusätzliche Informationen

Detaillierte Informationen zum SAP Gateway-Fehlerprotokoll finden Sie im Technical Operations Guide für SAP Gateway:
http://help.sap.com/saphelp_gateway20sp12/helpdata/en/2e/389be03ca74534a254569cd4a1a018/frameset.htm

Anwendungsprotokoll-Viewer

Der Anwendungsprotokoll-Viewer erlaubt das Ansehen des SAP-Gateway-Anwendungsprotokolls (siehe Abbildung 14.8). Um auf dieses Werkzeug zuzugreifen, starten Sie Transaktion /IWFND/APPS_LOG im Gateway-Hub-System oder die Transaktion /IWBEP/VIEW_LOG im Business-Suite-System. In der Auswahlmaske dieses Anzeigetools können Sie die Protokolle z. B. nach Objekten, Unterobjekten, Log-IDs, Content-IDs, Request-Richtungen und Datum durchsuchen. Die Datenmenge, die in den Protokollen erstellt wird, kann an Ihre individuellen Bedürfnisse angepasst werden. Diese Anpassung erfolgt im IMG in den Logging-Einstellungen.

Abbildung 14.8 SAP Gateway Application Log

Im Lauf der Zeit werden im Log sehr viele Einträge gespeichert werden. Diese sollten periodisch aufgeräumt werden. Als Standardeinstellung sollte nur ein Eintrag pro Request gespeichert werden. Und es ist auch nicht nötig, diese Einträge länger als einige Tage vorzuhalten.

Zusätzliche Informationen

Weitere Informationen hinsichtlich des SAP Gateway Application Logs finden Sie hier:

http://help.sap.com/saphelp_gateway20sp12/helpdata/en/d8/8afed0c41e4c4593b5ecd48e8f2f76/content.htm

SAP Solution Manager

Auch das technische Monitoring im SAP Solution Manager liefert Inhalte für SAP Gateway. Zusätzlich zu den für ABAP-Systeme allgemein bereitgestellten Inhalten wurden zusätzliche Monitoring-Metriken zur Verfügung gestellt. So wurden Metriken für die Performance von Gateway-Service-Requests und für die Anzahl der Ausnahmefälle (Exceptions) in einem Zeitraum (5 Minuten) im Gateway-Log hinzugefügt (siehe Abbildung 14.9).

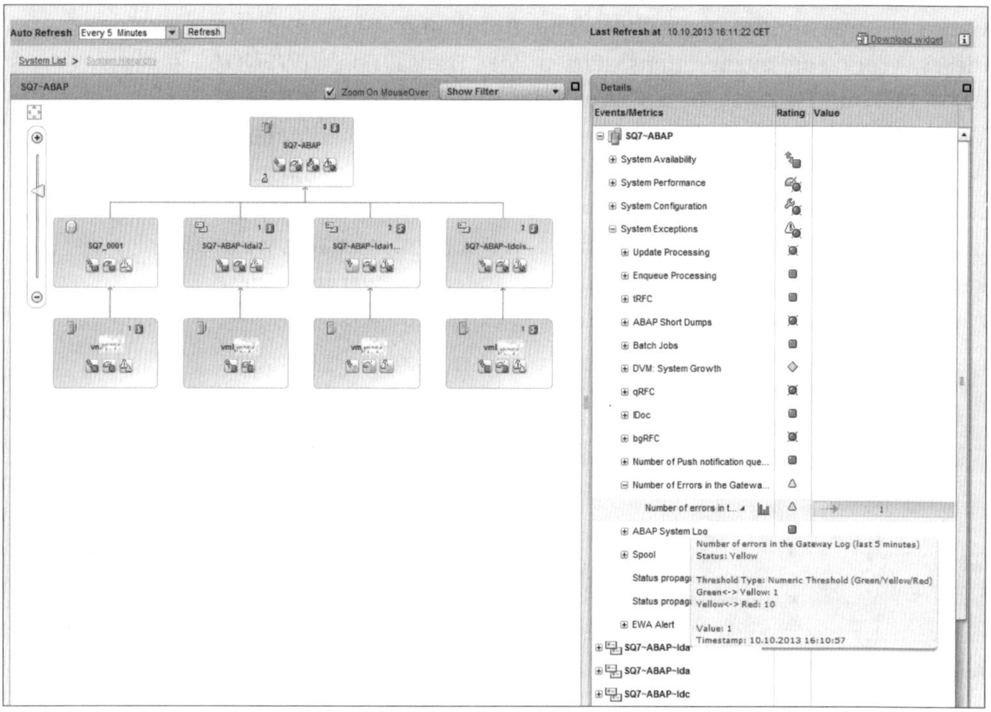

Abbildung 14.9 Technisches Monitoring eines SAP-Gateway-Systems im SAP Solution Manager

Performance-Trace-Werkzeug

Das Performance-Trace-Tool von SAP Gateway ist ein Werkzeug, das es erlaubt, die Systemleistung auf Serviceaufruf-Ebene zu verfolgen. Es zielt auf die Unterstützung sowohl von Entwicklern als auch von Administratoren der Gateway-Services ab. Dabei ermöglicht es das Tracing der Performance sowohl des Gateway-Servers als auch des Business-Suite-Systems (abhängig vom spezifischen Deployment).

Zusätzliche Informationen

Weitere Informationen zum Performance-Trace-Tool von SAP Gateway finden Sie in Anhang A, »Weiterführende Konzepte«, und zudem auch hier:

http://help.sap.com/saphelp_gateway20sp12/helpdata/en/9d/da3a2ceca344cf85568ae927e9858d/content.htm

Konfiguration

Bevor Sie das Performance-Trace-Werkzeug verwenden können, müssen Sie es Ihren Anforderungen entsprechend konfigurieren und dann aktivieren. Um die erforderliche Konfiguration durchzuführen, starten Sie die Transaktion /IWFND/TRACES. (Alternativ starten Sie die Transaktion SPRO, öffnen den SAP-Referenz-IMG und navigieren zu SAP NetWeaver • SAP Gateway • OData Channel • Administration • Support-Hilfsmittel • Traces. Dort können Sie dann das Werkzeug dem Benutzernamen oder dem URI-Präfix entsprechend konfigurieren.)

Hinweis

Um das Performance-Trace-Tool für alle OData-Service-Calls zu konfigurieren, geben Sie das URI-Präfix »/sap/opu/« ein.

Nach einer erfolgreichen Konfiguration wird der Performance-Trace gestartet und läuft standardmäßig 2 Stunden. Sie können die Dauer des Performance-Trace-Laufs im Feld Aktives Trace gültig bis überprüfen. Abbildung 14.10 zeigt einen aktivierten Performance-Trace.

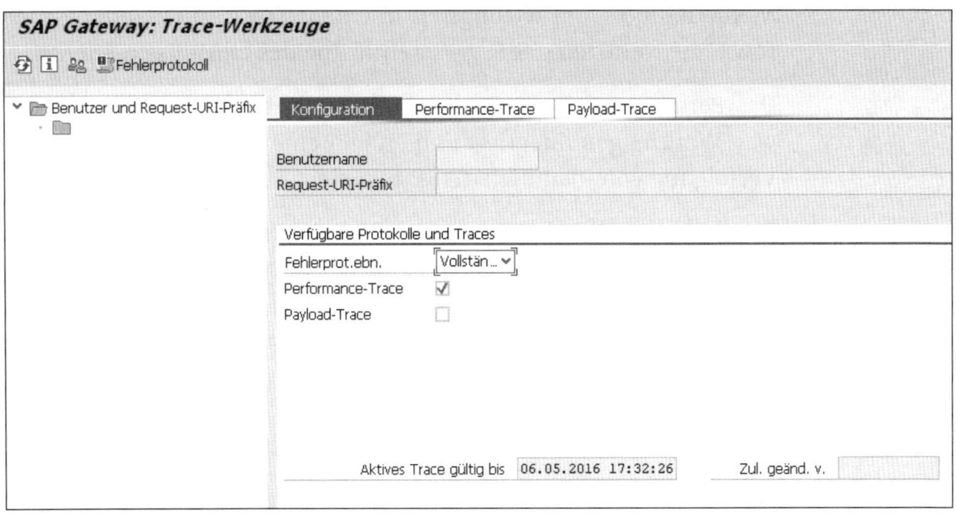

Abbildung 14.10 Aktivierung des Performance-Trace

Tabellarischer Überblick

Wenn Sie nun einen Service entsprechend dem definierten Filter aufrufen, wird der Performance-Trace Informationen generieren, die Sie anzeigen und analysieren können. Öffnen Sie dazu die Registerkarte PERFORMANCE-TRACE. Sie erhalten einen tabellarischen Überblick, in dem alle Serviceaufrufe (nach der Aktivierung) chronologisch sortiert aufgeführt sind.

Die Informationen des Serviceaufrufs sind zusammen mit dem ICF-Knoten, dem Datum und der Zeit des Aufrufs, dem Verfallsdatum sowie dem Erfolg einer spezifischen Serviceaufruf-Ausführung aufgeführt, wie in Abbildung 14.11 zu sehen ist.

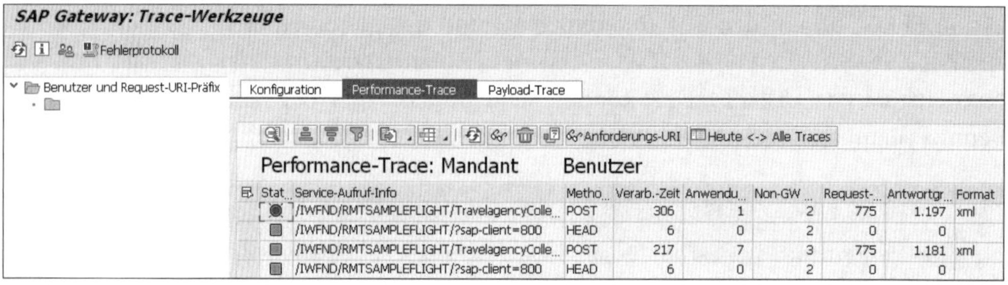

Abbildung 14.11 Performance – Testdaten

Zusätzliche Informationen können auf Anforderung für einen oder mehrere Services angezeigt werden. Diese Informationen beinhalten z. B. die Anzahl der Unteraufrufe, den Ort des Serviceaufrufs (im Gateway-System oder im Business-Suite-System), die Klasse, die Methode und – am wichtigsten in einem Trace – die Gesamtdauer sowie die Nettozeit des Serviceaufrufs (beides in Millisekunden).

Das Performance-Trace-Tool ist sehr gut neben den anderen Gateway-Werkzeugen integriert und erlaubt eine einfache und effiziente Verfolgung von identifizierten Problemen.

Durch mehrfaches Anklicken eines Service (auf einander folgenden Screens) gelangen Sie auf einen Detail-Screen und können sich dort bestimmte Themen näher ansehen. Dies kann entweder durch den Absprung in das Gateway-Fehlerprotokoll oder direkt im entsprechenden Quellcode in die ABAP Workbench geschehen (siehe Abbildung 14.12).

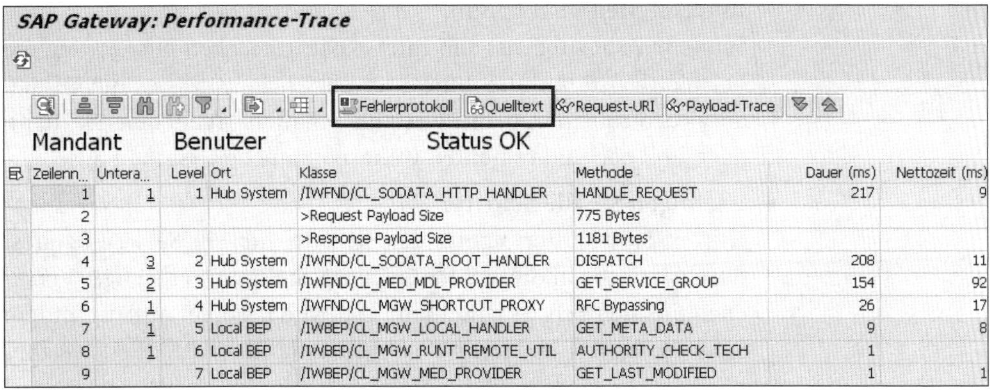

Zeilenn...	Untera...	Level	Ort	Klasse	Methode	Dauer (ms)	Nettozeit (ms)
1	1	1	Hub System	/IWFND/CL_SODATA_HTTP_HANDLER	HANDLE_REQUEST	217	9
2				>Request Payload Size	775 Bytes		
3				>Response Payload Size	1181 Bytes		
4	3	2	Hub System	/IWFND/CL_SODATA_ROOT_HANDLER	DISPATCH	208	11
5	2	3	Hub System	/IWFND/CL_MED_MDL_PROVIDER	GET_SERVICE_GROUP	154	92
6	1	4	Hub System	/IWFND/CL_MGW_SHORTCUT_PROXY	RFC Bypassing	26	17
7	1	5	Local BEP	/IWBEP/CL_MGW_LOCAL_HANDLER	GET_META_DATA	9	8
8	1	6	Local BEP	/IWBEP/CL_MGW_RUNT_REMOTE_UTIL	AUTHORITY_CHECK_TECH	1	
9		7	Local BEP	/IWBEP/CL_MGW_MED_PROVIDER	GET_LAST_MODIFIED	1	1

Abbildung 14.12 Performance-Trace-Daten – Single Request

> **Hinweis**
>
> Performance-Trace-Log-Einträge haben ein Verfallsdatum. Standardmäßig werden Log-Einträge für eine Dauer von zwei Tagen gespeichert. Dies gilt ab der Aktivierung des Trace. Es ist möglich, diese Einstellung an Ihre speziellen Anforderungen anzupassen.

Zusammenfassend ist zu sagen: Das Performance-Trace-Tool erlaubt eine einfache und effiziente Analyse der Performance von Gateway-Services sowie zeitineffiziente Services gut und schnell zu identifizieren. Mithilfe des integrierten Werkzeugs können Sie dann an der Performance des Service arbeiten und diese verbessern.

Tipps zur Fehlersuche

Die Fehlersuche ist entweder eine Wissenschaft oder eine Kunst, je nachdem, ob Sie einen stärker wissenschaftlich geprägten, strukturierten Ansatz wählen oder aber sich durch Ihre Erfahrung und Ihr Bauchgefühl leiten lassen. Um die Suche nach der Ursache eines Problems in Ihrer Gateway-Umgebung zu vereinfachen, beachten Sie die folgenden Ratschläge und Ideen:

- **Pair Testing**
  Wenn Ihr Problem sowohl das Frontend als auch SAP Gateway bzw. die SAP Business Suite berührt, hilft es, einige Tester an das Problem zu setzen, die sich in beiden Welten auskennen und zurechtfinden.

- **Inkrementelle Exklusion**
  Schließen Sie zunächst alle Infrastrukturursachen aus. Stellen Sie beispielsweise mithilfe eines Browsers sicher, dass es die OData-Serviceaufrufe durch die Firewall schaffen. Schließen Sie dann nach und nach inkrementell weitere mögliche Ursachen aus.
- **Verfolgen Sie die Schritte**
  Nutzen Sie zur Verfolgung der Schritte, die ein Service-Request durchläuft, die in diesem Kapitel vorgestellten Werkzeuge. Versuchen Sie, den Schritt zu finden, in dem der Fehler auftritt, indem Sie beispielsweise externe Breakpoints auf der ABAP-Seite setzen.

14.4 Zusammenfassung

Dieses Kapitel hat den Lebenszyklus eines typischen Gateway-Projekts vorgestellt und rudimentär gezeigt, was in ausgewählten Phasen zu beachten ist. Sie haben Einblicke in einige Nicht-Entwicklungsthemen erhalten, wie beispielsweise das Testen, die Fehlerbehandlung und das Service-Deployment. Da jedes Projekt anders ist, werden Sie in den meisten Fällen für den Betrieb einer Landschaft oder das Testen die vorgestellten Strategien anpassen und/oder eigene Strategien entwickeln müssen. Dieses Kapitel hat Sie dafür mit einigen Grundlagen vertraut gemacht, auf denen Sie für Ihr eigenes Projekt aufsetzen und aufbauen können.

In diesem Kapitel stellen wir verschiedene Sicherheitsmechanismen vor, die einen nicht autorisierten und unerlaubten Zugriff auf Daten verhindern, die über SAP Gateway publiziert werden.

15 Sicherheit

Mit SAP Gateway bietet SAP Kunden die Möglichkeit, auf einfache und kontrollierte Weise auf die Daten ihrer SAP-Systeme zuzugreifen. Das der Zugriff nicht nur einfach, sondern auch kontrolliert erfolgt, ist dabei von besonderer Bedeutung. Kein CIO möchte die Sicherheit von firmeninternen Daten und Daten seiner Kunden gefährden. Die grundlegenden Aspekte der Informationssicherheit (Vertraulichkeit, Verfügbarkeit und Integrität) müssen auf allen Ebenen berücksichtigt werden, angefangen bei der Anwendung, die den OData-Service konsumiert, bis hin zur Implementierung im Business-Suite-Backend-System. In diesem Kapitel erhalten Sie daher einen Überblick über die wichtigsten Sicherheitskonzeptae in SAP Gateway.

15.1 Sicherheit von Netzwerk und Kommunikation

Architektur

Eine sichere Netzwerkinfrastruktur ist für den sicheren Betrieb von SAP Gateway unabdingbar, damit einerseits die Anforderung für einen leichten Zugriff und andererseits die Anforderung, nicht autorisierte Zugriffe zu verhindern, in Einklang gebracht werden können.

Abbildung 15.1 zeigt die aus drei Ebenen bestehende Architektur von SAP Gateway und die Kommunikationsprotokolle, die zwischen den drei Ebenen des Konsumenten, des Gateway-Servers und des Business-Suite-Backend-Systems eingesetzt werden.

Zur Absicherung der Kommunikation in einer Gateway-Systemlandschaft sind vor allem die beiden folgenden Aspekte wichtig: *Transportsicherheit* und *Validierung von Eingabedaten*.

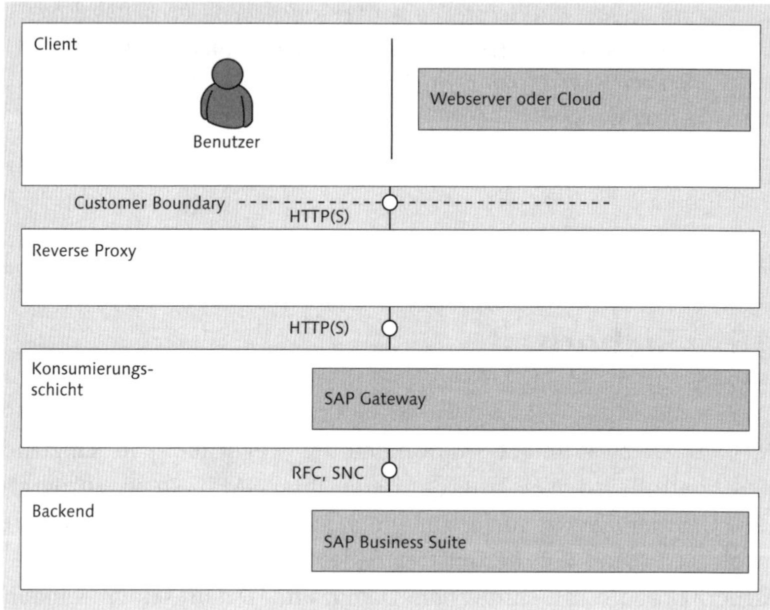

Abbildung 15.1 Architektur von SAP Gateway

Bei der Validierung von Eingabedaten (*Input Validation*) werden Werte, die von einem OData-Client gesendet werden, auf dem Gateway-Server validiert, bevor sie an das Business-Suite-Backend-System gesendet werden. Denn obwohl die Daten während des Transports abgesichert sind, besteht die Gefahr, dass die von einem OData-Client versendeten Daten selbst schädlich sind.

Die Validierung von Eingabedaten umfasst unter anderem die Validierung der Syntax von eingehenden OData-Requests durch die Überprüfung von OData-Datentypen bezüglich Länge, Wertebereich und Positivwertelisten. Ungültige Inhalte werden dabei von der OData-Laufzeitumgebung von SAP Gateway abgelehnt.

Im Folgenden werden wir daher Methoden vorstellen, die von SAP Gateway unterstützt werden, um die Transportsicherheit zu gewährleisten und Eingabedaten zu validieren.s

15.1.1 Transportsicherheit

SSL/TLS

Um die Vertraulichkeit und Integrität der Daten bei der Kommunikation zwischen den einzelnen Komponenten zu gewährleisten, müssen die Daten während des Transports abgesichert werden.

Bei der Absicherung der Kommunikation zwischen OData-Client und Gateway-Server werden Standardverfahren aus dem Internet wie *Transport Layer Security* (TLS, auch bekannt unter seinem alten Namen *Secure Socket Layer*, SSL) genutzt.

Reverse Proxy

Der Zugriff von OData-Clients aus dem Internet auf OData-Services, die von SAP Gateway bereitgestellt werden, erfolgt über einen *Reverse Proxy* (*http://de.wikipedia.org/wiki/Reverse_Proxy*).

Werden HTTP(S)-Requests durch den Reverse Proxy (z. B. den SAP Web Dispatcher) terminiert, sollten der Reverse Proxy und SAP Gateway für die Weiterleitung des Client-Zertifikats in einem HTTP-Header konfiguriert sein. Das *Certificate Forwarding* ist dabei keine SAP-proprietäre Lösung, sondern wird auch von vielen anderen Reverse Proxies unterstützt.

Durch den Einsatz eines Reverse Proxys ist eine sichere Implementierung von Szenarien möglich, die sonst durch die in Browsern implementierte *Same-Origin-Policy* (SOP) unterbunden werden. SOP ist ein Sicherheitskonzept, das es clientseitigen Skriptsprachen wie JavaScript und damit auch HTML5/SAPUI5-Anwendungen untersagt, auf Inhalte zuzugreifen, die von einem anderen Ort (Origin) stammen (*http://de.wikipedia.org/wiki/Same-Origin-Policy*, siehe auch Deployment von SAPUI5 auf dem Gateway-Server und CSRF).

HTTP(S) allein ist nicht genug

Bei der Kommunikation über HTTP(S) ist die gesamte Kommunikation zwischen dem Client (z. B. ein Browser oder eine native Anwendung) und dem Webserver verschlüsselt. Lediglich der Servername und die Portnummer der URL werden im Klartext übertragen. Ein Problem stellen jedoch die beiden Endpunkte der Kommunikation dar, der Webserver und der Client.

So ist es zwar korrekt, dass der Inhalt – der Body eines HTTP-Requests – in den Protokolldateien durch HTTPS abgesichert ist, nicht jedoch die gesamte URL und insbesondere nicht die dort verwendeten Parameter. Auf diese und auf die verwendeten URLs kann in Protokolldateien von Webservern oder im Cache eines Browsers zugegriffen werden.

Nehmen wir als Beispiel eine browserbasierte Anwendung. Internetbrowser speichern URLs in der Regel im Browserverlauf. Browser verschicken darüber hinaus im Referrer-Header die URL, von der der Benutzer durch Anklicken eines Links gekommen ist (to refer = verweisen). Dies ist ein Standardverhalten eines Browsers und kann vom Anwendungsentwickler nicht beeinflusst werden.

Bei der Entwicklung nativer Applikationen kann man als Entwickler zwar das Verhalten der Applikation kontrollieren, nicht aber das Verhalten des Webservers. Wenn der Zugriff auf die Protokolldateien eines Webservers nicht abgesichert ist oder Sie dem Administrator des Webservers nicht trauen, haben Sie ein Problem.

Ein weiterer Ort, an dem ein Zugriff auf diese Daten möglich ist, sind die Protokolldateien in Intermediary-Servern, z. B. die Protokolldateien von Reverse-Proxy-Servern, die eine HTTPS-Terminierung durchführen. Obwohl dies gemeinhin von Benutzern angenommen wird, ist die Kommunikation über HTTP(S) folglich nicht vollständig abgesichert. An bestimmten Stellen ist ein Zugriff auf die URL-Parameter möglich, die von einer webbasierten Anwendung verwendet werden.

Problem: URL-Parameter

OData verwendet URL-Parameter an vielen Stellen, so z. B. als Filterparameter oder als Schlüsselfelder beim Zugriff auf eine einzelne Entität. Aus den zuvor genannten Gründen kann dies eine Gefahr darstellen. Ein mögliches Problem ist, dass vertrauliche Daten extrahiert werden könnten, wie z. B. die Nummer einer Kreditkarte aus der Browser History auf Client-Seite oder aus der Protokolldatei des Webservers.

Sehen wir uns dazu das folgende Beispiel eines OData-Service aus dem Banking-Umfeld an. Der Service verwendet eine Entitätsmenge `CreditCardSet`, die auf dem Entitätstyp `CreditCard` basiert, der in Abbildung 15.2 dargestellt ist.

Schlüsselfelder

In diesem Beispiel ist die Kreditkartennummer Teil des Primärschlüssels des Entitätstyps `CreditCard`. Wenn nun eine Anwendung eine einzelne CreditCard-Entität abruft, wird eine URI mit folgender Syntax verwendet:

https://<server>:<port>/<rootURL>/CreditCardSet('1234 54321234 6543')

Das Schlüsselattribut, das entsprechend der Definition des Entitätstyps die Kreditkartennummer enthält, ist Teil der aufgerufenen URL und daher, wie zuvor beschrieben, in Protokolldateien auffindbar.

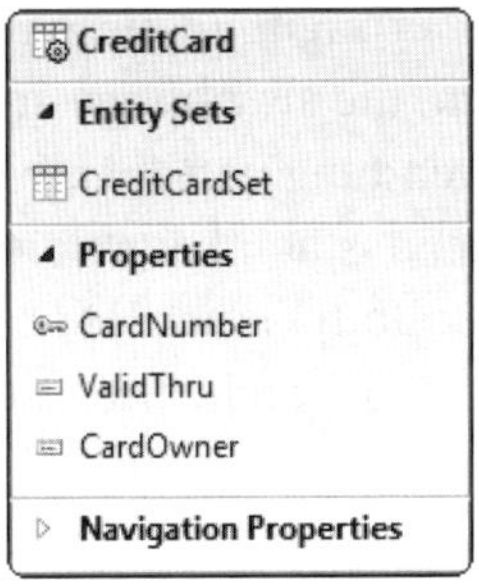

Abbildung 15.2 Entitätstyp »CreditCard« – unsicher

Der Problematik, dass vertrauliche Daten als Teil einer URL verwendet werden, kann man begegnen, indem man geeignetere Schlüsselfelder verwendet, wie z. B. GUIDs. Die eigentlichen Daten werden in Attributfeldern des Entitätstyps gespeichert, die keine Schlüsselfelder sind.

In einem ersten Schritt ändern wir daher den Entitätstyps `CreditCard`, so dass eine GUID als Schlüsselfeld verwendet wird. Der so geänderte sichere Entitätstyp ist in Abbildung 15.3 dargestellt.

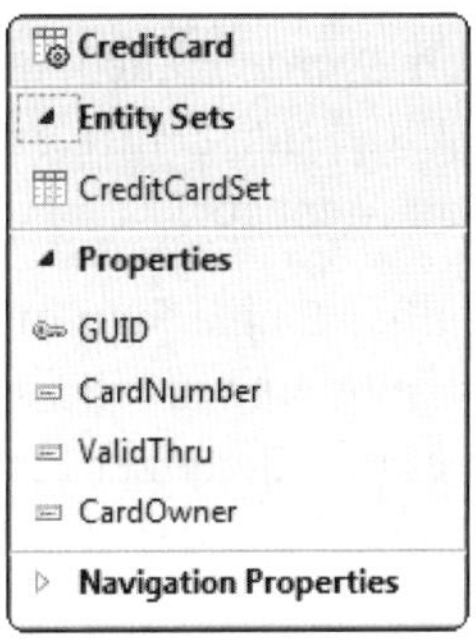

Abbildung 15.3 Entitätstyp »CreditCard« – sicher

Abfrageoptionen

Wenn der OData-Client eine Abfrage an den OData-Service sendet, um eine einzelne Entität aus der Entitätsmenge `CreditCardSet` zu lesen, wird nach der Kreditkartennummer gefiltert. Dies führt unweigerlich dazu, dass die Kreditkartennummer unsicher als Teil der URL übertragen wird, da die Systemabfrageparameter des OData-Protokolls, wie z. B. `$filter`, Teil der URL sind:

https://<server>:<port>/<rootURL>/CreditCardSet?$filter=
CardNumber eq '1234 5432 1234 6543'

Gegenmaßnahme – $batch

Eine mögliche Maßnahme, um die unsichere Übertragung von vertraulichen Daten als Teil einer URL zu verhindern, die als Abfrage an einen OData-Service gesendet wird, ist die Verwendung von `$batch`. In diesem Fall wird die komplette HTTP-Anfrage, das heißt auch die URL, im Nachrichtenkörper (Message Body, kurz Body) einer HTTP-Anfrage versendet und ist daher mit HTTP(S) verschlüsselt. Dies ist auch der Grund dafür, dass die Verwendung von `$batch` vom SAP Gateway Framework für OData-Services erzwungen wird, die wiederum über das *Read Access Logging* (RAL) überwacht werden. Das Thema RAL wird im weiteren Verlauf des Kapitels noch ausführlich diskutiert.

Backend-Kommunikation

Neben den bislang diskutierten Maßnahmen zur Absicherung der HTTP-basierten Kommunikation zwischen dem OData-Client und dem Gateway-Server muss auch die Kommunikation zwischen dem Gateway-Server und dem Business-Suite-Backend-System mittels Secure Network Communication (SNC) abgesichert werden.

Die Verwendung einer RFC-Vertrauensbeziehung (Trusted/Trusting-Beziehung) zwischen zwei SAP-Systemen stellt derzeit die einzige Möglichkeit dar, einen Benutzerkontext zwischen zwei ABAP-Systemen zu übergeben. RFC-Vertrauensbeziehungen werden auch in anderen Integrationsszenarien eingesetzt, so z. B. bei der Zentralen Benutzerverwaltung (ZBV) und beim SAP Solution Manager.

Da eine Trusted RFC-Verbindung einen Zugriff über Single Sign-on (SSO) zwischen den beiden Systemen erlaubt, besteht eine mögliche Gefahr, wenn sich ein Angreifer unerlaubt mit einem Benutzer am Gateway-Hub-System anmelden kann und so Zugriff auf das Business-Suite-Backend-System erlangt.

Diesem Risiko kann man auf folgende Weise begegnen:

- Absicherung des Zugriffs auf die OData-Service-URLs, wie für die Transportsicherheit beschrieben
- Auf Backend-Seite sollte sämtlichen Benutzern, die keinen Remote-Zugriff benötigen, die Berechtigung für die Remote-Anmeldung entzogen werden, die auf dem Berechtigungsobjekt `S_RFCACL` beruht. Dies gilt insbesondere für die DDIC-, SAP*- und andere administrative Benutzer.

15.2 Validierung von Eingabedaten

Die Validierung von Eingabedaten erfolgt durch SAP Gateway auf der Ebene des Gateway-Servers. Eine generelle Empfehlung von SAP lautet, dass Systeme zur Validierung von Eingabedaten von den Systemen getrennt sein sollen, in denen die eigentliche Verarbeitung der Anwendungsdaten erfolgt.

In einer Produktivumgebung sollten Kunden daher die Option des *Hub-Deployments* wählen. In diesem Fall werden die Serverkomponenten von SAP Gateway auf einem separaten System installiert und nicht im Business-Suite-Backend-System. (Die verschiedenen Optionen für die Installation von SAP Gateway werden ausführlich in Kapitel 4, »Deployment-Optionen, Installation und Konfiguration«, beschrieben.)

Folgt man dieser Empfehlung, ist es möglich, die Kommunikation zwischen dem Gateway-Serversystem und den Backend-Systemen zu überwachen und Maßnahmen gegen eine mögliche Überlastung oder Angriffe zu implementieren. Im Fall eines Angriffs befindet sich das Business-Suite-Backend-System somit in einem Bereich, der vom Gateway-Server geschützt wird.

Wählt man hingegen die Installationsoption des eingebetteten *(Embedded) Deployments*, müssen zusätzliche Systeme – z. B. SAP API Management oder das Produkt eines Drittanbieters – auf separaten Servern vor dem Gateway-System installiert werden, die geeignete Sicherheitsmaßnahmen implementieren.

Im Folgenden werden wir detailliert darauf eingehen, wie SAP Gateway Ihnen dabei hilft, die bekanntesten Gefahren im Bereich der Validierung von Eingabedaten abzuwehren: XSS- (*Cross-Site Scripting*) und CSRF-Angriffen (*Cross-Site Request Forgery*).

Neben diesen in SAP Gateway eingebauten Sicherheitsmechanismen gibt es zusätzliche Maßnahmen, die darüber hinaus implementiert werden können, wie z. B. der Einsatz eines Virenscanners zur Überprüfung von Dateien.

15.2.1 Absicherung gegen Cross-Site Scripting (XSS)

Cross-Site Scripting

Bei einem Angriff über Cross-Site Scripting (XSS) nutzt der Angreifer das Vertrauen eines Benutzers aus, das dieser einer Webseite entgegenbringt. Wie in Abbildung 15.4 dargestellt, ermöglicht XSS dem Angreifer, schädlichen Skriptcode in eine Seite einzuschleusen, die vom Benutzer aufgerufen wird.

Obwohl in nahezu allen modernen Browsern zur Abwehr solcher Angriffe eine sogenannte Same-Origin-Policy implementiert ist, gehört XSS weiterhin zu den zehn am häufigsten auftretenden Sicherheitsproblemen.

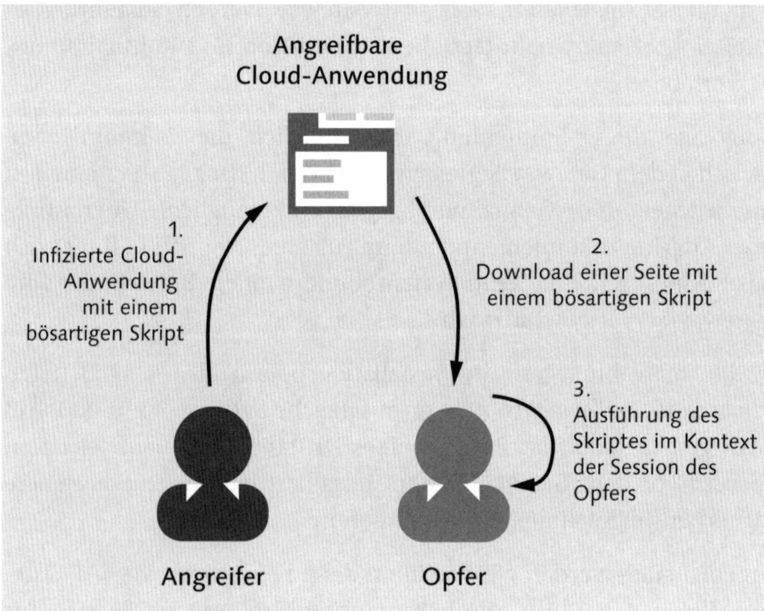

Abbildung 15.4 Cross-Site Scripting (XSS)

Gegenmaßnahmen

Zur Abwehr von XSS-Angriffen werden eingehende Daten von SAP Gateway bezüglich der korrekten Syntax überprüft. Dabei erfolgt eine Überprüfung basierend auf den OData-Datentypen. Im Fall von Unstimmigkeiten werden derartige OData-Anfragen vom Framework zurückgewiesen.

Darüber hinaus wird ein Schutz vor XSS-Angriffen durch den Einsatz von Escape-Sequenzen (*to escape*) erreicht, wobei HTML-Sequenzen, wie z. B. `<br>`, mit der Syntax `<br>` dargestellt werden, was den Regeln der Verarbeitung gemäß dem Atom Syndication Format (RFC 4287) entspricht.

15.2.2 Maßnahmen gegen CSRF-Angriffe

Cross-Site Request Forgery

CSRF-Angriffe (*Cross-Site Request Forgery*, eine die Website übergreifende Anfragenfälschung) sind gewissermaßen das Gegenteil von Cross-Site Scripting oder XSS (siehe auch Wikipedia, CSRF, *http://de.wikipedia.org/wiki/CSRF*).

Während beim XSS ein Angreifer das Vertrauen eines Benutzers in eine Webseite ausnutzt, nutzt der Angreifer beim CSRF das Vertrauen aus, das eine Webseite ihren Benutzern entgegenbringt. Der Ablauf eines CSRF-Angriffs ist in Abbildung 15.5 dargestellt.

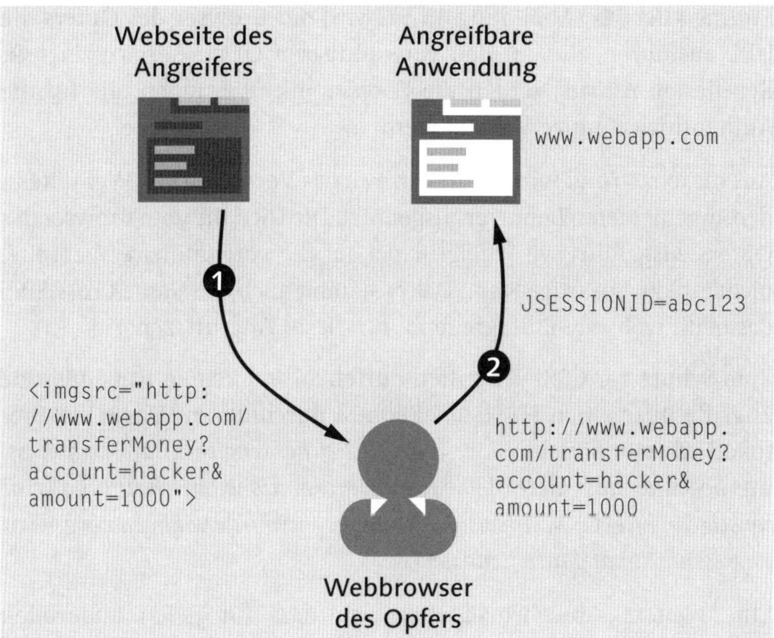

Abbildung 15.5 Cross-Site Request Forgery (CSRF)

Der Grundgedanke eines CSRF-Angriffs ist, dass der Angreifer den Benutzer einer Webanwendung dazu bringt, (unwissentlich) Aktionen im Sinn des Angreifers auszuführen. Dies ist möglich, da der Benutzer an der betreffenden Webanwendung angemeldet ist und Aufrufe unter seinem authentifizierten Benutzerkontext durchgeführt werden.

Ein CSRF-Angriff auf einen OData-Service beginnt damit, dass der Angreifer den Benutzer dazu bringt, auf eine bösartige OData-URL zuzugreifen. Ob ein solcher Angriff erfolgreich sein kann, hängt davon ab, ob die aufzurufende URL in der verwundbaren Anwendung für den Angreifer vorhersagbar ist oder nicht.

Betrachten wir das folgende Beispiel, in dem ein Benutzer an der HTML5-basierten Online-Banking-Anwendung seiner Bank angemeldet ist, die mit dem Backend-System über einen OData-Service kommuniziert. Während der Benutzer mit der Online-Banking-Anwendung arbeitet, besucht er eine weitere Webseite, die z. B. Blog-Einträge mit unsicheren Inhalten enthält. Oder der Benutzer erhält eine E-Mail mit einem manipulierten Link.

Wenn der Benutzer nun auf den Link in der E-Mail oder dem Blog-Eintrag klickt ❶ (Abbildung 15.5), wird der Browser des Opfers die URL ausführen, die auf den verwundbaren OData-Service zeigt ❷. Bei diesem Aufruf werden die Cookies mit übertragen, die für die Authentifizierung verwendet werden.

Aus diesem Grund wird in diesem Fall das Vertrauen der Webseite in den angemeldeten Benutzer ausgenutzt. Die URL, die vom Browser des Opfers ausgeführt wird, zeigt dabei auf die verwundbare Webseite, nicht auf die bösartige Seite. Daher stammt auch der Name Cross-Site, das heißt webseitenübergreifend, für dieses Angriffsszenario.

Abwehrmaßnahmen

Zum Schutz vor CSRF-Angriffen dürfen Sie auf keinen Fall ändernde Zugriffe über einen HTTP-`GET`-Request durchführen. Das HTTP-Protokoll schreibt ohnehin vor, *»dass GET sicher (englisch: safe) sein muss, was bedeutet, dass diese Methode nur Informationen beschafft und keine sonstigen Effekte verursacht«* (Quelle: *http://de.wikipedia.org/wiki/Representational_State_Transfer*).

Eine weitere Abwehrmaßnahme ist, dass für jeden ändernden Zugriff mit einem der HTTP-Verben (`POST`, `PUT` oder `DELETE`) vom Server und Client eine gemeinsame, geheime, benutzerspezifische Information verschickt wird. Dieses sogenannte CSRF-Token muss zu Beginn der Transaktion vom Client mit einem lesenden Zugriff vom Server angefordert werden. In einem ersten Schritt sendet der Client daher einen `GET`-Request mit einem HTTP-Header-Feld `X-CSRF-Token`, das den Inhalt `Fetch` hat.

In einem zweiten Schritt sendet nun die Laufzeitumgebung des Internet Communication Frameworks (ICF) ein zufällig generiertes CSRF-Token im HTTP-Header-Feld `X-CSRF-Token` zusammen mit einem Cookie `sap-XSRF_<SID>_<client>`.

In einem dritten Schritt müssen Sie nun dieses CSRF-Token bei jedem nachfolgenden ändernden HTTP-Zugriff im HTTP-Header `X-CSRF-Token` an den Server schicken. Da der Client auch alle Cookies an das ICF zurückschickt und damit eine Anmeldung ermöglicht, kann die Gateway-Runtime das CSRF-Token aus dem HTTP-Header `X-CSRF-Token` mit dem Token vergleichen, das sie aus dem Cookie `sap-XSRF_<SID>_<client>` extrahieren kann.

Zufällig generierte Tokens

Da die CSRF-Tokens zufällig generiert werden, kann ein Angreifer ihren Wert nicht vorhersehen. Aufgrund der Same-Origin-Policy ist der Angreifer auch nicht in der Lage, die Tokens eines Benutzers auszulesen. Daher kann der Angreifer auch keinen HTTP-Request präparieren, der auch das zufällig generierte `X-CSRF-Token` enthält. Dieses Verhalten erklären wir mit dem nachfolgend beschriebenen Praxisbeispiel.

```
HTTP GET ... /BusinessPartnerCollection('0100000002')
```

Der Client fügt den HTTP-Header `X-CSRF-Token` mit dem Wert `Fetch` dem Request hinzu. Als Ergebnis dieser Anfrage erhält der Client das `X-CSRF-Token` im HTTP-Header der HTTP-Response, wenn die lesende Anfrage erfolgreich (HTTP `200`) war.

```
Status Code: 200 OK
Content-Type: application/atom+xml;type=entry; charset=utf-8
...
X-CSRF-Token: oZipsu2chxoh2YMLNo9gRg==
Set-Cookie: {client MUST store cookies set by the server}
...
```

Das `X-CSRF-Token` muss dann vom Client in allen nachfolgenden ändernden Zugriffen, wie z. B. `PUT`, `POST`, `PATCH` oder `DELETE`, hinzugefügt werden. Der folgende Update-Request

```
HTTP PUT ... /BusinessPartnerCollection('0100000002')
```

muss daher das `X-CSRF-Token` im HTTP-Header enthalten.

```
Content-Type: application/atom+xml;type=entry; charset=utf-8
...
X-CSRF-Token: oZipsu2chxoh2YMLNo9gRg==
```

```
Cookie: {client MUST return cookies set by the server}
...
```

Falls der Update-Request erfolgreich ist, ist der Body der HTTP-Response leer, und der HTTP-Header enthält den Statuscode `204` (No Content).

SAP Gateway Client

Wenn Sie, wie in Abbildung 15.6 gezeigt, zum Testen SAP Gateway verwenden, ist es nicht nötig, zunächst ein `X-CSRF-Token` über einen `GET`-Request anzufordern, da der SAP Gateway Client dies automatisch für Sie tut.

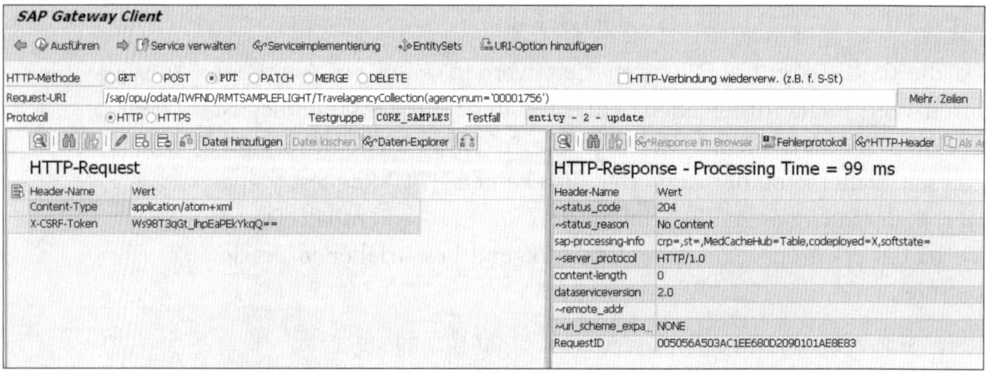

Abbildung 15.6 Umgang mit CSRF-Tokens im SAP Gateway Client

SAPUI5

Das Objekt `ODataModel` in SAPUI5 besitzt die Methode `setTokenHandlingEnabled`, die den booleschen Parameter `bTokenHandling` verwendet, um die automatische Verarbeitung der `X-CSRF-Token` zu steuern. Da die Default-Einstellung der Methode den Parameter `bTokenHandling` auf den Wert `true` setzt, muss der SAPUI5-Entwickler keinen eigenen Code implementieren, denn das SAPUI5 Framework kümmert sich automatisch um die Behandlung eines `X-CSRF-Token`.

Darüberhinaus bietet die Methode `refreshSecurityToken` dem Entwickler die Möglichkeit, das CSRF-Token durch die Ausführung eines `GET`-Requests auf die Basis-URL des OData-Service zu aktualisieren, falls das Token aus irgendeinem Grund nicht mehr gültig sein sollte.

Virenscanner-Schnittstelle

Im SAP Gateway Framework können eingehende Update- und Create-Requests für binäre Daten auf Viren hin geprüft werden. Auf binäre Daten können Sie im OData-Protokoll, wie in Abschnitt 6.5.7, »Medienressourcen«, beschrieben, über *Media Links* zugreifen.

Um das Scannen auf Viren zu aktivieren oder zu deaktivieren, müssen Sie die Transaktion SPRO ausführen und den SAP-Referenz-IMG öffnen. Navigieren Sie in der Struktur des Einführungsleitfadens zum Eintrag SAP NETWEAVER GATEWAY • ODATA CHANNEL • ADMINISTRATION • ALLGEMEINE EINSTELLUNGEN • VIRENSCANPROFILE FESTLEGEN. An dieser Stelle können Sie die Checkbox VIRENSCAN AUSGESCHALTET aktivieren oder deaktivieren.

Weiterführende Informationen zur SAP-Virenscanner-Schnittstelle und der Konfiguration in SAP Gateway finden Sie in der Online-Hilfe unter *http://help.sap.com/nw75*. Wählen Sie dort FUNCTION-ORIENTED VIEW • SAP GATEWAY FOUNDATION (SAP_GWFND) • SAP GATEWAY FOUNDATION SECURITY GUIDE • DATA PROTECTION AND PRIVACY • VIRUS SCAN.

15.3 Benutzerverwaltung und Berechtigungen

Benutzerverwaltung

Da SAP Gateway auf dem SAP NetWeaver Application Server ABAP (SAP NetWeaver AS ABAP) basiert, verwendet SAP Gateway die lokale ABAP-Benutzerverwaltung. Über die Standardmechanismen, wie z. B. Transaktion SU01, können Benutzer angelegt werden. Zur Erleichterung der Benutzerverwaltung kann der Gateway-Server als zusätzliches Tochtersystem einer Zentralen Benutzerverwaltung (ZBV) angeschlossen oder mit einem Identity-Management-Tool wie SAP Identity Management (SAP ID Management) verwaltet werden. Für Business-to-Consumer-(B2C-)Szenarien wird in SAP Gateway ein Selbstbedienungsservice für das Anlegen von Benutzern bereitgestellt.

Benutzerkonten

Die Benutzerkonten, die im Gateway-Hub erstellt werden, müssen denselben Benutzernamen wie in den angeschlossenen Backend-Systemen haben. Der Grund hierfür ist, dass zwischen dem Gateway-Hub-System und den angeschlossenen Backend-Systemen eine Vertrauensstellung (Trusted System) konfiguriert ist, die ein Single Signon über SAP-Anmeldetickets erlaubt.

Wählt man als Installationsoption das Embedded Deployment, müssen keine Benutzer in einem weiteren System angelegt werden, weil die Benutzer im Backend-System, das auch als Gateway-Hub dient, bereits vorhanden sind.

Berechtigungen

Wird ein OData-Service aufgerufen, erfolgt eine Berechtigungsprüfung im Gateway-Server, um zu überprüfen, ob der Benutzer die Berechtigung hat, diesen Service aufzurufen, die auf dem Berechtigungsobjekt `S_SERVICE` basiert. Somit ist es möglich, Rollen im Gateway-System zu definieren, mit denen sich der Zugriff auf die Gateway-Services über eine Positivliste (Whitelist) steuern lässt.

Wenn diese erste Berechtigungsprüfung erfolgreich ist, ruft das Framework die Serviceimplementierung im Backend über RFC auf. Auch wenn der Zugriff auf der Serviceebene erlaubt ist, werden immer auch die SAP-Benutzerberechtigungen im Backend überprüft. Hierzu müssen in der Serviceimplementierung geeignete Berechtigungsprüfungen im Business-Suite-Backend-System implementiert werden. Dadurch wird sichergestellt, dass ein Benutzer über einen OData-Service nur auf die Geschäftsdaten zugreifen kann, auf die er auch im Business-Suite-Backend über das SAP GUI oder Web-Dynpro-UIs zugreifen kann.

Der Zugriff vom Gateway-Hub auf das Business-Suite-Backend-System erfolgt als vertrautes System über RFC. Daher müssen die Benutzer im Business-Suite-Backend-System, die Daten über einen OData-Service konsumieren, eine zusätzliche Berechtigung basierend auf dem Berechtigungsobjekt `S_RFCACL` besitzen, das solche Remote-Aufrufe erlaubt.

Zum Schutz der Backend-Systeme wird die Berechtigung für die Nutzung von RFC-Verbindungen vom Typ *Trusted* nicht an administrative Benutzer vergeben, wie z. B. DDIC oder SAP*, und ist auch nicht Bestandteil des Profils SAP_ALL. Anderenfalls wäre es möglich, sich über ein gehacktes administratives Benutzerkonto im Gateway-Hub mit administrativen Berechtigungen auch am Backend anzumelden.

In bestimmten Szenarien müssen externe Benutzerkonten auf Benutzerkonten auf dem Gateway-Server und damit auch auf Benutzerkonten im Business-Suite-Backend-System gemappt werden. Dabei muss man zwischen Szenarien unterscheiden, bei denen das Mapping extern oder SAP-intern im Gateway-Server erfolgt.

Abbildung der Benutzerkonten in SAP Gateway

In den folgenden Szenarien erfolgt das Mapping von Benutzern in SAP Gateway:

- Das Attribut `NameID` in der SAML-Assertion wird auf den Gateway-Benutzernamen abgebildet.
- Die Benutzerkennung, der *Distinguished Name*, die im X.509-Zertifikat des Benutzers enthalten ist, wird auf eine gültige Benutzerkennung auf dem Gateway-Server abgebildet.
- Der Gateway-Benutzer wird auf ein Attribut in der SAML-Assertion abgebildet.
- Der Gateway-Benutzer wird auf den User Principal Name abgebildet, der als SNC-Anmeldename verwendet wird.

Abbildung der Benutzerkonten in externen Systemen

In anderen Szenarien erfolgt die Abbildung der Benutzernamen extern. Ein Beispiel hierfür ist ein Szenario, in dem ein SAP Enterprise Portal verwendet wird und die Benutzerdatenbank so konfiguriert ist, dass die vom SAP Enterprise Portal ausgestellten SAP-Anmeldetickets den Benutzernamen des Gateway-Benutzers enthalten. Ein anderes Beispiel ist ein Szenario, in dem ein Identity Provider (IdP) so konfiguriert wird, dass die vom Identity Provider ausgestellten SAML-Tokens den Namen des Gateway-Benutzers in ihrem `NameID`-Attribut enthalten.

15.4 Single Sign-on und Authentifizierungsmechanismen

Der effizienteste Weg, um die Authentifizierung von Benutzern innerhalb eines Unternehmens zu erleichtern, ist die Verwendung von Single Sign-on (SSO). Dabei handelt es sich um ein Verfahren, bei dem sich die Benutzer in einem Unternehmen an einer zentralen Authentifizierungsstelle anmelden, um auf diese Weise Zugriff auf weitere geschützte Ressourcen im Unternehmen zu erhalten, ohne sich noch einmal authentifizieren zu müssen. Mithilfe von Single Sign-on müssen sich Benutzer daher nur einmal an einem System anmelden (authentifizieren) und sind damit automatisch an weiteren

Systemen authentifiziert, die dieser ersten Authentifizierung vertrauen.

Eine schöne Analogie hierzu ist das Verreisen in andere Länder. Ein Bürger der Bundesrepublik Deutschland erhält von den deutschen Behörden einen Reisepass, da er sich bei der zuständigen Behörde mit seinem Personalausweis ausgewiesen hat. Der von den deutschen Behörden ausgestellte Reisepass wird wiederum von den US-amerikanischen Einreisebehörden akzeptiert, da die US-Behörden den deutschen Behörden vertrauen. Dieser Prozess ist in Abbildung 15.7 dargestellt.

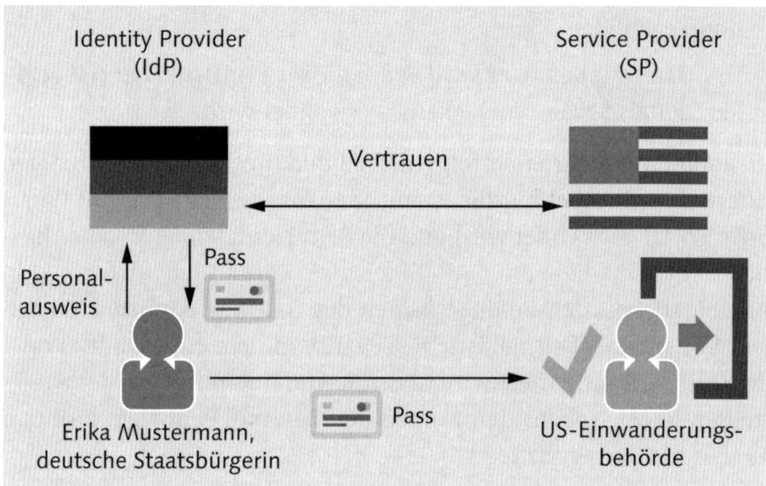

Abbildung 15.7 Verreisen – eine Analogie zu Single Sign-on und Identity Federation

Da der Vorgang des Verreisens einfach zu verstehen ist, eignet er sich hervorragend dafür, die Grundbegriffe von Single Sign-on zu erklären, die wir in diesem Abschnitt verwenden. Abbildung 15.8 zeigt die unterschiedlichen Rollen im Fall von Single Sign-on.

Identity Provider

Der *Identity Provider* (IdP) ist eine autorisierte Stelle, die Endbenutzer authentifiziert und ihre Identität auf vertrauenswürdige Weise für vertrauenswürdige Partner bestätigt. Im Fall des Verreisens übernehmen die deutschen Behörden die Rolle des Identity Providers, da sie Erika Mustermann einen Reisepass ausstellen, nachdem sich diese mit ihrem Personalausweis ausgewiesen hat.

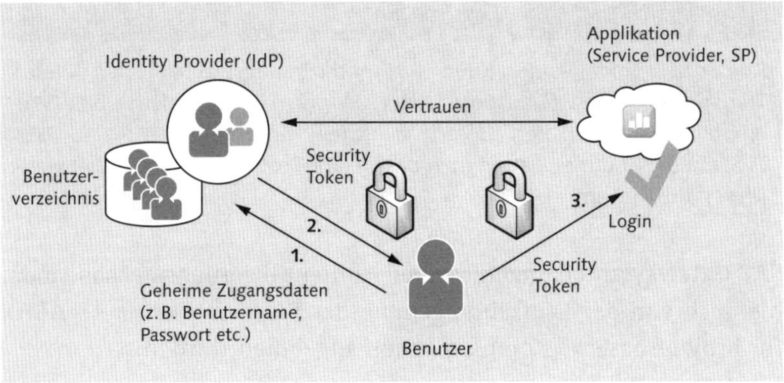

Abbildung 15.8 Grundbegriffe des Single Sign-on

Service Provider

Der *Service Provider* (SP) hat eine Vertrauensbeziehung zum Identity Provider. Der Service Provider akzeptiert und vertraut den Informationen, die vom Identity Provider im Namen des Benutzers bereitgestellt werden (ohne direkte Interaktion mit dem Benutzer). Sowohl das Identity als auch das Access Management werden dabei auf den Identity Provider übertragen.

Im Beispiel des Verreisens übernehmen die US-Einwanderungsbehörden die Rolle des Service Providers. Der einzige Unterschied ist, dass der Reisende seinen Reisepass den Vertretern der Einreisebehörde vorlegen muss. In einem SSO-Szenario hingegen würde der Client (z. B. ein Browser) das vom Identity Provider ausgestellte Token dem Service Provider übergeben, ohne hierfür den Endbenutzer zu belästigen.

Im Fall von Single Sign-on zu SAP Gateway spielt SAP Gateway die Rolle des Service Providers. Der Benutzer (bzw. der Browser oder die Applikation) muss das Token, das vom Identity Provider ausgestellt wurde, an SAP Gateway übergeben.

Wir müssen daher einerseits einen Blick auf die Authentifizierungsmechanismen werfen, die von SAP Gateway unterstützt werden, und andererseits die unterschiedlichen Konsumenten oder User Agents (Desktop-Anwendungen, HTML5-Anwendungen, mobile Geräte etc.) betrachten, die in den jeweiligen Szenarien eine Rolle spielen. Erst dann können wir entscheiden, welches der beste Weg ist, um Single Sign-on in diesem Szenario zu erreichen.

Beachten Sie

Keiner der hier vorgestellten Authentifizierungsmechanismen bietet Transportsicherheit (Transport Layer Security, TLS) out of the box. Wir empfehlen Ihnen daher, TLS-Mechanismen einzusetzen, wie z. B. SSL/TLS, um die Kommunikation über das OData-Protokoll mit dem Gateway-Server abzusichern.

SAP Gateway unterstützt dieselben Authentifizierungsmechanismen, die auch von der Laufzeitumgebung des SAP NetWeaver AS ABAP für browserbasierte Kommunikation angeboten werden.

Der Grund hierfür ist der, dass die Kommunikation über das OData-Protokoll, das vom Gateway-Hub angeboten wird, technisch über den Prozess des *Internet Communication Managers* (ICM) läuft, der entsprechende Handler im *Internet Communication Framework* (ICF) nutzt.

In diesem Abschnitt stellen wir Ihnen die verschiedenen Authentifizierungsmechanismen vor, die von SAP Gateway unterstützt werden, und klären, welche dieser Technologien für Single Sign-on genutzt werden kann.

Beachten Sie

Einige der hier vorgestellten Authentifizierungsoptionen benötigen einen bestimmten Releasestand und darüber hinaus gegebenenfalls zusätzliche Softwarekomponenten von SAP oder einem Drittanbieter, die gesondert lizenziert werden müssen.

15.4.1 Basic Authentication

Basic Authentication (Basisauthentifizierung) ist die einfachste Form der Authentifizierung. Die Anwendung benötigt in diesem Fall nur einen Benutzernamen und ein Passwort, wenn sie den OData-Service in SAP Gateway ruft. Basic Authentication ist keine wirkliche Option für Single Sign-on (SSO), weil die Anwendung, die den OData-Service aufruft, die Anmeldeinformationen des Benutzers an einem sicheren Ort speichern muss. Darüber hinaus muss die Anwendung in der Lage sein, mit initialen und abgelaufenen Passwörtern umzugehen. Die Nutzung von Basic Authentication birgt außerdem das Risiko, dass das System anfällig für verteilte DoS-Angriffe (*Denial of Service*) wird. Benutzer können gesperrt werden, wenn Angreifer zu viele Anmeldeversuche mit den falschen Anmeldeinformationen ausgeführt haben.

Basic Authentication ist jedoch für die nachfolgend aufgeführten Szenarien ein valider Ansatz:

- Während der Entwicklung einer Anwendung können Entwickler ihre Anwendungen mit unterschiedlichen Benutzernamen anmelden und so den Zugriff mit unterschiedlichen Benutzern simulieren.
- in B2C-Szenarien, in denen der Benutzer-Self-Service verwendet wird (siehe Abschnitt 15.5.7, »Business-to-Consumer«, für weitere Informationen zu dieser Funktionalität)

15.4.2 SAP-Anmeldetickets mit SAP Enterprise Portal

SAP-Anmeldetickets sind sogenannte Session Cookies, die im Browser des zugreifenden Clients gespeichert sind. In der Vergangenheit war SAP gezwungen, einen solchen proprietären SSO-Mechanismus zu verwenden, da Standards wie SAML oder OAuth noch nicht zur Verfügung standen. Doch werden SAP-Anmeldetickets noch immer unterstützt und sind in einigen Anwendungsfällen noch immer eine valide Option.

SAP-Anmeldetickets

Die Rolle der ticketausstellenden Instanz für SAP-Anmeldetickets wird in SSO-Szenarien normalerweise vom SAP Enterprise Portal (früher bekannt unter dem Namen *SAP NetWeaver Portal*) übernommen, das damit die Rolle des Identity Providers übernimmt.

Das SAP Enterprise Portal stellt einem Benutzer ein SAP-Anmeldeticket aus, nachdem dieser sich erfolgreich am Portal angemeldet hat. Die Authentifizierung erfolgt hierbei gegen die Benutzerdatenbank, die in der User Management Engine (UME) konfiguriert ist.

Da es sich bei SAP-Anmeldetickets um Cookies handelt, gelten für sie entsprechende Einschränkungen hinsichtlich Sicherheit und Technik. So werden SAP-Anmeldetickets nur an SAP NetWeaver AS weitergeleitet, die sich in derselben Domain-Name-Server-(DNS-) Domäne wie der Portalserver befinden, der das Ticket ausgestellt hat. Aus diesem Grund sind SAP-Anmeldetickets nur bedingt für Szenarien geeignet, bei denen sich das Portal und der Gateway-Server in unterschiedlichen Domänen befinden. Befinden sich die Server innerhalb der baumförmigen Struktur eines Domain-Namensraums, können SAP-Anmeldetickets verwendet werden, wenn die sogenannte Domain-Relaxation konfiguriert wird.

Das SAP Enterprise Portal selbst bietet verschiedene Authentifizierungsmechanismen an, wie z. B. X.509-Zertifikate oder Integrated Windows Authentication. Die Benutzer eines SAP Enterprise Portals können sich daher automatisch an einem Portal anmelden und dabei ihre Windows-Anmeldedaten wiederverwenden. Single Sign-on zu allen SAP-Applikationen und auch zu SAP Gateway wird demnach dadurch erreicht, dass sich der Benutzer zu Beginn erfolgreich an der Windows-Domäne authentifiziert hat.

Integrierte Windows-Authentifizierung

Beachten Sie, dass die Integrated Windows Authentication nun auch für den Zugriff über HTTP auf den ABAP-Stack unterstützt wird. Dies ist, wie in Abschnitt 15.5.2, »Desktop-Anwendungen«, beschrieben, besonders für Desktop-Anwendungen interessant, die im Gegensatz zu einem Browser nicht out of the box in der Lage sind, SAP-Anmeldetickets zu nutzen, die von einem SAP Enterprise Portal ausgestellt wurden.

15.4.3 Client-Zertifikate

Bei einem X.509-Zertifikat handelt es sich um eine signierte digitale Datenstruktur, die einen öffentlichen Schlüssel einer Person, einem Computer oder einer Organisation zuweist. Zertifikate werden von einer Zertifizierungsstelle (Certification Authority, CA) ausgestellt.

Das Ausstellen von digitalen Zertifikaten für Benutzer und Rechner in einem Unternehmen ist die Aufgabe einer Public-Key-Infrastruktur (PKI, Public Key Infrastructure).

Schlüsselpaare

Bei der Authentifizierung durch Client-Zertifikate muss jeder Benutzer ein Schlüsselpaar besitzen, das aus einem öffentlichen und einem privaten Schlüssel besteht. Der öffentliche Schlüssel ist im digitalen Zertifikat enthalten, das die Authentizität des öffentlichen Schlüssels bestätigt, und kann veröffentlicht werden. Der private Schlüssel hingegen muss sicher, z. B. auf einer Chipkarte, aufbewahrt werden.

Ein großer Vorteil von X.509-Zertifikaten ist, dass Zertifikate von vielen Anwendungen unterstützt werden, da es sich um einen allgemein akzeptierten Standard handelt. X.509-Zertifikate werden für das Single Sign-on beim browserbasierten Zugriff sowohl für das neueste Release als auch ältere Releases des SAP NetWeaver AS ABAP unterstützt, wie z. B. SAP NetWeaver 7.0.

Aus diesem Grund sind X.509-Zertifikate neben der Basic Authentication und den SAP-Anmeldetickets die einzige Authentifizierungsmethode, die für alle Releases von SAP NetWeaver (7.0 bis 7.4) unterstützt wird, für die auch SAP Gateway freigegeben ist.

SAP Single Sign-on

Ein entscheidender Nachteil von X.509-Zertifikaten ist jedoch, dass sie bei Kunden die Installation einer Public-Key-Infrastruktur voraussetzen. Da der Betrieb einer PKI jedoch als relativ aufwendig und teuer angesehen wird, ist der Betrieb von PKIs nicht so weit verbreitet, wie man aufgrund der zuvor geschilderten Vorteile annehmen könnte.

Mit dem Produkt *SAP Single Sign-on* bietet SAP daher die Möglichkeit, die Vorteile einer zertifikatsbasierten Anmeldung ohne den Aufwand für die Installation und den Betrieb einer PKI zu nutzen und dabei die Windows-Anmeldung des momentan am Desktop angemeldeten Benutzers zu verwenden.

Auf Basis einer bestehenden Windows-Anmeldung wird durch SAP Single Sign-on ein kurzlebiges Client-Zertifikat ausgestellt, das in den Zertifikatsspeicher des Benutzers kopiert wird. Dieses Zertifikat kann nun für das Single Sign-on an SAP Gateway verwendet werden. Da mit SAP Single Sign-on Zertifikate mit sehr kurzer Gültigkeitsdauer generiert werden können, entfällt die beim Betrieb einer PKI notwendige Pflege einer Zertifikatssperrliste (Certificate Revocation List, CRL).

Microsoft Active Directory

Eine weitere Möglichkeit für die reibungslose Verteilung von X.509-Zertifikaten in einer bestehenden Infrastruktur ist die Nutzung der Auto-Enrollment-Funktionalität von Microsoft Active Directory. Hiermit wird das Zertifikat eines Benutzers automatisch in den Zertifikatsspeicher des Benutzers kopiert, nachdem sich dieser erfolgreich am Domain Controller des Active Directorys authentifiziert hat. Dieser Zertifikatsspeicher erlaubt die verschlüsselte Speicherung von Zertifikaten auf Windows-Rechnern und enthält private und öffentliche Root-Zertifikate.

Benutzer-Mapping

Während die initiale Konfiguration des SAP NetWeaver AS ABAP für die Nutzung von X.509-Zertifikaten ein einmaliger Aufwand ist, führt die notwendige Zuordnung der Client-Zertifikate zu den SAP-

Benutzerkonten zu wiederholt auftretenden administrativen Aufwänden.

Die Zuordnung der Zertifikate zu den SAP-Benutzerkonten kann auch automatisiert erfolgen, wenn Sie ein Identity-Management-Tool einsetzen, wie z. B. SAP Identity Management, oder die Tabelle `VUSREXTID` mithilfe der Transaktion EXTID_DN pflegen, die auch die Möglichkeit bietet, Dateien hochzuladen.

15.4.4 SAML 2.0 Browser Protocol

Die *Security Assertion Markup Language* (SAML) ist ein Standard für Single Sign-on und Identity Federation. Das SAML 2.0 Browser Protocol spezifiziert ein sogenanntes Profil, das beschreibt, wie die unterschiedlichen Rollen (Identity Provider, Service Provider und Endbenutzer) interagieren, wenn der Benutzer einen Webbrowser verwendet, um auf den Service Provider zuzugreifen. In einem Szenario, in dem ein SAML Browser Protocol 2.0 eingesetzt wird, agiert SAP Gateway als Service Provider. Dabei werden verschiedene Identity Provider unterstützt, die auf Basis einer initialen Authentifizierung ein SAML-Token ausstellen.

Abhängig vom Anwendungsszenario, können dabei vom Client unterschiedliche Authentifizierungsmechanismen verwendet werden. Der Vorteil des SAML 2.0 Browser Protocols ist, dass keine Installationen auf Client-Seite erforderlich sind. Im Gegensatz dazu müssen X.509-Zertifikate auf den Clients verteilt werden.

Da das SAML 2.0 Browser Protocol für verschiedene Szenarien das Mittel der Wahl ist (z. B. für Fiori-Anwendungen), stellen wir den Vorgang der Authentifizierung detailliert dar (siehe Abbildung 15.9 und Abbildung 15.10).

Authentifizierungsprozess

Der Client schickt zunächst über einen Reverse Proxy einen nicht authentifizierten Request zum Gateway-Server ❶. Der Request, der vom Client gesendet wurde, bezieht sich auf die externe URL eines OData-Service, der z. B. über eine SAP-Fiori-Anwendung konsumiert wird.

Der Gateway-Server antwortet auf den nicht authentifizierten Request mit einem Redirect zum Identity Provider ❷, als ob er sagen wollte: »Ich weiß nicht, wer Sie sind. Bitte sprechen Sie mit Ihrem SAML-2.0-IdP-Server.« Der Client folgt daraufhin der HTTP-`302`-

Redirect-URL und schickt einen Request an den SAML-2.0-IdP-Server ❸. Der SAML-2.0-IdP-Server fordert den Client auf, sich zu identifizieren ❹. SAML-2.0-IdP-Server kann nun mit einer beliebigen Form der Authentifizierung konfiguriert sein, die sich für die Infrastruktur des Kunden eignet, z. B. Basic Authentication gegen ein Microsoft Active Directory. Der Client gibt dann dort die erforderlichen Angaben ein, wie z. B. den Windows-Benutzernamen und das Windows-Passwort ❺.

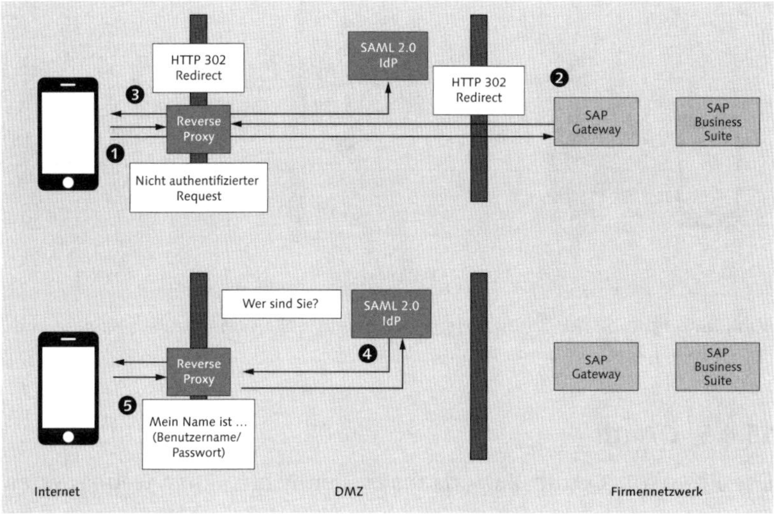

Abbildung 15.9 SAML-2.0-browserbasiertes Single Sign-on – Artifact Binding und Redirect (Teil 1)

Wenn der SAML 2.0 IdP Server feststellt, dass die Anmeldeinformationen des Benutzers korrekt sind, antwortet er mit einem weiteren HTTP 302, um den Client zum Gateway-Server zu leiten; diese Response enthält nun das für die Anmeldung erforderliche SAML-Artefakt (❻ in Abbildung 15.10). Der Client folgt der HTTP-302-Redirect-URL und übergibt auf diese Weise das SAML-Artefakt dem Gateway-Server ❼.

Der Gateway-Server wiederum sendet über einen SOAP Web Service Request in einem Rückkanal das SAML-Artefakt zurück zum SAML-2.0-IdP-Server, damit dieser es auflöst ❽. Der SAML-2.0-IdP-Server löst das Artefakt auf und antwortet mit einer Assertion, die vom Gateway-Server validiert wird ❾. Wenn die Validierung erfolgreich verläuft, wird eine Security-Session für den nun authentifizierten

Benutzer erzeugt ❿. Der OData-Service in SAP Gateway beginnt nun mit der Übertragung von Daten an den Client ⓫.

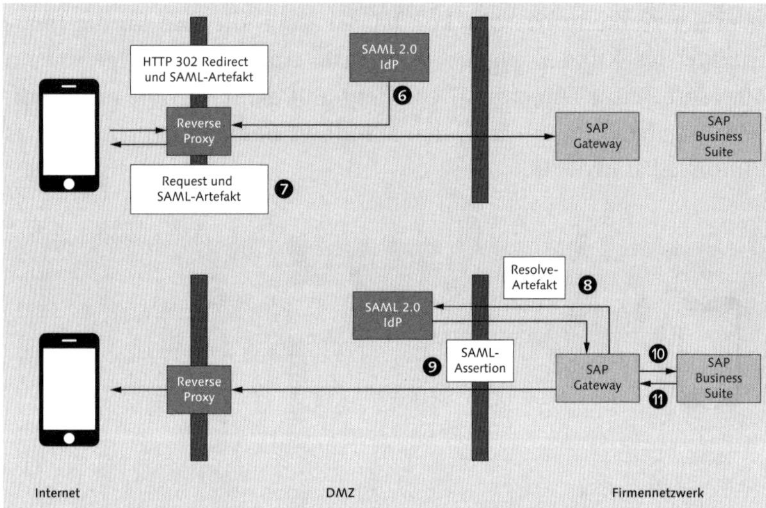

Abbildung 15.10 SAML-2.0-browserbasiertes Single Sign-on – Artifact Binding und Redirect (Teil 2)

15.4.5 OAuth

Das Protokoll OAuth 2.0 erlaubt es Benutzern einer webbasierten Client-Anwendung, der Anwendung Zugriff auf Ressourcen des Benutzers zu ermöglichen. Die Anwendung, die vom Benutzer als Besitzer der Ressource autorisiert wurde, agiert dabei im Namen des Benutzers.

Streng genommen handelt es sich bei OAuth nicht um einen Authentifizierungsmechanismus, sondern um ein Protokoll zur Delegation von Berechtigungen. Aus Sicht des Endbenutzers ermöglicht OAuth jedoch ein Single Sign-on für eine Vielzahl von Szenarien, wie z. B. mobile Anwendungen und Webseiten.

Der Vorteil von OAuth ist, dass es einen eingeschränkten Zugriff auf Services ermöglicht, ohne dass hierfür Anmeldeinformationen übergeben oder gespeichert werden müssen. Dies macht OAuth besonders für cloudbasierte Services und mobile Services interessant, bei denen ein beschränkter Zugriff von besonderem Interesse ist.

Verwendung

Eines der Standardbeispiele für die Verwendung von OAuth, das auch im OAuth 2.0 Internet-Draft (*http://tools.ietf.org/html/draft-ietf-*

oauth-v2-10) beschrieben ist, ist das Beispiel eines Fotoservice. Nehmen wir an, Sie haben Urlaubsfotos auf einen Cloud-Speicher hochgeladen und möchten nun Papierabzüge dieser Fotos von einem Fotoservice erstellen lassen. Beim Zugriff auf Ihre Bilder müssen Sie sich beim Cloud-Speicher authentifizieren, indem Sie Ihren Benutzernamen und Ihr Passwort für den Cloud-Speicher eingeben. Da jeder Zugriff auf Ihre Bilder eine Authentifizierung erfordert, gilt dies auch für den Fotoservice. Verständlicherweise möchten Sie Ihren Benutzernamen und das Passwort nicht für den Online-Speicher dem Fotoservice mitteilen, da Sie ihm nicht vollständig vertrauen. Die Angabe Ihrer Anmeldedaten würde es dem Fotoservice erlauben, in Ihrem Namen zu handeln, und so beispielsweise dem Fotoservice auch ermöglichen, Fotos zu löschen. Außerdem müssten Sie das Passwort für Ihren Online-Speicher später ändern, um zu verhindern, dass der Fotoservice nicht auch in Zukunft auf Ihre Bilder zugreifen kann.

Die grundlegende Idee von OAuth ist es nun, dem Fotoservice nur ein zeitlich beschränktes Token zur Verfügung zu stellen, das darüber hinaus nur einen eingeschränkten lesenden Zugriff auf die von Ihnen ausgewählten Bilder erlaubt. In diesem Beispiel würden Sie als Besitzer der Bilder die Rolle des OAuth Resource Owners übernehmen.

Enterprise-Szenario

Wieso aber ist OAuth auch für Szenarien in Unternehmen interessant? In Unternehmen ist in der Regel Single Sign-on konfiguriert, da die Systeme von einer Organisation betrieben werden. Dennoch kann auch in einem solchen Fall die Verwendung von OAuth sinnvoll sein.

So ist es möglich, einem Benutzer bei einem Zugriff über ein mobiles Endgerät nur einen eingeschränkten Zugriff auf die Daten zu erlauben, während diese Einschränkung nicht gilt, wenn der Zugriff über das SAP GUI erfolgt. Betrachten wir als Beispiel eine Anwendung für Urlaubsanträge. Bei der Eingabe von Daten in die Applikation benötigt die Applikation nur den Zugriff auf die Daten für den Urlaubsantrag, nicht aber den Zugriff auf die Gehaltsabrechnung. In einem solchen Fall kann OAuth dazu verwendet werden, sicherzustellen, dass die Anwendung für Urlaubsanträge nur Zugriffe auf das Urlaubskonto des Benutzers erlaubt, nicht aber den Zugriff auf die Daten der Lohnabrechnung oder andere sensible Daten.

OAuth wird seit SAP NetWeaver 7.40 als Teil des Standards unterstützt oder, wenn einige SAP-Hinweise eingepflegt werden, auch für einige Releases vor 7.40 (siehe SAP-Hinweis 1797103).

15.4.6 Kerberos: Integrated Windows Authentication

Der einfachste Weg, um in einem Microsoft-Umfeld Single Sign-on zu erzielen, ist es, die Windows-Anmeldeinformationen des aktuell angemeldeten Benutzers zu verwenden.

Hat sich ein Benutzer am Morgen erfolgreich an einer Windows-Workstation mit seinen Anmeldeinformationen angemeldet, erstellt der Domain Controller ein (Kerberos-)Session-Ticket. Damit kann der Benutzer auf weitere Ressourcen zugreifen, die die Windows Integrated Authentication unterstützen. Der SAP NetWeaver AS ABAP unterstützt Kerberos und Simple and Protected GSS API Negotiation Mechanism (SPNego), womit die Authentifizierung von Webclients wie Webbrowsern ermöglicht wird. In diesem Szenario agiert der Domain Controller des Active Directorys als Identity Provider.

Beachten Sie

Die Nutzung von SPNego im SAP NetWeaver AS ABAP erfordert den Einsatz von SAP Single Sign-on 2.0 oder höher und die damit verbundenen zusätzlichen Softwarelizenzen. SAP Single Sign-on 2.0 wiederum erfordert SAP NetWeaver ABAP 7.31 SP06 oder höher als Laufzeitumgebung. Mit SAP NetWeaver ABAP 7.40 werden die erforderlichen ABAP-Add-ons als Teil des SAP-Standards ausgeliefert. Dennoch erfordert die Nutzung immer noch, dass die Software entsprechend lizenziert wird.

15.5 Empfohlene Authentifizierungsmechanismen

Die Auswahl eines Authentifizierungsmechanismus ist abhängig davon, welches Szenario und welcher User Agent eingesetzt werden sollen. In Tabelle 15.1 finden Sie eine Übersicht über die Szenarien und die dafür empfohlenen Authentifizierungsmechanismen.

In diesem Abschnitt werden wir die einzelnen Szenarien detailliert vorstellen und erklären, welche der in Abschnitt 15.4, »Single Sign-on und Authentifizierungsmechanismen«, vorgestellten Authentifizierungsmechanismen geeignet sind, um Single Sign-on zu erreichen. Dabei werden wir die Vor- und Nachteile jeder Authentifizierungsmethode vorstellen und eine Empfehlung für einen oder mehrere Authentifizierungsmechanismen geben, die in Tabelle 15.1 dargestellt sind.

Szenario	Empfohlener Authentifizierungsmechanismus
Webanwendung (HTML5)	▸ SAML 2.0 Browser SSO für Extranetszenarien ▸ Kerberos für Intranetszenarien
Desktop-Anwendung	▸ SAML 2.0 Browser SSO für Extranetszenarien ▸ Kerberos für Intranetszenarien
Mobile Anwendungen (direkter Zugriff)	SAML 2.0 Browser SSO oder OAuth
SAP Mobile Platform (SMP)	X.509-Zertifikate
SAP HANA Cloud Platform (HCP)	SAML 2.0 Browser SSO
Webserver	X.509-Zertifikate
Business-to-Consumer (B2C)	▸ Basic Authentication bei Nutzung des Benutzer-Self-Service oder keinerlei Authentifizierung, weil ein Dienst öffentlich zugänglich sein soll ▸ SAML Browser Protocol, wenn SAML-authentifizierte Benutzer auf Servicebenutzer abgebildet werden

Tabelle 15.1 Empfohlene Authentifizierungsmechanismen für die unterschiedlichen Integrationsszenarien

15.5.1 HTML5-Webanwendung

Das Webanwendungsszenario (Abbildung 15.11) betrifft HTML5-Anwendungen im Internet und Intranetszenarien (andere Frontend-Technologien für Webanwendungen, wie z. B. Silverlight oder Flex, sind nicht mehr zeitgemäß und werden daher nicht empfohlen). Webanwendungen benötigen normalerweise einen Webserver zur Speicherung der Anwendung. Wenn Sie SAPUI5 einsetzen, kann hierfür der Gateway-Server verwendet werden.

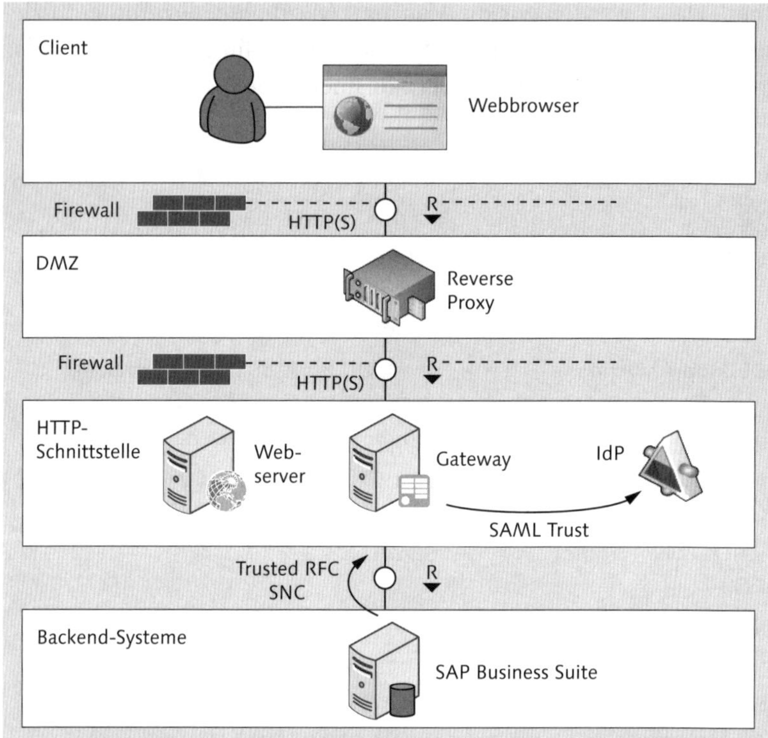

Abbildung 15.11 Szenario Webanwendung

Authentifizierungsmethoden

In einem Webanwendungsszenario können mehrere Authentifizierungsmethoden verwendet werden. Für Extranetszenarien ist der empfohlene Authentifizierungsmechanismus SAML 2.0 Browser SSO, da für diese Option keine Verteilung von X.509-Zertifikaten erforderlich ist. SAML 2.0 Browser SSO erfordert einen Identity Provider, der beispielsweise auf Services von SAP Single Sign-on oder Microsoft Active Directory Federation beruht. In beiden Fällen können Identitäten genutzt werden, die in Microsoft Active Directory definiert sind.

Sie können auch Client-Zertifikate verwenden, was den Einsatz einer PKI erforderlich macht, oder SAP Single Sign-on. Wenn HTTP(S)-Requests durch einen Reverse Proxy (z. B. den SAP Web Dispatcher) terminiert werden, sollten der Proxy und SAP Gateway so konfiguriert werden, dass sie *Certificate Forwarding* im HTTP-Header unterstützen. Certificate Forwarding ist keine proprietäre Lösung, sondern wird auch von anderen verfügbaren Reverse Proxies unterstützt.

Eine dritte Möglichkeit ist die Verwendung von Kerberos in Intranetszenarien. Für Intranetszenarien ist dies auch die empfohlene Option, da sie nur einen geringen Installationsaufwand erfordert und dies auch nur aufseiten des ABAP-Applikationsservers. Darüber hinaus setzt SPNego (im Gegensatz zu SAML 2.0) keinen HTML-fähigen HTTP-Client voraus. Daher funktioniert SPNego auch mit XHR-Clients, WebDAV-Clients etc., und mittlerweile unterstützen auch einige Smartphones (mit iOS7) SPNego.

15.5.2 Desktop-Anwendungen

Der Konsument in diesem Szenario kann jede Desktop-Anwendung sein, die direkt mit dem Gateway-Server kommuniziert (siehe Abbildung 15.12).

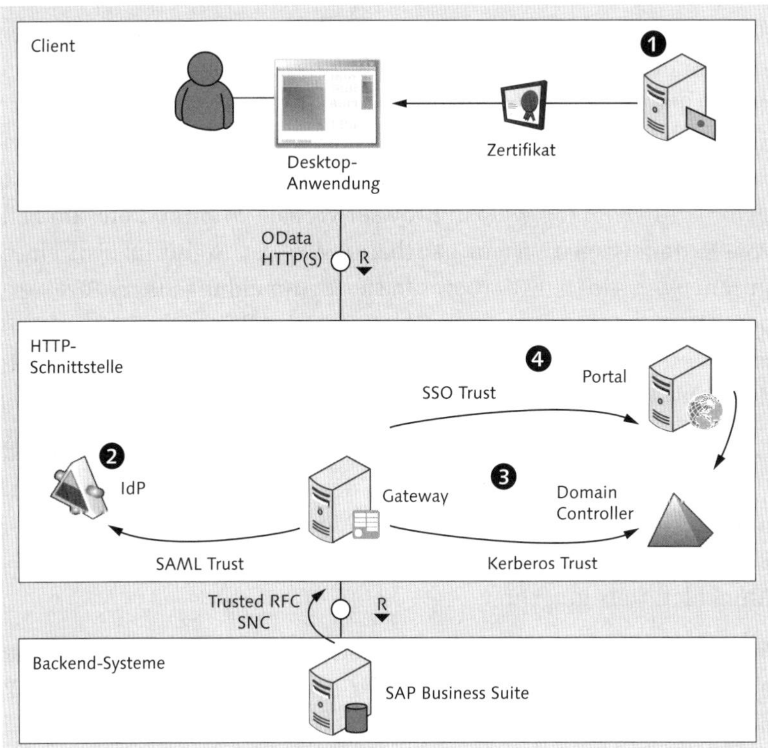

Abbildung 15.12 Szenario Desktop-Anwendung

Die Kommunikation zwischen der Desktop-Anwendung und dem Gateway-Server sollte dabei standardmäßig mit HTTP(S) abgesichert sein. Aus technischer Sicht gibt es mehrere Möglichkeiten für den Client, sich zu authentifizieren.

Kerberos und X.509

Die empfohlene Variante für Intranetszenarien ist der Einsatz von Kerberos-Tickets, die von einem Windows-Domänen-Controller ausgestellt werden ❸. Auch die Verwendung von X.509-Client-Zertifikaten kann in Betracht gezogen werden ❶. Dies würde jedoch entweder den Einsatz einer PKI oder von SAP Single Sign-on voraussetzen. Wenn SAP Single Sign-on lizenziert ist, steht jedoch auch die für Intranetszenarien empfohlene Variante von Kerberos-Tickets zu Verfügung.

Alternativ kann wie bei ❷ SAML 2.0 Browser SSO verwendet werden, da es Identity Provider gibt, wie z. B. SAP Single Sign-on oder ADFS, die eine Kerberos-basierte Anmeldung unterstützen. Die Verwendung von SAML-Tokens für ein SSO-Szenario ist jedoch nicht optimal für Desktop-Anwendungen. Während bei einer in einem Browser ablaufenden Anwendung der Browser das Handling von HTTP-Redirects übernimmt und das Parsen von HTML-Forms sowie das Handling von Cookies managt, muss dies bei einer Desktop-Applikation vom Entwickler der Client-Anwendung implementiert werden, damit sich die Anwendung wie ein Browser verhält. Während dies im Fall von Extranetszenarien ein gangbarer Weg ist, sollte im Fall eines Intranetszenarios eine Kerberos-basierte Anmeldung unterstützt werden. Das gilt auch, wenn man SAP Enterprise Portal als ticketausstellende Instanz für SAP-Anmeldetickets verwendet, die für die Anmeldung am Gateway-System verwendet werden können ❹.

Obwohl auch das Portal die Anmeldung über die Integrated Windows Authentication mithilfe des SPNego-Login unterstützt, muss auch hier der Entwickler einer Client-Anwendung, die nicht im Browser läuft, dafür sorgen, dass die Anwendung korrekt mit SAP-Anmeldetickets umgeht.

Für Desktop-Applikationen in Intranetszenarien sollten Sie daher die native Kerberos-Implementierung für den SAP NetWeaver AS ABAP nutzen, die mit SAP Single Sign-on 2.0 und höher ausgeliefert wird.

15.5.3 Mobile Anwendungen (direkter Zugriff)

Bei der Verwendung von mobilen Geräten ist auch ein direkter Zugriff auf die OData-Services möglich, die über ein Gateway-System publiziert werden. Allerdings sind hierfür zusätzliche Sicherheitsmaßnahmen erforderlich (siehe Abbildung 15.13). Wenn Sie hingegen die SAP Mobile Platform (SMP) einsetzen, werden diese out of the box angeboten.

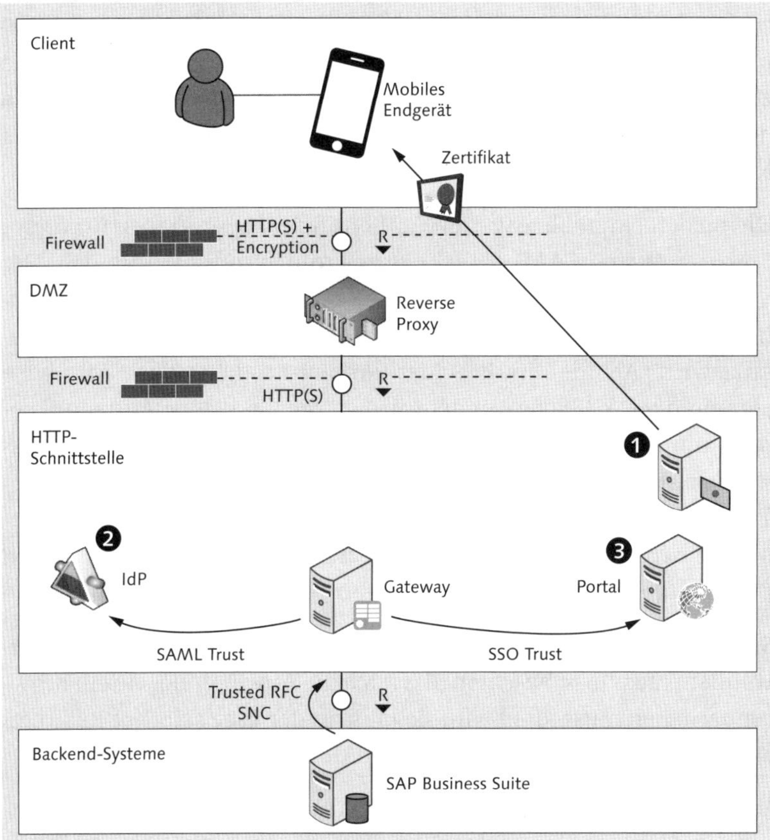

Abbildung 15.13 Mobile Anwendung mit direktem Zugriff auf SAP Gateway

Reverse Proxy

Die Kommunikation zwischen dem Gateway-Server und dem Konsumenten aus dem Internet muss durch einen Reverse Proxy abgesichert werden, eine weitverbreitete Sicherheitsmaßnahme in Rechenzentren. Durch einen Reverse Proxy kann der Zugriff aus dem Internet auf nur wenige ausgesuchte Services beschränkt werden.

Wie bereits in Abschnitt 15.4.1, »Basic Authentication«, erwähnt, ist Basic Authentication nicht zu empfehlen, da hier Passwörter auf dem mobilen Gerät gespeichert werden müssen. Auch die Verwendung von X.509-Zertifikaten ist auf einigen mobilen Plattformen schwierig zu handhaben, da nicht alle mobilen Plattformen die applikationsspezifische Speicherung von X.509-Zertifikaten erlauben ❶. Darüber hinaus muss der Roll-out der Zertifikate auf die mobilen Endgeräte verwaltet werden. Auch die Verwendung von SAP-Anmeldetickets ist beim direkten Zugriff auf SAP Gateway mit mobilen Geräten nicht zu empfehlen. Wie bei SAML müsste der Entwickler in diesem Szenario das Handling von SAP-Anmeldetickets implementieren ❸. Alle zuvor genannten Authentifizierungsoptionen werden jedoch von der SAP Mobile Platform unterstützt, so das sichere Abspeichern und Nutzen von Passwörtern, Zertifikaten und SAP-Anmeldetickets.

Die beiden empfehlenswerten Authentifizierungsoptionen für dieses Szenario ❷ sind SAML 2.0 Browser Protocol oder OAuth 2.0. Der Vorteil beider Optionen ist, dass bei keiner der beiden die Installation zusätzlicher Komponenten auf dem mobilen Gerät vorausgesetzt wird. Als Identity Provider können Produkte wie SAP Single Sign-on oder ADFS verwendet werden, die beide eine Authentifizierung mit dem Windows-Anmeldenamen und dem Windows-Passwort erlauben. OAuth bietet darüber hinaus den Vorteil, dass das Token, das für die Authentifizierung verwendet wird, das sogenannte Access-Token, nur einen eingeschränkten und damit sicheren Zugriff auf das Gateway-System erlaubt.

Sollen mobile Anwendungen das SAML Browser Protocol 2.0 verwenden, muss man beachten, dass sich die Anwendung wie ein Browser verhalten muss, das heißt, sie muss in der Lage sein, auf Redirects zu reagieren, HTML5-Formulare und Cookies zu verarbeiten.

Wie in den anderen Szenarien erfolgt der Zugriff mittels Single Sign-on von Benutzern aus dem Gateway-Server auf das Business-Suite-Backend über eine RFC-Verbindung vom Typ Trusted.

15.5.4 SAP Mobile Platform

Die SAP Mobile Platform unterstützt die Entwicklung von mobilen Anwendungen für verschiedene mobile Plattformen, wie z. B. Android, Windows 8 und iOS. Dem Entwickler bietet SMP eine Reihe von Funktionalitäten als Teil des Standards, die im Fall eines direkten Zugriffs auf SAP Gateway vom Entwickler selbst implementiert werden müssten.

Standardfunktionalitäten

Über die SAP Mobile Platform können mobile Geräte durch eine Zwei-Faktor-Authentifizierung registriert werden. Somit weiß die Plattform, welcher Benutzer welches Endgerät verwendet, und kann über den als *Push Notification* bezeichneten Prozess vom Server Nachrichten an den mobilen Client senden, ohne dass dieser aktiv nach diesen Nachrichten suchen muss (siehe auch Anhang A, »Weiterführende Konzepte«).

Die Verteilung von X.509-Client-Zertifikaten kann, wie in Abbildung 15.14 gezeigt, durch SAP Afaria erfolgen. Teil der Plattform ist auch ein Relay-Server, über den der Zugriff auf den SMP-Server aus dem Extranet abgesichert werden kann. Da viele Kunden aber bereits über bestehende Reverse-Proxy-Infrastrukturen für den Zugriff aus dem Internet verfügen, können diese statt des Relay-Servers eingesetzt werden.

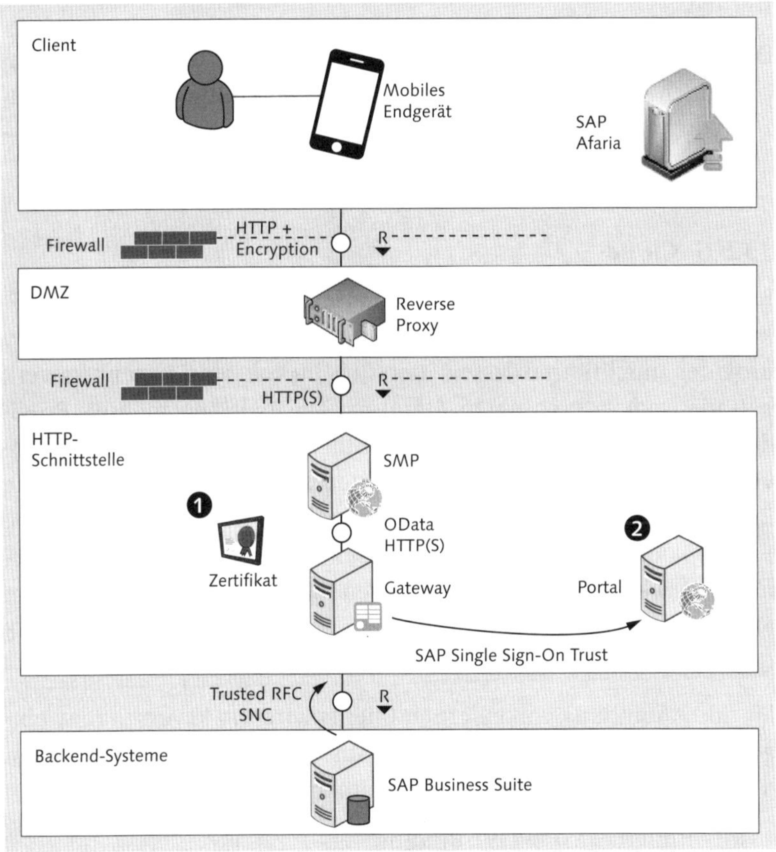

Abbildung 15.14 Integrationsszenario SAP Mobile Platform

Die SAP Mobile Platform terminiert Client-Anfragen und ermöglicht die Validierung von Geräten gegen eine bekannte Liste von Geräten. Sie bietet die beiden nachfolgend aufgelisteten Authentifizierungsoptionen:

- Weiterleitung von X.509-Zertifikaten (Certificate Forwarding) zwischen dem SMP-Server und dem Gateway-Server (siehe ❶ in Abbildung 15.14)
- Die SAP Mobile Platform fordert SAP-Anmeldetickets vom SAP Enterprise Portal an. Diese werden dann zu SAP Gateway weitergeleitet ❷.

X.509 oder SAP-Anmeldetickets

Aus Sicherheitsgesichtspunkten empfehlen wir die Verwendung von X.509-Zertifikaten. Wenn aber die Verwendung von Zertifikaten nicht geplant ist oder es keine Möglichkeit gibt, diese zu verteilen, können über die SAP Mobile Platform SAP-Anmeldetickets genutzt werden.

Das SAP Enterprise Portal wiederum unterstützt als Benutzerdatenbank auch Microsoft Active Directory. Daher können sich die Benutzer von mobilen Anwendungen mit ihrem Windows-Benutzernamen und -Passwort anmelden.

15.5.5 Cloud

In cloudbasierten Integrationsszenarien (siehe Abbildung 15.15) können Kunden die Authentifizierung entweder von einem Identity Provider durchführen lassen, der sich im lokalen Firmennetzwerk befindet, oder durch einen öffentlich zugänglichen Identity Provider. SAP betreibt einen solchen öffentlich zugänglichen Identity Provider in der Cloud: den SAP Cloud Identity Service. Aber auch die Benutzerkonten der Webseiten von sozialen Netzwerken, wie z. B. Facebook oder Google, können als Identity Provider für ein SSO-Szenario verwendet werden. Die Anwendung greift in diesem Fall im Namen des Benutzers auf SAP Gateway zu, wobei eine der von SAP Gateway unterstützten Authentifizierungsoptionen genutzt wird.

Für die Anbindung von externen Clients wird ein Reverse Proxy eingesetzt. SAP Gateway vertraut dem Aussteller eines SAML-Tokens in den zwei nachfolgend genannten Authentifizierungsszenarien:

- IdP-initiiertes SSO POST Binding
- SAML-2.0-Inhaber-Assertion-Flow für OAuth 2.0

Für die Kommunikation zum SAP-Backend mit Named Usern verwendet SAP Gateway eine RFC-Verbindung vom Typ *Trusted*, die ein Single Sign-on am Backend mit SAP-Anmeldetickets ermöglicht.

Betrachten wir als Beispiel ein Szenario auf Basis der SAP HANA Cloud Platform, die Lösung SAP Platform as a Service (PaaS) für die Entwicklung von Erweiterungen für On-Demand- und On-Premise-Produkte (siehe auch *http://de.wikipedia.org/wiki/On_Premise*).

SAP HANA Cloud Connector

Für die sichere Anbindung stellt SAP HCP einen Dienst zur Verfügung, den SAP HANA Cloud Connector. Der SAP HANA Cloud Connector baut eine sichere SSL-VPN-Verbindung zwischen SAP HCP und On-Premise-Systemen auf. Die Verbindung wird dabei von einem On-Premise-Agenten aufgebaut, der einen sicheren Tunnel vom internen Netzwerk zu SAP HCP öffnet. Die SSL-VPN-Verbindung unterstützt dabei verschiedene Kommunikationsprotokolle, wie z. B. HTTP(S) und RFC. Dabei unterstützt SAP HCP nun auch eine SAML2-basierte Weiterleitung von Benutzeridentitäten (Principal Propagation), um ein Single Sign-on zu einem On-Premise-Gateway-Server zu ermöglichen.

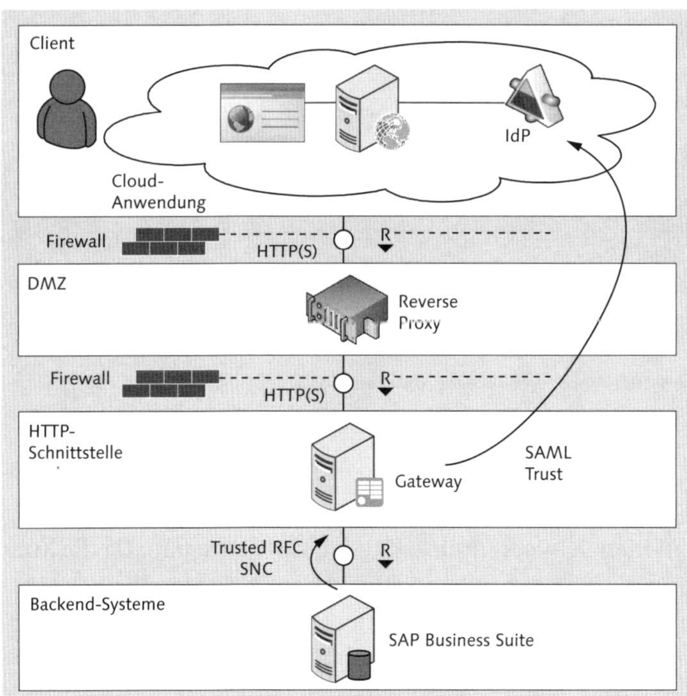

Abbildung 15.15 Cloud-Integrationsszenario

15.5.6 Webserver

In einem Webserver-Szenario (siehe Abbildung 15.16) greift der Benutzer über eine Anwendung auf den OData-Service zu, die auf einem Webserver betrieben wird und auf einem Framework basiert, wie z. B. PHP oder ASP.NET. Der Zugriff auf den Gateway-Server erfolgt gewissermaßen hinter den Kulissen. Für die Authentifizierung in einem solchen Szenario eignen sich am besten kurzlebige X.509-Client-Zertifikate, da sich diese von der Anwendung leicht für den aktuell angemeldeten Benutzer generieren lassen.

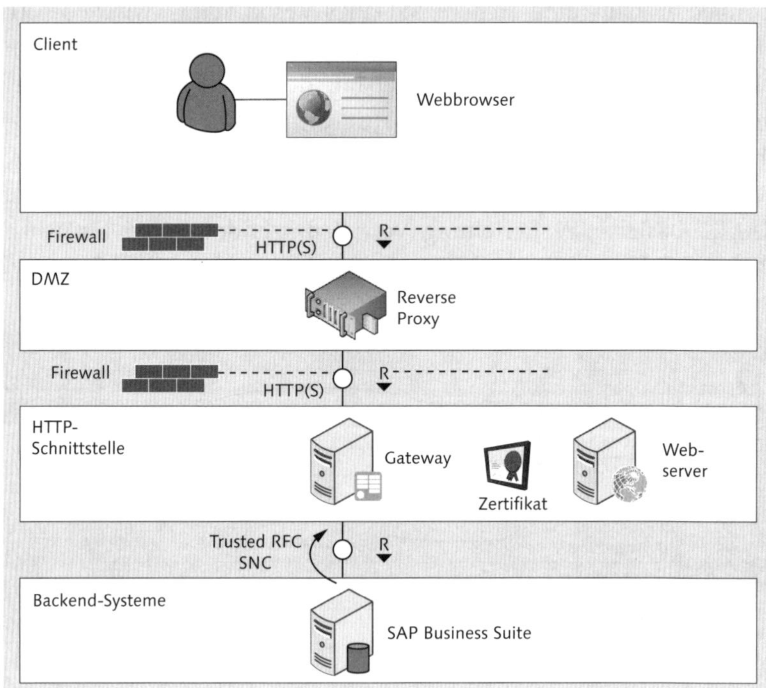

Abbildung 15.16 Webserver-Integrationsszenario

15.5.7 Business-to-Consumer

In einem Business-to-Consumer-Szenario (B2C) stellen Firmen oder Organisationen Services für ihre Kunden zur Verfügung. Da die Kunden typischerweise nicht über Named User im Backend-System verfügen, bietet SAP Gateway die nachfolgend genannten Zugriffsmöglichkeiten für B2C-Szenarien (siehe Abbildung 15.17):

- anonymen Zugriff

- Kunden können selbst Named User anlegen.
- Zuordnung von SAML-authentifizierten Benutzer(-gruppen) zu technischen Servicebenutzern

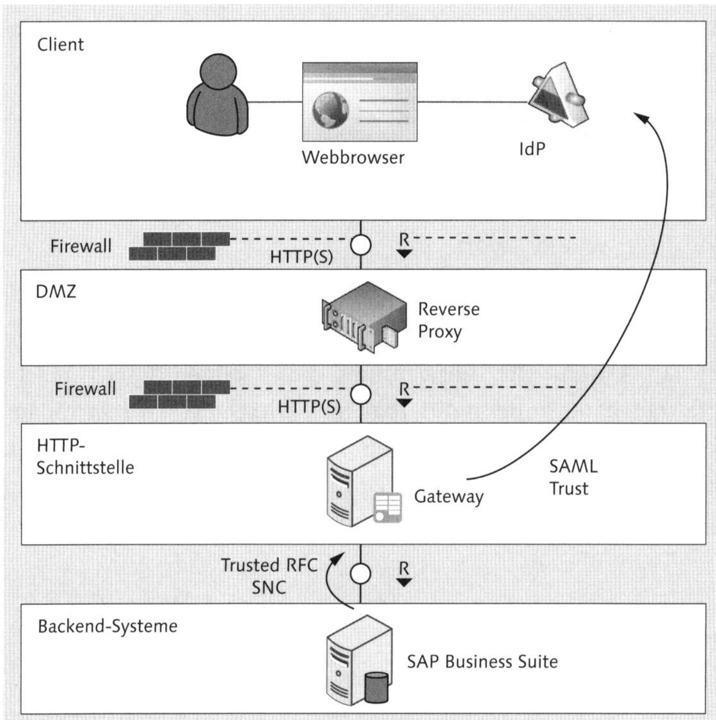

Abbildung 15.17 B2C-Integrationsszenario

Anonymer Zugriff

Die erste Zugriffsmöglichkeit in B2C-Szenarien ist der anonyme Zugriff. Dabei werden Gateway-Services bereitgestellt, bei denen die Anmeldedaten eines Benutzers entweder im Service oder in der Anwendung hinterlegt sind. Dies erfordert Maßnahmen zur Abwehr von DoS-Angriffen (Denial of Service).

SAP Citizen Connect

Ein Beispiel für eine Anwendung, die einen anonymen Zugriff erlaubt, ist die mobile Anwendung *SAP Citizen Connect*. Mithilfe dieser Anwendung können Bürger einer Stadt öffentliche Missstände, wie z. B. verschmutzte Spielplätze, nicht entleerte Mülltonnen etc., der Stadtverwaltung schnell und einfach melden.

Benutzer-Self-Service

Eine weitere Möglichkeit besteht in der Nutzung des neuen Benutzer-Self-Service in SAP Gateway. Mit diesem Service können Kunden Named User sowohl in SAP Gateway als auch in den angeschlossenen Business-Suite-Systemen anlegen. Der Benutzer-Self-Service bietet folgende Funktionalitäten:

- Anlegen von Benutzern im Gateway- und im Business-Suite-Backend-System
- Verwaltung von Benutzerrollen
- Verwaltung von Passwörtern

Named User bieten gegenüber anonymen Benutzern eine Reihe von Vorteilen, so z. B. bei der Speicherung und dem kontrollierten Zugriff auf Daten. Die Verwendung von Named Usern macht Zugriffe transparent und auditierbar und erleichtert darüber hinaus die Fehlersuche. Es ist daher die empfohlene Zugriffsoption, wenn Kunden Zugriff auf ihre Rechnungen erhalten sollen, um diese zu bezahlen, wie z. B. bei der neuen Lösung *SAP Multichannel Foundation for Utilities*.

Der Benutzer-Self-Service ist in Abbildung 15.18 dargestellt.

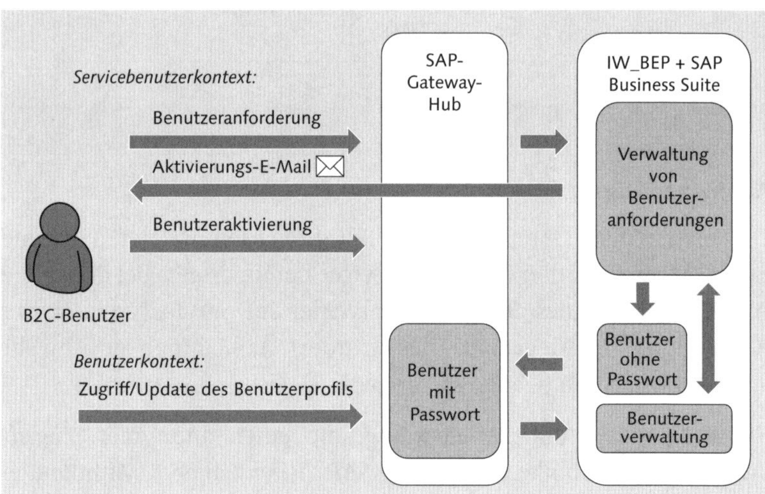

Abbildung 15.18 B2C-Benutzer-Self-Service

Der Prozess beginnt damit, dass ein Kunde eine Benutzerkennung in der SAP Business Suite und im Gateway-System anfordert. Die erste

Anfrage ruft den Service /IWEP/USERREQUESTMANAGEMENT im Kontext eines Servicebenutzers auf. Dabei wird auf der Entitätsmenge UserRequestCollection ein POST-Request ausgeführt.

Wurde der Benutzer erfolgreich angelegt, erhält der Kunde eine Nachricht, die eine URL zur Aktivierung des Benutzers enthält. Hier kann der Kunde ein Passwort festlegen, das für künftige Anmeldungen verwendet wird. Kunden können ihr Passwort auch ändern oder zurücksetzen, ohne hierfür einen Benutzer-Helpdesk in Anspruch nehmen zu müssen.

Vorteile

Der große Vorteil des Benutzer-Self-Service ist, dass Named User im Business-Suite-Backend-System verwendet werden können. Mit Named Usern können auf einfache Weise die Berechtigungen des aktuell angemeldeten Benutzers geprüft und die Daten getrennt nach den einzelnen Benutzern abgespeichert werden. Falls erforderlich, kann der Zugriff auf persönliche Daten über RAL überwacht werden. Das RAL-Framework wird im weiteren Verlauf des Kapitels ausführlich beschrieben. Auch die Fehlersuche wird dadurch erleichtert, dass jeder Aufruf von einem mobilen Gerät sehr einfach dem Benutzer zugeordnet werden kann.

Wird hingegen nur ein einzelner technischer Benutzer verwendet, muss die aufrufende Anwendung die Authentifizierung durchführen und dem Backend mitteilen, welcher Kunde den Service aufruft. Darüber hinaus muss im Backend eine Geschäftslogik implementiert werden, die sicherstellt, dass Buchungen, die durch einen technischen Servicebenutzer ausgeführt werden, korrekt im Namen des Kunden gebucht werden.

Die Verwendung eines Servicebenutzers birgt große Risiken. Wenn z. B. das Passwort des Servicebenutzers kompromittiert werden würde, erhielte der Angreifer Zugriff auf *alle* Kundendaten, die im Backend gespeichert sind. Bei der Verwendung von Named Usern wird nur ein einzelnes Kundenkonto in Mitleidenschaft gezogen.

Der neue Benutzer-Self-Service wird bereits von einigen neuen SAP-Lösungen verwendet, wie z. B. *SAP Multichannel Foundation for Utilities and Public Sector*, mit der Kunden mehrere Aktivitäten online ausführen können. Zu diesen Aktivitäten zählen beispielsweise die Zahlung von Rechnungen, die Erfassung von Zählerständen sowie das Anlegen und Senden von Anfragen an ein Versorgungsunternehmen.

Mapping SAML-authentifizierter Benutzer zu Servicebenutzern

Föderation mit transienten Namensbezeichnern

Die dritte Möglichkeit der Authentifizierung in B2C-Szenarien ist die Föderation von Benutzern, die sich mit einem SAML-Token an einem oder mehreren Servicebenutzer authentifiziert haben. Dieses Szenario wird auch *Föderation mit transienten Namensbezeichnern* (Identity Federation with transient Name Identifiers) genannt. SAP Gateway spielt hierbei die Rolle eines Service Providers, der einem (externen) Identity Provider vertraut, die Authentifizierung der Benutzer zu übernehmen.

Die Föderation mit transienten Namensbezeichnern ermöglicht es Ihnen, authentifizierten Benutzern Zugriff auf Ihr System zu gewähren. In diesem Szenario müssen jedoch keine Named User für diese Benutzer in Ihrem System angelegt werden. Stattdessen ist es möglich, technische Servicebenutzer zu verwenden.

Im Gegensatz zum anonymen Zugriff müssen sich die Benutzer als zusätzliche Sicherheitsmaßnahme zunächst an einem Identity Provider authentifizieren. Die Bezeichnung *transient* leitet sich davon ab, dass der Benutzername, der im SAML-Token enthalten ist, in diesem Szenario nicht verwendet wird.

Stattdessen erfolgt ein Mapping von Attributen aus dem SAML2-Token auf technische Benutzer in Ihrem System. Während der Identity Provider die Benutzerverwaltung und die Authentifizierung der Benutzer für Sie übernimmt, müssen Sie lediglich einmalig die Mapping-Regeln festlegen.

Beispiel: E-Procurement

Lassen Sie uns nun anhand eines E-Procurement-Prozesses erklären, wie man die Authentifizierung durch die Föderation mit transienten Namensbezeichnern in B2C-Geschäftsprozessen verwenden kann. Ein kleines Einzelhandelsunternehmen mit dem Namen ITelo verkauft IT-Ausrüstungsgegenstände und bietet seinen Kunden hierfür einen OData-Service an. Die Mitarbeiter der Kunden können lesend auf den Produktkatalog zugreifen, während die Kostenstellenverantwortlichen bei ITelo Bestellungen aufgeben können. Hierzu verwenden sie eine HTML5-basierte Anwendung, die den von ITelo bereitgestellten OData-Service konsumiert.

Das Szenario funktioniert, da sich die Mitarbeiter des Kunden von ITelo am Identity Provider des Kunden authentifiziert haben, der ein SAML-Token ausgestellt hat, das folgende Attribute enthält:

- Firmennamen
- Kostenstelle
- Rolle (Kostenstellenverantwortlicher oder Mitarbeiter)

ITelo vertraut den SAML-Tokens, die vom Identity Provider des Kunden ausgestellt wurden, und das Gateway-System von ITelo wurde so konfiguriert, dass es diese SAML-Tokens akzeptiert.

Die IT-Abteilung von ITelo hat darüber hinaus technische Benutzer für jeden Kostenstellenverantwortlichen und einen technischen Benutzer für alle Mitarbeiter des Kunden im Gateway-System und im SAP-ERP-Backend-System angelegt. Auf diese Weise muss ITelo nicht für jeden Mitarbeiter des Kunden diese Benutzer anlegen. Da für den Zugriff vom Gateway-Hub-System auf das Backend eine RFC-Verbindung vom Typ Trusted angelegt wurde, ist ein Single Sign-on mittels SAP-Anmeldetickets möglich. Mitarbeiter, die keine Kostenstellenverantwortlichen sind, werden dabei auf einen Servicebenutzer im Gateway-Hub und SAP-ERP-Backend gemappt, der lediglich eine Leseberechtigung für den Produktkatalog hat.

In unserem Beispiel aus Abbildung 15.19 ist Dagmar Schulze eine Mitarbeiterin der Firma Becker Berlin. Sie ist Kostenstellenverantwortliche für die Kostenstelle 10001234 und hat sich am Identity Provider ihrer Firma authentifiziert.

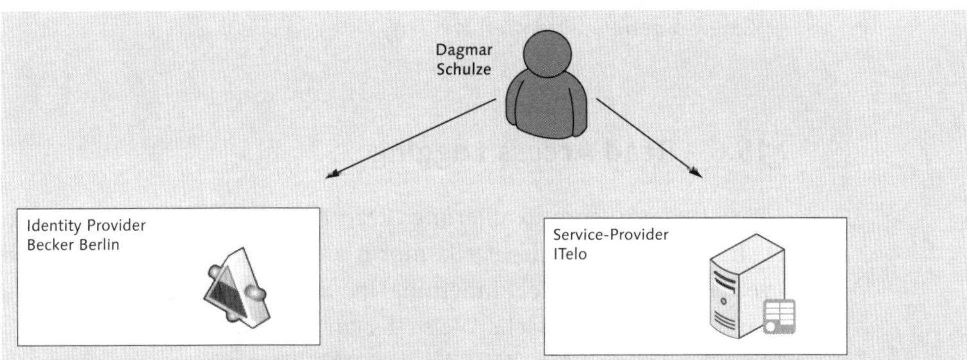

SAML2-Attribut	Wert
opaque-id	3f7b3dcf-1677-4ead-92c8-1591f346baf8
company	Becker Berlin
costcenter	10001234
role	costcenter owner

Servicebenutzer	Bedingung
P123456	Firma=Becker Berlin, Kostenstelle=10001234, Rolle=Kostenstellenverantwortlicher
P123457	Firma=Becker Berlin, Kostenstelle=10001234, Rolle=Mitarbeiter

Abbildung 15.19 B2C-Szenario – Föderation mit transienten Namensbezeichnern

Der Identity Provider hat aufgrund der Authentifizierung ein SAML-Token ausgestellt, das Informationen über die Rolle von Frau Schulze und ihre Kostenstellenzuordnung enthält.

Beim Zugriff auf den E-Procurement-Service wird ihre Anfrage daher auf den Servicebenutzer P123456 gemappt, der die Berechtigung besitzt, im Namen der Firma Becker Berlin Bestellungen im SAP-ERP-Backend-System von ITelo anzulegen. Ein normaler Mitarbeiter würde hingegen auf den Servicebenutzer P123457 gemappt, der lediglich Leseberechtigungen im SAP-ERP-Backend-System von ITelo besitzt.

Der Vorteil bei der Verwendung der Föderation mit transienten Namensbezeichnern ist, dass dieses Verfahren den kontrollierten Zugriff von externen Benutzern ermöglicht. Auch wenn sich die Rolle eines Mitarbeiters bei einem Kunden von ITelo ändert, muss die IT-Abteilung von ITelo keine Benutzer oder Regeln aufseiten von ITelo ändern. Dies gilt insbesondere, wenn ein Mitarbeiter eines Kunden die Firma verlässt, da es die Aufgabe der IT-Abteilung eines Kunden ist, sicherzustellen, dass das Benutzerkonto dieses Benutzers gelöscht oder gesperrt wird.

Beachten Sie

Wenn Sie ein B2C-Szenario verwenden, bei dem keine Named User im Business-Suite-Backend für Ihre Kunden angelegt wurden, muss SAP Gateway getrennt lizenziert werden.

15.6 Read Access Logging

Die Lesezugriffsprotokollierung (Read Access Logging, *RAL*) ermöglicht es Kunden, sich regelkonform zu Datenschutzbestimmungen verhalten. Durch die Einbettung in die SAP-NetWeaver-Plattform kann in RAL auf einfache Weise der unberechtigte Zugriff auf Daten protokolliert werden. Mithilfe von RAL können Kunden daher folgende Fragen einfach beantworten:

- Wer hatte Zugriff auf die Daten?
- Wann wurde auf die Daten zugegriffen?

- Auf welche Daten wurde zugegriffen?
- Auf welchem Weg wurde auf die Daten zugegriffen?

RAL unterstützt derzeit die folgenden Zugriffskanäle: Web Services, RFCs, Dynpro, Web-Dynpro und seit SAP NetWeaver 7.50 SP1 auch OData-Services. Der Zugriff auf die Daten kann über Rollen gesteuert werden, die auf Basis von Rollen-Templates angelegt werden. Hierfür gibt es die Rollen-Templates für Administratoren (SAP_BC_RAL_ADMIN_BIZ, SAP_BC_RAL_ADMIN_TEC) und für Mitarbeiter des Supports (SAP_BC_RAL_ANALYZER, SAP_BC_RAL_SUPPORTER).

RAL kann z. B. von einem Compliance-Manager eines Betriebs eingesetzt werden, der von seinen Geschäftspartnern Beschwerden darüber erhält, dass Kontaktdaten von Mitarbeitern der Geschäftspartner missbräuchlich verwendet wurden. Mitarbeiter des Betriebs des Compliance-Managers, die dazu nicht berechtigt waren, haben die Daten verwendet, um Mitarbeiter der Geschäftspartner zu kontaktieren. Aus diesem Grund kann der Compliance-Manager kontrollieren, welche Mitarbeiter seines Betriebs mithilfe einer SAP-Fiori-Anwendung auf die Daten der Geschäftspartnerkontakte zugegriffen haben.

RAL benötigt $batch

Aus diesem Grund wurde in dem folgenden Beispiel RAL über die Transaktion SRALMANAGER aktiviert, um den Zugriff auf die Entitätsmenge `ContactSet` des OData-Beispielservice `GWSAMPLE_BASIC` zu kontrollieren. Dazu haben wir, wie in Abbildung 15.20 gezeigt, die Eigenschaften BP_ID, CONTACT_GUID, EMAIL_ADDRESS, FIRST_NAME, LAST_NAME, MIDDLE_NAME und PHONE_NUMBER des Entitätstyps Contact für die Protokollierung ausgewählt.

Wenn man nach der Aktivierung von RAL mit dem SAP Gateway Client versucht, über die folgende URL */sap/opu/odata/IWBEP/GWSAMPLE_BASIC/BusinessPartnerSet('0100000000')/ToContacts* zuzugreifen, erhält man die Fehlermeldung, dass für den Zugriff die Verwendung von `$batch` erforderlich ist (siehe Abbildung 15.21).

Der Grund hierfür ist, dass nach der Aktivierung von RAL bei jedem Zugriff auf einen OData-Service zunächst dessen RAL-Konfiguration überprüft wird.

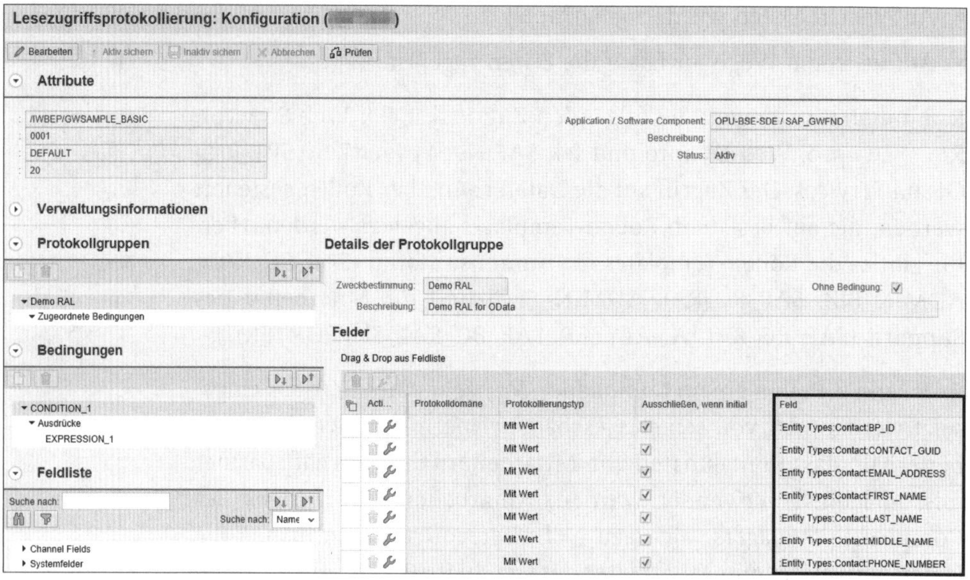

Abbildung 15.20 Read Access Logging (RAL) – Konfiguration

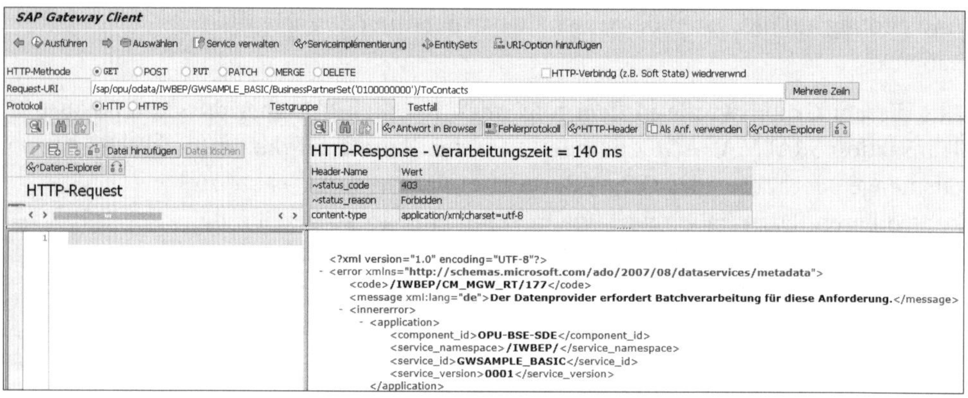

Abbildung 15.21 Fehlermeldung bei Lesezugriff ohne »$batch«

$batch-Prüfung

Wenn im Backend festgestellt wird, dass ein Zugriff über RAL protokolliert werden muss, wird geprüft, ob bei dem Zugriff auch `$batch` verwendet wurde. Wie schon zuvor in diesem Abschnitt beschrieben, wird durch den Einsatz von `$batch` bei Lesezugriffen die Sicherheit erhöht, da bei der Verwendung von `$batch` für einen `GET`-Request, dieser als der Payload eines `POST`-Requests übertragen wird. Daher wird die komplette URI, also auch die Abfrage-Parameter, über HTTPS verschlüsselt. Aus diesem Grund ist die Verwendung von `$batch` bei Services, die RAL verwenden, vorgeschrieben.

Ein lesender Zugriff auf die Kontaktdaten eines Geschäftspartners mit der Nummer '0100000000' ist, wie in Abbildung 15.22 gezeigt, möglich, wenn dieser über die URL */sap/opu/odata/IWBEP/GWSAMPLE_BASIC/$batch* gesendet wird, und wird dann auch über RAL protokolliert.

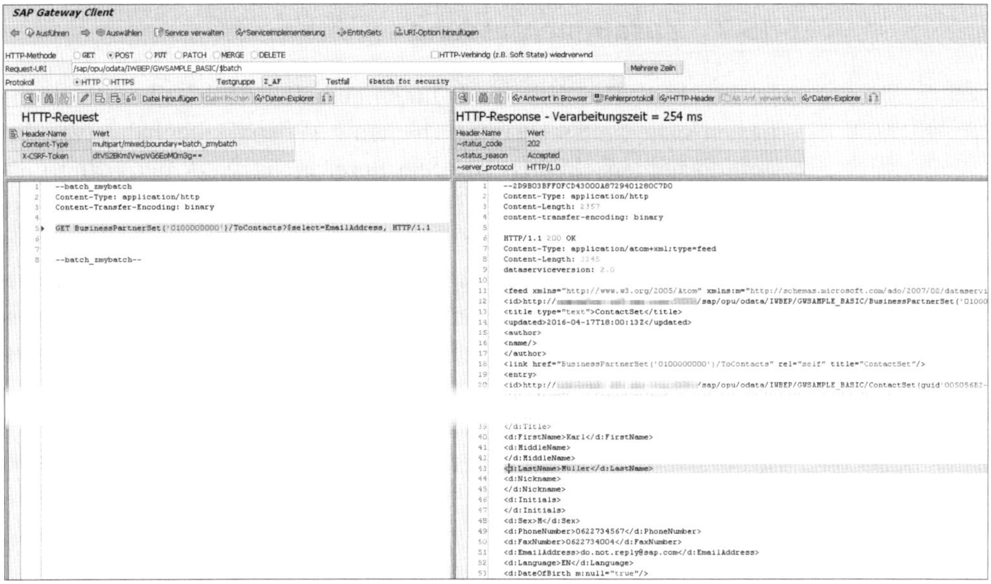

Abbildung 15.22 Erfolgreicher Lesezugriff via »$batch«

Das Ergebnis der Protokollierung wird in Abbildung 15.23 gezeigt.

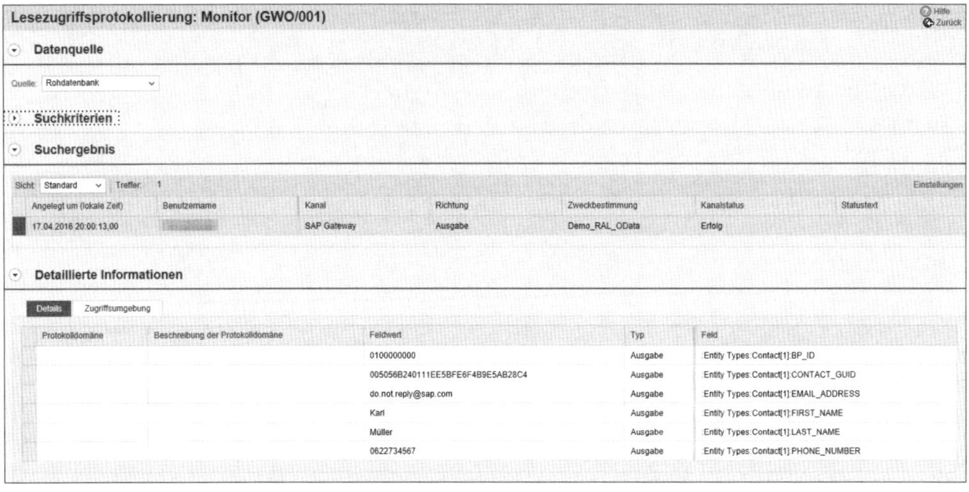

Abbildung 15.23 Read Access Logging (RAL) – Lesezugriffsprotokollierung

Der Compliance-Manager ist nun in der Lage zu beweisen, dass Details der Kontaktdaten des zuvor genannten Geschäftspartners über einen OData-Service von einem oder mehreren Mitarbeitern der Firma des Compliance-Managers gelesen wurden.

15.7 Zusammenfassung

In diesem Kapitel haben wir Ihnen einen Überblick über die wichtigsten sicherheitsrelevanten Themen gegeben. Dabei haben wir die grundlegenden Themen aus dem Bereich Netzwerk betrachtet und Ihnen einen tiefen Einblick in die verschiedenen Authentifizierungsmaßnahmen gegeben sowie Empfehlungen, welche Maßnahme sich am besten für ein Single Sign-on eignet. Mit dem Wissen, welche Authentifizierungsoption am besten für die verschiedenen Szenarien geeignet ist, können Sie eine fundierte Entscheidung für Ihr eigenes Anwendungsszenario treffen. Darüberhinaus haben Sie gelernt, wie der Zugriff auf sensitive Daten durch die Verwendung von RAL abgesichert werden kann, um Betrügereien und den Diebstahl von Daten zu verhindern.

TEIL V

Ausblick

Dieses abschließende Kapitel befasst sich mit verschiedenen Trends, die für die zukünftige Entwicklung von SAP Gateway relevant sein könnten.

16 Aktuelle und zukünftige Entwicklungen

Inzwischen sollten Sie ein gutes Verständnis dafür entwickelt haben, worauf es bei SAP Gateway ankommt. Mit diesem Verständnis kommt die Einsicht, dass sich SAP Gateway in einem eher volatilen Umfeld bewegt, das sich durch ständige Marktveränderungen, neue Technologien und neue Geschäftstrends definiert.

Aus diesem Grund ist es für SAP Gateway so wichtig, sich anzupassen und mit den sich verändernden Anforderungen zu wachsen. In diesem Kapitel geben wir Ihnen einen Überblick über einige der neuen Technologien und Trends und schauen darauf, wie sie sich auf SAP Gateway auswirken und was sie für dessen Zukunft bedeuten könnten.

Disclaimer

Beachten Sie, dass sich dieses Kapitel mit *möglichen* zukünftigen Entwicklungen beschäftigt. Es stellt den Versuch dar, einige der Trends, Szenarien und Technologien vorherzusehen, die in der Zukunft wichtig sein könnten. Dieses Kapitel ist explizit *nicht* als Roadmap für SAP-Produkte gedacht, sondern bietet vielmehr – auf Basis aktueller Informationen – einen Ausblick auf mögliche zukünftige Entwicklungen.

16.1 Cloud Computing: HCI OData Provisioning

IaaS, PaaS, SaaS

Bevor wir uns SAP Gateway in der Cloud widmen, betrachten wir Cloud Computing im Allgemeinen. Wie bereits in Kapitel 1, »Einführung in SAP Gateway«, besprochen, geht es bei Cloud Computing darum, Ressourcen – Hard- oder Software – effektiv über ein Netzwerk zu nutzen. Das Besondere an diesem Ansatz ist, dass diese Ressourcen als Services exponiert werden. Allgemein gibt es dabei drei Haupttypen von Cloud-Services: Infrastructure as a Service (IaaS), Platform as a Service (PaaS) und Software as a Service (SaaS). (Für weitere Details sei auf Abschnitt 1.1.2, »Infrastruktur«, verwiesen.)

BaaS

Die vorangegangene Kategorisierung basiert auf den klassischen Typen im Bereich Cloud Computing. In letzter Zeit entstehen immer weitere Abkürzungen für die verschiedensten Szenarien im Cloud-Umfeld. In unserem Kontext ist dabei Backend as a Service (BaaS) die relevanteste.

Cloud Computing erlaubt bedarfsgesteuerten, flexiblen, schnellen und vergleichsweise billigen Zugriff auf Ressourcen. Mit ihrem Gang in die Cloud beschleunigen Firmen Innovationszyklen und steigern ihre geschäftliche Beweglichkeit – im heutigen Marktumfeld eine Notwendigkeit. Im Zeitalter der Digitalen Transformation und Economy wird das zunehmend wichtiger (siehe Anhang B, »SAP Gateway und SAP API Management«).

Dabei ist es allerdings wichtig zu verstehen, dass die meisten Firmen gar nicht komplett in die Cloud migrieren wollen. Die meisten Firmen bevorzugen es, bestimmte Systeme lokal zu halten. Dies kann sowohl aus sicherheitstechnischen Bedenken der Fall sein als auch schlicht aufgrund rechtlicher Anforderungen. Glücklicherweise lassen sich Systeme in der Cloud in lokale Systeme integrieren und erlauben über die Integration eine Aufwertung der lokalen Systeme.

Im Hinblick auf SAPs Cloud-Strategie lassen sich verschiedene Bereiche unterscheiden:

- Applikationen
- Plattform
- Geschäftsnetzwerk (*Business Network*)
- Infrastruktur und Management des Lebenszyklus (*Lifecycle Management*)

Cloud-Anwendungen

Anwendungen in der Cloud generieren viele Vorteile. Sie sind leichter zu verteilen, besser einzuführen und lassen sich zudem unterbrechungsfrei aktualisieren, was wiederum unterbrechungsfreie Innovationen ermöglicht. SAP bietet schon jetzt mehr als 30 Applikationen und Suites in der Cloud an. Diese Anwendungen konzentrieren sich dabei auf die wichtigsten Aktivposten einer Firma wie Kunden, Zulieferer und Mitarbeiter.

16.1.1 Cloud-Plattformen

Cloud-Plattformen

SAP bietet auch Platform as a Service (PaaS) an: SAP HANA Cloud Platform (siehe Abbildung 16.1). Wie der Name schon vermuten lässt, basiert HCP auf SAP HANA. Mit dieser Kombination ist es möglich, die Vorteile des Cloud Computings mit den Vorteilen – und der Geschwindigkeit – der HANA-Plattform zu kombinieren.

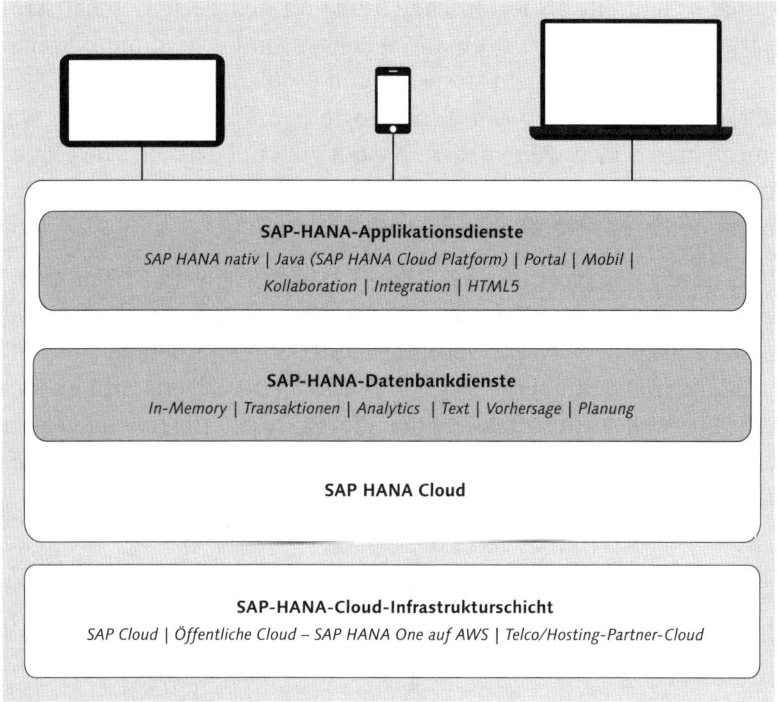

Abbildung 16.1 SAP HANA Cloud Platform

SAP HANA Cloud Platform

Die SAP HANA Cloud Platform bietet eine auf Standards basierende Entwicklungsumgebung und eine Laufzeitumgebung, die SAP HANA – und damit dessen Geschwindigkeit – als Persistenzdienst nutzt. Sie bietet Funktionalitäten wie *Scalable Document Service* oder den *Connectivity Service*, der eine nahtlose Integration mit SAP und ande ren Systemen ermöglicht. Zudem lässt sich SAP Identity Management (SAP ID Management) als Dienst nutzen, um verteiltes Identitätsmanagement mit SAP HCP zu implementieren.

Eine wichtige Eigenschaft von SAP HCP ist die nahtlose Integration von On-Premise-Installationen mit HCI-Technologie (*SAP HANA Cloud Integration*). Im Kontext der in diesem Kapitel beschriebenen Trends ist zudem wichtig zu wissen, dass diese Technologie mit eingebauter Funktionalität für mobile, soziale und analytische Anwendungen ausgeliefert wird. Diese Anwendungen lassen sich dann über eine webbasierte Seite verwalten und überwachen.

16.1.2 Geschäftsnetzwerke (Business Networks)

Cloud Computing als technische Lösung für dedizierte Geschäftsszenarien zu verwenden ist eine Möglichkeit, um – bestimmte Szenarien vorausgesetzt – Geld zu sparen und Probleme zu lösen. Um aber wirklich das Beste aus der Technologie herauszuholen, sollten wir noch einen Schritt weitergehen. Anstatt getrennt existierende Cloud-Installationen zu betreiben, kann es sinnvoll sein, diese in Geschäftsnetzwerken zu verbinden.

SAP Ariba Business Network

Was ist ein Geschäftsnetzwerk? Ein Geschäftsnetzwerk ist eine Community, die auf geschäftlicher Ebene zusammenarbeitet. Das SAP Ariba Business Network verbindet 730.000 Unternehmen in 186 Ländern weltweit über die Cloud. Dieses Netzwerk erlaubt Kunden, effizient und kosteneffektiv über die ganze Wertkette hinweg zu arbeiten und automatisierte Prozesse zwischen Firmen zu implementieren, und ermöglicht dadurch komplett neue Geschäftsprozesse.

16.1.3 Infrastruktur und Lifecycle Management

SAP-Virtualisierung und Cloud-Management-Lösungen

Eine der wesentlichen Herausforderungen im Bereich des Cloud Computings ist die Einbindung und Weiter- bzw. Wiederverwendung von On-Premise-Installationen. SAP ist sich dieser Problematik bewusst und bietet einen skalierbaren Ansatz für Cloud Computing. Mit SAP-Virtualisierungs- und Cloud-Verwaltungslösungen ist es möglich, Schritt für Schritt in das Cloud Computing einzusteigen. Dieser Ansatz erlaubt Kunden, das Beste aus bestehenden Installationen zu nutzen und gleichzeitig von Virtualisierung und Cloud Computing zu profitieren. Als weiterer Vorteil bietet SAP Kunden die

Möglichkeit, komplette – on Premise existierende – Testinstallation in die Cloud zu stellen. Über diesen Ansatz lässt sich mit minimalem Aufwand und minimalen Kosten testen, ohne On-Premise-Systeme zu gefährden.

Flexibilität ist also einer der wichtigsten Aspekte im Bereich Cloud Computing. SAP unterstreicht dies noch mit dem Angebot der HCI-Technologie (*SAP HANA Cloud Integration*). Diese Technologie erlaubt nicht nur die Integration von Cloud- und On-Premise-Installationen zwischen SAP- und Nicht-SAP-Anbietern, sondern sie stellt auch eine neue holistische cloudbasierte Integrationstechnologie dar. SAP HCI bietet sowohl die Möglichkeit der Prozess- wie auch der Datenintegration an und befindet sich eine Ebene über einer Multi-Tenant-Cloud-Infrastruktur, die eine vereinheitlichte Sicht auf die Daten und Prozesse in einer Firma erlaubt. Kunden, die keine SAP-NetWeaver-Installation on Premise haben, können ebenso schnell mit SAP HCI in die Cloud einsteigen, indem sie vorkonfigurierte Inhalte nutzen. Kundenspezifische Inhalte lassen sich zudem leicht über die angebotenen offenen APIs erstellen. Die Wahl des Deployments (on Premise oder on Demand) verbleibt dabei beim Kunden.

Wir halten fest, SAP bietet einen sehr flexiblen Ansatz für das Cloud Computing. Kunden, die ihre HANA-basierten Applikationen in die Cloud bringen möchten, können aus einer breiten Palette an Hosting-Möglichkeiten wählen, die von SAP und den SAP-Partnern angeboten werden. Die Kunden können also entscheiden, wie und mit wem sie ihre Anwendungen in die Cloud umziehen möchten. Mit dem von SAP angebotenen skalierbaren Ansatz kann der Kunde zudem entscheiden, mit welcher Geschwindigkeit er dies tun möchte.

HCI OData Provisioning

Wie passt nun SAP Gateway in das Bild? Für den erwähnten Ansatz ist es essenziell, die Vorteile von SAP Gateway auch in die Cloud zu bringen. Um dies zu erreichen, hat SAP *Gateway as a Service (GWaaS)* eingeführt. 2014 wurde GWaaS in *HCI OData Provisioning* umbenannt. HCI OData Provisioning ist auf der SAP-HCP-Trial-Landschaft verfügbar und kann benutzt werden, um sich mit SAP-Business-Suite-Systemen zu verbinden, die durch den SAP HANA Cloud Connector SAP-Gateway-tauglich gemacht wurden. Detaillierte Informationen finden Sie hier: *http://scn.sap.com/docs/DOC-69093* (auf Englisch).

16.2 Gamification

Was genau ist nun unter Gamification zu verstehen? Es klingt schon etwas seltsam, wenn man Spiele und Spielmechaniken in einen geschäftlichen Kontext einführt. Bei genauerer Betrachtung lässt sich allerdings feststellen, dass dieser Ansatz durchaus sinnvoll ist. Dabei sollten wir im Hinterkopf behalten, dass dieser Trend relativ neu und es entsprechend schwer vorauszusagen ist, welchen Einfluss er in der Zukunft haben wird.

Gamification als Motivation

Eine der größten Herausforderungen, denen sich Firmen heute gegenübersehen, ist die Bindung und Motivation ihrer Mitarbeiter, Kunden und Endbenutzer. Wie lassen sich Mitarbeiter motivieren, effektiver zu arbeiten? Wie lassen sich Kunden überzeugen, eine Produktseite öfter und länger zu besuchen, um letztlich die angebotenen Waren und Dienste zu erwerben? Gamification mag für diese Problemstellungen nicht die Lösung sein, der Trend kann allerdings Teil der Lösung werden.

Das klingt vielleicht etwas abstrakt, also lassen Sie uns ein Beispiel betrachten. Nehmen wir ein klassisches Szenario mit einem Helpdesk-Mitarbeiter und einem Kunden mit einem Problem. Der Kunde schreibt an den Helpdesk-Mitarbeiter und bittet um Hilfe (z. B. »mein Grafikkartentreiber unterstützt kein 3D«). Der Helpdesk-Mitarbeiter bietet eine Lösung an (z. B. »aktualisieren Sie Ihren Treiber«), und nach mehrmaligem Wiederholen dieser Schritte ist das Problem entweder gelöst, gibt der Kunde auf, oder wird das Problem eskalieren.

Mit Gamification ließe sich die Motivation des Helpdesk-Mitarbeiters leicht verbessern, und damit stiege die Wahrscheinlichkeit, dass der Kunde zufriedengestellt wird. Ein ganz einfacher Ansatz wäre hierbei, dem Helpdesk-Mitarbeiter eine Erfahrungsstufe zu geben. Erhält dieser Mitarbeiter positives Feedback vom Kunden, steigt die Erfahrungsstufe. Um den Ansatz noch zu forcieren, lassen sich bestimmte Ebenen mit Bezeichnungen versehen (z. B. Einsteiger, Erfahrener, Experte). Zudem kann es sinnvoll sein, Bestenlisten anzulegen oder Missionen zu entwickeln (z. B. löse zehn Kundenprobleme mit folgendem positiven Kunden-Feedback). Diese Missionen ließen sich dann wiederum kombinieren, um Auszeichnungen zu erhalten, die wiederum die Motivation noch steigern könnten.

In Abhängigkeit vom Szenario kann durch die Kombination mit sozialen Medien eine besonders hohe Motivation erreicht werden. In unserem Beispiel könnten die Helpdesk-Mitarbeiter z. B. ihre Errungenschaften über soziale Medien teilen.

Gamification als Innovation

Bevor wir uns nun Gamification für SAP anschauen, sollten wir Gamification noch unter einem anderen Aspekt betrachten, nämlich als Innovation. Die bereits erwähnten Mechanismen lassen sich leicht einsetzen, um die Innovation in einer Firma zu verbessern. Motivation – vorzugsweise der beteiligten Personen und Stakeholder – ist ein Hygienefaktor für Innovation. Gamification kann der Unterschied zwischen involvierten und nicht involvierten Mitarbeitern sein. In Kombination mit sozialen Medien und Communitys lässt sich so zudem ein Wissenspool anzapfen, der vorher nicht verfügbar war. Zieht man all dies in Betracht, eröffnet Gamification neue Möglichkeiten, Innovationen voranzutreiben.

SAP Community Network (SCN)

SAP hat das Potenzial von Gamification bereits sehr früh erkannt und befand und befindet sich in der einzigartigen Position, Gamification und Enterprise Readiness mit SAP-Applikationen zu kombinieren. Nachdem SAP schon einige Jahre Erfahrung mit der Gamification-Methodologie gesammelt und diese auch offiziell im SAP Community Network (SCN) eingesetzt hat, ist es nun an der Zeit, eine Plattform anzubieten, die diese Methodologie auch im Geschäftsalltag anwendbar macht. Gamification wurde von SAP als Dienst auf SAP HCP implementiert. Weitere Details finden Sie hier: *http://scn.sap.com/community/gamification* (auf Englisch).

Da Gamification am Besten funktioniert, wenn sie nahtlos integriert wird, macht es Sinn, auch aus SAP Gateway Gamification zu unterstützen. Die Integration erfolgt dabei über SAP-HCP-Gamification-Dienste, die durch APIs integriert werden können.

Nach aktuellem Stand erfolgt erlaubt die Verwendung von SAP Gateway und SAP-HCP-Gamification-Diensten einen flexiblen Ansatz für geschäftstaugliche Gamification. In Kombination mit sozialen Medien (siehe Kapitel 12, »Social-Media-Applikationsentwicklung«) als Kicker, kann Gamification im wahrsten Sinne des Wortes Ihr »Game Changer« für die Mitarbeitereinbindung und die Innovation in einem Unternehmen sein.

16.3 Internet der Dinge (Internet of Things, IoT)

Was genau ist das Internet der Dinge (*Internet of Things*)? Vereinfacht gesagt ist es die Anbindung physikalischer Objekte an bzw. deren Einbindung in das Internet. Zum Beispiel ist es bereits heute so – oft ohne dass es uns bewusst ist –, dass viele physikalische Objekte für die Repräsentation im Internet ausgerüstet sind (z. B. über RFID-Chips). In anspruchsvolleren Szenarien können die repräsentierten Objekte aber auch ein Verständnis ihres Umfeldes durch Sensoren (z. B. Miniaturkameras) haben oder womöglich sogar ihr Umfeld durch Aktuatoren beeinflussen. Unabhängig vom Szenario kommunizieren all diese Objekte mit ihrer Umgebung (Menschen inkludiert) oder miteinander über Maschine-zu-Maschine-Kommunikation (*Machine-to-Machine*, M2M) und ziehen für diese Kommunikation typische Kommunikationsprotokolle wie das Internetprotokoll (*Internet Protocol*, IP) heran.

Interaktion mit Endbenutzern

Ein einfaches und doch aktuelles Beispiel für das Internet der Dinge ist die Interaktion mit Endkunden im Bereich Consumer-Produkte. Potenzielle Kunden können ihre Mobiltelefone in Kombination mit RFID-Chips oder einfachen QR-Codes auf den Produkten nutzen, um weitere Informationen über das Produkt zu erhalten (Wo kommt das Produkt her? Handelt es sich um ein Original? Ist es grün?). Diese Information kann für die Kaufentscheidung des Konsumenten wichtig sein. Denkt man das Szenario weiter, kann man sich z. B. vorstellen, dass das Produkt den Preis in Echtzeit ändert, um den Kunden vom Kauf zu überzeugen.

Aus Firmensicht kann das Internet der Dinge helfen, Produkte von der Produktionsstätte über den Transportweg bis in den Laden und dann zum Kunden zu verfolgen. Neben den Vorteilen, die diese Möglichkeit bereits im Produktionsprozess bieten kann, erlaubt sie Firmen, Kundenverhalten zu verfolgen, zu analysieren und unter Umständen sogar individuelle Kunden zu identifizieren und zu adressieren.

Die möglichen Geschäftsszenarien sind schier endlos. Für SAP war das Grund genug für eine gemeinsame Ankündigung mit Ericsson auf dem Mobile World Congress am 25. Februar 2013. Inhalt der Ankündigung war eine Kombination von cloudbasierten M2M-Lösungen, um die Effektivität und Effizienz von Firmen zu verbessern.

Aber das ist nur der Anfang. Mit Lösungen wie SAP HANA und der Echtzeitverarbeitung bietet SAP genau die Möglichkeiten, die für Ende-zu-Ende-Lösungen in diesem Umfeld gebraucht werden. Die Internet-of-Things-Lösung von SAP war also nur der logische nächste Schritt. Die Notwendigkeit, (sehr) große Datenmengen in Echtzeit zu verarbeiten, zu berechnen und zu analysieren, ist der perfekte Anwendungsfall für SAP HANA.

Weitere Informationen

Für weitere Informationen empfehlen wir: *http://go.sap.com/solution/internet-of-things.html* und *http://go.sap.com/sk/product/technology-platform.html* (beide auf Englisch).

SAP Solutions for the Internet of Things

SAP Solutions for the Internet of Things erlaubt als Ende-zu-Ende-Lösung die Einbindung verschiedenster Geräte (das heißt, sie erlaubt M2M) und bietet Werkzeuge, um diese Geräte zu verwalten. Darüber hinaus werden Werkzeuge zur Verfügung gestellt, die eine einfache und schnelle Entwicklung von Anwendungen in diesem Kontext erlauben.

Heute können wir leider noch nicht im Detail sagen, wie sich SAP Gateway mit dem Internet der Dinge bzw. der Internet-of-Things-Lösung von SAP verbinden bzw. integrieren wird. Da SAP Gateway aber Mehrkanalszenarien im Fokus hat, wird es sehr wahrscheinlich eine wichtige Rolle spielen.

16.4 API-Management

Als wir im Januar 2014 die erste Ausgabe dieses Buches schrieben, haben wir API-Management als einen der Hauptentwicklungstrends ausgemacht. Nur Monate später ist SAP eine Partnerschaft mit Apigee eingegangen, um SAP API Management anzukündigen. Seit damals hat SAP begonnen, eigene API-Management-Lösungen anzubieten (on Premise und auf SAP HCP). Da SAP API Management viele Verbindungen zu SAP Gateway hat, widmen wir dem Thema einen eigenen Anhang. Die Informationen finden Sie in Anhang B.

16.5 Zusammenfassung

In diesem letzten Kapitel haben wir einige der relevanten Trends diskutiert, die wir aktuell in der IT und Geschäftswelt sehen. Wir haben uns den Implikationen und möglichen Szenarien gewidmet und uns angeschaut, inwieweit die Trends Auswirkungen auf das SAP-Umfeld und das SAP-Gateway-Umfeld im Konkreten haben könnten. Unser Ziel war dabei, wie erwähnt, mögliche zukünftige Szenarien aufzuzeigen und die Bedeutung von SAP Gateway zu unterstreichen. Seit der ersten Auflage dieses Buches sind dabei einige der Trends bereits Realität geworden (z. B. SAP API Management).

A Weiterführende Konzepte

In diesem Anhang stellen wir Ihnen einige weiterführende Konzepte von SAP Gateway vor. Dazu betrachten wir zunächst verschiedene Szenarien, bei denen mehrere Business-Suite-Systeme an ein einzelnes Hub-System angebunden sind. Danach zeigen wir Ihnen, wie Sie aus SAP Gateway Benachrichtigungen (Notifications) an einen Konsumenten eines OData-Service schicken können.

Die Analyse von Fehlern und Performanceproblemen ist das dritte Thema, mit dem wir uns hier beschäftigen werden. Sie erhalten eine Einführung in das Performance-Trace-Tool, mit dem Sie die Performance Ihrer Gateway-Services analysieren und so die Bereiche identifizieren können, die es zu verbessern gilt.

Im letzten Teil des Kapitels erklären wir, wie Sie Anwendungen nicht nur online, sondern auch offline betreiben können und welche Möglichkeiten es gibt, Daten in SAP Gateway zwischenzuspeichern (engl. *Server-Side Caching*).

A.1 Anbindung mehrerer SAP-Business-Suite-Systeme

Routing, Multiple Origin Composition (MOC) und das sogenannte Throttling sind weiterführende Konzepte, die den Betrieb einer Gateway-Systemlandschaft mit mehreren Backend-Systemen erleichtern. Diese Merkmale wurden erstmals mit SP05 eingeführt.

Die genannten Produkteigenschaften sind beispielsweise für einen Kunden von Interesse, der mehrere identische Business-Suite-Systeme in verschiedenen Regionen unterhält. In Abbildung A.1 haben wir dazu die Struktur einer Beispielfirma dargestellt, die ihre SAP-Business-Suite-Systeme in drei unterschiedlichen Regionen betreibt: ein System in Amerika (US), ein zweites in Asien (APJ) und ein drittes in Europa (EMEA).

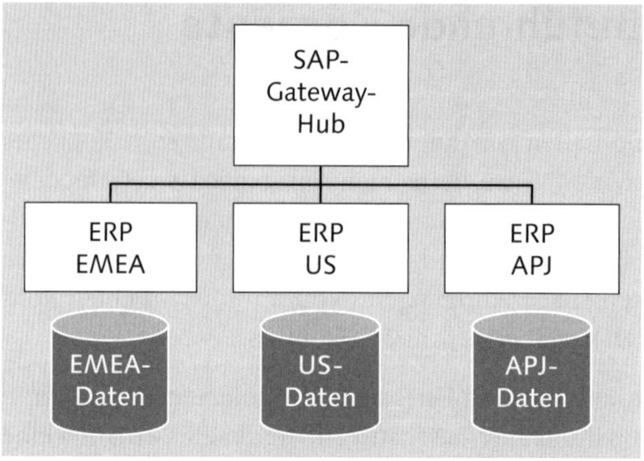

Abbildung A.1 Multiple-Backend-System-Support

A.1.1 Routing

Durch *Routing* kann der Request eines Konsumenten zu einem speziellen Business-Suite-Backend geroutet werden, wenn dieser Service für mehrere Systemaliasse im Hub registriert wurde.

Auf diese Weise kann man in einer global genutzten Systemlandschaft den Benutzern einen einzelnen Service zur Verfügung stellen. Durch die Zuweisung entsprechender Benutzerrollen im SAP-Gateway-Hub kann der Serviceaufruf an das Backend-System weitergeroutet werden, das sich in der Region des Benutzers befindet. Ein Mitarbeiter in den USA würde demnach nur die Daten aus dem US-amerikanischen Business-Suite-Backend erhalten, während die Mitarbeiter aus der Region EMEA nur Zugriff auf Daten aus dem Business-Suite-System erhalten, das für die Region EMEA zuständig ist.

Das Routing erfolgt mithilfe der Komponente *Destination Finder* im Gateway-Hub. Dazu ruft das Framework im Hub-System zunächst die Klasse `/IWFND/CL_MGW_DEST_FINDER` auf. Der Destination Finder nutzt dabei die Customizing-Einstellungen in den Systemalias-Einträgen. Hier kann man für jeden Systemalias eine Benutzerrolle und optional einen Host-Namen des aufrufenden OData-Clients pflegen, um die Routing-Einstellungen für den Systemalias festzulegen.

Der Destination Finder vergleicht nun die dem Benutzer zugewiesenen Rollen im SAP-Gateway-Hub mit den gefundenen Customizing-Einstellungen. Findet der Destination Finder für einen Benutzer mehr als einen Systemalias, wird ein Systemalias wie folgt ausgewählt:

- Wenn genau einer der gefundenen Systemaliasse als Standard gekennzeichnet wurde, wird dieser Eintrag ausgewählt.
- Anderenfalls ist das Verhalten unbestimmt. In diesem Fall wird der erste Eintrag verwendet, der ein Standardkennzeichen aufweist.

Die Customizing-Einstellungen für das Routing können über den View `/IWFND/V_MGDEAM` gepflegt werden. Rufen Sie hierzu die Transaktion `/IWFND/MAINT_SERVICE` auf (siehe Abbildung A.2), und wählen Sie dort den Service aus dem SERVICEKATALOG aus. Wählen Sie dann im Bereich SYSTEMALIASE den Button SYSTEMALIAS HINZUFÜGEN/ANLEGEN oder SYSTEMALIAS ENTFERNEN/LÖSCHEN. Zusätzlich kann zu den Rollen ein HOST-NAME gepflegt werden. Dieser wird zur Laufzeit mit dem Wert des HTTP-Header-Feldes `Host` (z. B. `myserver.mycompany.com:50055`) der OData-Service-Anfrage verglichen.

Ist ein Service für mehr als einen Systemalias im Hub registriert, (siehe Abbildung A.2), muss genau einer der Einträge als Standardeintrag gekennzeichnet werden. Dieser wird dann für alle Aufrufe verwendet, für die der Destination Finder keinen Wert findet.

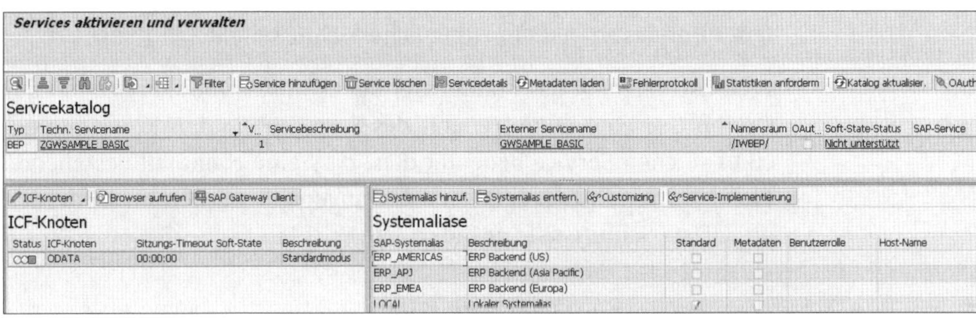

Abbildung A.2 Zuweisung von mehreren Systemalias-Einträgen

Für manche Kundeninstallationen war die Bestimmung des Business-Suite-Systems allein auf Basis von Rollenzuweisungen nicht ausreichend. Daher haben Kunden die Möglichkeit, kundenspezifische Auswahlregeln in einem Business Add-In (BAdI) zu implementieren. Der hierfür zu implementierende Enhancement Spot `/IWFND/ES_MGW_DEST_FINDER` wird detailliert in Abschnitt A.1.3, »Throttling«, beschrieben, da er auch dazu verwendet werden kann, das Business-Suite-Backend-System vor Überlastung zu schützen.

A.1.2 Multiple Origin Composition (MOC)

Durch *Multiple Origin Composition* (MOC) kann ein einzelner Service parallel auf mehrere Business-Suite-Backend-Systeme zugreifen und Daten aus all diesen Systemen lesen. Diese Daten werden dann in der Response des Service aggregiert. Die Multiple Origin Composition erlaubt beim Zugriff auf die Backend-Daten die Nutzung der Methoden `READ`, `CREATE`, `QUERY`, `DELETE` und `UPDATE`.

So benötigt z. B. der CFO eines Unternehmens Zugriff auf Finanzdaten aus den Backend-Systemen mehrerer Regionen, während normalen Mitarbeitern nur der Zugriff auf die Daten eines Backend-Systems möglich ist. Der simultane Aufruf mehrerer Backend-Systeme wirft naturgemäß einige Fragen auf.

Die erste Frage ist, wie die Ergebnisse aus den verschiedenen angeschlossenen Backend-Systemen unterschieden werden können. Das Framework fügt hierzu für jede Entität, die vom Server zurückgeliefert wird, ein neues zusätzliches Schlüsselfeld `SAP__ORIGIN` ein, wenn der Service mit der MOC-Option `;mo` aufgerufen wird (siehe Listing A.1). Aus diesem Grund ändert sich auch das Service-Metadatendokument eines Service, der mit der MOC-Option aufgerufen wird. Jeder Entitätstyp hat ein zusätzliches Schlüsselfeld `SAP__ORIGIN`.

Technisch erzeugt das Framework beim Aufruf eines Service mit der Option `;mo` eine neue Version des Service. Für den Konsumenten eines solchen Service bedeutet dies, dass eine eventuell bestehende Client-Anwendung möglicherweise angepasst werden muss, da sich die OData-Schnittstelle geändert hat.

```
Request:
/sap/opu/odata/sap/ZCD204_EPM_DEMO_SRV;mo/BusinessPartners

results": [
{
"SAP__Origin": "ERP_EMEA",
"BusinessPartnerID": "0100000000",
"CompanyName": "SAP"},
{
"SAP__Origin": "ERP_EMEA",
"BusinessPartnerID": "0100000001",
"CompanyName": "Becker Berlin"},
{
"SAP__Origin": "ERP_AMERICAS",
"BusinessPartnerID": "0100000027",
```

```
"CompanyName": "Developement Para O Governo"},
{
"SAP__Origin": "ERP_AMERICAS",
"BusinessPartnerID": "0100000028",
"CompanyName": "Brazil Technologies"}
]
```

Listing A.1 Response eines Requests, der Multiple Origin Composition nutzt

Ein weiterer wichtiger Aspekt bei der Nutzung der Multiple Origin Composition ist die Performance. Werden die angeschlossenen Business-Suite-Systeme in sequenzieller Reihenfolge aufgerufen, führt dies zwangsläufig zu erhöhten Antwortzeiten und kann im schlimmsten Fall sogar zu Timeouts auf Client-Seite führen.

Da sich die angeschlossenen Business-Suite-Systeme in verschiedenen Erdteilen befinden können, kann der Zugriff auf mehrere Business-Suite-Backend-Systeme durch SAP Gateway parallelisiert werden. Der Grad der Parallelisierung kann dabei an die Gegebenheiten der Systemlandschaft angepasst werden. Die Performance wiederum kann mithilfe des Performance-Trace-Tools und des Statistiktools überprüft werden, die wir in Abschnitt A.4, »Einsatz des Performance-Trace-Tools und des Statistiktools«, vorstellen.

Die beiden wichtigsten Konfigurationsparameter beim Einsatz von MOC-Szenarien sind MINIMUM NUMBER OF BACKEND SYSTEMS und MAXIMUM NUMBER OF PARALLEL BACKEND CALLS. Über diese steuern Sie den möglichen Grad der Parallelisierung und somit auch den möglichen Performancegewinn. Über den Parameter MINIMUM NUMBER OF BACKEND SYSTEMS legen Sie zunächst fest, ob die Backend-Aufrufe überhaupt parallelisiert werden. Wenn dieser Wert auf null gesetzt wird, findet keine Parallelisierung der Aufrufe statt, wenn der Wert auf einen Wert n größer null gesetzt wird, werden immer mindestens n Business-Suite-Systeme gleichzeitig aufgerufen.

Mithilfe des Parameters MAXIMUM NUMBER OF PARALLEL BACKEND CALLS können Sie wiederum die Anzahl der parallel ausgeführten Backend-Aufrufe einschränken. Hierdurch wird auch der Ressourcenverbrauch auf dem Gateway-Hub-System gedeckelt. Beachten Sie bei der Wahl der genannten Parameter folgende Effekte:

- Bei serialisierten Aufrufen wird die Dauer eines Service-Calls im Wesentlichen aus der Summe der Dauer der Business-Suite-Backend-Systeme bestimmt.

- Bei vollständig parallelisierten Aufrufen wird die Dauer eines Serviceaufrufs im Wesentlichen von der Dauer des Backend-Aufrufs bestimmt, der die meiste Zeit benötigt.

Zusammenfassend ist festzuhalten, dass die Parallelisierung von Backend-Aufrufen in MOC-Szenarien im Regelfall zu großen Verbesserungen bei der Performance führt.

Fehlertoleranz

Wenn Daten von mehreren Backend-Systemen gelesen werden, stellt sich aber auch die Frage, was passiert, wenn eines oder mehrere dieser Backend-Systeme nicht verfügbar sind. Das standardmäßig vorgesehene Verhalten ist, dass eine Fehlermeldung ausgegeben wird und dass der Service dem Aufrufer keine Daten zurückliefert. Wenn ein Service hingegen so konfiguriert wurde, dass er fehlertolerant ist, so würde er Daten auch dann zurückliefern, wenn eines oder mehrere Backend-Systeme nicht verfügbar sind. Der Client kann die fehlenden Daten zu einem späteren Zeitpunkt mithilfe eines *Skiptokens* lesen, das sich am Ende der HTTP-Antwort des ersten Aufrufs befindet (siehe Listing A.2). Ein Fehler würde nur dann ausgelöst, wenn kein Backend-System verfügbar wäre.

```
<link rel="next" href=" TravelagencyCollection?$skiptoken=
MISSING_DATA_FROM__1_2" />
```

Listing A.2 Skiptoken, das am Ende einer HTTP-Antwort eines fehlertoleranten Service gesendet wird

Man kann einen Service über das SAP Gateway Customizing als fehlertolerant konfigurieren. Starten Sie dazu die Transaktion SPRO, und wählen Sie dort SAP NetWeaver • SAP Gateway • OData Channel • Zusammensetzung • Fehlertoleranz für OData-Services für Mehrfachquellen-Komposition festlegen.

A.1.3 Throttling

Die Drosselung (*Throttling*) von Backend-Aufrufen kann dazu genutzt werden, die Business-Suite-Backend-Systeme vor einer Überlastung durch zu viele Client-Aufrufe zu schützen. Für Szenarien, bei denen der Zugriff aus dem Extranet erfolgt, würde man hierfür SAP API Management oder ein entsprechendes Produkt eines Drittherstellers einsetzen.

SAP bietet den Kunden die Möglichkeit, eine Drosselung für ein internes Szenario oder als zusätzliche Maßnahme für ein externes Szenario durch ein BAdI zu implementieren. Dabei handelt es sich um dasselbe BAdI, das Kunden implementieren müssen, wenn sie das vom Standard vorgesehene rollenbasierte Routing übersteuern möchten.

Der zugehörige Enhancement-Spot /IWFND/ES_MGW_DEST_FINDER unterstützt die folgenden Anwendungsfälle:

- Nutzung von kundenspezifischen Routing-Regeln statt des SAP-Standard-Routings
- Kontrolle des Netzwerkverkehrs vom Gateway-Hub zu den angeschlossenen Business-Suite-Systemen, um dort die Last durch Gateway-Serviceaufrufe einzuschränken

Das BAdI verfügt über die folgenden Eingabeparameter:

- Benutzer-ID
- Service Document Identifier; ein String, der sich aus dem technischen Namen und dessen Version zusammensetzt (z. B. ZTEA_TEST_APPLICATION_0001)
- eine Tabelle mit den Systemalias-Einträgen, die auf Basis des Standard-Routings bestimmt wurden
- eine Liste der HTTP-Request-Parameter

Der Ausgabeparameter des BAdIs ist wiederum eine Tabelle von Systemalias-Einträgen. Wenn das BAdI die über den Eingabeparameter übergebenen Werte nicht ändert, wird das Standard-Routing verwendet. Wie bereits erwähnt, kann durch die Implementierung des BAdIs im Gateway-Server sowohl ein kundenspezifisches Routing als auch ein Schutz vor der Überlastung der Business-Suite-Backend-Systeme erreicht werden. In Listing A.3 finden Sie ein Beispiel für ABAP-Code, der für die BAdI-Implementierung verwendet werden kann. Dieser Code erzeugt eine Fehlermeldung für den Fall, dass eine Überlastung der Backend-Systeme festgestellt wurde.

```
...
RAISE EXCEPTION TYPE /iwfnd/cx_mgw_dest_finder
  EXPORTING
    textid           = /iwfnd/cx_mgw_dest_finder=>
                       backend_load_too_high
    http_status_code = /iwfnd/cx_mgw_dest_finder=>
```

```
                                gc_status_service_unavailable
          system_alias      = lv_system_alias.
```

Listing A.3 Beispiel einer Implementierung für das Auslösen einer Exception aufgrund der Überlastung der Backend-Systeme

Wenn durch die Implementierung des BAdIs die in Listing A.3 gezeigte Ausnahme ausgelöst wird, erhält der OData-Client die in Listing A.4 gezeigte HTTP-Fehlermeldung.

```
HTTP Status        503 - Service Unavailable
<?xml version="1.0" encoding="utf-8" ?>
<error xmlns="http://schemas.microsoft.com/ado/2007/08/
  dataservices/metadata">
<code>/IWFND/CM_COS/071</code>
<message xml:lang="en">The load on backend system 'ERP_GBC_
  100' is too high. Try again later.</message>
      </error>
```

Listing A.4 HTTP-Fehlermeldung

A.2 Benachrichtigungen und Abonnements in SAP Gateway

Benachrichtigungen werden häufig in mobilen Anwendungsszenarien genutzt. Die Benachrichtigung des Benutzers über einen neuen Kommentar auf seiner Facebook-Seite oder die Antwort auf einen vom Benutzer geposteten Tweet sind Fähigkeiten, die Benutzer von jeder Anwendung für soziale Medien erwarten. Diese nicht anzubieten wäre ein K.-o.-Kriterium. Neben Benachrichtigungen müssen Anwendungen wie ein Facebook- oder Twitter-Client dem Benutzer auch die Möglichkeit bieten, auf Benachrichtigungen zu reagieren.

Ähnliche Funktionen sind auch für Geschäftsprozesse interessant: Manager werden zu schätzen wissen, Urlaubsanträge oder Bestellungen mit ihrem Mobiltelefon oder Tablet zu genehmigen, ohne sich hierfür an ihren Laptop oder PC setzen zu müssen, nachdem sie die Nachricht erhalten haben, dass ein Vorgang ihre Aufmerksamkeit erfordert. Diese Funktionalität wird von SAP Gateway durch das Subcription- und Notification-Framework bereitgestellt, das Teil des Add-ons `IW_BEP` bzw. Teil von SAP NetWeaver 7.40 oder höheren Versionen ist.

Benachrichtigungen können in SAP Gateway wie folgt genutzt werden: Damit ein Benutzer über eine ihn betreffende Änderung im Business-Suite-System informiert werden kann, muss er dem Business-Suite-System zunächst die Art der Änderungen mitteilen, an denen er interessiert ist und über die er benachrichtigt werden möchten. Dies erfolgt über ein *Abonnement* (*Subscription*).

Wie in Abbildung A.3 gezeigt, muss hierzu eine Entitätsmenge im SAP Gateway Service Builder als ABONNIERBAR markiert werden. Dadurch erhält die Entitätsmenge die Annotation `sap:subscribable`. Wird das Projekt neu generiert, enthält das Datenmodell die beiden neuen Entitätsmengen `NotificationCollection` und `Subsription-Collection`. Diese sind jedoch nur im Service- oder Metadatendokument, nicht aber im Service Builder sichtbar.

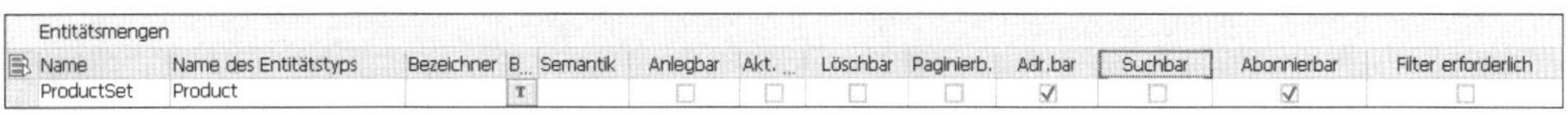

Abbildung A.3 Entitätsmenge, die im Service Builder als abonnierbar markiert wurde

Auf die Entitätsmenge `SubscriptionCollection` kann über die entsprechende URL und den Payload im HTTP-Request mit allen CRUD-Q-Methoden wie auch auf jeden anderen OData-Service zugegriffen werden.

SAP Gateway unterstützt dabei sowohl Push- als auch Pull-Szenarien.

- Im Fall eines *Push-Szenarios* werden Benachrichtigungen direkt vom Business-Suite-System über SAP Gateway an den OData-Client geschickt.
- Im Fall eines *Pull-Szenarios* werden die Benachrichtigungen vom Business-Suite-System zunächst nur an das Gateway-Hub-System gesendet. Hier werden die Benachrichtigungen so lange gespeichert, bis sie vom Client abgerufen (*to pull*) werden.

Möchte ein Benutzer über Änderungen in einer bestimmten Entitätsmenge mit einer Push-Benachrichtigung informiert werden, muss er hierzu einen geeigneten `POST`-Request an die Entitätsmenge `SubscriptionCollection` des Service senden (❶, ❷ in Abbildung A.4). Dabei muss das Attribut `persistNotifications` auf den Wert `false` gesetzt sein.

Die Abonnementanfrage wird dann vom Gateway-System via Remote Function Call (RFC) ❸ an das Business-Suite-System gesendet.

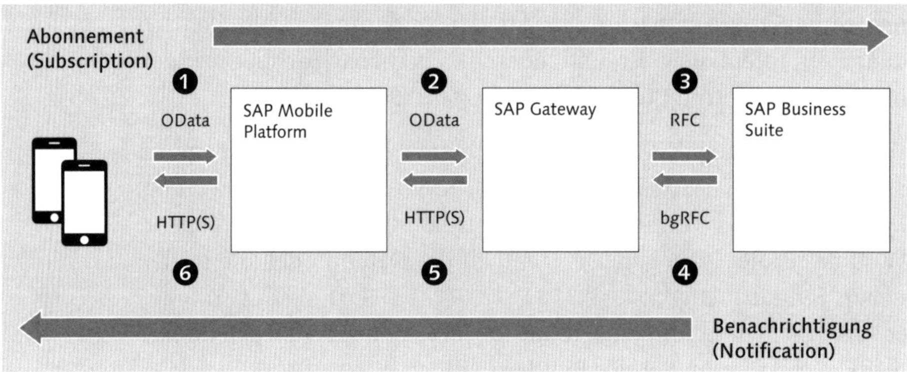

Abbildung A.4 Abonnement und Benachrichtigungen in SAP Gateway – Push-Szenario

Im Business-Suite-System wiederum muss eine entsprechende Business-Logik implementiert werden (z. B. in einem BAdI), die im Fall von Aktualisierungen des Business-Objekts prüft, ob es hierfür ein Abonnement gibt. Ist dies der Fall, wird diese Information zunächst mit einem Background-RFC (bgRFC) an den Gateway-Server ❹ gesendet. Dort wird die Anfrage in einer Queue gespeichert und an die HTTP-Adresse ❺ gesendet, die im Abonnement angegeben wurde.

In einem Push-Szenario benötigt man normalerweise einen Middleware-Server, der als HTTP-Endpunkt fungiert und die Kommunikation zwischen den mobilen Endgeräten und dem Gateway-Server ermöglicht. Die von SAP hierfür empfohlene Komponente ist *SAP Mobile Platform*.

Neben einer Vielzahl anderer Funktionalitäten besitzt die SAP Mobile Platform die Information, welcher Benutzer welches Endgerät verwendet, und ist daher in der Lage, Benachrichtigungen an den richtigen Empfänger und das richtige Endgerät zu senden.

Die SAP Mobile Platform überwacht dabei einen bestimmten Service für eingehende Benachrichtigungen. Die Information, wo sich dieser Service befindet, wird durch den Anwender der mobilen Anwendung an SAP Gateway gesendet, in dem eine HTTP-Destination konfiguriert ist, die auf den Service im SMP-Server zeigt. Der Middleware-Server, wie z.B. die SAP Mobile Platform, sendet dann die Benachrichtigung an das Endgerät des Benutzers ❻.

In einem Pull-Szenario muss man das Attribut `persistNotifications` im Payload des `Create`-Requests für die Entitätsmenge `SubscriptionCollection` auf den Wert `true` setzen. Das Pull-Szenario ist in Abbildung A.5 dargestellt.

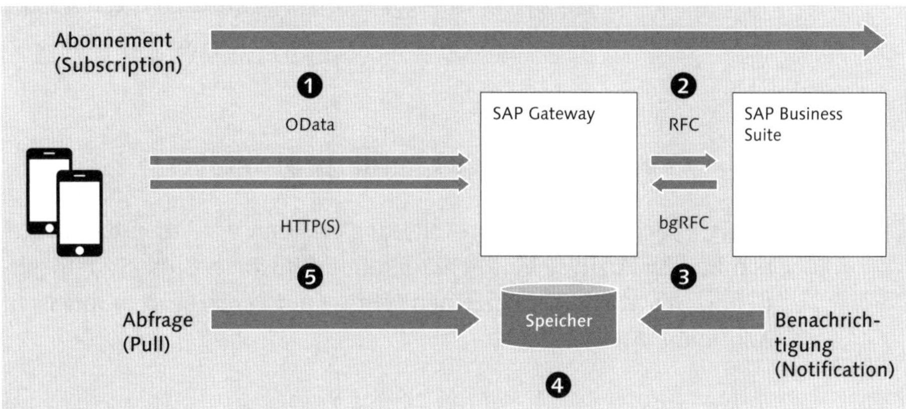

Abbildung A.5 Abonnement und Benachrichtigungen in SAP Gateway – Pull-Szenario

Nachdem der HTTP-Request vom Client an SAP Gateway gesendet wurde ❶ (Abbildung A.5), wird er von SAP Gateway umgehend an das Business-Suite-System ❷ weitergeleitet. Wie im Fall des Push-Szenarios muss eine geeignete Business-Logik implementiert werden, die bei Änderungen im Business-Suite-System aktiv wird und die Information über diese Änderungen ❸ via bgRFC an das Gateway-System schickt. In einem Pull-Szenario werden diese Benachrichtigungen im Gateway-System persistiert ❹.

Der OData-Client kann die im Gateway-Server gespeicherten Benachrichtigungen mithilfe des `NOTIFICATIONSTORE`-Service auslesen ❺. Hierzu muss der Client den folgenden `GET`-Request auf der Entitätsmenge `NotificationCollection` ausführen:

http://<hostname>:<port>/sap/opu/odata/iwfnd/NOTIFICATIONSTORE/NotificationCollection

Obwohl ein Pull-Szenario streng genommen kein Benachrichtigungsszenario ist, trägt es dennoch zu einer Reduzierung der Last aufseiten des Business-Suite-Systems bei. Anstatt bei jedem Zugriff eine

Abfrage nach geänderten Elementen an das Business-Suite-System zu senden, kann diese Information bereits aus der Entitätsmenge `NotificationCollection` ausgelesen werden, die vom Gateway-Server bereitgestellt wird.

Weitergehende Informationen

Eine detaillierte Beschreibung sowie den Link auf ein YouTube-Video über die Konfiguration von Push-Benachrichtigungen können Sie im SAP Gateway Self Paced Learning Wiki im SAP Community Network finden.

A.3 Verwendung des Fehlerprotokolls

In dieser Schritt-für-Schritt-Anleitung erklären wir Ihnen das Vorgehen bei der Analyse von Fehlern, die im Business-Suite-System auftreten. Der Ablauf der einzelnen Schritte der Fehlerbearbeitung ist in Abbildung A.6 dargestellt.

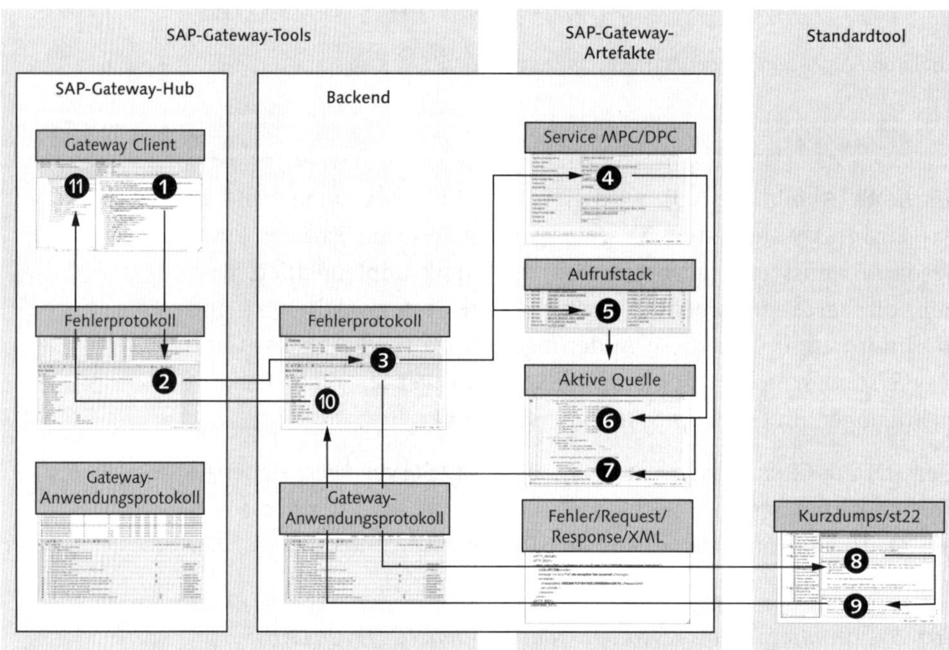

Abbildung A.6 Fehleranalyse im Backend-Coding und Replay-Funktion

Der Prozess der Fehlerbearbeitung beginnt damit, dass ein Client einen Request ausführt ❶, der zu einer Fehlermeldung führt. Diese

Fehlermeldung kann man im Fehlerprotokoll des Gateway-Servers finden ❷. Aus dem SAP Gateway Client heraus kann man zur weiteren Fehleranalyse in das Fehlerprotokoll (Error Log) des Business-Suite-Systems abspringen ❸. Hier können Sie entweder die Serviceimplementierung überprüfen ❹ oder die genaue Position des Fehlers in der Aufrufhierarchie finden ❺, um schließlich das aktive Coding zu öffnen ❻. Hier können Sie nun das Coding entweder direkt korrigieren oder einen externen Breakpoint setzen, um die Fehlersituation genauer zu analysieren ❼. Wenn der Fehler zu einem ABAP-Kurzdump geführt hat, wird die Transaktion ST22 zur Analyse von Kurzdumps verwendet ❽, und es werden dort Breakpoints gesetzt ❾. Nachdem der Fehler korrigiert wurde, können Sie aus dem Error Log heraus ❷ den Request erneut im Gateway-Server ausführen ❶.

In der folgenden Schritt-für-Schritt-Anleitung werden wir größtenteils dem in Abbildung A.6 dargestellten Prozess folgen und starten daher im Gateway-Hub. Dort verwenden wir den SAP Gateway Client, um einen OData-Request auszuführen und so das Konsumieren eines OData-Service durch einen OData-Client nachzustellen.

Wir werden einen Beispielservice `ZPRODUCT_SRV` dazu verwenden, Demodaten für Produkte aus SAP-NetWeaver-Demodaten zu lesen. Der Beispielservice dient hier der Veranschaulichung der grundsätzlichen Vorgehensweise. In der Serviceimplementierung der Methode `GET_ENTITYSET` haben wir dazu Code implementiert, der eine Ausnahme auslöst, so dass beim Aufruf des Codings eine Fehlermeldung erzeugt wird, die besagt, dass ein interner Fehler aufgetreten ist. Führt man nun den folgenden Request aus, sehen Sie die in Abbildung A.7 dargestellte Fehlermeldung:

/sap/opu/odata/sap/ZPRODUCT_SRV/ProductSet

Diese Fehlermeldung enthält mehrere Detailangaben ❶ und kann im Fehlerprotokoll analysiert werden.

Wenn Sie hier FEHLERPROTOKOLL wählen (❷ in Abbildung A.7), gelangen Sie in das Fehlerprotokoll. Durch einen Doppelklick auf die Fehlermeldung wird der Fehlerkontext angezeigt (❶ in Abbildung A.8). Hier können Sie sich Details zu Systeminformationen, Serviceinformationen und weitere detaillierte Informationen ansehen.

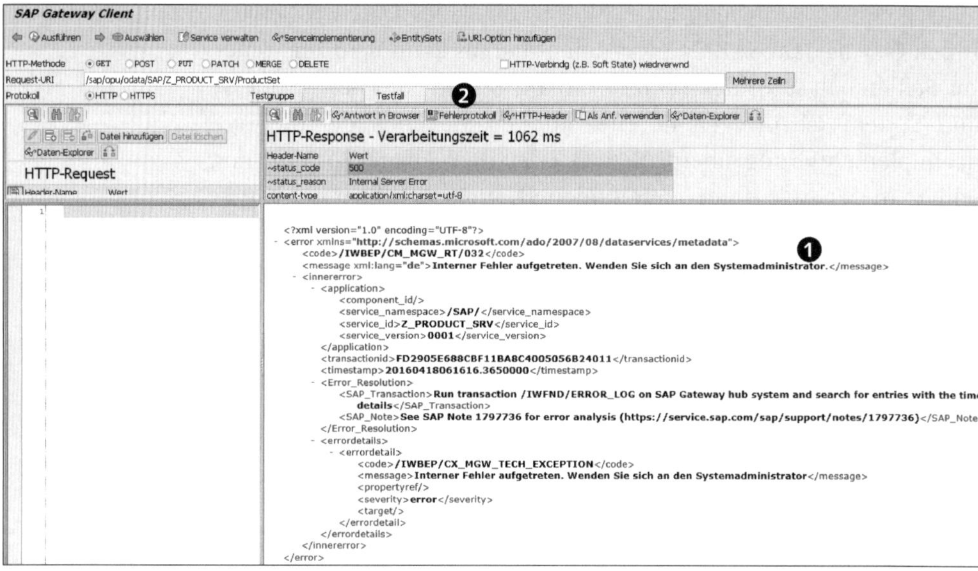

Abbildung A.7 Fehlermeldung beim Aufruf des Service ZPRODUCT_SRV

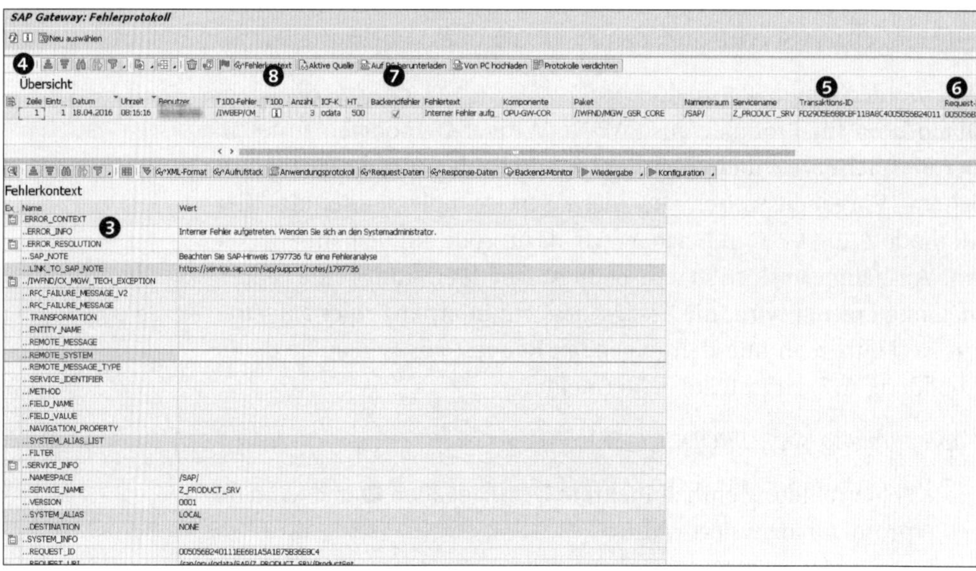

Abbildung A.8 Fehlerprotokoll

Im Bereich ÜBERSICHT ❹ sehen Sie die TRANSAKTIONS-ID des Requests ❺ und die REQUEST-ID ❻. Die Transaktions-ID ist wichtig, wenn Sie nach diesem Request in einer Standard-Monitoring-Transaktion in

SAP NetWeaver suchen. Die Transaktions-ID ist auch Teil des sogenannten SAP Passports.

Eine weitere wichtige Information ist das Flag BACKENDFEHLER ❼. Dieses Flag besagt, dass die Ursache für diesen Fehler im Backend aufgetreten ist und nicht im Gateway-Hub-System. (Der Begriff Backend-System bezieht sich in diesem Zusammenhang auf das System, in dem die Serviceimplementierung auf Basis des Add-ons `IW_BEP` bzw. der Softwarekomponente `SAP_GWFND` durchgeführt wurde.)

Die nächste wichtige Information ist der Langtext der T100-Meldung. Dieser wird angezeigt, wenn Sie auf das zugehörige Icon ❽ in der Spalte T100-FEHLER-INFO klicken. Dieser Langtext kann wie in Abbildung A.9 zusätzliche Fehlerinformationen enthalten.

Abbildung A.9 T100-Fehler-Information

Wenn Sie auf den Button BACKEND-MONITOR klicken, gelangen Sie in das Backend-Fehlerprotokoll (siehe Abbildung A.10). Das Backend-Fehlerprotokoll kann auch über die Transaktion /IWBEP/ERROR_LOG im Backend-System aufgerufen werden. Das Backend-Fehlerprotokoll zeigt das Fehlerprotokoll im Backend-System an und ähnelt stark dem Fehlerprotokoll im Gateway-Serversystem.

Nun müssen Sie herausfinden, wo genau im Coding die Ausnahme ausgelöst wurde. Dazu haben Sie zwei Möglichkeiten. Die erste Möglichkeit ist die Anzeige der Aufrufhierarchie (AUFRUFSTACK, ❾), und die zweite Möglichkeit ist die Auswahl des aktiven Sourcecodes (AKTIVE QUELLE, ❿). Die Aufrufhierarchie zeigt Ihnen den Ablauf Ihrer Anwendung. Über die Option AKTIVE QUELLE gelangen Sie direkt in das in Abbildung A.11 gezeigte Coding.

Hier können Sie einen externen Breakpoint setzen (⓫ und ⓬ in Abbildung A.11). Sie können nun entweder zurück in den SAP Gateway Client navigieren, um den HTTP-Request erneut auszuführen, oder Sie können die Option WIEDERGABE • SAP GATEWAY CLIENT auswählen, um den Request erneut auszuführen (siehe Abbildung A.12).

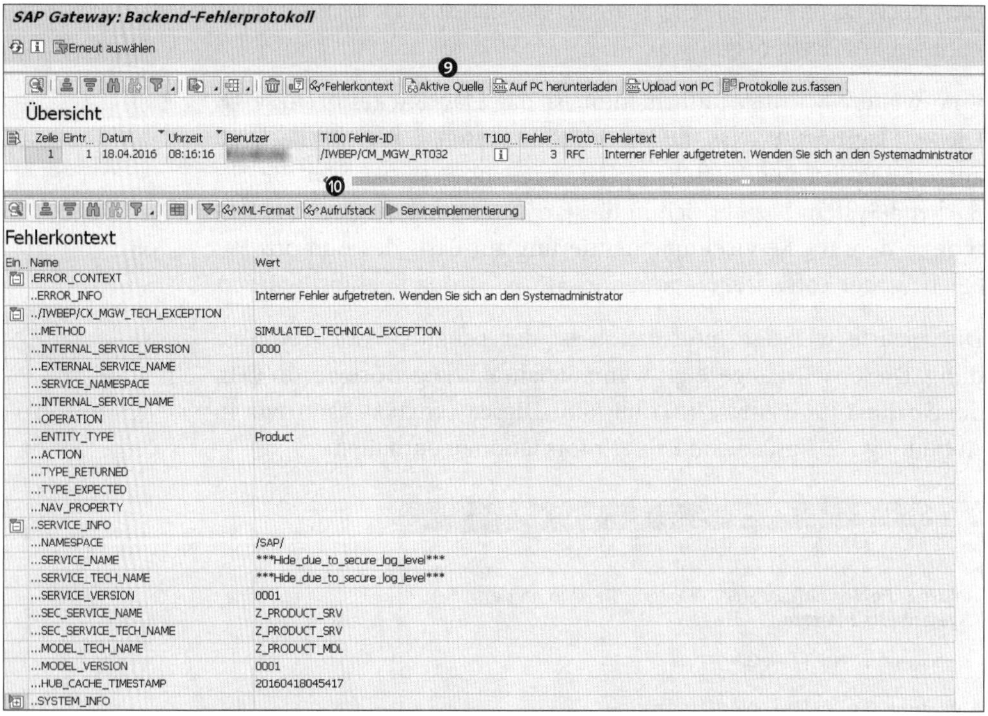

Abbildung A.10 Backend-Fehlerprotokoll

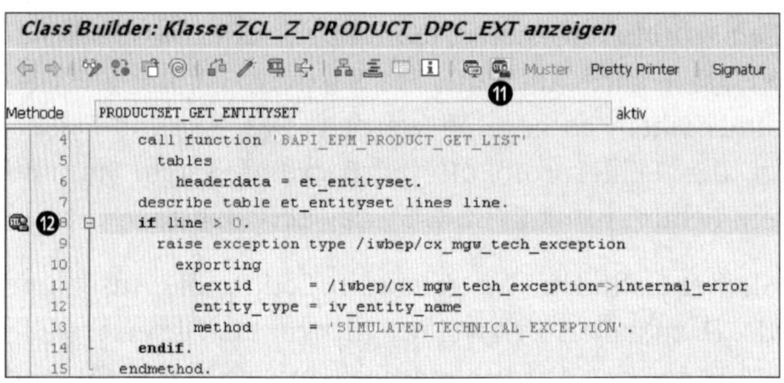

Abbildung A.11 Fehlerquelle im ABAP-Code

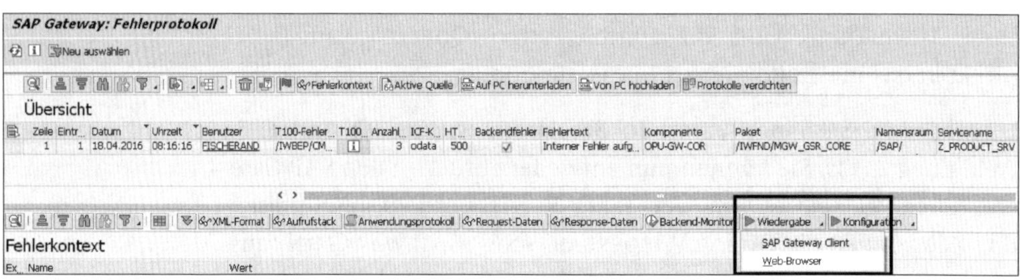

Abbildung A.12 Request erneut ausführen

Der Request wird erneut im SAP Gateway Client ausgeführt. In diesem Beispiel erscheint jedoch eine Fehlermeldung, die besagt, dass es aufgrund der Sicherheitseinstellungen nicht möglich ist, den Request erneut mit dem SAP Gateway Client auszuführen (siehe ⓭ Abbildung A.13).

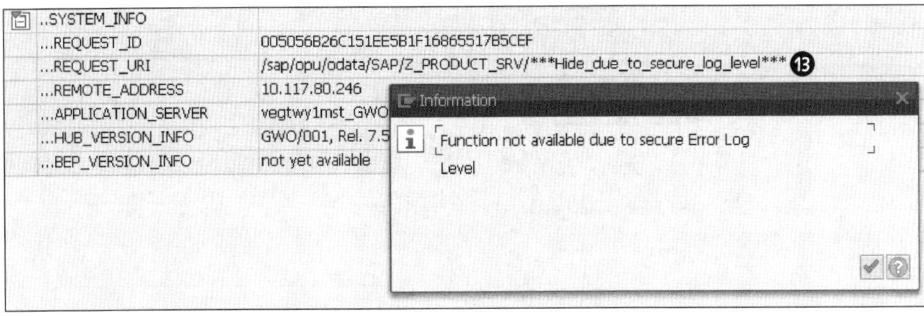

Abbildung A.13 Fehlermeldung – Protokollierungsebene

Die Protokollierungsebene kann direkt in der Transaktion des Fehlerprotokolls konfiguriert werden. Wählen Sie dazu wie in Abbildung A.14 FEHLERPROTOKOLL • GLOBALE KONFIGURATION ⓮. Im Dialog SAP GATEWAY: GLOBALE KONFIGURATION können Sie die Ebene der Protokollierung von SICHER auf VOLLSTÄNDIG setzen ⓯. In der globalen Konfiguration können Sie auch die globalen Einstellungen für die SAP-Gateway-Statistikdaten und den Performance-Trace vornehmen, die im folgenden Abschnitt erläutert werden.

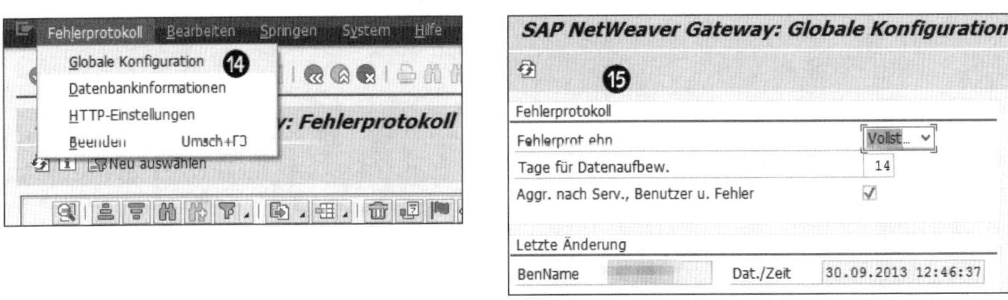

Abbildung A.14 Fehlerprotokoll – Konfiguration

Führen Sie nun den Request im SAP Gateway Client erneut aus. Da Sie einen externen Breakpoint gesetzt haben, stoppt das System, wie in Abbildung A.15 gezeigt, an genau dieser Stelle.

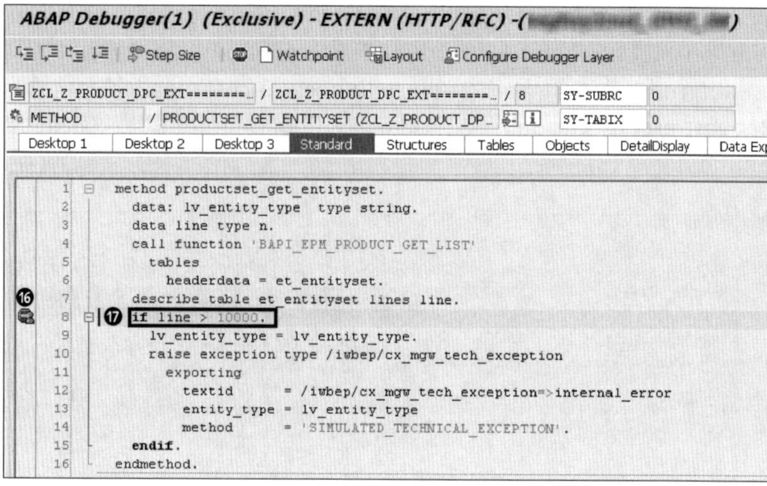

Abbildung A.15 Stopp am Breakpoint

In Abbildung A.15 sehen Sie, dass in der Methode der Daten-Provider-Klasse eine Fehlermeldung generiert wird ⓰, da die Ergebnismenge mehr als null Einträge enthält ⓱.

Nach der Korrektur der GET_ENTITYSET-Methode in der DPC-Extensionsklasse können Sie die Abspielen-Funktionalität (Replay) erneut ausprobieren. Dieses Mal erfolgt der Aufruf mit den geänderten Einstellungen für das Fehlerprotokoll. Wie in Abbildung A.16 wird der Request nun erfolgreich ⓲ mit einem HTTP-Returncode 200 ausgeführt. Der hohe Wert für die Verarbeitungszeit des HTTP-Aufrufs ⓳ rührt daher, dass die Ausführung des Codes am Breakpoint unterbrochen wurde.

Wenn Sie nicht wissen, wie ein Problem zu lösen ist, wählen Sie im Fehlerprotokoll Auf PC herunterladen, um die Fehlermeldung als XML-Datei auf Ihren Desktop herunterzuladen.

Das in Abbildung A.17 gezeigte XML enthält alle Informationen, die Sie auch im UI des Fehlerprotokolls gesehen haben. Dies sind der Fehlerkontext ⓴, die Serviceinformation ㉑, Systeminformationen ㉒ und gegebenenfalls Request-Daten.

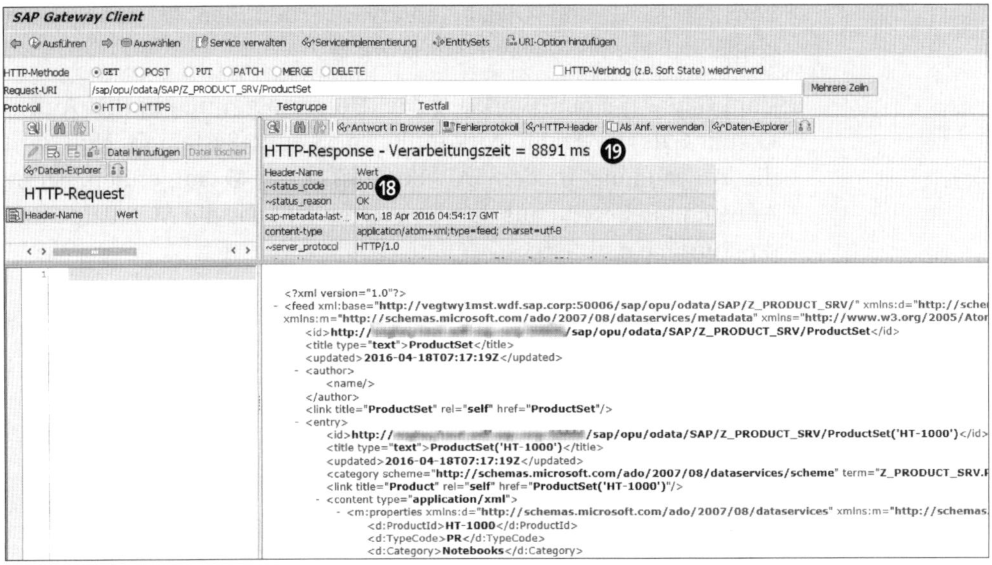

Abbildung A.16 Ergebnis nach der Serviceimplementierung

```
<?xml version="1.0"?>
<ERROR_CONTEXT>
20 <ERROR_INFO>Interner Fehler aufgetreten. Wenden Sie sich an den Systemadministrator.</ERROR_INFO>
 - <ERROR_RESOLUTION>
      <SAP_NOTE>Beachten Sie SAP-Hinweis 1797736 für eine Fehleranalyse</SAP_NOTE>
      <LINK_TO_SAP_NOTE>https://service.sap.com/sap/support/notes/1797736</LINK_TO_SAP_NOTE>
   </ERROR_RESOLUTION>
 + <_-IWFND_-CX_MGW_TECH_EXCEPTION>
21 <SERVICE_INFO>
      <NAMESPACE>/SAP/</NAMESPACE>
      <SERVICE_NAME>Z_PRODUCT_SRV</SERVICE_NAME>
      <VERSION>0001</VERSION>
      <SYSTEM_ALIAS>LOCAL</SYSTEM_ALIAS>
      <DESTINATION>NONE</DESTINATION>
   </SERVICE_INFO>
22 <SYSTEM_INFO>
      <REQUEST_ID>005056B240111EE681A69C11273D48C4</REQUEST_ID>
      <REQUEST_URI>/sap/opu/odata/SAP/Z_PRODUCT_SRV/***Hide_due_to_secure_log_level***</REQUEST_URI>
      <REMOTE_ADDRESS>10.117.80.246</REMOTE_ADDRESS>
      <APPLICATION_SERVER>vegtwy1mst_GWO_06</APPLICATION_SERVER>
      <HUB_VERSION_INFO>GWO/001, Rel. 7.50, SAP GWFND SP01, GWHUB Version 013</HUB_VERSION_INFO>
      <BEP_VERSION_INFO>not yet available</BEP_VERSION_INFO>
   </SYSTEM_INFO>
</ERROR_CONTEXT>
```

Abbildung A.17 Fehlermeldung als-XML-Datei

A.4 Einsatz des Performance-Trace-Tools und des Statistiktools

Jeder HTTP-Request, der von einem OData-Konsumenten an SAP Gateway verschickt wird, durchläuft verschiedene Schichten, wie in Abbildung A.18 gezeigt. Wird ein Request ausgeführt, erreicht der Request zunächst nur das HTTP Framework auf dem Hub, wird dann von der REST und OData Library übernommen ❶ und gelangt schließlich zum Gateway-Framework ❷.

Vom Gateway-Framework auf dem Hub erfolgt nun ein RFC-Aufruf ❸ zum Gateway-Framework im Business-Suite-System ❹. Nun wird die Anwendung in der SAP Business Suite ❺ aufgerufen. Diese Anwendung besteht aus dem Servicemodell, das die Metadaten und die Runtime definiert.

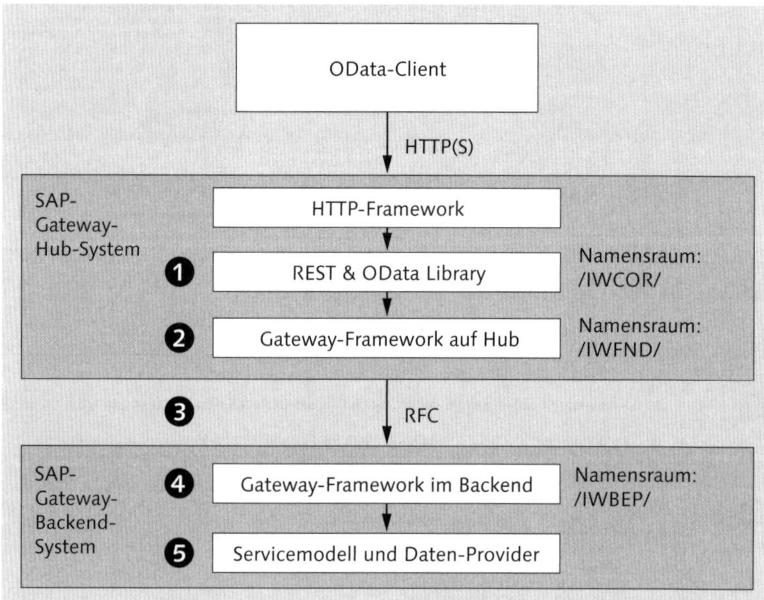

Abbildung A.18 HTTP-Aufruf – Performance-Trace

Aus Performancegesichtspunkten will man nicht nur die gesamte Antwortzeit bestimmen, sondern auch die Zeiten, die ein Request benötigt, um durch die verschiedenen Komponenten zu gelangen.

So möchte man z. B. detaillierte Informationen darüber erhalten, wie lange ein Request im Gateway-Framework benötigt, verglichen mit dem Netzwerk-Overhead, der sich daraus ergibt, dass die Daten zwischen Backend und Hub über RFC übertragen werden. Im Business-Suite-System wiederum möchte man den Overhead bestimmen, der durch das Backend-Framework erzeugt wird.

Obwohl in den meisten Fällen die Backend-Implementierung eines Service für eventuell auftretende Performanceprobleme verantwortlich ist, gibt es auch Situationen, in denen eine schlechte Netzwerkverbindung zwischen dem Hub-System und dem Backend die Ursache für Performanceprobleme ist.

Um die Ergebnisse, die das Performance-Trace-Tool erzeugt, und die SAP-Gateway-Statistikdaten besser zu verstehen, müssen Sie wissen, zu welchen Namensräumen (Name Spaces) die einzelnen Komponenten gehören. Während die REST- und OData-Bibliotheken zum Namensraum */IWCOR/* gehören und sich im Add-on `GW_CORE` befinden, gehören die Framework-Komponenten zum Namensraum */IWFND/* und befinden sich im Add-on `IW_FND`. Die Framework-Komponenten im Business-Suite-System sind wiederum im Add-on `IW_BEP` enthalten.

Beachten Sie, dass sich beginnend mit Release 7.40 alle Komponenten (`GW_CORE`, `IW_FND` und `IW_BEP`) nur noch in einer Softwarekomponente `SAP_GWFND` befinden.

Die SAP-Performancestatistikdaten, die ein OData-Konsument durch das Hinzufügen des Abfrageparameters `?sap-statistics=true` an die HTTP-Request-URL oder durch das Senden des HTTP-Headers `sap-statistics=true` erhalten kann, werden nun automatisch vom SAP Gateway Framework aufgezeichnet. Die Transaktion /IWFND/STATS bietet einen komfortablen Weg, auf die zuvor beschriebenen Performancestatistikdaten zuzugreifen, die soeben vom SAP Gateway Framework verarbeitet wurden.

SAP Gateway – Statistikdaten

Wenn man sich die SAP-Gateway-Statistikdaten in Abbildung A.19 anschaut, so sieht man, dass dort die einzelnen Verarbeitungszeiten eines Aufrufs wie folgt beschrieben sind: VERARBEITUNGSZEIT ⓐ, HUB-OVERHEAD ⓑ, RFC-OVERHEAD ⓒ, BACKEND OVERHEAD ⓓ und ANWENDUNGSZEIT ⓔ. Diese Zeiten setzen sich aus den einzelnen Schritten zusammen, die ein HTTP-Request bei seinem Weg durch das gesamte SAP Gateway Framework durchläuft (in Abbildung A.18 mit den Nummern ❶ bis ❺ bezeichnet):

- (ⓐ) VERARBEITUNGSZEIT = ❶ + ❷ + ❸ + ❹ + ❺
- (ⓑ) HUB-OVERHEAD = ❶ + ❷
- (ⓒ) RFC-OVERHEAD = ❸
- (ⓓ) BACKEND-OVERHEAD = ❹
- (ⓔ) ANWENDUNGSZEIT = ❺

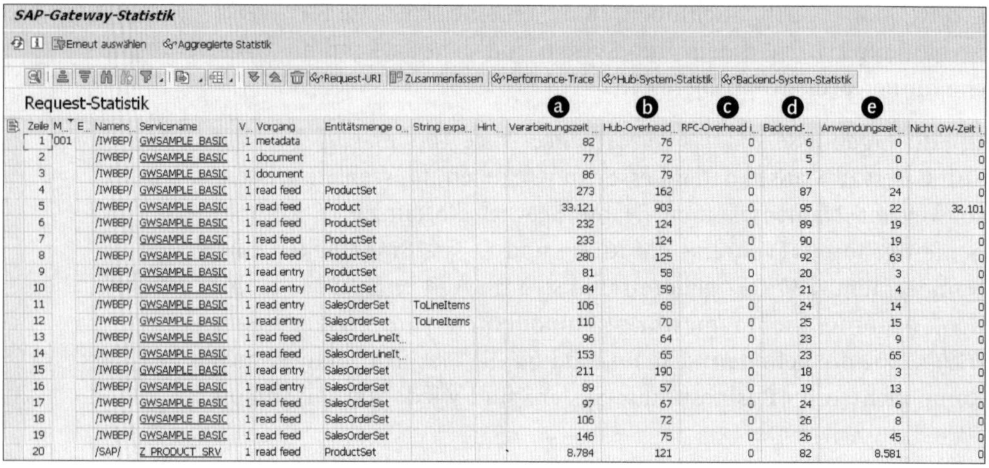

Zeile	M...	E...	Namens...	Servicename	V...	Vorgang	Entitätsmenge o...	String expa...	Hint...	Verarbeitungszeit ...	Hub-Overhead...	RFC-Overhead i...	Backend-...	Anwendungszeit...	Nicht GW-Zeit i...
1	001		/IWBEP/	GWSAMPLE_BASIC	1	metadata				82	76	0	6	0	0
2			/IWBEP/	GWSAMPLE_BASIC	1	document				77	72	0	5	0	0
3			/IWBEP/	GWSAMPLE_BASIC	1	document				86	79	0	7	0	0
4			/IWBEP/	GWSAMPLE_BASIC	1	read feed	ProductSet			273	162	0	87	24	0
5			/IWBEP/	GWSAMPLE_BASIC	1	read feed	Product			33.121	903	0	95	22	32.101
6			/IWBEP/	GWSAMPLE_BASIC	1	read feed	ProductSet			232	124	0	89	19	0
7			/IWBEP/	GWSAMPLE_BASIC	1	read feed	ProductSet			233	124	0	90	19	0
8			/IWBEP/	GWSAMPLE_BASIC	1	read feed	ProductSet			280	125	0	92	63	0
9			/IWBEP/	GWSAMPLE_BASIC	1	read entry	ProductSet			81	58	0	20	3	0
10			/IWBEP/	GWSAMPLE_BASIC	1	read entry	ProductSet			84	59	0	21	4	0
11			/IWBEP/	GWSAMPLE_BASIC	1	read entry	SalesOrderSet	ToLineItems		106	68	0	24	14	0
12			/IWBEP/	GWSAMPLE_BASIC	1	read entry	SalesOrderSet	ToLineItems		110	70	0	25	15	0
13			/IWBEP/	GWSAMPLE_BASIC	1	read feed	SalesOrderLineIt...			96	64	0	23	9	0
14			/IWBEP/	GWSAMPLE_BASIC	1	read feed	SalesOrderLineIt...			153	65	0	23	65	0
15			/IWBEP/	GWSAMPLE_BASIC	1	read entry	SalesOrderSet			211	190	0	18	3	0
16			/IWBEP/	GWSAMPLE_BASIC	1	read entry	SalesOrderSet			89	57	0	19	13	0
17			/IWBEP/	GWSAMPLE_BASIC	1	read feed	SalesOrderSet			97	67	0	24	6	0
18			/IWBEP/	GWSAMPLE_BASIC	1	read feed	SalesOrderSet			106	72	0	26	8	0
19			/IWBEP/	GWSAMPLE_BASIC	1	read feed	SalesOrderSet			146	75	0	26	45	0
20			/SAP/	Z_PRODUCT_SRV	1	read feed	ProductSet			8.784	121	0	82	8.581	0

Abbildung A.19 SAP-Gateway-Statistik – Transaktion /IWFND/STATS

Die gesamte VERARBEITUNGSZEIT ist die Summe aller fünf Zeitintervalle. Der HUB-OVERHEAD, der sich durch die Nutzung des SAP Gateway Frameworks ergibt, ist die Summe der Zeitintervalle ❶ und ❷, die ein Request benötigt, um die beiden ersten Schichten des SAP Gateway Frameworks auf dem Hub zu durchlaufen.

Der RFC-OVERHEAD, das heißt die Zeit, die für den RFC-Aufruf zwischen dem SAP-Gateway-Hub und dem Backend-System benötigt wird, ist mit ❸ in Abbildung A.18 gekennzeichnet.

Der BACKEND-OVERHEAD ergibt sich dadurch, dass der Aufruf das SAP-Gateway-Backend-Framework ❹ durchläuft, und die ANWENDUNGSZEIT resultiert aus dem Aufruf der Geschäftsprozesslogik im Backend ❺. Ein Entwickler kann auf diese Weise einfach die Performance der aktuellen Serviceimplementierung testen. In unserem Beispiel beträgt der RFC-Overhead 0 ms, da wir ein System mit einem Embedded Deployment ausgewählt haben.

Die SAP-Gateway-Statistik-Transaktion stellt, wie in Abbildung A.20 gezeigt, auch eine aggregierte Sicht auf die Statistikdaten bereit. Diese Ansicht bietet eine Listenansicht der statischen Daten, die nach folgenden Kriterien gruppiert sind: Servicename, Art der Operation wie `read feed` oder `read entry` und auch Name der Entitätsmenge.

Für den Beispielservice GWSAMPLE_BASIC sind in Abbildung A.20 die aggregierten statistischen Daten für verschiedene Zugriffsarten dargestellt: DOCUMENT beschreibt den Zugriff auf das Servicedokument, METADATA beschreibt den Zugriff auf das Metadatendokument, READ ENTRY beschreibt den Zugriff auf einen einzelnen Eintrag und mehrere READ-FEED-Einträge die Abfrage der Entitätsmengen PRODUCTSET, SALESORDERSET und SALESORDERLINEITEMSET.

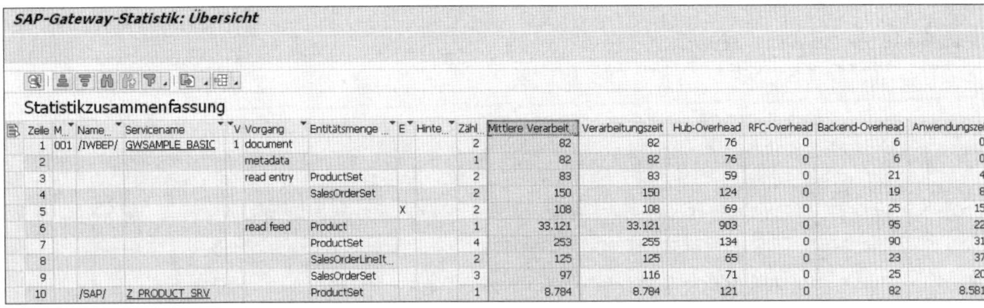
SAP-Gateway-Statistik: Übersicht

Statistikzusammenfassung

Zeile	M…	Name…	Servicename	V	Vorgang	Entitätsmenge …	E	Hinte…	Zähl…	Mittlere Verarbeit…	Verarbeitungszeit	Hub-Overhead	RFC-Overhead	Backend-Overhead	Anwendungszeit
1	001	/IWBEP/	GWSAMPLE_BASIC	1	document				2	82	82	76	0	6	0
2					metadata				1	82	82	76	0	6	0
3					read entry	ProductSet			2	83	83	59	0	21	4
4						SalesOrderSet			2	150	150	124	0	19	8
5							X		2	108	108	69	0	25	15
6					read feed	Product			1	33.121	33.121	903	0	95	22
7						ProductSet			4	253	255	134	0	90	31
8						SalesOrderLineIt…			2	125	125	65	0	23	37
9						SalesOrderSet			3	97	116	71	0	25	20
10		/SAP/	Z_PRODUCT_SRV			ProductSet			1	8.784	8.784	121	0	82	8.581

Abbildung A.20 SAP-Gateway-Statistik – aggregierte Daten

Aus der SAP-Gateway-Statistikdaten-Transaktion können Sie auch zum SAP-Performance-Trace-Tool navigieren, das auch mit der Transaktion /IWFND/TRACES gestartet werden kann. Mithilfe des Performance-Trace-Tools (siehe Abbildung A.21) ist es möglich, einen Trace für einen einzelnen Benutzer oder einen bestimmten URI-Pfad zu starten. Nach der Aktivierung eines Performance-Trace oder eines Payload-Trace für einen bestimmten Benutzer oder eine bestimmte URL können Sie zu dem Trace-Ergebnis navigieren, indem Sie den Tabellenreiter PERFORMANCE-TRACE oder PAYLOAD-TRACE auswählen.

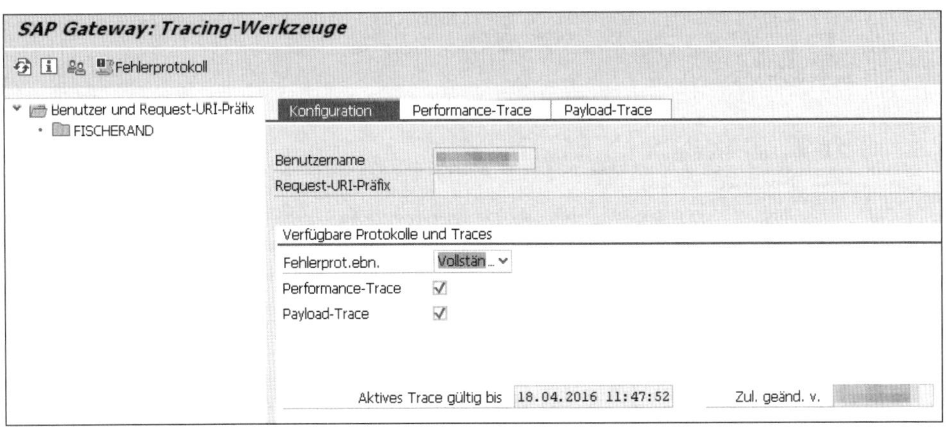

Abbildung A.21 Einstellungen für SAP Gateway – Tracing-Werkzeuge

Performance-Trace

Aus der Liste der mit einem Performance-Trace aufgezeichneten Aufrufe können Sie in eine detaillierte Sicht bis hinunter in den ausgeführten ABAP-Code verzweigen (siehe Abbildung A.22).

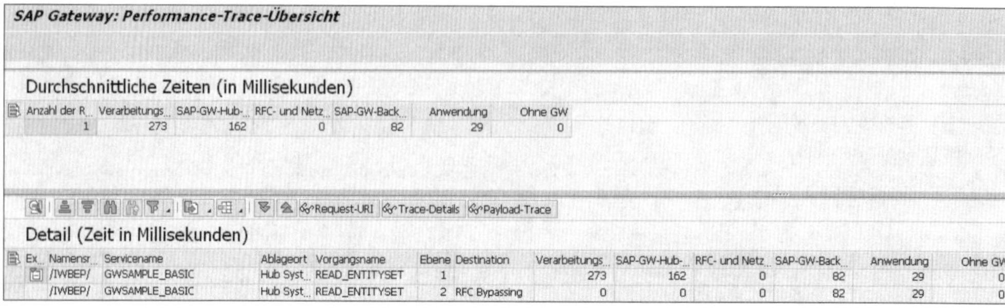

Abbildung A.22 SAP-Performance-Trace – Details

Payload-Trace

Mit dem Payload-Trace können Sie exakt die Werte des HTTP-Headers und den Inhalt des HTTP-Bodys von eingehenden und ausgehenden HTTP-Aufrufen aufzeichnen. Damit hier alle Daten angezeigt werden, müssen Sie die Fehlerprotokollebene von der Standardeinstelllung `Sicher` auf `Vollständig` anheben (siehe Abbildung A.23).

Abbildung A.23 Payload-Trace

A.5 Delta-Query-Support in Offline-Szenarien

Bei den von uns bislang betrachteten Szenarien handelte es sich durchweg um die Nutzung von SAP Gateway für produktive Online-Szenarien. Es gibt jedoch auch viele Anwendungsfälle, die es erfordern, dass eine Anwendung auch offline arbeiten kann.

Aus diesem Grund unterstützt SAP Gateway ab SP07 ein *Delta Query Protocol*. Das Delta Query Protocol ermöglicht es dem Client, Daten von einem OData-Service zu lesen, die seit dem letzten Aufruf neu angelegt, geändert oder gelöscht wurden. Es unterstützt die Synchronisation von Daten mit mehreren Clients von einer zentralen Stelle aus. Darüber hinaus haben Sie die Möglichkeit, Updates vom Client an den Server zu senden. Auf diese Weise kann eine Lösung implementiert werden, bei der der Client seine lokal abgespeicherten Daten mit einem einzelnen Store abgleicht.

In diesem Abschnitt betrachten wir daher zunächst die Besonderheiten des Delta Query Protocols. Dazu verwenden wir einen Beispielservice, der mit SAP Gateway ausgeliefert wird. Anschließend stellen wir Ihnen die verschiedenen Möglichkeiten vor, einen Service zu implementieren, der Delta-Queries unterstützt.

A.5.1 Delta Query Protocol

Der Prozess beginnt mit einem ersten Request, der vom Client an eine Entitätsmenge geschickt wird, die das Delta Query Protocol unterstützt. Der Server antwortet mit einer Liste von Entitäten, wie es jeder normale OData-Service auch tun würde. Zusätzlich verschickt der Service aber noch am Ende der Response einen Delta-Token-Link.

Der Beispielservice RMTSAMPLEFLIGHT besitzt eine Entitätsmenge `TravelAgencies_DQ`, die das Delta Query Protocol unterstützt. Mithilfe des SAP Gateway Clients können wir den folgenden HTTP(S)-Request auf dem Sample Service ausführen, um zunächst eine Liste aller Reisebüros in einem initialen Call auszulesen:

/sap/opu/odata/IWFND/RMTSAMPLEFLIGHT/TravelAgencies_DQ

Am Ende des XML-Dokuments finden Sie einen relativen Link, der mit `rel="delta"` gekennzeichnet wurde (siehe Listing A.5). Der Client muss diesen Link abspeichern und bei allen weiteren Abfragen mitschicken, um die Daten auszulesen, die seit dem ersten Zugriff neu angelegt, geändert oder aber auch gelöscht wurden.

```
<feed>
    <entry>
    ...
    </entry>
<entry>
...
</entry>
<link rel="delta" href="TravelAgencies_DQ?
  !deltatoken='005056B2190B1ED396FE518A3FCB83A6_
  20131203081145'"/>
</feed>
```

Listing A.5 Delta Query Protocol – Delta-Token

Nehmen wir nun an, dass ein oder mehrere Reisebüros neu angelegt wurden bzw. dass ein oder mehrere Reisebüros nach dem initialen Call geändert wurden. Wenn Sie nun folgenden Request zusammen mit dem Delta-Token an den Server schicken, wird der Server mit einer Liste antworten, die nur die neu angelegten oder geänderten Reisebüros enthält:

/sap/opu/odata/IWFND/RMTSAMPLEFLIGHT/TravelAgencies_DQ?
*!delta token='005056B2190B1ED396FE518A3FCB83A6_*
20131203081145'

Wurden keine Daten aktualisiert oder neu angelegt, wird die Antwort leer sein. In beiden Fällen wird die Antwort des Servers aber einen neuen Delta-Token-Link beinhalten.

Neben neu angelegten oder geänderten Einträgen unterstützt das Delta Query Protocol die Verarbeitung von gelöschten Werten. Hierzu erweitert das Framework die XML-Response um das Tag `<deleted-entry>`, das gelöschte Elemente enthält, die auch als Grabsteine (*Tombstones*) bezeichnet werden (siehe Listing A.6).

```
<at:deleted-entry ref="http://myserver.mycompany.com:50000/
  sap/opu/odata/IWFND/RMTSAMPLEFLIGHT/TravelAgencies_
  DQ('00001761')" when="2013-12-03T08:12:36Z" />
<at:deleted-entry ref="http://myserver.mycompany.com:50000/
  sap/opu/odata/IWFND/RMTSAMPLEFLIGHT/TravelAgencies_
  DQ('00001762')" when="2013-12-03T08:12:36Z" />
```

```
<link rel="delta" href="TravelAgencies_DQ?!deltatoken=
  '005056B2190B1ED396FE518A3FCB83A6_20131203081236'" />
</feed>
```

Listing A.6 Delta Query Protocol – Tombstones

A.5.2 Serviceimplementierungsoptionen

Für die Implementierung eines Delta-Query-Szenarios muss man zunächst in der Lage sein, Änderungen an den Business-Objekten zu registrieren. Hierfür gibt es jedoch keinen Standardweg, der für jedes Szenario geeignet ist. SAP bietet Ihnen zwei Möglichkeiten:

- Bestimmung des Deltas mithilfe der Delta-Request-Log-Komponente
- Verwendung des *Agentry SAP Frameworks*

Während bei der ersten Option die Deltas zur Laufzeit bestimmt werden, benötigt man bei der zweiten Methode die Möglichkeit, dass die Änderungen an den Business-Objekten mithilfe des *Exchange Frameworks* in einer persistenten Datenbanktabelle gespeichert werden, der sogenannten *Exchange-Tabelle*.

Delta Request Log

Wenn Sie die Delta-Request-Log-Komponente verwenden, ist die Implementierung relativ einfach. Bevor die Entitätsmenge in der `GET_ENTITYSET`-Methode zurück an den Client geschickt wird, wird diese Liste zunächst an das Framework übergeben, das daraus für jede Entität einen Hash-Wert bestimmt. Die so erzeugten Hash-Werte werden in den folgenden beiden Anwendungstabellen gespeichert: `/IWBEP/D_QRL_HDR` und `/IWBEP/D_QRL_ITM`.

Auf Basis der Daten, die in den Tabellen `/IWBEP/D_QRL_HDR` und `/IWBEP/D_QRL_ITM` gespeichert sind, ist es nun möglich, die Ergebnisse einer zweiten Query mit den Ergebnissen des vorangegangenen Calls zu vergleichen.

Weitere Informationsquellen

Für eine detaillierte Beschreibung der aktuellen Implementierung eines Service, der die Delta-Request-Log-Komponente verwendet, empfehlen wir das SCN-Dokument *http://scn.sap.com/docs/DOC-47043*.

Obwohl die Verwendung der Delta-Request-Log-Komponente unkompliziert erscheint, hat sie den entscheidenden Nachteil, dass die Last auf das oder die Backend-Systeme nicht reduziert wird. Daher stellen wir Ihnen eine alternative Methode vor.

Agentry SAP Framework

Wenn Performance ein Problem ist, sollte das Handling von Deltas über das *Agentry SAP Framework* erfolgen. Das Agentry SAP Framework verwendet persistente Datenbanktabellen, um Veränderungen zu protokollieren. Das Framework ist Teil der SAP Mobile Platform und wurde als ABAP-Add-on ausgeliefert. Das Konzept des Agentry SAP Frameworks zur Bestimmung von Änderungen ist in Abbildung A.24 dargestellt.

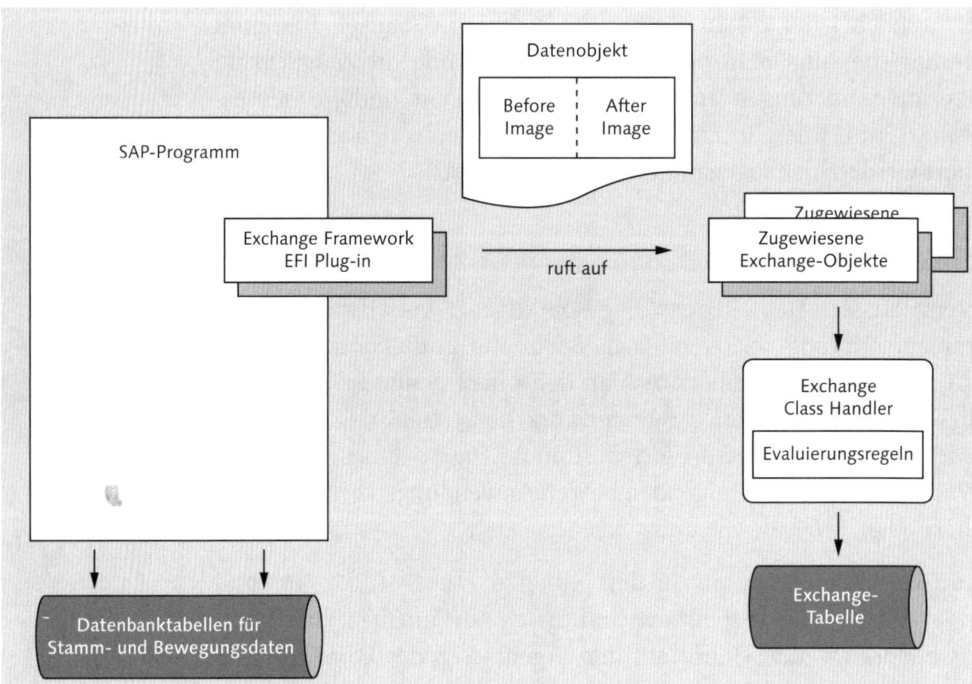

Abbildung A.24 Agentry SAP Framework – Change Detection Concept

Änderungen, die durch das Agentry SAP Framework verarbeitet werden, werden durch das Framework in einer Datenbanktabelle abgespeichert, der *Exchange-Tabelle*. Die Exchange-Tabelle enthält mindestens Informationen wie den Zeitstempel der letzten Änderung, die Art des Zugriffs, den Namen des Benutzers, der die letzte Aktion ausgeführt hat, und – besonders wichtig – den Object Key.

Darüber hinaus kann das Agentry SAP Framework noch weitere Werte abspeichern, wie z. B. die aktuellen Werte, die geändert wurden. Damit können zusätzliche, unnötige Lesezugriffe auf das Backend vermieden werden.

Weitergehende Ressourcen

Eine detaillierte Beschreibung der Komponenten des Agentry SAP Frameworks, eine Implementierungs-Guideline und eine Schritt-für-Schritt-Anleitung finden Sie im SCN unter *https://scn.sap.com/docs/DOC-49290*.

A.6 Server-Side Caching

Soft State

Für eine Reihe von Geschäftsprozessen ist es erforderlich, dass SAP Gateway ein zustandsorientiertes Verhalten (engl. *stateful behaviour*) anbietet. Da aber OData-Services, die mit SAP Gateway entwickelt werden, zustandslos (engl. *stateless*) sind, wurde der *Soft-State*-Modus eingeführt.

Verwendet ein Service Soft State, so wird die Benutzer-Session am ICF-Knoten im SAP-Gateway-Hub und über das RFC-Protokoll auch im Backend-System gehalten, wo in der Daten-Provider-Klasse Daten in Klassenvariablen zwischengespeichert (engl. *Cache*) werden können. Hierfür muss zunächst für den Internet-Communications-Framework-(ICF-)Knoten des OData-Service ein Session-Timeout konfiguriert werden, um eine zustandsbehaftete (engl. *stateful*) Verbindung zu ermöglichen.

Die Länge des Session-Timeouts hängt von dem zu implementierenden Szenario ab und liegt in der Regel im Bereich von einigen Sekunden bis zu mehreren Minuten. Ruft der Benutzer den Service innerhalb der durch den Timeout konfigurierten Zeitspanne erneut auf, kann der Kontext der Benutzersitzung im SAP-Gateway-Hub und im Backend wiederverwendet werden. Daher kann der Service die Daten wiederverwenden, die während des ersten Aufrufs geladen und zwischengespeichert wurden (siehe Abbildung A.25).

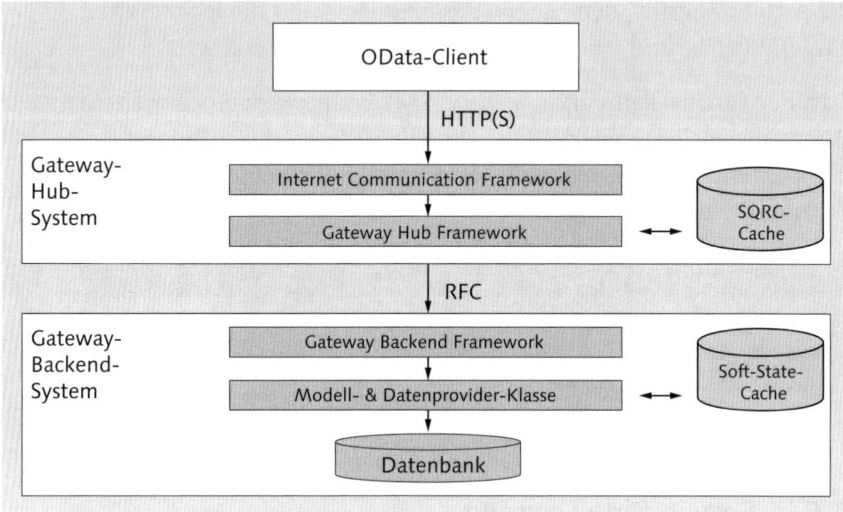

Abbildung A.25 Server Side Caching: Soft State und Soft State Based Query Result Cache

Wenn ein nachfolgender Aufruf erst dann ausgeführt wird, nachdem die Benutzersitzung bereits abgelaufen ist, so wird keine Ausnahme ausgelöst. Die Serviceimplementierung muss daher so erfolgen, dass in einem solchen Fall die Daten erneut gelesen werden und der Zugriff für den OData-Client transparent ist. Der einzige Unterschied aus Sicht des Aufrufers ist, dass die Antwortzeit länger ist, da die zwischengespeicherten Daten im Backend erneut gelesen und berechnet werden müssen.

Soft State kann sinnvoll in Szenarien eingesetzt werden, bei denen größere Datenmengen gelesen oder aufwendige Berechnungen durchgeführt werden müssen, wie im Fall der Preisfindung, und diese Ergebnisse dem Benutzer für nachfolgende Serviceaufrufe zur Verfügung stehen sollen, wenn er weiter mit der Anwendung arbeitet.

SQRC Der Soft State Based Query Result Cache (SQRC) führt ein Cachen von Daten auf dem Hub aus (siehe Abbildung A.25).

Wenn für einen Service der Soft-State-Modus aktiviert wurde, so kann die Daten-Provider-Klasse beim Hub-System das Cachen der Daten aus einem `READ_ENTITYSET` -Request anfordern.

Dadurch soll das *Client-Side Paging* beschleunigt werden, das heißt das seitenweise Navigieren durch die Resultate einer Abfrage. Wenn der Client zusätzliche Seiten mithilfe der Abfrageparameter `$top` und `$skip` anfordert, so werden diese Anfragen aus den auf dem Hub zwischengespeicherten Daten gelesen, anstatt diese Daten aus dem Backend anzufordern.

Die Performanceverbesserungen, die man mit Soft State und SQRC erzielen kann, erhält man nicht »kostenlos«. Beide Szenarien benötigen zusätzliche Ressourcen auf dem SAP-Gateway-Hub und dem SAP-Business-Suite-Backend-System. Aus diesem Grund wird man bei der Aktivierung des Soft-State-Modus für einen Service von SAP Gateway Framework darauf hingewiesen, den SAP-Hinweis 1986626 zu lesen, der die möglichen Seiteneffekte beim Einsatz von Soft State und SQRC erläutert.

Da der Einsatz von SQRC und Soft State die Performance eines Systems auch negativ beeinflussen kann, hat der Administrator die Möglichkeit, Soft State für einen einzelnen Service mithilfe der Transaktion /IWFND/MAINT_SERVICE (Services aktivieren und verwalten) zu aktivieren und zu deaktivieren. Mithilfe der Transaktion /IWFND/SOFTSTATE kann Soft State sogar für den ganzen Mandanten aktiviert und deaktiviert werden.

Eine Deaktivierung des Soft States ist möglich, da ein Service, der Soft State unterstützt, so implementiert werden muss, dass eine Deaktivierung des Soft States die Funktion des Service nicht prinzipiell einschränkt. Der Endbenutzer sollte bis auf die reduzierte Performance einer Anwendung keinen Unterschied feststellen, wenn Soft State durch den Administrator deaktiviert wurde.

B SAP Gateway und SAP API Management

In diesem Anhang stellen wir *SAP API Management* vor und erklären, wie dieses Produkt mit SAP Gateway zusammenarbeitet. Außerdem werden einige echte Beispiele vorgestellt sowie der grundsätzliche Flow hinter der Generierung einer API im SAP API Management.

SAP API Management – Start

Am 31. Juli 2014 ist SAP eine Partnerschaft mit Apigee, einem führenden Anbieter von API-Technologie und -Diensten, eingegangen und hat dadurch die Welt der *Application-Programming-Interface-* (API-)Management-Lösungen betreten. Basierend auf der Apigee Edge Digital Acceleration Platform ist SAP API Management das wesentliche Resultat dieser Partnerschaft. SAP API Management bietet eine zentrales API-Management, Governance, und Monitoring ebenso wie einheitlichen Zugriff auf Unternehmensdaten. SAP API Management ist als Cloud-Lösung auf *SAP HANA Cloud Platform* (HCP) verfügbar, außerdem als lokale Installation.

In diesem Anhang verfolgen wir einen praktischen Ansatz, um das SAP API Management kennenzulernen. Wir beginnen mit einem Überblick über API-Technologie und deren Auswirkung auf das aktuelle Marktgeschehen (Abschnitt B.1), dann schauen wir uns die Architektur des SAP API Managements an (Abschnitt B.2), um abschließend zu zeigen, wie man einen SAP-Gateway-OData-Dienst aus dem SAP API Management konsumieren kann (Abschnitt B.3).

B.1 Application Programming Interfaces (APIs)

APIs und API-Management

APIs sind nicht gerade neu, vielmehr sind sie ein wohlbekanntes Werkzeug in der Programmierung. APIs abstrahieren Softwarekomponenten. Dabei bieten sie eine wohldefinierte Schnittstelle, die es Entwicklern erlaubt, die verschiedenen Eigenschaften eben dieser Softwarekomponenten anzusprechen (z. B. Inputs, Outputs, Funktionen). Dies geschieht auf eine Art und Weise, dass sich der Entwickler keine Gedanken über die eigentliche Implementierung machen muss. Sauber implementierte APIs besitzen eine selbsterklärende Dokumentation und können leicht als Bausteine für komplexe Anwendungen genutzt werden. Mit diesen Bausteinen können

Firmen schneller auf Markterfordernisse reagieren, damit erlauben sie auch eine zeitnahe Innovation.

Um die Vorteile, die APIs bieten, vollständig ausschöpfen zu können, macht es allerdings Sinn, diese – zumindest alle nach außen zeigenden – APIs in einem zentralen Gateway oder einem Hub zu organisieren. Neben allgemeinen Überlegungen wie Sicherheit, Governance, Versionierung usw. wird dabei die Notwendigkeit für eine API-Management-Lösung mit jeder neuen API offensichtlicher.

Digital Transformation

Bei einem genauen Blick auf die heutige Marktsituation sehen wir, dass Unternehmen eine digitale Repräsentanz benötigen. Auch ganz klassische Unternehmen müssen sich dieser Entwicklung beugen und ihre Geschäftsprozesse digitalisieren, wenn sie wettbewerbsfähig bleiben wollen. Diese Entwicklung – wenn hier auch sehr vereinfacht dargestellt – wird auch als *Digital Transformation* bezeichnet, zusammengefasst die Transformation aus der klassischen Ökonomie in die digitale Ökonomie.

Digital Economy

Der wesentliche Treiber der digitalen Ökonomie (*Digital Economy*) ist der zunehmende Zugriff auf Dienste, die immer, das heißt von beliebigen Geräten und quasi von überall, genutzt werden können. In der digitalen Ökonomie können diese Dienste – in technischer Sicht – aber nur der erste Schritt sein. Der Umgang mit einer spezifischen Dienstimplementierung erfordert technisches Know-how. Dieses Know-how zu erwerben kostet Zeit und Geld. In Zeiten einer gefühlt unendlichen Anzahl von Geräten, die unterstützt werden sollen – vorzugsweise durch die Cloud –, skalieren Architekturen, die auf einer bestimmten, proprietären (Service-)Technologie basieren, schlicht nicht.

Die Verwendung offener Standards wie OData hilft, Zeit und Kosten zu reduzieren, und erlaubt es Entwicklern, ihr Wissen wiederzuverwenden. Firmen erlauben diese Standards, eine möglichst große Community an Entwicklern zu nutzen. Die Verwendung von APIs geht dabei noch einen Schritt weiter, insoweit als sie es erlauben, beliebige Funktionalitäten eines Unternehmens nach außen zu exponieren, ohne dass dabei der Benutzer – in unserem Fall der Entwickler – irgendetwas über die Technologie oder das System wissen muss, auf der die API implementiert wurde. Der Entwickler kann einfach das XML oder die JavaScript Object Notation (JSON) konsumieren, die angeboten werden.

B.2 Architektur

Abbildung B.1 zeigt die Infrastruktur des SAP API Managements mit SAP-Backend-Systemen und Drittanbieterlösungen. Hinweis: Auch wenn SAP Gateway der perfekte Mitspieler für das SAP API Management ist – durch das OData Enablement der SAP Business Suite –, ist es grundsätzlich eine optionale Komponente in dieser Architektur. Wie bereits in Kapitel 1, »Einführung in SAP Gateway«, erwähnt, kann das OData Enablement auch durch die in SAP Process Orchestration (PO), SAP Mobile Platform (SMP) und SAP HANA Cloud Integration (HCI) integrierte Gateway-Komponente erfolgen. Darüber hinaus lässt sich jeder OData-, REST- (Representational State Transfer) und SOAP-Dienst (Simple Object Access Protocol) konsumieren.

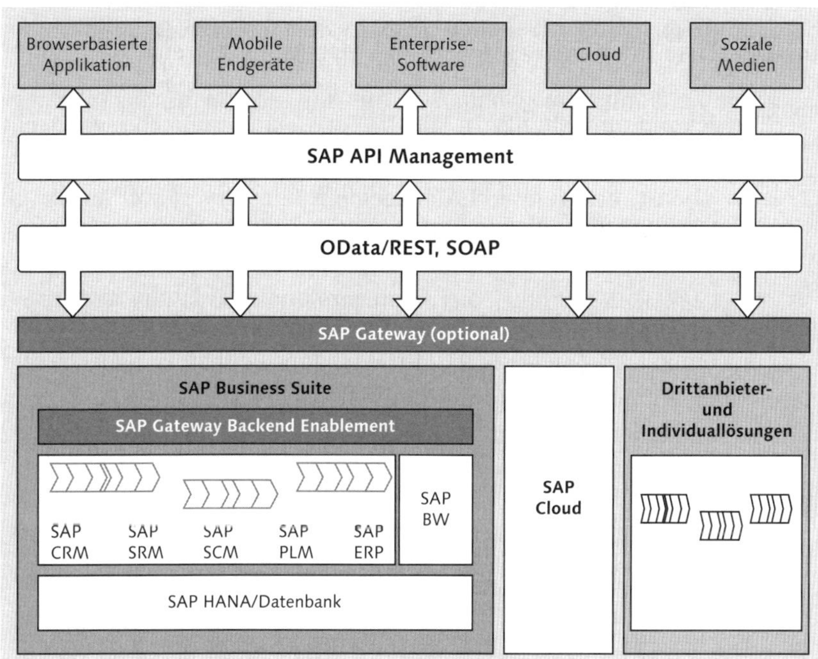

Abbildung B.1 SAP API Management

Integrationsschicht

SAP API Management ist die perfekte Integrationsschicht für SAP- und Nicht-SAP-Lösungen. Zusätzlich zu einer weiteren Sicherheitsschicht und einer Governance-Lösung, erlaubt das SAP API Management eine einfache Implementierung von Integrationsszenarien. APIs lassen sich dabei sogar aus verschiedensten Systemen in einer neuen API zusammenfassen.

Nachdem wir jetzt in Kurzform vorgestellt haben, wie APIs in die digitale Ökonomie passen und wie die grundsätzliche Architektur des SAP API Managements aussieht, wollen wir anhand eines praktischen Beispiels zeigen, was das SAP API Management kann und wie es mit SAP Gateway zusammenspielt.

B.3 Konsumieren eines SAP-Gateway-Dienstes mit SAP API Management

Im folgenden Abschnitt durchlaufen wir ein einfaches SAP-API-Management-Szenario, in dem ein SAP-Gateway-Dienst konsumiert wird. Auf dem Weg werden wir eine API, ein Produkt (Product) und eine App anlegen.

API-Entwickler

Der erste Schritt eines jeden API-Management-Szenarios beginnt normalerweise nicht im API-Management selbst, sondern in einer Entwicklungsumgebung. In dieser Entwicklungsumgebung erstellt ein Entwickler – oder API-Entwickler – einen Funktionsbaustein oder Dienst, der vom API-Management konsumiert werden kann. Für das SAP API Management sind dies OData-, REST- und SOAP-Dienste.

Im folgenden Szenario gehen wir davon aus, dass der Entwickler bereits einen SAP-Gateway-OData-Dienst angelegt hat. Genauer gesagt werden wir den SAP-Gateway-Demodienst (`GWDEMO`) verwenden. Hintergrund bei der Verwendung dieses speziellen Dienstes ist, dass Sie das Beispiel bei Bedarf nachvollziehen können (siehe Kasten).

Trial Version

Mit der SAP API Management Trial Version können Sie das folgende Beispiel nachvollziehen. Die Trial Version finden Sie über den Link in folgendem Blog:
http://scn.sap.com/community/api-management/blog/2016/02/02/free-trial-of-sap-api-management-on-hana-cloud-platform-is-available-now

B.3.1 Erstellen einer API

APIs, Produkte und Apps

Um eine API anzulegen, benutzen Sie das API-Portal. Der erste Schritt, um einen SAP-Gateway-Dienst zu konsumieren, ist es, eine API-Repräsentation anzulegen. Im SAP API Management auf SAP

HCP nennt sich diese Repräsentation einfach API. Später werden wir noch auf zwei weitere wichtige Objekte treffen: das Product, das uns erlaubt, APIs zu veröffentlichen, und die App, die uns erlaubt, als Entwickler selbige zu konsumieren.

Hinweis

Sie werden feststellen, dass auf einigen Bildern Namen fehlen. Für das Beispiel in diesem Buch haben wir uns entschlossen, ein reales Live-System zu nutzen, um den aktuellsten Stand abbilden zu können. Referenzen, die nicht zu unserem Flow gehörten, mussten wir deshalb allerdings entfernen.

Zufriff auf das API-Portal

API-Portal

Um eine API-Repräsentation anzulegen, müssen Sie zuerst das API-Portal durch die vorgegebene URL öffnen. Beide Portale, die das SAP API Management anbietet, das API-Portal und das Entwicklerportal (Developer Portal), sind durch Standardwebbrowser und eine normale URL zu erreichen.

Browser

Für die Verwendung mit dem SAP API Management empfehlen wir aktuell Google Chrome oder Mozilla Firefox.

Identifizierung und Konfiguration eines Backend-Systems

Abbildung B.2 zeigt den Standardbildschirm CONFIGURE mit Systemrepräsentationen, die im SAP API Management bzw. der SAP-HCP-Umgebung verfügbar sind.

System anlegen

Dieser Bildschirm zeigt eine Übersicht der existierenden Systeme. Details zu den Systemen erhalten Sie, indem Sie auf die Systeme klicken. Für unser Szenario wollen wir ein System nutzen, das bisher noch nicht vertreten ist. Daher müssen Sie zuerst auf CONFIGURE und anschließend auf CREATE in der unteren rechten Ecke klicken.

Abbildung B.3 zeigt den Bildschirm ADD SYSTEM. Zusätzlich zum Titel und der DESCRIPTION können Sie noch HOST, PORT und PATH PREFIX angeben.

Abbildung B.2 API-Portal – Bildschirm »Configure«

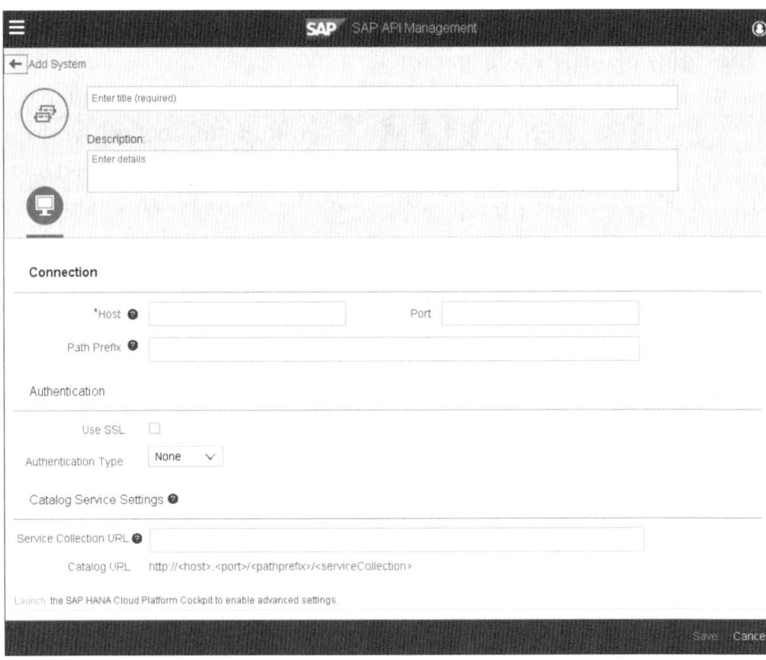

Abbildung B.3 API-Portal – Systemerstellung

API erzeugen

Im Bereich AUTHENTICATION können Sie Secure Sockets Layer (SSL) aktivieren und aus den verschiedenen Authentifizierungstypen auswählen. In diesem Beispiel stehen NONE und BASIC (für Standardauthentifizierung mit Benutzernamen und Passwort) zur Verfügung. Schließlich können Sie eine SERVICE COLLECTION URL angeben, um die URL für einen Katalogdienst anzugeben. Abbildung B.4 zeigt das konfigurierte System mit allen relevanten Einträgen.

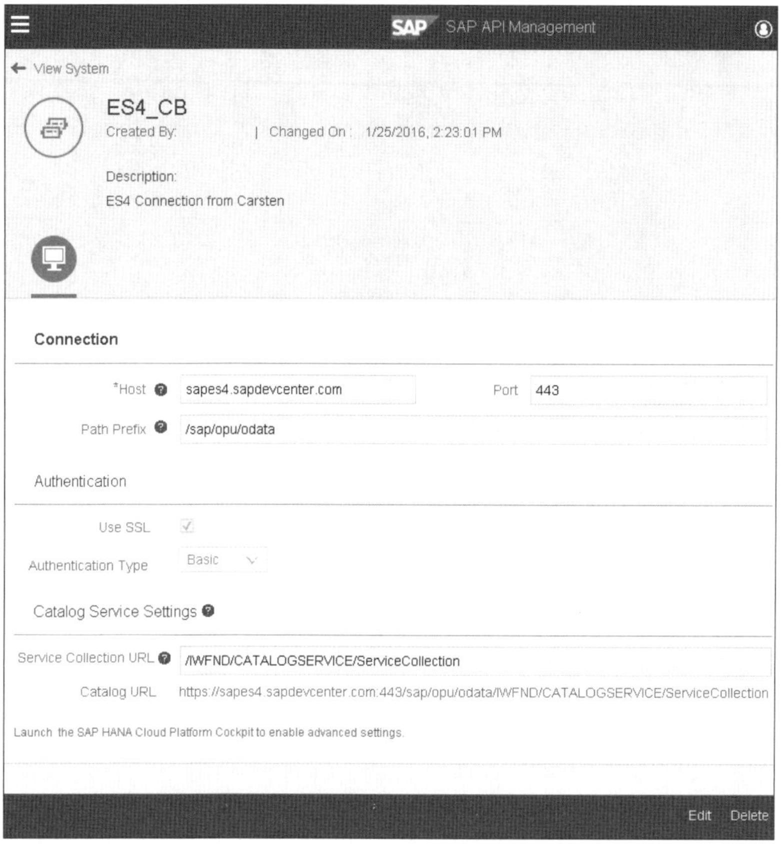

Abbildung B.4 API-Portal – konfiguriertes System

SAP HANA Cloud Platform Cockpit

Beachten Sie, dass in Abbildung B.4 BASIC als AUTHENTICATION TYPE ausgewählt ist. Um diese Standardauthentifizierung zu konfigurieren, müssen Sie ins SAP HANA CLOUD PLATFORM COCKPIT wechseln. Hierfür klicken Sie auf LAUNCH, der Bereich DESTINATIONS des SAP HCP Cockpits sollte sich öffnen. Abbildung B.5 zeigt den bereits geöffneten Dialog DESTINATION CONFIGURATION (um einen System-Konfigurationsbildschirm zu öffnen, klicken Sie einfach auf das Bleistift-Icon). Jetzt können Sie USER und PASSWORD, die Standardauthentifizierungsinformationen, in diesem Dialog eingeben.

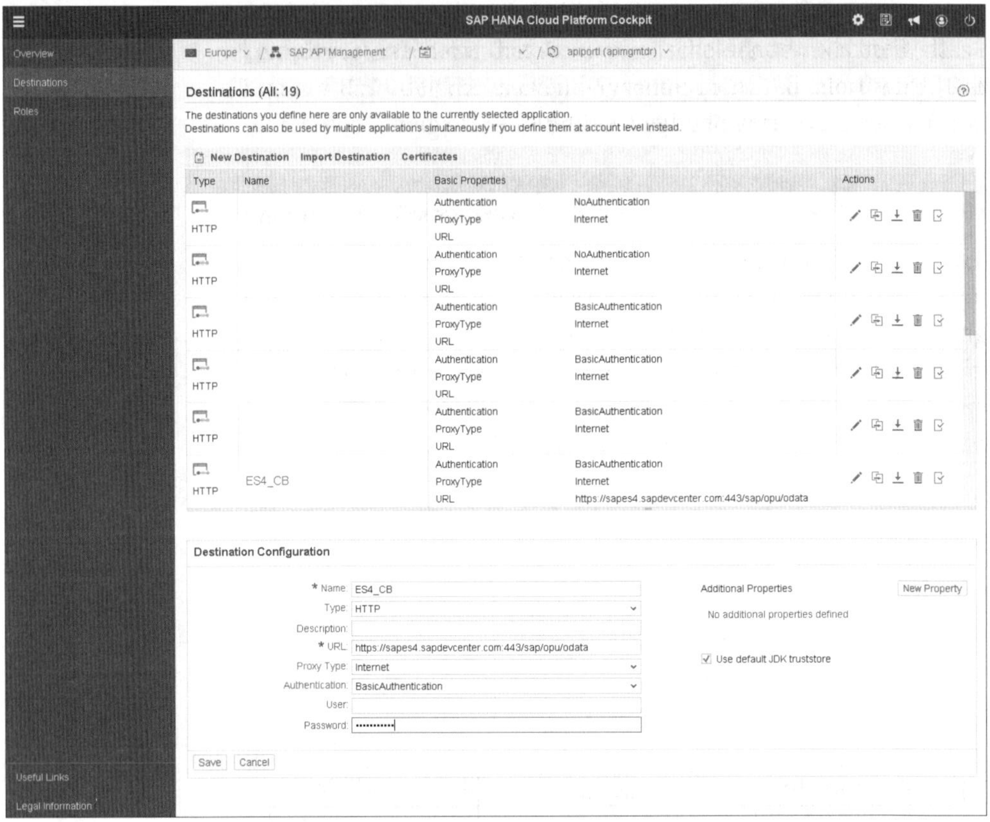

Abbildung B.5 SAP HANA Cloud Platform Cockpit – Ziele und Zielkonfiguration

Auswählen eines Dienstes

Dienst auswählen

Um eine API anlegen zu können, müssen Sie erst einen Dienst finden, den Sie konsumieren wollen. Um einen solchen Dienst zu finden, gehen Sie zurück in das API-Portal und öffnen den MANAGE-Bildschirm. Dort sehen Sie die bereits existierenden APIs (siehe Abbildung B.6).

Um Ihre eigene API anzulegen, klicken Sie auf CREATE in der unteren rechten Ecke des Bildschirms. Ein Pop-up lässt Sie dann zwischen CREATE API und IMPORT API wählen. Nachdem Sie CREATE API ausgewählt haben, sollte sich der Dialog öffnen, den Sie in Abbildung B.7 sehen.

Abbildung B.6 API-Portal – Manage-Bildschirm mit existierenden APIs

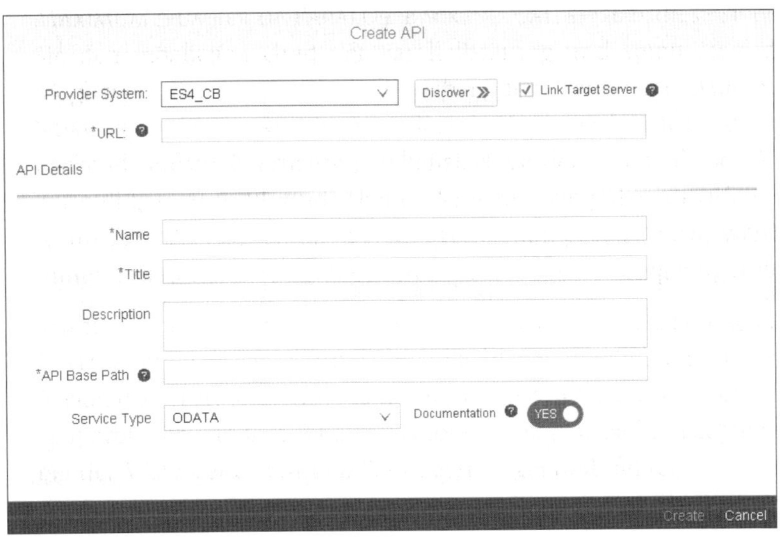

Abbildung B.7 API-Portal – API-Dialog »Create API«

Im Dialog CREATE API können Sie das Anbietersystem (PROVIDER SYSTEM) auswählen, auf dem sich der Dienst befindet, den Sie als Basis für Ihre API nutzen wollen. Sie müssen zudem einen Namen (NAME), Titel (TITLE) und optional eine Beschreibung (DESCRIPTION) für den Dienst angeben sowie einen API-Basispfad (API BASE PATH) und einen Diensttyp (SERVICE TYPE). Abschließend können Sie dann noch entscheiden, ob Sie die DOKUMENTATION aus den Metadaten des Dienstes beziehen wollen. Diese Option ist allerdings nur verfügbar, wenn grundsätzlich eine Dokumentation für den Dienst vorliegt.

SAP-Gateway-Backend

Wenn das Backend-System ein sauber konfiguriertes SAP-System ist, fallen drei Dinge nach Auswahl des SAP-Gateway-Systems auf (in unserem Beispiel `ES4_CB`):

- Ein DISCOVER-Button ist verfügbar, der z. B. nicht verfügbar wäre, wenn Sie eine WSDL-Datei (Web Service Definition Language) verlinkt hätten.
- Der Diensttyp (SERVICE TYPE) stellt sich auf ODATA um, da Sie sich mit einem SAP-Gateway-System verbinden.
- Die Option, um die Dokumentation zu importieren, ist verfügbar.

Bei einem sauber konfigurierten SAP-Backend-System müssen Sie den Bildschirm nicht komplett händisch ausfüllen, stattdessen können Sie einfach auf DISCOVER klicken und anschließend einen Dienst auswählen, wie in Abbildung B.8 zu sehen.

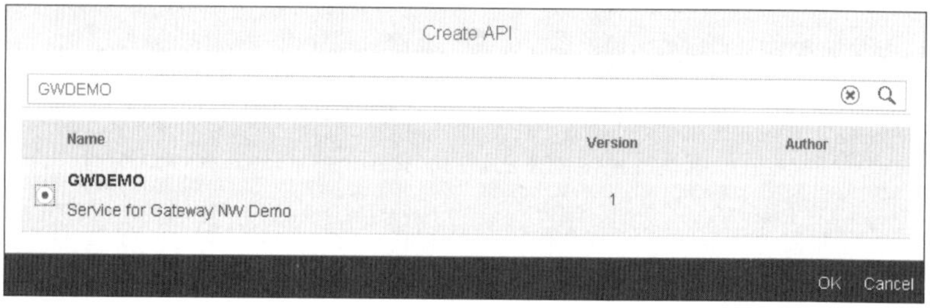

Abbildung B.8 API-Portal – Auswählen eines Dienstes

Gateway-Demodienst

Abbildung B.8 zeigt den Dialog CREATE API, nachdem Sie auf DISCOVER geklickt und »GWDEMO« als Suchbegriff eingetragen haben. Wie zu sehen, gibt es in unserem System nur einen GWDEMO-Dienst. Wie Sie vielleicht schon vermutet haben, handelt es sich dabei um einen SAP-Gateway-Demodienst, der perfekt zu unserem Szenario passt.

Nachdem Sie einen Dienst auf dem SAP-Gateway-System ausgewählt haben, werden die Felder des Dialogs CREATE API automatisch gefüllt (siehe Abbildung B.9). Wie dem auch sei, es empfiehlt sich, zumindest Namen, Titel und den API-Basispfad an Ihre individuellen Bedürfnisse anzupassen (NAME, TITLE, API BASE PATH). Individuell angepasste Werte machen Probleme mit Namenskollisionen unwahrscheinlicher. Bei Verwendung des gleichen Dienstes werden letztlich auch immer die gleichen Werte für jeden Benutzer generiert. Nach diesen Änderungen klicken Sie auf CREATE.

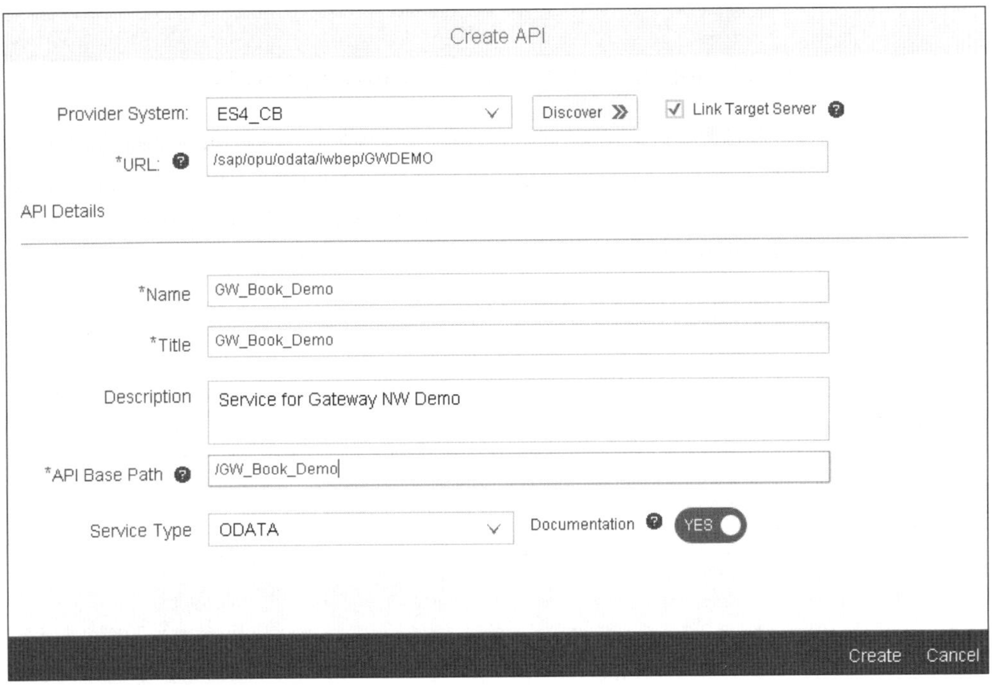

Abbildung B.9 API-Portal – der API-Dialog »Create API« wurde gefüllt.

Abbildung B.10 zeigt die erste Repräsentation einer neu erstellten API. Achtung: Um die Erstellung abzuschließen, müssen Sie noch auf SAVE klicken. Auf diesem Bildschirm sehen Sie alle Ressourcen des Dienstes, die durch die API repräsentiert werden. Inkludiert sind alle assoziierten Operationen (`GET`, `POST`, `PUT`, `DELETE`). Die Standardoperationen, die für eine bestimmte Entität sinnvoll sind, sind dabei bereits vorausgewählt.

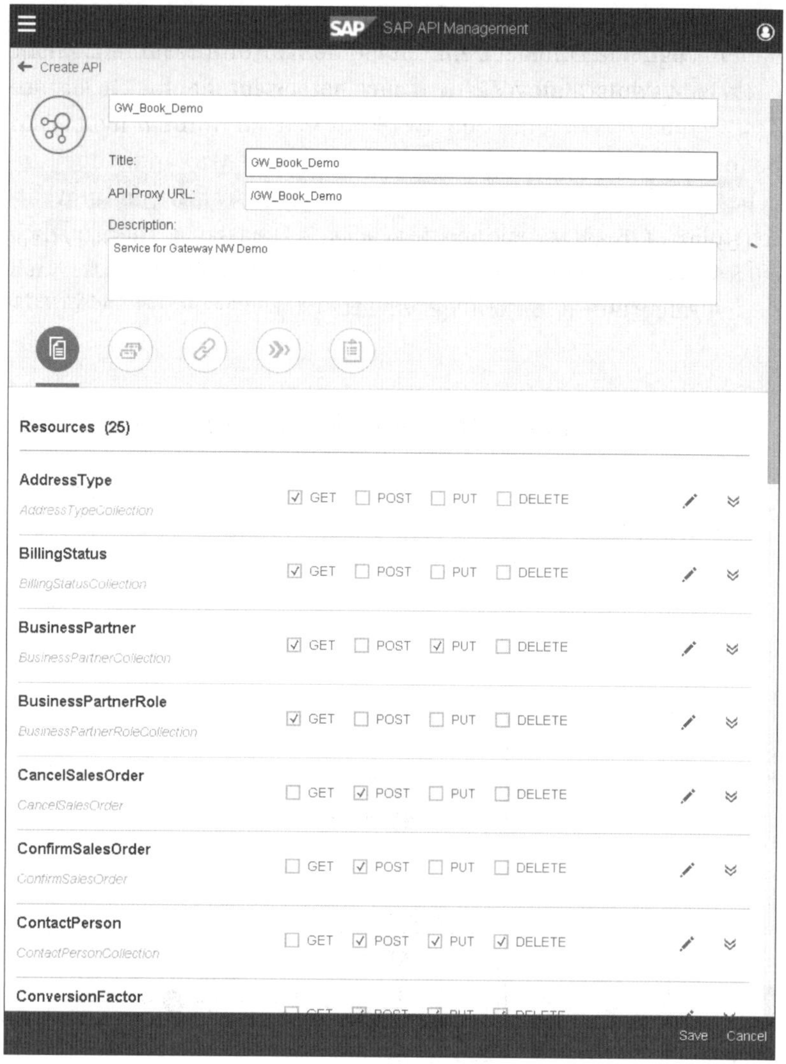

Abbildung B.10 API-Portal – die angelegte API mit allen Ressourcen und Operationen

Operation deaktivieren

Wollen Sie eine Operation auf einer Ressource unterbinden, können Sie diese Operation durch einfaches Anklicken der Checkbox deaktivieren. Durch Klick auf die Pfeil-Icons an den jeweiligen Ressourcen können Sie die Details zu einer Ressource einblenden (siehe Abbildung B.11).

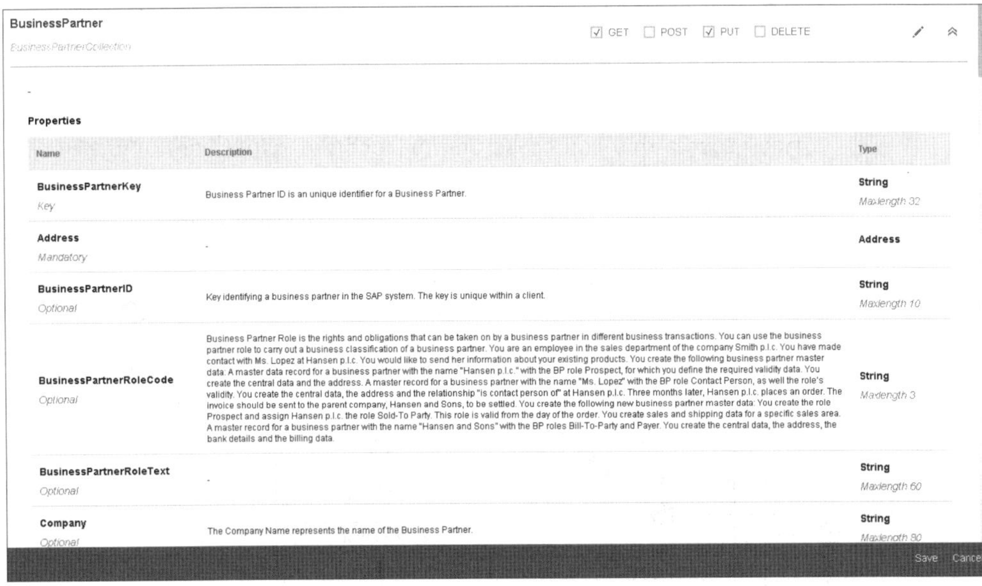

Abbildung B.11 API-Portal – Ressource mit Eigenschaften

Anpassen der Dokumentation (optional)

API-Dokumentation

Wie in Abbildung B.11 zu sehen, wurde die Dokumentation aus dem Backend-System geladen. Diese Dokumentation können Sie anpassen, indem Sie auf das Bleistift-Icon klicken. Ein Editor, wie in Abbildung B.12 zu sehen, öffnet sich und erlaubt Ihnen, eigene Informationen in die Dokumentation aufzunehmen oder diese optisch anzupassen.

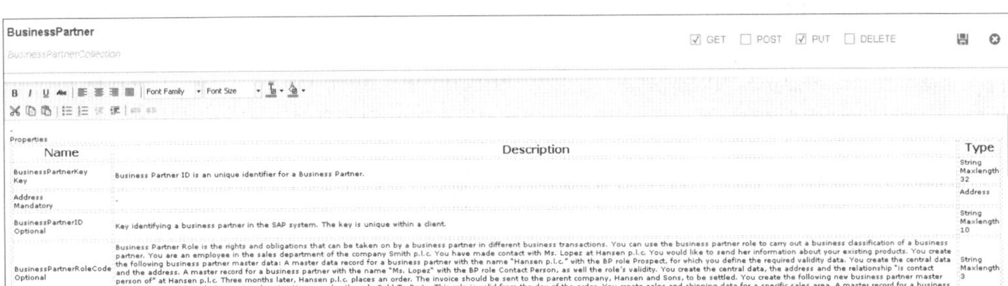

Abbildung B.12 API-Portal – Anpassen der Dokumentation Ihrer API

Nach all diesen Änderungen ist es wichtig, auf SAVE zu klicken; erst dann wird die API im System permanent angelegt und für SAP API Management verfügbar gemacht.

Testen einer API

API-Tests

Um eine API zu testen, klicken Sie auf MANAGE. Jede Ressource hat einen eigenen Knopf für die aktivierten Methoden (GET, POST, PUT, DELETE). Durch Anklicken eines dieser Knöpfe können Sie die Methode testen.

Abbildung B.13 zeigt das Resultat einer angewandten GET-Operation auf die BusinessPartner-Ressource. Um das XML-Resultat zu erhalten, müssen Sie AUTHENTICATION auf BASIC AUTHENTICATION stellen und Benutzernamen und Passwort angeben. Nachdem Sie das getan haben, klicken Sie auf SEND. Das Resultat sollte ähnlich aussehen wie in Abbildung B.13.

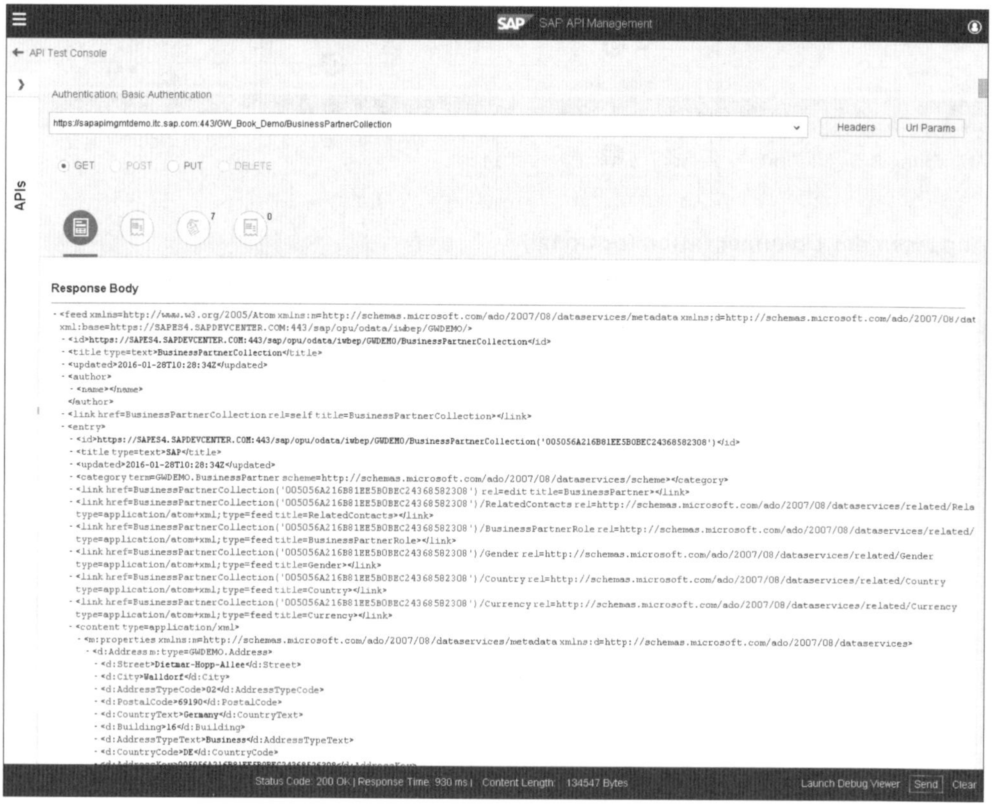

Abbildung B.13 API-Portal – Testen der API

Hinweis

APIs können auf die gerade aufgezeigte Art getestet werden oder durch die Testkonsole. Die Testkonsole ist über die Hauptnavigation und den Eintrag TEST aufrufbar.

B.3.2 Konfiguration der API

In den folgenden Abschnitten durchlaufen wir die Schritte, um eine API zu konfigurieren.

Schritt 1: Öffnen des Policy Designers

Policy Designer

Eines der mächtigsten Werkzeuge im API-Portal ist der *Policy Designer*. Der Policy Designer lässt sich öffnen, indem Sie auf die Pfeil-Icons in Ihrer API klicken (siehe Abbildung B.14). Der Policy Designer erlaubt die Definition von Regeln (Policies) auf allen Ihren APIs. In unserem Beispiel wollen wir mit einer der einfachsten, aber auch sinnvollsten Policys anfangen, der Quota Policy.

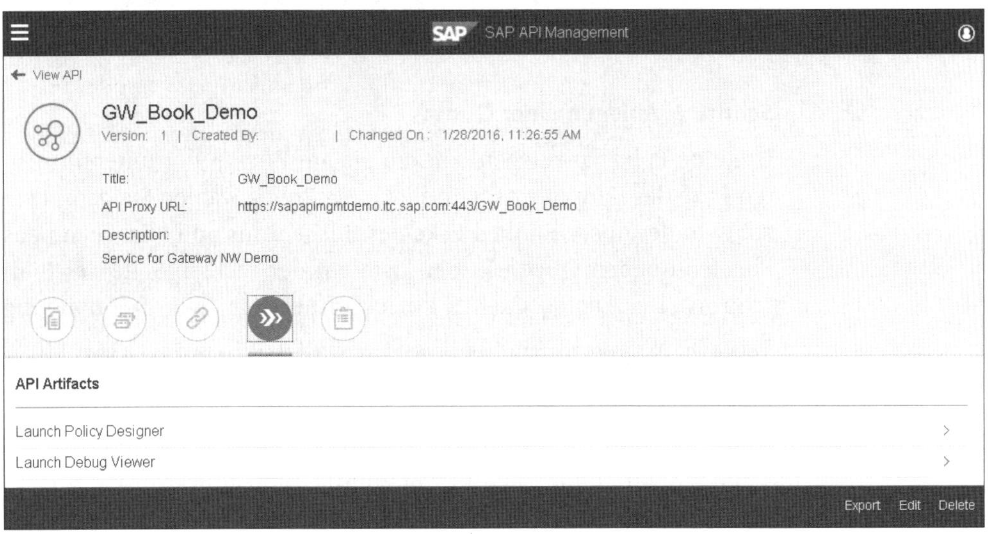

Abbildung B.14 API-Portal – Policy Designer

Um den Policy Designer zu öffnen, klicken Sie auf Ihre API und auf das Icon mit den drei Pfeilen. Aus der Liste wählen Sie LAUNCH POLICY DESIGNER. Der Policy Designer öffnet sich, wie in Abbildung B.15 zu sehen.

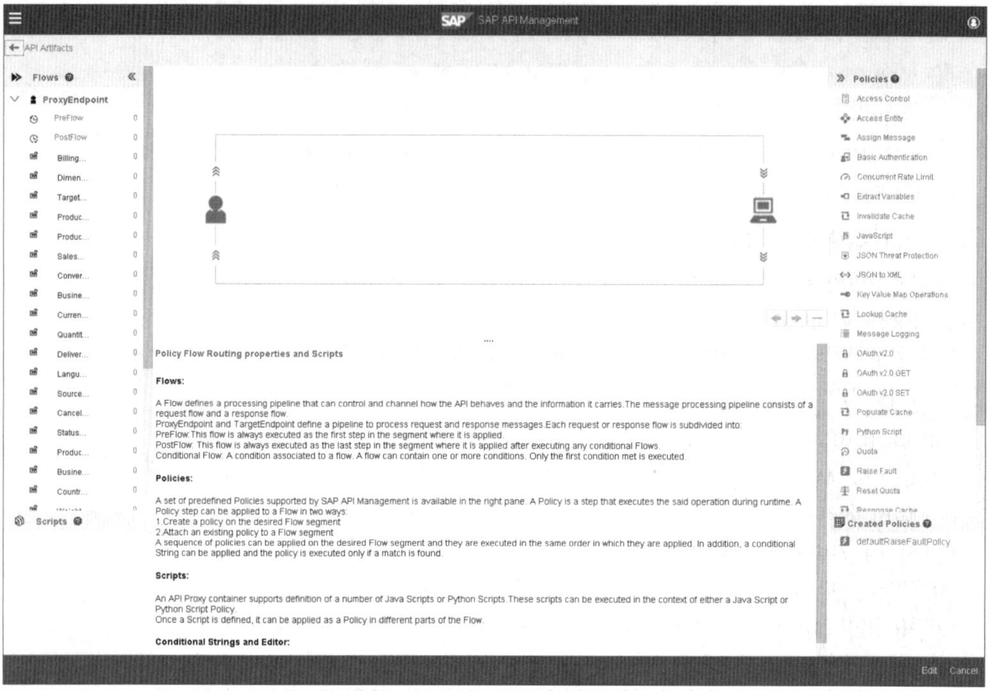

Abbildung B.15 API-Portal – Policy Designer

Schritt 2: Anlegen einer Quota

Um eine Policy anzulegen, klicken Sie auf EDIT in der unteren rechten Ecke des Bildschirms. Für die Quota Policy wählen Sie dann PREFLOW in der oberen linken Ecke des Bildschirms und klicken auf das Plus-Icon neben QUOTA in der Liste auf der rechten Seite des Bildschirms. Der Dialog CREATE POLICY öffnet sich, wie in Abbildung B.16 zu sehen. In diesem Dialog können Sie Ihrer Policy einen Namen geben. Dabei sollten Sie darauf achten, dass STREAM auf INCOMING REQUEST gesetzt ist.

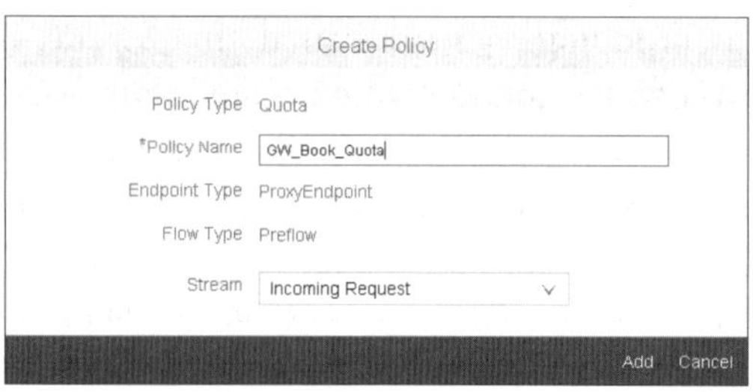

Abbildung B.16 API-Portal – Anlegen einer Policy (Quota)

Quota Policy

Abbildung B.17 zeigt die angelegte Quota Policy im Policy Designer. Zur Policy gehört ein eigenes Coding. An diesem Coding können Sie Anpassungen vornehmen. ALLOW COUNT ist etwa die Anzahl erlaubter Anfragen in unserem Beispiel (hier zwei). Über INTERVAL wird die Zeit in Minuten definiert, auf welche sich die Anzahl der Anfragen bezieht. Ohne Änderung würde die Policy also zwei Anfragen in der Minute zulassen, weitere Anfragen würden abgeblockt. Ein Klick auf UPDATE und dann SAVE auf dem nächsten Bildschirm wendet die Policy auf Ihre API an.

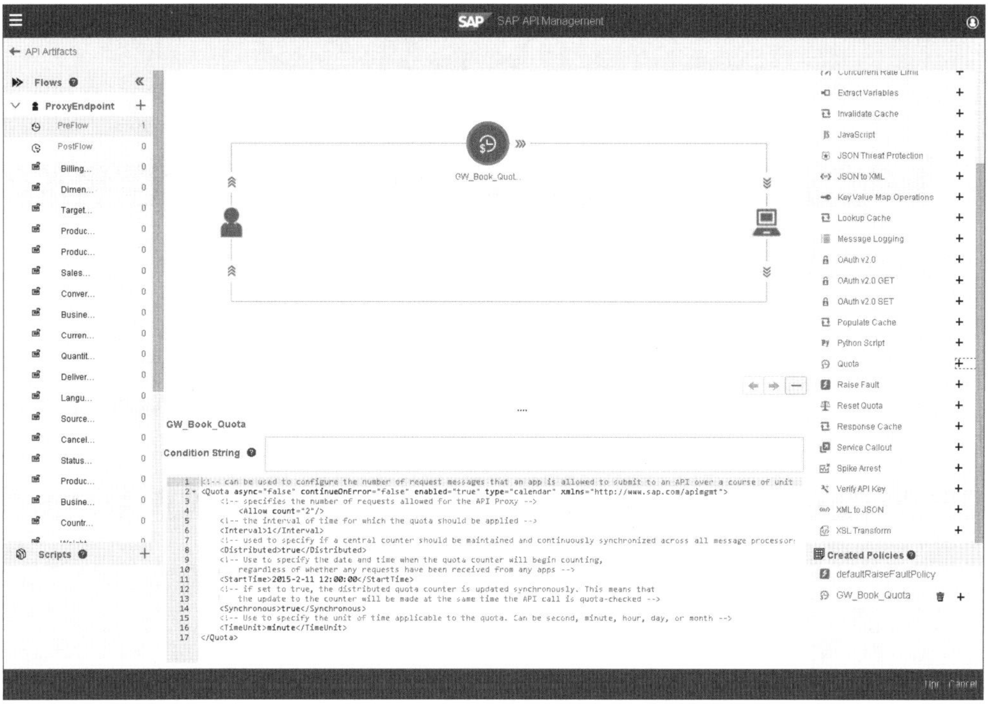

Abbildung B.17 API-Portal – Quota Policy im Policy Designer

Abbildung B.18 zeigt, was passiert, wenn wir drei Anfragen in einer Minute starten, wir bekommen einen `QuotaViolation`-Fehler. Nach einer Minute können wir weitere Anfragen durchführen.

Hinweis

Quota Policies lassen sich auf API- und Produktebene anwenden.

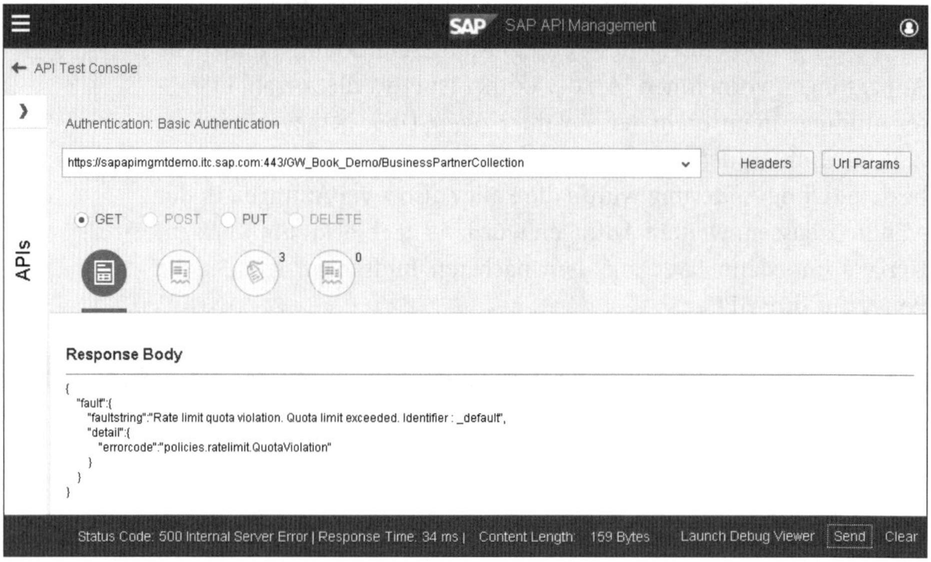

Abbildung B.18 API-Portal – Quota Violation beim Testen der API

B.3.3 Veröffentlichen der API

Um eine API zu veröffentlichen, müssen Sie ein Produkt anlegen. Dazu gehen Sie auf den MANAGE-Bildschirm und klicken auf PRODUCT (siehe Abbildung B.19).

Abbildung B.19 API-Portal – Produkte im SAP API Management

Klicken Sie auf CREATE in der unteren rechten Ecke des Bildschirms. In dem Bildschirm, der sich daraufhin öffnet, klicken Sie auf das Plus-Icon im API-Abschnitt. Ein neuer Dialog öffnet sich (siehe Abbildung B.20). Wählen Sie die API, die Sie zuvor angelegt haben, und fügen Sie sie Ihrem Produkt hinzu. Beachten Sie, dass Sie einem Produkt mehr als eine API hinzufügen können.

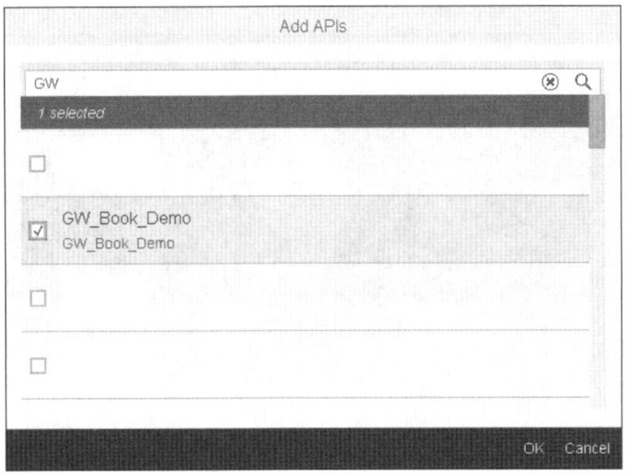

Abbildung B.20 API-Portal – Hinzufügen einer API zu einem Produkt

Produkt definieren

Nachdem Sie auf OK geklickt haben, können Sie weitere Details Ihres Produkts festlegen (siehe Abbildung B.21). Wie bereits erwähnt, lässt sich auch auf Produktebene eine Quota Policy anlegen. Nach einem Klick auf PUBLISH ist das Produkt angelegt.

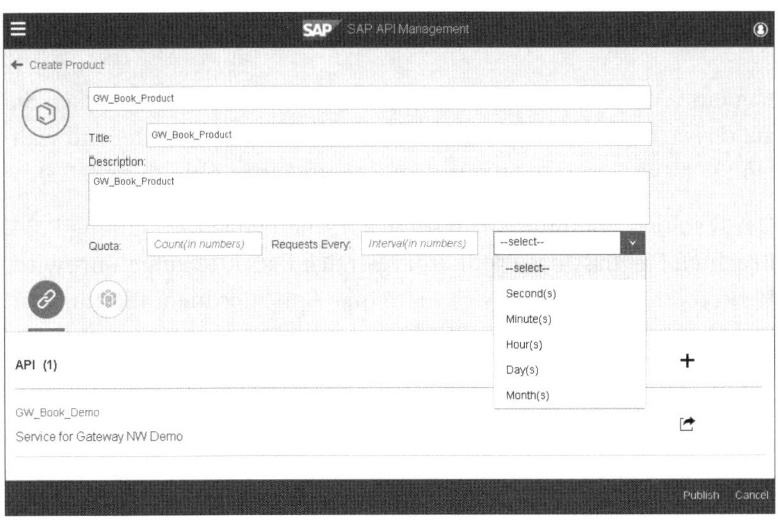

Abbildung B.21 API-Portal – Anlegen eines Produkts

B.3.4 Verwendung einer API

Developer Portal

Um eine API/ein Produkt zu finden und zu konsumieren, müssen Sie ins Entwicklerportal (Developer Portal) wechseln. Das Entwicklerportal kann wie das API-Portal durch eine einfache URL aufgerufen werden. Abbildung B.22 zeigt die Standardsicht des Entwicklerportals im SAP API Management mit dem Produkt, das Sie zuvor angelegt haben.

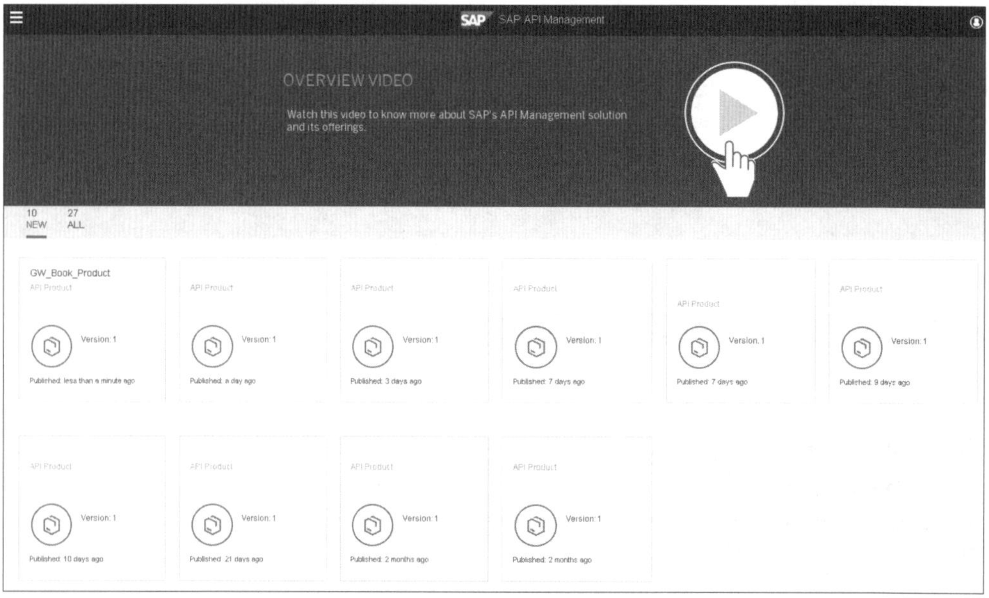

Abbildung B.22 Developer Portal – Standardsicht

Um eine API aus dem Entwicklerportal zu konsumieren, klicken Sie auf das erstellte Produkt und dann auf SUBSCRIBE. Anschließend wählen Sie NEW APPLICATION aus dem Pop-up (siehe Abbildung B.23).

Der resultierende Bildschirm sollte aussehen wie in Abbildung B.24. Beachten Sie, dass das Produkt im Bereich PRODUCT aufgeführt wird. Weitere Produkte lassen sich hier einer App zuordnen. Ein Klick auf SAVE beendet die App-Erstellung.

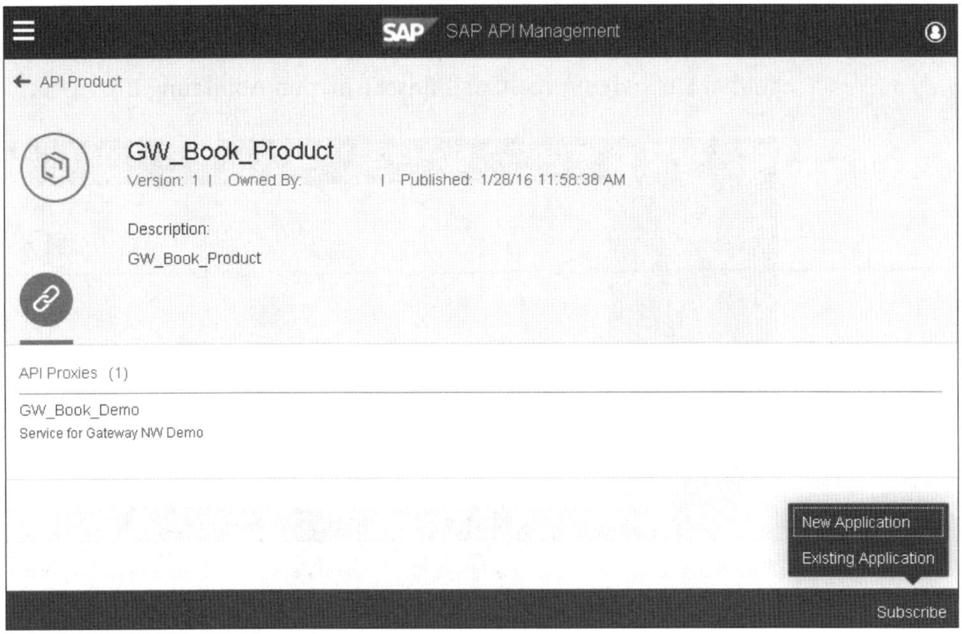

Abbildung B.23 Developer Portal – Anlegen einer neuen Applikation

Abbildung B.24 Developer Portal – Anlegen einer auf einem Produkt basierenden App

Gratulation, Sie haben soeben Ihre erste App erstellt, die auf SAP Gateway und SAP API Management basiert. Die neu angelegte App finden Sie in dem CONSUME-Bildschirm, den Abbildung B.25 zeigt.

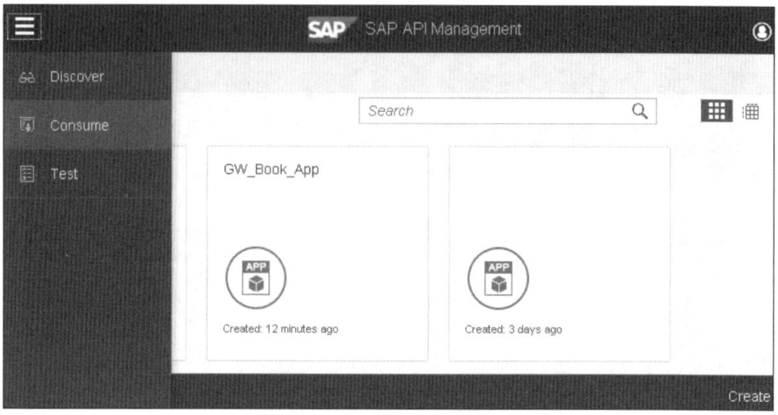

Abbildung B.25 Developer Portal – Erfolg! Ihre erste App im Consume-Bildschirm

Testen der API im Developer Portal

Optional besteht die Möglichkeit, die API aus dem Entwicklerportal (Developer Portal) zu testen. Hierzu können Sie entweder auf die App, das Produkt und letztlich auf die API klicken oder alternativ aus dem TEST-Bildschirm heraus arbeiten, indem Sie auf TEST in der Hauptnavigation klicken (siehe Abbildung B.25) und dort auf Ihre API klicken, wie in Abbildung B.26 zu sehen.

API-Schlüssel

API-Schlüssel

Als Standard-Sicherheitsmechanismus für APIs können Sie festlegen, dass ein API-Schlüssel erforderlich ist. Um dies in unserem Beispiel umzusetzen, gehen Sie zurück ins API-Portal und öffnen den Policy Designer. Im Policy Designer durchlaufen Sie dieselben Schritte wie für die Quota Policy, außer dass Sie VERIFY API KEY anstelle von QUOTA aus der Liste auswählen, wie in Abbildung B.27 abgebildet.

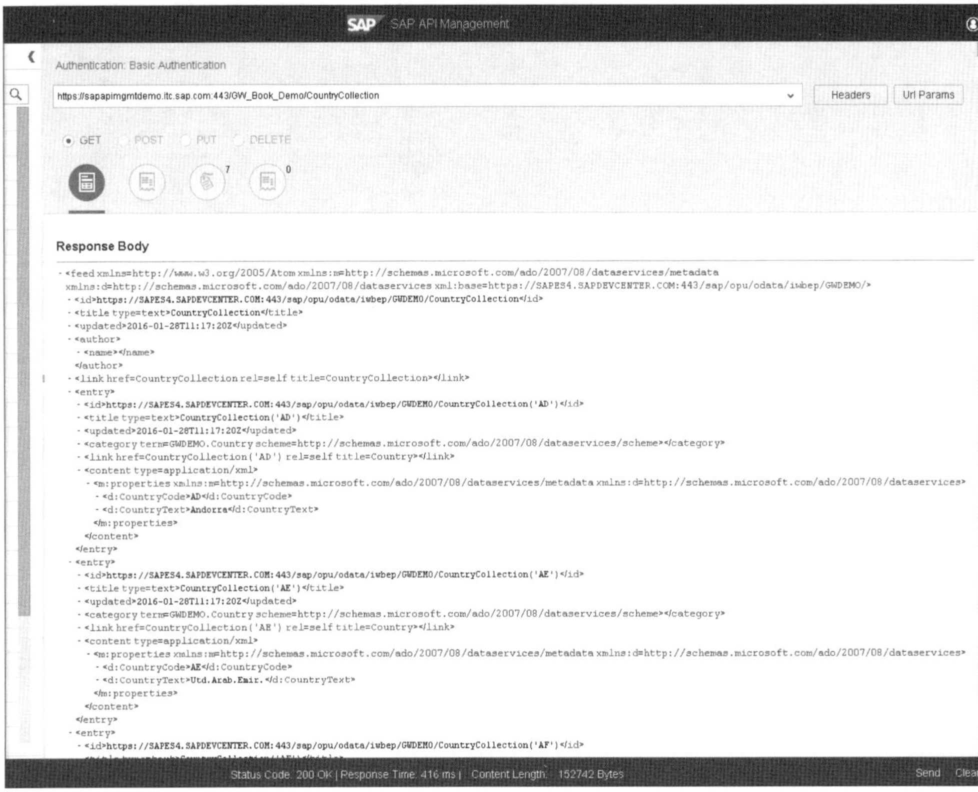

Abbildung B.26 Developer Portal – API testen

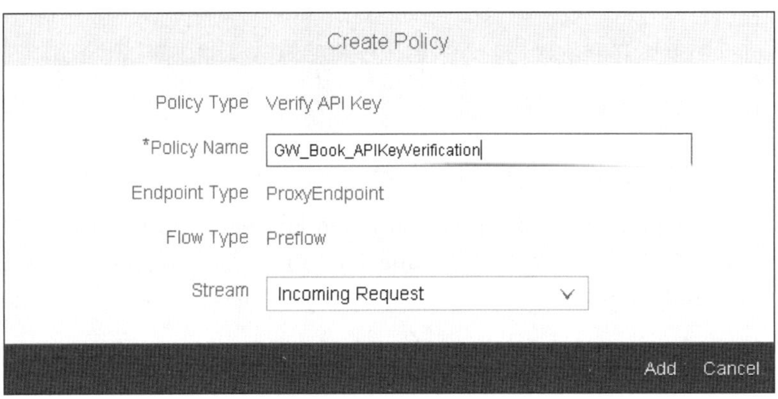

Abbildung B.27 API-Portal – Anlegen einer Verify-API-Key-Policy

Policy anpassen

Abbildung B.28 zeigt die neu angelegte Policy VERIFY API KEY. Da wir die API-Key-Information aus der HTTP-Header-Information auslesen wollen, müssen wir das Coding ein wenig anpassen (siehe Listing B.1).

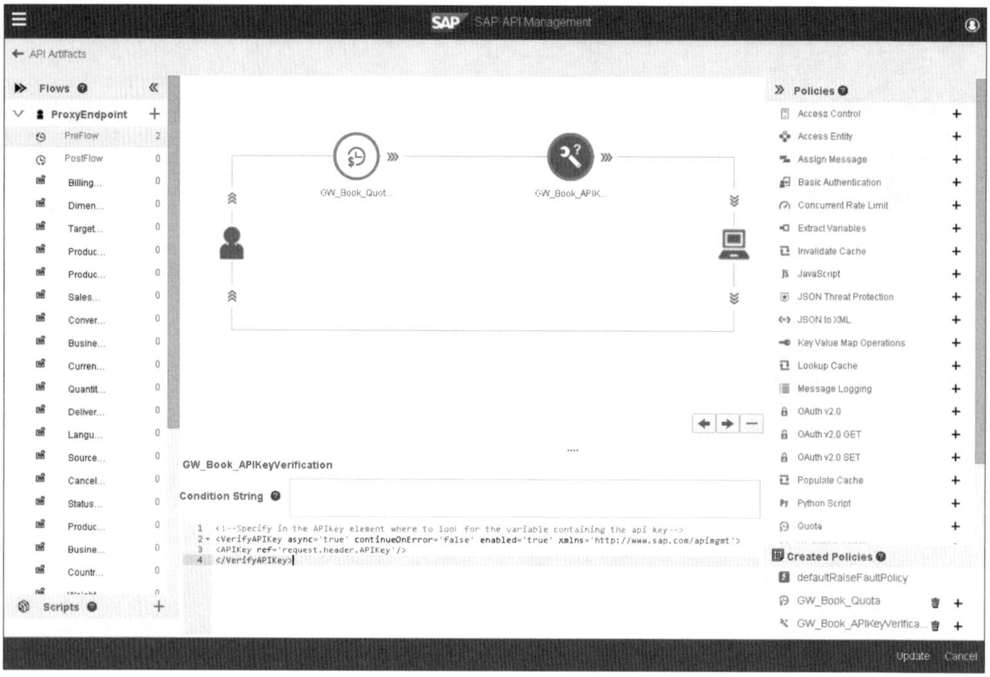

Abbildung B.28 API-Portal – Anpassen des Codings für unsere Verify-API-Key-Policy

```
<!--
Specify in the APIKey element where to look for the variable
  containing the API key-->
<VerifyAPIKey async='true' continueOnError='false'
  enabled='true' xmlns='http://www.sap.com/apimgmt'>
<APIKey ref='request.header.APIKey'/>
</VerifyAPIKey>
```

Listing B.1 Policy »Verify API Key« anpassen

Abbildung B.29 zeigt das Testen aus dem Entwicklerportal, nachdem Sie die Policy Verify API Key angelegt haben. Ohne API-Schlüssel wird ein `FailedToResolveAPIKey`-Fehler generiert.

Schlüssel automatisch generieren

In unserem System ist das SAP API Management so konfiguriert, dass der API-Schlüssel automatisch für registrierte Apps generiert wird. Wenn Sie auf den Consume-Bildschirm wechseln und dort auf Ihre App klicken, sehen Sie jetzt einen Application Key, das heißt den API-Schlüssel, den Sie brauchen, um auf die API zugreifen zu können (siehe Abbildung B.30).

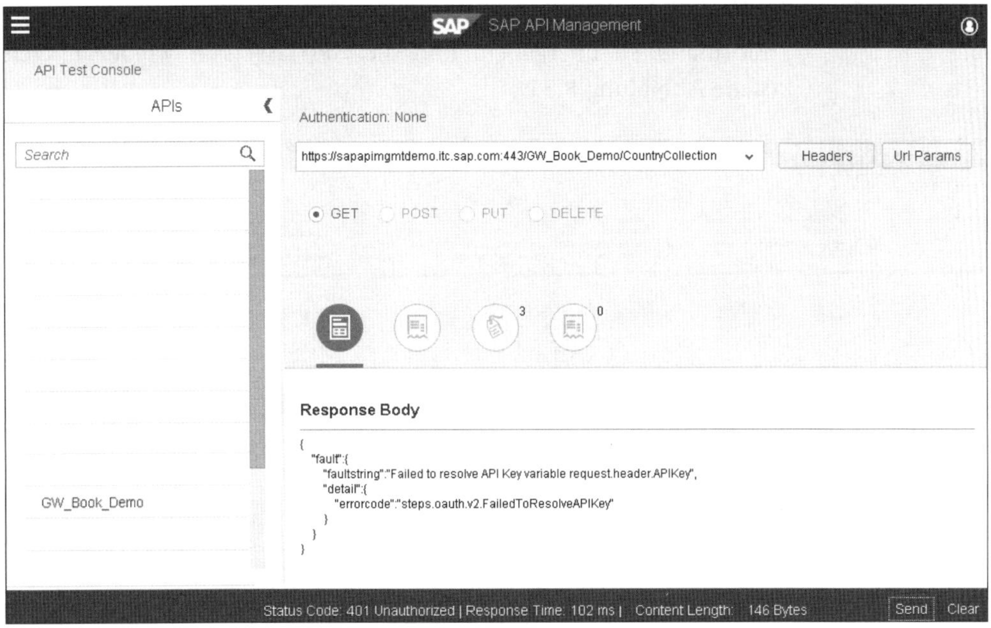

Abbildung B.29 Developer Portal – Fehler nach Anwenden der Verify-API-Key-Policy

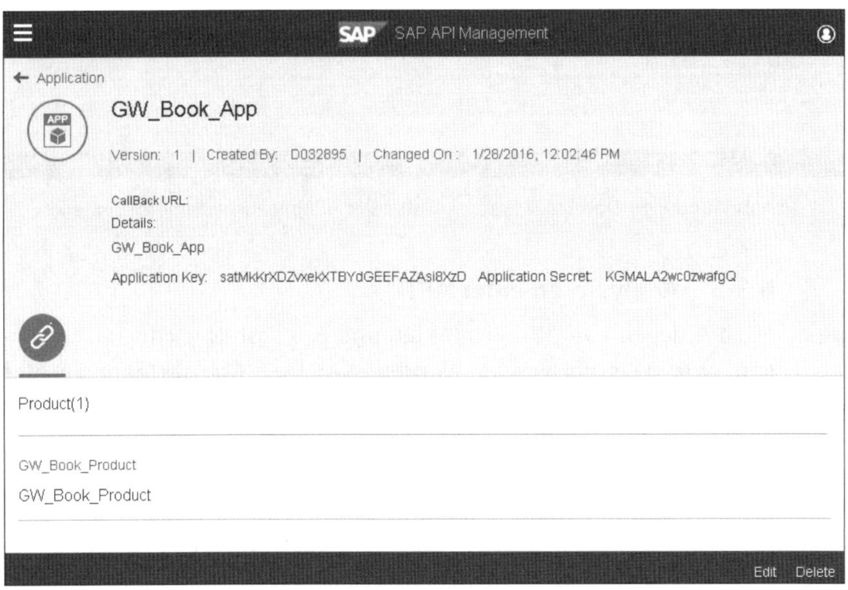

Abbildung B.30 Developer Portal – der Application Key (API-Schlüssel) in den Details der App

In der TEST-Konsole lässt sich der API-Schlüssel durch die Header-Informationen übergeben, und die API lässt sich wieder nutzen (siehe Abbildung B.31).

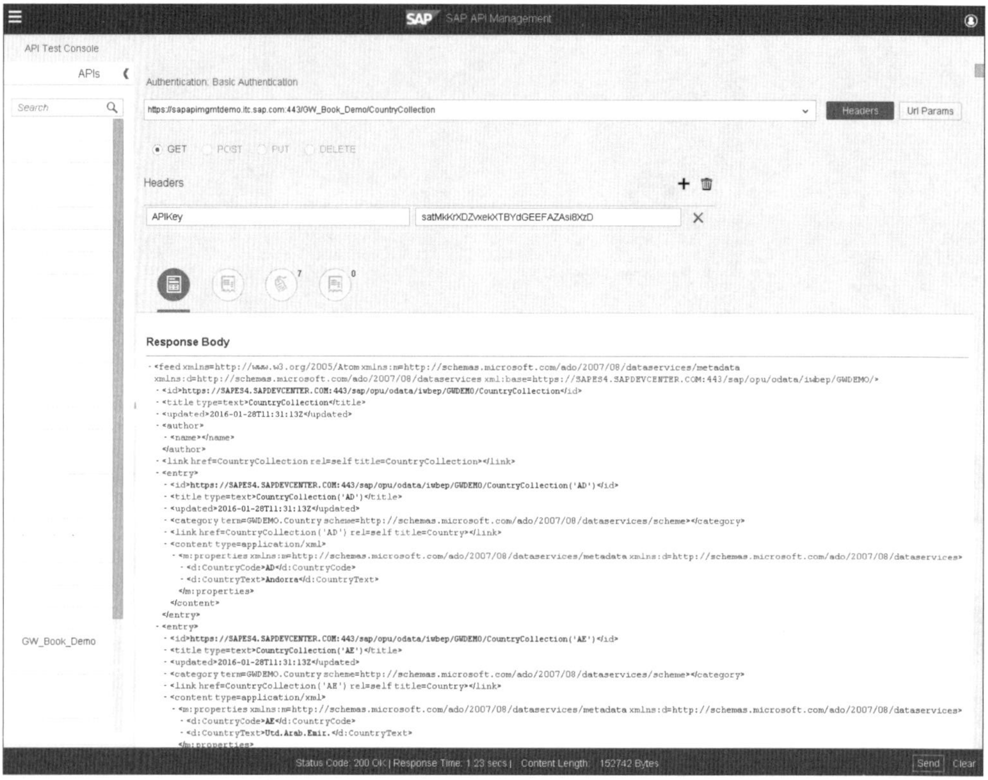

Abbildung B.31 Developer Portal – Testen der API mit Header-Informationen

B.3.5 Analysieren einer API

API Analytics

Nach Anlegen von API, Produkten und Apps ist es wichtig zu verstehen, wie APIs verwendet werden. SAP API Management verfügt über umfangreiche analytische Fähigkeiten, die im ANALYZE-Bildschirm genutzt werden können (siehe Abbildung B.32). Diese analytischen Fähigkeiten versorgen Sie mit den wichtigsten Informationen zu Ihren APIs, Produkten und Apps.

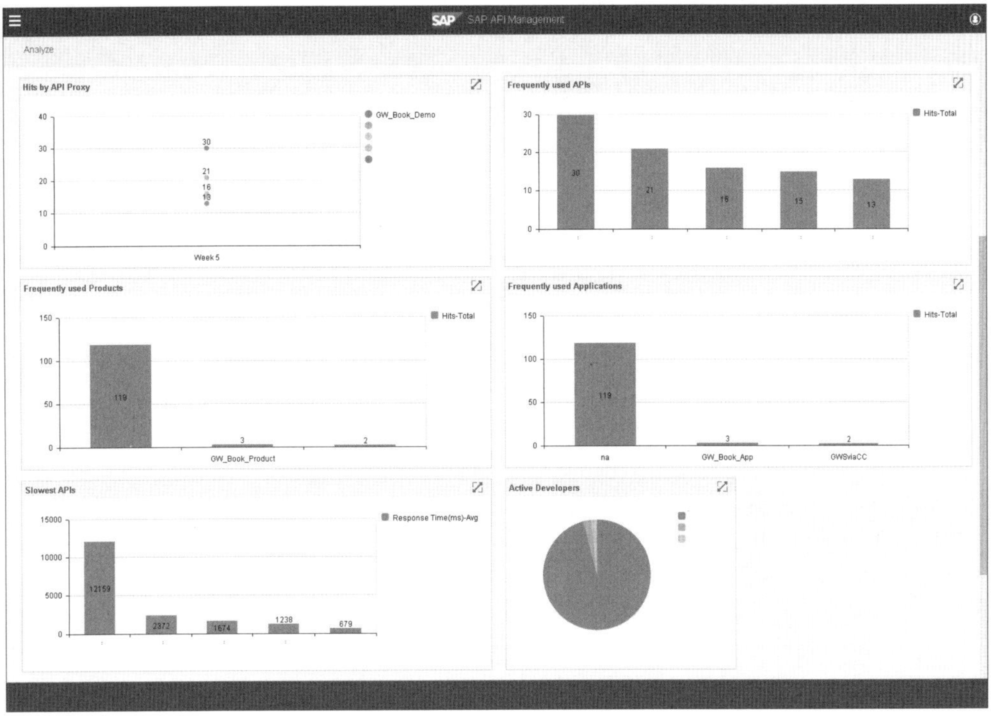

Abbildung B.32 API-Portal – API analysieren

B.4 Zusammenfassung

In diesem Anhang haben wir uns das SAP API Management angesehen und herausgestellt, warum es in den letzten Jahren so an Bedeutung gewonnen hat. Sie haben gesehen, wie eine SAP-API-Management-Infrastruktur aussehen kann und wie Sie einen SAP-Gateway-OData-Dienst aus dem SAP API Management konsumieren können.

Obwohl es einfach möglich wäre, ein ganzes Buch über SAP API Management zu schreiben, ist diese kurze Einführung doch wichtig, um zu zeigen, dass SAP API Management eine perfekte Ergänzung zu SAP Gateway ist.

C Die Autoren

Carsten Bönnen erwarb seinen Magister in Computerlinguistik und Künstlicher Intelligenz im Jahr 2001 und begann noch im selben Jahr, bei SAP zu arbeiten. Anfänglich als Java-Entwickler und Trainer eingestellt, entschied er sich schnell dafür, in die Beratung zu wechseln, um dort strategische Projekte im – damals neuen – Bereich der Enterprise-Portale zu leiten. Ende 2002 beschloss er, diesen Pfad weiterzuverfolgen, indem er in das Produktmanagement für das SAP Enterprise Portal wechselte. Ein weiteres Jahr später übernahm er die Verantwortung für ein weiteres Produkt, das unter dem Namen Visual Composer bekannt werden sollte. Anschließend übernahm er das UI-Thema in seinem Bereich, um 2008 nach einer neuen Herausforderung zu suchen, die er im Microsoft Strategic Alliance Management fand. Diese Gruppe verantwortet die strategische Allianz zwischen SAP und Microsoft. Vier Jahre später wechselte Carsten in das Gateway-Produktmanagement und betreut seit 2016 das Thema SAP API Management als Produktmanager.

Neben seinen geschäftlichen Tätigkeiten bei SAP gründete er die erste SAP-Karategruppe im Jahr 2005 und leitet diese noch heute. Mit zunehmendem Schwerpunkt auf dem Thema Selbstverteidigung, veröffentlicht er im Jahr 2016 sein erstes Buch zu eben diesem Thema.

Volker Drees hat an der Fachhochschule Wiesbaden Elektrotechnik in der Fachrichtung Nachrichtentechnik studiert und einen Abschluss als Diplomingenieur (FH). Seine SAP-Karriere begann er im Jahr 1998 in der SAP-Beratung. Er hat umfangreiche Erfahrung in den Bereichen ABAP-Entwicklung, R/3-Implementierung, my-SAP CRM, Mobile Sales, Mobile Asset Management und Mobile Infrastructure. Bis vor Kurzem arbeitete er als Regional Group Expert für mobile Anwendungen im Bereich Business User und Information Worker. Aktuell arbeitet er als Produktexperte für SAP Gateway im Bereich Products & Innovation Technology, Core Platform Gateway.

André Fischer arbeitet seit der Markteinführung 2011 als Produktmanager für SAP Gateway. Nach seinem Studium der Physik an der RWTH Aachen und der Universität Heidelberg begann er 1995 seine berufliche Karriere als Technologieberater für einen SAP-Partner.

Von 1999 bis 2000 war er als einer der Geschäftsführer eines neu gegründeten Outsourcing-Unternehmens für den Aufbau und Betrieb eines von SAP zertifizierten Rechenzentrums verantwortlich und spezialisierte sich anschließend auf das Thema SAP-Sicherheitsberatung.

2004 wechselte André zu SAP SE in das neu gegründete Collaboration Technology Support Center (CTSC) Microsoft. Im Rahmen seiner Tätigkeit für SAP beschäftigte er sich schwerpunktmäßig mit der Interoperabilität zwischen SAP NetWeaver und Microsoft-Technologien, SAP Enterprise Search, SAP Single Sign-on und SAP Gateway.

André ist regelmäßig Sprecher auf nationalen und internationalen Konferenzen, Koautor des Buches *Integration von SAP NetWeaver und Microsoft .NET*, das ebenfalls bei SAP PRESS erschienen ist, und hat eine Vielzahl von Artikeln und Blogs im SAP Community Network veröffentlicht, wo er in den Jahren 2013–2016 als Topic Leader für die Kategorie SAP Gateway ausgezeichnet wurde und 2016 als SAP-Mentor berufen wurde.

Ludwig Heinz ist CIO bei dem europaweit agierenden Recycling-Unternehmen Theo Steil GmbH. Er studierte Wirtschaftsinformatik im dualen Diplom-Studiengang an der Fachhochschule der Wirtschaft (FHDW) in Bergisch Gladbach und übernahm im Jahr 2006 das Thema Web Dynpro ABAP und Enterprise-Serviceentwicklung bei der itelligence AG am Standort Köln. Von 2011 bis Ende 2013 war er Mitglied im SAP Design Partner Council NetWeaver Gateway. Dort arbeitete er eng mit SAP und weiteren Partnern zusammen an der Verbesserung von SAP Gateway. Zusätzlich übernahm Ludwig Heinz ab 2012 die Themenverantwortung für SAP Gateway bei der itelligence AG.

Darüber hinaus lag sein Fokus auf der Koordination und Teilprojektleitung von Kundenprojekten im Bereich mobiler Entwicklung. Zusätzlich hält er bis heute die Verbindung zwischen Forschung, Lehre und Praxis und berät Studenten rund um das Thema »Mobile Technologien«.

Karsten Strothmann leitet die global agierende Organisation SAP Gateway CPS vom badischen Walldorf aus. CPS (Customer and Product Success) kümmert sich von dort und von weiteren Standorten in Bangalore (Indien) und Palo Alto (USA) aus um ausgewählte SAP-Gateway-Kundenprojekte, um Gateway-Enablement-Themen und um eine intensive Einbringung der Kundenperspektive in die Qualitätssicherung von SAP Gateway. Karsten arbeitet seit 15 Jahren in der Softwarebranche, 13 davon hat er bei SAP verbracht. Vor SAP Gateway arbeitete er an Themen wie Mobile, SAP SRM, elektronischen Marktplätzen oder dem SAP Enterprise Portal. Während dieser Zeit hat Karsten verschiedene Rollen in der Entwicklung, dem Produktmanagement, der Qualitätssicherung, dem Projektmanagement und in der Beratung eingenommen. Dies ermöglichte ihm den Aufbau eines holistischen Verständnisses von Softwareerstellung und Softwarenutzung. Karsten ist diplomierter Informatiker mit einem Abschluss der Universität Dortmund.

Index

C

D

E

F

G

H

N

O

P

Q

R

S

T

U

V

W

X

Z

Wie hat Ihnen dieses Buch gefallen?
Bitte teilen Sie uns mit, ob Sie zufrieden waren, und bewerten Sie das Buch auf:
www.rheinwerk-verlag.de/feedback

Ausführliche Informationen zu unserem aktuellen Programm samt Leseproben finden Sie ebenfalls auf unserer Website. Besuchen Sie uns!

Rheinwerk
www.rheinwerk-verlag.de